금융기관경영론

Contemporary Financial Intermediation

제2판

Second Edition

Contemporary Financial Intermediation, second edition
by Stuart I. Greenbaum, Anjan V. Thakor

Copyright© 2007 by Elsevier Inc.
ISBN_ 9780122990533
Translated Edition ISBN_ 9788995990193
Publication Date in Korea_ 2013. 5. 1
Translation Copyright© 2010 by Elsevier Korea L.L.C

Translated by E&B PLUS
Printed in Korea

금융기관경영론 제2판

초판 1쇄 인쇄_ 2013년 4월 22일
초판 1쇄 발행_ 2013년 5월 1일

지은이_ Stuart I. Greenbaum, Anjan V. Thakor
옮긴이_ 김덕영, 김종오, 이장우, 정병욱

펴낸곳_ 이앤비플러스
펴낸이_ 유지환

편집_ 이정환
디자인_ 이수영

주소_ 서울시 영등포구 대림동 682-13
전화_ 02-3272-3270
팩스_ 02-3272-3280
등록_ 2006년 12월 11일 제108-91-44426호

ISBN_ 978-89-959901-9-3 93320

* 값은 표지에 있습니다.

금융기관경영론

Contemporary Financial Intermediation

제2판

Second Edition

지은이

Stuart I. Greenbaum, Anjan V. Thakor

옮긴이

김덕영, 김종오, 이장우, 정병욱

ELSEVIER
ACADEMIC
PRESS

E&B PLUS 이앤비플러스

목차

저자 소개

스튜어트 그린바움(Stuart I. Greenbaum)

스튜어트 그린바움(Stuart I. Greenbaum) 교수는 명문 존스홉킨스 대학교에서 경제학박사 학위를 취득하였다. 그린바움 교수는 최근까지 워싱턴대학교(세인트루이스) 올린 비즈니스 스쿨 교수, 학장 및 미국 뱅크오브아메리카의 경영리더십 명예교수를 역임하였다. 그린바움 교수는 켄터키대학교, 노스웨스턴대학교 등에서 재무관리 및 은행경영론 교수를 역임하기도 하였다. 그린바움 교수는 *Journal of Finance, Journal of Economics, Journal of Banking and Finance, Financial Review* 등등 유수의 학술지의 편집위원으로 활동하였고 *Journal of Financial* Intermediation의 창립 편집위원장(1989)을 역임하였다. 그린바움 교수는 2권의 저서와 함께 *Journal of Finance*를 비롯한 유수의 학술지에 75편 이상의 학술논문을 발표하는 등 학술적 기여가 매우 탁월한 세계적 석학이다. 이 외에도 그린바움 교수는 또한 세계농업포럼의 고문, AACSB(미국경영교육인증협회) 이사를 역임하기도 하는 등 수많은 관련활동을 통한 봉사도 많이 하였다.

안잔 타코(Anjan V. Thakor)

안잔 타코(Anjan V. Thakor) 교수는 노스웨스턴대학교에서 재무학 박사학위를 취득하였으며, 인디애나대학교 및 미시간대학교 교수를 거쳐 현재 워싱턴대학교(세인트루이스) 올린 비즈니스 스쿨 교수로 재직 중이다. 타코 교수는 Financial Intermediation Research Society의 회장(2006-2008) 및 미국 재무학회 이사 등을 역임하였으며, 학내외의 많은 수상실적을 가지고 있다. 타코 교수는 다수의 저서와 함께 *Journal of Finance, American Economic Review* 등 유수의 재무 및 경제 학술지에 100여 편의 논문을 발표한 세계적인 석학이다.

역자 소개

김덕영
(8, 9, 10, 16장 번역)

서울대학교 경영학과를 졸업하고 동 대학원 경영학과를 수료하였다. 미국 일리노이대학(UIUC)에서 재무학 석사 및 박사 학위를 받았다. 군복무 전후 현대종합상사에서 잠시 근무하였고, 유학 전까지 한국수출입은행 조사부와 자금부에 재직하였다. 박사학위 취득 후 숙명여자대학교에 부임하여 경제경영연구소 소장과 경상대학 학장을 역임하였으며, 투자신탁협회 자문위원회 위원, 기획재정부 기금운용평가단 평가위원과, 한국재무학회, 한국금융학회, 한국경영학회 이사 등으로 활동하였다. 현재 숙명여자대학교 경영학부 교수로 재직 중이다. 주요 연구실적으로는 「은행에 대한 묵시적 예금보호의 가치」, 「자본규제와 은행의 자본 및 위험에 관한 유인」, 「투자신탁 감독의 효율성 제고방안」, 「우리나라 금융시스템의 발전방향」(공저) 등의 논문이 있고, 저서로는 『금융기관론』(공저)이 있다. 주요 연구 관심분야는 은행경영, 위험관리, 자산운용, 예금보험, 자본규제 등이다.

김종오
(11, 12, 13, 14, 15장 번역)

서울대학교 경영학과를 졸업하고 동 대학원 경영학과에서 재무관리 석사 및 박사 학위를 받았다. 박사학위 취득 후 미국 오하이오주립대학교(OSU)에서 박사후과정(Post-doc)을 수료하였고, 한국방송통신대 경영학과에 부임하여 현재 재직 중이다. 한국증권학회, 한국재무학회 이사 등으로 활동하였고, 공인회계사 시험 출제위원, 미래에셋 펀드감독이사 등을 역임하였다. 주요 연구실적으로는 「공매의 정보효과에 관한 연구」, 「외국인 투자자의 공매도거래의 수익성분석」, 「KOSPI200선물시장 가격발견에서 공개주문원장의 정보내용」, 「한국주식시장의 온라인거래와 오프라인거래의 가격발견 비교분석」 등의 논문이 있고, 저서로는 『현대금융의 이해』, 『금융제도론』, 『재무관리』, 『금융투자의 이해』, 『재무분석의 이론과 실제』 등이 있다. 주요 연구 관심분야는 증권시장제도, 시장미시구조, 파생금융시장 등이다.

이장우
(1, 2, 4장 번역)

부산대학교 경영대학 교수, 서울대학교 경영학 박사(재무관리 전공), 증권학회 부회장/편집위원/이사, 한국재무관리학회 부회장/이사, 한국금융공학회 부회장/이사, 한국중소기업학회 이사 역임, 한국거래소 파생상품시장위원, 현대자동차 과장 역임, 대우경제연구소 연구원 역임, 공군학사장교 예편, 『재무관리』(다산), 'Does corporate diversification by business groups create value—Evidence from Korean chaebols', 2011, *Pacific-Basin Finance Journal* 외 저서 및 논문 발표 다수

정병욱
(3, 5, 6, 7장 번역)

고려대학교 경영대학을 졸업하였고 동 대학원에서 경영학석사를 취득하였다. 미국 퍼듀대학교 경영대학원(Purdue University, Krannert School of Management)에서 금융경제 전공으로 박사학위를 취득하였다. 박사학위 취득 후 호주 시드니공과대학교 경영대학(University of Technology-Sydney, Faculty of Business)에서 재무금융 전공 교수로 재직하였고(tenured) 이후 이화여자대학교 경영대학에서 재직하였다. 현재 서울시립대학교 경영대학에서 재무금융 전공 교수로 재직하고 있다. 한국재무학회, 한국금융학회 등 여러 학술단체에서 이사 등으로 활동하였으며 현재 여러 공기관 연기금의 자산운용위원 및 위험관리위원으로 활동하고 있다. 주요 연구실적으로는 'Emergence of Captive Finance Companies and Risk Segmentation in Loan Market: Theory and Evidence', 「캐피탈금융의 계약이론적 분석」, 「한국 금융시장에서 기업간신용의 이론적 분석」, 「신디케이트 구조가 부채만기에 미치는 영향」(공저) 등의 국내외 저명 학술지에 많은 논문을 발표하였다. 주요 연구 관심분야는 금융기관론, 자산운용, 기업재무, 국제금융 등이다.

서문

이 책을 저술하면서 우리는 대학에서 이루어지는 은행경영 교육을 현대화하는 것을 목표로 하였다. 우리의 목표는 전형적인 은행경영 교과목의 범위를 확대하는 것이며 이를 위해 (1) 더 광범위하지만 선별적인 다양한 금융기관을 다루고 (2) 단순히 금융기관, 규제 및 시장현상을 기술하기보다는 금융중개의 동기를 설명하였다. 우리의 접근법은 변명의 여지없이 분석적이며 우리는 이 분석을 이 책의 주요 특징으로 삼으려고 노력하였다. 우리는 이 책을 배운 학생들이 금융기관과 신용시장의 실무가 끝없이 세밀하고 변화가능성이 있다는 것을 알게 될 뿐만 아니라 이러한 금융기관, 신용시장의 실무 및 정부규제가 서로 연계된 이유가 있다는 것을 알게 된다면 이 책이 성공적이라고 간주할 것이다. 이 책의 통합적인 주제는 정보에 대한 고려가 대부분 은행들의 업무에서 가장 핵심적인 요소라는 것이다.

우리의 접근법은 분석적인 성향을 취하고 주제를 선택하고 배열하는 면에서 새롭다. 우리는 금융기관의 존재이유와 금융기관의 업무에 대한 질문으로부터 시작한다. 우리는 독자가 금융중개의 동기를 이해함으로써 피할 수 없는 미래의 빠른 변화에 대응하게 될 것이라고 확신한다. 규제, 금융기관 및 청구권들은 변화하겠지만 금융기관의 존립 근거가 되는 기능은 기본적으로 동일할 것이다.

교수법

각 장("친구들의 대화"와 1장은 제외)은 용어정리로 시작하는데, 학생들은 이 용어들을 해당 장을 읽을 때 접하게 되며 교과서 전체로도 다시 찾아보게 된다. 학생들에게 향후 배울 내용의 명확한 기초를 제공하기 위하여 중요한 비은행 개념이 1장에서 논의된다. 이어지는 각 장에서 우리는 숫자를 사용하는 예제를 제시하는데, 이 예제는 아이디어로부터 풀이까지의 각 단계를 열거한다. 각 장은 연습문제로 끝나고 다수의 장은 사례연구를 제공하여 학생들로 하여금 개념뿐만 아니라 상호 연계성의 중요성을 이해하도록 도와준다. 더구나 일부 장들은 기초적인 것뿐만 아니라 더 전문적인 내용을 포함하고 있기 때문에 더 심화된 논의는 박스에 따로 기술된다. 마찬가지로 흥미는 있지만 중요하지 않은 정보도 별도 문단으로 기술된다. 이는 교강사가 교과목을 자신의 강의계획에 맞출 수 있는 융통성을 높인다.

구성

이 책은 16장과 "친구들의 대화"로 구성된다. 제1부에서 1장에 앞서 소개되는 장은 세 명의 친구들이 각각 1991년과 2007년에 은행업에 관하여 대화하는 내용으로 구성되어 있다. 대화에는 건전한 아이디어와 단순한 생각이 섞여 있다. 이 장에서 논의되는 대부분은 그 주제에 대한 사전 지식이 없는 학생들은 잘 모를 것이다. 이 장은 이슈에 관한 학생들의 지식을 환기시키는데, 수업 첫날 여러 이슈에 관한 학생들의 견해를 듣기 위하여 이 장을 사용할 수 있다. 우리는 책 전체에 걸쳐서 이 대화를 장의 말미에 있는 연습문제에서 다시 접하게 되며, 이 연습문제를 통해서 학생들의 지식이 확대되어가는 것을 테스트한다. "친구들의 대화"는 교과과정 말에 학생들의 견해의 변화를 측정하기 위해서 다시 논의될 수도 있다.

1장은 정보경제학, 게임이론, 시장의 완성성, 옵션, 그리고 우리가 이 책에서 사용하는 기타 주제의 중요 개념들을 다룬다. 우리는 이어지는 장들에서 다루어지는 이슈들의 중심이 되는 이 개념들을 교과과정 초에 학습하기보다는 이어지는 각 장의 맥락에서 필요할 때 논의할 것을 권고한다.

나머지 장들은 여덟 종류의 각기 다른 주제를 다룬다. 제2부에서 2장과 3장은 금융기관의 기능에 대해 살펴본다. 2장은 다양한 금융중개와, 금융기관들이 제공하는 기본적 서비스를 기술한다. 3장은 정보에 바탕을 둔 금융중개이론을 제시하고 은행이 어떻게 금세공업자로부터 진화하게 되었는지를 설명한다.

제3부는 은행의 세 가지 기본적인 경영위험, 즉 이자율위험, 유동성위험 및 신용위험에 대하여 다룬다. 4장은 이 위험들이 어떻게 서로 연관되어 있는지를 논의한다. 이자율위험은 차익거래부재 조건하의 이자율의 기간구조 관점으로부터 설명된다(확실성 및 불확실성하에서). 아울러 우리는 정보의 중요성을 유동성위험의 원천으로 고려한다. 5장은 신용위험과 대출의사결정에 초점을 맞춘다. 신용할당 및 기타 대출이례현상들은 6장에서 다루어진다. 이 판에서 새롭게 도입된 7장은 신디케이트대출, 대출채권매각 및 프로젝트 파이낸싱를 비롯한 일부 신용관련 특별한 주제들을 다룬다.

제4부는 은행의 부외거래업무를 다룬다. 8장은 상업은행의 조건부청구권을 논의하는데, 그 내용으로는 대출약정, 신용장, 은행인수어음, 이자율스왑, 그리고 캡, 칼라 및 스왑션과 같은 관련 계약이 포함된다. 9장은 증권화를 다룬다.

제5부는 은행 재무상태표의 부채 측면을 다룬다. 10장은 요구불 예금계약의 특수성을 설명하고 또한 예금보험을 살펴본다.

은행규제는 제6부 11장과 12장에서 다루어진다. 먼저 은행에 적용되는 상이한 규제와 그에 대한 각각의 경제적/정치적 근거를 검토한다. 규제기관의 구조는 물론 미국 은행규제의 역사도 함께 살펴본다. 그런 다음 12장에서 우리는 규제개혁 제안에 대한 분석으로 관심을 돌린다. 특히 1991년의 연방예금보험공사진흥법과 2004년에 채택된 바젤 II 협약에 대하여 논의한다.

제7부 13장은 이전의 장들에서 제기된 은행경영상의 주요 질문들을 종합한다. 13장은 기회의 일상적 관리와 전략적 관리 그리고 은행업의 세 가지 주요 경영위험, 즉 이자율위험, 유동성위험 및 신용위험을 논의한다. 또한 위기관리도 논의한다.

제8부는 은행업에서의 기업통제와 지배구조를 다룬다. 14장은 은행의 인수합병을 논의한다. 15장에서는 투자은행에 관한 이슈들을 토론한다.

마지막으로 제9부의 16장에서는 미국과 기타 국가들에서 은행업의 발전을 추론하면서 미래를 조망한다. 이 논의에는 세 가지의 주요 주제, 즉 은행업의 글로벌화 지속, 은행의 위험관리 그리고 국제적인 자본규제가 있다.

우리는 이 책의 전체 내용을 한 쿼터 또는 한 학기에 다루기는 어려울 것으로 믿는다. 이 책으로 공부하게 될 학생들은 정보비대칭이나 대리인문제에 관하여 사고하는 데에 익숙하지 않기 때문에 기본적 개념에 익숙해지려면 시간이 걸린다. 책 전체를 여유 있게 끝내기 위해서는 두 학기 정도가 필요하다는 것을 염두에 두고 우리는 교강사가 주제 중 일부를 선택할 것을 추천한다. 가능한 교과과정의 개요가 교강사매뉴얼에 포함되어 있다.

교강사가 어떠한 접근법을 선택하더라도 우리는 이 책이 비록 지적으로 도전적이겠지만 현대 은행업에 관한 사고에 쉽게 접근가능한 성과물이 되기를 희망한다. 우리가 이 교재를 사용하여 가르쳐본 경험에 의하면 보람이 있었다. 우리는 다른 교강사들도 동일한 경험을 공유하기를 희망한다.

보조자료

교강사매뉴얼/문제은행/PPT: 동 보조자료들은 초판에서는 Kent State University의 Daniel Indro에 의하여 준비되었고, 2판에서는 Washington University in St. Louis의 Jian Cai에 의하여 개정되었다. 교강사매뉴얼에는 각 장의 강의노트와 개요 그리고 연습문제 및 사례연구의 풀이가 수록되어 있다. 교강사에게 더 많은 융통성을 제공하기 위하여 교강사매뉴얼은 교강사가 수업에서 활용할 수 있는 최근의 논문들을 인용하여 제공하고 있다. 이 논문들을 수업의 토론에서 활용하는 것에 도움이 되도록 요약과 토론용 질문들이 제공된다. 문제은행은 시험, 과제물 및 퀴즈에 사용되도록 약 500문항의 질문과 문제를 수록하고 있다. 또한 교강사들이 강의 진행 시 사용할 수 있도록 1장을 제외한 모든 장의 PPT가 제공된다.

역자 서문

경영학의 세부 전공분야 중의 하나인 재무는 기업재무(재무관리), 투자론 및 금융기관론의 영역으로 구분된다. 대학에서 재무관리와 투자론이 이론적으로 활발하게 교육되고 있는 데 비해 금융기관론의 영역은 과거 제도적인 기술에 치우친 경향이 많았다. 이는 미국도 마찬가지로 금융기관론에 필요한 이론을 체계적으로 다룬 교과서가 적었기 때문에 본서의 저자인 Greenbaum교수와 Thakor교수가 *Contemporary Financial Intermediation*을 1997년에 처음 발간하였을 때 관심 있는 많은 교수들의 주목을 받았다. 그 후 두 교수는 그동안의 금융기관론의 이론적 발전과 규제 등을 반영하여 2007년에 2판을 발간하였다.

현재 미국 세인트루이스 소재 Washington University에 재직 중인 Greenbaum교수와 Thakor교수는 금융기관론 분야에서 세계적으로 저명한 학자이다. 두 교수는 은행으로 대표되는 금융기관경영에서 정보(information)를 고려한 분석적인 이론적 접근을 강조하고 있다. 정보비대칭, 역선택, 도덕적 해이, 내쉬균형 등의 개념을 적용하여 금융기관경영론의 이론적 바탕을 강화한 본서는 정보경제학적인 접근방법을 사용한 교과서로서는 이론적 체계를 가장 잘 정리한 교과서라고 생각된다. 이러한 교과서의 우수성으로 인하여 역자들은 초판 이래로 대학원과 학부과정에서 동 교과서를 사용하여 왔다. 그러나 동 교과서가 영어로 쓰인 원서라는 점이 교과서의 내용이 학생들에게 충분히 전달되는 것을 가로막는 요인이라는 것을 느끼고 있었다. 이에 이앤비플러스의 제의로 역자들의 번역서 작업이 이루어지게 되었다.

본서의 특징을 살펴보면 첫째 정보경제학의 관점에서 분석적인 틀을 제공하고 있다는 점이다. 학생들에게 다소 어려울 수도 있는 이론적 이슈들을 두 교수는 가상의 사례들을 들어 단계적으로 명쾌하게 설명하고 있다. 교육을 하다 보면 모형 그 자체보다는 숫자를 활용한 설명이 훨씬 이해하기 쉬운데 동 교과서가 그 방법을 채택하고 있어 학생들의 이해를 용이하게 한다. 둘째, 중요 이슈의 말미에 사례연구용 문제를 제시하고 있다. 팀프로젝트로 활용가능한 이 사례들은 혼자서 해결하기에는 어려울 수도 있는 이슈들을 동료 학생들과의 토론을 통하여 문제점을 찾아내고 그에 대한 해결방안을 도출해냄으로써 창의적인 사고력을 배양할 수 있다. 셋째는 동 교과서가 이론적 배경이 되는 최신의 많은 논문들을 주석과 각 장의 참고문헌에 제공함으로써 고급과정에서 연구의 원문을 참고할 수 있도록 하였다는 점이다.

본서는 금융기관경영을 크게 중개기능, 대출, 부외거래, 예금, 은행규제, 은행경영, 인수합병 및 투자은행의 영역으로 다루고 있다. 역자들의 경험에 의하면 한 학기 동안 본서의 내용을 모두 다루는 것은 매우 어렵다. 따라서 강사의 강의계획에 따라 일부 장들을 제외하는 등 여러 가지 강의계획을 고려할 수 있다. 제1안은 전체적으로 모두 다루고자 하는 경우에도 제7부 은행경영과 제8부 인수합병 및 투자은행 분야는 시간배분을 최소화하는 방법이다. 제2안은 아예 제7부와 제8부는 다루지 않는 강의계획이다. 제3안은 제7부와 제8부를 다루지 않고, 이론적 내용에 집중하기 위하여 제6부 은행규제도 시간배분을 최소화하는 강의계획이다. 즉 제2부 중개기능, 제3부 현물대출, 제4부 부외거래 및 제5부 예금계약에 집중하고 은행규제는 전체적으로 짧게 개관하는 방법이다. 각 경우에 1장은 기초개념이지만 강의 초에 진행하기보다는 그 개념이 이용되는 단원에서 다루는 것이 바람직할 수도 있다.

본 역서는 번역으로 인하여 영어라는 언어장벽이 해소된 만큼 재무 전공의 대학원과정은 물론 학부에서도 효과적으로 사용될 수 있으리라 믿는다. 학부과정에서는 일부 가상사례의 분석을 생략하고 이론적 결과만을 다룸으로써 난이도 조정을 할 수 있는 반면에, 대학원과정에서는 금융기관경영론의 이슈들을 이론적으로 깊이 있게 다룰 수 있다. 또한 대학을 떠나 은행 실무에 종사하는 분들도 은행경영의 이슈들이 정보경제학적으로 어떻게 분석되고 연구되고 있는지를 알아보는 데에 좋은 참고서가 될 것으로 기대한다.

마지막으로 역자들은 저자들의 내용을 우리말로 잘 담아내려고 노력하였지만, 내용이 바르게 전달되지 못하거나 번역이 부자연스러울 수도 있을 것이다. 이는 모두 역자들의 책임으로 이를 사용하는 분들의 피드백을 겸허히 받아들여, 앞으로 더욱 개선된 역서가 되도록 노력할 것임을 약속드린다. 끝으로 이 책의 발간을 위하여 역자들의 원고가 늦어지는 것도 너그러이 감내하고 역서가 발간되도록 힘써주신 이앤비플러스의 류지환 사장님과 오타가 없도록 꼼꼼하게 많은 노력을 해주신 편집부 여러분께 감사드린다.

2013년 2월

역자 일동

제1부 배경

친구들의 대화

소개

이 책에 투자하기 전, 독자들은 정말 노력을 들일 가치가 있는지에 대해 한번 생각해 보아야 한다. 이에 대한 대답은 독자가 어떤 것을 가져오느냐에 달려 있다. 독자가 처음 판단하는 틀을 만드는 것을 도와주기 위해, 저자는 세 명의 이상적으로 잘 만들어진 친구들 간의 가상대화를 만들었다. 대화 주제는 은행산업이다. 이 대화는 교재 안에서 다루어질 몇몇 주제를 포괄하고 있으나 전체 내용을 다 언급하지는 않는다. 또한 여기서는 질문에 답하기보다는 의문점을 더 많이 제기하는 차원에서 이루어지며 어떤 특별한 이슈에 대해 명확하게 이야기하는 것은 아니다. 원론적 목표는 과정 초반에 얼마나 많은 학생들이 은행산업에 대해 알고 있는지를 알아보는 테스트를 제공하는 것이며 그런 다음 아마도 얼마나 많은 학생들이 이 학습과정을 통해서 배웠는지를 알아보는 것이다. 그래서 저자는 이 장을 수업과정 첫 주에 학생들의 관점을 알아보기 위한 것으로 사용하고 마지막 과정에서 이를 반복하는 것을 추천한다. 이후 학습하게 될 이슈들을 살펴보고 이해하지 않은 상태에서 이 대화에서 제기된 문제에 대한 현명한 답을 하는 것은 분명 어려운 일이라는 것을 알고 있다. 하지만 아래 대화를 보고 의견을 내어주길 바란다.

대화: 1991년

3명의 친구, 알렉스 애플턴(Alex Appleton), 베쓰 버터워쓰(Beth Butterworth), 마이크(Mike, 사회자)가 있다. 대화가 이루어진 시기는 1991년 초이고 세 명의 친구는 최근 불거진 미국의 저축대부조합(savings and loans: S&L) 사태와 은행산업 전반에 대한 토론을 하고 있다.

사회자: 그래서, 어떻게들 생각하시나요? 우리가 해결방안을 마련할 만큼 미국 은행 산업에 어떤

일이 있어났는지 알고 있다고 생각하시나요?

애플턴: 음, 제 생각엔 은행과 S&L은 단순하게 환경의 피해자였다고 생각합니다. 우리는 한동안 역 수익률 곡선(장기 이자율이 단기 이자율보다 낮음)을 가졌었습니다. 그리고 이는 금융기관이 자산변환을 통해 정상적으로 올리던 수익을 거두기 어렵게 만들었습니다. 아시다시피 저는 기대가설을 절대 믿지 않습니다. 실질적 상관성이 없는 이론적 세부사항에 불과합니다. 물론, 이자율 변동성의 증가도 도움이 되지 못했습니다. 국내적 · 국제적 차원에서 경쟁이 크게 증가했습니다. 이런 기관들은 강력한 악의에 의해 크게 압박받는 것처럼 느꼈을 것입니다.

사회자: 그리고 은행들이 상당수의 LDC(loans to developing countries, 개발도상국에 대한 차관)에 노출되도록 부추긴 근시안적 정치인들도 빼놓을 수 없습니다. LDC 청산을 위해 얼마나 많은 은행자본이 투입되었는지 알고 계십니까? 이로 인해 당연히 유럽은행들이 경쟁적 우위에 서 있게 되었습니다. 또한, 규제완화책과 자본보유량을 줄이는 것도 도움을 주지 못했습니다. 그런데 말입니다, 알렉스. 기대이론을 좋아하지 말아야 할 또 다른 이유를 드리겠습니다. 이 또한 틀렸습니다.

애플턴: 그건 몰랐습니다. 확실합니까? 어떤 상황에서는, 마이크 당신이 제 의견에 동의한다는 것이 좋은 일이지만, 솔직히 매우 놀랍습니다. 당신과 베쓰가 이에 대해 어떻게 느끼는지 알기 전엔, 전 솔직히 더 많은 논쟁거리를 불러왔다고 생각했었습니다.

사회자: 음, 힘내요 알렉스. 당신의 의견에 동의하는 것은 사실 일부분일 뿐입니다. 저는 예금수취 금융기관(depository financial institutions)들이 지난 15년 동안 힘든 환경에 처해 있었다는 것엔 동의합니다. 그러나 저는 그들이 똑똑하게 위험관리를 할 수도 있었다고 생각합니다. 예를 들어, 그들은 자산-부채 포트폴리오에서 듀레이션 차이를 줄일 수도 있었고 이자율 위험을 헤징하기 위해 현대적 면역전략을 사용할 수도 있었습니다. 몇몇의 투자은행처럼 은행에서 위험이 더 큰 자산변환 활동의 영향력을 줄여주면서 수수료수익을 증가시킬 수 있는 브로커업무(brokerage) 활동에서 더 혁신적일 수도 있었습니다. 국채를 분할하여 캐츠(CATS: Certificates of Accrual on treasury Securities)와 타이거(TIGRS: Treasury Investment Growth Receipts)와 같은 순수할인채를 판매한 투자은행들이 얼마나 많은 이익을 냈는지 보십시오. 알렉스! 진짜 이야기는 당신의 "환경에 의한 수동적 피해자"라는 설명보다 훨씬 깊숙한 곳에서 시작되고 있습니다. 저는 은행과 S&L이 시스템을 이용했고 납세자들을 우롱했다고 생각합니다.

애플턴: 마이크, 피해망상입니다.

사회자: 제가 피해망상이라구요? S&L 실패의 50% 이상이 경영자 사기와 관련되어 있습니다.

버터워쓰: 대화를 듣고 있자니 흥미롭군요. 두 분의 말씀 모두 완벽하게 옳다고 할 수 없기 때문입니다. 마이크, S&L 실패의 50% 이상의 경우에서 경영자 사기가 발견되었다고 하더라도 제 생각엔 경영자 사기로 인한 자금손실이 전체 자금손실의 5%도 기여하지 않았다고 봅니다. 즉 사기이슈는 연막에 불과하단 거죠. 제 생각에 진짜 문제는, 우리가 만들었던 은행 시스템은 1930년대에 형성된 것이고 이는 너무 구식이라는 겁니다.

사회자: 어느 부분에서 저와 의견이 다른지 모르겠습니다, 베쓰. 그 말은 결국 예금은행의 착취를 허용하는 시스템은 구식이라고 말하는 것과 같은 말 아닙니까?

버터워쓰: 아 꼭 그렇다는 건 아닙니다! 요점은, 시스템이 착취를 허용했다는 것이 아닙니다. 그보다는 시스템이 예금은행이 그런 행동을 하도록 부추겼다는 거죠. 대체로, 저는 은행과 S&L이 주주의 이익에 반하는 많은 행동을 했다고 생각하진 않습니다. 은행과 S&L의 피해자라기보다는, 시스템이 이런 기관들에게 '착취'라는 용어로 불리는 행동을 하도록 동기를 제공했다는 겁니다. 당신이 집을 비운 사이 도둑이 침입했기 때문에 부당하다고 외치는 것과 도둑을 집에 초대하여 이들이 물건을 훔친 뒤 부당하다고 외치는 것, 둘 사이에는 차이점이 존재합니다.

사회자: 우리가 점점 의미론에 빠져드는 것 같습니다. 베쓰, 조금 더 구체적으로 해주실 수 있겠습니까?

버터워쓰: 왜곡된 위험감수와 자본증식 인센티브는 정부규제 시스템에서 비롯되었다고 봅니다. 위험에 둔감한 예금보험 가격결정은 능력 있는 은행과 S&L에 저비용 풋옵션을 제공하고 괴물 같은 모럴해저드 문제를 야기합니다. 규제불확실성은 인위적으로 은행의 자본비용을 상승시키고 은행인가가치(charter value) 감소와 결합되며, 모럴해저드 문제를 더욱 악화시킵니다. 인센티브 부합성(incentive compatibility)이 완전 결여되어 있는 시스템이라는 것이 결론입니다.

애플턴: 베쓰, 당신이 말한 대부분의 사항이 저에겐 온전히 다가오진 않습니다. 지난번에 위험에 둔감한 예금보험 가격결정제도의 시행은 진짜 악몽이 될 수도 있다고 말하지 않았습니까? 그런데 왜 예금보험 가격결정의 위험 둔감성을 범인으로 지목하는 것입니까?

버터워쓰: 저는 여전히 그때 말한 것을 강력하게 믿고 있습니다, 알렉스. 그러나 그것이 제가 지금 말하는 것과 모순되는 것은 아닙니다. 설명하기는 좀 어렵지만…….

사회자: 잠시만요, 베쓰. 제가 시간이 많이 없어서 시스템을 개선하기 위해 어떤 것을 해야 하는지에 대해 이야기하도록 하죠. 최근 재무부가 은행시스템 개혁을 제안했다는 것을 읽었습니다. 그 제안서에 일부 아이디어가 좋다고 생각했었는데 어떻게 생각하십니까?

버터워쓰: 마이크, 흥미로운 제안이지만 모든 사항이 새로운 것은 아니더군요. 저는 규제강화와 전국지점 설치에 대한 맥파덴 법(McFadden Act)의 제한 해제가 마음에 들더군요. 저는 글래스-스티걸법(Glass-steagall)—상업은행과 투자은행의 분리내용을 담은 1933년 은행법—의 철폐에만 열광하는 것은 아닙니다. 왜냐하면 그 법이 계속해서 건설적인 목적을 수행할 것이라 생각하기 때문이죠.

애플턴: 솔직히, 저는 이번 규제강화제안이 충분하다고 생각하지 않습니다. 저는 헨리 곤잘레스(Henry Gonzales)의 제안이 좋습니다. 그것은 그 점에서 모든 은행규제를 단 두 기관으로 더 잘 통합하자는 것입니다. 저는 당신이 왜 그렇게 스티걸법에 매료되어 있는지 이유를 알고 있습니다, 베쓰. 은행과 경쟁자들의 활동무대를 다듬어 주는 것이 이치에 맞지 않을까요?

버터워쓰: 알렉스, 저는 스티걸법 그 자체를 좋아하는 것은 아닙니다. 만약 당신이 이를 제거하려 든다면 어떻게 해야 할지, 어떤 것으로 대체할지에 대하여 매우 신중해야 할 것입니다. 이 부분이 바로 제가 생각하는 재무부 제안서의 부족한 부분입니다.

사회자: 그러나 저는 이 제안이 자기자본 수준의 체계를 제시하는 데 매우 신중했다고 보고 있습니다. 그로 인해 상대적으로 자기자본이 잘 구비된 은행들만이 스티걸 법에 명시된 활동을 할 수 있게 되었습니다.

버터워쓰: 알고 있지만 이것은 제가 원하는 것을 이루는 것과는 좀 거리가 있다고 봅니다. 마이크, 이건 제가 설명할 수는 있지만 당신이 스스로 이해해야 하는 부분도 있습니다.

사회자(짜증스러운 표정을 지으며): 고맙군요, 베쓰. 자본비율에 대해 이야기하면서, 당신은 내가 1992년에 새로이 발효될 BIS(Bank for International Settlement, 국제결제은행)에 비추어서 재무부 제안서의 파장을 생각하지 않은 것으로 알고 있군요.

애플턴: 간단한 거예요, 마이크. BIS 조항은 최소 요구조건입니다. 재무부 제안은 BIS 최소 충족기준 이상의 수준에서 은행들이 선택하도록 하고 있습니다. 오히려 저의 신경을 자극하는 BIS 가이드라인은 이들이 또한 은행이 부외 아이템들에 관해서까지 자본확보를 하도록 규제한다는 것입니다. 이 아이템들이 부기가 될 때, 여기에 관해서 또다시 다른 자본 충족 요건이 발생하게

되는데 이건 이중계상 아닙니까?

버터워쓰: 그렇다고 보긴 어렵습니다. 왜냐하면 동시성이 없기 때문입니다. 대출약정에서만 남아 있는 몇십억 달러의 미회수 대출금과 함께, 미국은행의 우발채무(contingent liability) 이슈는 우리가 파악해야 하는 문제입니다. RAP(Regulatory Accounting Principles, 규제회계원칙)와 GAAP(Generally Accepted Accounting Principles, 일반적으로 인정된 회계원칙) 회계가 이런 우발채무를 다루었던 방법은 참으로 애석합니다. 저는 예금은행(depository institutions)이 이런 부채들을 단순히 각주 처리하기보다는 재무상태표에 인식해야 한다고 강력하게 믿고 있습니다.

애플턴: 베쓰, 잠시 논점에서 벗어난 이야기를 하고 있는 것 같습니다. 여기 있는 누구도 어떻게 우발채무의 가치를 평가할지에 대한 아이디어가 없는데 당신이 제시한 계정을 어떻게 계량화하죠?

버터워쓰: 그건 당신 생각인 것 같고요, 알렉스. 이용 가능한 가치평가모델은 있습니다. 완벽과는 거리가 멀지만 말이죠. 그러나 불완전한 정보라도 아예 없는 것보다는 낫죠.

애플턴: 저는 당신이 여기에 대해서 잘못됐다고 생각합니다. 지금까지 당신이 이야기했던 것은 시장가격 회계에 밀접히 연관이 있는 것입니다. 최근 연방준비제도 이사회의 앨런 그린스펀(Alan Greenspan) 의장이 SEC(Securities and Exchange Commission, 〔미국〕 증권거래위원회)에 보낸 편지에서 은행이 모든 자산을 시장가치 기준으로 회계 처리하는 것에 대한 반대 목소리를 냈다고 들었습니다. 식견이 있는 사람들이 벌써부터 시장가격회계 방법에 대한 어려움을 인식하기 시작한 겁니다.

사회자: 여러분, 잠시만요. 제가 여기에 영원히 있는 건 아니라는 걸 기억하시기 바랍니다. 토론 주제는 은행개혁과 예금보험입니다. 앞에서 이야기하고 있는 부외거래활동이 예금보험과 어떤 관계가 있나요?

버터워쓰: 그거 좋은 질문이에요, 마이크. 솔직하게 전 잘 모르지만 우발채무가 예금보험기금에 대한 숨겨진 부채를 보여주는 것이라 추측하고 있습니다. 더 많은 우발채무를 은행이 보유할수록, 더 많은 위험이 은행시스템에 존재하게 되는 것입니다.

애플턴: 두 분 다 아시겠지만, 저는 부외거래활동이 은행산업의 미래라 보고 있습니다. 그래서 이 부분에서 베쓰의 관점이 제게는 좀 문제가 되는군요. 아마도 주장에 대한 근거도 가지고 계시겠지요?

버터워쓰: 아니요, 알렉스. 그렇지는 않습니다. 더 조사해보도록 하겠습니다.

사회자: 그럼 예금보험부분으로 다시 돌아가도록 하겠습니다. 아시다시피 얼마 전 저는 세미나에 다녀왔습니다. 그곳에서 어떤 분이 예금보험 문제에 대한 가장 간단한 해법은 어떠한 연방예금보험도 설정하지 않는 것이라고 하였습니다. 시간이 많지 않아 그분이 그렇게 말씀하신 이유까지 모두 들어보지는 못했습니다만, 그 견해가 그럴듯하지 않습니까?

버터워쓰: 저는 동의하지 않습니다. 연방예금보험은 뱅크런(bank run, 대량예금인출사태. 뱅크런은 파산으로 이어질 가능성이 높음)을 방지합니다. 만약 예금보험이 없다면 경제가 건전하고 어떤 역쇼크도 받지 않는다 하더라도 패닉이 발생할 수 있습니다. 이건 경제에 치명적인 악영향을 끼칠 수 있습니다.

애플턴: 베쓰, 저에게는 당신이 제기한 논쟁에 대한 이론적 바탕이 매우 친숙한 주제입니다. 그러나 예금보험이 뱅크런을 방지하는 유일한 수단이라고 말하는 건 아니라고 확신합니다. 태환 중지(suspension of convertibility) 또는 100%의 지급준비금 요구조건은 어떻습니까?

버터워쓰: 뱅크런 문제를 해결하는 데에 태환중지도 예금보험과 마찬가지로 잘 작동하지 않을 것입니다. 과거에 시도되었다는 것도 알고 계시겠죠. 100% 지급준비금에 의한 해결법은 어느 정도 유용하겠지만 개인적으로는 마음에 들지 않는 방법입니다. 왜냐하면 부분지급준비금은행제도는 예금금융중개업(depository financial intermediation)의 역사적 기반이기 때문입니다. (100% 지급준비금제도를 도입하면) 은행의 지급기능과 신용창출기능의 분리에서 매우 핵심적인 부분이 희생됩니다.

사회자: 일반적으로, 저는 은행 유동성을 확보하기 위한 수단으로 지급준비금을 사용하는 것을 좋아하지 않습니다. 심지어 연방준비은행도 공식적으로 지급준비금 요구비율을 낮춰왔습니다. 제가 좀 혼란스럽다고 인정할 수밖에 없군요. 우리는 지금 현명한 은행개혁의 희망이 없다고 말하고 있는 것 같군요. 그렇습니까?

애플턴: 마이크, 저는 그런 의도로 이야기했던 것은 아닙니다. 제가 흥미를 보였던 제안 하나는 우리가 예금을 없애고 은행이 부채 가격을 뮤추얼 펀드 지분처럼 재평가하는 것입니다. 일부에서는 이 방법이 뱅크런을 완벽하게 제거할 것이라고 하지만 저는 확신이 서지 않습니다.

버터워쓰: 저도 그렇습니다.

애플턴: 제가 좋아하는 또 다른 제안은 전업은행(narrow bank) 개념입니다. 우리는 연방보험 예금을 보유할 수도 있습니다. 하지만 이러한 예금은 T-bill과 같이 매우 안전한 자산에만 투자될 것이 요구됩니다.

사회자: 좋습니다. 그러나 부분지급준비제도를 유지하는 한, 예금인출위험을 완벽하게 제거할 순 없을 겁니다.

애플턴: 그렇기 때문에 최종대부자(a lender of last resort)가 있는 거죠, 마이크.

사회자: 좋습니다! 그렇다고 볼 수 있겠죠, 알렉스. 하지만 하나 이해되지 않는 부분이 있습니다. 그렇다면 은행이 현재 자금조달하고 있는 모든 자산은 어떻게 된 겁니까?

애플턴: 대단한 건 아닙니다. 자본시장으로 이전됐거나 비보험예금으로 조달됐겠죠.

사회자: 하지만 그런 식의 비중개(disintermedation) 또는 재중개(reintermedation)는 언제나 좋은 것이죠?

애플턴: 왜 아니겠어요? 은행들은 이미 보유자산 중 상당부분을 증권화하고 있지요. 신용카드매출채권에서 모기지론까지 말입니다. 제가 제시하는 건 그런 절차의 자연연장에 불과합니다.

버터워쓰: 그렇죠. 증권화에는 자연한계가 있죠. 더불어 증권화를 하더라도 은행은 발행자 역할을 합니다. 알렉스, 당신이 제시하는 건, 제 생각엔, 실제로는 은행에 특별한 무엇인가가 전혀 없다는 전제에 기초하고 있습니다.

애플턴: 확실히 그렇습니다! 제가 믿기로는 모든 걸 분해하고 나면 은행의 기본적 역할은 분배자(lot breakers)로서 단순한 거래서비스를 제공합니다. T-bill(미국 재무성이 발행하는 만기 1년 미만의 단기 국채)에 근거해서 수표를 발행할 수는 없죠. 저는 그래서 은행이 필요합니다.

버터워쓰: 알렉스, 더는 동의 못 합니다. 제가 믿는 바로는 은행은 특별합니다. 당신의 제안은 자칫 사회가 자본을 저축자로부터 투자자로 배정하는 과정의 핵심요소를 파괴할 수 있습니다.

사회자: 우리가 마치 근본적 의견불일치 상황에 빠진 것 같군요. 은행이 왜 있고 은행이 실제로 하는 일이 뭐죠?

애플턴: 의견불일치라뇨, 그게 뭐죠? 아무에게나 물어보시죠. 그럼 은행이 존재하는 이유는 돈을 빌리고 빌려주기 위해서라고 말할 겁니다.

사회자: 그건 확실합니다. 하지만 그렇다고 이 이슈가 정리되는 것은 아니죠. 그렇지 않습니까, 알렉스? 결국 빌리고 빌려주는 건 서비스가 '아니죠'. 질문의 요체는 은행의 재무서비스 생산의 산출물이 무엇이냐는 거죠. 질문의 요체는 은행과 기타 금융기관들이 생산하는 이렇듯 좀 불투명해 보이는 금융서비스가 도대체 무엇이냐는 거죠. 당신은 그런 서비스가 순수하게 거래적인 것이라 한 반면 베쓰는 그 이상이라고 합니다.

버터워쓰: 마이크, 그 말이 이 상황을 표현하는 데 좀 근접한 표현 같군요. 아시겠지만, 알렉스, 제가 거래서비스가 중요치 않다고 말하고 있는 것은 아닙니다. 저의 요점은 간단하게 말해서 사적 정보(private information)문제와 도덕적 해이(moral hazard) 문제를 은행이 해결해주고 있다는 것입니다.

사회자: 요점은 은행의 경제적 기능을 이해하지 못한 상태에서 우리가 여기 앉아서 은행개혁 방안을 평가할 수는 없다는 것입니다. 은행의 기능이 무엇인지 이해한 이후에만 은행개혁의 대안들이 장차 어떻게 은행서비스 창출의 효율성에 영향을 미치는지 물을 수 있습니다. 만약 은행의 유일한 서비스가 순수하게 거래적인 것이라면 제겐 알렉스의 명제가 전적으로 타당해 보입니다.

버터워쓰: 실제로 알렉스의 명제가 나쁜 건 아닙니다. 단지 좀 부족하다는 거죠. 우리가 해야 할 것은 알렉스가 제시한 개념이 연방보증이 따르지 않는 부채로 자금을 조달하는 한 사실상 원하는 모든 자산에 투자할 능력이 있는 대형은행에 체화되도록(embedded) 하는 것입니다. 그건 우리가 금융중개절차를 훼손하지 않고 안전성을 확보하기 위한 것이죠. 물론 우리는 전업은행 영역 주변에 효과적인 차이니스 월(Chinese Walls)을 설정할 수도 있습니다.

애플턴: 베쓰, 좀 식상하지 않습니까? 제 생각엔 그런 식의 차이니스 월이 관통불능이라고 생각하는 것은 구태의연합니다. 그리고 그것들이 완전무결하지 않다면 우리는 원점으로 되돌아가는 셈입니다.

버터워쓰: 오, 이봐요 알렉스! 당신은 또다시 "완전한 것을 주거나 아무것도 주지 마시오"라는 식의 여행길에 들어섰군요.

사회자: 좋습니다. 주제를 바꿉시다. 우리가 여태 규제자의 역할 자체에 관해서는 전혀 언급하지 않은 것이 좀 놀랍군요. 많은 사람들이 최근에 규제자와 회계사들이 S&L 사건에 많은 책임이 있

다고 비난하고 있습니다.

버터워쓰: 그리고 그럴 만한 충분한 이유가 있습니다. 규제가 예금금융기관에 왜곡된 인센티브를 제공했음은 물론 규제자들의 행동이 그로부터 기인된 문제를 악화시켰습니다. 아시다시피 S&L 규제자들은 일찌감치 1980년대에 대부분의 S&L들의 경제적 순가치가 마이너스였지만 청산시키지 않았다는 걸 인지했다고 이제 인정합니다.

사회자: 그런데도 그들(S&L들)이 어떻게 살아남았죠?

버터워쓰: 좀비처럼요, 대부분 말이죠. RAP와 GAAP는 놀랍도록 탄력적인 기준들입니다.

애플턴: 좋습니다. 문제는 전반적인 과정이 너무도 철저히 정치화되어 있다는 것입니다. RTC(Resolution Trust Corporation, 정리신탁공사)가 설립된 방식을 보셨죠? RTC설립 목적은 순전히 최소비용으로 구조를 완결하기보다는 구조의 총비용에 관해 납세자를 호도하기 위한 것처럼 보입니다.

버터워쓰: 재미있는 관점이군요, 알렉스. 그건 미처 몰랐습니다.

애플턴: 오늘 저녁 내내 베쓰가 동의한 건 이번이 처음이군요. 하지만 좀 심각하게 생각해 보면 정말 큰 문제는 은행들이 규제자들로부터 무엇을 기대해야 할지 정말로 모른다는 것입니다. 규제불확실성은 분산불가능 위험입니다. 따라서 규제불확실성은 은행의 자본비용을 증가시키고 자기자본요구비율이 낮은 영역에서 활동하도록 부추깁니다. 제 생각에는 증권화, 스왑 그리고 우리가 보아 온 다양한 부외활동들(off-balance sheet activities)이 규제불확실성에 기인합니다.

사회자: 그건 당신이 제시한 일련의 관점 중 두 번째로 탁월한 관점입니다, 알렉스. 하지만 은행들이 부외활동을 증가시킨다면 이는 부내활동(on-balance sheet activities) 감소로 이어지지 않을까요? 이런 것들이 상업은행의 전통적 역할로 여겨진 기업대출 활동의 감소로 나타날 것이라고 생각합니까?

애플턴: 아마도 그럴 겁니다, 꼭 그렇진 않겠지만요. 정말 그러면 어떨까요? 하지만 그 얘긴 여기서 멈추는 게 낫겠네요. 이 점에서 저의 관점이 아마도 베쓰의 강력한 반대를 촉발시킬 것 같아서요.

버터워쓰: 그것은 이제 끝냅시다. 내가 마이크 당신의 질문에 응대해야 되니까. 당신도 70% 이상의 기업대출이 담보부이고 담보는 은행 입장에서 실제로 유익한 인센티브 효과가 있다는 것을 알

것입니다. 더구나 담보는 은행으로 하여금 창의적인 대출계약 설계를 하도록 작용합니다. 이러한 점은 일부 골치 아픈 정보 문제를 해결하는 데 도움이 됩니다. 그것은 또한 은행의 차입자 모니터링 능력 향상으로 이어지고 이런 기능은 담보부 및 무담보부 대출과 모두 관련이 있는 핵심기능입니다. 정말 장황한 이야기를 간단하게 말하자면 제 생각으론 기업대출은 은행활동의 핵심요소입니다. 만약 규제가 기업대출을 위축시킨다면 제 생각엔 금융중개절차가 심각하게 약화되는 결과를 초래할 것입니다.

사회자: 만약 기업대출에서 은행의 역할이 약화된다면 사회적으로 무슨 손실이 예상됩니까, 베쓰?

버터워쓰: 그건 제가 좋아하는 주제입니다, 마이크. 그래서 제가 그 얘기를 할 수 있으면 우리는 여기서 올나이트할 수도 있습니다. 하지만 간략하게 합시다. 제 생각에 은행들은 이런 종류의 대출 창출, 대출약정 디자인, 계약조항 구조화 등에서 상당한 전문성을 개발해 왔습니다. 담보조건 설계, 모니터링, 재무적 곤경에 빠진 대출자의 대출 구조조정 등도 포함되죠. 만일 이런 기법들이 재학습되도록 금융시스템이 진화했다면 그건 수치죠.

애플턴: 만약 은행이 하지 않으면 누군가 하겠죠.

버터워쓰: 옳다고 확신합니다. 그러나 문제는 비교우위와 사중적 손실, 즉 불필요한 일을 하는 것 중 하나입니다. DIP(Debtor-in-Possession〔점유채무자〕, 채권자가 담보권이나 유사한 보증권리를 가지고 있는 재산에 대해 아직 소유권을 가지고 있는 파산청원 중인 개인 또는 기업) 금융을 예로 들어보겠습니다. 법률에는 은행만 그 업무를 수행할 수 있다는 조항이 없습니다. 하지만 DIP금융 시장에서 은행이 최대의 활약을 하고 있습니다. 그것은 단순한 우연의 일치가 아닙니다.

사회자: 최근 10년 동안 미국의 기업부채시장 혼란을 감안할 때 DIP금융 시장이 그렇게 크게 성장한 것은 놀라운 일이 아닌 것 같습니다. 제가 개인적으로 발견한 것은 부채구조조정의 전제 과정은, 특히 그 과정에서의 은행의 역할은 매우 매혹적이라는 것입니다. 하지만 차입자들이 신용할당에 대해 불만을 토로하는 와중에 은행들이 DIP금융 시장에 개입했다는 것은 정말 아이러니라고 생각합니다.

애플턴: 신용할당에 관한 우려는 좀 지나친 것 같습니다. 무엇보다도 저는 은행이 신용할당을 한다고 믿지 않습니다. 또 만약 한다면 그건 비합리적입니다. 왜 누군가 50억 달러를 불태우고 싶어 할지 걱정하는 습관이 제겐 없습니다. 더군다나 합리적 차입자는 언제나 어디든 가서 차입할 수 있습니다. 그렇지만 솔직히 말해서 은행들이 신용할당을 하고 있음을 보여주는 믿을 만한 연구를 보고 싶습니다.

사회자: 자, 알렉스! 우리는 모든 사소한 진실을 입증하는 믿을 만한 실증연구를 필요로 합니까?

버터워쓰: 알렉스, 그 질문에 대답하지 마세요. 그 문제의 실체는 신용할당을 합리적 행동으로 설명할 수 있다는 것입니다. 또 할당당한 차입자가 '또 다른 어딘가' 갈 수 있다는 견해는 당신 때문에 나타나는 당황스런 결과가 아닙니다, 알렉스. 당신은 결코 은행이 특별하다고 믿지 않기 때문입니다.

사회자: 주제를 바꾸기 위해, 여러분 중 장차 미국의 은행들이 외국은행들에 대해 어떻게 필적할 수 있는지 의견이 있습니까?

애플턴: 좋습니다. 저는 일본은행들이 유럽은행들에 비해 경쟁위협이 작을 것 같습니다.

버터워쓰: 왜죠?

애플턴: 미국은행이나 유럽은행은 현재 자기자본 측면에서 구조가 더 좋습니다. 이 게임의 이름은 '자기자본'이 될 것입니다. 제 생각에 유럽은행들은 일본은행들을 희생양 삼아서, 어쩌면 미국은행들조차 희생양 삼아서 전 세계적으로 성장할 것입니다.

사회자: 그렇게 되면 유럽은행의 성장이 미국은행의 미래에 미칠 영향의 입장에서 우리는 규제개혁으로 내몰릴 것입니다.

버터워쓰: 그 말은 은행들이 하는 일과 우리가 은행에 바라는 일을 확실하게 이해하는 게 바람직하다는 것을 뜻합니다.

사회자: 아멘!

애플턴: 저도 동의하니 작별할 시간이 됐군요.

사회자: 굿 나잇!

버터워쓰: 굿 나잇!

이어진 대화: 2007년

세 친구는 2007년 말에 되돌아와서 또 한 번의 대화에 불을 당겼다. 지금의 주제는 자본규제와 예금보험 개혁이다.

사회자: 지난번 우리가 만난 뒤 많은 일이 벌어졌습니다. S&L 파산은 아득한 기억이 되었어요. 글래스-스티걸법(Glass-Steagall Act, 1933)은 사문화됐고, 우리는 바젤 I 자기자본 협약에 대해 많은 경험을 쌓았는데 작년에 바젤 II 자기자본 협약이 채택됐고, 연방예금보험공사(Federal Deposit Insurance Corporation: FDIC)는 엄청난 준비금을 쌓았고, 은행은 부외거래 조건부 부채에 대해 자기자본을 확보해야 하는 등등….

애플턴: 맞습니다. 우리는 결국 모든 것에서 빗나간 것 같습니다.

버터워쓰: 우리 모두 기억에서 다소 선택적이라고 확신합니다. 하지만 여기서 좀 끼어들어서 바젤 I 협약을 바젤 II 협약으로 대체한 것에 관해 질문 좀 하겠습니다.

애플턴: 저는 좋은 일이라고 생각합니다. 바젤 I 협약은 그 이전 것에 비해 장족의 발전이었습니다. 하지만 바젤 II는 훨씬 더 정교해졌습니다.

사회자: 바젤 II의 특히 어떤 면을 언급하고 계십니까, 알렉스?

애플턴: 세 개의 기둥입니다, 마이크. 바젤 II의 포괄적인 목표는 은행의 시스템위험을 적절히 통제하는 것입니다. 하나의 통제수단(자기자본 요구조건)에 의존하는 대신 이제 세 가지 유형의 통제수단을 사용하게 될 것입니다. 즉 자기자본 요구조건, 규제적 모니터링 그리고 시장규율(market discipline)입니다.

버터워쓰: 예, 저도 개념적으로 바젤 II를 좋아합니다. 하지만 제가 바젤 II를 믿고 있는지 확신은 못합니다.

사회자: 왜 못하죠, 베쓰? 마이크가 바젤 II를 너무 좋아해서요?

버터워쓰: 아닙니다. 아니에요. 저는 단순성을 좋아합니다. 그리고 바젤 II는 단순성과 다릅니다. 재무관리, 통계학 또는 수학 분야에서 박사학위를 가지고 있지 않은 한 당신이 대규모 은행에서 바젤 II의 모든 요구조건을 구현할 능력이 있다고 생각하지 않습니다.

애플턴: 오! 보세요, 베쓰. 대규모 은행은 잡다한 통계문제를 다루기 위해 계량분석가를 고용할 수 있어요. 그건 큰 문제가 아니죠.

버터워쓰: 아마도. 하지만 저는 바젤 I의 단순성을 정말 좋아했어요. 그것은 완벽하지 않았기 때문에 은행들이 채택할 수 있었죠. 하지만 전반적으로 볼 때 그건 작동했어요.

사회자: 오케이, 동지들. 우리가 오늘의 토론을 여기서 종결지을 거라곤 생각지 않습니다. 양측의 수많은 훌륭한 주장을 압니다. 하지만 시티그룹(Citigroup)을 탄생시킨 시티코프(Citicorp)와 트래블러스(Travelers) 간 합병으로 화제를 옮깁시다. 몇 년 전 이 사건이 일어난 뒤 그에 관해 여러분께 질문할 기회가 없었습니다.

버터워쓰: 자, 그 사건은 은행과 보험회사 간의 M&A를 포함하고 있었기 때문에 그것은 M&A를 통해 도약하려는 대찬 움직임이었다고 생각합니다. 은행과 보험회사 간의 M&A는 글래스-스티걸 법이 살아 있던 당시에는 위법이었습니다.

사회자: 예, 압니다. 두 회사 간 합병 이전에 규제자들이 글래스-스티걸 법을 와해시키리라 확신했던 사람을 알진 못하지만 글래스-스티걸 법을 따르면 그 합병은 실행되면 안 되는 거였죠.

애플턴: 동의합니다. 그것은 지나간 결론입니다. 실제로 제 생각에는 글래스-스티걸 법을 와해시킨 것은 잘한 일입니다. 시장규율을 은행에 접목시킨 것과 새로운 규제의 틀은 은행산업의 전반적인 위험에 뚜껑을 씌워놓기에 충분할 것입니다.

버터워쓰: 좋습니다. 당신이 맞는 것 같습니다. 하지만 규제자 옆에서 뭔가 할 수 있도록 허용됐다는 것이 반드시 그것을 해야 한다는 것을 의미하진 않습니다. 은행과 보험의 완전한 혼합 방식의 합병 이후에 시티그룹이 실행한 그 큰 기획은 실현이 완결된 것 같지는 않습니다.

애플턴: 그 점에서는 저도 두 분의 의견에 동의해야겠습니다. 은행의 업무영역에 관한 전반적인 이슈는 매력적인 것입니다. 그리고 시티그룹이 보험사업의 일부를 매각하려고 결정한 것은 은행들이 아직 활동범위에 대해 확실히 그림을 그리지 못했다는 징표입니다. 규제자들이 무엇을 허용하는지에 관계없이요.

사회자: 그 중요한 점에서 우리 모두 동의했다고 생각합니다. 우리가 또 다른 점에서도 그렇게 만장일치로 동의할까 하는 점에 대해서는 의심스럽습니다. 자, 이번 미팅은 여기서 끝내죠.

제1장 기본 개념

> 실용주의적인 사람은 어떤 지적 영향으로부터도 자유롭다고 생각하기 때문에 대개는 어떤 죽은 경제학자의 노예이다. 미친 자가 권력을 잡으면 허공에서 목소리를 듣기 때문에 세월 지나간 학술 작가의 작품으로부터 그들의 열광을 증류시킨다. 내가 확신하기로는 치장된 관심은 아이디어의 점진적 침투에 비해 몹시 과장되어 있다.
>
> 존 메이너드 케인즈: 『고용, 이자 및 화폐에 관한 일반이론』(1947)

서론

금융기관에 대한 현대 이론들은 금융경제학에 그 학문적 개념의 근거를 두고 있다. 이런 개념들은 본서에 자유롭게 활용되어 있다. 그렇기 때문에 금융 경제학에 대해 잘 이해해 두는 것이 중요하다. 처음 시작 부분에서는 왜 개별적 개념들이 은행산업을 이해하는 데 필요한지가 불분명할 것이다. 예를 들어 몇몇의 독자는 상업은행이 시장완비성(market completeness)과 어떤 관련이 있는 것인지 의문을 가질지도 모른다. 그러나 이렇게 추상적으로 보이는 개념들이 금융혁신, 증권화, 은행의 부외활동에 대한 이해를 돕는 핵심부분이다. 무위험 차익거래, 옵션, 시장효율성, 정보비대칭 등은 오랫동안 금융의 여타 하위분야들을 형성해 왔으며 은행론 연구를 위해 명백히 커다란 중요성을 띠고 있다. 따라서, 우리는 이 장에서 이런 개념들을 명확하게 설명하여 이런 주제들에 친숙하지 못한 독자들이 쉽게 이해하는 것을 도우려 한다.

위험 선호

개인의 경제적 행동을 이해하기 위해서 효용함수를 이용하여 개인을 이해하는 것이 편리하다. 효용 함수란 다른 결과물들에 대한 선호를 요약한 것이다. 부의 수준을 W라고 했을 때, U(W)는 부에 대한 개인의 효용을 나타낸다. 여기서 해당 개인이 항상 더 많은 부를 선호한다고 가정하는 것이 합리적이다. 이것을 불포화성(nonsatiation)이라 부르며 $U'(W) > 0$이라 표현할 수 있다. 단, 프라임 부호(′)는 수학적 도함수(derivative)를 뜻한다. 다시 말해, 한계적 관점에서 볼 때 추가적 부는 항상 어느 정도의 효용을 증가시킨다.

개인은 위험중립, 위험회피, 위험선호형으로 나뉠 수 있다. 만약 위험중립적이라면, 그 개인은 갬블의 수학적 기대값을 얻는 확실성과 갬블 자체의 불확실성에 대해 무차별하다. 위험중립적인 사람에게는 기대되는 부만 관심의 대상이고 부의 변동성은 관심이 없기 때문에, 효용함수는 부에 대해서 선형(linear)이 되며, 이차 도함수(second derivative: $U''(W)$)는 0이 된다. E(•)는 통계적 기대 연산자라 하자. 위험중립적인 개인의 경우 $U[E(W)]=EU(W)$로 나타낼 수 있다. 단, $U[E(W)]$는 W의 기댓값의 효용이고 $EU(W)$는 W의 기대효용이다. 이런 개인에게는 결과가 바뀌지 않는 한 결과의 위험을 바꾸더라도 개인의 효용에는 아무런 영향이 없다.

위험 회피 개인의 효용함수는 부에 관해서 오목하다. 다시 말해 $U''(W)<0$이다. 이런 개인들은 같은 크기의 기댓값을 갖는 갬블에 비해 같은 크기의 확실한 값을 선호한다. U가 W에 대해 (엄격하게) 오목할 때 젠센의 부등식(Jensen' s inequality)으로 나타내면 다음과 같다.

$$U[E(W)]>E[U(W)]$$

따라서 위험회피적 개인들은 높은 위험보다 낮은 위험을 선호한다. 또는 같은 의미로, 그들은 위험에 대한 노출의 대가로 보상(프리미엄)을 요구한다.

위험선호적 개인은 같은 기댓값을 가져오는 두 개의 결과 중 위험이 더 큰 편을 선호한다. 위험선호자의 효용함수는 부에 대해 볼록하며 이는 $U''(W)>0$이라 나타낸다. U가 W에 대해 (엄격하게) 볼록할 때 젠센의 부등식으로 나타내면 다음과 같다.

$$U[E(W)]<E[U(W)]$$

복권이나 승마투표방식(parimutuel betting, 이긴 말에 베팅한 사람들에게 수수료를 제하고 건 돈 전부를 분배하는 방식)의 인기에도 불구하고, 보통은 개인들이 위험회피적이라고 가정한다. 대부분의 금융이론은 이 가정에 기반을 두고 있다. 〈그림 1.1〉은 위험 선호의 다른 종류들을 그림으로 보여준다.

〈그림 1.2〉는 위에서 설명한 내용을 그대로 옮겨 그려놓았다. 0.5의 확률로 W_1, 0.5의 확률로 W_2가 될 수 있는 개인의 부 W를 두고 갬블을 한다고 생각하자. 만약 개인이 위험회피형이라면, 오목한 효용 함수를 가지게 되어 곡선 AB와 같은 선을 가지게 될 것이다. 게임으로부터 기대하는 개인의 부를 $E(W)=0.5W_1+0.5W_2$로 나타내면 이 값은 W_1와 W_2의 중간 어디쯤이 될 것이다. 기대되는 부에서 나온 효용은 $U[E(W)]$에 의해 y축에 그려진다. 그러나 만약 개인이 이 갬블

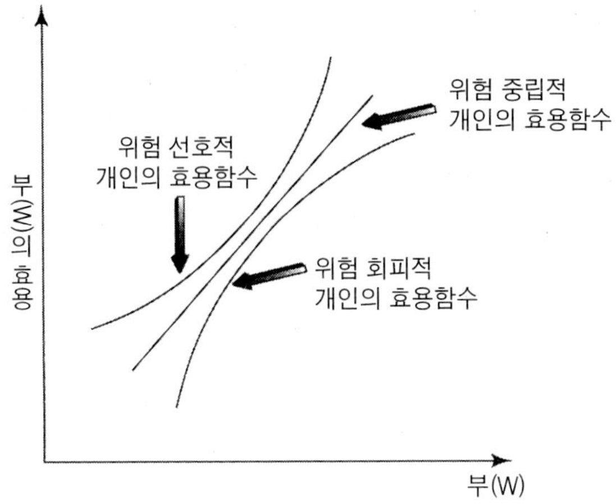

〈그림 1.1〉 효용함수의 세 가지 다른 유형들

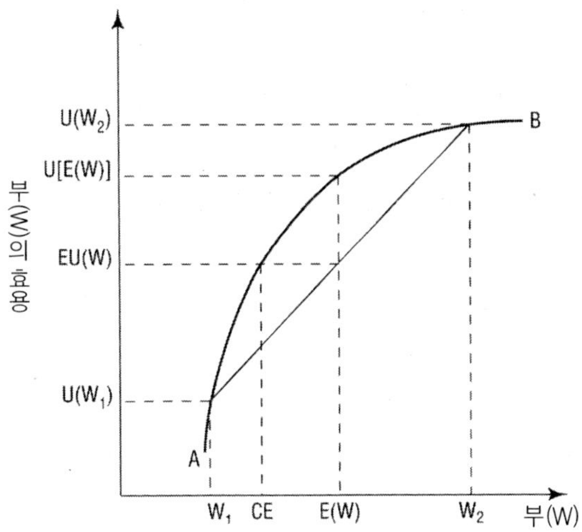

〈그림 1.2〉 위험회피와 확실성등가

을 받아들인다면 기대효용 EU(W)는 y축의 $U(W_1)$와 $U(W_2)$ 사이에 존재할 것이다. 그리고 수직축을 x축에 있는 W_1와 W_2 사이의 수직선과 $U(W_1)$와 $U(W_2)$를 잇는 직선의 중간지점 사이 교차점으로서 읽을 수 있다.

따라서 그림에 명확히 나타나듯이 U〔E(W)〕〉EU(W)이다. 개인의 효용함수가 더욱더 휘어지거나 오목할수록, 개인은 더욱 위험회피적이며 U〔E(W)〕와 EU(W) 사이의 차이는 더욱 커질 것이다.

위험회피적인 개인이 확실한 보상과 갬블 사이에서 무차별적이 되도록 하기 위해서는 어느 정도의 확실한 보상을 해야 할까 질문해 볼 수 있다. 그러한 확실한 보상은 확실성등가(certainty equivalent)라고 한다. 〈그림 1.2〉에서 확실성등가는 x축상의 CE에 의해 정의된다. 여기서 개인은 위험 회피적이기 때문에, 도박의 확실성 등가는 기댓값보다 적다. 다르게 표현하자면, E(W)-CE는 위험회피적인 개인이 확실하게 CE를 얻는 대안이 있을 때 갬블에 참여하기 위해 요구하는 위험 프리미엄이다.

위험회피 개념은 본서에서 자주 사용된다. 예를 들어 3장에서 경제에서 금융기관의 역할을 논의할 때 이 개념을 이용한다. 위험회피는 또한 금융혁신, 예금보험, 기타 수많은 이슈들을 이해하는 데 중요하다.

분산투자

방금 우리는 위험 회피적인 개인들이 위험을 줄이고 싶어 함을 보았다. 위험을 줄이는 방법 중 하나가 분산시키는 것이다. 분산화에 대한 가장 기본적인 아이디어는 만약 당신이 위험자산을 다양하게 가지고 있다면 당신의 수익이 꼭 커지지는 않지만 수익을 예측하기가 더 쉬워진다는 것이다. 분산효과가 작동하기 위해서는, 당신의 포트폴리오에 속해 있는 자산의 수익이 완전상관 또는 양(+)의 상관관계에 있지 않아야 된다는 것이 필요조건이다. 사실, 만약 이 자산 간의 상호연관성이 크다면, 실질적인 목적에서는 이 자산들이 동일하기 때문에 분산화 기회는 사라진다. 위험은 특이위험(비체계적 위험) 또는 체계적 위험으로 분류될 수 있음을 기억하자. 특이(비체계적) 위험은 문제의 자산에서 특수한 요인들에 기인하는 반면에 체계적 위험은 경기 침체와 같은 경제 전반적 현상에 따른 자산의 수익률 간 상관관계(공분산)에 기인한다. 비체계적 위험은 분산 가능하며, 체계적 위험은 분산 불가능하다.

분산이 어떻게 작동하는지 알아보기 위해서 당신이 두 가지 자산 A와 B를 가지고 있으며 각각의 수익률이 확률변수라고 가정하자.* 자산 수익률의 분산은 각각 σ_A^2와 σ_B^2이다. A와 B의 수익률이 완전한 양의 상관관계, 즉 $\rho_{AB}=1$을 가진다고 가정한다(여기서 ρ_{AB}는 A와 B의 상관계수이다). A와 B에 투자한 포트폴리오 비율은 각각 y_A와 y_B로 나타낸다. 그렇다면 포트폴리오 수익률의 분산은

$$\sigma_P^2 = y_A^2\sigma_A^2 + 2y_Ay_B\mathrm{Cov}(A,B) + y_B^2\sigma_B^2 \tag{1.1}$$

* x와 y가 각각 '-∞에서 +∞'의 값을 갖는 두 개의 확률변수(random variables)라고 하자. 확률변수란 움직임이 확률밀도함수로 표현되지만 정확한 값은 알려져 있지 않은 임의의 변수이다. f(x)와 g(z)를 각각 x와 z의 확률밀도함수라 하자. 그러면 x가 a와 b값 사이에 놓일 확률은 $\Pr(a \le x \le b) = \int_a^b f(x)dx \ge 0$이다. 단, $\int_{-\infty}^{\infty} f(x)dx = 1$이다. x의 통계적 평균(기댓값)은 $E(x) = \int_{-\infty}^{\infty} x f(x)dx$이고 분산은 $\sigma_x^2 = \int_{-\infty}^{\infty} [x-E(x)]^2 f(x)dx$이며, 확률변수 z의 평균과 분산도 같은 방식으로 정의된다. 확률변수 x와 z의 공분산은 $\mathrm{Cov}(x, z) = \int_{-\infty}^{\infty}\int_{-\infty}^{\infty} [x-E(x)][z-E(z)]f(x)g(z)dxdz$이고 x와 z 사이의 상관계수는 $\rho_{xz} = \mathrm{Cov}(x,z)/\sigma_x\sigma_z$이다. 단, σ_x와 σ_z는 확률변수 x와 z의 표준편차(각각의 분산의 제곱근)이다.

Cov(A,B)는 A와 B의 수익률의 공분산이다. 공분산의 정의에 의해

$$\mathrm{Cov(A,B)} = \rho_{AB}\sigma_A\sigma_B \qquad [1.2]$$

따라서

$$\sigma = y_A^2\sigma_A^2 + 2y_Ay_B\rho_{AB}\sigma_A\sigma_B + y_B^2\sigma_B^2 \qquad [1.3]$$

그런데 $\rho_{AB}=1$이므로 [1.3]의 오른쪽은 완전제곱 $(y_A\sigma_A + y_B\sigma_B)^2$이 된다. 여기서 $y_A\sigma_A + y_B\sigma_B \geq 0$면 [1.3]을 다음과 같이 쓸 수 있다.

$$\sigma_p = y_A\sigma_A + y_B\sigma_B \qquad [1.4]$$

그러므로, 만약 $\rho_{AB}=1$라면 포트폴리오 수익률의 표준편차는 자산 A와 B의 수익률의 표준편차의 가중평균이다. 따라서 분산투자에서 투자수익률이 완전한 정(+)의 상관관계를 갖는다면 분산투자는 포트폴리오 위험을 감소시키지 못한다. 일반적인 상관계수 ρ_{AB}에 대해, 포트폴리오 수익률 분산은 다음과 같이 쓸 수 있다.

$$\sigma_P^2 = y_A^2\sigma_A^2 + 2y_Ay_B\rho_{AB}\sigma_A\sigma_B + y_B^2\sigma_B^2 \qquad [1.5]$$

y_A, y_B, σ_A, σ_B값이 고정된 값이라면 $\partial\sigma_P^2/\partial\rho_{AB} > 0$라는 것을 알 수 있다. 즉, 포트폴리오 위험은 구성자산 수익률 간의 상관계수와 함께 증가한다. $\rho_{AB}=0$에서(수익률의 상호 무상관) 다음의 관계가 성립한다.

$$\sigma_P^2 = y_A^2\sigma_A^2 + y_B^2\sigma_B^2 \qquad [1.6]$$

예제 1.1 이 케이스에서 분산이 도움이 되는지 알아보기 위해, $y_A=y_B=0.5$, $\sigma_A^2=100$, $\sigma_B^2=144$라고 가정하자. 자산 A와 B로 구성된 포트폴리오의 분산을 계산하라. 먼저 개별 자산의 수익률이 완전상관되어 있는 경우($\rho_{AB}=1$)에 대해서 계산한 다음 상호 무상관인 경우($\rho_{AB}=0$)에 대해 계산하라.

풀이 완전상관인 경우, $\sigma_P=0.5(10)+0.5(12)=11$ 또는 $\sigma_P^2=121$. 상호 무상관인 경우 [1.6]을 적용하여 $\sigma_P^2=0.25(100)+0.25(144)=61$. 따라서 후자의 분산이 완전 상관된 경우보다 낮을 뿐만 아니라 각 구성자산의 분산보다도 낮다.

분산의 최대효과는 ρ_{AB}의 최젓값이 -1일 때, 즉 수익률이 완전한 음의 상관관계를 가질 때 발생한다. 이 경우 포트폴리오 수익률의 분산은 다음과 같다.

$$\sigma_P^2 = y_A^2\sigma_A^2 - 2y_Ay_B\sigma_A\sigma_B + y_B^2\sigma_B^2 \tag{1.7}$$

따라서

$$\sigma_P = |y_B\sigma_B - y_A\sigma_A| \tag{1.8}$$

이전 경우보다 낮긴 하지만 포트폴리오는 위험이 남아 있다. 그러나 자산보유 비율이 자산의 상대적 위험과 역의 관계를 가지도록 포트폴리오를 구성한다고 하자. 즉

$$y_A/y_B = \sigma_B/\sigma_A \tag{1.9}$$

또는

$$y_A = \sigma_B y_B/\sigma_A \tag{1.10}$$

〔1.8〕식에 〔1.10〕을 적용하면

$$\sigma_P = y_B\sigma_B - (\sigma_B y_B\sigma_A/\sigma_A) = 0$$

이는 수익률이 완전한 음의 상관관계인 특별한 경우 포트폴리오의 위험이 0으로 줄어들 수 있음을 보여준다!

비록 수익률이 완전히 음(-)의 상관관계를 가진 자산이 없다 하더라도, 포트폴리오에 이미 투자되어 있는 총 부(total wealth)를 그대로 두고 (이미 포트폴리오에 포함된 자산과 완전한 양의 상관관계를 가지고 있지 않은) 자산을 추가함으로써 위험을 줄일 수 있다.* 이를 보여주기 위해, N개의 자산이 현재 이용가능하며, 각각 자산의 수익률은 다른 각각의 자산과 상관되어 있지 않다고 가정하자. 이 경우 수식 〔1.6〕을 일반화하면 다음과 같다.

$$\sigma_P^2 = \sum_{i=1}^{N} y_i^2\sigma_i^2 \tag{1.11}$$

* '대수의 법칙의 오류'를 지적하는 데에서 Samuelson(1963)은 더 많은 자산이 추가됨에 따라 투자자가 포트폴리오에 더 많은 부를 투입한다면 분산투자가 위험회피적 투자자에게 반드시 선호되는 것이 아님을 보여준다. 이에 관해서는 3장에서 더 자세히 다룬다.

여기서 y_i는 i자산에 투자한 포트폴리오 총 가치의 투자비중이고 i=1, …, N이며, σ_i^2는 자산 i의 수익률의 분산이다. $y_i = 1/N$의 값을 선택한다고 하자.

이때 σ_{max}^2를 σ_i^2 중 최대분산이라 정하면($\sigma_{max}^2 < \infty$이며 $\sigma_{max}^2 = \sigma^2$인 모든 i에 대해 $\sigma_i^2 = \sigma^2$가 됨을 허용), 〔1.11〕은 다음과 같아진다.

$$\sigma_P^2 = \sum_{i=1}^{N} \left[\frac{1}{N}\right]^2 \sigma_i^2$$

$$\leq N\left[\frac{1}{N}\right]^2 \sigma_{max}^2$$

$$= \frac{\sigma_{max}^2}{N}$$

이때 N이 증가함에 따라 σ_P^2는 감소하고, 극한에서 N이 무한대로 커지면, σ_P^2은 0이 된다. 결과적으로, (두 개씩 짝지었을 때) 상관관계가 없는 충분히 많은 자산을 가지고 있다면 우리는 포트폴리오 위험을 원하는 수준으로 낮추고 수익률은 원하는 만큼 예측 가능하게 만들 수 있다.

문제는 "왜 투자자들이 위험을 0으로 줄이지 않는가"이다. 첫째, 모든 위험이 분산 가능한 것은 아니다. 몇몇의 우발상황이 모든 자산에 영향을 미칠 수 있고 결과적으로 더 많은 자산을 갖는 것이 내재적인 불확실성(underlying uncertainty)을 변경시키지는 못한다. 이는 보험에서 말하는 불가항력(force majeure)이라는 개념이다. 홍수, 지진과 같은 자연재해와 전쟁으로 인한 손실을 그 예로 들 수 있다. 둘째, 투자자가 포트폴리오에 포함된 증권의 수를 늘릴수록 명백한 관리비용이 발생한다. 이런 비용은 분산투자를 제약하지만, 더불어서 많은 연구를 보면 상대적으로 적은 숫자의 증권을 보유함으로써 분산화로 인한 잠재적 효익의 대부분이 실현된다는 것을 보여준다. 즉, 분산화의 한계효용은 보유 증권 수가 늘어남에 따라 빠르게 감소한다.

마지막으로, 정보의 횡단면적(cross-sectional) 재활용성은 분산투자 인센티브를 감소시킨다. 정보의 재활용성은 금융기관 등장의 주된 동기였기 때문에 이에 대해서는 3장에서 더 깊게 설명하겠다. 만약 대출기관이 제철사업을 하는 투자자에게 대출을 해주기 위해 공부했다면, 이 기관은 제철사업을 하는 다른 고객에게 대출을 해 얻게 되는 잠재적 이익에 대해 알게 될 것이다. 이런 집중화로 얻게 되는 결과는 이후에 나타나는 비용에 분산되어 나타난다. 그렇기 때문에, 대부분의 금융기관에서 일어나는 특화된 분야로의 분산투자를 살펴보는 것이다. 만약 대출자가 돈을 빌려주기 위해 철강산업에 속해 있는 고객에 관한 탐색 목적으로 투자한다면 대출자는 철강산업 내의 다른 사업자들에 대한 대출의 잠재적 효익을 알 수 있게 될 것이다. 그 결과 발생하는 집중화 현상은 정보획득의 비용을 희석시킨다. 따라서 우리는 대부분의 금융기관들에게서 특화부분 내의 분산화를 발견한다. 그리고 우리가 위험을 취급하는 금융기관에 대해 언급할 때, 우리는 금융기관들이 전형적으로 일부는 분산화하고 일부는 흡수하며 일부는 다른 쪽으로 위험을 전가한다는 것을 의미한다.

이 책에서 분산에 대한 개념은 서로 다른 다양한 상황에서 사용된다. 예컨대 3장에서 우리는 금융중개서비스 생산에서 발생하는 규모의 경제를 설명하기 위해 그 개념을 매우 광범위하게 이용한다.

무위험 차익거래

차익거래(Arbitrage)란 불균형가격으로 거래되는 동일한 재화 또는 증권을 동시에 매수 또는 매도하는 것이다. 이러한 무위험 이익의 기회는 일시적이다. 왜냐하면 그러한 차익기회의 이용은 최초의 가격불균형을 소멸시키기 때문이다.

차익거래라는 용어는 거래대상이 유사하나 동일하지 않을 때, 그리고 위험이 적으나 전혀 없는

예제 1.2 다음 기의 경제상황으로는 활황(H: high)과 불황(L: low) 두 가지 경우가 존재한다고 가정하자. 자본시장에서는 두 가지 위험 증권 R_1, R_2와 무위험채권 B가 있다. 각 증권의 상황에 따른 수익과 현재의 시장가격이 아래의 〈표 1.1〉에 제시되어 있다. 무위험 차익거래 기회가 존재하는지 알아보시오.

〈표 1.1〉 증권의 경제상황에 따른 수익과 시장가격

	경제상황과 수익		
증권 구분	H	L	시장 가격
R_1	\$100	0	\$40
R_2	0	\$100	\$40
B	\$50	\$50	\$43

풀이 B에서 얻을 수 있는 수익과 동등한 수익을 얻기 위해 R_1과 R_2를 결합할 수 있기 때문에, 무위험 차익거래의 기회가 존재한다는 것을 알 수 있을 것이다. 총 \$80에 R_1과 R_2를 각각 하나씩 구입한다면, 다음 기의 경제상황이 H이든 L이든 상관없이 확실하게 \$100를 얻게 될 것이다. 따라서 B 2개를 \$86에 빌려서 매도한다면(그리고 그 돈으로 R_1과 R_2를 각각 한 개씩 매수한다면) \$6의 무위험차익을 챙길 수 있다. 당신은 내년에 빌려서 매도한 B 2개의 대금으로 총 \$100를 지불해야 하는 의무가 있지만 당신이 보유하고 있는 R_1과 R_2에서 생기는 현금유입으로 해결할 수 있다. 당신은 R_1과 R_2를 매입하기도 전에 B를 매도할 수 있기 때문에 당신의 이익은 어떤 투자도 필요하지 않고 위험도 존재하지 않는다. 물론 임의의 대량의 B를 매도하면서 그에 상응한 R_1과 R_2를 적절히 보유할 수 있다면 당신은 진정한 돈 만드는 기계가 될 수 있을 것이다. 그러나 당신의 매입과 매도 규모가 증가함에 따라 증권의 가격이 (균형가격으로) 수렴할 것이고 이는 다시 무위험 차익거래 기회를 없앨 것으로 기대하는 것이 합리적이다. 여기서 중요한 시사점은 관련된 증권의 가격은 서로 독립적으로 결정될 수 없다는 것이다. 이런 관찰이 옵션과 같은 파생증권의 가격 평가를 위한 강력한 수단을 제공해 준다.

것은 아닌 경우에도 종종 느슨하게 적용된다. 이와 같은 경우도 종종 차익거래라고 일컬어지게 된 이후로, 동어반복적 의미의 "무위험 차익거래"라는 말이 차익거래를 묘사하기 위해 등장했다. 제한된 위험투기(limited risk speculation, 작은 위험의 대가로 이익을 얻을 수 있는 상황)를 묘사하기보다는 말이다. 따라서 간단히 정의하자면 무위험 차익거래란 위험이나 투자 없이 얻어지는 이익을 뜻한다. 제한된 위험투기의 예시로서 위험조절 차익거래에 관해서는 다음에 논의하기로 한다. 앞의 무위험 차익거래 예시를 생각해보자.

어떤 자본시장균형도 무위험 차익거래를 배제한다는 개념은 금융기관경영론을 포함하여 재무학에서 많이 적용되어 온 강력한 개념임이 증명되어왔다. 우리는 대출약정(loan commitment) 등 조건부청구권의 가치평가를 포함하여 이 개념이 다른 상황에서도 적용됨을 보게 될 것이다.

옵션

옵션이란 보유자에게 미래 또는 일정 기간 중에 정해진 가격으로 자산을 사거나 팔 수 있는 권리를 부여하는 계약이다. t=1 시점에 가치가 X가 될 자산이 있다고 하자. t=0(현재) 시점에서 보면 X는 확률변수이다. 콜옵션은 보유자가 정해진 가격 P_c에 t=1 시점 또는 그 이전에 이 자산을 구입할 수 있는 권리를 부여한다. 만약 옵션 보유자가 자산을 구입하고 싶지 않다면 그는 옵션을 행사하지 않고 소멸시킬 수 있다. 결국 t=1 시점에서 콜옵션의 가치는 다음과 같다.

$$C(t=1)=\begin{cases} X-P_c & \text{if } X > P_c \\ 0 & \text{if } X \leq P_c \end{cases} \quad [1.12]$$

옵션가격결정이론은 C(t=0), 즉 t=0에서 콜옵션의 가치를 설명한다. 기본적인 아이디어는 옵션과 같은 수익을 내도록 기초증권과 무위험 채권으로 이루어진 포트폴리오를 구성하는 것이다. 균형에서는 무위험 차익거래가 존재하지 않기 때문에 이 포트폴리오의 가격은 옵션의 가격과 동일해야 한다. 그런 다음 관찰된 주식과 채권의 가격을 이용하여 옵션의 가격을 평가한다. 이후의 장들에서 옵션 가격결정에 대해 더 언급할 것이다.

대칭적 개념으로, 풋옵션(put option)은 옵션보유자에게 특정 자산을 정해진 가격 P_p으로 t=1 시점 또는 그 이전에 팔 수 있는 권리를 부여한다. 따라서 t=1 시점에 풋옵션의 가치는 다음과 같다.

$$P(t=1)=\begin{cases} P_p-X & \text{if } X < P_p \\ 0 & \text{if } X \geq P_p \end{cases} \quad [1.13]$$

풋옵션과 콜옵션의 구분에 더해 옵션은 유럽식(European) 또는 미국식(American)이 될 수 있다. 유럽식 옵션은 예를 들어 t=1 시점과 같은 미리 정해진 특정 만기일에만 행사될 수 있다.

예제 1.3 행사가격인 P_c=$100인 유럽식 콜옵션을 생각하자. t=1 시점에서, X는 0.5의 확률로 $110, 0.5의 확률로 $90이 될 것이다. 상황을 단순하게 하기 위해, 모든 사람이 위험 중립적이고 할인율은 0이라고 가정하자(미래수익이 현재수익과 같은 값이 되도록). [1.12]식으로부터

$$C(t=1)=\begin{cases}\$10 & \text{확률 } 0.5\\ 0 & \text{확률 } 0.5\end{cases}$$

결국 C(t=0)=0.5(10)=$5이 된다. X의 평균은 일정하게 두고 변동성을 증가시킨다고 가정하자. X가 0.5의 확률로 $150이 되거나 0.5의 확률로 $50이 된다고 하자. 식 [1.12]로부터

$$C(t=1)=\begin{cases}\$50 & \text{확률 } 0.5\\ 0 & \text{확률 } 0.5\end{cases}$$

따라서 C(t=0)=0.5(50)=$25. 이제 콜옵션의 가치는 5배가 되었다! 비슷한 풋옵션 예제를 통해 풋옵션도 같은 성질을 가지고 있음을 확인해보기 바란다.

미국식 옵션은 만기일 이전의 어느 때라도 행사될 수 있다. 따라서 (행사시점 선택의 유연성으로 인해) 미국식 옵션은 유럽식 옵션보다 가치가 작을 수 없다.

우리가 자주 언급하는 옵션의 아주 중요한 특성은 옵션의 기초자산의 가치의 변동성이 클수록 옵션의 가치는 더 커진다는 것이다. 위의 예제는 이러한 특성을 보여준다.

옵션 가격결정 이론은 대출약정과 같은 부외청구권(off-balance sheet claims)의 가치평정에 대한 이후의 논의와 예금보험 분석에서 사용된다.

시장효율성

효율적 자본시장(efficient market)은 모든 증권의 가격이 '진정한(true)' 경제적 가치와 일치하는 곳이다. 하지만 '진정한' 이란 무엇일까? 경제학에서는 그 시점에서 투자자가 이용 가능한 모든 정보를 반영하는 가격을 의미한다. 효율적 시장에서는 적절하게 정의된 정보집합이 완전하게, 그리고 즉시 모든 증권의 가격에 반영된다. 기본적 아이디어는 투자자들 간의 경쟁과 그로 인한 정보 교환이 시장효율성으로 이어진다는 것이다. 이는 효율적 시장에서의 가격변화는 무작위적(random)이어야 한다는 것이다. 만약 가격이 항상 모든 관련된 정보를 반영한다면 가격은 새로운 정보가 도달할 때에만 변화해야 할 것이다. 하지만 정의상 새로운 정보는 미리 알 수 없다. 따라서 가격변화는 예측할 수 없다.

가격에 반영된 정보의 크기에 의한 구분에 따라 세 가지 형태의 시장효율성이 있다. 가격이 과

거의(역사적인) 모든 정보를 반영하는 시장은 약형(weak-form) 효율적이라 한다. 약형 효율적 시장에서는 P_t가 시점 t에서의 가격이라 할 때 t 시점의 가격에 대한 t+1 시점의 조건부 기대가격인 $E(P_{t+1}|P_t)$는 t 시점까지의 주식가격의 전체 역사에 대한 P_{t+1}의 조건부 기대가치 $E(P_{t+1}|P_t, P_{t-1}, P_{t-2}, \cdots, P_0)$와 같다. 즉 다음의 식과 같다.

$$E(P_{t+1}|P_t) = E(P_{t+1}|P_t, P_{t-1}, P_{t-2}, \cdots, P_0) \quad [1.14]$$

이는 역사적 주가 전부를 이용하여 내일의 주가 P_{t+1}를 예측하는 것이 오늘의 주가 P_t를 이용하는 경우보다 우월할 수 없음을 의미한다. 그 이유는 약형 효율성은 P_t 자체가 연속적 가격정보 집합인 $\{P_{t-1}|P_{t-2}, \cdots, P_0\}$에 담겨 있는 모든 과거 정보를 포함하고 있음을 의미하기 때문이다.

준강형(semi-strong) 시장효율성은 이용 가능한 모든 공개정보가 현재의 주가에 반영되어 있을 것을 요구한다. 모든 과거정보는 공개영역에 속하기 때문에 준강형 효율적 시장은 언제나 약형 효율성을 포함한다. 하지만 최신가격이 결정된 후에 이용 가능하게 된 동시적 정보가 공개영역에 존재할 수 있다. 따라서 준강형 효율성은 약형 효율성보다 요구조건이 더 강한 가설이다.

만약 주가가 내부자 정보를 포함한 모든 정보를 반영하고 있다면 그 시장은 강형 효율적(strong-form efficient)이다. 시장이 강형 효율적이라고 믿는 경제학자는 거의 없다. 거의 20년간 시장이 준강형 효율적임을 시사하는 무수한 실증적 증거가 축적됐음에도 불구하고 최근의 이론적, 실증적 연구는 시장이 약형 효율성도 갖추지 못하고 있을 가능성을 보여주고 있다.*

자본시장이 강형 효율적이라면 금융기관이 정보처리자 역할을 할 여지가 없을 것이다(금융기관들이 시장 효율화에 중대한 역할을 하지 않는 한). 하지만, 강형 효율성이 달성되지 않는다면 우리는 일차적으로 다른 종류의 정보를 보유하고 있는 이질적인 개인들을 생각해 볼 수 있다. 3장에서 우리는 그런 시장에서는 금융기관이 역할을 할 수 있음을 보여줄 것이다. 이 책의 많은 부분에서 우리는 시장효율성이(또는 효율성 결여가) 금융중개로부터 얻을 수 있는 이익에 어떻게 영향을 미치는지 논의할 것이다. 그 한 예가 금융혁신이다.

시장의 완비성

우리가 살고 있는 경제세계는 복잡하고 전반적으로 불확실하다. 이러한 불확실성을 미래에 발생할 수 있는 가능한 상태(state of nature)의 관점에서 생각하는 것이 때로 유용하다. 각각의 상태를 θ라 하면 θ는 가능한 경제적 결과물로 볼 수 있다. 예를 들어 θ는 서로 다른 수준의 GDP

* 예로 Brown and Jennings(1990)와 Lehmann(1990) 참조.

(Gross Domestic Product)에 대응시킬 수 있다. 내일의 θ가 무엇이 될지 모르더라도, 가능한 θ의 값에 대한 확률분포를 부여할 수 있다. 이론상으로는 θ가 얼마나 큰 값을 가지는지는 중요하지 않다. 단순화를 위해 θ가 1부터 임의의 수 N까지의 정수 값을 가질 수 있다고 가정하자.

경제적 효율성 문제의 평가에서 중요한 고려사항은 상태의 숫자에 대해 상대적으로 이용 가능한 금융증권(financial securities)의 수이다. 두 증권이 모든 상태에서 동일한 성과를 내지 않는다면 이 두 증권은 '다른' 것으로 간주된다. 이의 시사점을 알아보기 위해서 다음의 쉬운 예제를 살펴보자.

예제 1.4 세 가지의 상태가 존재하고 서로 다른 회사에 의해 발행된 두 종류의 증권만 있다고 가정하자. 각각의 다른 상황에서 발생하는 이들 증권의 수익이 〈표 1.2〉에 제시되어 있다.

〈표 1.2〉 세 가지의 상태와 두 종류의 증권의 예

	상태의 구분		
	1	2	3
증권 1의 성과	10	20	15
증권 2의 성과	15	0	25

증권 1의 10%와 증권 2의 20%를 보유하고 있는 개인을 생각하자. 만약 $\theta=1$이라면, 소유자의 부는 $0.10(10)+0.20(15)=4$가 될 것이다. 만약 $\theta=2$라면, 소유자의 부는 $0.10(20)+0.20(0)=2$가 될 것이다. 만약 $\theta=3$이라면, 소유자의 부는 $0.10(15)+0.20(25)=6.5$가 될 것이다. 결과적으로, 개인의 포트폴리오의 가치는 벡터 (4, 2, 6.5)로 설명된다. 여기서 벡터의 요소는 상태의 순서에 대응된다.

주어진 개인이 벡터 (4, 2, 6.5)를 달성할 때 다른 사람이 (2, 6.5, 9.5)를 달성할 수 없다는 것은 쉽게 알 수 있다. 어떤 다른 사람이 이러한 부의 벡터를 달성하도록 해주는 두 증권의 보유 비율을 찾아내는 것은 불가능하다. 왜냐하면 (독립적인) 증권의 수가 상태의 수보다 작기 때문이다. 만약 세 번째 증권이 있다면 개인은 원하는 어떠한 수익벡터라도 달성할 수 있을 것이다. 물론, 현실에서 개인들은 예산에 의해 제약을 받는다. 요점은 간단하다. 상태보다 더 적은 수의 증권이 존재할 때 일반적으로 개인이 원하는 미래의 부의 재조합을 달성하는 것은 불가능하다. 이는 궁극적으로 우발상황에 대비하는 개인의 능력에 대한 제약이다.

위의 단순한 예제에서 묘사된 증권들은 자본시장에서 흔히 발견되는 실제의 주식, 채권 또는 기타 금융증권들이 아니다. 그보다는 이 증권들은 다른 상태에서의 수입에 대한 청구권이라 할 수 있다. 그럼에도 불구하고 우리는 그런 증권이 거래되는 시장을 가상으로 만들 수 있다. 그런 다음 각각의 상태에 하나씩 대응되도록 증권을 상정하고 각각의 증권은 특정의 상태가 발생할 때만 $1이 주어지고 그 외의 경우에는 아무것도 주어지지 않도록 하는 여러 개의 증권을 설정할 수 있다. 이런 증권을 원시상태조건부청구권(Primitive state-contingent claims) 또는 케네쓰 애로(Kenneth Arrow)와 제러드 드브루(Gerard Debreu)의 이름을 따서 애로-드브루(Arrow-Debreu) 증권이라 하는데, 이들은 이 이슈에 대해 최초로 연구했으며 이후 노벨 경제학상을 받았다. 이런 시장은 증권거래를 조직하는 이상적인 방법을 보여준다. 왜냐하면 그런 시장은 개인들에게 상이한 상태에서 원하는 소득분포를 제공하는 포트폴리오 디자인에서 (오직 자신들의 구매력제약에만 제한을 받는) 완전한 자유를 주기 때문이다. 즉, 그런 시장에서 개인은 어떠한 자가증권(homemade security)도 디자인할 수 있다.

만약 상태의 수만큼 애로-드브루 증권이 존재한다면 그 시장은 완비(complete) 상태라고 일컫는다. 완비시장에서 개인은 자신의 예산제약하에서 원하는 어떠한 수익분포도 달성할 수 있다. 반면 상태의 수보다 적은 애로-드브루 증권이 존재한다면 불완비시장(incomplete market)을 갖게 되는데, 불완비시장은 투자자들의 불확실성 관리능력에 제약을 가한다. 완비시장의 개념적 매력은 우리가 현재 거래되고 있는 증권의 시장가격을 시험해보고 (이를 통해) 어떠한 새로운 증권의 시장가격이라도 결정할 수 있다는 것이다. 우리는 이 일을 경제 내의 개인 투자자의 선호를 몰라도 할 수가 있다. 요점은 우리가 시장에 존재하는 증권의 가격을 이용하여 (가상의) 애로-드브루 증권의 가격을 계산할 수 있으며, 이 정보를 이용하여 도입하고자 하는 새로운 증권의 가격을 평가할 수 있다는 것이다. 예제 1.2에서, 증권 R_1, R_2의 가격이 주어졌다고 가정하자. 각 증권의 가격이 $40이었음을 상기하라. 게다가, R_1은 상태 H에서 $100를, 상태 L에서 0을 준다. 각 상태 H와 L에서 애로-드브루 증권의 가격을 각각 Pi_H, Pi_L이라 하자. 그러면 증권 R_1의 시장가격은 상태 H에서의 애로-드브루 청구권 가격의 100배가 되어야 한다. 즉, $40=100Pi_H$이므로 $Pi_H=0.4$이다. 비슷하게 상태 L에서의 증권 R_2의 시장가격은 애로-드브루 청구권 가격의 100배가 되어야 한다. 즉, $Pi_L=0.4$이다. 이제 이 두 가지 경제상태에서 어떤 증권의 가격을 평가할 준비가 되었다. 예를 들어 예제 1.2에서 각각의 상태에서 $50를 지급하는 무위험 채권은 $50Pi_H+50Pi_L=\$40$으로 가격이 결정된다. H 상태에서 $1,000을 지급하고 L 상태에서 $56을 지급하는 증권은 $1000Pi_H+56Pi_L=\$422.40$ 가격에 팔리는 식이다.

시장 불완비성(market incompleteness) 개념은 12장에서 금융혁신에 대한 토론과 관련되어 이용된다. 부외거래활동, 증권화, 예금보험을 다루는 장에서도 시장 불완비성의 개념이 적용된다.

정보비대칭과 신호전달

경제적 거래들은 종종 이질적 정보를 가진 사람들에 의해 이루어진다. 예를 들어, 차입자는 보통 대출자에 비해 자신의 투자기회들에 대해 더 잘 알고 있다. 기업내부자는 (외부)주주들에 비해 보통 회사가 보유하고 있는 자산들의 가치에 대해 더 잘 알고 있다. 의사들은 의학적 전문지식에 대해서 환자들보다 더 잘 알고 있다고 기대될 수 있다.

더 우월한 정보를 가진 경제행위자들은 그들의 정보적 우위를 이용할 자연발생적인 동기를 가지고 있다. 월스트리트의 내부자 거래 스캔들들은 특권적 정보를 접할 수 있는 자들이 그러한 행위를 금지하는 법에도 불구하고 어떻게 이득을 취할 수 있는지 보여준다. 물론, 비정보(uninformed) 거래자들은 자신들의 정보적 핸디캡을 예상하고 그에 따라 행동해야 한다. 최선의 결과(first best)로부터의 왜곡을 이끄는 것은 정보거래자들이 전략적으로 조작거래를 하려는

예제 1.5 중고차 시장을 생각해보자. 차주들의 자동차 관리습관 차이가 새 차일 때는 동질적이었던 자동차 품질에 질적 차이를 가져온다. 중고차의 주인이 잠재적 구매자보다 차에 대해서 더 많이 안다고 가정하는 것은 자연스럽다. 예를 들어, 문제의 자동차가 $q_1 > q_2 > q_3 = 0$이라는 3단계의 중고차 품질 수준을 가질 수 있다고 가정하자. 만약 중고차의 품질수준이 q_3이라면 그 차는 저급중고차(lemon)이다. 구매자가 품질을 바르게 평가할 수 있다면 그런 차의 가치는 '0(worthless)'으로 평가될 것이다. 중고차의 품질 수준이 q_2라면 중고차의 가치는 $5이며, 중고차의 품질 수준이 q_1이면 가치는 $10이다. 모든 시장참여자인들이 위험중립적이고 구매자는 기대되는 가치보다 더 많이 지불하기를 원하지 않는다고 가정하자. 같은 맥락으로 자동차 주인은 자동차의 가치 이하로는 팔기를 원하지 않는다. 각각의 자동차 주인은 자가 차의 품질을 알고 있지만, 자동차 구매자들은 자기가 살 자동차의 품질 수준이 q_1, q_2, q_3 중 하나일 거라는 것밖에는 모른다고 가정하자. 자동차가 주어졌을 때 구매자들은 그 자동차의 정확한 품질을 식별할 수가 없다. 하지만 그들은 품질 수준이 q_1일 확률이 0.4, q_2일 확률이 0.2, q_3일 확률이 0.4라고 믿는다. 이런 시장에 무슨 일이 일어나겠는가?

풀이 만약 모든 차가 매물로 시장에 나온다면 위험중립적인 구매자는 (무작위로 뽑힌) 자동차의 기대가치를 $(0.4) \times \$10 + (0.2) \times \$5 + (0.4) \times 0 = \$5$로 계산할 것이다. 그러므로 시장이 경쟁적이라면, 시장균형 자동차가격은 $5이 될 것으로 기대할 수 있다. 하지만 품질 수준이 q_1인 자동차의 주인은 이 가격에 자동차를 팔지 않으려 할 것이다. 따라서, 품질 수준이 q_2와 q_3인 자동차만 $5에 매물로 제시될 것이다. 하지만, 구매자는 이런 상황을 예상하고 시장에 나온 자동차의 품질 분포에 대한 믿음을 수정할 것이다. 구매자들은 이제 판매가격이 $5이면 품질 수준이 q_2일 확률이 $0.2/(0.2+0.4)=1/3$이고 q_3일 확률이 2/3라고 가정하게 될 것이다. 따라서 자동차의 기대가치는 $(1/3)(5)+(2/3)(0)=\$1.67$로 떨어진다. 그러므로, 어떤 자동차도 $5에는 매매되지 않을 것이다(이제 $5는 시장의 균형가격이 될 수 없다). 이제 시장가격이 $1.67이면, q_2 품질의 자동차는 시장에서 오직 저급중고차만 시장에 매물로 나올 것이다. 이런 과정이 역선택(adverse selection)이라고 불리며, 역선택은 시장가격을 0으로 이끄는 결과를 초래한다. 달리 표현하자면, 양(+)의 가격에서의 중고차 수요는 0이 되고 〈그림 1.3〉에서 묘사된 것처럼 시장은 붕괴된다. 이 예제에서 핵심가정에 대해서 분명히 알아야 한다. 그것은 모든 시장참여자들이 '합리적 기대(rational expectations)'를 한다는 것이다. 즉, 비정보 구매자들은 정보보유 판매자들이 주어진 가격에서 무엇을 할 것인지를 합리적으로 예상하고 정보보유 판매자들은 주어진 가격에서 구매자들의 수요에 대해서 합리적으로 예상한다는 것이다. 그러므로, 우리는 가격이 0으로 수렴하는 일련의 과정들을 거칠 필요가 없다. (이상과 같이 정보비대칭이 존재하면) 어떤 자동차도 살 수 없고 팔리지도 않는다.

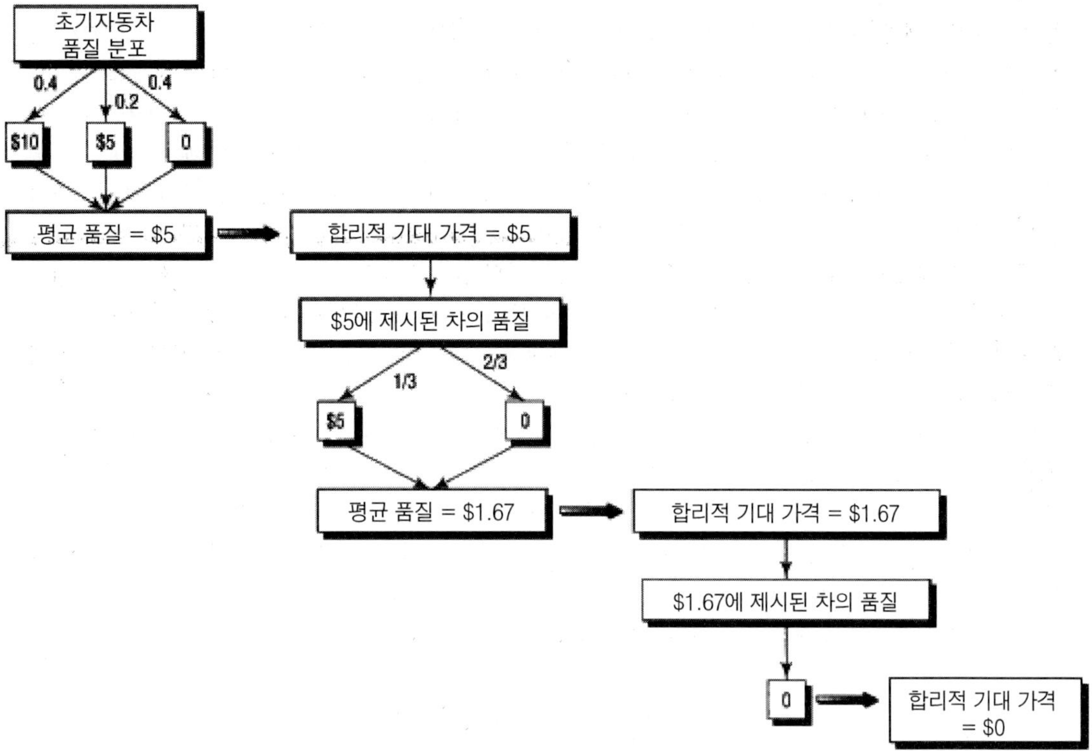

〈그림 1.3〉 역선택 과정의 그림 묘사

성향과 비정보거래자들이 정보거래자들에 의한 조작적 거래에 대해 갖는 기대의 상호작용이다(최선의 결과란 모든 거래자들이 동일한 수준으로 양질의 정보를 가지고 있는 조건에서 얻어지는 경제적 성과이다).

정보비대칭의 문제는 애컬로프(George Akerlof[1970 논문], 노벨 경제학상 수상)가 중고차가 신차에 비해서 왜 그렇게 심하게 할인되어서 팔리는지에 대해서 설명하는 과정에서 전면에 제기되었다. 다음 예제 1.5는 단축적이긴 하지만 애컬로프의 분석의 직관을 보여준다.

비대칭 정보가 시장실패를 야기할 수 있다는 통찰은 참신하고 놀라웠다. 이런 통찰력의 의미심

예제 1.6 품질이 다른 자동차들이 주어진 기간 내에 엔진고장을 일으킬 확률이 서로 다르며, 이런 품질 차이는 0, \$5, \$10이라는 자동차의 가치에 반영되어 있다고 가정하자. 품질수준 q_1인 자동차의 고장확률은 0.1, 품질수준 q_2인 자동차의 고장확률은 0.5, 그리고 품질수준 q_3인 자동차의 고장확률은 1이라고 가정하자. 이 시장에서 품질보증서(warranties)는 역할을 할 수 있을까?

풀이 시장실패를 방지하기 위해서는 고품질 중고차 판매자들이 스스로를 저품질 중고차 판매자들과 차별화시키지 않으면 안 된다. 이를 위한 하나의 방법이 품질보증서이다. 품질수준이 q_1인 중고차의 판매자는 차가 고장난다면 구매자에게 $\$W_1$를 변상해줄 것이라고 선언하고 품질수준이 q_2인 자동차의 판매자는 차가 고장난다면 $\$W_2$를 구매자에게 변상할 것이라고 선언할 수 있다. 만약 구매자들이 오직 품질수준이 q_1인 자동차 주인들만이 자기가 판 차의 고장에 대해서 $\$W_1$의 지불을 약속하고 품질수준이 q_2인 자동차 주인들만이 자기가 판 차의 고장에 대해서 $\$W_2$의 지불을 약속할 것으로 믿는다면, 구매자는 중고차에 대해서 적절한 추론을 할 수가 있고 중고차의 품질을 정확하게 반영한 가격을 기꺼이 지불할 것이다. 이런 정보의 간접적인 전이가 효과를 나타내기 위해서는 어떤 판매자도 다른 품질수준을 가진 판매자의 전략을 모방하려 해서는 안 된다. 그렇지 않다면, 구입자는 결국 그런 잠재적인 모방에 대해서 학습하게 되어 신호의 신빙성은 파괴될 것이다.

품질수준이 q_1인 자동차의 고장확률이 0.1이기 때문에 구입자는 $10(품질수준이 q_1인 자동차의 내재가치) 더하기 '$0.1\times W_1$' 만큼 지불할 용의가 있을 것이다. 그런데 '$0.1\times W_1$' 은 구입자가 판매자로부터 회수할 것으로 기대하는 금액이다. 따라서 품질수준이 q_1인 중고차의 균형가격(P_1)은 $\$10+0.1W_1$이 되어야 한다. 비슷하게 품질수준이 q_2인 자동차의 주인이 균형전략을 따른다면 품질수준이 q_2인 자동차의 균형가격(P_2)은 $\$5+0.5W_2$가 되어야 한다. 품질이 q_2인 중고차 주인이 품질이 q_1인 중고차 주인으로 잘못 행세하지 못하도록 보장하기 위해서 W_1은 다음 조건을 만족해야 한다.

$$10+0.1W_1-0.5W_1\leq 5+0.5W_2-0.5W_2 \qquad [1.15]$$

[1.15]식의 왼쪽은 품질수준이 q_2인 차 주인이 자신을 품질수준이 q_1인 차 주인으로 잘못 행세할 때의 기대되는 수입이다. q_2 자동차 주인은 P_1 가격을 받고 보증서에 의한 배상금을 갚기 위한 $0.5W_1$의 기대지출을 가진다. [1.15]식의 오른쪽은 품질수준이 q_2인 자동차의 주인이 비모방(nonmimic) 전략을 따를 때 받는 수입이다. 품질수준이 q_2인 자동차의 주인은 P_2 가격을 받고 $0.5W_2$의 기대지출을 가진다. 어떤 사람이 거짓말을 하는 것과 진실을 말하는 것에 대해서 무차별하다면 진실을 말하는 쪽이 선택되리라고 가정하는 것이 관례적이다. 따라서 인센티브 부합조건(Incentive compatibility[IC] condition)으로 일컬어지는 [1.15]는 등식으로 취급될 수 있고($W_2=W_1$) 우리는 등식을 풀어서 $W_1=12.5$를 얻을 수 있다. 여기서 인센티브 부합성이란 개인적 이익을 최대화하려는 판매자의 인센티브가 자동차의 품질에 대한 진정성 있는 표현과 부합되어야 한다는 것을 뜻한다.

저급 중고차(lemons, 고급 중고차는 plums라고 한다) 판매자가 품질이 q_2인 자동차 판매자를 모방하지 못하도록 보증하는 인센티브 부합조건은 유사하게 다음과 같이 표현된다.

$$5+0.5W_2-W_2\leq 0 \qquad [1.16]$$

[1.16]을 등식으로 풀면 $W_2=10$를 얻는다. 서술된 조건하에서 품질수준이 q_2인 자동차의 판매자가 저급 중고차를 모방하지 않음을 증명하는 것은 단도직입적이다. 즉 q_2 품질의 자동차는 매물로 나오지 않을 것이다.

이러한 품질보증구조는 저급 중고차 판매자가 고품질 중고차(q_1)를 모방하지 않으며, 주어진 조건하에서 저급 중고차는 매물로 나오지 않을 것을 보장한다는 것을 쉽게 보일 수 있다.

요약하자면, 우리는 시장실패를 방지하는 단순한 품질보증서 구조를 만들었다. 품질이 q_1인 자동차의 판매자는 그 자동차가 고장 시 $12.5를 지불할 것을 약속하며, 이것은 판매자가 자동차를 10+0.1(12.5)=$11.25에 팔 수 있게 해준다. 품질이 q_2인 자동차의 판매자는 그 자동차가 고장 시 $10을 지불할 것을 약속하며, 이것은 판매자가 자동차를 5+0.1(10)=$10에 팔 수 있게 해준다. 저급 중고차들은 시장에서 퇴출당한다.

장한 시사점은 빠르게 인식되어 중고차 시장 너머서까지 잘 확산되었다. 정보 비대칭은 시장붕괴를 야기할 수 있다고 여겨졌고 따라서 아마도 정부에 의한 규제적 간섭을 정당화한 것으로 보인다. 이어지는 장들에서 우리는 실제로 이 정보관점에서 은행 규제를 검토할 것이다.

하지만 애컬로프의 분석에 기초한 규제에 대한 요청은 너무 성급하다. 시장참여자들은 시장실패를 방지하기 위한 메커니즘을 전개할 인센티브와 능력을 가졌으며, 어떤 경우라도 시장실패는 정보비대칭에 의해 초래되는 왜곡의 가장 극단적인 형태이다. 우리의 중고차 시장 예제에서 이런 현상을 알아보기 위해서 확장된 예제를 생각해 보자.

여기서 제공되는 품질보증서는 품질에 대한 신호로 받아들일 수 있다. (완벽하게 보여주는) 신호는 비정보거래자들로 하여금 정보거래자가 사적(privately), 사전적으로(a priori) 얻은 정보를 (정확하게) 추론할 수 있도록 해주는 신호이다. 신호가 유용하려면 정보성(informativeness)이 있어야 하며, 그러기 위해서는 신호메커니즘이 인센티브 부합성을 가져야 한다. 결과적으로 인센티브 부합성은 신호전달비용이 품질과 음의 상관관계를 가질 것을 요구하는데*, 이 점에서 M. 스펜스(Michael Spence)는 정보비대칭 경제학(economics of asymmetric information)에 대한 기여로 노벨상을 받았었다. 즉, 더 높은 품질수준을 가진 판매자가 주어진 신호를 발신하기 위한 한계비용이 더 싸지 않으면 안 된다. 신호비용이 높을수록 저품질 중고차 판매자의 고품질 중고차 판매자에 대한 품질모방이 저해를 받는다. 우리의 맥락에서 $12.50의 품질보증비는 품질수준이 q_1인 중고차 판매자에게는 $1.25의 기대부채를, 품질수준이 q_2인 중고차 판매자에게는 $6.25의 기대부채를, 품질수준이 q_3인 중고차 판매자에게는 $12.50의 기대부채를 부과한다.

균형상태(각각의 판매자가 기대수익을 최대화할 때)에서 선택된 신호는 그 신호를 제공하는 판매자에 대해서는 비용부담이 없다. (예컨대) 비록 품질수준이 q_1인 판매자가 $12.50을 지불하기로 약속했지만 지불을 해야 하는 확률은 오직 0.1이고 판매자가 차를 팔면서 $11.25를 받기 때문에 기대부채를 제하고 판매자의 순현금유입은 $10이다. 이 금액은 우리가 각 차의 품질이 공유지식(common knowledge)인 최선의 결과(first best)의 세계에 있을 경우 보증서를 발행하지 않고 받을 수 있었던 금액과 정확히 같다. 마찬가지로 q_2 품질 자동차 판매자의 순현금흐름은 $5이

* Spence(1973, 1974) 참조.

다. 균형상태에서 신호는 비용이 없다. 짐작할 수 있듯이 그 이유는 판매자가 보증서 발행에 대해 구매자로부터 적절하게 보상받기 때문이다. 즉, 더 좋은 품질보증서를 가진 자동차가 더 비싼 가격에 팔린다. 신호의 비용은 한쪽에서 다른 쪽으로의 이전가격(transfer payment)이기 때문에 신호들은 비낭비적(소산[nondissipative], 흩어져 사라짐)*이라고 하며, 총체적으로는 어떠한 손실도 없다.

낭비적 신호들 또한 존재할 수 있다. 이것을 보기 위해서, 현금으로 지불하는 대신 판매자가 손상부위 수리비용을 변상해 주기로 약속했다고 가정하자. 품질이 q_1인 판매자는 완전한 변상을 약속하고, 품질이 q_2인 판매자는 수리 비용의 절반을 책임지기로 약속하고, 저질자동차 판매자는 여기에 불참하는 것을 선택한다. 손상복구를 위해 판매자가 부담하는 비용 $1당 품질개선의 가치는 $0.80이다. (낭비적 신호비용이 차감된 후에) 판매자가 차의 가치보다 적은 순수익을 기꺼이 수용할 것이라고 가정한다면, 각 판매자의 진실된 신호제공을 보장하는, 앞에서 도출된 것과 유사한, 신호체계가 존재한다는 것을 쉽게 증명할 수 있다. 품질이 q_1인 자동차 판매자의 순수익은 $10보다 작고 품질이 q_2인 판매자의 순수익은 $5보다 작다. 각 판매자는 보상되지 않는 신호비용을 흡수한다. 즉 신호제공으로 인한 순손실이 존재한다.** 예컨대 (1986년 Tax Reform Act 이전과 같이) 배당세가 자본이득세보다 높은 세율로 (투자자) 개인에 대해서 부과되고 외부적 자금조달이, 유보이익으로 자금을 조달하면 피할 수 있는, 거래비용을 포함한다면 배당은 미래 현금흐름에 대한 낭비적 신호(dissipative signal)가 될 수 있다.*** 나중에 우리는 이 책에서 낭비적 신호에 대한 다른 예제들을 볼 것이다.

정보비대칭 개념은 우리가 이 책에서 설명하는 많은 것의 기초가 된다. 그러므로 남아 있는 장들에서 정보비대칭 개념을 몇 번 더 만날 것을 기대해야 한다.

대리관계와 도덕적 해이

사람과 기계 사이의 핵심적 차이점은 도덕적 해이라는 것이 그동안의 관측이다.**** 보험론에서 처음 소개된 이 용어는 주인(Principal, 고용주나 재산 소유자)과 대리인(agent, 피고용자 또는 재산을 빌리거나 사용하고 있는 사람)의 유인(인센티브)이 서로 다른 상황을 묘사한다. 합리적 경제대리인은 자신의 기대효용을 극대화시킬 것으로 기대될 수 있으며, 자신과 주인의 이해가 상충될 때는 주인이 손해를 보게 된다. 따라서 주인은 반드시 주인과 대리인의 목표 사이에 일치

---

* Bhattacharya(1980) 참조.

** 만약 판매자가 신호제공으로 인한 비낭비적 비용을 부담하려 하지 않고 구입자도 이를 부담하려 하지 않는다면 신호균형(signaling equilibrium)은 존재할 수 없다.

*** 예를 들어 Bhattacharya(1979) 참조.

**** Ross(1974).

성(congruence)이 확보되도록 계약을 디자인해야 한다.

도덕적 해이의 예는 무수하다. 자동차 보험을 생각해보자. 당신이 $500의 가치가 있음을 알고 있는 자동차를 가지고 있고 당신의 충돌사고보험이 자동차가 전파되었을 때 $1,000의 보험금을 지급한다면, 당신은 아마도 자동차를 높은 언덕에서 굴러 떨어뜨려 어떤 고정물체와 충돌시킬 유혹을 느낄지도 모른다. 당신은 이런 행동을 꿈도 꾸지 않을지 모르지만 브레이크 유지보수를 위해 비용을 지불할 의지는 보험증권에 의해 미묘하게 영향을 받을 수도 있다. 어떤 경우에서든, 보험회사는 도덕 또는 명성에 의한 고려가 고객들의 행동을 지배한다고 가정할 수는 없다.* 이것이

예제 1.7 지금부터 1기 뒤인 t=1 시점에 청산될 예정인 기업을 생각하자. 세금은 없으며 기업은 이익잉여금을 이용하여 t=0 시점에 $30을 위험한 벤처사업에 투자할 수 있다. 만약 투자가 이루어지지 않으면 주주들은 t=0에 $100의 배당금을 받게 된다. 이 기업은 부채를 가지고 있어서 t=1에 $100을 상환해야 하며, 투자 선택은 〈표 1.3〉에 나타난 바와 같다.

〈표 1.3〉 투자기회에 따른 수익 분포

전략	미래 경제상태	
	호황 (확률 0.5)	불황 (확률 0.5)
투자를 하지 않고 t=0에 $100을 배당으로 지급할 경우 t=1 시점의 총 기업가치	$110	$70
t=0 시점에 $30을 투자하고 $70을 배당할 경우 t=1 시점의 총 기업가치	$200	$ 5

단순화를 위해 할인율은 0이라고 가정하자. 기업은 어떤 선택을 해야 하는가?

풀이 이 문제를 분석하기 위해서 먼저 각 선택에 따라 생기는 기업 전체의 순현가(NPV)를 계산해야 한다. 만약 투자를 하지 않는다면 기대가치는 0.5(110)+0.5(70)=$90이다. 여기에 t=0에 받는 배당금 $100을 더하면 총 기업가치는 $190이다. 만약 투자를 한다면 기대가치는 0.5(200)+0.5(5)=$102.5이다. 여기에 t=0에 받는 배당금 $70을 더하면 총 기업가치는 $172.5가 된다. 투자를 할 경우의 총 기업가치가 투자를 하지 않을 경우의 기업가치보다 낮기 때문에, 이 프로젝트는 음의 NPV를 가진다. 명백한 선택은 투자기각이 되어야 한다.

하지만, 잠깐! 이 의사결정 룰은 당신이 총 기업가치를 극대화하기를 원할 때만 옳다. 그러나 당신의 목표는 주주의 부를 극대화하는 것임을 기억하라. 만약 투자가 없다면 주주는 지금 $100을 배당금으로 받고 호황(boom) 시에 $10를 더 받을 수 있다($110로부터 $100의 부채를 제하고 남는 금액). 그리고

* 명성은 미래 보험료에 대한 고객의 관심을 통해 도입된다.

불황 시에는 아무것도 얻지 못한다(주주 유한책임: 주주의 책무가 기업의 자산을 초과하는 범위까지 미치지 않음을 의미). (따라서) 불황 시 채권자는 $70 전부를 갖고 주주는 아무것도 갖지 못하므로 결국 주주의 기대 부는 100+0.5(10)=$105가 된다. 반면에 만약 프로젝트가 수용된다면 이들은 활황기에는 $100를, 침체기에는 아무것도 얻지 못한다. 결국 주주에게 이 전략의 가치는 현재의 배당을 고려할 때 $70+〔0.5($100)+0〕=$120이다. 명백히 주주는 당신이 이 프로젝트에 투자하기를 원한다. 따라서 회사 전체에 대해서는 음의 NPV를 가지는 프로젝트가 주주에게는 최고의 이익을 가져다주는 선택이 될 수 있다.

이 예제는 채권자가 직면하는 도덕적 해이 문제를 보여준다. 주주 이익의 관점에서 행동하는 기업은 채권자를 희생시켜서 주주를 이롭게 하는 투자를 실행할 인센티브를 가지고 있다. 이 예제에서 만약 기업이 더 위험한 프로젝트에 투자하지 않는다면 채권자의 기대수입은 0.5($100)+0.5($70)=$85이며, 만약 기업이 위험한 프로젝트에 투자한다면 채권자의 기대수입은 0.5($100)+0.5($5)=$52.50이다. 결국 더 위험한 프로젝트에 투자함으로써 주주는 채권자의 부를 $32.50 감소시킨다. (위험한 투자를 통하여) 주주 자신들은 $15(=$120−$105)를 얻게 되어 총 기업가치는 $17.50 감소한다($15-$32.5=-$17.5). 이것이 도덕적 해이로 인한 총손실이다.

우리가 보험 계약에서 공제항목들을 관찰하게 되는 한 이유이다. 공동보험 조항은 위험을 공유하도록 설계되었고 그로 인해 피보험자의 인센티브를 계약 보험제공자에 대해 보다 근접한 조정이 이루어지도록 해준다.*

도덕적 해이는 또한 기업에서 청구자 간 금융계약에서도 흔한 일이다. 당신이 기업을 경영하고 있으며, 당신의 목표가 주주 부 극대화라 가정하자. 만약 당신이 미상환 위험 채권을 가지고 있다면, 당신은 언제나 기업의 총가치를 극대화하는 투자안들을 선택하지는 않을 것이다. 오히려 채권자를 희생시켜서 주식가치를 극대화하는 프로젝트를 선택할지도 모른다. 이는 다음의 여러 가지 예제를 보면 알 수 있다.

이 예제에서 우리는 관리자가 주주의 이해관계에 가장 부합하는 행동을 했다고 가정하였다. 하지만 이 가정 역시 문제가 될 수 있다.** 주주의 대리인으로서 경영자는 주주의 부에 부합되지 않

* 도덕적 해이의 재미있는 예시가 1990년 10월 10일자 《월스트리트저널》에 나와 있다. 제목은 「경제침체에 따라 보다 많은 자동차보유자들이 보험회사를 속이려 들다」이다. "두 달 전 댈러스 지역에서 인기 있는 수영구역(swimming hole)에 알 수 없는 기름유출이 발생했을 때 경찰은 즉시 뭔가 수상한 일이 진행되고 있다는 것을 발견했다. 폐광된 채석장 바닥에 스무 대의 최신형 자동차가 깔려 있었는데 그중에는 최상급의 1990년식 쉐보레 블레이저도 포함돼 있었다. 그 자동차들은 모두 도난 신고된 것들이며 보험회사들은 이미 차주들에게 보험금을 지불한 상태였다. 그러나 보험회사에 접수된 보고서에 나타나 있는 주장과는 반대로 대부분의 차들은 차 열쇠가 그대로 꽂혀 있었다. 또한 그 자동차 중 어떤 것도 호화 스테레오장치, 휠 또는 쉽게 떼어 낼 수 있는 액세서리들을 도난당하지 않은 상태였다. 경찰의 결론은 이렇다. 자동차는 절대 도난당한 것이 아니라 차주들에 의해 버려진 것이다. 이것은 수사관들의 말에 따르자면 텍사스 역사상 최대의 자동차투기 보험사기 중 하나다. 구체적인 숫자는 없지만 대부분의 전문가들의 주장에 따르면 자동차보험으로 지불되는 전체 보험금 중 10%~15% 정도는 어떤 식의 사기의 결과이다. 보험정보연구소(Insurance Information Institute)에 따르면 그 수치는 지난해 지급된 $540억의 보험금 중 $54억~$81억에 이른다." Michael Allen, Staff Reporter of the WSJ

** Jensen and Meckling(1976)과 Mirrlees(1976) 참조 바람. 영국의 경제학자인 Mirrlees는 경제학 분야에서 도덕적 해이 모형 개발의 선구자 중 하나이며, 그 공헌으로 노벨 경제학상을 수상하였다.

는 많은 것들을 할 수 있다. 예를 들어 비용을 부풀림으로써 경영자는 주주로부터 경영자에게 이익을 이전시킬 수 있다. 마찬가지로 경영자들은 기업인수를 무산시킬 수 있고 이로 통해 주주를 희생시켜 경영자 스스로 참호를 구축하여 안주할 수 있다. 경영자들은 또한 자리와 명성을 지킬 목적으로 근시안적이고 위험이 작은 투자를 수행할 수 있다.

당신은 이상의 예제에서 제시된 결정적인 가정은 주인(보험회사, 채권자 또는 주주)이 대리인의 행동을 완전하게 통제할 수는 없다는 것임을 눈치챘을지도 모른다. 만약 비용 없이 대리인의 행동을 관찰하는 것이 가능하다면 도덕적 해이는 존재하지 않을 것이다. 만약 보험회사가 정확하게 보험가입자를 관찰할 수 있다면 자동차에 손상을 입히는 모든 행동을 방지하는 것이 가능할 것이다. 왜냐하면 최종 결과는 계약자들에게 영향을 미칠 수 있는 행동을 명백하게 드러내 보이지 못하므로 그러한 금지조항들이 효과적으로 계약서에 기입될 수 없기 때문이다. 따라서 도덕적 해이가 발생하려면 다음 조건들이 성립해야 된다. (i) (최종 결과에 영향을 미치는) 대리인의 행동이 주인에 의해 비용 없이는 관찰될 수 없으며, (ii) 최종 결과물에서 대리인의 행동을 감추어 주는 잡음(외생적 불확실성)이 있다.

물론 주인은 대리인의 행동을 예상한다. 결국 주인은 대리인의 인센티브에 부합되는 계약을 설계하려고 시도한다. 보험계약에서 공제 및 기타 공동보험 조항은 이런 목적을 지원한다. 채권자는 기업의 부채를 제한하고 담보물을 요구하며 * 부채계약에 대출자의 행동을 제한하는 조항을 포함시킴으로써 도덕적 해이에 대응한다(부채/자기자본 비율이 높을수록 주주가 위험한 프로젝트 선택에 이끌릴 가능성이 더 크다). 경영자의 이해는 주식과 주식옵션을 포함하는 보상계약을 통해 주주의 이해와 조율된다(이해정렬).

도덕적 해이에 접근하는 또 다른 방법은 대리인과 기간을 연장하여 계약하는 것이다. 명성에 대한 고려 가능성 때문에 대리인은 주인에게 손해를 끼치는 이기적인 행동을 자제할 수도 있다.** 하지만 수명에는 한계가 있고 현재의 소비가 미래의 소비보다 선호되기 때문에 명성에 대한 대리인의 고려가 도덕적 해이를 완전하게 제거할 수는 없다.

도덕적 해이가 사기행위와 같지 않음을 이해하는 것이 중요하다. 대부분의 흥미로운 도덕적 해이의 사례들은 불법행위를 포함하지 않는다. 주주가 채권자가 좋아하는 프로젝트보다 더 위험한 프로젝트를 선택하는 것은 불법이 아니다. 또한 경영자가 주주가 좋아하는 프로젝트보다 더 빠른 성과를 내는 프로젝트에 투자하는 것도 불법이 아니다. 도덕적 해이는 사기행위를 포함하고 있을지는 모르지만 꼭 그런 것은 아니다. 도덕적 해이는 거의 언제나 윤리적 고려와 관련된다.

정보비대칭처럼 대리인 및 도덕적 해이 문제는 이 책의 상당 부분에 걸쳐 나온다. 이 아이디어들을 가장 많이 사용하는 장은 3장으로 그곳에서는 은행과 다른 금융중개기관의 역할에 대해 이

* Chan and Thakor(1987)와 Boot, Thakor, and Udell(1991)은 어떻게 담보에 의해 도덕적 해이 문제가 감소될 수 있는지 보여준다. Stulz and Johnson(1985)은 담보와 기업가치 간의 관계를 검증한다.

** 예시: Diamond(1989), Holmstrom(1999), Hirshleifer and Thakor(1990), John and Nachman(1985), Song and Thakor(2006), and Thakor(2005).

야기하며, 5장과 6장에서는 현물대출에 관해서, 그리고 10장에서는 예금보험에 관해서 (이 아이디어들을 기반으로) 다루어진다.

적시성

도덕적 해이와 역선택 모델에서 나오는 하나의 이슈는 적시성이다. 예를 들어보자. 종업원이 주인(principal)을 위해 성과를 내려고 노력한다고 가정하자. 이 성과는 대리인의 노력은 물론 대리인의 통제 밖에 있는 불확실성에 의해 영향을 받는다. 따라서 결과물을 관찰함으로써 주인은 대리인이 그것을 위해 어떤 노력을 기울였는지 확신할 수 없다. 주인은 위험중립적이고 대리인은 위험회피적이라고 가정하자. 나아가 주인은 대리인의 참여를 보장하기 위해 최소수준의 기대효용*을 보장해 주어야만 한다. 결국 대리인은 더 일하기보다는 적게 일하려 할 것이다. 사건의 발생순서는 다음과 같다. 주인은 대리인과 임금계약을 제시하고 그 후 대리인은 얼마간의 노력을 하고, 이어서 외부의 불확실성은 해소되고 결과가 실현된다. 대리인은 어떻게 보상받아야 될까?

만약 주인이 대리인의 노력을 관찰할 수 있다면 답은 간단하다. 대리인이 미리 명시된 노력을 기울이면 주인이 대리인에게 고정임금을 지급하고, 그렇지 않으면 아무것도 지급하지 않는다면 최적(optimal) 위험공유가 달성된다. 이 위험공유 계획은 최적이다. 왜냐하면 그것은 위험회피적 관리자를 위험으로부터 완전하게 분리시키고 모든 위험을 위험중립적인 주인에게 부과시켰기 때문이다. 대리인의 노력이 관찰가능하기 때문에 이에 근거해서 직접적인 계약이 이루어질 수 있다. 그러면 대리인은 주인이 원하는 것을 수행하고 외부의 불확실성에 기인한 무작위성(randomness)에 대해 완전한 보험을 제공하는 확실한 보상을 받게 될 것이다. 주인은 무작위적인 산출물을 받게 되지만 무작위성은 비용이 없다. 왜냐하면 주인은 위험중립적이기 때문이다.

만약 대리인의 노력이 관찰 불가능하다면, 위 계약은 성립될 수 없다. 그 계약은 오직 관찰 가능한 변수인 결과물에 대한 조건부로만 가능하다. 만약 대리인이 고정임금을 약속받으면 대리인은 노력을 기피한다. 따라서 임금을 산출물과 연계시킬 필요가 있다. 이는 대리인이 산출물에서 차지하는 자기의 몫을 증가시키기 위해 일을 더 열심히 하도록 동기를 부여할 것이다. 그렇지만 도덕적 해이를 통제하기 위한 이런 접근법은 비용이 따른다. 대리인은 위험회피적이고 그의 임금은 불확실하기 때문에 대리인은 자기가 감수하는 위험에 대해 보상받을 필요를 느낄 것이다. 이

* 대리인은 위험회피적이기 때문에 예약임금(reservation wage)보다는 예약기대효용(reservation expected utility)에 관해서 얘기하는 것이 더 이치에 맞는다. 이를 보기 위해 W_1, W_2의 두 가지 임금계약 중 선택이 주어졌다고 가정하자. W_1형의 계약은 확실한 \$144을 지급하며, W_2형의 계약은 0.5의 확률로 \$400을 지급하고 0.5의 확률로 무급(0\$)이 주어진다. 주인을 위해 일하는 위험중립적인 대리인이 요구할 최소한의 임금은 \$121이라고 가정하자. 그러면 그런 대리인은 둘 중 어느 형태의 임금계약도 수용할 수 있으나 기댓값이 더 큰 W_2를 선호할 것이다. 반면에 부(W)에 대해 효용함수가 $U(W)=\sqrt{W}$인 위험중립적인 대리인은 W_2보다 W_1을 선호할 것이다. W_1은 기대효용 $EU(W_1)=\sqrt{144}=12$의 효용을 제공하는 반면 W_2는 $EU(W_2)=0.5\sqrt{400}=10$의 효용을 제공하기 때문이다. 만약 대리인이 고용을 받아들이기 위해 필요한 최소기대효용이 11이라면 그 대리인은 W_1이 제시될 때만 일을 하고자 할 것이다. 대리인은 기대임금을 비교함으로써 만족감을 평가하는 것이 아니기 때문에 그러한 대리인의 최소기대임금을 정의하는 것은 불가능함을 알 수 있다. 그러기보다는 대리인은 각 대안으로부터 기대하는 효용을 계산한다.

는 주인의 임금부담을 증가시킨다.

이제 대리인이 이미 노력을 기울였으나 산출물이 아직 실현되기 전에 주인이 계약을 재협상할 수 있는 기회가 있다고 가정해보자. 대리인은 이미 노력을 기울였기 때문에 동기부여적인 관심은 무관하다. 주인은 대리인에게 새로운 임금을 제시하고 싶어 할 것이며, 이 계약은 고정금액이고 (산출물과 무관) 기존 계약상 대리인 보수의 기댓값보다 약간 작은 금액이다. 위험회피적인 대리인은 이전 계약에 내재된 수입의 불확실성을 제거하기 위해 약간의 기대임금 감소를 기꺼이 받아들일 것이다. 위험중립적인 주인은 자신에게 위험은 무관심한 것이기 때문에 임금부담을 약간 줄일 수 있어 행복하다. 주인과 대리인 모두 새로운 계약에 만족하기 때문에 새로운 계약이 이전의 계약을 대체하지 않으리라고 보기는 쉽지 않다.

이것은 적시성 없는(time-inconsistent) 임금계약의 한 예이다. 실현된 산출물에 대해 대리인의 보상을 조건화하는 임금계약을 초기에 설정하는 것이 좋은 생각처럼 보이지만, 대리인과 주인 모두 그들이 곧이어 계약의 효과를 재협상하기를 원하게 될 것이라고 깨닫는다면 그런 계약은 작동하지 않을 것이다. 재협상의 가능성은 계약의 인센티브 효과를 파괴한다. 만약 대리인이 자기의 임금이 궁극적으로 고정될 것이라는 것을 안다면 왜 일을 열심히 하겠는가? 이런 어려움을 피하려면 계약 설계 시 적시성(또는 재협상방지, renegotiation-proofness)을 계약설계에 내재시킬 필요가 있다. 계약은 반드시 양 당사자가 재협상을 시도할 인센티브를 가지지 못하도록 만들어야 된다.

재협상 방지가 어떻게 계약에 영향을 미치는지 알아보기 위해 은행과 차입자의 예를 생각해보자. 은행은 차입자가 대출금의 위험을 높이려는 인센티브로부터 자신을 보호하고 싶어 한다. 은행은 차입자가 대출약관에 특정된 운영기준(performance standards)을 위반할 경우—종종 재무비율로 표현됨—은행이 대출금상환을 가속화, 즉 조기상환을 요청할 수 있는 권한이 부여된 대출계약을 사용할 수도 있다. 은행은 이런 위협이 차입자로 하여금 과도한 위험추구를 피하도록 유도한다고 믿는다. 하지만 은행이 이런 약관 중 한둘 또는 그 이상에 대한 위반행위에 직면하여 은행이 상환을 가속화하겠다고 위협하면 차입자는 50bp(0.5%)만큼 이자를 더 내고 대출약관이 위반되지 않을 것이라는 보증서를 제시한다. 그러면 은행은 차입자의 제안을 받아들임으로써 보고된 이익을 증가시킬 수 있다는 것을 깨닫고 그에 따라 위협을 철회한다. 차입자가 은행의 이런 행동을 예상하는 한, 은행의 위협은 대출금의 가속상환이 아니라 오히려 대출금리의 인상이 된다.

이것은 재협상방지가 되지 않은 대출계약의 예이다. 재협상방지 대출계약은 사소한 대출약관 위반에 대해서는 금리 패널티를 명시하고, 차입자의 가능한 유혹과 관계없이 대출의 조기종료가 은행의 최선책이 되는 중대한(그리고 정보효과가 있는) 위반에 대해서만 대출가속상환규정을 포함하여야 한다.

따라서 재협상방지가 되지 않은 계약은 궁극적으로 지속 가능성이 없다. 하지만 아직 재협상방지와 무관한 적시성의 또 다른 측면이 있다. 예시를 위해 역선택의 예를 보자. 은행이 두 종류의 차입자, 즉 우량(good) 차입자와 불량(bad) 차입자를 대하고 있다고 가정하자. 은행은 우량차입자와 불량차입자를 사전에 구분할 수 없지만, 만약 가능하다면 은행은 우량차입자에게만 대출해 주려 할 것이다. 차입자가 은행에 차입신청을 하면 비용이 발생한다고 가정하자. 게다가 은행은 일정 비용을 들여 차입자에 대해 조사함으로써 차입신청자가 우량인지 불량인지 구분할 수 있다. 만약 은행이 심사를 하지 않는다면 대출신청을 한 두 유형의 차입자와 모든 차입자에게 똑같은 금리를 부과한다. 하지만 차입자들은 만약 은행이 차입자들의 유형을 구분할 수 있다면 오직 우량차입자들에게만 배타적으로 대출해 줄 것을 알고 있다. 그럼 은행이 모든 차입자를 심사해서 불량차입자를 가려내고 우량차입자에게 낮은 금리를 요구하겠다고 선언한다고 가정하자. 이것은 적시성 있는 정책인가?

정답은 노(no)이다. 만약 차입자들이 은행이 이 정책을 실행할 것이라 믿는다면 신청을 해도 신청비용이 낭비될 것이기 때문에 불량차입자들은 아무도 차입신청을 하지 않을 것이다. 하지만 차입자들은 이 상황을 예상하고 모든 신청자들이 우량차입자라고 추론할 것이다. 그러나 만약 차입자들이 모두 우량하다면 왜 심사비용을 발생시키겠는가? 따라서 차입자들은 이런 상황을 예상할 것이고 그에 따라 심사가 없을 것임을 깨닫게 될 것이며, 이 경우 모든 차입자들이 신청을 하게 된다. 그러나 그렇게 되면 심사를 하는 것이 득이 된다. 결과는 무한 회귀(infinite regress)이며, 균형이 존재하지 않는다. 이 이슈에 관해서는 신용할당(credit rationing)과 은행 규제에 대한 토론에서 더 논의할 것이다.

내쉬균형

이해관계자들이 서로 거래하고 각자 이기적으로 만족을 최대화하려 할 때, 그들은 비협조게임(noncooperative game)을 하고 있다고 볼 수 있다. 그 결과를 묘사하기 위해 내쉬균형(Nash equilibrium)의 개념이 제시되었다. 먼저 균형이란 아무도 행동계획을 일방적으로 변화시킬 수 없도록 참여자들에 의해 채택된 행동계획이라는 관점에서 볼 때 일종의 '안정된 상태'의 획득으로 볼 수 있다. 이러한 균형의 개념을 설명하기 전에, 게임의 결과는 각 게임 참가자의 행동에 의존한다는 점을 유념하기 바란다. 더구나, 최종결과는 각 개인의 선택의 집합적 해답이기 때문에 각 개인의 행동은 경쟁자가 어떻게 행동할 것이라고 생각하는지에 달려 있다. 따라서 각 개인이 게임 진행에 대해 어떻게 인식하느냐가 각 게임 참가자의 전략 선택에 영향을 미치고 이런 선택들이 최종 결과를 결정한다. 균형을 얻기 위해서는 잘못된 믿음을 가질 수 없다. 즉, 당신이 어떠한 행동을 할 것이라 믿고 내가 행동을 취한다면 당신은 다른 선택을 할 수 없다. 만약 당신이 다른 선택을 한다면, 결과는 균형이 될 수 없다. 나는 그 선택을 한 것을 후회하고 바꾸기를 원할 것이다.

이런 직관적 개념이 내쉬균형 개념에 담겨 있다. n명의 참가자가 비협조게임을 한다고 가정하자. S_1은 참여자 i의 전략(행동의 선택)이고 별표(*)는 균형 전략을 나타낸다고 하자. 그러면 모든 참가자 i=1, 2, …, n에 대해 다른 참가자들이 균형전략(최적전략)을 수행할 때 전략 S_i^*가

참가자 i의 개인적 만족을 최대화시킨다면, 그때 전략의 집합 (S_1*, S_2*, …, S_n*)는 내쉬균형을 이룬다. 즉, 게임참가자 1과 2가 비협조게임을 벌이고 있고 전략 S_1*와 S_2*는 내쉬균형을 나타낸다고 하자. 그러면 S_2*가 주어지면 참여자 1에게는 S_1* 이외에 더 나은 대안이 존재하지 않고 S_1*이 주어지면 참여자 2에게는 S_2* 이외에는 더 나은 대안이 존재하지 않는다. 이런 개념을 아래의 예와 〈그림 1.4〉에 나타내었다.

내쉬균형 개념은 본서의 나머지 부분에서 광범위하게 이용된다. 특히 3장, 5장, 6장에서 많이 볼 수 있고, 10장의 뱅크런(bank runs, 대량예금인출사태)과 예금보험에 관한 토론에서 볼 수 있다.

예제 1.8 함께 범죄를 저지른 두 명의 죄수가 있다고 가정하자. 둘 중 한 명 또는 둘 다 자백을 하지 않으면 그들의 죄를 입증하기에는 증거가 불충분한 상황이다. 경찰은 묵비권을 행사하기로 약속한 두 범인의 침묵을 깨려는 목적으로 이들을 분리시켜 놓고 각자에게 다음과 같은 거래를 제시한다. 만약 범인 1이 자백하고 범인 2에 대해 제보한다면 풀려나게 된다(이때 범인 2는 아직 자백하거나 범인 1에 관해 제보하지 않음). 자백 후 풀려나면서 얻게 되는 보상의 크기가 4라고 하자. 자백하고 공범에 관해 제보하는 것은 범인에게 가책을 느끼게 하기 때문에 자백하지 않고 석방되면 5의 보상을 얻게 된다고 가정하자. 물론, 범인 1이 자백하고 범인 2가 자백하지 않으면 범인 2는 유죄선고를 받게 될 것이다. 유죄판결을 받을 경우의 보상은 0이라고 하자. 만약 둘 다 자백하고 제보하면 둘 다 유죄선고를 받겠지만, 자백하고 유죄선고를 받는 범인은 묵비권을 행사하고 유죄선고를 받는 범인보다 더 가벼운 형량을 선고받는다. 둘 다 자백하여 유죄선고를 받는 경우의 보상은 1이라고 하자. 아무도 자백하지 않으면 둘 다 석방되리라는 것을 두 범인 모두 알고 있다. 이 '범인의 딜레마(prisoners' dilemma, 수인〔죄수〕의 딜레마로 많이 알려짐)'에서 무엇이 내쉬균형이 될 것인가?

풀이 이 문제에 답하기 위해서 다양한 전략에 대한 보상을 매트릭스 형태(이러한 게임에서는 '전략적 형태〔strategic form〕'로 알려짐)로 나타내 보자. 각 셀의 첫 번째 숫자는 범인 1의 보상이고 두 번째 숫자는 범인 2의 보상이다.

		범인 2: 자백	범인 2: 묵비권 행사
범인 1	자백	1, 1	4, 0
	묵비권 행사	0, 4	5, 5

〈그림 1.4〉 범인의 딜레마 게임의 전략적 형태

이 게임에는 두 가지 내쉬균형이 존재한다. 즉 (i) 둘 다 고백하는 경우와 (ii) 둘 다 묵비권을 행사하는 경우이다. (i)이 왜 내쉬균형인지 알아보기 위해 범인 1이 범인 2가 고백할 것이라고 추측한다고 가정하자. 그럴 경우 자신(범인 1)도 자백한다면 1을 얻고 자백하지 않는다면 0을 얻는다. 따라서 그는 자백할 것이다. 반대로 범인 2가 범인 1이 자백할 것이라고 추측한다고 가정하자. 그러면 그의 의사결정 문제는 범인 1과 똑같기 때문에 그 역시 자백이 최적임을 발견할 것이다. 그러므로 (i)은 내쉬균형이다. 왜냐하면 전략 선택에서 각각의 범인이 공범의 전략을 정확하게 고려(추측)하기 때문이다. 마찬가지로 만약 각 범인이 공범의 묵비권행사를 믿는다면 자백하지 않는 것이 최선이다. 그렇기 때문에 (ii)도 내쉬균형이다.

다중 내쉬균형은 흔한 현상이다. 비록 두 공범이 침묵을 지킴으로써 명백히 결과가 좋아지고 더더구나 이를 그들 모두 알고 있다고 하더라도 둘 다 자백하는 것이 가능하다. 왜냐하면 결탁이 가능하기 때문이다. 어떤 균형이 나타나는지는 범인들 사이의 신뢰에 달려 있다.

신념의 수정과 베이즈 룰

이곳에서는 이성적인 사람이 새로운 정보가 도착했을 때 어떻게 반응할 것인지에 대해 논한다. 어떤 사람이 모든 것을 알 수는 없어도 미래에 일어날 일에 관해 무언가 알고 있다면 그 사람은 미래에 무엇이 일어날 것인가에 대해 믿음을 형성하고 있다고 볼 수 있다. 이러한 신념들은 확률분포로 표현될 수 있다. 즉, 불완전한 정보를 가지고 있는 사람으로서, 당신은 결과 'a'가 일어날 확률이 얼마이고 결과 'b'가 일어날 확률이 얼마이다, 등등으로 믿고 있다고 말할 수 있다. 자, 지금 새로운 정보가 도착했다고 하자. 이것은 당신에게 완벽한 정보를 제공하진 않지만 당신이 이미 알고 있는 정보에 보탬이 되었다. 문제는 이것이다. 새로운 정보를 받았을 때 당신이 최초의 신념을 어떻게 바꿀 것인가? 이것을 특정 예제의 틀에서 제시해 보고자 한다.

예제 1.9 다음 날 날씨를 알아보기 위해 저녁 뉴스가 나오는 채널을 보기로 결정했다고 가정하자. 당신이 선택할 수 있는 양대 채널(1과 2)이 있다. 당신의 주요 기준은 일기예보의 정확성이고 당신은 일기예보자가 훌륭한 예보자(g)이거나 미흡한 예보자(b)일 수 있다고 믿는다. 당장 당신은 각 채널의 일기 예보자가 훌륭할 확률이 반반이라고 생각한다. 즉, 각 채널의 일기예보자가 g일(사전적, prior) 확률은 0.5이다. 당신은 또 모든 이들이 완벽할 수는 없으므로 훌륭한 일기예보자가 정확한 예보를 할 확률은 0.8이고 미흡한 예보자가 정확한 예보를 할 확률은 0.5라는 것을 알았다. 양 채널의 일기예보자들이 ('비 올 확률 60%' 같은) 확률적 추정이 아닌 점추정으로 예보를 제공한다고 생각해보자. 어제 밤 예보에서 채널 1의 일기예보자는 오늘 비가 올 것이라고 하고 채널 2의 일기예보자는 비가 오지 않을 것이라고 했다고 하자. 만약 오늘 비가 온다면 당신은 어떻게 신념을 바꾸어야 하는가?

풀이 명백히 당신의 신념을 갑자기 극단적으로 바꾸어 채널 1 일기예보자는 훌륭하고 채널 2 일기예보자는 훌륭하지 못하다고 주장하는 것은 현명하지 못할 것이다. 그렇다면 어떻게 접근해야 할까?

이 질문에 답하기 위해서는 신념변경 절차를 정형화할 필요가 있다. 베이즈 룰(Bayes rule)은 신념이 어떻게 수정되어야 하는지 계산하는 공식을 제공하는 통계적 기법이다. 기본적으로 베이즈 룰은 합리적인 개인이 어떻게 조건부 확률을 계산해야 하는지 말해준다. $x_1, \cdots, x_n$은 확률변수 x의 가능한 결과물이고 $Pr(x_1)$은 $x=x_1$이 될 사전적(비조건부) 확률이라고 하자(x_1은 $x_1, \cdots, x_n$ 중에서 선택). 마찬가지로 y_i는 확률변수 y_i의 실현이며, x에 관한 정보를 전달한다. 베이즈 룰은 만약 당신이 $y=y_i$임을 관찰한다면 당신은 $x=x_i$일 확률은 다음과 같다고 추론할 것을 말해준다.

$$Pr(x_i \mid y_j) = \frac{Pr(y_j \mid x_i)Pr(x_i)}{\sum_{i=1}^{n} Pr(y_j \mid x_i)Pr(x_i)} \qquad (1.17)$$

(비조건부) 확률 $Pr(x_i)$는 사전적 신념(prior belief)이라고 알려져 있으며, (조건부) 확률 $Pr(x_i \mid y_j)$는 사후적 신념(posterior belief)으로 알려져 있다. 주어진 일기예보의 예에서 다음과 같이 정의한다고 하자.

$$Pr(\text{일기예보자가 좋음}|\text{옳음}) \equiv Pr(g|c)$$
$$Pr(\text{일기예보자가 좋음}|\text{틀림}) \equiv Pr(g|w)$$
$$Pr(\text{일기예보자가 나쁨}|\text{옳음}) \equiv Pr(b|c)$$

그러면 다음과 같은 조건부 확률을 얻을 수 있다.

$$Pr(\text{채널 1 일기예보자가 훌륭함}|\text{비 올 예보를 정확히 맞춤})$$

$$= Pr(g|c) = \frac{Pr(c|g)Pr(g)}{Pr(c|g)Pr(g) + Pr(c|b)Pr(b)}$$

$$= \frac{0.8 \times 0.5}{0.8 \times 0.5 + 0.5 \times 0.5}$$

$$= 0.615$$

비슷하게,

$$Pr(\text{채널 2 일기예보자가 훌륭함}|\text{비 올 일기예보가 틀림})$$

$$= Pr(g|w) = \frac{Pr(w|g)Pr(g)}{Pr(w|g)Pr(g) + Pr(w|b)Pr(b)}$$

$$= \frac{0.2 \times 0.5}{0.2 \times 0.5 + 0.5 \times 0.5}$$

$$= 0.286$$

따라서 당신은 채널 1의 일기예보자가 훌륭할 확률이 채널 2의 일기예보자가 훌륭할 확률보다 2배 이상일 것이라고 생각한다. 물론 당신은 다음 일기예보까지 기다려서 어느 쪽이 더 맞는지 볼 수 있다. 사후적 신념이 사전적 신념에 크게 의존한다는 것을 지적하는 것은 중요하다. 따라서, 예컨대, 두 일기예보자 모두 오늘 밤 예보에서 내일 비가 온다고 예보하고 내일 실제로 비가 온다고 해도 당신은 두 일기예보자가 훌륭한 예보자일 가능성이 똑같다고 말하지는 않을 것이다. 당신은 여전히 채널 1의 일기예보자가 훌륭한 예보자일 확률이 더 높다고 믿는다는 것이다. 6장에 베이즈 룰의 적용이 나온다.

참고문헌

Akerlof, George A., "The Market for 'Lemons' : Quality Uncertainty and the Market Mechanism"," *Quarterly Journal of Economics*, August 1970, 488-500.

Arrow, Kenneth J., "The Role of Securities in the Optimal Allocation of Risk Bearing"," *Review of Economics Studies*, 1964, 91-96.

Banker's Diary and Guide 1993, Warren Gorham Lamont, Division of Research Institute of America, Inc.

Bhattacharya, Sudipto, "Imperfect Information, Dividend Policy, and the 'Bird in the Hand' Fallacy"," *Bell Journal of Economics and Management Science* 10, 1979, 259-270.

———, ""Nondissipative Signaling Structures and Dividend Policy"," *Quarterly Journal of Economics* 95, 1980, 1-24.

Black, Fisher, and Myron Scholes, ""The Pricing of Options and Corporate Liabilities"," *Journal of Political Economy* 81, 1973, 637-654.

Boot, Arnoud, Anjan Thakor, and Greg Udell, ""Secured Lending and Default Risk: Equilibrium Analysis and Monetary Policy Implications"," *The Economic Journal* 101-406, May 1991, 458-472.

Brealey, Richard, and Stewart Myers, *Principles of Corporate Finance*, Third Edition, McGraw Hill Publishing Co., 1988.

Brown, David P., and Robert H. Jennings, ""On Technical Analysis"," *Review of Financial Studies* 2, 1989, 527-551.

Chan, Yuk Shee, and Anjan Thakor, ""Collateral and Competitive Equilibra with Moral Hazard and Private Information"," *Journal of Finance* 42, June 1987, 345-363.

Debreu, Gerard, *Theory of Value*, Cowles Foundation Monograph 17, New Haven, Yale University Press, 1959.

Diamond, Douglas, ""Reputation Acquisition in Debt Markets"," *Journal of Political Economy* 97-4, August 1989, 828-862.

Fama, Eugene F., ""EYcient Capital Markets: A Review of Theory and Empirical Work"," *Journal of Business* 43, 1970, 383-417.

Fudenberg, Drew, and Jean Tirole, "Moral Hazard and Renegotiation in Agency Contracts"," *Econometrica* 58-6, November 1990, 1279-1319.

Hirshleifer, David, and Anjan Thakor, ""Managerial Reputation, Project Choice and Debt"," *Review of Financial Studies* 5-3, 1992, 437-470.

Holmstrom, Bengt, ""Managerial Incentive Problems-A Dynamic Perspective"," *Review of Economic Studies*, January 1999.

Jensen, Michael, and William Meckling, ""Theory of the Firm: Managerial Behavior, Agency Costs and Ownership Structure"," *Journal of Financial Economics* 3, 1976, 305-360.

John, Kose, and David Nachman, ""Investment Incentives, Risky Debt and Reputation in a Sequential Equilibrium"," *Journal of Finance* 40, July 1985, 863-878.

Lehman, Bruce, ""Fads, Martingales, and EYciency"," *Quarterly Journal of Economics*, February 1990, 1-28.

Markowitz, Harry, ""Portfolio Selection: EYcient DiversiWcation of Investments"," Cowels Foundation Monograph 16, New Haven, Yale University Press, 1959.

Mirrlees, James, ""The Optimal Structure of Incentives and Authority Within an Organization"," *Bell Journal of Economics* 7-1, 1976, 105-131.

Narayanan, M.P., ""Observability and Payback Criterion"," *Journal of Business* 58, 1985a, 309-323.

———, ""Managerial Incentives for Short-Term Results"," *Journal of Finance* 40, 1985b, 1469-1484.

Ross, Stephen A., ""On the Economic Theory of Agency: The Principle of Similarity"," Proceedings of the NERB-NSF Conference on Decision Making and Uncertainty, 1974.

Samuelson, Paul, ""Risk and Uncertainty: A Fallacy of Large Numbers"," *Scientia* 57, 1963, 1-6.

Song, Fenghua, and Anjan V. Thakor, ""Information Control, Career Concerns and Corporate Governance"," *Journal of Finance* 61-4, August 2006, 1845-1896.

Spence, A. Michael, "Job Market Signalling", *Quarterly Journal of Economics*, 1973, 355-374.

——, "Competitive and Optimal Responses to Signals: An Analysis of EYciency and Distribution", *Journal of Economic Theory* 7, 1974, 296-332.

Stulz, Rene Herb Johnson, "An Analysis of Secured Debt", *Journal of Financial Economics* 14-4, December 1985, 501-522.

Thakor, Anjan V., "Do Loan Commitments Cause Overlending?" *Journal of Money, Credit and Banking* 37-6, December 2005, 1067-1100.

제2부 금융중개란 무엇인가

제2장 금융중개의 본질과 다양성

> 언제나 없어지기 전에는 무엇을 가지고 있었는지 모르는 것 같지 않습니까?
>
> 조니 미첼

용어 정리

유로(Euro): 많은 유럽연합(European Union) 국가들에 의해 채택된 공용화폐

수익률곡선(Yield Curve): 만기수익률과 채권의 만기 간 관계를 나타낸 곡선으로 만기를 제외한 모든 면에서 동일(4장 참조)

듀레이션(Duration): 채권투자금액의 회수에 필요한 시간의 척도. (중간 이자지급 없이) 원금만 상환하는 채권(제로쿠폰본드)의 경우 듀레이션은 만기와 동일. 쿠폰(이표: 이자지급표) 부 채권의 경우 듀레이션은 언제나 만기보다 짧다(4장 참조).

현물이자율(Spot Rate): 주어진 만기에 대한 현재시점의 만기수익률

유동성프리미엄(Liquidity Premium): 채권투자자들이 원하는 순간 채권의 진정한 가치에 비해 손실이 없이 채권을 현금화하는 어려움에 대한 보상으로 추가되는 채권수익률(4장 참조).

소비자대출(Consumer Loans): 개인 및 가계에 대한 대출. 소비자대출은 주로 할부대출(installment loans)이다.

기업대출(Commercial Loans): 기업에 대한 대출. 종종 상업및기업대출(Commercial and

Industrial〔C&I〕 loans)이라고 한다.

조건부청구권(Contingent Claims): 미래에 어떤 상태의 실현에 대해 조건부로 이루어지는 청구권

연방기금(Federal Funds): 은행 간 대출시장의 기금. 은행이 연방기금을 매도하면 그 은행에 준비금 부족분의 일부 또는 전부를 충당하는 금액을 (통상 하루 기준으로) 빌려주는 것이며, 은행들은 예금의 일부를 유동성 유보금으로 보유할 것을 요구받는다.

잉여금(Surplus): 주식(equity) 및 증권 매도 시 액면가를 초과하는 판매수익금과 잉여금계정이 보통주계정과 같아질 때까지의 이익잉여금의 합계

현금 및 예치금(Cash and Due): 은행금고의 동전 및 화폐, 연방준비은행 및 기타 은행에 대한 예치금, 고객이 예치한 미환전 수표

대손충당금(Allowance for Loan Losses): 예상되는(기대되는) 미래의 대출금손실을 해소하기 위해 확보하는 충당금. 대출금손실을 대비해 할당되는 금액은 은행 순자산의 일부이다. 대출손실충당금은 경상을 감소시키는 비용이며, 은행의 대출손실유보금을 증가시킨다. 기존 대출금을 탕감하면(감소시키면) 은행의 대출손실유보금은 감소한다.

종합손익(Undivided Profits and Reserves): 은행 순자산의 일부

생명보험의 종류(Types of Life Insurance Policies): 기본적으로 네 가지 유형의 보험정책이 있다. 즉 일반(ordinary), 산업(재해)(industrial), 단체(group) 그리고 신용(credit). 일반생명보험 정책은 대부분의 개인들이 보유하는 유형이다. 보험료 납입주기는 월납, 분기납, 반기납, 연납이 있으며, 사망 시 특정된 보험금지급을 포함한다. 산업(재해)보험은 소액보험이며, 주납 또는 월납 형태로 보험료를 내고 통상 보험사원에 의해 피보험자의 집에서 수금이 이루어진다. 단체보험은 의학적 검사 없이 하나의 보험정책하에 복수의 사람들을 대상으로 한다. 예를 들어 특정 기업 또는 노조원. 신용생명보험(Credit life insurance)은 피보험자 사망 시 피보험자의 부채를 상환해 주는 개인 또는 단체를 대상으로 한 정기보험(term insurance)이다.

서론

이 장에서는 금융기관이 제공하는 다양한 서비스에 대해 초점을 맞춘다. 은행은 현란하게 많은 금융서비스를 제공하는 포괄적인 산업의 참여자이다. 넓은 금융 서비스 산업은 상업은행, 저축기

관, 신용조합, 예금을 받는 기관, 정부 기관, 연금펀드, 고리대금업, 전당포업, 복권, 보험회사, 뮤추얼 펀드, 헤지펀드, 사모풀 등 다른 다양한 기관을 포함한다. 이 목록에 대해 우리는 거래되는 주식, 선물, 옵션, 채권, 상품, 승마투표방식(parimutuel betting)의 베팅 기관, 신용평가기관을 추가할 수 있고 이는 무한으로 확장될 수 있다.

이 금융기관들이 공통적으로 수행하고 있는 것은 위험의 가공(processing)과 그것의 미묘한 대체재인 정보이다. 금융기관은 두 가지 용도를 위해 정보를 생산한다. (i) 결혼중매업자가 하는 것처럼 거래당사자를 연결시켜주고 (ii) 위험을 관리하고 대출자의 신용위험을 통제하기 위해 은행이 신용정보를 만들어 낼 때 청구권 본연의 형태를 변환하기 위해서이다. 이런 용도를 위한 정보생산과정에서 (i) 금융기관은 브로커로 행동하며 (ii) 질적 자산변환자(qualitative asset transformer)로 활동한다.

이 장의 남은 부분에 대한 계획은 다음과 같다. 먼저 금융 중개기관에 대해 정의하고 중개업무와 자산변환 서비스에 대해 이야기한다. 두 그룹의 금융기관 각각이 제공하는 서비스의 다양한 유형에 대해 이야기할 것이다. 그다음 우리는 금융중개기관에 대한 중요한 통계치를 제공한다. 다음으로 주요 예금기관인 상업은행, 저축은행(저축대부조합과 상호저축은행), 신용조합, 벤처캐피털리스트에 대해 이야기한다. 다음 부분은 비예금금융 중개기관인 파이낸스사(finance company, 보통 할부금융을 전문으로 취급함), 보험회사, 연금펀드, 뮤추얼 펀드, 투자은행에 관해서 이야기한다. 정부기관의 역할을 다음으로 살펴보고 전당포업과 고리대금업을 포함한 '지엽적인' 금융 중개기관들에 대해 살펴본다.

금융중개기관이란 무엇인가

정의: 이름에서 알 수 있듯이 금융중개기관(financial intermediaries: F.I.s)은 금융자본 사용자와 제공자를 연결시켜주는 단체이다. 금융중개기관은 전형적으로 다면적이고 따라서 그들의 활동은 여러 가지 시점에서 이해될 수 있다. 예를 들어, 비금융기관과 다르게 금융중개기관은 상대적으로 많은 양의 금융 청구권을 자산으로 가지고 있다. 따라서 제조업체는 재고, 기계, 특허 등을 자산으로 가지고 있는 반면 금융중개기관은 그들의 고객에 대한 대출 계약을 자산으로 가지게 된다. 양측 모두 그들의 부채와 자기자본을 판매함으로써 자산을 조달한다. 금융중개기관과 다른 기업들의 재무제표 대변에는 금융기관이 부채비율이 높다는 점을 제외하면 특별한 차이는 없다. 금융중개기관의 재무제표상 특징이 있다. 금융중개기관과 다른 종류의 기업들은 부채와 자기자본으로 자산을 구성하는데 금융중개기관은 실물을 자산으로 가지는 기업들과는 다르게 금융 청구권을 자산으로 많이 가지고 있다.

금융중개기관의 존재이유는 무엇인가: 이 질문은 다음 질문과 비슷하다. 금융중개기관이 어떤 기관의 도움 없이 일을 할 수 있는가? 어떤 기업, 금융기관 또는 비금융기관을 포함한 이에 대한 답은 기업에서 생산되는 재화나 서비스의 흐름에서 찾을 수 있다. 결국 기업은 자산과 부채를 선택할 뿐만 아니라 기대되는 현금의 유입액의 실현을 보장하기 위해 이들을 관리한다. 이것은 (사람이 아닌) 재무제표에 나타난 자산이 일반적으로 자산에 기여하게 되는 현금 흐름을 만들어 내기 위해 다양한 투입 노동력과 결합되기 때문이다. 제조업자는 다양한 원자재와 중간생산물을 재가공, 변형, 운송하여 더 정제되고 더 좋은 방향으로 재화를 만들어낸다. 재무제표상 나타나는 기계의 서비스와 프로세스는 더 정제된 상품의 재고를 만들어 내기 위한 노동서비스와 결합된다.

금융중개기관에게 이러한 것을 어떻게 적용하여 설명할 수 있을까? 금융 서비스를 만들어 내기 위해 금융중개기관의 자원과 어떻게 결합할까? 가장 쉽게 대답하자면 금융중개기관은 한쪽으로는 빌려주고 한쪽으로는 빌려온다고 할 수 있다. 그러나 이 대답은 왜 금융중개기관이 대출자와 대출기관이 필요한지에 대해서 완벽하게 대답해 주지 못한다. 즉, 만약 내가 어느 정도의 돈을 빌리고 싶어 한다면 나는 이를 간단히 신문광고에 내어 이자율을 서로 협상할 수 있는 상대를 만나서 돈을 빌릴 수는 없을까? 이것이 바보 같은 짓으로 보일지는 몰라도 이것이 왜 우리가 보통 이런 일을 하지 않는지 보여주는 핵심이라 할 수 있다. 결국 이것이 주택보유자가 자신의 집을 팔기 위해 부동산 중개인을 찾아가기보다는 "집을 팝니다"라고 광고를 붙이는 것과 다른 사안일까? 왜 집을 파는 것이 다른 이에게 돈을 빌리는 것과 다른 행위일까? 심지어 (노출된) 예금보험이 없는 국가에서도 사람들은 은행에 돈을 맡기며 그 은행은 이 돈을 나와 당신과 같은 사람에게 빌려준다. 그렇다면, 왜 이런 예금자들이 직접적으로 기대되는 대출자에게 돈을 빌려주지 않을까?

이 문제를 이해하기 위한 핵심은 우리가 불완전한 정보의 세계에서 살아가고 있다는 것이다. 사람들은 그들의 돈을 직접적으로 잘 모르는 사람에게 빌려주기보다는 은행에 맡기려고 한다. 왜냐하면 그들이 은행을 더 잘 '안다'고 생각하기 때문이다. 이것이 우리가 정보기반의 금융서비스를 제공하는 금융중개기관에 대해 더 알아보고자 하는 이유이다. 대출과 차입에서, 금융중개기관은 결혼 중매업자가 하는 것처럼 익숙지 않지만 적절하고 상호보완적인 거래자들과 만나게 된다. 또한 금융중개기관은 전 고객들의 금융청구권의 속성을 변경하면서 그들의 신용을 가장 높고 최선의 위치에 할당한다. 특별한 라벨을 부여하는 이런 활동은 금융중개기관에게는 매우 기본적인 업무이다. 그들은 전자의 활동을 '브로커업무(brokerage)'라 하고 후자의 활동을 질적자산변환(QAT, qualitative asset transformation)이라 한다. 다음 설명을 참고하라.

금융중개기관의 중개기능: 금융중개기관의 브로커활동(brokerage activities)은 금융청구권을 가진 사람들의 상호보완적 욕구를 충족시키기 위해 한데 모아두는 것과 관련이 있다. 브로커는 보통 이런 서비스를 제공하면서 수수료를 받음으로써 보상받는다. 브로커의 업무는 정보이며 이 서비스를 수행하는 데 특별한 우위는 미묘한 신호를 해석하는 특별한 기술과 또한 정보의 재사용성에서 비롯된다. 즉, 브로커는 정보 가공자로서 두 가지 이점을 가진다. 먼저 이들은 미묘한 신호를 해석하는 특별한 능력을 가지거나 발전시켰다. 다음으로 이들은 고객횡단적인 측면과 범시간적인 측면에서 정보 재사용이 가능하다는 이점을 가진다. 예를 들어, 부동산 중개인은 전형적으로 주택 구입희망자나 주택 판매희망자보다는 수요와 공급의 조건 등 시장상황에 대해 더 많은 정보를 가지고 있고 이 정보는 많은 거래에서 재사용할 수 있다.

브로커에게 구매자와 판매자를 연결시키는 것은 판매의 원리로 브로커와 관련되어 있는 것은 아니다. 따라서 중고차 판매상은 재판매를 위해 중고차를 구입함으로써 전형적인 브로커 역할을 넘어서게 된다. 만약 잠재적 구매자(판매자)를 그 상대방과 일치시킨다면, 이는 브로커라 할 수 있다. 이와 마찬가지로 결혼중개업자는 우리의 묘사에 적합한 중개업자이지만 전형적인 주식브로커는 이와 같지 않다. 일단 브로커가 본인으로 행동하게 되고 결과적으로 재판매될 자산을 구매(판매)하면, 시장에서 자산의 가격이 다시 결정될 위험을 안게 되고 결국 제한된 중개업자의 역할을 초월하게 된다.

브로커는 거래 양측이 계약에 들어가기 이전에 존재하던 정보 문제를 해결하는 데 도움을 준다. 다시 말해 브로커는 계약 전 정보비대칭을 해결하는 데 도움을 준다. 게다가 브로커는 계약 이후에 발생할 수 있는 정보 문제를 해결해 준다. 다시 말해 브로커는 계약 후 정보비대칭을 해결하는 데 도움을 준다.

계약 전 정보비대칭과 금융중개: 계약 전 정보비대칭(precontract informational asymmetry)은 역선택과 중복심사, 이 두 가지 정보 문제와 관련되어 있다. 각각에 대해 아래에서 설명할 것이다.

역선택과 금융중개: 금융중개기관과 연관된 거래에서 역선택(adverse selection) 문제는 많이 존재한다. 예를 들어, 차입자는 자신의 신용가치가 잠재적 대출자에게 실제보다 더 과장되기를 바라는데 이는 자신이 낮은 신용 위험을 가진 차입자로 보이기 위해서이다. 그리고 만약 대출자가 신용등급을 속인 차입자와 관련된 높은 신용위험에 대한 보상으로 대출 이자율을 올린다면, 떨어져 나갈 것 같은 차입자는 더 나은 신용 대안을 가지고 있거나 높은 이자율에 빌릴 생각이 없는 차입자일 것이다. 결과적으로 대출기관은 높은 신용 위험을 가진 대출자만 가지게 되는 것이다.

은행과 같은 금융중개기관은 다른 신용 위험을 가진 대출자들을 분류하는 신용분석 중개업 기능을 수행하면서 이런 역선택 문제를 해결하는 데 도움을 줄 수 있다. 즉, 이 경우 브로커는 신용분석에 특화하거나 다양한 종류의 신용정보를 해석하고 가공하기 위한 기술을 개발한다. 이는 대출자와 차입자 사이를 중재하고 역선택 문제를 최소화시켜준다.

중복심사 및 정보재사용과 금융중개: 중복심사(duplicated screening)는 개인이 일정 비용을 들이고 역선택을 해결하는 상황에서 언급되지만 여러 개인들이 똑같은 심사를 하기 때문에 심사비용의 낭비적인 지출이 발생하게 된다. 금융중개기관은 정보재사용(information reusability)의 힘을 이용하여 이런 중복되는 문제를 피할 수 있도록 해준다. 아래 예제를 보면서 설명한다.

100명의 남자와 100명의 여자가 '완벽한' 결혼 상대자를 찾고 있다고 생각해보자. 완벽하게 정보를 알기 위해서 각 여자는 남자 100명에 대해 평가할 필요가 있고 남자의 경우도 마찬가지이다. 각각의 평가비용은 $25로 고정되어 있다고 가정한다. 그러면 모든 참여자들이 완전한 정보를 갖게 되는 총비용은 $500,000(즉, 2(100*100*25))이다. 또한 만약 한쪽 방향의 참가자 수를 x라 하고(이 샘플에서는 100명) 한 단위당 고정된 표본추출 비용은 c(여기서는 $25)라 하면, 총비용은 $2cx^2$이 된다.

이제 브로커 이야기를 시작하자! 공평한 경쟁의 장을 만들고 브로커의 특별한 능력에 대한 고려사항을 숨기기 위해 우리는 한 단위당 평가비용이 $25로 변하지 않았다고 가정한다. 그러나 브로커는 각 참가자들을 한 번씩 살펴볼 필요가 있고 결국 비용은 2cx, $5,000이 된다. 정보가 무시해도 좋을 정도의 비용에 유통된다고 가정하면 브로커의 개입으로 인해 절약하는 금액은 이 사례에서 대략적으로 다음과 같다.

$$S = 2cx(x-1)$$

또는 $495,000이다. 확실하게 하기 위해, 브로커는 이윤을 창출할 것이라 기대하지만 비용은 낭비적(자원을 소비함)이라기보다는 재분배적이고, 어떤 경우이든 잠재적 경쟁은 이윤을 제한할 것이라고 예상된다. 따라서 브로커를 가짐으로써 아낄 수 있는 비용은 모집단의 크기에 따라 기하급수적으로 증가하며 단위당 표본추출 비용은 선형적이다. 한계적으로($dS/dx=2c[2x-1]$), 절약비용은 모집단 크기가 증가함에 따라 커진다.

브로커로 인해 줄어드는 비용은 정보의 특이성에서 기인한다. 정보의 사용은 정보 소멸의 결과로 이어지지 않는다. 대부분의 재화와 서비스는 사용된 결과 소비되어 변형된다. 이것은 정보의 경우에는 성립되지 않고, 이런 특이성이 브로커의 역할을 이해하는 데 핵심이 된다. 만약 결혼중개업자가 특정한 후보자에 대한 보고서를 작성한다면, 같은 정보를 사용하는 데 귀하의 능력을 조금도 손상시키지 않고서도 그 정보를 사용할 수 있다. 이것은 증권분석가가 쓴 보고서, 전화번호부에도 똑같이 해당된다. 이런 정보의 특별한 재사용성은 브로커를 필요로 하는 필수요소이며 모집단이 커질수록 정보의 재사용과 관련된 잠재적인 절약금액이 커진다.

여기서 우리는 브로커가 다른 사람들에 비해 어떤 특별한 이점이나 능력을 가지고 있다고 하지는 않았다. 만약에 상대적인 이점이 존재한다면 C_b=브로커의 평가비용, C_0=타인의 평가비용이며 $C_0 > C_b$이다. 그러면 브로커로 인해 줄어드는 비용은 $C_0 > C_b$일 때, $S=2x[C_0x-C_b]$이며, 브로커를 이용하는 사람들과 하지 않는 사람들 간의 차이는 C_0-C_b가 된다. 더 높은 정보 가공능력이 상대적으로 브로커의 상대적인 이점을 돋보이게 한다.

정보재사용의 위력과 금융중개의 가치에 대한 재고: 정보 재사용의 개념을 확실하게 하기 위해 다른 예제를 하나 더 살펴보자. 각각의 교차점이 잠재적인 유정을 나타내는 매우 큰 지리학적 그리드를 생각해보자. 다양한 석유시추 회사가 있고 산출이 없는 유정을 판 이후에는 다시 원상태로 복구해 두어야 하는 법이 있다. 결국 특정한 위치에 운영하고 있는 유전이 있지 않다면 어느 위치에 유전이 있는지 알 방법이 없다. 만약 브로커가 각 탐사자의 시추활동에 대한 정보를 간단히 모으고 이 정보를 전파할 수 있다면, 산출이 없는 유정을 재시추하는 데 드는 비용을 없앨 수 있다. 브로커가 없다면, 사회는 생산성이 없다고 알려진 위치에서 석유를 찾는 데 드는 불필요한 비용을 견뎌야 할 것이다. 이런 정보의 측면을 횡단적 정보재사용가능성이라 한다. 같은 정보가 수많은 다른 사용자들에게 재사용될 수 있다. 정보의 재사용가능성은 또한 통시적인(intertemporal) 측면을 가진다. 즉 시간에 걸쳐 재사용될 수 있다. 예를 들어, 첫 번째 대출 신청 과정에서 대출자에 대해 정보를 가지게 된 은행은 적어도 같은 대출자로부터 미래의 신용 요청을 처리하는 과정에서 이 정보를 사용할 수 있다.

중개업의 두 번째 측면은 탐색대상의 관찰가능성(observability)과 관련이 있다. 인명전화번호나 마른 우물의 주소처럼 탐색대상이 쉽게 관찰 가능하다면 브로커의 스킬은 중요성이 거의 없다. 그러나 '쉽게 관찰된다'라는 의미를 설명하는 데 좀더 정확히 해보자. 순종 말을 구입하는 데 당신을 도와줄 전문가를 고용하는 문제를 생각해보자. 당신은 특히 후보 말 중에서 세 가지 특성을 중요하게 여긴다. 즉 경주기록, 편안함, 혈통. 여기에는 수많은 전문가들이 있고 우리는 표본 말에 대한 세 가지 특성을 담은 리포트 작성을 요청했다. 그 후 각 특성에 대한 도수분포를 작성한다. 이 도수분포에서 어떤 것을 볼 수 있는가? 왜냐하면 경주기록은 잘 정의되어 있는 공식적인 것으로 평균 근처의 편차는 무시해도 될 정도의 사소한 것이어야만 한다. 관찰자는 특정 말이 얼마나 많이 1등, 2등을 했느냐를 논하고자 하는 것이 아니며 나이, 몸무게, 키도 볼 것이다.

그러나 품종과 형태은 매우 다른 차원의 문제이다. 우리는 각 대리인이 특정 말에 대한 다른 분석을 제시할 것이라 기대한다. 형태에 대한 판단기준이 다양한 차원에서 이루어지고 잘 정의되어 있지 않기 때문에 각 관찰자들의 특성이 구분될 것이고 도수분포결과는 상당히 분산이 있을 것이다. 혈통도 이와 같이 생각된다. 이전 조상과 관련된 사실은 명백하지만 특정한 조상의 가치는 판단의 대상이다. 따라서 관찰자들 간의 선택이 중요해진다.

브로커 기술의 중요성을 격상시켜주는 것은 관찰 대상의 미묘함, 모호함 또는 관찰비용이다. 관찰의 대상이 쉽게 관찰될 수 있는 경우라면 우리는 덜 기민한 관찰자를 고용하기를 희망해도 된다. 만약 모든 관찰자가 같은 설명을 제시한다면 확실히 우리는 판단이 중요한 의미를 갖는 조사를 위해서는 가장 영민한 브로커를 고용해야 할 것이다.

관찰가능성에 대한 문제는 한 극단인 전화번호부에서 다른 극단인 결혼중매업자와 투자은행가에 이르기까지 우리가 사회에서 브로커 계층을 이해하는 데 도움을 준다. 사실, 투자은행가와 결혼중매업자는 미묘한 자질을 기반으로 하여 거래 당사자들을 만나게 해준다는 점에서 일반적으로 좋은 평가를 받는다. 만약 투자은행가가 재무제표와 현금흐름 예상만을 보여주는 데 제한된다면 그들의 역할과 보상은 줄어들 것이다. 그러나 짐작하건대 투자은행가는 기업문화, 전략적 의도, 연속성, 영업 시너지, 비슷한 뉘앙스 등에 기반한 양립가능성의 더 복잡한 문제를 다룰 것이다. 심지어 증권의 발행(placing)은 감채기금 조항, 담보, 확률적 듀레이션에 대한 고려 등 많은 세부적인 증권의 특성뿐 아니라 판매자와 구매자에 대한 지식과 상대방을 어떻게 보는지에 대한 지식도 필요로 한다. 이는 전화번호부의 발간자가 실제적으로 익명이나 마찬가지지만 왜 투자은행가의 명성이 매우 중요한지 말해준다.

요약하면, 속성이 주어진다면 그리드(grid, 탐색창)가 클수록 브로커의 필요성이 더욱 강화된다. 그리드의 크기가 주어진다면, 조사 대상에 대한 관찰 가능성이 작아질수록 브로커의 능력과 명성이 더 중요해진다.

중개업의 중요한 측면은 그것이 큰 위험의 처리 없이 수행된다는 것이다. 정보는 QAT(질적자산변환)에서처럼 브로커를 위험에 노출시키지 않고 재판매 목적으로 구매될 수 있다. 확인해 보자. 만약 브로커가 판매되기 이전에 정보를 생산한다면 수요불확실성이 손실을 낳을 수도 있다. 그러나 정보는, 최소한 원칙적으로는, 미리 판매될 수 있다. 또한 정보의 판매와 관련해서 위장연출이 발생할 때마다 브로커는 자신의 명성이 위태롭게 된다. 그러나 탐색 대상에 대한 관찰 가능성의 난이도만큼 위험은 구체성을 띤다. 따라서, 원칙적으로 중개 서비스는 위험 없이 생산될 수 있으며, 어떤 경우에도 위험의 가공은 중개서비스 생산의 핵심요소가 아니다. QAT의 경우는 이와 다르다.

계약 후 정보비대칭과 금융중개: 많은 거래에서, 거래의 한쪽 당사자는 계약의 상호작용 과정 중에 거래 상대방의 이익을 해칠 수 있는 조치들을 취할 수 있다. 이런 행동이 가능한 이유는 이런 행동들이 피해를 보는 상대방에게는 '숨겨져' 있기 때문이고 직접적으로 통제되거나 예방할 수 없기 때문이다. 이런 정보비대칭('post-contract informational asymmetry')은 1장에서 논의된 도덕적 해이와 관련이 있다.

도덕적 해이는 매우 흔한 현상이다. 도덕적 해이는 보험에서도 발견되는데, 보험가입자는 부정적인 결과를 막기 위한 힘든 노력에 과소투자할 수 있다. 왜냐하면 보험제공자가 손실을 흡수해 주기 때문이다. 도덕적 해이는 은행업무에서도 발견되는데, 대출자는 매우 위험한 투자안을 선택할 수 있다. 왜냐하면 은행이 손실위험에 대해 불균형적인 몫을 부담하기 때문이다(은행이 더 많은 손실을 부담함).

금융중개기관의 특별한 모니터링 능력은 도덕적 해이를 완화시킨다. 예를 들어 은행은 대출자들의 사업과 재무상태를 주기적으로 조사하고 필요 시 영업 전략에 개입함으로써 대출자를 감시한다. 보험회사는 도덕적 해이를 막을 목적으로 보험계약을 설계하고 사후적 보험가격결정 방식을 사용한다. 벤처 캐피털리스트들은 기업가의 인센티브가 투자자의 기대로부터 너무 벗어나지 못하도록 보장하기 위해 통제권(경영권) 이전의 위협(the threat of transfer of control)을 사용한다. 따라서 도덕적 해이는 금융기관이 그로 인한 손실을 줄이도록 도와주는 브로커로 등장하기 위한 강력한 경제적 가치의 원천을 제공한다.

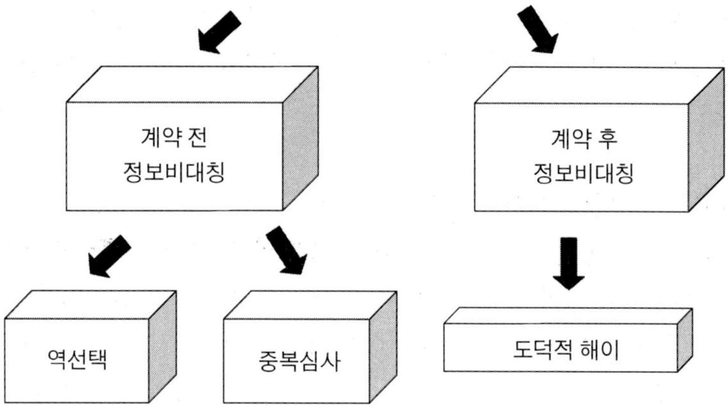

〈그림 2.1〉 금융기관이 겪는 주요 정보문제

위의 〈그림 2.1〉은 금융기관의 브로커 역할을 만들어내는 이질적인 정보 문제를 요약한 것이다.

질적자산변환: 금융중개기관의 역할에 관한 논의를 시작한 시점처럼 중개기관이 없는 세상을 떠올려보자. 어떤 개인이 집을 사기 위한 목적으로 돈을 빌리기를 바란다. 차입자는 그다지 매력적이지는 않은 특성들을 상당수 가지고 있는 모기지(주택담보)를 보유하고자 하는 거래상대방을 찾아야만 한다. 예를 들어, 개별 모기지를 위한 2차 시장(이미 발행된 모기지가 거래되는 시장)이 활성화되어 있지 않고 그 결과 모기지는 유동성이 없으며, 큰 호가차이가 존재한다. 모기지는 전형적으로 단위가 크고 불규칙적이다. 모기지는 전형적으로 길고 불확실한 듀레이션을 가지고 있는데, 이는 향후 30년간은 상환되지 않은 상태로 있을지 모르지만 실제로 어느 시점에서든 대출자의 재량에 의해 상환될 수 있으며, 이때 통상적으로 조기상환(prepayment) 패널티가 없다. 더구나 모기지는 채무불이행 위험(default risk)이 있으며, 채무불이행 시 담보 처리비용이 비쌀 수 있다. 모든 면에서 모기지는 매력이 없는 청구권이다.

이제 금융중개기관을 개입시켜보자. 금융중개기관은 모기지를 매입하고 예금이라 불리는 부채를 발행함으로써 자금을 조달한다. 예금은 모기지와 달리 거의 무제한 분할 가능하며 매우 유동성이 크고 채무불이행 위험이 거의 없다. 금융중개기관은 효과적으로 모기지를 예금과 스왑하며, 이를 통해 고객이 보유한 청구권을 변형시킨다. 금융중개기관은 이러한 서비스에 대해 예금과 모기지 사이의 이자율 스프레드를 통해 보상받는다.

자산의 속성 중 금융중개기관에 의해 가장 흔하게 변환되는 것은 듀레이션(만기, term-to-maturity), 분할가능성(단위의 크기), 유동성, 신용위험 그리고 때때로 통화교환비율기준(통화지정)이다. 전형적으로, 중개기관은 부채보다 듀레이션이 더 긴 자산을 보유함으로써 고객이 보유한 청구권의 듀레이션을 단축시킨다. 금융기관은 부채보다 단위가 더 큰 자산을 보유함으로써 고객 청구권의 단위를 감소시킨다. 금융중개기관은 부채보다 비유동성이 더 큰 자산을 보유함으로써 고객 청구권의 유동성을 높인다. 그리고 부채보다 채무불이행 가능성이 높은 자산을 보유함으로써 신용위험을 줄인다. 부채와 다른 통화로 표시된 자산을 보유함으로써 고객 자산의 통화교환비율을 변경한다.

질적자산변환(QAT)과 위험: 그러나 금융기관에 의해 수행되는 그러한 모든 자산변환은 금융중개기관의 재무상태표의 속성에 관한 미스매치(mismatch, 대응불일치)를 요구한다. 예를 들어 만약 금융중개기관 자산과 부채의 듀레이션이 완벽하게 매치된다면 금융기관은 고객 자산의 듀레이션을 변환시키지 못하였을 것이다. 단기 부채와의 교환으로 듀레이션이 긴 자산을 흡수함으로써 금융중개기관은 고객이 보유하고 있는 청구권의 듀레이션을 줄일 수 있다. 금융중개기관의 재무상태표상 미스매치가 어떤 유형의 위험에 대한 수용을 반영하기 때문에 이는 중요하다. 최소한 초기에 금융기관의 입장에서는 그러하다.

만약 금융중개기관이 유로화로 된 자산과 미 달러화로 된 부채를 가지고 있다면 달러/유로화 환율 변동성에 노출될 것이다. 만약 장기 자산을 단기 부채로 자금조달한다면 이자율위험에 노출될 것이다. 그리고 이것은 수익률곡선의 모양과 위치에 영향을 주어 금융중개기관의 현금흐름에 영향을 줄 것이다. 청구권 단위 사이즈의 변화는 미스매치와 그에 따른 위험의 수용 없이는 이루어질 수 없다. 만약 자산의 단위 사이즈가 부채의 단위 사이즈보다 크면 그에 상응하는 청구권의 구입과 판매가 완벽하게 일치될 수 없으며 결국 금융중개기관은 재고위험을 받아들이게 된다.

듀레이션 변환의 경우는 특히 배울 점이 많다. 장기 듀레이션 청구권에 대해 가산된 (유동성) 프리미엄 때문에 수익률곡선은 미래 현물 이자율에 대한 편의(왜곡, biased)된 예측변수라고 여겨진다. 즉, 차입자는 보통 장기로 빌리는 것을 선호하고 대출자는 단기로 빌려주는 것을 선호한다. 이러한 이자율기간구조이론은 보통 영국의 노벨 경제학상 수상자 힉스(John Hicks)와 관련되어 있다. 그러나 만약 금융중개기관을 이러한 세계로 끌어들이고 그들이 청구권의 듀레이션에 관심이 없다고 가정하면 그들은 장기 자산을 단기 부채를 통해 자금조달하는 것이 가능해지고 그렇게 하는 데서 수익을 얻게 된다. 실제 다른 장애물이 없다면 금융중개기관은 유동성 프리미엄이 한계중개비용 수준으로 낮아질 때까지 이 변환활동을 계속해 나갈 것이다. 이런 형태의 자산변환 활동의 존재는 수익률 곡선에 대한 힉스의 관점을 지지해준다. 애초에 유동성 프리미엄이 없다면 금융중개기관이 듀레이션 변환 활동을 수행할 인센티브가 없을 것이다. 만약 수익률곡선이 미래 현물 이자율의 불편추정치(unbiased predictor)라면 듀레이션 변환작업을 통한 수익은 없을 것이다.

질적자산변환의 형태가 무엇이든 미스매치된 재무제표는 내재적인 것이고 이는 다시 어떤 형태의 노출(위험)을 수용하는 것을 의미한다. 이것은 위험이 질적자산변환의 핵심 요소라는 것이다. 이런 위험을 관리하는 데에서 금융중개기관이 이용할 수 있는 세 가지 대안이 존재한다. 위험을 분산시키거나 위험을 다른 이에게 전가하거나 위험을 수동적으로 받아들이는 것이다. 다른 이에게 위험을 전가시키는 것은 원칙적으로 스왑, 선도계약, 선물과 옵션 등의 청구권을 사용하는 것이나 드물게 실질적으로는 질적자산변환과 관련된 모든 노출은 적절한 위험 전가 수단을 통해서 다른 이에게 전가시킬 수 있다. 그러나 이 경우에는 질적자산변환이 중개업무로 환원된다. 즉, 금융중개기관은 거래가 얼마나 복잡한지에 관계없이 단순하게 고객들 사이에서 위험을 전가시킨다. 위험이 분산 가능한 경우, 금융중개기관은 자체적으로 분산시키기에는 부(wealth)의 크기가 너무 작은 고객들을 대신하여 분산작업을 한다. 이것이 뮤추얼 펀드 존재의 가장 큰 이유라고 널리 받아들여지고 있다.

우리가 특정한 중개서비스의 예를 통해 중개업무와 자산변환을 중개기관 서비스 사이의 차이로 구별함에도 불구하고 두 가지 서비스 모두 같은 중개기관에서, 그리고 종종 함께 수행된다. 듀레이션 변환의 예를 들어보면, 금융기관은 미스매치가 안심하기에는 너무 심한 것을 알게 되고 그에 따라 자산의 듀레이션을 단축함과 동시에 부채의 듀레이션을 연장하는 절차를 진행한다. 사실 더 많은 QAT(질적자산변환)에서 더 적은 QAT로 활동의 조합이 바뀌고 있고, 더 적은 중개업무에서 더 많은 중개업무로 활동의 조합이 바뀌고 있다. 극단적으로, 만약 금융중개기관이 자산과 부채에 대한 완벽한 듀레이션 일치를 이루었다면 완전 순수한 브로커가 되는 것이다.

또는 두 가지 종류의 인수계약이 있는 투자은행가를 생각해보자. 하나는 '총액인수(firm commitment)' 계약이고 하나는 '잔액인수(best efforts)' 계약이다. 인수 형태는 재판매를 위해 기업의 주식을 인수하는 은행을 포함한다. 이것은 명백히 질적자산변환 계약이다. 은행가(투자은행)는 일반투자자가 증권구입 의향을 제시하기 전에 발행 기업에 대해 메뉴가격(prix fixé)

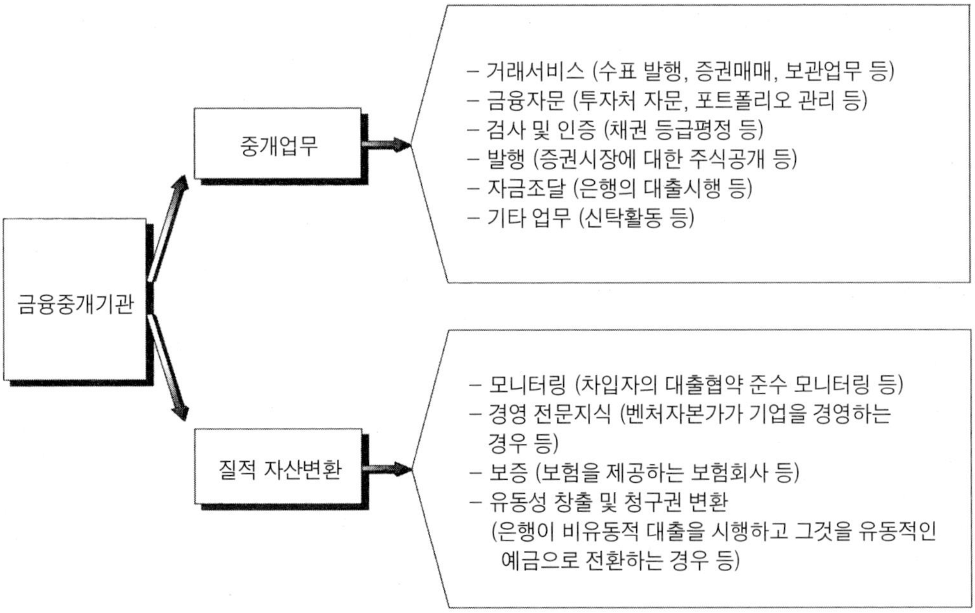

〈그림 2.2〉 금융기관이 제공하는 서비스들

을 제공한다. 반면에, 잔액인수 계약은 추가적인 보장 없이 단순히 은행가가 최선의 실현 가능한 가격에 증권을 판매할 수 있도록 정직한 노력을 기울이도록 한다. 잔액인수 계약은 은행가가 중개 서비스를 제공하며 은행가는 보통 일반적으로 증권 가격과 관련된 어떠한 위험부담 없이 수수료를 받을 것이다. 〈그림 2.2〉는 중개업무와 질적자산변환 형태로 금융중개기관이 제공하는 다양한 서비스에 대한 목록이다. 이것은 예시적인 것이지 완전한 것은 아니다.

금융기관의 다양성

다양한 종류의 금융중개기관을 분류하는 많은 방법들이 있다. 앞선 부분에서는 금융중개기관을 그들이 제공하는 서비스의 내용에 따라 분류하였다. 우리는 또한 금융중개기관을 그들이 예금을 이용하여 다른 활동에 대해 자금조달을 할 수 있는지에 따라 분류할 수 있다. 예금을 이용하여 자금을 조달하는(적어도 부분적으로) 금융중개기관을 예금형 또는 예금 금융중개기관이라 부른다. 그리고 예금을 이용하여 자금을 조달하지 않는 금융중개기관은 비예금 금융중개기관이라 부른다. 예금 · 비예금 금융중개기관 모두 많은 크기의 자산에 대한 통제권을 가지고 있다. 〈표 2.1〉은 금융중개기관의 다양한 종류의 자산의 목록을 제시하고, 1980년부터 2003년까지의 성장을 보여주고 있다. 저축금융기관을 제외한 모든 종류의 금융중개기관의 자산이 급격히 늘었다는 사실은 눈여겨볼 만하다.

지난 20년간 은행과 다른 예금 금융중개기관 사이의 구분과 예금성 · 비예금성 금융중개기관 사이의 구분은 흐려져 왔다. 상업은행이 대출 판매를 늘이고 금융 보증을 제공하며 고객의 증권

〈표 2.1〉 금융중개기관의 총자산(연말 기준)

Panel A: 총자산(10억 달러)

금융중개기관	1980	1985	1990	1995	2000	2003
상업은행	$1,704	$2,484	$3,337	$4,494	$6,469	$7,812
저축금융기관	792	1,287	1,323	1,013	1,218	1,475
생명보험사	479	826	1,351	2,064	3,136	3,823
개인연기금	470	848	1,627	2,889	4,423	4,194
주 및 지방 연기금	198	405	801	1,303	2,290	2,284
파이낸스회사	202	352	574	672	1,140	1,381
MMF	76	244	493	741	1,812	2,016
뮤추얼펀드	58	252	608	1,853	4,435	4,665
신용협동조합	69	137	217	311	441	617
금융중개기관 자산총계	**$4,048**	**$6,835**	**$10,331**	**$15,340**	**$25,364**	**$28,267**

Panel B: 총자산(비중)

금융중개기관	1980	1985	1990	1995	2000	2003
상업은행	0.42	0.36	0.32	0.29	0.26	0.28
저축금융기관	0.20	0.19	0.13	0.07	0.05	0.05
생명보험사	0.12	0.12	0.13	0.13	0.12	0.14
개인연기금	0.12	0.12	0.16	0.19	0.17	0.15
주 및 지방 연기금	0.05	0.06	0.08	0.08	0.09	0.08
파이낸스회사	0.05	0.05	0.06	0.04	0.04	0.05
MMF	0.02	0.04	0.05	0.05	0.07	0.07
뮤추얼펀드	0.01	0.04	0.06	0.12	0.17	0.17
신용협동조합	0.02	0.02	0.02	0.02	0.02	0.02
금융중개기관 자산총계	**1.00**	**1.00**	**1.00**	**1.00**	**1.00**	**1.00**

Source: 미국 인구총조사 통계국, 2004-2005 기간 중 미국 통계요약

〈표 2.2〉 다양한 뮤추얼펀드 통계(10억 달러, %)

	1980[1]	1990	2000	2004
뮤추얼펀드 투자 금액($)	$134.8	$1,065.2	$6,964.7	$8,106.9
IRA시장에서의 뮤추얼펀드 비중1	14.0%	21.8%	46.7%	42.8%
미국 가구 중 뮤추얼펀드 비중	5.7%	25.0%	49.0%	48.1%

[1] Individual Retirement Account([비과세의] 개인 연금 적금[계좌]): 1980년대 중반의 뮤추얼펀드 점유율임.

Source: Investment Company Institute 2005 Fact Book

을 직접적으로 모집(place)함으로써 자본시장에서의 경쟁에 대응함에 따라 투자은행과 상업은행 간의 차이는 감소해 왔다. 예금기관과 비예금기관 사이의 차이는 비예금기관이 상업은행에서 제공하는 상품과 서비스를 획기적으로 증가시키면서 구분이 모호해졌다. 결국, 개인은 거래와 투자를 목적으로 은행에 예금하기보다는 뮤추얼펀드로 돌아섰다. 이러한 발전양상은 〈표 2.2〉와 〈표 2.3〉의 데이터에서 볼 수 있다.

소비자대출(consumer loan) 시장에서 다양한 기관의 시장 점유율의 변화는 〈표 2.4〉의 데이터에 반영돼 있다. 상업은행은 여전히 소비자대출 시장에서 최대 기관이다. 소비자대출 시장에서 가장 큰 점유율을 보이고 있는 10개 은행이 〈표 2.5〉에 제시되어 있다. 총신용 중 각기 다른 금융기관의 점유율이 〈그림 2.3〉에 제시되어 있다. 지금까지 다양한 종류의 금융기관의 시장점유율과 크기에 대해 잠시 살펴봤으니 이제 다음 섹션에서 각 기관의 내역을 알아보도록 하자.

〈표 2.3〉 미국 뮤추얼펀드 산업 순자산 총계(10억 달러)

	1980[1]	1990	2000	2004
장기 펀드 (Long-Term Funds)				
주식 펀드	$44.4	$239.5	$3,961.9	$4,384.1
혼합 펀드		$36.1	$346.3	$519.3
채권펀드	$14.0	$291.3	$811.2	$1,290.3
MMF	$76.4	$498.3	$1,845.3	$1,913.2
순자산 총액	$134.8	$1,065.2	$6,964.7	$8,106.9
펀드 수	564	3,079	8,155	8,044

1 모든 펀드는 1984년에 재분류되었고 각 혼합펀드 범주가 별도로 만들어짐

Source: Investment Company Institute 2005 Fact Book

〈표 2.4〉 소비자대출 점유율(%)

	1–4 Family Mortgages			*Consumer Credit*		
	1990	2000	2004	1990	2000	2004
상업은행	16.5	18.9	19.4	46.3	32.0	33.2
저축금융기관	23.0	11.6	10.8	6.0	3.7	4.3
생명보험사	0.5	0.1	0.1	–	–	–
파이낸스 회사	1.5	2.5	2.4	16.8	12.7	17.2

Source: Federal Reserve Statistical Release : 1985-1994, 1995-2004 기간 중 미국의 기금자금흐름 계정

〈표 2.5〉 2005년 11월 현재 총자산 기준 10대 은행

회사 이름	도시, 주	총자산 (10억 $)	예금 총액 (10억 $)
1. Citigroup Inc.	New York, NY	1,472.8	581.1
2. Bank of America Corporation[1]	Charlotte, NC	1,314.9	655.7
3. JPMorgan Chase & Co.	New York, NY	1,203.0	535.1
4. Wachovia Corporation[2]	Charlotte, NC	549.4	322.8
5. Wells Fargo & Company	San Francisco, CA	453.5	289.0
6. USBC North America Holdings Inc.*	Prospect Heights, IL	372.6	114.1
7. U.S. Bancorp	Minneapolis, MN	206.9	120.8
8. Sun Trust Banks, Inc.	Atlanta, GA	172.4	113.7
9. Citizens Financial Group, Inc.*	Providence, RI	148.5	97.3
10. National City Corporation	Cleveland, OH	146.6	83.4

1 Bank of America Corporation의 MBNA Corporation에 대해 교섭 중인 M&A 반영

2 Wachovia Corporation의 Westcorp에 대해 교섭 중인 M&A 반영

* 6월 30일의 금융정보

Source: SNL Financial

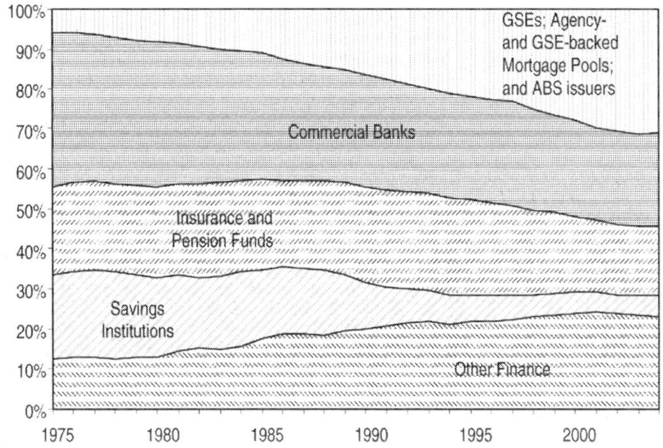

〈그림 2.3〉 신용 총액 기준 금융기관별 시장점유율

예금금융기관

예금금융기관(depository financial intermediaries)은 높은 레버리지를 가지고 운영된다. 따라서 총자산에 대한 적은 수익이라도 자기자본에 대한 높은 수익으로 전환된다. 〈그림 2.4〉는 총자산에 대한 은행 자기자본 비율의 변화를 시간에 따라 그래프로 나타내었다. 그림은 2차 세계대전 이후 1960년대까지 총자산의 순자산 비율이 증가세를 보였고, 1980년대까지 장기적 하락세를 보여준다. 하락세의 이유에 대해서는 나중에 설명하기로 한다. 〈그림 2.5〉에서 상업은행의 총자산이익률과 자기자본이익률에 대한 정보를 보여준다. 이 그림은 ROA부터 ROE로의 변환이

〈그림 2.4〉 은행의 총자산 중 자기자본 비율
Source: FDIC Quarterly Banking Profile(FDIC: 미국연방예금보험공사)

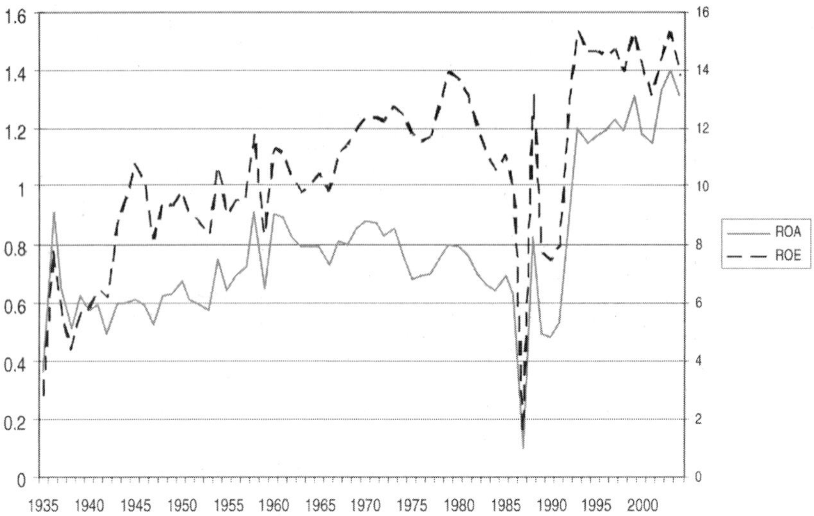

〈그림 2.5〉 상업은행의 수익성
Source: FDIC Quarterly Banking Profile

가지는 레버리지효과를 부각시키고 있다. 예를 들어 2004년 ROE는 13.82%이지만 상업은행의 ROA는 약 1.31%였다.

상업은행

상업은행(commercial bank)은 지역사회의 지급을 관리하는 역할과 중앙은행에서 발단이 된 통화정책 전달자로 사용되기 때문에 금융중개 세계의 중심으로 보편적으로 생각되고 있다.* 이들의 규모와 편재성(도처에 있음)은 상업은행에 대한 특별한 관심의 또 다른 원인이다.

대부분의 상업은행은 상당한 레버리지를 가지고 운영된다. 〈표 2.6〉은 2004년에 상업은행이 크기가 다른 계층에서 평균적으로 10%를 약간 넘는 총자산자기자본비율을 가지고 있으며, 크기별로 분류되지 않은 은행들은 15% 정도의 자기자본비율을 가지고 있었음을 보여준다. 이런 높은 레버리지 비율들은 지급 시스템에서 상업은행에 의해 수행되는 역할을 촉진하는 것으로 여겨진다.

지급시스템에서의 상업은행의 역할은 이들이 화폐(지폐 및 동전) 유통자로서의 역할과 요구불예금의 생산자와 서비스 제공자로서의 역할을 가진 것에 기인한다. 화폐와 예금수요는 사회의 주요 지급수단이자 교환의 매개이며, 자금 공급의 주 구성요소이다. 상업은행들은 수백만 명의 화

* 실제로 세계의 모든 나라들은 중앙은행을 가지고 있으며, 중앙은행은 통화공급의 책임을 지고 최종대부자로서의 역할을 수행하며 금융시스템의 신뢰성을 지키고 기타 관련업무들을 수행한다. 미국의 연방준비은행은 미국의 중앙은행이다. 미국의 연방준비은행에 해당하는 다른 나라의 중앙은행으로는 영란은행(Bank of England), 일본은행(Bank of Japan), 독일의 분데스방크(Bundesbank of Germany) 등이 있다. 중앙은행은 통상 정부소유이다. 하지만 미국의 연방은행은 특이한 복합구조를 가지고 있는데, 이는 특히 정부에 의한 경제-금융 권력의 집중을 향한 미국의 대중주의적 모호성을 반영하는 것이다. 따라서 연방준비은행은 명목상 정부와 독립적이며 사유기관이지만, 특별한 의미에서 그 어느 쪽도 아니다.

〈표 2.6〉 FDIC 보증 상업은행(2004년도)

자산규모	총자산수익률(%)	자기자본이익률(%)	자기자본비율 (자산 대비 %)
1억$ 미만	0.99	8.46	11.52
1억$~10억$	1.28	12.88	10.00
10억$~100억$	1.46	13.48	10.90
100억$ 이상	1.30	14.24	9.95
전체	1.31	13.82	10.10

Source: FDIC Quarterly Banking Profile, Dec., 2004(FDIC: 미국연방예금보험공사)

폐사용자와 중앙은행을 연결시켜준다.

이런 연결고리는 우리의 두 번째 점을 반영하는데, 상업은행은 통화정책에서의 역할 때문에 중심에 있다. 중앙은행은 경제활동을 지원하는 데 필요한 통화량을 조절함으로써 경제활동을 안정화하고자 한다. 이런 이유로 만약 인플레이션이 우려되면 연방준비은행(Federal Reserve)은 통화의 증가를 막으려 할 것이고 이자율을 올릴 것이다. 통화 공급 증가의 제한은 상업은행의 은행신용 확장의 감소를 가져오고 그로 인해 이들이 공급할 수 있는 대출의 총량이 적어지고 대출이자를 상승시킬 것이다. 이것이 상업은행이 통화정책을 전달하고 안정화에 대한 역할을 해내는 방법이다. 이 이슈에 대해서는 3장에서 다시 다룬다.

통화정책 수행상 이러한 역할을 하는 데에서 상업은행은 경영전문성을 제외한 〈그림 2.2〉에 나열된 서비스를 제공함으로써 브로커와 질적자산변환자로서의 역할을 수행한다. 전형적인 상업은행의 재무상태표와 수익과 비용의 원천들이 각각 〈표 2.7〉과 〈표 2.8〉에 제시되어 있다.

미국 상업은행은 미국 연방 준비 제도와 OCC(Office of the Comptroller of the Century) 그리고 연방예금보험공사에 의해 연방수준에서 규제받고, 주 수준에서는 주은행법에 의해 규제받는다.

상업은행은 예금기관과 많은 부분에서 공통점을 가지고 있지만 앞서 언급한 지불 시스템 내에서의 역할, 자산의 다양성 그리고 소유구조에 의해 구분된다. 저축금융기관(저축은행)과 신용협동조합 같은 기타 예금기관들은 전통적으로 좀더 협소하게 특화된 자산 포트폴리오를 가지고 있었다. 비록 지금은 이런 구분이 모호하고 이제는 대부분 거의 무관해졌음에도 불구하고, 주거용모기지와 개인신용이 각 기관 자산의 대부분을 구성한다. 이름이 암시하듯 상업은행 또한 한때 특화된 대출기관이었지만 대부분의 상업은행들이 운전자본, 기업들을 위한 거래융자 및 정기대출, 주거용모기지 또는 상업용모기지, 소비자대출, 자동차대출, 정부대출, 기업인수를 위한 구조화금융, 기타 더욱 다양한 이색신용상품을 포함하는 매우 다양한 수익용자산을 보유하기에 이르기까지 진화해왔다. 게다가 상업은행은 보증신용장(standby letters of credit), 스왑, 기타 금융보증을 판매함으로써 위험전가 기능들을 한다. 이것들을 '조건부 청구권(contingent claim)'이라 부르며 보통의 보험 계약과 같은 특성을 많이 가지고 있다.

〈표 2.7〉 미국은행의 가상 재무상태표

자산			
현금 및 예치금			$125
보유 유가증권			170
연방기금 매출			50
대출금:			
부동산		160	
상업, 기업대출		220	
소비자대출		110	
기타		120	
(-) 미경과소득(unearned income)		−12	
대출손실충당금			
대출금총액			598
기타자산			57
자산총계			$1,000
부채 및 자기자본			
부채:			
예금			
내국인	$661		
외국인	119		
예금총계		$780	
연방기금 매입		80	
기타부채		80	
부채총계			940
후순위채권 및 채무증서			5
자기자본:			
우선주 및 보통주		10	
잉여금		20	
미배당 이익 및 유보금		25	
자기자본총계			55
부채 및 자본 총계			$1,000

〈표 2.8〉 은행의 주요 수익 및 비용 항목들

수입	비용
- 대출이자 및 시장성유가증권 수입 - 대출약정 기타 조건부청구권 수수료 수입 - 자금관리 및 기타거래서비스 수수료 수입	- 예금이자 - 임금 - 영업비 (임대료 포함) - 예금보험금 - 세금 - 대출손실충당금

상업은행의 소유구조는 다른 예금기관과 매우 다르다. 상업은행만 오로지 주주에 의해 소유된다. 저축은행은 대부분 상호출자회사이고 신용조합은 완전히 상호출자회사 형태인데 이는 예금주가 이들을 소유한다는 것이다(상호출자회사에 대한 논의는 다음 장에서 제시된다). 세계화가 급속히 진행되는 현 시대에 미국 상업은행은 여전히 유별나게 미국적인 관심을 반영한다는 것은 눈여겨볼 만하다. 흥미롭게도 근본적인 문화차이에도 불구하고 이런 독특한 면들이 일본의 금융기관들과 공유되고 있다. 이것은 2차 세계대전 이후 일본의 은행이 미국 금융기관들의 특성을 따라 했기 때문이다. 사실 우리의 금융시스템은 다른 유럽이나 아메리카 대륙의 주요 거래 파트너들보다 일본의 금융기관들과 공통점이 더 많을 것이다.

예를 들어 유럽의 주요 은행들—프랑스의 가장 큰 곳도 포함—과 멕시코의 주요은행들은 전통적으로 사유가 아닌 국유였다. 미국과 일본의 상업은행은 역사적으로 활동이 더욱 좁게 제약되었고(이런 특성은 세계적 경쟁의 압박에서 상당히 약화되었다) 결국 규제완화로 이어졌다. 예를 들어 독일의 '겸업(universal)' 또는 '가업(haus)' 은행은 전통적으로 미국 상업은행에서 허용되던 많은 활동은 물론 보험과 투자은행의 모든 업무가 허용된다. 이런 활동들은 전통적으로 미국 상업은행에서는 금지되었으나 이런 규제가 글래스-스티걸 법(Glass-Steagall Act)의 붕괴와 함께 제거되었다.

기능적으로 매우 협소하게 제약을 받는 것에 더하여 미국의 상업은행들은 지리적으로도 제약을 받아왔다. 최근까지 미국의 상업은행들은 소수의 예외를 제외하곤 1개의 주에서만 영업을 할 수 있었다. 사실 많은 주에서 상업은행은 한 개 이상의 사업장을 운영할 수 없었다. 이러한 이상해 보이지만 미국적인 것들이 약 90년 전 가장 많을 때는 30,000개 이상의 독립적으로 허가된 상업은행들을 탄생시켰다. 경제력집중에 대한 미국의 인기영합주의적 공포를 반영하여 시장은 분할되고(Balkanized) 시장진입은 제한되었는데, 특히 그러한 금융권력이 미국 최대 금융기관들의 본부가 자리 잡고 있는 미국 동부의 주요 도심지역에 자리하고 있는데도 그랬다. 또한 이런 정책들(법들)에 반영되어 있는 것은 대규모 은행도산에 대한 미국의 두려움이다. 이러한 관습들은 1930년대에 도입된 연방정부지원 예금보험에 선행했음을 상기하라. 인기영합주의자의 정서는 미국의 개척자들이 서부개척을 위해 값싼 돈, 제조업자 그리고 운송수단을 찾아 나설 때로 거슬러 간다. 동부의 기득권층은 철도서비스와 제조상품에 대해 시장에서 결정된 가격과 함께 안전한 돈과 안전한 은행을 원했다.* 지금은 이런 정서가 한물간 것처럼 보이고 1994년의 규제완화가 미국 내 주 간(interstate) 지점개설을 허용하고 있음에도 불구하고 미국은 2004년 현재 7,600개 이상의 은행을 가지고 있었다. 이는 미국이 다른 나라들보다 훨씬 더 많은 은행을 가지고 있다는 것을 의미한다. 최근의 합병의 추세에도 불구하고 미국은, 소수의 대형은행이 있긴 하지만, 상대적으로 분할된 많은 독립된 은행들로 구성된 은행시장을 보유하고 있다. 〈표 2.9〉는 은행시장의 국제비교를 제공한다.

* 대체 운송수단의 부족으로 철도는 특히 시장지배력이 강했으며, 이는 지역갈등 지연의 한 원인으로 작용했다.

〈표 2.9〉 은행집중도 및 수익성에 대한 국제비교

국가	상위 5대 은행의 자산 (전체 은행의 자산 중)		지점 수 (1,000개)		세전이익 (평균자산 중 %)[b]	순이자마진(NIM) (평균자산 중 %)[b]
	1990	2003[a]	1990	2003[a]	2003	2003
Canada	83	87	8.7	10.4	1.00	1.99
France	52	45	25.7	26.2	0.59	0.80
Germany	17	22	45.3	38.2	−0.12	0.81
Italy	24	27	17.7	29.9	1.03	2.82
Japan	42	42	24.7	22.7	−0.47	1.21
Netherlands	74	84	8.0	3.7	0.65	1.62
Spain	38	55	35.2	39.4	1.29	2.45
Sweden	70	90	3.3	2.0	0.77	1.44
Switzerland	54	80	4.2	2.7	0.59	0.97
U.K.	49	41	19.0	12.9	1.22	1.96
U.S.	13	24	72.8	84.8	2.10	3.21

a 프랑스, 독일, 이탈리아, 일본, 스웨덴 및 영국 (2002)
b 수익성 계산은 주요은행만 포함. 국가별로 포함된 은행 수는 다음과 같음: Canada(5), France(7), Getmany(9), Italy(6), Japan(11), Netherlands(3), Spain(5), Swedan(4), Switzerland(5), U.K.(9), U.S.(12),
Source: Bank for International Settlements 75th Annual Report Thrifts.

저축은행

저축대부조합(S&Ls)과 상호저축은행(MSBs)은 통합적으로 저축은행 또는 저축기관이라 불리며, 주거용 모기지금융 제공을 특별히 인가받은 예금기관이다. 저축은행의 자산 구성이 바뀌어 최근에는 다른 자산들을 포함하고 있지만 전통적으로 저축은행의 자산은 주로 주거용모기지이다. 비록 1980년대 저축은행 도산사태에 따른 규제가 저축기관의 자본비율을 높이도록 만들어주었지만 전통적으로 저축기관은 〈표 2.10〉에서 보여주듯 은행보다 매우 낮은 자본비율을 가지고 있었다. 실제로 2004년에는 저축은행의 자본비율이 은행의 자본비율 평균보다 높았었다(〈표 2.6〉).

S&Ls은 소비자저축과 주거용모기지 대출에 특화된 목적으로 인가되었다. 저축을 장려하고 은행이 주거용모기지를 해주기 꺼려할 때 개인이 집을 살 수 있도록 하기 위한 목적을 가지고 있었다. 비록 대부분이 주주가 소유하고 있는 형태로 구조를 바꾸고 있지만 처음에는 소규모의 비형식적 뮤추얼로 시작했다. 이들은 독립적으로 연방주택자금대출은행위원회(FHLBB)에 의해 규제받고 연방저축융자(FSLIC)에 의해 보증받았다. 1989년, FHLBB는 사라지고 재무부 산하 저축은행감독국(Office of Thrifts Supervision: OTS)에 의해 대체되었고 OTS는 현재 S&Ls의 주요 규제 기관이다. FDIC는 S&Ls을 위한 연방 예금 보험을 제공한다. S&Ls이 제공하는 금융중개기관 서비스는 상업은행과 비슷하지만 다른 부분을 강조한다.

상호저축은행(mutual savings banks)은 이름에서 나타나듯 협동적으로 소유된다. 저축대부

〈표 2.10〉 연방정부 보장 저축금융기관 주요 통계

	1990	1995	2000	2004
기관 수	2,815	2,030	1,589	1,345
총자산 대비 순자산	4.11%	7.84%	8.68%	11.18%
총자산수익률(ROA)	−0.35%	0.70%	0.91%	1.17%
자기자본이익률(ROE)	−7.65%	9.00%	11.63%	12.79%
순이익	−$3.8 billion	$5.4 billion	$8.0 billion	$14.0 billion
순가치	$67.5 billion	$86.1 billion	$103.6 billion	$189.1 billion
총자산	$1,260 billion	$1,026 billion	$1,223 billion	$1,692 billion

Source: Office of Thrift Supervision 2004 Fact Book

조합(S&Ls)과 같이, 이들은 주로 모기지론과 시장성유가증권에 투자한다. 상호저축은행은 수백 개 정도 존재하며 미국의 북동부와 북서부에 위치해 있다. 상호저축은행(MSBs)은 최근의 저축과 대출에 대한 사고로부터 거리를 유지하는 형태로 운영되어왔다. 이들은 지금은 사라진 FHLBB와 FSLIC가 아닌 FDIC에 의해 규제받는다. MSB는 S&L에 비해 위험이 덜한 자산을 가지고 있었고 부채비율이 적었다. 그리고 MSB는 1980년대의 최악의 부동산 시장인 텍사스, 오클라호마, 루이지애나, 콜로라도로부터 멀리 떨어져 있었던 것도 행운이었다. 그럼에도 불구하고 MSB는 주요 예금에 대한 인플레이션 손실, 이자율위험과 1980년대 후반의 자산 건전성 문제의 발생으로 피해를 입었다. 일찍이 뉴욕의 바우어리저축은행(The Bowery Savings Bank of New York)과 필라델피아저축기금협회(The Philadelphia Savings Fund Society) 같은 산업의 자랑스러운 기둥과 같은 회사들이 주주 소유의 나쁜 영향이 나타나면서 굴욕적인 구조조정을 강요받았다.

FSLIC와 연방주택자금대출은행위원회를 폐지하고 저축대부연방예금보험기금을 FDIC에 포함시킨 1989 금융기관규제개혁법(FIRREA: Financial Institutions and Regulatory Reform Act)의 입법은 나아가 MSBs와 S&Ls 사이의 경계를 약화시켰다.* 실제적으로, MSB와 이들의 사촌 격인 S&Ls의 차이점은 자산건전성 문제의 쇄도로 인해 사라졌다. 이들은 이제 저축대부 산업 내에서는 덜 비차별적이다. 그들은 1990년대 중반의 현재가치로 납세자들에게 최고 $2,500억까지 부담을 주었다고 평가되었다. 비록 그 이후 $1,000억 정도로 추정되었지만 말이다.**

* 비록 저축대부조합(S&L)의 예금보험이 상업은행 예금보험과 함께 FDIC의 관리를 받지만 별개의 예금기금이 유지된다. MSBs를 포함, FDIC 멤버들은 은행보험기금(BIF: Bank Insurance Fund)에 의해 보장되는 반면 기존의 FSLIC 멤버들은 저축은행협회보험기금(SAIF: Savings Association Insurance Fund)에 의해 보장된다. 이 순환도로 약어 같은 이름들이 연상기억적인가 아니면 아이러니한가?

** 4분지 1조 달러가 넘을 것으로 보는 손실추정치는 (상호저축은행사태로 인한) 장기차입금을 감안하고 이자비용을 더하여 얻어졌다. 탈출(bailout)로 표현되지만 그러한 손실은, 단순하게 말해서, 광란에 빠진 국가보증프로그램의 거대한 실례에 불과하다. 우리는 주택, 의료, 교육, 농업 등등의 분야에서, 비록 파국의 규모는 작을지언정, 그러한 정부프로그램을 많이 가지고 있다. 1980년대의 농장신용관리국(Farm Credit Administration) 실패가 그 한 예이다.

저축은행의 실패는 커다란 금융재앙이었다. 수천 개의 기업과 수조 달러에 달하는 전체 산업이 황폐화되었다. 그러나 산업은 회복되는 것 같아 보였다. 숫자는 줄었지만 저축은행은 계속 성공적으로 운영되었다. 하지만 어느 한 저축은행이라도 오랜 시간 동안 충실한 주택대출자로 남을지는 의문이다. 〈표 2.10〉은 저축은행에 대한 더 많은 정보를 제공한다. 이것은 시간이 흐름에 따라 비록 수많은 저축은행이 줄어들지만 산업의 재정상태가 개선되고 있음을 보여준다.

저축은행 산업의 붕괴에 대한 진단에서, 예금보험 시스템에서의 몇 가지 허점들, 특히 저축은행이 부담하는 위험에 대해 예금보험 프리미엄 또는 위험에 대한 요구자본을 연관 짓는 점에서의 실패를 지적하는 사람들이 있다. 예금보험 계약은 저축은행 경영자들에게 부적절한 위험부담 인센티브를 제공했다. 그럼에도 불구하고 40년 동안 그것은 마법처럼 작동했다. 이 이슈들은 이후의 장들에서 다시 논의될 것이다.

신용협동조합

저축은행과 같이, 신용조합은 소비자저축에 특화되어 있고 상호출자회사 형태이다. 신용조합을 형성하는 주체들은 공동유대를 가져야만 하는데 주체들이 같은 조직에 의해 고용되어야 한다. 신용조합은 회원들에게 대출을 하거나 대출을 받는 업무에 관여해야 한다. 대출자 기반에서의 동질성은 신용위험에 대한 신용조합의 통제를 용이하게 하지만 잠재적 (위험)분산을 제한한다. 2004년 말, 미국에서는 5,572개의 신용조합이 있었다.

신용협동조합의 부채는 주로 소비자예금으로 구성되어 있고 자산은 주로 소비자대출, 회원에 대한 부동산모기지, 다른 신용조합과 상호저축은행(MSBs) 그리고 저축대부조합(S&Ls)에 대한 대출, 국채 및 회사채로 구성되어 있다. 연방차원에서 허가받은 신용조합은 전국신용조합연합회(National Credit Union Administration: NCUA)에 의해 규제를 받고, 이들 또한 예금보험을 제공한다. 주 인가 기관 또한 NCUA의 예금보험을 구입할 수 있다. 신용조합에 의해 제공되는 서비스는 거래서비스, 심사(screening), 대출개시(origination), 감시(monitoring), 자금조달, 보증, 유동성창조 등을 포함한다. 〈표 2.11〉에서 보여지는 것과 같이 다른 예금기관들과 마찬가지로 신용조합은 낮은 총자산자기자본비율(자산대비지불준비금비율)을 가지고 있다.

비예금금융중개기관

본서의 일차적인 목표는 예금 유치 금융중개기관이고 특히 상업은행이다. 하지만 상업은행은 중복되는 시장과 규제당국이 있는 방대하고 다양한 금융 서비스 산업의 일부이다. 이런 관할적이고 경쟁적인 관계는 가격결정, 산출물, 위험에 대한 태도, 금융중개업의 다른 모든 측면에 관한 행동의 조건을 형성한다. 따라서 우리는 이 매력적인 산업의 더 흥미로운 업종들에 대해 몇 페이

〈표 2.11〉 연방신용협동조합 주요비율, 1990-2004

	1990	1995	2000	2004
기관 수	8,539	7,329	6,336	5,572
자산 대비 지불준비금 비율	4.0%	4.3%	4.5%	3.7%
자산 대비 지불준비금 및 미배당이익 비율	75	10.2	11.6	11.0
대출금 대비 지불준비금	6.2	6.9	6.6	6.0
주당 대출금	70.4	70.8	78.0	72.6
총이익 대비 영업이익	35.7	42.3	44.8	59.7
총이익 대비 급여 및 복리후생	15.0	19.2	20.2	27.0
총이익 대비 배당금	55.7	42.6	41.7	23.1
평균자산에 대한 수익률	10.6	8.1	8.3	5.8

Source: 1995 and 2004 Annual Reports, National Credit Union Administration, Washington, DC.

지를 할애하고자 한다.

벤처캐피털리스트(모험자본가)

대부분의 초보 사업가는 은행자금 조달이 불가능하다. 그들은 대신 벤처 캐피털리스트에게 의존한다. 애플(Apple)과 페덱스(FeDex: Federal Express) 같은 탁월한 기업들도 벤처 캐피털리스트들로부터 자금조달을 받으면서 시작했다. 벤처 캐피털리스트는 전형적으로 기업가가 아이디어를 상업적인 벤처기업으로 전환시키게 해 주는 자본과 전문지식을 제공한다.

벤처캐피털 자금은 단순히 은행이 제공하는 대출금이라기보다는 주식과 전환사채를 포함한 구조화 금융의 형태를 띤다. 벤처캐피털 계약의 주요 특징은 다음과 같다.*

1. 벤처기업가는 자금조달을 받은 이후 그냥 '퇴장' 할 수 없으며 다른 자금제공자와 협상할 수 없다(no de novo financing, 신규금융 금지).
2. 벤처기업가는 기업의 실적이 최소 요구조건에 미치지 못하면 벤처 캐피털리스트로 인해 경영권을 상실할 수 있다(performance requirement, 실적요건).
3. 만약 벤처기업가가 통제권을 상실하면 그의 입증된 능력과 이어지는 기업의 현금흐름과는 별개로 확정된 금액을 받게 된다. 즉, 벤처캐피털리스트가 인수한다는 것이다('buyout' option for the venture capitalist, 벤처캐피털리스트에 의한 매수 옵션).
4. 만약 경영권이 벤처기업가에게 유지된다면 벤처캐피털리스트와 벤처기업가 모두 주식에 의

* 이 섹션에서의 논의는 Chan, Siegel, and Thakor(1990)에 기초하고 있다. 벤처캐피털에 관해서는 많은 문헌이 존재한다. 예를 들어 Hellmann and Puri(2000)를 보라.

해 보상을 받는다('earnout' arrangement, 차후정산 계약).

왜 벤처캐피털 계약이 이런 특성들을 가지고 있을까? 이것을 이해하기 위해 이 거래에 참여한 당사자들에 대해 생각해보자. 먼저 벤처기업가는 엔지니어이거나(상품 제조기술을 알고 있음) 시장 전문가이지만 사업의 모든 측면을 관리하는 데에서는 경험이 없다. 벤처 캐피털리스트는 고객이 원하는 상품에 대한 마케팅 기술 또는 생산에 긴밀하게 익숙할 필요는 없다. 그들은 대개 상당한 경영전문성을 가지고 있으며, 자금 조달과 여러 기업을 관리해본 경험을 바탕으로 '분쟁 조정(troubleshooting)'을 한다. 결국 벤처 캐피털리스트는 기업가가 필요로 하는 속성인 금융자본과 경영전문성을 가지고 있다.

전형적으로 벤처 캐피털리스트와 기업가 간의 파트너십이 시작될 때, 양측 모두 기업가의 경영능력에 대해 확신하지 못한다. 첫 시기는 양측 모두에게 배움의 기간이다. 만약 기업의 성과가 기업가의 경영능력이 부족하다는 것을 보여주면 상당한 경영지식을 가진 벤처 캐피털리스트로 기업가를 대체하는 것이 효율적일 것이다. 비록 이러한 경영권의 변경이 기업에게는 최선의 것이지만, 기업가가 경영권을 내어 줄 의지가 있는지는 명확하지 않다. 즉, 기업가의 벤처에 대한 애착이 기업에게 최선의 사후계획을 실행하는 것을 방해한다. 이것을 예방하기 위해서 양 당사자는 벤처캐피털 계약 시 사전에 질서 있는 통제권 이양을 가능하게 하는 명백한 조항에 동의할 수 있다. 이것은 또한 사전적으로 벤처 캐피털리스트의 인수 가능성을 인정하고 있고, 상황이 나쁘게 될 경우에도 기업을 지배할 수 있다는 점이 기업가가 최초에 자금조달할 조건을 개선해 주기 때문에 기업가에게도 이득이 된다. 이러한 측면에서 벤처 캐피털리스트가 기업에 대한 자기자본 청구권을 가지는 것이 중요하다. 이것은 기업가가 기업에 대한 경영권을 가지고 있을 때도 벤처 캐피털리스트에게 좀더 적극적으로 경영에 대해 목소리를 낼 수 있도록 해주고, 벤처 캐피털리스트가 기업 경영에 대한 전문지식을 투자하고 기업가에게 조언을 제공해줄 인센티브를 준다.

여기까지 우리는 왜 은행이 대부분의 기업가에게 대출을 꺼리는지를 알 수 있다. 왜냐하면 은행은 신생의 비금융권기업에 대한 전문 경영지식을 가지고 있지 않으며, 단기, 과도기를 제외하고 채무불이행이나 성과 필요조건, 그리고 벤처 캐피털리스트가 사용하는 인수 옵션을 금지하는 규정 때문에 가능하지 않다. 결국 만약 기업가가 실력 없는 경영자로 판명되고 사업이 실패하면 은행은 인수 후 자양분을 공급하여 기업을 되살리기 위해 할 일이 별로 없다. 은행은 아마도 미심쩍은 가치의 담보로 잡은 기업의 자산을(기업가가 대출을 채무불이행한다고 가정함) 보유하고 있는 상태로 남겨질 것이다. 이런 이유로 같은 기업가가 일반적으로 벤처 캐피털리스트에게 가는 것보다 은행에 가는 것이 더 위험하다.

왜 은행은 신출내기 사업에서 기업가를 도와줄 경영컨설턴트들을 고용하지 않을까? 은행도 할 수 있다. 그러나 경영 컨설턴트는 단순히 은행의 대리인일 뿐이기 때문에 결국 은행은 컨설턴트를 동기부여시키는 데에서 도덕적 해이 문제에 직면하게 될 것이다. 벤처 캐피털리스트는 경영지식과 그 조직에 대한 자금조달을 하나의 실체로 결합하여 도덕적 해이 문제를 회피한다. 대안적으로, 은행은 벤처 캐피털리스트가 하는 것처럼 기업가들에게 조언을 해줄 유능한 전문가를 고용할 수도 있다. 그러나 은행부채의 단기적 속성과 은행부채에 대한 정부보증 때문에 자기자본 성격의 청구권은 전통적으로 은행에게는 부적절한 것으로 여겨졌다.

은행은 이미 자리를 잡은 대출자들을 대할 때 벤처 캐피털리스트들에 비해 상대적으로 덜 불리하다. 더 안정적인 고객과 함께 은행이 자본시장에 접근할 수 있는 탁월한 능력과 예금보험과 할인창구의 역할을 스스로 가능하게 하는 가능성은 은행에게 차별적 이점을 제공한다. 그렇다면 더 취약한 초기 단계에 조직을 이끌어 갈 경영자의 능력이 중요한 결정적인 문제가 되지 않는 기업에게, 은행 대출은 벤처 캐피털에 비해 더 선호된다는 것은 놀라운 일이 아니다. 게다가 이런 경우에는 경영자들이 미래 어느 시점에서 자신들의 경영권을 벤처 캐피털리스트에게 넘겨주어야 할 가능성을 피하는 것을 선호한다. 따라서 벤처 캐피털리스트에 의해 제공되는 중개 서비스는 심사, 보증, 자금조달, 감시, 경영전문지식, 유동성 창출 및 변환 등을 포함한다.

파이낸스회사

대부분의 중요한 금융 회사들은 대형 비금융 회사의 금융계열사로 좁은 영역의 금융거래에 집중하는 형태로 시작되었다. 사례에는 GE(General Electric) Capital, GMAC(General Motors Acceptance Corporation) 그리고 FOMOCO(Ford Motor Company's finance subsidiary) 등이 포함된다. 다른 이들은 팩토링 전문기업을 포함하여 독립적인 기원을 가지고 있다.* 금융 회사는 개인 고객에게 자동차 및 주택 구입, 그리고 광범위한 용도로 사업가에게 돈을 빌려준다. 이런 중개기관은 보통 더 위험한 신용을 처리하는 데 특화되어 있고 상업은행이 담보와 무담보 기반으로 진행되는 것과 다르게 파이낸스회사 대출의 대부분은 담보를 기반으로 진행된다. 파이낸스회사의 기본유형은 세 가지이다. 자동차와 가전제품에 대한 대출을 만들어 내는 할부 금융 회사, 소액 개인 대출을 만드는 개인 금융 회사, 상업 대출과 리스를 만드는 사업금융회사가 그것이다. 이들 금융 회사들이 제공하는 중개 서비스에는 심사, 대출, 자금조달, 청구권 변환 등이 포함된다.

파이낸스회사는 전형적으로 기업어음을 판매하여 자금을 조달한다. 사실 상업은행과 파이낸스회사 간에 가장 대비되는 차이점은 이들의 일차적 자금조달의 원천에 있다. 왜냐하면 상업은행은 정부가 보증한 예금으로부터 자금을 조달하기 때문에 특수한 공공의 관심하에 투자되고 광범위한 규제를 받는다. 파이낸스회사는 보조기금에 접근할 수 없으며, 규제적 제약, 법률적 지위 박탈, 검사 및 감독으로부터 자유롭다.

파이낸스회사에 의해 판매되는 기업어음은 일반무담보증권이며 9개월 이하의 확정만기이다.

* 팩토링회사는 비금융회사의 매출채권(accounts receivable)을 매입하거나 관리함으로써 운전자본 공급 및 회수 서비스를 제공한다. 팩토링은 자산담보 대출(asset-backed lending)의 초기형태로 상환청구부 또는 상환청구불능부로 이루어진다.

보편적으로 기업어음의 만기는 발행일로부터 6개월 이하이다. 기업어음은 전형적으로 큰 액면가로 팔리고 특수신용평가회사에 의해 평가받는다. 기업어음은 무담보이기 때문에 발행자들은 호의적인 신용등급을 얻기 위해 보통 백업대출약정(dedicated 〔back-up〕 loan commitment)을 구입하도록 강요받는다. 백업대출약정은 만기에 다가온 기업어음의 만기연장이 불가능할 경우 기업어음 발행자가 기업어음을 상환할 목적으로 상업은행에 의해 명시적으로 판매된다. 은행으로부터의 백업대출약정은 대출약정에 대한 은행의 성과 조건에 한하여 기업어음 발행자 어음 상환능력을 확증하는 것이다.

기업어음시장은 취약하기로 악명이 높다. 거시경제적 충격은 기업어음의 발행을 마비시키는 것으로 알려져 있다. 게다가 특정 대출자의 경제적 상태가 기업어음시장의 사용을 불가능하게 할 수도 있다. 따라서 백업대출약정 또는 백업라인(back-up lines)이 채권자에게 극단적으로 중요하며, 특히 기업어음이 무보증 상태임을 고려하면 더욱 그러하다.

파이낸스회사는 금융서비스산업에서 규제부문과 광의의 비규제부문 간 경쟁으로부터 진화한 한 예이다. 이 시장에서 가장 중요한 역할을 하는 담당자는 (독점)금융자회사(captive finance subsidiaries*)인데, 규모가 더 크고 신용등급이 더 우수한 비금융기업에 의해 공급되는 거래신용으로부터 성장하였다. 고객의 신용을 인수(underwrite)하기 위해 필요한 전문지식을 개발하고 안전한 자금조달 원천을 확보했으면서 왜 이들의 고객 기반을 넘어선 사회에 대한 금융서비스를 제공하지 않는가? 이것이 GMAC로 하여금 자체 자동차 판매를 위한 독점적 금융업무만 하다가 미국에서 가장 큰 주거용모기지 서비스 사업자로 탈바꿈하게 만든 논리이다. 또한 Ford Motor Credit이 저축 및 대출 사업에 진출하게 하고 미국의 주요 투자은행 실패사례인 Kidder Peabody의 소유권을 가지게 된 것을 포함하여 General Electric Capital이 사실상 모든 은행서비스(예금 수신 제외)에 진출하게 된 것도 동일한 논리이다.

수직적 · 수평적 합병 이야기의 추진체인 거래신용(trade credit)은 신용대출시장에 대한 매우 다른 접근법을 가지고 있는 합병 당사자들에 대한 자연적 부산물로서 발생한다.** 더 작고 잘 알려지지 않는 기업들에게 산업장비를 판매하는 크고 명성이 높은 General Electric(GE)을 생각해보자. 신용경색 기간에 GE의 고객들은 GE보다 먼저 신용시장에서 밀려나며(신용할당당하며), 이것은 GE의 상품에 대한 수요를 감소시켰다. 자사 상품에 대한 수요의 주기성을 평활화(매끄럽게)하기 위해서 GE는 고객(납품업자)에게 신용에 대한 계속적인 접근성을 제공하기 위해 (대신) 자금을 빌릴 것이다. 이러한 활동은 GE의 비금융 상품에 대한 수요를 안정시키고 또한 증가시킬 것이다. 매출증가와 비용감소가 뒤따를 것인데, 비용감소는 생산활동의 예상가능성 증가와 재고감소로 인한 것이다.

* 계열사 간 내부 시장을 캡티브마켓(Captive Market)이라고 한다.

** 그다지 상식적이지는 않지만 왜 거래신용이 매입자로부터 매도자로 이전될 수 없는지에 대한 아무런 이유가 없다. Wal-Mart와 Costco and Home Depot는 납품업체들보다 훨씬 규모가 크고 신용도가 더 높다. 사람들은 아마도 이들 거대 소매업자들이 공급교란 가능성을 줄이고 납품업자들이 생산활동 정상화와 재고감축 결과로 경험할 생산비 절감으로부터 이득을 취하기 위해 신용을 제공하는 것으로 기대할 수 있다.

거래신용은 거래자들의 자본시장에 대한 접근 정도가 다를 때 비금융 상품 및 서비스 거래의 자연적인 보완재이다. 이것은 은행업의 매우 기본적인 특성, 즉 미미한 자연적 진입장벽을 보여준다. 따라서 규제적 제약이 없다면 금융산업이 서비스의 수요변화에 적응해 감에 따라 꾸준히 새로운 금융중개기관들이 진입하거나 다른 금융중개기관들은 떠나는(도산하거나 합병되어) 것을 예상할 수 있을 것이다. 따라서 금융서비스 공급에 특화되어 있는 이들은 대부분 규제가 없는 이점은 누리고 있지만 정부보조금 혜택 없이 시장에서 돈을 빌려야 하는 고객들로부터 경쟁을 예상할 수 있다.

자산규모로 측정된 파이낸스회사들의 시장 점유율은 상업은행의 일부에 불과하지만*, 이 숫자는 아마도 파이낸스회사의 경쟁의 중요성을 과소평가하고 있다. 특히 전형적으로 같은 고객, 중간시장회사들, 그리고 대형고객 시장에서 활동하는 단기자금센터(money-center)와 대형 지역은행의 입장에서 보면 과소평가하는 것이다.

보험회사

민간 생명보험 및 건강보험 회사는 수조 달러의 자산을 운용한다. 손해보험회사는 수천억 달러의 자산을 운영한다. 이 둘을 합쳐서 보험회사들은 상업은행산업 규모의 반에 조금 못 치미는 규모를 가지고 있다. 저축은행의 사례에서처럼 많은 보험회사들은 주식회사의 형태보다는 상호회사(mutuals; 협동조합, cooperatives)의 형태를 띠고 있다. 미국 생명보험산업에 관한 주요통계는 〈표 2.12〉에 제공되어 있다. 자료에서 명백히 나타나듯 생명보험회사는 보험료수입금을 부동산을 포함한 다양한 종류의 자산에 투자한다.

보험회사는 상업은행의 재무제표에서 발견되는 것과 동일한 많은 종류의 자산을 보유하고 있지만, 보험회사의 자산은 대부분 조건부부채로 조달된다. 즉, 보험회사의 부채는 몇몇의 사전적으로 특정된 사건의 발생과 동시에 유동화(종료—연금의 경우)되는데, 특정 사건의 발생시점이나 실현은 보험계약 작성 시 본질적으로 불확실하다. 보험은 다양한 우발상황에 대해서 작성된다. 생명보험회사는 전형적으로 수명의 종료나 건강관리의 필요의 실현에 대하여 계약한다.** 손해보험은 i) 재산상의 손궤 및 손실에 관한 수입의 손실이나 특별한 비용의 발생을 포함, 유형자산 및 지적자산의 손궤 및 손실 ii) 부채 iii) 건강관리의 필요 iv) 보증 등에 대해 보험정책을 발행(판매)한다. 보증계약은 제3자의 계약 이행을 보증해준다. 보증계약의 예로는 신원보증(fidelity), 건설 및 보석 보증금(construction and bail bonds), 상업은행 업무의 주요 부분인 보증신용장 등이 있다. 보증신용장은 전형적으로 제3자의 부채상환을 보증한다.

예를 들어, A는 B에 대해 신용을 제공하는 데 약간의 관심은 있으나 (B의) 상환가능성에 대해

---

* 미국 연방준비기금(Federal Reserve)의 자금흐름계정(Flow of Funds Account)을 참조하시오.

** 생명보험 및 건강보험은 마케팅 노력을 지원하기 위한 우아한 완곡어법이다. 확실히 사망보험 및 질병보험을 판매하는 것은 더욱 어려울 것이다.

〈표 2.12〉 미국 생명보험회사 — 주요 비율, 1990-2002

항목	1990	1995	2000	2002
미국 기업 수[1]	2,195	2,079	1,269	1,171
수입	402.2	528.1	811.5	734.0
생명보험료	76.7	102.8	130.6	134.5
연금조정[2]	129.1	152.4	306.7	269.3
건강보험료	58.3	90.0	105.6	108.7
투자, 기타	138.2	176.9	268.5	221.5
생명보험 및 연금계약하의 지급액	88.4	227.6	375.2	301.3
생명보험수익자에 대한 지급	24.6	34.5	44.1	48.2
생명보험 해약환급금[3]	18.0	19.5	27.2	32.9
연금계약 해약환급금[3,4]	n.a	105.4	214.0	142.9
보험가입자에 대한 배당금	12.0	17.8	20.0	21.0
연금지급액	32.6	48.5	68.7	55.0
만기지급액	0.7	1.0	0.6	0.6
기타 지급액	0.6	0.9	0.6	0.6
건강보험 지급액	40.0	64.7	78.8	78.7
자산	1,408	2,144	3,182	3,380
국채	211	409	364	481
기업증권	711	1,241	2,238	2,266
(총자산 중 %)	50	58	70	67
채권	583	869	1,241	1,475
주식	128	372	997	791
모기지(저당증권)	270	212	237	251
부동산	43	52	36	33
정책금융(policy loans)	63	96	102	105
기타	110	133	204	244
자산에 대한 이자수입(%)[5]	8.89	7.41	7.05	5.38
채무 및 잉여기금[6]	1,408	2,144	1,241	1,475
정책준비금	1,197	1,812	2,712	2,507
연금[7]	798	1,213	1,841	1,550
단체	516	619	960	570
개인	282	594	881	980
보조계약[8]	17	25	34	14
생명보험	349	511	742	833
건강보험	33	63	96	111
예금형 계약에 대한 채무[9]	18	20	21	364
자본 및 잉여금	91	151	188	202

n.a. = Not Available
1. 2000년, 2002년 사고 및 건강 보험 판매 생명보험회사 포함
2. 2002년 코드변경으로 일부 예금유형 기금은 제외
3. 중도해약환급금(surrender values)은 2000년, 2002년의 펀드 해약금 포함
4. 2002년 예금유형 계약하의 지급금 제외
5. 순이자수익률
6. 기타채무 포함(분리 표시하지 않음)
7. 2002년 이자지급보증부 계약 제외
8. 1994년과 2000년(2002년)의 생명보험수리(life contingencies) 반영(미반영) 시의 계약준비금 포함(제외)
9. 모든 연도에 대한 계약가입자 배당금 누적액
Source: U.S. Census Bureau, Statistical Abstract of the United States: 2004-2005.

서는 완전히 확신하지 못할 수 있다. 그럴 때 A는 B에게 B가 거래하는 은행, 보험회사 또는 다른 신뢰할 수 있는 보증인과 함께 보증신용장을 준비할 것을 요청할 수 있다. 적절한 보험프리미엄 지불에 대한 대가*로 보증인은 B가 상환에 실패할 경우 A에게 대출금을 상환하는 위험을 수용할 것이다. 이런 유의 재정보증은 보통 상업은행, (다목적)손해보험회사, 그리고 부채 계약하의 제3자에 대한 이행보증에 전념하는 순수 재정보증회사(전문보증업자) 등에 의해 발행된다.

은행과 보험회사 사이의 가장 큰 차이점은 각각의 재무제표의 부채부분에서 발견된다. 은행의 부채는 보통 예금자의 재량만으로 일순간에 바뀌는 반면, 보험부채는 대체로 청구인에 의해 통제 불가능한 사건이 발생할 때에 바뀐다. 더구나, 생명보험 부채의 듀레이션은 상업은행 예금부채의 듀레이션보다 훨씬 길다. 따라서 생명보험회사는 상업은행보다 장기 자산을 보유할 수 있으며, 실제로 그렇게 하고 있다. 듀레이션에서의 이러한 차이점은 은행과 생명보험회사의 가장 근본적인 차이점일 것이다(손해보험회사의 부채는 생명보험회사보다 만기가 짧은 경향이 있다). 생명보험회사와 연금기금은 아마도 장기자금의 가장 큰 두 개의 민간 풀(pool)이다.**

금융선물계약이나 옵션 또는 스왑계약의 매입을 통해 이루어지는 위험전가로부터 보험을 구분하기 위해서, 일반적으로 보험은 어떤 형태의 대수의 법칙이 적용되도록 정의된다. 따라서 보험은 분산효과를 이용하여 위험의 가격을 쉽게 평가할 수 있도록 독립적인 사건들 사이의 위험의 풀링을 요구한다. 일부 청구권은 단위가 크기 때문에 투자자들이 스스로 분산투자(diversification)를 하기는 어렵다. 여기에서 또다시 보험과 은행업 사이의 강력한 유사점이 나타난다. 즉 분산은 은행이 신용위험과 인출(이자율) 위험을 관리할 수 있게 해주고, 개인의 제한된 부와 신용시장에 대한 접근성은 자가(homemade) 분산의 가능성을 제약한다. 보험회사들에 의해 제공되는 중개서비스에는 검사, 증명, 융자, 자금조달, 감시, 보증 그리고 청구권 변형 등이 포함된다.

연금

생명보험과 함께 민간 연금기금은 실물자본 축적에 극히 중요한 내구자산 투자의 자금줄이 되는 장기부채를 축적한다. 은행예금이 이자율 상한에 저촉되거나 경쟁이 더 제한되던 이전 시기에, 은행과 저축은행은 수용가능한 이자율위험 수준에서 7년에서 10년 만기의 고정이자 기업대출과

---

* Robert Mehr는 보험에서 '프리미엄(premium)'이란 용어의 어원을 보험업과 상업은행업무를 직접 연관 짓는 것으로 설명한다. 즉, "만약 그리스인 선주가 외국에서 화물을 인수해오기 위한 여행을 계획한다면 그는 자신의 배를 담보로 필요한 돈을 빌리고자 할 것이다. 이런 형태의 계약(선박저당계약, bottomry)은 해양국가에서는 일반화되었다. 이런 계약에 부과되는 이자는 대출자가 여행의 안전성을 보장하기 위해 보험을 발행하는(신용위험을 수용하는) 것을 보상할 목적으로 정상적 대출이자에 대해 가산금리가 추가된 것이다. … 이와 같이 추가된 금리는, 논리적으로, 프리미엄이라고 불렸으며, 오늘날까지 보험에 대해 (추가) 지불되는 배려금리가 프리미엄이라고 일컬어진다." *Fundamentals of Insurance*, 2nd edition, Irwin, p.13.

** 정책융자는 보험보유자 재량으로 비확정만기 생명보험에 대해 이루어질 수 있다는 점에서 신중한 독자라면 이러한 구분이 쉽게 와해됨을 알 수 있을 것이다. 더구나 생명보험은 피보험자의 보험료 적기납입 불이행 결정 결과 '소멸(lapse)'될 수 있다. 또 하나의 뉘앙스(nuance)는 재량적 예금인출과 보험청구를 촉발하는 아마도 통제불가능한 확률적 사건 사이의 구분과 관계 있다. 보험지급을 촉발하는 대부분의 상황은 어떤 형태의 인간적 영향하에 있다. 피보험자의 상황에 영향을 미칠 수 있는 이와 같은 능력이 도덕적 해이(moral hazard)라 일컬어진다(1장 참조).

심지어 30년 만기의 고정이자 모기지를 만들 수 있었다. 하지만 짧아진 예금 듀레이션은 은행과 저축은행이 장기신용을 제공하기 어렵게 만들었다. 확실히 은행과 저축은행이 장기대출을 제공하지만 적용되는 이자율은 전형적으로 변동금리이다. 단기대출의 이런 과정들은 장기신용에 대한 미래에 관하여 아무런 확신을 주지 못하며, 이 점이 연금기금과 생명보험의 중요성을 높여왔다.

민간연금펀드는 뮤추얼펀드와 함께 1953년 이후 꾸준히 성장하는 시장점유율을 가지는 단 두 개의 금융중개기관이다. 40년 전, 민간연금펀드는 5%, 또는 상업은행 시장점유율의 대략 10분지 1을 차지했는데, 1990년에 이르러서는 은행의 시장점유율은 30%로 떨어지고 연금이 은행 점유율의 3분지 2를 장악했다. 이들의 크기, 모멘텀, 부채의 연장된 듀레이션 덕에 연금기금은 자본형성에 대한 영향력 면에서 국내 민간부문의 주요부문이 되었다.*

확정기여형 연금기금의 부채는 회원의 퇴직이나 사망에 의해 활성화되며, 이때 회원의 청구권은 일괄지급 또는 연금구매 형태로 이용된다. 확정급여형 연금기금의 경우, 퇴직기금은 청구인에게 퇴직 시에 사전에 정해진 연금을 지불한다. 연금보험료의 납부와 청구인에 대한 연금기금의 채무의 종료 사이에 보험료납입금은 부동산과 기타 주식에서 국채에 이르기까지 매우 다양한 자산에 투자된다. 이런 투자는 연방법(ERISA: Employee Retirement Income Security Act, 종업원퇴직소득보장법)에 의해 규제되는데, 이 법은 연금 피신탁자의 의무를 규정하고 있다. 연금기금에 의해 제공되는 중개기관으로서의 핵심서비스는 보증과 청구권변환이다.

연금펀드는 수백만의 수익자(beneficiaries) 대표로서 기업 지배구조에서 점차 중요한 역할을 할 것을 요구받고 있다. 역사적으로 연금기금은 수동적인 투자자였으나, 이사회의 구성, 경영자 보상, 경영자에 의한 기업인수에 관련된 경영자의 잠재적 갈등, 그리고 기타 수많은 문제들이 '주식회사 미국'에 투자하고 있는 현재 및 미래의 퇴직자들에게 실질적으로 영향을 미친다. 문제는 연금기금의 펀드매니저들이 전형적으로 수백 개의 기업에 투자하고 있으며—사실 그들 중 다수가 의식적으로 주식인덱스를 모방하는 수동적인 전략을 채택하고 있다(평균 주식수익률과 같이 움직이는 증권을 매입)—이들은 간단하게 말해서 개별기업의 문제에 개입하기에 적합한 사람들이 아니다. 하지만 기업횡포의 사례가 만성적으로 널리 퍼지고 있기 때문에, 이러한 관점은 연금기금의 참여자와 지역사회에게 점차 받아들일 수 없는 것이 되고 있다. 미국 연금자산의 수호자들이 기업문제에 좀더 능동적이 되도록 압박을 가하는 것은 불가피해 보이며, 이는 의심의 여지없이 미래의 기업 지배구조에 영향을 미칠 것이다. 잠재적으로 이런 역학구조에 영향을 미치는 하나의 요인은, 예금과 마찬가지로, 현재 연방보험 대상이다.**

* 마찬가지로, 은행이 정기대출로부터 떠나고 있는 현상은 금융 선물, 옵션 그리고 스왑의 중요성을 고조시켜왔는데, 이러한 금융상품들은 위험을 전가하는 금융계약들로 차입자가 지수에 연동된 대출의 비기대 이자위험의 일부를 제거할 수 있게 해준다.

** 이런 역동성의 흥미로운 한 부분은 확정기여금형이 확정급여형을 밀어내고 있다는 것이다.

뮤추얼펀드

연금기금과 함께, 뮤추얼펀드는 지난 40년간 주요 시장점유율의 승자였다. 기본적으로 2차 세계대전 이후 현상으로, 뮤추얼펀드는 1950년 중개시장의 대수롭지 않은 시장점유율로부터 1990년에 6%의 시장점유율을 달성했고, 2003년 17%의 시장점유율을 차지하면서 성장해왔다(총자산 기준 측정). 뮤추얼펀드의 괄목할 성장은 미국 가정에 대한 뮤추얼펀드의 침투 측면에서 볼 수 있는데, 이는 1990년도 22%에서 2004년 43%로 증가했다(〈표 2.2〉 참조). 2005년에 이르러, 이런 다양한 투자 수단들은 상업은행 규모의 약 60%까지 성장했으며, 연금기금, 보험회사, 저축금융기관보다 큰 규모를 갖게 됐다.

뮤추얼펀드는 개방형과 폐쇄형의 두 가지 기본적 형태가 있다. 폐쇄형 펀드는 미리 정해진 수의 주식을 가지고 있으며, 펀드의 최초자금은 전형적으로 이후의 주식매도에 의해 보강되지 않는다. 폐쇄형 펀드는 보통 뉴욕주식거래소(New York Stock Exchange)와 같이 조직화된 거래소에서 하나의 주식으로 거래되며, 다른 기업의 주식들처럼 펀드주식의 가격이 직접적으로 시장에서 정해진다. 그 결과 폐쇄형 펀드주식의 시장가격은 보유주식의 청산가치에서, 때로는 크게, 벗어날 수 있다. 개방형펀드는 매우 다른 규칙에 의해 운영된다. 개방형펀드의 주식은 전문관리회사에 의해 지속적으로 현금화되고 보강되며, 전문관리회사는 순자산가치(NAV: net asset value)로 현금에 대해서는 주식을, 주식에 대해서는 현금을 제공한다. NAV는 펀드자산의 청산가치 또는 시장가치를 펀드의 발행주식 수로 나누어 측정된다. 따라서 개방형 펀드주식의 가격은 폐쇄형 펀드의 주식과는 다르게 기초자산의 가치에서 벗어날 수 없다.

개방형 펀드는 피델리티(Fidelity), 스커더(Scudder), 뱅가드(Vanguard), 드레이푸스(Dreyfus) 등과 같은 대형의 전문펀드관리회사들을 키워냈다. 각각의 회사는 다양한 펀드를 관리하고 판매하는데, 각각의 펀드는 특화된 투자목적에 따라 정의된다. 예컨대 당신이 적당히 800번으로 전화한다면, 뱅가드사는 기꺼이 자사가 관리하는 무수한 펀드를 설명한 홍보물로 당신을 침수시킬 것이다. 이러한 투자회사들은 자기들이 관리하는 펀드에 수수료를 책정함으로써 유지하는 데 필요한 수익을 얻는다. 펀드는 물론 이들의 투자자들에 의해 소유된다. 주요 신문 중 아무거나 찾아서 금융페이지를 본다면 그곳에서 당신은 메릴린치(Merrill Lynch)에 의해 관리되는 수많은 뮤추얼펀드, 또는 피델리티(Fedelity)에 의해 관리되는 매우 많은 펀드들의 순자산가치(NAV)를 찾아볼 수 있는 뮤추얼펀드 섹션을 찾게 될 것이다. 이런 대형 뮤추얼펀드 회사들은 보통 수백억 달러를 관리한다. 뮤추얼펀드가 제공하는 핵심 중개서비스는 거래서비스, 검사 그리고 보증이다.

뮤추얼 펀드는 지난 수십 년간의 폭발적인 성장세를 제외하고는 특별히 새로운 것이 없다. 뮤추얼 펀드에 대한 최근 인기에는 적어도 세 가지 이유가 있다. 첫째, 1960년대에 도입된 단기금융시장(money market) 뮤추얼펀드는 예금이자율 상한을 규제하는 Regulation Q를 회피하고자 하는 선택의 수단으로 급부상했다. 1970년대에 인플레이션이 가속화되고 시장이자율이 급상승함에 따라 시장이자율과 예금이자율 간의 스프레드가 어느 때보다 크게 벌어졌다. 은행 예금을 유지함으로써 드는 기회비용의 팽창은 단기금융시장펀드(MMF: money-market fund)의 매력을 증가시켰다. 그 나머지는 역사이다! 투자자들이 정부 예금보험 비용을 지불하는 것의 한계를 알게 되면서, 정부보증 없이 운영된다는 경쟁적 불리에도 불구하고 뮤추얼펀드는 괄목하리만큼 성장하였다.

대체로 MMF는 보수적으로 관리되었고 펀드 중 일부는 미국 정부의 국채를 보유하는 것으로 스스로 제한하였다. 더욱 일반적으로 뮤추얼펀드는 세계적인 수준의 은행이 발행하는 고액의 양도성예금증서(negotiable CD), 기업어음, 은행인수어음(BA: bankers' acceptance), 저당증권(mortgage) 및 자산담보부증권(ABS: asset-backed securities), 정부기관채권을 보유하였다. 이들 자산의 대부분은 일 년 미만의 만기를 가지고 있으며, 뮤추얼펀드는 일정하게 주당 1달러로 거래되었다.

더구나 단기금융시장펀드는 펀드매니저들의 암묵적인 보증에 따라 유지된다. 최소한 세 가지 경우에서 관리 회사는 자신의 명성과 기금의 존속가능성을 지키기 위해서 자산손실을 보충했다. 예를 들어, 밸류라인(Value Line)은 채무불이행에 처한 인티그레이티드 리소시스(Integrated Resources)의 기업어음을 보유한 MMF를 관리한다. 거의 확실히 펀드의 죽음을 의미했을 수도 있는 MMF에서의 손실을 반영하기보다는 밸류라인의 경영진은 자사의 MMF를 이용하여 인티그레이티드 리소시스의 기업어음을 액면가에 매입하였다. 외형적으로는 펀드의 투자자를 보호해야 할 어떠한 도덕적 또는 법적 의무도 없지만, 아마도 MMF를 관리하는 밸류라인의 명성을 유지하고 높이기 위한 바람이 동기가 되어 이런 행동을 했다고 볼 수 있다. 명백히 MMF는 정부예금보증에 대한 대체재의 패키지를 제공하였다. 명성이 있는 관리회사의 암묵적 보증과 결합된 저위험 투자 전략과 (실질적으로는) 상당히 높은 수익률은 MMF가 은행과 저축은행의 예금시장을 위축시키고 혜성 같은 성장세를 누리게 하였다.

최근 뮤추얼펀드 성장의 두 번째 및 세 번째 이유는 덜 인상적이긴 하지만 알아둘 만하다. 최근 몇십 년간 대중들은 점진적으로 주식시장을 지속적으로 '이기는 것(beating)'의 불가능성에 설득당했다. 대부분 학술적인 무수한 연구는 장기간에 걸쳐서 자산관리자들이, 예컨대 Dow Jones, Standard and Poor's와 같은 주식시장 지수를 이기지 못하였음을 보여주었다. 이유는 많고 복잡하지만 사실들은 단순해 보인다. 이 아이디어의 광범위한 수용은 투자행동에 심대한 영향을 미쳤으며, 특히 만약 당신이 시장의 평균수익률을 능가하지 못한다면 시장평균수익률을 매입하는 것보다 더 잘할 수 없다는 생각에 이르게 했다. 평균수익률을 매입하는 것은 수동적인 투자로 알려져 있다. 이것은 평균과 같이 움직이는(평균을 복제한) 증권포트폴리오를 매입함으로써 이루어진다. 이런 전략은 전형적으로 상당한 수의 증권보유를 요구하기 때문에 소액투자자에게는 실현불가능하고 대부분 경제성이 없다. 그러나 뮤추얼펀드는 그런 서비스를 저비용으로 제공할 수 있다. 따라서 수동적 투자전략의 인기는 최근의 뮤추얼펀드 성장에 대한 두 번째 이유를 제공한다.

마지막 세 번째로 지난 60년은 잘 보도된 금융시장의 세계화를 목격했다. 많은 투자자들은 산업

간 분산투자만큼이나 (국가)경제 (통화) 간 분산투자도 중요하다고 믿는다. 더욱이 경제 간 분산투자는 최근 몇십 년간 규제 및 세금 장벽이 와해되면서 대폭 단순화되었다. 하지만 해외투자 기회에 관한 정보는 상대적으로 여전히 비싸다. 따라서 뮤추얼펀드는 해외투자를 위한 선택 수단이 되었다. 많은 "국가펀드(country funds; 국부펀드는 'sovereign wealth fund' 라고 함)"는 폐쇄형 펀드이고, 뉴욕증권거래소에 상장되어 있다. 그중에는 국가와 세계의 지역에 특화된 개방형펀드 또한 많다. 비유하자면, 해외 간접투자의 파이가 커질수록 펀드 간 특화 부분의 볼로냐(bologna, 볼로냐소시지)는 점점 얇게 슬라이스(slice)되고 있다.

헤지펀드

대부분의 뮤추얼펀드와 대조적으로 헤지펀드는 비전통적인 투자전략을 추구하는 적극적으로 관리되는 펀드이다. 헤지펀드는 스폰서와 투자자 간의 투자협약 조건에 따르는 사모투자 풀(private investment pool)이다. 헤지펀드들은 펀드의 목적에 상응하는 최고의 수익률을 실현하기 위하여 다양한 상품에 대해—주식, 고정수입증권, 통화 등등—매입 및 매도 포지션을 취한다. 비록 헤지펀드 산업은 전통적으로 뮤추얼펀드보다 훨씬 적은 규제를 받았으나 2004년에 이르러 헤지펀드가 투자자문법(Investment Advisers Act)하에서 등록이 의무화되면서 그 차이는 작아졌다. 이 법은 SEC가 승인 목적으로 모든 헤지펀드 자문사들을 검사할 수 있게 하고 있다. 게다가 이제 헤지펀드는 뮤추얼펀드의 자문사와 마찬가지로 많은 동일한 요건에 제약을 받는다.

하지만 헤지펀드와 뮤추얼펀드 사이의 차이점은 남아 있다. 뮤추얼펀드 판매 비용과 수수료는 규제적 제한의 대상인 반면, 헤지펀드 자문사가 부과할 수 있는 수수료에는 제한이 없다.

또한 뮤추얼 펀드는 자사의 포트폴리오의 증권의 가치에 대한 부채조달(leverage) 능력이 제한되지만 헤지펀드에서 부채조달 및 기타 고위험 투자전략 구사는 흔하다. 사실 헤지펀드는 원래 자기자본증권에 투자하기 위해 등장하였으며, 주가변화로 인한 포트폴리오 위험을 헤지하기 위해 레버리지와 공매를 이용한다. 마지막으로, 어떤 투자자도 $1,000 또는 그 이하로 뮤추얼펀드 계좌를 개설할 수 있지만 헤지펀드 투자자가 되려면 통상 $1백만 또는 그 이상이 요구된다.

투자은행

메릴린치(Merrill Lynch), 살로몬브라더스(Salomon Brothers), 모건스탠리(Morgan Stanley)와 같은 투자은행은 금융계약의 설계와 발행을 전문으로 한다. 그들은 종종 증권 매입자와 매도자를 모으는 중개기능을 한다. 이들이 제공하는 핵심 중개서비스는 거래서비스, 금융자문, 검사 및 증명, 융자(중개), 발행 그리고 보증이다.

투자은행과 은행가는 1980년대와 1990년대 후반, 21세기 초 이른바 기업비리의 핵심역할을 했다. 누가 *Bonfire of the Vanities, Barbarians at the Gate, Wall Street, The Predator's*

*Ball, Liar's Poker, The Big Fix, The Greatest Ever bank Robbery, Conspiracy of Fools, The Smartest Guys in the Room, Confessions of a Wall Street Analyst*와 같은 베스트셀러에서 묘사된 상업은행과 투자은행 활동의 스캔들적인 묘사들을 잊을 수 있겠는가? 누가 드렉셀 번햄 램버트(Drexel Burnham Lambert)의 발작적인 파열과 7번의 중죄를 고백한 마이클 밀큰(Michael Milken)의 대사건을 잊을 수 있겠는가? 그리고 1990년대 후반에는 투자은행에 대한 대중의 관심을 불러일으킨 월드컴(World Com)과 글로벌 크로싱(Global Crossing)의 기업 스캔들을 겪었다.

이들 기업가적 오만의 성들이 상업은행에 대해 전통적인 대체적이고 보완적인 관계를 탄생시켰다. 투자은행의 자기자본 마케팅은 상업은행의 대출공급을 보완한다. 그러나 그와 동시에 투자은행들은 상업은행 대출과 직접적으로 경쟁하는 채권, 기업어음을 포함한 고정수익증권을 판매하였다. 비슷하게, 은행에 예금중개를 하면서 투자은행은 상업은행과의 경쟁에서 공격적으로 MMF를 출시하였다.

때로는 공생적이고 때로는 이율배반적인 이런 다면적이고 양면적인 관계는 저축은행의 대붕괴와 이후의 상업은행의 혼란으로 암울하게 나타난 1980년대의 커다란 테마였다. 이런 비극에 대해서 생각할 때 우리가 알고 있는 월스트리트의 존재 자체는 상업은행과 투자은행 사이의 높지만 완전히 침범 불가능한 것은 아닌 분리의 벽을 세운 1930년대의 의문스러운 입법(글래스-스티걸 법, Glass-Steagall Act)의 결과라는 점을 주목하라. 이 입법은 특유의 미국적 체현(體現)으로 투자은행을 창조하였다. 아마도 일본을 제외하고, 어떤 선진국도 미국에서와 같은 식의 구분을 가지고 있지 않았다. 유럽모델은 '겸업은행(universal banks)'으로 두 가지 형태 사이의 차이점을 이어주고 기업경제학에 의해 만들어진 구조의 합리화를 허용하고 있다.

글래스-스티걸 법은 두 가지 은행시스템을 창조했다. 상업은행가들은 보조금을 받는 예금을 보유하나 자산선택에 제약이 있다. 투자은행은 예금에 대한 보조금은 받지 않았으나 재무제표의 자산측면에 엄청난 자유를 가지고 있고 주식시장에서 상업은행과의 경쟁으로부터 보호받았다. 이 점은 투자은행으로 하여금 상업은행의 이익 틈새시장을 선택적으로 공격할 수 있도록 허용했으며, 이는 상업은행에 맡겨진 자본을 정당화하기 위해 더 위험한 시도를 하도록 몰아붙였다. 상업은행과 투자은행의 복잡하고 절묘한 역설적 관계는 미국역사의 산물이다. 이들의 기능은 상당히 많이 중복된다. 선택된 외형과 금융상품은 피상적인 수준에서만 다르다. 게다가 투자은행은 상업은행과 마찬가지로 1930년대 은행법의 산물이다. 글래스-스티걸 법의 폐지와 그램-리치-블라일리 법(Gramm-Leach-Bliley Act)의 통과로, 상업은행과 투자은행 사이의 이러한 인위적인 분리는 결국 사라졌다.

정부의 역할

지금까지 금융중개 세계의 주요배역에 대해 훑어보았다. 아마도 이 명단에 추가할 가장 중요한 중개기관들은 아주 다양한 금융서비스를 일상적으로 제공하는 대규모 국영기업들일 것이다. 이 기관들로는 노령 · 유족 · 상해 보험(Old Age, Survivors and Disability Insurance), 종업원 상해보험(Workers' Compensation), 노인의료보험제도(Medicare), 주택융자기관들(연방 국립저당협회〔Federal National Mortgage Association: FNMA; 패니 메이, Fannie Mae〕, 연방 주택대부저당공사〔Federal Home Loan Mortgage Cornoration: FHLMC; 프레디 맥, Freddie Mac〕 그리고 국립저당협회〔Government National Mortgage Association: GNMA; 지니 메이, Ginnie Mae〕), 농업신용국(Farm Credit Administration), 중소기업청(Small Business Administration), 학생융자조합(Student Loan Marketing Association; 샐리 메이, Sally Mae), 그리고 농무성의 홍수보험프로그램이 있다. 그리고 리스트는 계속 이어진다!

연방정부의 노령 · 유족 · 상해 보험, 종업원 상해보험(Workers' Compensation), 노인의료보험제도의 연간 지불금은 미국에서 가장 큰 상업은행 자산의 두 배이며 상업은행 전체 자산의 약 6분지 1이다. 의심의 여지없이 미국 정부는 미국 내에서, 그리고 세계에서 가장 큰 금융서비스 제공자이다.

주변금융기관

도박

금융중개기관 세계의 주변부에 눈에 띄는 것은 현혹적인 합법적, 불법적 도박의 세계이다. 어떤 사람들은 도박이 금융서비스라는 것을 부정하지만 이것은 트집이다. 마권업자는 옵션과 금융선물 거래자와 마찬가지로 브로커이다. 반대론자들은 보험이 이미 존재하는 위험을 소멸시키고 재분배하는 데 반해 도박은 위험을 창조한다고 주장한다. 그러나 도박이 인위적 불확실성(예를 들어 경마나 룰렛)에 관련되어 있는지 아니면 이미 존재하는 자연적인 프로세스에 연관되어 있는지(예를 들어 당신 옆집의 개가 몇 마리의 강아지를 나을지) 하는 것은 우연처럼 보인다. 불확실성의 생산은 논리적으로 분리가능하며 도박에서는 부수적으로 따르기 마련이다.

보험과 도박 사이의 더 의미 있는 차이점은 전자는 불확실한 채무의 해소(relief)와 확실한 비용(프리미엄)의 교환이며, 후자는 불확실한 미래의 수입과 확실한 비용(복권의 가격)의 교환이라는 것이다. 마권업자는 단지 내일의 평균 기온에 대해 내기를 하는 것만큼이나 쉽게 내일의 경마에 의해 만들어질 세 자리 숫자에 대해 내기를 할 것이다. 배팅이 헤징이냐 투기냐 하는 것이 중요치 않듯이, 어떤 프로세스가 불확실성을 만들어 내는지도 중요하지 않다.* 마권업자는 단순히 시장의 틈새를 채울 뿐이지만 보통 경멸받거나 불법적이다. 마권업자와 보험업자의 차이점은 하나는 합법이고 다른 하나는 불법이라는 것이지만, 좀더 깊은 수준에서 보험사는 위험을 감당할 준비가 제대로 안 된 사람들에게 위험완화제를 판매하는 반면, 마권업자는 위험이 행복을 향상시킨다고 보는 이들에게 위험을 판매한다. 후자의 의미에서 둘 모두 다 브로커들이며 또한 질적 자산변환자이다. 마권업자는 보험업자나 증권인수업자(underwriter)와 마찬가지로 금융중개업자이다.

전당포

역시 비주류 금융업계에서, 가난하고 소외된 이들(부득이 고위험 대출자들임)을 상대로 하는 '은행가'가 있다. 이 틈새시장의 주요 참여자들은 전당포업자들과 고리대금업자이며 전자는 합법적이고 후자는 보통 불법적이다. 1991년에 미국에는 대략 저축대부업자(S&L) 수의 약 3배에 이르는 전당포업자(약 6,900)가 있었다.** 전당포대출은 전형적으로 $50-$100 정도의 소규모로 이루어진다. 이런 대출의 대부분은 몇 주, 때로는 몇 달의 기간으로 이루어지며, 모두 부채가치의 대략 두 배 정도의 재판매가치를 가지고 있는 상품(보석, 전자제품, 악기, 총기 등등)에 의해 담보된다. 모든 비용을 포함한 이자율은 높은 수준에서 천문학적인 수준의 범위를 가지고 있고, 이자율 제한이 없는 주에서는 한 달에 25-30%까지 될 수 있다. 2004년 미국에는 15,000개의 전당포가 있는 것으로 조사되었다.***

전당포업은 자산담보부 대출의 전통적인 형태이다. 대출업자는 보통 담보물의 소유권을 갖거나 이를 처분하는 것보다는 대출금을 상환받는 것을 선호한다(상환 실패는 보통 귀중한 고객관계를 파괴하기 때문이다). 하지만 차입자의 신용은 그다지 중요한 이슈가 아니다(장기적인 고객의 경우를 제외하고는 전당포업자는 현명한 판단을 하는 데 필요한 정보가 거의 없다). 대출은 전적으로 차입자의 담보물을 바탕으로 이루어진다. 10에서 30퍼센트의 채무불이행 비율은 일반적이다. 전당포업자들에 의해 제공되는 중개서비스는 대출, 자금조달 그리고 시장완비성(market completeness)을 포함한다.

전당포 산업은 1990년대 후반의 가불대출업과 명의대여대부업 등과 같은 대체업종의 성장과 함께 침체되기 시작하였다. 이 점은 아래에서 논의된다.****

* 마권업자가 본질적으로 정직하지 않다고 생각하는 사람이라면 인간적 요소, 즉 자기 자신의 인간적 요소(도덕적 해이)에 의존하는 도박을 선호할 것이다. 하지만 마권업자에 대한 그러한 가정은 정당성이 없고 초점을 벗어나 있다. 도박왕국은 너무도 거대하기 때문에 우리는 도박이 공공부문에서(복권) 이루어지기도 하고 민간부문에서 이루어지기도 함을 발견할 수 있다. 민간부문의 도박에는 합법적인 것들(경마장 및 원격 승마투표[parimutuel betting]와 카지노)과 불법적인 것들이 있다.

** Caskey(1991) 참조.

*** Fass and Francis(2004) 참조.

**** Caskey(2003) 참조.

가불대출

가불(페이데이)대출업자들은 1990년대 초반까지 정형화된 산업으로 운영되지 않았다. 이 시기 이전에 대부분의 페이데이대출업자들은 자기들의 핵심 사업의 임의확장(casual extension)으로 가불대출을 하는 수표대출원(check casher)이었다. 2004년에 이르러 미국에는 12,000개의 페이데이대출업자가 있었으며*, 주요 전당포 업자들도 이 사업에 진입하였다.

페이데이대출업자들은 고객들에게 무담보 단기대출을 제공한다. 대출은 두 가지 방법 중 하나로 이루어진다. 그중 하나는 전통적인 페이데이대출 거래인데, 대출자가 대출기관에 선일자(또는 날짜 미기입) 개인수표(postdated 〔or undated〕 personal check)를 써주고 대출기관은 그 수표기재금액에서 금융수수료를 뺀 금액과 동일한 금액을 대출해준다. 대출차는 차입자가 수표를 예치하거나 이 금액을 보통 대출자의 월급날에 직접적으로 차입자로부터 현금으로 환급받기 전까지 이 수표를 보유한다. 두 번째 방법은 전통적인 거래방법의 변종으로 수표가 발행되지는 않으나 차입자는 대출자가 대출금과 금융비용의 합계금액에 대해 미래에 그의 은행계좌에서 대출업자가 인출해 가도록 승락하는 허가증에 서명한다. 전형적인 대출기간은 2주다.

페이데이대출 산업은 31개 주와 워싱턴 DC에서 약 12,000개로 성장해왔다. 2000년도 페이데이대출기관들은 800만~1,000만 가정에 $6,500만 정도의 돈을 빌려주었고 대출금 총액은 $80억~$140억에 달했으며, $20억의 수익을 만들어냈다. 이 산업은 수입의 30%~45%의 총마진을 보고하고 있으며, 미수금의 1%~1.3%가 손실금이고 투자수익률은 24%이다.

소액담보대출

타이틀(소액담보)대출업자는 페이데이대출업자들과 비슷하다. 차이점은 타이틀대출업자들은 무담보대출보다는 담보대출을 한다는 것이다. 즉, 월급날까지 수표나 인출허가증을 보유하는 대신 타이틀대출자는 대출금에 대해 담보물을 확보하고 있다. 전형적으로 $250-$1,000 정도이며, 관련된 담보물의 가치는 보통 대출금의 3배 정도이다.

타이틀대출 산업은 기본적으로 전당포산업의 연장이다. 이들 간의 차이점은 두 가지이다. 첫째, 전당포업자들은 대출금이 상환될 때까지 담보물을 물리적으로 보유한다. 반면에, 타이틀 대출업자들은 담보물이 대출기간 동안 물리적으로 대출자에게 머물게 놔두고 채무불이행 시에 한해서 회수한다. 둘째, 타이틀대출 금액은 통상적으로 전당포대출 금액보다 더 크다. 하지만 이 두 가지 차이점은 이들이 제공하는 중개 및 QAT(질적자산변환) 기능 면에서 이들 두 종류의 대출자들을 구분하는 데 경제적으로 중요하지 않다. 즉, 페이데이대출업자들과 타이틀대출업자들은 기본적으로 전당포업자와 동일한 경제적 기능을 제공한다.

* Barr(2004) 참조. 이하의 논의는 Barr(2004)에 기초함.

전당포업자들에 의해 제공되는 대출금과 마찬가지로 페이데이대출금과 타이틀대출금은 매우 높은 이자율을 가지는 경향이 있는데, 종종 한 달에 25퍼센트, 연간이자율(APR)은 300퍼센트를 초과한다. 타이틀대출 산업은 미국의 남동부 지역의 주들에서 발원되었으며, 미주리 주, 일리노이 주, 오리건 주와 같은 다른 주들로 퍼졌다. 일부 주에서는 연간 이자율 상한이 30퍼센트로 부과되었으며, 이는 그 지역에서 타이틀대출 산업을 제거시켰다.

론샤크(불법고리대금업)

전당포업자가 존경심의 가장자리에서 사는 반면(로드 스타이거〔Rod Steiger〕가 나오는 같은 제목의 영화 *The Pawnbroker*를 보라) 론샤크는 존경심의 울타리 밖에서 살아간다. 론샤크들에게 날짜는 당연히 대충대충 정해지는 것이지만, 이런 금융중개기관들은 합법-불법의 기업을 넘나들며 신용을 제공하는 데 탁월한 역할을 한다.* 1967년의 (법집행과 형사사법행정에 관한) 대통령위원회(President' s Crime Commission)는 론샤크가 조직범죄 활동 중 두 번째로 중요한 것이라 주장했다.

정의적인 메모는 많은 혼란을 명확하게 하는 데 도움이 될 것이다. 만약 론샤크업이 모두 불법적인 대출을 의미한다면 론샤크업은 고리대금금지법(usury law)을 위반하는 비정형적인 잡동사니 대출업자들을 포함할 것이다. 더 실용적인 정의는 고리대금업자는 대출상환에 연관된 불법적이고 사회적으로 용납할 수 없는 폭행과 협박의 위협을 확실히 할 수 있는 대출업자라고 생각할 수 있다. 특이하고 치외법권적인 (대출금) 회수기술의 접근가능성은 왜 이런 금융서비스가 범죄적 요소들에 의해 제공되는지, 왜 이런 대출에 대한 이자율이 높은 경향을 보이는지, 왜 이들의 고객들이 보통 대안이 거의 없는 절박한 채무자들인지를 설명해 준다. 활동의 합법성 여부를 빼면 론샤크들은 페이데이대출업자나 타이틀대출업자들과 유사한 경제적 기능을 수행한다. 사실 일각에서는 페이데이대출업자를 '합법적 론샤크' 라 부른다.

로이터와 루빈슈타인은 고리대금업자가 제공하는 세 가지 종류의 대출에 대해 묘사한다. $1,000 이하의 단기 소액대출은 주당 5 대 6(six-for-five, 5달러를 빌리면 1주일 뒤에 6달러를 갚음; 연리 1,040%)의 조건으로 이루어진다. $1,000 또는 그 이상의 대출은 녹다운(Knockdowns)이라 불리는데, 12주간 매주 (이자만) $100의 상환을 요구한다(연리 520%). 세 번째 종류의 대출은 보통 대규모의 액수인데 수수료(vig) 대출이라 불린다. 이것은 대출의 만기에서 원금을 모두 포함하여 0.5에서 3퍼센트의 주당 이자 납부를 요구한다(연리 26%~156%).

로이터와 루빈슈타인은 또한 아주 일반적인 담보물 사용에 대해 이야기하지만, 이 점은 빌린 돈이 불법적으로 사용되지 않는다면 이례적인 것처럼 보일 것이다. 적절한 담보부 대출은 치외법적인 협박의 필요성과 유용성을 희석시킨다. 따라서 차입자는 론샤크가 제시하는 이자보다 매우

* 론샤크 사업의 환상적인 묘사를 보려면 Reuter and Rubinstein(1982), and Haller and Alvitti(1977)를 보라.

낮은 이자율로 파이낸스회사나 전당포업자와 같은 어떤 자산기반 대출업자로부터 돈을 빌릴 수 있어야 한다. 그러나 합법적 대출업자들은 흉악범이나 불법적 프로젝트에 대한 대출을 회피할 것으로 기대할 수 있다.

명백히, 론샤크에 의해 이루어지는 대출의 상당부분은 마권업자들에게 들어가 운에 맡겨진다. 많은 대출금이 또한 불법마약과 장물재고에 자금을 대기 위해 들어간다는 것은 놀라운 일이 아닐 것이다. 그러나 론샤크업의 그리 화려하지 못한 면은 전당포업자나 파이낸스회사에 제공할 담보물이 없는 사회 비주류에 대해 대출해 줄 수밖에 없다는 것이다. 이런 불행한 사람들에 대해서 론샤크업자는 준법기관들이 자선심이 모자라 제공하지 못하는 서비스를 제공한다. 도덕적 고려사항이 어떻든 간에 론샤크업자들은 금융서비스 산업의 무시할 수 없는 한 부분이다. 론샤크들은 가난한 사람들, 잊힌 사람들, 법의 테두리 밖에서 사는 사람들에게는 은행가이다.

결론

이 장은 금융중개서비스산업의 주요 기관과 더 흥미로운 구성원들에 대한 선택적인 개괄을 제공하였다. 우리는 또한 금융 환경을 개략적으로 그리기 위해 상업은행과 저축은행에 대한 설명을 사용하였다. 예금혁명은 예금의존기관의 형태를 계속해서 변형시키고 있으며, 금융서비스산업에서 이 부분은 향후 5년 이내에 근본적인 구조조정이 일어날 것이다. 예금보험과 규제가 재설정되거나 예금금융중개기관들은 규제가 보다 적은 부분에 의해 계속해서 산업 내 시장점유율을 상실할 것이다.

상업은행과 저축은행의 주요 경쟁자는 보험회사, 파이낸스회사, 연금 그리고 뮤추얼펀드이다. 이런 부문들 사이의 연관성, 즉 경쟁의 경계선은 각 산업을 주제로 한 각 소절에서 서술되었다. 테마는 공통성과 유사성 중의 하나이며, (금융)산업의 부문 간 차이점은 합법적, 인위적, 과장적으로 보인다. 물론 이 거대한 산업의 일원으로 정부를 빼놓을 수 없다("… 고릴라는 어디서 자고 있지?").

마지막으로 산업의 변두리에 있는, 중요하지만 종종 소외되는 금융중개기관들을 알아보았다. 이 집합에 속하는 것으로 파란만장한 도박의 세계—공적이든 사적이든, 합법적이든 불법적이든—그리고 전당포업, 페이데이대출, 타이틀대출, 론샤크 등, 그림자 드리운 역수들(逆水〔backwaters〕, 둑에 부딪쳐 되밀리는 물)이 있다. 이 모두는 법과 기술에 기반을 두고 위험과 정보를 처리하고 신용을 배분하는 데에서 자신들의 주어진 역할을 가지고 있다. 각 기관은 브로커 그리고/또는 자산변환자로서 서비스를 제공하며, 일부 이런 활동들의 범죄적 일면과 연관되는 좀 더 특이한 활동이 없다면, 각 부문은 시장이 더욱 효과적으로 작동하도록 하며, 그로 인해 모든 사람들 사이에서 공유될 수 있는 경제적 파이를 크게 만든다.

연습문제

1. 다음에 주어진 것은 "친구들의 대화"에서 발췌한 것이다. 귀하는 누구에게 동의하는가? 귀하의 견해에 대한 이론적, 실증적 기초에 관한 심도 있는 논의를 제시하시오.

   애플턴: 확실히 그렇습니다! 제가 믿기로는 모든 걸 분해하고 나면 은행의 기본적 역할은 '몫 나누는 자(lot breakers)'로서 단순한 거래서비스를 제공합니다. T-bill(미국 재무성이 발행하는 만기 1년 미만의 단기 국채)에 근거해서 수표를 발행할 수는 없죠. 저는 그래서 은행이 필요합니다.
   버터워쓰: 알렉스, 더는 동의 못 합니다. 제가 믿는 바로는 은행은 특별합니다. 당신의 제안은 자칫 사회가 자본을 저축자로부터 투자자로 배정하는 과정의 핵심요소를 파괴할 수 있습니다.
   사회자: 우리가 마치 근본적 의견불일치 상황에 빠진 것 같군요. 은행이 왜 있고 은행이 실제로 하는 일이 뭐죠?
   애플턴: 의견불일치라뇨, 그게 뭐죠? 아무에게나 물어보시죠. 그럼 은행이 존재하는 이유는 돈을 빌리고 빌려주기 위해서라고 말할 겁니다.
   사회자: 그건 확실합니다. 하지만 그렇다고 이 이슈가 정리되는 것은 아니죠. 그렇지 않습니까, 알렉스? 결국 빌리고 빌려주는 건 서비스가 '아니죠'. 질문의 요체는 은행의 재무서비스 생산의 산출물이 무엇이냐는 거죠. 질문의 요체는 은행과 기타 금융기관들이 생산하는 이렇듯 좀 불투명해 보이는 금융서비스가 도대체 무엇이냐는 거죠. 당신은 그런 서비스가 순수하게 거래적인 것이라 한 반면 베쓰는 그 이상이라고 합니다.

2. 브로커업무(brokerage)와 자산변환(asset transformation)이 무슨 뜻인지 논하시오. 어떤 요인들이 중개서비스의 가치를 결정하는가?
3. 금융중개의 다섯 가지 유형을 열거하고 각각의 업무를 설명하시오. 그리고 그들이 제공하는 기본 중개서비스에 관한 비교/대조를 제시하시오.
4. 몇 개의 비금융 기업의 총자산자기자본비율에 관한 정보를 구하여 금융기관의 것과 비교하시오. 왜 그러한 차이가 발생하는가?
5. 〈표 2.6〉의 정보로부터 분산된 시장포트폴리오를 보유하는 것에 비해 대표적인 하나의 은행주식을 보유할 때의 위험에 관해 귀하는 어떤 결론을 내릴 수 있는가?

참고문헌

Adams, James Ring, *The Big Fix: Inside the S&L Scandal: How an Unholy Alliance of Politics and Money Destroyed America's Banking System*, 1990, John Wiley & Sons, Inc.

Barr, Michael S., "Banking the Poor," *Yale Law Journal* 21, 2004.

Banker's Diary & Guide 1993, Warren Gorham and Lamont, Division of Research Institute of America, Inc.

Boyd, John, and Mark Gertler, "U.S. Commercial Banking: Trends, Cycles, and Policy," paper prepared for the 1993 *NBER Macroeconomics Annual*, February 1993.

Carkey, John, "Fringe Banking a Decade Later," working paper, 2003.

Caskey, John P., "Pawnbroking in America: The Economics of a Forgotten Credit Market," *Journal of Money, Credit and Banking* 23 (9), February 1991, 85-99.

Chan, Yuk-Shee, Daniel Siegel, and Anjan V. Thakor, "Learning Corporate Control and Performance Requirements in Venture Capital Contracts," *International Economic Review* 31-2, May 1990, 365-381.

Competition in Banking, OECD 1989, 127 and 200-201.

"European Banking Integration in 1992," Salomon Brothers Stock Research, June 1989, 9.

Haller, Mark H., and John V. Alvitti, "Loansharking in American Cities: Historical Analysis of a Marginal Enterprise," *American Journal of Legal History* 21, 1977, 12-156.

Hellmann, Thomas F., and Manju Puri, "The Interaction Between Product Market and Financing Strategy: The Role of Venture Capital," *Review of Financial Studies*, Winter 2000, (13-4), 959-984.

Mayer, Martin, 1990, *The Greatest Ever Bank Robbery: The Collapse of the Savings and Loan Industry, Charles* Scribner's Sons, New York.

Mehr, Robert, *Fundamentals of Insurance*, 2nd Edition, Irwin, 1986.

Prudential Supervision in Banking, OECD 1987, Appendix X.

Reuter, Peter, and Jonathan Rubinstein, *Illegal Gambling in New York: A Case Study in the Operation, Structure and Regulation in An Illegal Market*, National Institute of Justice, 1982.

Vertanian, Thomas P., David H. Ansell, and Robert H. Ledig, "Federal Deposit Insurance Corporation Improvement Act of 1991 Prompt Corrective Action Matrix," a publication by the Financial Institutions Group at *Fried, Frank, Harris, Shriver & Jacobson*, 1993.

제3장 금융중개의 정의

> 존재와 관련된 모든 핵심 지식, 또는 존재에 대한 핵심 관련성에 대한 지식만이 핵심적인 지식이다.
>
> 쇠렌 키르케고르: 『철학적 단편에 비과학적인 해설을 덧붙여 끝내기』 中

용어 정리

증권화: 은행대출과 같이 시장에서 거래되기 어려운 금융청구권의 현금흐름에 기초하여 자본시장의 투자자들에게 청구권 자체를 거래 가능한 증권으로 발행하는 행위. 본질적으로 증권화는 은행의 대출자산을 자본시장에서 거래가능한 유가증권으로 변환시키는 형태

부분지급준비금 보유 은행 제도: 각 은행에 예치된 채무의 일부를 반드시 유동자산의 형태로 보유해야 하는 은행 제도

명목화폐: 법률에 의해 의무적으로 채택된 화폐의 한 형태 예)지폐

시장 모형: 주식수익률을 고정된 요인(α)과 시장 포트폴리오 수익률의 배수(β), 평균이 0인 잔차의 합으로 설명하는 모형

DIDMCA: 1980년에 통과된 예금 기관 규제 완화와 통화규제에 관한 법. 11장과 12장 참조

대수의 법칙: 동일한 확률 분포에서 도출된 무한 개의 표본을 가정하면 실현된 확률 변수의 평균값은 확률분포의 통계적 평균값과 동일하다는 원리. 따라서, 개별 투자자가 자신의 유한한 부를 각각 독립적이고 무작위이며 동일한 확률 분포를 지닌 다수의 투자대상에 균등하게

배분하면 투자 수익은 이 확률 분포의 통계적 평균값과 거의 같아지므로 투자 수익률의 확실성이 확보될 수 있을 것이다. 위험회피적인 투자자는 대수의 법칙에 기초한 투자결정이 위험을 제거하고 확실성을 증가시키므로 다각화된 투자포토폴리오를 선호한다.

사건연구: 재무학에서 특정 사건이 가격에 미치는 영향력을 평가하기 위해 사용되는 통계적 추정 방법으로 개별 주식수익률이 시장 모형에 의해 설명될 수 있다는 가정에서 출발한다. 특정 사건일 이전의 충분히 긴 추정기간 중에 시장모형의 α와 β를 회귀분석을 통하여 추정하여 특정 사건일 주변 기간 동안의 평균잔차수익률을 계산한다. 특정 사건에서 새로운 정보가 주어지지 않았다면 평균잔차수익률이 '0'이 되어야 하며 그 값이 양(+) 혹은 음(−)의 값을 갖는다면 그 특정 사건은 좋거나 혹은 나쁜 정보를 전달한 것으로 해석될 수 있다.

자연 독점: 규모의 경제로 인하여 가장 효율적인 산업구조는 산업 내 하나의 기업만이 존재한다는 주장

자기자본요건: 예금에 종속된 주식, 장기부채, 여타 청구권 등 은행이 유지해야 하는 최소한의 요구 자본. 2장과 11장 참조

포트폴리오 제한: 은행이 자신의 포트폴리오에 보유하고 있는 자산에 대한 제한. 2장과 11장 참조

서론

아래의 내용은 톨스토이의 『안나 카레니나』 3부, 27장에 등장하는 레빈(Levin)과 스비약스키(Sviyazhsky)의 대화로 대부분의 사람들이 은행과 은행 이외의 금융 중개기관의 역할을 어떻게 생각하는가를 보여준다.

> "그러면 당신의 의견은 무엇입니까? 오늘날 농장은 어떻게 운영되어야 할까요?"
>
> "우리가 해야 할 일은 농축산업의 수준을 더욱 향상시키는 것입니다."
>
> "맞습니다. 할 수만 있다면 말이죠. 당신을 위해서도 매우 좋은 일일 거구요. 하지만 나는 어떤 말(Percherons, 말의 일종)도 사지 않을 것입니다. 그것이 은행을 위한 것이라면 말이죠."

위의 대화에서 보여준 내용을 일반인이 금융중개에 대해 갖고 있는 기본 관점이라고 할 때, 본서의 남은 장들의 내용을 전개하기 위해 은행과 비은행 금융중개기관에 대해 보다 심화된 이해가 필요하다. 은행이 단순히 차입과 대출 서비스를 제공하기 위해서 존재한다는 단순한 관점으로는 다음의 질문에 대한 대답을 할 수 없기 때문이다. (i) 차용자와 채권자 사이를 중개해주는 금융기관이 필요한 이유는 무엇인가? 차입자와 채권자가 개별적 직접거래를 행하여 금융기관을 통한

차입-대출 시 발생하는 거래비용을 회피하지 않는 이유는 무엇인가?* (ii) 금융기관이 제공하는 금융서비스의 생산에서도 규모의 경제가 존재한다면 금융기관의 적정 규모는 무엇인가? (iii) 상업은행 및 여타 예금수취 금융기관을 엄격하게 규제하는 이유는 무엇인가? (iv) 은행이 규제되어야 한다면 어떻게 규제가 이루어져야 하는가? (v) 차입자는 은행차입, 벤처캐피털, 자본시장에서의 직접금융 중 어느 유형의 자금조달방식을 선택해야 하는가?

이와 같은 여러 질문들에 대답하기 위하여, 앞 장에서 제시된 관점이 필요하며 금융중개기관의 본질적 기능을 명확히 할 필요가 있다. 본 장에서 위에 제시된 모든 질문들에 대해 완성된 해답을 제시할 것은 아니지만, 본 장의 목적은 이와 같은 사항에 대하여 체계적인 분석 방법을 제시하고자 하는 것이며, 따라서 이번 장에서는 이후 각 장에서 전개될 토론의 기초를 놓고자 한다. 본 장의 구성은 다음과 같다. 본 장은 우선 부분지급준비금 보유 은행 시스템이 단순한 금장(金匠) 경제(goldsmith economy)시대로부터 어떻게 발전하였는가에 대한 일화적인 토론으로 시작한다. 이와 같은 비공식적인 토론 후에, 금장의 일화를 형성케 한 은행 모형을 제시하여 은행의 역할과 은행 규제의 필요성에 대한 이해를 돕고자 한다. 이번 장은 위의 질문 (i)과 질문 (iii)에 대한 해답과 질문 (iv)에 대한 부분적인 해답을 제시하는 두 개의 절로 되어 있다. 다음 절은 금장의 일화에 대한 확장으로서 고정계수모형(fixed coefficient model)을 소개하고 통화정책에 대한 함의를 분석한다. 이어서 금융중개서비스의 생산에서 규모의 경제를 분석하는데 이는 질문 (ii)에 대한 대답이 될 것이다. 그다음으로는 은행이 비은행의 금융계약을 보다 효율적으로 만들 수 있는 특수성을 지지하는 실증적 증거를 제시한다. 다음으로 예금수취 금융기관의 소유구조가 분석된다. 끝으로 차입자의 자금조달 유형의 선택을 분석하여 질문 (v)에 대한 대답을 제시하고 결론을 맺는다.

현재의 부분지급준비금 보유 은행 제도와 금장회사 일화

부분지급준비금 보유 은행 제도

2장은 금융중개의 역할을 소개했다. 본 장에서는 금장 경제 시대로부터 초기 은행이 어떻게 발전되었으며 이것이 어떻게 부분지급준비금 보유 은행 제도에 대한 이론으로 귀결되는가를 분석한다. 이와 동시에 형성되는 것이 은행규제이론이다. 이 이론에 의하면 부분지급준비금보유 은행제도하에서 규제는 불가피하다.

현대의 은행은 부분지급준비금보유 은행제도하에서 명목 화폐를 생산한다. 이 2가지 사실은 금

---

* 이 질문에 대한 부분적인 대답이 2장에 제시되어 있다.

융업을 둘러싼 로맨스, 신비, 혼란의 많은 부분을 설명한다. 비전문가는 화폐가 화폐로서 받아들여지기 때문에* 고유한 가치를 가진다는 것을 이해하기가 어렵기 마련이다. 은행 제도에서 부분지급준비금보유는 교묘한 술책과 연관이 된 것처럼 보여 다소 이해하기가 어렵다. 부분지급준비금을 보유한 은행은 예금이라는 부채 형태로 자금을 조달하지만 이 같은 부채의 일부분만을 현금성 자산의 형태로 보유한다. 따라서 예금인출액이 가용 현금보다 많을 가능성이 상존한다.

금, 은, 여타 상품 화폐에서 보다 추상적인 화폐 형태에 이르기까지 화폐 제도의 진화는 은행이 단순한 화폐의 보관창고, 지급가능 유보금을 준비한 은행 형태에서 현대의 부분지급준비금보유 은행제도로 진화한 것과 유사하다. 화폐 및 은행 제도의 발전은 모두 희소한 자원을 보다 효율적으로 활용하기 위한 집단적인 요구에서 자연적으로 발생된 것이다. 그러나, 이러한 발전은 또한 부작용을 발생시킨다. 상품화폐의 명목화폐로의 대체는 막대한 경제 권력을 통화당국으로 집중시키며 부분지급준비금보유 은행제도는 개별 은행에게 많은 힘을 부여하게 되어 개별 은행의 이윤 추구에 의해 은행제도의 안정성이 위협될 수 있다. 본 장은 부분지급준비금보유 은행 제도가 역사적으로 금장회사(warehousing)에 원천을 두고 있음을 설명한다. 이러한 설명은 정형화되고 일화적인 것으로, 은행 제도 발전과정의 본질적인 측면뿐 아니라 부분지급준비금보유 은행제도의 불안정성을 설명한다.

초기 금장회사에서 은행으로의 진화

금이 지급수단 또는 교환의 매개로 사용되었던 화폐 진화의 초기 단계에서 사회적 관례에 의하여 모든 부채는 금으로 청산되었으며 상품의 구매는 금으로 지급되었다. 이 시스템은 잘 작동하였으나 금을 보유하고 운반하는 것은 곤란한 일이었다. 안전성과 편의성에서 문제가 있었으며 이에 대한 시장의 대응으로 금 보관 서비스를 제공하는 금장회사(goldsmith)가 출현하였다.

수수료를 받고 금장기업은 금의 안전한 보관 시설을 제공하였다. 금 소유주는 금장회사로부터 보관증을 수령하고 보관증을 금장회사에 제시하면 원하는 시점에 금을 금장회사**로부터 회수할 수 있었다. 금장회사의 역할은 단순하였다. 마치 가구 보관 창고와 같이, 초기 금장회사는 수수료를 받고 금의 안전한 보관서비스를 제공하는 단순한 형태였다.

금 소유주들은 점차적으로 금장회사를 신뢰하게 되었고 금장회사의 금고에서 인출 · 예치되는 금은 이윤을 창출해내는 규칙성을 갖게 되었다. 금 소유주가 상품을 구매할 때마다 금장회사에 가서 필요한 양만큼의 금을 인출하고 시장으로 가져가서 구매대금으로 지급하였다. 시장에서 금은 구매하려는 상품과 교환되었으며 상품 판매자는 새롭게 취득한 금을 금 보관증을 받고 다시 금장회사에 보관시킨다. 이와 같은 거래와 지급 관행이 일반화되고 금장회사에 대한 신뢰도가 보

* 화폐로서 받아들여지는 것은 궁극적으로 법 체계에 의해 사회적인 규약이 된다는 것으로, 화폐를 부채에 대한 법률적 이행의 수단으로 인식하게 한다. 화폐에 대한 이 같은 시각은 화폐 주조세에 대해 논쟁을 일으킨 근간이 되었고, 사적 이익에는 부합하지 않는 것으로 간주되었다.
** 인출을 할 수 있을 때, 그것이 바로 회수를 허가하는 영수증의 소유를 의미하였다.

다 확립되어 가면서 금을 인출하기 위하여 금장회사에 빈번하게 반복적으로 가게 되는 상황은 낭비라고 인식되게 되었다. 구매자가 상품을 사려고 할 때마다 매번 금장회사에 가서 금을 인출하는 것보다는 상품 판매자만 반복적으로 금장회사에 가서 금을 예치하는 것이 보다 편리할 것이기 때문이다. 결국, 금장회사의 금 보관증이 금 대신에 지급수단으로 상품 구매자로부터 판매자에게 전달되게 되었으며 구매자와 판매자가 금장회사에 가는 목적은 단지 금장회사의 신뢰성을 확인하기 위함이 되었다. 그러나 시간이 흐르고 경험이 누적되면서 금장회사의 신뢰성에 대한 평판이 증대되었고 금장회사의 신뢰성을 확인하기 위한 금장회사 방문의 필요성도 차츰 감소하였다. 점차 거래는 금장회사의 금 보관증으로 이루어지게 되었으며 금은 빈번한 예치 · 인출 없이 금장회사의 금고에 계속 보관되었다. 금 보관증으로 거래 및 지급이 행해지는 상황은 금이 필요 시 언제든지 인출될 수 있다는 신뢰에 근거한 것이다. 금장회사에 대한 의심은 금 보관증을 지급수단으로서 사용하는 것을 제약할 수 있지만 금장회사가 신뢰를 유지하는 한 금의 인출과 예치를 위하여 금장회사를 반복적으로 방문해야 되는 낭비를 절약할 수 있다. 금장회사 입장에서 보면 지불수단으로서 금 보관증 사용의 확대는 금장회사에서의 금의 유출입량의 감소를 의미한다. 역사적으로 금 보유량을 기술하는 시계열 자료를 보면 금 보관증의 사용이 지불수단으로서 금을 점차적으로 대체해 감에 따라서 금장회사 금 보유량 재고의 변동성이 점차 감소하였다. 궁극적으로 금 보관증이 금을 완전히 대체함에 따라서 새로 채굴된 금이 화폐제도에 유입되지 않고 특별한 상황이 발생되지 않는 한 금장회사의 금 보유량 재고는 시계열상 실제 변하지 않았다. 점차 금장회사는 발행된 금 보관증에 상응하는 금을 반드시 보유할 필요가 없게 되었다. 이는 참으로 놀라운 발견이었다. 매사 확실히 하고 싶어 하는 어떤 엄격한 사람들은 금장회사가 자신이 보유하고 있는 금 보유량보다 많은 금 보관증을 발행할 수 있는 상황에 동의하지 않을 수 있다. 그러나 아무도 금을 인출하지 않는다면 무엇이 문제가 되겠는가?* 금 보관증을 금 보유량보다 초과 발행할 수 있는 가능성은 세상을 변화시켰다. 이는 물리학에서의 중력의 법칙을 발견한 뉴턴의 혁명에 비견할 만큼 중요한 은행 산업의 발견이었다.

부분지급준비금보유 은행제도의 불안정성

금 예치량을 초과하여 발행된 금 보관증과 금 예치량에 상응하여 발행된 진본 금 보관증은 차이가 없어서 초과 발행된 금 보관증도 진본 금 보관증과 같이 지불수단으로 활용될 수 있다. 초과발행 금 보관증은 차입자에 대한 대출에 사용되어 이자를 발생시켰다. 대출은 비유동적이고 필요 시 즉시 상환이 제약되어 대출 만기에 원리금 총액이 회수되는 상황을 고려하자. 이 경우에 금장회사는 예금자에게 비유동적 대출에 의하여 보증되는 유동적인 청구권을 발행하여 유동성 전환

* 합리적으로 예상되는 균형하에서, 금의 소유자는 금장 회사에 의해 이용당하는 것을 피하기 위하여, 금장 회사의 행동을 예측하고 이에 적응(무작위나 매우 자주 인출함으로써)하였을 것이다. 그러나 본서에서의 현 논의에서는 이를 무시하자.

서비스를 제공한다. 단순한 보관업무를 행하던 금장회사는 은행으로 변신한 것이다!
이를 확인하기 위하여 아래의 전-후 재무상태표를 참조하자.

금장업자 (전)		금장업자 (후)	
금 100oz.	보관증 100oz.	금 100oz. 대출 10oz.	보관증 110oz.

금장업자가 루비콘 강을 건넌 후(금장업자가 은행이 된 후) 부채는 금 110온스이다. 이는 모든 금 보관증 소유자가 동시에 110온스의 금을 인출하려고 할 때 그들의 금 인출 요구액을 충족시키지 못하는 부채 규모이다. 이와 같은 일이 쉽게 발생하지 않는다 하더라도 인출요구를 충족시키지 못하는 잠재적 실패의 가능성은 은행대출이 비유동적 자산이기 때문에 발생한다. 따라서 대출은 잠재적 위기로서 지급불능을 내포하고 있다. 모든 금 보관증 소유자들이 금을 동시에 인출하지 않는 한 지급불능의 확률은 매우 낮더라도 지급불능 위험이 은행제도에 내포되어 있다. 말하자면, 금장회사가 초과 금 보관증의 발행량 결정의 선택, 즉 대출량 결정의 선택을 통해 지급불능 위험을 발생시킨다. 초과 발행된 금 보관증과 대출은 이자 수익을 벌어들이고 따라서 금 보관증을 초과발행하려는 유혹은 금장회사가 지급능력을 유지하고자 하는 우려에 의해서만 제한된다. 금장회사는 탐욕과 불안감 사이의 칼날을 걷고 있는 것이다.

초과 발행된 금 보관증은 금장업자의 수입을 증가시키지만 동시에 지급불능의 확률을 증가시킨다. 지급불능은 금장업자의 평판을 파괴하며 금 보관증을 유통시키고 대출해주는 능력을 파괴할 것이다. 그러나 주지할 것은 대출이 상환될 수 있는 조건에서 금장업자는 부채 가치와 동일한 자산을 보유하게 된다. 따라서 이슈는 유동성이다. 적절한 시간적 여유가 존재하고 양호한 대출이 이루어진 상황에서 금장업자는 일부 금 보관증 소유자들의 인출요구를 충족시킬 수 있다. 그럼에도 불구하고 금 인출요구에 상응하여 금을 항상 지불하겠다는 것은 단지 약속이며 이는 모든 상황에서 항상 지켜질 수 있는 것은 아니다. 이는 부분지급준비금보유 은행제도의 본질이며 또한 취약점이다. 이와 같은 은행제도는 합리적 경제 주체의 이윤 극대화 행위하에서 자연발생적으로 생성된다.

안정화 조치로서의 은행규제

부분지급준비금보유 시스템의 내재적 구조로 인하여 은행제도는 주기적으로 시스템 붕괴에 직면한다. 부분지급준비금보유 은행제도의 아킬레스건은 대출자산의 비유동성이므로 은행 자산이 유동화되면 대량 인출 사태를 피할 수 있다. 부분지급준비금보유 은행제도에서 경험은 보다 단순하고 직접적인 해법의 발견으로 귀결되었다. 금장업자에 필요했던 것은 발생 빈도가 매우 낮지만 급격한 예금 인출이 발생할 때, 금장업자의 대출자산을 담보로 하여 유동성을 제공해줄 수 있는 기구였다. 실제로 19세기 미국에서 상업은행결제기구(commercial bank clearing houses: CBCHs)는 은행들 간에 형성된 것으로서 각 은행이 유동성을 공유하여 특정 개별 은행의 유동성이 이례적으로 급격히 고갈될 때 상호 지원하였다. 물론 이와 같은 은행의 은행은 은행제도의 안전성과 지속성을 위하여 실제로는 무한정의 유동성을 필요로 했을 것이다. 그러나 사적인 협약은 그와 같은 무한정의 유동성 제공능력을 보유하지 않았고, 이는 중앙은행이 은행의 최후의 대출처가 되어야 한다는 논리를 제공하였다. 일반적으로 정부에 의해 보유되는 중앙은행은 화폐를 인쇄하고 창출해내는 특권을 가지고 있었으므로 한정된 유동성 공급 능력의 문제는 해소되었다. 부분지급준비금보유 은행제도의 발전과 관련하여 강조되어야 할 것은 중앙은행제도에 기반한 최종 대출 기관 기능이다. 중앙은행이 없다면 금장 회사는 스스로에게 초과 발행 금 보관증의 양을 제한할 것이다. 금 인출 요구 실패에 따른 신인도 및 평판의 훼손으로 금 보관증을 통한 대출이 제약되는 결과는 금 보관증 대출의 무제한적인 확대 성향을 제한한다. 그러나 최종 대출 기관으로서 중앙은행의 등장은 금장업자가 자신에게 부과한 금 보관증의 초과 발행 제한을 완화할 것이다. 금장업자가 비유동적 대출에 대해 차입을 할 수 있다면 대출을 담보로 활용할 수 없는 경우보다 더 많은 대출을 제공할 수 있다. 이는 중앙은행이 긴급 차입에 대하여 매우 높은 금리를 부과하는 경우에도 마찬가지일 것이다. 중앙은행이 존재하지 않는 경우라면, 대출을 담보로 하지 않는 차입에 대한 금리는 무한대에 가까울 것이다. 따라서 중앙은행 기능은 일종의 도덕적 해이를 수반하며 이와 같은 도덕적 해이의 가능성은 일반적으로 현금성 지불준비금 요구에 의하여 제약된다. 현금자산 지불준비금 요구는 은행이 보유 현금자산의 규모에 기준하여 대출을 제공할 수 있는 규모를 효과적으로 제한한다. 이는 가장 기본적인 건전성 규제이며 규제의 핵심은 내생적이라는 것이다. 현금성 지불준비금 제도는 최종 대출 기관으로서 중앙은행의 등장에 따른 도덕적 해이의 발생에 대응하는 것이며 이는 다시 부분지급준비금보유 은행제도에 내재된 불안정성에 대한 대응이 된다. 결국 부분지급준비금보유 은행제도는 상품 화폐 시대의 자유방임주의 경제하에서 운송비용과 안전성에 대한 우려에서 생겨난 자연스런 대응이다.

은행규제 모형

규제가 필요하다는 은행업의 본질은 금보다 화폐가 교환의 매개로 쓰일 때 더욱 두드러지게 드러난다. 다음의 모형은 위에서 살펴본 금장 회사의 은행으로의 발전을 공식화하고 몇 가지 중요한 가정을 강조하여 개발한 것이다. 앞의 내용에서 보여준 것과 유사한 직관을 가지고 분석하였다.

아래의 두 기간 모형은 매우 단순하다.* 이 모형의 가정들은 현실에 적합하지 않은 측면이 있다. 본 모형의 의도는 초기 금장 경제하에서 은행의 생성에 대한 단순하고 직관적인 이론을 제시하고 은행 규제가 필요한 이유를 제시하는 것이다. 본 모형을 전개하기 전에 〈표 3.1〉에서 모형 내 변수의 개념을 요약했다.

〈표 3.1〉 변수

변수	설명
y	매 기간 예금자의 소득
c	매 기간 예금자의 소득에서의 소비
s	매 기간 예금액
$ø$	예금자에게 부과되는 예금의 안전보관을 위한 수수료
$\hat{ø}$	예금의 안전 보관을 위한 개인적 비용
α	인출되는 예금의 일부분
n	예금자의 수
m	상인의 수
K	상인의 현금흐름
K^*	K가 확률변수일 때 상인의 현금흐름의 상위값
M	상인에 제공된 대출
p	도난 확률
r	상인에게 제공된 은행 대출에 대한 수익률
b	은행이 상인을 감시하는 데 드는 비용
u	시점 0에서 K=0일 확률
u_1	시점 1에서 업데이트하는 u의 가치
u_h	u의 상위값
U_l	u의 하위값
L	상인 투자의 청산가치
f	은행이 안전하게 보호하고 모니터링하도록 예금자가 지불하는 비용
j	은행의 수

모형: 개인이 자신의 부(富)가 도난으로부터 안전한지 확신할 수 없는 경제를 고려한다.

따라서, 개인은 부의 안전한 보관을 위해 비용을 지불하게 된다. 개인은 자신의 부를 스스로 안전하게 보관하거나 비용을 지불하고 타인이 보호하도록 할 수 있다. 그러나 모든 사람이 부를 보호하는 데 동등하게 익숙한 것은 아니다. 따라서 다른 누군가 부의 보호에 보다 효과적이라고 믿는다면 비용**이 들더라도 그들에게 부의 안전한 보관을 의뢰할 것이다. 결국 이와 같은 결론을 내리게 되기 때문에 부를 보호하고자 하는 개인을 예금자라고 하고 예금을 보호하는 주체를 은행이라고 가정하자. 일단 한 명의 예금자(n=1)와 하나의 은행(j=1)만을 가정하자.

예금자는 매 기간 $y의 소득을 가지며 $c를 개인적인 소비에 사용한다. $(y−c)=$s는 저축하고 이 저축은 안전하게 보관되어야 한다. 일단 은행은 예금을 안전하게 보관하는 것 외에는 다른 업무는 할 수 없다고 가정한다. $ø〉0은 은행이 예금을 안전하게 보호하는 것에 대한 수수료이다. 은행 예금은 도난방지가 보장된다. 또한 예금자는 그의 부를 한 기간 동안만 은행에 예치하는 것으로 가정하자. 할

* 이 모형은 Milon(1983) 모형의 특징을 따르고 있다. 금융 중개 기관의 존재를 다룬 다른 논문은 Leland and Pyle(1977), Campbell and Kracaw(1980), Diamond(1984), Ramakrishnan and Thakor(1984), Boyd and Prescott(1986) 그리고 Allen(1990)이다.
** 당연한 것은, 이 비용이 같은 효율성으로 자신의 부를 직접 지키는 것보다는 낮아야만 한다는 것이다.

인율은 0이며* 예금자의 다음 기간 시작점에서의 소비는 첫 번째 기간의 순저축액인 $s-\phi$와 두 번째 기간의 소득인 \$y의 합이다. 예금자는 \$s예금에 대하여 \$$s-\phi$를 지불하므로, 예금에 대한 이자율은 다음과 같다.

$$(s-\phi-s)/s=-\phi/s<0 \tag{3.1}$$

만약 부의 이자율이 나온다면, 은행은 대출을 할 수 없고, 예금자에게 비용이 드는 서비스를 제공할 것이다. 또한 은행은 예금자가 첫 번째 기간의 말에 전액을 인출할 수 있도록 예금에 대해 100%의 지급준비율을 유지해야 한다.

100% 지불준비은행의 바람직한 점: 도난 확률이 p이며 예금자는 도난 가능성을 제거해 부를 안전하게 보호하기 위하여 $\hat{\phi}-\phi$의 비용을 지불한다. 따라서, 개인의 부의 보호를 최적화하기 위한 필요충분조건은 다음과 같다.

$$(s-\hat{\phi})>(1-p)s \text{ 또는 } \hat{\phi}<ps,\ 0<p<1 \tag{3.2}$$

식 〔3.2〕가 성립한다고 가정하자. $s-\hat{\phi}$는 확실하므로 예금자는 자신의 부를 은행에 예치하기를 선호할 것이다.

은행은 부의 보호를 위해 예금자에게 비용을 부과하는 것으로 규정하고, 예금자 부의 보호 비용으로 ϕ를 부과하는 은행 간에는 완전 경쟁**이 이루어지는 것으로 가정한다. $n>1$의 많은 예금자를 가정하면, 이 경우 부의 보호에 규모의 경제가 존재하는 것이 자연스러울 것이다. 즉, \$ns의 부를 보호하는 것이 \$s를 보호하는 경우에 비하여 단위금액당 비용이 더 적을 것이다. 예를 들면 무장 경비원 한 명이 \$1,000을 보호하는 것만큼 쉽게 \$100,000을 보호할 수 있을 것이다. 예금자 부의 보호 비용 \$ns가 보관 수수료 \$$n\phi$보다 적다고 가정하면, 대형 은행의 경우라면, $\hat{\phi}-\phi=0$이 될 것이고, 이는 곧 부를 보호하는 데에서 은행보다 더 잘할 수 있는 개인은 없다는 뜻이다. 그러나 부의 안전보호에서 규모의 경제가 없다면 어떤 의미에서는 복잡해지지만 변수는 줄어든다.

먼저, n명의 예금자가 첫 번째 기간 말에 예금을 전부 인출한다고 가정하자. 이 경우에 이자율은 여전히 $-\phi/s$이다. 그러나 좀더 흥미로우면서 자연스러운 경우는 첫 번째 기간 말에 모든 예금자가 인출을 하지 않는다는 것이다. $t=1$(첫 번째 기간 말)에 인출되는 예금의 비율 $\alpha(0<\alpha<1)$와 $t=2$(두 번째 기간 말)에 인출되는 예금 $1-\alpha$를 가정하자. 단순하게 하기 위하여 인출 비율 α는 확실하게 알 수 있다***고 하자. 사건의 흐름은 〈그림 3.1〉에 기술되어 있다.

* 이는 무해한 가정으로 이 분석에 영향을 미치지 않는다면 제거해도 무방하다.

** 경제학에서 경쟁의 여러 가지 다른 개념에 대해서 잘 기술되어 있으나, 본서에서는 Bertrand의 경쟁 개념을 염두에 둔다.

*** α가 확률 변수일 때 일어나는 사건에 대해서는 추후에 논의할 것이다.

**** 사실, 앞의 경우에서처럼 모든 예금자가 t=1 시점에서 인출을 할지라도, 은행은 t=0 시점에서 t=1 시점에서 지불되는 자산에 투자할 수 있다.

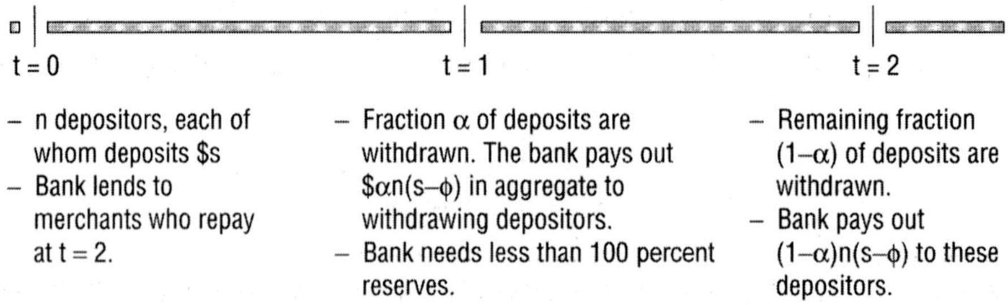

〈그림 3.1〉 사건의 흐름

차입과 대출의 기능을 가진 은행: 만약 은행이 예치받은 예금을 투자할 수 없다면, 그 돈은 은행에 잠들어 있을 것이다. 그러나 이 경우****에는 투자의 기회가 존재함을 유념하자. t=1 시기에 은행은 인출에 대비해 $\$\alpha n(s-\emptyset)$만 맞추면 된다. 이제 t=0 시기에 은행이 투자를 할 수 있다고 가정해보자. 이 투자는 t=2에 상환되는 것이다. 은행의 투자 수익률을 r로 하고* 투자는 개인 투자금이 없지만 개업을 위해 자금 조달이 필요한 상인에게 대출을 하는 것으로 상상해 보겠다. M〉s일 때, 각 상인이 필요한 금액이 $M라면, 그래서 상인이 예금자로부터 직접 차입을 한다면 그는 한 사람 이상의 예금자를 만나야 할 것이다(사실, 상인은 M/s명의 예금자를 만나야 한다). 더 심한 경우에는 상인이 대출받은 $M을 가지고 도주를 할 가능성이 있어 도덕적 해이가 발생할 수 있다. 만약 상인의 이런 행위가 감시되지 않는다면, 그는 돈을 가지고 종적을 감추고 대출을 해준 사람은 받을 길이 없을 것이다. 그러나 $b의 비용으로 상인을 모니터링하는 것이 가능하여 그가 대출금을 개업하는 데 사용한다면 t=2에 다소간의 현금흐름 $K〉M(1+r)를 창출할 수 있을 것이다. 최초에 확실한 현금 흐름 $K를 가정하자.

그러나 생길 수 있는 불확실성에 대해서는 간단히 말하자면, 만약에 상인이 M/s명의 예금자를 직접 만났을 때의 문제를 고려해 보자. 상인에게 예상되는 대출에 대한 순 상환 금액은 다음과 같다.

$$K\text{-}M(1+r)\text{-}(b^*M/s) \tag{3.3}$$

이자와 더불어 모니터링 비용까지 부담하게 될 것이다. 각각의 예금자도 예금자들의 집단행동**을 믿을 수 없기 때문에 상인을 개별적으로 감시해야만 할 것이다. 이제, 상인이 M/s명의 예금자로부터 $M을 대출받을 수 있는 은행을 이용한다고 가정하자. 아마도 다른 결과가 나올 것이다. 은행의 감시 비용

---

* r을 결정하는 방법에 대해서는 자세히 다루지 않겠다.

** 감시하는 예금자가 없는 상태에서 균형을 이루는 것은 불가능하다. 왜냐하면 적어도 누군가는 모니터를 하는 데 대가를 지불하기 때문이다. 개별 예금자가 감시를 결정한다는 주장을 정당화하기 위하여, 어떤 예금자는 모니터를 하지 않는다는 주장에는(그렇지 않으면 모든 예금자가 집단 행동을 감시하는 것에 대해 '무임승차'를 할 것이다) 불확실성이 있다고 가정하였다. 이 가정을 위한 한 가지 방법은 감시를 할 수 없는 (M/s)-1의 예금자에 대해 각각의 예금자가 지닌 확률 변수 θ가 있다고 생각하는 것이다. 그러나 누구도(감시를 할 수 없는 예금자는 제외하고) 이 예금자가 누구인지 정의할 수 없는 것으로 가정한다. 이에 따라 예금자 각각은 감시에 대한 비용을 지불할 것이고 $b를 지출하지는 않을 것이다. θ가 q_0의 확률을 가질 때 0이고 $1\text{-}q_0$($\theta=1$일 때, 감시를 실행하는 각각의 예금자는 아무도 감시를 하지 않는 상황에서 본인이 감시의 중심축이라고 믿는다)의 확률을 가질 때 1이라고 가정하자. 그리고 만약 예금자가 감시를 하지 않는다면, 이 예금자의 예상 수익은(감시가 가능한 모든 다른 예금자는 감시를 할 것이라고 가정한다) $b+q_0s(1+r)\text{-}s=b\text{-}(1\text{-}q_0)s+q_0sr$이다. 그리고 만약 감시를 선택하면, 예상되는 수익은 $s(1+r)\text{-}s=sr$이다. 즉, 만약 감시가 불가능한 예금자에 대한 불확실성이 각각의 가능한 예금자의 마음속에 충분히 생각된다면(즉, $1\text{-}q_0$가 충분히 높은 가능성이라면) 그리고 감시 비용 b가 성공적인 감시로부터 얻는 수익 s(1+r)보다 상대적으로 낮다면, 각 예금자는 내쉬 균형 이론에 의거 모니터링을 할 것이다.

은 $b이다. 만약 은행이 모니터링을 위해 들어가는 비용만 정확하게 부과한다고 한다면 상인이 상환해야 할 금액은 다음과 같다.

$$K\text{-}M(1+r)\text{-}b \tag{3.4}$$

식 〔3.3〕과 〔3.4〕를 비교해 보면, 상인이 은행에 가는 것이 확실히 낫다는 것을 알 수 있다. 상인은 t=2에 은행에 상환하기 때문에 은행은 t=1에는 예금자의 인출에 응할 수 있는 충분한 금액을 보유해야 한다.

대출을 하려는 m명의 상인과 n명의 예금자가 있다고 가정하자. 그 후에 은행은 $mM만큼 대출을 하고 $ns만큼 예금을 예치받았다. ns〉mM(이 가정의 필요성은 곧 나타난다)이라고 하자. $mM이 대출되고, 은행이 예금의 완전한 도난에 대한 보호를 걱정할 필요가 없다(단지 대출해 간 상인만을 감시할 필요가 있을 뿐이다). 그래서, $(ns-mM)만 안전하게 보호되면 된다. 안전 보호에 대한 비용은 (ns-mM)Ø/s이고, $1을 보호하기 위해서는 Ø/s의 비용이 드는 것으로 하자. 그러면 예금자가 대출로 인한 이익을 다음 분기로 이연하지 않는다면 은행이 예금자에게 지불할 총액은 다음과 같다.

$$ns\text{-}(ns\text{-}mM)\text{Ø}/s \tag{3.5}$$

t=1에 예금의 일부분이 α만큼 인출되기 때문에, 예금자는 α〔ns-(ns-mM)Ø/s〕를 받게 되는데, 이는 예금자가 이전에 받았던 것보다 더 큰 액수(mMØ/s)라는 것을 알게 될 것이다. 즉, 예금의 일부분이 은행 금고에 보관되는 것보다 대출되는 것이 보관 비용을 경제적으로 사용하게 한다. 대출된 예금이 감시되어야 할지라도 이 비용은 대출받은 상인들에 의해 지불되고, 예금자들은 안전 보관에 의해 오히려 절약되는 부분이 생긴다는 사실을 인지하게 된다.

t=1에 은행이 인출에 응할 수 있는 충분한 자금을 보유할 수 있게 하기 위하여, 대출받는 상인의 수 m은 아래의 수식을 만족해야만 한다.

$$\alpha[ns\text{-}(ns\text{-}mM)\text{Ø}/s]=ns\text{-}mM\text{-}(ns\text{-}mM)\text{Ø}/s\text{-}mb \tag{3.6}$$

식 〔3.6〕에서 수식의 좌변은 은행이 t=1에 인출하는 예금자에게 지불할 액수이다. 수식의 우변에서 ns－mM은 m명의 상인에게 대출을 해주고 은행에 유보된 금액이다. 여기에서, (ns-mM)Ø/s의 금액이 유보된 예금의 안전 보관을 위해 지출되어야 하고, mb의 금액이 m명의 대출받은 상인을 감시하기 위해 지출되어야 한다.* 식 〔3.6〕을 풀어보면 다음과 같은 결과를 얻을 수 있다.

$$m=(1-\alpha)ns(s-\text{Ø})/\{M[s-(1-\alpha)]+bs\} \tag{3.7}$$

즉, 은행이 식 〔3.7〕에 규정된 명수의 차입자에게 대출을 하는 한, t=1 시기에 은행에 유보된 가용 현금의 규모를 넘어서는 인출로 인한 위험은 없다.

* 본서는 안전 보관 비용이 t=0 직후에 지출된다고 가정한다. 그리고 감시 비용은 t=1 직전에 지불된다. 상인이 은행에 t=2 시점에만 상환을 하기 때문에 모니터링은 t=1 시점에 실행되어야 하며 은행은 초기에 가능한 감시 비용을 지출해야 하고 그래서 이 비용은 대출 이자율이 이 비용을 반영하기 위한 대출 이자율이 모이는 시점인 t=2 시점에 차용자로부터 회수된다고 가정함을 주지하라.

이제 은행은 대출을 통해 총 mMr만큼 수익을 얻게 된다. 이 결과는 대출받은 상인들에 대한 감시 비용과 예금으로 의한 안전보관 비용이 $-\emptyset/s$(대출이 되지 않는 때를 가정했던 앞서 등장한 경우에서 살펴본)보다 크거나 여전히 부(−)의 결과를 가질지라도 대출을 통한 수익이 이를 상쇄할 수 있기 때문이다. 이 정(+)의 이익은 은행을 경쟁시키고 예금자의 자금을 유치하기 위한 경쟁은 예금에 대한 이자율을 상승시킬 수 있다. 경쟁이 존재하는 상황에서 각 은행은 0의 이윤을 발생시킬 수도 있다. 이것은 mMr에서 오는 은행의 수익이 정확하게 n명의 예금자에게 나누어지고 각각의 예금자가 예금액당 아래와 같은 금액을 얻을 수 있다.

$$\frac{ns-[(ns\text{-}mM)\emptyset/s]+mMr}{ns}$$

따라서, 예금에 대한 이자율은 다음과 같다.

$$\frac{ns-[(ns\text{-}mM)\emptyset/s]+mMr}{ns}-1 = \frac{mMr-[(ns\text{-}mM)\emptyset/s]}{ns} \qquad [3.8]$$

만약, 식 [3.8]의 분자가 0보다 크다는 것을 확신시킬 만큼 r이 크다면, 예금자는 정(+)의 이자 수익률을 갖게 될 것이다.

이제 일련의 단계를 통해, 앞서 등장했던 금장회사와 같이, 단순한 부(富)의 관리자였던 은행이 차입과 대출을 행하는 금융기관으로 어떻게 발전했는가를 분석하였다. 또한, 정보제공의 기능이 은행 발생의 주요한 요인임을 유의해야 한다. 은행은 다음과 같은 두 가지 도덕적 해이 문제를 해결한다. (i) 도난이라는 '사회적'인 도덕적 해이 문제에 효율적으로 대응하도록 도와주었다는 것이다. (ii) 1장에서 분석한 정보비대칭하에서 금융계약 과정에서 발생하는 대출에서의 도덕적 해이 문제 역시 효율적으로 극복하게 하였다는 것이다.

은행을 규제할 필요가 있는가: 지금까지는 규제 기관이 필요하지 않았다. 그것은 모형이 여러 강한 가정을 전제로 하기 때문이었다. 가정 중의 하나는 대출을 받은 상인들이 모니터링되기만 하면 대출을 완전히 상환하도록 감시가 가능하다는 것이었다. 현실에서는 상인이 사업을 열심히 하더라도 좋지 않은 현금 흐름을 가질 수 있다. 그래서, t=0 시점에서 상인의 현금 흐름 K가 u의 확률이 0인 확률 변수이고 K^*가 $1-u$인 확률을 갖는다고 가정하자. 그리고 개업이 상인에게 정(+)의 순현가(NPV)를 실현한다고 가정하면 다음이 성립한다.

$$(1-u)K^* > M(1+r) \qquad [3.9]$$

상인의 현금 흐름이 예금자의 예금 인출의 행위에 영향을 미치지 않는다고 가정하자. 그러나 t=1 시점에서 예금자가 상인의 사업이 실패할 가능성이 있음을 알게 될 수도 있다. 가정을 단순하게 하기 위하여 상인의 사업이 완벽한 상관 관계에 있어 실패하거나(K=0) 성공하는($K=K^*$) 양자택일의 관계에 놓여 있다고 가정한다. t=1의 시기에 예금자가 u_1을 평가하여 사업 실패의 가능성을 업데이트하도록 하자. 만약 좋은 소식이 있다면 $u_1 < u$(t=0 시점에서 평가한 사업 실패 가능성)이 되고, 만약 나쁜 소식이 있다면 $u_1 > u$가 될 것이다. t=0에 예금자에 의해 평가되는 u_1의 예상 값을 u라고 생각하고, $u_h > u_l$ 일 때, u_1이 나쁜 뉴스에는 $u_1=u_h$, 좋은 소식에는 $u_1=u_l$ 중에 한 값을 가질 수 있다고 가정하자. t=2에 예금을 인출하려는 의도를 가진 예금자가 나쁜 뉴스를 듣는다면*, 그래서, $u_h=u_l$가 된다면 마음을 바꿔 t=1 시기에 인출을 한다고 하자. 물론 만약 좋은 뉴스를 듣는다면 예금자는 t=2에 예금을 인출할 것이다.

이제 은행은 문제에 직면하였다. 만약 예금자가 나쁜 소식을 접한다면 모든 예금자는 t=1에 인출을 할 것이다. 은행은 이와 같은 인출에 응하기에는 자금이 부족하게 될 것이다(만약 은행이 100%의 지급준비율을 유지하지 않는다면, 어떤 상인에게도 대출을 하지 않기 때문이다). 이 경우에 은행이 대출을 미리 상환하도록 요구할 수 있는 권한이 있어서, 상인에게 사업을 조기에 청산하도록 강요할 수 있다고 가정하자. L을 t=1 시점에 상인의 상점의 청산 가치라고 하자(단순화를 위하여, L은 t=1 시점에 예금자가 얻는 정보와는 독립적인 관계에 있는 것으로 한다). L이 아주 작은 수치(K^*보다도 매우 작은)라고 가정하면, 그래서 모든 예금자가 t=1 시점에 투자금을 청산하기를 원한다면, 그래서 은행도 앞의 경우에서 살펴본 것처럼 t=0에 대출했던 것과 같은 금액의 지급을 실행한다면 예금자에게 $\$\alpha[ns-(ns-mM)\varnothing/s]+mL$을 지급할 것이다. 더욱이 상점의 조기 청산은 L이 매우 적은 금액이어서 $L<(1-u_l)K^*$이 될 경우에 사회적으로도 비효율적이다. 이는 금장회사의 비유동성의 문제와도 비슷하다.

만약 은행이 예금자가 인출을 할 때 문제가 생기지 않도록 예치받은 자금을 보유하지 않는다면 이 문제를 막을 수 있는 방법은 없다. 그러나 이러면 부분지금준비금 보유 은행이 될 수 없다. 우리가 알고 있는 은행의 모습도 아니다. 이때 정부 규제 기관의 도움이 필요하다. 만약 모든 예금자가 은행에 의해 예금의 지급을 약속받는 것을 확신한다고 가정하자. 그러면 이 예금자들은 원래대로 t=2 시점에 예금을 인출하며 u_1의 값이 이제 그들과 무관하기 때문에 중도에 마음을 바꾸어 인출을 할 생각도 없게 된다. 예금자 보험 기관이 무위험 청구권을 만들어 낸 것이다! 즉, 규제의 형태가 이전에는 할 수 없었던 은행업을 가능하게 한 것이다.

이것은 놀라운 해결책이며 확실히 장점이 있는 것처럼 보인다. 그러나 이러한 좋은 점이 사라지지 않도록 잠시 멈추어 생각을 해보자. 은행은 경쟁력이 있고, 0의 이윤을 산출하므로 은행은 예금의 안전보관과 차입자들에 대한 모니터링에 경비를 줄이기를 원할 것이다. 대출 조건의 협상과 예금 계약이 완료되면 은행은 원래 약속했던 것보다 안전보관과 감시에 들이는 비용을 줄여 수익을 낼 수도 있다. 합리적 예금자는 이와 같은 도덕적 해이를 예상하고 이를 방지하고자 노력할 것이다. 각각의 예금자가 은행이 애초에 약속한 안전보관과 모니터링을 하는 것을 확실히 할 수 있도록 $f라는 적은 금액을 지출할 수 있다고 가정하자. 적절한 가정들을 고려하여, 그렇게 함으로써 예금자가 최적의 이익을 볼 수 있다는 것을 알아보겠다.

* 나쁜 뉴스를 듣는 이유에 대해서는 걱정하지 말자. 본서는 너무 딱딱하지 않게 중요한 개념에 대한 의견을 제시하고자 한다. 이 생각이 좀더 엄격하게 적용될 수 있는 가능성은 있지만 말이다.

요약: 따라서, 대량 인출 사태(bank run)와 은행제도의 불안정성을 방지하는 한 가지 방법은 정부가 예금 보험을 제공하는 것이다. 예금 보험은 앞서 금장회사의 예시에서 설명된 은행의 최종 대출자인 할인창구라는 수단에 대한 대안이 될 수 있다. 그러나 예금보험제도에도 단점이 존재한다. 예금보험이 정부에 의하여 제공되는 경우 은행의 행위와는 무관하게 각 예금자에 대한 지불이 예금보험에 의하여 보장되는 상황에서 개별 예금자는 은행이 행하는 안전보관(safeguards)과 모니터링(monitoring)에 신경을 써야 하는 이유가 존재하지 않는다. 따라서 개별 예금자는 은행의 차입자들에 대한 대출을 은행이 안전보관하고 모니터링하기 위해 설정된 자원을 적절하게 활용하는지 감시할 필요가 없어지게 된다. 예금 보험은 은행에 부과된 시장 규율을 약화시키고 심지어 파괴시킨다. 은행에 대한 모니터링이 시장이 아닌 공적 규제 기관에 의하여 행해지며 규제 기관은 은행이 예금 보호라는 우산을 나쁘게 이용하지 않도록 규제해야 한다. 예금보호제도에서 야기된 새로운 도덕적 해이의 문제는 자기자본요건, 포트폴리오제한 등 새로운 형태의 규제를 발생시킨다.

규제는 단지 정치적 아젠다의 산물이 아니다. 규제는 은행을 생성시킨 내재적 요인으로부터 필연적으로 발생된 것이다. 새로운 규제체계가 은행제도에 대한 신뢰를 구축해 내면 이 새로운 규제에 대한 도덕적 해이의 문제를 발생시키며 또다시 새로운 규제를 필요로 할 것이다.

부분지급준비금 보유 은행의 거시경제적 함의: 고정계수모형

본 절은 금장회사 일화의 거시경제적 함의를 체계화하고 확장하여 부분지급준비금 보유 은행제도가 통화정책에 갖는 함의를 분석한다.

고정계수모형

고정계수모형(fixed coefficient model: FCM)은 은행업을 설명하는 데에서 교과서적인 표준모형이라고 할 수 있다. FCM은 금융중개기관의 자산 변형 기능을 강조하며 은행의 이윤극대화 행위는 간접적으로 내포하고 있다.

은행의 단순화된 재무상태표를 보자.

은행 재무상태표

R	D
M	E

R이 은행의 중앙은행에 예치된 예금으로 구성된 지급준비금일 때, M은 은행자산(상인에 대한

대출)이고, D는 은행의 예수 부채(앞 모형에서 n×s), E는 은행의 자기자본이다. 은행의 재무상태표를 다음과 같은 재무상태표 항등식으로 표시한다.

$$R + M = D + E \tag{3.10}$$

$$0 < r \leq 1\text{일 때}, R = rD \tag{3.11}$$

식 〔3.11〕은 은행이 예금인출을 보증하고 법정 지불준비금 요구를 만족시키기 위하여 예금에 비례해서 현금이나 유동성 자산을 보유하고 있다는 사실을 보여준다. 고정 계수 r은 법정 지불준비금 혹은 자발적 행위의 매개 변수(parameter, 즉, 은행이 자발적으로 보유하기로 결정한 지불준비금)로 해석될 수 있다. 고정 계수 r은 그 두 가지 이상으로 해석되어야 한다. 어떤 경우에든, 매개 변수는 유동성이나 인출위험에 관련되어 있다. 따라서 앞에서 다룬 모형의 맥락에서 은행이 예상치 못하게 인출되는 예금의 일부분에 대해 은행의 안전장치로 해석되어야 한다는 것이다.

아래 식 〔3.12〕는 은행이 대출에 대해서 지급 불능이나 채무 불이행의 위험을 막기 위해 e라는 고정된 비율로 자본 준비금을 갖추고 있다는 것을 보여준다.

$$0 < e \leq 1\text{일 때}, E = eL \tag{3.12}$$

매개 변수 e는 규제기관의 자기자본 요건이나 혹은 자발적인 행동 매개 변수 또는 더 정확하게는 이 두 가지보다 더 큰 의미를 갖는 것으로 해석할 수 있다.

FCM에 대한 예시

이제 은행이 오직 두 가지 자산(연방준비은행에 예금의 형태로 보유하고 있는 유보금과 일반대출)과 한 가지 부채(예수 부채)만을 가지고 있을 때, 즉 자본이 '0' 일 때 은행업에서의 FCM을 고려해 보자. 법정 유효 지급 준비율은 20%(r=0.2)로 가정하자. e=0이라는 가정은 (실제) 자기자본 요건에 구속되지 않는 극단적인 가정의 형태이다.

A 은행이 $1,000의 예금을 예치하였다고 가정하자.

A 은행

자산		부채
법정지불준비금	200	예금 1000
초과지불준비금	800	
지불준비금 총액	1000	

은행은 초과 지불 준비금으로 $800을 보유하고 있고, 법정 지불 준비금이나 초과 지불 준비금에서 수익이 없기 때문에 $800에 대한 대출을 실행하여 초과 지불 준비금을 제거하고자 한다.

A 은행

지불준비금 총액 1000 대출 800	예금 1000 예금 800

초기에 A 은행에 예치되었으나 대출이 이루어진 자금은 곧 인출되어 다른 B라는 은행에 예치된다. 다음은 A 은행에서 움직여 B로 간 상태를 나타낸다.

A 은행

법정지불준비금 = 지불준비금총액 200 대출 800	예금 1000

B 은행

법정지불준비금 160 초과지불준비금 800	예금 800

이제 B 은행이 초과지불준비금을 대출에 사용하면 다음과 같다.

C 은행

법정지불준비금 128 초과지불준비금 512	예금 640

B 은행에서 대출된 $640은 C 은행에 예치된다. 이러한 과정은 무한정 반복된다. 연방준비은행에는 A 은행이 최초에 예치한 $1,000이 입금되어 있을 것이다.

연방준비은행

	A 은행 예금 1000

자산 또는 부채 항목을 상쇄하는 항목은 무엇인가?

A 은행에서 인출되어 B 은행에 $800이 예치될 때, 연방 준비 은행의 T 계정은 아래와 같다.

연방준비은행

	A 은행 200 B 은행 800

최초의 유보금(A 은행에 예치된 $1,000)이 예금 확대의 원동력이 되고, 확대된 예금은 지불준비금을 은행들에게 재분배한다. 그러나 예금 확대는 은행의 지불준비금 수준에는 영향을 미치지 않는다. 사실, 예금의 확대는 지불준비금을 흡수해 버린다. 이 FCM의 예시가 보여주는 것은 은행에게 지불준비금(예상치 못한 예금의 인출에 대한 자발적인 대비를 위한 것이든 혹은 도덕적 해이를 막기 위해 규제기관 또는 중앙은행에 의하여 부과된 지불준비금 요구를 맞추기 위한 것이든)을 보유하라는 규제정책은, 지불준비금 요구가 없었더라면 대출이 더 가능했을 자금의 대출을 줄이는 결과를 가져온다. 또한 지불준비금의 유지는 은행 제도 전반에 걸쳐 이루어지는 유동성의 재분배에도 영향을 미친다. 이것이 본 장에서 다루고자 하는 고정계수모형의 거시경제적인 함의이다.

FCM과 통화 정책

FCM은 통화정책이 어떻게 기능하는가를 설명하는 기본적인 요소의 이해를 돕는다. 통화 정책의 수단에는 크게 3가지 유형이 있다. 즉 (i) 공개 시장 조작, (ii) 지불준비율 조절, (iii) 할인율 조정. 이 세 가지 통화정책 수단은 다각도로 통화량과 금리에 영향을 미친다.

공개 시장 조작은 연방준비은행의 특별 위원회의 국채의 매입과 매각에 의해서 이루어진다. 국채의 매입과 매각은 은행의 지불준비금의 규모에 영향을 미친다. 따라서, 앞의 세부항목에서 다루었던 대출 금액에 영향을 미치는 것이다. 이를 알아보기 위해 연방은행이 $1,000의 국채를 비은행권 공공 기관으로부터 매입하였다고 가정하자. 비은행 공공기관의 재무상태표와 A 은행의 재무상태표는 아래와 같다.

비은행 공공기관

채권 -$1,000 A 은행에 예치된 현금 +$1,000	부채 변동 없음

A 은행

법정지불준비금 200 초과지불준비금 800	예금 1000

이제 A 은행은 $800을 대출할 수 있다. 이는 국채를 매입하는 공개 시장 정책이 은행의 대출 증가로 귀결됨을 보여준다. 이 상황을 보는 또 다른 관점은 정부가 공공기관의 부채를 줄이고 민간 신용의 증가를 용이하게 한다는 것이다. 국채의 매각을 통한 공개 시장 조작 정책은 이와 반대의 효과를 발생시킨다.

지불준비금의 변화 또한 은행의 대출규모에 영향을 미친다. 지불준비금의 증가는 대출 가능한 예금의 액수를 감소시킨다. 그리고 지불준비금의 감소는 대출 가능한 예금의 액수를 증가시킬 것이다. 즉, 연방준비은행은 인플레이션을 약화시키고자 긴축통화정책을 시행하고 지불준비금의 증가를 요구할 수 있으며 경기를 부양하고자 할 때 지불준비금의 감소를 요구할 수 있다.

마지막으로 연방준비은행으로부터 단기 차입을 하는 은행에 부과하는 이자율인 할인율도 통화의 확장과 축소에 영향을 미친다. 할인율을 인상시킴으로써, 연방준비은행은 은행의 차입비용 및 지불준비금 비축 비용을 증가시킬 수 있으며 이는 은행의 가용 지불준비금을 효과적으로 감소시킨다. 이는 다시 은행의 대출을 감소시킨다. 이와 마찬가지로 할인율을 낮추는 것은 대출 증가를 용이하게 한다.

이 분석은 은행 대출의 법적 제약 조건이 지불준비금 요구라는 '고전적인' 가정에 의거해 예견된 것이다. 만약 자기자본요건(식 〔3.12〕를 상기)이 이를 대신한 법적 구속 요건이라면, 10장에서 살펴볼 통화 정책의 효과는 매우 다를 것이다.

대규모 금융중개기관

앞에서 분석된 논리에 근거한 이론들은 금융 중개 기관이 매우 대규모가 되어야 함을 제시한다. 이 주장은 다각화에 근거한다. 이와 유사한 직관이 비예금 금융기관에게도 마찬가지로 적용된다. 본 절에서는 이 논의를 발전시키고자 한다. 부록 3.1의 수식에서 알 수 있는 바와 같이 기본적인 직관에 초점을 맞추어 보고자 한다. 이는 투자 은행이나 Standard & Poor's Value Line, 신용 평가 기관, 금융 관련 매체, Moody's 수표 보증 서비스, 자산운용 전문가, 계량분석 전문가, 컨설턴트, 회계 법인 등의 비예금 금융중개기관에게 합리적인 근거를 제시한다.

이와 같은 이론적 연구가 제시하는 바는 금융 중개 기관이 단순 중개 기관(증권 회사 등)이나 자산 형태를 변형(자산 운용사 등)시키는 기관인 것에 관계없이 최대한 대형 기관이 최적이라는 것이다. 즉, 금융 중개 기관이 '자연 독점'을 이루어야 한다는 것인데, 그 이유는 다음에서 설명된다.

자연 독점으로서의 브로커: 정보 생산자로서 특화된 브로커를 고려하자. 브로커의 고객이 우려하는 문제는 정보의 신뢰성이다. 정보의 신뢰성은 정보 생산에서 중요한 이슈이다. 고객이 브로커가 제공하는 정보가 정확하고 믿을 만한지 어떻게 알 수 있을까? 이를 결정하는 한 가지 방법은 고객이 브로커에 의해 제공되는 정보의 신뢰성을 까다롭게 평가하고, 정보가 믿을 만하다고 판단될 때는 브로커에 대해 보상을 해주는 것이다. 이 방법은 브로커의 과거 정보가 높은 수준의 것으로 판단될 때 그 신뢰성에 좋은 평판을 부여하는, 평판의 메커니즘에 의해 달성되거나 혹은 다른 여러 정보의 원천에서 얻을 수 있는 정보들과 특정 브로커의 정보를 비교하여 행해질 수 있다.

특정 정보생산기관과 거래하는 것을 가정하면, 신뢰성에 대해 까다로운 평가를 한다고 하더라

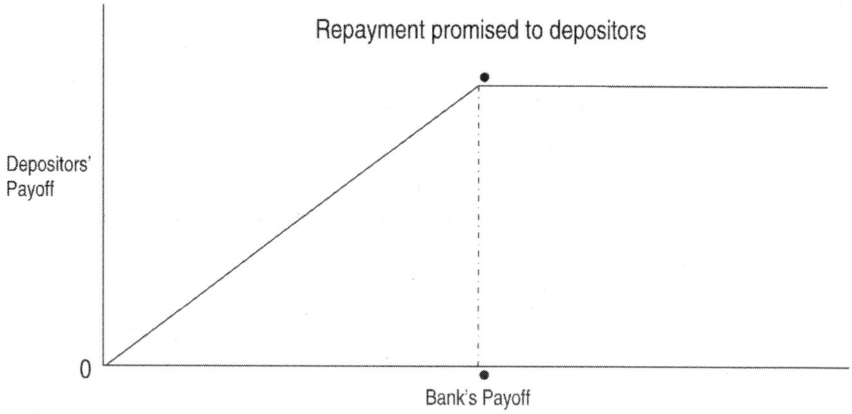

도, 그 기관이 믿을 만한 정보를 사용할 것인지를 확인하는 데 상당한 비용이 들 것이다. 만약 어떤 정보 제공 기관의 단체를 구성하는 어떤 한 정보 제공 기관만을 다룬다면 비용이 적게 들 것이다. 왜냐하면 믿을 만한 정보를 생산함으로써 각 개별 기관(높은 수준의 보상을 받을 수 있게 해 줌으로써)만 이익을 보는 것이 아니라 개별 기관에 누적된 이익을 집단이 공유함으로써 그 집단도 이익을 볼 수 있기 때문이다. 이것은 단체에 속해 있는 기관이 서로 감시하여 누구도 '무임승차' 할 수 없게 만드는 한, 효과적인 방법이다. 정보 집단의 크기가 커지고, 집단 구성 기관 사이에 균등하게 나눠기 전에 점점 더 많은 개별 정보 제공 기관의 수익이 모이면 결과적으로 다각화되어 구성 기관에 대한 보상의 위험을 낮추게 된다. 그래서 위험을 회피하고자 하는 정보 생산자가 더 잘 만들어지고, 정보 생산의 예상 가치에 대한 보상 요구도 낮아진다. 이는 정보 구매자가 더 많은 정보를 갖게 한다. 그리고 이 이익은 금융 중개 기관이 커질수록 계속 증가한다. 따라서, 브로커의 자연 독점이 발생한다.

대형화로 생기는 또 다른 경제적 이득은 2장에서 다룬 정보의 재활용성이다. 정보가 횡단면적으로 재사용될 때 더 많은 브로커가 생성되고 더 큰 정보의 재활용성이 형성된다. 정보가 금융 중개 기관 사이에 다수의 정보 제공 기관에 의해 재사용될 수 있는 이유는 정보를 얻는 데 드는 비용이 한 번만 드는 것이 아니기 때문이다.

이와 같은 논리가 강하게 내포하고 있는 의미는 투자 은행, 금융 정보 매체, 신용 평가 기관 그리고 여타 정보 제공자들이 모두 대형화를 통해 이득을 볼 수 있다는 점이다. 정보를 제공하는 조직이 커질수록 개별적인 정보 제공 기관이 계속 서로를 감시하여 정보의 신뢰성이 증가될 수 있다. 만약, '무임승차' 의 문제가 생긴다면 효과적인 내부 통제의 어려움으로 인해, 특정 규모 이상으로 조직의 크기를 확대하기는 어려울 것이다.

자연 독점으로서의 자산 형태 변환: 은행과 같은 금융기관은 자산의 형태를 변환시키는 역할을 한다. 은행은 예금자로부터 차입하여 대출을 제공한다. 은행의 대형화로 인해 얻을 수 있는 장점은 두 가지*이다. (ⅰ) 다수의 예금자가 은행으로부터 차입해야 하는 차입기업에 자금을 제공할 필요가 있고 차입기업의 신용도가 비용이 드는 신용 분석에 의해 점검되어야 된다고 가정하자. 차입기업에 대한 신용분석을 이미 행한 은행을 활용할 수 있다면 모든 예금자들이 차입기업을 심사할 필요가 없어지고 비용을 절감할 수 있다. 은행은 동일 차입기업에 대한 중복심사를 감소시킬 수 있다. (ⅱ) 예금자의 수익은 부채계약의 특성에 의하여 결정된다. 예금자 수익은 은행의 수익에 대해 오목 함수이다.

예금자의 수익이 오목함수이므로 예금자는 위험회피적이다. 그래서 예금자들은 위험을 감소시키려고 노력하며 이는 저위험 또는 안전 자산인 예금에 대한 낮은 이자율로 나타난다. 은행은 다수의 차입자들에게 대출을 분각화함으로써 위험을 낮출 수 있다. 이와 같은 다각화의 이점은 은행이 대형화가 유지되는 자연 독점하에서 계속 증가한다.

비은행 금융계약의 효율성과 은행의 역할

본서는 은행과 여타의 금융 중개 기관이 생산하는 서비스의 흐름을 분석했다. 이 서비스는 각기 다른 방식으로 자본의 사용자와 제공자 사이를 중개하는 형태를 가지며 자본 교환의 비용을 감소시키는 기능을 행한다. 은행은 은행 간 자본의 흐름을 낮은 이자율로 교환하게 하였을 뿐만 아니라 다른 경제주체들 간의 자본교환에서도 비용을 낮췄다.**

이 주장을 이해시키기 위하여 차입기관의 정보흐름 내에서 은행 대출의 역할을 분석한다. 내부 부채와 외부 부채 사이의 차이를 설명할 필요가 있다. 내부 대출은 채권자가 공개되지 않은 채무자의 정보에 대해 접근하는 상황에서 이루어지는 계약이다. 채권자는 심지어 채무자의 의사결정 과정에 참여할 수도 있다. 예를 들어 채권자가 채무자의 이사회에 참석하는 형태로 채무자의 의사결정에 참여할 수 있다. 은행 대출은 내부 부채이다. 이와 반대로 외부 부채는 채권자가 채무자에 대해 공개된 정보만을 가지고 있는 상황에서 공개적으로 거래되는 부채로 정의할 수 있다. 신문이나 시중에 거래되는 회사채가 외부부채의 예이다.

은행 대출은 이 관점에 특별한 장점을 제시한다. 은행 대출은 보통 만기가 짧다. 이것은 은행 대출이 주기적으로 갱신되어야 함을 의미한다. 대출의 갱신은 은행이 채무자의 약정된 대출 상환을 맞출 수 있는 능력을 평가하여 이루어진다. 그래서, 은행이 채무자의 대출을 갱신한다면 그것은 은행이 차입자에 대한 긍정적인 신호를 여타 채권자들에게 보내는 것이다. 믿을 수 있고 긍정적인 신호가 주어지면, 우선순위가 높은 채권자는 은행의 평가를 중복해서 확인하기 위해 자신의

* 아래의 논의는 Diamond(1984)가 개발한 모델을 근거로 한 것이다.
** Fama(1980)를 보라.

자원을 사용하는 것이 불필요한 일이라는 것을 알게 된다. 그래서, 은행 대출이 다수의 채권자* 에 의한 채무자평가를 반복해서 하는 일을 줄이도록 도와준다는 것이다.

은행은 또한 개별적 예금자에 비해 대출 제공의 비용에서 우위를 갖는다.** 예금자로서 채권자는 장기적인 거래관계에 근거하여 은행에게 자신의 현금 관리에 대한 가치 있는 정보를 전달한다. 이와 같은 정보를 활용하여 은행은 예금자에게 제공되는 대출의 신용위험을 줄이고 다른 경쟁 은행보다 낮은 이자율로 대출을 제공할 수 있고 더 낮은 비용으로 예금자인 채무자들을 감시할 수 있다. 이와 같이 은행이 예금자와 차입자를 중첩되는 고객으로 거래할 때 발생되는 비용상의 우위는 상대적으로 자주 채무자의 신용평가를 해야 하는 단기대출에 중요하다.

은행이 특수하다는 실증적 증거

본서에서 지금까지 제시한 이론에 대해 몇 가지 흥미로운 실증적 근거들이 있음이 밝혀졌다. 실증적 관심사를 불러일으킨 가장 중심이 되는 의문점은 은행 대출이 특이성을 가지고 있는가, 즉 은행이 대출을 실행하는 데에서 다른 금융 기관이 할 수 없는 특수한 서비스를 제공하는가 하는 점이었다. 이 질문에 대답을 하기 위하여 본서는 사적 부채인 은행대출과 비은행대출, 공적 부채인 채권 공모 형태의 부채조달에 대한 차입기업의 주가 반응을 살펴보고자 한다. 차입기업의 은행대출 획득은 주가에 정(+)의 영향을 미친다는 통계적으로 의미 있는 실증적 연구가 있다. 비은행대출을 통한 기업의 자금조달은 차입기업의 주가가 항상 정(+)의 영향을 미치는 것은 아니라는 것이 기존연구의 결과이다. 예를 들어 기업이 보험사로부터 대출을 획득하면 부(−)의 주가 반응이 발생하였다. 이는 은행 대출의 특수성이 존재한다는 실증적 증거를 제시하는 것이다.***

〈표 3.2〉는 1974-1983년 기간 중에 다양한 유형의 부채 계약을 NYSE와 AMEX에 공시한 자료이다. 동 기간 동안 은행대출에 정형화된 추세가 존재하지는 않지만 다음과 같은 2가지 흥미로운 관찰 결과를 보여준다. (i) 비은행 대출은 감소추세에 있다. (ii) 은행 대출과 비은행 대출 중에서 은행 대출이 68.38%를 점유하고 있다.

〈표 3.3〉에는 상이한 유형의 부채에 대한 기술적 통계가 제시되어 있다.

이 표는 은행대출과 비은행대출을 받은 차입기업들의 규모가 채권공모를 통해 자금을 조달하는 기업들의 규모보다 평균적으로 작음을 보여준다. 은행 대출과 비은행 대출을 받은 기업의 평균적인 규모는 채권공모 기업 규모의 25% 수준이었다. 정보비대칭 환경에서 발생하는 금융계약 시

* 은행이 다른 기관과의 거래 비용을 낮춘다는 주장은 Fama(1990)에도 나와 있다. 이번 장의 연구를 뒤따르는 실증적 작업은 Lummer and McConnell(1989)을 참조하라.
** 이 관점은 Black(1975)과 Fama(1980)에서도 제시되었다.
*** James(1987)를 보라.

〈표 3.2〉 1974년~1983년에 NYSE와 AMEX에서 거래되는 300개의 비금융 기업의 은행대출, 비은행대출, 채권공모 공시 분포에 대한 무작위 추출 표본

Year of Announcement	Bank Loan Agreements	Privately Placed Debt	Public Straight Debt
1974	9	4	5
1975	11	7	13
1976	7	7	8
1977	8	7	4
1978	1	8	6
1979	8	1	9
1980	11	1	10
1981	9	1	9
1982	10	1	16
1983	6	0	10
Total	80	37	90

Source: James, C., "Some Evidence on the Uniqueness of Bank Loans," *Journal of Financial Economics* 19, 1987, 217–235.

〈표 3.3〉 1974년~1983년에 NYSE와 AMEX에서 거래되는 300개의 비금융 기업의 은행대출, 비은행대출, 채권공모 공시 자료에 대한 기술 통계

	Type of Borrowing					
	Commercial Bank Loans (Sample Size 80)		*Privately Placed Debt (Sample Size 37)*		*Public Straight Debt (Sample Size 90)*	
Descriptive Measure	**Mean**	**Median**	**Mean**	**Median**	**Mean**	**Median**
Debt amount (millions of dollars)	72.0	35.0	32.3	25.0	106.2	75.0
Firm size (millions of dollars)	675	212	630	147	2506	1310
Debt amount/market value of common stock	0.72	0.46	0.52	0.25	0.26	0.15
Maturity of debt	5.6	6.0	15.34	15.0	17.96	20.0

Source: James, C., "Some Evidence on the Uniqueness of Bank Loans," *Journal of Financial Economics* 19, 1987, 217–235.

수반되는 도덕적 해이와 역선택의 문제는 규모가 작고 지명도가 떨어지는 기업일수록 더 심각한 것이 일반적이다. 〈표 3.3〉은 은행이 규모가 작고 정보비대칭의 문제가 상대적으로 큰 기업에 자금을 공급함을 보여준다. 따라서 은행은 중소기업의 주요한 자금조달 원천이라는 특수성을 함의한다.

자본시장에서 차입기업의 주가가 상이한 유형의 부채 조달 공시에 어떻게 반응하는지 분석한다. 〈표 3.4〉는 부채조달 공시의 사건연구의 결과를 제시한다.

비정상적인 주식 수익률은 시장 모델에 의한 예상 수익률로부터 실제 수익률의 편차로 추정한다. 따라서, t일 동안 j 기업의 비정상적인 주식 수익률은 다음과 같이 정의된다.

〈표 3.4〉 1974년~1983년에 NYSE와 AMEX에서 거래되는 300개의 비금융 기업의 은행대출, 비은행대출, 채권 공모 공시 분포에 대한 평균 2 거래일 동안의 비정상적인 주식 수익률

Type of Event	Abnormal Stock Returns	Proportion Negative (Sample Size)
Bank loan agreement	1.93%	0.34 (80)
Privately placed debt	−0.91%	0.56 (37)
Public straight debt	−0.11%	0.56 (90)

Source: James, C., "Some Evidence on the Uniqueness of Bank Loans," *Journal of Financial Economics* 19, 1987, 217–235.

$$R_{jt}-(\hat{\alpha}j+\hat{\beta}_j R_{mt})$$

R_{jt}이 t일 동안 j 주식의 수익률일 때, R_{mt}는 같은 기간 동안 시장 수익률이며, $\hat{\alpha}_j$와 $\hat{\beta}_j$는 j 기업에 대한 시장 포트폴리오의 매개변수를 최소 자승법(OLS)으로 추정한 수치이다.

〈표 3.4〉에서 은행대출 공시에 대한 비정상 주식 수익률의 평균은 양(+)의 값이며 통계적으로 0.01의 수준에서 유의하다. 또한 은행대출 공시에 대한 비정상적인 주식 수익률의 2/3가 양(+)의 값을 갖는다. 채권공모 공시에 반응하는 음(−)의 비정상적 주식 수익률은 통계적으로 유의하지 않다.

은행대출 공시에 대한 주가의 정(+)의 반응이 은행대출에 기인한 것이 아니라 내부 부채에 의한 이득의 결과라면, 보험회사로부터의 비은행대출 공시에 대하여 차입기업의 주가가 유사한 반응을 보이는지를 관찰해야 할 것이다. 그러나 〈표 3.4〉에서 보여주는 것과 같이 비은행대출 공시에 대한 주가반응은 −0.91%로 음(−)의 값을 가지며 0.10 수준에서 통계적으로 유의하다. 은행대출 공시에 대한 비정상적인 주식 수익률 평균과 비은행대출 공시에 대한 비정상적인 주식 수익률의 차이는 0.01 수준에서 통계적으로 유의한 것으로 나타났다.

각기 다른 종류의 부채 계약 공시에 대한 비정상적인 주식 수익률 간의 편차는 만기 및 차입 목적의 체계적인 차이 때문에 발생할 수 있다. 따라서, 자료가 은행 대출의 특수성을 설명하지 못할 수 있다. 이 가능성을 확인하기 위해 모든 동일한 조건하에서 은행 대출, 비은행대출, 채권공모 공시에 대한 주가 반응을 비교할 필요가 있다. 실증분석이 제시하는 결과는 상이한 부채계약 유형의 공시에 대한 주가반응의 차이는 차입기업의 특성상의 차이 때문에 발생하는 것이 아니라는 것이다. 실증적인 증거로부터 얻어진 전체적인 결론은 은행이 특수하다는 것이다.

예금금융기관의 소유 구조

예금 금융 기관은 주식과 뮤추얼의 두 유형의 소유 형태를 갖는다.

대리인 이론은 소유 구조가 기업의 성과와 운영의 효율성에 중요한 영향을 미친다고 설명한다.

이번 절에서는 소유구조가 은행성과에 미치는 이론적 · 실증적 근거들을 분석한다.

상업 은행은 주식의 보유자에 의하여 배타적으로 소유되는 형태로 되어 있다. 뮤추얼은 많은 뮤추얼 저축대부조합들이 최근 몇 년간 주식에 의한 소유 구조로 변화하긴 했지만, 보험 회사나 MBSs(상호 저축 은행), 저축대부조합(예대 금융 기관이나 협회) 등이 뮤추얼의 소유 형태이다. 본 장에서는 뮤추얼 소유구조가 대리인 문제와 여타 문제들을 해결하는 데 미치는 영향을 분석한다. 그리고 저축대부조합의 소유 구조가 대부분 뮤추얼인 이유와 최근 주식에 의한 소유 구조 형태로 변화하는 경향이 일어난 요인을 분석한다. 마지막으로 관련 실증분석을 검토한다.

뮤추얼에 의한 소유 구조와 주식에 의한 소유 구조

뮤추얼 소유구조에서 잔여 청구권자는 뮤추얼 생명보험회사의 보험계약자, 상호저축은행의 예금자, 뮤추얼 저축대부조합의 예금자 등 해당 금융기관의 고객들이다. 본 장은 뮤추얼 소유구조의 분석에서 뮤추얼 저축대부조합으로 논의를 한정한다.

주식에 의한 소유 구조와 뮤추얼 저축대부조합에 의한 소유 구조에는 다음과 같은 두 가지 차이가 존재한다. (ⅰ) 주식형 저축대부조합의 소유자는 주주이다. 반면에, 뮤추얼 저축대부조합의 소유자는 예금자이다(예금자는 일반적으로 차입자이기도 함). (ⅱ) 주식형 저축대부조합은 보통주 매각을 통해 자본을 증가시킬 수 있으나 뮤추얼 저축대부조합은 불가능하다.

주식형 저축대부조합에서 주주는 다음과 같이 잘 정의된 소유 구조를 가지고 있다. (ⅰ) 잔여이익 청구권, (ⅱ) 이사회 선출권과 조직의 통제권을 변화시킬 수 있는 권리, (ⅲ) 조직의 해산권. 반면에 뮤추얼 저축대부조합에서 예금자의 소유권은 매우 약함을 의미한다. (ⅰ)에 대해서는, 뮤추얼 저축대부조합의 예금자는 약정된 이익과 원금 이상의 청구권을 강제적으로 행사할 수 없기 때문에 주주라기보다 채권자에 가깝다. 원칙적으로 예금자는 뮤추얼 저축대부조합의 경상이익에 대한 청구권을 가지고 있으나 이 청구권은 이전할 수 없고 이익이 금융 기관에 의해 순가치로 무한하게 유보될 수 있다.* (ⅱ)에 대해서는, 뮤추얼 저축대부조합의 예금자도 투표권을 가지고 있으나 이 투표권은 매우 제한적이며 많은 경우 계좌 개설 시 경영진에게 권한을 양도한다.** 마지막으로 (ⅲ)에 대해서는, 예금자가 자신의 예금을 인출하여 부분적으로 뮤추얼 펀드를 청산하고자 할지라도, 이자율 상한이 예금자의 수익과 연계되어 있으면***, 예금자는 예금보험 때문에 펀드를 청산할 유인이 거의 없다.****

* 1966-1982 예금자에 대한 현금 배당은 FHLBB 이자율 상한 제한하에서 법적으로 금지되었다. Masulis(1987)를 참조하라.

** 이것은 영구적인 대리권에 서명하는 것으로 획득하게 된다. 대리권은 철회할 수 있다. 그러나 S&L의 경영에 대한 공개 요구는 제한된다. 예금자가 통제할 수 있는 최대 투표수는 제한되고, 이사회에 대한 외부 선임권도 제한이 있다. 그리고 이사회는 예금자의 예금 계좌를 인출시킴으로써 간단히 투표권을 제거할 수 있다. Mausulis(1987)를 참조하라.

*** O' Hara(1981) 참조

**** Fama and Jensen(1985) 참조

이와 같이, 법률적으로나 사실적으로나 뮤추얼 저축대부조합의 소유 구조를 구분해야 하는 것은 분명하다. 법률상의 소유권은 뮤추얼의 고객들에게 있지만 유명무실하며 실제적인 소유, 즉 (i), (ii), (iii)의 통제권은 경영진들과 예금보험을 제공하는 정부에 있다.

물론, 소유자가 금융기관을 완벽하게 통제하는 것은 불가능하고 대리인 문제를 야기할 수 있다는 것은 주식에 의한 소유 구조를 가진 금융기관도 마찬가지로 직면한 문제이다. 주식형 저축대부조합이나 뮤추얼 저축대부조합 모두 소유자들과는 다른 목표를 가진 경영진에 의해 운영된다. 그러나 경영진을 감시하는 소유자들의 능력에 관해서는 두 유형의 저축대부조합에 차이점이 존재한다. 주식형 저축대부조합의 주주는 경영자의 행위에 대한 통제권이 주식을 매입함으로써 확고하게 부여되므로 경영자에 대한 통제력이 강하다.

주식형 저축대부조합과 뮤추얼 저축대부조합의 대리인 문제

상기한 논의는 뮤추얼 저축대부조합에서의 대리인 문제가 주식에 의한 소유구조를 지닌 금융기관보다 더 클 수 있음을 제시하였다. 대리인 문제의 발생 정도를 측정하기 위한 두 가지 방법이 있다. (i) 뮤추얼 저축대부조합의 경영진이 주식형 저축대부조합의 경영진보다 보다 비효율적인 지출과 경영을 수행하는지를 알아보는 것이다. 뮤추얼 저축대부조합 경영진의 상대적으로 더 많은 지출은 경영진에 대한 특권적 소비, 과다소비, 비효율적 비용통제, 지출을 선호하는 행위에 의한 것이기 때문이다. 이러한 행동은 또한 뮤추얼의 실질적 소유자인 경영진과 정부 사이의 긴장을 조성할 수도 있다. 경영진은 지출을 증가시키는 것을 선호하고 반면에 정부는 뮤추얼 저축대부조합이 지출을 줄이고 이익의 유보를 증가시키는 것을 선호하는데 이는 금융기관의 안전성을 개선하고 예금 보험 지급을 줄일 수 있기 때문이다. (ii) 경영성과를 비교하여 뮤추얼 저축대부조합이 주식형 저축대부조합만큼 효율적으로 운영되는지 분석하는 것이다. 다시 말하면 뮤추얼 저축대부조합이 주식형 저축대부조합만큼 효율적으로 규모의 경제를 이용할 수 있는지 평가하는 것이다.

많은 실증적 연구에서 뮤추얼 저축대부조합의 경영진이 주식형 저축대부조합에 비해 상대적으로 더 높은 지출 선호 행동을 보여준다는 것이 제시되었다. 게다가 여러 연구에서 뮤추얼이 주식형 저축대부조합*에 비해 상대적으로 비효율적인 경영을 한다는 것이 밝혀졌다. 예를 들어 뮤추얼 저축대부조합은 예금과 대출을 이윤 극대화의 수준**을 넘어서는 정도까지 확대한다는 것이 알려졌다. 물론 이런 행동은 경영진의 추가적인 특권을 소모하고자 하는 욕구에 의해 동기 부여가 되며 이 비효율성은 지출 선호의 결과로 나타나게 된다.

---

* Deshmikh, Greenbaum, and Thakor(1982)에 이론적 예측이 있다. 이를 뒷받침하는 실증적 증거는 Edwards(1977), Hannan and Mavinga(1980) 및 Smirlock and Marshall(1983)에서 발견된다.

** Akella and Greenbaum(1988) 참조.

또 다른 비효율성의 결과는 뮤추얼 저축대부조합의 규모의 비경제로 나타날 수도 있다. 기업이 생산하는 상품의 수가 많을수록 경영 관리의 구조가 복잡하고 소유자가 경영진을 감시하는 데 비용이 많이 든다. 그래서 경영진은 규모의 경제가 극대화되는 시점을 넘어서 기업의 상품 제공을 확대하고자 하는 의도를 가지게 된다. 규모의 비경제가 주식형 저축대부조합보다 뮤추얼 저축대부조합에서 더 크게 나타난다는 것을 제시하는 실증적인 증거가 존재한다.*

저축대부조합에 의한 소유 구조의 선택

기존 연구들은 뮤추얼 저축대부조합을 예금자와 차입자의 공동 목표를 위해 노력하는 협동기구 혹은 예금과 주택 소유를 장려하기 위해 조직된 공제 조합이라는 관점에서 조명했다.** 이와 같은 관점은 초기 저축대부조합들이 대규모 금융 기관에서 소규모 금융기관으로 이동하는 소규모 예금자들에게 금융서비스를 제공하였다는 견해에 부분적으로 근거를 두고 있다.*** 이렇게 공동체의 예금과 공동체 구성원들에게 주택담보금융을 제공하는 초기의 협력 기구는 단순한 운영 체제를 가지고 있었다. 동질성이 높은 주택담보금융은 저축대부조합의 자산 가치를 역사적인 자료에 근거해 평가하는 것을 상대적으로 쉽게 해 주었다. 이는 잔여 청구권에 대한 유통시장이 부재하기 때문에, 현재 소유자와 미래 소유자가 뮤추얼 저축대부조합의 자산 가치를 평가하기 위해 자본시장의 거래과정, 가격 형성 과정에서 생성되는 정보에 의존할 수 없다는 것을 의미하기도 한다. 거래에 의해 생성되는 정보가 가치 평가를 용이하게 하기 때문에 주식의 소유 구조를 결정하기 어려운 가치를 지닌 자산은 다른 종류의 자산들보다 우수하다.**** 반면에 저축대부조합 경영의 단순성이 뮤추얼형을 수용할 만한 소유 구조로 만들어주었다. 따라서, 위험 선호도가 낮은 고전적인 채권자와 위험 선호도가 높은 주주 사이의 고전적 갈등을 제거할 수 있는 형태로서 많은 저축대부조합이 뮤추얼형을 선호하는 소유 구조가 되었다.***** 더욱이 저축대부조합 경영의 단순성은 전문경영자가 저축대부조합의 성공에서 중요한 요소가 아니라는 것을 의미하기도 하였다. 그래서 초기에 저축대부조합 금융업은 가장 능력 있거나 가장 효율적인 사람이 아닌 경영진에 의해 운영되는 뮤추얼형 기업지배구조가 많았다.

경영의사결정이 더욱 복잡해짐에 따라서 뮤추얼 저축대부조합은 전문성에 입각해 경영진을 선택하기 시작했다.****** 게다가 예금 보험의 출현은 주식형 저축대부조합에 대한 뮤추얼 저축대부조합의 장점인 부채계약에서의 대리인 비용을 제거하였다. 예금자가 보험에 가입하면 예금자

* 주식형 S&L이 효율적인 결과를 갖고 운영되며 반면에 뮤추얼 S&L은 심각한 범위의 비경제를 갖고 운영된다는 실증적인 기록은 Mester(1991)를 참조.

** Hester(1968)와 Bringham and Petit(1969) 참조.

*** 그러한 뮤추얼 저축대부조합의 역할을 제시하는 이론적인 모델이 있다. Rasmusen(1988)을 보라.

**** Fama and Jensen(1983) 참조.

***** Meyers and Smith(1986) 참조.

****** Masulis(1987) 참조.

는 저축대부조합의 위험 감수 행위와 무관해지기 때문이다. 부채계약의 대리인 비용은 연방저축대부보험공사(FSLIC)에 의해 완전히 흡수된 것이다.

이러한 발전과 더불어 규제는 완화되고 경쟁은 증가하였다. 뮤추얼 저축대부조합의 경영진은 그들보다 효율적인 주식형 저축대부조합과 경쟁하는 것이 점차 어려움을 깨닫게 되었다. 그리고 추가적인 자본 조달을 통한 기관 순자산의 증가가 불가능하다는 것이 경쟁 열위를 더욱 악화시켰다. 즉, 뮤추얼형 소유구조의 이점이 크게 감소한 것이다. 게다가 증가된 경쟁의 압박은 비효율적인 행위의 증가로 인한 파산의 가능성을 의미하였고 이는 경영진의 실직 가능성으로 이어졌다. 이는 뮤추얼 저축대부조합의 경영진에 대한 특권을 부여하는 것이 이제 더욱 큰 비용 부담이 된다는 것을 의미한다. 경영진은 규제 완화에 앞서 그들의 특권을 최적화하여 선택하였음을 고려해 볼 때, 이것이 의미하는 바는 뮤추얼 저축대부조합 경영진의 실직의 가능성이 증가함에 따라서 경영진의 특권적 소비가 규제 이후에 감소해야만 한다는 것을 의미하였다. 경영진 측에게도 뮤추얼형 소유구조가 주는 이점이 사라지고 있었던 것이다. 이러한 상황은 뮤추얼 저축대부조합의 경영진이 최초의 주식 발행 시 대부분 혜택을 볼 수 있게 되면서 경영진이 저축대부조합의 형태를 주식형 소유 구조로 바꾸고자 하는 긍정적인 유인과 결합하였다. 기업공개 시에 경영진이 신주를 보통 낮은 가격으로 매수할 수 있는 권리를 갖게 된 이유가 바로 이것이다. 소유 구조를 변화시키는 것으로 인한 혜택이 새로운 특권적 소비의 최적화 혜택보다 클 때, 저축대부조합은 뮤추얼형에서 주식형으로 변화하게 된다.* 이는 주주형 소유 구조가 소유자와 경영진 모두에게 선호되면서, 증가하는 소유 형태의 변화가 최근 몇 년간 관찰되고 있다는 것을 설명하는 근거이기도 하다.**

차입자의 자금조달 원천 선택

본 장에서 차입자는 여러 자금조달의 원천에 접근한다는 것을 설명하였다. 차입자는 어떻게 접근할 자금조달 원천을 결정할 것인가? 다음 〈그림 3.2〉는 자금 조달의 출처에 대한 계층도를 그린 것으로, 차입자의 속성에 기반한 차입자의 선택과 그 결과로 인한 금융 서비스에 대한 수요를 설명해 주고 있다.*** 이 그림에서 차입자의 자금조달 방식 선택은 전형적인 기업의 '생명주기이론(lifecycle theory)' 을 따르고 있다.

* Mester(1991)는 실증적 증거에 기반하여 이를 설명한다.

** 뮤추얼에서 주식형 소유 구조로 변화하기 위해서, 저축대부조합은 합법적인 주식 응모자 예금자와 경영진에게 언제든 선택할 수 있는 권리(우선권?)를 부여하면서 주식을 공개 매각해야 한다. 소유 구조 변화 계획은 반드시 S&L 이사회의 2/3 이상의 승인이 있어야 한다. 만약 승인이 되면, 예금자의 2/3 이상에 의해 비준되어야 한다. 비준 과정에서 주식은 합당한 응모자에게 제공될 수 있고 만약 완전 응모에 실패하면, 잔여분은 공개 매각된다.

*** 이 논의는 부분적으로 Diamond(1989)와 Chan, Siegel, and Thakor(1990)에 근거하고 있다. 또한 Boot and Thakor(1997)도 참조.

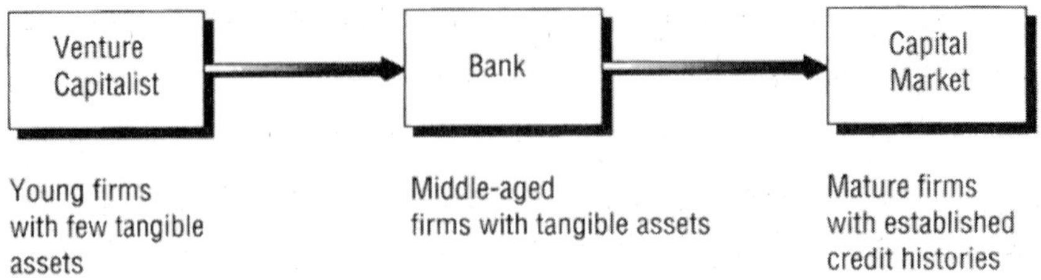

〈그림 3.2〉 자금 조달 출처 계층도

기업성장의 초기단계에는 차입기업의 금융서비스를 수요하는 데에서 다음과 같은 2가지 특성을 가진다. (i) 책임을 맡고 있는 기업가가 자신의 경영에 대한 전문 지식을 확신할 수 없기 때문에 기업에 경영 전문 지식을 제공할 수 있는 금융 기관을 찾는 것이 좋다. (ii) 차입자는 약간의 유형 자산을 담보로서 금융 기관에 제공한다. 담보는 차입자가 채무상환 노력을 줄이거나 과도한 위험을 추구하는 것과 같은 도덕적 해이를 통제하는 데 유용하다. 담보가 없으면, 금융 기관은 지분 참여를 통해 차입자의 도덕적 해이를 통제하는 수단으로 사용할 수도 있다. 기업성장의 초기 단계에서는 지분참여를 하여 합리적인 가격에 자본을 제공할 수 있는 금융기관을 찾는 것이 차입기업의 관심사이다. 이와 같은 요소를 고려할 때 초기 성장 단계의 기업은 창업투자회사를 활용해야 한다는 것이 합리적인 제안이 될 것이다.

기업이 성장하고 유형 자산을 축적함에 따라, 금융기관의 대리인 문제에 대한 우려를 경감시키는 방안으로 담보를 제공할 수 있게 된다. 미국에서 기업에 대한 은행의 지분 참여가 금지된 이유는 차입기업이 채무불이행위험을 감소시키는 담보를 제공할 수 있기 때문이다. 물론 모든 도덕적 해이의 문제가 담보 설정에 의해 완전히 제거되는 것은 아니며 은행의 감시 역할은 여전히 중요하다. 게다가 은행 대출은 만기가 짧은 경향이 있다. 그래서 차입자에 대한 재평가를 통해 주기적으로 정보를 생산할 수 있다. 이 정보는 신용 평가 기관에 의해 제공된 정보와 결합하여, 은행이 새로운 대출계약 조건을 제시할 때뿐만 아니라 대출을 갱신할 것인가 혹은 종료할 것인가를 결정할 때 반영된다. 이러한 과정은 다른 금융 기관에 의해 형성된 정보의 중복 생산을 감소시켜 계약에 소모되는 비용을 전반적으로 줄인다. 이와 같이 성숙단계에 있는 기업은 벤처캐피털보다는 은행에서 자금을 조달하는 것이 유리하다. 은행은 예금 보험에 가입된 낮은 조달비용의 예금으로 대출을 제공할 수 있으나 벤처 캐피털의 자금조달 비용은 높기 때문이다. 이런 이유로 차입자는 은행에서 낮은 가격으로 대출을 받을 수 있다.

기업이 성장하고 성숙단계에 도달할 때, 대출 상환에 대한 좋은 실적과 이에 따른 평판을 갖게 된다. 이런 평판은 기업이 우대 금리로 차입을 할 수 있게 하기 때문에 소중하다. 차입기업의 과도한 위험선호는 평판을 악화시켜 위험선호적인 투자를 제한하는 유인을 가지게 된다. 결과적으로 도덕적 해이에 맞서는 은행의 감시가 이런 기업에게는 덜 중요하다. 이는 기업은 대출 비용이 더 낮은 자본 시장에 직접 접근하게 만들고, 자본 시장에 대한 접근은 차입자가 은행에 중개의 대가를 지불할 필요가 없음을 의미할 수 있다. 물론 그러한 기업도 여전히 정보 비대칭의 문제에 직면한다.* 그래서 투자은행 혹은 신용 평가사 같은 비예금 금융기관이 투자자로부터 기업으로 자본이 흐를 수 있도록 하는 데 중요한 역할을 한다. 이것은 비예금 금융 기관이 기업에 대한 정보를 투자자가 이용할 수 있게 만드는 데에서 투자자 스스로 정보를 찾는 것보다 낮은 비용으로 할 수 있기 때문이다. 〈그림 3.2〉의 금융기관 계층도는 기업이 왼쪽에서 오른쪽으로 이동하면서, 제공되는 금융 중개 서비스는 감소하고 거래 비용 역시 감소하는 추세를 보이고 있다. 밴처 캐피털은 자금 조달, 기업 모니터링, 경영전문지식 등의 서비스를 제공하고 은행은 자금 조달과 기업 모니터링 서비스를 제공한다. 자본 시장은 주로 기업의 직접적인 자금조달의 원천이다. 이와 같은 자금조달의 원천이 상호배타적인 것은 아니다. 예를 들어, 자본시장에서 기업어음을 발행하고자 하는 기업은 은행의 대출약정으로 지급을 보증하기도 한다.

은행 대출과 자본 시장을 통한 자금 조달 간의 차별성 감소: 거래와 대출의 관계

자본시장으로부터의 직접적 자금조달과 은행으로부터의 자금조달은 대조되는 측면이 있지만 자본시장과 은행이라는 주요 자금조달원천 간의 차이는 점차 감소하고 있다. 예를 들면 은행 부문에서 여러 은행들이 참여하는 신디케이트 금융을 제공한다. 신디케이트 금융은 자본시장에서의 자금조달과 유사한 방식으로 인수되고 거래된다. 또한 은행은 주택담보금융과 신용카드대출을 포트폴리오로 구성하여 이에 기반한 거래가능한 유가증권을 발행하여 자본시장에 매각한다. 이를 증권화 또는 유동화라고 하며 이에 대해 9장에서 더 자세히 논의하겠다.

은행대출은 특수한 가치를 가지며 은행의 대출자산은 자본시장에서 거래되지 않는 특성을 갖는다. 대출계약에서 은행과 차입자 간의 관계가 중요한 요소인 소규모 창업대출이 은행대출의 특수성을 잘 보여주는 예이다.

은행업에 대한 연구는 은행 대출을 거래적 대출과 관계적 대출로 분류함으로써 대출 간의 차이점을 연구해 왔다.** 거래적 대출은 신용카드와 주택담보 대출 등을 포함한다. 거래적 대출의 경우에는 은행에 의한 모니터링이 거의 없고 대출자산은 유동화되어 자본시장에서 거래될 수 있다. 그리고 은행이 부가한 가치는 신용 분석에 의해 제한되고 신용이 확대되기 이전에 표준신용분석에 의해 제한된다.

관계적 대출은 은행이 차입자와 관계를 쌓고 사업에 대한 조언을 주고받음으로써 차입자에 대한 정보가 누적되고 정보 비대칭성이 완화되어 부가적인 가치를 산출하게 된다. 관계적 대출은 금융계약 시 발생하는 정보비대칭의 문제를 완화하는 데 큰 도움이 된다. 이에 관해서는 6장에서

* 예시는 Myers and Majluf(1984) 참조.

** 이 특징은 Boot and Thakor(2000)에 의해 제시되었다. 관계적 대출에 대한 모델은 Rajan(1993)과 Sharpe(1992)를 참조하라. Boot(2000)는 리뷰를 제공한다.

분석하겠다.

최근에 폭발적으로 증가하기 시작한 관계적 대출의 또 다른 면은 '의견 차이'에 대한 잠재력을 창출한다는 것이다. 예를 들어 은행은 관계적 대출을 신뢰할 수 있는 것으로 판단할 수 있는데, 이 판단은 많은 경우 검증되지 않은 소프트한 정보들에 기반한 것이다. 이와 같은 대출계약은 만약 투자자가 대출의 신용도에 대해 집합적으로 상이한 의견을 가지고 있다면 자본시장에서의 직접적 자금 조달의 방식으로는 획득하기 어려운 것이다. 이 같은 경우에 충분한 자본이 뒷받침되는 은행은 예금자/투자자와 차입자 간에 '믿음의 가교' 역할을 하고 관계적 대출을 위한 자금조달원천인 예금이 저비용으로 활용될 수 있다. 은행의 평판/신뢰도는 소프트한 정보를 신뢰하게 하고 예금자로 하여금 자금 제공을 확대하도록 확신시켜 준다. 이것이 관계적 대출에 관한 은행의 또 다른 기여라고 할 수 있다.*

따라서 은행 대출은 한쪽 끝에 있는 관계적 대출에서 반대쪽에 있는 거래적 대출까지 연속적으로 확대된다. 관계적 대출은 자본시장의 직접금융과 가장 차별적인 기업의 자금조달 방식이다. 반면에 거래적 대출은 자본시장의 직접금융과 가장 유사한 방식이다.

결론

금융중개기능은 현대 경제가 작동하는 데 가장 중요한 요소이다. 본 장의 결론을 다음과 같이 간략하게 요약한다.

첫째, 은행의 규제와 은행의 존재 이유는 상호연관되어 있다. 규제는 은행이 존재하는 이유와 동떨어진 정치적 안건의 독자적인 산물이 아니다. 본 장은 은행제도를 대중적 신뢰를 받을 수 있는 성공적인 산업으로 만들기 위해서 은행규제가 필요하며 이것이 통화정책의 중요한 수단이 됨을 분석하였다. 둘째, 대형화를 통해 은행과 비예금 금융기관은 유인체계의 문제를 해소하였음을 분석하였다. 다각화는 공평하게 정보가 제공되지 않은 금융 기관 사이에 계약하는 데에서 유인비용을 낮출 수 있으며 정보의 재활용성이 대규모 금융기관일수록 더 크다. 이런 이유로 금융기관은 대형화에서 경제적 이득을 얻을 수 있다. 셋째, 내부부채의 거래는 차입기업에 대한 정보를 제공하므로 내부부채는 외부부채에 비해 내재된 장점을 갖는다. 은행 대출은 내부 부채이다. 그러나 내부 부채로 분류된 금융계약 중에서도 은행 대출은 특수하다. 은행으로부터의 대출약정 공시는 차입 기업의 주가 반응이 다른 내부 부채 공시에 대한 주가 반응보다 평균적으로 우호적이다. 넷째, 뮤추얼형과 주식형 중에서 금융 기관 소유 구조의 선택은 양자 간의 여러 가지 요소의 상호 작용에 의해 결정된다. 경쟁 환경하에서, 뮤추얼형은 주식형과는 대조적으로 효율성에서 대

* Coval and Thakor(2005)와 Song and Thakor(2006) 참조.

리인 문제가 연관되어 있다는 면에서 차이를 보이며, 주식형 소유 구조는 자본을 일으키고 자본 시장에서 가격이 부여된 복잡한 자산을 갖고 있다는 면에서 이점을 가진다. 이는 초기 절약의 한 가운데에 있었던 상호성의 유행과 최근의 뮤추얼에서 주식형으로 바뀌는 현상을 설명한다. 마지막으로 자금 조달의 출처가 계층화되어 있는 것은 당연하다. 기업의 초기 발전 단계에서 기업은 벤처 캐피털이 경영을 도와줄 수 있는 (독특한) 능력을 갖고 있기 때문에 이곳을 찾음으로써 큰 이점을 갖는다. 다음 단계로 초기 생존을 달성한 기업은 은행 대출을 선호한다. 은행이 벤처 캐피털이 한 것과 같은 정도로 경영을 도와줄 수 없을지라도 은행에 의해 제공되는 모니터링은, 기업이 여전히 중소기업의 단계에 있을지라도 기업에게 가치를 부여한다. 은행의 감시는 대출을 받는 기업 내에 존재하는 유인의 문제를 통제하는 것을 돕는다. 게다가 은행 대출은 만기가 짧은 경향이 있어 대출 기업에 대한 재평가를 통해 주기적인 정보를 생산한다. 신용평가사와 같은 비예금 금융 중개 기관에 의해서 생성되기도 하는 이런 정보는 기업의 다른 채권자에 의해 정보 생산이 중복되는 것을 줄여주며 이에 따라 전반적인 계약 비용이 감소한다. 그리고 마침내 대기업은 외부 부채 조달을 위해 자본 시장에 직접 접근한다. 은행의 모니터링은 이런 기업에게 한계 가치가 낮다. 그러나 이런 기업들도 여전히 정보 비대칭의 문제에 직면하고* 그래서 투자은행(혹은 신용평가 기관) 같은 비예금 금융 중개 기관이 자본을 투자자에게서 기업으로 이동시키는 데 중요한 역할을 한다. 이는 비예금 금융 중개 기관이 기업에 대한 정보를 투자자에게 제공하는 데에서 자신들이 직접 정보를 찾는 것보다 낮은 비용으로 접근하게 할 수 있기 때문이다.**

시장의 효율성에 대한 본서의 함의는 무엇일까? 분명한 것은 만약 자본 시장이 금융 중개 기관 없이도 견고한 형태의 효율성을 갖고 있다면 금융 중개 기관의 역할은 매우 제한적일 것이다. 금융 기관은 기껏해야 주식의 '증서 분할'—큰 액면의 주식을 매입하여 부의 제한이 있는 투자자에게 주식을 소액 청구권으로 나누어 판매하는 것—같은 몇몇 중요하지 않은 거래 서비스를 제공했을 것이다. 그러나 이번 장에서 토의한 이론적이고 실증적인 결과는 두 가지 결론을 제시한다. 첫째, 개인 정보와 도덕적 해이에 관한 만연하는 문제점들을 고려해 볼 때, 대출 시장이 중강형의 효율성밖에 지니지 못한다는 예상은 타당하다. 그래서 금융 중개 기관이 정보에 기반한 문제를 해결하는 데에서 중요한 역할을 하고 있다. 둘째, 금융 중개 기관이 은행과 차입기업 간의 거래를 관찰하는 기관에 의해 습득된 비밀스런 금융 정보를 소유하였기 때문에 대출 시장의 정보 제공의 효율성은 금융 중개 기관에 의해 향상되었다.

---

* Ramakrishnan and Thakor(1984)와 Giammarino and Lewis(1988) 참조.
** 예시에 관해서는 Diamond(1989) 참조.

연습문제

1. 초기 금장 경제 시대로부터 은행이 어떻게 진화하였고 이 발전 과정에서 정보 비대칭과 도덕적 해이의 문제에 의해 요구된 역할은 무엇인가?
2. 은행 제도가 완전히 규제에서 완화될 수 있는가? 가능한 이유와 가능하지 않은 이유는 무엇인가?
3. '자금 조달 계층도' 가 의미하는 바는 무엇인가? 무엇이 자금 조달의 원천에 대한 차입자의 선택을 결정하는가?
4. 다음의 두 가지 사실을 조명하고 이들의 가능한 상호 관계에 대해 설명할 수 있는가?
   a. 미국에서 비금융기업이 발행한 어음이 지난 20년간 6배 증가하였다.
   b. 대규모 자금 중심적이던 은행이 '중간 시장($5백만에서 $2억 사이의 대출을 요구하는)' 차입자(기업)로 방향을 틀기 시작하였다.
   c. 증권화가 급속히 증가하였다.
5. '주식형 소유 구조' 와 '뮤추얼 소유 구조' 간의 차이점은 무엇인가? 이 두 종류의 조직이 대리인 문제를 해결하는 데에서 보이는 차이를 설명하여라.
6. 경제에서, 국가의 은행 제도의 건전성이 속도와 정보 흐름의 효율성과 반비례한다고 한다. 이를 설명하여라.
7. 은행은 어떤 방식으로 특수한가? 이 문제에 대한 실증적 증거는 무엇인가?
8. 금융기관이 더 크게 성장하기 위한 경제적인 유인은 무엇인가?
9. 은행은 비은행 계약이 보다 효율적이 되도록 어떻게 도울 수 있는가?
10. 아래에 주어진 내용은 "친구들의 대화"에서 발췌한 내용이다. 이에 대해 비판적으로 논평하라.

    사회자: 좋습니다. 하지만 부분지급준비금보유제도를 보유하는 한 인출 위험의 가능성을 전적으로 제거할 수는 없을 것입니다.
    애플턴: 마이크, 그것이 바로 우리가 최종 안식처의 대출자(중앙은행)를 갖고 있는 이유입니다.

11. 통화 제도가 경제의 (단기) 성장 국면에 어떤 영향을 미치는가?
12. 거래적 대출과 관계적 대출의 차이는 무엇이고 그 차이점 간의 연관성은 무엇인가?

부록 3.1 대형 중개기관에 대한 형태 분석

Ramakrishnan과 Thakor(1984)에 근거한 모델: 소유자가 자본을 조달하길 원하는 자산이 있다고 가정하자. 그러나 이 자산의 가치에 대해서는 정보 비대칭이 존재한다. 물론 각 자산의 소유자는 타인들보다 자산의 가치에 대해 더 잘 알고 있다. 1장에서 본 바와 같이, 이것은 적절한 신호가 기업에게 유용하지 않을 경우 시장 실패를 야기할 수 있다. 이제 비용은 들지만 기업에 대한 정보 생산에 특화된 몇몇 개인이 있다고 가정하자. 이런 개인이 모인 집단이 있고, 각각의 집단은 특정 산업이나 특정 기업에 대하여 정보를 생산하는 데 특화되었다고 생각해 보자. 이 정보를 생산하는 개인에게 부과되는 비용 c는 c > 0이고 각 개인은 위험 회피적이며, 금전적 부에 대해 정의된 U(●)라는 효용 함수를 가지고 있으며, U(●)는 증가하는 순오목의 그래프 형태를 보인다. c는 정보 제공자(i.p)의 비금전적 비용이라 부에 대한 효용의 함수에서 중요하진 않다. 게다가 c는 i.p가 특화된 기업에 대한 정보 생산을 할 때만 발생하는 비용이다. 또한 각각의 i.p는 기대 효용(U)에 대한 최솟값을 갖고 있는데, U는 정보 생산에 대한 보상에 의해서만 보장되어야 하고 그렇지 않다면 정보를 생산하는 개인은 다른 직업을 찾을 것이다.

이제 자본 조달을 하고자 하는 기업(혹은 어떤 특화된 자산에 투자를 할 것인지를 결정하고자 하는 투자자)은 기업에 관한 정보 생산과 자본 시장으로의 정보 전달을 위하여 i.p에게 직접 접근한다고 가정하자. 즉, i.p가 신용 평가 기관의 역할을 맡는 것이다. 만약 i.p가 즉시 고정 수수료를 지급받았다면, 비용 c와 관련된 i.p 자신의 노력을 줄임으로써 실제로 정보 생산을 회피하고자 하는 도덕적 해이의 문제를 갖게 된다. i.p는 간단하게 대충 추측만 하여 수수료를 받을 것이고 기업에 이렇게 얻은 정보를 전달할 것이다. 투자자는 이를 인지할 것이고 기업의 가격은 변하지 않을 것이다. 기업은 돈만 낭비하게 되는 것이다.

개별적인 정보 생산자(기관)에 대한 보상 계약: 그러나 기업이 i.p가 c를 실제로 투입하는지를 알아보기 위하여 감시할 수 있다고 가정하자. 이 모니터링은 기업에게 i.p의 노력을 판단하는 신호를 생산한다. 그러나 이 신호는 잡음이 많다. 만약 i.p가 정보 생산에 c를 투입하더라도 그 신호는 오직 i.p가 p의 가능성이 있다고 나타낸다. 만약 1-p의 가능성이 있다면, 그 신호가 잘못되어 i.p가 정보를 생산하지 않는다고 나타낼 것이다. 만약 i.p가 정보를 생산하지 않는다면 신호는 이를 q라는 가능성이 있다고 보고, 신호가 잘못되었을 경우 이를 1-q의 가능성이 있는 것으로 판단한다. p > q이고, 신호가 유익하다고 가정하자. 이제 i.p에 대한 보상을 다음과 같이 한다. 신호가 i.p는 정보를 생산하였다고 판단하면 $H를 지불하며, 정보를 생산하지 않았다면 $L을 지불하고 여기서 H>L이다.* 만약 i.p가 정보를 생산하였다면 i.p의 기대 효용 함수는

$$EU(\text{정보 생산}) = pU(H) + (1-p)U(L) - c \qquad [3.13]$$

* 만약 이런 보상 계획이 i.p가 정보를 생산하는 것을 성공적으로 유도한다면, i.p가 정보를 생산한다는 사실을 모두가 알고 있어 시기의 일관성이 요구되지 않고, 정보를 생산하지 않았다는 오류가 나기 쉬운지 신경 쓸 필요가 없다. 따라서 이 논의에서 이 문제는 무시한다.

이다. 만약 i.p가 정보를 생산하지 않았다면 효용 함수는

$$EU(\text{정보 비생산}) = qU(H) + (1\text{-}q)U(L) \quad [3.14]$$

이다. 만약 투자자가 i.p를 신뢰할 만하다고 생각하면 i.p에 대한 보상 계획은 성과와 양립할 수 있어야 할 것이다(그리고 i.p가 c를 투입하도록 유도해야 할 것이다). 즉,

$$pU(H) + (1\text{-}p)U(L)\text{-}c \geq qU(H) + (1\text{-}q)U(L) \quad [3.15]$$

이다. 또한 i.p가 기업을 위해 정보 제공 업무를 하고자 하는 의지가 있음을 확실하게 할 필요가 있고 이는 다음의 식을 필요로 한다.

$$pU(H) + (1\text{-}p)U(L)\text{-}c \geq \bar{U} \quad [3.16]$$

H와 L을 알아내기 위해서는 식 [3.15]와 [3.16]을 풀어야 한다. 본서는 [3.15]와 [3.16]이 동일하게 균형을 이루어야 한다는 것을 보여주고자 한다. 즉, 이 둘을 동일하게 취급함으로써 개별 기업에 대한 예상 비용을 최소화하는 해결책을 이끌어내는 것이다. 식의 전개를 위해 어떤 숫자 x에 대해 $U(x) = \sqrt{x}$라고 가정하자. $\bar{U} = 20$(단순하게 하기 위하여)이라고 하고, $p = 0.8$, $q = 0.2$ 그리고 $c = 10$이라고 하자. 식 [3.15]와 [3.16]에 이 숫자를 대입하여 연립방정식으로 풀어보자. 그러면 $H = 10{,}000/9$이고 $L = 10{,}000/36$이다. i.p가 얻는 기대 효용은 정확히 20이다. 개별 기업에 대한 정보 생산을 위해 예상되는 비용은 대략 $0.8H + 0.2L = 944.44$가 된다.

금융 중개에 관한 해법: 이제 i.p가 둘이고, 앞에서 분석한 i.p와 같이 각각은 둘이 합쳐 금융 중개 기관을 형성한다고 가정하자. 여전히 각각은 서로 다른 기업을 맡고 있다. 그러나 이제 이 둘이 다각화의 혜택을 이용할 수 있도록 수익을 모은다. 본서에서는 i.p가 협력하기 때문에 이들이 서로의 행위를 관찰하는 데 비용이 들지 않는다고 가정한다. 이는 두 i.p가 상대방의 무임승차 행위에 대해서 걱정하지 않는다는 것을 의미한다. 그래서 이제 각각의 i.p에 대한 보상은

만약 두 신호가 다 긍정적이라면 $2H/2 = H$
만약 한 신호만 긍정적이라면 $(H + L)/2$
만약 두 신호가 다 부정적이라면 $2L/2 = L$

이 된다. 기업 간의 신호가 연관성이 없다고 가정하면, 각 i.p에 대한 다른 보상의 가능성은 아래 표와 같이 주어진다.

〈표 3.5〉 보상의 가능성

보상의 가능성	각 i.p에 대한 보상
만약 두 i.p가 정보를 생산하면 p^2, 둘 다 아니면 q^2	H
만약 두 i.p가 정보를 생산하면 2p(1-p), 둘 다 아니면 2q(1-q)	(H+L)/2
만약 두 i.p가 정보를 생산하면 $(1-p)^2$, 둘 다 아니면 $(1-q)^2$	L

두 i.p가 올바르게 행동한다는 것에 주목해 보라. 이들 i.p에게 보상을 한 기업은 게임의 규칙이 변화했음을 깨닫는다. 이제 기업이 다음의 연립 방정식을 풀어야 할 때이다.

$$p^2U(H)+2p(1-p)U\left(\frac{H+L}{2}\right)+(1-p)^2U(L)-c$$

$$=q^2U(H)+2q(1-q)U\left(\frac{H+L}{2}\right)+(1-q)^2U(L) \tag{3.17}$$

$$p^2U(H)+2p(1-p)U\left(\frac{H+L}{2}\right)+(1-p)^2U(L)-c=\bar{U} \tag{3.18}$$

일반적으로, 이에 대한 해답은 이전의 해답과는 다를 것이다. 그러나 기업이 H=10,000/9이고 L=10,000/36일 때, 기존의 계약을 계속할 것이라고 가정하자. 이 경우에 식 〔3.17〕은 식 〔3.8〕의 좌변이 약 20.43이면 정확하게 만족함을 확인할 수 있다. 즉, 금융 중개에서 각각의 i.p는 이전보다 더 큰 기대 효용을 누릴 수 있다. 각각의 기업에 대한 정보를 생산하는 데 예상되는 비용은 이전과 같다는 점을 주지해 보라. 이에 따라 금융 중개의 형태는 기업이 계약을 바꾸지만 않는다면 i.p가 더 좋은 성과를 내게 해준다. 물론 기업이 i.p가 누리는 초과 효용을 제거하는 다른 계약을 작성하고자 할 수는 있다. 이 경우에는 기업에 대한 예상되는 정보 생산 비용이 낮아질 것이다.

중개 기관의 형태가 도움이 되는 이유는 다각화 때문이다. 중개 기관은 수익을 공통으로 함으로써 개별 위험을 낮출 수 있다. 이것은 만약 증가된 효용의 혜택 중 어느 정도는 그들이 검토하는 기업 안에서 공유되고 정보 생산의 비용이 감소한다면, 중개 기관이 예상 효용을 증가시킬 수 있다는 것을 의미한다.

초대형 금융 중개 기관의 바람직함: 먼저 이 논쟁은 제재를 받을 수 있다. 금융 중개 기관이 무한대로 커진다고 가정하자. 그리고 대수의 법칙에 의해, 그 가능성은 실제로 일부 실현되었다. 즉, 만약 모든 i.p가 정보를 생산한다면 중개 기관은 그들 중 80퍼센트가 각각 H를 받고 20퍼센트는 각각 L을 얻게 된다는 것을 알게 된다. 이에 따라 각 중개 기관이 하나의 가능성에 대해 얻을 수 있는 가능한 수익은 다음과 같다.

$$0.8H+0.2L$$

$$=0.8\left(\frac{40000}{36}\right)+0.2\left(\frac{10000}{36}\right)=944.44$$

금융 중개 기관은 자신의 집단을 구성하는 개별 기관을 스스로 감시할 수 있기 때문에, 도덕적 해이에 대해서는 걱정할 필요가 없다. 따라서 각각의 i.p는 944.44라는 고정된 수익에 협의할 수 있는데, 그 이유는 어떤 i.p가 이 금액보다 더 수익을 보거나 덜 보게 되더라도 약 944.44라는 무작위의 변동 수익이 금융 중개 기관 전체의 수익을 상쇄할 수 있다는 것을 알게 되기 때문이다. 이에 따라 금융 중개 기관 집단 내에서 개별 i.p의 기대 효용은 각각 다른 두 개의 i.p가 기업을 감시함으로써 얻는 것보다 큰 U(944.44)-10=20.73이 되고, 정보 생산 비용은 초대형 금융 중개 기관에서 최소가 된다.

즉, 본 장에서 다각화된 정보 중개자가 정보 생산 비용과 이에 따른 자본 교환 비용을 낮출 수 있다는 것을 제시하였다. 다시 말하자면, 금융 중개 기관이 제공하는 중심 기능은 정보 제공의 문제에 대한 보다 효율적인 해결책을 제안하는 것이다.

이 모델에서 다각화는 금융 중개 기관의 집단을 이루는 각 i.p가 집단 내 모든 다른 i.p를 보상하는 데에서 따르는 위험을 공유하게 함으로써 달성된다. 즉, 금융 중개 기관의 크기를 키울수록 개별 보상의 위험은 i.p의 숫자가 증가할수록 공유된다. 금융 중개 기관을 구성하는 i.p의 위험 회피 성향 때문에 다각화는 전체의 후생을 증가시킨다.* 이를 '위험 공유에 의한 다각화'라고 이름 지을 수 있을 것이다.

다른 종류의 다각화는 '위험 부가에 의한 다각화'**이다. 이 경우는 N개의 위험이 증가함에 따라 일어나는 다각화로 단일한 i.p가 N개의 독립된 위험을 100퍼센트 감수한다. 이는 i.p의 전체의 부가 위험을 부가시킬 때마다 증가하기 때문에, 다각화의 첫 번째 형태와는 매우 다르다. 즉, 다수의 독립 사건에 대해 주어진 부를 확산시키는 대신 다수의 독립 사건에 대한 부의 증가를 확산시키는 것이다. 노벨상 수상자 Paul Samuelson(1963)은 이런 다각화를 "대수의 오류"라고 명칭하였다. 왜냐하면 모든 위험 회피 효용 함수에서 이것은 사실이 아닌 것으로 드러났기 때문이다. N번째 독립 사건에 대한 개별 위험 회피 성향은 N에 대해 감소하는 함수이기 때문이다. 다시 말하면, 위험을 회피하고자 하는 각각은 증가하는 독립 사건에 대해 고정된 금액의 부를 확산시키는 다수 내의 소수로 이익을 보고자 한다. 그리고 이 각각은 사건에 대해 부의 증가를 노출시

* 이 분석에서 중요한 가정은 금융 중개에서 i.p가 서로를 비용을 들이지 않고 감시할 수 있다는 것이다. Millon and Thakor(1985)는 그러한 감시가 불가능하다면, i.p들이 연합하고 수익의 공유를 독려함으로써, 정보 생산 비용을 증가시킬 수 있다는 견해를 제시하였다. 그러나 만약 기업의 가치가 특이한 요소뿐 아니라 공통적이고 체계적인 요소에 의존한다면, 금융 중개에서 정보 공유는 전반적인 정보 생산 비용을 낮출 수 있다는 견해도 동시에 제시하였다.

** 이 관점은 Diamond(1984)에 의해 고안되었다.

키면서 이런 다각화를 달성할 필요가 없다. 그러나 이런 다각화가 이익이 된다는 효용 함수에 대한 제약과 연관된 충분조건도 있다.

참고문헌

Akella, S. Rao, and Stuart I. Greenbaum, "Savings and Loan Ownership Structure and Expense-Preference," *Journal of Banking and Finance* 12, 1988, 419-437.

Allen, Franklin, "The Market for Information and the Origin of Financial Intermediation," *Journal of Financial Intermediation* 1 1, May 1990, 3-30.

Black, Fisher, "Bank Fund Management in an EYcient Market," *Journal of Financial Economics* 2, 1975, 323-339.

Boot, Arnoud, "Relationship Lending: What Do We Know?" *Journal of Financial Intermediation*, 2000.

Boot, Arnoud, and Anjan V. Thakor, "Can Relationship Banking Survive Competition?" *Journal of Finance* 55 2 April 2000, 679-714.

Boot, Arnoud, and Anjan V. Thakor, "Financial System Architecture," *Review of Financial Studies*, Fall 1997, 693-733.

Boyd, John, and Edward Prescott, "Financial Intermediary Coalitions," *Journal of Economic Theory* 38, April 1986, 211-232.

Brigham, Eugene F., and Richard R. Pettit, "EVects of Structure on Performance in the Savings and Loan Industry," in *Study of the Savings and Loan Industry*(Irwin Friend, Ed.), Federal Home Loan Bank Board, Washington, DC, 1969.

Campbell, Tim, and William Kracaw, "Information Production, Market Signalling, and the Theory of Financial Intermediation," *Journal of Finance*, September 1980, 35-4, 863-882.

Chan, Yuk-Shee, Daniel Siegel, and Anjan Thakor, "Learning, Corporate Control and Performance Requirement in Venture Capital Contracts," *International Economic Review* 31-2, May 1990, 365-381.

Coval, Josh, and Anjan V. Thakor, "Financial Intermediation as a Beliefs-Bridge Between Optimists and Pessimists," *Journal of Financial Economics* 75-3, March 2005, 535-570.

Deshmukh, Sudakar, Stuart Greenbaum, and Anjan Thakor, "Capital Accumulation and Deposit Pricing in Mutual Financial Institutions," *Journal of Financial and Quantitative Analysis* 17, December 1982, 705-725.

———, "Reputation Acquisition in Debt Markets," *Journal of Political Economy*, 97 4, 1989, 828-862.

Diamond, Douglas, "Financial Intermediation and Delegated Monitoring," *Review of Economics Studies* LI, July 1984, 393-414.

Edwards, Franklin R., "Managerial Objectives in Regulated Industries: Expense Preference Behavior in Banking," *Journal of Political Economy* 85, 1977, 147-162.

———, "Contract Costs and Financing Decisions," *Journal of Business*, 63 1 2, January 1990, S71-S91.

———, and Michael C. Jensen, "Agency Problems and Residual Claims," *Journal of Law and Economics*, 26, June 1983, 327-349.

———, and Michael C. Jensen, "Organization Forms and Investment Decisions," *Journal of Financial Economics* 14, 1985, 101-119.

Fama, Eugene, "What's DiVerent about Banks?" *Journal of Monetary Economics* 10, 1980, 10-19.

Giammarino, Ronald, and Tracy Lewis, "A Theory of Negotiated Equity Financing," *Review of Financial Studies* 1 3, Fall 1988, 265-288.

Hannan, Timothy H., and F. Mavinga, "Expense Preference and Managerial Control: The Case of the Banking Firm," *Bell Journal of Economics* 17, 1980, 671-682.

Hester, Donald D., "Stock and Mutual Associations in the Savings and Loan Industry: A Study of the Economic Implications of Conversions," Federal Home Loan Bank Board, Washington, DC, 1968.

James, Christopher, "Some Evidence on the Uniqueness of Bank Loans," *Journal of Financial Economics* 19, 1987, 217-235.

Leland, Hayne, and David Pyle, "Informational Asymmetries, Financial Structure, and Financial Intermediation," *Journal of Finance* 32 2, May 1977, 371-387.

Lummer, Scott L., and John J. McConnell, "Further Evidence on the Bank Lending Process and the Capital-Market

Response to Bank Loan Agreements," *Journal of Financial Economics* 25-1, November 1989, 99-122.

Masulis, Ronald W., "Changes in Ownership Structure Conversions of Mutual Savings and Loans to Stock Charter," *Journal of Financial Economics* 18, 1987,29-59.

Mayers, David, and CliVord W. Smith Jr., "Ownership Structure and Control: The Mutualization of Stock Life Insurance Companies," *Journal of Financial Economics* 16, 1986, 73-98.

Mester, Loretta J., "Agency Costs Among Savings and Loans," *Journal of Financial Intermediation* 1 3, June 1991, 257-278.

———, and Anjan Thakor, "Moral Hazard and Information Sharing: A Model of Financial Information Gathering Agencies," *Journal of Finance*, 40 5, December 1985, 1403-1422.

Millon, Marcia, "*Essays on the Theory of Institutional Structures*," Unpublished PhD Dissertation, Indiana University, December 1983.

Myers, Stewart, and Nicholas Majluf, "Corporate Financing and Investment Decisions When Firms Have Information That Investors Do Not Have," *Journal of Financial Economics* 13, 1984, 187-221.

O'Hara, Maureen, "Property Rights and the Financial Firm," *Journal of Law and Economics* 23, 1981, 317-332.

Rajan, Raghuram, "Insiders and Outsiders: The Choice Between Informed and Arm's Length Debt," *Journal of Finance* 47 2, September, 1992, 1367-1400.

Ramakrishnan, Ram, and Anjan Thakor, "Information Reliability and a Theory of Financial Intermediation," *Review of Economic Studies* LI, 1984, 415-432.

Rasmusen, Eric, "Mutual Banks and Stock Banks," *Journal of Law and Economics* 31, 1988, 395-421.

Sharpe, Steven, "Asymmetic Information, Bank Lending, and Implicit Contracts: A Stylized Model of Customer Relationships," *Journal of Finance* 45 2, September 1990, 1069-1087.

제3부
은행의 주요 부내거래위험

제4장 은행이 직면한 주요한 위험

> 이자율의 향방에 대한 예측은 자장가에 나오는 앞이마에 곱슬머리를 드리운 작은 소녀와 같다. 상황이 좋으면 매우, 매우 좋고 상황이 나쁘면, NCNB Corp.이 지금 보고 있듯이, 정말로 끔찍할 수 있다.
>
> 켈리 홀랜드: *American Banker,* March 20, 1990

용어 정리

저축감독국(OTS: Office of thrift supervision): 저축은행산업을 규제하는 국가기관
무이표채권(Zero-coupon bonds): 이자를 지급하지 않는 채권으로, 전체 채권금액의 지급이 채권보유자에게 만기에 이루어짐
면역화(Immunization): 기관이 이자율위험을 제거하려는 행동
매입(Going Long): 증권을 사는 것
매도(Going Short): 증권을 소유하지 않은 상태에서 파는 것

서론

사업에서 위험은 고유한 것이지만 은행업에서는 핵심이다. 위험이란 무엇인가? 사업에서 위험이란 수익을 창출하는 과정에서 발생하는 무작위성이 핵심이다. 이런 무작위성은 넓은 범위에서 위험이 자발적으로 받아들여지는 경우에는 일반적인 사업 의사결정에서 피할 수 있다. 이런 이유로 이것을 '경영자의 위험'이라고 한다. 대신, 불가항력(force majeure) 또는 신의 행동(act of God)인 경우에는 위험은 피할 수 없고, 이 경우의 보호방법은 외부의 보험을 찾거나 산업에서 떠

나는 것이다. 사업상의 위험은 삶만큼 다양하다. 경영자는 홍수, 전염병, 화재, 기계고장, 노동자의 소외, 방해, 전쟁 또는 파괴하거나 재산을 전용(주권 위험)하는 정부의 변덕스러운 행위 등의 가능한 손실들에 직면한다. 신발가게뿐 아니라 금융중개인도 이러한 모든 위험에 직면하지만, 이 위험은 피할 수 있는 위험요소로 은행업에서 정의된다.

위험은 변동성 자체 때문이 아니라 오히려 불확실성 때문이라는 것을 상기하는 것이 중요하다. 사후적 의미에서 우리는 종종 변동성과 불확실성을 동의어로 사용한다. 그러나 사전적 의미에서 이 두 가지는 확실히 구별된다. 예를 들어 우리는 1, 2, 3, 4년 차에 각각 사전적으로 확실한(for sure ex ante) 1, −100, 1000 그리고 0의 현금흐름을 생각할 수 있다. 이 현금흐름은 각 연도 간에 높은 변동성을 가지고 있지만 위험은 없다. 이와 반대로 향후 4년간 매년 동일한 확률로 +1 또는 −1이 될 수 있는 현금흐름은 연도 간 변동성은 작지만 위험이 더 크다.* 따라서 위험은 불확실성 또는 예측가능성의 부재와 관련이 있다.

경영위험의 원천

은행은 어떤 종류의 위험에 직면해 있을까? 이 질문에 답하려면, 위험에 노출되는 이유에 관한 측면에서 은행은 본질적으로 다른 기업들과 다르지 않다는 것을 주목하는 것이 중요하다. 은행 주주들 또는 다른 기업의 주주들은 기업 자산의 경제적 성격이 기업 부채의 경제적 성격과 다소 다를 때 위험을 부담한다.

아래의 〈그림 4.1〉의 철강 제조 회사를 보자.

〈그림 4.1〉에서 제조회사 주주들의 위험은 주로 철강 원료의 가격과 가공된 철강의 가격이 완벽히 일치해서 움직이지 않는다는 사실에서 발생한다. 이것은 제조회사의 이윤폭을 확률적 변동

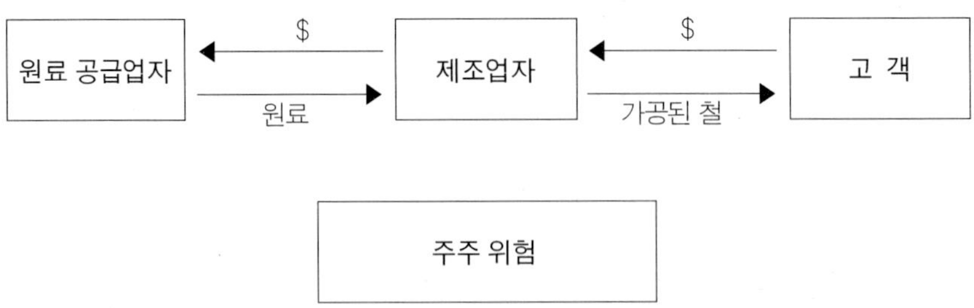

〈그림 4.1〉 국내 철강제조업자의 위험

* 변동성과 위험을 구분하지 않음으로 인한 혼란이 문제라면 Sprenkle and Miller(1980)를 보라.

에 노출시키고, 주주들에게는 위험을 야기한다. 이 위험은 제조업자의 재무상태표상 대응불일치(mismatch)에서 오는 것임에 유의하라. 제조업자의 부채(원재료 공급업자에 갚아야 하는)는 제조업자의 자산(고객에게 판매하는 가공된 철강)과는 그 성격상 다르다.

이제 제조회사가 철강원료를 일본에서 구매하고 철강원료 공급업자에게는 엔화로 지급하고, 미국에서는 가공된 철강을 판매하고 그 고객으로부터는 달러화를 수취한다고 가정하자. 이 경우, 제조업자의 재무상태표는 이종통화의 개입 때문에 더욱 심각한 미스매치를 겪는 것을 알 수 있다. 결과적으로 주주들은 더 많은 위험에 노출된다. 특히, 주주들은 그들이 이전에 직면했던 가격위험에 더해 환위험(엔화와 달러화 사이에 완벽한 상관관계의 부족으로 인해)에 마주친다.

그런데 일반적으로, 미스매치는 위험을 내포한다. 이것은 2장부터 우리와 친숙한 개념이다. 질적인 자산변환은 두 가지 측면의 미스매치를 포함하고, 따라서 위험을 야기한다. 무엇이 은행의 주요한 불일치 요인일까? 이것은 〈그림 4.2〉에 설명되어 있다.

〈그림 4.2〉에서는 전형적인 은행자산(예: 대출금)과 부채(예: 요구불예금)가 세 가지 관점에서 불일치하고 있다. 첫째, 이 자산들은 보통 부채에 비해 더 큰 신용리스크를 포함하고 있다. 즉, 차입자에 대한 은행의 청구권이 은행에 대한 예금자의 청구권보다 위험이 더 크다. 둘째, 자산은 보통 부채에 비해 만기가 더 길다. 예를 들어, 대출금이 1년의 만기를 가지고 있지만, 요구불예금은 언제든지 인출할 수가 있다(만기 없음). 이것이 이자율위험을 야기한다. 셋째, 은행의 부채는 자산보다 유동성이 더 크다. 즉, 예금자들은 예고 없이 예금을 인출할 수 있는 반면, 은행은 마음대로 우량대출을 회수할 수 없고 대출채권은 시장에서 활발하게 거래되지도 않는다. 이것이 유동성위험을 야기한다. 이제 우리는 이 세 가지 위험 각각에 대해 좀더 자세히 알아볼 것이다.

신용위험, 이자율위험, 유동성위험

1. **채무불이행위험과 신용위험:** 이것은 당신과 계약한 당사자가 계약의 조건을 이행하는 것이 완전히 불가한 경우의 위험이다. 은행을 예로 들면, 차입자가 계약상의 지급금을 시기적절하게 지급하지 못하는 위험이다. 이러한 종류의 위험은 사실상 모든 임대거래에서 중심이 되고, 거의 모든 보험계약에서 도덕적 해이가 채무불이행위험의 주요한 구성요소이다.

   채무불이행위험 회피가능성은 두 가지 측면을 가지고 있다. 은행은 국채 또는 채무등급이 트리플 A와 같은 채무불이행위험이 거의 없거나 적은 위험을 가진 자산을 선택할 수 있다. 그러나 그러한 전략은 은행의 차입비용보다 단지 조금 높은 수익을 제공하며, 그와 같은 낮은(비록 상대적으로 안전하더라도) 이익마진은 은행에게는 매력적이지 않다.

   은행이 상당한 채무불이행 위험을 가진 자산을 선택한다면, 채무불이행위험을 통제할 수 있는 능력은 도덕적 해이와 다른 정보문제를 해결하는 능력으로부터 얻을 수 있다. 우리의 앞선 2-3장의 논의에서, 우리는 은행이 차입자에 대한 심사 및 모니터링을 통해 특별한 이점을 누

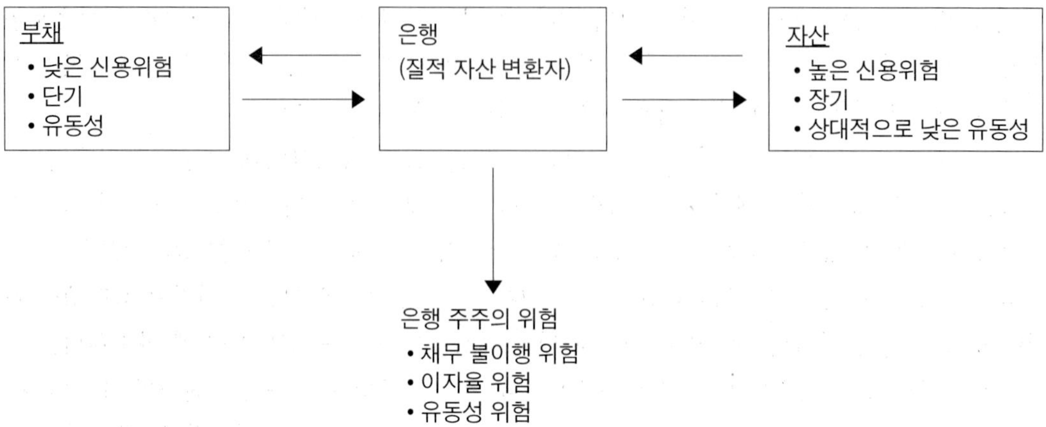

〈그림 4.2〉 은행의 주요 미스매치

릴 수 있다고 주장했다. 그러나 차입자를 가까이에서 모니터링하여 채무불이행 위험을 완전히 제거하는 것은 사실상 불가능하다.

채무불이행위험은 두 가지 종류가 있다. 차입자의 통제능력 밖의 현금흐름 변동성(물리적 위해)과 도덕적 해이가 그것이다. 채무불이행위험의 첫 번째 원천에 대해 말하자면, 금융중개기관으로서의 은행의 역할은 차입자를 조사하여 대출에서 위험을 부담할 만한가를 정확하게 평가할 수 있는 것이다. 이것은 차입자의 재무상태 분석과 다른 상대적인 재무와 운영정보를 포함한다. 이러한 능력으로, 은행은 리스크를 평가하고, 그 위험을 견딜 수 없을 경우 순수한 중개자의 역할을 하게 된다. 따라서 이 역할은 채권 평가기관이나 투자 은행의 역할과 비슷하다. 3장에서의 우리의 논의는 다양화된 정보 중개자들은 그 구성원들이 중개자 없이 낮은 비용으로 정보를 생산하는 것이 가능하도록 동기를 부여한다고 제안했다. 따라서 은행은 차입자의 통제를 넘어서는 채무불이행 위험에 대한 정보를 효율적으로 생산할 수 있다.

도덕적 해이에 관해서 말하면, 은행의 모니터링능력은 매우 중요하다. 이에 대해 좀더 자세하게는 다음 장에서 보겠지만, 차입자는 대출을 받은 후 은행의 위험 노출을 증가시킬 행동을 취할 유인을 가지게 된다. 이것이 대출약관이 차입자의 활동을 제한하기 위하여 대출계약에 포함되는 이유이다. 그러나, 차입자가 이 대출약관을 준수하는지를 은행이 모니터링하는 것이 도덕적 해이를 통제하는 데에 중요하다. 따라서 은행이 금융중개기관으로서 기본적 기능을 수행하는 효율성이 은행 신용위험노출의 중요한 결정요인이다. 게다가, 대출은 포트폴리오로서 관리된다. 은행은 자신의 자산 포트폴리오 내에 미래전망이 불완전한 상관관계를 갖는 많은 대출을 보유하고, 이를 통해 대출들 간의 위험을 분산함으로써 지급불이행위험을 통제할 수 있다.

2. **이자율 위험:** 이 위험은 시장 가격의 변동으로부터 비롯된다. 기업의 자산과 부채가 거래된다면, 자산과 부채는 시장에 의하여 재평가될 수 있다. 금리의 수준 또는 구조의 변화에 기인하는 이와 같은 재평가를 이자율위험이라고 한다. 간단한 예를 고려해보자. 은행이 10%의 이자율로 만기 2년의 1백만 달러의 대출을 한다고 가정하자. 은행이 이 대출을 연율 9%의 2년 만기 예금 또는 연율 8%의 1년 만기 예금으로 조달하는 방안 중에서 선택한다. 첫 번째 조달방안은 2년 동안 매년 10,000달러의 확실한 이자소득을 낳는다. 그러나 은행이 1년 만기 자금조달을 선택한다면 첫해에는 20,000달러를 벌겠지만 두 번째 해의 소득은 지금부터 1년 후의 1년 만기 이자율에 달려 있는데, 이 이자율은 현재 알려져 있지 않다. 만약 1년 만기 이자율에 변화가 없다면, 은행은 두 번째 해에도 20,000달러의 소득을 올릴 수 있다. 그러나 만약 1년 만기 이자율이 5%로 하락한다면 경영진은 더 좋아져서 두 번째 해의 소득이 50,000달러를 기록할 것이다. 그러나 또한 주택대부조합이 1980~81년에 유감스럽게도 경험했었던 바와 같이 이자율이 상승하고 만약 1년 만기 이자율이 예를 들어 12%로 상승하면, 은행은 두 번째 해에 20,000달러의 손실을 입는다. 이 예는 이자율위험 그리고 판단에 따른 의사결정 측면의 핵심을 보여준다. 이 위험은 물론 2년 만기 자금조달이 가능하다고 가정할 때, 2년 만기 자금조달을 선택하면 회피할 수 있었다. 만약 2년 만기 조달방안이 없거나 또는 단지 10% 초과 이자율만 가능하다면, 은행은 차입자에게 2년 만기 고정금리 대출을 제공할 필요가 없었다.

   은행의 관점에서, 이자율위험의 다른 측면은 조기상환의 위험이다. 이 위험은 차입자의 조기상환 권리로부터 발생한다. 만약 이자율이 상승하면, 조기상환은 없을 것이다. 그러나 만약 대출이 이루어진 후에 이자율이 충분히 하락하면, 차입자는 낮아진 이자율로 재차입하는 이점을 얻기 위해 대출을 조기상환하려고 할 것이다.

3. **유동성(인출)위험:** 유동성위험은 자산의 소유자(주택의 판매자 또는 자신의 부채를 매각하려는 차입자)가 매각하고자 하는 시점에 그 자산의 완전한 가치(full value)를 실현할 수 없는 위험이다. 은행 업무에서 차입자가 당면하는 유동성위험은 차입자가 갱신을 원하는 대출을 대출자가 갱신하지 않을 수도 있다는 것이다. 마찬가지로 은행이 당면하는 유동성위험은 예금자들이 예상치 못하게 그들의 예금을 인출하고, 은행이 순자산을 악화시키지 않고서는 그것을 대체할 수 없을 때 발생한다. 이 위험은 은행과의 관계에서 차입자에게, 그리고 예금자와의 관계에서 은행에 대칭적으로 적용된다. 유동성 위험의 가장 극단적인 경우는 자산의 판매자가 어떤 가격에서도 자산을 단순히 매각할 수 없는 경우다. 신용시장에서, 이러한 현상은 신용할당으로 알려져 있는데, 차입자는 지불하려는 가격에 관계없이 대출을 거절당한다. 우리는 신용할당에 대해서 6장에서 자세히 이야기할 것이다. 그러나 이 현상이 오랫동안 특히 경제학자들을 당혹스럽게 했다고 해도 충분할 것이다. 왜냐하면 이것은 가격이 배분의 결정권자로서의 역할을 명백히 중지한 것을 의미하기 때문이다.

유동성 위험은 또 다른 의미로도 설명된다. 자산시장은 시장의 발전과 활성화 정도에 따라 크게 다르다. 한 극단에는 진짜인지 모호한 특별한 골동품을 파는 벼룩시장이 있다. 다른 극단에는 비교적 저렴한 비용으로 대규모로 거래되며 전 세계적으로 24시간 운용되는 통화시장과 국채시장이 있다. 발전이 더디고 거래가 활발하지 않은 시장일수록 일반적으로 매수호가와 매도호가의 가격차이(bid-ask spread)가 큰 특징을 가지고 있다. 여기서 매수호가와 매도호가의 가격차이는 동일 장소와 시간에 증권구매자의 가격과 증권판매자의 가격의 차이로 정의된다. 예를 들어, 단기국채를 매도호가 $\$98\frac{1}{2}$에 살 수 있고, 매수호가 $\$98\frac{1}{4}$에 팔 수 있다면, 이 경우 매수호가와 매도호가의 가격차이는 $\$98\frac{1}{2} - \$98\frac{1}{4} = \$\frac{1}{4}$이다. 매수호가와 매도호가의 가격차이는 거래가 활발한 자산의 경우에는 자산가치의 1% 미만의 비율로부터 거주용 부동산의 경우에는 자산가치의 6 또는 7퍼센트까지 다양하다. 거래가 자주 발생하지 않고, 이질적이며, 가치를 평가하기 어려운 상품에 대해서는 훨씬 더 큰 매수호가와 매도호가의 가격차이가 적용된다. 매수호가와 매도호가의 가격차이는 자산을 동시에 구매 및 매각할 때의 비용으로 자산시장의 유동성을 반영한다.

비유동성 자산은 자산의 완전한 가치가 신속하게 실현되지 않는 자산이다. 즉 비교적 비유동적인 자산의 완전한 가치를 실현하는 데에는 시간과 노력이 요구된다.* 이런 이유로 비유동성 자산을 보유한 은행은 단기간의 통지에 의하여 부채를 상환하지 못할 수 있고, 이와 같은 우발적 사건에 대비하기 위한 재무상태표 관리 문제를 유동성관리 또는 현금관리라고 부른다(현금은 유동성이 가장 우수한 자산이다). 건전성 및 안전성을 갖추었지만 비유동성 자산을 보유한 은행이 인출을 충족시킬 수 없는 경우에 대비하기 위하여 충분한 최종대부자(lender-of-last resort) 기능을 갖춘 중앙은행이 설립되었다. 중앙은행은 비유동적이지만 아마도 그것을 제외하면 건전한 수익자산을 보유한 은행에 대출을 공여함으로써 은행에게 위기를 회피할 수 있는 유동성을 제공한다. 정말로 중앙은행은 은행의 유동성 문제의 일부를 사회가 부담하도록 설계되었다.

이 장의 남은 부분에서 우리는 이자율위험과 유동성위험을 더 상세히 다룬다. 채무불이행위험은 대출에 초점을 맞추어 5장과 6장에서 고려될 것이다. 이 장의 나머지는 다음과 같이 구성된다. 첫째, 우리는 이자율의 기간구조를 분석하고, 기간구조가 확실성 및 불확실성하에서 어떻게 결정되는지를 논의한다. 그다음에 우리는 듀레이션과 볼록성의 개념을 논의한다. 이 개념들은 이자율위험의 이해에 기초가 되므로 우리가 다음에 다루어지는 이자율위험을 상세히 논의하기 전에 이 개념들을 이해하는 것이 중요하다. 이어서 주요 이자율위험 관리기법을 살펴본다. 다음에 우리는 유동성위험을 다룬 후, 결론으로 마무리한다. 사례연구가 이자율위험 관리의 일부 실제 이슈를 예시하기 위하여 제시된다.

* 모든 자산이 완전하게 유동적이라고 가정한다면 마케팅의 역할이 설 곳은 없을 것이다.

이자율의 기간구조

고정수익증권 가치평가 복습

1년 후에 수취하는 250달러의 무위험 현금흐름의 현재가치는 무엇인가? 우리는 이 문제를 무위험차익거래 원리를 이용해 풀 것이다. 특히, 무위험 차익거래를 막기 위해—효율적 자본시장에서 필수적—균형에서 무위험 현금흐름의 가격은 다른 무위험자산의 가격과 관련이 있어야만 한다. 특히, 1년 후에 100달러가 지급되는 미국 국채가 현재 94.56달러에 거래되는 것을 알았다고 하자. 이로부터 우리는 무위험증권의 묵시적 1년 만기 수익률이 5.75퍼센트라고 추론할 수 있다 ($94.56[1+ 0.0575]=$100). 따라서 우리는 1년 후에 250달러를 받을 것을 약속하는 무위험자산에 대해 $250/[1.0575]=$236.41을 현재 지급하여야 한다.

그러나 무위험 현금흐름이 지금부터 2년 후에 약속된다면 어떨까? 그러면 우리는 유사한 만기(2년)의 무위험증권과 지급 특성을 알아야 한다(약정된 지급은 오직 지금부터 2년 후이고, 중간지급은 없다). 만기에 100달러의 지급이 약정된 2년 만기 미국정부의 순수할인채가 현재 88.58달러에 거래되고 있다고 가정하자. 그러면 2년간의 무위험이자율은 연간기준으로 $\$100/[1+i_0^2]^2=\$88.58$을 만족하는 i_0^2라고 추론할 수 있다. 이 방정식을 풀면 2기간 연간수익률 i_0^2은 6.25퍼센트이다. 따라서 우리는 〈그림 4.3〉을 얻게 된다.

즉, 비록 1년과 2년의 현금흐름이 모두 무위험일지라도 그들은 다른 할인율이 적용된다. 왜 그럴까?

그 이유는 미래의 한 기간의 이자율이 증가할 것으로 기대되기 때문이다. 우리의 예시에서 우리는 현재시점(date 0)에 1년 만기 무위험이자율이 연 5.75퍼센트이고 2년 만기 무위험이자율이 연 6.25퍼센트라는 것을 알고 있다. 우리는 미래시점(date 1)에 형성될 것으로 기대되는 1년 만기 무위험이자율, i_1^1을 추정할 수 있다.

$$\$221.45=\frac{\$250}{[1.0575][1+i_1^1]}$$

	0	1	2
현금흐름		$250	$250
할인율		5.75%	6.25%
t=0에서의 현재 가치		$236.41	$221.45

〈그림 4.3〉 현금흐름과 할인율

수익률 식을 풀면 i_1^1=6.75%이다. 즉, 2기간의 수익률 6.25%는 연속적인 1기간 수익률 5.75%와 6.75%의 기하평균이다(i_1^1을 보통 1년 후의 1년 만기 선도이자율이라고 한다).

수익률곡선

위에서 본 것은 상이한 만기의 채무증권의 이자율은 미래 이자율에 관한 투자자들의 기대를 통해 관련되어 있다는 것이다. 우리의 논의는 듀레이션을 배우기 전에 무이표채권(순수할인채)을 다룬다. 이 논의를 위한 유용한 개념은 만기수익률(yield to maturity: YTM)인데, 만기수익률은 채권으로부터의 미래현금흐름의 현재가치를 채권의 현재 시장가치와 일치시키는 내부수익률(internal rate of return)로 정의된다. 이 다른 채권 수익률 간의 관계는 이자율의 기간구조에 의해 요약된다. 우리는 이자율의 기간구조(수익률 곡선)를 만기수익률(YTM)과 동일한 채무불이행위험 특성을 가진 채무증권의 만기일까지의 기간의 관계로 정의할 수 있다. 수익률을 비교하는 채권의 채무불이행위험을 동등하게 하는 것이 중요하다. 단순화를 위해, 우리는 우리의 관심을 채무불이행 위험이 없는 채권에 국한시킬 것이다. 따라서 만기가 m기인 채권의 만기수익률은 채권의 현금흐름이 채권의 시장가격이 되기 위해 m기간 할인되어야 하는 연간 할인율로 정의된다. 〈그림 4.4〉와 〈그림 4.5〉는 두 종류의 상이한 수익률곡선을 보여주는데, 각각은 만기를 제외하고는 동일한 채권의 수익률을 나타내고 있다. 〈그림 4.4〉는 우상향(upward sloping)하는 미국 국채의 수익률곡선을 보여준다. 이것은 만기별로 가장 최근에 발행(on the run)된 채권의 수익률곡선인데, 여기서 암묵적 무이표채 수익률곡선은 이표채(full-coupon bond) 가격으로부터 추정된다. 〈그림 4.5〉는 컵의 형태를 가진 독일 국채의 수익률곡선을 보여준다. 비교적 짧은 만기 구간에서는 이 수익률곡선은 우하향(inverted)하여 만기수익률이 만기와 더불어 감소한다. 중간

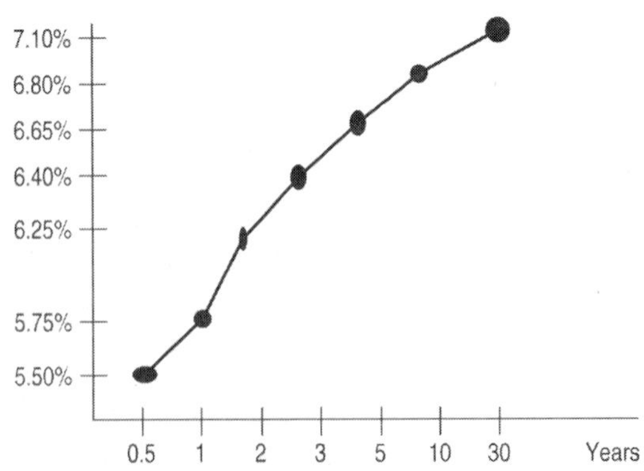

〈그림 4.4〉 1996.7.25 미국 국채의 무위험이자율 기간구조

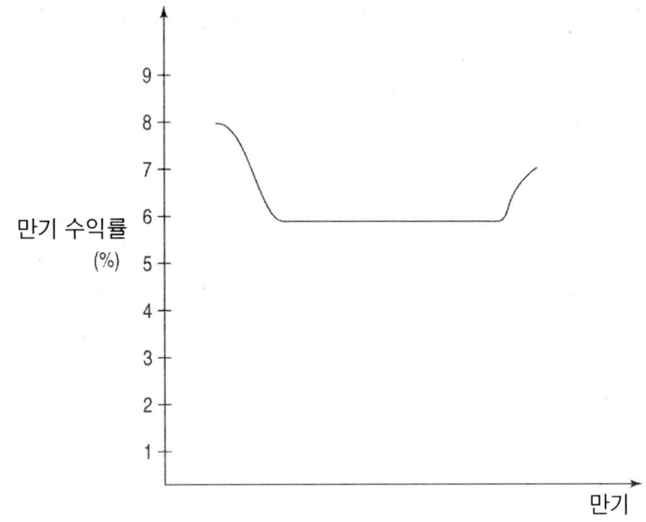

〈그림 4.5〉 1993.3.22 독일 국채의 수익률 곡선

만기 구간에서는 수익률곡선이 거의 수평(flat)이어서 이 범위에서는 만기수익률이 만기로부터 거의 독립적이다. 그리고 비교적 긴 만기 구간에서는 수익률곡선이 우상향(upward)하여 만기수익률이 만기와 더불어 증가한다.

무엇이 수익률곡선의 형태를 결정하는가? 단순화를 위해 우리는 이 문제를 먼저 완전확실성(perfect certainty)의 세계에서 살펴본다. 불확실성은 다음에 이어서 다루어질 것이다. 두 경우에 우리는 금융시장의 균형이 무위험 차익거래를 허용하지 않는다고 가정한다.

확실성하의 수익률곡선 결정

기본모델: 시점 t에 만기가 m년인 채권의 P_t^m와 i_t^m을 각각 채권가격과 만기수익률이라고 하자. 우리는 시간 단위는 1년이고 모든 채권은 거래가 이루어져 시장에서 채권가격을 구할 수 있다고 가정한다. 예로서, 하나는 만기가 1년이고, 다른 하나는 만기가 2년인 두 채권의 수익률 관계를 살펴볼 것이다. 단순화를 위해, 우리는 각 채권은 무이표채권(순수할인채)이고 액면가(F)는 1달러라고 가정한다. 무이표채권은 만기에 1회의 약정된 금액을 지급(만기일시상환)하고 만기 전에는 지급이 없다. 이제 현재(t=0) 만기가 1년인 채권의 만기 수익률(i_0^1)은 채권의 현재 시장가격과 일치시키기 위하여 액면가 1달러를 1기간에 걸쳐 할인한 내부수익률이다.

$$P_0^1 = \frac{F}{1 + YTM} = \frac{1}{1 + i_0^1} \qquad [4.1]$$

마찬가지로 t=0에 만기가 2년인 채권의 만기수익률(i_0^2)은 채권의 현재 시장가격과 일치시키기 위하여 액면가 1달러를 2기간에 걸쳐 할인한 내부수익률이다.

$$P_0^2 = \frac{F}{(1+YTM)^2} = \frac{1}{(1+i_0^2)^2} \qquad [4.2]$$

이제 우리는 오늘 1달러로 2년 만기 채권에 투자한다고 가정하자. 2년 만기 채권은 P_0^2달러에 판매되기 때문에, 우리는 2년 만기 채권의 $1/P_0^2$ 단위를 매입할 수 있을 것이다. 그리고 지금부터 2년 후(t=2), 우리의 투자는 우리가 매입한 채권의 수량($1/P_0^2$)과 각 채권의 액면가(1달러)의 곱에 해당하는 (확실한) 수익(payoff)을 가져다줄 것이다. 즉, t=2에 우리의 수익은 다음과 같다([4.2] 이용).

$$1/P_0^2 = (1+i_0^2)^2 \qquad [4.3]$$

또 다른 1달러 사용법은 지금 1년 만기 채권에 투자하는 것이다. 우리는 t=0에 1년 만기 채권의 $1/P_0^1$ 단위를 매입할 수 있고, 그러면 t=1에 우리의 수익은 우리가 매입한 채권의 수량($1/P_0^1$)과 각 채권의 액면가(1달러)의 곱이 될 것이다. 즉 t=1에 우리의 수익은 다음과 같다([4.1]을 이용).

$$1/P_0^1 = (1+i_0^1) \qquad [4.4]$$

우리는 이 돈으로 t=1에 무엇을 할 수 있겠는가? 물론 투자하라! 우리가 지금부터 1년 후에 발행될 1년 만기 액면가 1달러의 또 다른 무이표채(또는 동등하게, 처음에는 만기가 여러 해였지만 지금은 만기가 1년 남은 채권)에 투자한다고 가정하자. 우리는 현재 확실성의 세계에 살고 있기 때문에 (지금부터 1년 후에 발행되는) 1년 만기 채권의 가격(P_1^1)을 정확하게 예측할 수 있다. ($1+i_0^1$)달러를 투자하면 우리는 이 채권을 $(1+i_0^1)/P_1^1$단위만큼 매입할 수 있다. 이 채권의 만기수익률(i_1^1)은 t=1의 채권시장가격과 일치시키기 위하여 액면가 1달러를 1기간에 걸쳐 할인한 내부수익률이다. 따라서 다음과 같이 표시된다.

$$P_1^1 = 1/(1+i_1^1) \qquad [4.5]$$

우리가 t=1에 이 채권을 $(1+i_0^1)/P_1^1$ 단위만큼 매입하였고 각 단위의 액면가는 1달러이므로, t=2에 우리의 수익은 [4.5]를 이용하면 다음과 같다.

$$[(1+i_0^1)/P_1^1] \times 1 = (1+i_0^1)(1+i_1^1) \qquad [4.6]$$

차익거래의 부재와 만기수익률의 관계: 이 시장에서의 균형은 무위험차익거래의 기회가 없음을 필요로 한다. 즉, t=0에 2년 만기 채권에 투자하는 전략 또는 1년 만기 채권에 투자한 후 그 수익금을 또 다른 1년 만기 채권에 다시 투자(rolling over)하는 전략 중 어느 하나가 더 나은 성과를 낼 수 없다. 우리는 각각 동일한 1달러로 투자를 시작했기 때문에 두 전략 모두 t=2에 동일한 수익률을 내야 한다. 즉, 수식 〔4.3〕과 〔4.6〕이 같아야 한다. 그러므로 다음의 관계가 성립한다.

$$(1+i_0^2)^2=(1+i_0^1)(1+i_1^1)$$

또는

$$(1+i_0^2)=\sqrt{(1+i_0^1)(1+i_1^1)} \tag{4.7}$$

따라서, 2년 만기 채권의 (연율화된) 만기수익률은 각각의 만기가 1년인, 두 개의 연속적인 채권의 만기수익률의 기하평균이 되어야 한다. 이 관계는 때때로 기대가설이라고 알려져 있다. 왜냐하면 장기채권의 수익률은 연속되는 단기채권 수익률에 관한 투자자의 기대에 바탕을 두어야 하기 때문이다. 임의의 n년에 대한 식으로 식 〔4.7〕을 일반화하면 다음과 같다.

$$(1+i_0^n)=\sqrt[n]{(1+i_0^1)(1+i_1^1)(1+i_2^1)(1+i_3^1)\ldots(1+i_{n-1}^1)} \tag{4.8}$$

현물 이자율과 선도 이자율: 미래수익률 i_1^1, i_2^1, i_3^1은 선도이자율(forward rates)로 알려져 있다. 반면 현재 수익률 i_0^1, i_0^2, ⋯, i_0^n은 현물 이자율(spot rates)로 알려져 있다. 미래 어떤 기간 동안의 선도이자율은 채권가격 비율을 이용해 정의될 수 있다. 이것을 보려면, 〔4.7〕을 풀면 얻을 수 있다.

$$i_1^1=\frac{(1+i_0^2)^2}{(1+i_0^1)}-1$$

이제, 〔4.1〕과 〔4.2〕 각각으로부터 $1+i_0^1$과 $1+i_0^2$을 대체하면, 우리는 다음 식을 얻을 수 있다.

$$i_1^1=\frac{P_0^1}{P_0^2}-1$$

마찬가지로, 우리는 $i_2^1=\frac{P_0^2}{P_0^3}-1$을 얻을 수 있고 이런 식으로 계속할 수 있다. 그러므로 일정 기간 후 한 기간(one-period-hence)의 선도이자율은 어떤 미래의 시점에 시작하는 한 기간 대출(one period loan)의 이자율로 생각될 수 있다. 일정 기간 후 n기간의 선도이자율은 어떤 미래 시점에 시작하는 n기간 대출의 이자율이다. 지금부터 t기간 후에 만기가 n년으로 발행되는 채권의 만기수익률(즉, t시점 후 n기간의 선도이자율)의 일반적인 공식은 $i_t^n=\sqrt[n]{\frac{P_0^t}{P_0^{n+t}}}-1$이다.

예제 4.1 만기를 제외하고 모든 것이 동일한 세 개의 무이표채권이 있다고 가정하자. 각각의 채권은 액면가가 천만 달러이다. 그중 하나는 지금부터 1년 후에 만기가 도래하고 현재 9,523,809달러에 거래되고 있다. 또 다른 채권은 지금부터 2년 후에 만기가 도래하고 현재 8,734,386달러에 거래되고 있다. 세 번째는 지금부터 3년 후에 만기가 도래하고 현재 7,513,148달러에 거래되고 있다. 세 개의 채권 각각의 만기수익률을 계산하고, 수익률곡선을 그리고(부드럽게 보간한다고 가정해서), 아울러 가능한 선도 이자율을 계산하라.

풀이 우리는 이 문제를 두 단계를 통해 해결할 수 있다. 먼저, 우리는 다양한 만기수익률을 계산하기 위해 지정된 채권을 사용할 것이다. 둘째, 우리는 채권 가격의 비율을 계산하여 만기가 서로 다른 내재 선도이자율을 계산할 것이다.

단계 1: 우리의 이전의 분석결과를 이용하여

$$9{,}523{,}809=10{,}000{,}000/(1+i_0^1),\ \text{풀면}\ i_0^1=0.05\ \text{즉 5퍼센트.}$$

마찬가지로,

$$8{,}734{,}386=10{,}000{,}000/(1+i_0^2)^2,\ \text{풀면}\ i_0^2=0.07\ \text{즉 7퍼센트, 그리고}$$

$$7{,}513{,}148=10{,}000{,}000/(1+i_0^3)^3,\ \text{풀면}\ i_0^3=0.10\ \text{즉 10퍼센트.}$$

단계 2: 우리는 이제 내재 선도이자율을 계산할 수 있다. 우리에게 주어진 자료는 P_0^1=$9,523,809, P_0^2=$8,734,386, 그리고 P_0^3=$7,513,148이다.

$$i_1^1=\frac{P_0^1}{P_0^2}-1$$

$$=\frac{9{,}523{,}809}{8{,}734{,}836}-1$$

$$= 9.03809\%$$

그리고

$$i_2^1=\frac{P_0^2}{P_0^3}-1$$

$$=\frac{8{,}734{,}836}{7{,}513{,}148}-1$$

$$= 16.25469\%$$

우리는 이제 수익률곡선의 형태가 어떻게 결정되는지 알 수 있다. 만약 투자자들이 단기 이자율이 계속 상승할 것으로 믿는다면, $i_0^1 < i_1^1 < i_2^1 < \cdots < i_{n-1}^1$, 그래서 $i_0^1 < i_0^2 < i_0^3 < \cdots < i_0^n$, 그러면 수익률 곡선은 우상향(upward sloping)한다. 한편, 투자자들이 단기 이자율이 계속 하락할 것으로 믿는다면, 수익률곡선은 우하향(downward sloping)한다. 채권가격들이 주어지면, 우리는 위의 예제와 같이 시장의 내재 선도이자율을 계산할 수 있다.

5퍼센트, 9.03809퍼센트 및 16.25469퍼센트의 기하평균은 현재의 3년 만기 수익률인 10퍼센트와 동일하다. 마찬가지로, 5퍼센트와 9.03809퍼센트의 기하평균은 현재의 2년 만기 수익률인 7퍼센트와 동일하다. 게다가, 현재의 2년 만기 수익률 7퍼센트와 2년 후 1년 만기 이자율인 16.25469퍼센트의 기하평균은 현재의 3년 만기 이자율 10퍼센트와 동일할 것이다. 따라서 3년 동안 투자하는 모든 가능한 전략은 동일한 수익률을 가져다주어야 한다. 지금까지 우리의 분석은 확실성의 가정하에서 진행되었다. 이제 우리는 미래 이자율의 불확실성을 고려한다.

이자율위험의 매력과 그 잠재적 영향

우리가 앞의 예에서 본 것처럼, 다른 만기를 가진 채권의 수익률은 다를 수 있다. 〈그림 4.3〉에서 우리는 1년 만기의 수익률이 5.75퍼센트이고, 2년 만기의 수익률이 6.25퍼센트인 경우를 언급했었다. 즉, 만약 우리가 1년 만기 채권을 0기에 매입하여 1기까지 보유한다면, 우리는 5.75퍼센트의 수익률을 얻는다. 만약 2년 만기 채권을 0기에 매입하여 만기인 2기까지 보유하면, 우리는 6.25퍼센트의 수익률을 얻을 수 있다. 수익률의 차이, 즉 6.25퍼센트-5.75퍼센트=0.5퍼센트를 기간프리미엄이라고 부른다. 우리는 m기간의 기간프리미엄을 채권 구매 시 채권의 만기가 m+1기간인 채권을 한 기간 동안 보유하였을 때의 기대수익률과 만기가 1기간인 채권의 수익률과의 차이로 정의한다. 만약 기간프리미엄이 양이라면, 장기 채권일수록 더 높은 기대수익률을 가져야 한다. 확실성의 세계에서, 기간프리미엄은 단순히 미래의 이자율이 현재의 이자율보다 더 높을 것이라는 투자자의 기대를 반영한다. 그러나 불확실성의 세계에서—금리가 무작위로 변동하는—기간프리미엄은 2개의 구성요소를 가진다. 하나는 기대되는 미래 이자율의 변화를 반영하는 것이고, 다른 하나는 위험회피적 투자자가 (더 장기의 채권을 보유할수록) 미래 이자율의 변화가 기대된 변화로부터 벗어나는 위험을 부담하는 것에 대하여 요구하는 프리미엄을 반영한다(이것은 이자율위험을 부담하는 것에 대한 프리미엄으로 볼 수 있다).

기간 프리미엄은 대체적으로 양의 값을 가진다. 이것은 아래 〈그림 4.6〉에서 볼 수 있는데, 〈그림 4.6〉은 미국 국채시장에서 추정된 10년간의 기간프리미엄을 그래프로 나타낸 것이다. 이 그림은 기간프리미엄이 1990년부터 감소하고 있고 2004년부터는 급격하게 감소하고 있음을 보여준다. 이것은 투자자들이 만기가 더 장기인 채권을 보유하려는 의지가 더욱 커졌음을 시사한다. 투자자가 위험회피자라는 것을 고려할 때, 이것은 거시경제적 변동성이 낮아졌음을 인지하게 되었음을 나타낸다고 볼 수 있다.

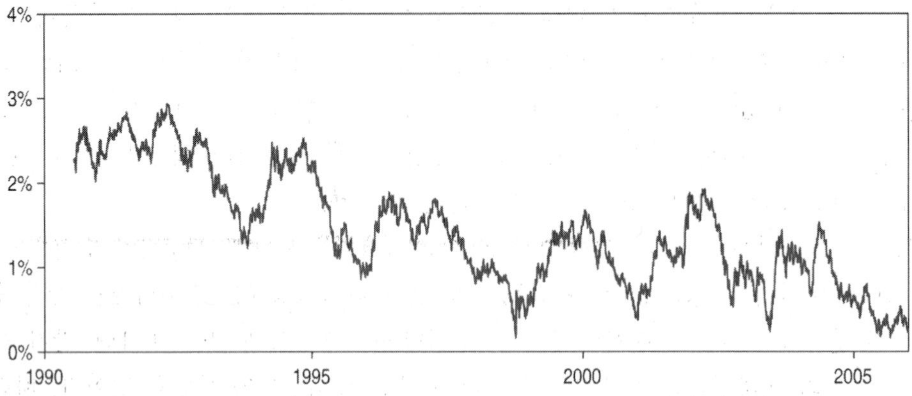

〈그림 4.6〉 1990-2005, 미국 국채시장에서 추정된 10년 만기 기간프리미엄
노트: 10년 만기 국채의 추정된 순간적인 기간프리미엄
출처: Don H. Kim and Jonathan H. Wright, "An Arbitrage-Factor Three-Factor Term Structure Model and the Recent Behavior of Long-Term Yields and Distant-Horizon Forward Rates," Federal Reserve Board, Finance and Economics Discussion Series Number 2005-33, August 2005; and the Federal Reserve.

〈표 4.1〉 국채 수익률(2005년 12월 현재)

국가	2년 만기 수익률	10년 만기수익율
미국	4.65%	4.8%
유로 존	2.9%	3.5%
영국	4.42%	4.54%
일본	0.20%	1.70%

양의 기간프리미엄의 증거는 〈표 4.1〉에서도 볼 수 있다. 〈표 4.1〉은 다른 나라들의 국채수익률 자료를 제시하고 있다.

기간프리미엄은 보통 양의 값으로 은행이 자산과 부채의 만기구조를 불일치시키는 강한 유인책을 발생시킨다. 부채보다 만기가 더 긴 자산을 보유함으로써, 은행은 양의 기간프리미엄으로부터 이익을 얻을 수 있다. 이것이 이자율위험의 매력이다. 그러나 다음에 보여주는 예제 4.2와 같이 이것 역시 위험하다.

양(+)의 기간프리미엄의 존재는 은행에게 깊은 의미가 있다. 한편, 그것은 은행이 그들의 재무상태표의 만기 불일치로부터 이익을 얻을 수 있도록 허용한다. 한편, 그것은 은행에 이자율위험을 부과한다. 그래서 만기의 불일치로 인한 이익의 매력은 매우 강력할 수 있는 반면에, 불일치의 위험은 유감스럽게도 많은 저축대부조합(S&L)과 캘리포니아 주의 오렌지카운티에서 나타나듯이 파멸을 가져올 수도 있다.

은행은 만기를 일치시킴으로써 주주들을 이자율위험으로부터 헤지할 수 있었을까? 반드시 그런 것은 아니다. 그 이유는 은행은 자산과 부채의 현금흐름의 정확한 시기를 일치시키는 것이 필

예제 4.2 은행의 유일한 자산은 5년 후에 1억 달러의 지급이 약정된 5년 만기 미국정부의 무이표채권이라고 가정하자. 은행의 유일한 부채는 1년 만기 7천5백만 달러의 양도성 예금증서(CD)이다. 1년 만기 무위험증권의 만기수익률은 5.75퍼센트이고, 5년 만기 무위험증권의 만기수익률은 6.65퍼센트이다.

이 은행의 경제적 가치 기준의 재무상태표는 아래와 같다.

경제적 가치 재무상태표 (백만 달러)

자 산		부채와 자기자본	
국채	$72.48	CD	$70.92
		자기자본	$1.56
계	$72.48	계	$72.48

국채의 경제적인 가치는 $\frac{\$100}{(1.0665)^5}$=$72.48이고, 반면에 CD의 경제적 가치는 $\frac{\$75}{1.0575}$=$70.92 이다.

은행의 자기자본의 경제적 가치는 자산가치와 부채가치의 차이이고, 이것은 은행의 자산과 부채의 이자율 또는 수익률의 차이에 의해 대표되는 기간프리미엄에서 나온다. 이자율이 변화하지 않는 한, 은행은 기간프리미엄을 얻을 것이다.

이제 만약 수익률곡선이 평행이동하여 모든 수익률이 100베이시스 포인트씩 증가한다면 은행의 자기자본가치는 어떻게 될까? 새로운 경제적 가치에 의한 재무상태표는 다음과 같다.

자 산		부채와 자기자본	
국채	$69.17	CD	$70.26
		자기자본	−$1.09
계	$69.17	계	$69.17

국채의 새로운 경제적 가치는 $\frac{\$75}{[1.0765]^5}$=$69.17이고, CD의 새로운 경제적 가치는 $\frac{\$75}{[1.0675]}$=$70.26

자기자본의 가치는 자산의 가치-부채의 가치=$69.17-$70.26=-$1.09이다.

비록 모든 이자율이 단지 과도하지 않게 조금만 동일하게 증가하더라도, 자기자본의 경제적인 가치는 156만 달러로부터 -109만 달러로 감소하는 것을 보았다. 왜? 그 이유는 은행의 자산으로 대표되는 장기 현금흐름이 은행의 부채로 대표되는 단기 현금흐름보다 이자율 변화에 훨씬 더 민감하기 때문이다. 따라서 부채보다 만기가 긴 자산을 보유한 우리의 가상은행과 같이 전형적으로 만기불일치의 은행들은 이자율이 상승할 때 자기자본가치의 하락을 경험한다. 이러한 종류의 이자율위험은 전형적인 은행의 자산과 부채가 특별한 방법으로 불일치되기 때문에 발생한다.

요하기 때문이다. 단기의 현금흐름은 장기의 현금흐름과 다르게 움직인다. 주주들을 이자율위험으로부터 헤지하기 위하여, 은행은 시장 이자율의 변화가 주어졌을 때, 자산과 부채의 가치가 어떻게 변화하는지에 대해 이해하여야 한다. 즉, 은행의 주주들은 주어진 시장수익률의 변화에 대하여 다음의 조건이 충족된다면 이자율 변동으로부터 보호될 것이다.

자산의 가격변화 비율 = 부채의 가격변화 비율, 즉

$$\left.\frac{\Delta P_A}{P_A}\right|_{\Delta_i} = \left.\frac{\Delta P_L}{P_L}\right|_{\Delta_i} \qquad (4.9)$$

ΔP_A는 자산가격의 변화, P_A는 자산 가격, ΔP_L은 부채가격의 변화, P_L은 부채가격이다. 그리고 Δ_i는 이자율의 변화이다.

이제 가치 $\left.\frac{\Delta P_A}{P}\right|\Delta_i$를 설명하자.

먼저 i가 10%이고, 액면가격이 100달러인 10년 만기의 무이표채권이 평탄한(flat) 기간구조를 가지고 있는 경우를 생각해보자. 만약 수익률(이자율)이 1베이시스 포인트(1/10,000) 변한다면 이 채권의 가격은 어떻게 될까?

$$P(\text{no change}) = \frac{\$100}{(1.10)^{10}} = \$38.5543$$

$$P|_{\Delta_i = +0.0001} = \frac{\$100}{(1.1001)^{10}} = \$38.5193$$

$$P|_{\Delta_i = -0.0001} = \frac{\$100}{(1.0999)^{10}} = \$38.5894$$

$$\left.\frac{\Delta P}{P}\right|_{\Delta_i = +0.0001} = -0.09\%$$

$$\left.\frac{\Delta P}{P}\right|_{\Delta_i = -0.0001} = 0.09\%$$

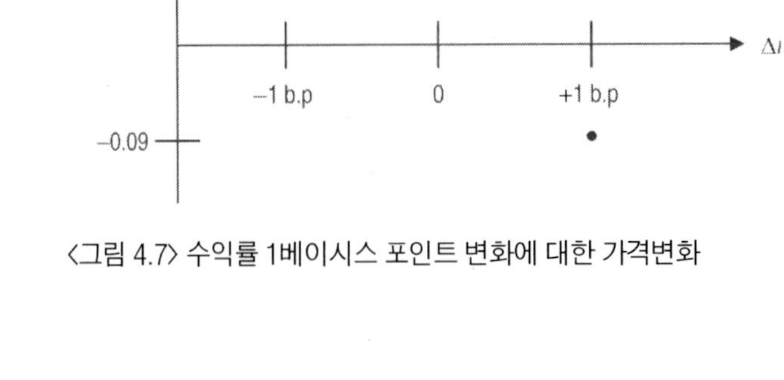

<그림 4.7> 수익률 1베이시스 포인트 변화에 대한 가격변화

듀레이션

쿠폰부채권(이표채)의 만기의 부적절성

우리는 상대적인 가격변화($\Delta P/P$)는 수익률의 변화(ΔR)와 관련되어 있다는 것을 보았다. $\Delta P/P$와 ΔR 간의 수학적인 관계는 듀레이션(duration)으로 주어지는데, 듀레이션은 만기와 관련되지만 만기와는 다르다. 채권의 만기는 투자자에게 채권의 마지막 현금흐름을 받기 전까지 얼마나 오래 기다려야만 하는지, 즉 다시 말해서 채권이 언제 만기가 되어 상환되는지를 알려준다. 그러나 채권의 만기는 무이표채권이 아니라면 채권 가격의 변동성에 관하여 필요한 모든 정보를 투자자에게 제공해 주지는 않는다. 이것은 동일한 만기의 채권이라도 만기까지의 기간 동안 이표(coupon)의 지급이 다를 수 있기 때문이다. 더구나, 이표 지급 외에도 채권은 종종 만기 전에 분할상환(amortization)과 같이 다른 현금흐름을 제공한다. 상대적으로 초기에 큰 이표지급이 이루어지거나 또는 빠르게 분할상환이 이루어지는 채권은 큰 이표지급액의 대부분을 만기에 근접하여 늦게 지급하는 채권보다 더 짧은 실효만기(effective maturity)를 가진다. 그 이유는 전자는 전체 현금흐름의 많은 부분이 실제 만기일 상당히 이전에 발생하는 반면에, 후자는 현금흐름이 실제의 만기일에 더욱 근접하여 치우쳐서 발생하기 때문이다. 그러므로 우리는 이 채권들의 가격이 이자율의 변화에 대하여 상이한 민감도를 가질 것으로 기대하여야 한다. 우리는 이제 우리의 관심을 무이표채권으로부터 이표를 지급하거나 지급하지 않는 채권으로 옮기고 있다는 것을 주목하라. 우리의 분석에서 다루어지는 모든 채권은 비분할상환이다. 즉, 만기 이전에는 오직 이표지급만이 이루어지고 전체 원금은 만기에 지급된다.

듀레이션이 답이다

만기와 동일한 시간적 단위로 표시되는 듀레이션은 단지 채권의 최종적인 현금흐름뿐만 아니라 채권의 모든 현금흐름의 시기(timing)를 고려하므로, 더욱 정교한 현금흐름 시기의 척도이다.* 채권의 듀레이션은 상환일정에 따른 채권의 모든 미래 지급액이 지급되기까지의 시간의 가중평균으로 정의된다. 여기서 각 지급액의 가중치는 채권의 가치에 대한 각 지급액의 상대적 기여도를 반영한다. 즉, 각각의 가중치는 각각의 지급액의 현재가치를 채권의 모든 지급액의 현재가치로 나눈 값이다. 만기가 N년, 이표지급액이 C_1, C_2, ⋯, C_n, 그리고 만기에 지급되는 원금(만기일시상환)이 B_N인 채권을 고려하자. 여기서 C_t는 지금부터 t년 후에 지급되는 이표이다. 기간구조는 수평(flat)하고, i는 모든 현금흐름의 연수익률이라고 하자. 그러면 $t=0$에 채권의 가격은 미

---

* 듀레이션의 개념은 Macaulay(1938)에 의해 도입되었다. 우리가 보는 형태는 부분적으로 Fisher and Weil(1971), and Ingersoll, Skeleton 그리고 Weil(1978)의 일반화에 의존한다.

래 지급액의 현재가치이다.

$$P = \frac{C_1}{1+i} + \frac{C_2}{(1+i)^2} + \cdots + \frac{C_N + B_N}{(1+i)^N} \qquad (4.10)$$

어떻게 P가 *i*와 관련되어 있는지 보기 위해서, 도함수를 구하면

$$\frac{dP}{di} = \frac{-C_1}{(1+i)^2} + \left[\frac{-2C_2}{(1+i)^3}\right] + \ldots + \left[\frac{-N[C_N + B_N]}{(1+i)^{N+1}}\right]$$

또는

$$dP = -\frac{-di}{1+i}\left[\frac{C_1}{(1+i)} + \frac{2C_2}{(1+i)^2} + \ldots + \frac{N(C_N + B_N)}{(1+i)^N}\right]$$

양변을 P로 나누면:

$$\frac{dP}{P} = \frac{-di}{1+i}\left[\frac{\frac{C_1}{(1+i)} + \frac{2C_2}{(1+i)^2} + \ldots + \frac{N(C_N+B_N)}{(1+i)^N}}{\frac{C_1}{(1+i)} + \frac{C_2}{(1+i)^2} + \ldots + \frac{(C_N+B_N)}{(1+i)^N}}\right]$$

우리는 이것을 다음과 같이 쓸 수 있다.

$$\frac{dP}{P} = \frac{-di}{(1+i)}\left[1\left\{\frac{\frac{C_1}{(1+i)}}{\frac{C_1}{[1+i]} + \frac{C_2}{[1+i]^2} + \ldots + \frac{[C_N+B_N]}{[1+i]^N}}\right\} + 2\left\{\frac{\frac{C_2}{(1+i)^2}}{\frac{C_1}{[1+i]} + \frac{C_2}{[1+i]^2} + \ldots + \frac{[C_N+B_N]}{[1+i]^N}}\right\} + \ldots + N\left\{\frac{\frac{C_N+B_N}{[1+i]^N}}{\frac{C_1}{[1+i]} + \frac{C_2}{[1+i]^2} + \ldots + \frac{[C_N+B_N]}{[1+i]^N}}\right\}\right] \qquad (4.11)$$

각 항의 분자는 지급액의 1, 2, ..., N 도착시간이 그 지급액의 현재가치에 의하여 가중된 것을 나타낸다. 분모는 채권에 의해 약정된 모든 현금흐름의 현재가치의 합을 나타내는데, 이는 채권의 현재 시장가격 P가 되어야 한다. 다음과 같이 정의하자.

$$w_t \equiv C_t/(1+i)^t \quad \text{모든 } t=1,\ 2,\ \ldots,\ N\text{-}1\text{에 대해} \qquad (4.12)$$

그러면 w_t는 지금부터 t년 후에 수령할 지급액에 대한 계수가 된다.* $w_N \equiv (C_N + B_N)/(1+i)^N$로 두자. 그러면 〔4.12〕와 P의 정의를 이용하면, 우리는 〔4.11〕을 다음과 같이 쓸 수 있다.

$$\frac{dP}{P} = -\frac{di}{[1+i]}\left[\frac{(w_1 + 2w_2 + 3w_3 + \ldots + Nw_N)}{P}\right] \qquad (4.13)$$

이 수식은 가격과 수익률 간의 관계를 보여준다. 고정수익증권의 듀레이션은 가격탄력성(price elasticity)이고, 그것은 가격의 변화율을 수익률의 변화와 연결시킨다. 〈그림 4.8〉을 보라.

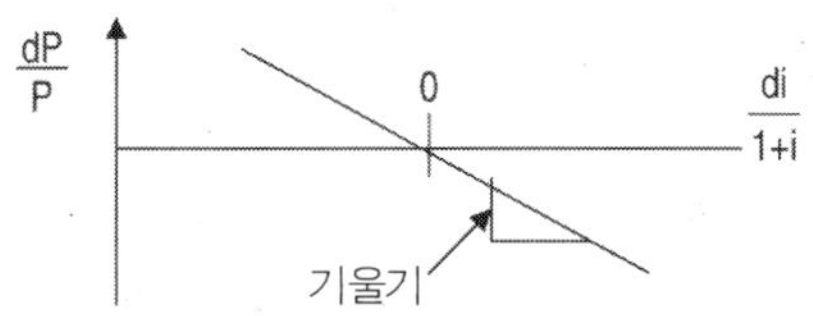

〈그림 4.8〉 듀레이션

〈그림 4.8〉에 나타난 듀레이션은 가격변화율과 수익률변화 간의 관계를 보여주는 기울기의 음의 값이다. 따라서 만약 우리가 자산의 듀레이션을 알고 있을 때, 수익률의 변화가 주어진다면 그 자산의 가격민감도를 예측할 수 있다. 우리는 다음과 같이 쓸 수 있다.

$$\frac{dP}{P} = -D\left[\frac{di}{1+i}\right]$$

여기서 D가 듀레이션이다. $\hat{w}_t \equiv w_t/P$로 정의하면, 우리는 다음과 같이 쓸 수 있다.

$$D = \sum_{t=1}^{N} t\hat{w}_t \qquad (4.14)$$

따라서 〔4.14〕는 채권의 듀레이션에 도달하기 위해서 우리가 상이한 약정된 지급액의 도달시기의 가중평균을 계산하는 것을 말한다. 여기서 각각의 도달시간의 가중치는 도달시간과 관련된 현금흐름의 현재가치를 채권의 가격으로 나눈 값과 동일하다.

우리는 이제 채권의 듀레이션을 그 채권보유자가 자신의 투자를 회수하기 전에 기다려야만 하는 평균연수(average number of years)를 나타내는 단위라고 생각할 수 있다. 위험평가목적에서 보면 듀레이션은 만기보다 훨씬 더 의미 있는 채권의 특성이다. 채권의 듀레이션이 짧을수록, 채권의 가격 변동성은 더 작아진다. 모든 것이 고정되어 있다면(채권의 현재가치 즉 가격을 포함해서), 이표지급액의 증가는 듀레이션을 감소시키고, 만기의 증가는 듀레이션을 증가시킨다. 무

* 각각의 w_t는 합계가 1이 되지 않기 때문에 '가중치'라기보다는 '만기계수(maturity coefficient)'로 보는 것이 합당할 것이다. 하지만 식 〔4.13〕의 분모에 의해 나누어진 각각의 w_t는 가중치이다. 즉, 식 〔4.14〕의 $\hat{w}_t$는 가중치이다.

이표채권(순수할인채)은 동일한 만기를 가진 채권들 중 가장 긴 듀레이션을 가진다. 사실상 무이표채권의 듀레이션은 만기와 동일하다.

이 채권들은 최근에 매우 인기가 높아졌다. 무이표채권이 제공하는 한 가지 중요한 장점은 그들이 발생시키는(오직 만기에만) 모든 현금흐름은 그 당시(prevailing)의 이자율로 재투자되는 이표채와는 달리 묵시적으로 만기수익률(YTM)로 재투자된다는 것이다. 그러나 무이표채권 또

예제 4.3 이자율 환경이 1기간의 연수익률이 10퍼센트이고 2기간의 연수익률이 9.7824퍼센트라고 가정하자. 우리는 2개의 무위험채권을 가지고 있는데(각각 2년의 만기를 가짐), 하나는 지금부터 만기가 2년이고 만기에 1,109.60달러의 지급을 약속한 무이표채권이고, 다른 하나는 지금부터 1년 후에 100달러의 이표를 지급하고 지금부터 2년 후에는 다른 이표 100달러와 만기 지급액 900달러를 지급한다는 점을 제외하면 이 두 채권은 모든 측면에서 동일하다. 이 두 채권의 듀레이션을 계산하라.

풀이 우리는 이 문제를 3단계로 푼다. 첫째, 우리는 제공된 수익률 자료를 이용하여 무이표채권과 이표채권의 현재 가격을 계산한다. 우리는 둘 다 가격이 동일하다는 것을 알게 된다. 둘째, 우리는 이표채권의 듀레이션을 계산하는데, 이표채권의 듀레이션은 무이표채권의 듀레이션보다 작다. 마지막으로 3번째 단계에서, 가능한 가격변화들의 분산을 계산하고(무작위한 이자율의 움직임에 기인한), 이 분산이 무이표채권이 더 높다는 것을 보여준다.

단계 1: 1기간 현금흐름의 할인율은 10퍼센트이고, 2기간 현금흐름의 할인율은 9.7824퍼센트이다. 따라서 무이표채권의 가격은 다음과 같다.

$$P_0 = 1109.6/(1.097824)^2 = \$920.64$$

마찬가지로 이표채권의 가격은 다음과 같다.

$$P_c = [(100/1.10) + (1000/(1.097824)^2)] = \$920.64$$

단계 2: 위의 계산은 두 채권 모두 가격이 동일하다는 것을 보여준다. 무이표채권의 듀레이션은 그 채권의 만기인 2년이다. 이표채권의 듀레이션은 다음과 같다.

$$D = \hat{w}_1 + 2\hat{w}_2$$

$$\text{여기서 } \hat{w}_1 = [100/1.10]/920.64 = 0.09875$$

$$\text{그리고 } \hat{w}_2 = [1000/(1.097824)^2]/920.64 = 0.90125$$

즉, 이 채권 가치의 9.875퍼센트는 1기 이표에 기인하며, 채권 가치의 90.125퍼센트는 2기의 이표와 원금의 합에 기인한다. 따라서 D=0.09875+2(0.90125)=1.90125년이다.

한 비교적 긴 듀레이션과 그에 따른 비교적 더 높은 가격 변동성 때문에 매우 위험하다. 이자율이 하락할 때, 무이표채권의 소유자는 이표를 지급하는 다른 유사한 채권의 소유자보다 훨씬 더 큰 가격 상승을 실현한다. 그러나 이자율이 상승할 때에는 무이표채권의 소유자는 또한 훨씬 더 큰 가격 하락을 경험한다. 듀레이션의 효과를 다음의 간단한 예를 통해 살펴보자.

듀레이션의 실제: 몇 가지 수치 예시

듀레이션에 관한 다음의 중요한 요점은 주목할 가치가 있다.

1. 듀레이션은 연(years)으로 표시된다. 듀레이션은 채권의 가중평균기간(weighted average life)의 척도이다.
2. 다른 사항이 동일하다면, 만기가 긴 자산일수록 듀레이션이 더 길다.
3. 무이표채권의 경우, 듀레이션=만기. 무이표채권 이외의 다른 채권들의 경우, 듀레이션〈만기. 이표 이외의 모든 것이 고정된다면, 이표의 증가는 듀레이션을 감소시킨다.
4. 이자율에 따라 이표가 변동하는 변동금리증권(floaters)의 듀레이션은 다음 금리재조정(repricing)까지의 기간이다.
5. 은행 '핵심 예금'의 듀레이션은 보통 0으로 간주된다.
6. 포트폴리오의 듀레이션은 포트폴리오에 포함된 모든 자산의 듀레이션의 가중평균이다.

이자율위험이 은행의 자기자본가치에 미치는 영향을 측정하기 위하여 듀레이션을 이용: 은행의 재무상태표는 다음과 같이 표시될 수 있다는 것을 상기하라.

$$A = L + E$$

여기서 A는 자산이고, L은 부채, E는 자기자본이다. 그리고 주어진 수익률의 변화를 Δi라고 하면, 재무상태표는 다음과 같이 표시될 수 있다.

$$\Delta A = \Delta L + \Delta E \tag{4.14}$$

이제:

$$\frac{\Delta A}{A} = -D_A\left[\frac{\Delta i}{1+i}\right]$$

$$\Delta A = -D_A[A]\left[\frac{\Delta i}{1+i}\right] \tag{4.15}$$

마찬가지로,

$$\frac{\Delta L}{L} = -D_L\left[\frac{\Delta i}{1+i}\right]$$

$$\Delta L = -D_L[L]\left[\frac{\Delta i}{1+i}\right] \qquad (4.16)$$

자산에 대한 수익률 충격이 부채에 대한 수익률 충격과 동일하다고 가정하면, 우리는 (4.15)와 (4.16)을 (4.14)에 대체해 다음과 같은 식을 얻을 수 있다.

$$\Delta E = \left[-D_A[A]\frac{\Delta i}{1+i}\right] - \left[-D_L[L]\frac{\Delta i}{1+i}\right]$$

$$\Delta E = \left[-D_A[A] + D_L[L]\right]\left[\frac{\Delta i}{1+i}\right]$$

또는

$$\Delta E = -\left[D_A - D_L\left\{\frac{L}{A}\right\}\right][A]\left[\frac{\Delta i}{1+i}\right] \qquad (4.17)$$

여기서 ΔE는 달러로 표시된다.

그렇다면 시장수익률이 바뀔 때, 은행의 자기자본가치를 변화시키는 요인은 무엇인가?
3가지 주요한 요인이 있다.

1) 충격의 크기 $\left(\frac{\Delta i}{1+i}\right)$
2) 은행이 사용하는 레버리지의 양
3) 은행의 자산과 부채의 듀레이션의 불일치. 은행은 $D_A = D_L(\frac{L}{A})$될 때 면역화(immunized)된다.

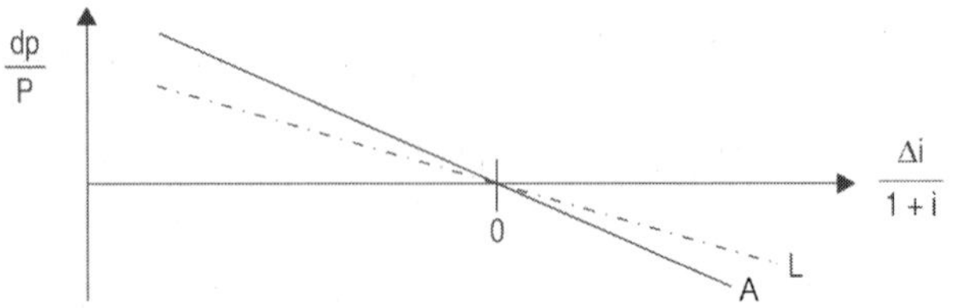

〈그림 4.9〉 전통적 은행의 자산과 부채의 듀레이션

예제 4.4 우리는 무위험이면서 액면가 1,000달러 그리고 수익률이 10퍼센트가 되도록 가격이 결정된 만기 10년의 무이표채권을 보유하고 있다고 가정하자. 이 채권의 듀레이션은 얼마이고, 수익률이 500베이시스 포인트만큼 상승하거나 하락할 때 듀레이션은 가격의 변화를 얼마나 잘 예견하는가?

풀이 이 채권은 무이표채권이기 때문에 만기=듀레이션이며, 그러므로 여기에서 듀레이션은 10년이다. 채권의 현재 가격은 $\frac{\$1,000}{(1.10)^{10}}$=\$385.54이다. 이제 수익률이 500베이시스 포인트(b.p) 변화할 때 채권의 가격을 고려해보자.

Prices	Yield Change	
	+500 b.p.	−500 b.p.
Duration-Predicted Price: $\frac{\Delta P}{P} = -10\left[\frac{\pm 0.05}{1.05}\right] = \mp 47.62\%$	\$385.54[1 − 0.4762] =\$201.95	\$385.54[1 + 0.4762] =\$569.13
Actual Price	$\frac{\$1.000}{(1.15)^{10}}$ =\$247.18	$\frac{\$1.000}{(1.05)^{10}}$ =\$613.91
Error	−\$45.23	−\$44.78

그러면 우리는 이자율이 상승할 때 듀레이션은 가격하락을 과대예측하고, 이자율이 하락할 때 듀레이션은 가격상승을 과소예측한다는 것을 본다. 더구나 수익률이 하락할 때보다 상승할 때 듀레이션은 더 큰 오차를 만든다.

듀레이션은 왜 이러한 예측 오차를 만들까? 그 이유는 가격 변화와 수익률 변화 간의 참된 관계가 선형이 아니라 볼록하기 때문이다.

우리가 처음 dP와 di 간의 관계를 계산했을 때, 우리가 얻은 1계 도함수는, '좁은' 지역에서의 함수의 기울기를 우리에게 알려주었다. 즉, 곡선의 기울기는 di=0일 때, dP/di이다. 그러나 만약 우리가 좀더 나아가고, 2계 도함수를 계산하면, 우리는 $\frac{d^2P}{di^2} > 0$임을 알 수 있다. 즉 모든 고정수익증권은 볼록하다.

볼록성의 한 시사점은 이자율의 변화가 di=0의 근처, 즉 예를 들어 1베이시스 포인트처럼 상대적으로 작은 변화인 한, 듀레이션은 가격 변화를 예측하는 데 합당한 역할을 할 것이라는 점이다. 그러나 이자율의 변화가 크면 클수록, 듀레이션이 가격 변화를 예측하는 데에 오차가 더욱 커진다. 아래 〈그림 4.10〉을 보라.

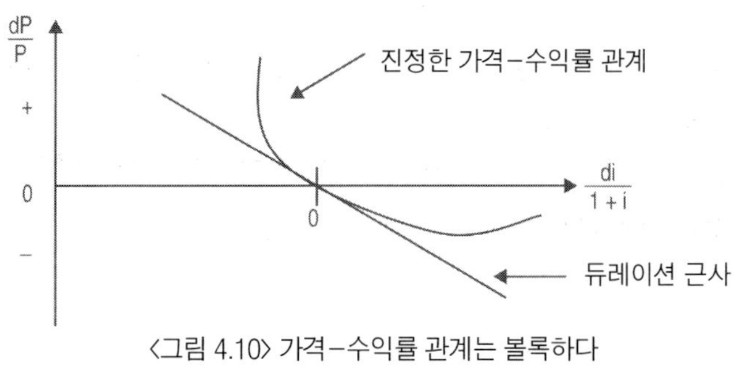

〈그림 4.10〉 가격−수익률 관계는 볼록하다

이것은 은행이나 저축기관에 어떻게 중요한가? 이 질문을 다루기 위해서는 전통적인 은행과 저축기관은 부채에 비해 듀레이션이 긴 자산을 가지고 있다는 것을 알아야 한다. 따라서 이 금융기관들의 듀레이션은 〈그림 4.9〉에서 보여주는 듀레이션과 유사하다.

이것이 의미하는 것은, 수익률이 증가한다면 은행의 자기자본가치는 감소한다는 것이다(〔4.17〕을 상기). 즉 $D_A > D_L$이고, $L < A$일 때, $[D_A - D_L\frac{L}{A}] > 0$이므로 어떤 $\Delta i > 0$에 대해서 $\Delta E < 0$이 된다. 만약 수익률이 하락한다면, 은행의 자기자본가치는 증가한다. 따라서 은행의 재무상태표가 전통적인 방식으로 불일치될 때, 은행은 이런 방식으로 이자율위험을 받아들인다. 면역화(immunization)는 차이(gap)를 감소시킨다.

은행은 자신의 자산과 부채의 듀레이션을 변화시킴으로써 면역화의 정도를 변경할 수 있다. 은행은 이것을 두 가지 방법, 즉 부내거래(on-balance sheet)와 부외거래(off-balance sheet)로 할 수 있다. 부내거래 전략은 신규 대출의 실행, 신규 부채의 발굴 및 자본구조의 변화를 포함한다. 부외거래 전략은 환매조건부채권매매(repurchase agreements), 선물, 옵션 및 스왑을 포함한다(우리는 이것에 대해 나중에 후술하는 장에서 논의할 것이다).

볼록성

만약 은행이 예상치 못한 이자율 변화에 대비하여 그의 순자산을 보호하는 데 관심이 있다면, 듀레이션 매칭이 도움이 될 수 있다. 기간들을 만기와 일치시키는 방법만으로는 모든 투자가 무이표채권 종류가 아니라면 순자산을 보호할 수 없다. 이제 은행이 면역화되어 있고 수익률이 그 후에 변화한다고 가정하자. 은행은 계속 면역화한 상태로 남아 있을까? 정답은 '아니다' 이다. 그 이유는 듀레이션은 근사치이기 때문이다. 사실 듀레이션은 가격과 수익률 간의 비선형 관계의 선형 근사치이다. 우리는 이것을 예제를 통해 볼 수 있다.

고정수익증권과 은행에 대한 볼록성의 의미: 고정수익증권에서 볼록성에 대한 세 가지 중요한 의미가 있다.

1. 이자율이 상승할 때의 가격하락은 이자율 상승 시와 동일한 절댓값의 이자율이 하락할 때의 가격상승보다 더 작다.
2. 듀레이션은 수익률이 변화함에 따라 변화한다.
3. 볼록성이 크면 클수록 듀레이션의 예측능력에서 오차가 더 커짐을 의미한다.

은행에게 볼록성은 두 가지 중요한 의미가 있다.

1. 자산의 볼록성은 바람직하다. 만약 은행의 자산포트폴리오가 부채 포트폴리오보다 볼록성이 더 크다면, 적절하게 행해진 듀레이션 면역화는 결코 은행에 피해를 입히지 않는다.
2. 수익률이 변화함에 따라 자산과 부채의 듀레이션이 변화하기 때문에, 듀레이션 면역화는 동적 과정이다.

이자율위험

이자율위험이 어떻게 금융기관의 순자산에 영향을 미치는가

성공하는 금융기관은 자신의 이자율위험을 이해하고 자산과 부채의 듀레이션을 관리하여야 한다. 순수한 브로커는 자신의 자산과 부채가 항상 듀레이션이 일치하기 때문에 이자율위험에 대해 걱정할 필요가 없다. 한편, 자산변환기관은 종종 매우 미묘한 형태의 이자율 위험에 노출된다. 다음의 간단한 예를 고려해 보자. 은행은 모두 무이표채권 형태인 단기(1년)와 장기(2년)의 자금을 차입하고 대출한다. 대출은 4천만 달러의 단기와 4천만 달러의 장기로 구성되고, 반면에 부채는 6천만 달러의 단기와 1천만 달러의 장기로 구성되어 있다.* 모든 숫자는 2002년 10월 30일자 시장가치 기준이다.

은행 재무상태표(2002년 10월 30일 현재)

단기대출	$40,000,000	단기부채	$60,000,000
장기대출	$40,000,000	장기부채	$10,000,000
총자산	$80,000,000	총부채	$70,000,000
		자기자본	$10,000,000
		부채 및 자기자본 합계	$80,000,000

2002년 10월 30일 현재의 수익률곡선은 〈그림 4.11〉에서 보여주듯 평탄한 실선이다. 모든 만기에서 자산과 부채의 연수익률은 10%이다.

이제 2002년 10월 31일에 수익률곡선이 〈그림 4.11〉과 같이 점선으로 이동한다고 가정해보자. 모든 수익률은 12%로 상승한다.

단기 자산(또는 부채)의 1달러는 각각 0.9821428달러로 가치가 감소하고, 장기 자산(또는 부채)의 1달러는 각각 0.9646045달러로 가치가 감소한다. 시장가치 기준을 반영한 새로운 재무상

* 여러분은 이곳에서 제시된 자산과 부채는 서로 다른 듀레이션을 가지고 있음을 쉽게 증명할 수 있다.

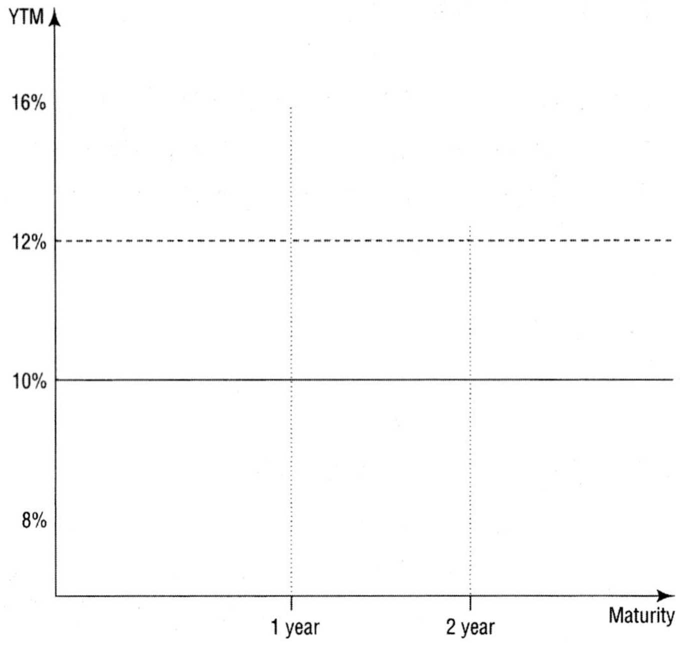

〈그림 4.11〉 가상은행이 직면하는 수익률곡선

태표는 다음과 같다.

은행 재무상태표(2002년 10월 31일 현재)

단기대출	$39,285,712	단기부채	$58,928,568
장기대출	$38,584,180	장기부채	$9,646,045
총자산	$77,869,892	총부채	$68,574,613
		자기자본	$9,295,279
		부채 및 자기자본 합계	$77,869,892

따라서 자기자본의 시장가치는 704,721달러, 즉 7.047퍼센트 감소한다. 기간구조에서 수익률곡선의 이동은 자산과 부채 양쪽의 가치에 영향을 미친다. 그러나 이것은 동일하지 않은 만기 가중, 즉 듀레이션 때문에 자산과 부채에 동일하지 않은 영향을 미친다. 이것을 보려면, 단기자산의 듀레이션은 1년이고 장기자산의 듀레이션은 2년이라는 것을 주목하라. 단기자산과 장기자산의 가중치는 각각 0.5와 0.5이다. 따라서 자산포트폴리오의 듀레이션은 0.5×1+0.5×2=1.5년이다. 마찬가지로 단기부채의 듀레이션은 1년이고 가중치는 $6천만/$8천만=0.75이고, 반면에 장기부채의 듀레이션은 2년이고 가중치는 $1천만/$8천만=0.125이다. 따라서 부채 포트폴리오의 듀레이션은 (0.75×1+0.125×2)=1년이다.

동일하지 않은 듀레이션 가중은 위험하지만, 그것은 또한 자산변환기관이 제공하는 서비스이다. 단기로 자금을 조달(단기 듀레이션의 부채를 인수)함으로써 중개기관은 고객자산의 듀레이션을 감소시키고, 그렇게 함으로써 수익률곡선에 내재된 기간프리미엄을 획득할 수 있다. 이자율위험을 전적으로 제거하는 하나의 간단한 방법은 자산과 부채의 듀레이션을 항상 동일하게 하는 것이다. 그러나 그러면 금융기관은 듀레이션/만기 변환, 즉 잠재적으로 수익성이 있는 자산변환 형태를 포기하는 것이 된다.

이자율위험의 사례연구

은행 및 다른 예금기관들은 기간프리미엄 또는 미래 이자율의 방향에 대한 자신의 기대로부터 이익을 내기 위하여 종종 의도적으로 자산과 부채 포트폴리오의 듀레이션을 불일치시킨다. 예금기관들은 특히 자신의 장기자산을 단기부채로 조달한다. 예를 들면, 저축대부조합(S&Ls)은 역사적으로 30년 만기 고정금리 모기지를 고객의 요구에 따라 인출가능한 예금으로 조달하였다.* 마찬가지로 상업은행들은 5년 내지 7년 만기 고정금리 대출(term loan)을 언제든지 바로 인출할 수 있는 요구불예금 또는 저축예금으로 조달하곤 하였다. 이와 같은 불일치는 필연적으로 이자율위험을 수반한다.

하나의 예시로, NCNB Corporation을 살펴보자. 이 회사는 노스캐롤라이나에 기반을 둔 은행으로서, 나중에 Nations Bank가 되었고 그러고 나서 Bank of America와 합병되었다. 이 은행은 이자율이 1990년에 하락세를 보일 것으로 투기적으로 예측하였고, 그에 따라 1989년 동안 자신의 투자 포트폴리오의 듀레이션을 장기화하였다.** 연말에 은행은 부채에 민감한 재무상태표를 갖게 되었는데, 그것의 가장 큰 이유는 그들이 60억 달러의 장기 정부저당금고(GNMA)의 주택담보부증권을 보유하고 있었기 때문이었다.

1989년 12월 31일 현재, 향후 12개월에 걸쳐 자산보다 15억 달러가 많은 NCNB의 부채가 금리가 재조정될 예정이었다. 만약, 그들의 예상대로 이자율이 하락한다면, NCNB는 막대한 이익을 챙길 수 있었다. 하지만 반대로 이자율은 상승하였다. 1989년 말, 30년 만기 GNMA의 수익률은 9.49퍼센트였지만, 1990년 3월 16일에는 수익률이 9.95퍼센트로 상승하였다. 결과적으로 NCNB는 채권 포트폴리오에서 1억 8천만 달러의 미실현 손실을 보았다. 이 소식에 더하여 1990년 첫 번째 분기에 부실대출(problem loans)이 25퍼센트 증가할 것이라는 1990년 3월의 공시가 발표되면서 NCNB의 주식은 1990년 3월 첫 주 46달러에서 1990년 3월 19일에는 40달러로 12퍼센트나 폭락하였다.***

---

* 모기지(mortgage)의 조기상환 때문에 30년 만기 고정이자 모기지는 전형적으로 7년~12년의 불확실한 듀레이션을 가지고 있다.

** 이에 관한 토론은 *American Banker*(1990.3.20)에 Kelly Holland에 의해 보고되었다.

*** NCNB의 수석부회장이자 재무상태표 관리 담당중역인 John W. Munce가 표현했듯 "우리는 (지난) 12개월간 이자율하락으로부터 이득을 얻는 것처럼 생각했다. 우리는 명백히 뭔가 손해를 보았다".

저축대부조합의 경험과 기타 에피소드들

이자율위험의 결과의 다른 현저한 예는 1980년대 미국 저축대부조합(S&L)의 경험을 예로 들 수 있다. S&Ls는 전통적으로 단기예금으로 자금을 조달하고, 상대적으로 긴 만기를 가진 고정이율 모기지에 투자했다. 결과적으로 그들의 부채는 자산에 비해 더 자주 금리가 재조정되었다. 수익률곡선이 우상향하는 한, 이것은 이익이 되는 만기변환이었다. 그러나 1970년대 후반과 1980년대 초반에, 역사적으로 높게 이자율이 상승하면서 수익률곡선이 반전되었다. S&L은 커다란 손실을 입었다. 이 산업 순자산의 큰 폭의 감소는 수년 후에 대량으로 업계의 다수를 파산시키는 사건을 유발했다. 특히 순자산의 손실은 이 기관들이 위험한 투자를 추구해 얻을 것은 크지만 잃을 것은 거의 없다는 것을 의미하였다. 이것은 더 커다란 손실로 이어졌다. 1990년대 캘리포니아의 오렌지카운티의 재무적 곤경은 이자율위험의 잠재적 파괴효과의 또 다른 예이다.

왜 이자율위험을 감수하는가

즉각적으로 드는 질문은 왜 은행과 S&Ls는 이러한 노출을 받아들이는 선택을 했나라는 것이다. 즉, 우리는 일반적으로 간단히 자산과 부채의 듀레이션 일치에 의해 은행이 큰 이자율 위험을 피할 수 있다는 것을 알았다. 그래서 이자율위험은 대부분 피할 수 있는 위험이다. 이 문제에 답하기 위해서, 이자율의 기간구조 이론으로 돌아간다. 기간구조에서 리스크 프리미엄의 존재는 평균적인(대표적인) 투자자보다 위험에 대하여 더 관대한 투자자들로 하여금 장기자산을 보유하고 그 장기자산을 단기부채로 조달하도록 유인한다. 그 보상은 해당 투자자의 큰 위험 회피 경향을 반영한 수익률곡선의 프리미엄이다.

왜 은행과 다른 예금기관들은 다른 곳보다 더 위험을 감내할까? 이것이 우리가 다음 장에서 다룰 주제이다. 그러나 지금은 예금보험이 은행 측에서 위험을 감내하는 하나의 이유라는 것을 아는 것만으로 충분하다. 물론 모든 은행이 동일한 양의 위험을 부담하기를 원하지는 않을 것이다. 은행의 차입자의 경우와 마찬가지로, 은행의 위험추구 성향은 은행 자신의 자본 수준에 달려 있다. 자본을 많이 보유한 은행일수록 적은 자본을 보유한 은행이 바라는 투자보다 위험이 덜한 곳에 투자하려고 할 것이다.

이 토론의 요지는 자산변환자가 이자율위험을 부담하지 말아야 한다는 것이 아니라, 오히려 그러한 위험을 신중하게 평가하고 관리해야 한다는 것이다.

유동성위험

유동성위험에 대한 우리의 논의는 다음과 같다. 첫째, 우리는 이자율위험에 대한 개념을 소개하고 은행에게 유동성위험이란 무엇인지를 토의할 것이다. 그러고 나서 우리는 유동성의 공식적인 정의들을 제시한다. 다음은 예금기관이 유동성위험을 관리하는 방법에 대해 논의할 것이다. 마지막으로 개별 예금기관의 유동성 문제에 대한 중앙은행의 해결책이 어떻게 도덕적 해이(moral hazard)를 야기시키는지 논의하면서 끝낼 것이다.

결국 유동성위험이란 무엇인가

은행이 자금 조달에 접근할 준비가 되지 않은 경우, 은행은 비용을 발생시키도록 강요받는다. 이것은 투자기회를 지나가는 비용과 관련되어 있다. 대안적으로, 그들은 금융비용 때문에 괴로워할 것이다. 이것이 금융기관이 직면하는 유동성위험 상황의 예이다. 우리는 유동성 위험을 금융 또는 평판 자본을 훼손하지 않고는 만족할 수 없는 위험으로 정의한다.*

정보 마찰은 유동성 문제의 중심에 있다. 어떻게 정보비대칭이 채무불이행위험과 이자율위험과 상호작용하여 유동성위험을 발생시키는지 보려면, 당신이 소유하는 은행이 만기가 2년인 1백만 달러의 대출을 실행하고, 필요한 자금을 보험이 없는 요구불예금으로 조달했다고 가정해보라. 은행원으로서, 당신이 당신의 대출에 대한 채무불이행 위험에 대해 제3자보다 더 잘 알고 있다. 즉 대출의 질에 관한 비대칭 정보가 존재한다. 이제 6개월 뒤에 400,000달러의 예금이 인출된다고 가정하자. 그러나 보유 현금자산의 잔고는 단지 100,000달러이다. 이것은 예금인출에 필요한 300,000달러를 조달할 필요가 있음을 의미한다. 당신의 대출 포트폴리오의 질에 대한 잠재적인 예금자의 인식이 충분히 호의적이라면, 당신은 300,000달러의 새로운 예금을 획득하는 데 어떤 문제도 없다. 그러나 제3자가 당신의 대출에 대해 비호의적인 정보를 받았다고 가정하자.** 만약 이 정보가 충분히 호의적이지 않다면, 새로운 예금은 간단히 오지 않을 것이고***, 필요한 예금을 끌어들이기 위해서 당신은 당신이 적정하다고 생각하는 이자율보다 상대적으로 높은 이자율을 지불해야 한다.**** 이것이 유동성 위험의 예이다.

이 예에서 알아야 할 것이 2가지 있다. 첫째는 자산의 질에 대한 정보비대칭은 유동성 위험을 발생시키는 중추적인 역할을 한다. 만약 제3자가 당신의 대출의 질에 대해 당신만큼 안다면, 당신은 당신이 대출 포트폴리오와 관련된 위험에 대해 적절히 고려한 가격에 필요한 예금을 얻을 수 있을 것이다. 이것은 유동성 리스크를 제거한다.

---

* 비유동성(illiquidity)과 지급불능(insolvency)을 구분하는 것은 중요하다. 후자는 기업 부채의 가치가 자산의 가치를 초과함으로 인해 순자산이 음(-)인 상태와 관계 있다. 비유동성은 지급불능만큼이나 해롭고 비용이 많이 들 수 있지만, 자산의 궁극적 가치 또는 완전가치(full value)보다는 자산의 (비)시장성에 근거한 곤경이다. 그럼에도 불구하고 옅은 시장(thin markets)에서는 시간과 마케팅노력이 종종 자산가치 실현에 필수적이다. 단기간 내의 자산청산은 종종 '곤경' 가격으로 귀결된다. 가용 마케팅시간과 실현가능한 자산가치의 관계는 유동성 인식의 핵심이다.

** 이 정보는 당신이 당신의 대출금에 관해 알고 있는 것과 다를 수 있다. 즉, 당신은 여전히 외부자보다 더 많이 알고 있으며, 따라서 당신의 대출금의 질이 좋다고 믿을 수 있다.

*** 실제로, 당신이 보유하고 있는 예금 전액이 인출될 가능성은 있다.

**** 사실, 그렇게 높은 이자를 지급하고자 하는 의도는 대출금의 질이 낮다는 신호로 여겨질 수 있다. 그러면 유동성위험은 이러한 신호비용을 유발할 가능성으로 해석될 수 있다.

둘째, 듀레이션의 불일치는 유동성 위험을 발생시키는 매우 중요한 요소가 될 수 있지만 그것이 필수적인 요소는 아니다. 듀레이션의 불일치의 중요성을 보기 위해, 당신의 자산과 부채 포트폴리오가 완벽하게 듀레이션이 일치된다고 가정하자. 그러면 우리가 부채의 특정집합에 의해 자금조달한 자산은 부채의 만기가 옴과 동시에 지불될 것이다. 그리고 은행의 장부에 기록된 이후에 발생하는 자산의 불일치는 문제가 되지 않을 것이다. 물론, 만약 당신이 만든 새로운 대출에 대한 정보 불일치가 존재한다면, 이 불일치를 반영하는 프리미엄은 이 대출에 자금을 조달하기 위해서 예금이자율을 올린다는 것을 보여줄 것이다. 그러나 당신의 대출에 가격을 붙이는 방식으로 당신의 자본은 손상을 입지 않고 차입자에게 이 프리미엄을 전가할 수 있다.

유동성과 도산(채무불이행) 위험 사이의 상호작용

하지만 당신은 재무상태표의 듀레이션이 일치되더라도 유동성위험을 가질 수도 있다. 만약 예금에 의하여 조달된 대출의 일부가 채무불이행된다면, 그리고 대출의 채무불이행이 매우 커서 예금인출에 충분한 유동성을 제공하지 못한다는 가정에서는 이 예금인출은 부분적으로 새로운 예금에 의해 조달될 필요가 있다. 당신이 새로운 생산성 있는 투자를 계획하지 않는다면, 예금자들은 새로운 예금을 제공할 이유가 없다. 따라서 새로운 예금은 오래된 예금인출에 대한 자금 조달을 위해 사용할 수 없는 것이다. 이전 예제의 문맥에서 이것을 보려면, 각각의 대출과 예금이 2년의 만기를 가지고 있다고 가정하자. 그러나 대출의 채무불이행 때문에 단지 1백만 달러만이 만기에 대출상환액으로 회수된 반면에 만기의 예금인출액은 1.3백만 달러이다. 300,000달러의 신규예금이 예금인출에 필요한 자금을 위해 조달되어야 한다. 이 금액은 오직 당신이 취득하는 신규자산을 바탕으로 해서 조달될 수 있다. 이제 당신이 2년 만기의 2백만 달러의 새로운 대출을 하려고 한다고 가정하자. 그러면 2년 만기를 가진 새로운 예금(지금부터 자기자본을 무시한다)을 2.3백만 달러로 늘릴 필요가 있다. 만약 이 대출의 질(재상환 가능성)에 대한 당신의 평가가 일반적인 예금자들보다 높다라면, 당신이 대출 채무불이행 위험에 의해 정당화되었다고 생각한 것보다 예금 금리가 초과할 것이다. 현재가치 기준으로 당신이 예금이자로 지급하여야 하는 초과금액은 46,000달러, 즉 조달되는 전체 예금금액의 2%라고 가정하자.

당신의 차입자에게 전가한 이 초과액은 얼마인가? 그 답은 신용시장에서의 경쟁에 달려 있다. 간단히, 어떤 대출자도 잠재적인 예금자들에게 이 대출에 대한 정보의 소통과 같은 문제에 직면한다고 가정하자. 즉 어떤 대출자도 총예금의 2%에 상응하는 고통을 받는다는 것이다. 그러나 예전에 조달된 예금인출자금을 조달할 필요가 없는 은행은 예금에서 단지 2백만 달러만 조달하면 된다. 따라서 2백만 달러의 2%는 높은 대출이자율의 형태로 차입자에게 전가될 수 있다.*

* 이곳에서의 가정은 대출을 제공할 수 있는 수많은 경쟁은행이 존재하고 각각의 은행은 $2백만의 대출을 하기 위해 $2백만의 예금을 유치할 필요가 있다는 것이다.

은행으로 돌아와서, 그러면 만약 당신의 대출 포트폴리오의 가격이 경쟁력이 있다면, 당신은 40,000달러를 초과하는 예금이자를 당신의 차입자에게 전가할 수 있다. 그러나 이것은 순수 대출 수익을 넘은 예금인출의 초과분을 보충하기 위해서, 충분한 유동성의 부족 때문에 당신에게 일시불 6,000달러의 비용이 발생한다는 것을 의미한다. 이러한 비용의 가능한 빈도는 유동성 위험의 일부이다. 이 비용의 발생은 당신의 대출의 정보불균형 때문이라는 것을 명심해야 한다. 완벽한 정보가 있다면, 여기에서 유동성위험은 더 이상 문제가 아니다.

유동성과 이자율위험의 상호작용

우리는 이제 이자율위험과 유동성위험의 상호작용에 대해 볼 차례다. 이 상호작용을 설명하는 방법에는 2가지가 있다. 첫째는 우리가 예금 이자율의 제한이 있다고 가정하는 것이다. 이 제한이 주어져 있다면, 시장이자율의 상승은 예금자들은 어디에서건 더 많이 얻을 수 있기 때문에 인출을 야기한다. 따라서 예금이자율의 제한은 이자율위험을 인출위험으로 변형시킨다.

이 상호작용을 이해하는 또 다른 방법은 이자율위험 아래의 섹션에서 우리가 논의했던 예제로 돌아오는 것이다. 기간구조가 이자율 상승이 야기한 무작위한 충격을 받는다면, 높은 이자율이 우세한 시점에 당신의 예금자들이 그들의 돈을 재투자하기를 원하기 때문에 당신은 예금 유출을 경험할 가능성이 있다. 이 인출에 자금을 조달하기 위해서 당신은 2가지 방법을 가지고 있다. 한 가지 방법은 당신이 새로운(부분적으로 보험에 가입한) 예금을 획득하는 것이다. 그러나 이것은 당신의 대출 포트폴리오에 대한 정보비대칭 가능성 때문에 예금자들이 프리미엄을 지불할 것을 요구할 것이다. 게다가 당신은 예금의 준비금과 자본 충족성 요건을 만족시켜야 한다. 대안은 이러한 예상치 못한 예금 인출에 대비하기 위해 당사의 자산포트폴리오의 일부분을 유동화하는 것이다. 당신이 보유한 시장성 증권 또는 당신의 대출을 헐값에 매도하는 것으로 할 수 있다.* 그러나 당신의 대출에 대한 정보비대칭 때문에, 당신은 그들의 가치가 생각보다 적은 가격에 대출을 팔 수 있을 것이다. 그 결과로 인한 손실은 또한 유동성 위험의 일부분이다. 비록 이 손실이 호의적이지 않은 이자율의 움직임에 의해 촉진되었다 하더라도, 정보비대칭이 중요한 역할을 했다는 사실을 다시 기억해야 한다. 게다가 큰 정보비대칭은 더 큰 잠재적 손실을, 따라서 자산의 유동성은 낮게 된다. 활발한 유통시장에도 불구하고 회사의 보통주가 미국의 단기국채보다 유동적이지 않은 이유이다.

* 기업이 사모과정을 통해 부채를 매도하듯 은행도 다른 은행에게 대출금(론)을 매도할 수 있다. 이런 관례는 아주 오래된 것인데, '대출금매도(loan sales)'로 알려져 있다. 좀더 최근의 관례는 증권화(securitization)이다. 증권화는 자본시장에서 투자자들에게 직접적으로 통상 대출금포트폴리오 구성요소로서의 일부의 대출금을 매도하는 은행을 포함한다. 이는 보통 주간사회사를 통해 이루어지며 이전에 거래 불가능한 증권을 거래가능한 증권으로 전환하는 과정이다. 이에 관해서는 9장에서 더 많은 이야기를 하게 될 것이다.

공식적인 유동성 정의

자산의 완전한 가치(full value)의 가격을 P*라 생각하자. 즉 판매를 위한 모든 유용한 준비가 이루어진 조건에서 한 단위를 처분할 때 실현될 것으로 소유주가 기대할 수 있는 최고가라고 생각하자. 만약 모든 유용한 준비가 이루어지기 전에 자산이 매각된다면 더 낮은 가격이 실현될 것이다. P_i를 낮은 가격, i는 0, ..., n까지 마케팅에 사용되는 시간을 나타내고, n은 완전한 가치를 실현하는 데 필요한 시간이라 하자. 그 시간의 길이는 판매결정과 판매계약이 끝나는 시간 사이의 간격으로 생각해야 한다.** 따라서

$$P_n = P^*$$

i〈 n의 모든 가치에 대해, 자산의 가격을 나타내는 P_i는 완전한 가치보다 적다. 유동성을 생각하는 한 가지 방법은 다음의 식과 같다.

$$L_1 = \frac{P_i}{P^*}$$

이 정의의 한계는 특정 자산의 유동성이 선택된 i의 가치에 의존하는 것이다. 그러므로 i의 낮은 가치 동안, 한 자산은 다른 것보다 더 유동일 것이지만, i의 가치가 좋을 동안, 유동성 비교가 뒤집힐 수 있다. 이는 이들 유동성을 따르는 자산들의 일관된 랭킹을 지연시킨다. 이를 완화할 수 있는 한 가지 방법은 만약 이 문제를 제거하지 않으면, 자산들 가운데 유동성 반전의 문제는 i의 평균가치의 측면에서 생각하도록 한다. 따라서

$$L_2 = \frac{1}{n}\sum_{i=0}^{n}\frac{P_i}{P^*}$$

여전히 더 매력적인 접근방법은 판매결정과 실제 판매 사이의 시간적인 간격을, i에 관한 고유의 불확실성으로 간주한다. 따라서 각각의 가능한 결과의 확률을 가정한 g(i)를 확률분포의 확률변수로 볼 수 있다. 자산의 기대가치 E(P)는 다음과 같이 정의된다.

$$E(P) = \sum_{i=0}^{n} g(i)P_i$$

* 거래조건은 매도계약이 정해질 때 고정된다. 그러나 자산의 양도는 최종일(closing)에 발생한다. 최종일은 매도계약일과 일치할 수도 있지만 종종 그 이후에 발생한다.

** 이 아이디어의 완전한 전개를 보려면 Greenbaum(1971)을 보라.

그리고 이것은 유동성의 세 번째 정의로 이어진다.

$$L_3 = \frac{E(P)}{P^*}$$

유동성 개념은 마케팅비 지출(marketing expenditure), 즉 M을 설명하기 위해 더 일반화될 수 있다. 더 일반적인 견해로, 실현된 자산의 가격은 시간, 마케팅비 지출 그리고 완전가치에 달려 있다. 따라서

$$P_i = f(i, M, P^*)$$

그리고 $\overline{M}$는 최적으로 선택된 마케팅비 지출이라고 하면,

$$E(P') = \sum_{i=0}^{n} g(i) f(i, \overline{M}, P^*)$$

자산의 기대가치이고, 소유자가 시장에 최적으로 소비하는 상태이다. 이것은 우리의 유동성의 4번째 정의로 이어진다.

$$L_4 = \frac{E(P')}{P^*}$$

그리고 M/P^*는 시장의 두께의 측정치로 생각될 수 있으며, 이 수치는 호가 갭(bid-ask spread)과 유사하다.*

시장 및 시장의 노력과 실현할 수 있는 가치에 해당하는 시간 사이의 정(+)의 관계가 공급 또는 수요 자산의 변화와는 아무 상관이 없다. 주어진 시장 상황의 맥락에서 실현가능한 가치는 증가한다. 시간이 좀더 유리한 시장을 기다리는 데 사용되지 않고, 오히려 시장은 비용이 많이 드는 정보를 필요로 한다. 예금기관들은 유동성 위험을 감소시키는 여러 가지 방법을 가지고 있다. 명백한 방법은 간단히 유동성 자산을 가지고 있는 것이다. 다른 방법은 예금인출위험을 감소시키기 위해서 유동성 위험을 만드는 것이다. 세 번째 방법은 필요할 때 은행의 유동성을 보충해 줄 준비가 된 최종대출자에게 의지하는 것이다. 다음에서, 우리는 이것을 차례로 의논할 것이다.

---

* 이것이 저축산업에서 유동성의 표준척도 이면에 있는 논리이다. 그것은 예금 및 1년 미만 차입금 대비 현금 및 단기 미 국공채, 기타 특정 증권의 비율이다. 저축은행감독국(OTS: Office of Thrift Supervision)은 저축금융기관을 위한 최소 유동성 요구조건을 설정해 놓았다.

유동성자산으로 유동성위험 줄이기

3장에서 설명했던 부분지급준비금제도에 대해 생각해보자. 은행은 두 가지 종류의 자산을 보유하는 것으로 생각될 수 있다. 즉 현금과 만기가 2기간 혹은 그 이상인 대출(만기 이전의 대출은 가치 없는 것으로 간주함). 은행부채의 만기는 모두 1기간이고, 갱신되지 않을 것이다(인출된다). 만약 1기간 이후의 부분인출이 은행이 보유하는 현금 자산과 같거나 유사하면, 은행은 적어도 2기간은 사업을 이어갈 것이다. 한편, 만약 은행이 보유하고 있는 현금자산을 초과하는 인출이 일어난다면, 은행은 그 책임을 다할 수 없을 것이다—모든 예금자들이 보유하고 있는 현금자산에 의해 엄격히 제한되어 있는 자신의 안전자산에도 즉시 접근되도록 약속한다.* 그 가운데 은행의 유동성 수수께끼가 놓여 있다.

은행의 중요한 역할은 유동성서비스의 공급이라는 것을 알아야 한다. 그리고 이 서비스는 재무상태표 유동성 속성의 불일치를 통해 제공된다. 즉, 부채보다 덜 유동적인 자산을 보유한다. 이것이 자산변환의 한 형태이다. 은행이 제공하는 이 유동성 서비스의 품질은 3가지 요소에 따라 달라진다. 즉 대출포트폴리오의 유동성, 보유하고 있는 현금(유동성 자산) 그리고 예금에 기초한 인출위험이다. 더 유동적인 대출 또는 더 많은 현금을 보유함으로써, 은행은 그의 유동성을 향상시킬 수 있다. 그러나 이것은 이익을 희생하는 것이다. 대안은 인출위험을 분산하는 방법을 찾는 것이다. 이것은 다음 장에서 알아보자.

인출위험분산에 의해 유동성위험 줄이기

예금기관은 자금의 원천을 다양화함으로써 예금흐름의 변동을 줄일 수 있다. 즉, 별개이고, 유사하지 않은 예금자들을 가지는 것이다. 이것은 부록 4.1에 공식적으로 설명되어 있다. 다양한 예금자 기반은 더 예측 가능한 예금흐름의 결과이다. 즉 개선된 예측성은 어떤 임의의 확률적 표준을 위한 예금기반 서비스에 필요한 현금을 감소시킨다. 말하자면, 크고 더 다양한 예금기반은, 재고가 소진될(유동성 위기) 어떤 미리 선택된 확률을 달성하기 위한 현금보유의 필요성은 더 작게 한다. 이것이 예금기관이 유동성을 생산해 내는 방법 중 하나이다. 그럼에도 불구하고 인출은 때때로 예금기관의 서비스 능력을 초과한다. 이것은 단지 매우 작은 확률로 일어날 수 있는데, 이런 의미에서 시스템이 불완전하다. 게다가 이것이 시스템의 아킬레스건이다. 은행의 인출사태는 이 부분지급준비제도의 취약점, 즉 은행자산의 비유동성에 의해 야기된 취약점을 예시하는 트라우마이다.

최종대부자에 의해 개별은행의 유동성위험 줄이기

철저히 신뢰할 수 있는 최종대부자(LLR: lender of last resort—통상 중앙은행〔정부〕을 일컬음)에 의해 보증될 수 있는 지급준비제도의 유동성은 오래전에 확인되었다. 이것은 연방준비제도를 포함한 중앙은행의 중요한 동기이다. 무한하게 돈을 창조할 수 있는 기관과 함께, 가장 보기 드문 예금 유출에 직면한 은행을 지원하는 것이 가능하게 된다. 만약 은행이 건전하다면(지불능력이 있는, 그들의 자산을 유동화할 합리적인 시간이 주어진다면), 이것은 중앙은행이 은행의 비유동적인 자산을 담보로 이용하여 은행에 빌려줌으로써 가능하다. 이러한 대출시설은 건전하지만 비유동적인 은행이 보호받을 수 있고, 금융시장의 분열을 피할 수 있다. 이 논의는 부록 4.2에서 완전히 발전시키게 된다.

그러나 비용이 많이 들지 않는, 쉽게 이용할 수 있는 LLR은 금융산업 전체의 유동성 관리문제 상속의 위험성에 직면해 했다. 즉, 만약 중앙은행으로부터 돈을 빌리는 것이 비용이 많이 들지 않고 쉽게 이용할 수 있다면, 은행이 현금자산을 보유할(또는 은행의 자산기반을 다양하게 할) 인센티브는 약해진다. 이것은 LLR의 도입과 관련된 도덕적 해이(moral hazard)이고, 이것은 두 가지 의미를 가지고 있다. 첫 번째는, 이것은 예금 화폐주조세를 공공에서 개인적 소유의 은행으로 옮겨간다. 둘째, LLR 또한 은행의 담보로 인한 신용 위험에 노출되어 있다. 도덕적 해이가 낮을수록, 자발적으로 현금자산 지불준비요건의 도입결과를 설명하는 현금자산을 보유한다. 또한 운영되는 세부규칙과 재할인창구(discount window)에 대한 접근을 관리하는 것에 대해 주의 깊게 운영되는 세부교칙과 비공식적인 제한을 실시하는 이유이다.

따라서 은행으로 돌아가서 법적 지불준비금과 LLR 가격 및 가용도는 적어도 유동성 관리 문제의 부분만큼 움직인다. LLR에 접근할 수 없는 다른 은행은 완전한 유동성 문제를 소유한다.

유동성에 관한 마무리 언급

유동성관리는 재무부의 기능이라고 언급되고, 이것은 보통 최고재무책임자(CFO)에게 위임된다. 은행의 자금을 조달(fund the bank)하는 것은 최고재무책임자의 책임이다. 이것은 모든 가능한 유동성의 원천에 대한 이해뿐 아니라 기관의 현금흐름에 대한 전문적인 이해가 요구된다. 궁극적으로, 보호는 미래의 뜻밖의 사고에 대비해 다양하고, 널찍하고, 신뢰할 수 있는 자금의 원천으로부터 비롯된다. 이것은 전형적인 은행이 거의 모든 합리적인 가격의 원천에서 빌릴 이유를 설명한다. 확실히 하기 위해서, 비용은 고려되겠지만 적은 자금 출처에 집중함으로써 단기의 자금비용을 줄일 기회는 일반적으로 피할 수 있다.

자금조달의 다양성을 위해 '빚을 갚는 것'에서 은행이 크레딧 라인(몇몇 선택된 투자은행과 증권거래회사에 요구만 하면 돈을 빌려주는)을 구매하고, 이것이 할당되는 확률을 줄인다. 자급압박하에서는 자금조달 원천이 소멸되는 것이 보통이다. CFO들도 이 점을 너무나 잘 이해하고 있다. 은행들이 자금회수를 선택했기 때문에 드렉셀 번햄 램버트(Drexel Burnham Lambert)가 어쩔 수 없이 지급 불능상태에 빠졌을 때, 컨티넨탈일리노이 은행신탁회사(Continental Illinois Bank and Trust)는 CD(양도성예금증서) 대량보유자들이 유동성 고갈상황임에도 불구하고

CD를 포기하고, (이로 인해) 고수익채권(high-yield bond) 시장이 빛의 상실기(일식, eclipse)에 접어드는 것을 목격했다. 신용할당의 상처에 대한 전통적인 보호기재는 가능한 많은 시장에 참여하는 추가적인 비용을 받아들이고, 그에 의해 자금조달 원천을 다각화하는 것이다. 유동성은 차입자뿐 아니라 은행에 의해 의도적으로 구매되며, 유동성 취약성은 은행업무의 이 부분을 특히 도전적으로 만든다.

결론

다른 회사들처럼, 은행은 관리할 수는 있지만 완전히 피할 수는 없는 위험에 직면한다. 은행에서 세 가지 주요한 위험은 채무불이행위험, 이자율위험 그리고 유동성 위험이다. 이것들은 밀접한 관계가 있고 그들의 상호작용은 비대칭 정보의 존재의 중요한 방법에 달려 있다. 현재의 접근방법은 역사적으로 전사적 위험관리(ERM)의 일환으로서 이 세 가지 위험과 다른 것들이 관리된다.*

이자율 위험은 이자율의 기간구조와 연결되어 있다. 확실성과 불확실성하의 기대한 우리의 분석은 수익률과 만기가 얼마나 관련되어 있는지를 보여준다. 확실성과 불확실성 양쪽의 경우에서, 무위험 차익거래의 개념은 중요한 역할을 한다. 게다가 우리의 분석은 채권을 보유하는 위험은 그 만기의 조건보다는 듀레이션의 측면에서 더 적절하게 평가된다는 것을 보여준다. 듀레이션의 정의와 이표채권이 나타내는 채권가격의 변동성을 측정하는 적절한 조사방법이 분석되어야 한다. 우리는 또한 볼록성의 개념을 조사하고 이자율 위험의 노출을 측정했다. 우리는 유동성위험과 유동성의 상호작용 또는 이자율 위험과의 상호작용을 조사했다. 연구 중인 이 도구들로, 우리는 은행의 이러한 위험 관리를 고려할 수 있다.

Eggleston State Bank의 사례 연구

소개

Mr. 에드워드 에글스톤은 30년 전에 그의 고향 Bloomington에서 설립된 Eggleston State Bank의 최고경영자이고 주요주주이다. 그는 지금 걱정하고 있는데, 그의 오랜 친구 프레드 피셔의 전화를 받았었다. 프레드는 그가 가지고 있던 일자리검색의 어려움을 전했다.

프레드와 에드워드의 인생이야기는 현저하게 닮아 있다. 대학 룸메이트였던 그들은 대학을 졸업한 몇 년 안에 고향에 작은 은행을 설립했고, 몇 년 동안 매우 성공적으로 경영했다. 그러나 지

* 예컨대 Nocco and Stulz(2006)를 보라.

금, 프레드는 사실상 파산했다—그의 은행은 규제당국에 의해 폐쇄되었고, 그의 은행에 전적으로 투자되었던 그의 재산은 증발했다. 현재는, 그는 새로운 직업을 구하는 과정에 있는데, 일종의 큰 도시를 피한 것에 대해 그는 항상 그 자신을 자랑스러워했을 것이다.

프레드의 은행은 상당히 작았고, 총자산은 3천만 달러였다. 그러나 작은 마을의 1은행으로서 전통적인 은행의 역할을 하며 은행은 꾸준히 수익을 냈다—단기에 개인과 소규모업체로부터 예금을 받고, 장기 모기지 대출과 사업대출을 했다. 그러나 주의 은행 규정이 완화되었을 때, 주요 주은행의 지사들이 마을로 들어오는 것이 허락되고, 이런 것들이 더 빡빡해졌다(get tighter). 이자율의 변동성과 은행 재무상태표의 전통적인 불일치를 증가시키는 이런 경쟁은 은행의 자본을 점점 악화시키고, 3년간 자본을 2백만 달러에서 30만 달러 이하로 떨어뜨리는 상태로 이어졌다. 결국 규정자들은 은행을 이전하고 인수했다.

에드워드 에글스톤은 한숨을 내쉬고, 똑같은 일이 자신의 은행에서도 일어날 수 있는지에 대해 궁금했다. 그의 은행은 총자산이 4억 달러가 넘어 프레드의 은행에 비해 매우 컸다(예시 A를 보라). 그러나 수십억 달러의 자산을 가진 여러 지역은행의 출현과 함께, 더 크고 더 정교해진 은행으로부터의 경쟁증가로 에드워드도 프레드의 은행이 겪은 동일한 종류의 문제에 직면할 수 있다는 느낌을 갖게 되었다. 그는 그의 경영진을 만나 Eggleston State Bank의 이자율위험에 대한 노출을 조사하기로 신중하게 결정했다. 그리고 이자율의 변화에 대비해 이를 헤지할 수 있는 가능성에 대해서 토론했다.

회의

일주일 후, 에드워드 에글스톤은 캐럴 치플리, 더글러스 데이트와 함께 그의 사무실에 앉아 있었다. 강력한 분석기술을 가지고 있는 캐럴은 최근에 최고의 MBA 프로그램을 졸업했고, 은행의 위험관리에 대한 접근을 현대화하게 도와주는 부서에 채용되었다. 반면에 더글러스는 기본적으로 그의 날카로운 안목과 건전한 상식 때문에 은행내부에서 자신의 현재 위치로 승진했다.

에글스톤: 알았네, 친구. 나와 마찬가지로 너희들은 우리상황을 잘 알 것이야. 내가 관심이 있는 것은 우리가 취할 수 있는 행동은 어떤 것이 있는지, 우리가 어떤 것을 추구해야 할 것인가야. 불일치된 상태로 남아 있어야 하는가 아니면 우리에게 이것을 헤징할 시간이 있는가?

데이트: 음, 에드, 네가 아는 것처럼, 나는 우리가 은행의 최신 유행에 참여하는 것에 대해 항상 회의적이었어. 결국 나는 우리가 매우 불일치되어 있다는 것을 알지 못했어. 내가 전에 너에게 보여줬던, 말을 번드르르하게 하는 브로커의 나쁜 조언에 선물시장에서 장난이 시작되었나라는, 은행에 관한 기사를 기억해봐. 우리가 조심하지 않는다면 우리는 큰 실수를 하고 나서야 끝낼 수 있기 때문에 나는 그것이 우려스러워. 우리는 여기에 30년 동안 꾸준히 수익을 만들면서 있었어.

왜 우리가 좋은 시스템 때문에 혼란스러워야 할까?

치플리: 더글러스, 자네 말이 맞는다고 생각해. 네가 말했을 때 우리는 조심했어야 했어. 하지만 헤징 프로그램이 불완전하게 계획되었기 때문에 나는 은행이 돈을 잃은 모든 스토리를 생각해야 했어. 그들은 헤지를 전혀 하지 않았기 때문에 돈을 잃은 은행들의 12개의 스토리를 찾았어. 게다가 은행환경은 최근에 상당히 변했어. 그래서 지난 30년간 일해 왔던 것은 향후 30년 넘게 일할 우리에게 치명적일 수 있어.

데이트: 사람들은 항상 말하는데, 그러나 나는 무엇이 바뀌었는지 정말 모르겠어. 우리는 점점 커지지만 여전히 시골은행이야. 우리의 예금주와 고객들은 대부분 개인들이고 그리고 작은 중소기업이야. 캐럴, 지난 35년간 우리의 예금흐름이 얼마나 부드러운지를 보여주는 다른 날의 차트를 보여줄 수 없니? (예시 B를 보라.) 그리고 새로운 정부는 Ft를 유지하기 위해 노력할 것으로 보여. 워싱턴이 문을 열고, 전반적인 사업에 대한 지역사회의 관점이 이전과 동일해. 말하자면, 돌과 같이 안정적이고 견고해. 결국 이곳이 상당히 번영하는 지역이야. (예시 C를 보라.)

치플리: 음, 우리는 정부가 군사기지에 관한 약속을 지킬 것이라는 확신에 대해 나는 확신할 수 없어. 어쨌든, Fort Washington이 문을 닫는 것은 우리가 직면한 위험이 아니야. 나는 증가하는 경쟁적인 은행환경이 세계시장이 우리의 작은 마을에 영향을 미칠 수 있음을 의미한다고 생각해. 20년 전에, 우리의 고객들은 다른 이자율에 대해 고민할 필요가 없었어. 우리가 그들의 고향 은행이고 우리가 그들과 그들의 사업을 알았어. 그러나 이제 은행은 더 비인격적이 되었어. 그리고 만약 우리가 경쟁력 있는 이자율을 제공하지 않는다면 우리는 우리의 예금자들이 우리와 함께하기를 기대할 수 없어. 나는 우리의 투자와 대출포트폴리오를 주의 깊게 볼 가치가 있다고 생각해. (예시 D와 E를 보라.)

에글스톤: 음, 나는 너에게 듣기를 기대하는 반응이 있어. 그러나 나는 지금은 하드보일드 분석의 시대라고 생각해. 여기 앉아서 몇몇 가능성 있는 이자율 시나리오를 생각해내자. 그리고 캐럴은 숫자를 다룰 수 있고, 다양한 환경하에서 은행에 무슨 일이 일어날지 우리에게 정확히 알려줘. (예시 F를 보라.)

수치 예시

예시 A
EGGLESTON STATE BANK
기말 재무상태표 ($1,000)

	2004	2005
자산		
현금 및 예치금	$59,696	78,645
국채	$38,612	45,284
기타 국채	$58,030	49,456
기타 증권	$6,678	6,439
대출금 및 할인증권	$250,950	290,125
은행부지	$12,698	21,924
기타 자산	$2,996	2,876
총자산	$429,660	494,749
부채		
요구불예금	$178,668	184,694
정기예금	$122,164	166,995
정부예금	$10,164	3,429
기타 정부예금	$57,190	59,805
상업은행 차용증서	$7,266	12,987
예금 총액	$375,452	427,910
기타 부채	$23,520	34,925
부채 총계	$398,972	462,835
자본계정		
보통주	$5,838	5,630
자본잉여금	$15,008	14,472
미배당이익금	$7,952	9,828
유보금	$1,890	1,985
자본계정 총계	$30,688	31,915
부채 및 자본계정 합계	$429,660	$494,750

예시 B
예금 총액($백만)
(기대 듀레이션: 6개월)

	High	Low	일 평균
2001	305	257	284
2002	323	291	301
2003	363	323	357
2004	375	307	363
2005	427	375	400

예시 C
시장영역 경제데이터
소득 및 주택

연간 가계소득	분포(%)
$3,000 미만	28%
$3,000–$6,999	20%
$7,000–$14,999	30%
$15,000–$24,999	21.5%
$25,000+	.5%
주택소유권	
전체 가구	30,000
자가	51%
세입자	38%
공실	11%
주요지역 사업주(블루밍턴)	
워싱턴	25,000
록히드	1,000
크래프트 푸드	850
블루밍턴 컬리지	730

예시 D
EGGLESTON STATE BANK
(투자 포트폴리오, 오늘)

항목	액면가	이표	만기	장부가	채권신용등급
미 정부 채권(국채)					
T-Bills(단기국채)	2,500,000	—	8 months	2,235,000	—
T-Notes(중기국채)	4,000,000	6.00	2 years	3,765,000	—
T-Bonds(장기국채)	40,000,000	7.00	25 years	39,284,000	—
기타 정부 채권					
지방채	50,000,000	6.00	22 years	49,456	Baa
회사채					
록히드	7,000,000	12	17 Years	6,439	Aaa

예시 E
EGGLESTON STATE BANK
(대출 포트폴리오, 요약보고, 오늘)

차입자 유형	이표	예상	장부가
단기 개인(자동차, 기타)	13.27	2.1	14,700,000
단기 기업	12.31	1.8	7,234,000
중기 기업	11.45	5.3	42,300,000
장기 기업	10.4	7.9	78,766,000
주택저당	8.3	9.1	179,000,000

회의 동안, 시나리오에 대한 다음과 같은 가능성에 대해 은행원들은 동의했다.

예시 F
이자율변동 시나리오
(시나리오 명)

	좋음	나쁨	최악
확률	.5	.3	.2
미 정부채권			
단기채권	11.00%	9.00%	12.00%
중기채권	10.00%	10.00%	13.00%
장기채권	9.00%	11.00%	14.00%
기타 정부채권			
지방채	9.25%	11.75%	15.25%
회사채			
록히드	9.75%	10.75%	13.75%
대출금			
단기 개인	13.25%	11.25%	14.25%
단기 사업자금	12.25%	10.25%	13.25%
중기 기업	10.50%	10.5%	13.75%
장기 기업	9.80%	10.75%	13.75%
주택저당	9.00%	11.50%	14.50%

과제

에글스톤: 캐럴, 나는 네가 이 숫자들과 보고서들을 매우 세부적인 질문과 함께 다시 나에게 주기를 바라. 우리의 불일치 중에서 확장해야 하는 것이 정확히 무엇인가? 우리가 이야기했던 다양한 시나리오하에서 은행은 어떤 일이 일어날 수 있는가? 만약 은행을 보호하기 위해 사용해야 한다면, 어떤 헤징 프로그램을 사용할 것인가?

연습문제

1. 은행이 직면하고 있는 세 가지 유형의 주요 위험은 무엇인가?
2. 이자율의 기간구조란 무엇인가?
3. 확실성하에서 이자율의 기간구조가 무위험 차익거래를 배제하도록 결정된다면, 만기가 서로 다른 채권의 수익률 간의 관계는 무엇이며, 왜 그러한가?
4. 듀레이션이란 무엇인가? 왜 듀레이션이 이표채를 평가할 때 만기보다 더 타당한 척도인가?
5. 볼록성(convexity)이란 무엇인가? 채권가치 평가에서 볼록성의 잠재적 유용성에 대해 논하시오.
6. 예금금융기관에서 듀레이션 대응(matching)의 장단점을 논하시오.

7. 유동성위험이란 무엇인가? 유동성위험이 이자율위험과 신용위험에 어떻게 연결되어 있는가? 유동성위험 조성에서 정보불균형의 역할은 무엇인가?
8. 유동성위험은 어떻게 관리될 수 있는가? 신용위험, 유동성위험, 이자율위험 등을 관리하는 통합된(integrated) 위험관리시스템을 구축하는 데에서 은행이 직면하는 방해요소들은 무엇인가?
9. 만기를 제외한 모든 면에서 동일한 세 개의 무이표채가 있다고 하자. 각각의 채권의 액면가는 $1,000이다. 그중 하나는 만기가 1년 남았으며, 현재 $855.66에 거래되고 있다. 다른 하나는 만기가 2년 남았으며, 현재 $835.33에 거래되고 있다. 나머지 하나는 만기가 3년 남았으며, 현재 $775.85에 거래되고 있다. 각 채권의 만기수익률(YTM)을 계산하고, 수익률곡선을 그리고(부드러운 보간〔interpolate〕이 가능하다고 가정), 산출 가능한 선도이자율을 계산하시오.
10. 1기간 순수할인채의 연간 만기수익률(YTM)은 12%이고 2기간 순수할인채의 경우는 10.45%이다. 지금 두 개의 채권이 있다. 하나는 2기간 순수할인채로 만기에 $1,200을 일괄지불(baloon payment)하기로 되어 있다. 다른 하나는 1기간 후에 $100의 이자를 지급하고 2기간 후에는 $100의 이자와 $1,000의 일괄지불금을 지급할 것이다. 이들 채권의 듀레이션과 만기 이전의 가능한 가격변화를 계산하시오.
11. "친구들의 대화"로부터 다음과 같은 발췌문이 주어졌다. 이에 대해 비평하시오.

사회자: 그래서, 어떻게들 생각하시나요? 우리가 해결방안을 마련할 만큼 미국 은행 산업에 어떤 일이 있어났는지 알고 있다고 생각하시나요?

애플턴: 음, 제 생각엔 은행과 S&L은 단순하게 환경의 피해자였다고 생각합니다. 우리는 한동안 역만기수익률 곡선(장기 이자율이 단기이자율보다 낮음)을 가졌었습니다. 그리고 이는 금융기관이 자산 변환을 통해 정상적으로 올리던 수익을 거두기 어렵게 만들었습니다. 아시다시피 저는 기대가설을 절대 믿지 않습니다. 실질적 상관성이 없는 이론적 세부사항에 불과합니다. 물론, 이자율 변동성의 증가도 도움이 되지 못했습니다. 국내적 · 국제적 차원에서 경쟁이 크게 증가했습니다. 이런 기관들은 강력한 악의에 의해 크게 압박받는 것처럼 느꼈을 것입니다.

사회자: 그건 그렇고, 알렉스, 당신이 기대기설을 싫어할 또 하나의 이유를 대겠소—그것 역시 틀렸어요.

애플턴: 그건 몰랐습니다. 확실합니까? 어떤 상황에서는, 마이크, 당신이 제 의견에 동의한다는 것이 좋은 일이지만, 솔직히 매우 놀랍습니다. 당신과 베쓰가 이에 대해 어떻게 느끼는지 알기 전엔, 전 솔직히 더 많은 논쟁거리를 불러왔다고 생각했었습니다.

사회자: 음, 힘내요, 알렉스. 당신의 의견에 동의하는 것은 사실 일부분일 뿐입니다. 저는 예금수취금융기관들이 지난 15년 동안 힘든 환경에 처해 있었다는 것엔 동의합니다. 그러나 저는 그들이 똑똑하게 위험관리를 할 수도 있었다고 생각합니다. 예를 들어, 그들은 자산-부채 포트폴리

오에서 듀레이션 차이를 줄일 수도 있었고 이자율 위험을 헤징하기 위해 현대적 면역전략을 사용할 수도 있었습니다. 몇몇의 투자은행처럼 은행에서 위험이 더 큰 자산 변형 활동의 영향력을 줄여주면서 수수료수익을 증가시킬 수 있는 중개업 활동에서 더 혁신적일 수도 있었습니다. 국채를 분할하여 캐츠(CATS: Certificates of Accrual on treasury Securities)와 타이거(TIGRS: Treasury Investment Growth Receipts)와 같은 순수할인채를 판매한 투자은행들이 얼마나 많은 이익을 냈는지 보십시오. 알렉스! 진짜 이야기는 당신의 "환경에 의한 수동적 피해자"라는 설명보다 훨씬 깊숙한 곳에서 시작되고 있습니다. 저는 은행과 S&L이 시스템을 이용했고 납세자들을 우롱했다고 생각합니다.

부록 4.1 분산을 통한 인출위험 해소

어떤 은행이 n명의 예금가입자를 가지고 있고 각각은 $1씩 예금을 가지고 있다고 하자. 각각의 예금은 1기간 후에 인출되도록 되어 있으나 2기간 동안 잔류할 수도 있다. $1이 1기 후에 인출될 확률이 십분지 일, 즉 $p=0.1$이지만 1기 후에 예금이 실제로 인출될지는 1기간이 지나기 전까지는 알 수가 없다고 가정하자.

예금은 2기 후에 상환되는 대출금의 재원으로 쓰이지만 만기 이전에는 달리 쓸모가 없다(대출금의 2차시장이 없다). 이것은 무해한 단순화이며 이후의 주장에 아무런 영향을 미치지 않는다. 물론 은행은 1기간 후의 인출에 대응하기 위해 (예치된) 현금의 일부를 가지고 있을 필요가 있다. 문제는 은행이 신중을 기하기 위해 얼마나 많은 현금을 보유해야 하는가이다. 만약 은행이 $1 또는 $1백만의 예금을 보유하고 있다면 인출확률은 여전히 10%이며, 기대인출금액은 이 확률에 예금총액을 곱한 값이다. 하지만, 만약 은행이 $1만 예금으로 보유하고 있다면 인출금은 불가피하게 전부 또는 전무, 0 또는 1이 될 것이다. 실제로 $0.1의 기댓값은 얻을 수 없으며, 10%를 보유하려는 은행의 결심이 가능하려면 실제로 소수점 이하는 없어야 한다.

하지만 은행의 예금자 수가 증가함에 따라, 예금자들 간의 독립성을 가정하면, 10% 인출확률은 점점 더 예측가능성이 높아진다. 즉 극한에서는 예금자의 수가 더욱 증가할수록 10%의 예금보유는 '거의 확실하게' 예금인출을 만족시킬 것이다.

이런 아이디어는 예금자 수가 n이고 $q=1-p$인 이항분포의 표준편차의 정의로부터 명백해진다. 은행예금의 표준편차는 $\sigma=\sqrt{npq}$.

이 불확실성의 척도는 예금가입자 수의 루트에 비례하며, 예금가입자 수가 증가할 때 극한값에서 1달러당 표준편차는 $\lim_{n\to\infty}(\sigma/n)=0$이 된다.

이것은 인출확률이 $p=0.1$로 일정한 값으로 머물러 있다 하더라도 예금가입자 수가 많아질수록 단위금액당 인출불확실성이 사라져서 극한값에서 0에 수렴함을 의미한다. 따라서 예금인출자 수가 증가함에 따라 10% 인출은 잠재적 파국보다는 점점 상수적(거의 고정된) 비용으로 취급될 수 있다. 파멸위험은—인출이 은행의 보유현금을 초과할 확률—극한값에서만 $\sigma/n \to 0$이기 때문에 실제로는 절대로 0이 되지 않는다. 하지만 파멸위험은 관리될 수 있으며, 은행의 자금조달원천을 분산함으로써 무한히 작게 만들 수 있다.

부록 4.2 최종대부자 모럴해저드

명령화폐(fiat money)의 세계에서 (화폐의) 가치는 관리된, 또는 인위적 희소성으로부터 나온다. 즉, 우리가 사용하는 화폐는 명령(fiat) 또는 법적 강제(따라서 법적 통화, legal tender)에 의한 화폐이며, 상품화폐(commodity-backed money, 또는 실물화폐)처럼 고정된 환율로 금 또는 기타 상품으로 전환될 수 없다. 정부가 더 많은 화폐를 발행할수록(또는 창조할수록) 화폐의 가치는 하락하며, 이런 원리는 지폐뿐만 아니라 은행예금에도 적용된다. 화폐의 관리된 희소성은 또한 시뇨리지(Seigniorage, 화폐주조차익)로 일컬어지는 독점이익을 창출한다. 이러한 화폐생산 이익은 중앙은행에 대한 효과적인 소유를 통해 사유은행과 공공부문에 의해 나누어 갖게 된다. 미 연방준비은행(Federal Reserve)은 명목적으로 회원인 상업은행들에 의해 소유된다. 하지만, 연방준비은행의 자기자본은, 채권과 흡사하게, 법으로 정해진 고정수익률을 지급하지만, 연방준비은행의 잔여이익은 특별프랜차이즈 세(special franchise tax)를 통해 미 재무성으로 되흘러 들어간다.

중앙은행도 사유은행도 이자를 지급하지 않는다면(경쟁적 이자율 이하의 이자율이라면 논점은 유지됨), 은행과 공공(또는 중앙은행) 간의 시뇨리지 배분은 은행이 선택적으로 보유하는 현금자산 보유 정도에 의존한다. 은행이 현금보유를 많이 할수록 시뇨리지에 대한 은행의 몫은 작아질 것이다.

최종 대부자(LLC)의 도입이 은행의 유보금 보유 수요를 감소시키기 때문에 최종 대부자는 시뇨리지를 공공으로부터 (사유)은행으로 효과적으로 이전시킨다. 이것이 최종 대부자 도입에 관계된 모럴해저드이며, 이는 법정지급준비금(legal reserve requirements)에 대한 한 논거가 (사유)은행과 공공 간 '적절한' 시뇨리지 공유를 복원하는 것임을 설명해준다.

이 점은 쉽게 예시할 수 있다. 1천만 달러의 예금 부채를 가지고 있는 상업은행이 한 개만 존재한다고 가정하자. 이 금액은 중앙은행이 화폐정책에 대한 고려를 유지하고 싶어 하는 화폐공급량과 일치한다고 하자. (현재는) 지급준비금 규제도 없고 최종 대부자 장치도 없다. 상업은행은 인출 위험에 대비해 자산 중 10%를 현금으로 보유한다. 은행의 현금자산이 금고의 시재금이든 중앙은행 예치금이든 무차별하다. 따라서 단순화를 위해 모든 현금자산이 무이자로 연방은행(중앙은행)에 예치되어 있다고 가정하자. 이때 상업은행의 재무상태표는 다음과 같다.

상업은행

현금자산	$1 million	예금부채	$10 million
대출금 및 기타 수익자산	$9 million	부채총계	$10 million
총자산	$10 million		

최초의 중앙은행의 재무상태표는 다음과 같이 나타날 것이다.

중앙은행

수익자산	$1 million	예금부채	$1 million

중앙은행의 예금부채는 은행의 현금자산과 일치함에 유의하라. 이제 중앙은행이 최종 대부자 장치를 도입한다고 가정하자. 중앙은행은 화폐공급을 변화시킬 이유가 없다. 하지만 은행들은 이제 새로운 유동성 원천을 갖게 된다. 따라서 은행들은 비수익 현금자산 보유에 대한 필요성을 덜 느낄 것이다. 이를테면 은행들은 현금보유비율을 10퍼센트에서 5퍼센트로 줄일 것이다. 은행의 재무상태표는 이제 다음과 같이 된다.

상업은행

현금자산	$0.5 million	예금부채	$10 million
대출금 및 기타 수익자산	$9.5 million	부채총계	$10 million
총자산	$10 million		

그리고 중앙은행은 다음과 같이 위축된다.

중앙은행

수익자산	$0.5 million	예금부채	$0.5 million

실제로 $50만의 수익자산이 중앙은행의 재무상태표로부터 (시중)은행의 재무상태표로 이전됐으며, 이는 최종대부자 장치 도입의 직접적인 결과로 발생한 것이다.

혹자는 최종대부자 장치의 가치가 적절히 평가된다면 모럴해저드는 좌절될 거라고 주장하려 할지 모른다. 하지만, 도입 이전에는 최종대부자의 이자율이 무제한이었으므로 제한된 이자율은 은행의 유동성을 개선할 것이며, 따라서 어느 정도의 유보금 분산의 결과를 낳을 것이다. 역사적 사실로 보면, 최종대부자는 분명하지 않은 이유로 가격(이자율)을 낮게 책정하는 경향이 있다.

이러한 관대한 가격책정 관행은 모럴해저드 문제를 악화시키고 법정지급준비금에 대한 필요성을 고조시킨다. 따라서 지급준비금은 최종대부자 도입에 따른 모럴해저드를 통제하며, 지급준비금 축소는 예금의 시뇨리지를 공공으로부터 은행으로 이전시킨다. 지급준비금 확대는 역의 효과를 낸다. 100% 지급준비금은 모든 예금 시뇨리지를 공공에게 이전시킨다. 이것이 지급준비금이 은행에 대한 세금이라는 관습지(conventional wisdom)의 논거이다. 하지만 마찬가지로 쉽게 주장할 수 있는 것은 100% 미만의 지급준비금은 은행에 대한 보조금이라는 것이다. 여기서 어려운 질문은 '관리통화'와 관련된 독점지대(monopoly rent)가 누구에게 귀속되어야 하는가이다.

참고문헌

Cox, John, Jonathan Ingersoll, and Stephen Ross, "A Theory of the Term Structure of Interest Rates," *Econometrica* 53-2, March 1985, 385-407.

Fisher, Irving, and Roman L. Weil, "Coping with the Risk of Interest Rate Fluctuations," Journal of Business 44-4, January 1971, 408-431.

Greenbaum, Stuart I., "Liquidity and Reversibility," *Southern Economic Journal* 38-1, July 1971, 83-85.

Ho, Thomas S.Y., and Sang-bin Lee, "Term Structure Movements and Pricing Interest Rate Contingent Claims," *Journal of Finance* 41-5, December 1986, 1011-1030.

Holland, Kelley, "Capital: NCNB Loses Big Bet on Long-Term Rates," *American Banker*, March 20, 1990, 20.

Ingersoll, Jonathan E., *Theory of Financial Decision Making*, Rowman and LittleWeld, New Jersey, 1987.

Ingersoll, Jonathan E., JeVrey Skelton, and Roman L. Weil, "Duration Forty Years Later," *Journal of Financial and Quantitative Analysis* 13-4,November 1978, 627-650.

Klotz, Richard G., "Convexity of Fixed Income Securities," manuscript, updated.

Macaulay, F., *The Movements of Interest Rates, Bond Yields, and Stock Prices in the United States Since 1856*, New York: National Bureau of Economic Research, 1938.

Nocco, Brian W., and René M. Stultz, "Enterprise Risk Management: Theory and Practice," working paper, Ohio State University, July 2006.

Sprenkle, Case, and Merton H. Miller, "The Precautionary Demand for Narrow and Broad Money," *Economica*, November 1980, 407-422.

제5장 현물 대출

> 돈을 빌리지도 빌려주지도 말지어다. 돈을 잃고 친구도 잃을 뿐만 아니라, 돈을 꾸게 되면 절약하는 마음이 무디어진다.
>
> 윌리엄 셰익스피어

용어 정리

대출: 시장에서 거래되지 않고 비유동적인 부채계약을 통한 신용의 제공

증권: 거래되거나 거래되지 않는 타인자본 또는 자기자본 형태의 금융적 청구원

COD: 상품인도결제방식. 수령한 상품에 대한 결제 방식

기업어음: 기업이 단기자금 조달을 위해 자기신용을 바탕으로 발행하는 단기(270일 이내) 융통어음

T-bill/T-note/T-bond: 미국 재무성(U.S. Treasury Department)에서 발행하는 국채. 만기에 따라 종류가 나뉨.

FHLB: 미국 연방주택은행(Federal Home Loan Bank). 연방주택은행 이사회(Federal Home Loan Bank Board)가 이끄는 이 조직은 본래 주택분야 저축 및 금융 관련 규제를 관장하는 관리기관이었으나, 현재는 소규모 상업은행 및 적립기금에 대한 금융서비스를 제공하는 금융기관으로 진화하였다.

FHLMC: 미국 연방주택대출저당공사(Federal Home Loan Mortgage Corporation). '프레디 맥(Freddie Mac)' 으로도 불린다. 대출기관의 주택 저당대출을 매입하여 유동성을 제공한다. 매입자금 조달은 연방주택은행으로부터 차용하거나, GNMA(정부저당금고; 미국 주택도시개발부의 한 기관)가 보장하는 저당대출 담보 증권 발행 혹은 저당대출을 담보로 발행한 원리금자동이체 증권을 대출기관에 교부하는 방식으로 진행한다.

FNMA: 미국 연방저당권협회(Federal National Mortgage Association). 정부가 지원하는 민영업체로서, '패니 메이(Fannie Mae)' 라고도 불린다. 기본적으로 주택저당대출을 증권화 및 거래하는 기능을 하며, 미국 최대 주택담보대출 매입기관이다. 전반적으로 프레디맥과 비슷한 기능을 수행하나, 거래하는 기관들에 대한 소멸시효를 지니지 않는다는 점에서 차별화된다.

GNMA: 미국 정부저당금고(Government National Mortgage Association). 미국 주택 및 도시개발부(Department of Housing and Urban Development: HUD) 산하의 국영 조직이며, '지니 메이(Ginnie Mae)' 라고도 불린다. 주택담보대출을 위한 유동성을 시장에 공급하는 역할을 수행한다. 이는 다양한 방법을 통해 수행된다. 일례로, 많은 주택담보대출은 고정금리로 지급되는데 시장금리가 오를 때 기존 주택담보대출은 할인된 가격으로 팔리게 된다. 이때 지니 메이는 대출기관에 고정 금액으로 주택담보대출을 매입할 것을 약속하고, 매입한 담보대출을 패니 메이에 시장가격으로 판다. 이로써 차액은 지니 메이가 모두 흡수하는 것이다. 지니 메이의 또 다른 기능은 정부 보장 주택담보대출의 파생증권에 대한 지급보장 업무이다.

S&P 지수: 500개 기업 주식에 대한 스탠다드앤드푸어스(Standard & Poor' s) 종합주가지수

유인합치성(Incentive comparability): 투자금 규모에 따라 중개기관에 대하여 인센티브를 차등 지급하는 조건(1장 참고)

기업대출: 상업 및 산업 대출(C&I loans: Commercial & Industrial loans). 비금융기관에 대해 지급된 대출을 말한다.

내쉬균형(Nash Equilibrium): 게임이론으로서 상대방의 전략이 공개되었을 때 어느 누구도 자신의 전략을 변화시키려고 하지 않음에 따라 이루어지는 균형적 상태

HLT: 과다차입금부거래(Highly Leveraged Transaction). 대출자에게 자산 대비 대출 비율이 현저히 높은 상태로 발행되는 대출

담보물: 대출의 상환을 보장하기 위해 활용되는 자산. 채무자가 대출을 만기 내에 변제하지 못할 시, 담보물이 채권자 혹은 대출기관에 이전된다.

절대우선기준: 채권자의 권리가 채무자의 자산보다 우선한다는 규칙

GAAP: 일반회계원칙(Generally Accepted Accounting Principles)

우대금리: 신용도가 높은 고객에 대하여 적용되는 은행의 공시 금리

LIBOR(London Interbank Offered Rate): 런던 금융시장 내 은행들이 자기들끼리의 단기적인 금융 거래에 적용하는 대표적인 단기 금리

CD금리: 양도성 예금 증서(Certificate of Deposit: CD)에 대하여 은행이 적용하는 금리

최적선택 시점 법칙(Optimal Stopping Rule): 의사결정자가 표본추출 과정을 멈추고 의사결정을 해야 하는 시점을 통계적인 방법으로 결정하는 규칙. 일례로, 은행이 백만 달러를 가지고 있다고 가정해 본다. 은행은 오래 기다릴수록 더욱 많은 대출 신청자가 몰릴 것을 알고

있다. 그러나 화폐의 시간 가치를 따진다면 너무 오래 기다리는 것이 손해다. 최적선택 시점 법칙을 적용하면 은행이 언제쯤 대출 신청자 접수를 마감하고 대출 심사를 시작하는 것이 최적인지 파악할 수 있다. 또 다른 예는 은행이 채무자에 대한 신용정보 수집을 어느 선까지 마무리하고 의사결정을 해야 할지에 적용될 수 있다.

판별분석(Discriminant analysis): 어떤 상황이나 대상을 예측하는 데에서 가장 중요한 판단기준, 즉 판별함수가 무엇인가를 식별하는 분석방법. 일례로 판별분석은 도산 가능성 예측에서 중요한 판단 기준이 무엇인지 예측할 때 적용될 수 있다.

글래스-스티걸 법(The Glass-Steagall Act): 1933년 미국에서 은행개혁과 투기규제를 목적으로 제정한 법으로, 핵심 내용은 상업은행과 투자은행의 업무를 엄격하게 분리하는 것. 이 법은 상업은행이 보증업무, 투자은행 업무 혹은 기타 증권회사의 업무 영역을 침범하는 것을 엄금한다.

서론

많은 상업은행들에게 대출의 제공은 핵심적인 영업 분야이다. 대출은 은행의 보유 자산의 대부분을 차지하고 있으며, 상업은행의 수익 창출과 비용 발생의 대부분을 구성한다. 대출은 신용시장의 현물 및 선물 양 부문에서 모두 이루어진다. 본 장은 현물 대출을 먼저 분석한다.

본 장은 현물대출에 관련한 다음과 같은 주요 이슈를 분석한다. (1) 은행 재무상태표의 자산측면을 분석한다. 주요 자산의 특성과 이들이 어떻게 형성되었는지 설명한다. (2) 대출계약의 구조를 설명한다. (3) 대출 계약에 필요한 주요 정보 관련 이슈 및 대출 수익성이 은행의 주가에 미치는 영향을 살펴본다. (4) 신용 분석에 대해 설명한다. 특히 신용 분석 시 고려되는 요소들의 경제적 근거들을 중점적으로 분석하며 그러한 경제적 근거들이 대출 계약에 필요한 주요 정보 관련 이슈들과 어떻게 연관되는지를 분석한다. 신용 정보의 출처에 대해 살펴보는데, 은행 내부에서 관리되는 정보와 신용정보기관 등 외부에서 제공되는 정보로 나누어 살펴본다. (5) 대출계약 조건 및 조항의 결정을 분석한다. 각 대출 계약 조항들이 어떤 의미를 지니는지 중점적으로 알아보도록 한다. 또한 본 장은 사례 연구를 통해 현물대출에 관련된 제반 개념 및 이론을 정리한다.

은행 자산의 특성

은행 자산 구성의 추세

은행의 재무상태표는 기본적으로 대출자산, 시장성 유가증권, 현금 등 3가지 유형의 자산으로 구성된다(〈그림 5.1〉 참조). 각각에 대해 살펴보기 전에, 은행 자산 포트폴리오 구성의 최근 추세에 대해 먼저 간략하게 살펴보도록 하겠다.

〈그림 5.2〉는 시간 흐름에 따른 상업은행 자산 구성 변화를 보여준다. 1970년대에는 대출자산이 총자산에서 차지하는 비중이 약간 증가하였으며 1980년대에는 약간 감소하였다. 은행의 유가증권 보유액은 1970년대에 약간 감소한 후에 안정적인 추세를 유지하고 있다. 현금자산과 준비금은 상당히 감소하였으며, 이러한 감소추세가 계속 유지되었다. 〈그림 5.3〉은 상업은행 대출 구성의 변화 추세를 보여준다. 은행들이 주택금융 비중을 늘리며 기업대출 비중이 현저히 감소하였다. 소비자 금융의 비중은 1975년 20%에서 2004년 15%로 감소하였다.*

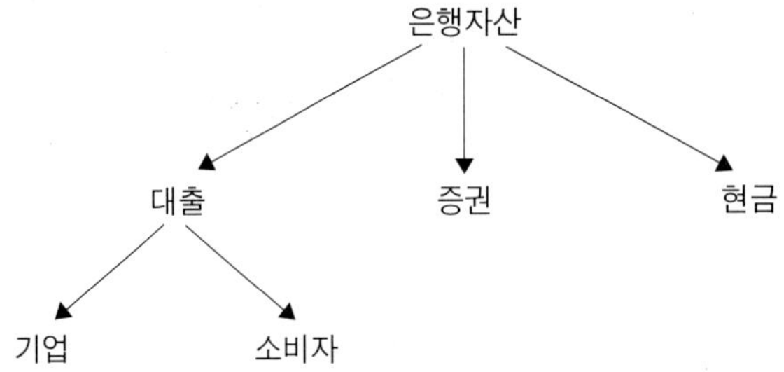

〈그림 5.1〉 현물 대출

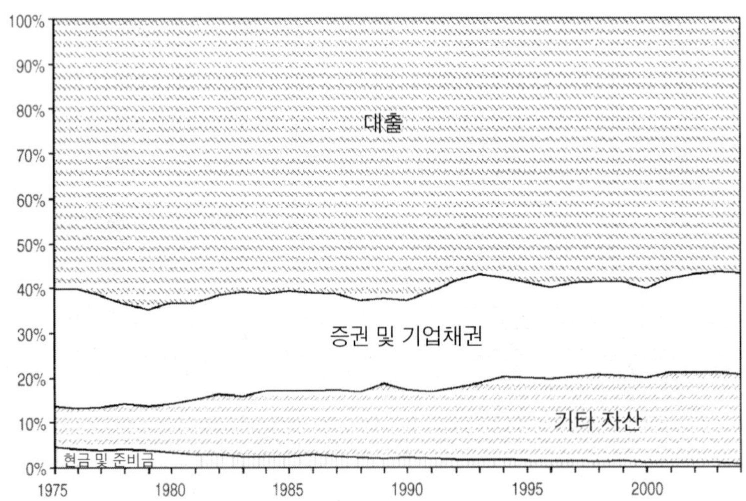

〈그림 5.2〉 상업은행의 자산 구성

출처: Federal Reserve Statistical Release: Flow of Funds Accounts of the U.S. 1975-1984, 1985-1994, and 1995-2004.

* 소비자대출은 주로 신용카드, 할부대출, 주택금융, 주택담보대출 등으로 구성되어 있다. 이들은 근본적으로 '현물 상품'에 해당되며 전반적으로 은행마다 비슷한 상품 구성 양상을 보인다. 물론 상품 구성 및 특성에서 차별화를 둘 여지도 얼마든지 있다. Wells Fargo 은행의 경우 고정금리 주택대출과 변동금리 대출의 혼합 상품으로 소비자대출 시장에서 두드러진 성과를 보이고 있다. 아울러 소비자대출에서는 신용정보를 어떻게 다루느냐가 매우 중요하다. 이는 어떠한 고객에게 대출이 이루어지는지, 즉 수익성이 높은 대출이 선별적으로 이루어질 수 있는지 여부와 직결되기 때문이다.

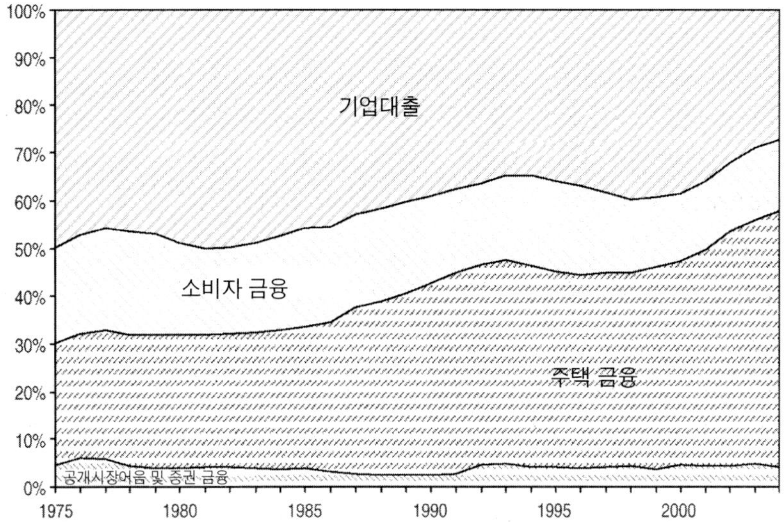

〈그림 5.3〉 상업은행의 대출 구성
출처: Federal Reserve Statistical Release: Flow of Funds Accounts of the U.S. 1975－1984, 1985－1994, and 1995－2004.

이와 같은 대출 포트폴리오 구성의 변화는 다음과 같은 2가지 요인에 의하여 주로 설명된다. (1) 기업대출의 본질적 변화이다. 상업은행은 투자자들보다 대출자금에 대해 적은 비용으로 접근할 수 있기 때문에 기본적으로 자본시장에서 우위를 점하고 있으며, 정보비대칭과 도덕적 해이의 문제를 보다 효과적으로 해소할 수 있다. 그러나 지난 수년간 상업은행들이 제공하는 예금상품의 시장 기회는 축소되어 왔으며, 이에 따라 자금조달상의 우위는 실질적으로 소멸되었다. 지난 20여 년간 발생한 금융혁신으로 기업들은 새롭고 다양한 유가증권을 발행하며 자본시장에서 직접금융 형태로 자금을 조달할 수 있었다. 이와 같은 유가증권과 은행대출의 증권화(9장 참조)는 상업은행이 전문성을 가졌던 정보비대칭과 도덕적 해이 문제를 해소할 수 있도록 설계되었다.* 따라서 상업은행이 기업들에 대한 자금제공에서 자본시장에 대해 가졌던 우위는 감소하였다고 볼 수 있다. 자본시장이 기업자금조달의 원천으로서 경쟁력을 확대함에 따라 상업은행들은 대기업에 제공하는 기업대출 부문에서 상당한 수익성 감소를 겪고 있으며, 상업은행의 기업대출은 상대적으로 감소하게 된 것이다.**

* 일례로 Green(1984)은 전환 사채(일정 기간 뒤에 주식으로 전환할 수 있는 채권)의 경우, 위험도가 높은 대상에 투자하는 성향을 가진 차입기업이 채권보유자들에 손해를 입히며 발생하는 도덕적 해이 문제를 해결하는 데에 효과적이라는 것을 보인 바 있다.
** 일례로 Security Pacific은 1990년대 중반 캘리포니아 최대 정부운영 투자기금인 Gilbraltar Savings에 대한 입찰에 성공하여 27억 달러 규모의 담보대출 자산을 매입한 바 있다.

은행 대출의 유형

기업대출(business loans 또는 C&I loans)은 다음과 같이 크게 4가지 유형으로 요약된다.

(a) **거래대출(transaction loans):** 거래대출은 특정한 구매를 위하여 협상되고 구매자의 특정한 필요에 따라 설계된다. 각 차입자들의 거래대출 수요는 매우 다양하며 이들 대출은 개별적으로 협상된다. 거래대출에서는 차입자의 파산 시 대출상환을 강제하기 위하여 차입자의 자산을 담보로 설정한다.

(b) **운전자본대출(working capital loans):** 운전자본대출은 기업의 일상적인 운영자금을 대출해 준다. 따라서 이는 일반목적 대출이며, 단기 대출이 일반적이다. 운전자본대출은 주로 재고와 같은 유동자산의 구매 및 유동자산의 구매에 조달된 부채의 상환에 활용된다. 운전자본대출은 일반적으로 매출채권, 재고 등에 의하여 담보가 설정된다.

(c) **기간대출(term loan):** 기간대출은 대규모 자본지출을 필요로 하는 고정자산을 구매하기 위한 장기 대출이다. 만기는 일반적으로 3-10년이다. 채무상환은 일반적으로 대출을 통해 조달된 자금으로 자산을 형성하고 이 자산에 의해 산출되는 현금흐름으로 채무상환이 이루어지므로 분할상환방식으로 이루어진다.

(d) **복합대출(combination):** 운전자본대출은 차입기업의 요청에 따라 단기차입을 기간대출로 전화시킬 수 있는 약관을 포함한다.

소비자대출은 다음과 같이 크게 2가지 유형으로 정리된다.

(a) **소비자대출(주택담보대출 제외):** 가장 중요한 유형의 소비자대출은 직접대출과 신용카드대출이다. 직접대출은 일반적으로 자동차, 보트, 가전제품 등과 같은 내구재의 구매를 위한 차입이며 차입에 의하여 구매된 자산은 일반적으로 담보로 설정된다. 신용카드대출은 생활에서 일반적인 활용을 목적으로 하는 무담보의 단기차입 형태이다. 신용카드는 미국에서 1960년대 중반부터 광범위하게 사용되기 시작했다. 신용카드 대출은 은행들에게 중요한 수익원이 되고 있다.* 신용카드의 높은 수익성은 3가지 요인에 기인한다. 즉 (i) 상인의 매출에 대한 할인 매입(할인율은 일반적으로 2-6%), (ii) 연체 카드대출에 부과되는 이자(대부분의 신용카드는 월별상환주기에 기초하여 연체이자를 부과하지 않는 유예기간을 두기는 한다) 그리고 (iii) 신용카드 보유에 부과되는 연회비.**

* Ausubel(1990) 참조
** 신용카드 시장 내 경쟁과열로 연회비를 면제하는 경우도 많다.

(b) **부동산담보대출:** 부동산담보대출은 특성화된 형태의 소비자 및 기업 대출이다. 부동산담보대출은 부동산의 획득 및 개선을 목적으로 하는 이들에게 이루어진다. 대부분의 부동산담보대출은 차입으로 획득된 부동산자산에 의하여 담보된다. 부동산담보대출의 3가지 유형은 주택담보대출, 건설금융, 상업용 부동산담보대출이다.

금융증권화 기법이 출현하기 전까지 부동산 담보대출은 각 자산의 특수성, 사적 정보 문제의 심각성 그리고 조기상환으로 인한 만기의 불확실성 등의 요인으로 인하여 비유동적 자산으로 취급되었다. 그러나 증권화 기법은 부동산담보대출이 가졌던 이러한 시장성 저해요인을 제거하였으며, 성공적으로 유동성을 증가시킬 수 있었다. 특히 패니 메이와 프레디 맥이 정부지원 아래 부동산담보대출의 증권화를 선도했던 때에는 이러한 증권화 기법의 활용이 매우 두드러졌었다.

증권화는 비유동적 대출을 본래 대출이 발생한 기관으로부터 분리하여 거래 가능한 유동적 증권으로 탈바꿈시켜 다양한 대출자금조달원을 마련하는 금융기법이다. 일반적으로 은행과 같은 금융기관이 대출을 처음 '발생' 시킨다. 대출 발생 과정에서 은행은 대출신청자를 심사하고 대출계약을 설계한 후 가격범위를 설정하는 과정을 거친다. 여기서, 은행은 예금을 통해 대출자금을 조달하는 전통적인 방식을 택하는 대신에 대출 포트폴리오를 설계해 자본시장을 통해 포트폴리오 자금을 조달하는 특수 신탁업체에 대출자산을 매각하는 것이다. 이때 주로 투자은행의 조언이나 도움이 개입되는데, 투자은행은 주로 투자자들에 대한 대출 포트폴리오의 매각 및 증권화된 자산에 대한 증권시장에서의 관리 등의 서비스를 제공한다. 증권화가 지난 20~30년 동안 엄청난 성장을 거듭해온 것만으로 증권화가 부동산담보대출 시장에 얼마나 큰 영향을 끼쳤는지 설명이 된다고 할 수 있다. 증권화를 통해 부동산담보대출 자산은 일반화되고 다양화될 뿐만 아니라 패니 메이나 프레디 맥과 같은 기관을 통한 정부지원을 받기도 하며, 증권화됨과 함께 새로운 거래계약이 생성되기도 한다. 증권화에 대해서는 9장에서 보다 자세히 살펴보기로 한다.

이전에는 고정금리 담보대출—차입자가 부담하는 이자율이 대출기간 내내 고정되어 있는 대출계약—이 주류를 이루었다. 하지만 1980년대에 변동금리(adjustable-rate mortgages: ARM) 계약이 합법화되면서 부동산담보대출 계약의 설계는 다양한 형태를 띠게 되었다. 대출기관의 창의력이 미치는 범위 내에서 차입자의 수요를 충족시킬 수 있는 다양성이 확보된 것이다.

은행이 보유하는 시장성 유가증권

(a) **은행인수어음(bankers acceptances):** 은행인수어음은 주로 국제무역과 관련하여 활용된다. 은행인수어음은 은행의 고객이 외국의 제3자에 갖는 채무에 대해 은행이 지급 보증하는 것이다. 은행인수어음은 일반적으로 지불일 지정 어음의 형태를 띠는데, 국내통화 또는 외화로 표시되는 상품구매를 위해 발행된다. 해당 지정 어음은 발행 후 은행에 의하여 인수되는데, 이로써 은행은 어음 만기 시에 어음 원금의 지급을 보장한다. 은행인수어음은 은행

에 의하여 보유되거나 유통시장에서 매각되어 다른 금융기관에 의하여 보유될 수 있다. 일반적으로 어음을 처음 발행한 은행은 대출 이자와는 별도로 지급 보장에 대한 수수료를 부과하기도 한다. 어음의 만기는 대부분 6개월 이내이다.

은행인수어음은 지리적 · 문화적으로 멀리 떨어진 두 업체 혹은 개인이 거래를 하는 데 용이하게끔 해준다. 만약 어떤 수출업체가 수입업자를 잘 알지 못해서 상품인도결제방식으로도 거래를 주저한다고 생각해 보자. 그러나 수출업체는 수입업자가 어음을 거래하는 은행은 그래도 믿을 수 있을 것이다. 이렇게 은행이 수입업자의 신용 위험을 부담함으로써 이 거래는 성사되게 된다. 이때 지급을 보증하는 은행은 고객인 수입업자에 대해 타국의 수출업체보다 더욱 많은 정보를 가지고 있다. 이러한 정보의 우위가 지급 보증에 대한 수수료 발생을 가능하게 하는 요인이다. 따라서 은행인수어음은 정보비대칭 문제를 보다 효과적으로 해결하는 은행의 역할과 매우 밀접한 관계가 있다고 볼 수 있다. 관련한 상세 내용은 8장에서 깊게 살펴보기로 한다.

(b) **기업어음(commercial paper):** 기업어음은 비담보부 채무로서 발행기업의 신용도와 평판에 의존하여 부채를 조달하는 것이다. 기업어음은 단기국채와 같이 할인 발행되며* 만기는 3일에서 270일이다. 기업어음의 금리는 일반적으로 우대 금리보다 낮게 책정되며 CD금리나 은행인수어음 금리와 비슷하다. 중개기관 없이 투자자들에게 직접 파는 어음이기 때문에 정보비대칭 문제를 해소하기 위해 일반적으로 지명도가 높은 대규모 우량 기업들만이 기업어음을 발행한다.

(c) **미국 국채(U.S. Government securities):** 미국 국채는 채무불이행 염려가 없고 거래되는 시장 내에서 매우 높은 유동성을 지니기 때문에 상업은행들에게 매우 중요한 상품이다. 3장에서 살펴보았듯이, 사적 정보 및 정보비대칭 문제는 유동성을 약화시키는데, 사적 정보를 거의 포함하지 않는 미국 국채의 특성상 유동성이 매우 높을 수밖에 없다.

미국 국채를 통하여 얻는 수익은 연방소득세와 양도소득세의 징수 대상이 되며, 지역소득세 징수에서는 제외된다. 시장성 미국 국채는 3가지 종류로 분류된다. 즉 단기국채(T-bill), 중기국채(T-note) 그리고 장기국채(T-bond). 단기국채(T-bill)는 91일, 182일 혹은 1년의 만기를 가지며, 기업어음과 같이 할인 발행된다. 중기국채(T-note)는 단기국채와 비슷하나 만기가 1년에서 7년이다. 장기국채(T-bond)는 10년 이상의 만기를 가지며 최장 30년까지 이를 수 있다.

* 명시된 이자율은 없으나, 액면가(만기 시점 가격)보다 낮은 가격에 팔리게 된다. 차액은 이자 비용으로 정의된다. 또한 할인수익률이 채권수익률과 비등하지 않다는 것을 명심해야 한다. 이의 비교를 위해서는 별도의 계산이 필요하다.

(d) **미국 정부기관채(U.S. Government Agency Securities):** 연방중기은행(Federal Intermediate Credit Bank), 연방저당권협회(Federal National Mortgage Association: FNMA 혹은 Fannie Mae), 연방주택은행(Federal Home Loan Bank), 정부저당금고(Government National Mortgage Association: GNMA 혹은 Ginnie Mae) 등 공공기관에서 발행하는 채권을 의미한다. 미국 정부에 의해 직접적으로 보증되지는 않지만 미국 국채보다 약간 높은 프리미엄이 얹혀 거래된다. 미국 국채와 같이 정부기관채로 인한 수익은 지역소득세 징수에서는 제외되지만 연방소득세 징수 대상에는 해당된다.

(e) **미국 주정부 및 지역정부채(State and local securities)와 지방채(Municipal bonds):** 이들은 상대적으로 높은 채무불이행 위험과 낮은 유동성으로 인해, 상환기간이 같은 미국 국채 및 정부기관채에 비해 세후 수익률이 일반적으로 높은 편이다. 지역정부채 및 지방채에서 얻는 이자 수익은 연방소득세, 주소득세 그리고 지역소득세에서 모두 제외된다. 주정부 및 지역정부채는 넓게 3가지 종류로 나눌 수 있다. 즉 주택채권(housing bonds) 및 공익채(authority bonds), 일반보증채권(general obligation bonds) 그리고 수익채권(revenue bonds)이다. 주택채권 및 공익채는 주택 건축 및 행정지원 목적으로 지역 주택청에서 발행한다. 미국 정부에 의해 지급 보증되며, 따라서 신용위험이 거의 없다고 볼 수 있다. 일반보증채권은 어떤 특정사업으로부터의 수익을 담보로 발행되는 것이 아니라, 채권발행 지방정부의 전반적인 신용과 신의(full faith and credit)를 근거로 발행되는 채권을 말한다. 반대로 수익채권은 특정 프로젝트의 현금흐름에 의해서만 원금 및 이자의 상환이 보증되는 채권이다. 이러한 채권의 수익원은 일반적으로 다음과 같다. (i) 담배, 휘발유, 맥주 등에 부과되는 특수세, (ii) 도로, 다리, 공항 등에 부과되는 통행료 및 이용료 그리고 (iii) 건물, 사무실 등에 대한 임대료.

(f) **기타 자산:** 미국 연방준비제도에 적립된 시재금 및 예금, 자회사의 자기 자본, 건물이나 컴퓨터 등의 실물 자본, 타 은행으로부터 매입한 대출자산 및 증권 등이 여기에 포함된다. 또한 은행은 채무 불이행자로부터 인수한 다양한 형태의 담보를 단기적으로 보유하기도 한다.

대출이란 무엇인가

대출의 정의

은행대출이란 무엇인가? 간단히 정의하자면, 차입자의 미래 현금흐름에 대한 금융적 소유권을 자산 형식으로 매입하는 일이다. 실제로 은행은 차입자에게 대출계약상 명시한 금액을 현재가치로 제공하며, 차입자의 미래 현금흐름 중 해당 액수에 대한 법적 권리를 미리 명시한 기간 동안 차입자로부터 지급받는다. 은행은 차입자에 대하여 상환의무 이행을 강제할 수 있는 권리를 가지며, 대출금액은 이러한 차입자의 미래 부채상환액의 현재가치이다.

대출 기법

은행의 대출 기법은 기본적으로 현물 시장 매입을 통한 방법과 선물 시장 매입을 통한 방법 2가지가 있다. (1) 현물 시장에서 은행은 직접 대출을 발생시켜 자사의 재무제표에 기입하는 방식을 취하거나, 다른 금융기관이 발생시킨 대출 자산을 매입하는 방식을 취한다. 현물대출은 대출신청에 대한 승인이 이루어짐과 함께 은행이 대출을 제공하면서 발생하게 된다. (2) 선물 시장에서 은행은 대출신청자에게 미리 약정한 기준에 따라 향후 대출자금을 제공할 것을 약속한다. 이 양자 간 약속을 대출약정이라고 부른다. 이 경우 은행은 미래의 특정 시점에 특정 차입자에 대한 금융 청구권을 매입하기로 약속하는 것이다.

본서에서는 현물대출과 선물대출 두 유형의 대출자산 확보 방식에 대하여 5장과 6장에 나누어 설명하고 있지만 실제로는 현물대출과 선물대출은 불가분의 관계에 있다. 은행은 현물대출을 실행할 때, 과거 대출약정의 판매액, 현 기간 실행된 대출약정, 현시점 대출약정 잔액 등을 고려한다. 현재 실행해야 하는 대출약정이 많을 경우, 일반적으로 동 기간 현물대출은 줄이게 된다. 이때 현 기간 총 대출액수는 전 기간에 비해 높을 수 있으나, 이는 현물대출보다는 전 기간으로부터 실행이 넘어온 대출약정에 의한 것이라 할 수 있다. 이와 같이 현물대출 및 선물대출 액수가 서로 조정되는 것은 각 은행마다 가지는 금융 및 인적자원 규모의 한계에 기인한다.

대출 기능의 분석

대출거래의 요소: 대출거래의 중요 요소들에 대한 개별적 설명은 신용거래 서비스에 대한 전체적인 설명에 매몰되어 그 의미가 희석되곤 한다. 보통 상업은행의 대출기능은 브로커에 의한 대출발생(origination), 금융기관의 자금제공, 추심기관(collector)의 채권추심, 보증기관의 위험관리로 분류된다. 대출거래는 이처럼 크게 4가지 기능과 개별 은행의 신용문화(credit culture)가 결합되어 실행되는 신용위험관리이다. 〈그림 5.4〉는 대출거래의 제반 요소와 대출기능을 요약한다.

대출의 취급 및 발생(Origination)이란 차입자에게 대출을 제공하는 첫 단계를 말한다. 보통 고객이 대출신청을 하고 은행이 대출신청 서류를 심사하는 것에서 시작하게 된다. 또한 신청자에 대한 신용 분석과 대출계약 설계도 이 단계에 포함된다. 신용 분석 및 대출계약 설계에 대해서는 본 장에서 추후 자세히 살펴보도록 한다. 자금제공(Funding)은 신용분석에 대하여 긍정적인 결과가 나온 뒤 실제적인 대출이 이루어지는 단계를 말한다. 서비스(Servicing)는 원리금 회수 및

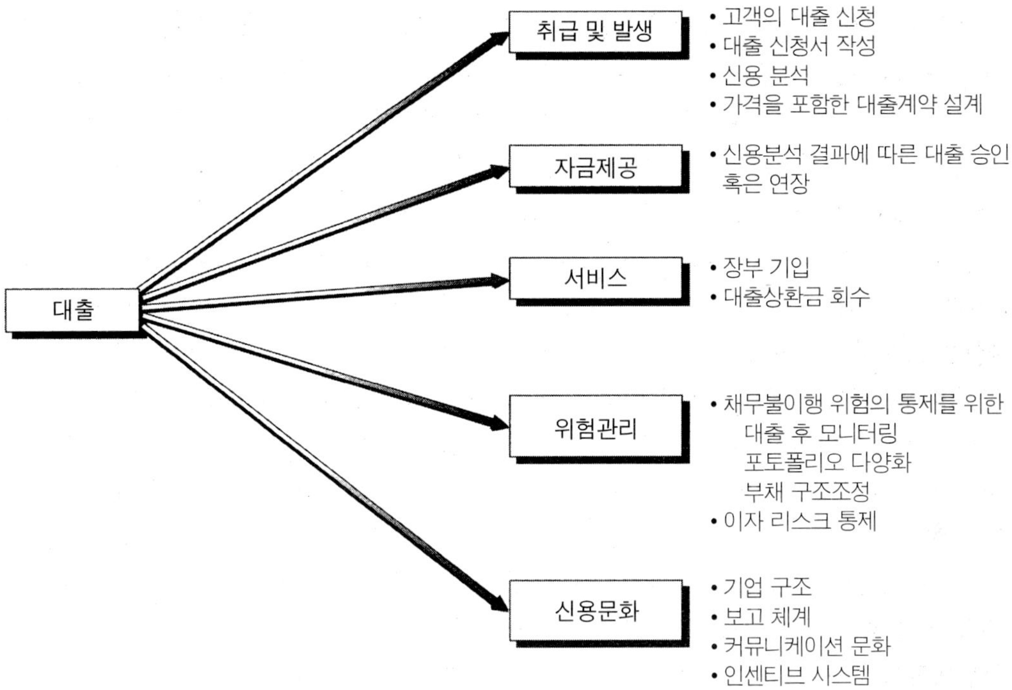

〈그림 5.4〉 대출기능의 분석

장부 기입을 의미한다. 위험관리(risk-processing)는 채무불이행 위험을 통제하기 위한 대출 후 모니터링 활동 등을 가리킨다. 또한 대출의 상환기간과 은행의 부채 상환기간이 상이한 데서 발생하는 이자율 위험을 관리하기 위한 활동들도 여기에 포함된다. 신용문화(Credit culture)에는 은행의 조직구조, 보고 체계, 커뮤니케이션 문화 그리고 인센티브 시스템 등이 포함된다. 신용문화에 대해서는 본서에서 추후 자세히 살펴보도록 한다. 본 장에서는 대출의 취급 및 발생, 대출계약 설계 및 신용분석과 위험관리, 특히 채무불이행 위험관리에 대한 내용을 중점적으로 살펴본다.

금융기관의 산업별 전문화: 저축대부조합, 상호저축은행 등과 같은 제2금융권에서는 각 기관들이 특화된 금융서비스에 전문화하여 특정 금융상품 또는 특정 차입자군에 신용을 제공한다. 일례로 부동산담보대출 중개인(broker)이 대출을 발생시키고 처리인(processor)이 해당 대출을 서비스한다. 해당 대출을 위한 자금은 예금의 판매, 주택저당증권(mortgage-backed securities: MBS)의 매각 등의 형태로 저축자 또는 흑자경제주체 등의 대중에게서 조달된다. 또 신용 및 이자율 위험은 주주, 미국 정부(FDIC, FSLIC, NCUA, GNMA 등), 전문 지급보증 기관(Mortgage Guarantee Insurance Corporation) 등이 분담한다. 상업은행 부문에서는 대출관련 모든 업무과정을 은행 내에서 수행하는 것이 일반적이다. 따라서, 대출의 발생, 서비스, 위험관리 등의 제반 업무에 의한 결과가 은행의 재무제표에 고스란히 나타나게 된다. 이때 무위험 자산을 보유한 예금자가 은행의 대출자금을 조달하며, 정부는 연방예금공사(FDIC)와 은행 주주들을 통해서 위험을 함께 부담한다(지급보증이 되지 않은 예금자는 어느 정도의 신용위험에 노출될 수 있다). 한편 모든 동일한 대출거래를 하면서도 재무제표에 내역을 남기지 않기 위해서 은행은 뮤추얼 펀드와 같은 기관에 대출자산을 판매한다(저축대부조합이 FHLMC나 Salomon Brothers 등에 부동산담보대출을 매각하여 이를 증권화하는 것과 유사하다). 이 경우 증권화된 자산 보유자들이 자금을 조달하고, 위험 부담은 자산 매각 약정의 내용(상환청구권의 제한 여부 등)에 따라 달라지게 될 것이다. 이때, 은행은 매각약정의 조건 및 조항과 상관없이 재무상태표에 수익자산을 표시하지 않게 되어, 재무제표에 남는 기록이 없게 된다. 이때 약간의 조정이 필요한 상황이 있을 수 있는데, 예를 들어 은행이 상환청구권을 가지는 상태에서 대출을 2차 기관에 매각하였다면 회계사는 아마도 해당 자산을 기입하는 것을 주장하게 될 것이다. 그러나 상환청구권 없이 대출을 매각하였다면, 채무불이행에 대비하여 보장하는 신용장이 발행되고, 재무제표상에는 대출자산 목록이 제외되게 된다. 이때 신용장은 재무상태표의 주석에 간략히 기입될 수 있다.

실제로 은행은 지급준비금 및 예금의 보험료 문제 때문에 수익자산을 보유하고 있기보다 매각하는 편을 더 선호한다. 매각을 통해 해당 비용을 줄일 수 있기 때문이다.

예금에 대하여 적용되는 보호 장치(실제 가치보다 가격이 낮은 저축성 보험, 레귤레이션 Q, 진입 장벽 등)는 은행이 수익자산을 보유하게 하는 요인이지만, 예금에 대한 보험료, 준비금 및 자본에 대한 요건, 규제비용 등은 이를 상쇄시키는 요인으로 작용한다. 그리고 예금에 대한 보호장치는 점차 사라지고 있는 반면 각종 규제비용은 여전히 남아 은행의 의사결정에 작용하고 있다. 이에 따라 아마도 은행들은 향후에도 대출자산을 보유하는 것에 대해서 상당히 회의적으로 볼 가능성이 크다는 것을 예측할 수 있다. 최근 부각되고 있는 '수수료 수익'은 이러한 현상을 반증하는 일이라고 볼 수 있다.

대출 vs. 증권

증권은 유통시장에서 거래되지만 대출자산은 그렇지 않기 때문에 증권은 대출에 비하여 보다 유동적이라는 점을 제외하면 대동소이하다. 대출은 본질적으로 금융기관과 차입자 간의 양자적이고 사적인 금융거래이다. 앞서 4장에서 살펴본 바와 같이 유동성과 시장성은 밀접한 관계에 있다.*

* 한편 법률적인 관점에서 보자면, 상업은행의 증권 거래를 금지하는 글래스-스티걸 법이 유효하던 시절, 대출과 증권의 차별성은 매우 중요하게 다루어졌었다. '증권'의 법적인 정의 또한 매우 포괄적이었다[Huber(1989) 참조]. 1934년의 증권거래법에 의하면 '증권'이란 주식, 채권, 채무 증서, 차용 증명서뿐만 아니라 '수익을 약속하며 타인의 자금을 활용하는 이의 다양한 수단'을 가리키고 있다. 한편 내용상에서 증권으로 취급하기 어려운 상황에 대해서는 일반적인 예외 사항을 만들어 두었다. 일례로 금융기관이 다른 기관으로부터 매입한 대출채권 분할매각(loan participation)은 증권으로 취급되지 않았다. '증권'의 정의가 마침내 확립된 것은 증권법의 금융사기 대비 조항이 적용되기 시작하면서부터이다. 따라서 실제 사례에서는 대출과 증권 간 차별성이 주로 법적인 해석에서부터 비롯되며, 언제나 경제적인 관점에서 설명하는 것에는 다소 무리가 따를 수 있다는 점을 명심해야 한다. 한편, 글래스-스티걸 법이 해제되면서 대출과 증권 간 차별성을 따지는 것은 다소 논란의 여지가 있는 문제가 되었다.

최근 대출 시장이 진화하고 있는 양상을 보면 이와 같은 대출과 증권 간 차이가 줄어들고 있다. 대출매각(loan sales)과 증권화(securitization)라는 개념을 살펴보자. 대출매각이란 대출을 발생시킨 은행이 타 금융기관에 대출자산을 판매하는 것이다. 매각되는 대출자산은 단일 금융기관에 의해서 발생된 경우이거나 신디케이트론 금융의 일부 또는 전체인 경우가 될 수 있다. 대출자산의 매각 시에 대출을 최초로 발생시킨 은행은 해당 대출 자산을 매각 후 소유권을 소멸시키며 재무제표에서 해당 기록을 삭제한다. 대출을 발생시키는 서비스에 대한 수수료는 해당 은행의 수익으로 손익계산서에 계속 기록된다. 대출자산 매각 상황에서 은행은 중개인의 역할만 수행하게 되는 것이다. 그러나 실제로는 은행들은 대부분의 대출 자산의 일부에 대한 소유권을 남겨둠으로써 단순 중개인의 역할에 머물지는 않는다.

대출자산 매각을 통해서 대출매각은 증권화를 동반하여 대출과 증권 간 차별성은 감소하고 있다. 대출자산 유동성 증대를 위해 최근 실행되고 있는 기법은 증권화로서, 이에 대해서는 9장에서 자세히 살펴볼 것이다.

대출 계약의 구조

대출 계약의 추세: 은행 대출은 매우 단순한 거래였다. 대부분의 기업 대출은 단기로 이루어졌으며, 주로 운영자본 조달을 위해 이루어지는 대출이라 단기적으로 상환이 가능한 경우였다. 계약서 역시 은행과 고객 간 비공식적인 서류로 간단하게 진행되는 경우가 많았다. 기업 대출은 1930년대에 이르러, 은행들이 만기 1년 이상의 기간대출(term loans)을 발행하기 시작하며 금융계약의 공식성 및 다양성이 증가되었다.

대출계약 설계가 보다 공식화 및 다양화된 것은 경기순환에 따라 수시로 변화하는 이자율의 움직임에 대비해 은행과 차입자 모두 스스로를 보호할 필요성이 크게 증가한 데 기인한다. 이자율이 상승하면 은행 입장에서는 대출을 위해 조달하는 자금의 비용을 증가시키며 대출금리의 증가와 이에 따른 대출수요의 감소가 발생할 수 있다. 한편 이자율의 감소는 대출의 조기 상환 요인이 된다.

변동이자율은 중장기 대출의 출현 이후로 은행업 역사상 가장 중요한 혁신으로 꼽힌다. 주기적으로 대출이자율을 조정하는 것은 은행들에게 이자율 위험에 대한 보호 장치를 제공한다. 중장기 및 단기 대출의 병행과 변동이자율이라는 수단을 가지고 상업은행 부문은 기업대출시장에서 기업어음 부문, 비은행 금융기관 부문과 경쟁을 하게 되었다. 변동이자율의 도입은 장기적인 상환기간과 고정이자로 금융계약을 할 수 있는 자본시장으로 대출수요를 잃게 되는 의도하지 않았던 결과를 낳기도 하였다.

대출 계약의 상세 조항: 대출계약서는 차입자 및 대출기관의 의무와 보증 사항들을 명시하는데,

차입자의 채권상환의무에 대한 조항 및 조건이 주를 이룬다. 또한 차입금액/원금의 액수, 상환기간도 명시된다. 단기대출(만기 1년 이하), 중기대출(만기 1~5년), 장기대출(만기 5년 이상) 등 만기 관련 조항이 계약서상에 포함된다. 가격결정 방식 또한 계약서상에 기재된다. 금리는 고정이자율 또는 변동이자율로 설정될 수 있으며, 변동이자율일 경우 이자율은 변동기준금리에 스프레드가 가산되는 형태로 책정된다. 또한 거래이자율(transaction rate) 방식으로 가격이 책정될 수도 있는데, 이는 은행이 단기 국채, CD금리 혹은 기업어음 금리 등의 현 금리에 사전적으로 특정된 고정가산금리를 추가하여 책정한다. 아울러 대출계약서는 대출자금이 조달되었을 때 융자비용(closing fee)을 부과하는 내용도 포함한다. 융자비용 수수료는 보통 대출액의 0.25~0.375%이다. 또한 연체 혹은 조기 상환되는 금액에 대한 수수료가 부과되는 조항도 계약서에 포함된다.

대출계약서는 각기 다른 차입자의 상황에 맞추어 작성되지만, 대부분의 경우 어느 정도 일반화된 조항들을 포함하고 있으며 해당 조항들은 다음과 같이 세 가지로 분류한다. 이는 선행 조건(conditions precedent), 보증 조항(warranties) 그리고 약관조항(covenants)과 채무불이행 사유(event of default)이다.

선행 조건(conditions precedent)은 은행이 법적으로 대출을 실행하기 앞서 차입자가 충족해야 하는 요건들을 포함한다. 이는 특정 종류의 거래 기록이나 전문기관 추천, 채무불이행 전례가 없다는 증명 등이 될 수 있다.

보증 조항(warranties)은 차입자의 법적 상태 및 신용도에 대한 정보나 전제조건을 포함한다. 차입자는 대출계약서가 집행되는 시점을 기준으로 본인이 제공한 신용 정보의 정확성과 진실성을 보증해야 한다. 신용정보에 대한 허위진술이 있었다면, 이는 채무불이행 사유에 해당된다. 주요 보증 조항은 다음 내용을 포함한다.

- 대출기관에 제출한 모든 금융정보들은 사실이며 차입자의 금융상태를 공정하게 입증함을 보증하는 내용(즉, 금융정보 제출 이후 주목할 만한 금융상태상의 변화가 일어나지 않았음을 보증)
- 차입자가 모든 자산에 대하여 합법적인 소유권을 가지고 있음을 보증하는 내용
- 차입자가 모든 연방, 주, 지역법을 준수하였으며 어떤 소송 과정에도 관여하고 있지 않다는 보증
- 차입자가 모든 필요한 세금환급신고를 마쳤으며 필요한 납세 의무를 모두 마쳤다는 보증
- 기존 계약상의 내용들을 훼손 혹은 침해한 바가 없다는 보증
- 담보로 제공된 자산이 모두 차입자 본인의 소유이며 유치권이 설정되지 않은 자산임을 보증

약관조항(covenants)은 차입자와 금융기관의 합의로 이루어지는 부분이다. 보증 조항은 대출계약이 실행되는 시점을 기준으로 차입자가 제공한 자료들이 진실됨을 확증하는 내용이라면, 약

관조항은 그러한 보증 조항이 향후에도 지켜질 것임을 약속하고, 상환 기간 동안 차입자가 특정 재무적 상태를 유지해야 하는 의무를 지니고 있음을 합의하는 내용이다. 약관조항은 차입자의 미래 금융활동 및 실적에 대해 최소한의 기준을 설정하고, 향후 차입자의 재무적 상태가 예기치 않은 방향으로 전개되어 약관조항이 침해되었을 때에는 채무불이행 사유(event of default)가 되어 금융기관이 대출 조기 상환 요구 등을 할 수 있는 근거가 된다. 본 장의 후반부에서 약관조항에 대해 보다 상세히 설명한다.

대출 계약에서 나타나는 정보비대칭 문제와 대출 수익의 중요성

정보비대칭의 문제

대출에서 정보비대칭이 없다면 은행은 대출서비스를 제공하면서 아무런 수익도 얻지 못할 것이다. 극단적으로 말하면, 어떠한 정보도 아무런 비용 없이 언제나 이용 가능하다면 은행이나 다른 금융 기관들의 존재는 불필요할 수도 있다. 한편 실제로는 정보를 얻기 위해서는 많은 비용이 들고 고객마다 정보가 복잡 · 상이하기 때문에, 은행들은 이러한 정보를 취급하고 대출 서비스에 이용하면서 수익을 얻고 있다. 일반적으로 고객들의 신용정보가 불투명할수록 이러한 '특이성'을 취급하는 은행의 전문성은 증대되고 은행은 더욱 많은 수익을 얻을 수밖에 없다. 따라서 은행은 양질의 신용정보가 대중에게 되도록이면 최소한도로만 제공되기를 바라고 있을 것이다.* 은행이 직면하는 정보 문제에 대해서는 이미 2장과 3장에서 살펴보았기 때문에 본 장에서는 간략히 복습만 해볼 것이다. 첫 번째 문제점은 차입자가 본인의 신용 위험을 금융기관과 온전히 공유하지 않을 수 있다는 점이다. 은행은 고객들로부터 이러한 신용 위험 관련 정보를 어떻게 해서든지 일부분만이라도 끌어내야만 시장의 실패를 막을 수 있다(1장에서 살펴보았던 Akerlof 사례를 떠올려 보라). 신용 분석은 차입자에 대한 정보적 열위를 감소시킬 수 있는 좋은 수단이다. 신용 분석은 추후 본 장에서 더 살펴볼 것이다.

정보비대칭하 금융계약에서 또 다른 문제는 도덕적 해이이다. 차입자가 은행에서 대출을 받으면, 차입자는 은행에게 대리인(agent)의 입장이 되며, 이러한 차입자와 은행의 관계는 마치 기업의 경영자와 주주의 관계와 유사하다. 이와 같은 대리인 문제(agency problem)는 1장에서 살펴본 바와 같이 정보비대칭하에서 차입자가 과도한 위험부담을 통해 채무상환능력을 감소시켜 은행의 손실을 야기할 때 발생한다. 대출 계약서는 이처럼 위험 부담에 적극적인 차입자의 성향을 통제하기 위한 방향으로 작성된다. 위험에 대한 개별 차입자의 성향이 어느 정도는 반영될 수 있

* 다음 인용구를 한번 참조해 보라. "간단하지만 간과되기 쉬운 다음의 전제에 대해 이야기해 보자. 국가 은행산업의 건전성은 정보 이동의 속도 및 효율성과 역상관관계에 있다." Sanford Rose, "Why Banks Make So Many Bad Loans," *American Banker*, June 19,1990.

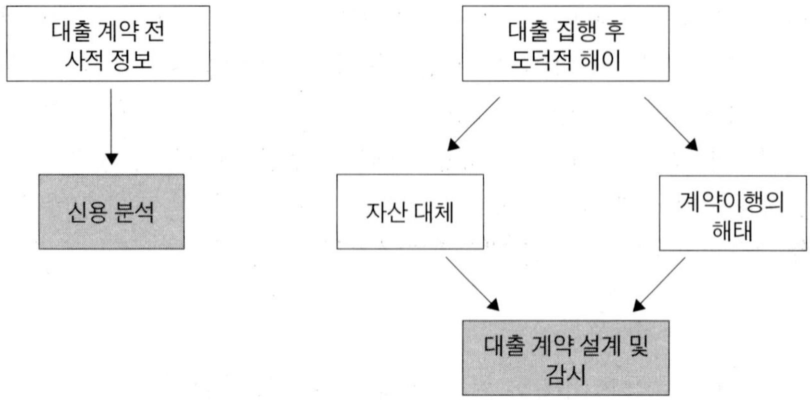

〈그림 5.5〉 대출 계약상 정보비대칭의 문제

지만, 은행은 기본적으로 차입자의 채무불이행 위험을 증대시킬 수 있는 금융활동을 제한하기 위해 차입자를 지속적으로 감시(monitoring)해야 한다. 담보, 대출 약관을 비롯한 여타 대출 계약 내 조건 및 조항들이 이를 달성하기 위해 어떻게 설계되는지 설명될 것이다.

〈그림 5.5〉는 대출 계약상 정보비대칭의 문제를 요약한다.

대출 수익의 중요성

은행의 대출 포트폴리오는 은행의 재무적 건전성과 생존 능력에 직접적으로 영향을 미친다.

대출손실은 주가 하락을 초래할 뿐만 아니라 은행의 경영진에게도 매우 난감한 상황이 될 수 있다. 저조한 기업 실적은 경영진의 교체 가능성을 높인다는 것이 많은 기존 연구 및 사례를 통하여 분석되었다.*

대출 포트폴리오의 다양화와 위험관리

은행의 대출 포트폴리오는 은행 전체의 재무적 상태를 결정하는 중요한 요인이다. 보통 포트폴리오의 다양화가 손실을 예방하는 중요 요인이기는 하지만 실제로 은행들은 다양화를 시도하는 데에서 많은 제약을 겪는다. 일례로 규모가 작은 은행은 대출 규모 자체가 작은 탓에, 혹은 지리적으로 기회가 많지 않은 탓에 신용 위험을 다각화하는 데에 어려움을 겪곤 한다. 오히려 이러한 은행들은 다양화보다는 이미 친숙한 지역 시장에 안주하는 것을 선호하는 경향도 있다. 이렇게 친숙한 시장에서 더욱 전문화하고자 하는 은행들의 성향은 신용 집중(credit concentration) 현

* Brickley(2003)의 사례를 참조

상을 야기하게 되고, 이는 불황기에 재무적 건전성 유지에 부담으로 가중되어 나타나게 된다.

한 차입자에게 대출할 수 있는 액수를 제한하여 대출 포트폴리오를 다양화하도록 유도하는 법안들이 상정된 바 있지만, 미흡한 대출 포트폴리오 다양화 노력으로 인한 실적 감소가 많은 지역은행들에게서 아직도 보이고 있다. 미국 내 은행들의 경우, 비슷한 지역적 집중 양상을 보이는 은행들은 실적 면에서 상당한 상관 관계를 보여왔다. 일례로 1980년대 텍사스, 오클라호마, 루이지애나의 부동산 가치가 급락했을 때 동 지역 내 은행들의 실적 지표 또한 급락한 바 있다.

한편 1990년대와 2000년대 이후 들어서 은행들은 대출 포트폴리오 다각화에 보다 적극적인 모습을 보이기 시작했는데, 이는 공교롭게도 신디케이트 금융, 대출 매각, 대출자산 증권화 등 은행의 다각화 기법이 크게 부각되기 시작한 시기와 맞물린다. 숫자를 살펴보아도 이를 알 수 있다. 미국 내 지역 은행들은 아직도 지역사회 안에서 대부분의 영업 활동을 수행하지만, 이제는 예전과 달리 지역경제 불황에도 매우 안정적인 모습을 보이고 있다.* 소규모 은행들은 1980년대에 매우 저조했던 실적을 1990년대 들어 크게 개선시키기도 했다. 1990년대 소규모 은행들의 자산 및 예금 성장률은 인수합병에 의한 성장률 조정을 감안하고서라도 대규모 은행들의 성장률을 뛰어넘는 것이었다.** 아울러 소규모 은행들의 수익성과 생존율도 증가하였다. 연방예금보험공사는 1992년에서 2003년 사이 1,250개의 신규 지역은행이 설립되었으며 이 중 100여 개가 합병되었고 약 1,100개가 아직도 독립적으로 운영되고 있다고 밝혔다. 이 중 영업 폐지된 곳은 4곳에 불과하다.

이제 신용 위험 설명에 앞서 여기에서 반복적으로 사용되는 개념 및 용어에 대하여 살펴보도록 하겠다.

예대마진(Interest Rate Spread): 대출금리 및 예금금리 간 차이

대손충당금(Provision for Loan Losses): 미래에 발생할 대손에 대비하여 대출원금의 일부로 설정해 놓는 충당금. 은행 자본의 일부로 보유된다.

충당 후 예대마진(Net Interest Spread After Provision): 세후 조정 및 대손충당금 차감 후의 예대마진

이자 외 수익(Noninterest Income): 현금관리 서비스, 대출약정과 조건부 금융청구권에 대한 수수료 등 대출 외 부문에서 발생하는 은행의 수익

ROA(Return On Assets): 은행의 자산수익률

ROE(Return On Equity): 은행의 자기자본 수익률

무수익여신 비율(Nonperforming Loans/Reserves): 대손충당금 대비 채무불이행 가능성이

---

* John Hall과 Timothy J. Yeager의 *The Regional Economist*, "Does Relationship Banking Protect Small Banks From Economic Downturns?" *The Federal Reserve Bank of St. Louis*, April 2002 참조.

** William F. Bassett와 Thomas F. Brady의 "The Economic Performance of Small Banks, 1985-2000," *Federal Reserve Bulletin*, November 2001, pp. 719-728 참조.

높은 부실대출의 비율

대손상각 비율(Net Chargeoffs/Average Loans): 만기 연장된 일반 대출 대비 대손처리된 부실대출의 비율

일반적으로 위험이 높은 대출일수록 예대마진이 높다. 위험이 높은 대출일수록 은행은 더욱 많은 대손충당금을 준비하며, 위험이 높은 대출의 대손상각 비율 역시 높게 나타난다. 다각화를 통해서 은행은 특정 신용등급의 대출이 전체 대손상각 비율에 미치는 영향을 다소 감소시킬 수 있다. 한편 위험이 높은 대출의 이자 외 수익이나 ROA 그리고 ROE의 규모는 해당 시장 내 경쟁 수준에 달려 있기 때문에 다각화와 관련해 단정 지어 말하기는 어렵다.

다각화로 얻는 혜택이 너무도 자명한데, 왜 은행들은 아직도 충분히 다각화되지 못했을까? 여기에는 적어도 다음과 같은 4가지 요인이 기인한다. (1) 다각화 기회가 전적으로 부족하다는 점이다. 많은 은행들이 지역적으로 고립되어 있다고 느끼며, 지리적 확장을 모색할 엄두를 내지 못한다. (2) 대출 기회는 일반적으로 연쇄적으로 그리고 예기치 못하게 발생한다는 점이다. 따라서 다각화를 목적으로 눈앞에 있는 대출 서비스 기회를 포기하는 것은 쉽지가 않다. 포트폴리오 다각화 영향이 더욱 큰 대출 계약이 나중에 수익 실현을 보장하리라는 법도 없기 때문이다. (3) 특정 계층 및 지역에 대출 공급을 의무화하는 규제로 인한 제약이 따른다는 점이다. 일례로 미국의 지역재정투자법(Community Reinvestment Act: CRA)은 지역 내 저소득층에 대한 대출을 의무화하는 법안인데, 이러한 법적 규제는 다각화 가능성이 큰 다른 대출에 조달될 수 있는 자본을 차지하여 다각화 기회를 적게 만들 수 있다. (4) 특정 지역 및 계층에 대한 전문화가 다각화를 가로막을 수 있다는 점이다. 예를 들면 어떤 은행이 자동차 부품 제조업체에 대한 대출 서비스에서 경쟁우위를 점하게 되었다고 생각해 보자. 이 은행에게는 이러한 경쟁우위를 이용해 해당 산업 내 고객들을 대출 포트폴리오의 주류로 만드는 것이 손쉽고 효과적인 방법일 것이다. 은행들이 이처럼 전문화 성향을 보이는 것은 당연한 일이며, 전문화된 영역 안에서 다양화하려는 노력을 보이는 정도에 그칠 것이다.

신용분석: 주요 요소들

은행은 신용분석을 통해서 채무상환이 불이행될 수 있는 요소들이 있는지 점검한다. 신용분석의 근본적인 목적은 차입자가 대출을 상환할 수 있는 능력과 의지가 있는지 판단하기 위해서이다. 신용분석을 통해서 은행은 차입자의 과거 기록 및 신용도를 살피고 재무적 건전성을 예측한다. 대부분의 은행에서는 여신부서가 해당 정보의 수집, 분석 및 관리를 도맡아 한다.

대출신청 서류를 분석할 때에는 명심해야 할 두 가지 사항이 있다. 하나는 경제적인 관점에서 은행이 독자적인 대출기관이라고 전제할 때, 차입자가 아닌 은행이 대출을 담보하는 자산의 소유

권을 가진다는 점이다. 대출로 조달된 자금으로 형성된 자산이 담보로 설정되는 경우, 차입자는 은행으로부터 콜 옵션을 매입하는 것과 마찬가지이다(1장에서 살펴본 바와 같다). 이러한 콜 옵션은 자산 가치가 차입자의 대출상환액(콜 옵션의 행사 가격)보다 높을 경우 차입자가 은행으로부터 해당 자산을 재매입할 수 있는 자격을 준다. 은행은 대출 승인 및 대출 계약 중의 모든 의사결정 과정에서 이러한 기본적인 현실을 반영하여야 한다. 명심해야 할 다른 하나는 현대의 법적 환경에서 차입자가 대출을 상환하게끔 강요하는 것이 쉬운 일이 아니라는 점이다. 파산법은 차입자를 보호하기 위한 조항을 다수 포함하고 있으며, 이로 인해 채권 회수는 잠재적으로 시간 및 비용이 많이 소요되는 일이다. 따라서 신용 분석의 목표 중 하나는 비용이 허락하는 한 이러한 채무불이행의 위험을 최대한 걸러내는 것이다.

신용분석에서 고려되는 전통적 요소들

은행 신용분석가들은 전통적으로 신용분석의 5C를 고려하여 분석을 실행해 왔다. 즉 Capacity(차입 능력), Character(성향), Capital(투입자본), Collateral(담보) 그리고 Condition(경제적 조건)이다. '경험의 법칙(rules of thumbs)' 이란 말이 있는 것처럼 축적된 경험에서 정제된 수단은 이론과 어느 정도 상관관계가 있어야 할 것이다. 따라서 은행은 위와 같은 요소들을 대출 업무의 기저에 있는 잠재적 경제원리로 취급하며 각각에 대한 분석을 실행해 왔다. 각각에 대한 내용을 살펴보기로 하자. 〈그림 5.6〉은 각 내용을 종합하여 도식으로 설명하고 있다.

(i) Capacity(**차입 능력**): 이는 차입자가 대출을 받을 수 있는 법적 및 재무적 능력을 의미한다. 대출 심사를 진행하며 가장 먼저 고려해야 할 사항은 바로 대출을 신청하는 이가 법적으로 차입 조건을 충족하는지에 대한 것이다. 예를 들어 조합 즉 파트너십의 경우, 각 파트너들이 회사를 대표하여 융자를 받을 수 있는 법적 권리가 있는지 확인하는 것이 중요하다. 주식회사의 경우, 은행은 회사를 대표하여 융자를 받을 권리가 누구에게 있는지 확인하기 위하여 회사설립허가증이나 사규 등을 살펴보아야만 한다. 법적인 고려사항 외에도 'Capacity' 는 차입자의 재무적 능력을 의미하기도 한다. 미래 현금흐름은 특히 향후 대출상환에 결정적인 영향을 끼치는 요소이므로 신중하게 점검되어야 하는 부분이다. 따라서 신용분석 과정에서 미래 현금흐름을 추정하는 일은 매우 중요하다. 때때로 은행은 차입자의 대출상환 능력을 확고히 하기 위하여, 차입자가 타인 및 타 기관에 지고 있는 재무적 의무의 우선순위를 해당 대출상환보다 뒤로 할 것을 요구하기도 한다. 주요 주주들에게 상당한 액수의 융자를 받은 중소기업이 그러한 예 중 하나가 될 수 있다.*

* 실제로 은행이 차입자의 다른 채권자들에 대한 재무적 의무를 놓고 우선순위를 결정짓는 것이 쉬운 일은 아니다. 왜냐하면 일반적으로 차입자가 다른 채권자들과 서약한 기존 약정에서 차입자가 일방적으로 그러한 결정을 하는 것을 예방하기 위한 조항이 포함되어 있을 가능성이 크기 때문이다.

(ii) Character(**성향**): 이는 차입자의 채무상환 능력 및 상환의무를 다하고자 하는 의지를 의미한다. 채무자의 성향을 파악하기 위해서는 과거 채무상환 기록을 비롯한 관련 행동양식들을 세밀히 점검해야 한다. 신용분석 시 차입자의 이와 같은 성향을 파악하는 것은 중요하다.* 단 한 번의 채무불이행이 오랜 기간 동안 신용이 거절되는 요인이 된다는 것을 차입자가 알고 있다고 가정하자. 차입자는 대출상환을 포기한 액수만큼 이익을 얻는 것이긴 하나, 상환의무를 다할 경우 얻는 이익은 향후 은행대출을 통해서 조달받는 모든 투자 프로젝트의 순현재가치(Net Present Value; NPV)이며, 채무불이행은 해당 순현재가치를 모두 상실하는 것과 마찬가지이다. 아울러 향후 대출에 대한 이자율이 감소할수록 이 순현재가치는 증가한다. 또 차입자가 보다 오랜 기간 동안 채무를 상환할수록 채무자의 신용은 좋아지며, 향후 대출에 대한 이자율도 감소한다.** 따라서 차입자의 신용도가 높은 경우 그렇지 않은 차입자보다 향후 대출에 대한 이자율이 낮을 것으로 기대해도 무방하다. 결과적으로 신용도가 높은 차입자의 입장에서는 채무를 온전히 상환했을 때 얻는 이득이 훨씬 큰 것이다. 즉, 애초에 신용도가 높을수록 신용도를 유지하거나 더욱 향상하는 편이 더욱 유리하다고 할 수 있다. 따라서 신용도가 높은 차입자는 신용 위험이 낮은 경향이 있다고 결론 내릴 수 있다.

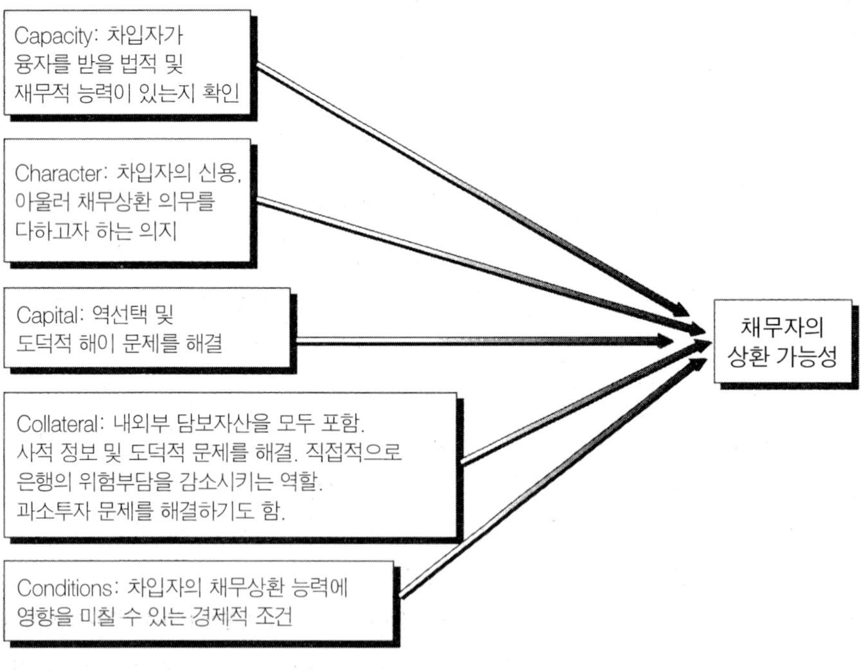

〈그림 5.6〉 신용분석의 고려 요소

* 해당 논거는 Diamond(1989)에서 처음 공론화된 바 있다.
** 좋은 신용은 차입자가 채무불이행을 겪을 위험이 적으므로 더욱 낮은 이자율을 이끌어낼 수 있다.

(iii) Capital(투입자본): 차입기업이 얼마나 많은 자기자본을 투입했는지(전체 자산 대비 비율)를 살펴보는 것은 해당 차입기업의 신용 위험 분석에서 매우 중요한 요소이다. 근거는 두 가지가 있다. (1) 투입자본이 많을수록 도덕적 해이 문제가 적다는 점이다. (2) 투입자본이 많을수록 주주들이 기업의 미래 전망에 대하여 가지는 자신감이 크다는 점이다. 이는 정보비대칭 문제를 해소하는 데에 도움이 된다.

예제 5.1 당신은 Midtown National Bank의 여신부서 담당이다. 당신은 최근 신청된 Miller Manufacturing사에 대한 105만 달러 규모의 대출 승인에 대하여 고려하고 있는 중이다. 당사는 현재 100만 달러의 자기자본을 보유하고 있으며 기존의 부채자산은 200만 달러 규모이다. 자기자본은 무이자부 계정(noninterest-bearing account)에 투자된 이익잉여금의 형태로 보유되고 있다고 가정해보자. 당사는 당신의 은행으로부터 대출받고자 하는 105만 달러로 다음의 두 가지 프로젝트 중 하나에 투자할 수 있다(한편 은행은 투자할 프로젝트 관련한 의사결정에 개입할 수 없다). A 프로젝트에서는 0.8의 확률로 200만 달러의 수익을, 0.2의 확률로 100만 달러의 수익을 기대하고 있다. 한편 B 프로젝트에서는 0.2의 확률로 700만 달러의 수익을, 0.8의 확률로 제로 수익을 기대하고 있다. 당사의 기존 자산에서는 회계연도 말에 0.8의 확률로 300만 달러의 수익을, 0.2의 확률로 제로 수익을 기대하고 있다. A 프로젝트나 B 프로젝트에서 기대하는 수익은 당사의 기존 자산에서 기대하는 수익과는 통계적으로 무관하다. 이러한 보상수익 분포(payoff distribution)는 우리가 이미 친숙하게 다루어 온 내용이다. 간략히 하기 위해 할인은 없는 것으로 가정하자. 또 당신의 은행에서 제공될 대출은 Miller사가 기존에 가지고 있던 부채보다 차순위가 될 것이다. 앞서 언급한 Miller Manufacturing의 100만 달러 규모의 자기자본 보유 여부가 당사의 행동양식 및 대출 계약 조건에 어떻게 영향을 미칠지 점검해보라.

풀이 이 문제는 4단계에 걸쳐서 풀어볼 수 있다. 먼저, Miller Manufacturing이 100만 달러의 자기자본을 보유하고 있다고 가정하자. 그리고 은행이 A 프로젝트가 선정될 것으로 생각하여 대출 가격을 결정한다는 가정하에, A 프로젝트를 선택했을 때 당사의 기대 수익을 분석해 보도록 한다. 둘째로, Miller사가 100만 달러의 자기자본을 보유하고 있다는 지속적인 가정하에, 이번에는 은행이 A 프로젝트가 선정될 것으로 생각하여 대출 가격을 결정한 후 당사가 B 프로젝트를 선택했을 때 기대 수익을 분석해 보도록 한다. 이러한 두 단계는 본 문제에서 적절한 내쉬균형을 판단하기 위해, 즉 은행이 Miller사가 I 프로젝트(I는 A이거나 B)를 선택할 것으로 생각하여 대출 가격을 결정하는 가운데 Miller사가 정말 I 프로젝트를 선택하는 상황을 가늠하기 위해 필요한 절차이다. 100만 달러의 자기자본이 있다면, 은행이 A 프로젝트가 선택될 것이라고 믿는 상황에서 내쉬균형이 일어난다. 한편 은행은 Miller사의 프로젝트 선정 절차를 지켜볼 수 없다는 것을 기억하라. 3단계에서는 Miller사가 자기자본이 없다는 가정하에 1단계를 반복한다. 마지막 4단계에서는 Miller사가 자기자본이 없다는 가정하에 2단계를 반복한다.

단계 1 먼저 Miller사가 앞서 언급한 100만 달러의 자기자본이 있는 것으로 가정하자. 당신은 여신을 상담하며 Miller사가 A 프로젝트를 선택할 것이라고 추측하고 있다고 해보자. 그렇다면 해당 프로젝트와 당사의 기존 자산에서 발생될 현금흐름의 총합은 다음의 확률 분포를 가지게 된다.

〈표 5.1〉 A 프로젝트와 Miller사의 기존 자산 및 자기자본에서 발생할 총 현금흐름의 확률 분포

A 프로젝트와 기존 자산의 총 현금흐름(백만 달러)	이익잉여금을 포함한 총 현금흐름(백만 달러)	확률
5	6	0.64
4	5	0.16
2	3	0.16
1	2	0.04

상환 의무가 있는 기존 채무 200만 달러가 있으므로, 당신의 은행에 상환할 수 있는 현금흐름은 다음과 같은 확률 분포를 가지게 된다.

〈표 5.2〉 은행대출 상환에 활용 가능한 현금흐름의 확률 분포

활용 가능한 현금흐름(백만 달러)	확률
4	0.16
3	0.16
1	0.04
0	0.04

Miller사가 건너편 경쟁은행에도 대출상담을 한 것을 알고 있는 당신은 대출 가격을 잘 쳐주고 싶은 마음이 있다. 그러나 한편으로는 손해를 보고 싶지는 않기도 하다. 〈표 5.2〉에서 정리했듯이 당신은 Miller사의 활용 가능한 현금흐름이 400만 혹은 300만 달러일 때 Miller사가 대출금 전액을 상환할 수 있으며, 활용 가능한 현금흐름이 100만 달러뿐일 경우 회수 가능한 액수는 그뿐이라는 것을 계산하게 되었다. 따라서 은행대출에 대한 상환 액수를 P(백만 달러)로 놓는다면, 당신의 예상 회수액은 다음과 같이 계산된다.

$$(0.64+0.16)P+(0.16)1+(0.04)0=0.8P+0.16$$

할인율을 0으로 가정했었으므로, 손익분기점을 이루기 위해서(즉 대출 유치 경쟁을 위해 가격을 가장 잘 쳐준다고 해도) 기대 수익은 대출 원금과 같아야 한다. 즉,

$$1.05=0.8P+0.16$$

이므로 P=\$1.1125(백만 달러)가 되며 대출 금리는 대략적으로 5.95%가 된다. Miller사의 주주들에게 상환될 현금흐름의 확률 분포는 다음 표와 같다.

〈표 5.3〉 Miller Manufacturing사의 주주들에게 상환될 순 현금흐름(세전)의 확률 분포

활용 가능한 현금흐름(백만 달러)	확률
2.8875	0.64
1.8875	0.16
0	0.16
0	0.04

따라서 Miller사가 A 프로젝트에 투자하는 경우 자기자본의 기대 가치는 0.64(2.8875)+0.16(1.8875)=2.15(백만 달러)가 된다.

단계 2 당신은 Miler사가 A 프로젝트에 투자할 것으로 생각하고 대출 가격을 산정하여 자금을 공급했다. 그러나 이번에는 Miller사가 프로젝트 B에 투자했다고 가정해보자. B 프로젝트가 훨씬 위험성이 높은 투자였던 점을 고려할 때, 이는 앞서 언급했던 은행대출상 도덕적 해이 문제의 가장 일반적인 사례가 된다. 어쨌거나 앞서 A 프로젝트에 투자했을 때와 마찬가지로 현금흐름을 예측해 보면, 당사의 주주들에게 돌아갈 현금흐름의 확률분포는 다음과 같다. 0.16의 확률로 7.8875(백만 달러), 0.04의 확률로 4.8875(백만 달러), 0.64의 확률로 0.8875(백만 달러) 그리고 0.16의 확률로 제로 달러가 주주들에게 돌아갈 것으로 예측된다. 따라서 당사가 B 프로젝트에 투자했을 때 기대되는 자기자본 가치는 0.16(7.8875)+0.04(4.8875)+0.64(0.8875)+0.16(0)=2.0255(백만 달러)가 된다.

이는 Miller사의 주주들은 A 프로젝트에 대한 투자를 더 선호한다는 것을 의미하며(당신이 A 프로젝트가 선택될 것으로 전제하여 대출 가격을 산정했다는 가정하에), A 프로젝트가 선택될 것이라고 생각했던 당신의 추측 또한 알맞은 것이었다는 것을 말한다. 이로써 Miller사가 B 프로젝트를 선택할 것으로 은행이 가정하는 경우를 점검하는 것은 무의미하다. 이는 두 가지 가능성이 있기 때문이다. 먼저 Miller사가 A를 선택한다면, 은행이 Miller사는 B를 선택할 것으로 추측하는 것은 내쉬균형을 가져오지 못한다. 혹은 Miller사가 정말 B를 선택하는 상황에서는 내쉬균형이 성립된다. 그러나 이러한 경우의 내쉬균형은 Miller사의 입장에서 A를 선택했을 때 훨씬 나은 결과가 예상되고 은행 입장에서는 두 가지 선택 모두 별반 다르지 않은 상황에서 성립되는 내쉬균형보다 나은 것이 없다고 볼 수 있다. 따라서 은행은 Miller사가 프로젝트 A를 선택할 것으로 예측하고 대출 가격을 선정하는 것이 적절하다. 그럴 경우 산정되는 대출 가격 또한 더 낮을 것이므로 타 기관보다 가격경쟁에서 우위를 점할 수도 있어서 좋다.

단계 3 이번에는 Miller사가 보유한 자기자본이 없는 경우에 어떻게 되는지를 살펴보도록 하자. 이때 Miller사가 A 프로젝트를 선택한다면 총 현금흐름의 확률 분포는 다음과 같이 예상할 수 있다.

〈표 5.4〉 A 프로젝트와 Miller사의 기존 자산에서 발생되는 총 현금흐름의 확률 분포

총 현금흐름(백만 달러)	확률
5	0.64
4	0.16
2	0.16
1	0.04

상환 의무가 있는 기존 채무 200만 달러가 있으므로 이 역시 계산에 넣어 은행대출을 상환하기 위해 Miller사가 가지고 있을 현금은 0.64의 확률로 3백만 달러, 0.16의 확률로 2백만 달러 그리고 0.2의 확률로 제로 달러가 될 것으로 추측된다. 이익잉여금으로 1백만 달러가 있을 경우에서 했던 것과 마찬가지로 은행이 손익분기점에 도달하기 위해서 차입자로부터 상환받아야 하는 금액을 계산해보면 1.3125(백만 달러)가 되는 것을 알 수 있다. 이제 이것을 가지고 Miller사의 주주들에게 돌아갈 순 현금흐름을 계산해 보면 0.64의 확률로 1.6875(백만 달러), 0.16의 확률로 0.6875(백만 달러), 0.2의 확률로

제로 달러가 되는 것으로 나타난다. 따라서 기대되는 자기자본의 가치는 1.19(백만 달러)가 된다.

단계 4 Miller사가 대출을 받은 이후 B 프로젝트에 투자하기로 결정한다면, 앞서 계산한 바와 같은 단계를 거쳐 기대되는 자기자본 가치가 1.2175(백만 달러)가 되는 것을 알 수 있다. 따라서 Miller사는 위험성이 더 큰 B 프로젝트를 선택할 것이고, A 프로젝트를 선택할 것이라 생각한 당신의 추측은 틀리게 된다. 실제로 Miller사가 B 프로젝트를 선택할 것이라 올바로 추측하여 그에 맞춰 대출 가격을 산정했다고 해도 Miller사는 여전히 B 프로젝트를 선택하는 편이 낫다. 이는 Miller사가 충분한 자기자본을 보유하고 있지 않을 경우, 자기 자본이 충분할 경우보다 위험성이 큰 자산을 선택할 가능성이 많다는 것을 의미한다. 은행 입장에서는 이를 충분히 고려하여 대출 가격을 산정해야 할 것이다(즉, 약간 높은 금리를 적용해야 한다는 의미이다). 본 예제에서는 Miller사가 더욱 안전한 프로젝트를 선택할 것으로 대출기관을 설득하기 위해서 수익을 확보하는 쪽이 낫다는 것이 명확하게 드러난다.

자본은 도덕적 해이 문제를 해결하는 데에 도움이 된다. 기업이나 프로젝트에 대한 차입자의 투입자본이 크다면 투자 성과가 좋지 않을 경우 차입자의 부담이 커지기 때문이다. 또한 자본은 투자 손실에 대한 '방벽 제1선'의 역할을 하기 때문에 금융기관의 충격을 다소 흡수하는 완충장치가 된다. 자기자본이 없다면, 투자 성과가 좋지 않더라도 차입자는 콜 옵션이라는 선택의 여지가 있다는 것을 알기 때문에 금융기관이 손해를 흡수해야 하는 경우가 생긴다(차입자에게 최악의 상황은 단지 손에 아무것도 남지 않는 것뿐이다). 한편 투자 성과가 좋다면 금융기관은 그저 약정되어 있었던 상환액수를 되돌려 받는 것뿐이지만, 차입자는 투자로 인한 수익을 챙길 수 있게 된다. 자기자본이 많이 투입된 상황에서 차입자가 위험이 높은 대상에 투자하면 위험선호의 기회비용이 증가하고 부채의 콜옵션의 가치가 감소한다. 차입자의 자기자본이 충분하다면 금융기관에 자신의 이해관계에 맞게 대출계약을 설계할 수 있으며 이는 차입자에게도 결과적으로 이득이 된다.*

자기자본의 또 다른 기능은 정보비대칭하에서 신호기능(singaling)이다. 사업자의 자본이 투입되어 있다는 것은 차입기업 혹은 투자대상이 긍정적이라는 점을 신호한다고 볼 수 있기 때문이다.** 이와 관련한 기본적인 논거는 사업자 혹은 경영진은 위험을 회피하려는 경향이 있다는 데에 있다. 한편 다음의 예제를 살펴보자.***

* 이는 금융기관들이 가격경쟁을 하며, 자본의 액수가 높을수록 대출 약정 또한 차입자에게 유리해진다는 전제에 근거한다. 이 때문에 차입자들은 유리한 대출을 위해 자기자본을 축적하려는 성향을 가지게 됨을 기억하라.

** Leland와 Pyle(1977) 참조.

*** 해당 예제는 자본구조와 관련한 기업의 선택이 해당 기업의 미래 전망에 대한 사적 정보를 암시해줄 수 있음을 보여주는 기업대출 연구 내용에서 따온 것이다. Ross(1977), Shah와 Thako(1987) 참조.

예제 5.2 투자에 조달할 150달러가 필요한 기업이 있다고 생각해 보자. 이 기업이 투자하려는 대상은 일 년 동안 보상수익이 얼마가 될지 모른다. 해당 기업은 투자 프로젝트의 미래 현금흐름에 대한 확률 분포를 알고 있지만, 외부에는 이 정보가 알려져 있지 않다. 외부에서는 단지 해당 프로젝트가 타입 C 혹은 타입 D라는 사실만 알 뿐이다. 만약 타입 C라면 해당 프로젝트는 0.8의 확률로 300달러를, 0.2의 확률로 제로 달러의 현금을 창출하게 된다. 만약 타입 D라면 해당 프로젝트는 0.5의 확률로 600달러를, 0.5의 확률로 제로 달러의 현금을 창출하게 된다. 간략함을 위해 대출 원금 및 이자는 소득 공제 대상에 해당하며, 해당 기업은 회사의 현금창출 분포 정보를 알고 있는 이들(예를 들면 사주를 보유한 중간관리자들)로부터 자본 조달이 가능하다고 가정해 보자(현재는 장부상에 소액의 자본만 기재되어 있을 뿐이다).

이 기업의 소유주들이 있으나 그들이 소유한 자본의 장부가격은 거의 제로에 가깝다. 어쨌거나 지금은 은행으로부터 대출의 형태로 자금조달이 필요하며, 은행은 차입자의 프로젝트가 타입 C인지 타입 D인지 알지 못하는 상황이다. 이 차입자에게 적용 가능한 법인세율은 30%이다. 은행가로서, 차입자의 프로젝트는 무조건 타입 C 혹은 타입 D 중 하나이며 차입자가 프로젝트를 선택할 수 있지 않다는 전제하에, 당신은 이 계약 건을 어떻게 다루겠는가?

풀이 이와 같은 정보불균형을 해결하는 데 필요한 열쇠는 자본이 암시하는 바를 파악하는 것이다. 은행가로서 당신은 위험도가 높은 차입자일수록 자기자본의 투입을 꺼려한다는 점을 상기해야 한다. 왜냐하면 위험도가 높은 대상에 투자하는 성향 탓에 투입한 자본을 잃을 가능성이 크기 때문이다. 따라서 당신은 차입자에게 두 가지를 제안할 수 있다. (i) 전체 필요자금인 150달러를 차입하고 P_D를 상환하는 것 혹은 (ii) 자기자본 E 달러를 투입하고 150-E 달러를 차입한 후 P_c를 상환하는 것이다.

본 예제는 3단계에 걸쳐서 풀 수 있다. 먼저 타입 D의 차입자라면 (i)를 선택하고, 타입 C의 차입자라면 (ii)를 선택할 것이며, 은행은 각 차입자로부터 제로 달러의 수익을 얻는다고 추측하자. 그리고 P_D로 푼다. 그다음 P_c로 푸는데, E가 무엇인지 필요하다. 바로 2단계가 E로 푸는 단계이다. 여기서 E는 타입 D 차입자가 본인의 약정(자기자본을 투입하지 않고 빌리는 것)을 타입 C 차입자의 약정(자본에 E를 투입하는 것)보다 선호하지 않게 하는 가장 작은 액수가 되어야 한다. 마지막으로 3단계는 전단계에서 구한 E를 가지고 타입 C 차입자가 본인의 선택을 타입 D 차입자의 선택보다 선호하는지를 점검한다. 따라서 2단계와 3단계는 1단계에서 차입자들의 프로젝트 선택과 관련한 추측이 적절한지를 점검하는 과정이라고 할 수 있다.

단계 1 추측한 바와 같이 타입 D 차입자만이 (i)를 선택하고 타입 C 차입자만이 (ii)를 선택한다면 우리는 다음과 같은 계산 과정을 거치면 된다.

두 가지 중 어떤 경우든 은행은 제로 달러의 수익을 얻는 것이 전제되었고, 타입 D 차입자의 상환 확률은 0.5이며, P_D는 위험성이 높은 차입자의 상환 액수와 같아야 한다. 즉,

$$P_D \times 0.5 = 150$$

혹은 $P_D = \$300$, 혹은 100%의 금리

다음으로, 위험성이 낮은 차입자만이 (ii)를 선택한다면, P_c는 다음을 충족해야 한다.

$$0.8 \times P_c = 150 - E$$
$$\text{혹은 } P_c = \frac{150 - E}{0.8}$$

단계 2 이 단계에서는 E를 놓고 푼다. E는 타입 D 차입자가 타입 C 차입자의 약정을 본인의 약정보다 선호하지 않게 하는 액수여야 한다는 것을 명심하라. 이 전제를 충족하는 숫자는 다양하겠지만, 이와 함께 타입 C 차입자의 소득 공제액을 최대화하는 E는 하나이다. 즉 타입 D 차입자가 타입 C 차입자의 약정을 분명히 선호하지 않는 숫자 중 가장 작은 숫자가 E의 액수가 되는 것이다. 따라서 타입 D 차입자가 거짓 정보를 제공하여 (ii)를 선택했을 때의 NPV는 제대로 된 정보를 제공하여 (i)를 선택했을 때의 NPV와 동일하게 된다. (i)를 선택했을 때 타입 D 차입자의 NPV는

$$(600 - 300) \times 0.5 \times 0.7 = \$105$$

이며 여기서 0.7은 (1－세율)이다. (ii)를 선택했을 때 타입 D 차입자의 NPV는 다음과 같다.

$$\left(600 - \frac{150 - E}{0.8}\right) \times 0.5 \times 0.7 - E$$

위 식에서 나타난 NPV를 $150로 놓고 E로 풀면 E＝$70이 된다. 따라서 타입 C 차입자가 변제해야 할 채무는 (150－70)/0.8＝$100 혹은 금리가 25%가 된다.

단계 3 타입 C 차입자가 타입 D 차입자의 약정보다 본인의 약정을 분명히 선호할지를 점검해 보자. (i)를 택할 때 타입 C 차입자의 NPV는

$$(300 - 300) \times 0.8 \times 0.7 = 0$$

이 되며, (ii)에서 그의 NPV는

$$(300 - 100) \times 0.8 \times 0.7 - 70 = \$42$$

가 된다. 따라서 은행은 그에게 다음 두 가지를 제안할 수 있다.

(i) 150달러 전액을 차입하고 300달러를 상환한다.
(ii) 자기자본 70달러를 투입하고, 80달러를 차입한 후, 100달러를 상환한다.

은행이 이처럼 대출 가격을 산정하는 과정에서 중요한 것은 특정 대출을 차입하는 차입자가 특정 프로젝트에 투자한다고 추측한다는 점이다. 차입자가 정말로 해당 프로젝트에 투자한다면, 은행은 제로 이윤을 얻는다. 이는 유인합치성(incentive compatibility)이 보장되는 방식으로 은행이 대출을 설계

할 수 있도록 하기 위함이다. 차입자는 유인합치성이 성립되는 대출계약을 위반하지 않는다. 유인합치성은 내쉬균형이 형성되는 상태에서 달성되어야 한다. 차입자의 프로젝트와 대출 계약 선택 간 관계에 대한 은행의 추측은 내쉬균형 내에서 정확해야만 한다.

본 예제에서 자본은 프로젝트의 수준을 암시하는 역할을 수행한다. 보다 위험성이 적은 타입 C 프로젝트에 투자하는 차입자는 자기자본으로 필요한 전체 투자금의 2/3를 조달함으로써 해당 프로젝트는 위험성이 낮음을 암시하고 있다. 이에 대하여 차입자는 보다 낮은 금리로 혜택을 받을 것이다. 낮은 대출 금리라는 매력 요인이 있음에도 불구하고 위험 부담을 감수하는 성향의 차입자는 자기자본을 투입하려 하지 않는다. 다음과 같은 이유가 있을 수 있다. 프로젝트 성격에 관계없이, 대출이자 지불에 대한 세금공제 혜택 때문에 차입자는 되도록이면 많은 대출을 받기를 원했을 수 있다. 또한 차입자는 프로젝트 성격에 관계없이 대출이자 지불이 탐탁지 않게 여겨졌을 수 있다. 한편 프로젝트의 위험성이 큰 경우라면 높은 대출 금리가 차입자에게는 오히려 덜 부담스러울 수 있는데, 이는 실제로 이자와 함께 채무를 변제할 가능성이 낮다는 계산 때문이다. 그렇다면, 이러한 차입자에게는 높은 자기자본 비율에 따른 낮은 대출금리로 유인하는 것이 덜 효과적일 수 있다. 자본비율 및 대출금리의 다양한 조합에 대한 차입자의 선호도는 프로젝트의 성격에 달려 있으며, 이로 인해 은행은 차입자가 약정을 스스로 선택하게 함으로써 원하는 사적 정보를 이끌어 낼 수 있다.

다른 조건들이 모두 같다고 가정했을 때, 은행이 산정하는 대출 금리는 전체 자산 중 차입자의 자기자본 비율과 반비례해야 한다. 일반적으로 자본화 정도가 낮은 차입자는 위험도가 높으며, 이는 단순히 자기자본이 '방벽 제1선'의 역할을 하는 직접적 이유뿐만이 아니라 투자위험에 대한 차입자의 성향에 영향을 끼치는 간접적 이유도 기인한다. 앞선 예제에서 우리는 금융 시장 내 완전경쟁 상태를 반영하기 위해 은행이 제로 이윤을 얻는다고 가정하였다. 이는 경쟁 상태를 나타내는 다소 극단적인 가정이다. 실제로 은행은 대출을 통해 수익을 얻으며, 특히 대외적으로 공개되지 않은 신용 정보를 가진 차입자들에게서 얻는 수익은 중요하다. 자기자본 비율이 낮은 차입자들에게 높은 대출금리를 적용함으로써, 은행은 이들에게서 더욱 큰 마진을 얻는다.* 이 때문에 은행들은 오히려 높은 위험성에도 불구하고 부채 비율이 높은(즉 자기자본 비율이 낮은) 차입자들에게 대출을 제공하는 것에 오히려 적극적일 수도 있다. 실제로 이러한 유인은 신용정보를 양산하는 은행의 기본 기능에 기인한다(3장 참조).

은행은 기업담보 차입매수(leveraged buyout: LBO), 인수합병(mergers and acquisitions: M&A), 자본재구축(recapitalization)을 목적으로 차입하는 기업들에게 대출을 제공하며 차입비율이 높은 대출들로 포트폴리오를 구성할 수 있다. 앞서 살펴본 바와 같이 이러한 과다차입금부거래(Highly Leveraged Transactions: HLT)에서 얻는 수익은 여타 기업대출에서 얻는 수익보다 확실히 높다. 이처럼 수익이 높아 은행이 부담하는 위험을 보상해준다. 이와

* 이는 자기자본 비율이 낮은 차입자일수록 그들에 대해 알려진 정보가 적고 그들이 대출을 얻을 수 있는 곳 또한 적어서, 은행이 그들에 대한 사적 정보를 준독점 형태로 제공하며 높은 수익을 창출할 수 있기 때문이기도 하다.

같이 위험도가 높은 차입기업은 타 기관에서 신용을 얻을 수 있는 기회 자체가 많지 않은 경우가 많기 때문에, 은행은 이를 이용해 위험성을 반영하여 어느 정도 높게 조정된 수익을 이들로부터 이끌어낼 수 있다. 게다가 은행은 확정된 대출원금의 1~2% 정도의 수수료를 징수하며 얻는 수익도 있다.* 한편 HLT 대출은 일반 대출보다 상당히 위험도가 높으며, 앞서 살펴본 도덕적 해이 문제를 안고 있는 것이 사실이다.** 이는 최근 증가하고 있는 역LBO(reverse leveraged buyouts)의 한 요인으로도 볼 수 있는데, 이를 통해 기업은 LBO 과정에서 발생한 부채를 변제하기 위해 자기자본을 출자하여 부채비율을 줄인다. 이는 도덕적 해이 문제를 감소시키고 기업에도 득이 된다.

(iv) Collateral(담보): 대부분의 기업대출 및 소비자대출은 담보로써 채무의 상환이 보증된다.*** 일단 특정 자산이 담보로서 대출을 보증하게 되면, 채무 불이행 시 해당 자산은 먼저 대출기관에게 소유권이 있다. 담보에는 '내부담보'와 '외부담보'의 두 가지 종류가 있다. 내부담보는 대출을 받는 차입기업이 소유한 자산으로 구성된다. 예를 들면 매출채권, 설비, 기계, 부동산, 재고 등이 될 수 있다. 기업이 이러한 담보 설정 없이 대출을 받더라도, 은행은 이러한 자산들에 대하여—우선소유권은 아니더라도—소유권을 주장할 수 있다. 하지만 일반 채권자로서 차입자의 채무 불이행 시 은행의 자산 소유권은 다소 불분명해질 수 있다. 소송까지 가더라도 은행은 그저 보증을 받지 못한 여러 채권자들 중 하나에 지나지 않을 수 있기 때문이다. 다른 한편으로는 이러한 자산들 중 하나가 내부담보로 설정된 경우, 은행은 해당 자산에 대한 우선소유권자가 될 수 있다.

외부담보는 특별히 담보로 설정되지 않는 한 은행이 소유권을 절대 가질 수 없는 외부 자산들로 구성된다. 차입기업 소유주의 개인자산이 좋은 예가 될 수 있다.

담보자산의 가치 유지에도 비용이 발생한다. 차입자가 상환기간 도중 담보 자산의 가치를 떨어뜨리는 행위를 할 수 있기 때문에, 은행으로서는 담보 자산에 대한 지속적인 감시가 필요하며 은행은 이러한 감시 비용을 어느 정도 부담해야 한다. 게다가 채무 불이행 시 담보 자산 소유권이 은행으로 이전되면 그에 대한 청산 비용이 발생한다. 소유권 이전에 대한 법적 비용이나 해당 자산의 매매에 소요되는 비용 등이 여기에 해당한다.**** 한편 차입자의 입장에서는 자산이 담보로 묶이게 되면 향후 대출을 받을 때 일반 채권자들에게 제시할 수 있는 자산이 적어지기 때문에 자금조달 비용이 증가하는 일을 겪을 수 있다. 그렇다면 이러한 각종 비용에도 불구하고 담보가 널리 활용되는 이유는 무엇일까?

담보가 대출계약 시 활용되는 요인은 다음과 같다.

* 일반적으로 이러한 종류의 대출은 대출약정하에서 이루어지기 때문에, 이에 대한 수수료를 약정 수수료 명목으로 징수하게 된다.
** 과다차입금부거래는 은행에 높은 기대손실 부담을 지울 뿐만 아니라, 대손변동성 역시 높다(6장 참조).
*** 일례로, Federal Reserve's Survey of Terms of Bank Lending에 따르면, 1988년 5월 기준으로 69.1%의 대출이 보증되어 있는 상태인 것으로 나타났다.
**** 법에 의하여, 특별한 경우를 제외하고는 이렇게 은행이 담보로 취득한 자산은 특정 기간 내에 청산하게끔 규정되어 있다.

(a) **위험 감소:** 대출을 보증하는 이유는 채무 불이행 시 발생하는 금융기관의 손실을 보호하기 위해서이다. 미국 파산법에는 '자동중지제도(automatic stay)' 라는 조항이 있다. 이는 기업이 파산 위기에 몰리면 채권자의 회수 권리 행사를 중지시켜, 채무자가 파산하는 것을 막는 것이다. 자동중지제도는 기업이 회생절차를 신청함과 동시에 효력이 발생된다. 그러나 담보로 설정된 자산에 대하여 충분한 보호를 하지 못한 경우 등 적절한 이유가 있는 때에는 자동중지도 채권자에게 유리하게 조정될 수 있다. 예를 들어 어떤 은행이 파산법 11조에 따라 회생 절차를 신청한 기업에게 1천만 달러를 대출한 바 있다고 가정해 보자. 현재 4백만 달러 가치를 지니는 해당 기업의 특정 자산이 내부담보로 설정되어 있는 상황이다. 만약 이 자산들이 한 달에 3천 달러씩 감가된다고 하면, 파산법원은 은행의 소유권을 충족시키기 위하여 그 금액만큼 차입기업이 별도로 마련하기를 요구할 수 있다. 이처럼 담보로 대출을 보증하는 것은 기업 파산 시 발생하는 채권자의 위험부담을 어떻게든 감소시키는 수단이 된다고 볼 수 있다.

(b) **신호기능:** 담보 역시 은행에게 중요한 정보를 제공하는 수단이 될 수 있다. 내부담보도 마찬가지지만, 특히 외부담보로 대출을 보증하는 경우에는 상황이 매우 명확해진다고 볼 수 있다. 앞서 자기자본의 신호기능 역할에 대해 언급했을 때의 논리와 대략적으로 비슷하다. 어떤 차입자들은 신용분석 후에도 서로 비슷한 수준의 위험도를 가지고 있는 것처럼 보일 수 있다. 하지만 여기서 담보 설정을 가지고 차이가 발생할 수 있다. 담보 설정을 제안할 의지가 있는 차입자는 채무를 불이행할 위험이 적다고 볼 수 있을 것이다.* 숨겨진 위험을 이끌어낼 수 있는 방법은 다음과 같을 수 있다. 여기에 신용상 별다른 차이점을 발견하기 힘든 두 차입자 A와 B가 있다고 가정해 보자. 은행은 둘 중 하나가 분명히 더욱 위험도가 높은 차입자일 것이라고 판단하고 있으나, 그것이 누구인지는 아직 파악하지 못했다. 은행은 두 차입자에게 다소 낮은 금리의 담보부대출과 다소 높은 금리의 무담보대출 중 하나를 선택할 수 있다고 제안한다. 여기서 A가 B보다 위험도가 낮은 차입자라고 가정해 보자. A는 두 가지 이유로 담보부대출을 선호할 것이다. 첫째, 위험도가 낮다는 것은 해당 차입자가 이자를 상환할 가능성이 높다는 것인데, 이 경우 이자율을 낮게 계약하는 것이 당연히 매력적이다. 둘째, 위험도가 낮다는 것은 채무를 불이행하여 담보자산을 은행에 넘겨줄 가능성이 낮다는 것이므로, 차입자에게 담보를 설정하는 것이 그다지 부담스러운 일이 아닐 것이다. 같은 논리로 B는 무담보대출을 선호할 것이다. 한편 이와 같은 방법으로 A와 B의 위험도를 구별할 때에는 제안되는 두 가지 대출계약 내용의 유인합치성이 성립되어야 한다. 이와 관련된 예제를 다음에서 살펴보도록 한다.

* 이를 증명하는 이론적 모델의 참고를 위해 Bester(1985), Bensako와 Thakor(1987a, 1987b) 그리고 Chan과 Thakor(1987)를 참조한다. Jimenez, Sales와 Suarez의 연구에서 담보의 신호기능 역할에 대한 실증적인 근거를 참고할 수 있다.

예제 5.3 회계연도 말에 A의 자산은 100달러가 될 것이 확실하다고 가정해 보자. 동 기간 B의 자산은 0.5의 확률로 200달러, 0.5의 확률로 제로 달러가 될 것으로 예상된다. 해당 프로젝트(A 혹은 B)는 초기자본 30달러가 필요하며, 모든 금액은 은행으로부터 대출하여 조달된다. 은행은 A와 B를 구별해 내지 못한다. 위험도가 없는 연 대출금리는 10%이며, 모든 차입자가 위험에 중립적이라고 가정해 보자. 또 차입자에게 1달러의 가치를 지니는 자산이 은행에는 90센트의 가치만 지닌다고 가정해 보자. 차액 10센트는 은행이 담보자산의 소유를 이전받을 때 발생하는 비용 정도로 생각할 수 있을 것이다. 이와 같은 자산의 이전비용은 두 가지에 기인한다. 첫째, 채무불이행 차입자로부터 취득한 자산은 비록 차입자에게는 다른 자산들과 함께 효율적인 시너지를 발휘하는 유용한 자산일지 몰라도, 은행에게는 그저 단편적인 자산 조각에 불과할 수 있다. 따라서 차입기업에게서 해당 자산 조각을 담보로 떼어와 청산하는 과정이 은행에게는 비용 소모적인 일이 되는 것이다. 둘째, 자산을 기업으로부터 이전받는 데에는 법적 및 행정적 비용이 소요된다. 바로 이것이 많은 은행들이 담보를 주로 인센티브 효과라는 관점에서 보는 이유이다. 여기서 문제는 은행이 어떻게 하면 각 차입자가 숨겨진 리스크를 드러낼 만한 대출계약 옵션들을 설계할 수 있는가 하는 것이다.

풀이 담보가 제공하는 직관적인 정보에 대해 앞서 언급했듯이, 은행은 차입자에게 두 가지 계약조건을 제안해야 한다. 즉 담보부대출과 무담보대출이 그것이다. 이 계약서들은 안전한 차입자인 A가 담보부대출을, 위험한 차입자인 B가 무담보대출을 선택하도록 설계되어야 한다. 우리는 이 예제를 3단계에 걸쳐 풀도록 하겠다. 1단계에서 은행이 손익분기점에 도달할 수 있는 담보부대출의 금리를 놓고 풀도록 한다. 2단계에서는 무담보대출의 금리로 풀 것이다. 3단계에서는 위험한 차입자가 무담보대출보다 담보부대출을 더 이상 선호하지 않게 되는 담보 가치가 얼마가 될지를 놓고 푼다.

단계 1 A 차입자는 어떠한 경우에도 대출을 상환할 것으로 예상되기 때문에, 은행이 손익분기점에 도달하게 하는 담보부대출의 금리 r_u는 위험성이 없을 때의 연 금리 10%가 된다.

단계 2 한편 무담보대출의 금리 r_u는 다음과 같은 은행의 제로 수익 조건을 충족시키는 숫자가 되어야 한다.

$$[0.5\times(1+r_u)\times 30] / [1.10] = 30 \tag{5.1}$$

식 [5.1]의 좌변은 은행이 얻는 보상수익의 할인된 현재가치이다. 약정된 상환금액은 $\$30(1+r_u)$이지만 은행이 이를 상환받을 가능성은 0.5에 불과하다. 은행은 위험 중립적이므로, 위험성이 없을 때의 금리 10%로 할인한다. 이때, 은행이 프로젝트를 소유하고 있으며 은행은 차입자에게 $30(1+r_u)$라는 고정 실행가격에 담보에 대한 콜 옵션을 판매한 상황이라는 것을 기억하자. 이는 프로젝트가 성공적인 경우이다. 만약 프로젝트가 실패한다면 차입자는 옵션이 실행되지 않은 채로 만기되도록 내버려 둘 것이고 은행은 가치가 없는 프로젝트만 안고 있는 상태가 되어 버린다. 식 [5.1]을 풀면 $1+r_u=2.2$인 것을 알 수 있다. 따라서 무담보대출에 대한 상환 의무액은 $2.2\times 30=\$66$이다.

단계 3 마지막 단계에서는 B가 담보부대출을 선택하는 것을 포기하도록 하는 담보 액수가 얼만큼

되어야 하는지를 계산한다. B가 저금리의 담보부대출에 대한 흥미를 잃게 만드는 담보 액수 C는 다음 식으로 풀게 된다.

$$0.5\times(200-66)=0.5\times(200-33)-0.5\times C \quad [5.2]$$

식 [5.2]에서 좌변은 무담보대출을 선택한 차입자가 은행에 대한 채무를 변제한 후 가지게 되는 현금흐름의 기대가치이다. 우변은 차입자가 담보부대출을 선택했을 경우의 현금흐름 가치이다. 담보부대출에 대한 금리는 10%라는 것을 상기하면, 상환 의무액은 1.10×30=$33가 된다. 차입자가 채무를 불이행하고 담보를 은행에 넘겨주게 될 확률은 0.5이다.

식 [5.2]를 풀면 C는 $33인 것을 알아냈다. 따라서 만일 은행이 차입자에게 $33 이상의 가치를 지니는 담보를 요구하게 되면, A 차입자만이 10% 금리의 담보부대출을 선택하게 될 것이다(담보부대출을 받는 A의 기대 현금흐름은 $100−$33=$67이 되며, 무담보대출을 받을 경우 $100−$66=$34가 된다는 것도 알아두자). B 차입자는 120% 금리의 무담보대출을 선택할 것이다. 따라서 은행은 이렇게 나타나는 위험도에 따라서 차입자들을 분류해낼 수 있다. 한편 이러한 결과는 내쉬균형을 이루게 됨을 보여주고 있다. 어떤 차입자가 어떤 대출을 선택할지에 대한 은행의 추측은 차입자들의 행동 결과에 여실히 드러난다.

여기서 은행이 담보자산을 이전 소유하게 되며 소요되는 비용은 결과에 별다른 영향을 미치지 않았음을 아마도 알아차렸을 것이다. 이는 A에 대한 담보부 대출은 위험성이 없으며, 따라서 A가 은행에 담보 자산을 넘겨줄 가능성이 없기 때문이다. 내쉬균형이 각 차입자를 완벽하게 구별해 내고 B로 하여금 무담보대출을 선택하도록 만들기 때문에, 본 예제에서 은행은 어떠한 경우에도 담보 자산을 취득하게 될 만한 가능성이 없는 것이다. 물론 실제로는 위험성이 없는 대출이란 없다. A와 같은 차입자에게도 채무불이행의 위험이 있다면, 그러한 위험이 담보대출의 금리에도 영향을 미쳤을 것이기 때문에 은행의 담보 취득 비용이 결과에도 영향을 끼쳤을 것이다.

예제 5.4 브라운 베이커리 씨가 다음 기에 $100의 대출이 필요하다고 가정해 보자. 브라운 씨는 S 프로젝트(안전한 프로젝트)와 R 프로젝트(위험한 프로젝트) 중 하나의 프로젝트를 선택할 수 있다. 브라운 씨에게 대출을 해주는 금융기관의 입장에서는 브라운 씨의 선택에 직접적으로 관여를 할 수가 없다. S 프로젝트는 0.9의 가능성으로 $300의 수익을, 0.1의 가능성으로 수익이 나지 않을 수 있는 프로젝트이다. R 프로젝트는 0.6의 가능성으로 $400의 수익을, 0.4의 가능성으로 수익이 나지 않을 수 있는 프로젝트이다. 모든 사람이 위험 중립적이며 무위험 이자율이 10%라고 가정을 했을 때, 어떻게 하면 금융기관이 브라운 씨가 안전한 프로젝트에 투자하도록 대출 계약을 맺을 수 있을 것인가? (담보액 $1당, 금융기관이 90%를 회수할 수 있다고 가정.)

풀이 브라운 씨가 안전한 프로젝트를 선택하도록 하는 목적을 달성하기 위해 담보를 걸어 대출을 보증할 수 있도록 요구할 수 있다. 대출금 상환이 불가피해질 경우 금융기관이 담보를 가져가기 때문에, 차입자 입장에서 투자할 프로젝트를 선정할 때 신중하게 선택할 수박에 없다. 여기서 중요한 가정은 금융기관이 브라운 씨의 투자 선택에 직접적으로 관여할 수 없다는 것이다. 다음의 4가지 단계를 통해 금융기관은 브라운 씨가 안전한 프로젝트를 선택하도록 할 수 있다. 첫 번째로 안전한 프로젝트에 투자를 하는 것을 전제로 무담보 대출을 제공하는 것이다. 하지만 이 방법은 내쉬균형이 될 수 없어 브라운 씨는 위험한 프로젝트를 선택할 것임을 추후 설명하도록 하겠다. 두 번째로 브라운 씨가 위험한 프로젝트를 선택할 것이라는 것을 금융기관이 안다는 가정하에 대출 이자를 산정하여 무담보 대출을 제공하는 것이다. 이 방법은 무담보 대출을 얻을 경우 브라운 씨는 위험한 프로젝트를 선택할 것이라는 점에서 내쉬균형을 이룬다. 세 번째로 브라운 씨가 위험한 프로젝트 대신 안전한 프로젝트를 선택하도록 하는 적정 담보액을 산정하여 대출을 제공하는 것이다. 적정 담보액의 산정은 각 프로젝트의 기대수익률에 의해 결정된다. 마지막으로 브라운 씨가 안전한 프로젝트를 선택하는 데에서 내쉬균형을 이루는지 분석해 본다.

단계 1 금융기관이 브라운 씨에게 r_u의 이자율로 무담보 대출을 제공한다고 가정해 보자. 금융기관이 브라운 씨가 안전한 프로젝트를 선택할 것으로 가정할 경우, 금융기관의 손익평형을 이루는 이자율 r_u^S는 다음과 같이 산정된다.

$$[0.9\times(1+r_u^S\times100)]/[1.10]=100 \qquad [5.3]$$

[5.3] 수식의 계산 결과 r_u^S는 22.22%로 계산된다. 하지만 브라운 씨가 안전한 프로젝트를 선택하도록 하는 점에서 내쉬 균형을 이루는가? 이 질문에 답을 하기 위해서는 안전한 프로젝트와 위험한 프로젝트에 대한 브라운 씨의 순 기대수익률을 계산해 봐야 한다. 만약 브라운 씨가 안전한 프로젝트를 선택할 경우 순 기대수익률은 다음과 같이 계산된다.

$$0.9\times[300-(1.22\times100)]=\$160.20$$

만약 위험한 프로젝트를 선택할 경우 순 기대수익률은 다음과 같이 계산된다.

$$0.6(400-122)=\$166.8$$

즉, 브라운 씨가 안전한 프로젝트 대신 위험한 프로젝트를 선택할 유인이 높고, 금융기관 입장에서는 대출금에 대한 손실이 예상되기 때문에 브라운 씨에게 무담보 대출을 22%의 이자율로 제공하는 것은 내쉬균형을 이루지 않는다.

단계 2 브라운 씨가 위험한 프로젝트를 선택할 것이라는 것을 금융기관이 안다는 가정하에 금융기관의 손익평형을 이루는 이자율 r_u^R는 다음과 같이 산정된다.

$$[0.6\times(1+r_u^R\times100)]/[1.1]=100 \qquad [5.4]$$

[5.4] 수식의 계산 결과 r_u^R는 83.33%로 계산된다. 이 이자율을 적용하여 브라운 씨가 안전한 프로젝트를 선택한 경우 순 기대수익률은 다음과 같이 계산된다.

$$0.9(300-186.33)=\$105$$

만약 위험한 프로젝트를 선택할 경우 순 기대수익률은 다음과 같이 계산된다.

$$0.6(400-183.33)=\$130$$

브라운 씨는 위험한 프로젝트를 선택하게 되며, 금융기관도 브라운 씨가 위험한 프로젝트를 선택할 것으로 예상했기 때문에 내쉬 균형을 이룬다.

단계 3 하지만 더 나은 내쉬균형을 찾을 수 있을까? 이런 질문을 할 때마다 쌍방 중 한쪽에 더 이득이 있는 것이 아닌지 생각해 보는 것은 당연하다. 위의 단계에서의 모든 시나리오에서는 금융기관의 기대수익률이 0이라고 가정을 하였는데 왜 그럴까? 그 답은 경쟁에 있다. 분석의 편의를 위해 제로 기대수익률을 가정하였지만, 실제 상황에서는 금융기관도 최소한의 수익을 기대한다. 만약 금융기관이 금융기관수익을 감소시키지 않고 대출자의 기대수익률을 높이는 대출 계약을 맺을 수 있다면 경쟁 금융기관으로부터 대출을 원하는 사람들을 끌어모을 수 있을 것이다. 따라서 금융기관 간 경쟁은 대출을 얻고자 하는 사람들에게 가장 유리한 거래 기회를 제공한다.

자 이제, 금융기관이 브라운 씨에게 담보 대출을 제공한다고 가정해 보자. 여기에서 금융기관의 최대 목표는 브라운 씨가 위험한 프로젝트를 선택하지 않도록 하는 적정한 담보금액을 산정하는 것이다. 브라운 씨에게 안전한 프로젝트와 위험한 프로젝트 중 하나의 프로젝트를 선택할 때 두 가지 기회를 무차별하게 하는 적정 담보금액은 다음의 수식에 의해 계산된다.

$$0.9[300-(1+r_s\times 100))]-0.1\times C=0.6[400-(1+r_s)\times 100]-0.4C \quad [5.5]$$

r_s는 담보대출 시 적용되는 이자율이며, 제일 먼저 정의되어야 하는 값이다. 만약 금융기관이 성공적으로 브라운 씨가 안전한 프로젝트를 선택하도록 할 수 있다면, 제로 수익 가정하에 다음과 같은 수식에 의해 r_s를 결정할 수 있다.

$$[0.9\times(1+r_s)\times 100+0.1\times 0.9\times C]/[1.1]=100 \quad [5.6]$$

[5.6]의 수식에서 담보액 $1당, 금융기관이 90%를 회수할 수 있다는 가정을 적용한 것을 볼 수 있다. 수식 [5.6]은 다음과 같이 나타낼 수 있다.

$$1+r_s=(110-0.09C)/90 \quad [5.7]$$

수식 [5.7]을 수식 [5.5]에 대입하면 C=$20.202로 계산된다. 소수점 차이로 발생하는 차이점을 제거하기 위해 C=$20.21로 가정하고 수식 [5.7]에 대입하면 $1+r_s=(110\text{-}1.8189)/90=1.2020$, 즉 $r_s=20.21$로 계산된다.

단계 4 이제 브라운 씨가 안전한 프로젝트를 선택함으로써 얻는 기대 수익은 $159.79이며 위험한 프로젝트를 선택함으로써 얻는 기대수익은 대략 $159.79이다(수식 〔5.5〕에서 도출). 위의 두 결과가 내쉬 균형에 이르고 있어 브라운 씨는 안전한 프로젝트를 선택한다. 이전의 내쉬 균형에 비해($130) 기대수익이 더 높음을 확인할 수 있다.* 만약 대출을 원하는 사람이 당신의 금융기관에 와서 라이벌 금융기관이 무담보 대출 83.33%의 이자율을 제시했다고 할 때 당신은 $20.21의 담보 제공을 조건으로 21%의 이자율을 제시할 수 있다. 위의 예시에서 브라운 베이커리 씨는 당신의 금융기관과 대출 계약을 맺을 것이고, 금융기관도 수익을 얻을 수 있다.**

* 1장에서 살펴보았듯이 다수의 내쉬균형이 존재한다.
** 지금쯤이면 왜 은행이 무담보 대출을 하는지 궁금해질 것이다. 그러나 무담보 대출, 담보대출 두 경우 모두 정보비대칭 문제를 해결하는 데 도움이 된다. 더구나 항상 외부 담보물권을 저당 잡는 것이 도덕적 해이 문제를 해결하는 데 최적의 선택은 아니다. 예제 5.4에서 살펴보았듯이 위험한 프로젝트가 성공했을 때 기대수익이 $400이 아니라 $500이라면, 기업이 위험한 프로젝트에 투자할 것이라는 전제하에 무담보 대출을 제공하는 것이 금융기관에는 더 나은 결과를 가져온다.

위의 예제에서는 한정된 채무에 대해서만 가정했기 때문에 담보가 설정되지 않은 한 파산의 경우에도 유지되는 외부 담보 개념이 적용되었다. 그러나 다른 경우에 내부 담보가 자산 대체를 막기도 한다. 기업 내의 특정 자산을 명시함으로써 채권자들은 이러한 특정 자산이 채권자의 위험을 증가시키는 자산과 대체할 수 없도록 하는 것이다. 자산 대체 가능성의 감소는 기업의 채무를 적정한 금액으로 나타내는 데 반영되기 때문에 담보부 부채를 발행하는 것이 주주에게는 장점으로 작용할 수 있다.*

과소투자(Underinvestment): 차입자와 대출기관 사이에 이해관계 차이는 프로젝트의 총 NPV를 증가시킴에도 불구하고 차입자가 프로젝트에 추가자금을 투입하려 하지 않는다는 점에서 과소투자 문제가 발생한다.** 그 이유는 매우 단순하다. 만약 차입자가 거의 금융기관 대출에 의존하여 구매한 시세 1.5백만 달러의 부동산을 소유하고 있다고 가정해 보자. 차입자는 추가로 1백만 달러를 투자하여 부동산의 가치를 1.1백만 달러만큼 상승시킬 수 있다. 그러나 차입자가 금융기관에 갚아야 할 돈의 현재가치가 2백만 달러라면, 추가로 투입되는 1백만 달러로 인해 발생하는 수익이 프로젝트 전체로 보았을 때 NPV 10만 달러라고 하더라도 차입자에게는 투자 유인이 없다. 왜냐하면 현금흐름의 현재가치가 (1.5+1.1)백만 달러−2백만 달러=60만 달러임에 비해 1백만 달러의 비용이 발생하여 차입자의 입장에서는 음(−)의 NPV 40만 달러가 되기 때문이다. 그러나 차입자와 대출기관을 함께 고려하는 경우는 NPV 10만 달러 이익이 되지만 결국 투자안은 철회된다. 이러한 투자의 비효율성은 차입기업 입장에서 기업가치를 극대화하는 투자대상의 선택이 철회되는 결과가 발생한다. 그러나 금융기관은 이미 이러한 선택을 예상하고 이를

* 내부 담보물권이 자산대체 문제를 해결한다는 것에 대한 논의는 Jackson and Kronman(1979)과 Smith and Warner(1979)를 참조하라.
** 과소투자 문제는 Myers(1977)에 의해 제기되었다.

반영하여 대출 조건을 설계하므로 사전에 차입기업은 이미 비용을 지불한 셈이다. 그렇다면 어떠한 방법으로 이와 같은 도덕적 해이를 예방할 수 있을까? 한 가지 방안은 사후적으로 과소투자(underinvestment)가 발생하지 않도록 차입기업이 사전에 약정(precommmit)하도록 하는 것이다. 만약 대출기관이 차입자를 신뢰한다면, 이러한 문제는 명백하게 해결될 것이다. 하지만 이러한 사전약정(precommitment)은 동태적 비일관성을 가진다. 대출기관은 기회가 생기는 한 차입자가 계약을 파기할 유인을 가지고 있음을 알고 있으며 전적으로 차입자를 신뢰하지 않는다. 물론 대출기관의 감시와 대출 계약이 이를 제한하지만, 실질적으로 대출 계약 조건 그 자체로 차입자가 투자 선택을 하는 데에서 어떠한 강제도 가할 수 없다. 그 이유는 차입자가 투자기회를 이용하도록 결정하지 않은 이상 실질적으로 금융기관이 이와 같은 기회를 확인할 수 없기 때문이다. 계약 조건은 어떠한 행동에 제재를 가하는 데 유효하지만 금융기관이 확인하기 불가능한 기회를 선택하도록 유인하기는 어렵다.

담보 대출은 이러한 과소투자 문제를 해결할 수 있다.* 다음과 같이 생각해 보면 이해하기 쉽다. 기업이 자산을 구매하기 위하여 추가적인 대출이 필요하며, 시장 가격보다 낮은 가격으로 자산을 구매할 수 있다고 가정해 보자. 따라서 이 구매는 양(+)의 NPV를 갖는 투자가 된다. 또한 이 기업이 무담보 위험 부채를 가지고 있으며 기업의 현재 가치를 높이기 위해 자산을 구매하려는 것은 아니라고 가정해 보자.

이 문제를 해결하기 위해 기업이 자산을 담보로 한 새로운 채권을 발행한다고 할 때 우선순위에 따라 기업이 파산 시 유담보 채권자가 우선적으로 자산에 대해 권리를 주장할 수 있으며, 차입기업은 이 자산과 관련된 기업의 현금흐름을 (적어도 일부분이라도) 무담보 채권자가 아닌 유담보 채권자에게 귀속되도록 해야 한다. 왜냐하면 새로운 (담보) 채권자들이 시장가치로 기업이 발행한 채권을 매입했기 때문에, 새로 구매한 자산이 창출하는 현금흐름은 담보 채권자들에게 귀속되어야 하며, 이를 통해 투자에 대한 인센티브를 증가시킬 수 있다. 다음의 예제를 통해 더욱 자세히 살펴보도록 하겠다.

예제 5.5 Johnson supplies라는 회사는 기초(t=0)에 \$100을 투자하여 성공적인 경우 기말(t=1)에 \$400을 회수하거나(S_1 상황) 또는 0인 경우(S_2 상황)인 프로젝트에의 투자를 고려하고 있다. S_1 상황은 0.7의 확률로 기초에 투자되는 자금 \$100이 기초(t=0)에 무담보 부채를 통해 조달된다. 초기 자금이 조달되고 기말이 되기 전, 회사가 자산 A를 \$100에 구매할 수 있는 기회가 생기고 기말(t=1)에 자산 A의 가치는 \$120이 될 것으로 예상된다. Johnson supplies가 무조건적으로 자산 A를 구매할 수는 없다고 가정하고 기업의 최적의 자금 조달 전략을 수립해 보시오. (단, 회사는 위험 중립적이며 무위험 이자율은 10%로 가정한다.)

* Stulz and Johnson(1985)이 지적하였다.

풀이 이 문제는 6단계를 통해 해결할 수 있다. 우선 무담보 부채만을 조달할 수 있으며 Johnson supplies가 가능할 때 자산 A를 구매할 수 있음을 기초에 무담보 채권자들이 추정하고 있다고 가정해 보자. 그리고 자산 A를 구매하기 위해 차입한 \$100에 대한 대출 이자율을 계산한다. 두 번째로 이것이 내쉬 균형을 이루는지 확인한다. 만약 내쉬 균형을 이루지 않는다면 무담보 부채가 부담으로 작용하여 Johnson supplies는 자산 A를 구입하지 않을 것이다. 세 번째로 Johnson supplies가 자산 A를 구입하지 않는 것이 내쉬균형을 이루는지 확인한다. 즉, 채무자들이 Johnson supplies가 자산 A를 구매하지 않을 것으로 가정하고 부채액을 산정하였고, Johnson supplies는 자산 A를 구매할 의도가 없는지 확인한다(아직 Johnson supplies가 자산 A를 구매하기 전이므로 기존의 채무자는 고려할 필요가 없다). 네 번째로 담보 부채를 조달하는 것을 가정하여 모든 채무자가 Johnson supplies가 자산 A를 구매할 수 있다는 사실을 인지하고 있다는 가정하에 기존의 무담보 부채와 새로운 담보부채 조달 시 이자율을 계산한다. 다섯 번째로 이것이 내쉬 균형을 이루는지 확인한다. 즉 Johnson supplies가 자산 A를 담보부채를 발행하여 구매하기를 희망하고 있음이 내쉬균형을 이루는지 확인한다. 마지막으로 Johnson supplies가 자산 A를 구매하지 않는다면 Johnson supplies의 주주들의 NPV가 담보 부채를 발행하는 내쉬균형 상황에서 무담보 부채를 발행하는 내쉬균형 상황보다 더 높음을 확인한다.

단계 1 첫 번째로 담보 부채를 발행하는 것이 불가능하다고 가정한다. 따라서 미래에 자산 A를 구매하기 위한 자금 \$100은 주식이나 무담보 부채를 발행하여 조달할 수 있다. 이 예제에서는 무담보 부채를 발행하는 상황을 가정하도록 한다. 기초(t=0)에 기존 무담보 채권자들(C_{old})은 Johnson supplies가 가능할 때 자산 A를 구매할 것으로 예상하고 있다고 가정해 보자. 자산 A를 구매하도록 자금을 조달해 주는 신규 무담보 채권자를 C_{new}라고 하자.

기말(t=1)에 S_1 상황에서 기업 가치는 0.7의 확률로 \$520이 되고, S_2 상황에서는 0.3의 확률로 \$120이 된다. 모든 채권자들이 동등한 권리를 갖는다고 가정할 때, S_1의 상황에서 C_{old}는 전액 상환받을 수 있고 S_2의 상황에서는 \$60만큼 회수할 수 있다. C_{new}의 경우에도 동일하다. 따라서 C_{old}와 C_{new}에게서 차입한 자금에 적용되는 이자율도 동일하다. 이 이자율을 r_a라고 하고 채권자로부터 공정가치로 채무를 차입했다면(즉, 채권자들의 기대수익은 0이다) r_a는 다음과 같은 수식으로 나타낼 수 있다.

$$100=[(1+r_a)\times 100\times 0.7+60\times 0.3]/[1.1] \qquad [5.8]$$

수식 [5.8]의 좌변은 부채 조달 금액이며, 우변은 무위험 이자율 10%로 할인된 C_{old}와 C_{new}에게 지불할 금액이다. 수식 [5.8]을 계산해 보면 r_a는 31.43%로 계산된다. 즉, 기말(t=1)에 Johnson supplies는 기존의 채권자(C_{old})와 신규채권자(C_{new})에게 동등하게 \$131.43을 상환할 의무가 있다.

단계 2 이것이 내쉬 균형을 이루는지 체크해 본다. 이를 확인하기 위해서는 Johnson supplies가 자산 A를 구매하는 것에 대한 기존 채권자(C_{old})의 예상이 맞았는지 확인해야 한다. 만약 Johnson supplies가 자산 A를 구매했다면, 주주에게 돌아가는 NPV는 다음과 같이 계산된다.

$$\frac{0.7\times(520-262.86)}{1.1}=\$163.63$$

오직 S_1 상황에서만 주주에게 양의 기대수익이 지급됨을 주의해야 하며, 기대수익 금액은

\$520(\$400+\$120)에서 기존 및 신규 채권자에게 돌아갈 금액 \$131.43의 2배가 차감된 금액이다. 반대로 Johnson supplies가 자산 A를 구매하지 않았다면, 주주에게 돌아가는 NPV는 다음과 같이 계산된다.

$$\frac{0.7\times(400-131.43)}{1.1}=\$170.91$$

따라서 회사 입장에서 총 NPV는 (\$120－\$100/1.1＝\$18.18) 양의 값을 갖지만 투자 기회를 포기하게 된다. 즉, 이는 기존의 채권자(C_{old})들이 회사가 자산 A를 구매할 것이라는 예상과 내쉬 균형을 이루지 않는다.

단계 3　이제 기존의 채권자(C_{old})들이 회사가 자산 A를 구매하지 않을 것이라고 예상한다고 가정해 보자. 이때의 부채 차입 이자율을 r_b라고 하면 다음의 수식을 도출할 수 있다.

$$[0.7\times(1+r_b)\times100]/[1.1]=100 \tag{5.9}$$

수식 [5.9]를 계산해 보면 r_b는 57.143%로 계산된다. 이 이자율로는 회사는 자산 A를 구매하지 않을 것이다. 따라서 담보 부채를 조달하는 것이 불가능하다는 가정하에서 이는 내쉬 균형을 이룬다. 이 내쉬 균형하에서 기업의 주주에게 돌아가는 NPV는 다음과 같다.

$$\frac{0.7\times(400-157.143)}{1.1}=\$154.5$$

단계 4　이제 회사가 자산 A를 구매하기 위해 담보 채무를 조달할 수 있다고 가정해 보자. 만약 담보 채무를 조달한다면 최악의 상황인 S_2의 상황에서도 기업 가치는 \$120(기말 시점의 자산 A의 가치)로 신규 채권자의 권리는 무위험하고 우선순위로 자산 A에 대한 권리를 주장할 수 있다. 무위험 이자율이 10%이므로 회사가 상환해야 할 금액은 \$110이며 S_2 상황에서도 기업 가치가 상환금액보다 더 크다. 자 이제 기존의 채권자가 회사가 자산 A를 구입할 것으로 예상한다고 가정해 보자. 이때의 부채 차입 이자율을 r_c라고 하면 다음의 수식을 도출할 수 있다.

$$[0.7\times(1+r_c)\times100+0.3\times10]/[1.1]=100 \tag{5.10}$$

수식 [5.10]을 계산해 보면 r_c는 52.86%로 계산되며, 기존의 채권자에게 돌아가는 금액은 신규 채권자에게 우선 상환되는 금액을 제외한 \$10뿐임을 도출할 수 있다. 따라서 회사의 총 부채액은 \$152.86＋\$110＝\$262.86이다.

단계 5　이것이 내쉬 균형을 이루는가? 여기서 다시 한 번 Johnson supplies의 자산 A를 구매하는 데에서 인센티브를 생각해 보아야 한다. 만약 회사가 자산 A를 구매한다면, 주주에게 돌아가는 NPV는 다음과 같다.

$$\frac{0.7\times(520-262.86)}{1.1}=\$163.63$$

만약 자산 A를 구매하지 않을 경우 주주에게 돌아가는 NPV는 다음과 같다.

$$\frac{0.7\times(400-152.86)}{1.1}=\$157.3$$

따라서 회사는 자산 A를 구매하는 결정을 내릴 것이고 이는 회사가 자산 A를 구매할 인센티브가 있다고 추측한 기존의 채권자의 예상과 부합한다. 이것이 내쉬 균형을 이루는지 확인하기 위해서 우리는 회사가 담보 채무를 발행할 의지가 있는지 확인해야 한다. 기존의 채권자로부터 차입한 채무를 $152.86로 고정하고, 자산 A를 구매하기 위해 신규 채권자로부터 31.43%의 이자율로 차입한다고 했을 때 주주에게 돌아가는 NPV는 다음과 같다.

$$\frac{0.7\times[520-(152.86+131.43)]}{1.1}=\$150$$

단계 6 이제 회사가 자산 A를 구매하기 위해 담보 채무를 차입하기로 결정했다. 또한 이 경우 회사의 주주에게 돌아가는 NPV는 $163.63로 무담보 채무를 차입할 경우 $154.5보다 높다. 따라서 기존의 채무자와 계약한 사항대로 담보 채무를 차입하지 않는 것은 회사의 입장에서 손해일 수 있다.

위의 예제는 담보 부채가 과소투자 문제를 어떻게 해결하는가를 설명하며 대출 계약을 설계하는 데 중요한 함의를 제시한다. 채권자들은 기업이 신규 채무를 차입함으로써 회사의 자산에 대한 권리의 우선순위가 변동하는 상황을 금지하는 조항을 대출 계약에 삽입함으로써 신규 투자로부터 스스로를 보호하려고 한다. 그러나 완전 경쟁 시장에서는 채무자가 제약 사항을 결정하며 채권자는 채무자가 납득할 수 있는 선에서 대출 조건을 조정한다. 위의 예제는 회사가 신규로 매입한 자산을 담보로 담보 부채를 차입하고 신규 채권자들의 신규 자산에 대한 권리를 우선순위로 놓는 것이 가장 이상적임을 보여준다.* 이는 채무자에게 이득이 될 뿐만 아니라 기존의 채무자로부터 차입한 자금에 대한 이자율도 낮출 수 있다. 위의 예제에서 기존의 채권자에게 차입한 자금에 대한 이자율이 57.143%였으나, 신규 차입으로 인해 새로 매입한 자산에 대한 우선순위가 바뀔 때 이자율은 52.86%였음을 확인하였다. 이러한 이유로 담보 부채의 발행이 과소투자 문제를 해결할 수 있는 것이다.

부적합한 차입자의 행위: 회사의 자산에 비해 레버리지가 높은 경우 차입자가 기업 경영에 소홀해지는 도덕적 해이 문제가 발생할 수 있다. 그러나 담보가 이러한 문제를 해결할 수 있다. 다음의 예제를 통해 자세히 알아보도록 하자.

* 이 예제에서 무담보 차입의 경우 기존 채권자와 신규 채권자는 동등한 권리를 가지고 있고, 담보 차입의 경우 신규 채권자가 우선권을 가지고 있음을 주지하라. 또한 위의 예제는 기업의 모든 자산에 대해 우선 청구권을 갖는 신규 부채 차입이 가장 최적의 방법임을 보여주지는 않는다. 예제에서는 신규 부채가 자산의 일부에 대해 우선 청구권이 있고 그 외의 자산에 대해서는 권리가 없는 것이 최적임을 가정하고 있다.

예제 5.6 기업가 David Barnes 씨가 회사를 설립하여 기초(t=0)에 $100을 차입하여 성공적인 경우 기말(t=1)에 $300을 회수하거나($S_1$ 상황) 또는 0인 경우(S_2 상황)인 프로젝트에의 투자를 고려하고 있다. S_1 상황의 확률은 p(e)이며 e는 Barnes 씨의 회사를 운영하는 데 투여하는 노력을 뜻한다. Barnes 씨는 2개의 노력 단계 중 높음(h)과 낮음(l)을 택할 수 있다. Barnes 씨는 (h)를 택할 경우 $40의 개인 비용이 필요하며, ($l$)을 택할 경우에는 아무것도 들지 않는다. p(h)=0.8, p(l)=0.6으로 가정해보자. Barnes 씨는 담보를 제공할 수 있으며, 담보 $1당 금융기관은 90% 회수할 수 있다. 금융기관은 Barnes 씨의 회사를 운영하는 데 투여하는 노력을 알 수 없다고 가정해보자. 무위험 이자율이 10%인 경우 최적의 대출 계약을 도출해 보시오.

풀이 이 예제를 통해 우리는 자금 $100에 대해 담보 대출 계약을 맺을 경우 Barnes 씨가 더욱 열심히 일할 것을 증명할 것이다. 다음의 4단계를 통해 확인해 보도록 하겠다. 우선 금융기관이 무담보 대출을 제공하는 데 제약이 있다고 가정한다. 여기서 우리는 Barnes 씨가 높은 노력을 투자하는 것이 내쉬 균형을 이루지 않음을 증명할 것이다. 두 번째로 역시 금융기관이 무담보 대출을 제공하는 데 제약이 있다는 가정하에 Barnes 씨가 적은 노력을 투자하는 것이 내쉬 균형을 이루는 것을 증명할 것이다. 세 번째로 Barnes 씨의 노력 투하의 정도를 무차별하게 하는 적정 담보 금액을 산정하고, Barnes 씨가 (h)를 선택하는 것이 내쉬 균형을 이루는지 확인할 것이다. 마지막으로 담보 채무를 차입했을 때 Barnes 씨가 열심히 일하는 유인이 되는지 확인하도록 한다.

단계 1 금융기관이 무담보 채무를 대출하는 데 제약이 있다고 가정해 보자. 만약 금융기관이 Barnes 씨가 e=h를 선택한다고 가정했을 때 이자율은 r_h^u이고 손익 평형을 이루게 하는 수식은 다음과 같다.

$$[0.8\times(1+r_h^u)\times 100]/[1+0.10]=100 \qquad [5.11]$$

수식 [5.11]을 계산해 보면 r_h^u은 37.5%로 계산된다. 이것이 내쉬 균형을 이루는지 체크하기 위해 대출 계약 체결 전 Barnes 씨가 e=h를 선택할 것인지 물어봐야 한다. 이때 Barnes 씨의 기대 수익은 다음과 같다.

$$0.8\times(300-137.5)-40=90$$

한편 e=l인 경우 Barnes 씨의 기대수익은 0.6×(300−137.5)=97.5이다. 따라서 Barnes 씨가 e=l을 더 선호하므로 이것은 내쉬 균형이 아니다.

단계 2 하지만 금융기관이 Barnes 씨가 e=l을 선택한다고 추정하고 무담보 부채에 대해 적정 가격을 매기는 것은 내쉬 균형을 이룬다. 이때 이자율 r_l^u은 다음의 수식을 만족해야 한다.

$$[0.6\times(1+r_l^u)\times 100]/[1.10]=100 \qquad [5.12]$$

수식을 계산하면 r_l^u은 83.33%로 계산된다. e=h일 때 Barnes 씨의 기대수익은 0.8×(300−

183.33)−40=53.34이다. 반면 e=*l*일 때 기대수익은 0.6×(300−183.3)=70이다. 따라서 Barnes 씨가 e=*l*을 선택할 것으로 추정하고 무담보 부채의 금액을 조정하는 것은 내쉬 균형을 이룬다.

단계 3 이제 담보를 활용하여 더 나은 조건을 만들 수 있는지 생각해 보자. Barnes 씨에게 노력의 정도를 무차별하게 하는 담보 금액을 C라고 하자. 이 경우 r_l^u와 C는 다음 수식으로 나타낼 수 있다.

$$0.8\times(1+r_h^s)\times100+0.2\times0.9C=110 \quad [5.13]$$

수식 [5.13]의 좌변은 프로젝트가 0.8의 확률로 성공할 경우 금융기관이 전액 상환받을 수 있으며, 0.2의 확률로 프로젝트가 실패하더라도 담보 중에서 손실을 보전할 수 있음을 나타낸다.

$$1+r_h^s=1.375-0.00225C \quad [5.14]$$

이제 Barnes 씨에게 노력의 정도를 무차별하게 하는 담보 금액 C를 산정해 보도록 하자.

$$\begin{aligned}&0.8\times[300-100\times(1.375-0.00225C)]-0.2C\text{-}40\\&=0.6\times[300-100\times(1.375-0.0025C)]-0.4C\end{aligned} \quad [5.15]$$

수식 [5.15]는 r_h^s를 수식 [5.14]에 대체한 것이다. 수식 [5.15]를 계산해 보면 C=$30.61로 계산된다. 이 값을 수식 [5.14]에 대입하면 r_h^s=30.613%로 계산된다. 즉, Barnes 씨가 확실히 많은 노력을 투여하기 위해서 필요한 담보 금액은 $30.62이며, 이자율은 30.613%이다. 만약, Barnes 씨가 적은 노력을 투여할 경우, 그의 기대수익은 수식 [5.15]에 대입해 보면 $89.384가 된다. 따라서 Barnes 씨는 많은 노력을 투여하는 선택을 하게 되며, Barnes 씨가 e=h를 선택할 것으로 예상하고 담보 부채를 대출한 금융기관의 입장에서 내쉬 균형을 이룬다.

단계 4 무담보 부채 상황하의 내쉬 균형에서 Barnes 씨의 기대수익은 $70인 반면, 담보 부채 상황하의 내쉬 균형 상태에서 기대수익은 $89.384(e=l인 경우) 또는 $89.386(e=h인 경우)로 나타난다. 따라서 담보를 제공하는 것이 낭비일 수 있지만, 더 나은 기대수익을 얻을 수 있다.

지금까지 담보의 활용에 대해 논의하였다. 어떤 종류의 담보를 어느 금액만큼 활용할 것인지는 위에서 논의된 문제마다 각기 다르게 적용될 것이다.* 이전에도 언급했듯이 담보를 활용하는 것은 압류비용이 생긴다는 점에서 비용이 투입된다. 또한 담보에 대한 감정평가 비용이 소요되고

* 담보물권과 차입자 위험 간의 관계에 대한 실증적 근거는 Hester(1979), Orgler(1970), Morsman(1986), Berger and Udell(1990), Boot, Thakor, and Udell(1990), and Jimenez, Salas, and Saurina(게재 예정)의 논문을 참조하라. 이 연구를 통해 대부분의 경우 규모가 큰 주요 차입자들은 담보 제공 요구를 받지 않으며, 주목할 만큼 위험이 높은 차입자들은 대출 시 대부분 담보를 제공함을 밝혔다. 이는 다수의 차입자 중에서 위험이 낮은 차입자가 더 많은 담보를 제공한다는 본서의 분석과 일치하지 않는다. 잘 알려진 차입자들에게 더 적은 담보를 제공하도록 요구되는 것은 이들 차입자들이 정보비대칭으로 인해 발생하는 문제점들이 더 적기 때문이다.

자금 대출 기간 동안 담보에 대한 정기적인 모니터링이 필요하다.* 이는 개별 채무자별로 대출기관에 제공하는 담보의 종류가 각기 다르기 때문이다. 예를 들어 매출채권이 담보로 제공된 경우, 신용등급 AAA 기업에 대한 매출채권이 신용등급이 낮은 기업에 대한 매출채권에 비해 더 높은 가치를 가진다. 또 다른 예로 경기 순환에 따라 위험이 변동하는 계약미수금(Contract receivable)을 들 수 있다.** 담보로 제공되는 자산의 종류는 다양하며 각 담보를 설정하는 데 여러 가지 비용이 발생한다. 이러한 비용은 자금 대출 시 담보를 어떻게 활용할 것인가 결정할 때 담보의 잠재적 가치와 상충 관계에 있다. 이제 신용거래의 '5가지 C' 중 마지막을 살펴보도록 하겠다.

(v) **Conditions(경기상황)**: 경기상황은 차입자의 채무상환 능력에 영향을 미친다. 부채는 차입기업의 이익, 자산처분, 주식처분, 다른 형태의 자금차입 등의 현금흐름으로 상환된다. 이와 같은 채무상환을 위한 현금흐름은 건전성, 가격, 대출조건 면에서 평가되어야 한다. 차입자가 현금 흐름을 창출하는 능력은 제품의 판매 단가, 생산 원가, 경쟁력, 제품의 질, 서비스와 광고, 경영능력 등과 관련이 있다. 또한 금융기관은 차입자의 재무제표를 분석함으로써 차입자의 현금 창출 능력을 파악할 수 있다. 부록에서 우리는 금융기관에서 정교한 컴퓨터 기술을 활용하여 실제로 신용등급 분석에 적용하고 있는 최신 기법에 대해 살펴보도록 하겠다.

신용정보의 출처

신용정보의 파악은 비용이 많이 들고 정보의 적합성 및 정확성도 각양각색이다. 은행가의 역량은 정확한 신용정보들을 합법적으로 가능한 낮은 비용으로 확보하는 것이다. 즉 새로운 출처를 정의하고 표준화된 출처를 활용하는 것이다. 앞으로 금융기관의 신용 정보의 표준화된 출처에 대해 살펴보도록 하겠다. 하지만 이러한 표준화된 출처가 평균적으로 더 나은 정보를 제공하지는 않는다. 신용정보를 영리하게 활용하는 것은 다른 금융기관과 차별화될 수 있는 능력이다. 표준화된 신용정보 출처는 내부 출처와 외부 출처로 구분될 수 있다. 내부 출처는 금융기관 내부를 의미하며 외부 출처는 그 외의 모든 것을 의미한다.

---

* Clark(1987) 참조.

** 계약 미수금은 차입자가 미래에 어떠한 용역을 수행하도록 하는 도급업자인 경우, 공식적인 문서인 동산담보증권(Chattel paper)을 통해 수행해야 할 용역의 금액을 확인할 수 있다. 주로 건축 및 생산 도급업자, 판매업자 또는 유통업자가 운전자본이 필요할 때 계약 미수금을 담보로 하여 대출을 받는다.

내부 출처

(i) **사전 적격심사** 대출 상담은 차입자가 자금을 어떻게 활용할 것인지, 금융기관의 대출 정책과 부합하는지 등을 파악하기 위해 진행된다. 예를 들어, 차입자가 최소한의 지분을 투입하도록 함으로써 차입자가 가이드라인을 어겼을 때 논의할 수 있도록 하는 금융기관의 정책 가이드라인에 명기되어 있다. 사전 적격심사는 주로 차입자의 미래 상환 능력을 가늠하기 위해 실행된다. 또한 이러한 절차를 통해 대출 상담자가 차입 희망자에 관한 추가적인 금융 정보를 파악하는 것이 가능하다.

(ii) **금융기관 고유 기록** 금융기관은 예금주와 차입자의 기록을 보관하고 있다. 이러한 기록은 차입자의 과거 거래 내역에 대한 접근을 가능하게 한다.* 예를 들어, 과거 거래 내역은 이전 대출에 대한 상환 내역, 보통 예금 및 저축 예금의 잔액 상태, 출금 패턴 등에 대한 정보를 제공한다. 금융기관이 차입 희망자의 거래 은행이 아니어도, 중앙은행에 집적된 정보를 통해 잠재적 고객에 대한 정보 입수가 가능하다.

외부 출처

(i) **차입기업의 재무제표** 대부분의 경우에 금융기관에 의해 요구되는 정보로 기업 대출의 경우 감사받은 재무제표를 차입기업이 제공하여야 한다. 대출금의 규모가 작은 개인 대출의 경우에도 대부분 차입자의 수입 및 지출 현황, 현재 부채 규모 등에 대한 정보를 요구한다.

(ii) **신용정보 기관** 신용정보 기관은 잠재적 차입자에 관한 금융 정보를 체계적으로 수집하여 가공한 후 시장에 판매를 한다(3장 참조). 가장 유명한 기관은 미국과 캐나다 지역의 3백만 개의 기업 정보를 다루고 있는 Dun & Bradstreet(D&B)이다. D&B의 기업 정보 리포트는 해당 기업이 영위하는 사업 내용, 지배구조, 신용등급, 부채 상환 능력, 총판매액, 순이익, 종업원 수, 사업장 현황, 고객 층, 재무제표 정보, 계좌 정보, 부채 상환 현황, 기업 연혁 등 다양한 정보를 제공한다. 이보다 더 자세한 정보는 D&B의 Key Account Report에서 얻을 수 있다. 또한 Dun's Review에서는 대다수 산업별 재무 비율에 관한 정보를 얻을 수 있다. 또한 Robert Morris Associate에서 제공하는 Annual Statement Studies를 통해 비교재무제표를 얻을 수 있다. 이 밖에도 소매 부문, 기업 부문, 정부 부문 등 특화된 정보를 제공하는 다양한 신용 정보 기관이 있다.

---

* 3장에서 금융기관이 신용 공여 시 중요하게 이점으로 작용하는 것을 확인했다[Fama(1980) 참조].

(iii) **타 금융기관과의 정보교류** 때때로 금융기관은 차입자에 대한 정보를 공유한다. 또한 기업의 공급업자에게도 기업이 제때에 제품에 대한 대금을 입금하는지, 제품의 질, 서비스 수준 등에 대한 사항을 체크한다.*

재무제표 분석

차입자의 자금상환 능력을 파악하기 위해 금융기관은 (1) 순익, (2) 감가상각**, (3) 매출채권의 감소, (4) 재고의 감소 등의 기업의 현금흐름을 중요하게 고려한다. 이러한 잠재적인 현금흐름 창출을 예측하기 위해 금융기관은 차입자의 재무제표를 파악해야 한다. 그러나 재무제표를 파악하는 것이 간단하지 않다. 때로 감사받은 재무제표가 현재 시점보다 몇 개월 전의 재무제표일 수 있고, 감사받지 않은 분기 재무제표는 진위가 의심되기도 한다. 심지어 감사받은 재무제표라 하더라도 GAAP의 특성상 해석상의 문제점이 발생하기도 한다. 또한 이런 문제점 이외에도 재무제표가 자산 가치를 장부가격으로 계상하고 수입이 왜곡되어 인식되는 등 시장 가치 기준과 어긋나는 문제점이 있다. 따라서 재무제표를 해석할 때에는 많은 주의가 필요하다. 실제로 주식시장에 거품이 있었던 2000년에 Amazon.com의 장부에 계상된 부채가 높은 신용 등급을 산출하기 위하여 낮게 반영되었으며, 실제 회사의 신용 위험은 장부상에 보이는 것보다 더 높다고 경고했던 사례가 있다.***

재무상태표 분석

자산

(a) **매출채권:** 매출채권은 만기가 가장 짧은 자산 중 하나로 단기 부채를 상환하는 주요한 현금흐름 원천이다. 매출채권 분석 시 금액, 거래처, 연령 등에 대해 표준화된 절차가 행해진다. 여타 위험 자산의 포트폴리오와 마찬가지로 매출채권을 분산시키는 것이 신용위험을 감소시킨다. 또한 금융기관은 매출 채권의 회수 가능성을 파악하기 위해 차입기업의 거래처에 대한 조사도 행해야 하며, 주로 신용 조사 기관을 이용한다. 이 외에도 매출 채권의 연령 분석을 통한 회수 가능성 파악도 중요하다. 예를 들어, 금액이 큰 매출 채권의 회수일이 30일이나 실제로 90일 넘게 회수가 되고 있지 않다면 대손 가능성이 크므로 회수 가능성을 낮게 파악해야 한다.

* 추가적으로 National Association of Credit Management의 Credit Interchange Service를 통해 잠재적 차입자의 공급업자에 대한 정보를 얻을 수 있다.
** 실제로 감가상각이 현금흐름 유출 항목은 아니기 때문에, 기업의 현금흐름을 파악할 때 이에 더해져야 한다.
*** 이 이슈는 현금흐름으로 인한 회계이익의 불일치와 연관이 있다.

상대적으로 신용 위험이 낮아 무담보 대출을 받을 수 있는 자격이 있는 차입기업은 bulk or blanket assignment lending plan을 받을 수 있다. 이런 차입기업에게 금융기관은 일간 단위가 아닌 월간 단위의 증명 자료나 연령별 재고 목록 등 대체로 간단한 자료를 요구한다. 반면 분산된 매출 채권 포트폴리오를 보유하고 있고 이를 잘 관리하고 있지만 앞의 기업보다는 신용 위험이 높은 기업에게 금융기관은 매출채권 회수 정보, 연령 분석 스케줄 등의 더 상세한 자료를 요구할 것이다. 그리고 운전자본이 불충분하고 재무상태표 정보가 불충분한 기업에게 금융기관은 선적서류, 운송 수령증, 송장 등의 더욱 상세한 자료를 요구한다.* 이러한 자료는 추가적인 통제의 목적으로 금융기관에게 직접적으로 송부하는 것을 원칙으로 하고 있다. 금융기관은 기업의 매출채권 포트폴리오에 있는 거래처에 직접적으로 매출채권 상환 스케줄을 보내도록 요청할 수도 있다.**

(b) **계약 미수금**(Contract receivable): 차입자가 미래에 어떠한 용역을 수행하도록 하는 도급업자인 경우, 공식적인 문서인 동산담보증권(Chattel paper)을 통해 수행해야 할 용역의 금액을 확인할 수 있다. 이를 계약 미수금(Contract receivable)이라 한다. 흔히 동산담보증권은 기업유동자금대출을 위한 담보로 활용된다. 계약채권은 매출채권보다 위험이 더 높은데 그 이유는 차입자의 미래 용역 수행 여부가 가변적이기 때문이다. 또한 차입자가 도급업자로서 용역을 완전하게 수행하지 않을 위험과 제3자가 이미 제공된 용역에 대한 대금을 지급하지 않을 위험의 다중적인 도덕적 해이 문제가 발생할 수 있다.*** 따라서 계약 채권에 대한 철저한 모니터링이 필요하다.

(c) **재고자산**: 재고자산의 연령, 유동성, 가격, 진부화, 폐기 및 손망, 재고자산에 대한 보험가약의 적정성, 프로세싱 단계, 재고자산 계상 방법 등이 재고자산을 평가하는 데 확인되어야 할 사항이다.

다른 담보와 마찬가지로 청산가치와 함께 기동효과를 고려해야 한다. 그러나 재고품을 평가하는 것은 쉽지 않으며 이를 위해 별도의 평가 전략이 필요하다. 원재료나 완제품의 경우 재고품보다 유동성이 높고 그 가치를 평가하기가 쉽다. 대부분의 경우 원재료 재고를 대상으로 한 중계 시장이 있고 가격 변동성도 낮다. 다른 담보와 마찬가지로 재고자산의 유동성과 재고자산 손망에 대한 집중적인 모니터링이 필요하다.

(d) **고정 자산**: 일반적으로 금융기관은 고정자산의 매각을 대출금 상환을 위한 현금 흐름으로 고려하지 않는다. 그러나 과다 고정자산 보유는 때때로 전략적 현금흐름 창출 원천이 될 수 있다. 주로 고정자산은 매각을 위해 존재하는 것이 아니라 현금흐름을 생산하기 위해 존재하지만, 신속한 매각을 통해 현금흐름을 창출하기도 한다.

---

* 이를 회계용어로 원장 실사(ledgering)라 한다.
** 이러한 과정을 통지(notification)에 기반한 처리라고 한다.
*** 매출채권의 경우 이 두 가지 문제 중 하나만 발생한다.

(e) **무형자산:** 상표, 특허, 영업권 등이 이에 해당한다. 금융기관은 무형자산에 큰 가치를 두지 않는데 그 이유는 유동화가 어렵고 객관적으로 그 가치를 평가하는 것이 쉽지 않기 때문이다. 물론 예외도 있지만, 대부분의 경우 금융기관은 이들 자산을 할인하여 평가한다.

(f) **지불액**(amount due): 기업이 지불액을 가지고 있는 경우 금융기관은 부정적인 시각으로 바라보는데, 내부부정이나 친족등용 등의 문제가 있을 때 지불액이 발생하기 때문이다.

부채와 순자산

(a) **매입채무:** 기업의 매입채무의 금액은 반드시 은행에게 통지되어야 한다. 만약 기업이 그들의 거래처에 제때에 지급하지 않는다면, 금융기관에도 제때에 상환하지 않을 유인이 높기 때문이다. 또한 금융기관은 기업이 신용거래가 가능한 기업인지 파악하기 위해 매입채무의 형태가 어음인지 확인해야 한다. 더불어 공급업자가 상환급(Cash on delivery)을 요구하는지도 점검해야 한다. 차입 기업이 주주나 임원에게 채무가 있다면 금융기관은 반드시 그 이유에 대해 확인해야 하며 해당 채무가 금융기관으로부터의 채무보다 우선순위가 낮음을 확실시해야 한다. 이 밖에도 이연법인세나 기타 비용에 대한 점검이 필요하다.

(b) **장기부채:** 장기대출금, 채무증서, 어음, 모기지론, 기타 채무 등 만기가 1년 이상인 부채를 일컫는다. 금융기관은 각 부채의 특성 및 만기, 관련 규정, 특약조항 등에 대해 확인해야 한다. 특히 담보부 부채가 있다면 어떤 자산이 담보로 설정되어 있는지에 대한 확인을 반드시 해야 한다.

(c) **순자산:** 앞서 논의했듯이 자기자본 분석은 매우 중요하다. 그러나 평가상 오류가 발생할 수 있기 때문에 장부상 순자산 가치는 신뢰할 수 없다. 순자산은 자산에서 부채를 감한 금액인데 각 개별 자산 및 부채의 평가에서 오류가 생길 수 있기 때문이다. 따라서 순자산 가액에는 각 계정에 내재되어 있는 오류를 포함하고 있음을 감안해야 한다. 만약 자산과 부채가 시장 가격으로 평가된다면 순자산은 자기자본의 경제적 가치만큼 될 것이다. 그러나 회계 추정상 오류 및 평가의 오류로 순자산은 가액을 평가하기가 쉽지 않다.

(d) **우발부채:** 잠재적이지만 실제로 부채가 될 수 있기 때문에 중요한 항목이다. 만약 우발부채가 실현된다면 차입자의 부채 상환에 차질이 생길 수 있다. 따라서 우발부채의 실현 가능성과 금액을 평가할 때 정확한 정보가 필요하다. 더욱이 우발부채는 재무상태표상에 직접적으로 나타나지 않고 주석에만 기재되기 때문에 총 부채 가치를 평가할 때 우발부채도 포함하여야 한다.

손익계산서

손익계산서 분석은 재무상태표 분석과 함께 완전성을 추구하기 위해 수행된다. 금융기관은 단기 대출을 위해 주로 재무상태표를 분석하지만, 장기 대출을 위해서 손익계산서 분석에 더 중요성을 둔다. 그 이유는 재무상태표는 정태적 개념이지만, 손익계산서는 동태적 개념이기 때문이다. 따라서 과거와 현재의 손익계산서를 분석함으로써 금융기관은 기업의 현금흐름의 안정성 정도를 예측할 수 있다. 물론 현금 흐름 특성을 파악하기 위해 기업의 회계 정책 변동이나 모호한 기준에 주의를 두고 분석해야 한다.

금융기관은 재무 비율 분석을 위해 기업의 재무상태표와 손익계산서를 활용한다. 주요 재무 비율은 기업의 유동성, 안정성, 수익성 및 현금흐름에 대한 정보를 제공한다. 기본적으로 유동성, 회전율, 수익성, 재무 레버리지 등의 4가지 재무 비율이 주로 활용된다.

(i) 유동성 분석을 위한 재무비율
   유동비율 = 유동자산 / 유동부채
   당좌비율(산성시험 비율) = (유동자산-재고자산) / 유동부채
(ii) 회전율 분석을 위한 재무비율
   재고자산 회전율 = 연간매출액 / 평균재고자산
   평균회수기간 = 매출채권 / 1일 평균 신용 매출액
   총자산 회전율 = 매출액 / 총자산
   고정자산 회전율 = 매출액 / 순고정자산
(iii) 수익성 분석을 위한 재무비율
   매출액 이익률 = 세후 순이익 / 매출액
   총자산 이익률 = 세후 순이익 / 총자산
   순자산 이익률 = 세후 순이익 / 순자산
(iv) 레버리지 분석을 위한 재무비율
   레버리지 비율 = 총부채 / 총자산

금융기관이 레버리지 분석을 위해 주로 사용하는 비율은 이자보상비율과 EBITDA*이다. 이자보상비율은 세전 영업이익을 총 이자비용(금융비용)으로 나눈 값이며, EBITDA는 법인세, 이자, 감가상각비 차감 전 영업이익으로 기업이 영업활동으로 벌어들인 현금창출 능력을 나타내는 지표이다. 〈그림 5.7〉은 미국 차입 기업의 이자보상비율과 총 부채 대비 EBITDA 비율 변동을 나타내고 있는데, 2002년 이후로 신용 위험이 감소하고 있음을 보여준다.

* 총부채/EBITDA 비율의 중요성을 실증적으로 분석한 Sufi(2006) 논문 참조.

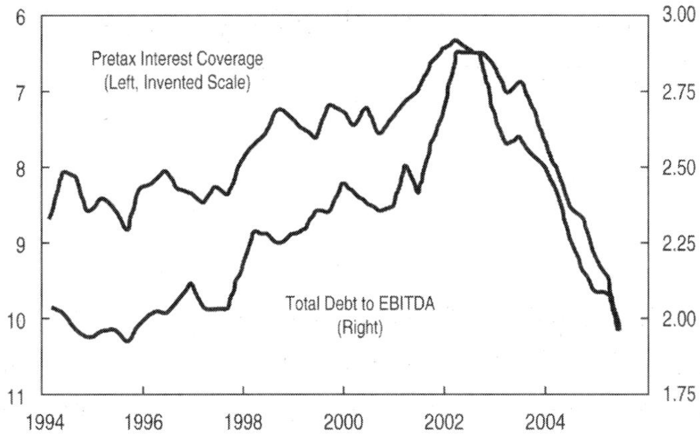

〈그림 5.7〉 미국—차입 기업의 재무성과 측정(비율 분석), 1994년~2004년

주의: 이자보상비율은 세전 영업이익을 총 이자비용(금융비용)으로 나눈 값이다. 관련 데이터는 시티그룹의 BIG Credit Index를 통해 참조되었다.
출처: 시티그룹

위의 재무비율 분석은 회계 장부상 가치를 나타내고 있다. 금융기관은 각 기업마다 회계 추정 및 처리 방법이 상이함을 고려해야 한다. 이 장의 마지막에 사례 연구를 통해 신용 평가의 한 부분으로 비율 분석이 어떻게 활용되는지 자세히 살펴보도록 하겠다.

대출 약관

대출약관은 기업의 대출 상환에 악영향을 미치는 행위를 금지함으로써 금융기관을 보호하기 위한 조항으로 구성되어 있다. 금융약관에 동의함으로써 기업은 금융기관의 부에 해를 끼치는 행위를 삼가게 된다. 대출약관을 통해 금융기관은 도덕적 해이로부터 발생하는 문제점을 약화시키고, 차입기업은 더 나은 조건으로 자금을 빌릴 수 있다. 또한 대리인 비용을 감소시켜 차입자에게 사전적으로 이익이 된다. 실제로 대출이 불가능한 경우에도 대출약관의 존재로 인해 가능해지기도 한다. 물론 차입자가 받아들일 수 있는 선에서 합리적으로 조항이 구성되어야 한다. 구속적인 대출약관의 경우 금융기관의 입장에서는 매우 안정적일 수 있으나, 차입자에게는 매우 좋은 투자 기회 및 전략을 포기하게 할 수도 있다.*

* 금융기관 및 차입자 모두에게 더 이익이 되는 선택을 할 수 있음에도 불구하고 제한조항을 포함한 대출 약관으로 인해 최선의 선택을 하지 못하게 되어 공교롭게도 파산의 가능성이 높아지는 상황이 발생하기도 한다. 예를 들어, 새로운 자산 구입을 금지하는 대출약관이 없다면, 차입자가 새로운 기기를 구입하고 이를 활용하여 더 많은 현금흐름을 창출할 기회를 만들 수 있어 사후적으로 금융기관에 이익이 될 수 있다. 이러한 경우에는 금융기관은 대출 계약을 재설정하여 관련 조항을 완화시킬 수 있다[Berlin and Mester(1992) 참조]. 그러나 금융기관이 대출 계약을 재계약하려는 차입자의 의도에 대해 확신할 수 없고 잠재적 이익의 정도도 불확실하기 때문에 재계약하는 것을 거절할 수도 있다.

대출약관은 차입기업의 경제적 상황, 투자기회, 경영현황, 회계정보, 대출기관의 철학 등에 따라 결정된다. 대출약관은 긍정조항, 제한조항, 금지조항, 채무불이행 조항 등 4가지로 크게 구성된다.

긍정조항

이 조항은 차입자에게 부과되는 책임에 대해 포함하고 있다. 주로 이 조항에는 정기적으로 금융기관에 차입기업의 재무제표를 제공할 것을 요구하고 있다. 이를 통해 기업에 문제가 발생할 징후를 포착했을 때 예방적 조치를 취할 수 있도록 계속적인 모니터링이 가능하다. 또한 일정 금액의 운전자본을 보유하는 내용을 포함하기도 한다. 때때로 금융기관은 기업의 경영진을 일정 수준으로 유지하도록 요구하기도 하는데, 사임, 질병 및 사망 등의 이유로 경영진에 교체가 필요한 경우 은행의 승인을 필요로 하는 내용이 추가되기도 한다.

제한조항

이 조항은 차입자의 행위를 제한하는 내용을 포함하고 있다. 주로 이 조항에는 주주에게 지급하는 배당금 금액을 제한하는 내용이 포함된다. 주로 채권자들의 주요 관심사항은 기업이 주주에게 배당을 하는 것보다 잉여자금을 기업 내부에 유보하고 채권자들을 보호하기를 바란다. 또한 금융기관은 직원 급여, 보너스, 급여 선지급, 고정자산 구입과 같은 특정 투자 등에 대해 제한을 가한다. 특정 투자 제한에 대한 합리적인 경제적 근거는 기업의 부채가치를 감소시킬 수 있는 자산 대체로부터 채권자를 보호하기 위함이다. 예를 들어, 고정자산을 구매함으로써 현금계정과 자산계정이 대체가 일어나는데 이는 현금흐름에 위험으로 작용하여 채권자가 위험에 노출되는 정도가 증가하게 된다.

금지조항

제한조항이 기업의 일정 행위를 제한한다면, 금지조항은 대출기관의 동의 없는 기업의 특정 행위를 금지한다. 주로 무담보 대출에서 저당금지조항이 대표적인 금지조항이다. 이 조항은 차입자가 다른 채권자에게 자산을 담보로 제공할 수 없다는 조항이다. 일반적으로 금지조항은 무담보 대출에 주로 적용되지만, 담보 대출에서 활용되기도 한다. 금융기관은 이미 담보를 저당 잡고 있음에도 불구하고 이 조항을 대출 약관에 포함시키는데, 그 이유는 차입자가 파산하는 경우 저당 자산의 가치가 감소할 수 있기 때문이다. 파산법에서는 금융기관이 담보가액을 초과하는 금액을 주장할 경우, 다른 채권자들과 동등한 순위로 권리를 행사할 수 있음을 명시하고 있다. 따라서 파산의 경우 기업이 적은 담보를 제공할수록 금융기관의 몫은 더 커진다. 또한 인수, 합병, 자산의 매각과 관련한 금지 조항이 있을 수 있다. 이와 같은 사건이 발생할 경우 기업의 위험을 변동시켜 채권자에 위험이 될 수 있기 때문이다. 이 밖에도 다른 금융기관으로부터의 자금 차입을 금지하는 조항이 포함될 수 있다. 만약 차입자가 추가로 자금을 차입하려고 한다면 신용 위험이 증가하여 채권자 입장에서는 달갑지 않은 일이기 때문이다.

이러한 조항들을 대출 약관에 포함시킴으로써 금융기관으로부터 즉시 자금 차입이 허용될 수 있다. 통상적으로 금융기관은 차입자의 행동을 통제하고자 이러한 조항을 약관에 포함시키지만, 이를 어기더라도 상환 스케줄대로 채무가 이행되면 해당 대출계약을 자동적으로 해지시킬 필요는 없다. 그러나 일부 약관의 경우 기업 파산 시 적용되는 가속조항(계약 위반 시 채무 만기 전 조기상환 조항)이 포함될 수 있다. 즉, 약관에 명시된 조항을 어겨 기업을 파산에 이르게 하는 사건이 발생하는 경우 자동적으로 관련 대출을 즉각적으로 상환해야 한다. 이를 통해 금융기관이 자금 회수를 위해 보다 적시에 행동을 취할 수 있게 된다. 가속조항은 다음과 같은 사건이 발생할 때 발효된다.

- 적시에 예정 상환 금액이 납입되지 않은 경우
- 실태진술과 보증이 정확하지 않은 경우
- 약관을 어겼을 경우
- 파산, 청산 및 파산 관재인이 지명된 경우
- 담보가치가 잠식된 경우, 보증이 무효된 경우
- 만기가 된 부채를 상환하지 못한 경우 또는 다른 계약의 제 조항을 이행하지 않은 경우
  - 연쇄지급불능(크로스디폴트: 채무자의 다른 대출계약에 의한 채무 불이행으로 계약위반이 발생하면 본 계약도 위반한 것으로 간주)
  - 연쇄가속조항
- 기업의 경영진이나 소유권에 변동이 생길 경우
- 자산이 몰수된 경우

위에 나열된 사항 중 하나라도 발생한다면 관련 부채는 즉시 상환되어야 하며, 재협상하거나 지급불능이 된다. 경우에 따라 대출 계약상에 차입자가 정해진 기한 내에 채무불이행 상황을 해결할 유예기간을 두기도 한다. 만약 채무불이행 상황이 해결된다면 대출계약은 유효하지만, 그렇지 않은 경우 계약은 종료된다. 이러한 경우 금융기관은 기업의 예금에서 차입금을 금액만큼 공제, 담보권 실행, 최악의 경우 법정관리를 받도록 함으로써 자금을 회수한다. 금융기관은 거의 행사하지는 않지만 연쇄지급불능조항을 약관에 포함함으로써 금융기관으로서의 권리를 강화한다.

대출계약의 제반 조항

대출계약은 금액 이외에도 차입자와 금융기관 간에 협의가 필요한 많은 조항을 포함하고 있다. 그중에서도 주요한 요소는 다음과 같다.

- 자금차입스케줄: 금융기관으로부터 자금이 입금되는 스케줄
- 분할불입금 스케줄: 금융기관에 납입할 원금 및 이자 상환 스케줄
- 양건예금 요건: 차입자가 대출받는 금융기관에 예금을 설정하도록 함(주로 최소한의 저축예금 설정을 요함)
- 조기 상환 벌칙 조항: 만기 전 상환하는 경우 위약금 부과

또한 대출계약은 다음의 예와 같이 특수한 상황을 자세하게 명시하여 계약 조항에 포함하기도 한다.

- 차입자는 12개월 이내에 Center City의 Oak와 Spring가에 있는 차입자 소유의 상업용지를 경매 또는 기타 상업적으로 합리적인 방법으로 매각하는 데 동의함
- 차입자는 180일 이내에 Branson Truck Lines의 파트너십을 포기하고 발생하는 수익금을 부채 상환에 활용해야 함
- 차입자는 $100,000 상당의 생명보험을 가입하여 금융기관을 수탁자로 지정해야 함

그러나 아무리 정교하게 약관을 작성한다고 하더라도 모든 우발적인 상황을 예측하거나 방지할 수는 없다. 예를 들어 차입자가 운전자본이 충분하여 유동성에 문제가 없다고 판단되더라도, 실제로 대손 위험이 높은 매출채권의 금액이 큰 경우 유동성이 매우 낮기 때문이다. 따라서 어떠한 약관도 금융기관의 철저한 모니터링과 감시를 대신할 수는 없다.

결론

본 장은 금융기관의 대출 결정에 관한 세부적인 내용을 살펴보았다. 대출은 비유동적인 부채계약으로 활동적인 유통시장이 존재하지 않는다. 대출과 채권의 차이점은 크게 다음의 2가지로 설명된다. (1) 채권은 자본시장에서의 거래를 통해 채무자와 채권자 간의 정보비대칭이 감소될 수 있는 반면에 금융기관의 대출은 채권보다 채무자와 채권자 간의 정보비대칭 문제가 크다. (2) 은행은 유용한 심사서비스를 통해 정보비대칭을 극복하고, 대출 후 모니터링을 통하여 도덕적 해이를 해소하는 역할을 수행한다. 따라서 금융기관은 사전적으로 위험유형이 분별되지 못하는 개

인 또는 기업에 대출을 제공할 때 발생하는 대리인 문제를 해소, 통제하고 수익을 발생시킨다. 따라서 자본시장을 통한 자금조달과 은행을 통한 차입은 차입자의 특성에 따라 차별화된다(3장의 내용을 상기할 것).

또한 본 장은 대출 약관이 어떻게 구성되는지에 대해서도 살펴보았다. 이 과정에서 담보의 역할 및 활용과 정보 비대칭으로 발생하는 문제를 해결하기 위해 어떻게 신용 분석을 하는지 자세히 알아보았다.

금융기관은 효과적인 사전 적격심사를 위해 금융기관 내외의 차입자에 대한 다양한 정보를 활용한다. 본 장은 금융기관이 신용평가 시 이와 같은 정보를 어떻게 활용하는지 자세히 살펴보았다. 금융기관의 대출 결정 과정은 매우 복잡하며 이와 같은 결정을 위해 신용평가, 약관 구성, 모니터링 등의 전문적인 활동이 수반됨을 살펴보았다. 그럼에도 불구하고 모든 전문가가 항상 대출과 관련하여 발생하는 정보비대칭 문제를 효과적으로 극복할 수는 없다. 대처할 수 없는 문제가 발생하기도 하고, 또 새로운 정보의 발생으로 기존 정보하에 작성된 대출 계약이 비효율적이 되기도 한다. 금융기관이 이와 같은 상황에 어떻게 대처하는지는 다음 장에서 살펴보도록 하겠다.

Indiana Building Supplies, Inc.의 사례 연구

2006년 1월 15일 First National Bank of Bloomington(이하 FNBB)의 부사장 Alex Brown에게 유수의 MBA를 졸업하고 갓 입사한 대출담당자 Peter Willis가 다가왔다. Peter는 FNBB의 고객 중 하나인 Indiana Building Supplies, Inc.(이하 IBS)의 재무비율에 대해 우려해왔었다. 최근 은행은 신용평가 분석을 위해 소프트웨어 프로그램을 새로 설치하였고, 이 프로그램은 예측가능한 문제들을 은행이 인지할 수 있게 한다. 최근 IBS의 주요 재무비율이 악화되고 있는 징후가 나타났고, Peter는 만기가 2006년 12월 26일인 IBS의 부채 $473,000의 상환가능성에 대해 걱정하고 있다.

Peter는 한 달 전쯤 IBS에 대한 특별 분석을 했는데, 몇몇의 주요 재무비율이 하향세를 나타내고 있다고 이야기했다. Peter는 〈표 1〉과 〈표 2〉의 자료를 활용하여 비율 분석을 하였다. 이 비율들이 건축 산업 내 타 기업의 평균보다 낮을 뿐만 아니라 IBS와 FNBB의 대출 계약 조항과도 어긋나는 것으로 밝혀졌다. 〈표 3〉은 동종기업 평균 재무비율 및 계약 약관에 명시된 비율에 관한 자료이다. 재무비율 분석 후 Peter는 IBS 회장인 Bob Clemens와 위 사항에 대해 논의하였다. Clemens는 몇몇의 재무 비율이 하락하는 추세에 대해 인정했지만, IBS의 재무상황은 건전하므로 걱정할 필요가 없다고 답하였다. 특히 회사의 이윤이 2003년과 2004년에 비해 2005년에 괄목할 만한 성장을 이룬 것을 강조하였다. 그럼에도 불구하고 Peter는 계약 약관에 명시된 비율을 만족시키지 않는다는 점에 우려를 표하며, IBS가 소비자에게 판매하는 완제품의 가격 정보와 감사되지 않은 분기 재무제표를 은행으로 송부할 것을 요청했다.

Clemens는 IBS와 FNBB가 오랫동안 거래를 해왔고, Peter의 전임자들은 비록 IBS가 2003년과 2004년에 상당한 매출 이익 저하를 나타났음에도 이렇게 까다롭게 굴지 않았기 때문에 위와 같은 Peter의 요청을 귀찮다고 생각했다. 그럼에도 불구하고 Peter의 요청대로 그가 요구한 서류를 송부하였다. Peter는 이 자료들을 분석한 후, IBS가 대다수의 경쟁기업보다 높은 가격으로 제품을 판매하고 있고, 특히 인디애나 주 외부에서는 더 높은 가격으로 판매하고 있음을 발견하였다. 게다가 당좌비율, 유동비율, 재고자산 회전율이 산업 평균에 비해 분기마다 매우 큰 폭으로 변동하고 있음을 발견하였다.

IBS는 인디애나 주 중앙과 남부, 오하이오 주와 미주리 주의 일부에 원목 및 기타 건축 자재를 판매하는 기업이다. 계절에 따라 다른 운전자본 확보와 장비 구입을 위해 FNBB로부터 자금을 차입하였다. IBS는 인디애나 주 중앙과 남부의 지역 소비자와 그 이외 지역 소비자 등의 2개의 주요 고객층을 확보하고 있다. 인디애나 주의 소비자들의 수요는 다소 불규칙적이나, IBS의 오랜 명성과 현지 업체에게 제품을 구입하는 것을 선호하는 것을 이유로 다른 지역의 소비자보다 가격 상승에 덜 민감하다. 과거에 원재료 가격이 상승했을 때, Clemens는 개별적으로 소비자들을 방문하여 원재료 상승분만큼 제품가격을 상승시킬 수밖에 없는 이유에 대해 설명하였고, 이러한 노력으로 인디애나 주의 소비자들을 설득시켜 다른 공급업체와 거래를 교체하는 것을 막을 수 있었다. 그러나 다른 지역의 소비자에게 이러한 가격 상승에 대해 충분히 설명하지 못했으며, 그들 또한 IBS가 제품 가격을 상승시킬 때 다른 대안을 찾는 것으로 보였다.

최근 IBS의 CFO인 David Klinghoffer는 인디애나 주 내의 단골 고객에만 집중하는 전략을 통해, 지역 외 고객들에 대한 마케팅 비용을 절감해야 한다고 촉구했다. 과거에 Clemens는 인디애나 주 고객의 불규칙적인 수요의 특성상 이 전략을 추진하는 것에 회의적이었다. IBS가 가격 경쟁력을 갖고 있었을 때, 오하이오 주와 미주리 주의 예측가능한 수요에 의존할 수 있었다. 하지만 경쟁이 심화되고 제품가격이 상승하면서 IBS의 이윤이 심각하게 하락하였고 결국 2005년 Clemens는 수익성을 개선하기 위해 제품가격을 상승시켰다. 제품 가격 상승을 주장했던 Klinghoffer는 그들의 전략이 성공적이었으며 2000년 이후로 2005년에 최고 수익을 기록하면서 괄목한 만한 성과를 얻었다고 주장했다. 따라서 Clemens와 Klinghoffer는 Peter의 의미 없이 성가신 요청을 받았을 때 당황하였다.

이제 이 문제는 Alex에게 넘어왔다. Peter는 IBS가 계약 약관상 조항을 지키지 않았으므로, 가속조항대로 즉시 자금을 상환하도록 즉시 조치할 것을 요구했다. Alex는 우선 Clemens에게 연락을 하여, 회사가 즉각적인 시정 조치가 취해지지 않으면 은행이 강제적으로 즉시 자금 상환을 요구할 수 있다고 전했다. Clemens는 다음 주에 만기가 도래하는 어음을 막기 위해 $200,000(만기 1년, 이자율 10%)의 추가 대출이 필요하다고 이야기했다. 또한 시정조치를 위해 IBS가 취할 구체적인 단계에 대한 조언을 부탁하였다.

Clemens와의 통화 이후, Alex는 Peter에게 IBS의 구체적인 재무분석 내용과 우려되는 부분들에 대한 자료를 가져오도록 하였고, 만약 가속조항을 적용하지 않고 추가로 신용을 부과할 경우 IBS의 추가 대출 요청이 승인될 수 있는지에 대해 물었다. Alex는 Peter가 결과적으로 2005년에 IBS의 경영실적이 좋았다는 사실을 받아들이고, 현재의 우려 사항은 다소 이례적인 것으로 받아들이기를 원한다.

질문

만약 당신이 Peter Willis라고 가정하고 IBS에 대한 종합적인 재무분석을 해보시오. 은행이 즉시 대출금 상환을 촉구해야 하는가? 만약 그렇다면 그 이유를, 그렇지 않은 경우의 이유는?

〈표 1〉 Indiana Building Supplies, Inc.의 재무상태표(12월 31일 기준)

	2000	2003	2004	2005
현금	$100,000	120,000	90,000	70,000
매출채권	400,000	480,000	600,000	600,000
재고자산	500,000	550,000	800,000	900,000
총 유동자산	$1,000,000	1,150,000	1,490,000	1,570,000
토지와 건물	100,000	90,000	217,000	221,000
기계장비	150,000	260,000	202,000	179,000
기타 고정자산	85,000	66,000	27,000	15,000
총 자산	1,335,000	1,566,000	1,936,000	1,985,000
매입채무(은행)	47,000	53,000	110,000	473,000
매입채무(신용거래)	156,000	171,500	233,800	319,000
발생액	82,000	350,500	252,200	34,300
총 유동부채	285,000	575,000	596,000	826,300
모기지	50,000	40,000	36,000	33,000
보통주	900,000	900,000	1,150,000*	867,000**
유보이익	100,000	51,000	154,000	258,700
총 부채 및 자본	1,335,000	1,566,000	1,936,000	1,985,000

* 2004년 보통주 발행
** 2005년 회사는 자사주를 매입하였으나 당시 시장가격이 전에 없이 매우 낮았음

〈표 2〉 Indiana Building Supplies, Inc.의 손익계산서(12월 31일 기준)

	2000	2003	2004	2005
총 매출액	$5,000,000	$4,400,000	$5,600,000	$4,500,000
제조원가	4,000,200	3,400,000	4,500,000	3,500,000
총 영업이익	$999,800	$1,000,000	$1,100,000	$1,000,000
판관비 및 이자비용	521,467	582,000	849,667	519,000
감가상각비	80,000	105,000	80,000	72,000
기타 잡비	65,000	93,000	77,000	71,500
과세 전 순이익	333,333	220,000	93,333	337,500
법인세(40%)	133,333	88,000	37,333	135,000
순이익	$200,000	$132,000	$56,000	$202,500

〈표 3〉 Indiana Building Supplies, Inc.의 손익계산서

	대출약관에 명시된 비율	2005년 산업평균
당좌비율	≥ 1.7	1.6
유동비율	≥ 2.5	2.5
재고자산회전율	≥ 9.00	8.5
평균 회수기간	NA	37일
고정자산회전율	NA	13.3
총자산회전율	NA	3.00
총자산이익율	NA	9.5%
자기자본이익율	NA	15%
부채비율	≤ 38%	31%
매출액이익율	NA	3%

FNBB는 Peter의 지적사항을 받아들여야 하는가, 아니면 단순히 과잉반응을 하는 것으로 받아들여야 하는가? IBS가 2006년 말 만기인 부채를 FNBB에 상환할 수 있는 충분한 현금 창출 능력을 보유하고 있는가? 산업 평균에 비해 IBS의 재무비율은 어느 정도인가?

연습문제

1. 일반 기업의 재무상태표와는 상이하게 은행의 재무상태표의 자산에는 어떠한 항목이 있는가?
2. 금융기관 대출이란 무엇인가? 금융기관이 대출을 받을 수 있는 다른 방법에는 무엇이 있는가?
3. 차입금과 증권발행의 공통점 및 차이점에 대해 기술해 보시오.
4. 대출계약 시 가장 큰 정보의 불일치 문제는 무엇인가?
5. 신용 평가의 주요 목적은 무엇인가? 금융기관 내에서 수행하는 신용 평가 방법과 비금융 회사의 자본예산 수립 방법을 비교 분석해보시오.
6. 신용거래의 5C는 무엇인가? 차입자의 특성은 무엇이고 이것이 왜 중요한가?
7. 자기자본이 어떻게 자산 대체의 도덕적 해이 문제를 해결하는지 직관적으로 설명해 보시오.
8. 역선택이란 무엇이며, 금융기관에 왜 문제가 되는가? 자기자본이 은행과 차입자 간의 대출계약에서 역선택 문제를 어떻게 해결하는지 설명하시오. 또한 벤처캐피털이 차입기업에게 최소한의 자기자본 불입을 요구하는지 역선택 문제와 관련하여 설명하시오.
9. 다음 질문에 대해 서술하시오.
   (a) 역LBO(reverse leveraged buyout)는 무엇인가?
   (b) 역LBO에 의한 기업매수 후 금융기관의 고객 신용도가 향상되는 이유는 무엇인가?
   (c) 근래에 역LBO의 증가가 발생하는 이유는 무엇인가?

10. 상업 및 산업 대출에서 담보 대출의 규모는 어느 정도인가? 주요 담보의 2가지 종류는 무엇인가?
11. 담보 설정과 관련된 비용은 어떠한 것들인가? 이러한 비용 발생에도 불구하고 외부 담보물권을 설정하는 이유는 무엇인가?
12. 과소투자와 관련된 도덕적 해이는 무엇인가? 담보물권이 이러한 도덕적 해이 문제를 어떻게 해소시키는가에 대해 직관적으로 설명해 보시오. 또한 금융기관 대출 약관을 작성할 때 어떻게 활용되는가에 대해 설명하시오.
13. 계약 미수금이란 무엇인가? 계약 미수금이 매출채권보다 더 위험한 이유를 설명하시오.
14. 금융기관이 신용평가 분석을 수행할 때 주로 활용하는 정보 원천은 무엇인가?
15. 신용평가 분석 시 재무비율 분석을 하는 이유는 무엇인가? 또한 그 한계는 무엇인가?
16. 다음 두 친구의 대화를 보고 당신의 의견과 그 이유를 서술해 보시오.

    Tom: 금융기관에서 대출받을 때 무엇을 해야 하고, 무엇을 하지 말아야 할지 일일이 말하는 것은 불쾌해. 결국 대출받아서 구매한 자산에 내 지분이 들어 있으니, 은행은 단지 자금을 대여해준 것에 불과한데 말이지.

    Jake: 그건 말도 안 돼. 금융기관 대출로 자산을 구매한다면, 그 자산은 금융기관이 소유한다는 점을 잊지 마.
17. 긍정 조항, 제한 조항, 금지 조항, 부도조항이란 각각 무엇인가? 대출 약관을 작성할 때 각 조항의 역할에 대해 서술해 보시오.
18. 전문가 시스템은 무엇이며, 금융기관이 신용평가 분석 시 달성하고자 하는 목적은 무엇인가?
19. 금융기관에 기 대출을 받아 지금부터 다음 기간에 $900을 상환해야 하는 기업이 있다. 기업은 주주에게 배당으로 지불하거나 다음 기간에 수익을 얻을 수 있는 프로젝트에 투자할 수 있는 유보이익 $300을 보유하고 있다. 이 기업은 안전한 프로젝트인 S와 리스키한 프로젝트인 R에 투자할 수 있는 선택권이 있다. 안전한 프로젝트는 확실히 $1,000의 기대수익을 얻을 수 있고, 리스키한 프로젝트는 0.4의 확률로 $2,000의 수익을 얻거나 0.6의 확률로 아무것도 얻지 못할 수 있다. 모든 이가 리스크 중립적이고 할인율이 0이라고 가정할 때, 어떠한 프로젝트가 기업의 입장에서 총 NPV가 더 높은가? 또한 주주 이익을 극대화하는 의사결정을 내린다고 가정할 때, 기업은 어떤 프로젝트에 투자를 선택하겠는가?
20. 당신은 금융기관의 대출심사 담당자이다. ABC 회사가 210만 달러의 대출을 신청했다. 회사는 200만 달러의 유보이익을 보유하고 있으며, 다음 기에 400만 달러를 상환해야 할 채무가 있다. 회사가 보유한 자산의 가치는 현재 자산에 대한 투자가 없다고 가정할 때 다음 기에 0.7의 가능성으로 600만 달러, 0.3의 가능성으로 0이다. 또한 회사는 상호 배타적인 2개의 프로젝트 중 하나를 선택하여 투자하는 계획을 가지고 있다. 프로젝트 A는 다음 기에 0.7의 확률로 400만 달러의 기대수익을, 0.3의 확률로 200만 달러의 기대수익을 얻을 수 있다. 각각의 현금흐름은 기존 자산과 연관성이 없다. 프로젝트 B의 기대수익은 0.2의 가능성으로

1,300만 달러, 0.8의 가능성으로 0이다. 역시 각각의 현금흐름은 기존 자산과 연관성이 없다. 모든 이가 리스크 중립적이고 할인율은 0, 회사의 기존 부채가 새로 대출받은 부채보다 우선권이 높다고 가정할 때, 다음의 각각의 경우에 ABC 회사가 어떤 프로젝트를 선택할지, 이때 금융기관 대출 금액은 어떻게 될 것인지 계산해 보시오.

(1) 유보이익 200만 달러를 다음 기 동안 회사 내부에 보유하는 경우

(2) 회사가 이미 유보이익을 배당으로 분배할 것을 발표했으며, 다음 기에 회사의 현금흐름을 증가시키는 것이 불가능한 경우

은행의 자금조달 비용은 없으며, 은행 간 경쟁이 존재한다고 가정한다(자금 대출로 인한 은행의 기대수익은 0으로 가정).

21. 어느 기업이 지금으로부터 다음 기에 수익을 얻을 수 있는 프로젝트에의 투자를 위해 $350의 자금이 필요하다고 가정해 보자. 이 프로젝트의 현금흐름의 확률 분포는 오직 기업만이 알고 있으며, 외부인은 알지 못한다. 당신은 대출 담당자로서 오직 기업의 리스크가 높은지 혹은 낮은지만 판단할 수 있다. 만약 기업의 리스크가 낮다면 0.8의 확률로 $500의 기대수익을, 0.2의 확률로 0의 기대수익을 얻을 수 있다. 만약 기업의 리스크가 높다면 0.6의 확률로 $1,500의 기대수익을, 0.4의 확률로 0 기대수익을 얻을 수 있다. 기업은 자신의 리스크 수준을 파악하고 있다. 차입금의 원금 및 이자 상환액은 세금 공제가 가능하다고 가정해 보자. 기업에 부과되는 법인세율이 0.2이고, 장부상 자기자본이 없지만 필요시 늘릴 수 있다. 기업은 리스크가 높거나 낮은 경우 중 하나에 해당하지만, 금융기관은 어느 경우에 속하는지 알지 못한다. 모든 이가 리스크 중립적이며 할인율과 금융기관 자금 조달 비용이 0, 은행 간 경쟁이 심하고 대출로 인한 기대수익이 0이라고 가정했을 때 기업이 2종류의 대출 계약 작성 시(프로젝트에 자기자본을 일부 투자하는 경우와 그렇지 않은 경우) 어떤 계약을 작성할 때 자신만이 알고 있는 정보를 은행과 교류할 것인지 증명해 보시오.

22. 기업이 당기(t=0)에 $250을 투자하여 다음 기(t=1)에 수익을 얻을 수 있는 프로젝트에의 투자를 고려하고 있다. 이 투자를 위한 자금 $250은 당기에 무보증 부채를 통하여 조달할 계획이다. 이 프로젝트는 다음 기에 0.8의 확률로 $500의 기대수익을, 0.2의 확률로 0의 기대수익을 기대할 수 있다. 프로젝트에 자금 투자 후 다음 기에 이르기 전(t=1/2), 기업은 $250을 투자하여 자산 A를 구매할 수 있다. 만약 자산 A를 구매한다면 다음 기(t=1)에 확실히 기대수익이 $300이 된다. 기업에 당기(t=0)에 자금을 대출해 준 금융기관은 t=1/2기에 기업이 이와 같은 투자기회가 있는지 알지 못한다. 모든 이는 리스크 중립적이며 무위험 이자율은 12%이다. 만약 당신이 대출 담당자이고 기업이 당기에 $250을 차입하고자 하는 경우 다음의 2가지 상황하에 대출 가액을 산정해 보시오.

(1) 기업이 자산 A의 매입을 위해 무담보 대출을 차입하는 경우

(2) 기업이 자산 A의 매입을 위해 해당 자산을 담보로 제공하고 대출을 차입하는 경우

당신의 은행(기존 채권자)이 다른 새로운 채권자와 동등한 권리를 갖고, 대출 가격 결정에

경쟁적이라고 가정을 한다.

23. 다음은 "친구들의 대화"를 발췌한 것이다. 대화의 내용을 비평해 보시오.

버터워쓰: 잠깐 너의 질문에 지적할 것이 있어. 70% 이상의 기업대출이 담보부 부채이고, 실제로 은행의 관점에서 담보물권은 실질적인 인센티브 효과를 가지고 있어. 게다가 곤란한 정보의 불일치 문제를 해결해서 금융기관이 보다 창의적인 대출 약관 작성을 가능하게 하고 차입자에 대한 모니터링 기능을 강화할 수 있게 하지. 즉 다시 말하면, 금융기관의 핵심 활동은 기업 금융이고, 만약 규제가 가해진다면 자금 중개 기능을 상당히 약화시키는 부작용이 있을 거라고 생각해.

사회자: 만약 대출기관의 기업 금융에 대한 역할이 감소한다면 우리 사회에 어떠한 손실이 발생할 거라고 생각해?

버터워쓰: 그게 바로 내가 말하고 싶었던 사항이야. 간단히 이야기하면, 대출 약관을 구성하고, 계약조건을 조정하고, 담보물권을 설정하고, 차입자를 모니터링하는 등 대출을 발생하도록 하는 일련의 프로세스를 통해 금융기관은 전문성을 쌓을 수 있어. 다른 이들이 이런 기술을 재학습함으로써 금융 시스템이 발달한다면 실망스러운 일이 아닐 수 없지.

24. 금융기관의 대출 기능은 무엇이며, 어떻게 세분화될 수 있는가? 또 세분화의 유용성은 무엇인가?

부록 5.1 신용분석 평가의 최근 경향

컴퓨터 기술을 활용한 통계 분석을 기반으로 한 금융기관의 신용분석 평가 기술은 개별 대출건별로 내재해 있는 위험 정도를 파악할 수 있으며 날로 발전해 가고 있다. 다음의 2가지 사례를 통해 더욱 자세히 살펴보도록 하겠다.

예 1: Mellon 은행은 개인 및 기업 고객의 신용등급을 평가하기 위해 Zeta Credit Scoring System의 소프트웨어 프로그램을 도입했다.* 뉴저지 호보켄에 위치한 Zeta Services, Inc.에 의해 개발된 이 소프트웨어는 약 4,000개의 공개기업의 재무정보와 분기별 보고서를 금융기관에 제공한다. Mellon 은행은 이 프로그램을 신규 고객의 신용 리스크를 평가하고, 기존 고객을 모니터링하는 목적으로 사용하기 시작했다. 이 시스템은 캐나다 로열은행에서도 사용하는 시스템이다.

이 프로그램은 기업이 계속적으로 지속되어 부채를 상환할 수 있는가에 대한 가능성을 신용 점

* Gullo(1990) 참조.

수로 환산하여 보여준다. Mellon 은행 이외에도 대부분의 금융기관들은 신용 평가 시 한 가지 방법에만 의존하지는 않는다. 예를 들어, Mellon 은행은 대출금을 평가하는 신용 분석 시스템을 자체적으로 개발하여 사용하고 있으며, 이 자체 시스템에서 도출된 결과를 Zeta 시스템의 결과와 비교한 후 중대하게 차이가 있는 경우에 더욱 주의를 갖고 평가한다. 기타 금융기관들은 추가적으로 Moody's나 S&P와 같은 외부 신용평가기관의 자료를 활용하기도 한다. 이런 외부 기관의 자료를 활용하는 목적은 신용 위험 관리를 개선하기 위해서이다.

이와 같은 신용 평가 시스템은 판별 분석에 기초를 둔 예측 모형에 기반을 두고 있다. 이는 과거 수많은 차입자의 데이터를 기반으로 채무상환 불능 가능성이 있는 고객을 가능한 정확하게 예측하는 데 목적이 있다. 예를 들어, Altman(1986)이 제시한 다음의 모형을 살펴보자.

$$Z = 0.012X_1 + 0.014X_2 + 0.033X_3 + 0.006X_4 + 0.999X_5 \quad \text{[A.1]}$$

X_1 = 운전자본 / 총자산 (퍼센트)
X_2 = 유보이익 / 총자산 (퍼센트)
X_3 = 이자비용 및 법인세 차감 전 이익 / 총자산 (퍼센트)
X_4 = 시장가치로 표시된 주식가치 / 장부가로 표시된 총 부채 (퍼센트)
X_5 = 판매액 / 총 자산 (실수)

Altman은 Z 값이 2.68보다 작을 경우 기업이 파산할 가능성이 높다고 제시한다. 위 모형은 초기 모형이기 때문에 다수의 변형이 추가되었지만 기본 개념은 같다.

예 2: Security Pacific Corporation은 국방부에서 개발한 '신경 회로망' 기술을 도입하였다. 이는 인공 신경망의 일부로 인간의 뇌 학습과 같은 프로세스를 재현한 것이다.* 이 프로그램의 목적은 개별 대출의 리스크를 분석하는 것이다. 인공신경망과 전문가 시스템이 기존의 데이터 대량 고속처리 컴퓨터 시스템이 해결하지 못했던 문제들을 해결한다고 주장한다.

전문가 시스템은 "what-if"라는 가정형 질문하에 전문가들의 지식을 활용하여 문제를 해결한다. 반면 인공 신경망은 기 프로그래밍되어 전문가적 지식에 의존하지 않고 문제를 해결한다. 이 프로그램은 학습을 통해 각기 다른 변수의 가중치를 스스로 조정하도록 하여 신용 등급 점수를 계산해 내도록 고안되었다. 인공 신경망은 뇌의 신경망 패턴과 동일하게 구성되어 있으며, 학습하고 적응하는 능력은 리스크 및 행동 분석과 관련된 문제를 해결하는 데 매우 적합하다. 예를 들어, 인공 신경망을 통해 신규 모기지론 대출을 심사하도록 한다고 가정해 보자. 이 프로그램은 기존의 신청자와 비교하여 각각의 변수에 대해 검토할 것이다. 프로그램 내에 있는 과거 대출 승인

* Layne (1990) 참조

기준, 어떠한 변수가 다른 변수보다 더 가중치를 갖고 있는지 등에 대한 정보를 활용하여 신규 신청자에 대한 승인 여부를 심사하고 금융기관이 의사결정을 내리는 데 도움을 준다.

전문가 시스템은 1980년대 중반에 대중적으로 활용되었으나, 현재로서는 대형 금융기관 중 절반 정도만 활용하고 있으며, 최근에는 인공 신경망이 더 많이 활용되고 있다. Security Pacific 이외에도 이와 같은 기술을 활용하고 있는 금융기관으로 체이스맨해튼, 매뉴팩처 하노버 트러스트 컴퍼니, 시티그룹 등이 있다.

신용평가 모형의 한계

전산화된 신용평가 모형의 사용이 상당히 증가하고 있으나, 단점도 존재한다. 주요 단점은 이러한 모형의 추정이 오직 대출이 이루어진 표본에 대한 정보에만 의존하고 있다는 점이다. 따라서 이러한 추정은 선택 편향적이 된다.* 이를 보완하기 위해 대출 승인이 거절된 고객의 데이터를 포함하여 추정하는 방식이 대안으로 제시된다.**

* Hand(2001) 참조.
** 이 프로세스는 '거절 추론(reject inference)'이라 한다. Kiefer and Larson(1990) 참조.

참고문헌

Altman, Ed, "Financial Ratios, Discriminant Analysis and Prediction of Corporate Bankruptcy," *Journal of Finance* 23, September 1968, 589-609.

Ausubel, Lawrence, "The Failure of Competition in the Credit Card Market," Bank-ing Research Center Working Paper No. 153, KGSM, Northwestern University, October 1990.

Bassett, William F., and Thomas F. Brady, "The Economic Performance of Small Banks, 1985 2000," *Federal Reserve Bulletin*, November 2001, 719-728.

Berger, Allen N., and Gregory F. Udell, "Collateral, Loan Quality, and Bank Risk," *Journal of Monetary Economics* 25, 1990, 21-42.

Berlin, Mitchell, and Loretta Mester, "Debt Covenants and Renegotiation," *Journal of Financial Intermediation* 2-3, June 1992, 95-133.

Besanko, David, and Anjan V. Thakor, "Collateral and Rationing: Sorting Equilib-ria in Monopolistic and Competitive Credit Markets," *International Economic Review* 28, October 1987b, 671-689.

———, "Competitive Equilibria in the Credit Market Under Asymmetric Informa-tion," *Journal of Economic* Theory 42, June 1987a, 167-182.

Bester, Helmut, "Screening vs. Rationing in Credit Markets with Imperfect Infor-mation," *American Economic Review* 75, 1985, 850-855.

Boot, Arnoud, Anjan V. Thakor, and Gregory F. Udell, "Secured Lending and Default Risk: Equilibrium Analysis and Monetary Policy Implications," *The Economic Journal* 101 406, May 1991, 458-472.

Boyd, John, and Mark Gertler, "U.S. Commercial Banking: Trends, Cycles, and Policy," *NBER Macroeconomics Annual*, 1993.

Brickley, James, "Empirical Research on CEO Turnover and Firm-Performance:

A Discussion," *Journal of Accounting and Economics* 36, 2003, 227-233.

Chan, Yuk-Shee, and Anjan V. Thakor, "Collateral and Competitive Equilibria with Moral Hazard and Private Information," *Journal of Finance* 42, June 1987, 345-364.

Clarke, Peter S., "Collateral Lessons," *ABA Banking Journal*, November 1987, 68 70.

Diamond, Douglas, "Reputation Acquisition in Debt Markets," *Journal of Political Economy* 97, August 1989, 828-862.

Fama, Eugene, "What's DiVerent about Banks?" *Journal of Monetary Economics* 15, 1985, 29-39.

Green, Richard, "Investment Incentives, Debt, and Warrants," *Journal of Financial Economics* 13, March 1984, 115 136.

Gullo, Karen, "Mellon Adds Credit-Score System," *American Banker*, March 7, 1990.

Hall, John, and Timothy J. Yeager, "Does 'Relationships Banking' Protect Small Banks from Economic Downturns?" *The Regional Economist*, Federal Reserve Bank of St. Louis, April 2002.

Hand, D.J., "Modelling Consumer Credit Risk," *IMA Journal of Management Mathematics* 12, 2001, 139-155.

Hester, Donald, "Customer Relationships and Terms of Loans: Evidence from a Pilot Survey," *Journal of Money, Credit and Banking* 11, 1979, 349-357.

Huber, Stephen K., *Bank OYcer's Handbook of Government Regulation*, Second Edition, Warren, Gorham & Lamont, 1989.

Jackson, T.H., and A.T. Kronman, "Secured Financing and Priorities Among Cred-itors," *Yale Law Review* 88, 1979, 11-43.

Jimenez, Gabriel, Vicente Salas and Jesus Saurina, "The Determinants of Collat-eral," forthcoming, *Journal of Financial Economics*.

Kiefer, Nicholes, M., and C. Erick Larson, "SpeciWcation and Information Issues in Credit Scoring," *Economic and Policy Analysis Working Paper 2004*, Comptroller of the Currency, December 2004.

Kulkosky, Edward, "21% of Banking Assets Now Tied to Mortgages," *American Banker*, January 21, 1994.

Layne, Richard, "Security to Try Neural Networking," *American Banker*, July 3, 1990.

Leland, Hayne, and David Pyle, "Information Asymmetries, Financial Structure, and Financial Intermediaries," *Journal of Finance* 32, May 1977, 371-387.

Morsman, E. Jr., "Commercial Loan Structuring," *Journal of Commercial Bank Lending* 68-10, 1986, 2-20.

Myers, Stewart, "Determinants of Corporate Borrowing," *Journal of Financial Economics* 5, 1977, 147-175.

Orgler, Yair, "A Credit Scoring Model for Commercial Loans," *Journal of Money, Credit and Banking* 2, 1970, 435 445.

Rose, Sanford, "Why Banks Make So Many Bad Loans," *American Banker*, June 19, 1990.

Ross, Stephen, "The Determination of Financial Structure: The Incentive-Signalling Approach," *Bell Journal of Economics and Management Science*, Spring 1977, 23-40.

Shah, Salman, and Anjan V. Thakor, "Optimal Capital Structure and Project Financing," *Journal of Economic Theory* 42, August 1987, 209-243.

SheshunoV, Alex, "Best of Times or Worst of Times?" *ABA Banking Journal*, July 1988, 25-37.

Smith, CliVord W., and Jerold B. Warner, "On Financial Contracting: An Analysis of Bond Covenants," *Journal of Financial Economics* 7, 1979, 117-161.

Stulz, Rene M., and Herb Johnson, "An Analysis of Secured Debt," *Journal of Financial Economics* 14-4, December 1985, 501-522.

SuW, Amir, "The Real EVects of Debt CertiWcation: Evidence from the Introduction of Bank Loan Ratings," Working Paper University of Chicago, April 2006.

제6장 은행대출에 관한 추가 이슈

> 은행가는 해가 쨍쨍하게 내리쬘 때 당신에게 우산을 빌려주었다가, 비가 오기 시작하면 바로 우산을 돌려받으려고 하는 사람이다.
>
> 마크 트웨인

용어 정리

할인창구(Discount Window): 유동성위기에 대응하기 위해 상업은행이 연방준비은행으로부터 단기자금을 차입하는 금융수단을 의미하며 차입 시 일반적으로 은행보유 국채를 담보로 제공함. 연방준비은행은 대출기관(lender)의 '최후의 보루'로 불림. 상업은행이 연방준비은행에 지급하는 차입이자율은 통화정책의 일환으로 활용되며, 이를 할인율(discount rate)이라고 함.

공개시장조작(Open Market Operations): 연방준비은행이 국채 매입 또는 매각을 통하여 은행이 예금인출을 충족할 수 있는 법정 지불준비금을 조정할 수 있도록 하는 통화정책. 은행에게 국채를 매각하는 것은 은행 지불준비금을 감소시키며, 은행으로부터 국채를 매입하는 것은 은행의 지불준비금을 증가시킨다. 공개시장조작은 통화정책의 중요한 수단이다.

투자자금의 이자탄력성(Interest Elasticity of Investment): 기업들의 대출이자율 변화에 대한 투자자금 수요의 민감도

통화정책(Monetary Policy): 중앙은행(미국의 경우 연방준비은행)의 통화공급과 이자율 결정에 관련된 정책

지불준비금(Reserve Requirement): 상업은행의 예금 중 시재금(時在金, vault cash) 또는 연방준비은행 예탁금 등 유동자산으로 유지해야 하는 금액

양도성예금증서(CD: Certificate of Deposit): 만기와 이자율이 명시된 정기예금. 양도성예금증서는 금융시장에서 거래 가능한 것도 있고 그렇지 않은 것도 있음.
영구채(Consol Bond): 상환만기가 없고 일정한 이표이자만을 영구히 지급하는 채권으로 원금은 상환하지 않음.
신용경색(Credit Crunch): 금융시장에서 신용의 가용성이 급작스럽게 악화되는 상황

서론

5장에서 금융계약 시 발생하는 정보비대칭의 문제와 이를 해소하기 위한 금융계약의 설계 과정을 분석하였다. 본 장에서는 대출계약상의 초기 가격결정과 대출계약 사후 계약사항 변경 등과 같은 다양한 대출계약과 관련한 추가적 이슈를 분석한다. 5장에서는 대출계약의 정태적 이슈가 분석되었고 본 장에서는 보다 동태적인 이슈가 분석된다. 본 장은 다음과 같은 대출관련 추가적인 이슈들을 분석한다. (1) 대출의 수익마진 산정방식 및 대출가격결정 방식, (2) 한 대출계약에서 가격경직성의 요인과 신용할당, (3) 은행의 최적 대출 프로세스, (4) 은행과 차입자가 장기적 관계를 정립하기 위한 경제적 유인, (5) 채무불이행과 채무재조정. 또한 본 장에서 설명된 제반 개념에 대한 이해를 돕기 위하여 사례연구가 제시된다.

대출 가격결정과 수익마진: 개요

본 절에서는 은행의 대출 수익성 평가 방식과 대출가격결정 방식이 분석된다. 우선 수익마진(profit margin) 산정방식이 분석된다. 기준이자율과 보상잔액이 분석되며 마지막으로 채무불이행위험과 은행의 수익마진의 연관성에 대한 분석이 제시된다.

수익마진의 산정

대출의 수익마진을 산정하기 위해서 은행은 먼저 대출로부터 발생하는 이익의 원천을 결정해야 한다.* 이는 (a) 대출 이자율, (b) 대출로부터 발생하는 비이자수수료 수익, (c) 대출계약에 의하여 형성되는 관계금융에 의하여 차입자가 구매하는 은행의 금융서비스에 대한 수수료수입이 이익의 주요한 원천이 된다. (b) 비이자수수료 수익은 다양한 형태로 발생한다. 이들은 대출초기 수수료(대출계약을 마무리하는 데 청구되는 비용)와 대출 서비스 수수료를 포함한다. (c)의 경우

* Warberg(1971)을 참고하여 토론을 진행할 것.

〈표 6.1〉 이윤산출식

수입	−	지출	−	금융비용	=	수익
대출이자 무이자 수수료수입 은행서비스 수입		대출과정 발생 비용 인건비 우송료 광고 및 마케팅 임대비		요구불예금 관련 비용 정기예금 관련 비용 비예금성 자금 관련 비용 이자 비용		

는, 차입자들이 대출관계를 기반으로 하여 은행으로부터 다양한 종류의 서비스를 구매할 때 발생하는 수수료이다. 예를 들면, 이것에는 현금관리 서비스와 신탁 서비스를 들 수 있다. 이러한 서비스가 대출 획득에 연관되어 있다면, 이 서비스의 판매로부터 발생한 순수익은 대출계정에 분배된다.

대출로부터 발생하는 수익이 산정되면, 은행은 이와 같은 수익을 발생시키는 데 소요된 비용을 계산한다. 대출과정 발생 비용과 인건비, 우송료, 광고 및 마케팅 지출, 임대비용 그리고 여타 대출 서비스비용 등이 비용계산에 포함된다.

은행은 대출을 위한 자금 조달 시에 발생하는 비용을 계산해야 한다. 요구불예금, 정기예금 등에 지급되는 예금이자, 비예금성자금의 조달에 지급되는 비용, 예금계좌에 금융서비스 제공 비용 등이 자금조달비용에 포함된다. 〈표 6.1〉은 대출관련 수익과 비용 산출 후 은행 이윤의 계산을 요약한다.

기준이자율

전 절은 은행대출의 수익마진을 분석하였다. 본 절은 대출이자율의 결정과정을 분석한다. 은행 실무에서는 대출이자율이 기준금리에 연동되어 결정된다. 미국 금융시장에서 통상적으로 가장 많이 쓰이는 기준이자율은 프라임 레이트(prime rate)이다.* 프라임 레이트는 은행의 최고 신용도 고객, 일반적으로 '블루칩' 신용도를 가지고 있는 차입기업에게 제시되는 단기 및 중기 대출에 대한 공시 대출이자율이다. 최근에는 가장 신용등급이 높은 차입기업이 프라임 레이트보다 낮은 이자율을 지불하는 경우도 있다. 프라임 레이트는 시장이자율에 연동된 관리이자율(administered rate)이며, 시장이자율보다 더 느리게 움직이는 경향을 보인다.

프라임 레이트의 결정은 재무상태표 및 손익계산서 관리를 위해 은행이 행하는 가장 중요한 의사결정 중 하나이다. 개별 은행이 각자의 프라임 레이트를 설정하는 데에서는 경쟁 금융기관의

* Merris(1975) 논문을 참고하면, 또 다른 기준대출금리는 LIBOR(London Interbank Over Rate)이다. 이는 사실상 런던 신용시장에서 은행 간 단기대출의 무위험 이자율이다. 미국시장에서 이와 유사한 금리가 미국 연방준비위원회 펀드 금리다.

행동이 가장 큰 영향을 미친다. 또한, 다음과 같이 3가지 유형으로 분류되는 시장이자율이 프라임 레이트 결정 과정의 주요 고려 요소이다. (a) 은행의 비대출자산에 대한 금리, (b) 은행의 부채에 대한 금리 그리고 (c) 은행대출의 대체제인 기업 영업부채에 대한 금리(corporate debt claims). 또한, 이자율의 기간구조(term structure), 은행입장에서의 미래 기대 이자율, 예금의 기대성장 그리고 기대 대출이자율이 프라임 이자율을 결정하는 데에서 중요하다.

많은 은행 대출금리는 프라임 금리에 연동되어 있는데, 이때 프라임 금리에 더해지는 '프라임 플러스(프라임금리+1%)' 또는 프라임 금리에 일정 숫자를 곱하는 '프라임 타임즈(프라임 금리×1.05)' 중 하나이다. 그러므로, 프라임 금리를 바꾸는 작업은 은행의 비즈니스 대출금리 스케줄 전체를 바꾸는 작업이 포함될 수밖에 없다.

본 장의 후반부는 은행과 고객과의 관계에 대해 살펴볼 것이다. 특히 점차 주목받고 있는 '관계금융(relationship banking)'은 중요한 이유이다. 지금은 은행이 다양한 서비스를 오랜 기간 관계를 쌓아온 고객에게 제공하는 합의를 '고객관계' 정도로 표현하는 것으로 충분하다. 그리고 이러한 관계는 프라임 금리를 정하는 데 고려되어야만 한다. 고객들은 대개 위험회피적인 성향을 가지고 있으며, 그들의 대출금리가 자주 변하거나 예측하지 못한 상황에서 바뀌는 것을 싫어한다. 그러므로, 고객관계를 강화하기 위해서는 은행은 프라임 금리가 시장금리의 움직임에 매끄럽게 연동되어 있기를 바란다. 일반적인 고객관계는 특히, 프라임 금리 결정—보상잔액과 대출약정—에 관련된 두 가지 기능을 포함한다. 우리는 다음 장에서 대출약정에 관하여 다룰 것이다. 다음은 보상잔액에 대하여 학습해보자.

보상잔액

최근 은행들 간 경쟁의 증가는 보상잔액의 사용빈도를 감소시켜왔다. 그럼에도 불구하고, 몇몇 은행들은 여전히 은행대출이나 여타 은행 서비스의 부분적 보상으로 최소한도의 평균잔액(보상잔액으로 알려져 있다)을 요구하고 있다. 은행이 얻게 되는 보상은 보상잔액에 대하여 이자를 지불하지 않거나 시장금리 이하로 지불하는 데 있다.

보상잔액은 자주 대출약정(lines of credit)과 함께 활용된다. 이들은 실제 대출금리 인상으로 비춰지기도 한다. 보상잔액에 대한 요구는 일반적으로 대출약정 신용한도액의 특정 비율 형식으로 명시됨에도 불구하고, 많은 계약들은 신용한도가 적용되거나 이를 사용했을 때 추가적인 보상잔액을 요구한다. 명목 대출이자율은 대출원금에 따라 정해진다. 만일 차입자가 보상잔액을 채우기 위하여 대출금액의 일부를 사용해야 하는 경우, 동 자금에 대한 실제 대출금리는 명시된 금리보다 높아질 것이다. 왜냐하면, 차입자는 본인의 은행계좌에 예치되어 있는 보상잔액에 대한 대출이자까지 지불해야 하는 상황이기 때문이다. 이것은 은행이 간단하게 보장잔액에 대한 요구금액을 높이는 것으로 프라임 금리를 변동시키지 않고서도 실제 대출이자를 높일 수 있다는 뜻이다. 또 다른 말로 하면, 프라임 금리가 대출이자율의 전체 스케줄에 영향을 미친다는 사실을 감안할 때, 은행은 프라임 금리를 변동시키지 않고서도 비가격 대출조건—만기, 담보 설정요구 또는 보상잔액 등—을 변경하는 방식으로 시장금리의 변화에 대응할 수 있게 된다. 그리하여 실제 대출이자율이 선별적으로 달라질 수 있게 되는 것이다.*

대출수익과 부도 위험의 관계

은행은 대출 이자율을 어떻게 설정하는 것일까? 앞서 학습한 장에서 우리는 각각의 대출이 0%의 기대수익률로 가격설정이 되었다는 단순한 가정을 했다. 전에 언급했던 것처럼, 이는 대출기관들이 완전경쟁을 할 때의 상황이다. 대출시장은 불완전 경쟁시장이므로 이러한 가격은 최소한도로만 보아야 할 것이다. 그러므로, 대출은 은행이 수익을 내는 정도의 가격으로 책정될 것이다. 문제는, 대출의 가격은 어떻게 그것의 위험성과 연결되는가에 대한 것이다. 우리는 위험조정에 기초하여, 은행이 대리인 문제로 위험성이 더 높은 차입자에게 안전한 차입자보다 낮은 가격으로 대출해 줄 수도 있다는 것을 보여줄 것이다.

예제 6.1 이 이슈를 다루기 위하여, 은행이 어떤 차입자에게도 이자율보다 150bp 높은 금리만을 적용할 수 있다고 상상해보자. 이 금리는 은행이 동 차입자에 대하여 손익분기점(기대가치로 산정한 경우)에 해당되는 금리다. 이것이 거래비용이나 전환비용에서 유발되는 타성(inertia)을 인식하는 간단한 방법이다. 은행은 차입자가 타 은행으로의 전환을 고려하기 전에 차입자에게 은행 손익분기점에서 추가적으로 1.5퍼센트를 더 청구할 수 있다. 가정에 따르면, 은행 스스로의 대출금리는 무위험 이자율이다. 이번에는 은행이 명확하게 분류 가능한 두 종류의 차입자를 보유하고 있다고 가정해보자. 하나는 저위험 차입자로 세이프웨이(Safeway, Inc.)사이고, 다른 하나는 고위험 차입자로 갬블브라더스(Gamble Brothers)사이다. 은행이 이 두 종류의 차입자를 구별할 수 있다고 해도, 은행은 차입자들이 대출금으로 정확하게 무엇을 하는지에 대한 직접적인 통제를 하는 것은 불가능하다. 각각의 차입자는 상호배타적이면서, 한 기간 동안 진행되는 두 프로젝트, S 또는 R 중 하나에만 투자할 수 있는 선택권을 가지고 있다. S와 R 각각의 프로젝트는 $100의 투자금을 필요로 한다. 이 두 프로젝트의 현금흐름 확률분포는 다음과 같다.

〈표 6.2〉 예측 현금흐름의 확률분포

차입자 종류	S의 현금흐름 분포	R의 현금흐름 분포
낮은 위험 (Safeway, Inc.)	$150(1의 확률)	$153(0.9의 확률), $0(0.1의 확률)
높은 위험 (Gamble Brothers)	$150(0.8의 확률), $0(0.2의 확률)	$161(0.5의 확률), $0(0.5의 확률)
무위험 이자율: 5%		

* Sprinkle(1987) 참고.

각 차입자에 대한 은행의 기대 수익을 계산하라.

풀이 우리는 이 문제를 3단계에 걸쳐서 해결한다. 첫째로, 세이프웨이사에 대한 검토를 해야 하고, 은행이 세이프웨이사가 어떤 프로젝트를 선택했으면 좋을지에 대해 물어야 한다. 이에 대한 답은 프로젝트 S이다. 그러고 나서 우리는 은행이 세이프웨이사로 하여금 프로젝트 S를 선택하도록 하는 이자율을 알아내야 한다. 두 번째로, 갬블브라더스사를 검토한다. 만일 은행이 이 차입자가 R을 선택할 것으로 가정한다면, 은행의 손익분기 이자율이 매우 높아져서 차입자가 차입자체를 거절하는 일이 발생할 수 있다. 우리는 갬블브라더스사가 프로젝트 S를 선택하는 유인이 되는 이자율을 도출해야 한다. 마지막으로 세 번째 단계에서는, 각각의 차입자에 대한 은행의 기대 수익을 산출한다. 그리고 산출된 수익 중 세이프웨이사로부터 발생된 수익이 더 높은지 확인해야 한다. 여기서의 주요 가정은 은행은 차입자의 프로젝트를 직접적으로 통제할 수 없다는 데 있다는 것을 기억해야 한다. 그리하여, 은행은 대출 가격을 이용하여 차입자의 선택에 미치도록 시도하는 것이다. 또 다른 주요 가정은 은행이 차입자들에게 요구할 수 있는 손익분기 이자율 이상의 가산이자율(markup)이 차입자들 사이에서 일정하다는 것이다.

단계 1 먼저 세이프웨이사의 경우를 생각해보자. 만일 은행이 이 차입자가 프로젝트 S를 선택한다고 가정한다면, 은행의 손익분기 이자율은 5%가 될 것이다. 은행은 차입자를 잃지 않고도 5% 이자율에 가산하여 1.5%를 더 요구할 수 있으므로, 대출이자를 6.5%까지 공시할 수 있다. 우리는 만일 은행이 동 이자율을 요구한다면 세이프웨이사의 기대 순이익을 다음과 같이 계산할 수 있다.

(i) 프로젝트 S가 선택되는 경우, 150－106.5＝$43.5
(ii) 프로젝트 R이 선택되는 경우, 0.9(153－106.5)＝$41.85

그러므로 세이프웨이사의 프로젝트 선택에 관한 은행의 가정은 유효하다고 할 수 있다. 손익분기 이자율 이상의 가산이자율이 고정되어 있기 때문에, 은행의 기대수익이 더 높을수록 차입자가 선택하는 프로젝트의 위험은 더 낮은 것을 확인할 수 있다. 그러므로, 차입자가 프로젝트 R 대신 S를 결정하는 주요 요인은 은행의 대출가격산정정책을 통하여 정해지는 은행이자율이라는 것이다. 동 세이프웨이사의 사례에서 은행은 6.5%의 이자율을 설정할 수 있다.

단계 2 이제 갬블브라더스의 경우를 살펴보자. 은행이 이 차입자가 프로젝트 R을 선택할 것으로 가정한다면, 은행은 손익분기점에 도달하기 위하여 대출에 대한 상환의무(repayment obligation)를 $210에 설정해야 한다(이는 〔($210×0.5)/1.05〕＝$100에서 도출된 값이다). 그러나 갬블브라더스는 이러한 조건에서 계약을 하지 않을 것이다. 만일 은행이 갬블브라더스가 프로젝트 S를 선택할 것으로 가정한다면, 은행의 손익분기 이자율은 31.25%가 된다(이는 〔($131.25×0.8)/1.05〕＝$100에서 도출된 값이다). 우리는 이자율이 31.667% 밑으로만 유지된다면 갬블브라더스는 R보다 S를 선호할 것으로 판단할 수 있다. 그러므로 은행은 31.66%로 이자율을 결정할 것이라고 할 수 있다.

단계 3 이제 각 차입자에 대한 은행의 기대 순수익을 계산할 수 있게 되었다. 세이프웨이사에 대해서 은행은 $1.5 또는 1.5퍼센트의 순수익을 얻을 수 있다. 갬블브라더스사에 대해서는 ($131.66－

$131.25)×0.8=$0.328의 순수익을 번다. 이는 은행이 후자에 더 높은 대출이자율을 적용했음에도 불구하고, 저위험 차입자로부터 더 높은 기대수익을 벌게 된다고 할 수 있다.*

* 이 사례에 대한 실증적인 자료는 뉴욕의 대출프라이싱 업체로부터 제공되었다. Rose(1990)를 참고하라.

직관적으로 보면 고위험 차입자는 저위험 차입자에 비해 프로젝트의 위험도 더 높다. 따라서, 고위험 차입자에 대한 은행의 손익분기 이자율은 더 높다. 이는 고위험 차입자는 은행의 수익을 고려하기 전에 더 높은 이자율을 적용해야 하는 것이다.

더 나아가, 그들의 채무이행 확률이 더 낮기 때문에, 은행이 이익을 남기기 위해서 동 차입자는 은행의 손익분기 이자율보다 높은 이자율을 지불해야 한다.

그러나 은행이 더 높은 이자율을 적용할수록, 일반적으로 차입자는 더 위험성이 높은 프로젝트로 바꾸고 싶어 하는 경향을 갖는다. 높은 원리금 상환의무는 차입자의 프로젝트가 성공하더라도 대출금을 은행에 상환하고 나면 순이익이 상대적으로 감소하거나 손실을 기록할 수도 있다. 따라서 이것은 차입자들이 성공 확률이 낮다고 하더라고 성공했을 경우에 수익률이 높은 프로젝트에 투자하게 되는 유인으로 작용한다. 은행은 합리적으로 이러한 차입자들의 행동을 예측한다. 고위험 차입자에게 저위험 차입자와 같은 수준의 기대수익을 얻으려면, 고위험 차입자에게 높은 이자율을 적용하고 차입자가 은행이 원하는 것보다 더 높은 위험을 선택하도록 유인하게 된다. 대출이자율의 상승은 차입자가 상대적으로 안전한 투자를 선택하는 의지를 감소시켜 은행은 고위험 차입자로부터 이익을 얻을 가능성이 작아진다.

경영에서의 시사점은 분명하다. 은행들은 저위험, 저금리 차입자에 집중하고 싶을 것이다. 예금보험은 이러한 유인체계를 교란하여 은행들로 하여금 최선의 투자보다는 더 위험한 투자를 진행하도록 만들었다. 또한, 고위험 차입자에게 금융서비스를 제공하는 경우 은행이 얻게 되는 중개수수료는 증가하며 은행이 위험이 높은 차입자들을 추구하게끔 하는 경제적 유인을 제공한다.

이와 같은 이자율의 인센티브 영향은 대출 가격결정뿐 아니라, 신용의 전체적 배분에 영향을 줄 것이다. 이것은 신용할당 부분에서 다루게 될 주제이다.

대출 가격결정의 수리적 계산

앞에서 설명된 대출가격결정의 기본적인 요소에 기초하여 대출가격결정의 수리적 모형을 분석한다. 은행 대출가격결정은 비금융기업의 자본예산 결정과정과 유사하다.

대출 가격결정 등식의 기본요소

은행은 NPV≥0을 충족하는 가격으로 정하고자 하며 기대대출수익은 반드시 은행의 자금조달 비용과 대출의 제도적 비용(institutional cost)을 초과해야 한다.

기대이자수익≥ 대출의 제도적 비용
+〔대출 중 타인자본조달 금액×타인자본비용〕
+〔대출 중 자기자본조달 금액×자기자본비용〕

기대대출수익=〔대출이자율×대출금액〕-대출의 기대손실

따라서 대출이자율은 다음과 같이 정리된다.

$$\begin{aligned}\text{대출이자율} \geq & \left(\frac{\text{제도적 비용}}{\text{대출금액}}\right)\\ & +\left(\frac{\text{대출의 기대손실}}{\text{대출금액}}\right) \qquad (6.1)\\ & +\left(\frac{\text{대출의 타인자본}}{\text{대출금액}}\times\text{은행의 타인자본조달비용}\right)\\ & +\left(\frac{\text{대출의 자기자본}}{\text{대출금액}}\times\text{은행의 자기자본조달비용}\right)\end{aligned}$$

제도적 비용

제도적 비용은 대출과 담보 관리를 위한 직접 비용, 차입자의 선별을 위한 직접비용, 간접비용을 포함한다. 간접 비용에는 고정자산에 대한 사용비, 법률이행과 관리를 위한 비용이 포함된다. 미국 은행들의 제도적 비용에 대한 실증적인 추정치는 다양하다. 예를 들어, 올리버와이먼앤드컴퍼니(Oliver, Wyman & Company)는 150bp, 맥킨지앤드컴퍼니(McKinsey & Company)는 250bp 정도로 추정한다. 물론, 이와 같은 제도적 비용의 추정은 은행의 규모, 은행의 주 영업영역, 현행 법률, 대출의 종류에 따라 달라진다.

대출의 기대 손실

공식은 다음과 같다.

은행의 대출에 대한 기대 손실=채무불이행의 확률×채무불이행 시의 기대손실

〈그림 6.1〉은 차입금으로 조달된 프로젝트에 대출이 담보되는 상황에서 대출의 기대손실을 발생시키는 각 요소가 차입자의 자산가치의 함수로서 결정됨을 보여준다.

은행실무에서 일반적으로 30%의 회수율이 적용되며 따라서 채무불이행 시의 기대손실은 70%로 추정된다. 올리버와이먼앤드컴퍼니는 중간대출시장의 채무불이행의 평균 확률은 1.2퍼센트로 추정한다.

많은 은행들은 확률을 추정하기 위해 차입자의 신용등급을 사용한다(이는 또한, 후반부에 다루게 될 바젤 II 지급준비 조항〔Basel Ⅱ Capital Requirements〕과 일관된다). 무디스 코포레이션(Moody's Corporation)의 사업부인 무디스 KMV는 채무불이행 확률범위를 아래와 같이 신용등급에 기초하여 산출한다.

AA/Aaa = 0.02%−0.03%
AA/Aa = 0.03%−0.10%
A = 0.10%−0.24%
BBB/Baa = 0.24%−0.58%
BB/Ba = 0.58%−1.19%

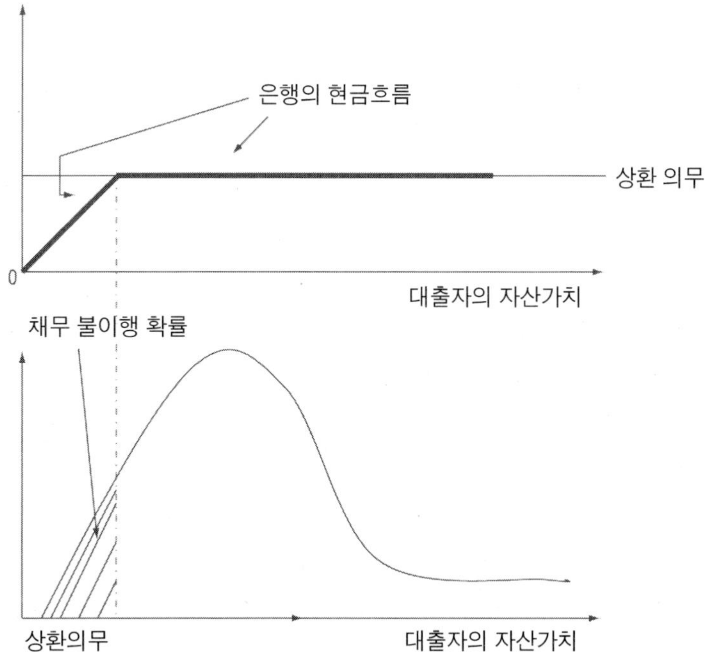

〈그림 6.1〉 은행의 대출에 대한 기대 손실

대출 제공을 위한 자본구조

비금융 기업의 재무구조가 부채와 자본의 조합으로 이루어져 있듯이 은행의 자본구조도 부채와 자본으로 구성된다.

은행의 자본구조 구성을 설명하기 위하여 기업재무에서 잘 알려진 결과를 적용할 수 있다. 즉, 현금흐름의 변동성이 크고 자산 베타가 높은(체계적 위험이 큰) 기업은 자본구조에서 자기자본을 더 많이 사용한다. 은행도 자본조달에서 현금흐름의 잠재적 변동성이 더 크면, 자기자본을 보다 많이 활용한다. 실무적으로 은행은 몇 가지의 대출 유형을 설정하여 특정 대출이 속하는 대출유형에 상응하는 자본구조를 갖게 된다. 즉 위험이 높은 대출유형은 더 많은 자본을 배분받는다.

은행의 부채와 자본에 대한 요구수익률

은행의 부채에 대한 세전비용은 단순한 은행의 전체 부채에 대한 비용을 의미한다. 이것은 다양한 종류의 보장 또는 비보장 예금, 선수금과 같은 비예금성 단기 대출, 후순위채권의 이자 비용 등을 포함한다. 따라서,

$$\text{부채비용} = \text{평균 세전 부채비용} \times [1-T] \qquad [6.2]$$

T는 은행의 유효세율이다.

은행의 자본비용은 은행의 주주들이 그들의 투자에 대한 위험에 대해서 요구하는 최소 기대 요구수익률이다. 은행자산은 부채에 대한 청구권이라는 특징이 있다. 이는 은행의 대출수익이 채무가 이행되면 고정되어 있음을 의미한다. 채무불이행위험을 산출할 때, 은행은 단일 자산의 채무불이행위험과 다각화된 대출 포트폴리오의 가중평균된 위험을 산정한다.

단일 대출의 채무불이행 위험: 은행이 한 기업에게 대출을 고려하고 있다고 가정해보자. 만일 대출이 제공되었다면, 차입기업은 일 년 안에 상환해야 하는 약 7천 5백만 달러의 부채와 일 년 안에 1억 5천만 달러의 자산의 기대 시장가치를 가지게 된다. 기업의 자산의 표준편차는 약 17퍼센트로 가정한다.

〈그림 6.2〉는 기대 채무불이행 확률을 설명한다. 단일 기댓값은 은행의 확률변수인 실제 손실의 특정값을 추정하는 것은 아니며 손실의 확률분포를 특정하는 것이다. 포트폴리오 내 각 대출에 대해서 손실의 확률을 (i) 손실의 평균(기대손실)과 (ii) 손실의 변동성을 이용하여 확률분포를 특정화한다.

은행이 주어진 기간 동안 한쪽 혹은 반대쪽에만 비가 오고 절대 양쪽에 동시에는 비가 오지 않

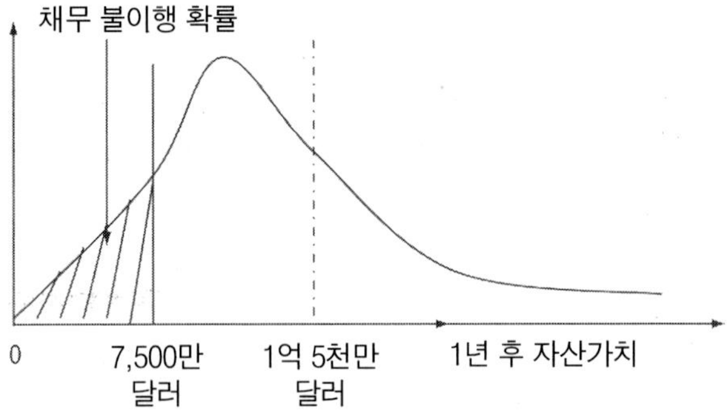

〈그림 6.2〉 기업의 자산가치 분포

는 섬에 위치한 한 기업에게 대출을 일으켜주었다고 가정하자. 어느 쪽이든 비가 올 확률은 0.5이다. 대출 상환액이 1백만 달러라고 가정하자. 그리고 채무불이행 시 손실액은 100퍼센트라고 하자. 이 경우 기대손실과 변동성은 다음과 같다.

은행의 기대 손실＝0.5×1백만 달러＝50만 달러.
손실의 변동성＝손실의 표준편차:

$$\sqrt{0.5(\$1,000,000-\$500,000)^2+0.5(0-\$500,000)^2}=\$500,000$$

대출 포트폴리오의 채무불이행 위험: 대출 포트폴리오를 구성하는 효과에 대해서 살펴보도록 하자. 대출 포트폴리오의 기대손실은 포트폴리오의 다각화 효과를 고려한 개별 대출 손실의 가중평균이다. 포트폴리오 다각화가 대출손실의 변동성에 어떠한 영향을 미치는지 살펴보기 위해서, 2종류의 은행 대출계약을 고려하자. 하나는 섬의 한쪽에 위치한 농장에, 그리고 다른 하나는 반대쪽의 농장에 대출이 제공되었다. 대출금액은 각각 50만 달러로 전체 대출금액은 1백만 달러이다. 대출 포트폴리오의 손실분포는 어떻게 되는가?

은행의 기대 손실은 여전히 50만 달러라는 것을 기억하자(두 대출의 기대손실의 합, 각각은 0.5×50만 달러＝25만 달러). 대출 손실의 변동성은 다음과 같다.

$$\sqrt{0.5(\$500,000-\$250,000)^2+0.5(0-\$250,000)^2}=\$250,000$$

각 대출이 포트폴리오에서 차지하는 비중은 0.5이며, 두 종류의 대출은 완전한 음(−)의 상관관계를 갖는다. 대출 포트폴리오 손실의 변동성은 식 〔1.7〕을 활용하여 다음과 같이 추정된다.

$$\sqrt{(0.5)^2(\$250,000)^2+(0.5)^2(\$250,000)^2-2(0.5)(0.5)(\$250,000)\$250,000}=0$$

이 사례에서 포트폴리오 다각화는 대출손실의 변동성을 제거함을 보여준다. 이는 대출을 위한 자기자본 필요액이 대출 포트폴리오의 위험유형에 의해 결정됨을 의미한다. 은행이 대출을 기존 포트폴리오에 편입할 때 이 추가적인 대출에 의한 대출손실의 변동성의 증가분과 대출로 인한 필요 자기자본금액을 산출한다.

대출 포트폴리오 손실의 분포

대출 포트폴리오 손실의 분포함수는 정규분포를 따르지 않으며, 한쪽으로 매우 치우친 모습을 하고 있다. 아래의 〈그림 6.3〉에서 볼 수 있듯이, '적은' 손실(기대 손실 이하)의 확률은 높은 반면, 매우 큰 손실은 확률이 작다(그러나 양수이다).

〈그림 6.3〉에서 A곡선은 포트폴리오가 잘 분산되어 있을 때의 포트폴리오 손실의 분포를 나타낸다. 손실의 분산(variance), 즉 대출손실의 변동성은 꽤 높은 편이다. 게다가 분포곡선이 왼쪽으로 치우쳐 평균값이 분포의 정점 오른쪽에 위치하게 된다. 즉 실제 손실이 기대손실보다 작을 가능성이 상대적으로 높다. 포트폴리오가 보다 다각화되는 경우, 대출 포트폴리오 손실의 분포는 곡선 B의 형태이며 더 낮은 대출손실의 변동성을 가지는 분포를 따르게 된다. 포트폴리오가 곡선 B의 경우보다 더 많이 다각화될 경우에는 손실의 분포함수는 곡선 C의 형태가 된다. 곡선 C 형태의 분포에서는 가장 확률이 높은 손실이 기대손실 근처에 집중되는 형태이다. 포트폴리오가 완전 다각화를 이루게 되는 극단적인 예로 앞에서 다루었던 두 기업에게 제공된 대출의 포트폴리오를 고려할 수 있다. 포트폴리오의 분포는 하나의 점으로 모이게 되고 이는 기대손실을 나타내며 대출손실의 변동성이 완전히 사라진다.

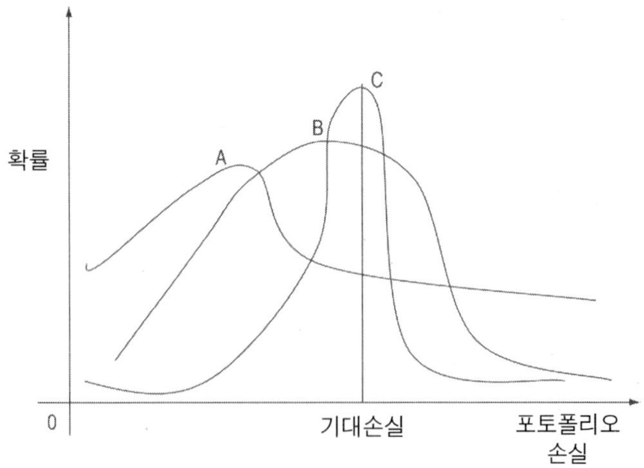

〈그림 6.3〉 포트폴리오 손실 분포와 다각화의 효과

요약 및 정리

은행이 대출에 필요한 자기자본(equity capital)을 추정한 경우, 식 〔6.1〕을 최소 대출이자율을 산출하는 데 사용할 수 있다.* 실질 이자율은 시장구조에 의하여 결정되며 은행의 독점력이 큰 경우에, 대출이자율과 최소수익률(〔6.1〕) 사이의 양(+)의 스프레드는 커지게 될 것이다. 대출이자율 결정에 대한 요약은 〈그림 6.4〉에 정리되어 있다.

추가적으로 고려해야 하는 대출 약정에서의 몇 가지 중요사항은 분석에 반드시 포함되어야 할 것이다. 또한, 대출계약에 포함된 조건들이 새로운 대출의 위험을 감소시킨다는 것을 인식해야 한다. 특정 산업이나 규모가 유사한 기업들에 대출이 높은 집중도를 보이는 경우는 추가적인 자

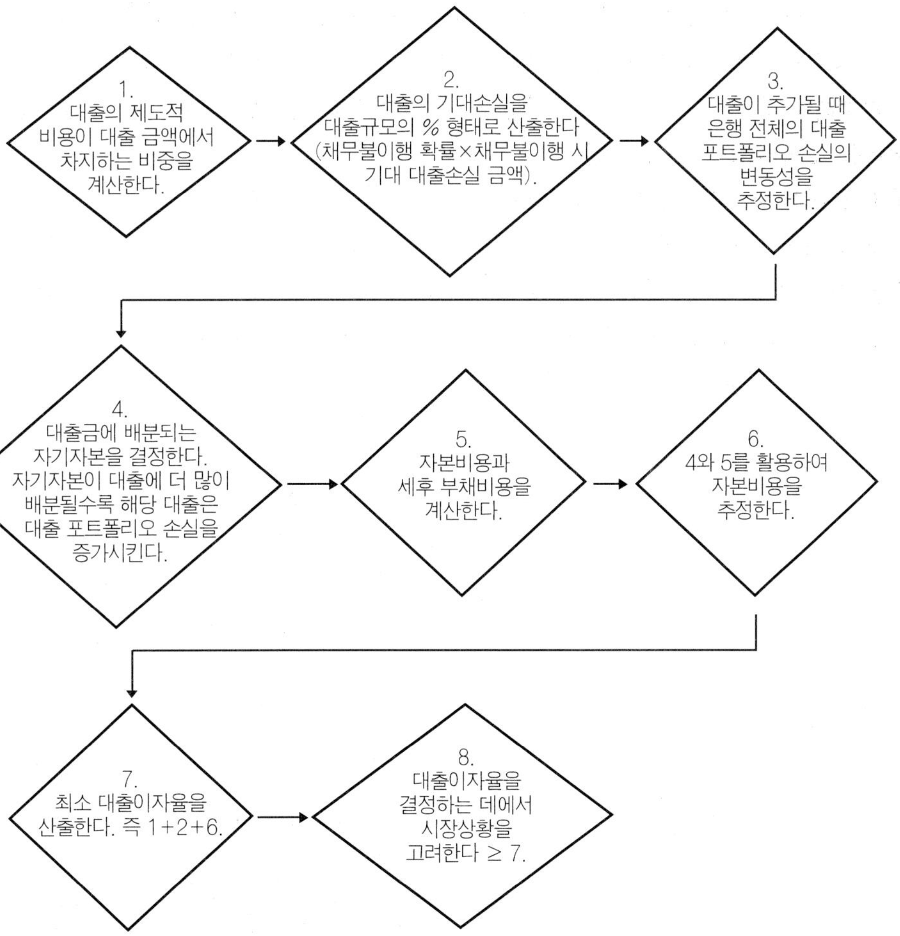

〈그림 6.4〉 대출이자율의 결정

* 〔6.1〕에서 사용된 자기 자본비용은 은행의 전체 자기자본비용 또는 전체 은행에서 대출이 차지하는 위험을 반영한 대출 특정 자본비용이 될 수 있다.

본을 필요로 한다.

신용할당

신용할당은 금융기관이 차입자가 속한 신용등급에 상응하는 가격에 차입자에게 신용을 늘려주는 것을 거절하는 상황으로 정의된다. 신용할당은 잠재적 차입자가 가격이 공정치 않거나 너무 높기 때문에 신용제공을 거절하는 현상이 아니다. 신용할당의 중요한 특성은 금융기관이 대출이자율의 고저에 상관없이 신용제공을 거절한다는 것이다. 차입자가 금융기관이 요구하는 이자율보다 더 높은 이자를 지불할 의사를 보일지라도 금융기관은 대출을 거절한다.

전통적인 경제이론 또는 단지 상식적인 논리에서 은행은 대출가격을 상승시키는 것으로 수익을 증가시킬 수 있다. 그러나 신용할당이 발생하는 경우, 은행이 제시하는 높은 가격에 여전히 대출수요가 존재하는데 신용의 제공이 제한된다. 기본적으로 신용할당은 특정 가격수준에서 대출수요가 공급을 초과하기 때문에 발생한다.*

〈그림 6.5〉에서 보이는 것과 같이 신용의 공급곡선이 우상향하고 수요곡선이 우하향한다면, 수요와 공급이 일치할 때 균형에 도달한다. 은행이 더 많은 여신을 더 높은 가격에 공급하면, 은행의 이윤은 더 증가할 것이다. 따라서, 이윤을 극대화해야 하는 은행이 신용을 제한하는 것은 비이성적인 일이 아닐까?** 은행들이 이윤을 창출할 수 있는 대출기회를 마다한다는 것은 짐짓 타당

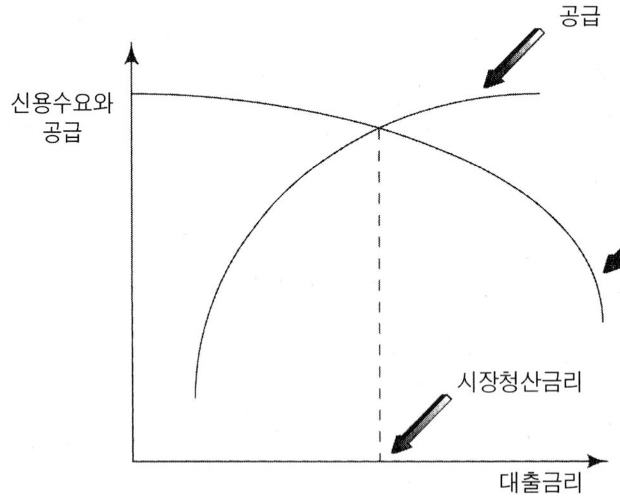

〈그림 6.5〉 신용의 수요와 공급

* 은행이 신용할당을 할 때에 '레드라이닝(redlining)'이라는 방식을 사용하는데, 금융기관이 인종, 성별 등에 의하여 대출을 거절하는 것은 불법이며, 이는 본서 논의의 쟁점은 아니다.
** Samuelson(1952)이 이를 가장 먼저 제안하였다.

치 않아 보인다.

따라서 이윤을 극대화해야 하는 은행이 신용제공을 제한하는 것이 합리적인 것인지에 대하여 질문을 던져본다.

신용할당 문제에 관심을 가져야 하는 이유

일반적으로 통화공급의 감소는 지출을 억제한다. 통화공급의 감소가 아주 작은 수준의 금리 인상을 발생시키더라도 이러한 현상은 발생한다. 통화공급의 감소는 은행들로 하여금 고객들의 자금수요가 감소하지 않더라도 대출의 공급을 줄이도록 하기 때문이다. 그러므로, 지출은 은행의 대출여부에 따라 제한되는 것처럼 보이고, 대출은 신용할당과 같은 비가격적 방식으로 고객들에게 할당된다. '유효성 이론(Availability Doctrine)'으로 잘 알려져 있는 이 논쟁은 통화정책의 대체적인 전송채널을 제안한다.

통화정책과 관련해서 신용할당에 대해서 분석해야 하는 데는 다음과 같은 두 가지 이유가 있다. (1) 신용을 제한함으로써 통화정책은 금리의 변동폭이 적을지라도 기업들의 총투자에 효과적으로 영향을 줄 수 있기 때문이다. 연방준비은행이 물가상승압력을 지출축소로 약화시킬 필요가 있을 때 금리의 큰 변화 없이 신용할당을 정책적으로 활용하여 경기순환을 둔화시킬 수 있다. 이것은 은행들의 유동성을 감소시킴으로써 행할 수 있는데, 기업들의 투자수요가 불변하는 상황에서도 신용할당으로 인한 은행대출감소를 활용할 수 있다. 신용할당 상황에서 통화정책의 효과가 실증적으로 검증되지는 않았지만 중요한 시사점은 신용할당 상황에서 통화정책옵션은 더 높은 할인창구 대출금리로 인한 금리상승유도와 공개시장조작(채권매각)을 통한 통화량 감소로 인한 금리상승이 꼭 동등하지는 않다는 것이다. 신용은 투자수요가 통화정책에 민감하지 않더라도 감소할 수 있다.

(2) 보다 긴축적 통화정책이 모든 차입자에게 동등한 영향을 미치는 것이 아니라는 점이 실증적으로 검증되었다. 그러므로, 신용할당이 적용되는 경제주체들이 누구인가 파악될 수 있다면 기축적 통화정책의 효과에 대하여 더욱 잘 예측할 수 있을 것이다.*

신용할당의 발생 이유

이윤극대화를 추구하는 은행들이 무엇으로 하여금 신용할당을 실행하는지에 대한 이해를 하려면, 우리는 신용에 대한 초과수요상황에 직면하였을 때, 은행들이 대출금리를 상승시키는 것이 최선이 아닐 때의 조건에 대해서 생각해보아야 한다. 은행들이 차입자가 가진 만큼의 정보를 똑같이 가지고 있을 때는 은행이 왜 이런 일을 하는지를 알기는 쉽지 않다. 만일 은행이 완벽하게

* 신용할당을 지지하는 근거는 JaVee and Modigliani(1969)를 참고.

모든 정보를 알고 있다면, 은행은 언제나 적절한 위험조정 가격을 적용할 것이고 그에 따라 대출을 해 줄 것이다.

그러나, 정보비대칭 환경에서, 신용할당은 이윤극대화를 목적으로 하는 은행들에게 최선의 전략이 될 수 있다. 이에 대한 설명은 다음과 같은 두 종류의 정보적 장애에 있다.* (1) 은행은 차입자들의 재무정보를 면밀하게 분석하였다고 해도, 서로 다른 신용위험을 가진 차입자들을 완벽하게 구분해낼 수 있는 능력을 가지고 있지 않다. 이를 계약 전 정보비대칭 문제라고 한다. 은행이 주어진 위험군에 포함되어 있는 차입자들의 평균적 위험도를 알고 있다고 해도, 은행이 개별 차입자의 위험을 알아내는 것은 불가능하다[1장에서 다룬 Akerlof(1970) 참조]. 그러므로 은행은

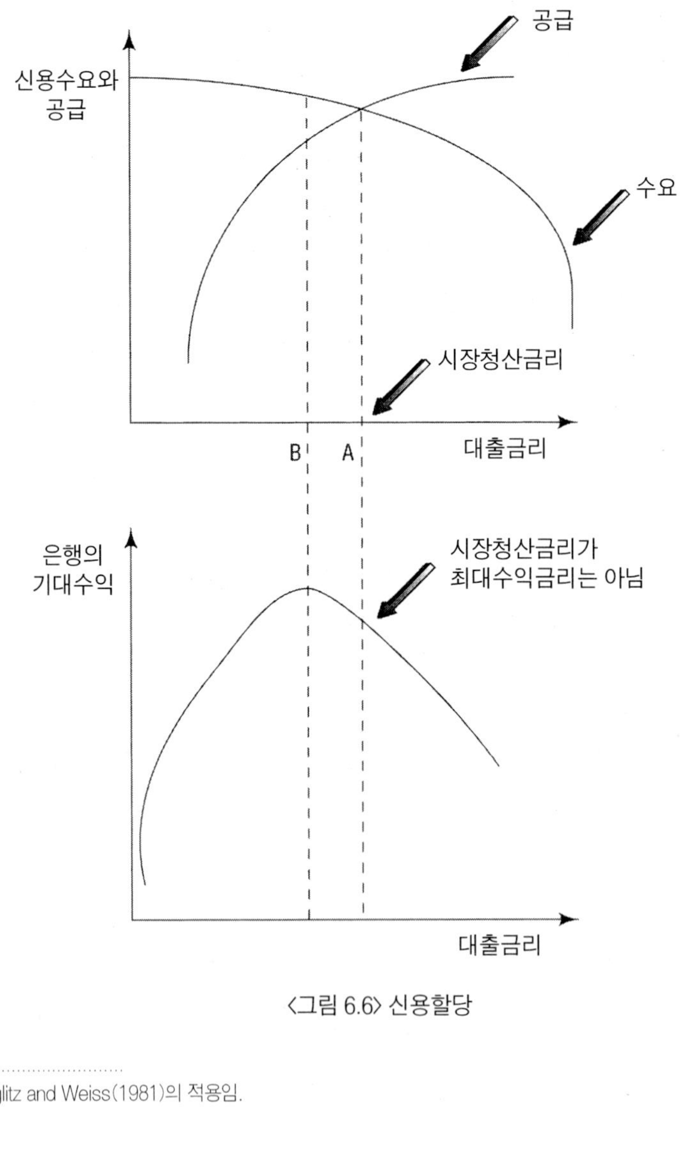

〈그림 6.6〉 신용할당

* 추가적인 내용은 Stiglitz and Weiss(1981)의 적용임.

같은 위험군 내에 속해 있는 모든 차입자들에게 공통의 가격을 적용하여, 몇몇 차입자들이 같은 위험군 내의 다른 차입자들을 보조하게 된이다. (2) 은행들은 차입자의 행동을 완벽하게 통제할 수 없다. 차입자는 프로젝트 선택을 통해서나 지출을 통해 은행의 감시를 벗어나 프로젝트 위험을 증가시킬 수 있다.

은행이 특정 위험군에 적용하는 대출이자율을 공시했다고 가정해보자. 그리고 그 이자율은 동 위험군 내에서 차입자들이 초과수요를 이루고 있다. 만일 은행이 대출이자율을 상승시킨다면 어떠한 일이 일어나게 될까? 한 가지 가능성은 역선택이다. 위험군 내의 더 안전한 차입자들은 더 상승되어 있는 이자율에 돈을 빌리고 싶어 하지 않을 것이므로, 집단 내의 차입자들의 조합은 더 위험해질 것이다. 만일 이 일이 일어난다면, 은행의 기대수익은 더 높은 이자율에도 불구하고 낮아질 것이다. 우리는 아래에 단순한 숫자를 예시로 들어보았다. 두 번째 가능성은 대출이자율의 상승이 도덕적 해이문제를 심화시킨다는 것이다. 집단 내의 차입자 중에 투자의사결정의 여지를 가진 사람들은 높은 금리에 더 위험한 프로젝트를 선택할 것이다. 이것은 다시, 은행이 높은 이자율에도 불구 기대수익이 감소하게 되는 것을 의미한다. 그러므로, 은행이 대출이자율을 높이는 것은 신용수요가 공급을 초과하는 금리에서 기대수익이 최대화되지 않는 한 가치가 있다고 할 수 없다.* 〈그림 6.6〉은 이것을 그림으로 나타내고 있다.

이와 같은 개념들을 설명하는 수리적 예시를 다음에서 보여준다. 첫째로, 도덕적 해이 문제는 잠시 접어두고 역선택의 문제를 살펴본다.

예제 6.2 당신이 미드타운 커뮤니티 은행(Midtown Community Bank)의 대출담당 심사 역이라고 가정해보자. 그리고 당신은 특정 위험군 안에는 두 종류의 차입자가 있다는 것을 알고 있다. 하나는 저위험 차입자고, 다른 하나는 고위험 차입자다. 그러나 당신은 이 둘을 구분해내지는 못한다.

당신은 무작위로 선택한 차입자가 저위험일 확률이 0.5, 고위험일 확률도 0.5라고 생각하고 있다. 각 종류별로 1,000곳의 잠재 대출신청자가 이 위험군 안에 존재한다. 각 신청자는 $100의 대출을 원한다. 저위험 차입자는 이 대출금을 한 기간 동안 0.9의 확률로 $130의 수익을 얻거나 아니면 0.1의 확률로 아무 수익도 얻지 못하는 프로젝트에 투자할 것이다. 고위험 차입자는 한 기간 동안 대출금을 0.8의 확률로 $135를 얻을 수 있고, 0.2의 확률로 아무 이윤도 내지 못하는 프로젝트에 투자할 것이다. 미드타운 커뮤니티 은행은 이 차입자들에 대해 독점적 지위를 가지고 있다.* 가격결정을 할 수 있는 유일한 도구는 대출이자라고 가정한다. 은행의 이윤을 극대화하기 위해서는 이 위험군 안에 속해 있는 차입자에게 대출해주는 데에서 어떻게 가격결정을 해야 할까? 당신은 $100,000의 대출가능 자

* 우리는 이 예제를 불완전 경쟁 은행으로 일반화하였다.

---

* r이 대출이자율이라고 가정할 때, C는 은행의 1달러당 자금비용, u는 상황 확률이다. 은행의 대출금 1달러당 기대수익은 $\rho=(1+r)\theta-C$이다. 중요한 점은 θ가 r에 의해서 영향을 받지 않는 지표로 받아들일 수 없다는 것이다. r이 상승할 때, u는 하락한다. u는 감소하는 r에 대한 오목함수라고 가정할 때($\eta\theta/r < 0$, $\eta\theta/r^2 < 0$), 함수 $\rho(r)=(1+r)\theta(r)-C$는 r에 대해 특정 최댓값을 얻는다.

금을 가지고 있으며, 당신의 은행 대출심사 역 후배는 2,000명의 대출신청자가 몰려들었고, 은행은 29%의 이자율을 적용하겠다고 발표했다는 사실을 알려주었다. 현재 무위험이자율은 5%이다. 은행 대출을 신청하기 위하여 차입자는 성공적 상황에서 최소한 1달러의 순이익을 내야 한다고 가정하자.* 그리고 위험중립적이다.

풀이 정보를 고려하는 것이 은행의 대출금리에 경직성을 줄 수 있다. 이를 보이기 위해서 우리는 세 단계를 진행시켜야 한다. 첫 번째는 은행이 29%의 이자율을 적용하고, 무작위로 대출신청자의 절반을 제한했을 때(잠재적 차입자는 모두 신청을 한다고 가정한다)의 미드타운 커뮤니티 은행의 기대수익을 계산할 것이다. 두 번째는 이자율이 29%보다 높을 때 은행의 기대수익을 계산한다. 이 경우에는 저위험 차입자들이 대출신청을 포기하며, 은행은 고위험 차입자들에게만 대출을 해주게 된다. 마지막으로, 세 번째 단계는 우리는 첫 번째와 두 번째에서 산출된 은행의 기대수익을 비교하고, 최대화 대출금리 29%와 제한한 대출신청자의 절반 제한으로 미드타운 커뮤니티 은행의 기대수익이 최대화됨을 보인다. 중요한 시사점은 은행은 저위험 차입자와 고위험 차입자를 구분하지 못한다는 것이다.

단계 1 만일 29%의 이자율을 적용한다면, 당신은 $200,000의 대출수요가 있는 중에 대출가능자금이 $100,000밖에 없으므로 대출을 제한해야 할 것이다. 이제, 당신의 은행이 저위험 차입자들을 잃지 않으면서 적용할 수 있는 최대 이자율은 29%이다. 이 이자율에 저위험 차입자가 프로젝트를 성공했을 때의 순수익은,

$$130-129=\$1$$

왜냐하면 상환의무금액이 $129이기 때문이다. 고위험 차입자 또한 성공했을 때의 순수익이 아래와 같기 때문에 현재 이자율일 때 대출받기를 선택할 것이다.

$$135-129=\$6$$

미드타운 커뮤니티 은행의 총 기대수익은 이자율을 29%로 적용했을 때,

$$\frac{(0.5\times0.9\times\$129\ +\ 0.5\times0.8\times\$129)\times1000}{1.05}-\$100,000=\$4428.57 \qquad (6.3)$$

(6.3)의 표현은 다음과 같이 이해할 수 있다. 차입자가 저위험일 확률이 0.5이다. 이 경우에 은행은 0.9의 확률로 $129를 되돌려받게 된다. 이와 유사하게, 차입자가 고위험일 확률 역시 0.5이다. 이 경우에는 은행은 0.8의 확률로 $129를 돌려받게 된다. 이것이 위의 식에서 분모의 괄호 안을 설명해 준다. 분모에 1000을 곱하는 것은 은행이 이와 같은 대출을 1,000건 일으키기 때문이다. 은행은 위험중립적이기 때문에 우리는 무위험 이자율 5%로 할인한다. 처음의 경비 $100,000는 은행의 기대수익에 도달하기 위해 제하게 된다.

* 예제에서는 은행 대출을 신청한 차입자가 인센티브를 받는다고 설정하였다. 만일 이 가정이 없었다면 차입자의 대출신청 여부에 따른 인센티브가 무차별해질 수 있기 때문이다. 그래서 우리는 신청을 한 경우로 가정하기로 했다.

단계 2 이자율 29%에 만족하지 못하여 대출을 받지 않은 대출신청자 절반의 대출수요가 존재하기 때문에, 미드타운 은행이 이자율을 상승시킴으로써 기대수익을 증가시킬 수 있냐는 질문을 하는 것은 당연할 것이다.* 명확하게도 당신이 대출이자율을 29% 이상으로 상승시킨다면, 저위험 차입자들은 대출을 받고 싶어 하지 않을 것이다. 고위험 차입자들만이 남아 있기 때문에 당신 역시 대출금리를 고위험 차입자들이 이탈하지 않으면서 적용할 수 있는 최대금리인 34%까지 높일 수 있을 것이다. 우리는 34%에서 대출수요와 공급이 일치하기 때문에 이 수치를 시장청산 이자율로 참고한다.** 34% 이자율을 적용할 때 미드타운 커뮤니티 은행의 총 기대수익은,

$$\frac{0.8\times\$134\times1000}{1.05}-\$100{,}000=\$2095.24 \qquad (6.4)$$

〔6.4〕에서 은행은 고위험 차입자들만 대출을 신청할 것이라는 것을 알았다는 사실을 기억하자.

단계 3 은행이 29% 금리를 적용하여 대출신청자의 절반을 탈락시키는 것이 시장청산금리인 34%로 상승시키는 것보다 이윤을 극대화할 수 있다는 사실이 명확해졌다. 이것은 역선택의 문제가 이윤의 극대화를 추구하는 은행으로 하여금 신용할당을 시행하게끔 한다는 것을 보여준다. 수요 초과 상황에서의 금리의 상승은 저위험 차입자들을 놓치게 되고 은행의 입장에서는 신용할당이 불가피하다.

* 후반부에 등장할 내용을 보면 더욱 명확해지겠지만, 위 예제에서의 대출 수요곡선은 대출금리에 따라 하강곡선을 그리게 된다.

** 고위험 대출 신청자가 1,000명이 있고, 각각 $100를 대출받기를 원하므로, 대출수요는 $100,000이 된다.

다음은 도덕적 해이 효과에 대한 예제를 살펴보자.

예제 6.3 미드타운 커뮤니티 은행은 $t=0$일 때, 현재 한 기간 동안, 즉 $t=1$일 때 투자기회 외에는 자산이 없는 기업으로부터 대출신청을 받았다. 고객은 대출금은 $t=0$ 시점에서 반드시 받을 수 있어야 한다고 규정해놓았다. $t=1$ 시점에서 필요한 투자금은 $I_1=\$100$이며, 이 중 $55가 은행차입으로 조달될 것이다. 이 기업은 $t=1$ 시점에 투자의사결정을 내릴 것이다. 이 기업은 현재 시장에 유통되고 있는 증권을 가지고 있다. 만일 $t=1$ 시점에 투자를 하는 것으로 의사결정을 한다면, $t=2$ 시점부터 영구적으로 $\$\tilde{y}$의 수익을 얻게 될 것이다. 현재시점에서 $\$\tilde{y}$의 정확한 값은 알 수 없지만, 이것은 $t=1$ 시점에 알게 될 것이다. 아래 〈표 6.3〉에서 볼 수 있듯이, $t=1$ 시점에는 다섯 가지 가능한 상황이 있다.

〈표 6.3〉 $\tilde{y}$의 확률분포

상황	확률	$\tilde{y}$
1	0.05	$15
2	0.05	$16
3	0.30	$17
4	0.40	$18
5	0.20	$19

그러므로, 만일 t=1 시점에 상황 1이 현실화된다면, 프로젝트는 t=2 시점부터 영구적으로 매년 $15를 지불할 것이다. 무위험 이자율이 10%이고 법인세율이 0이라고 가정해보자. I_1 금액 중 $55이 차입으로 조달된다고 하고, 나머지 금액은 이 업체의 유보이익에서 충당된다고 가정하고, 미드타운 은행의 결정 금리에 대한 함수로의 기대수익을 산출해보자. I_1이 첫 번째 기간의 기초, 즉 t=2 시점을 시작으로 매 기말에 이자를 지급하는 영구채라고 가정하자.

풀이 이 예제를 통해서 이해해야 할 기본 아이디어는 금리를 지속적으로 상승시킨다고 해서 은행에게 꼭 이익이 되는 것은 아니라는 것이다. 왜냐하면, 은행이 프로젝트를 진행시키는 것을 선호할 때, 어느 시점 이상으로 금리를 상승시키는 경우 차입자를 단념시키기 때문이다. 우리는 이 문제를 세 단계에 걸쳐서 해결한다. 첫 번째로, 우리는 약정이자에 대한 함수로서의 차입의 실질 지급이자를 연결하는 프레임워크를 제공한다. 두 번째는 은행이 각 기간에 받기를 기대하는 약정대출이자의 가치를 계산한다.
마지막으로 3단계에서 우리는 '내부' 대출금리 은행의 기대수익이 최대화된다. 만약 이 금리에 대출수요가 공급을 초과하는 경우, 은행은 대출금리를 상승시키기보다는 신용을 제한할 것이다.

단계 1 t=1 시점에 모든 불확실성이 해결되므로, 투자안을 선택할 것인지 아닌지에 대한 결정을 내리는 적절한 할인율을 10%로 볼 수 있다. $\tilde{y}_s$가 차입자의 누적 $\tilde{y}$의 한 비중을 차지한다고 할 때, $y_s/0.10 \geq I_1$이 성립하면 t=1 시점에 I_1이 생성된다. 만일 투자를 진행하는 것으로 결정되면, $\tilde{y}_s=\tilde{y}$($55 차입에 대한 이자)이 성립한다. 차입자들은 이 법칙을 따르는데, 기업이 투자를 해야 하는 시점(t=1)에 기업은 이미 은행으로부터 받은 대출금을 보유하고 있는 상태이다. 즉, 기업은 이 자금을 회사의 유보이익으로 생각한다.
R을 실질 위험한 은행 대출의 연이자지급액(t=0일 때, r은 확률변수로 본다)으로 생각하면, 영구채는 t=2 시점부터 시작하는 매기 동안 미지급이자를 발생시킨다고 하자. R이 t=2 시점에 시작된다고 약정할 때, t=0 시점의 유통되는 채권(debt)에 대한 약정 연이자지급액을 r이라고 생각하자.
t=0 시점에서 보면 은행으로부터의 차입은 위험해 보인다. 앞에서 언급했던 것처럼, t=1 시점이 되면 위험이 사라진다. t=1 시점에서 은행 차입의 가치는 은행이 영구적으로 지급될 것을 알고 있는 이자를 지급하는 무위험 영구채의 가치와 같다.
즉, 은행의 대출 $= \dfrac{\text{이자지급액}}{0.10}$. 예를 들면, t=0 시점에 은행에 지급되는 약정이자지급액은 $17이다.
그러나 t=0 시점에 이 약정이 지켜질지는 우리는 알 수 없다. t=1 시점에 상황 3이 현실화된다고 해보자. 회사가 프로젝트를 진행한다면, 이 약정은 확실하게 지켜질 것이고, 차입금의 가치는 $17/0.10=$170이 된다. 그렇지 않고 상황 2가 현실화된다면, 약정은 지켜지지 않을 것이다. 프로젝트를 진행한다면 은행은 매년 $16만을 영구적으로 받을 것이다. 그러므로, 시점 1의 차입금의 가치는 $16/0.10=$160가 된다.

단계 2 이자지급액(t=1 시점의 투자선택)이 달라질 때, 미드타운 은행의 기대수익은 아래 〈표 6.4〉에 나와 있다.

〈표 6.4〉 은행의 기대수익

약정이자 $\tilde{r}$	I_1에 투자했을 때 차입기업의 주주들로부터 만들어질 $\tilde{y}$의 최소수준	I_1 투자가 이루어질 확률(t=0일 때)	은행대출의 기대이자 지급금액(t=0 시점)
≤ $5	$15	1.00	$\tilde{r}$
$6	16	0.95	$5.70
$7	17	0.90	6.30
$8	18	0.60	4.80
$9	19	0.20	1.80
$10	20	0.00	0

위 표에서 네 번째 열은 첫 번째 열의 각 약정금액을 세 번째 열 값인 각 금액에 해당하는 확률로 곱한 값으로 얻어진다. 세 번째 열의 숫자들은 〈표 6.3〉의 두 번째 열을 살펴보면 얻을 수 있다. 〈표 6.3〉에 나와 있는 가능한 가장 작은 $\tilde{y}$값은 $15이다. 그러므로 $15와 같거나 큰 $\tilde{y}$의 확률은 1.00이다. 이와 유사하게 〈표 6.3〉에서 우리는 $\tilde{y}$가 적어도 $16보다 큰 값이 될 상황은 2, 3, 4 또는 5인데 이때의 확률은 0.95이다. 다른 숫자들도 이와 비슷하게 이해할 수 있다.

단계 3　위의 표는 미드타운 커뮤니티 은행의 기대수익이 약정이자금액 $7에서 최고점에 다다르는 것을 보여주고 있다. $\tilde{r}$=$7일 때 은행 차입금의 현재가치는 6.3/0.10=$63로 원래 차입금인 $55를 초과한다. 즉, 이 경우에 미드타운 은행은 대출을 일으키고 싶어 한다. 그러므로, 이 금리에 만일 대출수요가 공급을 초과하게 되면, 차입자가 더 높은 금리를 제시하더라도 미드타운 은행은 대출규모를 더 늘리고 싶어 하지 않을 것이다. 신용제한은 여기에서 도덕적 해이라는 이유로 발생한다. 하지만, 이 도덕적 해이는 차입자가 더욱 위험한 프로젝트를 진행시키면서 은행의 채무불이행 위험을 증가시킨다고 앞서 논의되었던 것과는 약간 다르다. 여기서는 차입자가 은행의 기대수익을 강화시키는 프로젝트에 투자하지 않는 편을 선호하는 것, 즉 투자부족이 문제로 등장한다.

은행자본과 신용할당

은행자본은 신용할당 의사결정에 영향을 미친다. 대출의 유형이 다르면 요구자본금이 다르기 때문이다. 필요한 예치금이 있으나 추가적인 대출 수요에 맞추어 필요 자본을 증가시킬 필요가 있는 은행의 경우를 생각해보자. 추가적인 자본조달을 위한 비용은 은행의 이윤에서 차감된다. 이와 같은 추가적인 자본비용이 매우 높다면, 은행은 대출을 확대하는 것보다 유가증권에 투자하는 것을 더 선호할 것이다.

이것이 1990-1992년의 미국 신용경색 발생 요인이며 당시 통화정책이 효과적으로 작동하지 못한 이유이다.*

은행과 차입자의 거래관계는 한 기간 동안만 유지된다고 가정하였다. 앞서 지적하였듯, 은행과 차입자가 여러 기간에 걸쳐서 대출 계약을 하였다면, 정보비대칭의 문제를 감소시킬 가능성도 있다. 이것이 은행과 차입자가 장기간 관계를 유지해야 하는 이유 중 하나다.

즉시대출 의사결정

신용할당의 가능성을 고려한 대출 의사결정을 살펴보도록 하자. 이것을 이해하기 위해서, 우리는 대출의사결정에 필수불가결한 부분인 신용분석부터 시작해야 한다. 신용분석은 은행이 신용분석을 하거나 또는 하지 않거나 하는(0 또는 1로 결정되는) 이진법이 아니다. 이는 연속체로 보는 것이 더 적절하다. 은행은 신용분석 세부사항의 정도를 나누기 위하여 신용분석을 수행할 수 있다.

분석을 더 자세하게 시행할수록, 은행은 더 많은 비용을 지출하게 된다. 중요한 점은 자세함의 정도가 은행이 선택해야 하는 문제라는 것이며, 즉시대출의 의사결정 프로세스의 중요한 요소를 반영한다는 것이다.

은행은 불확실성하에서 즉시대출 정책을 대출 수요의 정량적이고 정성적인 부분에 대하여 은행 스스로의 능력 내에서 결정한다. 이 제약은 선별(screening)과 감시(monitoring)를 수행하는 자원의 한계를 포함한다. 결과적으로, 은행은 대출의 질을 현격하게 떨어뜨리지 않고서 사전에 정해진 수준의 총대출액보다 많은 금액을 수용할 수 없을 수도 있다. 대출 품질의 악화는 은행 파산의 가능성이 수용할 수 없는 정도로 상승했다는 것을 의미할 수도 있다. 이것은 대출 정책의 첫 번째 단계는 일정한 기간(0, T) 동안 총 대출금액의 상한선(L)을 설정해놓아야 한다는 것을 뜻한다.**

은행이 최대 대출금액에 다다르고 난 후에 은행에 대출신청을 한 차입자들은 짐작컨대, 무차별적으로 거절당했을 것이다. 그리고 우리는 이러한 현상을 큰 의미의 할당(rationing in the large)이라고 부른다. 은행이 대출 최대점에 이르기 전에 은행은 무차별적으로 제한하지 않는다. 그보다는 차입자의 특성 때문에 은행이 덜 바라는 차입자가 거절된다. 이 현상은 작은 의미의 할당(rationing in the small)이라고 한다.*** 대출 신청자를 작은 의미에서 신용할당하는 의사결정은 은행의 신용분석과 신청자가 은행에 오기 전 대출에 근거하여 다음과 같이 예측된다.

은행이 정해진 기간(0, T) 동안 무작위로 찾아오는 고객들에게 대출금액을 $1씩 늘려주었다고

* Thakor(1996)에서 이 점을 다룬 이론적 모형을 정립했으며, 이에 대한 실증적 증거를 제공한다. 본 모형은 자본상승으로 인한 자본의 추가적 비용을 가정한 상태로, 이 비용에 대한 내생적 합리성에 대한 설명을 하지 않고 있다.

** 가장 간단한 공식에서, 이 능력 상수 L은 고정된 달러 금액으로 생각될 수 있으나, 더욱 복잡한 식에서는 능력은 은행이 인지하는 기회의 함수인 증가하는 볼록한 곡선형태로 볼 수 있다.

*** 몇몇은 '큰 의미에서의 할당'은 차입자가 신용시장에서 도태되는 것을 의미하고, '작은 의미에서의 할당'은 개별 은행에서의 대출거절을 의미한다. 본서에서의 의미는 다르다.

해보자. 만일 대출 신청자가 t시점($0 \le t \le T$)에 찾아왔다면, 은행은 차입자의 상환 확률(θ)을 산출하기 위하여 신용분석을 수행한다. 이때 현재까지 대출된 누적금액 L_t와 은행의 계획 기간까지 남은 시간 $T-t$를 고려한다. 은행의 즉시대출 의사결정은 최적의 중단의 문제로 보일 수도 있다. 이는 은행이 신용분석을 진행하고, 주어진 정보를 바탕으로 신청자에게 대출을 해주거나 거절할지를 결정하는 것을 언제 멈출 것인지를 정해야 하기 때문이다. 〈그림 6.7〉은 흐름표로 보는 의사결정 과정이다.

각 단계에서 은행은 두 가지 의사결정을 하는 것을 알 수 있다. (i) 비용을 더 들여서 차입자에 대한 정보를 더 얻거나 프로세스할 것인지 아니면 정보획득이나 정보분석을 여기서 그만둘 것인지의 결정이고, (ii) 더 이상 정보를 분석하기를 그만두기로 결정하였다면, 신용을 증가시켜줄 것인지 혹은 이를 거절할 것인지의 결정이다. 이 두 가지 의사결정은 각 단계에서 순차적으로 일어나기보다는 동시에 일어난다는 것을 알아야 한다. 추가적으로, 이 결정은 L_t과 $T-t$값의 영향을 받는다. 다른 모든 변수가 일정할 때, L_t가 클수록, $\bar{L}-L_t$는 작아지며 이것은 은행의 대출기준이 더욱 엄격해졌다는 것을 의미한다(왜냐하면 추정된 θ값이 큰 신청자가 대출을 받을 확률이 높기

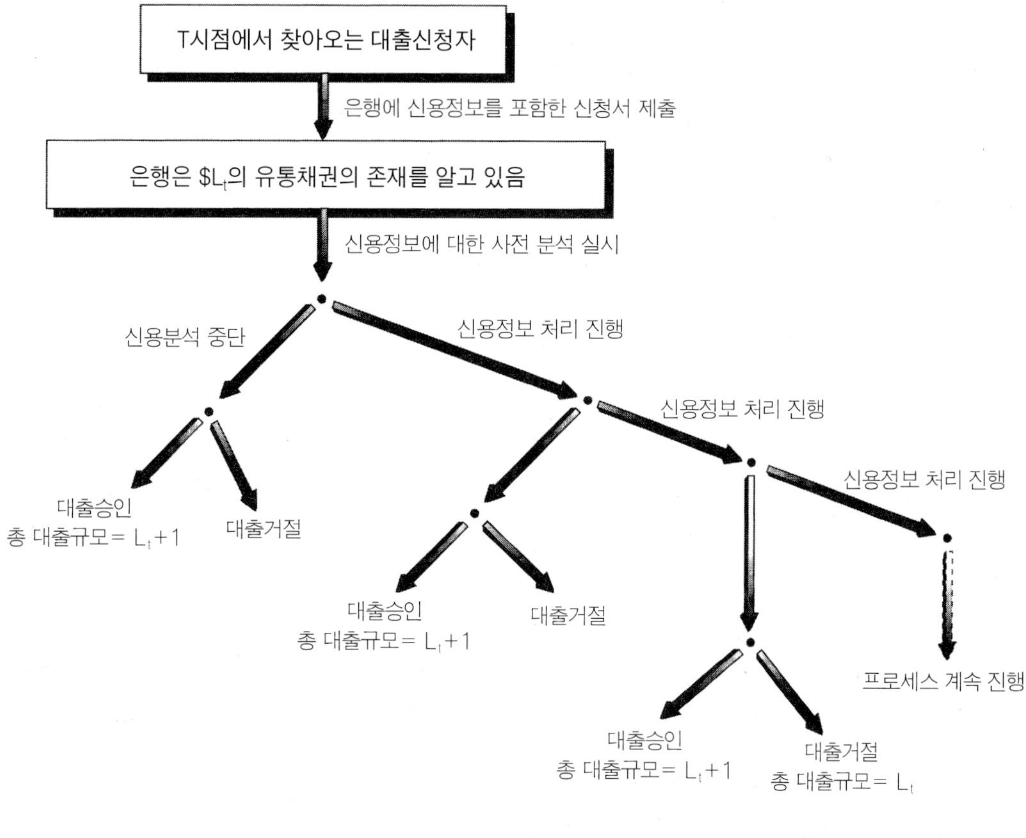

〈그림 6.7〉 즉시대출 의사결정의 흐름표

때문이다). t시점 이후에 은행은 할당할 자금이 적기 때문에 선택에 더욱 신중해진다. 이와 비슷한 이유로, 다른 모든 변수가 동일할 때, T−t 값이 작아질수록 은행의 신용기준은 더욱 엄격해진다. 또 다른 중요한 관찰결과는 〈그림 6.7〉에서는 흐름표의 크기(몇 단계로 이루어져 있는지)가 사전적으로 정해져 있지 않다는 것이다. 오히려, L_t와 T−t 값처럼 각 단계에서 행해진 신용분석에 의해 얻게 된 정보에 기초한다. 가끔, 흐름표의 단계가 하나뿐인 경우도 있다.

차입자에 대한 사전분석/예비검토에 기초하여 은행은 신용분석 프로세스를 종료하고 대출을 거절하거나 신용분석 프로세스 진행 후 신용을 제공하게 된다. 은행과 차입자가 매우 가까운 경우일 때 이러한 일이 가능할 것으로 예상할 수 있다. 그것은 차입자의 과거 신용기록 때문이거나, 은행이 상대적으로 잘 알고 있는 유사한 디폴트 특성을 가진 멤버들이 있는 그룹에 속해 있기 때문일 것이다. 예를 들면, 은행은 IBM에 신용을 높여주고, 위험이 높은 산업에 속해 있는 차입금이 많은 회사에 대출을 거절하는 의사결정을, 두 사례 모두 신용분석에 많은 비용을 투자하지 않고도 할 수 있다. 그러므로, 시간과 산업을 넘나드는 신용정보의 재사용은 즉시대출 의사결정의 흐름표에 영향을 미칠 것이다. 차입자에 대한 정보에 추가하여 L_t와 T−t 역시 우리가 위에서 언급한 것과 유사한 이유로 흐름표에 영향을 줄 것이다. 예를 들어, 만일 $\bar{L}-L_t$가 크고, T−t가 작다면, 은행의 신용 기준을 완화하고, 은행의 최초 신용분석에 따라 호의적인 결과로 대출을 할 것이므로 흐름표의 크기는 줄어들 것이다.

처음에 은행이 소유한 차입자에 관한 정보의 양은 또 다른 효과를 가진다. 은행의 주어진 정보에 따라 은행은 차입자에게 손익분기 금리를 넘는 금리를 적용할 수도 있다.* 이것은 은행이 다른 경쟁은행보다 차입자에 대해 더 많은 정보를 가지고 있기 때문에 가능하다. 예를 들면, 경쟁은행들이 가지고 있는 정보에 의하면, 차입자의 디폴트 확률이 0.08이라고 한다. 은행이 스스로 입수한 정보에 따르면 이 차입자의 디폴트 확률은 0.065이다. 그러면 이 은행은 차입자에게 0.08의 디폴트 확률에 적합한 이자율을 적용하게 되고, 그러므로 정보 우위에 따른 양의 기대수익을 얻을 수 있게 된다. 우리는 은행-고객 관계의 이러한 시각을 다음 섹션에서 더 자세하게 다루기로 한다.

흐름표는 은행들이 작은 의미에서의 할당에 대한 의사결정을 어떻게 하는지를 설명해준다. 만일, $L_t=\bar{L}$라면, 모든 대출 신청자는 신용분석 단계를 거치지 않고 큰 의미의 할당에 걸리게 된다.

이 대출정책에 대한 시사점은 아래에서 논의된다.**

- L이 증가하면 총 제한수준은 감소할 것이다. 이것은 반드시 개별 대출 신청자가 제한될 확률이 감소되는 것을 의미하지는 않는다. 은행은 초기의 덜 까다로운 정책을 따르기 때문에,

* 은행의 optional stopping 문제에 대한 분석은 Aigner와 Sprenkle(1968)을 참고
** 이 논의는 Deshmukh, Greenbaum, and Kanatas(1983)에 기초함.

t시점까지 주어질 대출은 아마 커질 것이다. 그러나, 처음에 L이 크게 설정되었을 때, L_t 값이 고정된 상태에서 은행은 더 완화된 신용기준을 t시점에 적용하게 되는 것이 사실이다.

- 은행이 보유하고 있던 대출자금이 바닥날 확률(stockout 확률)에 대한 t시점의 $\bar{L}$의 효과는 확실치 않다. 이는 $\bar{L}$의 증가가 한쪽으로는 은행의 대출 능력을 상승시키고, 다른 한쪽에서는 더 완화된 신용 기준을 적용하게 하기 때문이다. 첫 번째 효과는 대출자금이 바닥날 확률을 감소시키고, 두 번째는 증가시킨다.

은행-차입자 간의 장기적 관계 형성

이번 섹션에서 우리는 장기간의 금융관계(banking realationship)에 대해서 논의할 것이다. 본 내용은 우리가 3장에서 다루었던 차입관계에 대한 논의의 연장선상으로 이해할 수 있다. 한 가지 이익은 도덕적 해이가 감소할 수 있다는 것이다. 또 다른 하나는, 정보의 재사용으로 인한 내부정보의 문제가 더욱 효과적으로 해결될 수 있다는 것이다. 다음 논의주제를 다루는 데에서 이는 신용제한뿐 아니라 대출계약의 설계에서 시사점을 주고 있다.

장기적 거래관계와 도덕적 해이

차입자가 미래에 차입이 필요할 것을 알고 있을 때, 차입자는 당기에 은행에 손실을 입힐 만한 일들을 제한할 것이다.

차입자는 신용도에 악영향을 끼칠 수 있는 현재의 행동을 자제함으로써 미래에 은행에게 지불해야 할 비용을 현재의 이익과 교환한다. 이것을 알아보기 위해서 아래 상자에 나와 있는 예제를 살펴보도록 하자.

예제 6.4 프로젝트 S와 R 중 하나를 고를 수 있는 선택권을 가지고 있는 차입자 Kiddie Toys, Inc.의 경우를 생각해보자. 프로젝트 S는 0.8의 확률로 $150의 이익을 낼 수 있고, 0.2의 확률로 0을 얻게 된다. 반면에 프로젝트 R은 0.5의 확률로 $162를 벌 수 있고, 0.5의 확률로 아무것도 얻지 못하게 된다. 은행의 자금 비용은 무위험 이자율인 5%와 같다. 은행의 입장에서, 당신은 차입자의 프로젝트 선택에 직접적인 영향력을 행사하지 못한다. 왜냐하면 당신은 고객이 프로젝트를 선택하는 과정을 직접 관찰할 수 있는 입장에 있지 않기 때문이다. 무담보 대출은 해주지 못하도록 제한되어 있으며, 보편적으로 위험중립적이다. 추가적으로, 당신은 손익분기점의 이자율보다 150bp 이상은 Kiddie Toys에게 적용하지 못한다. 이자율이 그 이상으로 상승하면 Kiddie Toys는 다른 은행을 찾아가버릴 것이기 때문이다. 다음의 시나리오에 따라 Kiddie Toys와 은행의 기대수익을 계산하라. (i) 은행과 차입자는 1기간 이상만 계약을 체결할 수 있다. (ii) 은행과 차입자는 2기간 이상만 계약을 체결할 수 있다. 시나리오

(i)에서 Kiddie Toys는 \$100의 대출만을 요구할 것이다. 시나리오 (ii)에서는 매 기간에 프로젝트 S와 R 중 하나를 고를 수 있는 선택권을 가지고 있으므로 \$100의 대출이 연속적으로 두 번 필요할 것이다.

풀이 4단계의 분석을 통해 풀이를 제시한다. 첫 번째로 우리는 시나리오 (i)에서 은행이 Kiddie Toys에 대출을 거절하는 것을 보여줄 것이다. Kiddie Toys가 어떤 프로젝트를 선택하든지에 상관없이 어떤 이자율을 제시해도 은행은 손익분기점에 도달하지 못할 것이므로 대출을 거절하게 된다. 두 번째로 우리는 시나리오 (ii)를 고려하여, 두 기간 이상 계약을 하는 경우 은행이 두 번째 기간에 Kiddie Toys로 하여금 프로젝트 S를 선택하도록 유도하는 것을 보여줄 것이다. 두 번째 기간에 프로젝트 S가 선택되어 두 번째 기간의 이자율이 고정될 때, 은행이 Kiddie Toys에 적용할 수 있는 첫 번째 기간에 프로젝트 S를 선택했을 때의 최대 이자율을 구한다. 은행은 첫 번째 기간의 대출이 상환되어야 두 번째 기간에 추가적인 대출을 해준다. 세 번째로, 2단계에서 두 번째 기간의 이자율이 정해졌으면, 우리는 은행이 두 기간 동안 정해놓은 손익분기를 넘기 위하여 적용해야 하는 첫 번째 기간의 이자율을 산출한다. 마지막으로 4단계에서는 우리는 은행이 손익분기보다 150bp 이상의 이자율을 적용할 수 있도록 해주었다. 우리는 Kiddie Toys가 두 기간 모두 프로젝트 S를 선택할 때의 은행과 Kiddie Toys의 기대수익을 계산한다.

단계 1 시나리오 (i)을 먼저 보자. 첫 번째로 은행은 Kiddie Toys가 프로젝트 R을 선택할 것이라고 가정한다. 그렇다면 은행은 기대가치에 손익분기를 맞추기 위하여 차입자의 상환의무를 \$105/0.5=\$210로 계산한다. 이러한 경우라면 Kiddie Toys는 차입을 하지 않기로 결정한다. 만일 은행이 Kiddie Toys가 프로젝트 S를 선택할 것을 가정한다면 은행의 손익분기를 달성하는 상환의무는 \$105/0.8=\$131.25(이자율 31.25%)가 된다. 그러나, 이 이자율에서는 Kiddie Toys가 프로젝트 S를 선택함으로써 얻게 되는 기대수익이 0.8(150−131.25)=\$15.00이 되고, 프로젝트 R을 선택하는 경우에는 0.5(162−131.25)=\$15.375이 된다. 그러므로 은행의 차입자의 프로젝트 선택에 대한 믿음은 모순일 수밖에 없으며, 31.25%의 이자율을 설정해서는 내쉬 평형에 다다를 수 없다. 따라서, 은행이 kiddie Toys와 같은 회사에 적용할 수 있는 최대 이자율 i_{max}는 아래 주어진 등식에서처럼, 프로젝트 S보다 R을 선호하지 않는다.

$$0.8[150-(1+i_{max})100]=0.5[162-(1+i_{max})100]$$

이 등식의 수익률을 $i_{max}=30\%$로 정하고 풀어보자. 그러나 30%의 이자율을 적용해서는 은행은 Kiddie Toys가 어떤 프로젝트를 선택할지에 상관없이 손익분기를 넘지 못한다. 따라서, 어떤 이자율이 적용되더라도 대출은 일어나지 않을 것이다. 이것이 신용제한의 극단적인 형태이다. 이때의 은행과 차입자의 기대수익은 모두 0이다.

단계 2 이제 시나리오 (ii)를 고려해보자. 당신은 은행의 입장에서 Kiddie Toys에게 이렇게 말한다고 가정해보자. "나는 당신에게 첫 번째 기간 동안 \$100를 i_1의 이자율에 대출해줄 것입니다. 그리고 당신이 첫 번째 기간의 대출을 상환 완료한다는 것을 조건으로, 두 번째 기간에 i_2의 이자율로 또 \$100을 대출해줄 것입니다. 만일 당신이 첫 번째 기간의 대출을 채무 불이행하는 경우, 두 번째 대출은 없을 것입니다."

이러한 계약조건하에서 i_2를 30%라고 하자. 그리고 우리는 두 번째 기간에 차입자가 프로젝트 S를 선택할 것을 알고 있다고 하자. i_2값을 알고 있으므로, Kiddie Toys가 두 번째 기간에 프로젝트 S에 투자할 때의 i_1의 최대치를 i^*_{max}라고 하자. 따라서, i^*_{max}는 아래 등식의 해가 된다.

$$0.8\{[150-(1+i^*_{max})100]+0.8\times[150-130]\}$$
$$=0.5\{[162-(1+i^*_{max})100]+0.8\times[150-130]\} \quad [6.5]$$

[6.5]에서 왼쪽 항은 Kiddie Toys가 첫 번째 기간에 프로젝트 S를 선택했을 때(두 번째 기간에 프로젝트 S를 선택한다는 것은 주어져 있으므로) 두 기간 동안 기대수익이다. 식의 오른쪽 항은 Kiddie Toys가 첫 번째 기간에 프로젝트 R을 선택했을 때(두 번째 기간에 프로젝트 S를 선택한다는 것은 주어져 있으므로) 두 기간 동안의 기대수익이다.

두 경우 모두 Kiddie Toys의 첫 번째 기간의 프로젝트가 성공하여 은행에 대출을 상환하여야만 두 번째 대출이 일어난다는 사실을 기억해야 한다. Kiddie Toys의 첫 번째 프로젝트가 실패하는 경우, 연속적으로 첫 번째 기간의 대출에 대한 채무불이행이 일어날 것이므로, Kiddie Toys의 두 번째 기간의 수익이 0이 되는 것으로 알 수 있다.

[6.5]의 $i^*_{max}=46\%$로 해결하라.

단계 3 두 번째 기간의 이자율이 30%로 주어져 있으므로, 첫 번째 기간의 이자율 I_1가 은행이 손익분기를 넘기 위하여 적용할 수 있는 이자율이다. 이자율이 30%일 때, 은행은 두 번째 기간의 대출에 대해서 기대손실이 발생함을 기억해라. $\hat{i}_1$는 다음 등식의 해이다.

$$[0.8(1+\hat{i}_1)\times100-105\ ]+0.8[0.8\times130-105]=0 \quad [6.6]$$

[6.6]에서 $0.8(1+\hat{i}_1)\times100-105$ 항은 첫 번째 기간의 대출에 대한 은행의 기대수익이고, $0.8\times130-105$는 두 번째 기간의 대출에 대한 (음의) 기대수익이다. 첫 번째 기간의 대출이 상환되어야만 두 번째 대출이 일어나므로 후자는 0.8을 곱하는데, 이것은 첫 번째 기간의 대출에 대한 상환 확률이다. [6.6]을 풀어보면 $\hat{i}_1=32.25\%$가 나온다. 은행은 한 기간 동안 손익분기를 달성하는 것이 아니라 두 기간을 연계한다는 것을 기억하자.

단계 4 두 기간 거래에서 은행이 Kiddie Toys를 타 은행에게 놓치지 않으면서 손익분기보다 150bp 이상의 이자율을 적용할 수 있으므로, i_1은 33.75%(이것은 32.25%+1.5%이다)가 된다. Kiddie Toys는 이제 매 기간 프로젝트 S를 선택할 것이다. 은행의 두 기간 동안의 관계에 기초한 기대수익은 아래와 같다.

$$0.8(1+i_1)\times100-105+0.8(0.8\times130-105)$$
$$=0.8\times133.75-105+0.8(0.8\times130-105)$$
$$=\$1.20$$

Kiddie Toys의 기대수익은 아래와 같다.

$$0.8(150-133.75)+0.8[0.8(150-130)]$$
$$=\$25.08$$

위의 예제에서 볼 수 있듯이, 은행과 차입자 모두 장기간 관계를 맺을 때, 더 좋아진다. 단일 기간관계에서는 대출이 증가하지 않다가, 은행과 차입자가 두 기간 계약을 하기로 협상했을 때, 둘 다 양의 수익을 낼 수 있는 것을 보았다. 이 개선안을 직관적으로 보면 아래와 같다. 단일 기간 계약을 하는 경우에는, 만일 차입자가 프로젝트 R을 선택할 때, 은행으로 하여금 음이 아닌 기대수익을 내는 것이 불가능하다. 또한, 차입자가 프로젝트 S를 선택한다고 가정해도 은행이 차입자로 하여금 은행의 손익분기에 맞추는 이자율에 프로젝트 S를 선택하도록 유도하는 것도 불가능하다. 따라서 대출은 늘어나지 않는다. 두 기간의 경우에는, 은행은 두 번째 기간에 차입자가 프로젝트 S를 선택하는 것을 보증받기 위해 은행이 적용하는 것보다 낮은 두 번째 기간의 대출에 대한 이자율을 차입자에게 약정해줄 수 있다. 은행은 이 두 번째 기간에 발생한 기대손익을 첫 번째 기간의 이자율을 적정하게 상승시킴으로써 만회할 수 있다. 이 첫 번째 기간의 높은 이자율은 차입자가 프로젝트 R을 선택하도록 유도하지 않는다. 왜냐하면, 차입자는 첫 번째 대출을 상환 완료하는 경우에 두 번째 대출에 대한 보조를 약속받았기 때문이다. 이것은 차입자가 단일기간 대출계약을 하는 경우보다 위험을 택하는 데 대한 비용이 증가함을 의미한다. 이것은 첫 번째 기간의 요구 대출이자율 수정에서 차입자가 프로젝트 R로 선회할 위험 없이 충분한 여지를 만들어준다.

요약하면, 차입자와의 장기간의 관계는 도덕적 해이를 완화할 수 있다.* 차입자가 같은 은행과 다시 거래를 해야만 한다는 사실을 알고 있으면 차입자가 은행을 악이용할 확률이 줄어든다. 이것이 은행-차입자 관계형성의 경제적 유인을 만들어낸다.

다음과 같은 세 가지 포인트는 기억해두자. (1) 은행이 차입자에게 강제력 있는 두 기간 계약을 제안하는 것이 중요하다는 것이다. 두 번째 기에 손실이 예상되는 것은 은행이기 때문에, 두 번째 기가 오기 전에는 대출을 증가하지 않는 것을 선호한다. 즉, 계약 초기부터 구속력 있는 두 기간짜리 계약을 성사시키는 것이 중요하다.

(2) 차입자는 일반적으로 첫 번째 기간이 지나면 타 대출기관을 알아보는 것이 자유롭다는 것이다. 그러나, 어떤 은행도 차입자에게 단일기간 대출을 해주지는 않을 것이다. 그리고 원래 은행이 두 번째 대출에 대한 보조를 제안하고 있다. 즉, 차입자는 두 번째 기간에 같은 은행과의 거래를 선호할 것이다. (3) 은행의 차입자의 두 번째 대출에 대한 거절은 두 번째 대출 계약의 조항에

* 장기 채권-채무관계를 통한 도덕적 해이의 완화는 Boot and Thakor(1994)에 의해 연구되었음. Bhattacharya and Thakor(1993)와 Freixas and Rochet(1997)를 참고할 것.

달려 있으며, 첫 번째 대출의 채무불이행 여부에 따라 시간 일관성이 성립되어야 한다. 이는 만일 은행이 두 번째 기간에 대출을 해준다면 손실을 볼 것이기 때문이다. 그리고 구속력이 있어야 그렇게 되기 때문이다.

장기적 관계와 내부정보

장기적 관계의 중요한 이점 중 하나는 은행이 시간을 두고 차입자에 대해서 알아갈 수 있다는 것이다. 이렇게 얻은 정보는 차입자의 내부정보를 은행에서 알 수 있어, 대출자금의 할당을 개선할 수 있게 된다는 것이다. 다른 말로 하면, 차입자의 대출관계가 더 장기간으로 길어질수록, 차입자가 받게 되는 대출 조건은 더 개선된다는 것이다. 차입자가 지속적으로 은행에 상환할 때, 차입자의 신용기록은 점점 개선될 것이고 시간이 지남에 따라 더 좋은 대출조건을 받게 되는 것이다.* 다음의 예제는 이와 같은 이슈를 설명한다.

예제 6.5 미드타운 커뮤니티 은행이 G와 B의 두 종류의 차입자를 대하고 있는데, 은행은 이 둘을 구분하지 못한다고 가정하자. G타입 차입자는 0.9의 확률로 $135를 벌어들이고 0.1의 확률로 아무것도 얻지 못하는 단일기간 프로젝트에 투자하기 위해 $100를 차입하고자 한다. B타입 차입자는 같은 금액을 0.4의 확률로 기말에 $150의 수익을 내고, 0.6의 확률로 아무것도 남기지 못하는 프로젝트에 투자하고자 한다.* 만약 차입자가 두 번째 기간에 대출을 위해 은행을 찾는다면, 첫 번째 기간과 정확히 같은 프로젝트에 자금을 조달할 것이다. 미드타운 커뮤니티 은행은 완전 경쟁을 하고 있으며, 위험중립적이다. 차입자의 첫 번째, 두 번째 대출에 적용되는 이자율을 계산하라. 미드타운 은행의 자금조달 비용은 무위험 이자율인 5%이다. 은행은 과거에 G타입 차입자는 0.8, B타입 차입자는 0.2의 확률을 가지고 있다고 판단했었다.

풀이 기본적인 아이디어는 은행이 시간이 지남에 따라 차입자에 대하여 어떻게 알아가게 되며 이것이 대출 조건에 어떤 영향을 미치는지를 살펴보는 것이다. 우리는 4단계를 진행할 것이다. 첫 번째로 우리는 첫 기간의 미드타운 은행이 모든 차입자에게 적용하는 이자율을 구할 것이다. 두 번째로 우리는 첫 번째 프로젝트가 성공하고 차입자가 첫 번째 대출을 상환했을 경우에 두 번째 기간의 이자율의 손익분기점을 찾아낼 것이다. 첫 번째 기간의 대출에 대한 상환은 미드타운 은행이 차입자가 G타입이라고 생각하는 믿음에 힘을 실어줄 것이다. 그러므로, 이 경우에 두 번째 기간의 이자율은 첫 번째 기간의 이자율보다 낮게 된다. 세 번째로 우리는 첫 번째 프로젝트가 실패하거나 차입자가 채무를 불이행했을 때, 두 번째 기간의 이자율의 손익분기점을 찾는다. 디폴트가 일어나면 미드타운 은행은 이 차입자가

* 만일 두 종류의 차입자가 은행으로부터 다른 금액을 대출받고 싶어 하고, 은행이 어느 종류의 차입자가 얼마를 차입하고 싶어 하는지를 안다면, 은행은 차입자의 종류를 구분할 수 있을 것임.

* Diamond(1989)와 Greenbaum and Venezia(1985)를 참고.

B타입이라고 생각하도록 한다. 그 결과, 이자율이 너무 높다고 판단되어 어떤 차입자도 두 번째 기간에 제시된 이자율에 차입을 하고 싶어 하지 않는다. 마지막으로 4단계에서 우리는 첫 번째, 두 번째 기간의 이자율이 실제로 미드타운 은행에 의해서 어떻게 결정되는지, 그리고 이 이자율에서 미드타운 은행과 차입자들의 상대적인 협상력(bargaining power)의 효과에 대해서 논의할 것이다.

단계 1 미드타운 은행은 두 종류의 차입자를 같은 집단 안에서 관리하기 때문에, 은행의 첫 번째 기간의 손익분기 이자율은 평균적인 성공확률을 반영하여 설정될 것이다. 과거에 은행이 차입자가 G타입이라고 생각하는 믿음을 확률로 설정하고, G타입 차입자의 성공확률을 p라고 하자. 또한, B타입 차입자의 성공확률을 q로 정한다. 그렇다면 은행이 판단하는 평균 성공확률은 다음과 같다.

$$\gamma p+(1-\gamma)q=0.8\times0.9+0.2\times0.4=0.8$$

즉, 첫 번째 기간의 손익분기 대출 이자율은 아래와 같다.

$$(1.05/0.8)-1=0.3125 \text{ 또는 } 31.25\text{퍼센트}$$

단계 2 이제 차입자가 첫 번째 대출을 상환했다고 가정해 보자. 그렇다면 미드타운 은행은 차입자가 어떤 타입인지에 대한 재판단을 위해 어떻게 해야 할까? 이 질문에 답을 하기 위해서는 1장에서 다루었던 Bayes의 법칙을 이용해야 한다.

$$\Pr(x_i \mid y_i)=\frac{\Pr(y_i \mid x_i)\ \Pr(x_i)}{\sum_{i=1}^{n}\Pr(y_i \mid x_i)\Pr(x_i)} \tag{6.7}$$

x_i가 x_1, …, x_n 사이의 숫자이면, x_1, …, x_n는 가능한 랜덤 변수 x이고, $\Pr(x_i)$는 $x=x_i$가 되는 과거의 확률이다. 이와 유사하게 y_j는 y의 숫자이다. 이 예제에서 Bayes의 법칙의 적용은 아래를 의미한다.

$$\begin{aligned}\Pr(\text{차입자가 G타입일 때} \mid \text{프로젝트 성공 시})&=\Pr(G \mid S)\\&=\frac{\Pr(S \mid G)\ \Pr(G)}{\Pr(S \mid G)\Pr(G)+\Pr(S \mid B)\Pr(B)}\\&=\frac{p\gamma}{p\gamma+q(1-\gamma)}\end{aligned} \tag{6.8}$$

〔6.8〕을 이용하여 만일 첫 번째 대출이 상환되었다면, 은행이 차입자를 G타입이라고 여길 확률은 아래와 같다.

$$\begin{aligned}\Pr(G \mid S)&=\frac{0.9\times0.8}{0.9\times0.8+0.4\times0.2}\\&=0.90\end{aligned}$$

즉, 두 번째 기간의 평균 성공 확률은 다음과 같다.

$$0.9\times p+0.1\times q=0.9\times 0.1+0.4=0.85$$

두 번째 기간의 대출에 대한 은행의 손익분기 이자율은 첫 번째 기간의 성공을 전제했을 때, 1.05/0.85−1=23.53퍼센트이다.

단계 3 만일 프로젝트가 실패하여 첫 번째 대출에 대한 상환이 일어나지 못했다고 할 때, 미드타운 은행은 차입자가 G타입이라고 판단할 확률은 다음 등식을 통하여 구할 수 있다(아래 등식에서 F는 실패를 뜻한다).

$$\begin{aligned}\Pr(G\mid F)&=\frac{\Pr(F\mid G)\Pr(G)}{\Pr(F\mid G)\Pr(G)+\Pr(F\mid B)\Pr(B)}\\&=\frac{(1-p)\gamma}{(1-p)\gamma+(1-q)(1-\gamma)}\\&=\frac{0.1\times 0.8}{0.1\times 0.8+0.6\times 0.2}\\&=0.4\end{aligned}$$

은행은 이와 같은 종류의 차입자의 평균 성공확률을 아래와 같이 산출한다.

$$0.4\times p+0.6\times q=0.4\times 0.9+0.6\times 0.4=0.6$$

그러므로 은행의 손익분기 이자율은 (1.05/0.6)−1=75퍼센트이다. 그러나 이 정도의 이자율이라면 두 타입의 차입자 모두 대출을 원치 않는다. 이것은 첫 번째 기간에 채무 불이행하는 차입자는 두 번째 기간에 효과적으로 대출이 거절될 것이라는 뜻이다.

단계 4 만일 차입자의 첫 번째 기간의 상환 행동을 타 은행이 제약 없이 관찰할 수 있다면, 경쟁적인 미드타운 커뮤니티 은행은 첫 번째 기간에는 31.25퍼센트를, 두 번째 기간에는 23.53퍼센트의 이자율을 각각 적용할 것이다. 그러므로, 시간이 지나면서 대출을 상환하는 차입자는 대출 이자율이 지속적으로 감소할 것이다.

다른 극단 상황을 고려해보자면, 만일 다른 은행들이 차입자의 상환 행동에 대해서 알 수 있는 방법이 전혀 없다면, 미드타운 은행은 두 번째 기간의 이자율을 31.25퍼센트까지 상승적용하여 두 번째 대출에 대해서 수익을 창출할 것이다. 이 수익에 대한 기대는 미드타운 은행이 첫 번째 기간의 금리를 31.25퍼센트 미만으로 낮추는 방식으로 경쟁을 유도할 것이다.* 물론, 이것은 첫 번째 기간에 대출 상환을 한 차입자의 협상력을 강화시킬 것이다. 첫 번째 대출에 대해 손익분기 이자율 미만을 지불하면,

* Sharpe(1990)에서 이 이슈에 대한 분석이 이루어짐

차입자는 은행이 손익분기를 맞추기 위해 23.53퍼센트의 이자율만 적용하면 된다는 것을 알고 있다. 물론, 더 지불하는 것에 대해서는 차입자와 동의가 필요하겠지만, 이미 그 약속은 어쩔 수 없는 일일 뿐이다. 그리고 (명성에 일정 비용이 드는 상황에서) 차입자는 은행으로 하여금 재계약을 하도록 강요할 수도 있다. 두 번째 기간의 대출 이자율은 23.53퍼센트와 31.25퍼센트 사이의 어딘가에서 결정될 것이다. 정확한 이자율은 미드타운 은행과 차입자의 협상력에 달려 있다.

실무에서는 경쟁 은행들은 차입자의 행동에 대해서 알게 되지만 거래은행만큼은 아니다. 그러므로, 시간이 길어질수록 거래 은행과 차입자에게 이익이 되는 은행과 차입자의 관계에서 정보의 과잉이 발생된다. 몇몇은 이 정보의 과잉이 사회적으로 낭비라고 주장한다.* 중요한 것은 거래은행의 정보적 우위가 지나치게 높은 대출금리로 독점적 위치의 이익을 뽑아낼 수 있도록 하는 역할을 한다는 것이다. 이것은 차입자의 프로젝트 수익의 비중이 감소한다는 것을 의미한다. 차입자가 프로젝트 수익을 강화하기 위해 열심히 일하여 발생하는 한계수익이 감소하게 된다. 그리고 차입자는 투입하는 노력의 수준을 줄일 것이다. 그러므로 프로젝트 수익은 평균적으로 감소하게 된다.

채무재조정과 채무불이행

지금까지의 분석에서는 채무불이행 과정이 단순화되었다. 만일 차입자의 프로젝트에서 발생되는 현금흐름이 충분하지 않다면, 채무불이행 상황을 맞게 된다. 그러나, 은행과 차입자의 관계에 대한 논의가 보여주듯, 은행과 차입자 사이의 관계에서 이익이 있다. 따라서, 우리가 파산의 법률적, 행정적 비용을 무시하더라도, 채무불이행으로 인하여 은행-차입자 관계를 종료하는 것은 일반적으로 많은 비용이 발생한다. 차입자가 감당하는 비용은 명확하다. 채무불이행은 은행의 운용자금을 감소시키므로 은행 역시 비용부담이 크다. 이것은 은행이 차입자가 채무불이행을 선언하는 것은 될 수 있으면 피하고 싶어 한다는 것을 의미한다. 이는 은행 대출의 재조정을 위한 주요 추진력이라고 할 수 있다. 채무불이행과 재협상 이슈에 관한 대규모의 연구가 이루어졌다. 기존 연구의 기본적인 개념은 대출 계약의 설계는 차입자의 채무불이행 시 인센티브와 은행의 재협상 의지에서 오는 인센티브에 깊은 관련이 있다는 것이다. 추가적으로, 기존 연구는 채무불이행과 재협상 가능성이 주어진 대출 계약 자체가 효율적인 금융 계약일 때의 조건들을 검토하였다.*

* Rajan(1992) 참고.
** Hart와 Moore(1998) 참고. 프로젝트가 일정한 수익을 내고 자산 청산가치와 현금흐름이 정의 상관관계를 가질 때, 대출계약이 최적임을 보여줌.

재무적 곤경의 종류

대출 재조정은 차입자가 재무적 곤경 상황에 있을 때 필요하다. 일반적으로 재무적 곤경을 약(mild), 중(moderate), 강(severe)의 3단계로 분류한다.

(a) **약한 재무적 곤경:** 약한 재무적 곤경은 차입기업이 부채상환을 위하여 일시적으로 현금흐름의 어려움을 겪을 것으로 예측되는 상황이다. 그러나, 기업의 경제적 가치가 부채상환금액을 아무 문제없이 초과하는 경우다. 따라서, 파산이라기보다는 차입자가 일시적인 현금부족을 맞게 되는 것이다. 만일 무리를 한다면, 회사가 비용을 조금 들이면 현금부족을 충분히 극복하고 만기 내 부채를 상환할 수 있는 정도다. 예를 들어보자면, 투자 계획의 연기, 특정 자산의 매각, 신주발행 등이다. 그러나, 이러한 행동은 회사의 경제적 가치를 감소시킬 수 있다. 비용이 덜 발생하는 대안은 대출기관에 연락하여 부채 재조정을 요청하는 것이다. 은행과 같은 대출기관은 다음의 두 가지 이유 때문에 요청을 수용하고 싶어 할 것이다. 첫 번째는 이는 은행 자금의 융통성이 있음을 신용시장에 신호(signaling)하는 것이기 때문이다. 두 번째는 은행이 수용하는 경우 차입자의 가치의 하락을 최소화할 수 있다는 것이다. 이것은 장기적인 시각에서 볼 때 은행에 이익으로 작용할 것이다. 그러므로, 채무 재조정으로 얻은 절감액의 일부를 요구할 수 있다. 대출 재조정의 일반적인 방법은 대출만기를 연장하거나, 또는 현재의 이자를 감소시키고 미래의 이자를 대신 증가시키는 방법이 있다. 우리는 대출 재조정의 두 가지 사례를 살펴볼 것이다.

사례 1: Revlon*: 1986년에 Revlon은 유명한 기업사냥꾼인 Ronald Perelman에 의해 인수된 후, Perelman's MacAndrew와 Forbes Holdings, Inc.의 전액출자 자회사를 만들었다. 이 인수는 Chemical Bank, Chase Manhattan, Citicorp, Manufacturers Hanover로부터 자금을 조달받은 고레버리지거래(highly leveraged transaction: HLT)로 이루어졌다. 고레버리지거래는 타인자본비율이 유사 기업보다 상대적으로 과도하게 높은 차입자가 받는 대출이다. 특히, 이는 LBO, M&A, 자본재편을 위한 자금조달의 방법으로 정의되며, 차입자의 자산대비 부채비율을 75퍼센트 이상으로 끌어올리거나, 회사의 부채와 레버리지 비율을 50퍼센트에 달하게 하는 차입을 말한다. Revlon은 재정적 의무를 잘 맞추어 왔으며, 1989년까지는 아무런 위험도 없는 것 같았다. 그러나, 작은 위기에서 두 가지 사건이 터졌다.

첫 번째는 1990년의 HLT에 관한 강도 높은 규제기관의 조사가 은행들이 자본을 증가시키기 위해서 사용한 후순위채로 악화된 시장 상황과 맞물려, Revlon의 대출기관들이 이러한 대출에 관한 자신들의 포지션을 재고하기에 이르렀다. 은행은 그들의 장부에 Revlon에 대한 대출이 남아 있는 것을 원하지 않았던 것이다. 그래서 은행들은 $12억 5천만에 달하는 금액의 four term

* Revlon에 관한 뉴스는 Lipin(1990a)에 의해 보도되었음.

대출을 재융자하는 패키지와 $5억 5천만 신용 리볼빙 신용편의(revolving credit facility)를 디자인하여 타 대출기관에 매각을 제안했다. 두 번째는 Revlon이 일반적으로 사업을 잘해왔음에도 불구하고 Perelman의 인수 후에 많은 사람들은 최근에 Faberge와 Elizabeth Arden까지 인수한 Procter & Gamble Company와의 격화되는 경쟁 속에서 Revlon의 미래에 대해 걱정했다. Moody's의 신용평가는 Revlon의 회사채 등급을 1990년 1월 하향조정하였으며, 산업 내 통합이 "시장점유율 유지를 어렵게 하며, 현금흐름에 추가적인 압력을 가하고 있다"고 평했다. 이러한 사태는 Revlon의 잠재적 채권자들을 긴장하게 만들었다. 기존의 네 곳의 은행이 제시한 리파이낸싱 패키지는 1994년에 만기가 돌아오는 4년 만기 대출을 포함하고 있었다. 그러나, $3억 6,500만의 Revlon의 선순위채는 1995년에 만기였기 때문에 리파이낸싱 패키지를 매입한 은행들은 1994년에 4년 만기 부채를 갚는 것이 어려울 것으로 판단했다. 많은 잠재적 채권자들은 선순위 채권을 상환하고 난 후에 후순위 채권을 상환해주는 상황에 처해 있는 것을 원하지 않았다. 또한, 1994년도까지 상환해야 하는 $5억에서 $6억의 부채원금에 대한 리파이낸싱에 대한 우려가 있었다. 이러한 어려움은 네 곳의 은행들이 시장에 제안하는 계약의 조건을 수정하게 하도록 만들었다. 이러한 수정사항들은 구조와 가격결정의 형태를 변화시키는 형태로 진행되었다. 그러나 이것은 Revlon의 대출 비용에 영향을 미치지 않을 것으로 기대되었다. 오히려, 수수료 및 가격의 변경은 전체 패키지를 인수하고, 매각하지 못한 부분을 네 은행에서 부담하는 것으로 기대되었다. 이 사례는 차입자가 상대적으로 좋은 재무상태에 있을 때라도 은행은 차입자의 부채 재조정의 어려움을 보여준다. 그러므로, Revlon은 다음 몇 년간의 자산매각의 가능성을 높여 부채상환을 위해 필요한 현금흐름을 제공할 것을 보여주기도 했다.

사례 2: Zale Corporation*: 댈러스에 위치한 보석 소매기업으로, 1986년에 토론토의 Peoples' Jewelers Limited와 스위스에 위치한 Swarovski International Holdings AG에 의해 인수되었다. Revlon의 사례처럼, Zale Corporation의 인수는 고레버리지거래(HLT)로 많은 차입을 일으켜 진행되었다. 인수를 위한 자금은 단기채를 통해 조달되었다. 1990년에 Zale은 이 부채를 상환해야 할 처지에 이르렀다. 지난 수년간 Zale은 고수익채권 발행으로 상환금을 조달해 아마 이 부채들을 연장할 수 있었을 것이다. 그러나, 정크본드 시장의 혼란은 이러한 종류의 파이낸싱이 불가능하다는 의미였다. Zale은 자산 가치의 막대한 손실 없이는 은행에 부채를 상환할 처지가 아니었기 때문에, 인수관련 부채 $3억을 재조정하기를 원했다. Zale은 1993년 5월을 만기로 $3억의 대출약정을 맺었다. 이 약정은 무담보 대출을 포함하고 있지만, 은행은 모기업이 가진 Zale사의 고수익 채권만큼의 선순위와 같은 기준을 적용받기로 하였다. Zale은 차입자와 은행들이 비용이 드는 파산을 피하기 위하여 택하는 수순을 보여주고 있다.**

* Zale에 관한 뉴스는 Lipin(1990b)에 의해 보도되었음.

** Lipin(1990b)에서 First Boston Corporation의 고수익-고위험 채권 애널리스트 Meredith Adler의 말을 인용함. "은행에 의한 지원은 많다. 그들은 회사를 좋아하기도 하고 파산을 원치 않는다."

(b) 중간 정도의 재무적 곤경: 이것은 부채 재조정을 거치지 않으면 디폴트가 임박하는 상황이다. 현재 부채 상환의무가 존재하는 상황에서, 회사 자산의 경제적 가치가 상환의무 금액보다 작은 경우다. 그러나, 만일 채권자가 채무 재조정에 동의한다면, 회사는 충분한 현금흐름을 만들어 낼 수 있어, 회사 자산의 경제적 가치가 재조정된 채권 금액을 초과하게 되는 상태이다. 이는 결국, 부채의 현재가치를 초과하게 된다. 이러한 경우에, 채권자의 관용은 회사 운명의 변화를 걸고 도박을 하게 되는 것이다. 따라서, 회사의 주주 및 채권자들은 채무재조정을 통해 이익을 얻게 되는 것이다. 다음의 예제는 이 가능성을 보여준다.

예제 6.6 Marvelous Computers, Inc.는 현재 $120의 부채를 가지고 있다. 회사의 최고경영자는 Bill Doors 씨로 $5의 개인비용으로 한 기간 동안 회사를 경영할 수 있는 능력을 가지고 있다. Doors 씨는 Marvelous Computers를 경영하는 특별한 능력을 가지고 있다. 그의 관리 아래 회사의 자산은 지금으로부터 한 기간 동안 0.9의 확률로 $125로 늘어나거나, 0.1의 확률로 $100로 감소할 것이다. 다른 경영진의 관리 아래 있게 된다면 확실하게 회사의 가치는 현재의 청산가치인 $90로 떨어질 것이다. 무위험 이자율은 0이고, 위험중립적이라고 가정한다. 채권자를 위한 가능 전략을 분석하라.

풀이 기본적으로 채권자를 위한 전략은 두 가지가 존재한다. 따라서 우리는 이 문제를 두 단계에 걸쳐서 해결하도록 한다. 첫 번째는 채권자들이 현재 부채에 대한 상환을 요구하는 경우에 일어날 일들을 분석하는 것이다. 두 번째는 채권자들이 Doors 씨의 상환의무에 대한 삭감안을 포함한 채무조정에 동의하는 경우에 일어날 일들을 분석하는 것이다. 우리는 부채의 액면가를 감소시키는 것이 채권자들의 경제적 가치를 증가시킨다는 것을 알았다. 즉, 재조정이 더 선호되는 전략인 것이다.

단계 1 만일 현재 부채에 대해 채권자들이 상환을 요구한다면, Doors 씨는 파산을 선호할 것이 분명하다. 왜냐하면 파산으로 가는 경우 그의 수익은 0이 되기 때문이다. 반면, 한 기간을 더 경영하기로 결정한다면 그의 수익은 다음과 같아진다.

$$0.9(125-120)+0.1(0)-5=-\$0.5$$

부채는 Doors 씨가 무엇이든 회수하기 전에 상환되어야만 한다. Doors 씨의 지분은 $4.50뿐이고, 회사 운영을 위한 개인비용은 $5이므로, 그가 회사를 한 기간 더 경영하여 발생하는 수익은 −$0.50이 된다. Marvelous Computers가 파산하는 경우 채권자들의 수익은 회사의 청산가치인 $90가 된다.

단계 2 이제는 채권자들이 Marvelous Computers의 상환의무를 $119로 삭감하는 것에 동의했다고 가정해보자. 한 기간 동안 더 회사를 운영하는 것으로부터 얻을 수 있는 Doors 씨의 기대 수익은 다음과 같다(디폴트하는 경우는 기대 수익이 0이다).

$$0.9(125-119)+0.1(0)-5=\$0.4$$

다시 말해, 재조정은 Doors 씨가 회사를 계속 운영하는 데에 대한 인센티브를 제공한다. 부채의 가치(채권자들의 기대수익)는 이제 아래와 같다.

$$0.9\times119+0.1\times100=\$117.10$$

따라서, 채권의 액면가를 $1 감소시켰을 때, 채권자들은 채권의 경제적 가치를 $27.10까지 높일 수 있다.

이제 중간 정도의 재무적 곤경의 사례를 살펴보도록 하겠다.

사례 3: The Trump Organization: 이 회사는 여러 개의 (트럼프 플라자 호텔과 같은) 호텔과 (타지마할 호텔 앤드 카지노와 같은) 카지노를 소유하고 운영하는 기업이다. 1990년에 회사는 $20억이 넘는 부채를 가지고 있었다. 1990년 6월 15일 금요일에 Trump organization는 Trump's Castle Casino의 채권자들에게 $3,000만의 이자지급을 못하는 일이 발생하였다. Mr. Trump에게 열흘에서 한 달 정도 부도를 막을 수 있는 시간이 주어졌다. 회사의 주요 대출기관인 은행들은 이자지급을 연기해주는 것과 Trump organization이 파산하는 것을 막기 위해 추가적인 부채발행을 해 줄 것을 제안하였다.

네 곳의 주요 대출기관은 Citicorp, Chase Manhattan, Bankers Trust 그리고 Manufacturers Hanover였다. 그러나, Trump organization에게 소규모 융자를 해준 100군데가 넘는 은행이 더 있었고, 시장에는 채권이 아직 유통되고 있었다. 1990년 6월의 Trump organization의 위기는 지급손실(missed payment)과 Mr. Trump와 네 주요 은행 간의 협상으로 이끌었다. 네 은행은 Trump사의 현금 상황에 대한 우려를 하였으나, 어음지불을 위한 Trump사의 자산매각에는 신중한 입장을 보였다.

은행들은 딜레마에 빠졌다. 한쪽으로 그들은 Trump organization이 은행융자 및 채권에 대한 이자미지급을 통해 현금을 축적하기를 바랐지만, 다른 한편으로는, 회사를 청산하여 부채를 상환하기를 원하는 채권자들에 의해 강제로 채무불이행을 선언하는 것도 원하지 않았다. 담보부채권을 가진 채권자들은 Mr. Trump의 세 가지 자산, Trump Taj Mahal, Trump Castle, Trump Plaza에 대한 선취권을 가지고 있었다.

이것이 부채 재조정이 없으면 목전에 채무불이행이 임박한 전형적인 사례이다. 그럼에도 불구하고 채무불이행을 사전에 방지하도록 하는 것은 채권자들의 주요 관심사다. 대부분의 주요 채권자들은 Trump organization의 채무불이행만 막는다면 그들의 채권은 안전할 것이라고 확신하는 것처럼 보였다.* 당연히, Trump organization과 회사의 주요 채권자 간의 협상의 결과는

* Lipin and Goodwin(1990)은 일본 주요 은행의 뉴욕 사무소의 임원의 말을 인용함. "우리는 일부 우려하고 있으나, 그의 은행 대출에 대한 이자지급 여력이 있는 한, Mr. Trump의 상황에 자신감을 가지고 있다." 그들은 또한 트럼프 팔래스의 $2억 2,000만 시설의 colender였던 유럽 은행 관계자의 "재무적 관점에서, 나는 이 거래에 아무런 문제가 없다고 생각한다"는 말을 인용했다.

1990년 6월 26일 화요일에 80개의 은행이 회사의 부도를 막기 위해 추가적으로 $6,5 00만을 더 융자해주기로 합의했다. 또한 은행들은 현재 존재하는 $20억의 대출금에 대한 $8억 5,000만의 이자의 지불을 연기하기로 합의했다.*

(c) **강한 재무적 곤경:** 이것은 실제 차입자가 어떤 부채상환의무를 다하지 못하여 채무불이행을 하는 상황으로 정의한다. 부채 재조정 계획이 형식적 부도가 진행되는 것을 막을 수는 있다. 몇몇 사례에서 차입자는 'Chapter 11' 에 의하여 구조조정을 받기를 원하는 의도를 발표하기도 한다. 그리고 채권자의 일부는 부채를 재조정하여 부채의 일부분만이라도 상환하고, 더욱 효율적인 구조조정 계획이 실행되는 것에 동의한다. 이러한 구조조정 계획은 파산선언과 관계없이 진행되기도 하고 파산 진행 중에 이루어지기도 한다. 2004~05년 동안 파산을 선언한 회사 중 구조조정을 시행하면서 경영을 이어간 항공사(예: Northwest 항공사)나 자동차산업에 속한 회사(예: 델파이)와 같은 사례는 여러 개가 있다. 우리는 공식적인 파산을 피하는 것이 회사의 입장에서나 채권자의 입장에서 이익이라는 것을 보여주었다. 그러나, 이러한 일이 언제나 일어나는 것은 아니다. 우리는 이제 효율적인 구조조정 계획을 달성하기 위해서 부채의 일부 상환을 돕는 것이 대출기관에게 어떻게 이익이 되는지를 단순한 사례를 통해서 살펴볼 것이다.

예제 6.7 Bill Doors가 운영하는 Marvelous Computers를 생각해보자. 회사는 두 종류의 유통 채권이 있다. 하나는 $100의 선순위채이고, 다른 하나는 $1,000을 상환해야 하는 후순위 은행융자이다. Marvelous Computers의 자산의 현재 청산가치는 $200이다. 그러나 기업이 경영을 지속해나간다면, 한 기간 내에 0.9의 확률로 $1,100의 가치가 될 것이고, 그렇지 않은 경우 0.1의 확률로 0이 될 것이다. 한 기간을 추가로 경영하기 위해서 Mr. Doors는 개인 비용 $5를 지출한다. Mr. Doors는 파산신청하기를 원한다고 선언하였으며, 이미 은행과 채권수탁자(bondholders' trustee)를 만났다. 채권자들은 회사를 당장 청산하기를 원하고 있다. 은행은 어떻게 해야 할까? 위험에 중립적임을 가정하고, 무위험 이자율은 0%다. Mr. Doors는 사의 모든 지분을 소유하고 있다.

풀이 우리는 이 문제를 두 단계에 걸쳐서 해결한다. 첫째로 회사를 지속하는 경우와 청산하는 경우에 모든 이익관계자의 기대수익을 계산한다. 둘째로 가장 효율적인 계획이 어떻게 실행될지에 대해 검토한다. 이 예제에서는 은행이 선순위채를 매입하는 것으로 효율적 계획이 실행된다고 한다.

단계 1 채권자들이 즉시 청산을 원하는 이유는 명확하다. Marvelous Computers의 현재 청산가치는 $200이고 채권자들은 우선권을 가지고 있으며, 그들은 $100의 회수를 기다리고 있으며 그들에게 주어지는 금액은 모두 돌아간다. 반면에 경영을 지속할 경우 그들은 0.9의 확률로 $100을 받거나, 0.1의 확률로 아무것도 받지 못하게 될 수도 있다. 즉, 그들의 기대 청구 금액은 $90인 것이다. 회사가

* Horowitz와 Goodwin(1990)이 발표함.

지속적으로 운영된다면, 은행 입장에서의 기대수익은 0.9×(1100−100)=$900이다. 회사가 즉시 청산되는 경우에는 $100만 받게 된다. Mr. Doors 역시 부도를 선호한다. 주주로서는 하나도 받지 못하지만, 회사를 지속적으로 운영할 경우 개인비용 $5가 발생하기 때문이다.

단계 2 파산기간 동안 가장 효율적인 투자계획이 선택되었음을 확신하기 위해서 은행은 선순위채를 $100에 매입할 수 있다. 추가적으로, 은행은 Mr. Doors가 $1,100이 아닌 $1,090만을 상환하면 되도록 부채 재조정에 동의할 수 있다. 이제 기업의 지속운영 계획이 모든 이해관계자를 통과하면 Mr. Doors의 기대수익은 아래와 같을 것이다.

$$0.9\times(1100-1090)-5=\$4$$

선순위채권자들의 수익은 $100가 되고, 은행의 기대수익은 다음과 같다.

$$0.9\times1090-100=\$881$$

이제 강한 재무적 곤경의 두 가지 사례를 살펴보도록 하겠다.

사례 4: West Point Acquisition Company: 회사는 Mr. William Farley의 다른 여러 회사 인수를 위한 수단이었다. 1990년 3월 31일, West Point Acquisition Company는 Bankers Trust와 Wells Fargo & Company가 주도하는 은행연합에 상환해야 하는 원리금 $7억 9,600만을 지불하지 못해 디폴트를 맞았다. 이 대출은 West Point-Pepperell, Inc.를 인수하기 위한 자금이었다. 과거에, Mr. Farley는 운영목적으로 $10억의 브릿지대출에 대한 상환을 4년 연장받았으나, 이것이 3월 31일 만기가 도래했던 것이다.* West Point-Pepperell 역시 $9억 규모의 정크본드가 유통되고 있었다.

West Point Acquisition에 대출을 해준 은행들은 디폴트를 예측하고, 채무재조정에 합의하기 위하여 노력했다. 은행들은 파산절차를 피하기를 원했지만, Mr. Farley는 West Point-Pepperell의 하이일드 채권을 가진 채권자들과 합의에 도달하기를 원했다고 보도되었다. 소문에 의하면, Mr. Farley는 채권자들에게 최고 3년까지의 이자지급 연기에 대한 교환으로 West Point-Pepperell의 꽤 많은 비중의 지분을 제안했다고 한다. Bankers Trust와 Wells Fargo는 인수를 위한 대출의 은행그룹과는 다른 그룹이나, $10억 브릿지론의 리딩은행이기도 했다. 4년간의 연장과는 상관없이, 브릿지론은 $1억 6,500만의 추가적인 대출이 이루어졌으며, 대출금리

* Goodwin(1990a) 참고. 브릿지대출은 일반적으로 상업 또는 투자은행이 기업 인수를 위해 조달하는 자금조달 방법임. 대출기관은 반드시 브릿지대출을 위한 자본을 확보하고 있어야 함. 이것이 바로 merchant banking으로 불리는 것임. Merchant banking은 기업 조정기능(기업 인수)을 재정적 위함임.

를 프라임플러스 2.5에서 프라임플러스 1.5로 하향조정했다. 이는 대출기관들은 기대수익을 증가시키기 위해 실제 상환 의무금액을 삭감해주기도 한다는 것을 보여준다.

사례 5: Ames Department Stores, Inc.: 1990년 4월 27일 목요일에 Ames Department Stores, Inc.은 연방 파산법원에 파산법에 따라 Chapter 11 구조조정을 신청했다고 발표했다.* 1988년, Citibank는 Zayre department store 체인을 매입하는 데 필요한 자금 $9억를 제공한 은행연합을 리드했다. 산업침체로 피해를 입어 Ames는 $9억의 대출계약에서 기술적인 채무불이행(technical default)상태에 있었고, Citibank가 주간하는 은행단으로부터 두 번째로 면제 협상하려고 하고 있었다. Ames는 협상이 결렬된 후 Chapter 11을 신청했다고 발표했다. Ames의 기본적인 문제는 백화점의 현금사정을 걱정한 공급업체들이 운송을 중단한 것이었다.

파산시점에, Ames는 Chemical Bank가 $2억 5,000만의 DIP 파이낸싱을 제공하기로 합의했다고 발표했다. 회사가 구조조정 계획을 세우려고 하는 동안에 공급자에게 이 대출금은 공급자 대금지급 및 운영자금에 쓰일 계획이었다. 하지만, Ames와 Chemical Bank 간에 DIP 파이낸싱 협약은 법원 승인을 필요로 했다. Citibank 역시 여기에 관심이 있다고 알려졌다. 아래 상자에 DIP 파이낸싱에 대해 자세히 설명되어 있다.

관리인 유지제도 파이낸싱*

관리인 유지제도(Debtor-in-Possession: DIP) 대출이란 정확히 무엇인가? 왜 일반적이 되었나? 우리는 여기에서 이 이슈를 다룬다. 파산을 신청하는 기업들은 흔히 파산법의 보호를 신청한 이후에 훨씬 큰 부담을 받는다. 이 부담은 유동성 문제로 인해 파산기업과 거래를 회피하는 공급자와 고객 때문이다. 이러한 어려움을 극복하기 위해서, 1978년도에 연방 파산법이 채권자가 운용자본을 어떻게 얻을 수 있는지에 대한 통합 기준을 세웠다. 그리하여, vendor, 공급자, 고객이 파산신청 중에도 거래할 수 있도록 하였다. 채무기업은 운용자본 은행한도를 포함한 자산과 부채를 모두 동결시킨다. 주식회사 대신에 새로운 법적 주체 DIP가 생성된다. 1978년도 파산법은 파산기업에 새로운 융자를 해주는 대출기관에 인센티브를 제공한다. 이는 대출기관에게 차입자의 현금흐름에 대한 'super priority'라는 선취권을 보장해줌으로써 가능하게 된다. 이 청구권은 기본 행정비용보다는 후순위지만, 현재 선순위채권을 비롯한 대출에 대해서는 우선한다. 이 우선권은 또한 채무자가 파산에서 벗어나기 전에 상환하거나 만기가 도래하는 대출을 제공한다. DIP 대출의 기본적인 특징들은 다음과 같다.

(1) DIP 대출기관은 다른 대출에 담보 설정되어 있지 않은 모든 자산에 대한 권리를 가진다. 만일

* Goodwin(1990b) 참고.

* Goodwin(1990b) 참고.

자산이 DIP 대출을 모두 충당할 수 없는 경우, DIP 대출기관은 현재의 다른 채무자가 담보 설정해 놓은 자산을 사용하고 새롭게 담보 설정할 수 있는 우선청구권을 가진다.

(2) 대부분의 DIP 대출은 대출 약정의 일부가 된다. 약정 수수료의 범위는 2.5퍼센트에서 4퍼센트 정도의 한도를 가지고, 대출이자율은 1.5퍼센트에서 2.5퍼센트 정도의 범위를 가진다. 추가적으로 이는 일반적으로 신디케이션 수수료이다.

(3) 파산 도중 채무자가 청산을 강요한다고 하더라도 DIP 대출기관은 가장 우선적으로 변제받을 수 있다.

DIP 파이낸싱은 1984년도에 Chemical 은행이 신상품으로 시장에 내놓은 것이 그 시작이다. 이는 Texaco, Inc.가 Pennzoil Company를 상대로 한 $100억 소송에 패소하면서 Chapter 11을 신청한 1987년에 꽃피기 시작했다. Texaco, Inc.는 Chemical 은행에게 $20억의 DIP 대출요청을 하였고, 이 요청은 결국에는 $7억 5,000만으로 축소되었다.

DIP 파이낸싱이 시작된 이래로 시장은 무섭게 경쟁이 격화되었으나, 은행들은 이로 인해 어느 정도 수익을 얻을 수 있었다.* 미국의 대법원은 2004 *Till v. SCS Credit Corporation*, 1245. Ct. 1951 판례에서 대출기관을 위한 Chapter 11 DIP 파이낸싱의 광고에서 자율시장의 존재를 언급했다. DIP 대출을 규제하는 법적 프레임워크는 미국 파산법 Title 11의 Section 364이다.

* 추가적 논의를 위해 Rosenthal(2005) 참고.

이 사례는 대출기관이 현재의 대출에 대해서 상환할 능력이 없는 차입자에 대한 추가적인 파이낸싱을 어떻게 제공해주기를 원하는지를 보여준다. 이유는 다음과 같다. 흔히 회사의 현금흐름은 고객, 공급자 그리고 어쩌면 채권자 일부가 재정적 디스트레스 상태에 있다는 인식에 의해 손상될 수 있다. Ames의 사례에서는 공급자가 운송을 중지하면서 경영에 지장이 발생한다. 이러한 경우에, 회사는 구조조정을 요청하거나 회사가 파산신청을 한 이후에 유동성부족을 극복하기 위한 추가 융자를 신청할 수 있다.

채권단의 코디네이션 문제

우리는 재무적 곤경 상태에서 채무재조정이 대출기관과 차입자 모두에게 이익이 될 수 있다는 것을 보여주었다. 대부분의 사례에서 차입자는 다수의 대출기관으로부터 차입을 하거나, 원래 대출기관이 타 기관에 대출의 일부를 매각한다. 그 결과로, 대부분의 채무재조정 계획은 채권단을 포함한다. 이는 흔히 연합의 문제를 발생시킨다. 채권자들은 각자의 이해관계를 가지고 있기 때문에, 모든 채권자가 구조조정 계획에 대해 동의할지 여부는 확실치 않다. 예제 6.7에서 우리는 두 채권자의 의견불일치가 구조조정을 어렵게 하는지를 보았다.

예제에서, 후순위 부채 청구권자(은행)가 선순위채 소유자(채권자)의 채권을 매입함으로써 분쟁을 해결하는 것이 가능했다. 그러나 실무에서, 효율적인 해결방법은 다음 논의에서 보여주듯이 그렇게 용이하지는 않다.

전에 다루었던 Trump organization의 사례에서는 약 100곳의 은행이 참여했었다. 몇몇 은행은 Trump organization과 직접적인 관계는 없는 '참여은행' 이다.

이 은행들은 원래 대출기관으로부터 대출을 매입한 것이며, '위탁기관(Assignee)' 으로 불린다. 만일 부채재조정 계획이 표결에 부쳐진다면, 위탁기관들은 다시 돌아가 참여기관(participants)을 설득하기 전까지는 투표를 하지 못한다. Trump 사례에서 설득과정은 장기적이며 어렵기도 하다. 많은 참여자들은 위탁기관들에게 대출 매각을 요구받는다. 그러나 위탁기관들은 "everyone would want out"을 두려워한다.* 그리고 많은 사례에서 "letting a participant out"은 무료 풋옵션을 제공하는 것과 마찬가지가 될 수 있다. 이는 다음 예제에서 볼 수 있다.

예제 6.8 과거의 고생에서 살아남은 Marvelous Computers는 다시 어려움을 맞았다. 회사는 이제 세 종류의 부채를 가지고 있다. 높은 우선순위의 은행대출, 채권자들이 소유한 다음 우선순위를 가진 선순위채, 그리고 채권자들이 소유한 우선순위가 가장 낮은 junior debt이다. Marvelous Computers의 한 기간의 상환의무는 $250의 은행대출, 선순위채 $45, junior 채권 $45를 포함한다. Mr. Doors는 Marvelous Computers의 파산을 선언할 의도를 발표하였다. 이 단계에서 채권자들은 상호배타적인 구조조정 계획 두 가지 중 하나를 선택해야 한다. A 계획안에서 Marvelous Computers의 다음 기의 가치는 0.6의 확률로 $290, 0.4의 확률로 $125가 될 수 있다. 또한 B 계획안에서는 1/3의 확률로 $340, 2/3의 확률로 $25의 가치가 된다.

만일 당신이 은행을 대표하는 입장이라면, 당신은 어떤 계획안을 선호할 것이며, 어떠한 코디네이션 문제를 기대할 수 있는가? 위험중립성과 0퍼센트 할인율을 가정한다.

풀이 2단계로 문제를 해결한다. 첫 번째는 절대 우선기준(absolute priority rule)이 엄격하게 적용될 때 여러 계획안하에서의 다양한 이해관계자의 기대수익을 산출한다. 두 번째, 우리는 은행이 선호하는 계획안의 선택에 대한 하위채권자의 동의를 얻는 은행의 전략을 검토하고, 발생할 수 있는 코디네이션 문제에 대해 논의한다.

단계 1 우리는 절대 우선순위 법칙을 엄격하게 여겨 다수의 이해관계자의 기대수익을 계산한다. 기대수익은 다음과 같다.

〈표 6.5〉 다른 청구자들의 기대수익

청구자	A계획하에서의 기대수익	B계획하에서의 기대수익
은행 대출	&200	$100
선순위 채권(senior bond)	$24	$15
후순위 채권(junior bond)	0	$15
주식(Mr. Doors)	0	0

* Goodwin and Lipin(1990)을 참고.

이러한 기대수익이 어떻게 정해지는지를 이해하기 위해서 A 계획안하의 은행의 기대수익을 예제에서 고려하자.

0.6의 확률로 모든 금액이 상환되며, 0.4의 확률로는 $125를 받는다. 기대수익은 0.6×250+0.4×125=$200이다.

단계 2 당신의 은행은 명확하게 A 계획안을 선호한다. 선순위 채권자들 역시 A 계획안을 선호한다. 그러나 후순위 채권자들은 B 계획안을 선호한다. 그리고 그들의 동의를 확실하게 얻어야 할 것이다. 불행하게도 당신의 은행은 경제적 가치보다는 액면가에 bought out되기를 주장할 수도 있다. 이 경우에, 당신의 은행과 선순위 채권자들은 은행에 $45를 지불해야 한다. 포인트는 당신은 그들에게 행사가격 $45의 무료 풋옵션을 준다는 것이다. 이것은 여전히 B 계획안의 기대수익을 초과하는 순 기대수익 $155를 남기기 때문에 당신의 은행은 $45를 지불하는 것을 최선이라고 생각할 수 있다. 은행에 안 좋은 상황은 선순위 채권자들이 프리라이드(free ride)를 시도하고 계획을 실행하기 위해 당신에게 매수를 요구할 수 있다는 것이다. A 계획안에 비해 B 계획안이 실행될 경우 상대적으로 $9를 손해보지만, B 계획안을 택하면 손해가 더 커질 것이라는 것을 알게 될 것이다. 만일 당신 은행이 $45에 매수한다면, 그들 역시 무료 풋옵션을 받은 것이다. 선순위 채권자들은 만일 당신이 매수한다면, A 계획안의 순 기대수익은 B 계획안의 기대수익을 초과하는 $110이 된다는 것을 안다.

차입계약의 재협상과 차입자의 자금조달원천의 선택

우리는 차입계약의 재협상이 재정적 어려움의 상황에서 회사에게 얼마나 중요한 일인지를 보았다. 추가적으로, 채권단의 잠재적인 코디네이션 문제 상황에서, 차입 조항의 재협상의 정도와 타 계약 사항은 얼마나 많은 채권자가 참여하는가와 이 채권자들이 누구인지에 달려 있다. 적은 수의 큰 규모의 대출기관이나 한 곳의 대출기관으로부터 차입이 이루어진 경우에는 재협상이 상대적으로 용이하다. 채무가 여러 곳에 분산되어 있는 상황에서는 재협상에 소요되는 비용이 엄청나게 증가한다.* 이것은 차입자가 대출자금의 출처를 선택할 때 미래에 있을지도 모를 재협상의 가능성을 대출계약 당시에 함께 고려해야 한다는 것을 의미한다.** 회사의 사전적 신용도가 낮을 때, 차입계약의 재협상을 위한 옵션의 가치 계약하에서 재협상이 가능할 때와 불가능할 때의 차입자의 순 기대수익의 차이는 크다.***

주주와 채권자 사이의 대리인 문제는 신용도가 낮은 회사에서 더욱 심각한 경향이 있다. 따라서 회사의 행동에 제약을 주는 초기 계약조항 역시 더욱 제한적인 경향이 있다. 제한조항이 대리인 문제를 해결하기는 하나, 이는 반대로 회사가 수익투자를 진행할 수 있는 여지를 감소시키기도 한다. 결과적으로, 재협상의 중요성은 이러한 회사에서 더욱 높아진다. 이것은 신용이 낮은 회

* 최적 대출계약과 채무불이행 위험에서의 대출계약의 재협상에 대한 분석은 Hart and Moore(1989)를 참고.
** Berlin and Mester(1992)을 참고.
*** Blackwell and Kidwell(1988)의 실증자료를 참고.

사들이 더욱 엄격한 조항을 적용하나, 새로운 정보를 고려하여 비효율적으로 보일 때 이러한 조항들을 선택적으로 완화해 주고자 하는 채권자들과 협상을 하는 경향이 있다.

따라서, 우리는 신용등급이 낮은 회사들로 하여금 비밀리에 은행으로부터 더 엄격한 조항으로 대출을 받기를 기대한다.

재무적 곤경으로 생성된 금융중개 기회

은행들이 재무적 곤경 상황하에 있는 기업들에 대한 대출을 빨리 처분하고 싶어 하는 이유 중 하나는, 이러한 대출은 위험하거나 계약불이행으로 분류되어 더 많은 은행운용자금을 필요로 하기 때문이다. 은행들은 이러한 대출을 덜 엄격한 제한에서 운영되는 (은행이 아닌) 타 금융기관에 매각할 수 있다. 재정적 중개의 기회는 그러므로 자산을 더욱 효과적으로 보유할 수 있는 곳에 중개되면서 발생한다. 이것은 많은 고차입 기업들이 재정적 디스트레스 상황에 놓이면서 기회는 점점 더 증가한다. 위험대출만을 매입하려는 목적을 가지고 1990년에 뮤추얼 펀드가 설립되었다.* 재정적으로 문제를 안고 있는 기업들의 부채에 투자하는 '벌처펀드'가 일정 부분 존재했지만, 이 새로운 뮤추얼 펀드는 독점적으로 은행대출만 선택적으로 매입한 첫 번째 사례다. 펀드는 캘리포니아의 Foothill Group에 의해 처음 시초되었고, Merrill Lynch & Company에 의해 기관투자자들에게 유통되었다. 펀드의 목적은 재정적 어려움에 있거나 파산한 기업들의 계약이행 또는 계약 불이행 대출을 매입하는 것이다. 이 대출은 보통 펀드가 회피하는 선순위에서 하이일드(정크) 채권들이었다. 디스트레스 대출 시장에 대한 데이터를 구하기는 어려우나, 1990년 5월까지 Foothill은 이 대출들로부터 51퍼센트를 벌어들였다. 펀드의 대변인은 당시에 투자자들은 연 25퍼센트를 벌 것으로 기대했다고 발표했다.

결론

본 장에서는 대출 가격결정, 신용할당, 은행-차입자 관계금융 그리고 채무불이행과 대출재조정에 대한 여러 이슈들을 다루었다. 정보가 빠른 속도로 퇴색하고 거의 지속적으로 새로운 정보가 발생하는 환경에서는 유연성이 중요하다. 새로운 정보에 기초하여 차입계약 조항이나 제반 계약사항들을 재조정하는 것이 중요하다는 것이다. 이러한 재협상은 채권자나 차입자 모두에게 부가가치를 창출할 수 있는 일이다.

은행들이 대출 워크아웃이나 대출계약의 재조정에서는 자본시장에서의 자금조달에 비하여 우위를 가질 수밖에 없다. 이 우위는 은행의 일체적인 대출기관으로서의 지위에서 비롯된다. 자본

* Lipin(1990c)을 참고.

시장 자금조달은 일반적으로 행동을 단일화하여 통제하기가 쉽지 않은 많은 수의 채권자들로 이루어져 있기 때문이다. 채권자들을 통합하는 것은 재조정 성공에서 매우 중요한 사항이다. 그러므로, 차입계약에 대한 재협상의 옵션을 택하고자 하는 차입자는 credit을 위해 은행에 가게 된다. 경쟁이 격화되는 시장환경에서 차입자에 맞춘 정보는 변동성이 심하다. 은행들은 대리인 문제해결을 위한 제한조항을 협상에서 경쟁우위로 사용한다. 그러나 이러한 조항의 대출 후 재협상을 수용할 만큼의 여지는 남겨둔다.

Zeus Steel, Inc.의 사례 연구*

1993년 12월 Robert Feldon은 Zeus Steel사를 세웠다. 그는 자신의 회사를 세우기 전까지 대규모 제철사인 Seminole Steel Company의 영업사원이었다. Mr. Feldon은 Zeus steel은 내수시장에서 특별한 지위를 구축하고 있다고 생각한다. Zeus는 최고 등급이나 프라임 등급에서 하자가 있어 거절된 '2등급' 철제를 사들인다. 여러 공급자와의 장기적인 관계로 Mr. Feldon은 프라임 철제보다 33퍼센트 낮은 가격으로 이등급 철제 매입에 성공해왔다. Zeus의 고객들은 Zeus에서 결함을 제거(철제를 편편하게 함)하고, 또는 철제의 결함 정도가 약간 부식이기 때문에 '이등급' 철제를 사용하는 데 아무런 이의도 없다. 회사의 주요 공급자는 제철소, 보험회사(해상운송 중에 파손에 대한 보험에 가입한 철제를 파는), 철제 브로커이다. 흔히 Zeus에게 가장 어려운 시간은 철강시세가 강세라, 이등급의 철제를 할인된 가격에 매입하기가 어려울 때이다. Zeus는 원철(raw steel)을 매입하여 10대의 전단기계를 이용하여 작은 조각으로 자른다. Feldon은 그의 사비 $150,000로 회사를 시작했다. 그는 35년 된 30,000평방피트 건물을 $60,000은 현금으로 나머지 $240,000은 10년 상환으로(한 달에 $2,000씩+8퍼센트 이자) 샀다. 그는 경매에서 전단기계 10대를 $100,000에 구입했다. 그중 $50,000은 First National Bank(FNB)로부터 차입했다. 그의 남은 투자금과 FNB로부터 받은 $50,000의 신용한도를 합해 운영자본으로 사용했다. 아직도 Zeus Steel의 지분 100%를 가지고 있는 Robert Feldon은 First National Bank와의 관계에 중요한 시점에 와 있다. 그의 대출심사 역인 Phillip Reiling이 타 은행으로 자리를 옮겼으며, Feldon의 새로운 대출심사 역인 Mike Dickens(MD)는 상업대출 업무를 시작한 지 이제 6개월밖에 안 되었기 때문이었다(신용부서에서 승진하면서 옮겨왔다). 아래는 뱅킹 관계의 미약함을 보여주는 Zeus의 신용파일에서 발췌한 크레딧 메모의 일부이다.

* 뉴욕대학교의 Gregory F. Udell의 사례연구. 본 사례 제공에 대한 감사를 표함.

크레딧 메모

1999/1/30 MD

Zeus Steel을 방문해서 처음으로 Robert Feldon을 만났다. Feldon은 FNB와의 관계가 최근에 좋지 않다고 말해왔다. Feldon이 말하기를, Phillip Reiling은 좋은 친구였으나, Zeus의 금융관련 요구에 모두 응대해주지는 못했다고 한다.

Feldon은 Zeus의 신용 니즈에 대해 몇 달 전 Reiling에게 위험성을 알렸으나, 그럼에도 불구하고 신용한도의 $200,000 증액은 지난 11월에 최후 '위험'처럼 다루어지면서 승인되었다. Feldon은 현재 $500,000의 신용한도가 Zeus의 목을 조르고 있다고 강조했다.

나는 공장을 둘러보면서 회사의 운영수준에 감명받았다. 공장의 모든 공간이 사용 중에 있는 것처럼 보였으며, 많은 부분은 원철(Raw steel)의 저장공간이었다. Feldon은 몇 달 전 $300,000의 "침수되었던" 코일을 할인가격인 파운드당 $.11에 매입한 사실에 꽤 자랑스러워하고 있었다. Zeus는 이미 매입한 코일의 절반 이상에 대한 주문을 받아놓은 상태였다. 나는 Feldon에게 1998년 12월 31일 마감 재무제표를 받는 즉시, Zeus의 신용한도 증액을 검토할 것이라고 말했다. Feldon은 재무제표는 전기인 1997년보다 더 좋아질 것임을 나타냈다.

1999/2/26 MD

Feldon에게 Zeus가 $200,000에 기계 세 대를 매입할 것이라는 긴급한 전화를 받았다. 그는 FNB로부터 이 자금을 조달받고자 했다. 나는 금요일 런치미팅을 제안했고, 그는 외상매출금과 외상 미수금, 연말 재무제표, 새로운 이력서를 가져오도록 했다. Feldon의 회계담당인 Ken Heyden이 런치 미팅에 함께 참여하기로 했다.

1999/2/28 MD

무역부문에서의 침체를 다룬 Dunn & Bradstreet의 보고서를 받았다. 과거에 D&B는 Zeus의 대금지급을 '디스카운트' 또는 '즉시지급'으로 명시했었다.

1999/3/2 MD

Zeus의 신용한도 증액과 설비구입을 위한 파이낸싱을 위하여 Feldon과 점심 미팅을 가졌다. FNB's Metropolitan Division의 head인 John Garner와 Ken Heyden도 자리에 함께 참석했다. Feldon는 Zeus의 1998년도의 실적에 대해서 기쁨을 드러냈다. Archer Manufacturing과 Hiawatha Motor Homes의 두 곳을 새로 인수하면서 매출이 증가하였다. Archer은 산업용 공구박스와 관련 액세서리를 제조하는 회사로서, 제품을 건설 산업 쪽에 주로 판매하고 있다. Hiawatha는 운송 사업에서 재조립(생산도 한다)을 하는 회사다. 두 사례 모두 사업을 인수하기 위해서 Zeus는 피크 시즌에 어음을 60~75일

정도 보유해야 했다.

서류를 검토하면서 우리는 Zeus가 거래에서 더디다는 것을 지적했다(미불금이 $1,225,000가 있다). Feldon은 신용한도가 더 증액된다면, 미불금 지급일을 45일로 다시 맞출 수 있을 것이라고 강조했다. Ken Heyden은 그의 예측에 따르면 $750,000의 신용한도가 적정할 것이라고 강조했다. 우리는 Feldon에게 1998년도의 수익감소에 대해 물었고, 그는 임금에서 지출이 있었고, 재고가 세금목적으로 과소계상되어 있다고 설명했다. 임금이 너무 높은 것에 대한 우려를 제기하자, "내가 개인적으로 확약하지 않습니까?"라고 방어적으로 대답했다.

Feldon은 그의 요청의 긴급성에 대해 다시 강조했다. 새로운 전단기계(48인치 두 대와 60인치 한 대)는 새로운 두 회사의 인수에 대한 이자를 내는 데 중요했다. 우리는 신용한도가 매출채권과 재고로 담보하는 것과 FNB가 통상적으로 요구하는 회계감사를 받은 재무제표를 요구할 것이라고 언급했다(이에 대해 Feldon은 반농담으로 "Ken이 나에게 또 $10,000을 청구하겠군!"이라고 대답했다). 관계가 살짝 불편한 것처럼 보였다.

1999/3/6 MD

Zeus의 공급자 중 세 곳의 신용체크를 위한 계약을 체결했다. Youngstown와 Inland Steel은 Zeus가 장기 고객으로서 신용이 좋은 편이라고 밝혀왔다. Seminole은 Feldon에 대해서 자신감을 가지고 있었으나, 대금지불에서 60~75일 정도로 약간 더디다고 보고해 왔다.

1999/3/7 MD

1998년 Zeus 계정의 잔액은 다음과 같다.

평균 회수 잔액 $55,000

평균 수수료 잔액 $17,000

다음은 John Garner와 Dickens의 금요일 미팅에 관한 사항이다.

1999년 3월 6일, Garner의 사무실

Garner: Mike, 나는 Zeus Steel에 대한 우려가 있어. 지난 주에 Feldon이 짜증이 나 있었고, 우리에게 약간 방어적이었던 것을 알고 있어. 나는 그가 그럴 만했다고 생각해. 솔직하게 말하면, 이 계정은 Reiling이 Feldon을 기쁘게 하려고 지속적으로 낮은 이자율을 적용해주면서 방치해왔던 것이 문제라고 생각해. 우리는 Feldon이 원하는 바대로 다 해주지 못할 수 있어. 그러나, 우리가 노력한다면 회사를 살릴 수는 있을 거야. 어쨌든, Zeus처럼 드라마틱하게 성장한 회사는 많이 찾아볼 수 없는 것이 사실이야. 게다가, 나는 우리 방식에 맞추어 일 처리를 해준 Ken Heyden에게 많은 고마움을 느껴.

Dickens: 나도 몇 가지가 마음에 걸리기는 해. Feldon은 임금 명목으로 Zeus의 자금을 많이 빼내갔어. 그리고 이것은 자본부족을 일으켰어. 그가 요구하는 추가적인 대출을 해주는 경우, 내 생각에는 재무비율들이 많이 달라질 거야. 나 또한, 회사의 급격한 확장이 우려되는 바야. 내 생각에는 그것 때문에 회사의 재무제표가 안정성을 잃은 것 같아.

Garner: 우리는 언제든 매출채권과 재고를 담보로 설정할 수 있어. 그러면 신용한도를 증액해 주고, 기계 매입을 위한 대출을 해줄 수 있어. 그러나, 당신도 알고 있듯이, 이것은 Feldon에게는 비용이 많이 드는 옵션이야. 한도에 대한 금리는 프라임보다 4퍼센트 높게 책정될 것이며, 우리의 참여율이 50%가 될 거야. 솔직히 말하면, Zeus의 비즈니스를 잃지 않을 가능성이 높은 다른 해결책이 있을 것이라고 생각해. Zeus는 수익을 잘 내고 있으며, 아직도 우리의 다른 차입자들에 비해서는 부채/순자산 비율이 꽤 좋은 편이야.

Dickens: Feldon이 월요일까지 확답을 달라고 했으니, 우리도 빠르게 대응해야 할 거야. Feldon은 이 사안에 대해서 Midtown Bank와도 협의하고 있는 것으로 알고 있어.

Garner: 내가 보기에 우리의 옵션은, 1) $750,000은 아니지만 무담보로 신용한도를 증액해주고, FNB의 대출정책(매입 가격의 75퍼센트와 3년에 걸친 감가상각)에 따라 기계 매입을 위한 융자를 해 주는 것, 2) 매출채권과 재고를 담보설정 후 $750,000 전부를 한도 증액해주는 것*, 3) 기계 매입에 대한 대출 승인을 해주나 상업대출회사가 대출에 대한 취득권(한도에 참여하는 방식으로)을 가지는 것이야.

Mike, 선택은 당신 몫이야. 월요일 오전에 열리는 대출심사위원회에 참석해서 당신이 원하는 것이 우리의 최고 제안이 될 거야. 만일 당신이 다른 대안을 생각해낸다면, 그건 더 좋아. 내가 원하는 것은 당신이 대출심사위원회에 당신의 의견을 지지할 수 있는 자세한 재무분석 자료를 제공하는 거야.

질문: 당신은 Zeus의 재무분석과 관련해서 Mike Dickens를 도울 수 있는가? 또한, 은행이 이 사안과 관련하여 어떻게 진행해야 하는지에 대한 제안을 할 수 있는가?

* FNB에는 자산기초의 대출 부서는 없음. 그러므로, 매출채권과 재고를 담보로 설정하는 경우, 전체 담보 모니터링 없이 진행해야 함.

재무제표
(ZEUS STEEL, INC.)
(Kenneth Heyden & Company에 감사 없이 작성됨)

Balance Sheet (000's omitted)

Assets		12/31/96		12/31/97		12/31/98
Cash		$ 30		$ 68		$ 24
Accounts Receivable – Net		150		342		698
Inventories (LIFO)		110		326		1006
Other Current Assets		6		8		12
Total Current Assets		296		744		1740
Property, Plant, & Equipment	422		440		490	
Less Accumulated Depreciation	90	332	136	304	188	302
Total Assets		$628		$1048		$2042
Liabilities & Net Worth						
Accounts Payable		$ 60		$ 202		$ 768
Notes Payable – FNB		40		150		500
Current Maturities						
First National Bank		10		10		0
Mortgage		24		24		24
Other Current Liabilities		6		8		26
Total Current Liabilities		140		394		1318
Long-Term Debt						
First National Bank		10		0		0
Mortgage		144		120		96
Total Debt		294		514		1414
Common Stock		150		150		150
Retained Earnings		184		384		478
Total Liabilities & Net Worth		$628		$1048		$2042

Income Statement (000's omitted)

	12/31/96	12/31/97	12/31/98
Sales	$1500	$2600	$4300
Cost of Goods Sold			
Beginning Inventory	90	110	326
Purchases	800	1610	3494
Direct Labor	250	274	425
Manufacturing Expenses	54	82	199
Ending Inventory	110	326	1006
Gross Profit	416	850	862
Operating Expenses			
Officer's Salary (Feldon)	100	158	242
Commissions	90	210	290
Office Salaries	30	52	58
Depreciation	42	46	52
Provision for Bad Debts	2	2	24
Miscellaneous	10	16	22
Net Operating Profit	142	366	174
Interest Expense	18	24	38
Net Profit Before Tax	124	342	136
Taxes	38	142	42
Net Profit After Tax	$ 86	$ 200	$ 94

Continued

Projected Income Statement (Zeus Steel, Inc.)

	For the 3 Months Ended			
	3/31/99	6/30/99	9/30/99	12/31/99
Sales	$1400	$1800	$1400	$1400
Gross Profit	350	450	350	350
Operating Expenses	250	320	250	250
Net Operating Profit	100	130	100	100

	Days			
Account Receivable Aging 2/23/99 (Zeus Steel, Inc.)	0–30	31–60	61–90	Over 90
Archer Manufacturing Co.	$79,000	$80,000	$17,000	$
Able Tools Co., Inc.	46,000	52,000		
Centennial Steel Co.	12,000	6,000		
Diversey Products	52,000	38,000	22,000	26,000
Steven's Locker	58,000	48,000		
Hiawatha Motor Homes	76,000	72,000	12,000	
Seminole Steel Co.	42,000	34,000		
Smith Manufacturing Co.	8,000	22,000		
CPN Fabricating	24,000			
Cooper Heating & Cooling	18,000	26,000		
Schiller Manufacturing	30,000	36,000		
Mid-America Products	8,000	10,000	2,000	10,000
Other Accounts (under $10,000)	22,000	54,000	6,000	2,000
Total	$475,000	$478,000	$59,000	$38,000
Total Accounts Receivable: $1,050,000				
Accounts Payable Aging 2/23/99 (Zeus Steel, Inc.)				
Youngstown Steel	$236,000	$72,000	$	$
Seminole Steel Co.	79,000	109,000	40,000	
Inland Steel	101,000	39,000		
Atlantic Underwriters	62,000	107,000	28,000	
Independent Insurance Co.		44,000	30,000	
Robert Cunningham & Co.	57,000	83,000	19,000	
Star Steel	14,000	36,000		
Other Accounts	23,000	27,000	19,000	
Total	$572,000	$517,000	$136,000	$-0-
Total Accounts Payable: $1,225,000				

Personal Financial Statement 2/23/99 (Robert Feldon)

Assets		Liabilities & Net Worth	
Cash	$20,000	Notes Payable	$12,000
Marketable Securities (M/V)	270,000	Credit Cards	2,000
Zeus Steel, Inc. (M/V)	2,500,000	Mortgages	
Real Estate (M/V)		Residence	84,000
Residence	300,000	Condominium	75,000
Condominium	220,000		
Personal Property (M/V)	150,000	Net Worth	3,287,000
Total Assets	$3,460,000	Total Liab. & Net Worth	$3,460,000

Continued

LOAN REPORT NUMBER:	1067			**DATE:** 11/19/98
NAME:	Zeus Steel, Inc.			
BUSINESS:	Metal Fabricating			
STARTED:	1993			
PRINCIPALS:	Robert Feldon			
CUSTOMER SINCE:	1993			
OFFICER CONTACT:	PR			
REQUEST:	$500,000 unsecured line of credit (increase from $300,000)			
PURPOSE:	Working capital			
SOURCE OF REPAYMENT:	Collection of Receivables			
DATE:	Prime plus $\frac{1}{2}$% (floating) Compensating balances will be 15% of the line			
AVERAGE BALANCE:		1997	1996	1995
	Average Collected	$91,000	$73,000	$46,000
	Average Free	60,000	49,000	31,000
AFFILIATED LOANS:	Auto Loan to R. Feldon –$6,325			
HIGH CREDIT:	$300,000			
PRESENT LIABILITY:	$300,000			
MONTHS OUT OF DEBT (LAST 12 MONTHS)	None			
GUARANTORS:	Robert Feldon (Net Worth $629,000)			
COLLATERAL:	Unsecured			
COMMENTS:				
DATE OF NEXT REVIEW:	3/31/99			

INDUSTRY AVERAGES*

Assets Size	**1 mm–10mm**	**All**
Balance Sheet		
Assets		
Cash & Equivalents	7.2	7.2
Accounts Receivable	25.1	25.9
Inventory	28.1	25.4
Other Current	1.5	1.5
Total Current	61.9	60.0
Fixed Assets (Net)	29.8	31.6
Other Noncurrent	8.3	8.4
Total	100.0	100.0
Liabilities & Net Worth		
Notes Payable Short-Term	8.2	7.1
Current Maturity-L/T Debt	3.4	3.8
Accounts & Notes Payable – Trade	16.1	16.2
Accrued Expenses	6.9	7.7
Other Current	2.6	3.1
Total Current	37.2	37.9
Long-Term Debt	11.7	13.4
All Other Noncurrent	1.5	1.6
Net Worth	49.6	47.1
Total	100.0	100.0

Continued

Income Data		
Net Sales	100.0	100.0
Cost of Sales	78.6	76.9
Gross Profit	21.4	23.1
Operating Expenses	14.2	16.4
Operating Profits	7.3	6.7
All Other Expenses (Net)	.6	.7
Profit Before Taxes	6.7	6.0
Ratios		
Current	1.7	1.7
Quick	.9	.9
Sales/Receivables	9.0	8.9
Cost of Sales/Inventory	6.5	7.2
Cash Flow/Current Maturity	3.8	3.6
Debt/Worth	1.0	1.1
ROE (Before Taxes)	27.6	26.7
ROA (Before Taxes)	12.9	10.8
Sales/Total Assets	2.2	2.2

Source: Robert Morris Statement Studies 1998 (Metal Stampings).

ZEUS STEEL, INC.
Financial Analysis

Probability	**1996**	**1997**	**1998**	**Industry (1 mm–10mm)**
Profit	$ 86,000.00	$200,000.00	$ 94,000.00	
Salary	$100,000.00	$158,000.00	$242,000.00	
ROA (Before Taxes)	19.7	32.6	6.6	12.9
ROE (Before Taxes)	37.1	64.0	21.6	27.6
Gross Margin	27.7	32.7	20.0	21.4
Liquidity				
Quick Ratio	1.33	1.06	.56	0.9
Current Ratio	2.11	1.89	1.32	1.7
Turnover				
Accounts Receivable (Days)				
End of Period	36.5	48.0	59.2	41
Average		34.5	44.1	
Inventory				
End of Period	37.0	67.9	106.8	56
Average		45.5	70.7	
Accounts Payable (Days)				
End of Period	27.4	45.8	80.2	
Average		29.7	50.7	
Leverage				
Debt/Worth Ratio	.88	.96	2.25	1.0

연습문제

1. t=0 시점에, t=1 시점에 $5억에 투자기회를 얻기 위한 옵션을 제외하면 회사의 자산이 없다고 가정해보자. 이 투자에 필요한 지출은 모두 은행대출을 통해 조달될 것이다. 세금은 없고 모두 위험 중립적이다. 투자기회는, 만일 투자를 결정한다면, t=2 시점부터 영구적으로 연 $X의 수익을 기대할 수 있다. 그러나 X가 정확히 얼마가 될지는 현재 시점에서는 미정이다. 이는 t=1 시점이 되어야 알 수 있다. 현재로써 우리는 가능한 t=1 시점의 X의 가치에 대한 확률분포만 알 수 있다.

상황	확률	X (백만 달러)
1	0.05	100
2	0.10	150
3	0.15	180
4	0.20	200
5	0.25	210
6	0.25	220

ABC, Inc.

단일 기간 동안 무위험 이자율은 10퍼센트이다. 현재의 t=2 시점부터 지불이 시작되는 영구 은행대출의 시장가치와 이 대출에 대한 약정 이자율의 관계를 보여주는 그래프를 그려라.

2. 신용할당(credit rationing)이란 무엇인가? 이윤 극대화를 추구하는 은행이 신용을 할당하는 이유는 무엇인가?
3. 재무적 곤경의 세 가지 종류는 무엇인가? 약한 재무적 곤경 상황에서 대출기관은 왜 채무재조정을 하기를 원하는가? 대출기관이 일반적으로 수용하는 조건들에는 무엇이 있는가?
4. 중간 수준의 재무적 곤경 상황에서 대출기관들은 어떤 재조정을 원하며 그 이유는 무엇인가?
5. 강한 재무적 곤경 상황에서 대출기관들은 어떤 채무재조정을 원하며 그 이유는 무엇인가?
6. 브릿지대출이란 무엇이며, '종합금융회사(merchant banking)'와는 어떤 연관이 있는가?
7. DIP 파이낸싱이란 무엇이며, 현재 채권자들에게 어떤 이익이 있는가?
8. 대출 워크아웃 과정에서 발생할 수 있는 코디네이션 문제에 대해서 설명하고 이를 어떻게 해결할 수 있는지를 토론하라.
9. 당신은 은행가이고 대출 신청자 그룹을 마주하고 있다. 각 신청자는 저위험이거나 고위험이다. 그룹 안에는 600명의 저위험 신청자와 400명의 고위험 신청자가 있고, 각 신청자는 각각 $100의 대출을 원한다. 저위험 차입자는 한 기간 동안 0.8의 확률로 $150을 벌거나, 0.2의 확률로 아무것도 얻지 못하는 프로젝트에 투자할 것이다. 고위험 차입자는 $100을 0.7의 확률로 $155, 0.3의 확률로 아무것도 얻지 못하는 프로젝트에 투자할 것이다. 당신은 신청자 중

60퍼센트는 저위험, 40퍼센트는 고위험 신청자라는 것을 알고 있다. 그러나 당신은 어떤 신청자가 저위험이고 고위험인지 구분하지는 못한다. 당신 은행은 독점적 위치를 가지고 있으며, 당신에게는 대출자금 $50,000이 있다. 등장하는 모든 사람은 위험중립적이다. 현재의 무위험 이자율은 8퍼센트이다. 각각의 차입자는 대출을 신청하기 위해서 성공상황으로 정의되기 위해서는 적어도 $5의 수익을 남겨야 한다. 당신은 대출금리 45퍼센트를 발표하고 나서 1,000명의 대출 신청자가 있음을 알게 되었다. 당신은 500명에게만 대출을 해 줄 수 있다. 당신의 수익을 최대화하는 최적의 대출금리는 얼마인가? 대출금리는 신청자의 절반을 돌려보내는 45퍼센트여야 하는가 아니면 신용제한이 없다면 더 높게 책정되어야 하는가?

10. 지금을 2002년 1월 1일이라고 생각해보자. 당신은 미국 로스앤젤레스 High Growth Bank의 여신심사부의 심사 역이다. 소규모 제조업체 ABC Inc.의 CEO이자 창립자인 Alex Walker가 당신에게 찾아와서 2002년 3월 1일까지 꼭 필요한 자금에 대한 대출을 요청해왔다. 그는 2003년 2월 28일까지 대출 원리금을 상환할 것을 약속했다. ABC Inc.의 재무상태표와 손익계산서는 다음과 같다.

ABC Inc.
재무상태표 (2001년 12월 31일 기준)

현금	$50,000
매출채권	250,000
Mr.Walker 대출금	40,000
재고	800,000
총 유동자산	1,140,000
토지 및 건물	100,000
기계	100,000
타 고정자산	15,0000
총 자산	1,355,000
은행, 지급어음(notes payable)	200,000
매입채무	300,000
공급자 매입채무	100,000
증가액(accruals)	50,000
총 유동부채	650,000
모기지	550,000
주식	300,000
유보이익	355,000
총 부채 및 자본	1,355,000

ABC Inc.
손익계산서 (2001년 말 기준)

매출	$3,650,000
원가	2,650,000
영업이익	1,000,000
관리 및 판매 비용	400,000
감가상각	20,000
기타	200,000
세전 당기순이익	380,000
법인세(40%)	152,000
당기순이익	228,000

위의 정보에 추가적으로, 다음의 재무비율 정보가 주어진다. 비율정보는 ABC사가 속한 산업의 평균치다.

유동비율	3.0
재고회전율	10.0
평균회수기간	25일
고정자산 회전율	20%
부채비율	30%

이 대출요청에서 중요한 고려사항은 ABC사가 산업 평균에 맞추어 대출 상환에 필요한 자금을 내부적으로 조달할 수 있는가의 문제이다. 대출 요청금액은 $650,000이다. 당신은 아직 대출금리를 정하지는 못했으나, 이 고객에 대한 현재의 연 대출금리는 10퍼센트이다. 당신은 향후 몇 개월 동안 ABC사의 대출금리가 10퍼센트 정도에 머무를 것으로 기대한다. 당신은 이 대출을 승인해야 하는가? 만일 당신이 대출을 승인한다면, 이 대출 요청에 관한 정량분석을 하고, 필요한 대출 조항에 대한 요약본을 만들어라. 이 조항에는 적어도 하나의 긍정조항(affirmative covenant), 하나의 부정조항(negative covenant), 하나의 제한사항이 포함되어 있어야 한다. 당신의 분석을 개선시켜줄 추가적인 정보에 대한 간단한 요약을 제공해야 한다.

11. 차입자는 S와 R의 두 종류의 프로젝트 중 하나를 선택할 수 있다. 각 프로젝트는 한 기간 동안 랜덤한 금액의 수익을 가져다준다. 프로젝트 S는 0.9의 확률로 $250을 받거나, 0.1의 확률로 모두 잃게 된다. 프로젝트 R은 0.4의 확률로 $350을 벌거나, 0.6의 확률로 아무것도 얻지 못하게 된다. 은행의 자금조달 비용은 무위험 이자율과 같은 10퍼센트이다. 위험중립적인 은행의 입장에서 당신은 차입자가 어떤 프로젝트를 선택할지에 대한 영향력을 행사하지 못한다. 추가적으로, 당신은 이 차입자가 다른 은행으로 바꾸기 전에 손익분기 이자율보다 200bp 높은 이자율을 적용할 수 있다. 다음 두 시나리오하에서 차입자와 은행의 기대수익을

계산하라. (i) 은행과 차입자는 한 기간 동안만 계약할 수 있다. 차입자는 $150의 단일 대출을 요청한다. (ii) 차입자는 매년 S와 R 중에서 선택권을 가지고 있으며, 연속적으로 $150의 대출을 두 번 요청한다. 계약의 상한은 어디인가?

12. 기업가가 경영하는 회사를 하나 생각해보라. 이 회사는 두 종류의 유통 채권이 있다. 하나는 채권자들이 가진 $150의 선순위채권이고, 다른 하나는 $1,250의 후순위 은행대출이다. 회사 자산의 현재 청산가치는 $400이지만, 만일 회사가 지속적으로 운영된다면 한 기간 내에 0.8의 확률로 순자산 가치 $1,400이 되거나, 0.2의 확률로 가치 0이 될 것이다. 회사를 한 기간 동안 더 운영하려면, 경영자는 개인비용 $25를 발생시켜야 한다. 경영자는 회사를 파산 신청하기를 원한다고 선언하였으며, 은행과 채권수탁인을 이미 만났다. 채권단은 회사를 즉각 청산하기를 원하고 있다. 은행은 어떻게 해야 할까? 위험 중립을 가정하고 무위험 이자율은 0이다. 경영자 한 명이 회사의 지분을 모두 소유하고 있다.
13. 다음과 같은 3종류의 부채를 가진 기업을 고려하자. (i) 최우선순위의 은행대출, (ii) 채권자가 소유한 선순위 채권, (iii) 우선순위가 가장 낮은 후순위 채권. 한 기간 동안 기업의 상환의무는 은행대출 $150, 선순위채권 $60, 후순위 채권 $50을 포함한다. 회사는 이미 파산신청을 하고자 하는 의지를 밝혔다. 이 단계에서, 채권자들은 상호배타적인 두 구조조정 계획 중 하나를 선택해야만 한다. A 계획안은 다음 한 기간 동안 회사의 가치가 0.5의 확률로 $180이 되거나, 0.5의 확률로 0이 되는 것이다. B 계획안 아래서 회사의 가치는 0.2의 확률로 $260이 되거나, 0.6의 확률로 $20이 되는 것이다. 은행의 입장에서, 어떠한 계획안을 더 선호하며, 어떤 코디네이션의 문제에 직면하게 될 것인가? 이 문제를 어떻게 극복할 것인가? 위험중립성과 할인율 0을 가정하라.
14. 다음은 "친구들의 대화"에서 발췌한 일부이다. 비평해보라.

애플턴: 만일 은행이 하지 않는다면 다른 누군가 할 거야.

버터워쓰: 그것이 사실일 것이라고 생각하지만, 문제는 경쟁우위와 많은 손실이야. 그것은 바퀴를 다시 발명하는 것과 같아. 예를 들어, DIP 파이낸싱을 생각해보자. 법상에는 은행만이 이것을 제공할 수 있다는 근거가 없지만, 시장에서의 빅 플레이어는 은행들이야. 이것은 사소한 우연은 아닐 거야.

사회자: 나는 미국 기업들의 부채비율을 생각하면 지난 10년간 DIP 파이낸싱 시장의 급성장은 놀라운 일은 아니라고 생각해. 개인적으로는 전체 채무재조정 프로세스, 특히 그중에서 은행의 역할이 매우 매력적이라고 생각해. 그러나, 은행들의 신용제한에 대한 불만이 차입자에게서 나오고 있는 상황에서 은행들의 개입은 아이러니라고 생각해.

애플턴: 나는 신용제한에 대한 우려는 과장되어 있다고 생각해. 먼저, 은행들이 신용을 제한한다고 생각하지 않아. 그리고 만일 그렇게 한다면, 비합리적인 행동이라고 생각해. 나는 누군가 $5 지폐를 태운다고 해도 상관하지 않아. 게다가, 이성적인 차입자도 비이성적인 행동

을 할 수 있다고 생각해. 솔직히 말해서, 아직 은행이 신용을 제한하고 있다는 실증적인 연구 결과를 본 적은 없어.

사회자: 이봐, 알렉스! 모든 작은 진실에 다 실증적인 근거가 필요한 것은 아니지 않나.

버터워쓰: 저 질문에 대답하지 말게, 알렉스. 문제는 신용제한을 이성적인 것으로 설명할 수 있다는 거야. 그리고 이러한 시각은 어차피 알렉스 당신이 은행이 특별하다고 생각하지 않으므로, 신용이 제한된 차입자가 '다른 기관'으로 갈 수 있기 때문에 그렇게 놀랍지는 않아.

15. 정보 처리 능력에 관한 제한사항과 대출수요의 무작위성을 강조하여 은행의 즉시대출 프로세스를 설명해보아라.

참고문헌

Aigner, Dennis J., and Case M. Sprenkle, "A Simple Model of Information and Lending Behavior," *Journal of Finance* 23, March 1968, 151 166.

Akerlof, George A., "The Market for 'Lemons": Quality Uncertainty and the Market Mechanism," *Quarterly Journal of Economics* 84, August 1970, 488 500.

Berlin, Mitchell, and Loretta J. Mester, "Debt Covenants and Renegotiation," *Journal of Financial Intermediation* 2 2, June 1992, 95 133.

Bhattacharya, Sudipto, and Anjan V. Thakor, "Contemporary Banking Theory," *Journal of Financial Intermediation*, October 1993, 2 50.

Blackwell, D.W., and David S. Kidwell, "An Investigation of Cost DiVerences Between Public Sales and Private Placements of Debt," *Journal of Financial Economics* 22, 1988, 253 278.

Boot, Arnold W. H., and Anjan V. Thakor, "Moral Hazard and Secured Lending in an InWnitely Repeated Credit Market Game," *International Econoner Review* 35 3, November 1994, 899 920.

Deshmukh, Sudhakar, Stuart I. Greenbaum, and George Kanatas, "Lending Policies of Financial Intermediaries Facing Credit and Funding Risk," *Journal of Finance* 38, June 1983, 873 886.

Diamond, Douglas, "Reputation Acquisition in Debt Markets," *Journal of Political Economy* 97, 1989, 828 862.

Freixas, Xavier, and Jean-Charles Rochet, *The Microeconomics of Banking*, MIT Press, October 1997.

Goodwin, William, and Steven Lipin, "4 Main Banks Hold Bag on Trump Loan Payments," *American Banker*, April 3, 1990a.

———, "Chemical to Provide Debtor-in-Possession Financing for Ames Stores," *American Banker*, April 27, 1990b.

———, "4 Main Banks Hold Bag on Trump Loan," *American Banker*, June 14, 1990.

Greenbaum, Stuart I., and Itzhak Venezia, "Partial Exercise of Loan Commitments Under Adaptive Pricing," *Journal of Financial Research* 8, September 1985, 251 263.

Hart, Oliver, and John Moore, "Default and Renegotiation: A Dynamic Model of Debt," *Quarterly Journal Of Economics* 113(1), 1998, 1 41.

———, "Default and Renegotiation: A Dynamic Model of Debt," working paper, MIT, 1989.

Horowitz, Jed, and William Goodwin, "Hanover: Trump Loans Among Nonperformers," *American Banker*, June 28, 1990.

JaVee, Dwight, and Franco Modigliani, "A Theory and Test of Credit Rationing," *The American Economic Review* 59, December 1969, 850 872.

Lipin, Steven, "Agent Banks Forced to Restructure Revlon Loan," *American Banker*, May 29, 1990a.

———, "Bankruptcy Law Made DIP Loan Appealing," *American Banker*, February 20, 1991.

———, "Fund to Purchase Leveraged Firms' Distressed Loans," *American Banker*, May 17, 1990c.

———, "Junk Bond Ills Force Recasting of Zale Loans," *American Banker*, June 29, 1990b.

Lipin, Steven, and William Goodwin, "Trump's Banks Balked at a Call for Cash, Forcing Negotiations," *American Banker*, June 6, 1990.

Merris, Randall C., "The Prime Rate," *Business Conditions*, The Federal Reserve Bank of Chicago, April 1975, 2 12.

Rajan, Raghuram, "Insiders and Outsiders: The Choice Between Informed and Arm's-Length Debt," *Journal of Finance* 47 2, September 1992, 1367 1400.

Rose, Sanford, "How to Improve Risk-Adjusted Returns," *American Banker*, March 20, 1990.

Rosenthal, Trent L., "Debtor-in-Possession Financing: Opportunities, Risks and Rewards," *The Secured Lender*, May/June 2005, 8 14, 82.

Samuelson, Paul A., Statement in "Monetary Policy and Management of the Public Debt: Hearings Before the Subcommittee on General Audit Control and Debt Management," Joint Committee on the Economic Report, 2nd Congress and n d Session, 1952.

Sharpe, Steven, "Asymmetric Information, Bank Lending, and Implicit Contracts: A Stylized Model of Customer

Relationships," *Journal of Financial Economics* 45 2, September 1990, 1069 1087.

Sprenkle, Case, "Liability and Asset Uncertainty for Banks," *Journal of Banking and Finance* 11, 1987, 147 159.

Stiglitz, Joseph E., and Andrew Weiss, "Credit Rationing in Markets with Imperfect Information," *The American Economic Review* 71, June 1981, 393 410.

Thakor, Anjan V., "Capital Requirements, Monetary Policy and Aggregate Bank Lending: Theory and Empirical Evidence," *Journal of Finance* 51 1, March 1996, 279 324.

Warberg, Carla M., "Functional Cost Analysis A New System Approach to Gauging ProWtability," *Business Review*, Federal Reserve Bank of Dallas, August 1971, 7 11.

제7장 신용시장 특수 문제: 신디케이트론, 대출매각, 프로젝트 파이낸싱

개인적이며 기술적인 기업 금융의 주제는 주요 정부 정책 문제의 핵심으로 점점 우리를 이끈다. … 우리는 여기서 우리의 지대한 관심을 필요로 하는 영향력 있는 문제들을 다루고 있다.

한스 J. 마스트, *Crédit Suisse*

용어 정리

신디케이트론: 다수의 채권자가 집단을 구성하여 제공하는 대출

프로젝트 파이낸싱: 스폰서 기업이 특정 프로젝트를 기업과 별개의 독립적 법인체로 형성하여 기업의 현금흐름과 별개로 프로젝트의 현금흐름에 직접 청구할 수 있는 자금조달 방식

서론

5장과 6장에서 은행 대출과 관련된 주제들을 다양하게 살펴보았다. 본 장은 은행대출과 관련하여 다음과 같은 추가적인 주요 주제들을 분석한다. 즉 신디케이트론, 대출매각, 프로젝트 파이낸싱. 신디케이트론은 다수의 채권자가 하나의 대출을 제공할 때 발생한다. 신디케이트론에는 주로 상업은행인 주간사은행이 대출을 발생시키고 참여은행들은 다양한 지분의 대출분담금을 제공하며 신디케이트에 참여한다. 신디케이트론의 변형된 형태는 대출매각이다. 프로젝트 파이낸싱은 스폰서 기업이 특정 프로젝트를 기업과 별개의 독립적 법인체로 형성하여 기업의 현금흐름과 별개로 프로젝트의 현금 흐름에 직접 청구할 수 있는 자금조달 방식을 활용할 때 발생한다. 본 장은 다양한 사례들을 분석하고, 일정 상황에서 이러한 사례들을 효율적으로 만드는 근원적인 경제적인 요인에 대해 분석한다.

신디케이트론

본 장은 신디케이트론의 정의를 설명하고 신디케이트론의 경제적 기능과 역할을 분석한다. 다음으로 미국 및 국제 신디케이트론시장을 분석한다.*

신디케이트론의 정의

신디케이트론이란 여러 금융기관들—일반적으로 은행들—이 집단을 구성하여 제공하는 신용이다. 신디케이트론은 단일한 계약으로 거래되지만 신디케이트에 참여하는 각 금융기관은 차입기업에 대하여 개별적으로 청구권을 보유한다. 일반적으로 금융계약 전에 신용분석을 행하고 계약과정에서 차입기업과 협상을 진행하는 단일 또는 복수의 주간사은행(senior syndicate member)이 존재한다. 주간사은행은 차입기업에 의해 지명되고 정보비대칭 문제를 해소하고 금융계약을 설계하는 핵심적인 금융중개 역할을 수행한다. 신디케이트의 참여은행(junior banks)이라 불리는 여타 참여 금융기관들은 총 여신액 중에서 각자에게 약정된 할당분을 분담한다. 참여은행들의 구체적 구성과 수는 여신규모, 신디케이트 계약의 복잡성, 가격 등과 차입기업과 은행 간의 관계금융 유지를 위한 의지 등에 의하여 결정된다.

신디케이트 기업대출이 금융시장에서 확대되는 주요 요인은 주간사은행들이 신용위험 노출을 다각화를 통하여 감소시키고자 하는 데 있다. 참여은행들을 신디케이트 구성에 포함시켜서 주간사은행들은 단일 차입자에게 집중되는 과도한 신용위험 노출을 피할 수 있다. 주간사은행들은 신디케이트 구성 후에도 계약설계, 가격결정, 여신의 배분 등에서 주도적 역할에 대한 수수료를 수취할 수 있다. 신디케이트론은 은행들이 전문화의 이익과 다각화의 이익 사이에 존재하는 본질적인 긴장을 해소하는 방법이다.

참여은행들은 주간사은행으로서의 역할을 위한 비용 및 위험 부담 없이 신디케이트론에 참여할 수 있는 이점이 있다. 즉, 참여은행들은 자신들이 전문화하지 못한 차입기업 부문에서 신디케이트 참여를 통하여 대출 포트폴리오를 확장하고 다각화할 수 있다. 또한, 신디케이트에 참여함으로써 미래에 차입기업과 관계를 심화시켜 영업 영역과 이윤을 확장할 수 있는 기회를 창출한다.**

〈그림 7.1〉은 신디케이트 구조의 사례를 제시한다. 이 신디케이트론은 2001년에 신디케이트가 Starwood Hotels and Resorts World-wide, Inc.에 제공한 대출약정의 형태이다. 이 신디케이트론계약에서 주간사은행은 Deutsche Bank AG이며 참여은행들은 Bank One NA, Citibank NA, Credit Lyonnais SA, UBS AG이다.***

* 본 장에서의 논의는 Dennis and Mullineaux(2000) and Gadanecz(2004)의 연구를 바탕으로 한다.
** Allen(1990)을 참고.
*** Gadanecz(2004) 참고.

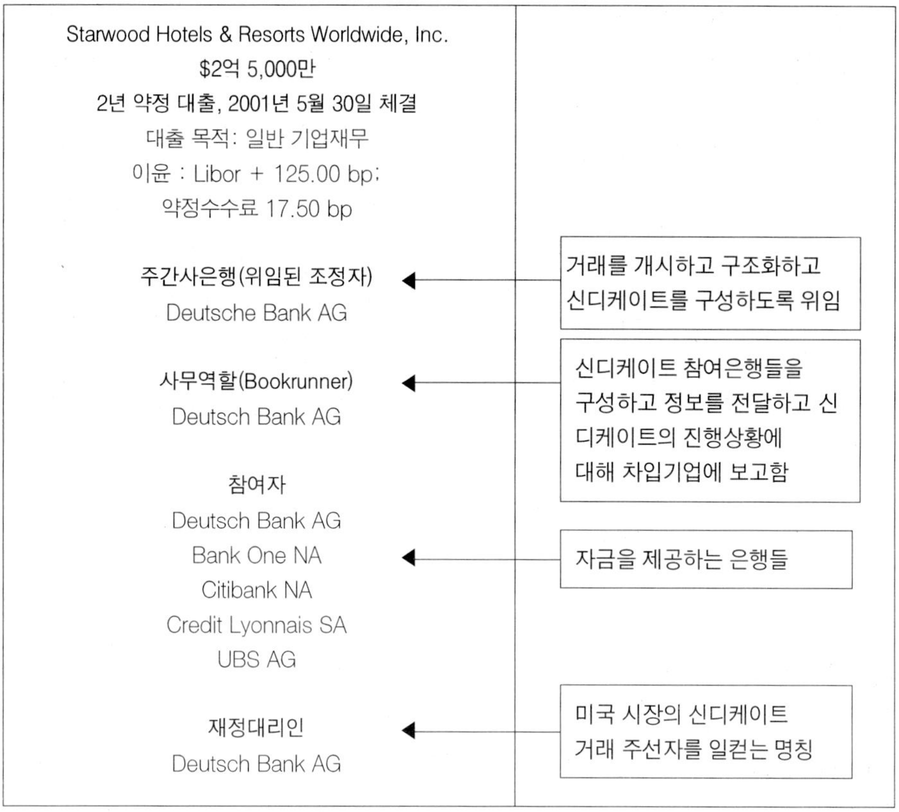

〈그림 7.1〉 간단한 신디케이트 구조의 예시: Starwood
출처: Dealogic, and Gadanecz(2004).

신디케이트론시장

지난 수십 년 동안 신디케이트론은 미국 내에서 광범위하게 활용되었다. 그러나 1970년대 이후에는 신디케이트론이 국내 금융뿐만 아니라 국제금융에서도 중요한 수단이 되었다.

국제금융시장에서 신디케이트론은 정부부채 부분에서 먼저 발전하였다. 1982년의 멕시코의 사실상 최초 국가부도 이전에는 대부분의 개발도상국들의 부채는 국제 신디케이트론으로 구성되어 있었다. 1980년대 멕시코와 여타 채무국가들이 경험한 채무이행상의 어려움은 1989년 멕시코 국가채무의 구조조정을 통한 브래디 채권으로의 전환으로 귀결되었다.* 이후 신흥시장의 국가채무는 신디케이트론 대신에 채권을 통한 자금조달에 보다 많이 의존하게 되었다. 1990년대 초부터는 신디케이트론이 기업대출 부문에서 경쟁력을 갖게 되었으며, 신디케이트론은 미국의 기업대출시

* 브래디(Brady) 채권은 신흥시장에서 발행되고, 미 재무부 무이표채에 의해 보증된 미 달러 표시 채권이다. 이러한 채권은 1980년대에 국가 부도 위기에 처해 있던 덜 발전된 국가들의 채무를 경감시키고자 하는 노력의 일환으로 발생하였다. 채권은 미 재무부 국장의 이름을 따서 지어졌으며, 그는 국제 통화 조직의 채무 경감 프로그램을 도왔다.

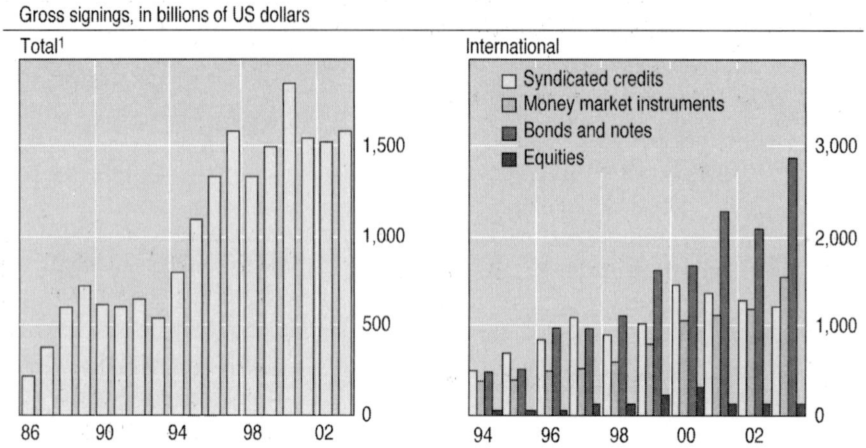

〈그림 7.2〉 1980년대부터 신디케이트론

[1]국제와 국내 신디케이트 신용 기관들.

출처: Dealogic Loanware; Euromoney; BIS, and Gadanecz(2004).

장에서 가장 비중이 큰 자금조달 원천이 되었고, 금융기관에게는 신디케이트론의 인수업무 수익의 주요 원천이 되었다.* 〈그림 7.2〉는 신디케이트 기업대출의 성장을 보여준다.

브래디 계획(Brady plan)은 신디케이트론시장의 중요한 성장 계기가 되었다. 1990년대 초까지 신디케이트 기업대출시장에서 영업하던 은행들은 복잡한 위험관리 기법을 적용하여 담보의 보다 효과적인 활용 및 채권가치평가 기법을 신디케이트 기업대출에 적용하였다. 대출매각을 위한 2차 시장도 발전하기 시작하여 연기금펀드, 보험회사 등 비은행 금융회사들이 대출시장에 참여하게 되었다. 많은 상업은행들은 신디케이트 기업대출을 투자은행 부문으로 업무 영역을 확장하는 금융거래라고 보았다. 또한, 신흥시장국가들로부터의 차입기업들은 신디케이트 기업대출이 대체적이고 보완적인 자금조달 원천으로서 매력적임을 파악하게 되었다. 결과적으로, 〈그림 7.3〉에서 보여주는 바와 같이 신디케이트 기업대출은 1990년대에 폭발적으로 성장하게 되었으며 2003년에는 많은 지역과 국가로부터의 차입기업에게 제공된 신규 대출규모는 $1.3조에 이르게 되었다.

상업은행이 신디케이트 기업대출시장에서 지배적이며 투자은행은 1990년대에 이르러 활발하게 참여하게 되었다. 대출자산의 유동화를 위한 서류형식의 표준화와 이에 따른 신디케이트론의 유동성 증가로 2차 시장에서 신디케이트 기업대출 거래가 증가하게 되었다.**

2차 시장의 참가자는 (i) 시장조성자, (ii) 적극적 투자자, (iii) 일시적 판매자/투자자로 구성된다. 시장조성자는 일반적으로 대형 상업은행 또는 투자은행이며 이들은 투자 포지션을 취하고 자

* Madan, Sobhani, and Horowitz(1999)를 참고.

** 그러한 규정화가 최초 시작하는 데 책임이 있는 전문 기관으로는 대출시장 연합(유럽)과 아-태평양 대출 시장 연합이 있다.

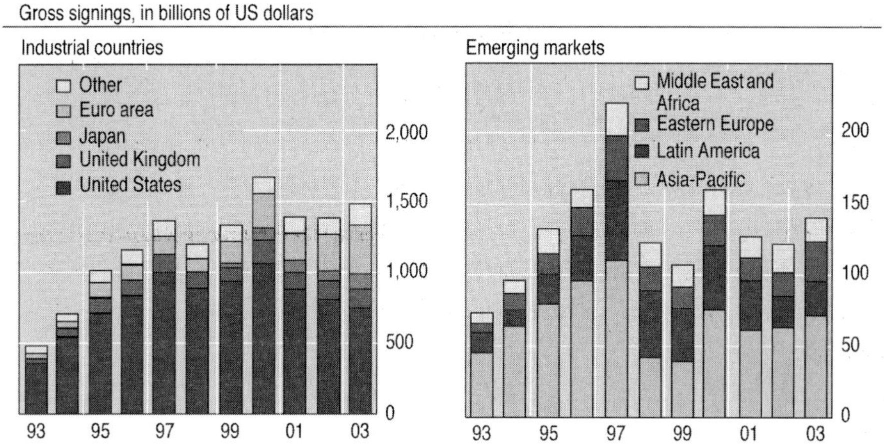

〈그림 7.3〉 차입 국적별 신디케이트론
출처: Dealogic Loanware, and Gadanecz(2004).

본을 제공하여 유동성을 창출한다. 적극적 투자자는 주로 벌처펀드(vulture funds)라고 불리는 부실채무 거래자와 기관 투자에 전문화한 투자은행과 상업은행이다. 비교적 덜 적극적인 투자자는 보험회사, 비금융 기업 등을 포함한다. 마지막으로 신디케이트론자산의 판매자 또는 구매자가 되는 일시적 투자자들도 시장참여자의 일부이다.

브래디 계획

브래디 계획(Brady Plan)은 미국 재무장관인 Nicholas F. Brady에 의해 1989년 3월 처음 제시되었으며, 1980년대 여러 개발도상국에 만연하였던 부채위기를 해소하기 위한 대책이었다. 부채위기는 1982년에 시작되었으며 주로 남미의 여러 국가들에서 발생하였다. 부채위기는 이자율의 급격한 상승과 상품가격의 급격한 하락을 동반하여 채무국가들이 상업은행에 졌던 채무가 부도 상황으로 이어졌다. 이와 같은 부채위기는 신용경색과 경기불황으로 귀결되었다.

브래디 계획(Brady Plan)은 이와 같은 부채위기에 대한 대응이었다. 브래디 계획(Brady Plan)의 주요 내용은 다음과 같다. (1) 채권자인 은행은 부채 원금과 이자의 추심을 확보하기 위하여 부채상환 완화(debt relief)를 제공한다. (2) 부채상환 완화(debt relief)는 경제개혁의 이행에 연동한다. (3) 구조조정된 부채는 거래가 용이해야 하며 채권자에게 위험을 보다 더 분산시킬 수 있는 기능을 제공할 수 있어야 한다.

부채상환조정(rescheduling)은 사례별로 진행되고 브래디 채권의 발행은 개별적이다. 대부분의 브래디 구조조정은 채권자에게 그들의 대출자산에 상응하여 액면채권 또는 할인채권을 선택할 수 있게 하였다. 액면채권과 할인채권은 30년 만기 담보부 채권이다. 액면채권은 대출자산의 채권으로의 액면가 등가 교환을 의미하며 시장이자율보다 낮은 고정이자율을 부과하는 방식으로 할인된 이자 규정을 제공하여 장기적으로 채무이행의무 액수를 감소시키는 방식이다.

할인채권은 일반적으로 부채원금을 부채원금의 30-50% 수준으로 할인된 액면의 채권과 교환하는 방식으로 부채의 즉각적인 감면을 허용하며 시장이자율에 기초한 변동이자율로 이자가 부과된다. 액면채권과 할인채권 모두 미 달러 표시 재정 증권 무이표채를 담보로 하여 지급이 보증되었다. 액면채권과 할인채권(주로 12-24개월)의 이자지급액의 일부도 신용등급이 높은 유가증권에 의하여 지급이 보증된다.

브래디 계획(Brady Plan)은 다음과 같은 여러 관점에서 성공적이었다. (i) 참여국가들이 채무이행의무 액수 중 상당 부분을 감소시키도록 논의할 수 있게 하였다. (ii) 상업은행들이 국가위험(sovereign risk)을 다양화하도록 하였다. (iii) 많은 개발도상국들이 야심 찬 경제 개혁을 채택하여 진행하도록 독려하였다. (iv) 많은 개발도상국들이 국제 자본시장에 재진입할 수 있게 하였다.

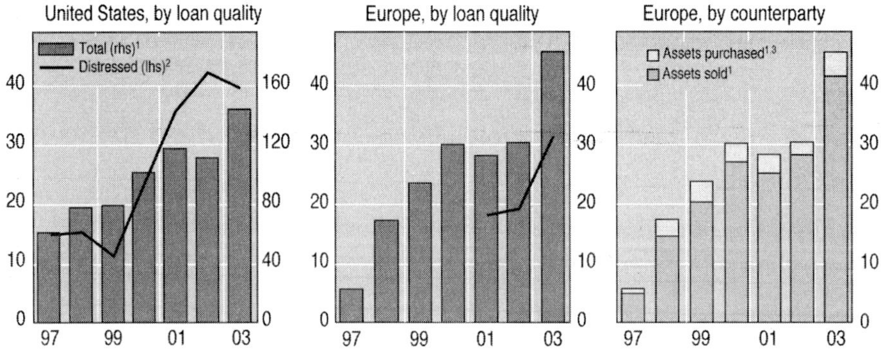

1 10억 US $ 단위.
2 총 대출 거래 퍼센트. 유럽의 경우, 회수곤란과 레버리지된 대출금 합계.
3 대출시장연합 외로부터.

〈그림 7.4〉 신디케이트 신용 관련 미국과 유럽의 증권 시장
출처: Loan Market Association(LMA); Loan Pricing Corporation, and Gadanecz(2004).

세계에서 가장 큰 유통시장은 미국에 위치해 있으며 2003년에 거래규모가 $1,450억에 달하고 신디케이트론의 19%의 비중을 갖고 있다. 같은 시기 유럽 유통시장의 거래규모는 $460억이다. 회수곤란대출금은 미국 유통시장 거래액의 상당한 부분을 차지하며 유럽에서도 중요성이 증가하고 있다. 〈그림 7.4〉는 미국과 유럽 유통시장의 신디케이트 거래량을 보여준다. 아시아-태평양 지역에서 유통시장의 신디케이트론의 거래 규모는 미국과 유럽의 규모에 비하면 매우 작은 비중이나 성장이 기대되고 있다.

신디케이트론 가격결정

신디케이트론은 관계 대출(relationship loan)(5장)과 거래 대출(transaction loan)의 사이

〈표 7.1〉 신디케이트론 수수료의 구조

수수료	종 류	참 고
주선 수수료	착수금	프레시피움(praecipium)이라고도 불림. 계약을 만들어 낸 것에 대한 보답으로 주 주선자에 의해 수취되고 보유됨. 요구불예금 관련 비용
법률 수수료	착수금	법률 자문의 보수
인수 수수료	착수금	신디케이트의 첫 단계에서의 파이낸싱을 획득하기 위한 노력에 대한 대가
참여 수수료	착수금	주 참여자에 의해 수취됨
시설 수수료	매년	은행들에게 시설을 제공하는 것(사용하였건 하지 아니하였건)에 대한 지급액
관여 수수료 (미사용 부분 관련)	매년	시설이 사용되지 않는 한 계속 지불. 대여은행이 관여에 상응하는 자본을 보상하기 위함
관리 수수료 (사용 부분 관련)	매년	대여은행의 수익을 높임; 관리 수수료는 항상 공개될 필요는 없으므로 차입기업이 시장에 실제 지급되는 것보다 더 낮은 금리를 발표할 수 있게 해줌
대리 수수료	매년	대행 은행의 서비스에 대한 보수
전달 수수료	착수금	전달 은행[1]에 대한 보수
선급 수수료	선급의 경우 일시불	선급에 대한 페널티

[1] 납입이 진행되는 통로 기관으로 원천세를 피할 수 있게 한다. 대여은행이 증권시장에서 거래되는 대출에 대해 중요하게 고려하는 것은 취득자가 거주하는 나라에 대한 원천세이다.

출처: Gadanecz 2004) 표 1.

에 있다.*

신디케이트론에서 주간사은행은 차입기업과 반복적인 거래관계를 갖는 경우가 많으며 신디케이트론은 일반적으로 관계금융의 특성을 갖는다. 그러나 신디케이트론에서 참여은행들은 일반적으로 거래대출 형태로 신디케이트에 참여한다.

신디케이트론의 가격결정 구조는 대출약정의 구조와 유사하다. 〈표 7.1〉에서 보여지듯 다양한 수수료가 부과된다. 대출이자율, 채권자의 운용자금 사이의 가산금리, 수수료와 함께 추가로, 다양한 기법들이 위험을 통제하기 위해 사용된다. 여기에는 보증과 담보, 계약이 포함된다.

은행들은 전통적으로 다른 은행들에게 대출을 매각해 왔다. 그러나 최근에는 그들의 규모가 급격히 증가하였다.** 점점 더 은행들은 대출매각에 매각자와 매입자로 참여하고 있다. 은행들은 일반적으로 자산 매각 전문가를 고용한다. 신디케이트를 통해 대출을 판매하는 은행이 증가하였고, 전통적인 대출매각과는 다르게 많은 수(약 60%)가 주로 외국은행, 중간상, 비금융법인들인 북미지역 은행 네트워크 외의 매입자들에게 판매되고 있다.

대출만기는 하루에서 2년까지의 범위에서 판매되며, 대략 80%는 만기가 90일이나 그 이하이다.

대출매각

대출매각은 개시 은행이 다른 금융기관들로부터의 대출로 인한 자금조달을 책임진다는 점에서

* Dennis and Mullineaux(2000)를 참조하라. Boot와 Thakor(2000)는 관계와 거래 대출을 구분한다.

** Gorton and Haubrich(1987), Gadanecz(2004), Gorton and Pennacchi(1993) and Pavel and Phillis(1987)를 참조.

는 신디케이트론과 유사하다. 기업대출의 매각은 일반적으로 2가지 유형으로 분류된다. 즉 대출 스트립(loan strips)과 대출채권 분할매각(loan participations)이다. 대출 스트립은 장기 대출을 단기적으로 공유한다. 스트립이 일정 기간(예로 30 또는 60일)의 만기가 오면 판매 은행은 스트립 보유자에게 계약상의 금액을 지급하여야 한다. 실질적으로 대출을 위한 자금조달은 스트립 만기시점에서 소진된다. 대출 자금을 유지하려면 개시 은행은 자금 제공을 위한 스트립을 또 다른 기간 동안 재판매하여야 한다.

상환청구가 없는 대출매각은 판매자의 장부에서 대출을 없애므로 이를 위해 자본이나 준비금이 필요하지 않다. 스트립은 자금 조달의 위험이 있으므로 문제가 간단하지 않다. 1988년 1월에 FASB는 (i) 스트립의 구매자가 모든 손해 위험을 감수하고, (ii) 스트립의 매각자가 대출 스트립을 재구매하여야 한다는 계약서상의 의무가 없다면 스트립이 대출매각으로 기록될 수 있다고 결정하였다.

대부분의 대출 스트립이 이러한 조건들을 만족시키는지에 대해서는 논란이 많다. 1988년 1월에 AICPA의 은행업무 위원회는 (i) 차입자가 대출 계약서상의 약관조항을 어기거나, (ii) 주요 부정적 변화(material adverse change: MAC)가 차입자의 재무적 상황에서 발견되었을 경우 스트립의 만기에 개시은행(매각자)이 대여하기를 거부할 수 있다면 스트립을 대출매각으로 인정하겠다고 공시하였다. (ii)는 대출약정의 기본적인 MAC조항이라는 것을 유념한다.

대출채권 분할매각

신디케이트론과 같이 대출채권 분할매각은 다수의 금융기관이 집단으로 금융계약에 관여되는 방식이다. 대출 스트립과는 대출의 전면적인 매각이라는 점에서 차이가 있다. 대출채권 분할매각이란 대출채권 유동화방법의 하나로서 대출을 취급한 후 금융기관, 즉 주간사은행이 대출채권의 전부 또는 일부를 타인(참가자)에게 매각하면서 차주와의 채권-채무관계를 유지하고 참여은행에게 원리금 수취권만을 양도하는 것으로서, 참여은행은 대출채권에 대한 위험을 부담하게 되므로 주간사은행이 차입자로부터 원리금을 회수하는 경우에 한하여 주간사은행으로부터 원리금을 수취할 수 있게 된다. 이러한 거래는 채권을 매각한 대출금융기관이 여전히 계약상의 채권자로 남아 있게 된다.* 주간사은행은 계속해서 참여은행을 대신하여 대출을 관리한다. 채권자들 간의 관계는 대출참여 합의서로 전형적으로 공식화되며, 주간사은행 및 참여은행들이 대출의 분할되지 않은 이자를 받는다는 것이 규정된다. 일반적으로 참여은행들에게 대출을 판매하는 것은 대출은행과 차입자 간에 대출문서화가 실행된 후 이루어진다. 신디케이트론과는 상이하게 참여은행들은 차입자와 직접적인 계약관계를 갖지 않는다. 주간사은행이 계약조건을 차입자와 협상, 체결하며, 차입자로부터 모든 지급액을 수취하며, 담보는 주간사은행이 관리한다. 참여은행들은 주간사

* Franks(2005)를 참고.

은행에게 선급하며 분할매각된 채권의 이자에 대한 매입의 형태를 갖는다.

신디케이트론에서와는 상이하게 대출채권 분할매각의 경우 참여은행의 이점은 차입자가 참여은행들과 개별 계약서를 작성하지 않고 오로지 주간사은행과 거래한다는 점이다. 그러므로 대출채권 분할매각은 참여은행에게 순수한 거래 대출이나 자본시장 투자와 매우 유사하다. 대출채권 분할매각의 경우와는 상이하게 신디케이트론에서 참여은행의 이점은 다음과 같이 2가지가 있다. (1) 참여은행은 주간사은행이 파산할 추가 위험에 대해 걱정할 필요가 없다는 것이다. (2) 신디케이트론의 참여은행은 차입자와의 거래관계를 발전시킬 기회가 있다는 점이다.

주간사은행의 관점에서 신디케이트론에 비해 대출채권 분할매각의 이점은 차입자와의 관계에서 독점적인 통제권을 유지할 수 있다는 것과 미래에 신디케이트의 참여은행 같은 잠재적인 경쟁자를 만들지 않는다는 것이다. 주간사은행의 관점에서 대출채권 분할매각에 비해 신디케이트론의 이점은 참여은행이 차입자와 직접적인 계약관계를 유지하므로 주간사은행은 자본제약에서 보다 자유로울 수 있다는 것이다.

선택: 신디케이트론 또는 대출매각

신디케이트론 시장과 대출채권 분할매각 시장은 차입자뿐만 아니라 금융기관들에게도 상당한 경제적인 이득을 제공하기 때문에 발전해 왔다. 대출자들에게 신디케이트론과 대출채권 분할매각은 관계대출 및 거래대출의 장점을 모두 제공한다(예를 들어, 유동성으로 인한 대출비용 감소). 신디케이트론은 계약 전 정보비대칭하에서 금융계약을 설계하고 가격조건을 협상하는 데에서 주간사은행에게 전문성을 독점할 수 있게 한다. 또한 신용위험을 다양화할 수 있게 해준다. 동일한 경제적 이득이 대출채권 분할매각의 주간사은행에게도 제공된다. 참여은행들에게 신디케이트론의 이득은 전문성이 부족한 분야로 다양화할 수 있는 기회를 신디케이트 참여를 통해 획득할 수 있고 관계금융의 기회를 축적할 수 있다는 것이다.

참여은행들에게 대출채권 분할매각의 이득은 전문성이 부족하고 관계금융이 축적되지 않은 부문으로 대출포트폴리오를 확장할 수 있다는 것이다.

프로젝트 파이낸싱

본 절은 우선 프로젝트 파이낸싱을 정의하고, 경제적 기능과 최근 성장 요인을 분석한다. 또한 프로젝트 파이낸싱 시장의 특성을 분석한다.

프로젝트 파이낸싱이란 무엇인가

프로젝트 파이낸싱이란 큰 규모의 사회기반시설(infrastructure) 프로젝트의 자금을 조달하는 방식을 의미한다. 사회기반시설은 에너지나 채광을 포함한 천연 자원 부분을 포함한다. 프로젝트 파이낸싱은 일반적인 자금조달과 많은 부분에서 다르다. 프로젝트 파이낸싱에서 기업이나 공공 스폰서가 대규모 프로젝트에 투자하고자 하면, 개별적인 독립체로 각각 프로젝트를 구성하여 개별 프로젝트의 현금흐름에만 청구권을 갖는 자금조달을 찾는다. 일반적으로 스폰서는 가능하다면 투자은행과 같은 다른 스폰서와 함께, 자본을 조금 투자하고 그 후 스폰서에게 상환청구되지 않는 특정 부채로 나머지 프로젝트를 지원한다. 비상환청구 부채란 대여자가 프로젝트의 현금흐름에만 청구권이 있으며 스폰서의 다른 어떠한 현금흐름에 대해서도 청구권이 없는 부채이다. 혼합된 프로젝트 파이낸싱은 일반적으로 꽤 높은 부채 비율을 가진다.

왜 프로젝트 파이낸싱이 활용될까?* 몇 가지 이유가 있다. (1) 프로젝트의 현금흐름이 스폰서의 현금흐름과 섞이지 않아 금융기관이 정보비대칭 문제를 용이하게 해소하게 한다. 이는 금융기관들의 정보처리 비용을 감소시켜주며, 그러므로 차입자에게 이득이 된다. (2) 현금흐름이 혼합되지 않아 도덕적 해이 문제가 완화된다. 이는 차입자가 프로젝트 파이낸싱을 획득하기 위한 자본비용을 감소시킬 뿐 아니라 더 높은 정도의 레버리지를 허용하여 부채로 인한 세금 절감액을 증가시킨다. (3) 다수의 금융기관이 참여하므로 프로젝트 파이낸싱의 구조도 또한 신디케이트론이 가지고 있는 위험 분담 이점을 가지고 있다. (4) 프로젝트 파이낸싱의 비상환청구 특성에 따라 스폰서는 프로젝트가 어려움을 겪을 경우에도 재정위험에 노출되지 않는다. 이는 특히 대형 프로젝트의 경우에 중요하다.

프로젝트 파이낸싱이 모든 프로젝트에 활용되지 않는 데에는 두 가지 이유가 있다. 첫째, 특정 목적의 독립체로 프로젝트를 독립적으로 구성하는 데 고정비용이 발생한다. 둘째로, 프로젝트의 성공이 일반적으로 다수의 관계자들의 공동 노력에 좌우되어 조정비용이 든다. 프로젝트 파이낸싱은 이로 인한 이득이 비용을 초과할 때만 매력적이다. 프로젝트 파이낸싱은 이러한 특성들에도 불구하고 1990년대 이후 매우 글로벌화된 사업이 되었다.** 이는 세계적으로 많은 산업이 민영화되고 규제가 철폐되어 가는 경향 때문이기도 하다.

지리적으로 글로벌 프로젝트 파이낸싱의 추세는 〈그림 7.5〉에서 볼 수 있다. 1998년과 2000년 사이의 두드러진 성장의 일부는 글로벌 투자자들의 재분배로 인한 것이다. 즉 1998-99년의 동아시아 위기로 인한 개발 경제에서 산업화 경제까지의 포트폴리오와 유럽과 북미의 새로운 프로젝트 파이낸싱 투자로의 재분배를 말한다. 2000년 이후, 전반적인 경제 후퇴로 인한 글로벌 침체가 있었으며, 특히 통신과 동력 산업이 침체되었다. 〈그림 7.6〉을 보라.

* 여기에서의 논의는 Shah and Thakor(1987)에서 발전된 이론의 일부를 바탕으로 한다.
** 이후의 논의는 Sorge(2004)의 일부를 바탕으로 한다. 또한 Esty(2003)를 보라.

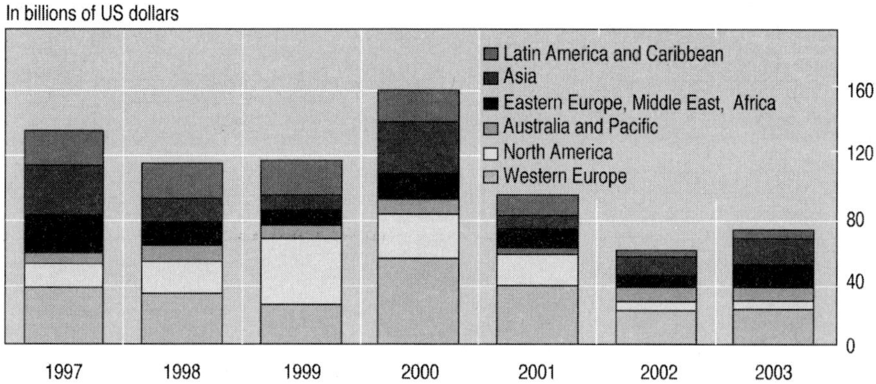

〈그림 7.5〉 프로젝트 파이낸싱의 지역별 글로벌 대출

참고: 위에서 보이는 금액은 연별, 지역별 프로젝트 파이낸싱에 대한 새 bak loan commitments를 참조한다.
출처: Dealogic ProjectWare database, and Sorge(2004).

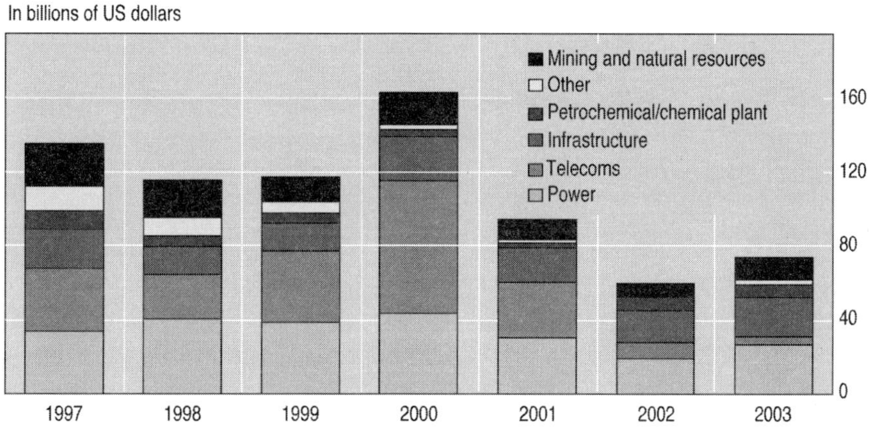

〈그림 7.6〉 프로젝트 파이낸싱의 분야별 글로벌 대출

참고: 위에서 보이는 금액은 연별, 지역별 프로젝트 파이낸싱에 대한 새 bak loan commitments를 참조한다.
출처: Dealogic ProjectWare database, and Sorge(2004).

이러한 하락세에도 불구하고 프로젝트 파이낸싱에 대한 장기적인 전망은 꽤 낙관적이다. 개발도상국뿐만 아니라 산업화 국가에서도 사회간접자본 금융에 대한 미래 수요는 GDP보다 더 빠르게 성장하는 경향이 있다. 2005년에서 2025년 사이에 미국에 1,500개가 넘는 새로운 전기 발전소가 필요할 것이라고 추측되고 있다. 또한 개발도상국들은 2010년까지 매년 $1,200억의 투자가 필요할 것으로 추측되고 있다.*

* 국제 에너지 대행사에 의함.

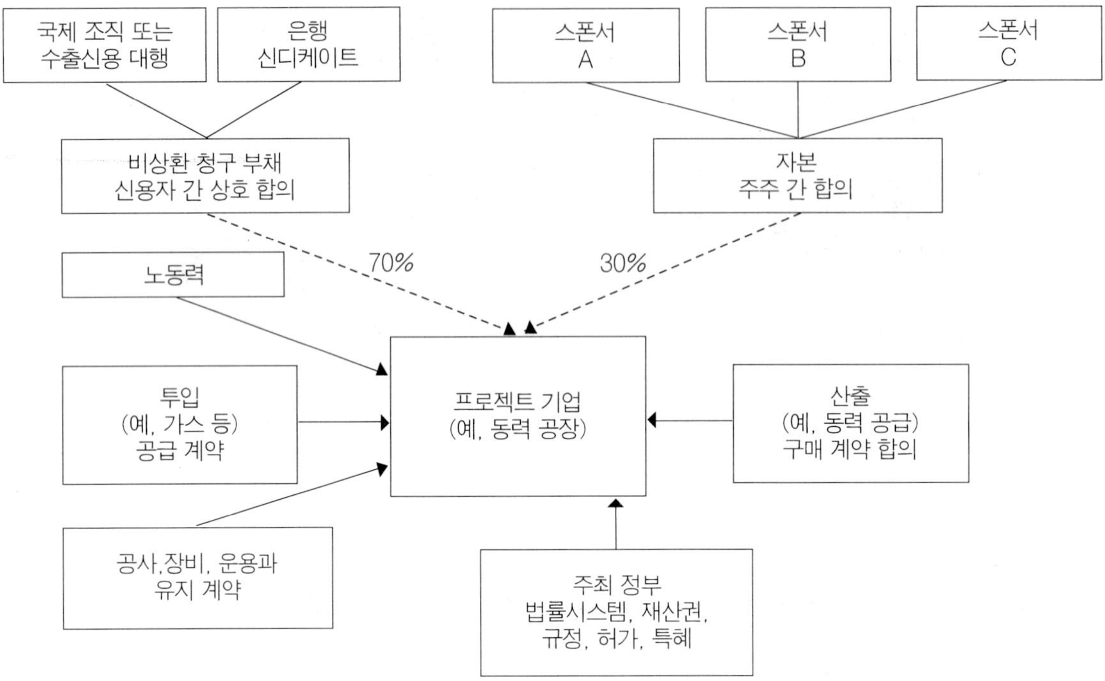

〈그림 7.7〉 프로젝트 파이낸싱의 전형적인 구조

참고: 전형적인 프로젝트 파이낸싱은 제한 또는 비상환 청구(70%)와 스폰서의 자본(30%)으로 자본이 조달된다. 이는 무형의 산출물(에너지, 인프라스트럭처 등)을 생산하기 위한 노동력과 장비, 또 다른 투입 물품을 제공해준다. 주최 정부는 프로젝트 운용에 필요한 법률 체계를 제공한다.

출처: Esty(2003), and Sorge(2004)를 각색함.

일반적인 프로젝트 파이낸싱 구조는 〈그림 7.7〉에서 보이는 다면적인 계약 관계의 결합체이다.

전통적인 금융수단과 프로젝트 파이낸싱을 결합한 하이브리드 구조 또한 발달하고 있다. 이러한 구조로 프로젝트에 부채로 조달된 자금은 여전히 스폰서에게 상환청구되지 않는다. 그러나 프로젝트 특유의 위험은 하나보다 많은 다수의 프로젝트 포트폴리오를 자금 조달하는 대여자들에 의해 다양화된다. 게다가, 일부 하이브리드 구조는 사기업이 구성과 관리 위험을 맡고 주최 정부가 시장 위험을 떠맡는 형태로, 사기업과 주최 정부 간의 파트너십 또한 포함한다.

최근 프로젝트 파이낸싱 시장은 두 가지 흥미로운 성장 추세를 보였다. 하나는 정치적 위험에 대한 보증, 신용 파생상품, 또한 다양한 위험에 대해 자본가들이 관리하기 쉽도록 도와주는 다양한 새로운 보험상품과 같은 다양한 형태의 신용 보강에 대한 인기가 증가하는 것이다. 둘째로, 프로젝트 파이낸싱은 또한 보다 증권화되고 있으며 이는 프로젝트 파이낸싱시장에 상당한 유동성을 부여하여 스폰서의 대출 비용을 감소시킨다.

요약하자면, 프로젝트 파이낸싱은 두 가지 시장의 힘에 의해 성장하였다.

(i) 정보와 대행 수수료를 낮추고 더 높은 레버리지가 가능하도록 대출자들이 스폰서의 다른 현금흐름과 분리되어 프로젝트의 성격에만 한정된 자금을 조달받는 것이 가능하도록 할 필요성
(ii) 자금제공자들이 다수의 자금제공자로부터 자금을 조달받아 큰 프로젝트의 대출을 더 작은 단위로 분산하여 신용 위험 노출을 감소시킬 필요성

프로젝트 파이낸싱은 상업은행과 투자은행이 협력하여 다양한 중개수수료와 양질의 서비스—정보비대칭의 해소, 대리인 비용 감소, 차입기업의 레버리지의 확장 등—를 제공하는 것의 예시이다.

결론

본 장은 신디케이트론, 대출매각, 프로젝트 파이낸싱 관련 이슈들을 분석하였다. 프로젝트 파이낸싱에는 일반적으로 신디케이트론이 포함되며 신디케이트론은 관계대출과 거래대출의 특성을 결합한 대출 형태이다. 프로젝트 파이낸싱은 레버리지가 상당히 높은 대규모의 사회간접자본 프로젝트를 가능하게 하는 자본조달 수단이다. 신디케이트론과 프로젝트 파이낸싱은 모두 다음 장에서 논의될 대출약정과 연관된다.

연습문제

1. 신디케이트론은 무엇이며 신디케이트론은 어떠한 경제적 기능을 수행하는가?
2. 신디케이트론은 어떻게 관계 대출과 비슷하며, 또한 거래 대출과 비슷한가?
3. 신디케이트론에서 주간사은행과 참여은행은 어떠한 역할을 하는가?
4. 프로젝트 파이낸싱은 무엇이며 프로젝트 파이낸싱은 어떠한 경제적 기능을 수행하는가?
5
6. 왜 프로젝트 파이낸싱은 일반적으로 매우 큰 프로젝트에만 사용되는가?
7. 프로젝트 파이낸싱에서 증권화가 발생하는 이유는 무엇인가? 신디케이트론의 거래를 위한 유통시장의 발전과 프로젝트 파이낸싱 증권화의 유사성은 무엇인가?

참고문헌

Allen, T., 2004, "Developments in the International Syndicated Loan Market in the 1980s," *Quarterly Bulletin*, Bank of England, February 1990.

Boot, Arnoud and Anjan V. Thakor, "Can Relationship Banking Survive Competition?" *Journal of Finance* 55-2, April 2000, 679-714.

Dennis, S. and David Mullineaux, "Syndicated Loans," *Journal of Financial Intermediation*, 9, October 2004, 404-426.

Esty, Benjamin, "The Economic Motivations for Using Project Finance," Working Paper, Harvard Business School, 2003.

Franks, Matthew E., "To Participate or Syndicate? That is the Lender's Question," *The Second Lender*, May/June 2005.

Gadanecz, Biaise, "The Syndicated Loan Market: Structure, Development and Implications," *BIS Quarterly Review*, December 2004, pp. 75-89.

Gorton, Gary and Joe Hanbrich, "Loan Sales, Recourse and Reputation: An Analysis of Secondary Loan Participation," University of Pennsylvania, 1987.

Gorton, Gary and George Pennacchi, "Banks and Loan Sale: Marketing Nonmarketable Assets," manuscript, University of Illinois-University of Pennsylvania, July 1993.

International Energy Agency, "World Energy Investment Outlook," Paris, 2003.

Pavel, Christine and David Phillis, "To Sell or Not to Sell: Loan Sales by Commercial Banks," mimeo, Federal Reserve Bank of Chicago, 1987.

Shah, Sahman and Anjan V. Thakor, "Optimal Capital Structure and Project Financing," *Journal of Economic Theory*, 42, August 1987, pp. 209-243.

Sorge, Marco, "The Nature of Credit Risk in Project Finance," *BIS Quarterly Review*, December 2004, pp. 91-102.

제4부
은행의 부외거래

제8장 부외거래업무와 조건부청구권상품

단순한 자산 대비 자기자본 비율에 대한 관심으로 인하여 위험이 재무상태표 밖으로 밀려나고, 이러한 부외거래 또한 주목을 받지 못하고 있습니까?

폴 볼커, 연방준비제도 이사회 의장,
1985년 10월 미국은행가협회에서 행한 연설 중에서

용어 정리

자금조달비용(Cost of Funds): 은행이 자산에 필요한 자금을 조달하기 위해 지급한 실효 금리. 자금의 원천은 소매예금, 거액 예금증서(CDs), 선순위 및 후순위 부채, 우선주 그리고 보통주를 포함한다.

매몰비용(Sunk Cost): 이미 발생하여 회수할 수 없는 비용. 어떤 의사결정이 이루어지더라도 매몰비용은 영향을 받지 않기 때문에 이와 같은 비용은 현재의 의사결정과 무관하다.

선형결합(Linear Combination): 단순히 수량 또는 수량의 배수를 더하는 것. 예를 들면 두 수 A와 B의 선형 결합은 A+B 또는 3A+2B이다. 그러나 A^2+B 또는 $A+\sqrt{B}$는 선형 결합이 아니다.

LIBOR: 런던은행 간 금리. 이 금리는 은행들이 서로 단기대출(대개 하룻밤)에 대하여 부과하는 금리이다. 이는 은행들이 전 세계적으로 사용하는 기준금리이다.

단기국채금리(T-bill Rate): 미국 정부에 의해 발행된 단기채무의 할인율.

베이시스포인트(Basis Point): 1퍼센트의 1/100.

바젤협약(Basel Accord): 은행에 대한 국제적 자본 기준을 일치시키기 위하여 12개 주요 선진국 간에 체결된 협약. 바젤협약은 1993년에 발효되었으며 참가국 내에 주소를 둔 은행의 최소자기자본 요건을 규정하고 있다(2, 11 및 12장을 보시오).

부채관리(Liability Management): 은행의 자금조달 원천에 대한 관리(10장을 보시오).

파생상품(Derivative): 하나 이상의 기초자산 가치 또는 자산가치 지수에 의하여 가치가 결정되는 금융계약으로 조건부청구권(contingent claim)이라고도 한다. 예를 들어 국채선물의 가치는 국채금리의 움직임으로부터 결정된다. 은행감독기관이나 은행 자신들은 파생상품을 선도거래, 선물, 스왑 및 옵션과 같이 그 주된 목적이 차입 또는 대출이 아니라 자산과 부채 가치의 변동과 관련된 위험을 이전하는 계약으로 더 좁게 인식하고 있다.

최초주식공모(Initial Public Offering): 사적으로 소유한 기업을 공개적으로 소유되는 기업으로 전환시키는 주식 공모.

서론

과거 미미한 금액으로 은행 교과서에서 중요하게 다루어지지 않았던 은행의 부외항목(off-balance sheet items)은 이제 미국에서 수조 달러에 달한다. 부외항목은 시장의 다양한 위험과 신용위험을 나타내는 여러 조건부청구권, 즉 보증신용장(standby letters of credit), 금리 및 통화 스왑, 증권발행보증(note issuance facilities), 옵션, 외환, 고정 및 변동 금리 대출약정, 그리고 국채로부터 금에 이르기까지 모든 상품에 대한 선도거래와 선물과 같은 조건부청구권을 포함한다. 대출약정(loan commitments)은 은행의 부외항목 중에서 가장 규모가 큰 항목에 속한다. 또한 부외항목은 모두 합치면 대부분 대형은행의 총자산을 초과한다. 그러나 이것은 다소 잘못 이해할 소지가 있는데, 왜냐하면 오직 일부의 조건부청구권만이 은행에 조건부채무(contingent liability)를 부과하고, 이 조건부채무는 단지 조건부청구권 잔고 명목금액의 일부에 불과하기 때문이다. 그렇지만 이러한 자료는 현재의 금융환경에서 부외항목이 매우 중요함을 시사하고 있다. 은행 조건부청구권의 급격한 증가는 옵션, 선물과 같은 거래소 조건부청구권의 폭발적 증가와 궤를 같이한다. 〈그림 8.1〉은 거래소에서 거래되는 옵션과 선물이 전 세계적으로 증가하고 있음을 보여주고 있다.

이 장에서 우리는 '부외거래업무'(off-balance sheet〔OBS〕 banking)에 초점을 맞춘다. 부외거래업무는 아마 재무상태표의 주석을 제외하고는 은행의 재무상태표에 나타나지 않는 거래를 말한다. 부외항목은 두 그룹, 즉 옵션적(option-like) 조건부청구권과 비옵션(nonoption) 조건부청구권으로 나누어질 수 있다. 〈표 8.1〉은 각 그룹 내의 다양한 항목을 보여준다. 각 조건부청구권은 은행 입장에서는 약정(commitment)을 내포하고 있다. 웹스터 사전에 의하면, '약정'은 미래에 무엇인가를 하겠다는 약속이다. 옵션적 조건부청구권은 미리 정한 조건과 약정 소유자의 선택에 따라 은행이 미래에 결제하겠다는 약속이다. 따라서 옵션적 조건부청구권은 은행(판매자)에 조건부채무를 부과하고, 약정의 매입자에게는 선택권, 즉 옵션을 부여한다. 조건부청구권 경쟁시장에서 은행은 조건부청구권이 매각되는 시점에 조건부청구권에 내재된 옵션의 가치와 동일한 수수료를 받아야 한다. 비옵션 조건부청구권에 대해서도 은행은 수수료를 받지만, 은행과 고객의 의무 간에는 대칭적 성격이 있기 때문에 반드시 은행에 대하여 조건부채무가 발생하는 것은 아니다. 따라서 비록 계약의 결제를 결정하는 미래의 우발적 사건이 있을지라도 조건부청구권이 고객에게 옵션을 부여할 필요는 없다. 예를 들어 선도거래나 선물계약은 비옵션 조건부청구권이다.

부외거래업무는 1970년대 및 1980년대에 폭발적으로 성장하였는데, 이는 금리와 환율이 점차 변동성이 커진 것이 이 시기였다는 사실에 부분적으로 기인한다. 금리와 환율의 변동성 증가는 금융 및 외환시장의 변동성을 증가시켰으며, 기업들의 금융위험관리 서비스에 대한 수요를 크게 증가시켰다. 은행들은 이 서비스를 제공하는 것이 수익성이 좋다는 것을 알게 되었다.* 그래서 한때 DM화로만 차입하고 해외영업에서는 다른 통화로 수익을 내던 독일 기업들은 이제 외환위험

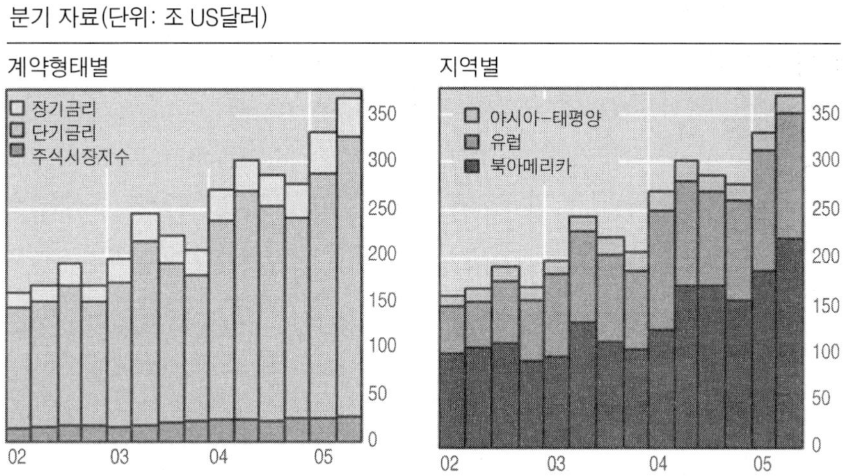

〈그림 8.1〉 거래소 선물 및 옵션 거래량
자료: FOW TRADE 자료, 선물산업협회, BIS calculations 및 Upper(2005).

〈표 8.1〉 부외 항목

항목 구분	항목
옵션적 조건부청구권	1) 대출약정과 보증
	2) 옵션
	3) 보증신용장
비옵션 조건부청구권	1) 옵션이 포함된 스왑을 제외한 금리스왑
	2) 미래 결제가 포함된 외환거래
	3) 선물 및 선도계약

* *The Economist*(1993)를 보시오.

을 통제하기 위하여 은행의 도움을 받게 되었다. 마찬가지로 예측이 어려운 단기수입으로 인하여 연구개발 예산에 상당한 제약을 받던 기술집약적 기업들은 장기간에 걸쳐 해외소득을 헤징하고 연구개발을 계획할 수 있도록 설계된 금융상품을 제공하는 은행들에 접근하였다. 부외거래업무의 성장은 위험관리 서비스를 제공하려는 은행들의 자연스러운 결과였다.

은행 고객들은 두 종류의 주요 위험에 직면한다. 첫 번째는 경영위험(business risk)이다. 그것은 기업 제품에 대하여 예측할 수 없는 수요의 변화로부터 발생하는 위험과 같이 일상적이다. 또는 냉전의 종말에 따라 무기수요가 감소한 방위산업 기업이 당면하는 위험과 같이 전략적일 수도 있다. 두 번째 위험은 재무위험(financial risk)이다. 예를 들어 이 위험은 신용시장에서 신용이 할당되는 위험, 그리고 금리, 상품가격 또는 통화가치가 급격히 무작위로 변동하는 위험과 같은 것이다. 여기에 은행이 역할을 하게 된다. 은행은 신용 이용가능성(credit availability)과 금리보험(interest rate insurance)을 동시에 보장하는 대출약정을 제공한다. 그리고 은행은 변동성이 있는 시장에서 예측할 수 없는 가격의 움직임을 헤지할 수 있는 다양한 파생상품(derivatives)을 제공할 수 있다.

파생상품과 다른 부외항목들이 오랫동안 우리 곁에 있었지만*, 위험이 충분히 커지게 되었을 때에만 널리 사용되었다. 처음에는 은행들은 관여하지 않았다. 선물이나 옵션은 은행이 크게 관여하기 이전에는 주로 시카고상업거래소(Chicago Mercantile Exchange)와 시카고상품거래소(Chicago Board of Trade)와 같은 거래소에서 주로 제공되었다. 선물과 옵션은 상품, 그리고 나중에는 금융자산의 가격위험을 헤징해주는 표준 계약이었다. 그러나 기업들이 자신의 특정한 필요에 맞는 상품을 원하게 되었을 때, 기업들은 이러한 상품을 얻기 위해 은행들과 접촉하게 되었다. 이 수요로 말미암아 대출약정, 선도거래 및 스왑과 같이 고객의 욕구에 맞는 다양한 상품이 나타나게 되었다.

은행들은 고객들을 위하여 고객의 욕구에 맞는 조건부청구권에 관심을 가지게 되었는데, 그 이유는 고객과의 관계를 강화할 수 있을 뿐만 아니라 조건부청구권의 판매는 수수료 수입의 원천임이 증명되었기 때문이다. 널리 알려진 부외거래업무의 두 가지 장점은 다음과 같다. 첫째, 부외거래업무는 예금을 통한 자금조달이 없기 때문에 현금자산 지급준비금이 필요하지 않고, 따라서 지급준비금의 암묵적 조세(implicit tax)가 회피된다. 둘째, 비록 1987년 국제결제은행(BIS) 협정과 관련된 가이드라인 채택 이후에는 은행들이 부외거래항목(OBS contingencies)에 대하여 자본금을 보유하여야 했지만, 그 이전에는 은행들은 부외거래항목에 대하여 자본금을 보유하도록 규제를 받지 않았었다.

이전의 세 장에서 우리는 은행들의 현물대출(spot lending)활동을 논의하였다. 이 장에서의 초점은 선도시장(forward markets)에 관한 것이다. 이 장 나머지는 다음과 같이 구성된다. 다

* 체이스 맨해튼의 위험관리그룹의 전무이사인 시케스 윌포드(Sykes Wilford) 씨는 남부미국정부를 위해서 일하던 런던 은행가들이 이표가 미래 면화가격과 연동된 이중통화대출(dual currency loan)을 하던 시기인 1863년 7월의 증명서를 고객들에게 보여주곤 한 것으로 알려졌다.

음 절에서는 대출약정을 살펴본다. 이어 대출약정 사용에 대한 경제적 설명이 제공된다. 다음에는 대출약정의 가치평가와 관련된 이슈들에 대하여 살펴본다. 그다음에는 거래소 풋옵션과 대출약정의 차이점과 대출약정이 통화정책에 미치는 영향에 관하여 논의를 한다. 그리고 그다음 두 절에서는 두 종류의 다른 조건부청구권인 신용장과 금리스왑을 설명한다. 은행이 조건부청구권을 제공하는 데에 수반되는 위험 문제가 이어서 다루어진다. 그다음에는 조건부청구권의 규제적 측면이 다루어진다. 그리고 이 장의 결론이 뒤따르게 된다. 사례연구가 조건부청구권을 매각하는 은행이 직면하는 문제점의 일부를 보여주기 위하여 제시된다.

대출약정: 명세

정의와 가격결정 구조

대출약정은 미리 정한 고객에게 미리 정한 조건으로 미리 정한 금액까지 대출하는 약속이다. 그와 같은 약속은 미리 정한 기간 동안 유효하다(대출금의 만기와 혼동해서는 안 된다). 조건은 보통 대출금리 계산방법, 대출의 만기 및 차입금의 사용용도를 명시한다. 약정 매각에 대한 은행의 보상은 여러 가지의 결합으로 여러 형태를 띠게 된다. 그것은 약정수수료(commitment fee)의 형태를 취할 수 있는데, 약정수수료는 총약정액의 퍼센트로 표시되고, 약정이 성립되었을 때 차입자에 의하여 즉시 지급된다. 또는 대출한도의 미사용 금액에 대하여 징수되는 사용수수료(usage fee)의 형태(예를 들면 연 25-50베이시스포인트)를 취하기도 한다. 약정수수료와 사용수수료는 보통 동시에 부과된다. 또한 종종 사용되는 것으로는 은행의 거래비용을 충당하기 위하여 차입금에 부과되는 서비스수수료(servicing fee)와 차입자가 약정기간 동안 은행에 예금을 예치하는 양건예금요건(compensating balance requirements)이 있다. 이 예치금은 총약정액의 일정 비율로 계산되고, 은행은 이 예치금에 시장보다 낮은 금리를 지급한다.

〈표 8.2〉는 실제 일부 대출약정에 관한 자료를 보여주며, 〈표 8.3〉은 실제 대출약정 계약의 상세 명세이다. 먼저 〈표 8.2〉를 살펴보자. 두드러진 특징은 일부 개별약정의 규모이다. 1990년 AT&T에 대한 60억 달러의 약정금액은 그해 미국 최초주식공모 총규모의 절반에 달한다. 대출에 대한 은행의 매출총이익(margin)이 매우 낮다는 점도 역시 주목할 만하다. 예를 들어 Federal Express는 CD금리에 35베이시스포인트가 가산된 금리로 차입할 수 있었다. CD금리는 은행의 조달비용이므로 은행의 매출총이익은 0.35퍼센트에 불과하다. 일부 경우에 은행은 이렇게 낮은 대출의 매출총이익을 대출약정에 높은 수수료를 부과함으로써 보충하지만, 이 수수료조차도 대부분의 경우 매우 적은 금액이다. 예를 들어 John Fluke Manufacturing은 약정에 대하여 수수료를 전혀 지급하지 않으면서도 CD금리에 50베이시스포인트를 더한 금리로 차입할 수 있는 옵션을 보유하기도 했다. 이 표가 시사하는 것은 대출약정시장이 적어도 대기업에 대해서는

〈표 8.2〉 실제 대출약정의 예

약정구매자	금액(달러)	시작일	종료일	수수료(베이시스포인트) 약정	연서비스	사용	금리선택	주은행	용 도
Turner Broadcasting	$2억	10-6-89	03-31-92	0	0	62.5	Prime + 75, LIBOR + 175, CD + 187.5	Toronto Division	기업어음 백업
First Brands Corporation	$1억 5천만	06-15-90	06-15-94	10	0	37.5	Prime, LIBOR + 87.5, CD + 100	Manuf. Hanover	부채 상환/통합
Levi Strauss	$5억	03-25-91	06-05-94	12.5	0	0	Prime, LIBOR + 100, CD + 112.5	Bank of America	부채 상환/통합
Safeway Stores	$4억 8천만	06-12-90	06-20-93	0	0	0	Prime	Banker's Trust	부채 상환/통합
Seagull Energy	$6천만	04-30-91	07-01-96	0	12.5	17.5	Prime, LIBOR + 87.5, CD + 87.5	Mellon	부채 상환/통합
Action Industries	$3천만	06-30-88	06-30-91	0	0	37.5	Prime, LIBOR + 87.5, CD + 100	NBD	일반적 기업목적
Blockbuster Entertainment	$2억	08-31-90	09-01-94	0	12.5	12.5	Prime, LIBOR + 50, CD + 62.5	Security Pacific	일반적 기업목적
J.C. Penney	$7억 5천만	01-14-91	01-14-94	0	0	18.75	Prime, LIBOR + 37.5	Credit Suisse	일반적 기업목적
Newmark & Lewis	$3천만	05-01-90	08-31-90	0	0	0	Prime + 100	Chase Manhattan	일반적 기업목적
Sharper Image Corporation	$1,200만	05-31-90	06-01-92	0	0	37.5	Prime + 62.5, LIBOR + 200	Continental	일반적 기업목적

Union Pacific	$5억 5천만	08-15-88	10-30-93	0	0	15	Prime, LIBOR + 25, CD + 37.5	Citibank	일반적 기업목적
AT&T	$60억	12-05-90	12-04-91	79.17	13	0	Prime, LIBOR + 37.5, CD + 50	Chemical	인수
Federal Express	$1억 5천만	02-07-90	02-07-94	13	15	0	Prime, LIBOR + 22.5, CD + 35	1st Chicago	인수
Ford Motor Company	$8억	12-12-89	11-28-92	0	0	0	Prime, LIBOR + 12.5	Citibank	인수
Campeau Corporation	$3억	12-30-86	12-31-91	243.81	3.05	50	PRIME + 150, LIBOR + 225, CD + 250	Manuf. Hanover	차입매수
UAL Corporation	$13억	09-13-89	09-13-97	157.64	.69	50	Prime + 100, LIBOR + 200	Citibank	차입매수
John Fluke Manufacturing	$3,750만	05-04-89	05-04-92	0	0	0	Prime, LIBOR + 50, CD + 50	1st Interstate	자사주 매입
CUC International	$3천만	05-25-89	06-01-94	50	0	50	Prime + 150	GE Credit Corp.	자본재편
American Oil and Gas	$2천만	11-13-89	09-30-94	0	0	50	Prime, LIBOR + 300	Prudential	운전자본
Dunkin Donuts	$3,500만	07-07-89	10-05-89	28.57	0	37.5	Prime, LIBOR + 100	Bank of Boston	운전자본
L.A. Gear	$1억 5천만	03-31-89	06-30-90	0	0	50	Prime + 100	Bank of New York	운전자본
R.H. Macy & Company	$6억	04-27-88	04-27-94	150	4.64	50	Prime + 150, LIBOR + 250	Dai-Ichi	운전자본
Universal Company	$1억 5천만	06-29-90	03-31-93	0	14.17	0	Prime, LIBOR + 37.5	Sovran	운전자본

자료: Corporate 10−K 및 보충 자료.

〈표 8.3〉 대출약정 계약의 주요 조건

Blockbuster Entertainment	
금액	$200,000,000
만기	48개월
시작일	1990년 8월 31일
대출자	Security Pacific
용도	일반적 기업 목적
수수료 구조	
약정수수료	0
연간 서비스수수료	12.5베이시스포인트
사용수수료	12.5베이시스포인트
취소수수료	0
인출 시 금리 선택	
우대금리	
LIBOR+50베이시스포인트	
CD+62.5베이시스포인트	

매우 경쟁적이라는 점이다. 〈표 8.3〉은 〈표 8.2〉에 나열된 대출약정 중에서 하나의 상세한 명세를 나타내고 있다. 이 계약은 대출약정에서 비교적 최근의 혁신, 즉 고객에게 기준금리 선택권을 부여하는 것을 보여주고 있다. 이 경우 Blockbuster Entertainment는 우대금리(prime rate), LIBOR+0.5% 또는 CD금리+0.625%에 차입할 수 있다. 이러한 선택권은 고객에게 융통성을 부여하므로 약정의 가치를 증가시킨다.

대출약정의 용도

대부분의 기업대출은 대출약정으로 이루어진다. 이는 차입매수(leveraged buyouts〔LBO〕)와 기업의 인수합병(M&A)의 자금을 조달하기 위한 대출은 물론 건설 및 토지개발 대출도 포함한다. 대출약정은 또한 기업어음과 증권발행보증(note issuance facilities〔NIF〕)에 대한 보완(backup) 신용한도를 포함한다. 이 보완 신용한도는 기업어음의 경우 은행이 기업어음발행의 대안으로 고객에 대한 대출을 동의하고, 증권발행보증의 경우에는 만약 기업이 시장에서 단기채권을 팔 수 없다면 은행은 차입자의 단기채권의 매입을 동의하는 형태로 이루어진다. 미국 내 모든 기업대출의 약 80%가 대출약정으로 이루어진다.

대출약정의 종류

대출약정의 용도 외에도 대출약정은 고객에게 제공되는 금리보험의 성격에 따라 구분될 수 있다.

대출약정은 약정이 차입자에게 제공하는 금리보험의 정도에 따라 다르다. 고정금리 대출약정은 고객에게 미리 알려진 금리로 차입할 수 있는 권리를 부여함으로써 금리와 자금이용가능성의 불확실성을 제거한다. 더 인기가 높은 변동금리(또는 고정공식〔fixed formula〕) 대출약정은 차입금리를 고정시키지 않는다. 대신에 어떤 지수금리를 포함하는 공식에 따라 금리를 결정한다. 두 종류의 일반적인 공식은 가산과 배수의 형태이다. 변동금리 대출약정의 가산 형태는 차입금리를 인출 시의 지수금리에 고정 가산금리(add-on)를 더해서 결정하는 형태이다. 상대적으로 사용빈도가 낮은 배수 형태는 차입금리를 인출 시의 지수금리에 특정 상수를 곱해서 결정한다. 일반적으로 사용되는 지수금리는 우대금리, CD금리, LIBOR 및 기업어음금리이다. 고객은 주어진 약정 내에서 공식을 선택할 수도 있는데 예를 들어 차입 시점에 우대금리+10베이시스포인트 또는 CD금리의 1.1배 중에서 선택할 수 있다.

고정금리 약정에 비해, 변동금리 약정은 상대적으로 지수금리의 무작위 변동에 대하여 고객을 보호하지 않는다. 그러나 차입금리에 고정성(fixity)의 요소가 있는 한, 약정은 고객에게 금리보험 가치를 제공한다. 우대금리에 가산되는 형태의 약정에서 가산금리는 고정되어 있다. 따라서 고객은 약정기간 동안 신용위험의 증가로 인한 가산금리의 상승으로부터 보호된다. 또한 우대금리 배수 형태의 약정에서는 배수가 고정되어 있다. 두 경우에 약정 인출시점에 고객의 약정 차입금리는 약정이 없었다면 지급해야 하는 현물금리(spot rate)보다 낮을 수 있다.

비록 은행은 대출약정으로 인해서 차입자의 현물금리보다 낮은 금리로 대출하여야 하는 의무를 지지만 은행도 보통 대부분의 공식적인 협약에서조차도 약정이행 여부를 결정할 수 있는 융통성을 가진다. 이 융통성은 거의 모든 대출약정 계약에서 표준이 된 '일반적 신경과민 조항(general nervous clause)', 즉 '중요한 불리한 변화(material adverse change: MAC)' 조항을 채택하고 있기 때문에 발생한다. 이 조항은 약정체결 시기와 고객인출 시기 사이에 고객의 재무상황이 중요하게 악화되었다면 은행으로 하여금 약정을 파기할 수 있도록 하고 있다. 물론 무엇이 중요한 악화를 의미하는가는 인출을 거절받은 고객이 소송을 통해서 은행의 평가에 도전하기로 결정한다면 법적인 문제가 된다. 그러나 이 조항은 대출약정 계약에서 은행이 최종 대출여부를 결정할 수 있는 자의성(discretion)을 가지도록 하고 있다.*

요약

대출약정은 〈그림 8.2〉와 같이 도식화할 수 있다. 대출약정이 조건부청구권이라는 것은 이제는 명확하다. 인출시점에 특정 차입자에게 적용되는 금리로 인해서 이 계약은 조건부청구권이 된다. 인출시점의 현물금리가 약정금리보다 높다면, 고객은 약정에 따라 인출할 것이고 은행에게는 기

* Boot, Greenbaum, and Thakor(1993)는 이 자의성의 이유를 탐구하고 있으며, Boot, Thakor, and Udell(1991)은 이 자의성이 대출약정 시장에 영향을 미치는 방법을 연구하고 있다. 또한 Holmstrom and Tirole(1993)도 보시오.

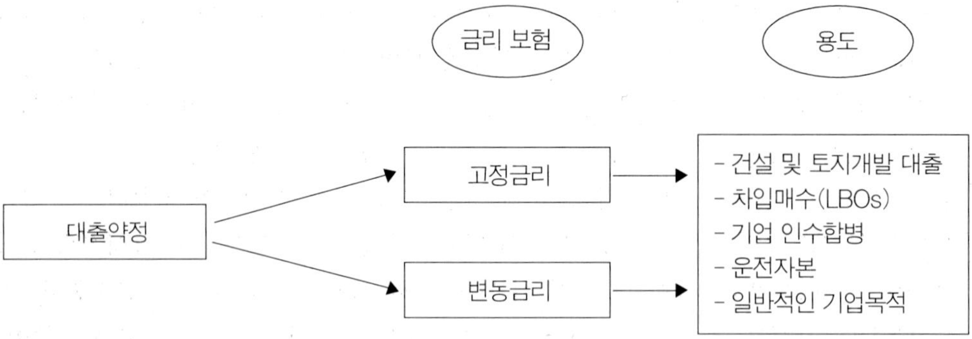

〈그림 8.2〉 대출약정 구분의 도해

회손실의 형태이지만 손실이 발생한다. 약정금리가 현물금리보다 높다면, 고객은 약정을 사용하지 않고 만기도래하도록 할 것이고 대신에 현물시장에서 차입할 것이다.* 따라서 은행은 의무를 지고, 고객은 옵션을 가진다. 은행은 고객이 약정을 인출하는 상황에서는 손실이 발생하며, 이 손실은 그와 같은 상황의 발생에 따라 조건부로 결정된다.

대출약정에 대한 이론적 설명

이 절에서는 약정이 점차 중요해지는 이유에 대한 설명을 살펴본다.

공급 측면의 설명

대출약정에 대한 공급 측면의 설명은 은행(대출약정의 공급자)이 계약을 판매하여야 하는 인센티브를 살펴봄으로써 대출약정이 널리 사용되는 이유를 제시한다.

(a) **규제세**(regulatory taxes): 일부 사람들은 대출약정이 널리 사용되는 이유로 대출약정을 통해 은행이 추가적인 자본금의 부담 없이 수수료 수입을 얻을 수 있기 때문이라고 믿고 있다. 더구나 약정이 실제로 인출되기 전까지는 대출이 없으며 따라서 자금조달도 실제로 발생하지 않는다. 결과적으로 은행은 인출시점까지 예금이 필요하지 않은데, 이는 지급준비금**이 인출시점까

---

* 사용수수료가 이 간단한 의사결정 규칙을 변화시킨다. 사용수수료가 존재한다면 고객은 약정을 사용하지 않음으로 지급해야 하는 가격을 포함한 현물시장의 실효차입비용이 약정차입비용보다 낮을 경우에만 현물시장에서 차입하게 된다.

** 은행은 자신의 예금 부채에 대하여 '준비금'을 보유하도록 되어 있다(2장을 보시오). 시재금(cash in vault), 연방준비은행에 예치된 예금 등을 포함하는 다양한 자산이 법정준비금이 될 수 있다. 이 지급준비금은 은행예금부채의 성격에 따라 다르다. 우리는 이에 관하여 뒤에 오는 장에서 더 자세히 다룬다. 그러나 Kareken(1987)은 조건부청구권의 성장을 설명하기에는 지급준비금과 같은 규제세가 불충분함을 명료하게 설명하고 있다.

지 약정의 영향을 받지 않음을 의미한다. 사실상 은행이 대출약정과 관련된 수수료 수입에만 관심이 있다면, 은행은 약정을 매각함으로써 약정하의 대출재원 조달을 회피할 수 있다. 즉 고객이 약정에 따른 인출권을 행사하기로 결정하면 대출을 다른 은행에 매각함으로써 가능하다. 또한 은행은 그 대출을 증권화할 수도 있다.

(b) 계약의 자의성과 평판(contractual discretion and reputation): 조건부청구권의 증가에 대한 또 다른 공급 측면의 설명은 은행은 재무자본(financial capital)과 평판자본(reputational capital) 사이에 상반관계(tradeoff)를 가진다는 개념에 바탕을 두고 있다. 간단히 이야기하면, 조건부청구권은 미래에 무엇인가를 인도한다는 약속이지만 계약상의 자의성을 인정하여 은행이 정상을 참작하는 상황에서 그 약속을 이행하지 않는 것을 허용하는 회피 조항(escape clauses)이 있기 때문에, 그와 같은 조건부청구권의 발행으로 인하여 은행은 전체적인 재무자본과 평판자본의 포트폴리오를 보다 더 잘 관리할 수 있다.* 한 은행이 계약조건의 규정상 조건부청구권의 조건을 이행하지 않아도 되는 상황에서조차 조건부청구권의 조건을 이행한다는 평판을 축적하였다고 하자. 예를 들어 은행이 한 고객에게 1억 달러의 신용한도를 10퍼센트의 금리로 제공하기로 동의하였다고 하자. 그 고객의 약정인출 시의 현물차입금리는 15퍼센트이고 그 당시의 고객의 재무상황이 매우 좋지 않아 은행은 MAC조항을 이용하여 대출을 거절할 수도 있었다. 그러나 충분한 재무자본을 보유한 은행은 고객이 약정을 행사하도록 허용할 수도 있다. 왜냐하면 이로 인하여 은행은 평판자본을 축적할 수 있기 때문이다. 이와 같은 평판자본은 그것이 은행으로 하여금 미래 조건부청구권을 더 높은 가격으로 매각할 수 있도록 하기 때문에 가치가 있다. 이제 그와 같은 평판자본을 상당히 축적하였지만 재무자본이 부족한 은행이 동일한 의사결정에 직면하였다고 하자. 그런 은행은 아마도 MAC조항을 이용하여 약정을 이행하지 않기로 결정할 수 있다. 이는 자신의 평판자본을 약간 감소시키겠지만 부족한 재무자본을 보존하게 된다. 따라서 약정을 이행하지 않기로 한 결정은 은행에 의한 평판자본과 재무자본 간의 최적 상반관계로 볼 수 있고 본질적으로 자신의 평판자본을 유동화하는 행동이다. 왜냐하면 은행의 재무자본과 달리 평판자본은 직접적으로 거래될 수 없기(좋은 이유로) 때문이다. 뒤에 오는 절에서 우리는 Security Pacific 금리스왑 거래를 논의하는데, 그 예에서는 계약상의 자의성이 평판자본의 가치를 감소시키기 위하여 사용된다.

계약에 자의성이 도입되는 것은 조건부청구권에 적용된 것처럼 미래 인도의 약속이 포함된 계약에 내포되어 있다는 점을 여러분은 주목할 필요가 있다. 더구나 대출약정 계약의 자의성은 은행으로 하여금 유동자산과 비유동자산 사이의 균형을 이루도록 허용하기 때문에 유용하다.

(c) 수요 예측: 대출약정 시장에 참여함으로써 은행은 미래 대출수요에 관한 유용한 정보를 획

* 이 설명은 Boot, Greenbaum and Thakor(1993)의 이론에 바탕을 두고 있다.

득할 수 있다.* 이유는 기업들이 자신의 기대되는 미래차입수요 규모로 약정을 매입할 것이기 때문이다. 따라서 은행은 이로부터 미래 자금조달과 이에 따른 다른 활동의 계획을 세울 수 있다. 다음에는 고객들이 대출약정을 필요로 하는 이유에 대하여 살펴본다.

수요 측면의 설명

수요 측면의 설명은 대출약정이 매입자에게 주는 혜택에 초점을 맞춘다. 많은 혜택이 확인되었는데, 그중 다섯 가지가 아래에서 논의된다.

(a) **위험분담 고려****: 4장에서 논의된 바와 같이 은행은 때때로 금리의 기간구조에서 기간 프리미엄의 이익을 얻기 위하여 자신의 재무상태표를 불일치시킨다. 그러나 이는 은행이 이자율위험을 부담함으로써 기대이익을 증대시키는 한 방법이다. 대출약정은 다른 방법을 제공한다. 은행이 고정금리 대출약정을 매각할 때, 은행은 이자율위험을 부담한다. 그런데 이 이자율위험은 만약 고객이 대출약정 없이 현물시장에서 차입한다면 부담하여야 하는 위험이다. 고객은 물론 은행이 위험을 부담하는 것에 대하여 보상하여야 하고, 이 보상은 대출약정을 위해 지급된 가격에 반영되어야 한다.

은행보다 더 위험회피적인 차입자는 은행이 그들을 위하여 이자율위험을 부담한 것에 대하여 기꺼이 보상을 지급하여야 한다. 다시 말해서 고객이 은행보다 더 위험회피적이라면 은행이 이자율위험을 부담하는 대가로 요구하는 위험 프리미엄은 고객이 동일한 위험을 부담하는 대가로 요구하는 위험프리미엄보다는 낮을 것이다. 그와 같은 위험선호의 불일치는 은행과 고객 사이의 거래, 예를 들어 은행이 고객의 미래 차입비용에 관한 불확실성을 감소시키는 대출약정을 차입자에게 매각하는 것과 같은 거래를 가능하게 한다. 변동금리 대출약정에서도 은행은 여전히 이자율위험을 부담하지만 고정금리에서의 이자율위험보다는 적은 위험을 부담한다. 본질적으로 고정금리 대출약정에서 은행은 차입자의 신용위험 프리미엄 변동위험과 지수금리(index rate)의 변동위험 두 위험을 부담한다. 반면에 변동금리 대출약정에서는 은행은 단지 차입자의 신용위험 변동위험만을 부담한다. 어느 경우에도 위험회피적인 차입자는 이자율위험을 은행에 이전하는 것이고 은행은 차입자가 받아들일 수 있는 가격에 금리위험 이전에 기꺼이 참여한다는 점에서, 대출약정은 은행의 고객으로부터 수요가 있다.

(b) **도덕적 해이:** 앞의 설명의 결점은 많은 대출약정 고객이 수많은 주주를 가진 대형 공개기업

---

* Greenbaum, Kanatas and Venezia(1991)이 이 의견을 제시하고 있다.

** 최적 위험분담 고려에 바탕을 둔 대출약정수요는 처음 Campbell(1978)에 의하여 공식적으로 제안되었으며, 후에 대출약정 계약에서 약정수수료와 사용수수료를 이론적으로 설명한 Thakor and Udell(1987)에 의하여 연구되었다. 또한 Hawkins(1982), Holmstrom and Tirole(1993), James(1993) 및 Melnik and Plaut(1986)를 보시오.

이라는 점이다. 포트폴리오이론에 의하면 위험회피적인 주주조차도 기업고유의 위험에 무차별하다. 왜냐하면 주주들은 기업고유의 위험을 분산투자로 제거할 수 있기 때문이다. 더구나 비은행기업의 주주들이 체계적 위험을 부담하는 대가로 은행의 주주들이 요구하는 프리미엄보다 더 높은 프리미엄을 집단적으로 요구해야 하는 이유가 명확하지 않다.* 그래서 우리는 은행의 고객이 이자율위험에 대비하여 보험을 구입하고자 하는 욕구가 없을 때에도 대출약정에 대한 수요가 있을 것인지 알고 싶다.

하나의 가능성은 대출약정이 도덕적 해이를 방지하는 데에 효과적이라는 것이다. 도덕적 해이의 원천은 차입자가 생산적 노력을 적게 하거나(차입자가 스스로 자금을 조달하는 경우와 비교하여 상대적으로) 또는 은행에 손해가 되도록 (탐지되지 않는 방법으로) 프로젝트를 다른 프로젝트로 바꾸는 인센티브일 수 있다. 직관은 다음과 같다. 우리는 6장의 논의로부터 대출금리가 높을수록 차입자의 순수익은 더 작아지므로, 노력을 적게 하거나 위험한 프로젝트로 전환하려는 차입자의 인센티브는 더 커진다는 점에서 대출금리는 왜곡을 발생시킨다는 것을 알고 있다. 그 결과 비용이 발생할 수 있다. 즉 차입자는 담보를 제공할 필요가 있거나 또는 극단적인 상황에서는 은행이 신용을 할당할 수도 있다. 대출약정은 은행이 더 비용이 많이 드는 대안에 의존함이 없이 대출금리의 왜곡효과를 회피할 수단을 제공한다. 이는 대출금리를 도덕적 해이를 제거(또는 크게 감소)하기에 충분한 수준으로 낮춤으로써 달성될 수 있다. 이는 일반적으로 은행은 약정에 의한 대출에서 기대손실이 발생한다는 것을 의미한다. 이 손실은 약정이 체결될 때에 차입자에 의하여 지급되는 약정수수료를 통해 회복될 수 있다. 중요한 것은 고객은 약정수수료가 지급된 후에는 약정수수료를 매몰비용으로 보기 때문에 약정수수료는 노력의 수준이나 프로젝트의 선택에 영향을 미치지 않는다는 점이다. 이런 방법으로 대출약정은 도덕적 해이를 극복하는 데에 기여한다. 다음의 예는 요점을 설명한다.

예제 8.1 Knight Apparel Company의 경영진은 t=2에 수익(payoff)이 발생하는 위험한 프로젝트에 100달러를 투자할 기회가 t=1에 주어질 것이라는 것을 t=0에 알고 있다. Knight Apparel은 각각 100달러의 투자가 소요되는 두 종류의 상호배타적인 프로젝트 S 또는 R 중의 하나에 투자할 수 있다는 것을 안다. 만약 Knight Apparel이 t=1에 S에 투자하면 프로젝트는 t=2에 확률 0.9로 150달러의 수익을 발생시키고, 확률 0.1로 영의 수익을 발생시킨다. 만약 Knight Apparel이 t=1에 R에 투자하면 프로젝트는 t=2에 확률 0.7로 158달러의 수익을 발생시키고, 확률 0.3으로 영의 수익을 발생시킨다. Knight Apparel이 100달러를 차입하고자 하는 은행은 Knight Apparel의 프로젝트 선택을 관찰할 수 없다.

무위험 단일기간 금리는 t=0에 10퍼센트이다. 무위험 단일기간 금리가 t=1에 얼마인지는 t=0에는 알려져 있지 않다. 그러나 이 금리가 확률 0.5로 5퍼센트 또는 확률 0.5로 15퍼센트가 될 것이라는 것

* 당분간은 은행이 최종대부자(lender-of-last-resort facility)와 예금보험을 이용함으로써 은행의 주주에게 제공된 위험추구 인센티브를 무시하라. 우리는 지금은 최종대부자나 예금보험과 같은 규제의 위험촉진 영향을 제외하고 대출약정의 가능한 경제적 동기에 초점을 맞추고자 한다.

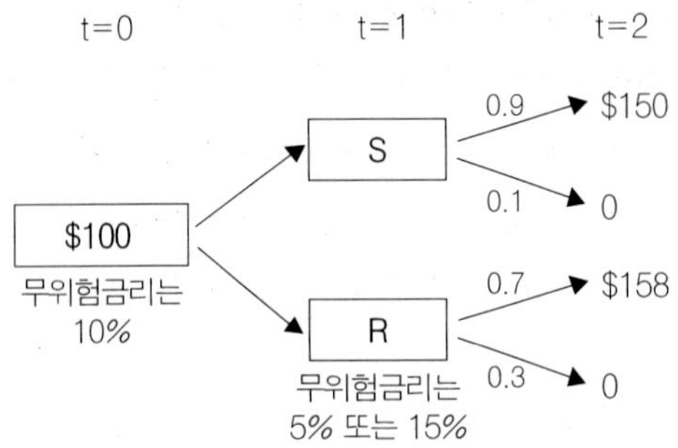

〈그림 8.3〉 Knight Apparel의 투자기회

은 모두에게 알려져 있다. Knight Apparel은 여러분(대출자로서)이 청구권을 가질 수 있는 이 프로젝트 외에는 다른 자산은 없으며, 아울러 보편적인 위험중립을 가정한다. 〈그림 8.3〉은 이 자료를 그림으로 보여준다.

여러분이 Knight Apparel이 대출을 받고자 하는 은행이고, 여러분은 Knight가 두 가지 선택을 가지고 있다는 것을 알고 있다. 즉 (i) Knight는 t=1까지 기다린 다음에 현물시장에서 차입하거나, (ii) t=1에 미리 정한 금리로 차입할 수 있는 대출약정을 매입할 수 있다. 여러분은 Knight Apparel에 어떤 조언을 주겠는가? 경쟁적인 대출시장으로 은행들의 기대이익은 영이라고 가정한다.

풀이 우리는 이 문제를 여섯 단계로 푼다. 첫째, 우리는 대안 (i)을 고려하고 그 결과 만약 현물무위험금리가 5퍼센트라면 Knight Apparel이 t=1에 S를 선택하는 것이 내쉬균형(Nash equilibrium)이라는 것을 보여준다. 둘째, 우리는 대안 (i)을 계속 고려하여 만약 현물무위험금리가 t=1에 15퍼센트라면 내쉬균형이 존재하지 않는다는 것을 보여준다. 그 이유는 고금리로 인하여 Knight Apparel의 현금흐름 중 '너무 많은' 현금흐름이 은행대출을 상환하는 데에 사용되기 때문이다. 그래서 차입자는 더 낮은 성공확률에도 불구하고 Knight Apparel에게 성공상황에서 더 높은 순수익을 주는 더 위험한 프로젝트인 R에 도박하기를 선호한다. 그러므로 은행은 R이 선택될 것이라는 가정에서 대출금리를 결정하여야 한다. 그러나 그러면 금리가 너무 높아서 Knight Apparel은 대출을 거절한다. 셋째, 우리는 고금리 상황에서 투자를 하지 않는 것은 사회적으로 낭비라는 것을 지적한다. 왜냐하면 S는 무위험금리가 15퍼센트일 때조차도 전체 NPV가 양이기 때문이다. 넷째, 우리는 대안 (ii)를 고려한다. 그리고 Knight Apparel이 현물 무위험금리와 관계없이 S에 투자하도록 유도하는 대출약정 계약을 설계한다. 다섯째, 우리는 은행이 대출과 대출약정을 함께 합쳐서 (적어도) 영의 기대이익이 되도록 약정수수료를 계산한다. 마지막으로 단계 6에서 우리는 Knight Apparel이 받는 대출약정의 순혜택을 계산하고 그것이 양임을 보여준다.

단계 1 대안 (i)을 고려하자. 금리가 t=1에 5퍼센트이고 Knight Apparel이 S를 선택할 것이라고 가정하자. 그러면 대출에서 단지 손익분기를 이루기 위해서 여러분이 차입자에게 부과하여야 하는 금리 i_S는 다음 식의 해답으로 얻어진다.

$$0.9 \times (1+i_S) = 1.05 \qquad [8.1]$$

여기서 0.9는 여러분이 Knight Apparel로부터 상환받을 확률이다. 식 〔8.1〕을 풀면 i_s는 16.67퍼센트이다. 만약 Knight Apparel이 S를 선택하면 t=2에 Knight Apparel의 기대수익은 다음과 같다.

$$0.9 \times (150 - 116.67) = \text{약 } \$30$$

한편 만약 Knight Apparel이 R을 선택하면 t=2에 Knight Apparel의 기대수익은 다음과 같다.

$$0.7 \times (158 - 116.67) = \$28.93$$

따라서 Knight Apparel은 R보다 S를 선호할 것이고, 여러분이 100달러 대출에 16.67퍼센트를 제시하는 것은 내쉬균형이다.*

단계 2: 이제 금리가 t=1에 15퍼센트라고 하자. 만약 여러분이 Knight Apparel이 S를 선택할 것이라고 가정하면 여러분은 다음 식을 만족하는 금리 i'_s를 부과하여야 한다.

$$0.9 \times (1 + i'_s) = 1.15 \qquad [8.2]$$

식 〔8.2〕를 풀면 i'_s는 27.78퍼센트이다. 만약 Knight Apparel이 정말로 S를 선택하면 t=2에 Knight Apparel의 기대수익은 다음과 같다.

$$0.9 \times (150 - 127.78) = \text{약 } \$20$$

한편 만약 Knight Apparel이 R을 선택하면 t=2에 Knight Apparel의 기대수익은 다음과 같다.

$$0.7 \times (158 - 127.78) = \$21.15$$

분명히 Knight Apparel은 S보다 R을 선호할 것이고, 여러분이 대출에 27.78퍼센트의 금리를 제시하는 것은 내쉬균형이 아니다. 그러나 여러분이 Knight Apparel이 R을 선택한다고 가정하자. 그러면 여러분이 부과해야 하는 금리 i'_R은 다음을 만족한다.

$$0.7(1 + i'_R) = 1.15$$

* 이 내쉬균형은 유일한 것이 아니라는 것을 주목할 필요가 있다. 여러분이 차입자가 R을 선택할 것이라고 가정하면 여러분이 부과하여야 할 대출금리는 $0.7(1+i_R)=1.05$의 해답이며, 그 해답은 i_R=50퍼센트이다. 이제 차입자가 S를 선택할 때의 t=2의 기대수익은 영이고, R을 선택할 때의 t=2의 기대수익은 0.7(158-150)=$5.6. 따라서 차입자는 엄밀히 S보다 R을 선호하고 여러분이 대출을 50퍼센트의 금리로 제시하는 것도 내쉬균형이다. 그러나 우리가 초점을 맞춘 내쉬균형(즉 16.67퍼센트 대출금리의 내쉬균형)이 차입자에 의하여 엄격히 선호된다(더 낮은 대출금리와 엄격히 더 높은 기대수익). 그리고 대출자로서의 여러분은 무차별하다. 왜냐하면 여러분은 각 내쉬균형에서 영의 기대이익을 얻기 때문이다. 따라서 은행 간 경쟁은 16.67퍼센트 대출금리의 내쉬균형이 더 우세함을 확인해줄 것이다.

풀면 i'_R은 64.29퍼센트이다. 그러나 이 금리에는 상환하여야 하는 금액이 프로젝트의 최대현금흐름을 초과하므로 Knight Apparel은 차입하지 않을 것이다.

단계 3 위의 분석이 시사하는 것은 만약 Knight Apparel이 오직 현물시장에서만 차입할 수 있다면 Knight Apparel은 오직 무위험금리가 t=1에 5퍼센트일 때 투자한다는 것이다. 만약 금리가 15퍼센트라면 Knight Apparel은 투자를 하지 않을 것이다. 이것은 다음 의미에서 왜곡이다. 금리가 15%일 때 Knight Apparel은 S보다 R을 선택할 것이고, 이를 예상한 은행은 고금리를 부과해서 결국은 대출과 투자가 이루어지지 않아 Knight Apparel의 NPV는 영, 즉 양이 아니다. 그러나 금리가 15%일 때에도 Knight Apparel이 S에 투자한다면 Knight Apparel의 NPV는 양이다. 만약 Knight Apparel이 대출을 받으면 자신이 S를 선택한다는 것을 은행에게 어떻게 하든지 확신시킬 수 있다면, 은행이 손익분기를 이루고 Knight Apparel에게는 양의 NPV를 가져오는 조건으로 은행은 기꺼이 대출을 공여할 것이다. 그러나 Knight Apparel이 은행이 Knight Apparel을 신뢰할 수 있는 의사소통을 항상 할 수 있는 것은 아니다(우리는 이것이 가능하지 않다고 가정하였다). 그리고 그것이 가능하지 않다면 은행은 Knight Apparel이 자신의 최고의 이익을 위하여 행동할 것이라는 것을 예상하여야만 한다. 그 결과는 Knight가 받아들일 수 없는 은행대출이 제시되고 그에 따라 투자가 이루어질 수 없기 때문에, S에 투자되었더라면 얻을 수 있었던 양의 NPV가 실현되지 못하는 사회적 낭비로 나타난다.

단계 4 우리는 이제 t=0에 체결된 대출약정이 이 도덕적 해이로 유발된 손실을 회피할 수 있다는 것을 보여주려고 한다. 대안 (ii)에 따라 여러분은 Knight Apparel에게 t=1에 그 당시의 현물 무위험금리와 관계없이 16.67퍼센트의 금리로 100달러(만약 Knight Apparel이 대출받기를 원한다면)를 대출하겠다고 제시한다고 하자. 이것은 고정금리 대출약정이다. 지금까지 우리의 분석에서 보는 바와 같이 Knight Apparel은 이 조건에서 S를 선택할 것이다. 따라서 여러분(은행)은 만약 무위험금리가 t=1에 5퍼센트라면 손익분기를 이룬다. 물론 무위험금리가 15퍼센트라면 여러분은 위험한 대출로 손실을 본다. 왜냐하면 여러분은 그 경우에 27.78퍼센트의 금리를 부과하여야 하기 때문이다.* 이 손실을 회복하기 위하여 여러분은 Knight Apparel에 t=0에 약정수수료를 부과하여야 한다. 이 약정수수료는 얼마가 되어야 하는가?

단계 5 이 질문에 답하기 위하여 은행의 손실을 사업이 성공적인 상황에서 지급되어야 하는 금액과 성공적인 상황에서 실제 지급되는 금액의 차이로 계산하면 다음과 같다.

$$\$127.78-\$116.67=\$11.11$$

은행의 t=2에서의 이 손실은 오직 Knight Apparel의 프로젝트가 성공확률 0.9로 성공할 때에만 발생한다(만약 Knight Apparel의 프로젝트가 실패하면 은행은 역시 손실로 고통받는다. 그리고 그 경우에 은행은 아무것도 회수하지 못한다). 그러므로 은행의 기대손실은 다음과 같다.

* 차입자가 S를 선택할 때 은행의 정확한 손익분기 대출금리는 27.78퍼센트라는 것을 주목하라. 이 가정은 이제 그 정당함이 확인되었는데 왜냐하면 차입자는 16.67퍼센트의 차입금리에 직면할 때 확실히 S를 선택할 것이기 때문이다.

$$0.9 \times \$11.11 = \$9.999$$

금리가 15퍼센트가 될 확률은 0.5이고 우리는 $t=2$에서 $t=1$로(15퍼센트) 그리고 $t=1$에서 $t=0$으로 (10퍼센트) 할인하여야 하기 때문에, $t=2$에서의 은행의 기대손실은 $t=0$ 시점의 현재가치로 다음과 같이 계산된다.

$$\frac{0.5 \times \$9.999}{1.15 \times 1.10} = \$3.95$$

따라서 은행이 Knight Apparel에게 부과하여야 할 약정수수료는 대출과 대출약정에서의 영의 기대이익 조건에서 $3.95이다. Knight Apparel은 $t=0$에 약정수수료를 지급하기 때문에 Knight Apparel이 $t=1$에 프로젝트 선택에 직면했을 때 이 수수료를 매몰비용으로 처리하고 프로젝트 선택은 이것에 의하여 영향을 받지 않는다는 것을 주목하는 것이 중요하다.

단계 6 우리는 대안 (i)과 (ii)에서의 Knight Apparel의 NPV를 비교함으로써 대출약정의 전반적 혜택을 계산할 수 있다. 대안 (i)에서 차입은 오직 현물금리가 $t=1$에서 5퍼센트일 때 발생하므로 Knight Apparel의 NPV는 다음과 같다.

$$\frac{0.5 \times \$30.00}{1.05 \times 1.10} = \$12.99$$

여기서 여러분은 $30은 Knight Apparel이 S를 선택해서 은행에게 $116.67(16.67퍼센트의 금리)을 상환할 의무가 있을 때의 Knight Apparel의 순기대수익이라는 것을 기억할 것이다. 대안 (ii)에서 기대 NPV는 다음과 같다.

$$\underbrace{\frac{0.5 \times \$30.00}{1.05 \times 1.10}}_{\text{(t=1 무위험금리가 5퍼센트)}} + \underbrace{\frac{0.5 \times \$30.00}{1.15 \times 1.10}}_{\text{(t=1 무위험금리가 15퍼센트)}} - \underbrace{\$3.95}_{\text{(약정수수료)}} = \$20.90$$

따라서 Knight Apparel은 대출약정을 매입함으로써 $7.91($20.90-$12.99)의 순이득(net gain)을 얻는다. 이 순이득은 약정수수료를 공제한 값이라는 것을 주목할 필요가 있다.

이 예제에서 대출약정은 차입자가 몰래 자산대체할 가능성에 의하여 발생되는 도덕적 해이를 극복하는 데에 유용하였다. 유사한 논리가 '노력 회피'(effort aversion) 도덕적 해이에도 적용되어, 대출약정이 차입자에 대하여 가치를 부가시킨다는 것을 제시하고 있다. 이 의견은 은행 대출약정을 구매하는 기업이 이 구매를 공시하는 순간 비정상적인 양의 주가반응을 경험한다는 점에서 실증적 지지를 받고 있다.* 결론은 차입자는 대출약정을 요구할 수 있다는 것이다. 왜냐하면 차입자는 현물시장에서 차입하는 것보다 대출약정하에서 더 좋은 조건으로 차입할 수 있기 때문이다. 은행은 대출약정이 현물대출(spot loan)을 괴롭히는 도덕적 해이 문제를 회피하기 때문에 더 좋은 조건을 제공할 수 있다.

(c) 다른 채권자(creditors)를 위한 유동성 보증: 기업이 대출약정을 구매할 때 기업의 원자재 공급업자들은 기업이 대출약정의 금액과 동일한 유동성을 보유한다는 것을 안다. 이는 공급업자들에게 기업이 공급업자에 대한 기업의 부채를 상환하는 데에 필요한 자금을 보유할 것이라는 확신을 줄 수 있다. 결과적으로 이 공급업자들은 대출약정이 없는 경우보다 더 좋은 조건으로 기꺼이 원자재를 기업에 제공할 수 있다. 결과는 기업의 타인자본비용(cost of debt)의 전반적 하락으로 나타나는데, 이는 기업의 주주들에게 이롭다. 이 직관을 다음의 예제에서 살펴볼 수 있다.

예제 8.2 Northwestern Business Machines(NBM)는 t=2에 임의의 수익을 발생시키는 프로젝트에 t=1에 100달러를 투자할 기회를 가지고 있다. t=0에 기업은 프로젝트의 임의의 수익의 확률분포에 관하여 알지 못한다. 이 확률분포는 θ라고 부르는 자연상태(state of nature)에 따라 결정되는데, 자연상태는 사적으로(즉 이것은 채권자들에게는 알려져 있지 않다) NBM의 경영진이 프로젝트 투자여부를 결정하기 전에 t=1에 경영진에게 알려진다. t=0에 NBM이 알고 있는 모든 것은 θ=G('좋은' 상태)가 될 확률이 0.5이며, 그 경우에 프로젝트는 확률 0.9로 200달러의 수익을 발생시키고 확률 0.1로 영의 수익을 발생시킨다는 것이다. 만약 나쁜 상태가 발생하면 프로젝트는 확률 0.9로 130달러 그리고 확률 0.1로 영의 수익을 발생시킨다.

만약 t=1에 프로젝트를 진행하려 한다면 NBM은 t=0에 20달러어치의 원자재를 매입할 필요가 있다. 공급업자들은 상업신용(trade credit)을 제공할 것에 동의하였고 따라서 20달러와 합의된 이자가 t=2에 공급업자들에게 지급된다.

t=1부터 t=2까지의 기간 동안에 적용될 무위험금리는 5퍼센트이고 이는 t=0에 모두에게 알려져 있다. t=0에서 t=1까지의 기간은 매우 짧아서 할인은 무시될 수 있다고 가정한다. 또한 NBM의 최고경영자(CEO)는 프로젝트를 시작하는 데에 비금전적 비용(예를 들어 개인적인 노력의 비용)을 부담하며, 이 비용과 동등한 금전적 현재가치는 1달러이다. 이 문제의 모든 자료는 〈그림 8.4〉에 정리되어 있다.

다음 각각의 경우에 NBM의 NPV(CEO의 개인적 비용을 차감)는 물론 상업신용의 조건을 계산하시오. (i) NBM이 θ를 알고 나서 현물신용시장(spot credit market)에서 100달러를 차입하는 경우와 (ii) NBM이 t=1 시점에 100달러를 차입할 수 있는 권한을 주는 대출약정을 t=0(θ를 알기 전)에 구매

* Shockley and Thakor(1997)를 보시오. 대출약정이 도덕적 해이 문제를 극복할 수 있는 능력은 Boot, Thakor and Udell(1987, 1991)과 Boot and Thakor(1991)에서 주목을 받았다. Maksimovic(1990)은 대출약정에 대한 다소 다른 이론적 논리를 전개한다. Kanatas(1987)는 대출약정이 정보를 전달할 수 있다는 것을 보여준다. Thakor(1989)는 정보 문제를 해결하는 데에서 대출약정의 역할을 조명하고 있다. Shockley(1992)는 대출약정이 비은행 부채의 대리인비용을 감소시키고 따라서 차입자의 총레버리지의 증가를 촉진한다는 것을 보여주고 있다. 또한 James(1981)와 Greenbaum, Kanatas, and Venezia(1991)를 보시오.

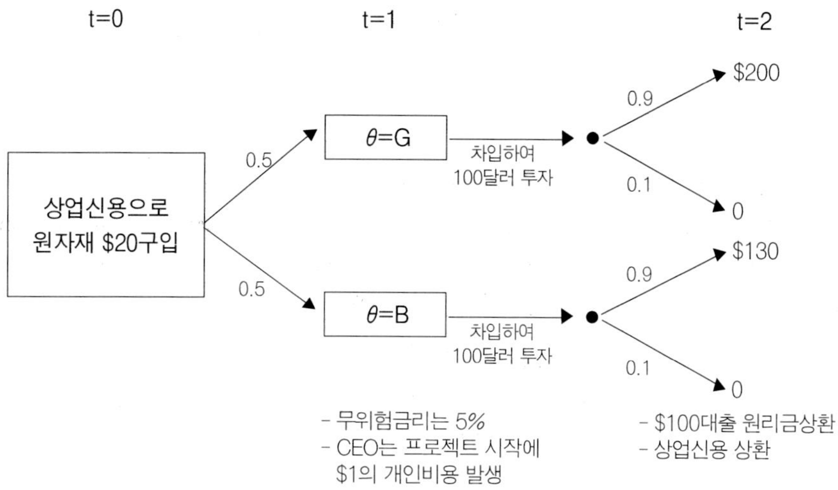

〈그림 8.4〉 Northwestern Business Machines의 투자기회

하는 경우.

상업신용공여자(trade creditors)뿐만 아니라 은행도 신용을 경쟁적인 조건으로 제공하며 모든 사람은 위험중립이라고 가정한다.

풀이 우리는 이 문제를 다섯 단계로 푼다. 첫째, 우리는 현물신용(spot credit) 대안을 고려한다. 우리는 만약 공급업자가 NBM이 θ의 값과 관계없이 $t=1$에 프로젝트를 착수한다고 가정할 때 $t=0$에 NBM에 공여하는 상업신용의 조건을 결정한다면 프로젝트는 오직 $\theta=G$일 때에만 착수된다는 것을 보여준다. 둘째, 우리는 첫 번째의 결과가 유일한 내쉬균형은 상업신용공여자가 NBM은 $\theta=G$일 때 $t=1$에 프로젝트에 착수하고 그렇지 않으면 착수하지 않는다고 믿는다는 것을 의미한다고 주장한다. 우리는 두 번째 단계에서 이것이 정말로 내쉬균형이라는 것을 증명한다. 셋째, 우리는 대출약정 대안을 고려한다. 우리는 NBM으로 하여금 θ에 관계없이 $t=1$에 투자하도록 유인하는 고정금리 대출약정이 존재한다는 것을 보여준다. 넷째, 우리는 NBM이 $t=1$에 현물시장에서 차입하는 것보다 $t=0$에 정말로 대출약정을 구매하기를 선호한다는 것을 확인함으로써 이 대출약정이 내쉬균형의 일부라는 것을 증명한다. 마지막으로 단계 5에서 우리는 대출약정이 NBM의 전반적인 신용비용(cost of credit)을 낮추기 때문에 대출약정이 NBM을 사전적으로 더 좋게 한다는 것을 보여준다. 대출약정은 과소투자문제를 제거함으로써 이를 성취하며 결과적으로 대출약정 시의 상업신용이 현물차입 시의 상업신용보다 더 낮은 비용으로 NBM에게 이용가능하다.

단계 1 먼저 현물신용 대안을 고려하자. 프로젝트는 성공확률이 0.9(θ와 관계없이)이고 무위험금리가 5퍼센트이므로 우리는 예제 8.1로부터 경쟁적인 대출금리는 16.67퍼센트인 것을 알고 있다. 따라서 100달러 현물대출의 상환의무는 116.67달러가 될 것이다. 만약 상업신용공여자가 NBM은 θ값과 관계없이 프로젝트에 투자한다고 가정하면 상업신용의 금리도 역시 16.67퍼센트가 되어야 한다. 즉 기업의 상환의무는 $\$20\times1.1667=\$23.33$이 되어야 한다. 그러면 총상환의무액은 $\$116.67+\$23.33=\$140$

이다. 그런데 만약 θ=B라면 NBM의 NPV는 다음과 같다.

$$\frac{0.9(0)}{1.05} - \$1 = -\$1$$

여기서 우리는 NPV를 계산할 때 의사결정자의 개인비용 1달러를 차감했다. 위 식의 왼쪽에서 첫 번째 항의 분자의 영은 유한책임(limited liability)을 반영한다는 것을 주목하라(유한책임이 없다면 영은 130−140=-$10로 대체되었을 것이다). 따라서 기업은 만약 θ=B를 관찰하면 프로젝트를 착수하지 않을 것이다. 만약 θ=G가 t=1에 관찰되면 기업의 NPV는 다음과 같다.

$$\frac{0.9(\$200 - \$140)}{1.05} - 1 = \$50.43$$

그러므로 프로젝트는 착수된다.

단계 2 위의 결과는 상업신용공여자 또는 은행이 NBM이 θ와 관계없이 프로젝트를 착수하는 것이 내쉬균형이 될 수 없음을 의미한다. 신용공여자와 은행이 프로젝트는 오직 θ=G일 때만 착수된다고 가정한다고 고려하자. 그러면 프로젝트가 착수될 확률은 오직 0.5이므로 상업신용에 부과된 금리 i_t(100달러 투자의 현물차입의 경우)는 다음을 만족시켜야 한다.

$$0.5 \times 0.9 \times (1 + i_t) = 1.05$$

위 식을 풀면 i_t는 133.33퍼센트이다. 그러므로 상업신용공여자에 대한 NBM의 상환의무는 $20×2.3333=$46.67이다. 이제 NBM의 총상환의무액은 $116.67+$46.67=$163.34이다. 만약 θ=G가 발생하면 NBM의 NPV는 다음과 같다.

$$\frac{0.9(\$200 - \$163.34)}{1.05} - 1 = \$30.42$$

그러므로 그 상태에서 프로젝트는 착수될 것이다. 그러나 만약 θ=B라면 프로젝트는 착수되지 못할 것이다. 그러므로 상업신용공여자의 NBM의 미래 행태에 대한 믿음은 일관성이 있고(NBM의 행태에 의하여 합리화되었다), 상업신용공여자들이 133.33퍼센트의 금리로 상업신용을 제공하는 것은 내쉬균형이다. NBM이 현물차입 대안을 채택할 때의 NPV는 t=0 시점(θ가 알려지기 전)에 계산하면 0.5×30.42=$15.21인데, 이는 기업이 오직 θ=G일 때에만 투자한다는 것을 알기 때문이다.

단계 3 이제 대출약정 대안을 고려하자. NBM은 t=1에 5퍼센트(현재의 무위험금리)에 100달러를 차입하는 대출약정을 t=0에 계약할 수 있다. 따라서 만약 대출약정으로 차입한다면 은행에 대하여 상환해야 하는 금액은 105달러가 될 것이다. 은행이 단지 손익분기를 이루게 하는 상환액은 $116.67이므로, 은행의 손실은 $116.67−$105=$11.67이다. 따라서 약정수수료(예제 8.1에 적용된 논리를 사용하여)는 $\frac{0.9 \times 11.67}{1.05}$=$10.00이다. 만약 t=1에 θ=B라면, 기업은 프로젝트에 투자할 것인가? 이에 답하기 위하여 NBM의 NPV를 계산하면 $\frac{0.9(\$130-\$105-\$23.33)}{1.05}-1=\$0.43$이다. 그러므로 기업은 투자를 착수할 것이다. 우리는 여기서 만약 NBM이 $t=0$에 대출약정을 구매한다면 상업신용공여자들은 NBM이 θ에 관계없이 프로젝트를 착수할 것이라고 믿는다고 가정한 것을 주목할 필요가 있다. 우리의 분석이 보여주는 바와 같이 이 가정은 정당화되고 있다.

단계 4: 대출약정에서 내쉬균형을 가진다는 것을 증명하기 위하여 우리는 또한 NBM이 현물신용시장에서 차입하는 것보다 $t=0$에 대출약정을 구매하기를 선호한다는 것을 점검할 필요가 있다.

NBM의 NPV를 $t=0$에 평가하면 다음과 같다.

$$\frac{0.5[0.9\times(\$200-\$105-\$23.33)]}{1.05}+$$
$$\frac{0.5[0.9\times(\$130-\$105-\$23.33)]}{1.05}-10-1=\$20.43$$

이 NPV는 현물차입에서 NBM의 NPV($15.21)를 초과하므로 우리는 내쉬균형, 즉 NBM은 100달러를 금리 5퍼센트에 차입하는 대출약정을 $t=0$에 구매하고, 공급업자들은 상업신용을 16.67퍼센트에 공여하는 내쉬균형을 가진다.

이 경우에 대출약정은 기업의 전반적인 신용비용(cost of credit)을 감소시킨다. 우리는 5장에서 담보가 과소투자 문제를 해결한다는 것을 살펴본 바 있다. 여기서 대출약정은 유사한 목적을 충족시킨다.*

단계 5: 과소투자 문제는 오직 프로젝트의 비용이 단지 100달러 투자라면 프로젝트가 상태 $\theta=B$에서 NBM에게 양의 NPV(그리고 전체 NPV도 양의 값)를 가지기 때문에 발생한다. 이 경우에 프로젝트의 총 NPV는 다음과 같다.

$$\frac{0.9\times\$130}{1.05}-\$100-\$1=\$10.43$$

그러므로 대출약정은 과소투자 문제를 회피하는 데에 기여한다. 이 결론은 만약 우리가 20달러어치의 원자재를 프로젝트의 투자가 이루어지지 않더라도 NBM이 구매하는 것으로 본다면, 즉 원자재는 프로젝트의 비용으로 추가되지 않는다고 보면 적절하다. 그러나 만약 우리가 그 20달러를 프로젝트의 비용에 추가되는 것(즉 프로젝트가 투자되지 않는다면 이 원자재는 구매되지 않는다는 것)으로 해석하면, 프로젝트의 총 NPV는 다음과 같다.

$$\frac{0.9\times\$130}{1.05}-\$100-\$20-\$1=-\$9.57$$

---

* Berkovitch and Greenbaum(1990)은 대출약정이 과소투자를 제거할 수 있다는 것을 제안하였다. 위에 제시된 예제는 그들의 직관을 담고 있다.

이 경우에 프로젝트는 θ=B 상태에서는 사회적으로 비효율적이다. 그러므로 대출약정(θ=B일 때 프로젝트를 채택하는)은 보통 의미로 과소투자 문제를 해결하지 못한다.* 정말로 대출약정은 NBM을 사전적으로 더 좋아지게 하는 NBM에 의한 과대투자(overinvestment)**를 유발하는 것으로 나타난다. 이 경우에 대출약정***의 역할은 5장에서 논의된 담보의 역할과는 매우 다르다.

* 다시 반복하면, 우리는 '과소투자 문제'는 기업이 총 NPV가 양인 프로젝트를 지나가게 하는(투자하지 않는) 상황을 의미한다.
** 즉 기업은 총 NPV가 음일 때 프로젝트에 투자한다. 왜냐하면 주주의 NPV가 양이기 때문에 기업은 투자를 한다.
*** 예제 8.1뿐만 아니라 이번 예시에서도 우리는 기업이 대출약정에 대한 약정수수료를 지급할 유동성은 가지고 있다고 가정하였다. 왜 기업은 대신에 이 유동성을 프로젝트에 자기자본을 제공함으로써 기업의 총차입을 감소시키기 위하여 이용하지 않는가? Boot, Thakor and Udell(1987)은 이 이슈를 조사하여 자신의 유동성을 현물대출과 관련하여 자기자본으로 이용하기보다는 자신의 유동성을 약정수수료를 지급하는 데에 이용하는 것이 차입자를 더 좋게 한다는 것을 보여준다.

차입자는 종종 대출약정을 다른 채권자들에 대한 보증(assurance)으로 사용한다. 예를 들어 기업어음 발행을 통해 자금을 차입하는 자는 명시적으로 기업어음 발행을 뒷받침하기 위하여 은행 대출약정을 일상적으로 구매한다.

(d) 미래 신용할당으로부터 보호: 차입자의 미래 차입여부는 다음의 세 가지 가능성에 의하여 위협받는다. 즉 (1) 자신의 신용등급 악화, (2) 일반적인 시장의 신용가능액(availability of credit)의 축소 그리고 (3) 은행이 신용을 제공할 능력을 감소시키는 은행 고유요인의 변화이다. 대출약정은 첫 번째 두 가능성으로부터 대출약정 구매자를 보호한다.* 물론 대출약정 계약의 MAC조항이 대출약정의 첫 번째 가능성에 기인한 신용할당에 대한 보험으로서의 유용성을 제한한다. 그러나 실증적 증거들은 이러한 동기가 많은 대출약정 구매 시에 작용하고 있음을 보여주고 있다.** 흥미롭게도 이 대출약정 구매동기와 MAC조항의 상호작용으로 인하여 경기가 좋을 때 은행은 대출약정하에서 과다대출(overlend)한다는 것을 이론적으로 보여준다.***

연방준비은행의 표본조사(1988)는 대출약정 수요의 이유에 관하여 조명하고 있다.**** 대출약정에 대해 가장 자주 언급된 이유는 "일반적인 편리함과 대출협약비용의 최소화" 그리고 "일반적인 신용경색으로부터의 보호"이었다. 다음으로 많이 언급된 이유는 "신용도 악화에 대비하여 대출을 받을 수 있는 금융기관을 확보"하고 "기준금리에 더해지는 고정 스프레드(markup)를 고정(lock in)"시키는 것이었다.

* Morgan(1989)은 대출약정이 어떻게 신용할당문제를 해결할 수 있는지를 보여주는 모형을 개발하였다. 또한 Glick and Plaut(1989)도 참조하시오.
** Sofianos, Wachtel, and Melnik(1990)과 Berger and Udell(1990)을 보시오. Thakor(2005)는 MAC조항에도 불구하고 대출약정이 어떻게 신용할당으로부터 차입자를 보호할 수 있는지를 설명하는 모형을 개발하였다.
*** Thakor(2005)를 보시오.
**** Avery and Berger(1991)를 보시오.

(e) **시장의 불완비성(market incompleteness) 감소:** 자본시장이 불완비(1장의 논의를 기억하라)되어 있을 때 투자자들과 기업들은 그들이 바라는 모든 위험분담 기회가 부족하다. 따라서 만약 시장이 불완비되어 있고 대출약정이 차입자에게 기존 증권의 선형 결합(예를 들어 예제 8.1 같이)으로 복제될 수 없는 수익을 발생시킨다면 대출약정의 이용가능성은 시장의 불완비성을 감소시킨다.

대출약정의 가격결정

모형

대출약정과 옵션 간의 유사성: 우리는 대출약정의 수익(payoff)구조가 주식 풋옵션(put option)의 수익구조와 닮았다는 관찰에 근거하여 대출약정의 가격결정 접근법을 개발한다.* 1장에서 논의된 바와 같이 풋옵션은 증권(인도가능한 상품)을 일정한 기간 동안 고정가격으로 매각할 수 있는 권리이다. 이 계약의 주요 구성 요소는 다음과 같다.

i) 인도가능한 상품의 확인
ii) 옵션 가격
iii) 행사가격 그리고
iv) 행사일 또는 행사기간

예를 들어 General Motors 보통주 100주를 주당 50달러(즉 5,000달러)에 향후 6개월 동안 어느 때라도 매각할 수 있는 권리에 대하여 500달러가 지급될 수 있다. 옵션가격은 500달러, 행사가격은 주당 50달러, 인도대상은 General Motors 보통주 100주, 행사일은 향후 6개월 동안의 어느 날이라도 좋다. 옵션의 '발행자'(writer)는 GM 주식 100주를 5,000달러에 옵션매입자 임의로 향후 6개월 동안 어느 때라도 매입하는 책임에 대한 대가로 500달러의 옵션가격을 받아들인다(일부 옵션은 기간 동안 어느 때라기보다는 기말에만 행사가능하다).

이제 은행의 대출약정을 살펴보자. 대출약정의 구매자는 증권을 은행에게 미리 정한 가격으로 미리 정한 기간 동안 매각할 권한의 대가로 약정수수료를 지급한다. 증권은 약정구매자의 차용증서(IOU)(부채)이고, 행사가격은 대출의 액면가격, 즉 차입금액이다. 기간은 약정의 내구기간이다. 그러므로 대출약정 매각과정에서 은행은 기초 인도가능한 상품이 약정구매자의 차용증서인

---

* 이 관찰은 Thakor, Hong and Greenbaum(1981) 및 Thakor(1982)에 기인한다.

풋옵션을 매각하는 것이다. 약정구매자는 만약 행사일에 차용증서의 가치가 약정대출금액(행사가격)보다 작다면 약정을 인출한다(풋옵션을 행사한다). 약정행사 시에 대출금액과 차용증서가치의 차이는 약정의 행사로부터 고객이 얻는 이득이고, 약정구매 시에 이 이득의 현재가치는 약정수수료, 즉 고객이 기꺼이 지급하고자 하는 가격이다.

모형 우리는 t=0에 발행되어 구매자로 하여금 F달러(대출의 액면가격, 즉 풋옵션의 행사가격)를 미리 정한 금리 i_c에 t=1에 차입하도록 허용하는 대출약정을 가치평가하고자 한다. 대출의 만기는 단일 기간이다. 즉 대출은 t=2에 만기가 된다. 대출(만약 인출되면)은 지급불이행은 없다. 현재 단일기간 무위험금리는 i_0이라고 가정하자. t=1에 차입자 부채의 단일기간 수익률은 $i_1^+ > i_0$ 또는 $i_1^- < i_0$이다.

금리가 i_1^+일 확률은 p이고, 금리가 i_1^-일 확률은 1-p이다. $i_1^+ > i_c > i_1^-$을 가정하자. 모든 사람은 위험중립이다. 이 고정금리 대출약정의 가치는 얼마인가?

풀이 t=1에 차입자 부채의 현물수익률(spot yield)이 i_1^-라고 하자. 그러면 저렴한 신용이 현물시장에서 가능하기 때문에 차입자는 대출약정을 인출할 인센티브가 없다는 것은 명백하다. 그러나 만약 현물수익률이 i_1^+라면 차입자는 약정금리가 현물수익률보다 작으므로($i_c < i_1^+$) 대출약정을 인출할 것이다. 이 상태에서 t=1에 차입자 부채의 가치는 다음과 같다.

$$\frac{F[1+i_c]}{[1+i_1^+]} \tag{8.3}$$

여기서 $F[1+i_c]$는 t=2에 차입자의 미래 상환의무액인데, 현재의 현물수익률 i_1^+로 t=1시점으로 할인되었다. 차입자는 대출을 인출할 때 은행으로부터 F달러를 수취하고, 그 대가로 은행은 [8.3]만큼의 가치를 가지는 부채 증권을 받는다는 것을 주목할 필요가 있다. 즉 차입자가 자신의 대출약정 풋옵션을 행사할 때 차입자는 은행에 $F[1+i_c]/[1+i_1^+]$의 가치가 있는 부채증권을 F달러에 매각한다. 풋옵션 행사로 인한 차입자의 이득은 다음과 같다.

$$F-\frac{F[1+i_c]}{[1+i_1^+]} \tag{8.4}$$

그러면 t=0에서 차입자의 대출약정 가치는 다음과 같다.

$$\frac{P\left\{F-\frac{F[1+i_c]}{[1+i_1^+]}\right\}}{[1+i_0]}$$

여기서 [8.4]의 식은 수익률 i_1^+의 확률로 곱해지고, 무위험금리 i_0(모든 사람이 위험중립이므로)에 의해 t=0 시점으로 할인된다.

우리는 지금까지 고정금리 대출약정의 가치평가를 논의하였다. 변동금리 대출약정도 유사하게 가치평가될 수 있다. 변동금리 대출약정에서 지수금리에 더해지는 가산금리(add-on)는 고정되어 있다. 그러나 이 가산금리는 지수금리에 반영된 지급불이행위험을 초과하는 고객의 지급불이행위험에 대하여 은행이 부과하는 프리미엄이다. 따라서 고객은 고정된 가산금리(fixed add-on)가 고객이 현물시장에서 부과되는 가산금리보다 작을 때는 언제나 대출약정을 행사할 것이다. 다시 한 번 이것은 대출약정 구매자가 매입한 풋옵션을 나타낸다. 차이점은 고정금리 약정의 경우에는 고객은 총차입비용(차입자 고유의 위험을 반영하는 가산금리뿐만 아니라 지수금리의 증가를 포함하는)의 증가로부터의 보호를 구매하는 것이고, 반면에 변동금리 약정에서는 고객은 오직 자신의 신용등급 하락에 기인한 가산금리의 증가로부터의 보호를 구매하는 것이다.

가치평가모형의 실증적 예측

위에서 개발된 가치평가모형은 차입자가 차입금리를 고정(lock in)시키기 위하여 대출약정을 구매한다는 것을 시사한다. 그러므로 차입자들이 그들의 현물시장 차입비용의 증가를 경험할 때 더 많은 약정이 행사되어야 한다.

이 예측을 지지하는 많은 일화의 증거가 있다. 예를 들어 1990년에 Hartford에 위치한 보험회사인 Travelers Corporation은 주요 신용등급평가기관이 자신의 신용등급을 낮춘 후(그럼으로써 현물신용시장에서 차입비용이 증가하였다)에 10.75억 달러 신용한도의 상당부분을 인출하였다. 회사는 대손충당금을 6억 5,000만 달러 정도 증가시킨 후에 유동성과 단기자금조달에 대한 접근성을 확보하고자 인출하였다고 보도되었다.*

가치평가모형의 또 다른 검증가능한 예측은 대출약정의 비용은 고객의 현물차입금리의 변동성(미래 불확실성)이 증가함에 따라 증가하여야 한다는 것이다. 이는 잘 알려진 풋옵션의 정리, 즉 풋옵션의 가치는 기초자산 미래가치의 불확실성이 증가함에 따라 증가한다는 정리로부터 바로 도출된다.

대출약정과 풋옵션 간의 차이

보통주 풋옵션과 은행 대출약정 간에는 현저한 유사성이 존재하지만 또한 중요한 차이점도 존재한다. 네 가지의 중요한 차이점은 다음과 같다.

* Lipin(1990)은 다음과 같이 보도하고 있다. "Travelers의 움직임은 Travelers에만 한정된 사건으로 기대되지는 않는다. 더 많은 기업들이 불확실한 경제 환경에서 유동성을 유지하고자 할 것이라고 대출금융기관들이 이야기하고 있다. 더구나 급등하는 금리와 기업어음시장의 다른 문제점 때문에 은행의 신용한도는 더욱 매력적으로 되었다."

(1) 거래소에서 거래되는 풋옵션은 구속력 있는 계약(binding contract)이다. 즉 옵션 판매자는 옵션이 행사되면 계약상의 지급액에 대하여 법적으로 책임을 진다. 반면에 MAC조항으로 인하여 은행 대출약정은 자의적인 계약(discretionary contract)이다.

(2) 거래소에서 거래되는 옵션은 이전가능한 계약(transferable contract)인 반면에, 대출약정은 그렇지 않다. 즉 만약 기업 A가 은행으로부터 대출약정을 구매하면 기업 A는 이 약정을 기업 B에게 매각할 수 없다. 대출약정은 이전가능하지 못하다. 약정의 소유자는 물론 약정을 행사하여 받은 금액을 기업 B에게 대출할 수 있다. 그러나 이것은 다른 거래이다.

(3) 대출약정의 가격결정은 거래소 거래 옵션의 가격결정과 다르다. 예를 들어 대출약정에는 신용한도의 미사용부분의 증가함수인 사용수수료(usage fee)가 있다. 이는 옵션의 가격결정 공식과는 일관성이 없다. 사용수수료를 이해하는 한 방법은 대출약정이 미래대출수요에 관한 정보를 제공하기 때문에 은행이 대출약정을 제공한다는 앞서의 설명의 문맥에서 이해하는 것이다. 약정에서 기대 인출로부터 실제 인출의 편차는 대출자에게는 비용이 드는 예측오차를 나타낸다. 예를 들어 대출자가 기대되는 대출을 하기 위하여 (자금조달) 준비 비용을 부담한 결과 대출 이외의 곳에 계획된 자금을 투자하는 것이 비용이 더 든다는 것을 알게 되면, 대출자의 비용은 인출예측의 오차와 더불어 증가한다. 약정의 미사용부분에 대한 수수료를 부과하는 것은 고객으로 하여금 대출자에게 미래대출수요에 관하여 더욱 정확한 정보를 제공하도록 유도하는 한 방법이다.*

(4) 풋옵션은 전액 행사되거나 또는 전혀 행사되지 않는다. 대출약정은 보통 그와 같은 인출행태를 보이지 않는다. 대출인출(F*)은 대개 약정액면가(F)의 오직 일부분이다. 이와 같은 부분인출 현상에 대하여 두 가지로 설명되고 있다.

  (i) 고객은 약정하에서 차입할 수 있는 총자금에 대한 '수요' (need)가 없다.

  (ii) 고객은 은행과 장기거래관계를 유지하기 때문에 갑작스런 이익(windfalls)을 충분히 이용하지 않음으로써 은행과 양호한 관계를 촉진하고자 한다.

먼저 (i)를 고려하자. (i)의 합리성은 음이 아닌 NPV 투자기회에 대한 고객의 접근성에 달려 있다. 만약 고객의 재무 레버리지가 제한되지 않고 음이 아닌 NPV를 발생시키는 무제한의 투자기회를 보유한다면, 우리는 고객의 자금수요가 차입금리에 매우 탄력적일 것으로 기대할 수 있고, 약정은 옵션가치평가모형에서 시사되는 바와 같이 전액 행사되거나 또는 전혀 행사되지 않을 것이다. 그러나 양의 NPV의 투자기회는 대개 제한되어 있다.* 더구나 약정하에서 차입할 능력/의지는 자본구조 고려에 의하여 제한되는데, 자본구조 제한은 현재 잔존부채의 약관(covenants)

* 관련된 설명이 Thakor and Udell(1987)에 나타나는데, 그들은 차입자들이 자신의 인출 확률에 대하여 사적으로 정보를 가지고 있고 모든 차입자들이 동일한 약정금액을 요구할 때 사용수수료가 은행으로 하여금 인출확률이 높은 고객과 낮은 고객을 구분하는 데에 기여하고 있다고 제안하고 있다.

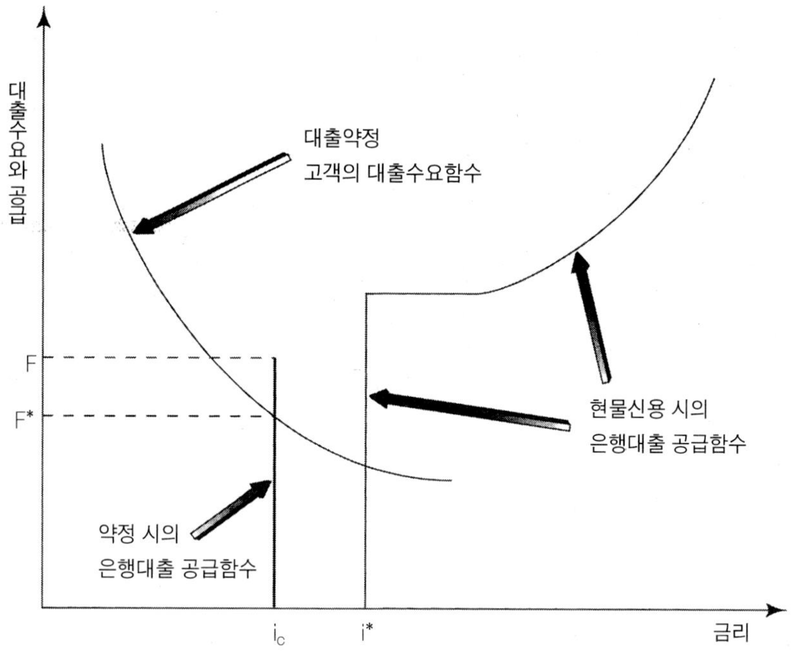

〈그림 8.5〉 불완전하게 탄력적인 대출수요의 부분 인출

에 의하여 부과된 제한도 포함한다. 이 경우 대출수요는 금리에 불완전하게 탄력적이고 그러면 부분인출이 가능하다. 이것이 〈그림 8.5〉에 설명되어 있다.

고객의 현물차입금리가 i^*이고 약정금리가 i_c일 때, 고객의 대출수요는 F*이다. F*는 신용한도 F보다 적다. 약정하에서 은행의 대출공급함수는 수직선인데, 이는 은행이 약정하에서 금리 i_c로 최대 F까지의 금액을 기꺼이 대출한다는 것을 의미한다. 현물차입금리가 i^*일 때 대출공급함수는 그래프에서 보여주는 것과 같이 보일 수 있다. 이 함수는 은행이 i^*의 금리로 F를 초과하는 금액까지도 기꺼이 대출하며, 은행이 기꺼이 대출하는 금액은 금리가 i^*를 넘어 조금 상승하여도 증가하지 않지만 충분히 높은 금리에서는 은행은 기꺼이 더 많이 대출할 수 있다는 것을 보여주고 있다.

이제 (ii)를 고려하자. 고객의 인출행태는 은행서비스의 미래 가격결정 또는 이용가능성에 영향을 미치는 것으로 볼 수 있다.** 이 연결고리는 은행을 변경하면 차입자에게 일정 비용이 발생한다는 것과 은행 간에는 정보의 불완전한 교환이 있음을 미리 가정한다. 예를 들어 정보의 재사용가능성(information reusability)으로 인해 현재의 거래은행이 경쟁은행보다 고객의 정보에 관하여 우위에 있다. 이로 말미암아 현재의 거래은행은 경쟁은행이 제시할 수 있는 신용조건보다

* 시장성유가증권에 투자하는 것은 거래비용과 세금을 고려할 때 보통 기업에 대해서는 음의 NPV 대안이다.
** Thakor, Hong, and Greenbaum(1981)과 Greenbaum and Venezia(1985)를 보시오.

더 좋은 조건으로 신용을 제공할 수 있다. 따라서 다른 은행으로 거래은행을 바꾸는 것은 고객에게 비용이 더 들어가게 된다. 이제 고객이 약정을 행사하게 되면 은행에 손실이 발생하므로 은행이 관찰되는 인출에 근거하여 대출약정의 가격결정을 조정할 것이라고 기대하는 것이 합리적이다. 예를 들어 만약 고객이 신용한도의 50퍼센트 이하를 인출한다는 평판을 은행이 가지게 되면 은행은 그것을 고려하여 대출약정의 가격결정을 시작할 것이다. 이것은 만약 고객이 이전 약정의 100퍼센트를 인출하였다면 결정되었을 약정가격보다 더 낮은 약정가격을 결정하게 할 것이다. 대안으로 만약 고객이 이전의 약정의 30퍼센트를 인출할 것으로 기대했으나 실제로는 50퍼센트를 인출했다면 은행은 약정가격을 인상할 것이다.

물론 사람들은 고객이 약정 전액을 사용할 계획이 없다면 약정의 규모를 명시적으로 줄여야 한다고 주장할 수 있다. 그러나 고객은 여전히 정상적인 환경에서 필요한 금액보다 더 많은 금액의 약정을 요청할 수 있는데 그 이유는 미래에 기대하지 않은 거액의 신용이 필요할 가능성이 있기 때문이다. 그러나 은행이 그러한 경우의 확률이 낮다고 인식하는 정도에 비례해서 약정가격은 고객의 이전의 부분인출에 의하여 낮아질 것이다. 이러한 현상은 자동차 소유자가 자동차 충돌 청구권을 보험회사에 행사할 때 보험회사가 경험하게 되는 (부정적) 학습 때문에 자동차 소유자가 일부 자동차 충돌 청구권을 자신의 보험회사에 청구하지 않는 것을 선택하는 것과 유사하다. 〈표 8.4〉에서 우리는 대출약정과 풋옵션 간의 유사점과 차이점을 요약한다.

대출약정과 통화정책

규제기관은 신용의 규모, 즉 통화공급량과 통화가격(금리)을 변경함으로써 통화정책을 수행한다. 대출약정은 통화정책을 수행하는 연방준비은행의 능력을 저하시키는 원천이다.* 이유는 일단

〈표 8.4〉 대출약정과 풋옵션 간의 유사점과 차이점

	풋옵션	대출약정
유사점	1) 인도가능 상품 또는 기초증권	1) 고객의 차용증서(IOU)
	2) 옵션가격	2) 약정수수료
	3) 행사가격	3) 대출약정의 규모(F)
	4) 행사일	4) 약정 인출일
차이점	1) 구속력 있는 계약	1) 자의적 계약
	2) 이전가능(거래가능) 계약	2) 비이전가능 계약
	3) 사용수수료 없음	3) 사용수수료
	4) 전액행사 또는 전혀 행사 안 함	4) 종종 부분적으로 행사

* 이 의견은 Deshmukh, Greenbaum and Kanatasuca(1982), Duca and Van Hoose(1990) 및 Wojnilower(1980)에 의하여 제시되었다.

약정이 매각되면 대출수요는 미리 정한 금리에 자금을 사용하려는 고객의 수요에 의하여 결정되기 때문이다. 이제 연방준비은행이 긴축 통화정책을 수행하려고 한다고 하자. 공개시장조작을 사용하여 연방준비은행은 증권을 매각하여 금리를 상승시킬 것이다. 높아진 고금리가 현물대출(spot credit)에 대한 수요는 감소시키지만 고금리는 미리 설정된 대출약정에 의한 차입을 더욱 매력적으로 만들어 인출을 증가시킨다.* 그러므로 총은행대출은 긴축 통화정책에 대한 반응으로 실제로 단기적으로는 증가할 수 있다. 이 같은 단기적인 반대현상은 궁극적으로 은행들이 다음 기간에 대출약정의 규모를 감소시켜 조정해 감에 따라 역전될 것이다. 그렇지만 대출약정의 성장은 단기금융시장의 교란을 증가시키고 통화정책의 노력을 좌절시킬 수 있다.

기타 조건부청구권: 신용장

대출약정이 최근 수년간 현저한 성장을 기록한 유일한 조건부청구권은 아니다. 이 절에서는 우리는 눈에 띄게 크게 성장한 다른 두 조건부청구권인 상업신용장(commercial letter of credit)과 보증신용장(standby letter of credit)에 대하여 논의한다.

상업신용장과 은행인수어음

상업신용장(commercial L/C)은 무역, 특히 대부분 국제무역을 촉진하기 위하여 사용되고 있으며, 가장 오래된 은행계약 중의 하나이다. L/C가 포함된 전형적인 거래에서 수출상은 수입상의 지급능력에 대하여 제한된 지식을 가지고 있고 국경 밖의 수입상과 체결된 계약을 강제할 능력도 제한되어 있다. 그러므로 수출상은 수입상에게 수입상의 거래은행이 적절한 선적서류가 제시되면 수출상에게 지급을 보증하는 신용장을 발급하도록 요청한다. 수출상은 상품이 수출선박에 선적될 때 선하증권(bill of lading)과 기타 선적서류를 받는다. 신용장은 수입상의 거래은행이 수출상에게 지급할 것을 약속한 것이다. 따라서 거래의 제3자로서 은행은 수입상의 신용도를 자신의 신용도로 대체함으로써 수출상이 당면하는 지급불이행위험을 감소시킨다.

수출상이 필요한 서류를 지급은행에 제시할 때, 수출상은 일람불 환어음(sight draft)(즉시 지급) 또는 미래에 지급을 약속하는 시한부환어음(time draft)을 받는다. 후자의 경우에 나타나는 금융상품이 은행인수어음(bankers acceptance)인데, 이는 시장성이 좋고 유동성이 매우 높은 금융상품이다. 따라서 은행인수어음은 상업신용장의 결과물로 볼 수 있다. 상업신용장하에서 자신의 의무를 이행하는 과정에서 은행이 '인수한'(accepted) 어떠한 환어음도 은행인수

* 이것은 시장금리의 상승이 은행의 고객에게는 현물차입의 비용을 증가시키지만 약정금리는 동일(고정금리 약정에서)하거나 덜(변동금리 약정에서) 오르기 때문이다.

어음이다.*

다시 말해서 상업신용장은 본질적으로 이행보증(performance guarantee)이다. 상업신용장은 미리 정한 조건들이 만족된다는 조건에서 시한부환어음을 배서(endorse) 또는 '인수(accept)' 하는 약속이다. 시한부환어음을 인수하는 행위는 수출상의 관점에서 은행의 지급약속이 채무자(수입상)의 지급약속을 대체함을 의미하며 이는 유통유가증권(negotiable security)을 발생시킨다. 결과적으로 은행은 채무자의 지급불이행위험을 부담한다. 〈그림 8.6〉은 은행인수어음을 생성시키는 과정들을 보여준다. 단순화를 위해 우리는 오직 수입상의 은행만을 포함시켰다. 때때로 수출상의 은행도 수출상과 수입상 은행 간의 중개기관으로서 역시 포함되기도 하고, 시한부환어음은 양쪽 은행에 의하여 인수될 수도 있어 '복명어음'(two-name paper)이 생기기도 한다.

수입상(또는 수출상)의 은행이 시한부환어음을 인수하여 은행인수어음을 생성시키면 은행은 두 가지 선택권을 가진다. 은행은 은행인수어음을 보유하거나 유통시장에서 매각할 수 있다. 만약 은행인수어음을 보유하기로 결정하면 은행은 신용을 공여(은행은 본질적으로 수입상에게 대

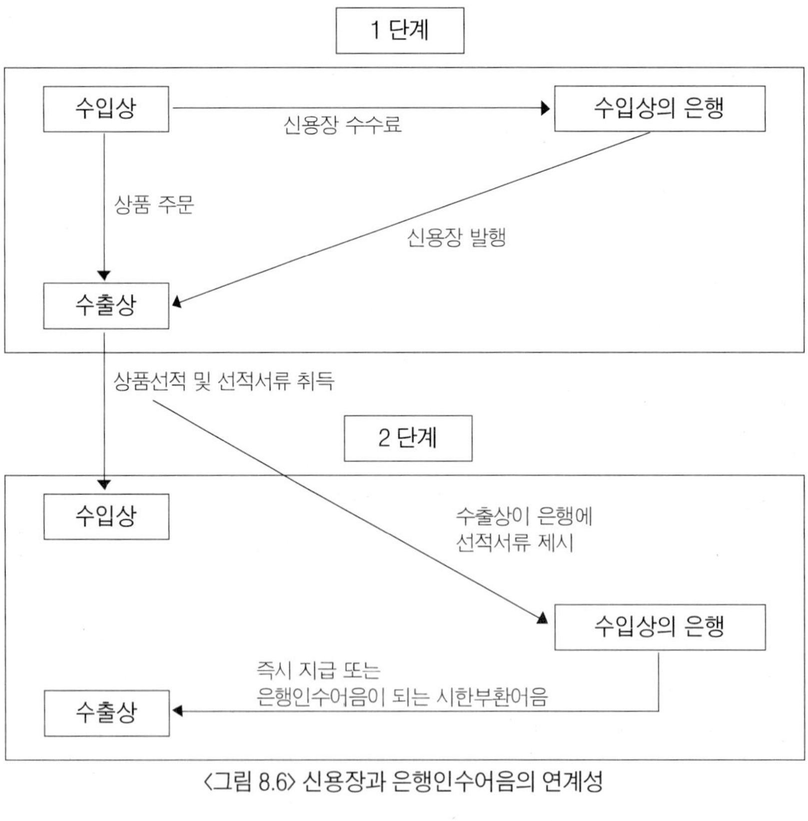

〈그림 8.6〉 신용장과 은행인수어음의 연계성

* Melton and Mahr(1981)을 보시오.

출을 공여한 것이다)하는 것이 된다. 따라서 인수 행위는 자동이다. 그러나 은행인수어음이 유통시장에서 매각되면 은행인수어음의 보유자가 자금을 제공하는 것이 되고 은행은 지급을 보증한다.*

보증신용장

보증신용장(standby L/C) 역시 대개 금융거래에서 '회계당사자'(account party)의 이행을 보증한다. 그러나 보증신용장에 반드시 자금조달 거래가 포함되는 것은 아니다. '2차 당사자'(구매자, 채무자 또는 1차 당사자에게 어떤 종류의 이행의무를 지고 있는 당사자)은행에 의하여 발행된 보증신용장은 이행 실패의 경우에 보증신용장 발행은행이 1차 당사자(판매자, 채권자 또는 이행을 받아야 하는 당사자)에게 보상하도록 의무화하고 있다. 그다음에 2차 당사자는 은행이 보증신용장하에서 지급한 금액에 대하여 은행에게 지급할 책임이 있다. 이런 관점에서 보증신용장과 상업신용장은 유사하다. 그러나 상업신용장에서는 발행은행은 대개 미리 지급하고 고객으로부터 상환을 받는 반면에 보증신용장에서는 은행은 고객이 계약상의 의무를 이행하지 못할 때에만 지급한다. 결과적으로 상업신용장과 관련된 은행인수어음은 보증신용장에서는 없다.

보증신용장은 판매자가 구매자의 신용도에 관하여 충분하지 못한 지식을 가지고 있는 경우에 거래를 촉진시키기 위하여 국제무역에서 종종 사용된다. 물론 판매자는 약속을 이행하는 구매자 은행에 의존하여야 한다. 이것이 종종 발행은행의 보증을 자신의 보증으로 보강하는 2차 은행—보통 판매자의 은행—이 존재하는 이유이다. 이와 같은 신용장을 확인신용장(confirmed letter of credit)이라고 한다.**

보증신용장은 또한 위에서 언급된 단순한 국제무역계약보다는 더 다양하고 복잡한 계약의 이행을 보증하기 위하여 사용된다. 보증신용장을 통하여 은행들은 한때 담보(bonding), 권리증서(title) 및 보험(insurance) 회사들의 배타적 영역이었던 분야에서 이제 활동하고 있다. 예를 들어 건설업자가 미리 정한 기일까지 완공된 건물을 인도하기로 약속하고 그렇지 못할 경우에는 미리 정한 벌금을 내야 한다고 하자. 구매자는 건설업자에게 계약을 보증하기 위하여 보증신용장을 취득할 것을 요청할 수 있다. 따라서 만약 건설업자가 약속을 지키지 못하면 구매자는 보증신용장을 발급한 은행으로부터 벌금을 징수할 수 있다. 그러면 건설업자는 은행이 먼저 지급한 벌금을 은행에 지급할 책임이 있다. 은행업무에서 보증신용장은 시장이 불확실할 때 증권화의 신용보강이나 기업어음의 뒷받침(back-up)으로 사용된다. 즉 보증신용장은 대출약정을 대체함으로써 MAC조항의 위험을 회피한다.

* 은행인수어음이 연방준비은행이 설정한 구매기준(연방준비은행법[Federal Reserve Act]의 13절[Section 13])을 충족시킬 때, 은행인수어음은 "자격이 있는"(eligible)이라고 불리며 연방준비은행에 매각될 수 있다.
** Thakor(1988) 및 Greenbaum, Soss and Thakor(1986)를 보시오.

보증신용장의 옵션적 특징

보증신용장도 역시 대출약정처럼 풋옵션으로 볼 수 있다. 대출약정의 경우에 고객은 행사 시에 행사가격(고객에 대출된 금액)보다 가치가 적은 증권(고객의 부채)을 은행에 매각할 옵션을 구매한다. 보증신용장의 경우 은행은 주채무자가 '이행'(perform)에 실패하는 경우에 채권자로부터 청구권(채무자의 부채)을 액면가에 구매하는 것에, 즉 청구권을 인수하는 것에 동의한다. 즉 '1차 당사자'(채권자)는 채무자의 불이행으로 채무청구권가치가 액면가 이하로 하락할 때 주채무자에 대한 채무청구권을 은행에게 '청구'(put)할 옵션을 가진다. 옵션을 매각하는 대가로 은행은 수수료를 징수한다. 보증신용장의 옵션 특징은 이 상품을 발행하는 은행이 구매자에게 조건부 청구권을 전달하고 스스로 은행 자신에게 우발부채(contingent liability)를 부과한다는 점이다. 우발부채는 만약 주채무자가 계약의 조건을 이행하지 못하면 실제 부채가 된다.

풋옵션으로서의 대출약정과 보증신용장 간의 중요한 차이점은 두 경우에 기초청구권의 시장가치에 영향을 미치는 임의의 과정(random processes)과 그에 따라 행사(exercise)를 야기한 유인 메커니즘(trigger mechanisms)에 있다. 대출약정의 경우에 고객의 현물차입금리가 약정금리 이상으로 증가하면 그 결과 옵션의 행사를 유발한다. 보증신용장의 경우에는 채무자의 불이행으로 청구권의 가치가 행사가격(보증된 청구권가치) 이하로 낮아지게 되면 그 결과 옵션의 행사를 유발한다. 또 다른 중요한 차이점은 집행가능성(enforceability)에 있다. 대출약정과 달리 보증신용장은 MAC조항이 없으므로 더욱 엄격한 구속력이 있다.

기타 조건부청구권: 스왑

스왑은 무엇인가

스왑(swap)은 두 당사자 간의 협정으로 특정 위험에 대한 각각의 노출(exposure)을 서로 교환한다. 거래에서는 종종 중개기관이 주거래자 또는 중개인으로 활동한다.* 그러므로 스왑은 여러 종류의 위험을 관리하는 수단이다.

기본적으로 금리스왑(interest rate swap)에서는 듀레이션이 상이하거나 또는 이자지급결정방법이 상이한 명목 증권(notional securities)의 이자지급액을 교환한다. 예를 들어 어느 기업이 변동금리 부채와 고정금리 자산을 보유하고 있다고 하자. 그와 같은 기업은 금리가 급격하게 상승하면 손실이 발생한다. 이제 다른 기업이 고정금리 부채와 변동금리 자산을 보유하고 있다고 하자. 이 기업은 금리가 급격하게 하락하면 손실이 발생한다. 이 두 기업은 스왑을 체결하여 각각

* Antl(1983), Baecher(1991), Beidleman(1985) 및 Loeys(1985)를 보시오.

의 이자지급액을 교환함으로써 이자율위험에 따른 각각의 위험을 감소시킬 수 있다.

금리스왑은 1981년에 유로본드시장에서 처음 사용되었다. 대부분 변동금리 기준으로 대출하는 대형 국제은행들이 스왑을 제일 처음 사용하였는데 그들은 자신의 부채의 고정금리 이자지급액을 동일한 명목상 금액에 대한 더 낮은 비용의 변동금리 이자지급액으로 교환하였다. 스왑시장은 1982년에 미국으로 확산되었는데, 그 당시 최초의 미국 내 스왑이 Sallie Mae(학생대출마케팅협회)와 ITT Financial Corporation 간에 체결되었다. 그 후 스왑시장은 폭발적 성장을 보여 이제는 명목상의 청구권 기준으로 수조 달러에 이른다.

전형적인 스왑에서 거래의 한쪽 당사자는 만기가 3년에서 10년까지이며 2,500만 달러부터 7,500만 달러까지의 부채이고, 거래의 다른 쪽 당사자는 보통 LIBOR, 우대금리(prime) 또는 국채(T-bill)금리에 연계된 변동금리 대출이다.

스왑의 구조

두 기업이 있다고 하자. 기업 A는 우대금리+25베이시스포인트의 변동금리 대출 1억 5,000만 달러를 고정금리 10퍼센트의 10년 만기 채권 1억 5,000만 달러로 자금을 조달한 은행이다. 기업 B는 고정금리 모기지 1억 5,000만 달러를 금리가 국채(T-bill)금리에 연계된 단기 MMFs (money market funds)와 CD로 자금을 조달한 저축대부조합이다. 각 금융기관은 각각 헤지하고자 하는 이자율위험에 노출되어 있다.

우리는 이제 은행과 저축대부조합 간에 1억 5,000만 달러 10년 만기 스왑을 체결할 수 있다. 스왑의 구조는 다음과 같다. 저축대부조합은 은행에 10년 동안 1억 5,000만 달러에 대하여 연 10퍼센트의 고정금리로 지급하는 데에 동의한다. 이에 대한 대가로 은행은 저축대부조합에 1억 5,000만 달러의 원금에 대하여 우대금리+25베이시스포인트의 변동금리 이자를 지급할 것에 동의한다. 이 방법으로 은행과 저축대부조합은 각각의 부채를 효과적으로 교환하였다. 이제 각각은 자신의 이자율위험을 헤징하였다. 은행의 고정금리 부채는 저축대부조합의 고정금리 자산과 더욱 밀접하게 일치되는 반면에, 저축대부조합의 변동금리 부채는 은행의 변동금리 자산과 더욱 밀접하게 일치된다. 〈그림 8.7〉은 이 협정을 그림으로 보여준다.

일찍부터 스왑거래에서는 보통 상업은행 또는 투자은행이 중개자로 기능하는 중개기관 역할을 수행한다.*

최근에는 중개기관들은 더욱 자산변환기관(asset transformers) 기능을 수행하여 스왑거래의 양 당사자에게 보증을 효과적으로 제공한다. 예를 들어 만약 위의 거래에서 은행이 지급불이행을 하면 중개기관은 저축대부조합으로부터 고정금리 10퍼센트를 받고 저축대부조합에게 우대금리+25베이시스포인트의 금리로 지급한다. 따라서 중개기관은 지급불이행한 은행을 대체할 적절한

* 예를 들어 Loeys(1985)는 우리가 예로 든 스왑과 유사한 1억 달러의 스왑거래에서 스왑 중개자의 수수료는 500,000달러였다고 보고하고 있다.

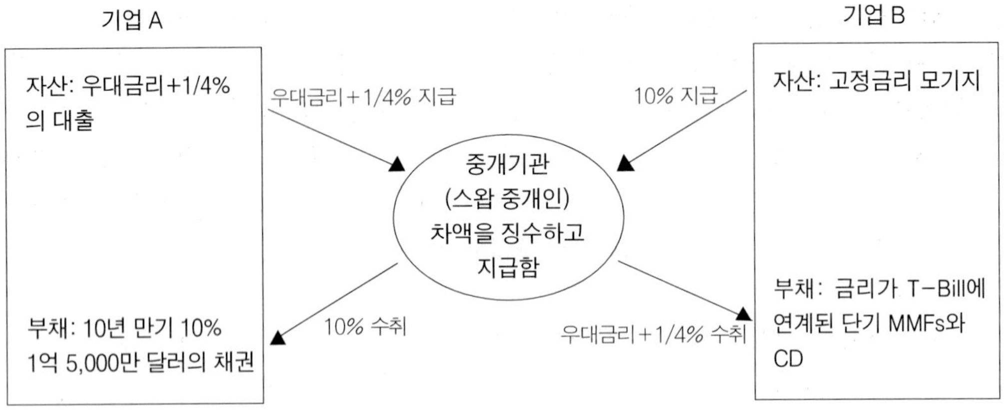

〈그림 8.7〉 금리스왑의 예제

기업을 발견할 때까지 은행의 역할을 맡는다. 중개기관이 은행의 재무상태표와 동일한 자산과 부채를 보유하지 않는 한 스왑중개인은 자신이 이자율위험에 노출된다. 예를 들어 금리가 급격히 상승하면 중개기관은 손실이 발생한다.

전통적으로 가장 일반적인 스왑의 형태는 우리의 예에서 서술된 형태였다. 즉 달러표시 고정금리 대출과 달러표시 변동금리 대출을 서로 바꾸는 스왑이다. 그와 같은 스왑을 '기본형'(plain vanilla)스왑이라고 부른다. 그러나 최근에 다른 형태의 스왑이 확산되고 있다. 하나는 변동금리 대 변동금리 스왑이다. 여기서 당사자들은 상이한 지수금리에 바탕을 둔 변동금리를 서로 교환한다. 예를 들어 자산은 우대금리+20베이시스포인트의 변동금리 대출이고 부채는 LIBOR-40베이시스포인트의 변동금리 CD인 은행이 자신의 부채 이자지급액을 부채의 금리가 우대금리와 연계된 기관의 이자지급액과 스왑하기를 원할 수 있다. 그와 같은 스왑은 베이시스 스왑(basis swap)으로 알려져 있다.

또 다른 널리 사용되는 스왑은 통화를 포함한다. 예를 들어 한 은행이 국내 예금으로 자금을 조달하여 해외 대출을 한다고 하자. 따라서 자신의 대출 이자는 일본 엔화로 표시되고 예금 이자는 달러화로 표시된다. 그와 같은 은행은 자신의 엔화표시 수취액을 달러표시 수취액으로 스왑하기를 원할 수 있다(아마 일본에서 조달한 엔화표시 예금으로 달러표시 대출을 한 일본 은행과).

통화스왑(currency swap)에는 전통적인 고정금리/고정금리 통화스왑(fixed/fixed currency swap)과 교차통화 금리스왑(cross-currency interest rate swap)의 두 가지 일반적인 형태가 있다. 고정금리/고정금리 스왑에서는 각 통화에 고정금리가 포함된다. 원금은 교환될 수도 있고 교환되지 않을 수도 있다. 만약 원금이 서로 교환된다면 이런 종류의 스왑은 한 통화로 표시된 고정금리 채권을 다른 통화로 표시된 고정금리 채권으로 변환시킨다. 교차통화 금리스왑에서는 사람들은 상이한 통화의 지급뿐만 아니라 고정이자지급액을 변동이자지급액과 스왑한다. 이 계약들은 때때로 하나의 거래로 결합되고, 가끔 통화와 금리 요소가 분리된다. 또한 다른 변동형태도 있다. 예를 들어 두 당사자가 부채의 이자지급보다는 상이한 만기(또는 통화표시)의 자산 수익률을 서로 교환하는 스왑도 있다. 요점은 스왑은 스왑하는 당사자의 필요에 적합하도록 고객의 욕구에 맞출 수 있다는 점이다. 따라서 스왑의 잠재적 다양성은 거의 무제한이다. 이 중 일부는 다음 항에서 논의된다.

스왑과 스왑관련 혁신

(a) **금리스왑 변종**(variations): 기본적인 금리스왑의 변종 일부가 아래에 열거되어 있다.

- **원금체감스왑**(Amortizing Swap): 이 스왑은 명목상의 원금이 스왑기간 동안 정해진 방법에 따라 감소하는 스왑이다. 이 스왑은 지급액이 자금을 조달하는 프로젝트의 기대현금흐름을 일치시키거나 또는 모기지의 조기상환 일정에 일치시키기 위하여 사용된다.
- **지수연계원금체감스왑**(Indexed Amortizing Swap): 이 스왑은 명목상 원금의 감소가 3개월 LIBOR처럼 어떤 지수의 확률적 가치(stochastic value)에 따라 결정되는 원금체감스왑이다.
- **선도스왑**(Forward Swap): 이 스왑은 지정된 미래 날짜까지는 시작되지 않는 스왑이다. 스왑의 고정금리는 현물시장금리와 연계되어 있고 스왑은 미리 정한 날짜에 실행되어야 한다.
- **스텝 업/다운 스왑**(Step Up/Down): 이 스왑은 스왑기간 중 일부 구간에 걸쳐 고정금리 지급수준이 증가하거나 또는 감소하는 것과 같이 변동하는 스왑이다. 예를 들어 스왑의 고정금리가 최초 2년 동안에는 시장금리 이하로 정해지고 나머지 기간 동안에는 시장금리 이상으로 정해진다.

(b) **금리 이외의 자산 수익**(asset payoff)**이 포함된 스왑**

- **상품스왑**(Commodity Swaps): 상품스왑에서 계약 당사자들은 특정한 물리적 상품, 예를 들어 금, 석유 및 은의 상품가치에 근거한 지급액을 서로 교환할 것을 동의한다. 한 당사자는 미래에 상품의 고정가격을 지급하고 상품의 현물가격을 수취한다. 상품기금관리자들의 관심을 끌 수 있는 이 비교적 새로운 계약은 일반적으로 단기(2-3년)이지만 7년까지의 만기도 가능하다.
- **지수연계수익스왑**(Indexed Return Swaps): 이 스왑에서 지급액의 한쪽은 S&P500과 같은 시장포트폴리오의 총수익률과 연계되어 있다. 이 수익률은 현재의 국채(T-bill) 금리(특정 만기의)+30베이시스포인트와 같이 고정금리 또는 변동금리(예를 들어 LIBOR)에 근거한 지급액과 교환된다. 지수연계수익스왑의 흥미로운 형태는 외국지수연

계스왑(foreign indexed swap)인데, 이는 증권 종류(예를 들어 미국주식 대 일본주식)의 상대적 성과를 반영하기 위하여 설계된 스왑이다. 예를 들면 한 투자자가 수익률이 LIBOR+50베이시스포인트인 5년 만기 변동금리채권을 보유하고 있다고 하자. 이 투자자는 일본정부채권에 투자하고 싶지만 증권을 직접 거래할 수 없다. 그렇지만 외환위험을 관리하고 싶다. 이 경우에 투자자는 스왑을 통하여 일본채권의 월간수익률에 상응하는 달러를 수취하고 LIBOR를 지급함으로써 일본채권수익률+50베이시스포인트의 총수익을 얻을 수 있다.

- **모기지스왑(Mortgage Swaps)**: 이 스왑은 주택저당증권의 수익 특징의 전부 또는 일부를 복제하는 스왑이다. 가장 기본적인 구조를 보면 모기지 수익률이 변동수익률과 교환되고, 지급액의 근거가 되는 명목상의 원금잔액은 기초자산인 모기지 풀의 정해진 일정 또는 실제 조기상환 경험에 따라 감소한다. 이 스왑의 가장 최근의 혁신은 지수연계원금체감스왑(Indexed Amortizing Swap)인데, 이는 고정금리지급액이 변동금리지급액과 교환된다. 하지만 명목상의 원금잔액은 미리 정한 증권의 수익률의 움직임에 따라 결정되는 일정에 따라 감소한다. 예를 들어 증권수익률이 50베이시스포인트에서 100베이시스포인트 사이의 값을 취하면 원금잔액이 다음 기간에는 7퍼센트 감소한다.

(c) 스왑에 근거한 파생증권

- **스왑션(Swaptions)**: 스왑션에서 계약당사자의 한쪽은 기존의 스왑을 종료시키거나 또는 연장할 수 있는 옵션을 가진다. 이 계약들은 또한 취소가능(cancelable), 수의상환(callable) 또는 상환청구(puttable) 스왑이라고 불리며, 옵션의 특징상 아메리칸 또는 유로피언 옵션이다. 따라서 스왑션은 기본적으로 스왑에 대한 옵션이다. 두 당사자 A와 B 중 A가 B에게 콜 스왑션(call swaption)을 판매하는 계약을 체결하였다고 하자. 그러면 행사일에 B는 옵션의 행사 여부를 선택할 수 있다. 만약 B가 자신의 옵션을 행사한다면 B는 예컨대 변동금리 지급액의 대가로 고정금리 지급액을 수취하는 스왑을 체결할 수 있다. 이 지급조건은 정상적인 스왑과 마찬가지로 모두 미리 정해진다. 유일한 차이점은 두 당사자의 한쪽이 미래 일자에 스왑을 적용할 것인지의 여부를 결정할 법적 권리를 가진다는 것이다.
- **캡(Caps)**: 캡은 이자지급 자체가 옵션 특성을 가진 스왑계약이다. 즉 행사가격이 특정금리로 정해진다. 예를 들어 계약 당사자 A가 스왑중개인에게 가서 계약의 다른 당사자인 '캡 판매자'(cap writer)(당사자 B)로부터 3개월 LIBOR에 근거한 캡을 구매한다고 하자. A는 스왑중개인에게 프리미엄(옵션의 가격)을 지급하고, 옵션중개인은 자신의 수수료를 차감한 후 나머지를 B에게 전달한다. 이제 B는 정기적으로(각 금리재조정일에) 계약 당사자 A에게 다음 금액을 지급할 의무가 있다.

명목원금×max{0, 3개월 현물 LIBOR－행사금리}

여기서 max(x, y)는 x와 y 중에서 큰 값을 의미한다. 행사금리가 10퍼센트라고 하자. 만약 3개월 현물 LIBOR가 12퍼센트라면, B는 A에게 명목원금의 2퍼센트에 해당하는 금액을 지급하여야 한다. 반면에 3개월 현물 LIBOR가 9퍼센트라면, B는 금리재조정일에 아무것도 지급하지 않는다. 따라서 캡은 단지 일련의 연속적인 만기옵션이다. 이 옵션들은 특정금리에 대한 콜옵션 또는 기초증권에 대한 풋옵션으로 볼 수 있다. 금리가 상승하면 증권의 가격은 하락하며 옵션의 가치는 더욱 커진다. 표준적인 주식옵션에서와 마찬가지로 캡의 가치(그러므로 최초의 옵션 프리미엄)는 금리가 상승함에 따라 증가한다.

캡 시장은 많은 파생증권과 고객맞춤상품을 발전시켰다. 그들의 일부는 다음과 같다.

- **플로어(Floors):** 여기서 계약 당사자 B는 A에게 옵션의 행사일(금리 재조정일)에 명목원금×max{0, 행사금리-특정증권의 현물시장금리}에 해당하는 금액을 지급한다.
- **칼라(Collars):** 여기서 계약 당사자 B는 A에게 명목원금×〔max{0, (현물금리－캡 행사금리)}－max{0, 플로어 행사금리-현물금리}〕에 해당하는 금액을 지급한다. 즉 A는 B로부터 캡을 구매하는 동시에 B에게 플로어를 매각한다.

캡의 행사금리가 15퍼센트이고 플로어 행사금리가 10퍼센트라고 하자. 만약 선택된 증권의 현물금리가 17퍼센트라고 하면, (현물금리-캡 행사금리)는 2퍼센트이므로, A는 명목원금의 2퍼센트에 해당하는 금액을 수취한다. 만약 현물금리가 9퍼센트라면, (플로어 행사가격-현물금리)가 1퍼센트이므로 A는 명목원금의 1퍼센트에 해당하는 금액을 지급한다. 만약 현물금리가 캡 행사금리와 플로어 행사금리 사이(예를 들어 12퍼센트)에 있으면 A는 아무것도 받지 못한다.

헤징수단으로서 스왑의 장단점

스왑은 이자율위험을 헤징하는 수단이므로 스왑을 이자율위험을 헤징하는 다른 방법과 비교하는 것은 당연하다. 우리는 스왑을 다른 두 대안, 금리선물(interest rate futures)과 부채재조달(debt refinancing)과 비교한다.

(a) 스왑과 금리선물

선물계약은 무엇인가: 금리선물계약은 거래소에서 거래되는 계약(장외〔over-the-counter〕와 반대되는)으로 미래 미리 정한 날짜에 특정 가격으로 특정 금융자산(단기국채〔T-bill〕와 같은)을 사거나 또는 파는 계약이다.

우리가 스왑을 선물계약과 비교하기 전에, 여러분은 선물계약이 헤징을 위하여 어떻게 이용되는가를 알아야 한다. 장기고정금리 모기지를 자산으로 그리고 단기 CD를 부채로 보유하고 있는 저축대부조합을 살펴보자. 이 저축대부조합이 CD선물계약을 매도, 즉 고정가격에 인도(판매)하기로 약속했다고 하자. 만약 미래에 금리가 상승하면 CD의 시장가치는 하락하고 따라서 저축대부조합은 CD의 고정인도가격과 시장가치 간의 (양의) 차이에 해당하는 현금(cash inflow)을 수취한다.* 한편 만약 금리가 하락하여 그 결과로 CD의 시장가치가 상승하면, 저축대부조합은 손실이 발생한다. 따라서 금리 상승 시 저축대부조합의 이익은 금리 하락 시의 손실에 의하여 상쇄된다. 이런 방법으로 저축대부조합의 이자율위험은 헤징된다.

선물계약 대비 스왑의 장점: 금리선물은 특정한 인도일과 특정한 형태의 상품으로 이루어진 표준화된 계약이다.** 만약 여러분이 선물계약이 근거한 인도가능상품 중의 하나가 아닌 금융자산의 이자율위험을 헤징하고 싶으면, 여러분은 헤징하고자 하는 상품과 가장 밀접한 유사성이 있는 인도가능상품에 관한 선물계약을 선택하여야 한다. 유사성(resemblance)은 불완전하기 때문에 여러분은 교차헤징(cross-hedging)위험을 부담한다. 더구나 유사성이 완전할지라도 여러분은 베이시스위험(basis risk)(현물 및 선물 가격 간의 관계가 무작위로 변화할 위험)을 부담한다. 스왑계약이 선물계약과 비교하여 가지는 주요 장점은 스왑은 표준화된 계약이 아니기 때문에 고객의 필요(need)에 적합하게 설계될 수 있다는 점이다. 따라서 선물계약보다 더 양호한 금리헤징이 스왑에서는 종종 가능하다. 그러나 스왑은 점차 더욱 표준화되어 선물계약과 비슷해지고 있지만 스왑의 헤징기간이 더 장기이다.

스왑의 단점: (i) 불완전한 표준화(imperfect standardization)는 스왑거래 상대방을 찾는 것이 항상 쉬운 일이 아님을 의미한다. 즉 선물계약이 스왑계약보다 더 유동성이 좋다. (ii) (i)과 관련하여 스왑이 고객맞춤형 성격이 큰 상품이라는 점은 일부 거래에서 탐색비용(search costs)이 매우 높을 수 있다는 것을 의미한다. 이 비용들은 스왑중개인에 의하여 상대적으로 더 높은 수수료의 형태로 스왑거래 당사자에게 전가된다. 따라서 고객들은 스왑에서 선물 거래비용보다 훨씬 더 높은 거래비용을 부담한다.*** (iii) 선물의 불이행(지급불이행)위험보다 스왑에서는 불이행위험이 훨씬 더 크다. 이것은 선물계약의 경우에는 거래소가 계약의 실행을 보증하지만, 스왑의 경우에는 거래상대방이 약속을 이행하지 않으면 거래당사자는 매우 큰 어려움에 처하게 되며 스왑중개인에 의한 보증이 없기 때문이다. 만약 스왑중개인에 의한 보증이 있다면 스왑중개인은 청산소의 역할을 수행한다. 그러나 이 경우조차도 스왑중개인의 불이행 가능성이 존재한다.

* 이것들은 저축대부조합 자신의 CD가 아니라 표준화된 계약이다. 저축대부조합은 실제로는 CD를 구매하지 않고 단지 현금결제만을 수취한다.

** 금리선물의 인도가능상품은 단기국채(T-bills), 중기국채(T-notes), 장기국채(T-bonds), 은행 CD, 유로달러CD, 스터링(sterling)CD 및 영국우량증권(gilts) 그리고 Ginnie Maes이다.

*** 스왑중개인들은 거래보장 추가수수료(즉 자산전환자 역할에 대한 추가수수료)를 제외하고 평균적으로 약 25베이시스포인트의 주선수수료를 부과한다.

(b) 스왑과 부채재조달(Refinancing)

여러분은 부채조달로 어떻게 위험을 헤징하는가: 기업이 자신의 이자율위험에 대응하는 쉬운 방법 중의 하나는 직접 다시 조달하는 것이다. 즉 기업이 고정금리 부채를 보유하고 있는데 변동금리 부채를 원한다고 하자. 기업은 간단하게 변동금리 부채를 발행하여 고정금리 부채를 상환할 수 있다. 왜 이와 같은 간단한 방법이 항상 스왑이나 선물보다 더 선호되지 않는가?

부채재조달 대비 스왑의 장점: (i) 스왑은 부채재조달 시에 당면하게 되는 많은 거래비용, 즉 법적 수수료, 광고 및 규제적 제약 등을 회피할 수 있다. 이것은 스왑이 신규차입(new borrowing)이나 공모(public offering)로 생각되지 않기 때문이다. 오히려 스왑은 단지 기존 부채에 대한 이자지급의 교환으로 간주된다. (ii) 스왑은 또한 신규차입으로 생각되지 않기 때문에 신규 자금조달의 많은 공개 요건을 회피할 수 있다. 이는 기업의 전략적 정보의 기밀성을 보호하려는 기업에게는 매우 중요하다. (iii) 신용등급이 낮은 많은 기업들은 신용등급이 높은 기업들에 비하여 고정금리 부채 조달 시 변동금리 부채 대비 더 많은 차이의 금리를 지급한다. 그와 같이 신용등급이 낮은 기업들은 변동금리 시장에서 차입한 후에 이 변동금리 부채를 고정금리 부채로 스왑함으로써 새롭게 발행되는 부채에 대하여 지급하여야 할 신용위험 프리미엄의 일부를 회피하고자 할 것이다. 따라서 금리스왑이 나타난 중요한 이유(직접적인 부채재조달이 가능한 조건에서)는 아마도 비중개거래(공개 채무시장〔public debt market〕)에서 당면하게 되는 탐색비용과 신용평가비용이 그와 같은 정보의 마찰을 감소시키는 데에 전문화된 금융기관(스왑중개인)에 의하여 효과적으로 낮추어질 수 있기 때문이다.*

기타 조건부청구권: 신용파생상품

은행들이 관련된 조건부청구권시장의 중요한 발전은 1997년까지는 거의 존재하지 않다가 지금은 수조 달러의 시장으로 성장한 신용파생상품(credit derivatives)이다. 신용파생상품 이면의 기본적인 아이디어는 간단하다. 대출자는 본질적으로 제3자로부터 차입자의 부채에 대한 풋옵션을 구매하는데, 이 풋옵션은 만약 차입자의 부채가치가 지급불이행 등으로 손상되면 그 부채를 제3자에게 '청구'(put)할 권리를 대출자에게 부여한다. 이런 방법으로 대출자는 신용위험에 대비한 보험을 구매한다. 은행들은 이 시장의 양쪽에서 신용위험보험의 구매자와 이 보험의 판매자로서 역할을 활발하게 수행하여왔다.

〈그림 8.8〉은 1997년부터 2006년까지 신용파생상품 시장의 폭발적 성장을 보여준다.** 둘째, 증권화가 신용파생상품 시장으로까지 전파됨에 따라 다양한 신용위험의 집합(pooling)과 분할

* 이런 논리에 따른 분석을 위해서는 Campbell and Kracaw(1991)를 보시오.
** *The Economist*, August 20-26, 2005를 보시오.

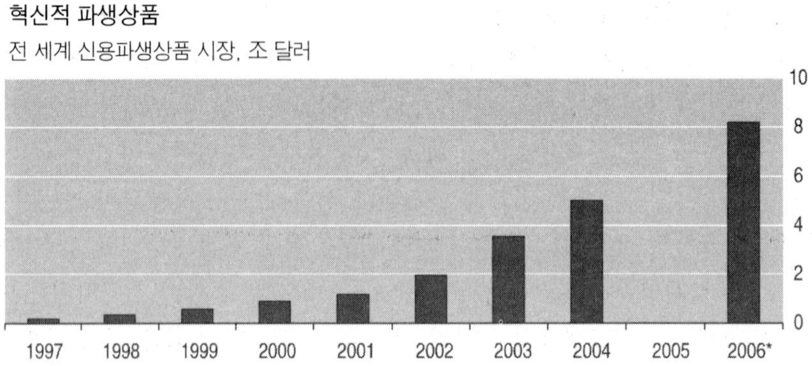

〈그림 8.8〉 신용파생상품 시장의 성장
* 예측치
자료: 영국은행가협회

(tranching)이 이루어지고 있다. 이런 현상은 개별신용위험의 특이한 충격을 분산시켜 최소화시키고, 위험들을 많은 시장참여자들에게 널리 퍼지게 함으로써 위험을 더욱 능숙하게 관리하는 효과가 있다.

신용파생상품 시장의 발전은 신용파생상품 계약의 표준화 증가와, 미국기업의 신용은 물론 유럽과 일본 기업의 신용과 같이 미국이 아닌 기업 신용의 풀에 대비한 헤지를 제공하는 지수의 생성에 의하여 촉진되었다. 최초의 신용파생상품은 단일 회사들을 포함하는 간단한 신용지급불이행스왑(credit default swaps)이었지만, 최근 성장의 대부분은 다수의 신용을 풀링(pooling)한 다음 증권화(다음 장을 보시오)의 다른 형태로 분할함으로써 이루어지고 있다. 증권화는 또한 이 시장에 상당한 기관참여자들을 불러들였다. 신용파생상품 거래량의 많은 부분이 헤지펀드(이 책 앞에서 논의된)에 의하여 이루어지는 것으로 추정되고 있다.

조건부청구권 취급 시 은행의 위험

위험의 개관

은행이 제공하는 조건부청구권의 엄청난 성장과 함께 은행의 재무상태표는 총체적으로 은행의 위험을 과소예측한다는 우려가 증가하여왔다. 우려의 이유는 두 가지이다. 첫째, 조건부청구권은 조건부청구권을 지지하기 위한 지급준비금 또는 자본을 요구하지 않기 때문에 은행들이 이 조건부청구권들을 대규모로 판매하려는 유혹에 쉽게 노출되었고, 그 결과 개별은행의 부외거래위험(off-balance sheet risk)이 상당히 커질 수 있다. 만약 은행이 운이 좋으면 은행은 위험의 부정적인 결과로 인한 손실 없이 이 상품들의 판매로부터 수수료 수입을 올린다. 그러나 만약 상황이

안 좋아지면 은행은 자본감소를 경험할 수 있으며, 이는 다시 예금보험의 (풋옵션) 성격 때문에 은행이 위험을 추구할 인센티브를 더욱 크게 할 수 있다.* 물론 BIS 자본규제하에서 은행들은 이제 부외거래항목에 대하여 자본을 보유하여야 하기 때문에 은행의 관점에서 부외거래항목의 인기는 다소 감소할 수 있다. 그러나 일부 부외거래항목, 예를 들면 만기가 1년 미만인 대출약정은 자본금 보유로부터 면제되어 있다. 둘째, 조건부청구권은 종종 은행 간에 은행파산의 우발적 효과를 강화시킬 수 있는 상호결합(interlocking) 관계를 생성시킨다.**

우리는 이제 개별 조건부청구권의 위험을 다룬다.

대출약정의 위험

규제기관들은 대출약정을 아래에서 논의되는 보증신용장 다음 두 번째로 위험이 큰 조건부청구권으로 간주한다. 은행들은 대출약정에서 세 종류의 위험에 직면한다. (i) 약정금리의 고정으로 인하여 현물시장보다 더 낮은 마진 또는 음의 마진으로조차 대출하여야 하는 위험, (ii) 전체적으로 현물시장보다 위험이 더 높은 고객에게 대출을 해야 하는 위험, 즉 약정인출 시의 조건이라면 현물시장에서는 대출을 하지 않을 차입자에게 대출을 하여야만 하는 위험 그리고 (iii) 은행이 자신의 유동성이 낮고 유동성보충에 비용이 많이 소요될 때 약정에 따른 자금공급을 하여야 하는 위험이다. 각각의 위험이 아래에서 논의된다.

(i) 낮은 마진으로 대출하는 위험: 대출약정 위험의 하나는 은행이 현물대출기회 대비 이익을 감소시키거나 또는 직접적인 손실이 되는 금리로 대출을 공여하도록 강제될 수 있다는 점이다. 이 위험은 변동금리 약정의 경우에는 약정 달러당 더 낮지만, 여전히 존재한다. 예를 들어 약정은 고객이 우대금리+1퍼센트로 차입하도록 허용한다고 하자. 그러나 은행은 고객의 신용도가 약정 발행일과 약정 행사일 사이에 악화되지 않는다고 확신할 수 없다. 우대금리가 10퍼센트일 때 '우대금리+1퍼센트' 고객이 우대금리가 20퍼센트일 때 '우대금리+1퍼센트' 고객보다 더 위험할 가능성이 있다. 더 상승된 금리는 대개 차입기업의 현금흐름의 더 많은 부분을 흡수하기 때문에 차입자의 신용도는 시장금리와 역으로 변동할 것으로 예상된다. 따라서 변동금리 약정에서조차도 은행은 만약 동일한 자금이 동일한 신용위험을 가진 현물대출에 투자되었다면 은행이 받았을 금리보다도 약정대출에서 더 낮은 금리를 받는 위험에 노출된다.

우대금리 배수(prime times) 계약은 우대금리와 고객의 가산금리(add-on) 간의 연계 문제를 다룬다. 이 계약은 고객에게 적절한 가산금리가 약정에서 언급한 퍼센트 이상으로 상승할 때에만 위에 기술한 형태의 기회비용을 부과한다. 우대금리 배수 계약은 은행에 일부 위험을 부과하지

*이에 관한 상세한 논의는 뒤에 오는 장에서 다룬다.
** Andrews and Sender(1986)를 보시오.

만, 이 계약에서 은행의 달러당 노출은 우대금리 가산금리 계약에 비해서는 낮다. 이는 왜냐하면 우대금리 배수 약정 계약에서 비례적으로(2, 4, 8...과 같이) 증가하는 것과는 달리 고객의 현물 차입에 대한 가산금리는 우대금리의 증가와 더불어 기하급수적으로(2, 4, 8, 16...과 같이) 증가하기 때문이다.

고객의 신용도가 시장금리와 함께 변동하지 않을지라도 은행은 우대금리의 지체성(slugishness) 때문에 대출약정에 따른 위험에 직면한다.* 이 지체성은 은행의 자금조달비용이 우대금리와 단지 불완전하게 상관관계를 가지고 있어서 은행의 자금조달비용이 시장금리의 움직임과 함께 변화할 때, 은행은 은행이 차입자에게 부과하는 우대금리에 대한 가산금리 또는 배수를 조정할 필요가 있다는 것을 시사한다. 변동금리 약정에서 이 가산금리(배수)는 고정되어 있어서, 금리가 상승함에 따라 은행이 손익분기를 이루기 위하여 부과하는 가산금리(배수)는 약정 가산금리(배수)보다 더 커져야 한다. 충분히 높은 우대금리에서는 은행의 약정금리와 자금조달비용 간의 차이는 아마 역전되어 음이 될 수도 있다. 물론 금리가 하락할 때 그 반대도 사실이다. 그러나 고객은 단순히 약정이 행사되지 않고 만기가 종료되도록 할 수 있는 약정의 옵션적 성격 때문에 비대칭이 존재한다. 이것은 은행이 현물대출(spot lending)에서는 직면하지 않는 위험이다. 왜냐하면 은행은 우대금리가 시장금리 움직임에 지체되어 반응한다는 것을 반영하여 우대금리의 가산금리를 조정할 수 있기 때문이다.

(ii) **과도하게 위험한 고객에게 대출을 강제당하는 위험:** 대출약정은 또한 은행들을 간접적으로 신용위험 증가에 노출시킨다. 금리와 신용위험 간의 관계는 두 가지 방법으로 명백해진다. 첫째, 금리가 상승하고 금리 변동성이 더 커짐에 따라 고객의 투자에서 발생한 현금흐름의 경제적 가치는 더욱 작아지고 더욱 불확실해진다. 즉 인플레이션이 증가할 때 명목금리와 실질금리 간의 백분율 차이는 명목현금흐름과 실질현금흐름 간의 백분율 차이 이상으로 더욱더 커진다. 따라서 고정금리 약정과 변동금리 약정에서 금리의 상승과 금리변동성의 증가는 은행을 증가된 신용위험에 노출시킨다. 둘째, 변동성이 증가된 고금리는 자산대체효과(6장의 신용할당 논의를 기억하시오)를 통하여 신용위험을 증가시킬 수 있다. 이 자산대체효과는 변동금리 약정에서 더욱 발생가능성이 크다. 고객들은 더 높은 기대 수익을 가진 투자 프로젝트를 선택함으로써 더 높아진 차입금리에 적응할 것으로 기대되며, 고객들은 현물시장에서 대개 신용이 할당되었다. 이 위험은 (i)에서 논의된 위험과는 다르다. (i)의 위험은 은행의 '대출가능'(acceptable) 차입자(은행이 현물시장에서 신용할당하지 않는 차입자)에 대한 이윤폭(profit margin)이 너무 낮아질 수 있는 위험이고, (ii)의 위험은 은행이 '대출할 수 없는'(unacceptable) 차입자에게 대출을 하여야 하는 위험이다. 이 위험은 명백하게 현물대출에서는 없다.

물론 MAC조항은 은행이 재무상태가 크게 악화된 차입자에 대한 약정에서 벗어나도록 한다.

* 6장에서 우대금리가 시장금리 대비 지체를 보인다는 논의를 상기하시오.

그러나 이 조항에 의하여 제공되는 안전성은 은행이 자신의 평판으로 인하여 MAC조항을 발동시키기를 주저한다는 사실에 의하여 제한되고 있다.*

(iii) **유동성이 부족한 시기에 약정에 따라 자금을 공급할 위험:** 은행이 유동성 제약을 받게 되는 이유는 두 가지가 있다. 하나는 전 시장적으로 유동성의 감소가 발생할 수 있다. 다른 하나는 은행에 특별한 문제로 유동성의 원천이 훨씬 더 비싸지거나 또는 고갈되는 경우이다. 두 경우에 약정은 자금조달하기에 더 비용이 소요된다. 이 위험은 현물대출에서는 없다.

신용장의 위험

상업신용장은 일상적인 무역거래에서 사용되고 신용위험이 수반되는 데 반해, 보증신용장은 주로 금융보증으로 수수료를 받고서 은행이 차입자가 특정 제3자에 대하여 부담하는 다양한 금융의무를 보증한다. 담보(pledge)는 지방자치단체(municipal)의 차입자, 기업어음발행인 및 증권화에 관련된 기관들에 대한 신용보강을 포함한다. 은행들은 이 보증이 취소할 수 없고 차입자의 재무적 곤경에 의하여 활성화되기 때문에 이 보증을 위험하다고 생각한다.

은행들이 신용장에서 직면하는 위험에는 기본적으로 세 종류가 있다. 즉 (i) 신용위험, (ii) 서류작성위험(documentation risk) 및 (iii) 정치적 위험. 우리는 각각을 순서대로 논의한다.

(i) **신용위험:** 은행이 상업신용장에서는 이행(performance)에 대하여 지급하고 보증신용장에서는 불이행(nonperformance)에 대하여 지급한다는 점에서 상업신용장과 보증신용장은 다르다. 그러나 이 차이는 은행의 위험 노출에 대해서는 그만큼 중요하지 않다. 왜냐하면 은행의 위험을 결정하는 것은 규정된 과업을 이행하는 채무자의 능력이 아니기 때문이다. 오히려 두 신용장의 경우에 은행의 위험은 은행에 대한 채무자의 상환에 달려 있다. 따라서 은행이 상업신용장 또는 보증신용장에서 직면하는 위험은 일상적인 신용위험이다. 은행가들은 정상적인 대출과 신용장 발행 시에 직면하는 위험 간의 유사성을 인식하고 있다. 비록 신용장이 은행 내의 많은 비전통적인 부문, 즉 지방자치단체 또는 기업의 재무부문과 같은 부문에서 최초계약이 이루어졌지만, 은행가들은 그들이 자신의 대출에 적용하는 것과 동일한 신용검토절차를 보증신용장에도 적용한다고 이야기한다.

종종 보증신용장이 상업신용장보다 더 위험하다고 주장되고 있다. 이 주장의 한 이유는 보증신용장이 불이행에 대하여 지급하지만, 상업신용장은 이행에 대해서 지급한다는 것이다. 위에서 주목한 것처럼 이 구분은 두 신용장에 따른 은행의 위험 노출을 평가하는 데에 그만큼 중요하지 않다. 보증신용장이 상업신용장보다 더 위험하다고 생각되는 또 다른 이유는 후자(상업신용장)가

* Boot, Greenbaum and Thakor(1993)를 보시오.

일상적으로 저장 또는 수송 중의 상품 형태의 담보를 발생(상업신용장은 자기변제적〔self-liquidating〕이다)시키는 반면에, 보증신용장은 무담보이기 때문이다. 그러나 담보가 상업신용장을 항상 수반하는 것은 아니고, 보증신용장이 항상 무담보인 것도 아니다. 더구나 재무적 곤경은 종종 고객의 담보가치의 하락을 수반하기 때문에 담보는 신용장의 경우에 오직 제한된 보호만을 제공한다.

그렇지만 은행이 제공하는 모든 조건부청구권 중에서 보증신용장을 규제기관과 은행이 가장 위험한 것으로 생각한다는 것은 사실이다. 그 이유 중의 하나는 보증신용장이 거의 어떤 우발적인 사건(contingency)에 대응하기 위하여 사용되는 반면에 상업신용장은 일상적인 무역거래를 위하여 사용되기 때문이다. 따라서 보증신용장이 단지 다양한 우발적 사건에 대응하기 때문에 더 위험하다고 볼 수 있다.

(ii) **서류작성위험:** 서류작성은 상업신용장에서 또 다른 위험의 원천이 되고 있다. 비록 이 위험이 은행에 의하여 일상적으로 받아들여지고 있지만, 연방준비은행의 표본조사에 따르면 조사 사례의 대략 35퍼센트에서 서류작성이 신용장의 요건을 충족시키지 못하고 있다. 부적당한 서류작성은 계약을 무효화할 수 있고, 구매자가 인도받기를 거절하게 할 수 있다. 이 경우에 은행은 스스로 구매자를 찾아야만 하거나 또는 상품을 소유하여야 한다.

(iii) **정치적 위험:** 미국 수출업자는 때때로 신용장을 발행한 외국은행을 잘 알지 못한다. 수출업자들은 또한 수입업자 국가의 정치적 환경에 관하여 우려할 수 있다. 이 경우에 수출업자는 미국은행으로부터 확인(confirmation)을 받는데, 이 미국은행은 지급인이 지급을 할 수 없다면 지급할 의무를 진다. 확인해주는 (미국)은행은 두 위험에 직면한다. 하나는 발행(외국)은행이 지급불이행할 위험이고, 다른 위험은 외환통제의 정치적 위험이다.

금리스왑의 위험

비록 스왑이 총규모로 수조 달러에 달하지만 이 숫자는 거래에 수반된 원금의 합이다. 사실 각 거래당사자는 자신의 원금에 대한 의무를 유지하기 때문에 오직 이자만이 위험에 노출된다. 더구나 스왑중개인으로서 은행의 부채는 매우 제한적이다. 스왑에는 두 가지 형태의 위험이 있다. 즉 (i) 거래상대방 위험(counterparty risk)과 (ii) 법적 위험. 우리는 이제 각각을 논의한다.

(i) **거래상대방 위험:** 은행의 가장 큰 위험은 스왑 당사자의 한쪽이 자신의 이자지급을 할 수 없는 경우이다. 그러면 은행은 지급불이행 당사자 대신에 이자를 지급하거나 또는 지급불이행 당사자를 교체하여야 한다. 이것은 본질적으로 이자율위험에 대한 노출이다. 그러나 전반적인 평가로서 스왑은 우리가 논의한 세 가지 주요 조건부청구권 중에서 가장 위험이 적어 보인다.

(ii) 법적 위험: 스왑에는 감춰진 법적 위험이 상당히 존재하는데 이들은 최근에서야 표면적으로 드러나기 시작하였다. 예를 들어 파산한 은행은 파산한 은행이 파산을 선언한 후에라도 거래상대방은 스왑계약을 이행하여야 한다고 주장하면서 스왑에서 지급능력이 있는 거래상대방 은행에 대하여 소송절차를 시작한 사례가 있었다. 이 소송은 계약의 조건이 만약 한쪽이 지급불이행하면 다른 한쪽은 계약에 따른 지급을 할 책임이 없다는 '제한적인 양방향 지급' (limited two-way payment)을 허용하고 있음에도 불구하고 이루어졌다(이는 양 당사자는 한쪽이 지급불이행을 할지라도 스왑계약에 따라 전액을 지급하여야 하는 의무를 지는 '전액 양방향 지급' [full two-way payment]과 대조된다). 지급능력이 있는 거래상대방 은행은 만약 그들이 이행을 거절하면 계약상의 의무 불이행으로 법정에 서야 할지에 대한 불안감과 평판에 대한 우려 때문에 종종 그들의 부채를 변제한다(그렇게 할 계약상의 의무가 없음에도 불구하고). 이 사건은 은행이 재무자본을 유지하기 위하여 자신의 평판자본을 (최적으로) 감소시키는 계약상의 자의성을 조건부청구권에서 사용할 수 있는 방법을 생생하게 보여준다. 이것은 또한 이러한 상반관계는 상이한 은행들이 상이한 평판과 상이한 수준의 재무자본을 보유하기 때문에 개별은행에 특수하게 적용된다는 것을 보여준다.

규제관련 논점

국제결제은행(Bank for International Settlements)의 후원하에 1987년에 체결된 바젤협약(바젤 1)은 새로운 자본 가이드라인(capital guidelines)을 규정하고 있다. 이에 따르면 만기가 1년 미만인 대출약정은 자본소요액(capital requirements)의 적용을 받지 않지만 반면에 장기만기의 대출약정은 4퍼센트의 자본소요액(이는 대부분의 대출에 대한 자본소요액의 절반이다)의 적용을 받는다. 더구나 은행이 원인 없이 무조건적으로 취소할 수 있고 은행이 연간 신용재검토(약정의 계속 여부를 결정하기 위하여)를 행하는 약정은 만기가 1년 미만으로 간주된다. 보증신용장 또는 다른 형태의 은행보증도 자기자본요건의 적용을 받는다. 보증신용장에 대한 자기자본요건은 8퍼센트이다.

부외항목(OBS items)들은 현금자산 지급준비금으로부터 여전히 자유롭다. 따라서 은행은 고객이 약정을 행사할 때까지 대출약정에 대하여 현금자산 지급준비금을 보유할 필요가 없다. 약정이 행사된 단계에서 인출금액이 대출이 된다. 만약 은행이 이 대출을 예금으로 조달한다면 은행은 이 예금에 대하여 지급준비금을 보유하여야 한다. 그러나 만약 은행이 대출을 매각하거나 증권화(9장을 보시오)한다면 은행은 지급준비금을 회피할 수 있다.

조건부청구권의 회계처리는 또 다른 이슈이다. 많은 조건부청구권이 은행에 대하여 우발부채를 부과하지만 이 부채들은 재무상태표에는 나타나지 않고 주석으로 나타난다. 한편 은행이 받은 수수료는 비록 우발적 사건의 기간 동안 인식이 필요한 원금감소 일정(amortization schedule)에 근거하기는 하지만 손익계산서에서 인식된다. 수수료 소득에 의하여 발생한 현금은 은행 자산의 장부가치를 증가시키는 반면에 (상쇄되는) 우발부채는 은행 부채의 장부가치를 증가시키지 않기 때문에 조건부청구권의 판매는 은행이 자신의 순자산(net worth)의 장부가치를 인위적으로 부풀리는 것을 허용한다. 더구나 수수료와 우발부채는 금리의 변동성이 큰 시기에 비교적 더 커질 것으로 기대되기 때문에 순자산 장부가치의 부풀림은 금리의 변동성이 클 때 더 확대될 것이다. 이것은 만약 부채가 소득이 인식되는 속도로 감소하는 경우에는 적용되지 않는데 그런 경우가 발생할 가능성은 거의 없다.

결론

이 장에서 우리는 상업은행의 조건부청구권 이론을 살펴보고 조건부청구권의 규모와 성장에 대하여 언급하였다. 농업선물시장이 곡물무역의 자연적인 발전인 것처럼 대출약정과 신용장은 상업은행 대출의 자연적인 발전이다. 19세기 말에 상업은행들은 고객 단기채무의 갱신을 비공식적으로 확인하는 관례를 채택하였다. 그것은 그와 같은 협약에서 더욱 공식화된 약정으로 나아가는 짧은 단계였다. 오늘날 관찰되는 형태의 대출약정의 출현은 1920년대 초로 거슬러 올라갈 수 있다.* 이 시기는 은행업계 내의 태도가 단기 자기변제적(self-liquidating) 기업대출에 초점을 맞추는 '진성어음' 주의(real bills doctrine)**로부터 자금관리의 '이동성' 이론(shiftability theory)으로 바뀌는 시기이다. 후자는 더 포괄적이고 다양한 은행 청구권 속에서 유동성을 발견하여 은행가가 더욱더 기꺼이 대출을 미리 약속하는 근거를 제공하였다. 선도대출(forward lending)은 곧 상업은행의 통합적 업무로 발전하였다.

1960년대 부채관리의 등장은 1966년과 1969년의 긴축상황과 함께 대출약정 활동을 증가시켰다. 긴축상황은 차입자로 하여금 더 많은 대출약정을 추구하도록 유도하였으며 부채관리의 출현은 은행들에게 이 수요를 충족시키는 데에 필요한 자금을 조달하는 새로운 방법을 제공하였다. 1960년대 후반과 1970년대에는 금리가 더 높고 금리변동성도 더 커진 시기였다. 인플레이션의 증가로 대출수요가 더 커졌으며 주기적인 긴축은 신용한도에 대한 수요를 증가시켰다. 은행들은 더욱 예측하기 어려워진 금리 상황에서 고정금리 대출약정을 제공하기를 더 주저하게 되었으며 따라서 많은 은행들은 우대금리를 사용하여 금리를 주기적으로 변동시켜(float)(우대금리는 1955년 8월부터 1968년 12월까지 13년 동안 23번 변동한 데 비해 1980년에만 40번이나 변동되

---

* Wood(1983)를 보시오.

** '진성어음' 주의(real bills doctrine)의 요점은 바람직한 통화정책의 충분조건은 중앙은행을 포함한 모든 은행이 대출을 '실질' 담보, 즉 재고자산과 기타 유형자산을 담보로 하는 '비투기적'(nonspeculative) 대출로 제한한다는 아이디어였다. 연방준비제도를 확립한 입법은 이 견해에 의하여 영향을 받았다. 이 견해에 대한 비판은 은행들이 자격을 갖춘 담보를 충분히 보유하는 '호경기'(good times)에는 연방준비은행이 은행들에게 더 많은 대출이 가능하게 하고, 자격을 갖춘 담보 역할을 할 수 있는 자산이 적은 '불경기'(bad times)에는 더 적은 대출이 이루어지도록 하기 때문에 이 견해가 경기순응적(procyclical) 통화정책으로 나타난다는 것이다. 결과적으로 통화정책이 경기순환을 과장하고 악화시킨다.

었다), 우대금리의 변화에 대해 거의 또는 전혀 보호를 제공하지 못하는 변동금리약정을 권하기 시작하였다.* 더구나 금리변동성의 증가와 함께 자본시장과 외환시장의 변동성도 동시에 증가하였다. 이로 말미암아 은행의 고객들에게는 위험관리가 더욱 중요해졌으며, 은행들은 다수의 새로운 파생상품과 다른 조건부청구권으로 위험관리 서비스를 제공하였다.

우리는 또한 최근의 규제변화가 어떻게 조건부청구권에 대한 자기자본 요건의 부과로 이어졌는지 논의하였다. 이러한 규제의 변화는 상업은행 조건부청구권에 대한 공급측면의 인센티브가 다소 약화되었음을 의미한다. 이것에도 불구하고 우리는 조건부청구권이 미래에도 중요성이 더 커질 것으로 기대한다. 은행산업이 끊임없이 새로운 환경에 적응되어감에 따라, 조건부청구권시장이 어떻게 상업은행과 은행의 새로운 비은행 경쟁자들 간에 분할될 것이지 살펴보는 것은 흥미로운 일이 될 것이다.**

Youngstown Bank의 사례 연구

서론

John Standard는 1998년 여름 이래 Youngstown Bank의 최고경영자(chief executive officer)이다. 이 자리에 취임하기 전에 그는 대형지방은행인 Interbank의 운영담당 부사장이었다. 그가 Youngstown Bank에 의하여 고용된 주요 이유 중의 하나는 대형 운영부서에서의 그의 경험이었다. 그 당시에 Youngstown Bank는 비효율적인 운영절차와 관련하여 어려움을 겪고 있었고, Standard 씨는 Interbank에서 강한 동기부여와 조직력으로 평판을 얻고 있었다. 그동안 그의 Youngstown 경영은 거의 흠잡을 데가 없었고 은행의 조직문화는 은행이 매우 "질서와 통제가 잘 이루어진 기업"(tight ship)이라는 사실에 큰 자부심을 가지고 있다.

Youngstown Bank는 1910년 이래 애리조나 주의 Youngstown에서 영업을 해오고 있다. John Standard가 1998년에 CEO로서 영입되었을 때, 주가는 4 1/2로 고점인 10으로부터 떨어진 상태였다. 전임 CEO는 창업자의 아들이었고 물려받은 시스템을 더 현대화된 정보처리 하부구조로 교체하여 운영부서를 평범하게 약화시키는 것에 대하여 반대하였다. Stanford 씨가 취임하기 전에는 사람들은 대출에 관한 은행의 정책이 무엇인지도 거의 모르고 있었다! Youngstown Bank가 내놓은 유일한 상품들은 단순한 고정금리대출이었다. John Standard는 모든 것을 변

---

* Arak, Englander, and Tang(1983)을 보시오.

** 예를 들어 투자은행은 조건부청구권의 혁신에 매우 적극적이었다. 장외시장에서 거래되는 고객 맞춤이 매우 잘된 옵션이 폭발적인 증가를 보였다. 한 광고를 보면 "mini-max-zeros, range forwards, cylinder options, reverse forward options, quantos, zero cost collars, compound options, targets, scouts, flying hedges, moon rockets, 거의 이해가 불가능한 옵션" 등을 시장에 공급할 것을 약속하고 있으며, "우리가 만들겠습니다. 여러분은 이름을 붙이십시오"라는 약속으로 끝을 맺고 있다. Rubinstein and Reiner(1992)를 보시오.

화시켰다. 그는 대출과 대출약정에 관한 표준절차를 취합하여 은행의 정책을 고객의 위험 및 유동성 필요에 맞추려고 노력하였다. 주가도 반응하여 1999년 말에는 Youngstown Bank의 주가는 9달러로 두 배가 되었으며 2000년을 통하여 지속적으로 증가하였다.

그러나 2001년이 시작하면서 은행의 주가는 약세를 보여 왔다. 비록 은행의 기본 구조는 변하지 않았고 수익성도 좋았지만 주가는 그동안 상승세를 보이지 않았다. 이에 반해 일부 경쟁은행의 주가는 상당히 상승하였다. 은행의 주요 주주들은 아직 너무 실망하지는 않았지만 일부 불평하는 푸념들이 있었다. Standard 씨는 그가 주가를 부양할 수 있는 방법을 찾지 못하면 조직 라인에 주요 문제가 있을 수 있음을 깨닫는다. 그는 이 주가 상황을 논의하기 위하여 재무담당최고책임자(chief financial officer)인 Bryan Shelton을 부르기로 결정한다.

1차 회의

Standard: 들어오시오, Bryan, 그리고 여기 앉으시오. 자 여기서 바로 이야기를 합시다. 나는 최근의 주가성과를 걱정하고 있소. 당신은 Youngstown Bank에 근무한 지 이제 3년이나 되었는데 당신이 이 은행에 왔을 때 주가는 얼마였소?

Shelton: 저의 생각으로는 약 37달러였습니다.

Standard: 그런데 지금은 단지 40달러를 넘고 있소. 우리는 어제 40 1/4로 마감했소. 3년 동안에 단지 3달러요! 무엇이 어떻게 되어가는 거요? 나는 이해할 수가 없소. 왜 우리 주가가 그렇게 낮은 거요? 우리의 장부가치 대비 시장가치의 비율(market-to-book ratio)이 우리 경쟁자의 비율과 어떻게 비교되는지 보시오. 아주 낮아요!(서류 A를 보시오). 왜 그렇다고 생각하시오?

Shelton: 좋은 질문입니다. 우리가 모든 것을 얼마나 정확하게 통제하였는지를 고려할 때 그리고 우리의 이익과 현금흐름이 아직 좋아 보이는 것을 고려할 때 저는 주가가 낮은 이유를 알지 못합니다. 저는 단지 시장이 우리의 가치를 인식하지 못한다고만 말할 수박에 없습니다. 아마 우리가 다음 분기에 다시 좋은 성과를 공시할 때 시장이 회복될 것입니다.

Standard: 글쎄, 당신의 이야기가 맞을 수도 있겠소. 그러나 나는 마음이 편하지 않소. 아마 시장은 우리가 알지 못하는 어떤 것에 반응하고 있는 듯하오. 나는 이 문제를 좀더 조사해서 그것의 진상을 규명하도록 노력하여야 한다고 생각하오.

[회의는 그 기록에서 끝나고 Shelton 씨는 그 문제를 주의 깊게 조사하여 다시 보고하겠다고 이야기한다. 그는 이 이슈를 다시 논의하기 위하여 일주일 후에 만나기로 하였다.]

2차 회의

Shelton: 자, 제가 이 문제를 좀더 조사해보았습니다만 솔직히 말씀드려서 저는 아직도 수수께끼 같습니다. 이 숫자들을 보십시오. 우리의 현재 재무상태표는 좋아 보이고 우리 주가 상승의 전성기인 2000년의 재무상태표와 비교해서도 양호합니다(서류 B를 보시오). 우리의 주요 비율도 2000년과 비교하여 역시 양호합니다(서류 C를 보시오). 더구나 우리는 산업평균과 비교해서도 역시 잘하고 있는 것으로 보입니다(서류 D를 보시오).

Standard: 이것은 내가 생각한 대로 모두 훌륭해 보이는군. 이것을 보시오(그는 서류 D를 가리킨다). 우리의 자산수익률은 훌륭하오. 그래서 당신은 어떻게 생각하오?

Shelton: 글쎄, 제가 당신을 위해 이 숫자들을 모두 취합하는 것을 도와준 사람 중의 한 사람은 우리가 재무상태표에 나타나지 않는 우리의 대출약정에 관하여 생각해보아야 할 것이라고 제안했습니다. 아마 대출약정이 우리 주가를 끌어내리고 있습니다.

Standard: 그것은 의미가 없소. 대출약정에 관한 우리의 정책은 그동안 변하지 않았소, 그렇지 않소? 당신은 그에 관한 어떤 종류의 자료를 가지고 있소?

Shelton: 글쎄, 이 자료들을 보십시오. (그는 서류 E와 F를 꺼낸다.) 이것들은 우리가 대출약정에 대하여 부과한 수수료와 금리의 과거 추이를 보여줍니다. 저는 이 약정들을 구매해 온 차입자들의 유형에 관해 점검했는데, 차입자의 신용도는 우리의 과거 역사와 동일한 것으로 보입니다. 진실을 말하자면 저는 아직도 이 모든 내용들이 무엇을 의미하는지를 파악하고자 노력 중입니다. 저는 아무것도 어디에서도 변한 것이 없다고 생각합니다. 그러나 우리의 주가는….

Standard: 글쎄, 내가 당신에게 이야기할 수 있는 모든 것은 그에 관하여 작업을 계속하라는 것이오. 만약 당신이 우리의 주가가 낮은 이유를 설명하는 데에 도움이 되는 어떤 것을 여기서 찾아낼 수 있는지 알아보시오. 우리가 간과한 어떤 것이 있지 않겠소? 우리가 깨닫지 못하는 어떤 위험에 은행이 빠져 있는 것은 아니요?

[다시 회의는 종료되고 그들은 일주일이 지나 만나기로 하였다. 이번에는 Standard 씨는 그가 답하려고 하는 일부 특정 질문을 가지고 있다. Shelton 씨는 주가의 빈약한 성과에 대한 설명, 은행의 상황에 관한 모든 사실을 고려한 설명을 찾기 위하여 주의 깊게 모든 내용에 관하여 조사할 계획이다.]

자료

서류 A
YOUNGSTOWN BANK, INC.
장부가치 대비 시장가치 비율
산업과의 비교

연도	Youngstown	BancFirst	산업
1991	0.51	1.21	1.18
1992	1.00	1.11	1.08
1993	1.43	1.23	1.13
1994	1.47	1.32	1.21
1995	1.60	1.43	1.31
1996	2.13	1.87	1.53
1997	1.35	1.41	1.41
1998	1.18	1.11	1.20
1999	1.35	1.32	1.27
2000	1.41	1.31	1.34
2001	1.21	1.40	1.47
2002	0.95	1.65	1.53
2003	0.81	1.89	1.66
2004	0.78	1.86	1.63

서류 B
YOUNGSTOWN BANK, INC.
기말 재무상태표(천 달러)

	2000	2005
자산		
현금 및 타행예치예수금	125,000	129,000
시장성 유가증권	200,000	400,000
대출:		
부동산	190,000	385,000
기업 및 산업	315,500	744,000
소비자	140,500	153,742
기타	131,400	142,300
차감 비근로소득:		
대손충당금	1,316	1,500
총대출	776,084	1,423,542
기타자산	78,000	150,000
총자산	1,179,084	2,102,542
부채와 자기자본		
부채:		
예금	1,000,020	1,775,420
연방자금차입	75,000	102,000
기타부채	63,000	90,000
총부채	1,138,020	1,967,420
자기자본:		
우선주와 보통주	11,000	35,122
잉여금	14,064	42,000
미분할이익과 준비금	16,000	58,000
총자기자본	41,064	135,122
총부채와 총자기자본	1,179,084	2,102,542

주석: 대출약정잔고 규모는 2000년에 $1,000,500이고 2005년에는 $4,320,000이다.

서류 C

YOUNGSTOWN BANK, INC.

2000년과 2005년 성과 비교

	2000	2005
순이익(천 달러)	8,607	16,820
자산수익률(퍼센트)	0.73	0.80
총자산 대비 총부채	0.97	0.94
자기자본 대비 총부채	27.71	14.56

서류 D

2005년 여러 산업 비율

(유사규모 은행의 평균)

	Youngstown	평균
자산수익률	0.8	0.6
총자산 대비 총부채	0.94	0.97
자기자본 대비 총부채	14.56	21.3

서류 E

금리 역사

(연 금리, 퍼센트)

	1월	2월	3월	4월	5월	6월	7월	8월	9월	10월	11월	12월
1991	7.95	8	8	8	8.27	8.63	9	9.01	9.41	9.94	10.94	11.55
1992	11.75	11.75	11.75	1.75	11.75	11.65	11.54	11.91	12.9	14.39	14.55	15.3
1993	15.25	15.63	18.31	17.77	15.57	12.63	11.48	11.69	12.23	14.79	16.06	17.1
1994	20.16	19.43	18.05	17.15	19.61	20.03	20.39	20.5	20.06	18.45	16.84	16.75
1995	15.75	16.56	16.5	16.5	15.5	15.5	14.26	14.39	13.5	12.52	11.85	11.5
1996	11.16	10.98	10.5	10.5	10.5	10.5	10.5	10.89	11	11	11	11
1997	11	11	11.21	11.93	12.39	12.6	13	13	12.97	12.58	11.77	11.06
1998	10.61	10.5	10.5	10.5	10.31	9.78	9.5	9.5	9.5	9.5	9.5	9.5
1999	9.5	9.5	9.1	8.83	8.5	8.5	8.16	7.9	7.5	7.5	7.5	7.5
2000	7.5	7.5	7.5	7.75	8.14	8.25	8.25	8.25	8.7	9.07	8.78	8.75
2001	8.75	8.51	8.5	8.5	8.84	9	9.29	9.84	10	10	10.05	10.5
2002	9.8	9.1	8.2	7.8	7.2	6.3	5.32	5.01	7.73	5.21	5.09	8.3
2003	9.2	8.3	7.4	7.1	6.2	5.5	5.1	4.8	4.5	6.2	9.1	8.1
2004	6.1	3	3	3	4	6.83	9.23	9.3	10.2	8.5	7.43	8.91

서류 F
대출약정 가격
(평균, 베이시스포인트)

	약정수수료	연 서비스수수료	사용수수료
1994	12.5	12.5	25.0
1995	12.0	12.0	25.0
1996	12.0	12.0	25.0
1997	12.5	12.0	22.5
1998	12.5	12.5	22.5
1999	12.5	12.5	21.5
2000	12.5	12.5	22.5
2001	12.5	12.5	25.0
2002	12.0	12.5	25.0
2003	12.5	12.5	25.0
2004	14.0	12.5	27.5

과제

Standard 씨는 Shelton 씨에게 이와 같은 특별한 질문을 한다.

1. 주가가 상승 움직임을 보이지 않는 것은 시장의 불합리성 또는 과민반응의 증거인가 또는 다른 무엇이 진행 중인가?
2. 은행은 무엇을 하여야 하는가? 은행은 어떤 전략을 추구하여야 하는가? 은행이 당면한 주요 위험은, 만약 있다면, 무엇인가?

연습문제

1. 부외거래 조건부청구권은 무엇이고 오늘날 관찰되는 조건부청구권의 주요 형태는 무엇인가?
2. 대출약정을 정의하고 대출약정의 종류를 간단히 논의하시오.
3. 대출약정의 공급측면과 수요측면의 동기부여를 논의하시오.
4. 은행 대출약정은 보통주 풋옵션과 동일구조로 일치한다고 주장되고 있다. 이 주장은 어떻게 타당한가?
5. 상업신용장, 보증신용장 그리고 은행인수어음을 논의하시오.
6. 금리스왑은 무엇이고 어떻게 작동되는가?
7. 금리스왑 거래에서 스왑중개인의 역할은 무엇인가?
8. '기본형' (plain vanilla) 스왑의 세 가지 변종을 논의하시오.

9. 스왑션(swaptions), 캡(caps), 칼라(collars) 및 플로어(floors)는 무엇인가?
10. 헤징수단으로서 선물계약 대비 금리스왑의 장점과 단점은 무엇인가?
11. 금리 헤징에 대하여 스왑이 직접자금조달(direct financing)에 비하여 갖는 장점은 무엇인가?
12. 상업은행이 대출약정, 신용장 및 금리스왑에서 당면하는 위험을 논의하시오.
13. 차입자가 $t=2$에 수익을 가져다주는 위험 프로젝트에 175달러를 투자할 기회가 $t=1$에 있다는 것을 $t=0$에 알고 있다고 하자. 차입자는 각각 175달러의 투자가 소요되는 두 개의 상호배타적 프로젝트, S 또는 R 중의 하나에 투자할 수 있다는 것을 안다. 만약 차입자가 $t=1$에 S에 투자하면 프로젝트는 $t=2$에 0.8의 확률로 310달러의 총수익을 발생시키고, 0.2의 확률로 영의 수익을 발생시킨다. 만약 차입자가 $t=1$에 R에 투자하면 프로젝트는 $t=2$에 0.6의 확률로 330달러의 총수익을 발생시키고 0.4의 확률로 영의 수익을 발생시킨다. 은행은 차입자의 프로젝트 선택을 관찰할 수 없다.

    $t=0$에 무위험 단일기간 금리는 12퍼센트이다. $t=1$에 무위험 단일기간 금리가 얼마일지는 $t=0$에는 알려져 있지 않지만, 이 금리가 8퍼센트(확률 0.6) 또는 15퍼센트(확률 0.4)일 것이라는 것은 모두에게 알려져 있다. 보편적인 위험중립을 가정하고 아울러 차입자는 여러분(대출자로서)이 청구권을 가질 수 있는 프로젝트 이외의 자산을 보유하고 있지 않다고 가정하자.

    여러분이 이 차입자의 은행가이고, 이 차입자가 두 가지 선택을 가지고 있다는 것을 여러분과 차입자는 인식하고 있다고 하자. (i) 차입자는 $t=0$에 아무것도 하지 않고 $t=1$에 프로젝트에 적용될 금리로 현물시장에서 차입할 것을 단지 계획을 세우거나 또는 (ii) 차입자는 차입자가 $t=1$에 미리 정한 조건으로 차입할 수 있도록 허용하는 대출약정을 위하여 여러분(또는 어떤 다른 은행)과 $t=0$에 협상할 수 있다. 여러분은 이 차입자에게 어떤 자문을 주어야 하겠는가? 각 은행은 영의 기대이익을 얻도록 제약을 받는 경쟁적인 대출시장을 가정하시오.
14. 다음은 "친구들의 대화"로부터의 초록이다. 비평하시오.

애플턴: 그것은 간단합니다, 마이크. BIS 규정은 최소 요구조건입니다. 반면에 재무부 제안서는 BIS 최소 요구조건 이상을 은행들이 선택하도록 하고 있습니다. 그렇지만 BIS 가이드라인에 관하여 내가 걱정하는 것은 BIS 가이드라인이 은행이 부외거래항목(off-balance sheet items)에 대해서도 자본을 보유하도록 요구한다는 것입니다. 이 항목들이 재무상태표에 기록될 때, 그에 대하여 또다시 자본이 필요한데, 그러면 어떤 의미에서 이중계산이 아닙니까?

버터워쓰: 사실 이중계산은 아닙니다. 왜냐하면 동시에 자본규제를 받는 것이 아니기 때문입니다. 대출약정만의 잔고가 1조 달러인 상황에서 미국은행들의 우발채무(contingent liability)노출의 문제는 우리가 확실히 파악하여야 한다고 생각합니다. 규제회계원칙(Regulatory Accounting Principles)과 일반적으로 인정된 회계원칙(Generally Accepted Accounting Principles)이 이 우발채무를 다루었던 방법은 개탄스럽습니다. 저

는 예금기관들이 이 부채들을 단순히 주석이 아니라 자신의 재무상태표에서 인식하여야 한다고 굳게 믿고 있습니다.

애플턴: 베쓰, 나는 당신이 다소 논점을 벗어난 이야기를 하고 있다고 생각합니다. 아무도 이러한 우발채무의 가치평가 방법을 알지 못하는데, 당신은 어떻게 당신의 노출(exposure)을 계량화하겠습니까?

버터워쓰: 그것은 당신 생각이고 이쪽은 생각이 다릅니다, 알렉스. 비록 평가모형이 완전하지 못하다는 것을 나도 인정하지만, 이용가능한 평가모형은 있습니다. 그러나 불완전한 정보(noisy information)라도 아예 없는 것보다는 낫지요.

15. 다음의 "친구들의 대화"의 초록을 비평하시오.

사회자: 여러분 잠깐 기다려주십시오. 제가 여기에 영원히 있는 건 아니라는 것을 기억하십시오. 저는 우리가 은행개혁과 예금보험을 논의하는 중이라고 생각했습니다. 부외거래활동에 관한 이 모든 이야기가 예금보험과 관련성이 있습니까?

버터워쓰: 그것은 좋은 질문입니다, 마이크. 솔직히 저는 알지 못합니다만 저의 추측은 우발채무가 예금보험기금에 대해서는 숨겨진 부채를 나타낸다는 것입니다. 은행이 더 많은 우발채무를 보유할수록, 은행시스템 내부에는 더 많은 위험이 존재합니다.

애플턴: 두 분께서도 아시다시피, 저는 부외거래활동이 은행산업의 미래라고 믿습니다. 그래서 이에 관한 베쓰의 견해는 저를 혼란스럽게 합니다. 아마 그녀는 자신의 주장을 지지할 증거를 가지고 있습니까?

버터워쓰: 아니요, 알렉스. 저는 증거를 가지고 있지 않습니다. 그러나 제가 그 문제를 조사해 보겠습니다.

참고문헌

Antl, Boris (ed.), *Swap Financing Techniques*, London: Euromoney Publications Limited, 1983.

Arak, M.A., A.S. Englander, and E.M.P. Tang, "Credit Cycles and the Pricing of the Prime Rate," *Federal Reserve Bank of New York Quarterly Review*, Summer 1983.

Avery, Robert B., and Allen N. Berger, "Loan Commitments and Bank Risk Exposure," *Journal of Banking and Finance* 15, 1991, 173-192.

Baecher, Eileen, "Swaps and the Derivative Markets," manuscript, Fixed Income Research, Goldman Sachs & Company, January 1991.

Beidleman, Carl R., *Financial Swaps: New Strategies in Currency and Coupon Risk Management*, Homewood, Illinois: Dow Jones-Irwin, 1985.

Berger, Allen N., and Gregory F. Udell, "Some Evidence on the Empirical Significance of Credit Rationing," working paper, Board of Governors of the Federal Reserve System, December 1990

Berkovitch, Elazar, and Stuart I. Greenbaum, "The Loan Commitment as an Optimal Financing Contract," *Journal of Quantitative Analysis* 26, 1990, 83-95.

Boot, Arnoud, and Anjan V. Thakor, "Off-Balance Sheet Liabilities, Deposit Insurance and Capital Regulation," *Journal of Banking and Finance*, 15, 1991, 825-846.

Boot, Arnoud W.A., Stuart I. Greenbaum, and Anjan V. Thakor, "Reputation and Discretion in Financial Contracting," *American Economic Review* 83-5, December 1993, 1165-1183.

Boot, Arnoud, Anjan V. Thakor, and Gregory F. Udell, "Credible Commitments, Contract Enforcement Problems and Banks: Intermediation as Credibility Assurance," *Journal of Banking and Finance* 15, June 1991, 605-632.

———, "Competition, Risk Neutrality and Loan Commitments," *Journal of Banking and Finance* 11, September 1987, 449-471.

Campbell, Tim S., "A Model of the Market for Lines of Credit," *Journal of Finance* 33, March 1978, 231-244.

Campbell, Tim S., and William Kracaw, "Intermediate and the Market for Interest Rate Swaps," *Journal of Financial Intermediation* 1-4, December 1991, 362-384.

Deshmukh, Sudhakar D., Stuart I. Greenbaum, and George Kanatas, "Bank Forward Lending in Alternative Funding Environments," *Journal of Finance* 37, September 1982, 925-940.

Duca, John, and David D. Vanhoose, "Loan Commitments and Optimal Monetary Policy," *Journal of Money, Credit and Banking* 22-2, May 1990, 178-194.

Glick, Reuven, and Steven E. Plaut, "Money Demand and Off-Balance Sheet Liquidity: Empirical Analysis and Implications for Monetary Policy," *Journal of Accounting, Auditing and Finance* 4, 1989, 147-159.

Greenbaum, Stuart I., George Kanatas, and Itzhak Venezia, "Loan Commitments and the Management of Uncertain Demand," *Journal of Estate Finance and Economics* 4, December 1991, 351-366.

Greenbaum, Stuart I., and Itzhak Venezia, "Optimal Exercise of Loan Commitments Under Adaptive Pricing," *Journal of Financial Research* 8-4, Winter 1985, 251-263.

Greenbaum, Stuart I., John Soss, and Anjan V. Thakor, "Understanding Commercial Bank Contingent Liabilities," monograph, *Bank Administration Institute*, 1986.

Hawkins, Greg, "An Analysis of Revolving Credit Agreements," *Journal of Financial Economics* 10, 1982, 59-81.

Holmstrom, Bengt, and Jean Tirole, "Market Liquidity and Performance Monitoring," *Journal of Political Economy*, 1993.

"International Banking: A Comedy of Errors," *The Economist*, April 10-16, 1993.

James, Christopher, "An Analysis of Bank Loan Rate Indexation," *Journal of Finance* 37, 1982, 809-825.

———, "Self-Selection and the Pricing of Bank Services: An Analysis of the Market for Loan Commitments and the Role of Compensating Balance Requirements," *Journal of Financial and Quantitative Analysis* 16, December 1981, 725-746.

Kanatas, George, "Commercial Paper, Bank Reserve Requirements, and the Informational Role of Loan

Commitments," *Journal of Banking and Finance* 11, September 1987, 425-448.

Kareken, John H., "The Emergence and Regulation of Contingent Commitment Banking," *Journal of Banking and Finance* 11, 1987, 359-377.

Lipin, Steven, "Banks Fear Corporations Will Tap Lines of Credit," *American Banker*, November 7, 1990.

Loeys, Jan G., "Interest Rate Swaps: A New Tool for Managing Risk," *Business Review*, Federal Reserve Bank of Philadelphia, May/June 1985, 17-25.

Maksimovic, Vojislav, "Product Market Imperfections and Loan Commitments," *Journal of Finance* 45, December 1990, 1641-1654.

Melnik, Arie, and Steven E. Plaut, "The Economics of Loan Commitment Contracts: Credit Pricing and Utilization," *Journal of Banking and Finance* 10, June 1986, 267-280.

Melton, W.C., and J.M. Mahr, "Bankers Acceptances," *Quarterly Review*, Federal Reserve Bank of New York, Summer 1981.

Morgan, D., "Bank Credit Commitments and Credit Rationing," working paper, Federal Reserve Bank of Kansas City, Kansas City, Kansas, March 1989.

Rubinstein, Mark, and Eric Reiner, "Exotic Options," manuscript, Leland O' 'Brien Rubinstein Associates, May 3, 1992.

Shockley, Richard, and Anjan V. Thakor, "Bank Loan Commitments: Data, Theory and Tests," *Journal of Money, Credit and Banking* 29-4, November 1997, 517-534.

Shockley, Richard, "Bank Loan Commitments and Corporate Leverage," *Journal of Financial Intermediation* 4, 1995, 273-301.

SoWanos, George, Paul Wachtel, and Arie Melnik, "Loan Commitments and Monetary Policy," *Journal of Banking and Finance* 14-4, 1990, 677-689.

Thakor, Anjan V., "Do Loan Commitments Cause Overlending?" *Journal of Money, Credit and Banking*, 37-6, December 2005, 1067-1100.

Thakor, Anjan V., "Competitive Equilibria with Type Convergence in an Asymmetrically Informed Market," *Review of Financial Studies* 2, Summer 1989, 49-71.

———, "Commercial Bank Contingent Claims Products," monograph, *The Herbert V. Prochnow Foundation of the Graduate School of Banking*, Madison, Wisconsin, 1988.

———, "Toward a Theory of Bank Loan Commitments," *Journal of Banking and Finance* 6, March 1982, 55-83.

Thakor, Anjan V., and Gregory F. Udell, "An Economic Rationale for the Pricing Structure of Bank Loan Commitments," *Journal of Banking and Finance* 11, 1987, 271-289.

Thakor, Anjan V., Hai Hong, and Stuart I. Greenbaum, "Bank Loan Commitments and Interest Rate Volatility," *Journal of Banking and Finance* 5, December 1981, 497-510.

Wojnilower, A.M., "The Central Role of Credit Crunches in Recent Financial History," Brookings Papers on Economic Activity, 1980, 277-326.

Wolkowitz, B., Peter Lloyd-Davies, B.C. Gendreau, Gerald A. Hanweck, and Michael A. Goldberg, *Below the Bottom Line: The Use of Contingencies and Commitments by Commercial Banks*, Staff Study 113, Board of Governors of the Federal Reserve System, Washington, D.C., January 1982.

Wood, John W., "Familiar Developments in Bank Loan Markets," *Economic Review*, Federal Reserve Bank of Dallas, November 1983.

제9장 증권화

> Robert M. Greer는 그가 살 곳이 필요하지 않지만 아파트를 찾고 있다. Lones Lang Wooton 전무이사가 찾고 있는 것은 증권화된 주택저당 포트폴리오에 포함될 최상의 아파트 건물이다.
>
> *American Banker*, 1990년 10월 2일

용어 정리

GNMA: Government National Mortgage Association(5장을 보시오).

FNMA: Federal National Mortgage Association(5장을 보시오).

FHLMC: Federal Home Loan Mortgage Corporation 또는 'Freddie Mac' (5장을 보시오).

FHA: 연방주택청(Federal Housing Administration)은 주택도시개발부(HUD: Department of Housing and Urban Development) 내의 연방기관이다. 연방주택청은 대출을 실행하지 않지만, 주택저당시장 중에서 저소득층 주택 분야를 안정화시키기 위하여 저소득층 주택을 위한 다양한 대출보험과 보조금 프로그램을 운영한다.

암묵적 계약(Implicit Contract): 미래 행태에 관하여 당사자 간에 암묵적 이해를 나타내기 위하여 경제학에서 사용되는 용어. 명시적 계약이 없다면 그 약정은 반드시 법적으로 구속력이 있는 것은 아니다.

GMAC: General Mortors Acceptance Corporation은 금융회사로서 General Motors Corporation의 자회사이다.

BB, A-1 Ratings: 신용위험을 평가하는 데에 특화된 민간기관이 채권에 부여한 등급. 신용평가기관들은 기업의 채권에 신용등급을 부여하며, 기업들은 이에 대해 대개 비용을 지급한다. 그다음에 신용등급은 공개되고 신용등급은 당해 채권의 수익률에 영향을 미친다. 일반적

으로 알파벳이 높을수록 신용위험이 좋지 않다. 즉 A 등급이 B 등급보다 더 좋으며, AA 등급이 A등급보다 더 좋다.

HLT: Highly Leveraged Transaction(6장을 보시오).

서론

은행산업은 단순한 영업이었다. 은행은 돈을 차입하여 차입비용에 스프레드를 붙여 다른 사람들에게 대출하였다. 차입 및 대출 활동은 은행의 재무상태표에 반영되었다.* 그러나 이제 은행은 '재무상태표 내' 영업만큼 '재무상태표 외'(off-balance sheet) 영업을 할 것 같다. 8장은 은행들의 부외거래활동(off-balance sheet activities)의 일부를 논의하였다. 우리는 증권화(securitization)와 대출채권매각(loan sales)을 살펴봄으로써 그 논의를 계속하고자 한다.

은행이 대출약정을 매각할 때, 예를 들면, 은행은 고객이 약정을 행사할 때에만 자금을 조달할 필요가 있다. '인출'(takedown)이 일어나면 대출이 재무상태표에 표시된다. 그러나 은행은 이 단계에서도 대출채권을 다른 은행에 매각(loan sale)하거나 증권화함으로써 자금조달을 회피할 수 있다. 증권화는 대출채권을 유사한 특징을 가진 다른 것과 결합하고, 이 포트폴리오의 현금흐름에 대하여 신용이 보강된 청구권을 생성한 다음, 이 청구권을 투자자에게 매각하는 것이다.**

7장에서 다루었던 은행의 대출채권매각 관행은 매우 오래되었다. 그것은 1880년까지 거슬러 올라간다. 증권화는 대조적으로 더 최근의 일로 GNMA(Ginnie Mae)가 연방주택청(FHA: Federal Housing Administration)과 보훈청(VA: Veterans Administration)의 단일세대용(single-family)모기지대출을 담보로 설정한 주택담보부증권(mortgage-backed security)인 GNMA 원리금자동이체증권(pass-through)을 개발한 1970년으로 올라간다. 따라서 저축대부조합(S&L) 산업은 약 25년 동안 증권화와 관계가 있다. 반면에 은행은 이 시장에 비교적 새로운 진입자이다. 1977년에 Bank of America가 전통적인 모기지를 담보로 하는 최초의 민간부문 원리금자동이체증권을 발행하였지만, 다양한 형태의 은행 대출금 증권화는 1985년까지는 시작되지 않았었다.

종종 자산유동화증권(ABS: Asset-Backed Securities) 시장으로 알려진 이 시장은 2005년 말에는 거의 2조 달러 규모로 성장하였다. ABS 시장의 시초는 외상매출채권의 매입(factoring)과 담보대출과 같이 잘 알려진 대출 관행에서 시작되었으며, 그 후 시장은 주택 모기지 풀(pool)의 증권화로 발전하였다. 비모기지 자산증권화는 Sperry Lease Financial Corporation이 1억

* 경제학자인 Walter Bagehot가 "은행 영업은 단순해야 한다. 만약 은행 영업이 어렵다면 그것은 틀렸다"라고 이야기한 것도 놀라운 일이 아니다 [Bagehot(1873)].

** 증권화에 관한 좋은 복습으로 Pavel(1986, 1989) 및 Monahan(1989)을 추천한다.

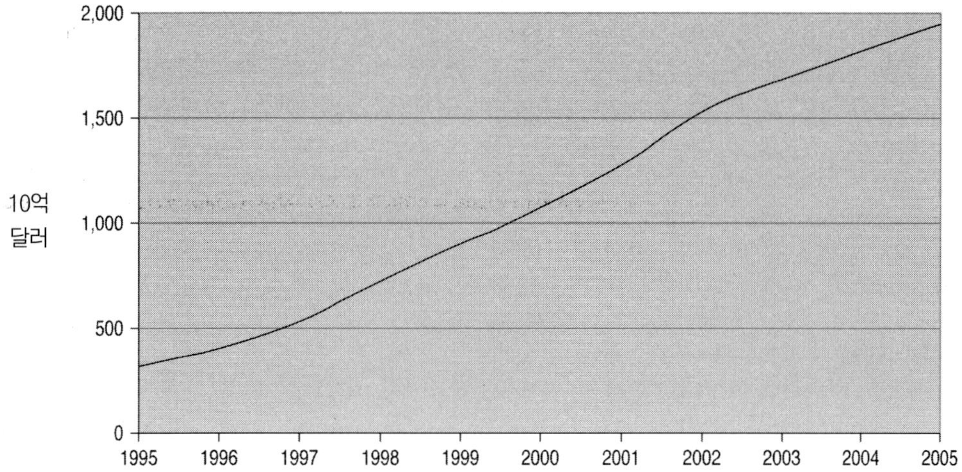

〈그림 9.1〉 자산유동화증권의 발행 잔고 총액
자료: The Bond Market Association.

9,250만 달러의 공모를 추진한 1985년 3월에 시작되었다. 이 원리금자동이체증권(증권화된 포트폴리오에 대한 직접적 소유권을 나타내는)은 지금은 Unisys Corporation인 Sperry Corporation이 발행한 리스 외상매출채권의 풀(pool)을 담보로 하고 있었다. Union Bank of Switzerland의 신용장은 이 발행이 AAA 신용 등급을 받는 데에 도움이 되었다.

이후 증권화는 급격하게 증가하였다(1995년 이후의 성장세를 보려면 〈그림 9.1〉을 보시오). 현재는 다양한 자산들이 증권화되고 있다. 사례를 들면 다음과 같다. 자동차 대출채권과 리스, 신용카드매출채권, 기업트럭대출 및 보트대출. 민간 발행자는 상업은행, 산업체의 금융자회사 및 저축기관들을 포함한다. 〈표 9.1〉은 증권화된 자산의 여러 가지 형태에 관한 자료이다.

ABS 시장에서 증권의 만기는 대개 6년을 초과하지 않으며 평균 기간은 6개월부터 5년까지이다. 시장의 대부분은 18개월부터 36개월까지의 기간에 집중되어 있다.

초기의 증권화 장애는 기업의 유가증권의 인수 및 발행에 관한 글래스-스티걸(Glass-Steagall) 법이 역시 증권화를 금지하는가의 여부에 관한 불확실성이었다. 그러나 1980년대 중반에 통화감독청(OCC: Office of the Comptroller and Currency)은 연방정부의 인가를 받아 설립된 전국은행(national bank)은 대출채권 풀의 지분을 매각할 수 있다고 결정했다. 항소법원(court of appeal)은 OCC의 입장을 확인했고 증권업협회(SIA: Securities Industries Association)에 반대의 결정을 했다. 법원은 자산유동화증권이 "증권이 아니라 기초 대출채권(underlying loans)에 대한 투자"이기 때문에 자산유동화증권의 판매는 글래스-스티걸(Glass-Steagall) 법에 의하여 제한을 받지 않는다고 결정했다. 대법원은 후에 SIA의 상고를 기각함으

〈표 9.1〉 1995–2005년 중 주요 신용형태별 ABS 발행 잔고

	1995	1996	1997	1998	1999	2000	2001	2002	2003	2004	2005
총발행잔고	316.3	404.4	535.8	731.5	900.8	1071.8	1281.2	1543.2	1693.7	1827.8	1955.2
자동차	59.5	71.4	77	86.9	114.1	133.1	187.9	221.7	234.5	232.1	219.7
전체 대비 %	*18.8%*	*17.7%*	*14.4%*	*11.9%*	*12.7%*	*12.4%*	*14.7%*	*14.4%*	*13.8%*	*12.7%*	*11.2%*
신용 카드	153.1	180.7	214.5	236.7	257.9	306.3	361.9	397.9	401.9	390.7	356.7
전체 대비 %	*48.4%*	*44.7%*	*40.0%*	*32.4%*	*28.6%*	*28.6%*	*28.2%*	*25.8%*	*23.7%*	*21.4%*	*18.2%*
주택 지분	33.1	51.6	90.2	124.2	141.9	151.5	185.1	286.5	346.0	454.0	551.1
전체 대비 %	*10.5%*	*12.8%*	*16.8%*	*17.0%*	*15.8%*	*14.1%*	*14.5%*	*18.6%*	*20.4%*	*24.8%*	*28.2%*
이동 주택	11.2	14.6	19.1	25.0	33.8	36.9	42.7	44.5	44.3	42.2	34.5
전체 대비 %	*3.5%*	*3.6%*	*3.6%*	*3.4%*	*3.8%*	*3.4%*	*3.3%*	*2.9%*	*2.6%*	*2.3%*	*1.8%*
학생 대출	3.7	10.1	18.3	25	36.4	41.1	60.2	74.4	99.4	115.2	153.2
전체 대비 %	*1.2%*	*2.5%*	*3.4%*	*3.4%*	*4.0%*	*3.8%*	*4.7%*	*4.8%*	*5.9%*	*6.3%*	*7.8%*
장비 리스	10.6	23.7	35.2	41.4	51.4	58.8	70.2	68.3	70.1	70.7	61.8
전체 대비 %	*3.4%*	*5.9%*	*6.6%*	*5.7%*	*5.7%*	*5.5%*	*5.5%*	*4.4%*	*4.1%*	*3.9%*	*3.2%*
CBO/CDO	1.2	1.4	19	47.6	84.6	124.5	167.1	234.5	250.9	264.9	289.5
전체 대비 %	*0.4%*	*0.3%*	*3.5%*	*6.5%*	*9.4%*	*11.6%*	*13.0%*	*15.2%*	*14.8%*	*14.5%*	*14.8%*
기타	43.9	50.9	62.5	144.7	180.7	219.6	206.1	215.4	246.8	258.0	288.7
전체 대비 %	*13.9%*	*12.6%*	*11.7%*	*19.8%*	*20.1%*	*20.5%*	*16.1%*	*14.0%*	*14.6%*	*14.1%*	*14.8%*

모든 금액은 10억 달러임.
자료: The Bond Market Association.

로써 전국은행이 증권화할 수 있는 권한을 확립하였다.*

이 장의 나머지에서 우리는 대출채권매각과 증권화와 관련된 상당히 다양한 주제들을 다룬다. 다음 절에서 우리는 증권화와 대출채권매각이 전통적인 대출 기능의 분해에서 얻어지는 이익의 일부를 차지하려는 욕구의 자연스런 결과물로서 설명한다. 그다음에 우리는 증권화가 이루어지는 여러 방법을 기술한다. 이것은 증권화의 경제학을 아주 상세히 살펴보는 것으로 이어진다. 회계 및 규제 이슈들을 그다음 절에서 살펴본다. 이후 우리는 ABS 시장에 참여하는 은행이 당면한 전략적 이슈에 대하여 탐구한다. 그다음에 대출채권매각이 다루어지고 이는 결론으로 이어진다. 사례 연구가 은행이 당면한 전략적 이슈를 예시하기 위하여 제시된다.

---

* Huber(1992)를 보시오.

증권화와 대출채권매각의 경제적 동기에 관한 예비 소고

대출 기능의 분해

대출은 적어도 네 개의 기본 영역으로 분해될 수 있다. 즉 (a) 대출의 발생(인수를 포함함), (b) 보증, (c) 사후관리 및 (d) 자금조달. 이 분해는 이들을 하나로 통합하여 운영한 금융기관의 운영관행(modus operandi)에 의하여 오랫동안 감추어져왔다. 그러나 이 통합과정에도 불변의 것은 아무것도 없다. 예를 들면 한 은행이 브로커 서비스 제공과 함께 금리와 신용위험의 분석에 전문화되었다고 하자. 이 은행은 자신의 업무를 신용장의 발급과 대출약정에 제한함으로써 예금과 대출채권과 같은 자산을 모두 회피할 수 있다.

그렇다면 왜 대출 기능은 처음에는 결합되어 있었으며, 지금은 왜 분해되고 있는가? 이유는 두 가지이다. 규제 환경과 정보 기술에 따른 자금조달의 장점. 각각을 순서대로 살펴보자.

대출 자금조달의 전통적 혜택

비교적 초기에는 예금금융기관들은 자금조달에 우위를 점하고 있어서 결과적으로 대출채권을 포함하여 자산을 생성하고 인수하는 데에 필요한 전문성을 발전시켰다. 자금조달의 우위는 규제의 결과였다. 즉 예금금리 상한, 저평가된 정부의 예금보험, 진입제한 및 다양한 조세 우위—특히 대손충당금, 상호의존(mutuality) 및 주택과 관련된 조세상의 우위. 이로 인한 지대(rents)는 예금자, 차입자, 은행과 저축은행(thrift)의 소유자/경영자 간에 공유되었다. 10년 이상 지속된 사회적으로 파괴적인 은행 파산 이후 1930년대에 도입된 이 제도는 예금자, 은행과 저축은행의 소유자/경영자 및 정부 간의 암묵적 계약에 근거하고 있었다. 예금자들은 정부보증의 대가로 자신의 자금에 대하여 시장금리 이하의 수익률을 받기로 동의하였다. 보증(예금보험)은 은행과 저축은행의 부채를 미국정부에 대한 조건부 청구권으로 변화시켰다. 은행가들은 비용을 낮추고 예금의 듀레이션을 증가시킨 보조금의 대가로 규제와 감독을 받기로 동의하였다. 정부는 은행시스템 안정의 정치적 이익의 대가로 예금보험하의 잔여 위험노출(납세자를 위하여)을 받아들였다.

자금조달 혜택의 잠식과, 증권화와 대출채권매각에 대한 인센티브

예금자, 예금금융기관 및 정부 간의 암묵적 계약은 1970년대의 인플레이션이 예금보유의 기회비용을 100베이시스포인트와 거의 비슷한 수준으로부터 400, 500 또는 600베이시스포인트까지 증가시킬 때까지는 변하지 않았다. 이것은 예금자로 하여금 고수익률의 단기금융투자신탁(MMF: money market funds)으로 눈을 돌리게 했다. 암묵적 계약은 해체되기 시작했다.

이 추세는 1980년대에 법률적으로 위임된 예금금리상한제의 폐지와 함께 지속되었다. 예금금리가 상승함에 따라 은행과 저축은행의 예금 지대는 잠식되었다. 게다가 은행산업으로의 진입 장벽은 무너지기 시작하였고, 세금 우대도 없어지기 시작하였으며, 예금보험의 가격도 상승하고, 자기자본 요건도 강화되었다. 정도는 다르지만 이 모든 변화들은 은행이 향유하던 지대와, 대출을 예금으로 자금조달함으로써 누렸던 장점들을 감소시켰다. 그러나 은행들이 과거에 발전시켜왔던 대출계약체결, 모니터링 및 사후관리 기법은 여전히 변하지 않았다. 이것은 은행과 저축은행들이 대출계약을 체결하고 인수는 하지만 자금조달은 하지 않는, 즉 대출을 매각하거나 증권화하는 최초의 원동력이 되었다.

대출채권매각과 증권화의 두 번째 원동력은 정보기술의 발전이다. 성공적인 대출채권매각이 되려면 구매자(대개 다른 금융기관)가 대출의 수익(payoff) 특성을 평가할 수 있어야 하며, 이는 다시 좋은 정보에 의하여 촉진되었다. 이것은 구매자가 금융기관이 아닌 투자자들인 경우에 증권화에서 매우 중요하다. 정보처리기술의 발달로 투자자는 자산의 등급을 평가하는 것이 더 용이해졌으며, 그 결과 투자자와 최초계약자(loan originator)(은행) 간의 정보의 차이가 줄어들게 되었다. 더구나 정보기술은 금융기관의 사후관리와 모니터링에는 중요한 요소가 되었는데, 특히 분리된 현금 흐름의 경우에는 더 중요하다. 이는 증권화를 촉진시켰다.* 이 주장은 아래에 주어진 숫자 예제(다소 지나치게 단순화된)에서 매우 명확히 확인할 수 있다.

예제 9.1 North American Bank가 대출 포트폴리오의 계약을 체결하였다고 하자. North American은 이 포트폴리오의 총수익(payoff)은 확률 0.9로 100달러, 확률 0.1로 30달러임을 알고 있다. 이 포트폴리오를 A라 부르자. 그러나 투자자들은 이 포트폴리오와 다른 대출 포트폴리오(이 포트폴리오를 B라 부르자)를 구별할 수가 없다. 포트폴리오 B의 총수익은 확률 0.7로 100달러, 확률 0.3으로 30달러이다. 투자자들은 포트폴리오가 A일 확률은 0.5, B일 확률도 같은 확률이라고 믿는다. 보편적인 위험중립이 적용된다.

은행이 대출 포트폴리오의 '참' 가치를 소통하는 비용은 11달러이다. 이는 단순히 대출 포트폴리오의 매각 수입에 대한 부과금으로 볼 수 있다. 이것을 정보기술의 발달과 함께 하락하는 신호비용(signaling cost)(1장)으로 생각하라. 왜냐하면 정보기술의 발전은 기업으로 하여금 상대적으로 저비용 신호 메커니즘을 채택하게 하기 때문이다. 또한 North American 대출계약체결 및 사후관리의 순이익은 증권화된 대출 포트폴리오 가치의 1퍼센트이며, 반면에 대출자산이 장부상에 남아 은행에 의하여 자금을 조달한다면 은행의 순이익은 대출 포트폴리오의 '참' 가치의 2퍼센트에서 자금조달(이는 예를 들면 규제적 조세와 관리비용의 총합을 나타낼 수 있다)과 관련된 고정비 99센트를 차감한 것이다. North American은 증권화를 선호하겠는가 아니면 대출 포트폴리오 자금조달을 선호하겠

* 정보처리비용에 대한 역할을 할당하는 증권화에 관한 논의를 위해서는 Greenbaum(1987)과 Greenbaum and Thakor(1987)를 보시오. 또한 Kareken(1987)과 Fishman and Kendall(2000)을 보시오. 자산증권화의 효과에 대한 고찰은 Thomas(2001)에서 다루고 있다.

는가? 여러분의 답은 만약 소통비용이 11달러에서 2달러로 하락한다면 변하는가?

풀이 우리는 이 문제를 세 단계로 푼다. 첫째, 만약 North American이 자신의 대출 포트폴리오를 매각/증권화하기로 결정한다면 그들은 소통비용이 공시의 혜택을 초과하기 때문에 투자자에 대하여 정보를 소통함이 없이 매각/증권화를 선호한다는 것을 보여준다. 소통 없는 증권화가 소통하는 증권화를 지배하는 것을 보여주었기 때문에, 두 번째 단계에서 우리는 North American이 소통 없이 증권화하기보다는 대출에 대한 자금조달을 선호한다는 것을 보여준다. 마지막으로 세 번째 단계에서 우리는 North American이 소통비용이 11달러에서 2달러로 하락하면 소통과 함께 증권화하는 것을 선호한다는 것을 보여준다.

단계 1 첫째, 우리는 '합쳐진'(pooled) 포트폴리오의 가치, 즉 어떤 정보의 소통 없이 은행이 포트폴리오를 매각하거나 증권화할 수 있는 가격을 계산한다. 위험중립하에서 포트폴리오 A를 제시하는 은행은 포트폴리오 A와 B의 가치의 평균, 즉 다음의 가격으로 포트폴리오 A를 매각할 수 있다.

$$\underset{\text{(대출 포트폴리오 A의 기댓값)}}{0.5[0.9\times100+0.1\times30]} + \underset{\text{(대출 포트폴리오 B의 기댓값)}}{0.5[0.7\times100+0.3\times30]}$$
$$=0.5[93]+0.5[79]=\$86$$

그러면 North American이 자신의 진정한 포트폴리오의 질을 투자자에게 공시하는 것이 이익을 주지 못한다는 것은 명백하다. 왜냐하면 그렇게 할 때의 순수익은 93달러(대출 포트폴리오의 사적으로 알려진 가치) 마이너스 11달러(정보소통 비용)로 82달러인 반면에 대출 포트폴리오의 '합쳐진 가치'(pooled value)는 86달러이기 때문이다. 따라서 소통 없는 증권화가 소통을 하는 증권화를 지배한다.

단계 2 여러분은 이제 North American이 자신의 포트폴리오를 소통 없이 증권화하면 순이익이 86센트(86달러의 1퍼센트)라는 것을 알 수 있다. 그러나 만약 대출을 자금조달하면 순이익은 0.02×\$93-0.99=87센트이다. 따라서 은행은 대출 포트폴리오의 참 가치를 투자자에게 소통하는 비용이 11달러일 때 증권화를 하지 않는 것을 선호한다. 단계 1과 단계 2를 결합하면 자금조달이 North American의 최적 전략임을 알 수 있다.

단계 3 만약 소통비용이 2달러로 하락하면 North American이 소통하고 증권화할 때의 순이익은 0.01×\$[93−2]=91센트이다. 이 순이익은 소통 없이 증권화할 때의 순이익은 물론 대출을 자금조달할 때의 순이익을 모두 초과한다. 이는 재무 정보를 소통하는 비용을 감소시키는 정보처리기술의 발전이 얼마나 증권화를 촉진할 수 있는가를 보여준다.

이러한 현상의 더욱 완전한 논의는 후반부의 절에서 다루어진다.

증권화 계약의 여러 형태

대출담보부증권(loan-backed securities)은 거주용, 다가구 및 기업의 모기지대출, 자동차 대출, 신용카드 매출채권, 중소기업청(SBA: Small Business Administration) 대출, 컴퓨터 및 트럭 리스, 이동주택 대출 및 다양한 재무 매출채권을 담보로 설정한다. 자산유동화증권에는 기본적으로 세 종류가 있으며, 각각은 모기지 유통시장으로부터 발전되었다.

원리금자동이체증권

대출담보부증권의 첫 번째 형태는 원리금자동이체증권(pass-through)으로 이는 유사한 만기, 금리 및 질적 특성을 가지는 모기지대출 포트폴리오에 대한 직접적 소유권을 나타낸다. 포트폴리오는 양도자 신탁(grantor trust)에 보관되고 소유증서는 투자자에게 직접 매각된다. 각 증서는 전체 대출 포트폴리오에 대한 청구권을 나타낸다. 최초계약자(은행이나 저축은행)가 포트폴리오를 사후관리하고 대출금의 원금 및 이자를 회수하지만, 때때로 최초대출계약과 사후관리가 서로 다른 금융기관들에 의하여 이루어지기도 한다. 사후관리자는 회수된 수익으로부터 수수료를 차감하고 나머지 차액을 투자자에게 이체한다. 그래서 이름이 '원리금자동이체증권'(pass-through)이다. 대출(모기지)의 소유권은 증서소유자에게 있다. 따라서 원리금자동이체증권은 최초계약자의 재무상태표에 나타나지 않는다. 원리금자동이체증권에는 정적 풀(static pool)과 동적 풀(dynamic pool)의 두 종류 구조가 있다. 각각은 아래에서 논의된다.

정적 풀 원리금자동이체증권: 여기서 '정적'이라는 용어는 투자자들에게 청구권이 매각되는 대출 풀의 성격을 의미한다. 이 풀이 고정(fixed)되어 있다. 대출채권을 보유한 신탁은 신탁 수준에서는 세금이 없다(tax free). 세금은 수혜자 수준에서 징수된다. 대부분의 원리금자동이체증권은 매월 원금과 이자를 지급한다. 〈그림 9.2〉는 전형적인 정적 원리금자동이체증권 구조의 도해를 보여준다.* 차입자들의 납입액은 수탁자의 이름으로 부보은행(수탁자)의 신탁부에 유지되는 별개의 이자지급계정으로 지급된다. 이 계좌는 추심계정(collection account)으로 알려져 있다. 이 계좌로 지급된 납입액은 제일 먼저 월서비스수수료를 지급하는 데에 사용된다. 각 지급일에 수탁자는 투자자에게 월 원리금 지급액을 이체한다. 사후관리자는 수탁자의 수수료를 지급할 책임이 있다.

대개 대출 포트폴리오에는 신용보강(credit enhancement)이 있다. 이 보강은 '초과' 담보를 제공하거나 (또는) 최초계약자에 의하여 매입된 보험보증(insurance bond)을 통해 이루어진다.

* 다음은 부분적으로 Pavel(1989)에 바탕을 두고 있다.

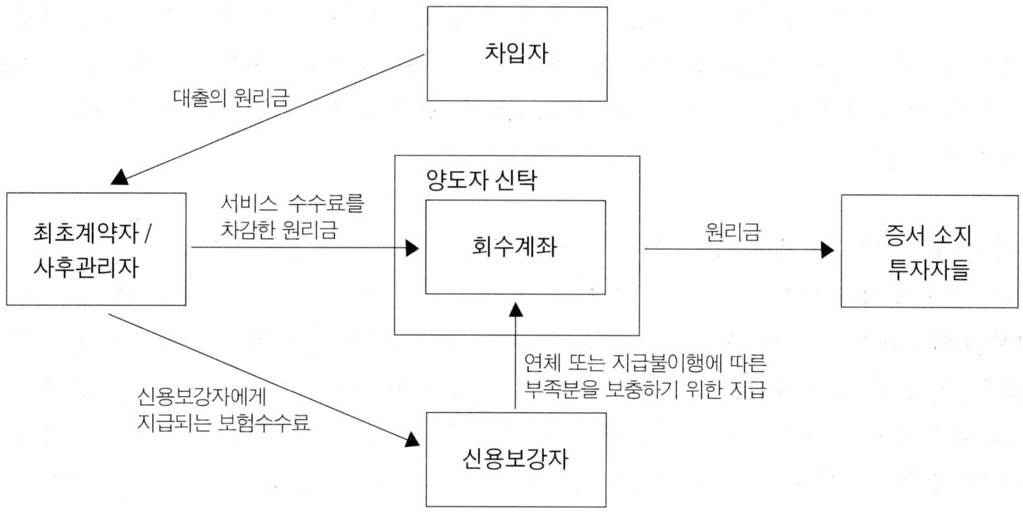

<그림 9.2> 정적 원리금자동이체증권의 현금흐름 도해

이 보강은 발행일에 기초자산의 일부분을 커버한다. 예를 들면 보험보증으로 15퍼센트 신용보강이 있다고 하자. 그러면 신용보강자는 대출의 지급불이행에 대하여 증권화된 대출 포트폴리오 가치의 해당 퍼센트까지 책임진다.* 사실상 신용보강자는 지급불이행된 계약을 구매한다. 신용보강으로 인하여 양도자 신탁(grantor trust)은 지급불이행에 따른 대출 포트폴리오의 손실을 정해진 범위까지 커버하기 위하여 신용보강자로부터 지급받을 권리가 있다.

원리금자동이체증권의 가장 일반적인 형태는 FHA-VA 모기지를 담보로 설정한 주택담보부증권인 지니 메이(Ginnie Mae)이다. 연방정부의 직계 기관인 GNMA는 원리금의 적시 지급을 보장하는 신용보강자로서의 역할을 수행한다. 따라서 이 원리금자동이체증권들은 실질적으로 투자자들에게는 지급불이행위험이 없다. 활성화된 유통시장으로 인하여 이 증권들의 유동성은 양호하다. 연방정부의 방계 기관인 FHLMC(프레디 맥, Freddie Mac)는 1971년에 유사 원리금자동이체증권, 소위 '참여증권'(PC: participation certificate)을 개발하였다. FNMA(패니 메이, Fannie Mae)는 1981년에 주택담보부증권(MBS: mortgage-backed security)을 개발하였다. PC와 MBS는 무보험 모기지대출과 민간부문에서 부보된 모기지대출의 포트폴리오에 의하여 담보되었다. PC의 월이자 지급 및 원금 전액 상환은 프레디 맥(Freddie Mac)에 의하여 보증되지만, 원금지급의 시기는 보증되지 않는다.

민간부문 원리금자동이체증권은 위의 연방기관 증권보다는 덜 일반적이다. 1977년에 Bank of America는 최초의 민간부문 원리금자동이체증권을 발행하였다. 이 증권들은 전통적인 모기지를

* 신용보강의 수준은 전형적으로 발행자가 요구하는 신용등급을 대출 포트폴리오에 할당하기 위하여 요구되는 최소수준으로 신용평가기관에 의하여 결정된다.

담보로 하였고, 개별 대출보다는 전체 대출 풀을 커버하기 위하여 민간 모기지 보험이 구입되었다. 보험이 대출 포트폴리오를 전체적으로 커버하였기 때문에 보험회사에게는 다변화가 적용되어 포트폴리오의 부분집합인 개별 대출이 부보되었을 경우의 보험비용보다 상대적으로 낮은 보험비용이 가능했다.

동적 풀 원리금자동이체증권: '동적'이라는 용어는 청구권이 투자자에게 매각된 대출 풀을 의미한다. 풀에 포함된 부채는 대개 단기라서 회전(turn over)한다. 즉 대출 포트폴리오의 구성이 변화함을 의미한다. '회전구조'(revolving structure)라고도 알려진 이 구조에서는 대출채권 풀의 평균만기가 이 풀을 바탕으로 발행된 청구권 표기상의 만기보다 더 짧다. 풀 내의 대출채권이 만기가 되면 수익은 고정된 기간(회전기간) 동안 재투자된다. 회전기간(회전기간의 듀레이션은 바람직한 자산의 듀레이션을 만족하도록 조정될 수 있다) 동안에는 오직 이자만이 증서소지인에게 지급된다. 모든 원금 회수액은 원래의 원금을 유지하기 위하여 재투자된다. 원금의 상각은 대개 원리금자동이체증권 방식으로 회전기간 말에 시작한다. 이 방식은 대부분 신용카드 매출채권에 적용되는데(예를 들면 JC Penney 신용카드매출채권에 대해서는 JCP Master Credit Card Trust와 Sears 신용카드 매출채권에 대해서는 Sears Credit Account Trust), 신용카드 매출채권은 상환기간이 불확실하고 매우 짧아서 일정 최소기간 동안 투자하고자 하는 투자자들을 좌절시킨다.

자산유동화채권

ABS의 두 번째 형태는 자산유동화채권(ABB: asset-backed bond)이다. 정적인 원리금자동이체증권과 같이 ABB는 대출 포트폴리오를 담보로 설정한다. 주요 차이는 ABB의 경우에는 최초계약자가 자신의 자회사(wholly owned subsidiary)에 자산을 매각하는데 이 자회사는 오로지 자산을 증권화할 목적만으로 설립된다. 결과적으로 자산은 최초계약자의 연결재무상태표에 남아 있다. 즉 자산을 신탁(trust)에 매각하고 다시 신탁은 자산에 대한 청구권을 투자자들에게 매각하는 대신에, 자회사 자체가 투자자들에게 청구권(일반적인 채무 증권, general obligation notes)을 발행한다. 이 청구권들은 자회사의 자산과 담보목적으로 취득한 신용보강만을 담보로 한다. 〈그림 9.3〉은 ABB의 현금흐름구조를 보여준다. 그림이 보여주는 바와 같이 최초계약자의 자회사인 금융회사(finance company)는 증서/증권을 투자자에게 발행하는데 대개 그 증권을 인수한 투자은행을 통하여 이루어진다. 금융회사가 원리금 상환으로 회수한 수익은 수탁자에게 이전된다. 이 수익은 신용보강자의 현금 기여분과 합쳐져서 수탁자에 의하여 투자자에게 지급된다.

원리금자동이체증권과 ABB의 중요한 차이는 담보인 자산의 풀로부터 발생하는 현금흐름이 ABB의 원리금 상환에 전적으로 사용되지 않는다는 것이다. ABB의 만기는 대개 미리 정해져 있고(보통 5-12년) 이자는 일반적으로 반년마다 지급된다.

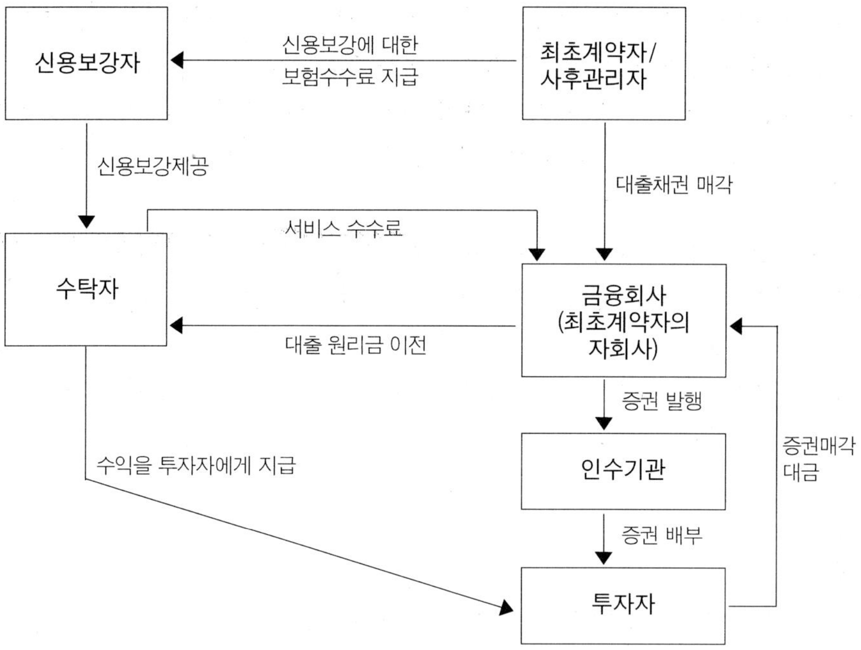

〈그림 9.3〉 자산유동화채권의 현금흐름 도해

ABB는 대개 과대담보(overcollaterized)되어 있다. 적용기준은 담보를 분기마다 평가하고 만약 가치가 채권약정서에 기재된 금액 이하로 하락하면 담보를 증가시키는 것이다. 과대담보의 이유는 두 가지이다.

1. 과대담보(overcollaterization)는 신용보강의 다른 형태와 마찬가지로 투자자의 안전성을 증대시키고 따라서 ABB의 요구수익률을 감소시킨다. 이는 최초계약자에게 유리하다. 왜냐하면 ABB의 원리금 상환에 필요한 금액 외의 수익은 최초대출계약자에게 돌아가고 담보 풀의 가치를 증가시키는 데에 사용되기 때문이다. 따라서 과대담보는 최초계약자가 자산의 풀로부터 회수한 수익을 재투자하는 특별한 형태이다. 최초계약자는 담보가치를 증가시키기 위하여 재투자함으로써 투자자가 직면한 위험을 감소시키는데, 이는 차입자가 투자사업에서 발생한 현금흐름을 주주에게 배당금을 증가시키는 데에 사용하기보다는 추가 담보를 구매하는 데에 사용함으로써 대출자의 위험을 감소시키는 것과 같은 맥락이다. 즉 과대담보는 도덕적 해이를 감소시킴으로써 전반적인 성과를 개선한다. 보험보증과 같이 다른 형태의 신용보강들도 도덕적 해이를 감소시키지만 다소 다른 방법으로 작용한다. 예를 들면 보험보증의 경우 보증을 제공하는 기업은 최초계약자가 충분히 양질의 자산을 보유하도록 최초계약자를 모니터링한다.
2. 초과 담보(excess collateral) 역시 담보의 시장가치가 평가일 사이에 감소하는 것에 대하여

투자자를 보호한다. 이는 단순한 위험 분담(risk-sharing) 논리이다. 만약 최초계약자가 개인투자자보다 더 위험을 용인할 수 있다면—아마 위험을 헤지할 능력이 우수하기 때문에—최초계약자는 ABB의 낮은 수익률의 대가로 투자자들에게 일종의 가치변동보험을 제공한다. 이런 의미에서 과대담보는 다른 형태의 신용보강과 다르지 않다.

ABB는 공기업과 사기업 양자에 의하여 사용되어 왔지만, 사기업의 발행이 주를 이룬다. 주요 민간 발행자는 저축대부조합과 상호저축은행이다. 그러나 ABB시장은 원리금자동이체증권 시장보다 훨씬 작다(원리금자동이체증권 시장의 약 5퍼센트). 이같이 활성화되지 못한 이유는 ABB가 최초계약자의 장부에 남기 때문일 수 있다. 따라서 금융기관은 ABB에 대하여 준비금과 자본을 보유하여야 한다.

원리금이체채권

ABS의 세 번째 형태는 원리금이체채권(pay-through bond)이다. 이 증권은 원리금자동이체증권(pass-through)과 자산유동화채권(ABB)의 특징을 결합한 증권이다. ABB와의 유사점은 원리금이체채권이 최초계약자의 재무상태표에 부채로서 나타난다는 점이다. 원리금자동이체증권과의 유사점은 담보로 사용된 자산 풀로부터의 현금흐름이 채권의 상환에만 사용된다는 점이다.

다계층저당증권(CMO): 1983년 6월 프레디 맥(Freddie Mac)은 CMO(Collarteralized Mortgage Obligation)라 불리는 원리금이체채권을 발행하였다. 각 CMO는 세 종류의 '트랑쉐'(tranche, 만기 등급)로 구분되어 각 등급은 6개월마다 이자를 지급받았다. 그러나 트랑쉐는 일정상의 원금과 상환액을 수취하는 데에서 엄격히 선순위가 적용되었다. 즉 등급 A(Class A) 채

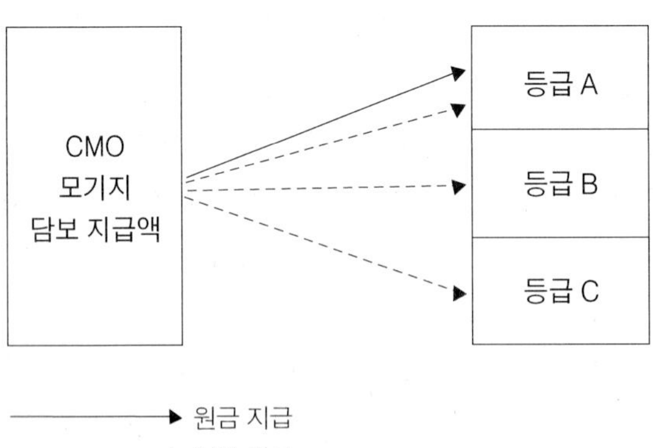

〈그림 9.4〉 CMO의 현금흐름 도해(최초 5년 동안)

권 소지자는 등급 A 채권의 원금을 모두 상환받을 때까지 최초 원금상환분과 조기상환금을 수취하였다. 등급 A 채권이 모두 지급을 받은 후에 등급 B 채권 소지인들이 원금을 상환받기 시작했다. 등급 B 채권 소지인은 등급 C 채권 소지인이 상환받기 전에 완전히 상환받아야 한다. 등급 A 채권 소지인은 발행일로부터 5년 이내에 상환받았고, 등급 B 채권은 12년 이내에 그리고 등급 C 채권은 20년 이내에 각각 상환받게 된다. 〈그림 9.4〉는 최초 5년 동안, 즉 트랑쉐 A가 상환받을 때까지의 CMO 현금흐름 그림을 보여준다.

〈그림 9.4〉 구조에서는 등급 A는 원금이 전부 상환될 때(소요 시간이 5년 이하로 추정된다)까지 기초 모기지로부터 이체된 모든 원금과 이자를 받지만, 등급 B와 C는 오직 이자만을 받는다. 조기상환율의 무작위성 때문에 아직 상환율에 변동성이 있지만, CMO구조는 이 방법으로 현금흐름을 순서대로 나열함으로써 변동성을 감소시킨다. 즉 CMO보유자는 일종의 '콜 보호'(call protection)를 받는다. 그들은 그들의 채권이 만기 이전에 조기상환되지 않는다는 것을 상당히 자신할 수 있다.

CMO는 조기상환위험 관리를 용이하게 한다. 보통 금융기관이 부담하는 이 위험은 차입자들이 금리가 하락할 때 더 낮은 금리로 재조달이 가능하기 때문에 조기상환하는 경향이 있다는 사실로부터 발생한다. 이는 특히 조기상환벌금이 없는 장기 모기지의 경우에 해당된다. 따라서 금융기관은 장기 자산의 수익률 대비 조달비용의 하락으로부터 큰 혜택을 보지 못한다. 한편 금리가 상승할 때 금융기관의 조달비용은 상승하지만, 차입자들이 저금리의 모기지를 계속 유지하므로 자산수익률은 증가하지 않는다. 충분히 실효만기가 긴 CMO 트랑쉐에 투자함으로써(예를 들면 〈그림 9.4〉의 등급 C), 금융기관은 조기상환위험에 대한 노출을 감소시킬 수 있다.

다양한 CMO가 이용가능하다. 세 종류의 만기구조로부터 6개 이상의 만기구조에 걸쳐 다양하다. 그러나 대부분은 네 트랑쉐를 가지고 있는데, 3개의 '정규'(regular) 만기 등급과 "Z 등급"(Z class)으로 불리는 1개의 '잔여'(residual) 등급으로 구성된다. 첫 번째 세 등급은 발행일로부터 약정된 금리로 이자를 지급받는다. Z 등급은 다른 등급이 이자를 받는 동안 이자가 원금에 합쳐져서 복리가 되어서 기본적으로 만기에 원리금이 지급되는 채권(accrual bond)이다. 첫 번째 세 등급이 모두 상환된 후에, Z 등급은 정규 원리금을 발생이자와 함께 받는다.

CMO는 금융기관들이 자산/부채 관리를 용이하게 하기 위하여 사용할 수 있다.* 예를 들면 저축대부조합이 30년 만기의 고정금리 모기지를 단기 부채로 조달한 경우를 살펴보자. 이 금융기관은 자신의 모기지를 만기가 상대적으로 짧은 CMO 트랑쉐로 바꿈으로써 재무상태표의 만기불일치를 줄일 수 있다.

공기업과 사기업 모두가 CMO 시장에 참여한다. 발행자는 투자은행, 연방기관, 건축업자, 저축은행 등이다. CMO의 발행은 자산의 매각이 아니다. 왜냐하면 부채가 최초계약자의 장부에 남아 있기 때문이다. 이 구조는 조세 규제에 부응하기 위하여 채택되었는데, 조세 규제는 신탁이

* 예를 들면 Kasper(1985)를 보시오.

CMO와 같이 현금흐름을 비례하지 않는 형태로 분할하는 다등급 청구권을 발행한다면 양도자 신탁 지위(grantor trust status) 자격이 없다고 규정하고 있다. 조세 문제는 원리금자동이체증권에서는 발생하지 않는데 그 이유는 증서소지인들이 비례 방식으로 현금흐름을 수취하기 때문이다. 따라서 CMO는 담보자산을 신탁에 매각하는 대신에 최초계약자의 재무상태표에 유지하는 '비효율성'을 감수하여야만 한다. 이는 또 다른 조세상의 불이익, 즉 준비금, 자본소요 및 예금보험료와 같은 규제세에 기인한 또 다른 조세 불이익을 낳는다. 이는 CMO의 사용을 제한한다.

부동산담보투자기구(REMICs): 1986년의 조세개혁법(Tax Reform Act)은 부동산담보투자기구(REMICs: Real Estate Mortgage Investment Conduits)를 허가했다. CMO와 REMIC의 주요 차이는 조세 처리이다. REMIC는 다음 조건이 충족되면 조세 목적상 자산매각으로 인정될 수 있다.

1. REMIC는 적어도 한 개의 정규 등급을 포함하여야 하고, 하나보다 많은 잔여 등급을 가져서는 안 된다.
2. REMIC의 담보는 '적격 모기지'(qualified mortgages) 또는 '허용된 투자'(permitted investments)로 구성되어야 한다. 적격 모기지는 주택담보부증권은 물론 단독 및 다세대 거주용 모기지대출과 기업의 모기지 등이다. 허용된 투자는 월간현금흐름을 상환일정에 따라 채권소지인들에게 지급하기 전에 재투자 목적으로만 사용되는 단기이자지급증권, REMIC의 운영비용을 충당하기 위한 투자 그리고 압류(foreclosure)를 통해 획득한 자산이다.

증권화 혁신

새로운 형태의 증권화 계약들이 세 가지 이유로 계속 확산되고 있다. 첫째, 조기상환위험에 관한 지식이 축적된 투자자들은 저금리하에서 모기지의 조기상환 옵션의 가치를 인식하게 되었다. 따라서 조기상환위험 관리를 용이하게 하는 새로운 증권들이 도입되었다.*

둘째, 다양한 증권의 미래 수익의 확률분포에 대하여 비교적 정보가 없는 투자자들(uninformed investors)은 정보가 있는 투자자들과 상대하는 데에서 불리하다는 것을 알았다. 그러므로 정보가 없는 투자자들이 정보의 불이익 없이 거래할 수 있는 비교적 정보비민감(information-insensitive) 증권에 대한 수요가 컸다. 증권화에 수반되는 현금흐름분할(cash-flow stripping)은 정보비민감 증권을 종종 만들어냈는데, 정보비민감 증권은 선순위의 증권이 정보가 없는 투자자들의 관심을 끌 수 있는 거의 무위험채권이 되도록 복잡한 정보민감 증권의

* Dougherty(1987)를 보시오.

현금흐름을 분할함으로써 만들어졌다.*

셋째, 증권화와 현금흐름 분할의 혁신은 정보가 없는 투자자들의 관심을 끌 수 있는 증권의 발행을 촉진시켰다. 사적 정보(private-information)내용이 포함된 증권은 항상 두 개의 증권으로 분리될 수 있다. 두 증권 중 하나는 원래의 증권보다 더 정보민감(사적 정보 내용이 더 크다)하다. 비용을 지불하고 정보를 취득할 능력이 있는 사람들은 정보에 대한 투자수익률이 더 정보민감 증권에서 더 높다는 것을 알게 된다. 따라서 더 많은 투자자들이 정보를 알게 됨에 따라 이 투자들로부터의 수요가 더 커질 것이며, 이는 다시 증권의 거래가격을 높여 증권발행의 수익을 높이게 된다.** 비슷한 주장이 원래 증권의 특성이 특정 투자자의 관심을 끌기 위하여 현금흐름 분할을 통해 변경될 수 있는 경우에도 적용될 수 있다. 예를 들면 투자자들은 조세에 대한 고려 및 위험에 대한 자세가 다르기 때문에 현금흐름에 대한 선호도가 다르다. 그럴 때 한 증권을 여러 구성요소로 분리함으로써 발행자는 한 종류의 원리금자동이체증권만을 발행하는 것보다 더 효과적으로 이 고객들의 요구에 대응할 수 있다. 달러로 환산하면 이는 발행자에게 더 높은 수익을 의미한다. 투자자들은 금리가 하락할 때조차도 낮은 조기상환율을 선호한다. 조기상환율이 높은 할인모기지증권을 원하는 투자자는 원금전액증권(P/O: principal-only security)을 구매할 수 있다.

분할증권(Stripped Securities): 분할모기지증권(stripped mortgage security)은 두 종류의 원리금자동이체증권으로 구성되는데, 각각은 동일한 모기지대출의 풀로부터 서로 다른 원금과 이자 부분을 수취한다. 예를 들면 평균 연 8퍼센트 금리의 모기지대출의 풀은 12퍼센트 이표의 '할증' 증권(premium security)과 4퍼센트의 이표를 가진 '할인' 증권(discount security)으로 분할될 수 있다. 이 분리 과정이 극한으로 가면, 이자전액증권(I/O: interest-only security)과 원금전액증권(P/O)이 만들어진다. 이것이 I/P-P/O 분할증권(strip)이다. 이자전액분할증권(I/O strip) 소지인은 증권화된 풀에서 주로 이자를 받고, 원금전액분할증권 소지인은 거의 모든 원금지급을 수취한다.

분할증권은 투자자는 물론 발행자에게도 장점을 제공한다. 투자자에 대한 장점은 앞서 언급된 고객 논리에 근거한다. 즉 일부 투자자는 정보비민감 증권을 선호하고, 다른 투자자는 정보민감 증권을 선호할 수 있으며, 아직도 다른 사람들은 조세 문제를 고려할 때 특정한 현금흐름 형태를 원할 수 있다. 분할증권은 이와 같은 상이한 수요를 충족시킬 수 있다.

금융기관은 I/O-P/O 분할증권을 이자율위험에 대한 헤징을 위하여 사용할 수 있다. I/O는 고정금리 모기지대출과 기타 고정수익자산(fixed-income assets)을 헤징하는 데에 유용하다. 금리의 상승은 다른 고정수익자산과 마찬가지로 I/O의 가치의 하락을 가져온다. 그러나 금리가 상

---

* Gorton and Pennacchi(1990)는 다변화된 증권, 무위험 CD 및 기타 정보비민감 자산이 널리 이용되는 것을 이해하는 한 방법으로 이 설명 방식을 제안하였다.

** 이 직관은 Boot and Thakor(1993)에 의하여 제시되었다.

승하면 조기상환이 감소한다. 이로 말미암아 I/O 소지자는 기대보다 높은 현금흐름을 수취하게 되고 이에 따라 I/O의 가치는 증가한다. 대부분의 금리 시나리오에서 금리의 상승은 크게 조기상환을 감소시켜 그 결과 I/O 분할증권의 가치와 은행의 다른 고정수익자산의 가격 간에 역의 관계(inverse relationship)를 발생시킨다.

금융기관은 고정수익부채(fixed-income liabilities)를 헤징하기 위하여 P/O 분할증권을 사용할 수 있다. 금리의 하락은 P/O 분할증권의 가치를 증가시킨다. 왜냐하면 미래 원금 지급액의 현재가치를 계산하는 데에 적용되는 할인율이 감소하기 때문이다. 더구나 조기상환이 증가하여 P/O 분할증권의 소지인에게 돌아가는 현금흐름을 급격히 증가시키며, 나아가 P/O 분할증권의 가치를 상승시킨다. 따라서 P/O 가치의 증가는 고정수익부채 가치의 증가를 상쇄시키는 방법으로 헤징이 가능하다.

자산유동화기업어음(ABCP: Asset-Backed Commercial Paper): ABCP는 지정된 기업의 자산, 전형적으로 매출채권(receivables)에 의하여 담보된 기업어음이다. 기업어음이란 기업의 거래되는 단기 무담보 부채로 이해되기 때문에 용어 ABCP는 대체로 모순되는 말이다. 〈그림 9.5〉는 ABCP 프로그램이 어떻게 작동되는지를 예시하고 있다.*

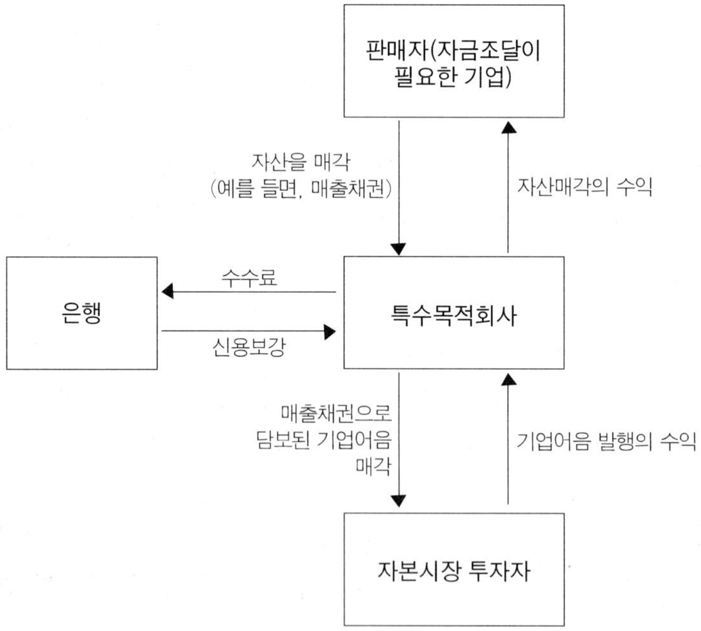

〈그림 9.5〉 대표적인 ABCP 프로그램

* 이 논의는 부분적으로 Cutler and Sveen(1993)과 Kraus(1993)에 바탕을 두고 있다.

은행은 '특수목적회사'(SPC: special purpose corporation)를 설립한다. SPC는 자금조달이 필요한 기업(판매자)으로부터 신용카드매출채권 또는 다른 자산을 매입한다. 이 매입자금을 조달하기 위하여 SPC는 SPC에 의하여 구매된 자산에 의하여 담보된 기업어음을 발행한다. 은행은 SPC가 기업어음에 대하여 높은 신용 등급을 받을 수 있도록 과대신용보강 및(또는) 보증신용장(standby letter of credit)을 통해 신용보강을 제공한다. 이 신용보강은 SPC가 기업어음에 대하여 높은 신용 등급을 받을 수 있게 해 준다.

ABCP 시장은 1983년에 처음 형성되었는데 그 후 급격히 발전하여 10년 안에 수십억 달러의 시장으로 성장하였다. Fitch Investors Service는 1993년 중반에 175개의 ABCP 프로그램이 운영 중이며, 발행잔고는 750억 달러, 총 약정액은 1,500억 달러에 달한다고 보고하고 있다. 2006년 5월에는 ABCP 발행잔고가 9,000억 달러가 넘었다. 글로벌 은행, 즉 ABN Amro Bank(네덜란드), Societe Generale(프랑스), Deutsche Bank(독일), Barclays Bank(영국), National Westminster Bank PLC(영국), Industrial Bank of Japan, Sumitomo Bank(일본) 및 Imperial Bank of Commerce(캐나다)가 이 시장에서 크게 역할을 증대하고 있는 그룹이다. 외국은행에 의해 이루어지는 전형적인 ABCP의 발행 규모는 10억 달러이다.

왜 ABCP가 인기 속에서 그렇게 성장할 수 있었는가? 우리는 수요와 공급의 양 측면을 살펴본다. 수요 측면에서 ABCP는 일부 기업에게 '정규'(무담보) 기업어음 또는 은행 대출보다 자금조달비용이 더 저렴하다. 정규 기업어음은 기업어음의 무담보 성격에 따른 도덕적 해이로 인하여 높은 비용이 발생하기 때문에 이용가능하지 않거나 너무 비용이 크게 발생한다. 은행 대출은 자본금 및 지급준비금 때문에 비용이 너무 클 수 있다. ABCP가 기업의 자금조달비용을 낮추는 이유 중의 하나는 은행이 제공한 신용보강이다. 이 신용보강은 어음 보유에 따른 투자자의 위험을 직접적으로 낮출 뿐만 아니라 차입자를 모니터링하는 데에 은행이 관여함을 신호하며*, 차입자가 신용도가 양호함을 나타내는 증서이다. 따라서 은행이 제공하는 기본적인 심사 및 모니터링 서비스가 ABCP 시장에서 중요한 역할을 한다.

공급 측면에서는 위험기준 BIS(Bank for International Settlements) 자기자본 규칙이 은행에 대하여 ABCP의 혜택을 증가시킨 것으로 보인다. 은행이 차입자에게 대출을 하면 은행은 대출자금을 조달한 예금에 대하여 준비금을 유지해야 할 뿐만 아니라, 대출 금액의 8퍼센트에 상당하는 자기자본을 보유해야 할 필요가 있다. ABCP에서는 은행은 단지 신용보강액(보통 총 차입액의 일부)의 8퍼센트에 상응하는 자본을 보유할 필요가 있다. 예를 들면 10억 달러의 은행 대출은 은행자본 8,000만 달러를 필요로 하지만, ABCP 프로그램에서는 은행은 총금액의 오직 10퍼센트에 상응하는 신용장을 발행할 수 있다. 따라서 오직 800만 달러의 자본만이 소요된다.**

* 신용보강은 차입자가 지급불이행하면 은행이 손실이 발생하기 때문에, 은행의 차입자 모니터링 인센티브를 강화시킨다.
** 자금조달의 불이익을 언급하면서, 시카고 소재 ABN Amro의 구조화 금융 부회장인 Joseph Rizzi 씨는 "신용에 대한 가격결정이 왜곡되었다. BIS 자기자본 규칙은 AAA 등급의 기업에 대한 대출과 핫도그스탠드에 대한 대출을 구분하지 않는다"고 말하고 있다[Kraus(1993)].

따라서 다른 부외거래상품과 마찬가지로 은행은 전통적인 자금조달 시에 부담하는 만큼의 자기자본 없이 수수료 수입을 얻을 수 있다.*

기타 자산의 증권화: CARS, CARDS, 지적 재산권 등

자동차대출(Auto Loan): 자동차 대출의 증권화는 1985년에 시작되었으며**, 1985년부터 1987년까지 ABS 시장에서 가장 시장점유율이 높았다.*** 2005년까지 자동차대출 증권화는 거의 2,200억 달러에 달했다. 자동차대출의 증권화는 실제로는 자동차와 트럭에 의하여 담보된 소매할부판매계약의 증권화이다. 대출의 최장 만기는 60개월이고 대출은 원리금을 매월 지급한다. 이 대출들은 자동차매출채권증서(Certificates of Automobile Receivables) 또는 월 스트리트의 외우기 쉬운 두문자에 대한 선호에 따라 CARS라 불리는 대출담보부증권으로 포장되어 매각되었다. 이들은 대개 원리금이 직접 증서소지인에게 이체되는 원리금자동이체증권이다. 그러나 원리금이체채권(pay-through) 구조도 역시 사용되었다(예를 들면 GMAC에 의해 사용됨).

CARS는 자동차대출의 경우에는 더 빈번한 모니터링이 필요하기 때문에 대개 주택담보부증권보다 서비스 수수료가 더 높다. 더구나 담보(자동차)의 가치는 주택의 가치와 비교할 때 시간이 흐르면 다소 예측할 수 없게 가치가 하락하는 경향이 있다. 그렇지만 자동차대출은 조기상환율이 상당히 안정적인 것은 물론 지급불이행율도 예측가능하기 때문에 쉽게 증권화될 수 있다.

증권화된 자동차대출 시장에서 조기상환속도는 대개 '절대조기상환율'(absolute prepayment rate)에 의하여 표시된다. 이 비율은 매월 조기상환이 기대되는 원래 대출의 백분율을 나타낸다. 예를 들면 2퍼센트 비율은 풀 원래 대출 계약 수의 2퍼센트가 매월 조기상환할 것으로 기대된다는 것을 의미한다. 조기상환속도는 CAR의 모집 전에 추정되며 가격결정의 중요한 요인이다. 〈그림 9.6〉은 발행기간 동안 CAR의 현금흐름 특징의 예이다.

신용카드: 신용카드 매출채권의 증권화는 Salomon Brothers가 Bank One 신용카드 매출채권의 풀에 의하여 담보된 5,000만 달러의 원리금자동이체증권을 사모 발행한 1986년 4월에 시작되었다. 이 증권들은 회전부채상환증서(Certificates of Amortizing Revolving Debts) 또는 CARDS라고 불린다. 원래의 CARDS는 만기가 6년이었다. 최초의 18개월 동안 오직 이자만이 투자자에게 자동이체되었다. 수탁자가 이 기간 동안 수취한 원금은 추가적인 매출채권을 매입하기 위하여 사용되었다. 이 CARDS는 제3자에 의하여 보증되지 않았다. Bank One이 초과담보

* Kraus(1993)는 Canadian Imperial Bank of Commerce의 자산증권화 담당 전무이사인 James Carson 씨가 "이 사업(ABCP)으로부터의 우리의 소득은 영에서 꽤 좋은 숫자로 성장했다"라고 언급한 것을 인용하고 있다.

** 증권화된 자동차대출의 최초 공모는 1985년 3월에 실시되었다. Salomon Brothers는 자동차대출로 담보된 6,000만 달러의 원리금자동이체증권을 발행하였다. 이 대출은 Marine Midland Bank가 최초계약자로 사후관리도 담당하였다. 풀은 민간보험자에 의하여 부보되었으며 기초 대출채권을 보유하기 위하여 신탁이 설립되었다.

*** Monahan(1989)을 보시오.

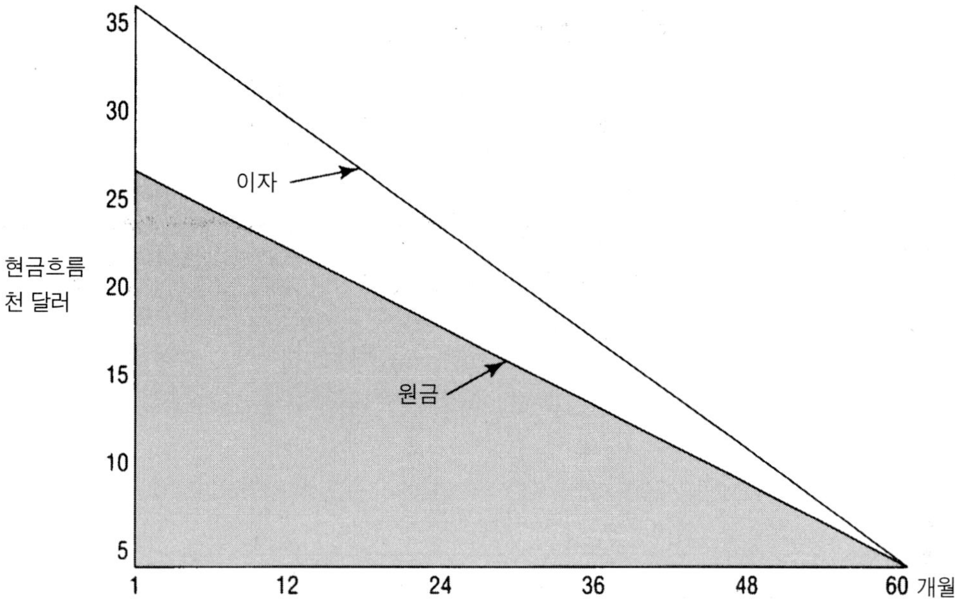

〈그림 9.6〉 CAR의 현금흐름 명세(절대조기상환율 1.3% 가정)
자료: Monahan, Maureen, *An Investor's Guide to Asset-Backed Securities*, Shearson Lehman Hutton, Inc., March 1989.

의 형태로 신용보강을 제공하였는데, 초과담보는 신용카드 채무의 역사적 지급불이행율의 2배에 상당하는 준비금 기금(reserve fund)으로 이루어졌다. 은행은 또한 신용카드 풀의 지분 30퍼센트를 유지하였고, 지급불이행을 커버하고 남은 잔여 준비금 기금을 회수하였다. 이 '준비금 기금' 의 개념은 CARS와 같은 신용카드 이외의 자산의 증권화에도 적용되었다.

Bank One의 실험을 뒤따라서 다른 은행들도 시장에 진입하였다. 예를 들면 Republic Bank of Delaware는 1987년 1월에 회전/원리금자동이체증권의 특성을 가진 CARDS의 동적인 형태를 제시하였다. Citicorp와 Sears와 같은 발행자들이 처음으로 시장에 진입함에 따라 CARDS는 1988년에 CARS를 추월하였다. 2005년까지 신용카드 증권화의 규모는 약 3,570억 달러에 이르렀다.

신용카드의 잔고는 신속하게 지급되는 경향이 있다. 이것이 CARDS가 종종 이자만 투자자에게 지급되는 '잠금' (lock out) 또는 '콜 보호' (call-protection) 기간(Bank One CARDS의 18개월 기간과 같은)을 설정하는 이유이다. 원금은 새로운 매출채권에 재투자된다. 원금과 이자의 할부상환(amortization)은 잠금기간 이후에 시작한다. 할부상환기간의 길이는 신용카드 풀의 특징에 달려 있지만, 월간 상환율이 예측가능하기 때문에 이것은 추정하기가 어렵지 않다. 〈그림 9.7〉은 현금흐름 구조를 보여주며 최초계약자/사후관리자가 CARDS에 관심을 가지는 이유를 시사한다.

신용카드 원리금자동이체증권 구조는 여러 번 구조가 개선되었다. 예를 들면 만기원금일시상환

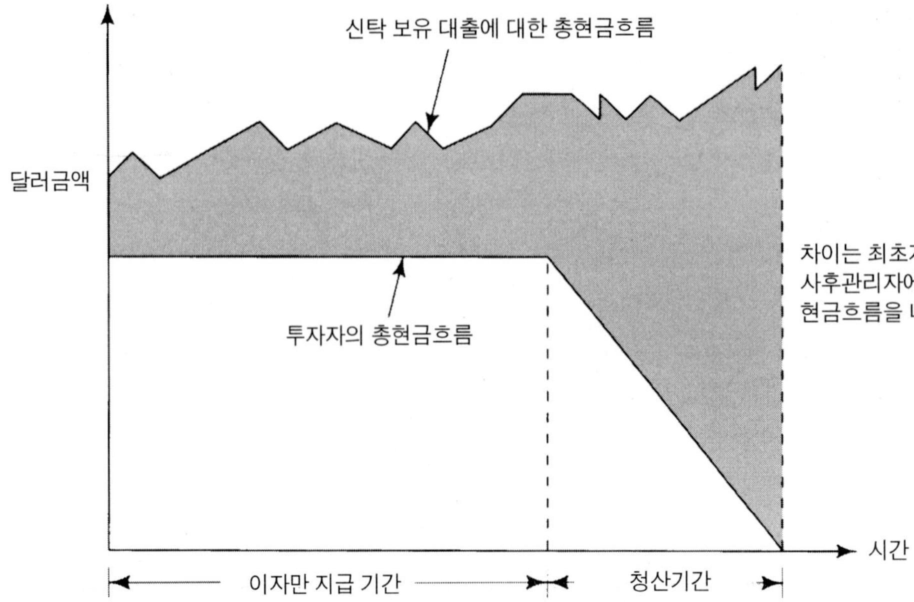

〈그림 9.7〉 CARDS의 전체 현금흐름
자료: Monahan, Maureen, *An Investor's Guide to Asset-Backed Securities*, Shearson Lehman Hutton, Inc., March 1989.

(bullet principal payment) 구조가 도입되었는데 이 구조에서는 투자자가 만기에 전체 원금을 한 번에 받는다. 그 전에는 투자자들은 기간별로 이자만을 수취한다. 이는 투자자들을 조기상환 위험과 조기할부상환(early amorization)으로부터 보호한다.*

기타 유형자산: 중소기업청(SBA)에 의하여 보증된 대출, 컴퓨터 리스, 다양한 형태의 상업신용(trade credit)도 증권화되었다. 리스매출채권**과 상업신용에 의하여 담보된 증권은 주택담보부채권과 유사하다. 기업어음 또는 회사채는 리스 또는 상업신용 매출채권에 의하여 담보가 설정되고 매출채권은 발행자의 재무상태표에 남는다. 때때로 발행자는 매출채권을 자회사에 매각하고 자회사는 이 매출채권으로 담보된 부채증권을 발행한다.

금융리스(finance leases)도 증권화되었다. 금융리스는 리스된 자산의 내구연한의 대부분에 걸쳐 운영된다. 금융리스는 취소될 수 없거나 또는 취소가능하다면 임차인은 임대인에게 취소의 결과로 발생할 수 있는 어떠한 손실도 보상할 것을 요구한다.

* 만기원금상환구조의 예는 Citibank의 National Credit Card Trust 1989-1이다. 증서는 Visa와 MasterCard 매출채권으로 담보되고 AAA/Aaa로 평가되었다. 잠금기간은 24개월이었고, 이후 12개월 동안 조기상환은 원리금 소요를 충족시키기 위하여 재투자되었다. Union Bank of Switzerland는 잠재적 신용위험을 커버하기 위하여 원금의 46퍼센트까지 만기보증과 12퍼센트 신용장을 제공하였다.

** 컴퓨터리스의 증권화는 1985년에 Comdisco에 의하여 처음으로 이루어졌는데, Comdisco는 컴퓨터리스에 의하여 담보된 만기 4.5년 채권을 3,500만 달러 매각하였다. 이어서 1985년 3월 Sperry Corporation은 컴퓨터리스로 담보된 만기 6년 채권을 1억 9,250만 달러 발행하였으며, 1985년 9월에는 Sperry는 컴퓨터리스로 담보된 또 다른 증권을 1억 4,580만 달러 발행하였다.

증권화된 기타 자산은 정크본드(junk bonds), 차입매수(leveraged buyout), 조립주택대출 및 기업대출(commercial loans)이다. 무역 매출채권 외에 증권화된 기업대출에는 종업원주식옵션플랜(ESOPS: employee stock option plans)에 대한 대출과 차입매수 대출이 있다.*

증권화는 이제 거의 어떤 자산에 대해서도 사용될 수 있는 수단으로 간주된다. 증권화될 수 있는 '비전통적' 자산 중에는 미판매된 항공사 좌석, 음악 사용료, 담배소송의 수익(여러 주에 의하여 증권화 중) 그리고 미판매된 석유와 천연가스와 같은 천연자원이 있다. 미국의 증권화를 규제하는 회계규정은 FAS 140이다.

지적 재산권과 같은 무형자산의 증권화

우리가 앞서 논의한 모든 증권화에서 증권화되고 있는 것은 본질적으로 유형자산이었다. 그러나 개념적으로 증권화가 지적 재산권과 같은 무형자산으로 확대될 수 없는 이유는 없다. 결국 증권화의 중요한 목표는 미래 현금흐름이 실현되기를 기다리기보다는 차입자로 하여금 미래현금흐름의 현재가치를 담보로 지금 현금을 조달하도록 하는 것이다. 따라서 무형자산이 미래 현금흐름을 발생시킬 잠재력을 가지고 있는 한 그것을 증권화할 수 있어야 한다. 그리고 그것이 바로 최근에 일어난 일들이다. 증권화될 수 있는 무형자산은 상표도안, 상표이름, 제품설계, 기업명과 로고(logo), 제조기술, 자료 및 특허를 포함한다.** 대부분의 경우에 관련 기업은 추가적인 자금 조달원을 찾는 중이었다. 왜냐하면 전통적 자금조달원으로부터 부채를 통한 자금조달이 소진되고, 추가적인 재고담보부(inventory-backed) 자금조달을 가능하게 할 충분한 재고가 결여되고, 부동산은 저당을 잡혔기 때문이다.

증권화의 경제적 동기에 관한 심층 논의: 동기, 대상 및 범위

증권화의 동기

이 절의 목적은 증권화의 경제학을 더 상세히 살펴보는 것이다.

증권화의 공급 측면: 발행자의 기대비용 발행자가 부담하는 증권화의 주된 비용은 본질적으로 관리비이다. 주된 비용은 법적 수수료, 투자은행 수수료 및 신용등급평가기관의 수수료이다. 기타 비용은 정보를 투자자에게 전달하는 데 소요되는 비용과 신용보강비용이다.

---

* Pilgrim Group은 Los Angeles에 소재한 뮤추얼펀드 회사로 대형 상업은행과 대형 지방은행의 담보대출에 투자하는 펀드의 지분을 국내 기업들에게 판매하기 시작했을 때인 1988년 기업대출을 증권화하였다.

** Anson(2005) 및 Martin and Drews(2005)를 보시오. 이것이 모든 목록은 분명히 아니다.

발행자의 기대편익 발행자에 대한 여러 잠재적 편익은 이자율위험 관리, 유동성 증가, 자금조달원의 다변화 등이다. 이에 더하여 증권화는 최초계약자로 하여금 대출의 계약체결(origination), 사후관리(servicing) 및 모니터링(monitoring)에 집중하도록 하고 아울러 일부 조세 및 규제적 비용을 회피하게 해준다.

(1) 이자율위험의 관리: 자산의 일부를 증권화함으로써 은행 또는 저축은행은 이자율위험을 보다 더 잘 관리할 수 있다. 예를 들어 표기상의 평균 만기가 27.5년이고 대부분 고정금리인 거주자용 모기지를 보유한 한 저축대부조합을 살펴보자. 한편 전형적인 저축대부조합 부채의 65퍼센트는 1년 이내에 만기가 도래하는 정기예금과 저축예금이다. 이같이 매우 큰 만기불일치는 저축대부조합에 대하여 상당한 이자율위험을 발생시킨다. 이 위험을 줄이기 위해 저축대부조합은 원리금자동이체증권 방법을 이용하여 모기지의 풀을 증권화할 수 있다. 증권화는 이 자산들을 장부에서 제거하며 자산의 평균 만기를 단축시키며, 동시에 저축대부조합은 여전히 대출의 사후관리를 수행하고 서비스 수수료를 받는다.

이자율위험의 다른 형태는 조기상환위험인데, 이것도 역시 증권화에 의하여 감소시킬 수 있다. 증권화는 포트폴리오에 포함된 모기지를 원리금자동이체증권과 다계층저당증권(CMO)으로 대체할 수 있다. 이는 저축대부조합의 다변화에 기여한다. 더구나 CMO는 조기상환위험관리에 기여한다.

저축대부조합은 부채의 평균 만기를 장기화할 수도 있는데, 이는 자산과 부채 간의 만기 차이를 더 축소시킨다. 저축대부조합은 주택담보부채권과 원리금이체채권의 발행을 통해서 만기차이를 축소할 수 있다. 모기지대출은 저축대부조합의 재무상태표에 남아 있지만 저축대부조합 부채의 평균 만기는 효과적으로 증가한다. 왜냐하면 주택담보부채권은 평균 만기가 약 5-12년이기 때문이다. 물론 저축대부조합은 자신의 위험을 스왑, 옵션 및 선물과 같은 다른 더 전통적인 수단을 통해 헤지할 수 있다. 그러나 거래비용과 전반적인 효과성 기준으로 볼 때 증권화는 많은 경우에 훨씬 우수한 대안이다.

(2) 유동성 증가: 증권화는 발행자의 유동성을 개선할 수 있다. 명백한 이유는 증권화 이전에는 거래될 수 없었던 자산이 증권화 이후에는 활발한 유통시장에서 거래될 수 있다는 점이다. 따라서 발행자는 증권화된 포트폴리오를 일부만 보유할지라도 더 많은 유동자산을 보유하게 된다. 이 사실 자체는 옳지만 매우 직관적이지는 않다. 4장 유동성에서 논의하였듯이 자산이 자신의 '참'(true) 값과 비교하여 큰 손실 없이 신속히 매각될 수 있다면 그 자산은 유동성이 있다. 이는 다시 판매자가 자산의 미래 전망에 대하여 가지고 있는 정보와 잠재적 구매자가 이 전망에 대하여 가지고 있는 정보 간의 큰 차이를 제거한다. 이제 활발한 거래는 자산의 유동성을 개선시킨다. 왜냐하면 활발한 거래가 잠재적 구매자가 자산에 관한 정보를 생산하여 이익을 얻을 인센티브를 제공하기 때문이다. 정보는 거래량, 가격 및 관련 변수들을 통하여 다른 사람(아마 정보가 없는 사

람)에게 부분적으로 전달된다.* 따라서 거래는 시장에서 자산에 관한 정보의 이용가능성을 증가시켜 유동성을 제고한다.

그러나 자산이 판매자에게 처음에 큰 손실을 주지 않는 가격에 거래되기 위하여 시장에 나오기 전에 어떤 유동성 척도를 가져야 한다. 즉 판매자와 구매자 간의 정보 차이가 너무 커서는 안 된다. 증권화는 이 초기의 유동성 척도를 두 중요한 방법으로 수행한다. 첫째, 제3자 신용보강은 발행자와 투자자 간의 정보비대칭의 효과를 감소시킨다. 신용보강은 자산 풀의 신용위험의 일부를 신용보강자의 신용위험으로 대체한다는 점에서 (부분) 보증신용장(standby letter of credit)과 같다. 투자자들이 증권화된 자산의 풀보다 신용보강자(평판이 확립되어 있을 가능성이 높은)에 대하여 더 잘 안다면 관련된 정보비대칭은 감소한다. 때때로 신용보강자가 제공하는 완전한 신용장이 있는 경우가 있는데, 그 경우에 정보비대칭은 더욱 감소한다.

증권화가 거래 이전에조차도 유동성을 개선시키는 두 번째 방법은 많은 자산을 합치고(pooling) 이어 포트폴리오 현금흐름을 분할하는 것을 통해 이루어진다. 이를 보기 위하여 각 트랑쉐가 자신의 우선권을 가지고 있는, 여러 트랑쉐를 가진 CMO를 생각해 보자. 미래 포트폴리오 수익률에 관한 발행자의 사적 정보의 중요성은 투자자가 우선순위의 사다리를 더 올라갈수록 감소한다.** 즉 사적 정보가 포트폴리오 전체에 대하여 가지는 중요성보다 첫 번째 트랑쉐(즉 포트폴리오 현금흐름에 대해 첫 번째 청구권을 가지는 채권)에서는 덜 중요하다. 따라서 포트폴리오를 트랑쉐로 분할함으로써 발행자는 본질적으로 포트폴리오와 관련된 모든 사적 정보를 특별한 방법으로 상이한 트랑쉐로 배분한다. 이 방법이 반드시 총 정보비대칭을 감소시키는 것은 아니다. 그러나 우선순위가 높은 트랑쉐가 포트폴리오 전체보다 더 유동성(정보 측면에서 덜 민감하게)이 높아지게 된다. 발행자는 포트폴리오 현금흐름 중에서 가장 정보민감(그리고 유동성이 가장 적은)하고 우선순위가 가장 낮은 부분에 대한 청구권을 보유하고 나머지는 매각하는 것으로 선택할 수 있다. 발행자는 포트폴리오 중에서 보유하기로 한 부분에 대해서만 자금조달을 할 필요가 있다. 나머지는 용해되어 증권화된다. 다음의 예제는 이 점을 명확히 한다.

예제 9.2 North American Bank는 두 대출채권을 가지고 있는데, 각각은 지금부터 1 기간 후에 상환될 예정이다. 현금흐름은 독립적이고 동일하게 분포된(independently and identically distributed) 확률변수이다. 각 대출은 확률 0.9로 100달러를, 확률 0.1로 50달러를 은행에 상환한다. North American Bank는 이를 알지만, 장래의 투자자는 이 은행의 대출 포트폴리오와 Southside City Bank의 대출 포트폴리오를 구별할 수가 없다. Southside City Bank는 동일한 대출을 가지고

* Grossman(1981)을 보시오.

** 이 점은 최근에 Boot and Thakor(1993)에 의하여 지적되었다. Gorton and Pennacchi(1991)와 Subrahmanyam(1991)은 밀접한 관련이 있는 다소 다른 의견을 보인다. 그들은 증권의 포트폴리오를 모을 때, 일종의 '정보다변화' (information diversification)가 작용하고 있다는 것을 주목한다. 즉 포트폴리오 내의 개별 증권에 관한 사적 정보문제보다 전체 포트폴리오에서 사적 정보문제가 더 적다. 이는 증권화가 유동성을 개선하는 또 다른 방법임을 말해준다.

있지만 각각의 대출은 확률 0.6으로 100달러, 확률 0.4로 50달러를 상환한다. 투자자들의 사전 믿음에 의하면 North American Bank가 가치가 더 큰 포트폴리오를 보유할 확률이 0.5, 더 가치가 작은 포트폴리오를 보유할 확률이 0.5이다. North American Bank가 이 대출들을 증권화하기로 했다고 하자. 그리고 만약 신용보강 없이 증권화를 하면 대출의 참 가치를 투자자에게 소통하는 비용은 참 가치의 5퍼센트이다. 이 문제에 대한 자료가 〈그림 9.8〉에 있다. North American Bank의 증권화 대안을 알아보자. 신용보강자가 이용가능하고 신용보강자는 North American Bank 대출 포트폴리오의 참 가치를 결정(아주 미미한 비용으로)할 수 있다고 가정할 때, North American Bank는 어떤 종류의 신용보강을 구매하여야 하는가? 투자자들은 위험중립이고 할인율은 영이라고 가정한다.

풀이　우리는 이 문제를 네 단계로 해결한다. 첫째, 만약 North American Bank가 자신의 대출 포트폴리오를 하나의 증권으로(즉 현금흐름 분할이나 트랑쉐 생성 없이) 증권화한다면 은행은 투자자소통 없는 증권화(이 경우에 투자자들은 대출 포트폴리오의 합쳐진 가격〔pooling price〕을 정한다)보다 투자자소통 있는 증권화를 선호한다는 것을 보여준다. 둘째, 우리는 두 특정 등급의 채권자가 대표하는 두 트랑쉐를 생성함으로써 증권화의 혜택을 살펴본다. 우리는 현금흐름 분할은 단계 1에서 고려된 증권화 대비 기대수익을 증가시킴으로써 North American Bank에 혜택을 준다는 것을 보여준다. 셋째, 특정한 형태의 신용보강을 규정한다. 마지막으로 단계 4에서 우리는 North American Bank에 대한 신용보강의 순혜택을 살펴보고 그것이 양의 값임을 발견한다. 확실히 대출포트폴리오는 신용보강에 의해서 완전히 유동성이 생성되었다. 투자자보다 North American Bank의 포트폴리오를 더 잘 아는 기관에 의한 신용보강이 항상 도움이 되지만, 여기서는 신용보강자가 North American Bank의 대출 포트폴리오의 참 가치를 미미한 비용으로 발견할 수 있다는 가정에 기인하여 최대한 가능하였다.

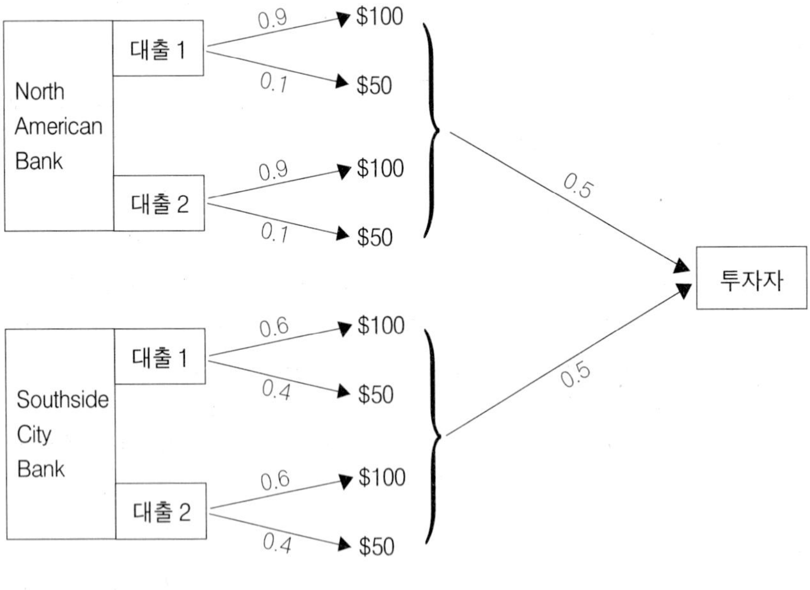

〈그림 9.8〉 North American Bank의 대출 포트폴리오

단계 1 만약 North American Bank가 어떠한 정보도 투자자들에게 소통하지 않는다면 증권화된 대출 포트폴리오의 시장가치는 투자자들에 의하여 평가된 평균값이 될 것이다.

{2	× 0.5	× 〔0.9×100+0.1×50〕}
총 대출 수	대출 포트폴리오가 고평가될 확률	고평가된 대출 포트폴리오의 기댓값
+{ 2	× 0.5	× 〔0.6×100+0.4×50〕}
총 대출 수	대출 포트폴리오가 저평가될 확률	저평가된 대출 포트폴리오의 기댓값

= $175

이제, North American Bank는 자신의 대출 포트폴리오의 가치가 다음과 같음을 사적으로 알고 있다.

$$2[0.9\times100+0.1\times50]=\$190$$

따라서 은행이 자신의 사적 정보를 투자자들에게 소통하고 싶으면 North American Bank는 0.05×190=$9.5의 비용이 발생한다. 그러면 은행은 자신의 포트폴리오를 190달러에 매각할 수 있고 순수익은 $190-$9.5=$180.5가 된다. 이는 North American Bank가 소통 없는 증권화보다는 소통하는 증권화를 선호한다는 것을 의미한다.

단계 2 다음으로 다음과 같은 증권화 대안을 고려하자. North American Bank는 '선순위-후순위(senior-subordinated) 구조' 또는 '후순위-선순위(junior-senior) 구조'에서 두 등급의 채권자를 만들 수 있다. 1차 트랑쉐를 지급받는 등급 A 채권자는 총액으로 100달러를 받는다. 그들이 모두 지급받은 후에 등급 B 채권자들이 100달러 또는 잔여 현금흐름 중 적은 금액을 받는다. 이제 등급 A 채권자는 대출 포트폴리오가 고평가되든지 또는 저평가되든지(두 경우에 최저 수익은 50달러임을 주목하시오)와 관계없이 확실히 100달러를 받기 때문에 은행이 정보를 이 채권자들에게 소통할 필요가 없다. 이 포트폴리오가 매각될 수 있는 가격은 100달러이다. 등급 B 채권자들은 최대 100달러를 받을 수 있고 대출 포트폴리오의 최대 수익은 200달러이므로, 이 채권자들은 근본적으로 등급 A 채권자들이 모두 상환받은 후에 남아 있는 모든 현금흐름을 수취하는 잔여 청구권자임이 분명하다. 따라서 등급 B 채권의 참 가치는 대출 포트폴리오의 총가치에서 등급 A 채권의 총가치를 차감한 것, $190−$100 =$90이다. 총대출 포트폴리오의 시장가치는 175달러이고 등급 A 채권의 시장가치는 100달러이므로 등급 B 채권의 시장가치는 $175-$100=$75이다. 만약 North American Bank가 이제 등급 B 채권의 참 가치를 투자자들에게 소통하는 것으로 선택하면 은행은 이 채권을 90달러에 매각할 수 있다. 은행이 부담하는 소통비용은 0.05×90=$4.5이다. 따라서 이 방법으로 증권화하는 순수익(net payoff)은 다음과 같다.

$$\$100+\$90-\$4.5=\$185.5$$

North American Bank의 순수익은 은행이 대출 포트폴리오로부터의 총현금흐름을 상이한 '정보민감도'를 가진 두 등급으로 분할하는 증권화를 사용할 때 더 높다.

단계 3 이제 신용보강자를 고려하자. 신용보강의 가장 좋은 방법은 신용보강자가 등급 A 트랑쉐가 전부 지급된 후에 등급 B 채권자에게 약정액 100달러와 실제 잔여현금흐름 간의 차이를 지급하도록 요청하는 것이다. 신용보강자의 지급불이행 가능성을 무시하면 이는 등급 B 채권자들이 증권화된 대출 포트폴리오의 질과 관계없이 확실히 100달러를 받는다. 따라서 은행에 의한 아무런 정보 소통도 필요하지 않다. 질문은 다음과 같다. 신용보강이 경쟁적으로 가격결정된다는 가정하에 North American Bank는 신용보강자에게 얼마를 지급하여야 하는가?

단계 4 이 질문에 답하기 위하여 포트폴리오의 두 대출에 대하여 대출 1과 대출 2로 명명하자. 그러면 네 개의 가능한 '상황'(states)이 있다. (i) 두 대출 1과 2는 각각 100달러를 지급한다(이 확률은 0.9×0.9=0.81), (ii) 대출 1은 100달러의 수익이 있고, 대출 2는 50달러의 수익이 있다(이 확률은 0.9×0.1=0.09), (iii) 대출 1은 50달러, 대출 2는 100달러의 수익이 있다(이 확률은 0.1×0.9=0.09) 및 (iv) 두 대출이 각각 50달러를 지급한다(이 확률은 0.1×0.1=0.01). 이제 상황 (i)에서 200달러의 총 포트폴리오 현금흐름은 두 등급의 채권자들의 청구권을 충분히 충족시킬 수 있기 때문에 신용보강자는 아무런 부채가 없다. 상황 (ii)와 (iii)에서는 총현금흐름은 150달러이므로 오직 50달러만이 등급 B 채권자에게 지급하기 위하여 이용가능하다. 이 각각의 상황에서 신용보강자의 부채는 50달러이고, 이 두 상황의 총확률[즉 상황 (ii)와 상황 (iii)이 발생할 확률]은 0.09+0.09=0.18이다. 상황 (iv)에서 총 포트폴리오 현금흐름은 100달러이므로 신용보강자의 부채는 100이다. 그러므로 신용보강자 부채의 기댓값은 0.18×$50+0.01×$100=$10이다. 경쟁시장(영의 할인율과 위험중립)에서 이것이 North American Bank가 신용보강을 위하여 지급해야 할 비용이다. 따라서 North American Bank의 순수익은 다음과 같다.

$100	+	$100	−	$10	=$190
등급 A 채권의 시장가치		신용보강채권의 시장가치		신용보강 수수료	

대출 포트폴리오는 '완전하게' 유동성이 생성되었다!

(3) 자금조달원의 다변화: 증권화는 최초계약자에게 전통적인 자금 조달원 이외의 방법으로 자금조달하는 방법을 제공한다. 예를 들어 은행에게 전통적인 자금조달원은 예금, 연방기금(federal fund), 후순위채권, 우선주 및 주식인데, 이들 모두는 본질적으로 은행의 전체 자산 포트폴리오에 대한 청구권이다. 일부 자산을 증권화될 풀로 분리함으로써, 은행은 자금조달원을 전통적인 원천 이외의 영역으로 다변화할 수 있다. 이것은 어느 은행의 재무담당최고경영자(CFO)에게도 중요하다.

(4) 계약체결, 사후관리 및 모니터링에 초점을 맞추게 함: 여러분은 3장에서 금융기관의 중요한 경제적 기능은 정보문제의 해결과 관련되어 있다는 논의를 기억할 것이다. 증권화 장점의 하나는 은행이 전문화 때문에 일반적으로 다른 기관들보다 더 효율적으로 수행할 수 있는 세 가지 활동, 즉 대출의 계약체결, 사후관리 및 모니터링에 집중할 수 있게 한다는 것이다. 은행 또는 저축대부

조합이 대출계약을 체결할 때, 은행과 저축대부조합은 유용한 심사서비스(screening service)를 제공하므로, 차입자에 대하여 관심은 있지만 정보가 부족한 다른 사람들은 은행의 대출 의지를 통해 그들이 과거에 알지 못했던 것을 알게 된다. 이는 차입자가 다른(비은행) 자금원으로부터 자금을 조달할 경우에 조달비용을 줄일 수 있게 해준다. 대출 사후관리는 은행이 저렴한 비용으로 제공할 수 있는 거래서비스이다. 왜냐하면 은행이 다른 수많은 유사한 거래를 취급하면서 축적한 전문성이 있기 때문이다. 그리고 물론 차입자에 대한 모니터링은 은행이 제공하는 기본적인 중개서비스의 하나이다. 자신의 대출을 증권화함으로써 은행은 실제로 대출자금을 조달할 필요 없이 이 세 가지 활동에 전념할 수 있다. 규제상의 도움이 없는 상황에서 은행이 자금조달에서 어떤 특별한 우위가 있는지는 명확하지 않다. 더욱 중요한 것은 최근의 실증연구는 은행이 비전통적인 활동(계약체결에 전문성을 보유한 모기지 은행과 같은) 또는 전통적인 은행활동(자금조달을 포함하는)에 전문화(반드시 완전히 전문화할 필요가 있는 것은 아니다)하는 것이 효율적이라는 것을 보여준다. 즉 전통적인 은행활동(계약체결, 모니터링 및 자금조달과 같은)과 비전통적인 은행활동(대출채권의 매각과 매입과 같은) 간에 범위의 비경제(diseconomies of scope)가 존재한다.*

(5) **'역선택'(adverse selection)비용의 회피를 촉진함:** 일반적으로 은행은 정보민감도의 정도가 상이한 자산들로 이루어진 포트폴리오를 보유한다. 시장이 포트폴리오의 가치를 정확히 결정한다 할지라도 일부 자산은 시장에 의해 고평가되고 일부는 저평가되는 것이 가능하다. 이제 은행이 어떤 신규대출을 할 예정인데 그 신규대출에 대해서는 정보비대칭이 거의 없다고 하자. 즉 이 신규대출의 가치에 대한 은행의 평가는 시장의 평가와 거의 동일하다. 그러나 은행은 대체로 저평가되었다고 하자. 만약 은행이 시장에 나가 전통적인 방법(비증권화)으로 이 신규대출의 재원을 조달하기 위하여 자본(일부는 비부보예금〔uninsured deposits〕과 자기자본으로 구성된)을 조달하면, 은행은 다음 의미에서 역선택 비용을 지급해야 할 것이다. 즉 은행의 자금조달비용은 만약 투자자들이 은행자산에 대하여 은행경영자와 동일한 정보를 가졌었더라면 결정될 자금조달비용보다 더 높을 것이다. 이런 현상은 이 신규대출에 대하여 자금을 제공하는 투자자들은 은행의 전체 자산 포트폴리오에 대한 청구권을 구매하는 것이기 때문에 발생한다.** 즉 이와 같은 요인들은 대출을 위한 자금조달에서 은행이 불리할 수 있음을 설명한다.

전통적인 방법을 택하는 대신에 은행이 대출을 증권화하기로 결정한다고 하자. 이제 필요한 자본을 제공하는 투자자들은 오직 신규 자산에 대한 청구권만을 구매한다. 따라서 이 자산에 대하여 정보비대칭이 거의 없다면, 사실상 '역선택' 비용은 없다.*** 한 예가 Standard & Poor's 신

* Mester(1992)를 보시오.

** 유사한 지적에 대하여 James(1988)를 보시오.

*** 은행이 신규대출을 증권화하기로 결정할 때 시장이 은행의 기존 자산을 재평가할 가능성에 의하여 발생하는 신호효과에 의해서 복잡해지는 것은 무시한다. 이 같은 현상이 발생할 수 있는데 이는 시장이 신규대출채권을 증권화하려는 은행의 인센티브의 일부가 은행이 기존 자산에 대하여 갖고 있는 사적 정보에서 발생한다고 인식하기 때문이다.

용평가사로부터 BB 신용등급평가를 받은 트럭리스회사인 Gelco Corporation이다. 최우량 리스에 의하여 담보된 이 회사의 기업어음은 A-1로 평가되었다. 이 기업은 리스 매출채권을 증권화함으로써 차입비용을 80베이시스포인트 절약하였다.* 이는 기업이 자신의 모든 자산에 대하여 어떻게 자금조달 한계비용의 우위를 취할 수 있는지를 예시하고 있다.**

역선택비용 회피에 따른 혜택 중 중요한 요인은 특수목적회사(SPC)를 통한 증권화가 종종 차입기업의 파산의 영향을 받지 않는 '파산절연'(bankruptcy remoteness) 효과를 낳는다는 것이다. 즉 SPC에 자금지원을 한 대출자의 청구권은 그 후 만약 후원기업이 파산신청을 하면 파산기업(Debtor-in-Possession)으로 변한 후원기업 대출자의 청구권에 의하여 영향을 받지 않는다는 것이다. 그러나 SPC 투자자들에 대한 파산보호는 완전하지 않아 법적 소송에서 훼손될 수 있다. 그러면 우리는 파산절연의 법적 위험이 법정에 의하여 훼손될 위험이 크면 클수록 SPC 투자자들이 요구하는 금리는 더 높아질 것이라는 것을 기대할 수 있다.***

(6) **중개세(intermediation taxes)의 회피:** 증권화는 예금금융기관이 예금자로부터 자금을 조달하기보다는 투자자로부터 직접 자금을 조달하는 것을 허용하기 때문에, 금융기관이 준비금과 자기자본 요건 및 예금보험료와 같은 '중개세'(또는 규제세[regulatory taxes])를 회피하는 데에 기여한다. 이 혜택은 원리금자동이체증권의 경우에 명백한데 이는 관련 자산이 금융기관의 재무상태표로부터 제거됨으로써 금융기관은 이 자산에 대한 자기자본을 보유할 필요성이 없기 때문이다. 더구나 원리금자동이체증권의 판매로 얻어지는 수익은 예금이 아니기 때문에 지급준비금이나 예금보험료도 해당되지 않는다.

금융기관이 어느 자산을 증권화할 것인가의 선택과 규제세 간에는 더 미묘한 상호작용이 있다. 지급준비금과 같은 많은 규제세는 관련 자산의 위험에 따라 결정되지 않는다는 점에서 전통적으로 균일한 세금(flat taxes)이다. 즉 자산위험의 다양한 범위에 걸쳐 이 세금의 '풀링'(pooling)이 이루어져서, 실제 세금은 일종의 평균에 해당된다.**** 따라서 저위험자산(평균 이하의 규제세를 내야 하는)은 고위험자산(평균 이상의 규제세를 내야 하는)을 '보조한다'(subsidize). 은행은 저위험자산을 증권화하고 오직 고위험자산만을 보유함으로써 이러한 규제세의 영향을 감소시킬 수 있다. 이런 방법으로 은행은 평균보다 높은 위험의 자산을 보유하지만, 평균적인 위험에 상응하는 규제세만을 지급하게 된다.

증권화의 수요 측면: 투자자 관점 지금까지 금융기관과 기업들이 왜 자산을 증권화하기를 원하

* Shapiro(1985)를 보시오.
** 여기서의 직관은 다른 매우 잘 확립된 관행인 '프로젝트 파이낸싱'(project financing)의 직관과 유사하다. 프로젝트 파이낸싱에서는 신규 프로젝트의 자금조달을 위하여 기업이 법적으로 별개의 자회사를 설립한다. 이 논의는 7장을 보시오. Shah and Thakor(1987)는 프로젝트 파이낸싱에서 레버리지 비율이 높은 이유에 대한 이론적 설명을 제시한다.
*** 이는 Ayotte and Gaon(2006)이 그들의 실증분석에서 얻은 결과이다.
**** 이는 Pavel(1986)에 의해 제안되었다.

는지를 논의하였는데, 우리는 이제 왜 투자자들이 이 자산들을 보유하기를 원하는지를 살펴본다. 투자자들이 은행의 자산(예를 들면, 대출)에 투자하는 한 방법은 은행의 주식을 매입하는 것이다. 그 방안과 비교하여 증권화된 청구권 매입은 여러 가지 장점을 제공하는데 그중 두 가지가 아래에 논의된다.

(1) 시장의 불완비성(market incompleteness)의 감소: 증권화가 시장의 불완비성을 감소시키는 데에 기여하는 두 가지 방법이 있다. 첫째, 증권화는 투자자가 보유할 수 있는 자산의 질(quality)을 향상시켜서 이용가능한 자산의 범위를 증가시킨다. 둘째, 증권화는 투자자가 보유할 수 있는 매우 다양(variety)한 현금흐름을 제공한다. 먼저 질(quality) 이슈부터 살펴보자. 금융기관이 증권화를 통하여 투자자에게 제공하는 청구권은 종종 금융기관 자체보다 더 높은 신용도를 갖는다. 이는 두 가지 이유 때문이다. 첫째, 우리가 앞서 논의한 바와 같이 금융기관은 비교적 위험이 적고 정보민감도가 작은 자산을 증권화하려는 인센티브가 있기 때문이다. 둘째, 신용보강은 증권화가 이루어지는 자산 풀의 질을 향상시킨다. 따라서 자산담보부시장의 대부분이 AAA 또는 AA 등급인 것은 놀라운 일이 아니다. 증권화는 투자자에게 증권화가 없을 때에 비하여 더 높은 신용도의 청구권을 이용할 수 있게 한다.

이제 현금흐름의 다양성(variety) 이슈를 살펴보자. 증권화는 풀링, 현금흐름 분할 및 신용보강을 결합하기 때문에 단순히 기존 수익 벡터(1장의 시장의 완비성에 대한 논의를 기억하시오)의 선형 결합을 생산하는 것이 아니다. 오히려 증권화는 기존 청구권의 선형 결합을 통하여 이전에는 투자자에게 이용가능하지 않았던 청구권을 생산한다. 더구나 이용가능한 증권들을 결합할 수 있는 투자자에 의하여 '스스로 만들어진'(home-manufactured) 청구권의 경우에 증권화는 거래비용 관점에서 저렴한 대안을 제공한다. 예를 들어 자산유동화증권은 조기상환위험을 제한하였고 그 결과 증권의 실효만기가 비교적 시장수익률에 민감하지 않다. 이는 수익률의 일정한 하락에 대하여 이 같은 '양'의 볼록성(convexity)과 제한된 조기상환의 두 가지 특징이 비증권화된 대안에서는 투자자에게 동일한 내용으로 이용가능하지 않을 수 있다는 것을 시사한다. 따라서 증권화는 금융시장의 불완비성을 감소시키는 데에 기여한다.

(2) 유동성(liquidity): 자산유동화증권의 규모와 거래량 때문에 투자자들은 유동성 있는 청구권을 매입하고 있다는 확신을 가진다. 증권화는 유동성을 창출하는 데에서 대체적인 기술(전통적 자금조달에 대한)로 볼 수 있다.

증권화의 대상: 소구권 있는 증권화 대비 예금과 위험분담

소구권(recourse)의 개념은 증권화가 최초계약자와 투자자에게 무엇을 해주는지를 이해하는 데에 중요하다. 증권화가 소구권 없이 이루어질 때, 투자자는 단지 증권화된 자산의 풀에 대해서만 청구권을 갖는다. 투자자는 최초계약자의 어떤 다른 자산에 대해서도 청구권이 없다. 한편 소구권 있는 증권화는 전통적인 재무상태표 대출과 공통점이 있다. 소구권 있는 증권의 구매자는 구매한 자산이 지급불이행되면 청구권을 미부보예금자의 청구권과 같은 일반은행청구권과 교환할 수 있는 옵션을 가진다. 은행이 파산하면 투자자는 증권화된 자산을 계속 보유할 옵션을 가진다.*

이 항에서 우리는 소구권부 증권화(securitization with recourse)를 논의한다.** 증권화 혜택은 순차적인 청구권이 동일한 담보 풀에 대하여 발행되는 방식의 다등급(multiclass) 증권의 혜택과 유사하다. 기본적으로 가장 위험회피적인 투자자들이 가장 선순위의 청구권을 매입할 수 있기 때문에 더 좋은 위험분담(risk sharing)이 이루어진다. 현재의 법에서는 은행들은 자신의 재무상태표 자산에 대하여 다등급 또는 선순위 예금 청구권을 발행하는 것이 허용되지 않는다. 즉 예금 청구권은 우선순위를 매길 수 없다. 그러므로 은행의 관점에서 자신의 잠재적 예금자 기반 중에서 '선호 고객층'(preference clientleles)에 대응할 수 있는 소중한 기회를 상실한다. 그러나 소구권부 증권화는 은행에게 서로 다른 위험회피도를 가진 예금자들에게 선택적으로 대응하여 이익을 낼 수 있는 기회를 제공한다. 비부보예금자들은 그들에게 은행자산 포트폴리오의 일부(즉 증권화된 자산)에 대하여 선순위 청구권을 제공하는 계약으로 전환할 수 있다. 은행보증이 첨부된 대출담보부증권(소구권부 증권화)은 은행의 다른 자산에 대한 자신의 몫을 얻기 위하여 다른 예금자들과 줄을 서서 기다리기보다는 증권화된 증권을 유지하는 선순위가 부가된 거액 CD와 같다. 사람들이 서로 다른 위험회피도를 가진 자본시장에서 우리는 비교적 위험회피도가 높은 투자자는 이 증권화된 청구권을 매입할 것이고 비교적 위험회피도가 낮은 투자자들은 더 많은 위험을 추구할 것으로 기대한다. 따라서 증권화는 표준적인 예금계약보다 더 양호하게 위험분담을 성취한다. 이 직관은 아래에 개발된 모형에 공식화되어 있다.

모형: 첫 번째 기간의 투자에 필요한 자금을 조달하기 위하여 d달러를 조달할 필요가 있는 은행을 고려하자. 그런데 첫 번째 투자는 기말에 $A(\theta)$달러의 수익을 가져온다. 여기서 θ는 가능한 미래 자연상황(state of nature)이다. 은행은 FDIC에 부보된 예금으로 d_i달러, 비부보예금으로 d_u달러 및 자기자본으로 d_e달러를 조달하여야 한다. 여기서 $d_i+d_u+d_e=d$이다. 부보예금의 금리는 무위험금리인 r_f(이 예금은 무위험이다)이다. 우리는 FDIC와 은행의 주주들은 위험중립이라고 가정한다. 위험회피적이고 효용함수가 U(w)인 한 명의 대표적 비부보예금자가 있다. 여기서 U(w)는 부(wealth)에 대해 증가함수이며, 볼록(concave)하다. 즉 $U' > 0$, $U'' < 0$(1장의 위험회피에 관한 논의를 기억하시오). 비부보예금의 대안은 무위험자산에 투자하는 것이고, 무위험자산의 금리는 r_f이다.

비부보예금자에게 약정된 지급액을 B달러라 하고, 실제 그들이 기말에 수취하는 상황조건부(state-contingent) 지급액을 $D(\theta)$라 하자. 그들이 비부보예금에 투자하도록 하기 위해서는 다음 식이 성립

---

* 이런 방식의 논리전개는 Benveniste and Berger(1987)에 바탕을 두고 있다. 잠시 후에 나타난 모형도 역시 Benveniste and Berger(1987)의 분석에 근거한다.

** 이것의 예는 전에 논의된 ABB이다.

하여야 한다.

$$\sum_{\theta=1}^{N} p(\theta)U[D(\theta)] \geq U\{[1+r_f]d_u\} \tag{9.1}$$

여기서 가능한 미래 상황은 $\theta=1, \ldots, N$이고, $p(\theta)$는 상황 θ의 확률이다. 식 [9.1]의 부등식은 비부보예금자가 예금에 투자함으로써 얻는 기대효용은 무위험자산에 투자함으로써 얻어지는 확실한 수익의 효용보다 작아서는 안 된다는 것을 나타낸다.

이제 $[1+r_f]d_i$는 은행이 부보예금자에게 약정한 금액이고, $D(\theta)$는 비부보예금자에 대한 금액이다. 만약 $A(\theta) \geq [1+r_f]d_i+B$이면, 은행은 지급능력이 있고 부보예금자는 은행으로부터 $[1+r_f]d_i$를 수취한다. 만약 $A(\theta) < [1+r_f]d_i+B$이면, 은행은 파산한다. 부보예금자는 아직도 $[1+r_f]d_i$를 수취하지만 수취액의 일부만을 은행으로부터 받는다. FDIC가 나머지를 지급한다. 이것은 FDIC가 은행을 인수해서 부보예금자에게는 $[1+r_f]d_i$를 지급하고 은행의 나머지 자산을 비부보예금자와 비례하여 나누는 상황이다.* 비율은 총예금 대비 부보예금과 비부보예금의 상대적 기여도에 의하여 결정된다. 즉 지급불능이 되면(즉 $A(\theta) < [1+r_f]d_i+B$), 비부보예금자가 회수하는 금액은

$$D(\theta) = \left[\frac{B}{B+[1+r_f]d_i}\right]A(\theta) \tag{9.2}$$

이고, FDIC가 회수하는 금액은 다음과 같다.

$$F(\theta) = \left[\frac{[1+r_f]d_i}{B+[1+r_f]d_i}\right]A(\theta) \tag{9.3}$$

우리는 이제 첫 기간의 말에 각 당사자의 수익을 표시할 수 있다. 첫째, 부보예금자는 θ값과 관계없이 $[1+r_f]d_i$를 수취한다. 둘째, 비부보예금자는 다음과 같이 수취한다.

$$D(\theta) = \begin{cases} B & \text{만약 } A(\theta) \geq B+[1+r_f]d_i \\ \left[\dfrac{B}{B+[1+r_f]d_i}\right]A(\theta) & \text{그 외} \end{cases} \tag{9.4}$$

은행의 주주는 (기말에) 다음을 수취한다.

$$S(\theta) = \begin{cases} A(\theta)-B-[1+r_f]d_i & \text{만약 } A(\theta) > B+[1+r_f]d_i \\ 0 & \text{그 외} \end{cases} \tag{9.5}$$

FDIC는 (기말에) 다음을 수취한다.

$$F(\theta) = \begin{cases} 0 & \text{만약 } A(\theta) \geq B+[1+r_f]d_i \\ -[1+r_f]d_i+\left[\dfrac{[1+r_f]d_i}{B+[1+r_f]d_i}\right]A(\theta) & \text{그 외} \end{cases} \tag{9.6}$$

* 현행 법하에서 선순위 청구권은 은행의 재무상태표에서는 허용되지 않는다. 따라서 은행이 파산할 때, FDIC는 부보예금자에게 전액을 지급하고 은행의 자산을 아래에 지적한 바와 유사한 방법으로 비부보청구권자와 비례하여 나눈다.

식 〔9.6〕의 아래 식은 $A(\theta) < B + [1+r_f]d_i$일 때 적용된다. 그러므로

$$-[1+r_f]d_i + \left[\frac{[1+r_f]d_i}{B+[1+r_f]d_i}\right] A(\theta) < 0$$

그러므로 FDIC의 기말 현금흐름은 항상 영 또는 영보다 작다.

기초에 은행의 주주는 예금보험료를 FDIC에 지급한다. 우리는 이 보험료가 위험에 민감하지 않으며 공정하게 가치가 결정되어 있다고 가정한다. 이 보험료를 π로 표시한다. 이 보험료를 표시하기 위하여 상황 θ를 $A(\theta)$의 증가 순서, $A(1) < A(2) < \ldots < A(N)$으로 나열한다. 다음을 만족하도록 $\theta = m$을 정의한다. 즉 모든 $\theta > m$에 대하여 $A(\theta) \geq B + [1+r_f]d_i$이고, 모든 $\theta \leq m$에 대하여 $A(\theta) < B + [1+r_f]d_i$이다. 그러면 식 〔9.6〕의 기대치는

$$\pi = \frac{1}{[1+r_f]} \sum_{\theta=1}^{m} p(\theta) \left\{ [1+r_f]d_i - \left[\frac{[1+r_f]d_i}{B+[1+r_f]d_i}\right] A(\theta) \right\} \tag{9.7}$$

즉 예금보험료는 FDIC 부채의 할인된 현재가치와 같다.

질문은 다음과 같다. 은행 주주의 투자의 NPV는 얼마인가? 이는 다음과 같다.

$$NPV = \frac{1}{[1+r_f]} E[S(\theta)] - \pi - d_e \tag{9.8}$$

여기서 $E(\bullet)$는 '기대치'를 의미하며 $S(\theta)$는 식 〔9.5〕에 의하여 주어진다. 이제 B와 d_u가 어떻게 연관되어 있는지 살펴본다. 식 〔9.1〕과 〔9.4〕를 이용하여 우리는 그들이 다음과 같이 연관되어 있음을 알 수 있다.

$$\sum_{\theta=1}^{m} p(\theta) U \left\{ \left[\frac{B}{B+[1+r_f]d_i}\right] A(\theta) \right\} + \sum_{\theta=m+1}^{N} p(\theta) U(B) = U\{[1+r_f]d_u\} \tag{9.9}$$

식 〔9.9〕의 왼쪽은 예금에 투자했을 때의 비부보예금자의 기대효용이다. 이는 식 〔9.4〕로부터 직접 얻어진다. 우리는 여기서 식 〔9.1〕을 등호로 이용하고 있는데, 그 이유는 주주 부의 극대화가 목적인 은행은 비부보예금자로부터 자금을 조달하기에 필요한 최소 금액을 지급할 것이기 때문이다.

이제 d_u가 크면 클수록 식 〔9.9〕를 만족시키기 위하여 B도 더 커야 한다는 것은 명백하다. B의 증가는 두 가지 효과가 있다. 하나는 은행이 지급가능할 때 비부보예금자가 수취할 금액을 증가시킨다는 점이고, 다른 하나는 지급불능 시에 비부보예금자의 은행자산에 대한 비례 몫을 증가시킨다는 점이다.

어떤 고정된 d_u값에 대하여 비부보예금자가 더욱 위험회피적으로 됨에 따라 B도 역시 증가하여야 한다. 이는 비부보예금자가 더 높은 리스크 프리미엄을 요구하기 때문이다. 즉 그의 위험한 수익에 대하여 더 높은 기대치를 요구한다. 물론 B가 증가함에 따라 $S(\theta)$는 감소한다. 그래서 은행의 주주들은 비부보예금자들이 더욱 위험회피적으로 됨에 따라 더욱 나빠진다(식 〔9.8〕을 보시오). 이는 소구권부 증권화에 대한 강한 모티베이션을 제공한다. 왜냐하면 소구권부 증권화는 비부보예금자가 부담하는 위험을 감소시켜줄 가능성이 있기 때문이다. 우리는 이제 이것이 어떻게 이루어지는지 살펴본다.

증권화를 이 모형으로 통합하기 위하여 은행의 자산을 두 개의 포트폴리오, 재무상태표 포트폴리오인 A_b와 재무상태표외 포트폴리오인 A_o로 분할하자. A_b의 대출은 부보예금과 자기자본(d_i+d_e달러)으로 조달된다. A_o의 대출은 은행에 d_u달러를 가져다주는 증권화된 채권(securitized bonds)에 의하여 조달된다. 이 두 포트폴리오를 결합하면 전과 동일한 수익이 된다. 즉

$$A(\theta)=A_b(\theta)+A_o(\theta) \tag{9.10}$$

은행은 대출을 계속 사후관리한다고 가정한다. 그러는 과정에서 은행은 대출상환액을 예금자들에게 전달한다. 그러나 이 새로운 제도의 중요한 특징은 $A_o(\theta)$로부터의 수취액은 먼저 증권화된 채권을 상환하는 데에 사용하도록 되어 있다는 것이다. 오직 이 채권들이 전액 상환된 후에만 나머지 수익이 다른 곳에 사용될 수 있다. 즉 증권화된 채권의 소유자들은 상환액 $A_o(\theta)$에 대하여 선순위 청구권을 갖는다. 만약 $A_o(\theta)$로부터의 수익이 불충분한 경우에 증권화된 채권의 소유자의 청구권을 재무상태표 부채의 청구권으로 변경할 수 있도록 허용하는 옵션이 증권화된 채권에 추가된다면 이 옵션은 채권자들을 추가적으로 보호하는 장치가 된다. 그러면 $A_o(\theta)$와 $A_b(\theta)$가 함께 합쳐지므로 증권화된 채권의 소유자는 비부보예금자처럼 그의 청구권을 행사한다. 따라서 증권화된 채권 소유자가 소구권을 행사할 때 그의 청구권은 전체 포트폴리오 $A(\theta)$에 비례한 청구권으로 한정된다. 증권화된 채권의 약정지급액을 B^*라고 하자. 그러므로 증권화된 채권의 소유자는 다음을 수취한다.

$$D^*(\theta)=\begin{cases} B^* & \text{만약 } A(\theta)\geq B+(1+r_f)d_i \\ B^* & \text{만약 } A(\theta)\leq B+(1+r_f)d_i \text{ 및 } A_o(\theta)\geq B \\ \left[\dfrac{B^*}{B^*+(1+r_f)d_i}\right]A(\theta) & \text{그 외} \end{cases}$$

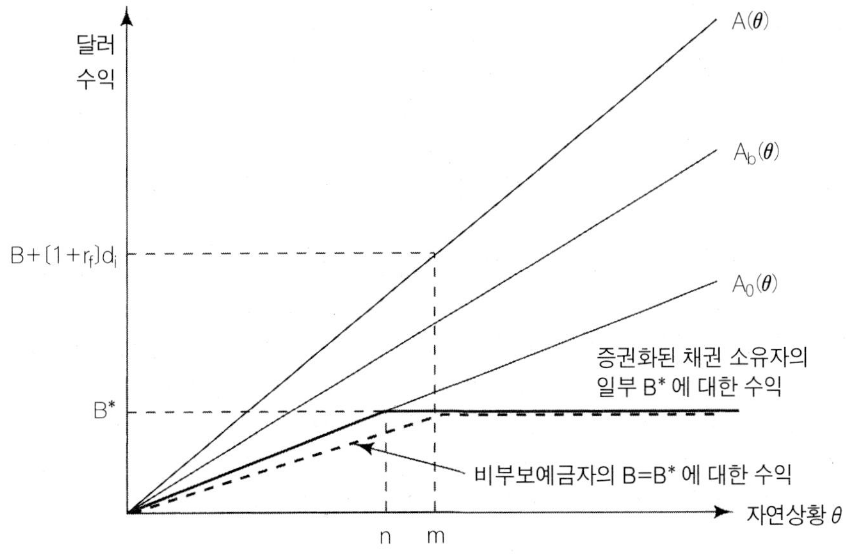

〈그림 9.9〉 증권화된 채권 소유자의 상황조건부 수익

이 수익 구조가 아래 그림에 예시되어 있다. 우리는 $\theta = n$을 $B^* = A_0(\theta)$인 상황으로 정의한다.

아래 그림에서는 비교를 위하여 $B^* = B$를 가정하였다. 즉 비부보예금의 약정지급액은 증권화된 채권의 약정지급액과 동일하다. 그 경우에 증권화는 동일한 약정지급액에 대하여 비부보예금자에게 더 많은 수익을 제공한다. 이 더 많은 수익은 증권화 계약에 내재된 부가적인 옵션 특징에서 발생한다. 모형에서 증권화와 비증권화 대안에 결쳐 고정된 것은 약정지급액이 아니라, 비부보예금자로부터 조달된 초기금액 d_u이다. d_u가 고정될 때, $B^* < B$이다.

소구권부 증권화가 은행 주주들의 부를 향상시킨다는 것을 공식적으로 증명하기보다는 우리는 그 내용을 보여주는 숫자 예를 제공할 것이다. 기본적인 직관은 단지 FDIC와 은행의 주주들이 위험중립적이고, 따라서 위험회피적인 비부보예금자보다 위험을 더 잘 흡수할 수 있다는 것이다. 소구권부 증권화는 비부보예금자의 위험을 FDIC와 은행의 주주들에게 이전함으로써 위험분담을 개선한다. 그 효과는 은행의 주주들이 비부보예금자들에게 지급하겠다고 약정해야 하는 금액을 감소시키며, 이는 주주들의 청구권의 기대가치를 증가시킨다. 이는 또한 주주들의 청구권의 위험을 증가시키지만, 주주들은 위험중립이기 때문에 이에 관하여 걱정하지 않는다.

예제 9.3 North American Bank는 기말에 임의의 수익을 가져오는 투자에 필요한 자금을 조달하기 위하여 기초에 50달러의 자금조달이 필요하다. 이 수익은 다음과 같은 확률분포를 가지고 있다.

상황 θ	1	2	3	4
수익 $A(\theta)$	\$0	\$50	\$100	\$150
확률 $p(\theta)$	0.25	0.25	0.25	0.25

단일기간 무위험 금리는 0.10이다. 은행은 FDIC부보예금으로 30달러, 비부보예금으로 15달러(증권화 또는 비증권화) 및 자기자본으로 5달러를 조달하여야 한다. North American의 주주와 FDIC는 위험중립이다. 비부보예금자는 위험회피적이고 양($w \geq 0$)의 부에 대하여 효용함수는 $U(w) = \sqrt{w}$이다. 다음의 경우에 각각 North American 주주들의 NPV를 계산하시오. (i) 주주들이 전통적으로 예금을 통하여 자금을 조달할 때와 (ii) 증권화된 채권을 발행할 때, 이 경우 증권화된 채권은 어떤 상황에서도 $A(\theta)$ 수익의 60퍼센트를 나타내는 특별히 설계된 자산포트폴리오에 관한 우선적 청구권을 가지고 있다.

풀이 우리는 이 문제를 여섯 단계로 해결한다. 첫째, 전통적인 예금을 통한 자금조달을 고려하여 B, 즉 비부보예금자로부터 15달러를 조달하기 위하여 비부보예금자들에게 지급할 약정지급액을 찾는다. 우리는 이를 식 [9.9]를 이용하여 푼다. 둘째, 우리는 식 [9.7]을 이용하여 예금보험료 π를 계산한다. 셋째, North American 주주들의 NPV를 계산한다. 넷째, 우리는 증권화된 채권을 발행하는 대안을 고려하고 B^*, 즉 증권화된 채권에 대한 약정액을 계산한다. 다섯째, 우리는 이 경우에 보험료를 계산한다. 마지막으로 단계 6에서 증권화의 경우 North American 주주의 NPV를 계산하는데, 이 NPV는 전통적인 예금을 통한 자금조달의 경우 계산된 주주의 NPV보다 더 크다.

단계 1 먼저 (i)을 고려하자. $d_i = 30$, $d_u = 15$, $d_e = 5$ 및 $r_f = 0.10$이다. 부보예금자의 청구권은 무위

험이므로 이 예금에 대한 금리는 무위험금리 10퍼센트이어야 한다. 따라서 이 예금자에 대한 North American의 지급의무액은 $d_i[1+r_f]=30[1.1]=\$33$이다. 은행의 총지급의무액은 33+B이다. B를 계산하기 위하여 우리는 먼저 그 값을 추측할 필요가 있다. 그래서 우리는 North American이 지급가능한 상황과 지급가능하지 않은 상황을 확인할 수 있다. 우리는 $50 < 33+B < 100$으로 추측한다고 하자. 그러면 상황 1과 2에는 North American은 지급불능이고, 상황 3과 4에는 지급가능하다. 이제 우리는 식 [9.9]를 이용하여 B를 푼다.

상황 1과 2의 기대 효용 ↓ 상황 3과 4의 기대 효용 ↓

$$0.25\sqrt{\left[\frac{B}{B+33}\right]\times 50} \quad + \quad 0.5\sqrt{B}=\sqrt{1.1\times 15}$$

이 식을 풀면 대략 B=$32이다. 이는 우리의 추측이 합당하고 B+33=$65임을 의미한다.

단계 2 다음에는 식 [9.7]을 이용하여 보험료를 계산한다.

$$\pi=\frac{1}{1.1}\left\{0.25\times 33+0.25\left[33-\left(\frac{33}{65}\times 50\right)\right]\right\}=\$9.23$$

단계 3 더욱이 North American 주주들은 지급가능상황(3과 4)에서만 무엇인가를 수취할 수 있기 때문에 주주들의 수익에 대한 기대치는 다음과 같다.

$$E[S(\theta)]=0.25[100-65]+0.25[150-65]=\$30$$

따라서 North American 주주들의 NPV는 식 [9.8]에 의하여 다음과 같다.

$$NPV=\frac{30}{1.1}-9.23-5=\$13.04$$

단계 4 이제 (ii)를 고려하자. 증권화의 경우 총자산포트폴리오의 수익은 다음과 같이 분할된다.

〈표 9.2〉 포트폴리오의 수익 분포

상황 θ	1	2	3	4
수익 $A(\theta)$	0	50	100	150
증권화된 채권에 대한 수익 $A_o(\theta)$	0	30	60	90
재무상태표자산의 수익 $A_b(\theta)$	0	20	40	60

이제 $50 < B^*+33 < 100$과 $B^* \le \$30$을 추측한다. 그러면 상황 1만이 증권화된 채권의 소유자가 약정액보다 적게 수취하는 유일한 상황이다. 따라서 B^*는 다음의 식을 풀면 얻어진다.

$$0.75 \times \sqrt{B^*}=\sqrt{1.1\times 15}=4.062$$

↑ 상황 2, 3 및 4의 누적확률

위 식을 풀면 B*=$29.33이다.

단계 5 우리는 이제 예금보험료를 계산한다.

$$\pi=\frac{1}{(1+r_f)}\left\{p(1)(1+r_f)d_i+p(2)\left[(1+r_f)d_i-\{A_b(2)+A_o(2)-B^*\}\right]\right\}$$

FDIC는 상황 1과 2에서만 지급할 책임이 있다. 상황 1에서 FDIC는 부보예금자들에게 약정된 전체 지급액에 대하여 책임을 지며, 상황 2에서는 그 금액에서 재무상태표 자산 $A_b(2)$와 증권화된 채권 소유자가 지급받은 후에 부외 자산으로 남은 것 $A_o(2)$-B*을 차감한 것에 대하여 책임이 있다. 따라서

$$\pi=\frac{1}{1.1}\left\{0.25\times33+0.25\left[33-\{20+(30-29.33)\}\right]\right\}=\$10.30$$

단계 6 이제 $B^*+(1+r_f)d_i=29.33+33=\$62.33$. 따라서 $E(S(\theta))=0.25(100-62.33)+0.25(150-62.33)=\$31.34$.

이것은 다음을 의미한다.

$$NPV=\frac{31.34}{1.1}-10.30-5=\$13.19$$

따라서 이 예제에서 증권화로 North American 주주들의 NPV는 1.16퍼센트 증가한다. 이 이득은 비부보예금자, 은행 및 예금보험기관의 위험선호도가 다르기 때문에 발생한다.

증권화의 범위

자산유동화증권의 급속한 증가와 무형자산까지도 증권화하는 증권화의 확대 속에서 당연한 질문은 다음과 같다. 모든 것이 증권화될 수 있는가 그리고 증권화되어야 하는가? 대답은 아니다이며, 왜 아직도 증권화되지 않은 자산이 있는가를 설명하는 세 가지 주요 요인이 있다.* 이 세 요인들이 아래에 논의된다.

(1) 표준화 용이성: 첫째, 자산이 이익이 발생할 수 있도록 증권화되기 위해서는 자산이 비교적 '표준화하기'가 용이하여야 한다. 즉 자산이 유사자산으로 구성된 비교적 동질적인 포트폴리

* Caouette(1990)를 보시오.

오의 한 구성요소이어야 하는 것이 계약의 특징이다. 모기지대출은 아주 좋은 예이다. 주택저당계약은 표준화되어 있고 현금흐름 패턴은 평균적으로 매우 예측가능하다. 항상 이런 경우가 있는 것은 아니다. 증권화가 가능하도록 하기 위해 확실히 표준화가 촉진되었다. 차입매수(LBO)대출의 증권화가 이미 이루어지고 있지만, 특별한 계약 특징(부분적으로 경영자의 개인담보가 포함된 부채비율이 높은 거래〔HLT〕 대출과 차입매수〔LBO〕의 일부 유형과 같은)은 표준화하기가 어렵고 따라서 증권화하기가 어렵다는 것이다. 계약의 동질성이 바람직한 이유는 거래와 정보처리비용과 관련되어 있다. 많은 개인대출이 합쳐지면 투자자는 포트폴리오 수익률만을 평가하여야 한다. 이는 '정보의 다변화'(informational diversification)와 '통계적 위험 다변화'(statistical risk diversification)를 발생시키며, 그 결과 포트폴리오의 현금흐름은 더 예측가능해지고 개별 자산의 특이성에 덜 민감해진다. 이는 총포트폴리오 현금흐름을 바탕으로 특정 증권을 설계하려는 최초계약자/발행자의 문제를 용이하게 한다. 더구나 이는 투자자가 증권화된 자산의 가치를 평가하는 것을 더욱 용이하게 해준다. 이것은 많은 투자자들을 끌어들이고 증권화된 자산에 대한 시장의 유동성을 증가시킨다.

그러나 이것은 더욱 이질적이고 정보민감한 자산, 즉 표준화하기 더욱 어려운 자산이 증권화될 수 없다는 것을 이야기하는 것은 아니다. 오히려 그와 같은 자산들은 증권화가 되기 위하여 더 강화된 신용보강이 필요하다. 극한 사례(limiting case)는 '전액소구권'(full-recourse) 증권화이다. 포트폴리오를 구성하는 자산들이 매우 유사하지 않고 표준화하기 어려울 때, 포트폴리오의 현금흐름은 포트폴리오를 구성하는 증권의 실제 선택에 매우 민감하게 된다. 그와 같은 포트폴리오에 대해서는 더욱 강화된 신용보강이 필요하지만, 어느 정도의 신용보강 이후에는 최초계약자가 신용보강을 더 구매할 가치가 있는 것은 아니다. 따라서 신용보강이 적은 포트폴리오에 대하여 높은 신용등급이 획득될 수 있다는 점에서 표준화는 최초계약자의 자본을 절약하는 것으로 볼 수 있다. 적절한 신용보강 없이는 신용평가기관들과 투자자들은 포트폴리오에 포함된 개별 증권을 더욱 연구해야만 한다. 이를 더욱 명확히 보기 위하여 다음의 예를 살펴보자.

예제 9.4 세 개의 자산이 있는데 이 중 North American Bank가 증권화를 하기 위하여 두 개의 자산을 선택할 수 있는 경우를 고려하자. 이 자산들을 각각 a, b 및 c라고 부르자. 이 자산들은 매우 유사하고 현금흐름분포는 아래와 같다. 자산 i의 '성공' 확률은 p_i이다. 여러 가지 포트폴리오 결합의 확률 분포를 계산하시오. 투자자가 세 자산 중 어느 두 자산이 증권화된 포트폴리오에 포함되었는지를 정확하게 아는 것이 얼마나 중요한가? 만약 자산 c가 자산 d에 의하여 대체되면 여러분의 답은 바뀌는가? 그런데 자산 d는 〔0, 1000〕 구간에 균일하게 분포된 현금흐름을 갖고 있다.

풀이 우리는 이 문제를 두 단계로 푼다. 첫째, 세 자산 중 두 개의 자산으로 이루어지는 포트폴리오, ab, ac 및 bc의 확률분포를 계산하고, 그 결과가 매우 유사하다고 결론을 낸다. 둘째, c를 d로 대체하

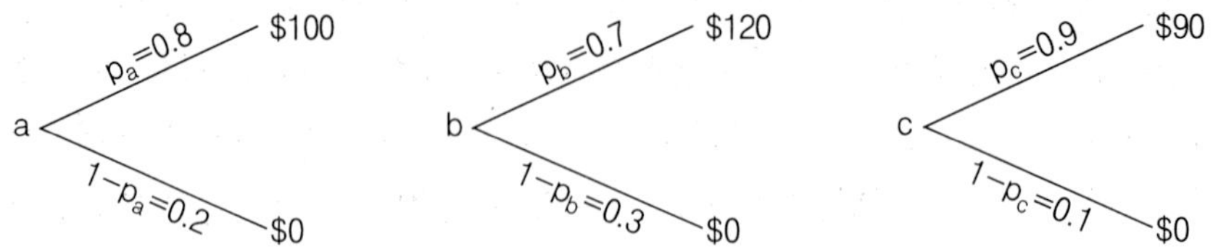

〈그림 9.10〉 자산 a, b 및 c의 확률분포

는 것은 투자자가 이제는 포트폴리오 구성을 알 필요가 있다는 점에서 큰 차이를 가져온다는 것을 보여준다.

단계 1 이제 만약 North American이 자산 a와 b를 선택한다면 총 포트폴리오 현금흐름 분포는 다음과 같다. 확률 0.06(즉 $[1-p_a]\times[1-p_b]$)으로 0, 확률 0.56(즉 $p_a \times p_b$)으로 220, 확률 0.24(즉 $p_a\times[1-p_b]$)로 100 그리고 확률 0.14(즉 $[1-p_a]\times p_b$)로 120이다. 기대치는 164이다. 만약 발행자가 자산 a와 c로 포트폴리오를 구성하면 확률분포는 다음과 같다. 확률 0.02로 0, 확률 0.72로 190, 확률 0.18로 90 및 확률 0.08로 100이다. 기대치는 161이다. 마찬가지로 자산 b와 c로 포트폴리오를 구성하면 확률분포는 다음과 같다. 확률 0.03으로 0, 확률 0.63으로 210, 확률 0.27로 90 그리고 확률 0.07로 120이다. 기대치는 165이다. 포트폴리오의 수익은 아래와 같이 요약된다.

〈표 9.3〉 여러 가지 포트폴리오의 확률분포

상황/포트폴리오	저현금흐름과 확률	중간 현금흐름과 확률	중간이상 현금흐름과 확률	고현금흐름과 확률	기대치
a와 b	0 (0.06)	100 (0.24)	120 (0.14)	220 (0.56)	164
a와 c	0 (0.02)	90 (0.18)	100 (0.08)	190 (0.72)	161
b와 c	0 (0.03)	90 (0.27)	120 (0.07)	210 (0.63)	165

분명히 여러분이 세 개의 포트폴리오 중에서 한 포트폴리오를 매입할지를 결정하여야 한다면 포트폴리오의 정확한 구성을 아는 것은 크게 중요하지 않다. 모든 포트폴리오는 비슷한 기대치를 가지고 있고, 각 포트폴리오는 저현금흐름이 실현될 확률은 낮고, 고현금흐름이 실현될 확률은 높고, 중간과 중간이상의 현금흐름이 실현될 확률은 중간이다.

단계 2 이제 자산 c가 자산 d에 의하여 대체된 경우를 고려하자. 그런데 자산 d는 0과 1,000에 걸쳐서 균일하게 분포된 현금흐름을 가지고 있다. 이제는 투자자가 어느 자산이 포트폴리오에 포함되어 있는지를 아는 것이 매우 중요하다는 것을 쉽게 알 수 있다. 예를 들어 a와 d의 결합은 기대치가 580달러(a의 기대치는 80달러이고 d의 기대치는 500달러이다)인 반면에, a와 b의 결합은 기대치가 164달러이다. 만약 포트폴리오 현금흐름이 분할된다면 후순위 청구권자가 포트폴리오의 구성을 아는 것은 더욱 중요하다. 이것이 동질적인 자산의 풀이 증권화하기가 더 용이한 이유이다.

(2) **사적 정보의 정도:** 또 다른 중요한 고려요소는 자산에 관한 사적 정보의 정도이다. 만약 대출의 최초계약자가 다른 사람들이 알지 못하는 대출에 관한 많은 정보를 가지고 있다면 정보소통비용이 증권화를 어렵게 할 수 있다. 이 점은 정보민감자산이 표준화하기가 더욱 어렵다는 점에서 동질성과 관련되어 있다. 그러나 대출 포트폴리오가 동질적이라고 하더라도 만약 포트폴리오를 구성하는 각각의 대출에 대하여 최초계약자가 사적 정보를 많이 보유하고 있다면 증권화하는 것이 비용이 많이 소요될 수 있다. 정말로 불투명한 자산은 대개 어디서나 참 가치에 근접한 가격으로 팔기가 어렵다. 결과적으로 투자자로 하여금 그들이 충분히 이해하지 못하는 자산을 사도록 유도하기 위해서는 큰 할인이 필요할 수 있다. 그와 같은 자산을 증권화하는 것은 최초계약자에게 유리하지 않을 수 있다. 예를 들어 나이지리아 지방은행의 소비자대출의 포트폴리오를, 특히 역사적 상환패턴에 관한 믿을 만한 통계가 없다면, 미국 내에서 증권화하여 매각하기는 어려울 것이다. 대조적으로 미국의 신용카드매출채권은 미국 내에서 증권화하기가 비교적 용이하다. 신용카드지원자에 대해 초기에 피상적인 심사만 있었기 때문에 대출자가 다른 사람들이 알지 못하는 것을 알고 있을 경우가 많지 않다. 더구나 계약 자체가 상당히 표준화되어 있고, 신용카드 포트폴리오의 상환패턴도 확실히 예측할 수 있다. 비슷한 논리가 소비자 모기지에도 적용된다. 모기지대출을 결정하는 심사절차가 표준화되어 있어서 일단 어느 사람이 모기지 계약을 받으면 그는 계약자 풀에 포함되는데, 이 풀에 관하여 최초 대출자는 신용등급평가기관이나 투자자들보다 더 많이 알지 못한다.

사적 정보가 증권화를 위하여 선택된 자산에 어떻게 영향을 미치는가의 중요한 시사점은 은행의 재무상태표상의 자산의 질이 악화될 수 있다는 것이다. 증권화되는 자산들은 대체로 유동성이 좋은 자산이다. 장부에 남아 있는 자산은 상대적으로 유동성이 좋지 않을 수 있으며 또한 다른 문제점도 가지고 있을 수 있다.* 은행은 비교적 저품질의 자산을 장부상으로 보유하기를 선호할 수 있는데 그 이유는 저품질의 자산을 '참' 가치 대비 크게 할인해야 매각할 수 있기 때문이다. 그런데 참 가치는 사적으로 은행에게만 알려져 있을 수 있다. 종종 유동성과 위험 간에는 역의 관계가 성립하기 때문에 은행의 포트폴리오 위험은 증권화로 인하여 증가할 수도 있다. 이 우려를 감소시키는 것은 타 기관이 최초계약한 대출의 증권화된 청구권을 매입함으로써 은행이 다변화할 수 있다는 사실이다.

물론 정보기술이 발전함에 따라 재무정보를 처리하고 소통하는 비용은 감소한다. 이는 증권화의 비용을 감소시킨다. 분명한 시사점은 증권화는 범위와 규모 면에서 성장할 것으로 기대된다는 점이다.

(3) **도덕적 해이:** 전통적인 대출에서 최초대출자는 대출의 최초계약, 인수, 자금조달 및 사후관리를 모두 결합하여 처리한다. 그러면 대출자는 대출을 모니터링할 인센티브를 가진다. 우리가 3

* Greenbaum and Thakor(1987)는 어떤 조건에서 은행들은 고품질(지급불이행위험이 낮은)의 자산을 증권화하고 재무상태표상으로는 저품질의 자산을 보유한다는 것을 공식적으로 보여준다.

장에서 보았듯이 모니터링은 은행의 중요한 활동이다. 그러나 증권화에서는 최초계약과 자금조달은 분리된다. 이는 증권화된 포트폴리오에서 대출을 모니터링할 최초계약자의 인센티브를 약화시킨다.* 그 이유는 모니터링이 최초계약자에게는 비용이 소요되며, 모니터링의 혜택—증권화된 포트폴리오의 현금흐름 개선—은 증권을 구매한 투자자에게 돌아가지, 최초계약자에게 돌아가지 않기 때문이다. 이런 관점에서 전통적인 은행은 대출 분해에서 동반되는 도덕적 해이에 대한 해답이 될 수도 있다. 확실한 해답은 부분적인 소구권부 증권화를 채용함으로써 신용위험의 일부를 최초계약자에게 다시 되돌리는 것이다. 이는 모니터링 책임이 있는 당사자에게 위험을 부과시켜 도덕적 해이를 감소시킨다.

그러나 소구권은 다른 회계/규제상의 문제점을 제기한다. 증권화를 하려는 강한 인센티브는 예금자의 자금조달비용에 추가적으로 약 125베이시스포인트를 부가하는 것으로 추정되는 자본금 및 지급준비금, 예금보험료 및 기타 비용에서 발생한다는 것을 기억하라. 만약 대출이 소구권이 있는 증권화가 된다면, 그 대출은 대개 은행 장부로부터 제거되지 않으며 따라서 어떤 규제비용도 회피되지 않는다. 그러나 최초계약자는 대출을 장부에 유지함이 없이 도덕적 해이 문제를 다루는 방법으로 소구권에 대한 대안을 사용할 수 있다. 선순위/후순위 구조, 과대담보 및 제3자 보증은 모두 신용보강을 제공하며 그 결과 도덕적 해이를 감소시킬 수 있다.

신용보강은 두 가지 방법으로 도덕적 해이를 다룬다. 첫째, 신용보강은 직접적으로 증권화된 자산의 신용도를 향상시킨다. 따라서 투자자는 최초계약자가 제공하는 인수 및 모니터링의 질에 의하여 영향을 적게 받는다. 둘째, 신용보강은 최초계약자가 증권화된 포트폴리오의 대출을 인수하고 모니터링하는 것을 확실히 하기 위하여 신용보강자가 최초계약자를 모니터링할 인센티브를 발생시킨다. 우리는 신용보강자가 모니터링에 전문성이 있기 때문에 개인투자자들이 최초계약자를 모니터링할 수 있는 것보다 더 효율적으로 최초계약자를 모니터링한다고 기대한다. 더구나 은행이 모니터링 활동을 중앙집권화하여 노력의 중복(duplication of efforts)을 회피함으로써 모니터링 비용을 절약하는 것처럼, 신용보강자도 개인투자자들의 모니터링 중복을 회피함으로써 모니터링 비용을 절약할 수 있다. 그러나 신용보강자 모니터링의 한계 효과성은 모니터링이 증가함에 따라 감소할 것으로 기대되기 때문에(규모의 증가에 따른 수익의 체감[diminishing returns to scale]) 신용보강의 이득에는 자연적인 한계가 있다. 이것은 신용보강자가 최초계약자에게 부과하는 수수료에 반영될 것이다. 자산의 성격(특히 최초계약자의 모니터링에 대한 자산 현금흐름의 민감도)과 원하는 신용보강의 수준에 따라, 추가적인 신용보강이 최초계약자의 관점에서 정당화될 수 없는 신용보강의 수준이 찾아질 수 있다. 도덕적 해이 때문에 증권화하고 최적 수준까지 신용보강하기보다는 최초계약자가 예금으로 자금조달을 하는 것이 더 적합한 자산들도 있다.

* 이러한 논리는 Greenbaum(1987)과 Gorton and Pennacchi(1993)에 나타난다. Mester(1992)는 은행이 자신이 최초계약한 대출을 모니터링하는 것이 은행이 매입한 대출을 모니터링하는 것보다 비용이 적게 든다는 실증적 증거를 제시하고 있다.

기업대출의 일부 형태는 증권화에 적합하지 않다. 그렇지만 우리는 부적합한 기업대출이 감소할 것으로 기대하고 있다. 대출의 가치가 대출자의 모니터링에 크게 의존하는 대출은 우리가 5장과 6장에서 살펴본 바와 같이 대개 많은 도덕적 해이에 직면한다. 그와 같은 대출은 증권화하기가 어렵다. 왜냐하면 필요한 신용보강을 위해서는 비용이 너무 많이 소요되기 때문이다. 달리 이야기하면 최초계약대출자가 제공하는 모니터링의 질을 예측할 수 없으면 대출의 현금흐름도 예측하기가 매우 어렵다. 도덕적 해이의 관점에서 우리는 그와 같은 대출은 드물게 증권화될 것으로 기대한다. 이것은 우리가 관찰한 것이다. 그렇지만 우리는 미래에 증권화되지 못하는 기업대출은 거의 없을 것으로 기대한다.

증권화에 관여한 금융기관의 전략적 이슈

증권화는 은행과 그 밖의 금융기관이 청구권을 유동화하고 자금조달관리를 다변화하는 기법이다. 증권화의 거대한 성장은 자본시장에서 진행되고 있는 사고의 혁명(revolution of ideas) 지표 중의 하나일 뿐이다.*

재무상태표 관리수단으로서의 증권화

이미 보았듯이, 증권화는 금융기관이 다양한 위험을 관리하기 위하여 사용하고 있다. 위험은 다음과 같다.

- 이자율위험
- 조기상환위험
- 신용위험
- 유동성위험

대부분의 대출채권매각(loan sales)과 대출채권분할매각(loan participations)은 최초계약 대출자에 대한 명시적 소구권 없이 이루어진다. 따라서 위에 언급된 모든 위험도 함께 매각된다. 자산유동화증권(ABS)시장에서는 소구권은 훨씬 더 일반적이다. 따라서 오직 위험의 일부만이 판매자에 의하여 처분된다. 이 차이에 대한 이유는 알기 어렵지 않다. 대출채권매각과 분할매각의 경우에는 관련된 위험을 평가하거나 충분한 모니터링을 확실히 할 수 있는 능력을 갖춘 당사자

* Lelogeais(1990)와 Bevier(1990)를 보시오.

또는 금융기관들이 관여한다.* 그러므로 소구권은 관련 규제비용과 함께 회피된다. 그러나 증권화에는 비교적 소수의 투자자들을 다루는 금융기관이 관여하며, 증권화 경우에 투자자들은 충분한 모니터링이 이루어질 것이라는 것을 소구권을 통해 확인하고자 한다.

경영에 대한 시사점은 금융기관은 (소구권 없는) 증권화를 통하여 위험을 분리함으로써 얻는 이익을 증권화의 비용과 비교해서 주의 깊게 균형을 맞추어야 한다는 것이다. 한편으로는 증권화의 대안인 예금을 통한 자금조달은 이자비용과 규제비용을 수반한다. 다른 한편으로는 증권화는 고정비용(법적 비용과 분배비용)과 신용보강비용(자산 풀의 이질성과 정보민감도의 함수인)을 수반한다. 대체적인 자금조달방식의 비용에 따라 어느 자산을 증권화하고 얼마만큼의 신용보강을 매입자에게 제시할 것인가를 선택하여 금융기관이 결정할 것이다. 우리가 이미 앞에서 보았듯이 매우 불투명한 자산은 증권화하기가 어렵다. 금융기관은 분할매각협정하에서 다른 대출자를 포함시키거나 전적으로 자신이 자금조달하는 방안을 선호한다. 다시 말해서 즉 금융기관이 불투명한 자산의 가치를 발견하는 데에 비교우위를 가지지만 그 가치를 투자자들에게 설명하기가 어려운 자산의 경우에는 재무상태표 자금조달이 선택된다.**

가격결정 수단으로서의 증권화

은행산업으로의 진입이 더욱 용이해짐에 따라 과거 수년간에 걸쳐 은행들은 더 큰 가격 경쟁에 대처하는 방법들에 부딪치게 되었다. 은행들은 경쟁을 하여야 하지만, 은행들은 또한 이익이 발생할 수 있는 수준에서 가격결정을 하고 있다는 것을 확신해야만 한다. 일부 은행들은 최초계약하는 대출에 최저금리를 설정함으로써 이를 실행하려고 한다. 은행들은 이를 '최저매입금리'(minimum buy rate)라고 부르며, 대출에 필요한 자금조달 추정비용에 은행이 수용가능한 최저수익을 제공하는 스프레드를 더하는 수준으로 최저매입금리를 결정한다.*** 불행히도 은행들은 종종 어떤 특정 자산의 실질 자금조달비용을 정확하게 결정할 수가 없다. 많은 은행들이 전반적인 자금조달 평균비용에 근거하여 대략적인 계산을 하고 있다.

증권화는 은행이 자신의 가격결정의 정확성을 개선하는 데에 기여할 수 있다. 예를 들어 만약 은행이 최초계약한 자산을 증권화된 풀로 계속적으로 편입시킨다면 은행은 가격결정을 직접 그 자산의 자금조달비용에 바탕을 둘 수 있다. 이는 일관성 있는 시장에 의한 가격결정이 이루어짐을 의미하며 은행이 항상 이익이 발생하는 스프레드에서 자산을 최초계약하고 있음을 보증하는 것이 된다. 더구나 증권화는 최초계약 은행으로 하여금 준비금과 자본 소요의 비용을 회피하는 데에 기여하고 있기 때문에 증권화는 비증권화의 은행 경쟁자들에 비해 경쟁적 우위를 제공한다.

---

* 대출채권매각의 경우에도 역시 판매자는 때때로 대출의 오직 일부만을 매각하고, 일부는 자신의 장부에 유지한다. 이것은 신용보강에 대한 대체로 볼 수 있다.

** Lelogeais(1990)를 보시오.

*** Bevier(1990)를 보시오.

이는 은행이 가격을 내리고 시장점유율을 증가시키게 하거나 또는 현재의 가격에서 더 높은 이윤폭(profit margins)을 달성하게 한다.

시장 침투 및 시장 다변화를 위한 전략적 무기로서의 증권화

시장 침투: 특정 시장에서 자신의 비교우위에 관하여 철저한 분석을 한 후에, 여러분의 은행은 최적 전략이 특정 시장에서 가격 리더가 되고 시장점유율을 제고하는 것이라고 결정하였다고 하자. 그러나 빠르게 변화하는 시장여건은 순이자마진(net interest margin, 대출금리와 해당대출을 위한 은행의 자금조달비용과의 차이)이 무작위로 변동하여 때때로 배분된 자본의 최소요구수익률 이하로 떨어질 수도 있다는 것을 의미한다는 점에서 여러분은 상당한 위험이 존재한다고 걱정한다. 전략적인 이유에서 시장에 끊임없이 참여하는 것이 여러분의 은행을 위하여 필요하다. 그러나 여러분의 미래 이자마진(interest margin)이 무작위성을 보인다는 것은 그와 같이 전략적으로 추진된 계속적인 시장 참여가 비용이 많이 소요된다는 것을 의미한다. 그 결과 여러분의 은행은 시장에서 계속 참여하기 위하여 정기적인 손실을 감수해야 할 수도 있다. 이는 다음과 같은 점에서 과소투자(underinvestment) 문제의 한 형태이다. 즉 장기적으로는 지속적인 시장참여가 여러분에게 가장 최상의 방안이 되겠지만, 단기적인 비용 때문에 여러분이 투자를 하지 않을 수도 있다.

지능적으로 설계된 증권화 프로그램은 이런 장애물을 극복하는 아주 우수한 전략적 무기가 될 수 있다. 여러분의 은행이 고품질 저마진의 자동차대출 시장을 목표로 정했다고 하자. 그러면 여러분은 이 자동차대출이 주기적으로 증권화되는 기업어음 프로그램에 참여할 수 있다. 자동차대출의 가격결정은 시장여건에 일치하도록 매일 조정될 수 있다. 여러분은 대출의 최초계약 시점에 어떤 대출이라도 마진을 결정할 수 있고, 대출을 기업어음 프로그램 참여를 통하여 자금조달할 때의 수익성은 물론 대출을 예금으로 자금조달할 때의 수익성을 각각 계산할 수 있다. 만약 대출이 예금을 통한 자금조달이나 증권화 대안을 통한 자금조달에서 모두 수익성이 없다면 여러분은 대출기회가 그냥 지나가도록 할 것이다. 만약 대출을 예금으로 조달하는 것이 가장 수익성이 좋다면 여러분은 대출이 여러분의 재무상태표에 나타나도록 할 수 있다. 그러나 이번 대출은 예금으로 자금조달하는 것이 수익성이 없다고 하자. 그러면 대출기회를 지나가게 하기보다는 여러분은 대출을 증권화하는 것이 수익성이 있는지 여부를 검토할 수 있다. 재무상태표 대출이 수익성이 없는 때조차도 증권화(기업어음 비용으로)는 여러분에게 수익성이 있는 경우가 있을 것이다. 따라서 은행은 증권화를 채택함으로써 전략적으로 선택한 시장 영역에서 더 지속적인 참여를 확실히 할 수 있다. 본질적으로 다양한 자금조달 원천을 유지하는 데에 고정비용이 발생하더라도 이것이 여러 자금조달 원천을 유지하는 것을 찬성하는 논리이다. 그와 같은 전략은 유동성 목적을 위해서도 추진될 수 있다는 것도 주목하라.

다변화: 우리가 5장에서 살펴보았듯이 자산 포트폴리오의 다변화는 은행의 파산위험을 크게 감소시킬 수 있다. 이는 전혀 새로운 통찰력이 아니다. 사실상 모든 은행가는 이것을 알고 있다. 그렇지만 아직도 대출 포트폴리오에는 집중(concentration)이 증가하는 추세를 보이고 있다.* 이는 특히 기업대출 포트폴리오의 경우에 사실이다. 이유는 경쟁의 격화로 은행들이 이윤마진(profit margin)을 유지하기 위하여 경쟁력이 있는 분야를 개척하여야 했기 때문이다. 은행들은 자신이 비교우위에 있는 시장에서 그들의 대출을 전문화하였다. 그리고 이는 자연히 지리적 집중 또는 산업의 집중 또는 둘 모두의 집중으로 나타난다. 따라서 전문화(specialization)와 다변화(diversification) 간에 갈등이 발생한다.

은행가들은 처음에는 국제대출에 참여하고 주은행법(state banking law)의 족쇄를 극복할 의도로 대출사무소의 전국적인 네트워크를 통하여 확장함으로써 이 갈등에 대처하였다. 그러나 여러 은행의 경우 결과는 실망적이었다. 새로운 신용환경에 대한 불충분한 지식과 새로운 관계를 형성하는 데에 필요한 마케팅 비용의 증가로 손실이 발생하였다. 이러한 성공하지 못한 다변화 시도에 대한 반작용으로 은행은 익숙한 지역/산업 시장 영역으로 퇴각하였다.

증권화는 은행이 지리적 한계를 극복하도록 허용함으로써 과소다변화로부터 대출 포트폴리오를 구해낼 수 있다. 은행은 자신이 다른 사람보다도 더 잘 아는 차입자에 대한 대출을 최초계약하고 사후관리할 수 있다. 그들의 고급지식에 대한 보상은 더 높은 스프레드와 이윤마진으로 나타날 것이다. 그러나 이 대출을 자금조달함으로써 다변화를 희생시킬 필요는 없다. 최초계약 은행은 이 대출의 일부를 증권화할 수 있고, 그럼으로써 자본을 자유롭게 하여 다른 대출기회를 추구하고 다변화할 수 있다. 더구나 다른 산업과 특정 지역에 전문화된 은행에 의하여 증권화된 대출을 은행은 매입할 수 있다. 이 역시 다변화를 촉진할 것이다.

은행의 전반적인 전략의 관점에서 볼 때, 증권화는 이전에는 닫혀 있었던 문을 열고 있다. 은행은 과소다변화의 위험 없이 산업과 지역에 전문화하는 것은 물론 단지 새로운 시장에 계속 참여하기 위하여 정기적인 손실에 대한 계획을 세울 필요 없이 새로운 시장을 공격적으로 추구해 나아갈 수 있다.

전략적 의사결정과 증권화 구조

은행의 규제적이고 경쟁적인 환경이 더욱 진행되어감에 따라, 증권화는 지금까지 적응해 온 것과 같이 앞으로도 계속 적응해 나아가야만 할 것이다. 기업의 창의성은 지금까지 은행의 전술적이고 전략적인 목표의 수행을 허용하는 혁신적인 증권화 구조와 부딪쳐왔고, 그 결과 증권화되는

---

* Haidorfer(1990)를 보시오. Boyd and Smith(1993)는 증권화와 관련된 시각을 제시하고 있다. 그들은 대출자가 다른 영역에서 차입자를 모니터링하는 것보다 자신의 영역에서 차입자들을 모니터링하는 것이 더욱 효율적이라고 주장한다. 따라서 은행은 모든 자신의 자산을 최초계약하고 모니터링하기보다는 다른 은행이 최초계약하고 증권화한 일부 자산을 매입함으로써 다변화하는 것이 최적이라는 것을 종종 알게 된다.

유형자산과 무형자산이 증가하여 왔다. 우리는 이 추세가 지속될 것으로 기대한다.

대출채권매각과 대출증권화의 비교

우리가 7장에서 고려한 대출채권매각은 세 가지 기본적인 차이를 제외하고는 자산 증권화와 유사하다. 첫째, 대출채권매각은 단지 대출 포트폴리오 소유권의 일부를 최초계약자로부터 다른 사람들에게 이전하는 데 반해, 증권화는 현금흐름패턴과 자산의 특성을 변경한다. 따라서 대출채권매각은 브로커기능인 반면에, 증권화는 질적자산변환(2장을 기억하시오)기능이다. 둘째, 증권화에서는 자산에 대한 청구권이 자본시장에서 유가증권으로 매각되어 결과적으로 최초 대출은 시장거래 유가증권으로 바뀌게 되는 데 반해, 대출채권매각에서는 자산은 중요한 질적인 변환 없이 단순히 한 은행에서 다른 은행으로 이전된다. 셋째, 대부분의 대출채권매각은 판매자에 대한 명시적인 소구권 없이 이루어진다. 더구나 비록 최초계약자가 유지하는 대출의 일부가 도덕적 해이를 완화시킨다는 면에서 다소 신용보강과 같은 기능을 수행하지만, 증권화와 달리 보증, 보험 또는 다른 형태의 명시적 신용보강이 대개 없다. 따라서 대출채권매각은 대개 판매자의 재무상태표에서 영원히 제거된다.

대출채권매각과 증권화의 가장 현저한 차이 중의 하나는 다른 은행에 매각되는 대출채권매각의 경우에는 자산은 은행산업 내에 머무는 반면에 증권화에서는 자산이 자본시장투자수단으로 전환된다는 것이다. 그러나 대출채권매각과 증권화는 은행에 전략적 선택의 관점에서 유사한 장점을 제공한다. 특정 지역과 특정 산업에서 차입자에 대한 대출을 최초계약, 사후관리 그리고 모니터링하는 은행의 능력은, 은행이 포괄적인 대출채권매각과 자산-증권화 프로그램을 설계하고 실시할 때, 다변화의 목적을 양보함이 없이 수익성이 있는 용도로 사용될 수 있다.

결론

증권화와 은행산업의 발전

증권화는 대출을 거래되는 유가증권으로 질적(자산)변환을 시킨다. 이러한 증권화는 아마 금융시스템에서 가장 중요한 개혁의 엔진이다. 증권화 추세는 은행과 저축은행의 상대적 자금조달비용이 크게 감소하지 않는 한 지속될 전망이다. 과거의 자금조달 우위는 예금금리상한제, 할인과 선금(advances), 예금보험과 조세제도 그리고 은행산업으로의 진입 규제에 바탕을 두고 있다. 이러한 우위가 다시 회생할 가능성은 없어 보인다. 따라서 도덕적 해이에 대한 적용가능한 해결책이 개발될 수 있는 한 증권화는 앞으로 성장할 것으로 예상된다. 만약 최초계약자에 어떤 형태의 소구권이 포함되는 해결방안이 있다면 그 해결방안은 회계사, 감독당국 및 계약당사자들을 만족시킬 필요가 있다.

저축은행 자산의 증권화는 상업은행 자산의 증권화보다 훨씬 더 발전되어 있다. 이는 주로 패니 메이(Fannie Mae), 프레디 맥(Freddie Mac) 및 지니 메이(Ginne Mae)가 수수료의 대가로 단순히 그들 자신이 신용위험을 받아들임으로써 인수(underwriting)와 자금조달(funding)의 분리에 따른 도덕적 해이 문제를 해결하였기 때문이다. 오직 최근에서야 일부 저축은행들은 저축은행의 모기지 포트폴리오를 유동화하고 보조금이 포함된 보증 서비스를 제공하는 수단 역할을 하던 이 기관들이 장기적으로는 저축은행의 필요성도 없게 만들 수 있다는 것을 깨닫게 되었다. 이것이 패니 메이(Fannie)와 프레디 맥(Freddie)을 민영화하는 제안서의 핵심이다. 만약 자금조달 측면에서 저축은행의 역할이 감소하면 최초계약/인수 역할은 매우 중요해진다. 만약 민간기구가 저축은행이 최초계약한 자산의 신용위험의 일부를 부담한다면, 저축은행이 최초계약시에 신용위험을 어떻게 평가하고 처리했는지는 이 민간기구에게 중요하다. 그리고 만약 저축은행이 이와 같은 중개기능에 전문화되면 저축은행은 약간의 지대(rents)를 획득한다고 기대할 수 있다. 그러나 정부기관이 효율적인 인수기준에 의거 신용위험 보증을 제공한다면 금융기관의 마지막 역할이 위험에 처하게 될지도 모른다. 따라서 저축은행의 주택금융서비스에서 저축은행을 보완하고 보조하기 위하여 설립된 이 기관들은 트로이 목마(Trojan horse)가 될 수도 있다!

상업은행에 대해서는 대출의 유통시장에서 준정부적인 촉진기관이 없다. 도덕적 해이가 일부 은행자산을 이용한 증권화의 출현을 막고 있지만, 우리는 은행들이 이 문제를 극복하기 위하여 적용가능한 위험분담 계약을 개발할 것으로 기대할 수 있다. 그와 같은 발전은 지금까지 증권화가 이루어지지 않은 자산의 증권화에 대한 수문(floodgate)을 개방할 것으로 예상된다. 이는 단지 우리가 과거 10년간 목격한 추세의 지속이다.

증권화의 성장과 함께 일부 은행들은 신용위험을 평가하고 차입자들을 모니터링하는 데에 전문가가 되었다. 이것은 새로운 은행시스템에 대한 추진력을 생성한다. 새로운 지급제도가 증권시장, 뮤추얼펀드 및 신용카드 주변에 나타날 것이다.

장기적으로 최초계약과 자금조달의 전체적인 분리가 발생하면 은행의 지급시스템과의 연계성은 약화될 수 있다. 이는 은행규제의 필요성 자체를 논의의 대상이 되게 할 수 있다. 결국 규제의 일반 논리는 은행제도의 안전성과 건전성이 바람직하다는 것이다. 왜냐하면 은행은 통화량에 영향을 미치므로 통화정책의 수행에 영향을 미치기 때문이다.

Lone Star Bank의 사례 연구

서론

Lone Star Bank는 캘리포니아의 Palo Alto에 자리 잡은 비교적 작지만 빠르게 성장하는 지역은행이다. 최근 몇 년간 은행은 소형의 개인컴퓨터 제조자에 대한 대출에 전문화되어 있다. 역사적으로 이 은행의 고객들은 대부분 Palo Alto와 그 주위 그리고 '실리콘 밸리' 지역 주변에 위치하고 있다. 그러나 지난 수년간 은행은 다른 고급기술(high-tech)성장 지역에서 유사한 사업을 추구해왔다. 비록 은행은 일부 경쟁은행만큼 크지는 않지만 컴퓨터산업을 이해하는 은행으로 아주 좋은 평판을 유지하고 있다.

Lone Star의 최고경영자(CEO)인 John Langston은 개인컴퓨터산업의 성장은 상당히 오래 지속할 것으로 확신하고 있다. 은행은 현재의 평판과 전문성을 더욱 확대 강화하고자 하지만 두 가지의 주요 제약조건에 직면하고 있다. 첫째, 산업의 빠른 성장과 보조를 맞추기 위해서는 은행은 어려운 자금조달 이슈를 해결하여야 한다. 왜냐하면 은행이 이용할 수 있는 예금저변(base of deposits)이 다양한 규제와 경쟁요소에 의하여 제한되어 있기 때문이다. 특히 레버리지 비율 제약조건으로 말미암아 은행이 더 많은 예금저변을 확보하기 위해서는 추가적인 자본을 조달하여야 하는데, 이는 비용이 많이 소요되는 대안으로 평가되고 있다. 둘째, 은행은 전략적인 이유로 시장에서 상당히 지속적인 참여를 유지해야 한다. 시장점유율이 하락하면 경쟁은행이 동 사업분야에서 론스타 은행과 동등한 수준의 평판을 축적하도록 허용할 수 있다.

이러한 고려사항을 염두에 두고 Langston은 은행의 대출가격결정 정책에 관한 그의 염려를 논의하기 위하여 부회장인 Lana Tanner와 Hugh Akston을 그의 사무실로 오도록 한다.

1차 회의

Langston: 두 분 모두 우리의 상황을 알고 계십니다. 우리가 이 컴퓨터회사 대출을 지금까지 해온 이래 우리는 큰 성공을 거두었습니다. 우리는 다른 은행들이 이해하지 못했던 기회를 보았습니다. 그러나 나는 몇 가지 사항에 대하여 우려하고 있습니다. 첫째, 우리 사업의 대출 포트폴리오가 컴퓨터 산업에 정말 크게 집중되어가고 있습니다(서류 A를 보시오). 둘째, 우리가 이 분야 대출에서 성공을 거둔 것은 우리가 이 대출들에 대하여 정확히 가격결정을 하지 못하고 있다는 것을 의미할 수도 있다고 걱정이 됩니다. 우리의 자산수익률이 최근에 다소 하락하고 있고(서류 B를 보시오), 나는 우리가 우리의 대출을 너무 저렴하게 가격결정을 하고 있다고 생각합니다.

Tanner: 글쎄요, 명백히 해야 할 일은 일부 다른 시장에 진출하여 다변화를 시도하는 것입니다. 그러나 우리는 우리가 과거 몇 년 전에 경험했던 큰 실수를 잊을 수 없습니다. 그때 우리는 부동산개발 대출을 크게 확장했었다고 생각합니다(서류 C를 보시오).

Langston: *(그는 신음소리를 낸다.)* 아, 그것은 확실합니다. 우리는 그 대출로 타격을 입었었습니다. 나는 우리가 그로부터 교훈을 배웠다고 생각합니다. 우리는 우리가 잘하는 것에 충실해야 합니다.

Akston: 우선, 다음에 고려할 것은 일부 우리 자산을 매각하는 것입니다. 대출에 소요되는 자금조달의 일부를 다른 곳으로 바꿈으로써 우리는 우리가 가장 잘하는 것, 즉 성공적인 기업을 발굴하여 모니터링하는 것에 집중할 수 있습니다. 그런 방법으로 우리는 이 산업 분야에 머물면서 동시에 우리의 포트폴리오를 다변화할 수 있습니다. 나는 대출채권을 일부 매각을 하는 것에 관하여 일부 다른 은행들과 이야기하고 있습니다.

Langston: 아주 훌륭합니다. 전망은 좋아 보입니까?

Akston: 불행히도 정말로 좋아 보이지는 않습니다. 당신도 아시다시피, 우리가 접촉한 대부분의 회사들은 너무 작은 기업들입니다. 이 모든 기업들이 최종사용자 상품을 생산하고 있다는 것은 기술과 비용의 조그만 차이가 기업의 수익성을 크게 다르게 할 수 있다는 것을 의미합니다. 우리는 모든 분야에서 최고인 컴퓨터 명인의 팀을 가지고 있습니다. 그렇지만 얄궂게도 우리가 이 시장에서 비교적 더 큰 은행들을 압도했던 지식의 우위로 인하여 그들은 우리로부터 직접 대출을 매입하는 것에 두려움을 가지고 있습니다. 그들은 우리만큼 우량 차입자와 비우량 차입자를 구별할 수 있다고 생각하지 않습니다. 그리고 그들은 우리가 비우량대출채권(losers)을 그들에게 속여서 처분할지도 모른다고 두려워합니다. 결론은 우리가 대출을 실제가치보다 훨씬 싼 가격으로 매각하거나 그렇지 않으면 막대한 신용보강을 제공하여야 한다는 것입니다(서류 D를 보시오).

Langston: 자 이제, 두 분께서 이 문제를 더 상세히 검토해주시기 바랍니다. 특히 우리 대출 포트폴리오의 일부를 증권화하는 가능성을 검토해 주십시오. 우리의 선택권이 무엇인지 찾아보시고 다음 주에 나에게 다시 오십시오.

[회의는 끝난다. Lana Tanner와 Hugh Akston은 은행이 이용할 수 있는 선택권에 관하여 작업을 시작한다. Tanner는 여러 종류의 증권화 시장에 대하여 조사할 예정이고, 반면에 Akston은 회계 및 규제 사항을 점검할 예정이다.]

2차 회의

Langston: 자, Lana, 당신은 더 직접적인 증권화의 가능성에 대해 조사할 예정이었습니다. 당신은 자산유동화채권으로 매각하기 위하여 우리가 우리 대출의 일부를 풀(pool)로 포장할 수 있다고 생각하세요?

Tanner: 불행히도 우리가 대출해준 기업들은 매우 유사한 제품을 판매용으로 생산하고 있지만, 기업들은 재무구조, 비용 등에서 매우 상이합니다. 예를 들어 Gell Microsystem은 Sintel과 메모리칩을 현재 가격으로 구매하는 장기계약을 체결하고 있습니다. 그래서 만약 정부당국이 일본 칩에 관세를 부과하여 메모리칩의 가격이 전반적으로 상승하면 Gell은 이득을 얻습니다. 다른 기업들은 산업의 다른 부문에서 다양한 장기 및 단기 계약을 체결하고 있고, 일부는 정말로 복잡한 소프트웨어 면허협정도 체결하고 있습니다. 간단히 이야기하면 이 기업들은 매우 동질적이지 못합니다(서류 E를 보시오). 그들의 유일한 공통점은 그들의 산업 그리고 매출의 상당부분이 사업리스협정을 통해 이루어진다는 사실뿐입니다.

Langston: 그래서 결론은 무엇입니까?

Tanner: 글쎄요, 우리는 이 기업들에 대한 우리 대출의 일부를 포장하는 것을 시도해 볼 수 있습니다. 그러나 이 기업들 간의 매우 상이한 수익으로 인하여 투자자들은 어떤 기업이 풀에 포함되었는지에 관하여 많이 알아야만 할 것입니다. 내가 이야기해본 월 스트리트 사람들은 우리가 이것들을 매각하려고 시도하는 과정에서 많은 베이시스포인트(basis points)를 잃게 될 것이라고 생각하는 듯합니다. 또는 그렇지 않으면 우리는 과대담보를 제공하거나 보험보증(insurance bond)을 매입하여야 합니다.

Langston: 자, 우리가 진퇴양난에 처한 듯합니다. 한편으로 우리는 어느 누구보다도 더 잘 양호한 대출상황을 확인하고 모니터링을 할 수 있는 능력을 보유하고 있습니다. 그러나 바로 이 장점이 우리가 이 대출들을 우리의 장부에서 제거하는 것을 어렵게 하고 있습니다.

Akston: 또한 우리가 아직 이야기하지 않은 요소가 있습니다. 당신이 언급했듯이 우리는 하나의 비교적 좁은 산업에 정말로 크게 집중하고 있습니다. 더구나 개인용 컴퓨터산업은 역사적으로 거시경제의 변화에 매우 민감합니다. 경제가 어려워질 때, 개인들과 기업들은 쉽게 새로운 컴퓨터의 구매를 연기할 수 있습니다. 이것은 우리가 대출해준 모든 기업들이 아마 매우 높은 상관관계의 지급불이행 패턴을 가지고 있다는 것을 의미합니다. 우리의 많은 개인 고객들도 역시 컴퓨터 업계에서 일하고 있습니다. 따라서 우리 소비자대출의 지급불이행 패턴도 역시 컴퓨터산업과 서로 관련되어 있습니다. 만약 우리가 소구권부로 증권화를 한다면 우리는 컴퓨터 업계 경기의 전반적 변화에 대하여 우리를 정말로 다변화하지 못한 것이 됩니다. 경기의 하강은 오직 일시적입니다. 그리고 우리는 그것을 과거 헤치고 나아간 적이 있습니다. 그러나 우리가 어느 정도 진짜 다변화를 이루지 못하면 우리는 이 특별한 위험에 관하여 훨씬 더 크게 영향을 받을 것입니다. 그리고 우리는 어려운 시기 동안에 다변화가 잘 이루어진 은행들에게 전략적 시장점유율을 잃을지도 모릅니다.

Langston: 아이쿠! 글쎄, 이것은 어렵군요. Hugh, 당신이 조사한 것을 이야기하시오.

Akston: 자, 한 가지는 명백합니다. 우리가 이 대출들을 크게 할인해서 매각할 의향이 없다면 우리는 상당한 규모의 소구권을 유지해야만 할 것입니다. 그것이 의미하는 것은 규제회계원칙(RAP) 목적상 특히 우리는 이 대출들을 우리의 장부에서 제거하는 것에 어려움을 겪게 될 것이라는 것입니다.

Langston: 좋소, 자, 내가 두 분께서 할 일을 제시하겠습니다. 우리는 은행이 택할 많은 상이한 선택권에 대하여 논의하였습니다. 그러나 이제는 행동으로 옮길 시간입니다. 나는 여러분이 함께 작업해서 우리가 언급한 각각의 선택권은 물론 여러분이 생각할 수 있는 다른 어떤 방안에 대해서도 체계적으로 조사하면 좋겠습니다. 각 접근법의 찬성과 반대는 무엇인지를 나에게 다시 보고하고, 어느 정책이 우리에게 최상인지에 관한 최종 추천을 나에게 제출하십시오.

과제

사례에서 언급된 각 방안의 찬성과 반대를 발표하되 기본적으로 중요한 이슈를 확실히 포함시키시오. 대체적인 방안에 관하여 창조적으로 생각하여 은행의 개선방안을 도출하시오.

서류 A
Lone Star Bank의 산업별 대출 포트폴리오

	2000	2001	2002	2003	2004	2005
건설	23%	28%	35%	38%	27%	23%
컴퓨터 제조	32%	38%	43%	47%	52%	55%
소매점	17%	18%	12%	10%	13%	12%
유통	5%	5%	4%	4%	5%	4%
기타	23%	11%	6%	1%	3%	6%

서류 B
Lone Star Bank
수익성 지표

	2000	2001	2002	2003	2004	2005
자산수익률(ROA)	0.900	0.875	0.000	0.834	0.752	0.654
자기자본수익률(ROE)	11.2	11.0	0.0	9.4	8.7	6.32
총이익	54.8	54.2	50.1	54.5	53.0	51.2

서류 C
Lone Star Bank
건설/부동산개발 대출

	2000	2001	2002	2003	2004	2005
규모(백만)	46.0	61.6	84.7	101.1	82.6	80.9
대출손실(퍼센트)	0.9	1.1	2.1	3.4	1.9	1.1
추정순이익	0.02	0.01	-0.02	-0.02	0.00	0.01

서류 D
대출채권매각 추정금액

정적 원리금자동이체증권 2,000만 달러 액면가 풀에 근거한 추정금액. 시장가치는 접촉한 투자은행들의 추정치의 평균임.	
참 가치(추정된 미래현금흐름의 NPV)	$17,200,000
소구권 없는 대출채권매각(신용보강 없음)	$16,100,000
전액 소구권부 대출채권매각	$17,200,000
소구권 없는 대출채권매각(700,000달러의 비용으로 신용보강 있음)	$17,100,000

서류 E
고객 개요

기업명	매출액(백만 달러)	종업원	D/A	ROA	P/E
Gell Microsystems	523	2100	0.40	0.21	23
Encore Systems	215	1450	0.80	0.19	*
Southgate Comp. Systems	207	934	0.67	0.23	31
Texlon	185	1200	0.32	0.13	18
ZEON	127	600	0.87	0.29	42

* 기업공개가 되지 않아 거래되지 않음.
주석: D/A는 장부가치기준으로 부채/총자산.
ROA는 자산수익률.
P/E는 주당이익 대비 주가의 비율임.

연습문제

1. 대출채권매각과 증권화 간의 유사점과 차이점은 무엇인가?
2. 대출 거래의 네 가지 기본적인 요소는 무엇인가? 왜 이 네 가지 요소는 처음에는 통합되었으며, 왜 지금은 증권화를 통하여 분해되고 있는가?
3. 원리금자동이체증권(정적 및 동적 풀 양자), 자산유동화채권 및 원리금이체채권을 특히 이 계약 간의 차이점에 특별한 초점을 맞추어 논의하시오.
4. CMOs와 REMICs는 무엇인가?
5. 원리금자동이체증권이 원리금이체채권보다 더 널리 사용된 이유는 무엇인가 그리고 왜 지금은 REMICs가 원리금자동이체증권을 대체하고 있는가?
6. I/O-P/O strip은 무엇인가 그리고 그것들은 이자율위험을 헤징하기 위하여 어떻게 사용될 수 있는가?
7. 증권화를 촉진하는 공급측면과 수요측면의 요인은 무엇인가?
8. 자산유동화기업어음(ABCP)은 무엇인가? 그것은 왜 널리 사용되었는가? 왜 기업들은 은행을 피해서 직접 담보부 기업어음을 발행하지 않는가?
9. 증권화에 어떤 '자연적인' 한계가 있는가? 한계는 무엇인가? 어떤 종류의 자산이 가장 증권화될 가능성이 크고 어떤 자산이 증권화되기 쉬운가?
10. 금융기관이 어떻게 증권화를 재무상태표 관리와 가격결정의 전술적 수단으로 사용하고 그리고 시장 침투와 다변화를 위한 전략적 무기로 사용하는지를 설명하시오.
11. 예상되는 증권화의 미래 성장은 은행의 생존성과 연방준비은행이 통화량을 통제할 능력에 대하여 무엇을 미리 알려주는가?
12. 은행 A는 두 건의 대출을 보유하고 있는데, 각각의 대출은 1기간 후에 상환될 예정이고 대출의 현금흐름은 독립적이고 동일하게 분포된 확률변수이다. 각 대출은 확률 0.8로 은행에 250달러를 상환하고, 확률 0.2로 125달러를 상환한다. 그러나 은행은 이를 아는 반면에 미래의 투자자들은 이 은행의 대출 포트폴리오와 B은행의 대출 포트폴리오를 구별할 수 없다. 그런데 B은행도 동일한 두 건의 대출을 보유하고 있지만 각각의 대출은 확률 0.5로 250달러, 확률 0.5로 125달러를 상환한다. 투자자의 사전 믿음(prior belief)은 은행 A가 더 높은 가치의 포트폴리오를 가질 확률은 0.4, 더 낮은 가치의 포트폴리오를 가질 확률은 0.6이다. 은행 A는 이 대출들을 증권화하고자 하며, 만약 증권화를 신용보강 없이 하면 대출의 참 가치를 투자자에게 소통하는 비용이 참 가치의 8퍼센트라는 것을 알고 있다. 은행 A의 증권화 대안을 탐구하시오. 신용보강을 이용할 수 있고, 신용보강자는 대출 포트폴리오의 참 가치를 (거의 비용이 들지 않고) 결정할 수 있다고 가정할 때, 은행 A는 어떤 종류의 신용보강을 매입하여야 하겠는가? 모든 사람은 위험중립이고 할인율은 영이라고 가정하시오.

13. 아래에 주어진 대화는 "친구들의 대화"로부터 다소 수정된 발췌이다. 내용을 비평하시오.

사회자: 좋습니다! 당신의 말도 맞습니다, 알렉스. 그러나 저는 이해가 안 되는 것이 하나 있습니다. 만약 은행이 매우 안전한 자산에만 투자하도록 허용된다면, 은행이 현재 자금조달하고 있는 모든 자산은 어떻게 됩니까?

애플턴: 별거 아닙니다. 이것들은 자본시장으로 옮겨가거나 또는 비부보예금으로 자금조달할 수 있습니다.

사회자: 그러나 그와 같은 탈중개화(disintermediation) 또는 재중개화(reintermediation)가 반드시 좋은 것입니까?

애플턴: 그럼 안 될 이유도 없습니다. 은행들은 이미 신용카드매출채권부터 모기지까지 보유자산의 상당부분을 증권화하고 있습니다. 제가 지금 제안하고 있는 것은 단지 그 과정의 자연적인 연장입니다.

버터워쓰: 물론이죠. 그러나 증권화에는 자연적인 한계가 있습니다. 게다가 증권화에서도 은행은 최초계약자로서 행동합니다. 알렉스, 제가 생각하기로는 당신이 제안하고 있는 것은 은행에는 정말로 특별한 것이 없다는 전제에 바탕을 두고 있습니다.

참고문헌

Anson, Weston, "Intangible Assets: A New Source of Security and Securitization," *The Secured Lender*, July-August 2005.

Ayotte, Kenneth, M., and Stav Gaon, "Costs and Benefits of "Bankruptcy Remoteness," Working Paper, Columbia University Business School, May 2006.

Bagehot, Walter, *Lombard Street: A Description of the Money Market*, Kegan Paul, Trench, Trubner & Co., London, 1873.

Benveniste, Lawrence M., and Allen N. Berger, "Securitization with Recourse: An Instrument That Offers Uninsured Bank Depositors Sequential Claim," *Journal of Banking and Finance* 11-3, September 1987, 403-424.

Bevier, Michael, "Benefits of Taking a Longer-Term, Strategic View of Securitization," *Special Supplement on Asset Securitization, American Banker*, June 8, 1990.

Board of Governors of the Federal Reserve System, *Annual Statistical Digest*, 1988.

Boot, Arnoud W.A., and Anjan V. Thakor, "Security Design," *Journal of Finance*, 48-3, September 1993, 1349-1378.

Boyd, John H., and Bruce D. Smith, "Intermediation and the Equilibrium Allocation of Investment Capital: Implications for Economic Development," Working Paper, Federal Reserve Bank of Minneapolis, May 1993.

Caouette, John B., "As the Capital Markets Unbundle, What Will the Future Bring?" *Special Supplement on Asset Securitization, American Banker*, June 8, 1990.

Carney, Owen, and Ellen Starr, "Reporting and Regulatory Treatment of Asset Sales With Recourse," *Special Supplement on Asset Securitization, American Banker*, June 8, 1990.

Cocheo, Steve, "Securitization Option Blossom," ABA *Banking Journal*, August 1993, 45-48.

Cutler, Steward, and Paul Sveen, "Asset-Backed Commercial Paper," *Guide to International Commercial Paper*, January 1993, 5-12.

Dougherty, Ann J., "Orchestrating New Securities," *Secondary Mortgage Markets*, Spring 1987.

Federal Reserve Bulletin, February 1993.

Financial Accounting Standards Board, "Reporting by Transferors for Transfers of Receivables with Recourse," Statement of Financial Accounting Standards No. 77, December 1983.

Fishman, Michael, and Leon Kendall, *A Primer on Securitization*, The MIT Press, July 2000.

Gorton, Gary, and George Pennacchi, "Banks and Loan Sale: Marketing Nonmarketable Assets," Manuscript, University of Illinois - University of Pennsylvania, July 1993.

———, "Financial Intermediaries and Liquidity Creation," *Journal of Finance* 45, 1990, 49-72.

———, "Security Baskets and Index-Linked Securities," Working Paper, the Wharton School, University of Pennsylvania, May 1991.

Gorton, Gary, and Joseph G. Haubrich, "Loan Sales, Recourse, and Reputation: An Analysis of Secondary Loan Participations," Working Paper, the Wharton School, University of Pennsylvania, 1987.

Greenbaum, Stuart I., "Securitization, Asset Quality and Regulatory Reform," BRC Working Paper #147, Northwestern University, April 1987.

Greenbaum, Stuart I., and Anjan V. Thakor, "Bank Funding Modes: Securitization Versus Deposits," *Journal of Banking and Finance* 11-3, September 1987, 379-402.

Grossman, Sanford J., "An Introduction to the Theory of Rational Expectations Under Asymmetric Information," *Review of Economic Studies* 48, 1981, 541-559.

Haidorfer, Peter R., "Resolving the Conflict Regionalization Versus Diversification," *Special Supplement on Asset Securitization, American Banker*, June 8, 1990.

Huber, Stephen K., *Bank OYcer's Handbook of Government Regulation*, Warren Gorham Lamont, 1992 Cumulative Supplement No. 2.

James, Christopher M., "The Use of Loan Sales and Standby Letters of Credit by Commercial Banks," *Journal of*

Monetary Economics 22, 1988, 395-422.

Kareken, John H., "The Emergence and Regulation of Contingent Commitment Banking," *Journal of Banking and Finance* 11-3, September 1987, 359-378.

Kasper, Thomas A., "CMOs Fix Mismatches," *Savings Institutions*, January 1985.

Kraus, James R., "Capital Rules Spur Foreign Banks Into Asset-Backed Commercial Paper," *American Banker*, May 20, 1993.

Lelogeais, Jean Louis, "Asset Securitization: Strategic Initiative or Tactical Weapon?" *Special Supplement on Asset Securitization, American Banker*, June 8, 1990.

Martin, Daryl, and David C. Drews, "Intellectual Property: Collateral for Securitization or Lending," *The Secured Lender*, July-August 2005.

Mester, Loretta J., "Traditional and Nontraditional Banking: An Information-Theoretic Approach," *Journal of Banking and Finance* 16-3, June 1992, 545-566.

Monahan, Maureen, "An Investor's Guide to Asset-Backed Securities," Monograph, Shearson Lehman Hutton, Inc., March 1989.

Pavel, Christine A., "Securitization," Economic Perspectives, Federal Reserve Bank of Chicago, July/August 1986, 16-31.

———, *Securitization*, Probus Publishing, Chicago, 1989.

Pavel, Christine, and David Phillis, "To Sell or Not to Sell: Loan Sales by Commercial Banks," Mimeo, Federal Reserve Bank of Chicago, 1987.

Rehm, Barbara A., "Fed Proposal Seen Spurring Asset Sales," *American Banker*, December 17, 1993.

Schwartz, Gilbert T., "Regulatory Issues in Connection With Securitization of Assets," *Special Supplement on Asset Securitization, American Banker*, June 8, 1990.

Shah, Salman, and Anjan V. Thakor, "Optimal Capital Structure and Project Financing," *Journal of Economic Theory* 42, August 1987, 209-243.

Shapiro, Harvey D., "The Securitization of Practically Everything," *Institutional Investor* 19, May 1985, 201.

Subrahmanyam, Avanidhar, "A Theory of Trading in Stock Index Futures," *Review of Financial Studies* 4-1, 1991, 17-52.

Thomas, Hugh, "The Effects of Asset Securitization on Seller Claimants," *Journal of Financial Intermediation* 10, 3-4, 2001, 306-330.

제5부
예금계약

제10장 예금계약과 보험

정부가 은행예금을 보증하기 시작하는 순간, 정부는 잠재적 손실에 노출된다. 미국정부는 개별 은행들의 잘못이나 실수에 대하여 책임져서는 안 되며, 향후 부실화된 은행업에 대하여 높은 가치를 부여해서도 안 된다.

미국 대통령으로서 첫 기자 회견장에서 프랭클린 델러노 루스벨트

용어 정리

인가가치(Charter Value): 은행의 소유자(주주)에 대한 은행의 경제적 가치. 은행이 운영되는 동안 주주들에게 귀속될 것으로 기대되는 이익의 순현재가치로 볼 수 있다.

귀무가설(Null Hypothesis): 통계학에서 어떤 것이 옳다고 믿을 때, 우리는 귀무가설을 우리가 믿는 것에 대한 대안으로 설정한다. 그래서 자료를 이용하여 통계적 검증을 할 때 귀무가설을 기각할 것으로 기대한다.

반경쟁제한(Anticompetitive Restrictions): 은행산업에서 경쟁을 제한하는 데에 초점을 맞춘 제한.

수요의 가격탄력성(Price Elasticity of Demand): 가격변화에 대한 시장수요 반응의 척도.

정크본드(Junk Bond): 고위험(지급불이행)회사채. 낮은 신용등급과 높은 수익률을 갖는다.

자본자산가격결정모형(Capital Asset Pricing Model): 자본시장에서 위험의 가격결정 모형. 특히 시장수익률의 분산 대비 개별증권수익률과 시장수익률과의 공분산의 비율인 베타로 정의된 체계적 위험요소와 증권의 기대수익률 간의 선형관계를 예측하는 모형이다.

서론

앞의 장에서는 예금금융기관 재무상태표의 자산 쪽에 초점을 맞추었다. 이제는 부채 쪽을 보자. 예금금융기관들은 다양한 부채를 보유하지만, 이 장에서는 다양한 종류의 예금에 집중하고 자본에 대해서는 11장에서 다루고자 한다.

미국에서 '은행예금'과 '예금보험'은 거의 불가분의 관계에 있다. 그렇지만 예금계약관련 이슈를 예금보험관련 이슈로부터 따로 떼어 생각하는 것이 중요하다. 그래서 우리는 먼저 보험과 관계없이 예금계약을 논의한다. 그다음에 자산수익(asset revenues)과 부채비용(liability costs)과의 차이를 총자산에 대한 비율로 표시한 순이자마진(net interest margin)의 관리과정인 '부채관리'에 대하여 논의한다. 이어서 예금보험에 대하여 분석한다. 사전에 무보험 예금계약을 다루었기 때문에 정부의 예금보험이 예금계약과 예금자행태를 어떻게 변화시키는지 알 수 있다. 이는 다음 장에서 다루어질 개혁제안서에 대한 분석의 단초를 마련한다.

우리는 모든 사람이 예금보험관련 이슈의 중요성에 관하여 확신하는지 의구심을 갖는다. 1980년대의 금융사건에 대해서 거의 초현실적이라는 분위기가 있다. 1993년 대통령의 경제보고서에 따르면 저축대부조합(S&L)산업의 손실액은 1,000억 달러에서 1,600억 달러에 달하였다. 상업은행들은 기초부터 흔들렸다. 근본적인 규제개혁이 뒤따랐고, 그 결과 금융산업에 변화가 일어났다.

많은 사람들이 1980년대 저축대부조합 위기와 많은 은행들의 파산에 대하여 예금보험 및 탐욕을 비난하였다. 이런 비난은 용인될 수 있지만, 왜 예금보험이 필요하며, 특히 연방보험이 필요한 예금계약을 왜 가지고 있는지에 대하여 설명하는 것은 더욱 어렵다. 이 주제가 이 장에서 주로 논의된다. 최근의 사건들은 우리에게 많은 유용한 교훈을 주고 있다. 안타까운 일은 그 위기가 어느 정도 피할 수 있었으며, 위기 이후의 규제개혁이 위기 이전에도 이루어질 수 있었다는 점이다. 이미 1977년에 연방예금보험에 부보된 예금금융기관들이 사회복지 관점에서 과도한 자산위험을 추구할 강한 인센티브를 가지고 있으며, 이 인센티브들은 그 당시 존재하는 자본규제 자체로도 통제하기 어렵기 때문에 근본적인 규제개혁이 필요하다는 것을 밝히는 논문들이 있었다.*, **

그러나 특히 대공황에 이은 연방예금보험의 도입 이후 그동안의 역사적 경험으로부터 우리는 최근 10년간의 시스템 충격에 대한 대비책을 배우지 못했다는 주장도 있다. 1933년 이후 은행업은 특이한 산업으로 인식될 정도로 은행의 파산율***이 매우 낮았다. 그래서 또 다른 수수께끼는 왜 1980년대 이전에는 은행들의 파산이 많지 않았느냐는 것이다. 이 장에서 다루어지는 실증적 및 이론적 연구는 최근 위기의 발생 시기에 대하여 좋은 시사점을 주고 있으며, 대공황 이후에 파산율이 낮았음에도 불구하고 그 이후에 발생한 많은 것들을 예측할 수 있었다는 것을 밝히고 있다.

---

* Kahane(1977) 및 Merton(1977)을 보시오.

** Association of Reserve City Bankers가 발행한 *Capital Issues in Banking*(1988)을 보시오.

*** 파산율은 0.3% 미만이었다.

이 장의 나머지는 다음과 같이 구성된다. 바로 이어서 예금계약을 논의한다. 그 후에는 부채관리로 들어가 부채관리가 어떻게 금리규제와 예금보험에 의하여 영향을 받았는지를 다룬다. 그다음에 예금보험을 논의한다. 정부가 제공하는 예금보험이 은행으로부터의 급격한 예금인출이나 공포를 피할 수 있게 할 능력이 있는지를 포함해서 예금보험에 대한 찬성과 반대의 주장을 살펴본다. 위험조정 예금보험 가격결정과 관련된 이슈와 부보 예금금융기관들의 도덕적 해이의 중요성에 관한 실증적 연구도 살펴본다. 실증적 연구는 예금보험관련 문제 발생 시기에 대해서도 시사하는 바가 있다. 그러고 나서 1980년대 미국의 예금보험 대붕괴와 그 이후 진행된 사항들에 대하여 논의한다.

예금계약

예금계약의 성격

예금계약은 예금증서(CDs: certificates of deposit)처럼 확정된 만기가 있거나, 고객의 요구에 의하여 인출가능하다. 우리는 은행의 가장 대표적 부채인 요구불예금에 초점을 맞춘다. 개인 또는 기업이 요구에 의하여 즉시 인출이 가능한 계좌에 자금을 예치하면 요구불예금이 성립한다.

요구불 예금에는 네 가지의 중요한 특징이 있다.

- 만기는 매우 짧고, 무한정 연장될 수 있다.
- 부채계약이다.
- 유통시장에서 거래되지 않는다.
- '순차서비스(sequential service)' 제약의 영향을 받는다.

만기(Maturity): 요구불예금의 만기는 예금자가 벌금 없이 언제라도 자금을 인출할 수 있다는 것을 의미한다. 즉 예금자는 은행의 부채를 은행에 액면가로 되팔 수 있다. 그러므로 요구불예금은 거의 통화(currency)만큼의 유동성을 갖는다. 중요한 차이점은 통화의 경우 지급불이행위험이 없는 반면에 요구불예금의 경우에는 지급불이행이 발생하면 무보험은행은 인출요구를 충분히 만족시킬 수 없다는 점이다. 이 절에서는 예금보험이 없는 것을 가정하여 예금계약 그 자체의 특징에 초점을 맞추고자 한다.

부채계약(Debt Contract): 예금은 부채계약이기 때문에 은행이 차입자와의 관계에서 자산대체 도덕적 해이에 직면하는 것(5장 및 6장에서 다룸)과 같이 무보험은행의 예금자는 은행과의 관계에서도 동일한 자산대체의 도덕적 해이에 직면한다. 즉 은행이 예금을 받는다는 것은 단순히 은행이 예금자로부터 차입하는 것의 의미를 갖는다.

비거래계약(Nontraded Contract): 요구불예금이 유통시장에서 거래되지 않는다는 사실이 시사하는 것은, 예금자의 수익(payoff)이 다른 시장참여자들의 은행에 관한 정보처리에 의하여 직접적으로 영향을 받지 않는다는 것이다. 즉 예금자는 시장가격위험에 노출되지 않는다. 미래 (임의의) 시장가격으로 시장에서 거래되는 증권을 팔 계획이 있는 사람과 달리, 요구불예금자는 은행이 파산하지 않는다는 전제하에 미래에 언제라도 계좌에서 인출할 금액(명목 기준으로)을 정확히 알고 있다.

그러나 이 마지막 조건이 항상 만족되는 것은 아니다. 사실 은행이 나쁜 상황이라는 것이 알려지면, 이를 우려하는 예금자는 자신의 예금을 인출하러 은행으로 달려갈 것이다. 만약 당신이 늦게 은행에 도착하면 은행은 벌써 먼저 도착한 예금자들의 인출 요구에 이미 자금이 부족할 수 있다. 이 경우 예금보험이 없다면 당신이 인출할 수 있는 최대 금액은 당신이 기대한 금액보다 적을 것이다. 이런 의미에서 거래가 가능한 채무계약을 만기 이전에 현금화할 때 다른 거래자의 행동에 의하여 수익이 영향을 받는 것처럼, 당신의 수익은 다른 예금자들이 은행에 대하여 어떻게 생각하느냐에 의하여 영향을 받는다.

순차서비스제약(The Sequential Service Constraint): 이와 같이 당신의 수익이 다른 예금자들의 행동에 의하여 영향을 받는 것은 예금계약이 순차서비스제약(SSC)을 받기 때문이다. 그러므로 예금자가 인출하고자 할 때, 은행이 지급할 수 있는 금액은 오직 당신이 받기로 한 약정액과, 예금을 인출하려는 예금자들의 대기열에서 당신의 위치에 의하여 영향을 받는다. 특히 예금자의 수익은 은행이 대기열 뒤에 있는 예금자에 관하여 알고 있는 정보에 의하여 영향을 받지 않는다. 따라서 은행은 예금자들에게 선착순(first come, first served) 기준에 의하여 지급한다. 이를 설명하기 위해 자기자본이 5달러, 95명의 예금자로부터 무이자예금이 95달러(각 예금자는 1달러 예금)인 은행을 고려해 보자. 은행의 자산 100달러는 현금 20달러와 만기까지 보유하면 80달러의 가치가 있는 대출금으로 구성되어 있다. 그러나 대출금이 만기 전에 처분된다면 그 가치는 오직 27.5달러이다. 따라서 은행의 현재 만기 전 처분가치는 47.5달러이다. 이제 일부 예금자들이 예금을 인출하기 위하여 은행으로 달려간다고 하자. 다른 예금자들도 이 소식을 듣고 은행의 자산가치에 대하여 의문을 품게 된다. 이제 모든 예금자들이 은행으로 달려간다. 은행이 아침에 문을 열었을 때, 당신은 95명의 예금자 대기열 중에서 48번째이다. 지점의 관리자가 들어오면서 대기열 사람 수를 세어보고 모든 예금자가 예금을 인출하러 왔다는 것을 알게 된다. 그럼에도 불구하고 SSC에 따라 은행은 줄에 선 첫 번째 예금자에게 지급할 금액을 결정하는 데에 이 정보를 사용할 수 없다. 이 경우에 관리자는 기존 대출금을 처분하여 27.5달러를 회수할 수밖에 없다. 처음부터 47명까지는 1달러를 받을 것이다. 당신은 48번째이므로 0.5달러를 받고, 당신 뒤의 모든 사람들은 빈손으로 집으로 돌아가게 된다. 혹자는 기다리는 95명의 예금자들에게 각각

0.5달러를 지급하는 것이 더 공평한 방법이라고 이야기할 수 있다. 그러나 SSC에 의하면 그렇게 할 수 없다.

예금계약의 본질은 두 가지 이유에서 살펴볼 가치가 있다. 첫 번째는 은행의 모든 부채가 보험에 들지 않았을 때, 이 특징들은 은행 경영자를 규율하는 데에 중요한 의미를 갖는다. 이는 요구불예금계약의 상세 조건이 아마 우연의 결과가 아니라는 것을 의미한다. 즉 상세 조건은 목적을 위해 설정된다. 두 번째는 예금이 보험에 들었을 때 이 요구불예금 특징들의 일부는 뱅크런(bank run)을 촉발하여 예금보험기관의 부채를 증가시킨다.

요구불예금계약과 경제적 인센티브

예금의 비거래성(nontradability)과 부채성 특성(debt-like nature)의 효과: 먼저 요구불채무가 거래가 되지 않는 채무계약이라고 하자. 5장과 6장의 분석에서 살펴본 바와 같이 이 경우 예금금융기관들은 자산위험을 증가시킬 인센티브를 가지는데, 이는 예금자들의 손해로 나타난다. 즉 금융기관의 경영자는 위험한 대출을 할 인센티브를 가지며 그 결과 부(wealth)가 예금자로부터 주주에게 이전된다. 마찬가지로 금융기관이 대출을 한 차입자들에 대한 모니터링을 회피할 인센티브를 가진다는 점에서 예금자들은 도덕적 해이에 직면한다. 이 또한 예금자들의 기대 수익에 불리하게 영향을 미친다. 도덕적 해이의 세 번째 형태는 사기(fraud)이다. 예금은 본질적으로 '누군가'의 자금이므로 경영자들은 그 자금의 일부를 자신들의 이익을 위하여 사용할 유혹을 받는다. 이런 그릇된 현상은 예금보험 때문이라는 인식도 있으나, 이런 행태는 예금보험의 도입 이전에도 있었다.* 이론적으로 경영자의 사기 인센티브는 (비거래성의) 예금이 보험에 들지 않았을 때에도 존재한다. 시장의 가격결정에 의한 시장규율이 작동하지 않기 때문에 예금계약의 비거래성은 많은 도덕적 해이 문제를 악화시킨다.

만기의 효과: 그러나 요구불예금의 다른 두 가지 특징—무한히 짧은 만기와 SSC—은 이와 같은 여러 종류의 도덕적 해이를 완화시킨다. 아래에 이것의 시사점을 도출하기 전**에 먼저 만기가 없는 효과를 살펴보자.

은행에 요구불예금을 보유하고 있는 수많은 개인들이 있다고 하자. 이 중 일부 예금자들은 은행의 재무 건전성을 분석하는 데에 특히 능력이 있는 반면, 다른 사람들은 그렇지 못하다고 예상할 수 있다. 이 유능한 예금자들은 도덕적 해이가 그들의 예금가치를 감소시킬 수 있다는 것을 알기 때문에 은행의 경영자를 주의 깊게 감시하고 있다고 하자. 이 감시자들의 일부가 은행의 고위

* Calomiris and Kahn(1991)을 보시오.

** 이 시사점은 Calomiris and Kahn(1991)과 Calomiris, Kahn, and Krasa(1991)에 바탕을 두고 있다. 역시 Diamond and Rajan(2001), Jacklin(1987, 1989) 및 Jacklin and Bhattacharya(1988)를 보시오.

험대출 건전성이 좋지 않다는 것을 발견했다고 하자. 지급불이행이 이 대출의 상당부분에서 발생할 수 있다. 더구나 이 감시자들은 은행이 최고경영자의 친구들에게 여러 가지 대출을 해준 것을 발견했다고 하자. 이는 사기를 의심하게 한다. 이 정보를 가진 예금자(informed depositor)들은 무슨 행동을 할까? 은행이 위험에 처했고 예금의 지급을 불이행할지도 모른다는 정보를 가지고 있으므로 최상의 행동은 가능한 한 신속히 예금을 인출하는 것일 것이다.

이 감시자들이 은행으로부터 예금을 인출할 때, 두 가지 가능성이 있다. 하나는 이것을 모르는 예금자(uninformed depositor)들이 아무 반응을 보이지 않는다는 것이다. 이 경우에 은행으로부터의 총인출액은 감시자의 예금보유액의 크기에 의해 결정된다. 그들의 보유액이 상당히 크다면, 은행은 신규 예금을 예치하여야만 한다. 두 번째 가능성은 정보가 없는 예금자들의 일부 또는 모두가 정보가 있는 예금자들의 예금인출을 발견하고 인출에 동참하는 경우이다. 이 경우 뱅크런(bank run)이 된다. 두 경우에 은행은 인출을 대체할 신규예금을 유치하거나 기존 자산을 처분할 필요가 있다. 기존자산의 청산(liquidation)에는 두 가지 방법이 있는데 하나는 차입자의 생산활동에 지장을 주면서 기존 대출금을 회수하는 것이고 다른 하나는 타 은행에 대출자산을 매각하는 것이다. 신규예금유치의 대안도 확실히 어렵다. 예금을 고려하는 예금자들은 대규모 예금인출을 확인하고 그들의 자금을 은행에 예치하는 것을 주저할 것이다. 일부 예금이 들어올지라도 은행은 이 예금에 고금리를 지급할 필요가 있을 것이다. 따라서 정보를 가진 예금자들의 예금인출은 은행에 비용을 증가시킬 가능성이 크다. 은행의 경영자들은 이러한 비용이 발생할 수 있다는 것을 예상한다면 위험자산투자를 자제하고 차입자에 대한 모니터링을 회피하지 않을 것이다. 또한 이러한 비용이 예상되면 예금자들로부터 부정한 방법으로 이득을 보려는 유혹을 줄일 것이다.

SSC의 역할: 이상의 논의는 예금의 요구불 특성으로 은행 경영자들은 경영에 만전을 기하여야 함을 의미한다. 그러나 이 은행경영자 규율 과정에서 짚고 넘어가야 할 점이 있다. 예금자들이 은행을 모니터링하기 위하여 다른 예금자들에 의지한다면 예금자들이 해야 할 일은 정보를 가진 예금자들을 관찰하는 것이다. 무임승차하는 예금자들이 은행을 모니터링하기 위하여 개인적인 비용을 지출할 필요는 없다. 이는 예금자들의 모니터링을 파괴한다. 이유는 모든 예금자들이 다른 예금자들이 필요한 모니터링을 하고 있을 것이라고 생각하게 되고, 그 경우 아무도 모니터링을 하지 않는다는 점이다. 여기에 SSC가 그 역할을 수행한다. 예금자의 기대수익은 대기열의 후미에 있을 때보다 대기열 앞쪽에 있을 때 더 크기 때문에, 다른 예금자를 따르는 전략은 스스로 직접 모니터링하는 방법에 비해 기대 수익이 낮다는 것을 예금자들이 인식한다. 이는 각 예금자들의 모니터링 인센티브를 강화한다. 이와 같은 논리는 아래 예제에 구체적으로 나타나 있다.

(무보험) 예금계약의 인센티브 효과의 예시

예제 10.1 t=0 시점에 105명의 예금자로부터 각각 1달러의 예금을 받은 은행을 고려하자. 은행 주주들은 자기자본 10달러를 투자하여 110달러를 대출하고 5달러는 현금으로 보유하고 있다. 105명의 예금자 중에서 30명의 예금자(D_1 예금자로 지칭)는 은행의 경영자를 모니터링할 능력이 있고, 나머지 예금자(D_2 예금자로 지칭)는 단지 거래와 안전보관 목적으로 은행에 자금을 예치한다. 개인 D_1 예금자가 은행을 모니터링하는 비용은 기간당 0.01달러이다.

은행은 두 건의 상호 배타적인 투자기회를 가지고 있다. 프로젝트(또는 대출) A는 t=1 시점에 0.7의 확률로 200달러를 지급하고, 0.3의 확률로 0을 지급한다. 프로젝트 B는 t=1 시점에 0.9의 확률로 150달러를 지급하고, 0.1의 확률로 112달러를 지급한다. 은행이 이 두 프로젝트 중에서 하나를 선택한다면, 은행이 결국 실제로 원했던 프로젝트를 선택할 확률은 0.9이고, 나머지 확률 0.1은 은행이 의도하지 않은 다른 프로젝트를 선택할 확률이다. 따라서 우리는 은행이 프로젝트 선정 시 오류를 범한다고 가정한다.* 은행을 모니터링함으로써 D_1 예금자는 t=0과 t=1 사이의 중간시점, 예를 들어 t=1/2에 은행의 참된 프로젝트 선택을 확인할 수 있다. 이 예금자들은 그들이 원한다면 t=1/2 시점에 예금을 인출함으로써 은행의 청산(liquidation)을 강제할 수 있으며, 이 위협은 은행이 위험한 프로젝트를 선택하지 않을 인센티브를 제공한다. 은행의 프로젝트, 즉 대출은 t=1에 만기가 도래한다. 프로젝트가 t=1/2에 처분된다면 그때의 가치는 25달러에 불과하다. 예금계약의 조건에 의하면 은행은 예금인출이 t=1에 일어난다면 (은행이 지급능력이 있다는 조건하에) 12%의 금리를 지급하고, 그 이전에 인출이 발생하면 이자를 지급하지 않는다. 따라서 예금자들은 t=1에 인출하면 1.12달러를 받고, t=1/2에 인출하면 1달러를 받는다. 무위험 할인율은 영이고 모든 당사자는 위험중립이다.

모든 D_2 예금자들은 t=1에 인출할 계획이지만, 각자는 t=1/2에 무작위(random)로 유동성 동기에 따라 인출할 수도 있다. 단순화하기 위하여 아무도 어느 D_2 예금자가 t=1/2에 인출할지는 미리 모르지만, 인출을 희망하는 예금자의 비율은 5/75로 알려져 있다고 가정한다. 즉 다섯 명의 D_2 예금자가 t=1/2에 인출을 희망한다. 은행의 경영자들은 주주의 이익을 우선으로 의사결정을 한다고 가정한다. 은행과 예금자의 균형 전략을 계산하시오.

풀이 해답을 도출하기 전에 은행과 두 종류의 예금자들에게 이용 가능한 전략을 요약하는 것이 유용하다.

우리는 이 문제를 4단계로 해결한다. 첫째, D_1 예금자들이 모니터링을 실시하지 않으며 은행이 모니터링이 없다는 것을 아는 경우에 은행의 프로젝트 선택을 분석한다. 우리는 이 경우에 은행은 프로젝트 A를 선택한다는 것을 보여준다. 둘째, D_1 예금자의 아무도 모니터링을 하지 않는다는 것은 내쉬균형이 될 수 없기 때문에 1단계의 가정은 옳지 않다는 것을 보여준다. 다음에는 모든 D_1 예금자들이 모니터링

* 이 특징은 D_1 예금자들이 균형 상태에서 은행을 모니터링한다는 것을 의미한다. 이유는 예금자 모니터링의 위협이 균형 상태에서 은행으로 하여금 예금자들이 원하는 프로젝트를 선택하도록 유도할 것이기 때문이다. 이 선택에 오류가 없다면, 예금자들은 은행이 예금자가 원하는 프로젝트를 선택할 것으로 예상하며 그 결과 모니터링의 필요성을 느끼지 못한다. 그러나 그러면 은행은 다시 예금자의 행태를 예측하고 주주들이 선호하는 프로젝트에 투자하려 할 것이다. 요점은 균형점이 없다는 시간 일관성(time consistency)의 문제에 봉착한다는 점이다. 그러나 문제의 해답이 보여주는 바와 같이, 은행의 프로젝트 선택이 오류를 발생시킬 수 있을 때 이 문제는 회피될 수 있다.

〈표 10.1〉 참여자들의 전략

참여자	전략		
은행	t=0에 프로젝트 A 선택	t=0에 프로젝트 B 선택	
D_1 예금자	모니터링을 실시하고 그 결과에 따라 t=1/2에 인출여부를 결정함	모니터링을 실시하지 않으며, t=1에 인출	모니터링을 실시하지 않으며, t=1/2에 인출
유동성 동기 D_2 예금자	t=1/2에 인출	t=1/2에 인출	
기타(인내심) D_2 예금자	t=1에 인출	t=1에 인출	

을 하는 것이 내쉬균형인지 조사한다. 우리는 이를 2단계로 나누어 진행한다. 3단계에서 우리는 은행이 모든 D_1 예금자들이 모니터링을 한다고 믿으면 은행은 프로젝트 B를 선택한다는 것을 보여준다. 그러고 나서 4단계에서 다른 모든 D_1 예금자들이 모니터링을 할 것이고 은행은 프로젝트 B를 선택한다는 것을 D_1 예금자들이 알고 있을 때의 D_1 예금자의 전략을 조사한다. 우리는 이 D_1 예금자들이 모니터링을 하고자 한다는 것을 보여준다. 이것은 모든 D_1 예금자들이 모니터링하는 것이 내쉬균형(Nash equilibrium)임을 증명한다.

이 예제에서 중요한 가정은 모든 예금자들이 은행의 프로젝트 선택을 관찰할 수 없기 때문에 은행의 프로젝트 선택은 계약에 의해 결정되지 않는다는 것이다. 만약 이 경우가 아니라면, 예금자 모니터링의 역할은 존재하지 않는다.

단계 1 우리는 먼저 D_1 예금자들이 은행을 모니터링하지 않는 경우의 결과를 분석한다. 은행들이 자신에 대한 모니터링이 없다는 것을 안다면, 은행은 어느 프로젝트를 선호하겠는가? 만약 은행이 프로젝트 A를 선택하고 이 선택에 오류가 없다면 주주들의 기대수익은

$$\underset{\uparrow \atop \text{성공확률}}{0.7} \times \underset{\uparrow \atop \text{총수익}}{[200} - \underset{\uparrow \atop \text{은행의 예금자에 대한 상환액}}{112]} = \$61.6$$

이고, 은행이 프로젝트 B를 선택하고 이 선택에 오류가 없다면, 기대수익은

$$\underset{\uparrow \atop \text{고수익 확률}}{0.9} \times \underset{\uparrow \atop \text{B의 고수익}}{[150} - \underset{\uparrow \atop \text{은행의 예금자 지급액}}{112]} + \underset{\uparrow \atop \text{저수익 확률}}{0.1} \times \underset{\uparrow \atop \text{B의 저수익}}{[112} - \underset{\uparrow \atop \text{예금자 지급액}}{112]} = \$34.2$$

프로젝트의 선택에 오류가 있을 때 프로젝트 A가 선택된다면, 은행 주주들의 기대수익은 다음과 같다.

$$0.9 \times \$61.6 + 0.1 \times \$34.2 = \$58.86$$

프로젝트 B가 선택된다면, 주주들의 기대수익은 다음과 같다.

$$0.9 \times \$34.2 + 0.1 \times \$61.6 = \$36.94$$

따라서 모니터링이 없다면 은행은 프로젝트 A를 선택한다.

단계 2 이제 질문은 D_1 예금자들 아무도 모니터링을 하지 않는 것이 내쉬균형일 수 있는가이다. 이는 D_1 예금자들 아무도 모니터링을 하지 않을 때 모든 D_1 예금자들이 모니터링을 하지 않는 것이 그들의 이익이 되는지를 묻는 것과 같다. 당신이 D_1 예금자들 중의 한 사람이라고 하자. 당신이 모니터링을 하지 않는다면, 당신의 기대수익은 다음과 같다.

$$\underbrace{0.9}_{\text{은행이 실제로 프로젝트 A를 선택할 확률}} \times \underbrace{[0.7\times\$1.12]}_{\text{은행이 프로젝트 A를 선택할 때 예금자의 기대수익}} + \underbrace{0.1}_{\text{은행이 의도와는 다르게 프로젝트 B를 선택할 확률}} \times \underbrace{[\$1.12]}_{\text{프로젝트 B가 선택될 때 예금자의 수익}} = \$0.8176$$

이제 당신이 모니터링을 하고 은행이 프로젝트 A를 선택한다면, 당신은 무엇을 하겠는가? 당신이 아무것도 하지 않는다면(즉 예금을 인출하지 않는다면), $t=1$에서의 당신의 기대수익은 다음과 같다.

$$0.7\times\$1.12-\underbrace{\$0.01}_{\text{당신의 모니터링 비용}}=\$0.774$$

만약 당신이 예금을 인출한다면, 은행은 현금으로 오직 5달러를 보유하고 있고, $t=1/2$에 유동성 목적으로 인출하려는 5명의 D_2 예금자가 있기 때문에 은행은 자산 포트폴리오를 처분하여야 한다는 것을 당신은 알고 있다. 자산의 처분으로 25달러가 회수되므로 은행이 지출할 수 있는 자금은 총 30달러이다. 당신은 $t=1/2$에 1달러의 수취를 확신한다. 그러므로 당신의 수익은 다음과 같다.

$$\$1-\$0.01=\$0.99$$

이는 당신이 모니터링을 수행해서 프로젝트 A가 선택된 것을 발견하면, 당신은 $t=1/2$에 당신의 예금을 인출하여야 함을 의미한다. 한편 모니터링 결과 프로젝트 B가 선택된 것을 발견하고서, 당신이 $t=1$까지 기다린다면 당신의 수익은

$$\$1.12-\$0.01=\$1.11$$

이고, 당신이 $t=1/2$에 인출한다면 당신의 수익은 \$0.99이다. 그러므로 당신이 $t=1$까지 기다리는 것이 더 유리하다($t=1/2$와 $t=1$ 사이의 화폐의 시간가치는 영이라는 것을 기억하라). 이제 모니터링 시의 전체 기대수익을 계산할 수 있다. 수익은

$$\underbrace{0.9}_{\text{프로젝트 A가 선택됨을 발견하고, 따라서 } t=1/2\text{에 인출할 확률}} \times \$0.99 + \underbrace{0.1}_{\text{프로젝트 B가 선택됨을 발견하고, 따라서 } t=1\text{에 인출할 확률}} \times \$1.11 = \$1.002$$

확실히 이 수익은 당신이 모니터링을 하지 않을 경우($0.8176)의 수익보다 크다. 이는 당신이 다른 사람들이 모니터링을 하지 않을 때 모니터링을 할 인센티브를 가진다는 것을 보여준다. 즉 아무도 모니터링을 하지 않는 것이 내쉬균형이 될 수 없음을 의미한다.

단계 3 이제 모든 D_1 예금자들이 모니터링을 하는 것이 내쉬균형인지를 살펴보자. 우리는 은행이 모든 D_1 예금자들이 모니터링을 한다고 믿으면 은행이 프로젝트 B를 선택하는 것이 은행의 이익에 부합한다는 점을 확인하면서 이 단계를 시작한다. 이를 아래에 증명한다.

은행이 프로젝트 A를 선택한다면, 프로젝트 B가 의도하지 않게 선택될 확률은 오직 0.1이다. 즉 은행이 t=1/2에 처분될 확률이 0.9이다. 따라서 프로젝트 A를 선택할 때의 은행 주주의 기대수익은

$$\underset{\text{은행이 청산되지 않을 확률}}{\underset{\uparrow}{0.1}} \times \underset{\text{프로젝트 B가 의도와는 다르게 선택되고 은행이 청산되지 않을 때 은행주주의 기대수익}}{\underset{\uparrow}{\$34.2}} = \$3.42$$

은행이 프로젝트 B를 선택한다면, 그때는 은행이 t=1/2에 청산될 확률은 오직 0.1이다(이는 프로젝트 A가 실수로 선택되는 확률이다). 따라서 프로젝트 B를 선택할 때 은행 주주의 기대수익은 다음과 같다.

$$0.9 \times \$34.2 = \$30.78$$

확실히, 주주들은 프로젝트 B를 선택하는 것이 좋다.

단계 4 다음 단계는 다른 모든 D_1 예금자들이 모니터링을 하고 은행은 프로젝트 B를 선택한다는 것을 D_1 예금자 중의 한 명이 알 때, 그의 전략을 살펴본다. 당신이 D_1 예금자 중의 한 명이라고 가정하고 모니터링을 한다고 가정하고, 당신이 t=1/2에 은행이 정말로 프로젝트 B를 선택한다면 당신의 수익(t=1)은 1.12달러이다. 그러나 프로젝트 A가 선택된 것을 발견하면, 당신은 예금을 인출하고자 할 것이다. 문제는 이제 앞서의 경우와 다소 다르다. 당신이 은행이 프로젝트 A를 선택한 것을 발견하면, 나머지 29명의 D_1 예금자도 마찬가지로 은행이 A를 선택한 것을 알게 된다. 5명의 유동성 동기를 가진 D_2 예금자와 합쳐지면 t=1/2에 인출하고자 하는 사람들의 대기열은 35명으로 길어진다. 그러나 은행은 청산에 따라 오직 30달러만 보유하고 있어서 대기열 앞의 30명에게만 지급할 수 있다. 은행에 간 각 예금자가 대기열 앞의 30명에 들어갈 확률이 동일하다면, 당신이 최초 30명의 인출자 중의 한 사람이 될 확률은 30/35이다.* 이 경우에 만약 당신이 대기열 앞의 30명 중에 들어가지 않는다면 당신은 아무것도 받지 못하므로 당신의 기대 수익은 오직 $\frac{30}{35} \times \$1 = \$0.8571$이다. 따라서 모니터링하에서의 당신의 전체 기대수익은 다음과 같다.

$$0.9 \times \$1.12 + 0.1 \times \$0.8571 - \underset{\text{모니터링 비용}}{\underset{\uparrow}{\$0.01}} = \$1.0837$$

* SSC에 따라, 이는 당신이 1달러를 받을 확률이다.

만약 당신이 모니터링을 하지 않기로 하면, 당신은 D_2 예금자와 같이 행동하는 것이다. 만약 다른 D_1 예금자들이 프로젝트 B가 선택된 것(이 확률은 0.9이다)을 발견하면 당신의 기대수익은 1.12달러이고, 다른 예금자들이 프로젝트 A가 선택된 것을 발견하고 $t=1/2$에 은행을 처분(이 확률은 0.1이다)하기로 하면 당신의 기대수익은 영이다. 그러므로 모니터링을 하지 않는 경우 전체 기대수익은 다음과 같다.

$$0.9 \times \$1.12 = \$1.008$$

또 다른 가능한 전략은 당신이 유동성 동기를 가진 D_2 예금자와 같이 행동하여 모니터링 없이 $t=1/2$에 예금을 인출하는 것이다. 이 경우에 다른 D_1 예금자들이 인출하지 않을 확률은 0.9이고 인출할 확률은 0.1이라는 것을 당신은 알고 있다. 만약 다른 D_1 예금자들이 인출하지 않는다면, $t=1/2$에 인출하고자 하는 사람은 당신을 포함하여 단지 6명뿐이다. 은행은 청산하여야만 하고, 당신은 당신의 몫인 1달러를 확실히 받을 수 있다. 만약 다른 D_1 예금자들이 인출한다면, 은행은 마찬가지로 청산할 것이고, 당신이 1달러를 받을 확률은 30/35이다. 따라서 모니터링 없이 인출하는 경우의 기대수익은 다음과 같다.

$$0.9 \times 1 \times \$1 + 0.1 \times \frac{30}{35} \times \$1 = \$0.9086$$

세 가지 수익($1.0837, $1.008 및 $0.9086)을 비교해 보면 당신의 최상의 전략은 모니터링을 하는 것이다. 그러므로 모든 D_1 예금자들이 은행을 모니터링하고, 은행은 프로젝트 B를 선택하는 것이 내쉬 균형이다.

자산대체에 의한 도덕적 해이의 경우의 예를 숫자를 사용하여 구체적으로 살펴보았지만, 경영자의 사기에 대한 직관도 유사하다. 두 경우에 예금의 요구불 특징은 은행 경영자에게 예금자들이 원하는 것에서 너무 멀리 가지 않도록 압력을 주며, SSC는 모든 주의 깊은 예금자들이 모니터링을 하기를 원하는 상황을 생성함으로써 적절한 은행의 행태를 보장하기 위한 예금자들의 모니터링 위협이 실제 작동하게 해준다. 따라서 예금계약의 이러한 특징들은 무보험은행에서 계약 당사자들의 인센티브를 조정하는 중요한 역할을 수행한다. 이는 자연스럽게 예금보험의 문제로 이어진다. 그러나 우리가 그 문제를 다루기 전에 은행의 부채관리를 논의한다.

부채관리

우리는 지금까지 예금계약의 경제학에 대하여 논의하였다. 예금계약의 사용은 소위 부채관리(liability management)의 통합적 구성요소이다.

부채관리는 무엇인가

예금금융기관은 자산수익과 부채이자비용과의 차이를 총자산의 비율로 표시한 순이자마진(net-interest margin: NIM)에 특히 주목한다. 부채관리는 자금조달의 계속성과 조달비용의 효과성을 유지하기 위한 금융기관의 전략을 지칭한다.

부채관리에는 상호 연관된 3개의 주요 이슈가 있다. 첫째는 특정 자금 조달원에 대한 과도한 의존을 피하기 위하여 여러 자금조달원에서 선택하는 것을 지칭하는 다변화(diversification)이다. 두 번째 선택은 부채의 혼합(mix)이다. 예금금융기관들은 전략적 선택으로 각각 특수한 계약 형태를 갖는 다양한 예금을 이용하여 자금을 조달한다. 세 번째 선택은 일정한 자산만기구조하에서 은행의 이자율위험 노출을 결정하는 부채의 만기구조(maturity structure)에 관한 것이다. 다음에는 각 이슈들을 간단히 논의한다.

다변화

자금조달원의 다변화는 유동성위험을 감소시킨다(4장 참조). 연방자금시장(federal funds market)에서의 차입과 대출, 할인창구(discount window)에서의 차입, 환매조건부채권매매(repurchase agreements)의 취급 그리고 거액의 예금증서(CDs), 브로커예금(brokered deposits) 및 유로달러예금의 활용은 은행이 다변화를 위해 사용하는 기법이다. 연방자금시장과 할인창구에서의 차입은 대개 단기이다. 최근 만기가 여러 주(week)가 되는 장기연방자금(term fed funds) 거래가 증가하고 있지만, 대부분의 연방자금거래는 익일상환대출(overnight loans)이다. 장기부채 조달을 위해서는 은행은 다양한 예금을 이용한다. 그중 중요한 것은 점보(jumbos)라고 불리는 양도성예금증서(negotiable CDs)인데, 이는 최저 만기가 1주일, 액면가가 100,000달러 이상으로 시장금리가 적용되어 활발하게 거래가 이루어지는 거액의 정기예금이다. 일부 대형 금융기관은 양도성예금증서를 브로커에게 매각하고 브로커는 다시 다른 투자자에게 매각하기도 하지만, 대부분의 양도성예금증서는 고객에게 직접 발행된다. 브로커를 통해 팔리는 예금을 브로커예금(brokered deposits)이라고 한다.

대형 금융기관들은 유로달러예금도 이용하는데, 이는 달러표시 정기예금이지만 미국은행의 해외지점과 같이 미국 이외의 지역 은행이 보유한 예금이다. 유로예금은 여러 방법으로 생성된다. 아마 가장 간단한 방법은 미국인이 미국은행에 예치된 자금을 다른 나라의 은행으로 송금하는 것이다. 이 예금들은 여전히 달러로 표시된다. 유로예금은 연방준비은행의 현금자산 지급준비금의 적용을 받지만, 미국 예금보험의 보호를 받지는 못한다.

은행들은 환매조건부채권매매, 즉 repo를 이용해서 자금을 조달하기도 한다. 환매조건부채권매매는 미래 특정일에 다시 증권을 매입하는 협약과 함께 시장성 유가증권을 매각하는 것으로, 시장성 유가증권을 담보로 하는 대출이다. 환매조건부채권매매에 담보로 설정된 유가증권이 미국 국채나 미국정부기관의 증권이라면, 환매조건부채권매매는 지급준비금의 적용을 받지 않는다. 환매조건부채권매매의 만기는 하룻밤에서 1개월 또는 그 이상이다. 환매조건부채권매매는 담보가 포함되므로 예금으로 취급되지 않으며 따라서 예금보험으로 보호받지 못한다.

은행은 증권화(securitization)나 대출채권매각(loan sales)은 물론 후순위채무와 같은 다양한 자금조달원을 이용한다. 증권화 또한 은행 대출포트폴리오의 다변화를 촉진한다. 더구나 금융지주회사들은 기업어음(commercial paper)을 발행할 수 있다.

부채의 혼합

은행의 부채는 상품(products)과 투자수단(investment instruments)의 두 가지로 구분될 수 있다.* 상품은 그 상품의 구매자에게 일부 은행서비스는 물론 재무적 청구권을 부여한다. 즉 화폐적 수익과 비화폐적 수익을 함께 묶은 계약이다. 그 예는 이자를 지급하면서 거래 서비스를 제공하는 당좌예금계좌이다. 기업에 대한 기타 서비스에는 상대적으로 낮은 가격에 제공되는 현금관리서비스가 포함된다. 따라서 상품에 근거한 예금의 구매자, 즉 '고객'은 명시적 및 암묵적 이자를 받는다. 그와 같은 예금에 대한 수요는 예금자가 평가한 은행서비스의 가치는 물론 명시적 이자에 의하여 결정된다.** 이와 같이 대부분의 서비스는 소매 예금자가 요청하는 것이기 때문에 예금규모는 작다(법에 의한 예금보험부보한도인 계좌당 100,000달러 미만). 더구나 고객들은 예금의 수익이 금융기관의 운명과는 밀접한 관련이 없기를 원한다. 예를 들면 생명보험증권은 피보험자의 사망이 발생하면 수혜자에게 일정한 현금을 지급한다. 만약 피보험자의 사망은 물론 보험회사의 재무 상태에 따라 사망보험금이 지급된다면 그 증권은 기능을 효율적으로 수행하지 못한다.*** 결과적으로 보험회사의 재무 상태가 악화하여 증권보유자의 위험이 증가하면 공정보험료보다 보험료가 크게 감소하여야 한다. 그러므로 보험회사가 보험증권 소지인의 위험을 가능한 한 줄일 필요가 있다. 은행의 경우에도 상품에 근거한 예금이 대개 보험에 충분히 부보되는 것은 이 때문이다.

반면에 투자수단은 비금융회사의 부채와 유사한 단지 재무적 청구권이다. 은행은 아무런 거래 또는 다른 서비스를 청구권자에게 제공하지 않기 때문에 이 계약들의 설계는 비금융 기업들이 당면한 동일한 위험-수익 상반관계를 가진다. 투자수단의 예는 브로커 CD(brokered CD)이다. 기관에 의하여 구매되는 경향이 있는 투자수단의 예금계약은 비교적 표시금액이 크고, 무보험 예금

* Merton(1993)을 보시오.

** 이 서비스는 종종 예금자에 의하여 가치가 높게 평가된다. 최근의 실증분석은 은행들이 소매예금계좌인 시장금리부 수시입출금식 예금(MMDA: money-market deposit account)과 나우(NOW: Negotiable Orders of Withdrawal)계정으로부터 상당한 경제적 지대(rents)를 얻고 있음을 보여주고 있다. Hutchison and Pennacchi(1992)를 보시오.

*** Merton(1993)은 Arrow-Debreu 경제(1장의 시장의 불완전성에 대한 논의를 보시오)가 이 점을 예시한다고 지적한다. 그와 같은 증권의 완전한 구성은 자원의 파레토-효율적인 배분을 제공한다. 그러나 그 증권들의 수익이 발행자의 재무 상태에 좌우된다면 효율성은 없어지게 될 것이다(Merton[1989]도 보시오).

이다. 그들의 거래가격은 대개 유통시장에서 결정된다.

은행 부채관리 선택의 한 예는 상품기반의 예금과 투자수단을 적절히 혼합하는 것이다. 상품기반의 예금가치는 은행의 위험에 상대적으로 덜 민감하기 때문에, 상품 기반의 예금에 대해서는 예금자들이 은행 경영자에 대한 모니터링을 많이 하지 않는다. 한편 투자수단의 가치는 은행의 위험에 민감하므로 소지인들은 은행을 모니터링할 필요가 있다. 그러므로 은행은 이 투자수단의 예금으로 시장규율의 적용을 더 많이 받게 된다. 은행 경영자의 관점에서는 시장규율을 제한하기 위하여 그와 같은 예금에 대한 의존을 줄이고 싶어 할지도 모른다. 물론 그렇게 하는 것은 자금조달원의 다변화를 희생시키고, 유동성 위험이 수반되어 궁극적으로 경영권의 손실로 이어질 수 있다. 한편 은행의 주주들은 적정 수준의 시장규율을 확보하기 위하여 투자수단을 더 활용하기를 선호한다. 이것은 주주와 은행의 경영자 간의 부채관리 대리인문제를 시사한다.

듀레이션 구조

자산의 듀레이션 구조가 주어진 상황에서, 은행의 부채 듀레이션 구조의 선택은 이자율위험을 결정한다. 자산의 듀레이션이 길다면 은행은 부채 듀레이션 선택 시 상반관계에 직면한다. 한편으로 부채도 긴 듀레이션을 선택하면 이자율위험을 최소화할 수 있다. 다른 한편으로는 새로운 정보가 시장에 나올 가능성이 있다면 상대적으로 짧은 듀레이션 구조를 선택하여 예금을 주기적으로 금리개정(repricing)하는 것이 효율적일 수 있다. 이는 특정 시간에 은행이 보유한 사적 정보로부터 발생할 수 있는 왜곡을 줄일 수 있다. 왜냐하면 그 정보는 나중에 시장에 공개적으로 발표될 수 있기 때문이다.*

은행은 종종 파생상품을 이용하여 이와 같은 이자율위험을 해결한다(8장). 경영이 잘 이루어지는 은행은 저렴하게 자산과 부채를 구매한 다음에 이자율위험에 대하여 만족할 만한 면역 전략을 수행하기 위하여 옵션, 선물 및 스왑을 이용한다.

예금보험

예금보험의 논리: 역사적 관점

예금보험의 필요성: 앞서 논의된 요구불예금계약이 은행 경영자를 규율하는 데에 잘 작동한다면, 왜 예금보험이 필요한가? 그 이유는 많다. 모든 이유가 오늘날의 환경에서 완전한 답이 되지는 못하지만, 우리는 그것에 대해 추후 논의한다. 지금 당장은 단순히 무보험 (요구불)예금계약

---

* Flannery(1992)를 보시오.

은 매우 파괴적이라는 점을 주목하자. 어떤 의미에서 그것은 은행에 대한 과도한 규율(overdisciplining)을 낳을 수 있다. 다음의 예를 보자. 앞의 절에서 우리는 주의 깊은 예금자는 은행의 프로젝트 선택을 오류 없이 알아낼 수 있다고 간단히 가정하였다. 현실적으로 이 발견에는 오류가 따르기 쉽다. 즉 은행의 프로젝트 선택이 예금자들의 선호와 일치할지라도 은행이 자산을 청산당할 가능성도 있다. 이는 사후적으로 볼 때 사회적으로 낭비이다.

더구나 자산포트폴리오의 위험 측면에서 시스템적인 요소는 은행 간에 전염효과(contagion effect)를 낳을 수 있다. 즉 한 은행이 파산할 때 예금자들은 그 파산이 그 지역 소재의 모든 은행의 자산 포트폴리오에 퍼져 있는 시스템위험 요소 때문이라고 의심한다. 종종 은행 파산의 정확한 이유가 공개되기까지는 오랜 시간이 걸리기 때문에 특정 은행의 파산이 부실경영과 같은 은행 고유의 요인에 기인하더라도 전염효과에 부딪칠 수 있다. 실로 이것이 정부가 대형 은행을 파산으로부터 구제하는 '대마불사' (too big to fail)정책의 논리이다.

과도한 규율과 전염효과의 두 가지 문제는 예금보험으로 해소될 수 있다. 정부기관이 은행예금을 보험에 들게 하면, 정부는 예금자들이 은행의 재무 상태와 관계없이 약정된 금액을 수취하는 것을 보증한다. 예금보험으로 말미암아 예금자들은 은행을 모니터링하는 것이 불필요하며, 개별 은행 및 다수 은행들의 뱅크런 가능성도 감소된다.

역사적 배경: 연방예금보험은 미국에서 1933년 은행법(banking Act of 1933)의 제정 및 은행예금을 부보할 연방예금보험공사(FDIC: Federal Deposit Insurance Corporation)의 설립과 함께 도입되었다. 보험제도는 저축대부조합의 예금을 부보하는 연방저축대부조합보험공사(FSLIC: Federal Savings and Loan Insurance Corporation)의 설립으로 다음 해에는 저축대부조합(S&Ls)으로까지 확대되었다. 1971년에는 신용협동조합(credit union)도 예금보험을 이용할 수 있게 되었다.* 이 모든 것들은 대공황과, 대통령 루스벨트가 1933년 3월에 '은행휴일'을 선언할 정도로 대규모로 발생한 뱅크런에 의하여 시작되었다. 그러나 대공황으로 인한 뱅크패닉(banking panics)은 새로운 것이 아니었다. 1866년부터 1934년 사이에 일곱 차례의 공황이 있었다. 우리는 한 은행의 예금자들이 예금을 인출하려는 상황을 나타내기 위하여 '뱅크런'(bank run)(단수 형태)이라는 용어를 사용하고, 많은 은행들의 예금자들이 예금을 인출하려는 상황을 나타내기 위하여 '뱅크패닉' (banking panic)이라는 용어를 사용한다.

연방예금보험 이전에는 패닉은 종종 예금을 현금으로 바꾸는 환전을 중지(suspending convertibility)시킴으로써 다루어졌다. 이 방법에서는 은행은 예금을 인출하려는 예금자들에게 단순히 폐쇄되었다. '대규모의 흥분' (mass hysteria)이 진정될 기회를 주는 '진정기간' (breathing room)을 은행에 제공함으로써 은행의 재무 상태에 관한 더 많은 정보가 발표될 수 있었다. 이 정

* 법적으로 신용협동조합은 예금을 받지 않지만, 회원들에게 조합출자지분을 발행한다. 현실적으로 신용협동조합의 출자지분은 예금과 매우 유사해서 우리는 양자를 구별하지 않는다.
** Gorton(1988)을 보시오.

보로 예금자들의 최악의 두려움이 바르지 못한 것으로 밝혀지면, 환전중지가 해소되었을 때 예금자들은 예금인출을 자제하도록 설득될 수 있었다. 환전중지는 예금계약에 대한 지급불이행과 같아서 은행법의 위반이었다. 그렇지만 앞서 언급된 일곱 번의 패닉 중 다섯 번의 패닉에서 환전중지가 실시되었다(1873, 1890, 1893, 1907 및 1914년의 패닉들).**

뱅크패닉 기간에 사용된 다른 방법은 청산소대출증명서의 발행(issuance of clearing house loan certificates)이다. 이는 은행 간의 민간시장(private-market)협정으로서 중앙은행의 일부 기능을 수행한 상업은행청산소(Commercial-Bank Clearinghouse: CBCH)에서 이루어졌다. 처음에 CBCH는 수표 청산을 촉진하기 위하여 설립되었다.* 예를 들면 1953년 뉴욕 CBCH의 설립 이전에는 상업은행들은 서로 일일교환과 결제과정에 의하여 수표를 수집하였다. 청산소는 교환이 청산소에서만 이루어지도록 함으로써 결제과정을 한군데로 모았다. 그러나 업무가 발전함에 따라 청산소는 회원은행들의 증명(certification)(청산소의 회원이 되는 데 필요한 최소한의 자본소요에 근거하여)과 모니터링(monitoring)(정기감사에 근거하여)과 같은 추가적인 정보서비스를 제공할 수 있었다. CBCH 규제를 충족시키지 못한 회원들은 벌금과 퇴출로 제재를 받았다. 이는 청산소가 없었더라면 예금자들이 부담해야만 했던 개별 모니터링 비용을 줄이는 효과가 있었다.

은행이 뱅크런을 줄이는 한 방법은 은행 자산에 대한 예금자들의 우려를 감소시키는 것이다. 1857년의 패닉 때 처음 발행된 청산소대출증명서(clearinghouse loan certificate)는 이를 위한 시도였다. CBCH의 정책위원회는 처음으로 대출증명서의 발행을 허용하였다. 회원은행이 예금인출에 불충분한 현금을 보유할 때마다 회원은행은 CBCH 대출위원회에 증명서 발급을 요청할 수 있었다. 차입은행은 6%에서 7% 사이의 금리를 부과받고, 만족할 만한 담보를 제공하여야 했다. 통상 만기가 1-3개월인 이 증명서는 은행이 통화 대신에 사용할 수 있었다. 예금자들은 요구불예금 대신에 대출증명서를 기꺼이 받았는데, 이는 대출증명서가 개별은행이 아니라 CBCH에 대한 청구권이었기 때문이다. 따라서 예금자들은 개별은행의 파산에 대한 일종의 보험(다변화 효과)을 확보했다. 이는 개별은행에 뱅크런이 발생할 때 그 은행은 예금자들에게 대출증명서를 지급하거나(그럼으로써 자신의 자산에 대한 청구권을 CBCH에 대한 청구권으로 교환) 또는 대출증명서를 매입한 신규 예금자로부터 신규 예금을 조달할 수 있었다. 그다음에 은행은 그 자금을 구 예금자에게 지급하는 데에 사용하였다. 이런 방법으로 정보비대칭에서 발생하는 개별은행 고유위험의 문제는 은행 간의 공동보험(coinsurance)의 민간제도를 통해 해결되었다.

회원은행들을 자제시키려는 CBCH의 노력에도 불구하고, 그들은 모든 도덕적 해이를 해소할 수는 없었다. 게다가 CBCH 자체가 부패할 가능성도 있었다. 그래서 예금자에 의한 모니터링의 역할이 남아 있었다. 이것은 다시 때때로 여러 은행의 뱅크런으로 이어졌다.

연방예금보험이 필요한 이유: 민간협정이 뱅크런의 가능성을 감소시킬 수는 있지만, 민간 협정

* Gorton and Mullineaux(1987)를 보시오.

이 뱅크런을 제거할 수 없는 두 가지 이유가 있다. 첫째, CBCH와 같은 민간협정이 예금자들에게 다변화 효과를 제공하지만, 이 다변화는 회원은행 그룹의 규모에 의하여 제한된다. 규모의 제약은 수송비용 또는 정보비용으로부터 발생할 수 있다. 더구나 그룹이 커감에 따라 개별은행의 부정행위로 인하여 CBCH가 부담하는 비용은 감소하고, 회원은행을 모니터링하려는 CBCH의 인센티브도 약화된다. 이것이 단 하나의 초대형(mega) 청산소가 나타나는 대신에 1853년 뉴욕 CBCH의 설립 후 10년의 기간 동안 수많은 새로운 청산소들이 생겨난 한 이유가 된다. 민간협정의 두 번째 단점은 예금자들이 협정의 성실성을 결코 완전히 확신할 수 없다는 것이다. 따라서 예금자들이 CBCH를 모니터링할 인센티브가 아직도 일부 남아 있었다. 다시 이것은 패닉이 피할 수 없었다는 것을 의미한다.

1914년에 연방준비제도가 설립된 것은 부분적으로 민간협정이 중요한 중앙은행의 기능을 수행하는 데에 불충분하다는 것에 대한 반응이었다. 그렇지만 연준(Fed)은 대공황의 뱅크패닉을 막을 수 없었고, 이는 궁극적으로 연방예금보험의 설립으로 이어졌다. 아래에서는 연방예금보험의 당위성에 대한 두 의견이 논의된다.

(1) 통화 공급: 거시경제적 주장: 거시경제 수준에서 예금보험은 은행파산에 의한 통화량(stock of money)의 감소를 방지함으로써 안정자(stabilizer) 역할을 수행한다.* 상업은행이 국가 통화량의 주요 제공자이기 때문에 대규모 무보험 상업은행의 파산은 국가의 통화량을 감소시킨다. 예금보험은 두 가지 방법으로 이를 방지하는 데 도움을 준다. (a) 예금보험은 예금보험이 없다면 상실될 예금을 대체한다. (b) 예금보험은 공공의 신뢰를 유지함으로써 뱅크패닉을 억제한다.

예금보험이 연방(federal) 수준이어야 하는 이유는 모든 계약상의 지급액을 충족시키는 약속에서 연방정부의 신뢰성 때문이다. 연방정부는 조세를 통하여 수익을 실질적으로 무제한 조달할 수 있는 능력이 있기 때문에 연방정부는 예금보험기금을 훨씬 초과하는 지급약정도 충족시킬 수 있다. 이 조세는 명시적(정부는 단지 조세를 인상할 수 있다)일 수도 있고 또는 암묵적(정부는 예금자들에게 지급하기 위하여 화폐를 더 발행할 수 있으며, 그럼으로써 각 통화의 실질가치를 감소시킴으로써 세금을 부과하는 것과 같다)일 수도 있다.

(2) 소비자 복지의 향상: 미시경제적 주장: 우리는 이미 개인 예금자들의 은행 모니터링 인센티브를 주목한 바 있다. 이는 모니터링이 중복되어 비용이 발생하는 결과를 낳는다. 앞의 절의 숫자 예시를 보면, 단지 한 명의 예금자 모니터링으로 충분하지만 균형 상태에서는 모든 30명의 주의 깊은 예금자들이 은행을 모니터링한다. 연방예금보험이 전반적인 모니터링 비용을 줄이는 데에 기여할 수 있는 방법이 두 가지 있다. 첫째, 정부기관(연방보험자)이 예금을 보호하기 때문에 피보험자인 예금자들이 모니터링을 할 필요성이 없어지거나(예금보험이 완전할 때) 감소된다(예

* Scott and Mayer(1971)를 보시오.

금보험이 불완전할 때). 더구나 연방보험자가 스스로 은행들을 모니터링을 하기 때문에 보험혜택을 받지 못하는 예금자들조차도 모니터링에 대한 필요성이 훨씬 적음을 느낀다. 다시 말하여 대부분의 모니터링 부담이 개인 예금자로부터 연방보험자로 이전된다. 이는 민간 CBCH 협정의 경우와 같은 추가적인 모니터링 인센티브 없이 무보험예금의 경우에도 모니터링의 중복을 제거할 수 있다. 둘째, 연방예금보험자는 많은 은행들을 다루기 때문에 부보은행들을 모니터링하는 데에 전문화된 것으로 기대된다. 따라서 모니터링의 중복이 감소되는 것을 떠나서도 모니터링 비용이 직접적으로 감소될 수 있다. 예를 들면 우리의 숫자 예제에서 감시당 모니터링 비용 1센트 대신에 감시당 3/4센트의 비용만 소요될 수도 있다.

모니터링 비용 감소는 전반적으로 예금에 대한 실효금리를 상승시키는 효과가 있지만*, 이러한 예금보험의 혜택은 우리가 아직 논의하지 않은 많은 운영상의 문제점에 의하여 상쇄될 수 있다.

뱅크런과 뱅크패닉: 이론과 실증적 증거

예금보험이 뱅크런을 해소할 수 있다는 생각은 오래된 것이지만, 지난 10년간의 연구 결과 뱅크런과 뱅크패닉이 발생하는 이유에 대한 이해가 더 명확해졌다. 연방예금보험과 연계된 최근의 저축대부조합과 은행산업의 혼돈 사태에 비추어볼 때, 대안이 신중하게 고려될 만하다. 이 절은 이 이슈들에 관해 생각할 때 유용한 관점을 제공한다.

정보의 불완전성이 시장의 기능과 충돌할 때, 정부의 개입은 필연적이다. 한 예가 중고차 시장의 애컬로프의 불량품(Akerlof's lemon) 문제이다(1장을 보시오). '불량품법' (lemons laws)은 여러 단계에서 중고차 구매자를 보호한다. 다른 예는 항공기 안전을 위한 연방항공국(Federal Authority)의 규제와 의약품시장에 대한 연방식품의약국(Federal Drug Administration)의 규제이다. 이와 같은 시장에서는 소비자가 시장에서 업체에 필요한 시장규율을 하는 데에 비용이 소요된다. 마찬가지로 뱅크패닉이 경제의 생산부문을 혼란스럽게 하고, 연방예금보험이 패닉의 가능성을 감소시키는 데에 효과적이라면 연방예금보험은 필연적이다. 아래에서 논의되는 두 주요 이론은 예금보험이 뱅크런과 패닉을 어떻게 방지할 수 있는지를 설명한다.

(a) 뱅크런의 '태양흑점' (sunspots)이론: 이 이론은 뱅크런이 '흑점' 과 같이 완전히 무작위 사건(random events)에 의하여 일어난다고 주장한다.** 우리가 세 시점 t=0, 1, 2가 있는 두 기간(two-period) 세계에 살고 있다고 하자. 개인들은 위험회피적이다. t=0에 개인들은 프로젝트에 투자하고 싶은 부(endowments of wealth)를 소유하고 있다. 각 프로젝트는 t=1에 1달러의

---

* 이를 보기 위하여 앞서의 예제에서 예금자들은 은행이 프로젝트 B를 선택할 것이라는 것을 보장받고, 이 선택을 확보하기 위한 총 모니터링 비용이 3/4센트라고 가정해 보시오.

** Noyes(1909)와 Gibbons(1968)를 보시오. 최근에는 Bryant(1980)와 Diamond and Dybvig(1983)이 이 문제를 다루고 있다. 아래 논의는 Diamond and Dybvig(1983)에 바탕을 두고 있다.

투자가 필요하고, 이전에 청산되지 않으면 t=2에 확실히 R 달러의 수익을 가져오며, 양의 순현가(NPV)를 갖는다. 즉 각 프로젝트는 t=2까지 지속한다면 무위험이자율(영〔zero〕이다)보다 충분히 높은 수익률을 제공한다. R 〉$1이라고 하자. 그러나 프로젝트가 t=1에 미리 처분되면 생산효율의 손실이 발생해서 프로젝트는 오직 1달러의 수익만 제공한다. t=0에 개인들은 소비의 시기에 대한 미래선호도가 확실하지 않다. t=1에 개인들은 '선호충격'(preference shock)을 받아서 죽게 될지 또는 한 기간을 더 살게 될지를 알게 된다. 죽을 예정이라면 투자한 자금을 인출하여 t=1에 즉시 소비한다. 더 살게 된다는 것을 알면 프로젝트에 투자금을 유지해서 t=2에 R 달러를 소비한다. 전체 모집단(population) 중에서 개인의 무작위(random) 비율 f는 t=1에 '죽는 사람'(diers)이고, 1-f 비율은 '살아남는 사람'(livers)이다.*

은행이 없다면 무슨 일이 일어나겠는가? 만약 당신이 t=1에 당신이 죽는 사람이라는 것을 알게 되면 당신은 투자금을 청산하여 1달러를 소비한다. 첫 기간의 소비를 C_1^D라 부르자. 즉 $C_1^D=1$이고, 당신의 두 번째 기간의 소비는 $C_2^D=0$이다. 만약 당신이 '살아남는 사람'이라는 것을 알게 되면 당신은 t=1에 아무것도 소비하지 않고(즉 $C_1^L=0$), t=2에 $C_2^L=R$만큼을 소비한다. 따라서 은행이 없는 결과(nonbank outcome)는 개인의 종류에 따라 짝 $\{C_1^D=1,\ C_2^D=0\}$ 또는 짝 $\{C_1^L=0,\ C_2^L=R\}$이다. 이것이 t=0에서 개인의 관점에서 볼 때 최상의 결과인가? 답은 명백히 아니다이다. 당신은 위험회피적 개인이기 때문에 당신은 자신의 소비선호에 대한 무작위 미래 충격에 대비해서 t=0에 어떤 보험을 선호할 것이다. 이것이 은행이 기여할 수 있는 자리이다.

기본적인 생각은 다음과 같다. 위험회피적인 개인에게 선호충격에 대비한 보험을 제공하려면, 은행은 t=1에 인출하려는 개인에게는 1달러보다 조금 많이, 그리고 t=2에 인출하려는 개인에게는 R보다 조금 적은 금액을 약속할 수 있다. R 〉1이기 때문에 이것은 개인의 부가 상대적으로 많은 상태에서 부가 상대적으로 적은 상태로 개인의 부를 시간적으로 재분배하는 것, 즉 고전적 보험 설계이다. 역시 일시적으로 재분배하지만 보험 측면이 없는 자본시장과 이것을 비교해 보라. 은행이 얼마나 많은 개인이 평균적으로 t=1에 인출할 것인가에 대하여 합리적으로 추정할 수 있는 한(이것은 보험회사가 보험통계표에 근거해 예상치를 추정하는 것과 유사하다), 은행은 t=1에 인출자들에게 지급할 수 있도록 프로젝트의 일정 비율이 청산되는 방법으로 예금계약을 설계할 수 있다. 각 예금자는 1달러 이상을 약속받고 t=1에 각 프로젝트의 청산가치는 1달러이기 때문에 인출자들보다 더 많은 프로젝트가 청산될 필요가 있다는 점을 주목한다. 그러므로 t=2까지 기다리는 사람들은 R 달러보다 적게 받게 된다. 이것은 양호한 협정인데 왜냐하면 t=2의 수익이 t=1의 수익을 초과하기 때문이다. 그래서 예금자는 t=2까지 기다릴 수 있다면 기다릴 것이다. 따라서 하나의 가능한 결과는 오직 죽는 자만이 t=1에 인출하고, 모든 산 자는 t=2까지 기다리는 것이다. 모든 예금자는 은행이 없을 때보다 더 좋아지는데 이는 예측할 수 없는 미

* '죽는 자'(diers)와 '산 자'(livers) 용어는 글자 그대로 의미하는 것이 아니고, 단지 즉시 소비에 대한 선호를 가진 사람(diers)과 연기된 소비에 대한 선호를 가진 사람(livers)을 나타낸다.

래의 선호 변화에 대비하여 t=0에 보험을 받았기 때문이다.

그러나 옥에 티는 전체 설계가 산 자는 아무도 t=1에 인출하지 않는다는 가정에 의존하고 있다는 점이다. 그러나 산 자가 다른 사람도 그와 같이 패닉에 빠져 t=1에 인출한다고 믿으면 어떻게 되는가? 이 믿음이 맞는다면 은행은 t=1에 모든 프로젝트를 청산하여야 하고 t=2에는 지급할 아무것도 남지 않기 때문에 자기만이 인내심 있는 예금자가 되는 것은 어리석은 일이 된다. 따라서 그도 t=1에 마찬가지로 인출하고자 한다. 바꿔 말하면 t=1에 산 자의 믿음이 결정적이다. 한 명의 산 자가 다른 사람들이 t=1에 인출할 것이라고 믿으면, 그도 역시 인출할 것이고, t=1의 패닉에 따른 뱅크런은 내쉬 균형이다. 한편 한 명의 산 자가 다른 사람들이 t=2까지 기다릴 것이라고 믿는다면 그도 기다릴 것인데, 이것도 역시 내쉬 균형이다. 이러한 믿음들은 은행 자산의 질과는 아무 관련이 없다.

당신은 어떻게 나쁜 내쉬 균형을 배제하는가? 한 방법은 예금보험을 제공하는 것이다. 모든 예

예제 10.2 위험회피적인 100명의 개인이 있고, 각자 t=0에 프로젝트에 투자할 자금으로 1달러를 가지고 있다고 하자. 프로젝트는 t=1에 청산되면 1달러의 수익이 있고, t=2에 청산되면 2.25달러의 수익이 있다. t=0에는 아무도 t=1에 그의 '형태'(type)(소비선호를 나타내는)가 무엇이 될 것인지 모른다. 개인이 '죽는 자'(dier)(D 형태)인 것으로 밝혀지면, 그의 소비 효용함수는 다음과 같다.

$$U_D=\sqrt{C_1^D}$$

개인이 '산 자'(liver)(형태 L)로 밝혀지면, 그의 소비 효용함수는 다음과 같다.

$$U_L=0.6\sqrt{C_1^L+C_2^L}$$

이 효용함수들은 죽는 자는 t=1의 소비에 의해서만 혜택을 보고, 산 자는 t=1 또는 t=2의 소비에 무차별하므로(각각으로부터 동일한 효용을 얻는다), 그는 두 소비 중에서 높은 것을 선호할 것이라는 것을 나타내고 있다. t=1에는 개인들의 40퍼센트가 죽는 자가 되고 60퍼센트가 산 자가 되는 것으로 t=0에 알려져 있다. (i) 은행이 없고 각 개인은 자신의 프로젝트에 투자하는 경우와 (ii) 은행이 있어서 각 개인으로부터 1달러의 예금을 받아 모든 예금을 100개의 프로젝트에 투자하는 경우에 각 개인의 사전적(ex ante)(t=0) 기대효용을 계산하시오.

풀이 우리는 이 문제를 여섯 단계로 해결한다. 첫째, 우리는 은행이 없는 경우에 각 개인의 기대효용을 계산한다. 이 제도에서 개인은 t=1에 소비하면 1달러를 받고, t=2에 소비하면 2.25달러를 받는다. 둘째, 100명의 예금자가 소유한 뮤추얼펀드인 은행을 생각한다. 은행은 t=1에 인출하는 각 예금자에게는 1.1달러, t=2에 인출하는 각 예금자에게는 2.1달러를 지급한다. 각 예금자는 은행이 없는 경우에 비하여 이 제도에서 t=0에 기대효용이 더 높다. 셋째, 우리는 중개기관이 있는 경우의 결과가 모든 D 형태의 예금자들은 t=1에 인출하고 모든 L 형태의 예금자들은 t=2까지 기다리는 (양호한)

내쉬 균형에 도달한다는 것을 보여준다. 넷째, 우리는 또한 모든 예금자들이 t=1에 인출하는 (불량한) 내쉬균형도 있다는 것을 보여준다. 다섯째, 단계 4에서 기술된 뱅크런은 특별한 이유 없이 발생한다는 것을 주목한다. 그러나 은행이 예금자들을 더 좋아지게 할 때에는 언제나 뱅크런의 가능성이 있다는 것도 주목한다. 마지막으로 단계 6에서는 예금보험이 내쉬균형을 어떻게 제거하는지를 보여준다.

단계 1 먼저 중개기관이 없는 상황을 고려하자. 단순화를 위해 죽는 자와 산 자의 비율(0.4와 0.6)은 t=0에 모든 개인들의 주관적 확률 평가로 가정한다. 그러면 각 개인은 t=1에 D 형태가 될 경우가 0.4 그리고 L 형태가 될 경우가 0.6이라고 믿는다. 중개기관이 없는 경우에 $[C_1^D=1,\ C_2^D=0]$ 그리고 $[C_1^L=0,\ C_2^L=R=\$2.25]$이다. 그러므로 각 개인의 기대효용은 다음과 같다.

$$\begin{aligned} E(U) &= 0.4\times\sqrt{1.0}+0.6\times0.6\times\sqrt{2.25} \\ &= 0.9400 \end{aligned}$$

단계 2 이제는 100명의 예금자가 소유한 은행을 고려하자. 은행은 C_1^*과 C_2^*는 상호 배타적이라는 가정하에 $C_1^* > \$1$과 $C_2^* < \$R$(여기서 별표는 중개기관이 있는 경우에 첫 번째 및 두 번째 소비를 나타낸다)을 지급하는 요구불예금으로 예금자의 선호충격에 대한 보험을 제공한다. 예를 들면 은행이 t=0에 $C_1^*=\$1.1$을 선언했다고 하자. 그러면 t=1에 인출하는 40명의 예금자에게 은행은 44달러를 지급할 필요가 있고 이는 44개 프로젝트의 조기 청산을 필요로 한다. 나머지 56개 프로젝트는 t=2에 $56\times\$2.25=\$126$의 총수익을 낳는다. 은행은 t=2에 인출하는 60명 각각에게 $C_2^*=\$126/60=\$2.1$의 금액을 약속할 수 있다. t=0에서 예금자 한 명의 기대효용은 다음과 같다.

$$\begin{aligned} E^*(U) &= 0.4\times\sqrt{1.1}+0.6\times0.6\times\sqrt{2.1} \\ &= 0.9412 \end{aligned}$$

그러므로 각 개인은 소비평준화(consumption smoothing)를 제공하는 은행에 의하여 더 좋아진다.

단계 3 단계 2의 결과는 예금자 간의 내쉬균형이다. 각 D 형태 예금자들의 내쉬균형 전략은 t=1에 인출하는 것인데, 이는 t=1에 인출하는 것이 가장 큰 효용을 주기 때문이다(t=2에 소비로부터의 효용은 영이다). 각 L 형태의 예금자는 다른 L 형태의 예금자의 내쉬균형 전략(인출하기 위하여 t=2까지 기다리는 것)을 고려할 때, L 형태 예금자 아무도 t=1에 인출함으로써 더 좋아지지는 않는다. 그 이유는 t=2에 인출하면 L형태 예금자에게 다음의 효용

$$0.6\times\sqrt{2.1}=0.8695$$

의 효용을 주지만, t=1에 인출하면

$$0.6\times\sqrt{1.1}=0.6293$$

의 효용을 주기 때문이다. 따라서 내쉬균형은 모든 D 형태의 예금자들이 t=1에 인출하고 모든 L 형태의 예금자들이 t=2까지 기다리는 것이다.

단계 4 그러나 '양호한'(good) 결과만이 유일한 내쉬균형은 아니다. 또한 뱅크런의 '불량한'(bad) 내쉬균형도 있다. 이를 확인하기 위하여 대표적인 L 형태의 예금자가 다른 모든 L 형태의 예금자들이 t=2 대신에 t=1에 인출한다고 하자.* 당신은 '대표적인' L 형태의 예금자로서 어떻게 하겠는가?

당신도 역시 t=1에 인출하기로 결정했다고 하자. 그러면 은행은 모든 100명의 예금자들이 인출하기를 원한다는 것을 알게 된다. 모든 100개의 프로젝트가 100달러를 확보하기 위하여 청산되어야 한다. 순차서비스제약(SSC)에 따라 은행은 1.1달러를 대기열의 앞에 선 90명에게 지급하고, 나머지 1달러는 91번째 예금자에게 지급한다. 즉 마지막 9명의 예금자는 아무것도 받지 못한다. 만약 당신이 t=2까지 기다려 인출한다면(모든 다른 예금자들이 t=1에 인출할 때), 당신은 아무것도 받지 못한다. 당신이 은행으로 달려가면, 당신의 대기열에서의 위치가 무작위로(randomly)(대기열의 어느 자리에 위치할 확률도 동일하다) 결정된다는 가정하에 당신은 0.9의 확률로 1.1달러를 받고, 0.01의 확률로 1달러를 받으며, 0.09의 확률로 아무것도 받지 못한다. 명백히 당신의 최적 전략은 역시 t=1에 인출하는 것이다. 따라서 모든 예금자가 t=1에 인출하는 것도 내쉬균형이다. 이 균형은 뱅크런(bank run)이다.

단계 5 주목할 만한 점이 두 가지가 있다. 첫째, 단계 4의 뱅크런은 아무 특별한 이유 없이 발생한다. 우리는 어느 내쉬균형이 일어날지 이야기할 위치에 있지 않다. 그러므로 우리는 뱅크런이 하나의 가능성이라고 말할 수 있지만 우리는 그 이유를 말할 수 없다. 둘째, 은행이 이런 형태의 뱅크런을 회피할 수 있는 간단한 방법은 t=1에 요구불예금을 인출하는 자는 오직 1달러만 받을 수 있다고 규정하는 것이다. 이 경우에 은행은 t=1에 인출자의 수보다 더 많은 프로젝트를 청산할 필요가 없다. 그래서 t=2까지 기다리는 예금자는 확실히 R 달러를 받을 것이다. 따라서 각각의 L 형태의 예금자들은 다른 L형태의 예금자들의 행동과 관계없이 t=2까지 기다리는 것이 최적이다. 그러나 이 경우에 은행의 요구불예금계약은 아무런 위험분담(risk sharing)을 제공하지 못하며, 은행은 중개기관이 없는 경우에 비해 추가적인 가치를 제공하지 못한다. 그러므로 뱅크런은 언제든지 은행이 가치를 추가할 때에는 발생할 가능성이 있다.**

단계 6 예금보험은 은행을 하찮게 만들지 않고서도 뱅크런 균형을 해소할 수 있다. 이를 확인하기 위하여 정부 보험자가 t=1에 인출하는 어떤 개인도 1.1달러를 받고, t=2에 인출하는 어떤 개인도 2.1달러를 받는다고 보증한다고 하자. 그러면 오직 양호한 내쉬균형만이 살아남는다.***

* 이유는 묻지 마시오. 이 논의는 이것이 내쉬균형이 될 수(can) 있는지를 확인하는 것이다. 즉 다른 예금자들의 행태에 관한 믿음하에서 대표적 L형태의 예금자도 역시 그와 같이 행동하는 것이 좋은가?

** 여러분은 여기서 은행이 3장에서 언급된 이유와는 다른 이유로 존재한다는 것을 알게 된다.

*** 환전의 중지도 역시 같은 효과를 낳는다. 은행은 t=0에 오직 대기열의 최초 40명만 t=1에 1.1달러를 지급받는다는 것을 선언한다. 나머지 인출은 오직 t=2에만 일어난다. 이것은 그러나 죽는 자의 비율이 t=0에 결정되어 알려져 있을 경우에만 효과가 있을 것이다. 이 비율이 무작위라면, 은행은 언제 환전을 중지할지 사전에 알지 못한다. 이 경우에 예금보험이 은행의 위험분담 서비스의 희생 없이 불량한 내쉬균형을 해소하기 위하여 필요하다.

금자들의 청구권이 부보된다면, 산 자들은 다른 예금자들의 행동과 독립적인 수익을 t=2에 보장받는다는 것을 안다. 따라서 모든 산 자들은 t=2에 인출할 것이고, 뱅크런은 없을 것이다. 다음 예는 이 아이디어를 구체적으로 보여준다.

이 이론의 메시지는 다음과 같다. 예금보험이 없는 경우에 완전히 건전한 은행도 요구불예금과 관련하여 SSC가 적용되면 뱅크런의 위협에 직면한다. 다시 말하면 뱅크런은 실물경제나 은행 시스템의 건전성과 관련 없이 개인들의 믿음의 변화로부터 발생할 수 있다. 뱅크런은 단순히 무작위 현상으로 '태양흑점'에 의해서조차 야기되는 불가항력(force majeure)이다. 프랑스에서는 뱅크런은 구어체로는 "너의 생명을 구하라(sauve qui peut)"이다.

일부 뱅크런은 태양의 흑점 현상을 반영하지만, 정확하게 무엇이 뱅크런을 촉발시켰는지를 실증적으로 증명하기는 어렵다. 한편으로 뱅크패닉은 종종 은행에 대한 역정보에 의하여 발생한다. 이제 우리는 뱅크런의 정보이론을 살펴본다.

(b) 역정보(adverse information)와 뱅크런: 세 종류의 개인이 있다고 하자.* 여전히 첫 기간말에 소비하여야 하고, 모든 개인 중에서 비율이 f인 죽는 자(D 형태 개인)가 있다고 하자. 그러나 산 자(L 형태 개인) 중에서 일정 비율의 예금자는 은행 자산의 종가(terminal value)(t=2)에 관한 정보를 받는다. 앞서의 이론에서 우리는 이 값, R 달러가 무작위가 아니고 모두에게 알려져 있다고 가정했다. 이제 $\tilde{R}$을 공통적으로 알려진 기댓값이 R인 확률변수(random variable)라고 가정하자. $\tilde{R}=H>0$이 발생할 확률은 p이고, $\tilde{R}=0$이 일어날 확률은 1-p이다. 따라서 t=0에 아무도 $\tilde{R}$의 t=2 값 또는 t=1에 그의 형태(D 또는 L)가 무엇이 될지 모른다. 그러나 t=1에 각 개인은 그가 D 또는 L인지를 알게 되고, L의 일정비율 q는 $\tilde{R}$가 t=2에 취할 값을 알게 된다. 아무도 각 형태 중 얼마나 많은 개인이 t=1에 있을지 알지 못한다(즉 비율 f와 q는 무작위이다). t=1에 D들과 정보를 갖고 있는(informed) L들이 직면한 선택은 간단하고 쉽다. 모든 D들은 예금을 인출하기 위하여 줄을 설 것이다. 정보를 갖고 있는 L들이 $\tilde{R}=H$라는 것을 알게 되면, 그들은 t=2까지 인출을 미루는 것이 더 좋으며 그럼으로써 미리 프로젝트를 청산하는 것을 피할 수 있다. 그러나 정보를 갖고 있는 L들이 $\tilde{R}=0$이라는 것을 알게 되면, 그들은 t=1에 무슨 수를 써서라도 인출하는 것이 유리하다.

이제는 정보를 가지고 있지 않은(uninformed) L들의 선택의 문제를 고려하자. 그들은 t=1에 인출하거나 또는 t=2까지 기다릴 수 있다. 그들의 결정은 은행 자산의 t=2 값의 평가에 근거하여 이루어진다. 그들은 이 값을 직접 관찰할 수는 없지만, t=1에 인출 대기열의 길이를 관찰함으로써 그 값을 추론할 수 있다.** 이 추론을 이끌어내는 과정에서 그들은 일부 사람들이 D형이라

---

* 이 논의는 Chari and Jagannathan(1988)에 바탕을 두고 있다.

** 이 추론은 일반적으로 정확하지 않다. 공식적으로 추론은 베이즈 룰(Bayes' rule)(1장을 보시오)을 이용하여 행해질 수 있다.

는 것을 알았기 때문에 t=1에 그들이 인출 대기열에 있다는 것을 알게 된다. 그러나 그들은 그런 개인들이 얼마나 많이 있는지는 알지 못한다. 이는 그들이 t=1에 인출 대기열의 길이를 관찰할 때, 그들은 모든 사람이 D형인지 또는 일부는 정보를 갖고 있는 L형인지 확신할 수 없다는 것을 의미한다.

그러나 대기열이 길면 길수록, 대기열에는 은행에 관한 역정보를 가지고 있는(informed) L들이 일부 있을 가능성이 더 커진다는 것은 사실이다. 정보가 없는(uninformed) L들이 대기열에는 정보를 가진(informed) L들이 있다는 것을 확실히 안다면, 그들은 t=1에 인출할 것이고, 대기열에는 오직 D들만이 있다고 확실히 안다면 t=2까지 인출을 연기할 것이다. 그러나 그들이 확신할 수 없을 때, 그들은 대기열의 길이를 정보를 가진(informed) L들이 가지고 있는 정보의 부정확한 신호(noisy signal)로 사용한다. 따라서 그들은 대기열이 충분히 길면 t=1에 예금을 인출하고, 대기열이 비교적 짧으면 t=2까지 인출을 연기한다.

뱅크런을 정보가 없는(uninformed) L들이 t=1에 인출하는 상황으로 정의하면 우리는 뱅크런이 일부예금자가 은행에 관하여 역정보를 받았을 때에 더 발생할 가능성이 크다는 것을 알게 된다. 이유는 정보를 가진(informed) L들이 자금을 인출하기 위하여 줄을 섬에 따라 그들은 대기열의 길이를 증가시키기 때문이다. 이것은 정보가 없는(uninformed) L들도 역시 그들의 예금을 인출하도록 유도한다. 따라서 뱅크런은 인출 대기열의 길이로부터 은행의 상황을 탐지하려고 시도하는 예금자들로부터 발생한다. 그러나 그들의 지식은 '정확하지 않기'(noisy) 때문에(그들은 종종 유동성 동기의 인출을 정보를 가진 인출과 혼동한다), 그들은 제1종 오류와 제2종 오류를 저지른다.* 즉 그들은 그들이 인출을 하여야 할 때(대기열이 비교적 짧지만 정보를 가진〔informed〕 L들로 구성되어 있을 때: 만약 귀무가설이 은행이 건전하다는 것이라면 제2종 오류) 인출을 하러 달려가지 않고, 그들이 인출해서는 안 될 때(대기열 길이가 비교적 길지만 오직 D들로만 구성되었을 때: 제1종 오류) 은행으로 달려가 뱅크런을 유발한다. 뱅크런이 발생하지 말아야 할 때 뱅크런이 이따금 발생할 수 있기 때문에 예금보험은 정보가 없는(uninformed) L들이 잘못하여 인출할 가능성을 해소함으로써 복지를 향상시킬 수 있다.

(c) **패닉에 관한 실증적 증거:** 엄밀히 이야기하면 바로 전에 논의한 뱅크런의 두 이론 중 아무것도 패닉(panics)을 설명하지 않는다. 태양의 흑점이론에 따르면 뱅크런은 완전히 무작위 사건이고 따라서 패닉이 우연히 일어날 수 있지만 뱅크런이 패닉을 유발할 이유는 없다. 역정보이론에 따르면, 뱅크런은 개별은행에 고유한 정보에 의하여 발생한다. 다시 한 번 뱅크런이 전염될 이유는 없다. 그렇다면 이 이론들은 뱅크런의 이론이지, 뱅크패닉의 이론은 아니다.

---

* 통계학에서 제1종 오류는 의사결정자가 귀무가설이 사실이지만 귀무가설을 기각할 때이고, 제2종 오류는 귀무가설이 거짓일 때 귀무가설을 채택(보다 정확하게는 기각하지 못한다)할 때이다.

그러나 역정보이론이 뱅크패닉을 설명하기 위하여 이용될 수 있다. 모든 은행의 부(fortunes)와 관련된 사건에 대한 정보가 있다고 하자. 즉 모든 은행에 영향을 미치는 시스템리스크 요소가 있다. 그러나 표준 자본자산가격결정모형(Capital Asset Pricing Model)과 달리 시스템리스크는 보통 알려져 있지 않다고 가정하자. 그러면 개인들은 아마도 서로 연관된 사건들을 관찰하고서 시스템리스크 정보를 추측하려고 시도할 것이다. 예를 들면 대형은행이 파산하면 예금자들은 일반적인 경제상황이 악화되었다고 믿게 되고, 이는 패닉으로 이어질 수 있다. 직관은 역정보이론과 유사하다. 그 이론에 따르면, 예금자들은 동료 예금자들의 행동으로부터 은행에 관한 정보를 추측한다. 여기서 한 은행의 예금자들은 다른 은행의 예금자들의 행태로부터 자신들의 은행에 관한 정보를 추측하려고 한다.

역시스템정보를 드러낸 사건의 한 예가 불황, 즉 불황기의 뱅크런이다. 1873년부터 1914년까지의 기간 동안 모든 주요 경기 하강 사이클에는 뱅크패닉이 수반되었다.

실증적 증거는 이와 같은 역정보가설의 설명을 지지한다. 뱅크패닉이 정말로 시스템 사건이라면, 패닉 전에 개인들의 위험 인지에 변화가 있어야만 하고 다시 이것은 예금/통화 비율에 변화를 일으켜야 한다. 즉 인지된 위험 변수는 패닉이 발생하는 날에 결정적 값을 가져야 한다. 역시 위험 예측변수와 인지된 위험의 움직임이 다른 날이 아니라 패닉 발생일에 발생하여야 한다. 그와 같은 움직임이 다른 날에 발생했다면 그날에 패닉이 있었어야 한다.

연방준비제도 시대 이전에 발생한 패닉을 실증적으로 조사하면 위험 인지의 변화와 뱅크패닉 간의 관계에 대한 직관을 얻을 수 있다.* 인지된 위험에 대한 대용치로 실증분석가들은 파산한 기

〈표 10.2〉 전국은행시기(National Banking Era) 동안 파산 기업의 기대하지 않은 대규모 부채의 변화 시기와 뱅크패닉의 시기와의 관계

전미경제연구소(NBER) 연표 고점 – 저점 (경기 변동)	파산기업의 기대하지 않은 대규모 부채의 변화가 가장 큰 값의 시기	패닉 일자
1873년 10월 - 1879년 3월	1873년 12월	1873년 12월
1882년 3월 -1885년 5월	1884년 6월	1884년 6월
1887년 3월 - 1888년 4월	1887년 11월	패닉 없음
1890년 7월 - 1891년 5월	1890년 12월	1890년 12월
1893년 1월 - 1894년 6월	1893년 7월	1893년 7월
1895년 12월 - 1897년 6월	1896년 10월	1896년 10월
1899년 6월 - 1900년 12월		패닉 없음
1902년 9월 - 1904년 8월		패닉 없음
1907년 5월 - 1908년 6월	1908년 2월	1907년 12월
1910년 1월 - 1912년 1월	1920년 3월	패닉 없음
1913년 1월 - 1914년 12월	1914년 3월	1914년 9월

자료: Gorton, Gary, "Banking Panics and Business Cycles," *Oxford Economic Papers* 40, 1988, 751-781.

* 여기에 보고된 증거는 Gorton(1988)으로부터 나왔다.

〈표 10.3〉 연방준비제도시기(Federal Reserve Era) 동안 파산기업의 기대하지 않은 대규모 부채의 변화 시기와 뱅크패닉의 시기와의 관계

고점 – 저점 (경기 변동)	파산기업의 기대하지 않은 대규모 부채의 변화가 가장 큰 값의 시기	패닉 일자
1918년 8월 - 1919년 3월	1918년 11월	패닉 없음
1920년 1월 - 1921년 7월	1920년 6월	패닉 없음
1923년 5월 - 1924년 7월	1923년 11월	패닉 없음
1926년 10월 - 1927년 11월	1927년 4월	패닉 없음
1929년 8월 - 1933년 3월	1929년 12월	1930년 10월 1931년 3월 1933년 1월

"1920년 6월에 인지된 위험의 변화는 연방준비제도 이전 시기에는 패닉을 일으킬 만큼 컸었다."
자료: Gorton, Gary, "Banking Panics and Business Cycles," *Oxford Economic Papers* 40, 1988, 751-781.

업의 예상하지 못한 부채의 변화를 사용한다.* 비금융기업들의 부가 은행들의 부에 영향을 미친다는 측면에서 이는 합리적이다. 〈표 10.2〉가 보여주는 바와 같이 패닉 발생일은 부채 충격이 가장 큰 값을 가진 시기와 일치한다. 패닉 역시 경기 사이클의 고점을 몇 개월 차이를 두고 이어서 발생한다.

통화/예금 비율의 퍼센트 변화는 인지된 위험 척도와 매우 상관관계가 높다는 연구가 있다. 따라서 연방준비제도 이전의 자료는 패닉을 발생시키는 인지된 위험의 임계값(threshold value) 개념을 지지한다. 더 최근의 연구는 1890-1909년 기간의 뱅크패닉은 예금이 대형은행(money-center bank)으로부터 이탈한 움직임과 낮은 수준의 초과준비금(excess reserve)에 의하여 촉발되었음을 나타내고 있다. 주식시장가치의 변화는 거의 효과가 없었다.**

1914년 연방준비제도의 설립과 1934년 예금보험의 창설은 패닉의 시기에 큰 영향을 끼쳤다. 1914년부터 1933년까지의 기간 동안 우리는 〈표 10.3〉으로부터 인지된 위험 척도의 변화는 적어도 한 가지 경우(1920년 6월)에 연방준비제도 이전에는 패닉을 유발할 만큼 컸지만, 연방준비제도 이후에는 아무런 패닉도 발생하지 않았음을 알 수 있다.

예금보험의 도입은 예금자의 행태를 다시 크게 변화시켰다. 1935년부터 1972년까지의 기간 동안 예금보험이 도입된 후 파산기업의 대규모 부채 충격이 발생한 경우가 일부 있었는데, 그중 아무것도 패닉을 일으키지 않았다. 그러므로 예금보험은 그 목적을 충족시킨 것으로 보인다.

* Gorton(1988)의 실증분석에서 이 변수는 추정된 시계열모형으로부터의 잔차(residuals)("error term")로 측정되었다.
** McDill and Sheehan(2006)을 보시오.

예금보험 가격결정과 도덕적 해이

1980년대까지 연방예금보험의 가격결정은 위험에 의하여 크게 영향을 받지 않았다. 즉 각 은행의 보험료는 위험이 아니라 오직 예금 규모에 따라 결정되었다. 많은 사람들이 이러한 제도가 부보은행들이 과도한 위험을 추구할 인센티브를 높였다고 비난하였다. 은행 같은 금융기관들은 다양한 방법으로 위험을 증가시킬 수 있다. 그러나 이 논의를 위하여 우리는 지급불이행위험이 높은 자산에 투자하려는 은행의 인센티브에 초점을 맞춘다. 예금보험 보험료는 지금은 위험의 영향을 받고 있지만 제한된 위험 범주만이 보험료 결정에 사용되고 있고, 대부분의 은행의 경우에 보험료는 좋게 보아도 위험과 대략적으로 관련이 있을 뿐이다. 이 절에서 우리는 불완전하게 위험에 민감한 예금보험 가격결정 구조가 어떻게 은행들의 과도한 위험추구 인센티브를 생성시키는지 살펴본다.*

옵션(option)으로서의 예금보험: 은행이 기말에 B 달러를 지급하여야 하는 예금을 조달한 부보은행(예금의 원금과 이자가 부보되어 있다)을 고려하자. 기말에 은행의 자산가치를 V 달러라 하자. 만약 V≥B이면, 예금자들은 은행으로부터 B 달러를 받고 은행의 주주들은 (V−B) 달러를 받는다. 만약 V〈B이면, 은행은 파산한다. 주주들은 아무것도 받지 못하고, 예금보험자는 은행의 자산을 인수해서 예금자들에게 B 달러를 지급한다. 이 경우에 예금보험자의 순손실은 (B−V) 달러이다. 따라서 각 이해관계자에 대한 기말 수익은 다음과 같이 쓸 수 있다.

주주:	Max 〔0, V−B〕
예금자:	B
예금보험자:	Min〔0, V−B〕, 즉 영(V〉B일 때) 또는 음(V〈B일 때)

예금보험의 효과는 기업에 추가적인 현금유입흐름 −Min〔0, V−B〕 달러를 생성하는 것이다. 그러나 −Min〔0, V−B〕는 Max〔0, B−V〕로 쓸 수 있다. 그러므로 예금의 잔여 만기의 기간을 T라고 할 때 기업에 대한 예금보험보증의 가치를 G(T)라 하면, 만기일에는

$$G(0) = \text{Max}\ [0,\ B-V] \qquad [10.1]$$

여러분은 이제 〔10.1〕의 수익구조는 만기에 풋옵션의 수익구조와 동일하다는 것을 1장과 8장의 옵션에 대한 논의에서 다룬 것을 기억할 것이다. 이를 확인하기 위하여 V는 옵션이 발행된 기초증권의 무작위(random) 가치이고, B는 행사(exercise)가격이라고 하자. 그러면 풋옵션의 소유자로서 여러분은 만약 증권의 가치 V가 B보다 작으면 그 증권을 옵션 발행인에게 B 달러에 매

* 여기의 논의는 Merton(1977)에 바탕을 두고 있다.

도하는 옵션을 행사할 것이다. 이 경우에 옵션 행사로 인한 여러분의 이득은 (B−V) 달러가 될 것이다. 한편 만약 B〈V이라면, 여러분은 옵션을 행사하지 않고 만기가 되도록 할 것이고, 여러분의 이득은 영이다.

옵션의 비용: 다시 말하여 FDIC가 은행예금을 보장할 때 FDIC는 은행의 이익을 위해서 풋옵션을 발행하는 것이다. 이 보험을 제공하는 FDIC의 비용은 간단히 풋옵션의 가치이다. 우리는 이 가치를 Black and Scholes(1973)가 개발한 옵션 가격결정 공식을 이용하여 계산할 수 있다.

$$(G)T = Be^{-rT}\Phi(x_2) - V\Phi(x_1) \qquad [10.2]$$

여기서

$$x_1 \equiv \frac{\log(B/V) - \left(r + \frac{\sigma^2}{2}\right)T}{\sigma\sqrt{T}}$$

$$x_2 \equiv x_1 + \sigma\sqrt{T}$$

여기서 r은 순간 무위험금리, $\Phi(\bullet)$는 표준누적정규분포함수, V는 은행자산의 현재가치 그리고 σ^2는 자산가치 로그변화(logarithmic changes)의 단위 시간당 분산이다. Black and Scholes 공식의 모든 가정이 만족된다고 가정한다.

예금 1달러당 비용: 우리는 예금 1달러당 적절한 예금보험료를 계산할 수 있다. 예금자들이 미래 시간 T에 B달러의 지급을 약속받았다면, 이 (무위험) 예금의 현재가치는 다음과 같다.

$$D = Be^{-rT} \qquad [10.3]$$

부보예금 1달러당 예금보험보증의 비용(FDIC에 대한)을 g=G(T)/D라고 하자. 그러면 〔10.2〕와 〔10.3〕을 이용하여, 우리는 다음과 같이 쓸 수 있다.

$$g(d, \tau) = \Phi(h_2) - \frac{1}{d}\Phi(h_1) \qquad [10.4]$$

여기서

$$h_1 \equiv \frac{\left[\log(d) - \frac{\tau}{2}\right]}{\sqrt{\tau}} \qquad [10.5]$$

$$h_2 \equiv h_1 + \sqrt{\tau} \qquad [10.6]$$

여기서 d≡D/V는 은행의 현재 자산가치 대비 예금의 비율이고, $\tau \equiv \sigma^2 T$는 예금기간동안 자산

가치 로그변화의 분산이다.

위험민감 예금보험가격결정제도의 정리: 몇 가지가 주목할 만한 가치가 있다. 첫째, 자산가치 대비 예금의 비율(d)의 증가는 FDIC에 대한 달러당 예금보험비용을 증가시킨다. 즉

$$\partial g/\partial d = \Phi(h_1)/d^2 > 0$$

마찬가지로, $\boldsymbol{\tau}$가 증가함에 따라 예금보험비용도 증가한다. 즉

$$\partial g/\partial \boldsymbol{\tau} = \Phi'(h_1)/2d\sqrt{T} > 0$$

여기서 프라임 부호는 미분을 나타낸다. 그러므로 $\Phi'(h_1)$은 h_1에서 표준정규밀도함수이다. 이는 잘 알려진 옵션의 특성이다. 옵션의 가치는 기초증권의 변동성이 증가하면 증가한다. 그러므로 FDIC는 총자산 대비 자기자본 비율이 낮고, 총자산의 변동성이 큰 은행들에 대해서는 더 높은 예금보험료를 부과하여야 한다. 대신에 FDIC가 각 은행에 g(d와 $\boldsymbol{\tau}$의 함수)에 바탕을 두기보다는 부보예금 달러당 고정보험료를 부과하는 제도에서는 FDIC가 평균적으로 손익분기를 이룬다고 가정할 때, 자본비율이 높고 자산위험이 낮은 은행들이 자본비율이 낮고 자산위험이 높은 은행들을 보조(subsidize)한다.

옵션 특징과 도덕적 해이: 이러한 사실들은 예금보험에 내재된 도덕적 해이를 두드러지게 한다. g는 부보예금 1달러당 은행의 예금보험가치이므로 은행은 자본을 줄이고 자산의 변동성을 증가시킴으로써 예금보험가치를 증가시킬 수 있다. 부과된 보험료가 은행의 이런 행태에 의해 영향을 받지 않는다면, 주주 부를 극대화하는 은행은 재무 레버리지와 자산 변동성을 증가시킬 인센티브를 가진다. 〈그림 10.1〉은 이 인센티브를 그림표로 보여준다.

〈그림 10.1〉에서 곡선 AB는 파산비용을 차감한 은행자산의 총기대수익률이다.* 이 곡선은 σ^*에서 최댓값을 가진다. 직선 CD로 표시되는 예금자의 기대수익률은 예금이 완전히 부보된다고 가정하기 때문에 일정하다. 예금자와 FDIC의 총기대수익률은 예금수익률과 예금보험료를 합한 후 기대파산비용을 차감한 것과 같다. 곡선 BF로 표시된 이 총기대수익률은 $\sigma < \sigma_f$(어떤 임계 변동성)에서는 일정한데, 이는 파산비용이 이 구간에서는 영이기 때문이다. 그 후 파산확률이 증가함에 따라 FDIC와 예금자의 총기대수익률은 감소한다. 예금자들은 완전히 보호받고, 예금보험료는 σ의 영향을 받지 않기 때문에 σ가 증가함에 따라 급격히 감소하는 것은 FDIC의 기대수익률이다. 결과적으로 은행자산의 총기대수익률은 σ가 σ^* 이상으로 증가함에 따라 감소하지만 이 구

* 〈그림 10.1〉은 유사한 그림을 제시하고 있는 Keeton(1984)에 바탕을 두고 있다(논문 32쪽을 보시오).

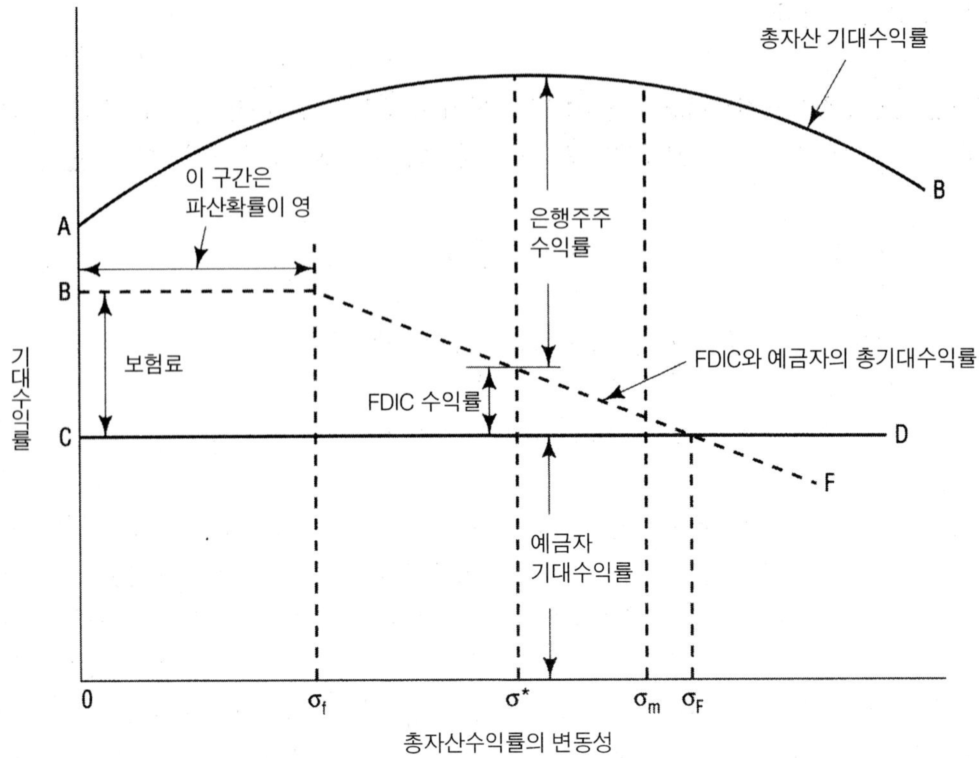

〈그림 10.1〉 기대수익률과 위험의 관계

간에서 은행 주주들의 기대수익률은 증가한다. 사실상 주주들의 기대수익률은 $\boldsymbol{\sigma}_{m} \rangle \boldsymbol{\sigma}^*$에 최대가 된다.

최적위험 수준($\boldsymbol{\sigma}$로 표시되는)은 의사결정자의 목적에 따라 결정된다. 만약 목적이 보험자의 부채를 최소화하는 것이라면, 최적위험의 선택은 $\boldsymbol{\sigma}=\boldsymbol{\sigma}_{f}$. 만약 목적이 은행자산의 총기대수익률을 최대화하는 것이라면, 최적 위험 선택은 $\boldsymbol{\sigma}=\boldsymbol{\sigma}^*$. 그러나 만약 의사결정이 주주 부를 최대화하기 위하여 이루어진다면 최적 위험 선택은 $\boldsymbol{\sigma}=\boldsymbol{\sigma}_{m}$. 따라서 만약 '사회적으로 바람직한' 위험 선택이 $\boldsymbol{\sigma}^*$이라면, 은행은 $\boldsymbol{\sigma}_{m}$을 선택함으로써 사회적 최적보다 더 많은 위험을 추구할 것이다. 이것이 예금보험의 도덕적 해이이다.

은행업의 도덕적 해이가 우려되는 이유: 여러분은 은행으로부터 차입하는 비금융기관들에게도 비슷한 도덕적 해이가 존재한다는 것을 5장과 6장에서 기억할 것이다. 그러나 비금융기관의 경우에는 민간대출자가 도덕적 해이 비용을 사후적으로 부담한다. 여기서 민간 대출자는 사전에(가격결정 메커니즘을 통해) 이 비용을 차입자에게 전가한다. 따라서 도덕적 해이는 균형에서 각 계약당사자 간에 가격결정에 반영된다. 그러나 은행과 다른 연방예금보험에 부보된 예금금융기관들의 경우에는 이 비용들이 사후적으로 FDIC, 그러므로 결국 납세자에 의하여 부담된다. 물론

예제 10.3 연방예금보험에 가입되고 1년 후에 만기가 도래하는 예금을 보유하고 있는 은행을 고려하자. 은행의 자산가치는 매월 변화하고 여러분은 지난 7개월간 자산가치에 관한 다음의 자료를 제공받았다고 하자(여러분은 자산가치 변화의 확률분포는 시간의 흐름에 변화하지 않는다고 가정할 수 있다).

달	은행 자산가치(백만 달러)
1	100
2	101
3	99
4	102
5	100
6	98
7	97.605074

은행의 현재 자산 대비 예금비율은 0.95라고 하자. 은행의 부보예금 1달러당 예금보험보증의 가치를 계산하시오. 또한 자산가치 변화의 분산은 고정되어 있고 (여러분이 선택한) 총자산 대비 예금 비율이 더 높은 경우에 이 보증의 가치를 계산하고, 총자산 대비 예금 비율이 고정되어 있고 분산은 더 큰 경우의 보증의 가치를 각각 계산하시오.

풀이 우리는 이 문제를 3단계로 해결한다. 첫째, 우리는 자산가치의 분산 τ를 계산한다. 둘째, 우리는 전 단계에서 구한 τ의 값을 이용하여 h_1과 h_2를 계산한다. 마지막으로 단계 3에서 우리는 부보예금 1달러당 예금보험의 비용을 계산한다.

단계 1 τ를 계산하기 위해서 우리는 V_t를 t 달의 자산가치, V_{t-1}을 t-1 달의 자산가치라고 정의한다. 그러므로 우리가 두 번째 달의 자산가치를 쓸 때는 예를 들면 V_2로 쓰고, 두 번째 달의 V_t/V_{t-1}비율을 쓸 때는 V_2/V_1로 쓴다. 우리는 다음의 표를 작성할 수 있다.

〈표 10.4〉 자산가치 분산의 계산

A 달	B 자산가치 V_t	C V_t/V_{t-1}	D $\log(V_t/V_{t-1})$	E D−표본 평균	F $(E)^2$
1	100	–	–	–	–
2	101	1.01	0.00995	0.013988	0.0001957
3	99	0.9802	-0.02000	-0.015962	0.0002548
4	102	1.0303	0.02985	0.033888	0.0011484
5	100	0.9804	-0.01979	-0.015752	0.0002481
6	98	0.9800	-0.0202	-0.016162	0.0002612
7	97.605074	0.9959701	-0.004038	0	0

이 표에서 우리는 D열의 값들을 전부 더하고 6으로 나누면 '표본 평균' -0.004038 값을 얻는다. E 열은 D 열의 각 값에서 표본 평균을 차감하여 얻어진다. F 열은 단순히 E 열의 제곱이다. 이제

$$\sigma^2 = \frac{\text{F열의 합}}{5}$$
$$= \frac{0.0021082}{5} = 0.0004216$$

분산을 계산할 때 자유도(degree of freedom)가 1이기 때문에 5로 나눈다는 것을 주목하시오. 이제 $\tau = \sigma^2 T = 0.0004216 \times 12 = 0.005$. 예금의 만기는 1년이고 자산 값은 매월 변하기 때문에 T=12인 것을 주목하시오.

단계 2 다음에는 우리는 〔10.5〕를 이용해서 h_1을 다음과 같이 계산한다.

$$h_1 = \frac{\log(0.95) - (0.005/2)}{\sqrt{0.005}} = -0.76076$$

그리고 〔10.6〕을 이용한 h_2는 다음과 같다.

$$h_2 = -0.76076 + \sqrt{0.005} = -0.69005$$

단계 3 〔10.4〕를 이용하여 이제 g를 다음과 같이 계산할 수 있다.

$$g = \Phi(-0.69005) - \frac{1}{0.95}\Phi(-0.76076) \cong 0.0099$$

따라서 은행의 예금보험보증가치는 대략 부보예금 100달러당 99센트이다. 이것은 부보예금 100달러당 대략 25센트인 현재의 보험료보다 훨씬 높다. 〈표 10.5〉에서 우리는 여러 자산 대비 예금 비율과 τ 값에 따른 계산을 보여준다. 우리가 d를 1로 증가시키고 τ를 0.005로 고정하면 g의 값은 부보예금 100달러당 2.82달러로 상승한다. 이는 예금보험으로부터 연유하는 레버리지에 대한 은행의 인센티브를 보여준다. 마찬가지로 우리는 d를 0.95로 고정하고 τ를 0.006으로 증가시키면 g의 값은 부보예금 100달러당 1.209달러로 상승한다.

〈표 10.5〉 부보예금 달러당 예금보험의 비용

예금보험의 비용(g)	자산 대비 예금 비율	분산(τ)
0.00055	0.85	0.00600
0.00040	0.85	0.00550
0.00028	0.85	0.00500
0.00018	0.85	0.00450
0.00011	0.85	0.00400
0.00326	0.90	0.00600
0.00274	0.90	0.00550
0.00223	0.90	0.00500
0.00176	0.90	0.00450
0.00132	0.90	0.00400

예금보험의 비용(g)	자산 대비 예금 비율	분산(τ)
0.00093	0.90	0.00350
0.00060	0.90	0.00300
0.00015	0.90	0.00200
0.01209	0.95	0.00600
0.01102	0.95	0.00550
0.00992	0.95	0.00500
0.00880	0.95	0.00450
0.00765	0.95	0.00400
0.00647	0.95	0.00350
0.00528	0.95	0.00300
0.00287	0.95	0.00200
0.00172	0.95	0.00150
0.00072	0.95	0.00100
0.00033	0.95	0.00075
0.03089	1.00	0.00600
0.02958	1.00	0.00550
0.02820	1.00	0.00500
0.02676	1.00	0.00450
0.02523	1.00	0.00400
0.02360	1.00	0.00350
0.02185	1.00	0.00300
0.01784	1.00	0.00200
0.01545	1.00	0.00150
0.01262	1.00	0.00100
0.01093	1.00	0.00075
0.00892	1.00	0.00050
0.00631	1.00	0.00025
0.00564	1.00	0.00020
0.00489	1.00	0.00015
0.00399	1.00	0.00010
0.00282	1.00	0.00005
0.00126	1.00	0.00001

자료: Merton, Robert C., "The Cost of Deposit Insurance and Loan Guarantees," *Journal of Banking and Finance* 1, June 1977, 10.

FDIC가 총량으로 손익분기를 이룬다면 이 비용들은 대체로 사전에 은행 산업으로 전가되고, 단지 은행 간에 부의 재분배가 발생한다. 즉 납세자에게는 직접적인 부의 영향 없이, 다소 덜 위험한 은행이 더 위험한 상대 은행들을 보조하는 것으로 끝나게 된다.

이 분석은 앞서 예금보험과 풋옵션 간의 유사성에 관한 논의와 함께 은행업에서 건전성 규제의 역할이 필요함을 보여준다. 예금보험하에서 은행들은 자본을 낮추고 위험을 증가시키는 성향을 갖는다. 자본규제와 자산포트폴리오 제한은 예금보험에서 발생하는 왜곡된 인센티브를 다룬다. 그러나 이 규제 수단들의 적용이 항상 효과적인 것은 아니었다.

아래에서는 풋옵션 가격결정 공식의 맥락에서 도덕적 해이의 예를 보여준다.

옵션가격결정 접근법은 예금보험료를 결정할 때 고려해야 하는 요인들을 알려준다. 부보예금의 달러당 보험료는 은행자산의 변동성과 총자산 대비 예금의 비율에 의하여 정해져야 한다. 그렇게 하지 않는다면, 은행은 주주들의 이익을 위하여 자산을 축소하고 자산위험을 증가시킬 인센티브를 갖는다. 그렇지만 많은 표준 블랙-숄즈 모형의 가정이 만족되는 것은 아니기 때문에 옵션 가격결정 접근법이 글자 그대로 예금보험료를 결정하는 정교한 방법으로 간주되어야 하는 것은 아니다.* 예를 들면 은행의 자산가치는 블랙-숄즈 모형에서 가정한 대로 시간에 따라 연속적 경로를 따르기보다는 종종 갑작스런 변동(jump)을 보인다. 어느 경우에도 〈표 10.5〉의 숫자들은 위험이 고려되지 않는 예금보험 가격결정을 이용할 때 은행이 얻는 이익의 크기를 보여준다.

도덕적 해이에 관한 실증적 증거

도덕적 해이에 관한 일화 같은 증거를 떠나서, 이제 우리가 살펴본 이론들을 지지하는 상당한 과학적 증거들이 있다. 연방예금보험은 1934년 이래 은행을 위해 존재하지만, 더 눈에 띄는 문제점들은 오직 1970-1990년 동안에 발생했다. 이는 과거에는 예금보험에 의해 야기된 위험추구 성향을 감소시키는 반대방향의 힘(countervailing forces)이 필히 있었음을 시사한다. 우리가 여기서 논의하는 실증적 증거들이 이러한 힘에 대하여 밝혀줄 것이다.

(a) 연방예금보험이 위험추구에 미치는 영향에 관한 일부 증거: 신용협동조합의 사례: 연방예금보험은 전국신용협동조합협회(NCUA: National Credit Union Administration)가 설립된 1971년에 신용협동조합으로 확대되었고, 부보범위도 현재 은행이나 저축은행과 동일하다.

신용협동조합은 (i) 회원들에게 대출을 하고, (ii) 다른 신용협동조합에 대출을 하며, (iii) 다른 신용협동조합과 함께 협조융자(loan participation)에 참여한다. 신용협동조합의 자산 포트폴리오는 주로 (i) 내구소비재 구매를 위한 담보대출, (ii) 국채, 다른 신용협동조합에 대한 대출 및 상업은행에 예치한 예금으로 구성된다.

신용협동조합은 자본을 감소시키고 고위험 자산에 투자된 총자산의 비율을 증가시킴으로써 위험을 증가시킬 수 있다. 실증적 연구는 이 가설에 대한 지지를 보여준다.** 〈그림 10.2〉는 1949-1992년 기간에 걸쳐 연방신용협동조합들의 자본비율(자본을 총자산으로 나눈 것으로 정의)의 추

* 게다가 예금보험자가 은행위험을 오류 없이 측정한다는 것을 확신하기도 어렵다. 이 함의의 논의를 위해 Flannery(1991)를 보시오.

** Clair(1984)를 보시오.

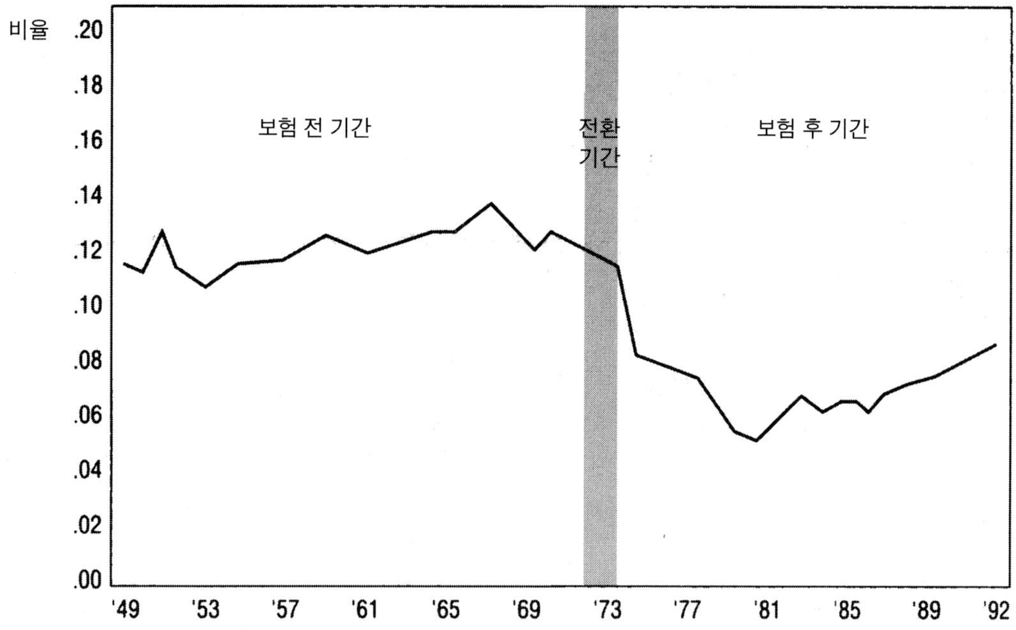

〈그림 10.2〉 연방신용협동조합들의 자본비율
자료: 전국신용협동조합협회.

이를 보여주는 그래프이다. 연방예금보험을 채택하기 직전인 1970년에 자본비율은 1949년과 거의 동일하였다. 보험전 제도로부터 보험후 제도로의 전환기간 동안 약간의 하락이 있었다. 급격한 하락은 보험기간 중에 발생했다. 이것은 예금보험과 관련된 도덕적 해이의 예측과 일치한다.

(b) **은행업에서의 시장지배력(market power)과 도덕적 해이:** 앞서 언급된 바와 같이 주요 퍼즐은 왜 미국의 예금보험제도가 연방예금보험에 의한 위험추구 인센티브에도 불구하고 오랜 기간 동안 잘 운영되어 왔는가와 왜 문제점들이 최근에서야 표면으로 떠올랐느냐는 점이다. 한 가지 설명은 은행의 위험추구성향이 은행의 인가가치(charter value)에 의하여 영향을 받는다는 것이다. 인가가치—미래 현금흐름의 자본화된 가치—가 클수록 은행의 위험추구 인센티브는 약해진다. 이것은 위험이 클수록 지급불능의 가능성이 더 높아지고, 지급불능의 경우에는 보험자가 은행을 인수해 인가(charter)가 없어지기 때문이다. 따라서 인가가치가 크면 클수록 은행의 파산비용은 더 커진다. 과거에는 다양한 반경쟁제한들이 은행들에게 인가의 가치를 상승시키는 시장지배력을 제공했다. 파산 시에 은행이 인가를 잃는 데서 오는 손실은 고정예금보험료에 기인한 과도한 위험추구 인센티브를 억제시켜 균형을 제공하였다.* 1980년대의 규제완화는 은행경쟁을 격화시켰지만 은행의 인가가치를 하락시켰다. 그 결과 더 큰 위험추구가 예측되었다.

* 이론으로는 Chan, Greenbaum, and Thakor(1992)를 보시오. 아래 논의되는 실증적 증거는 Keeley(1990)의 내용이다.

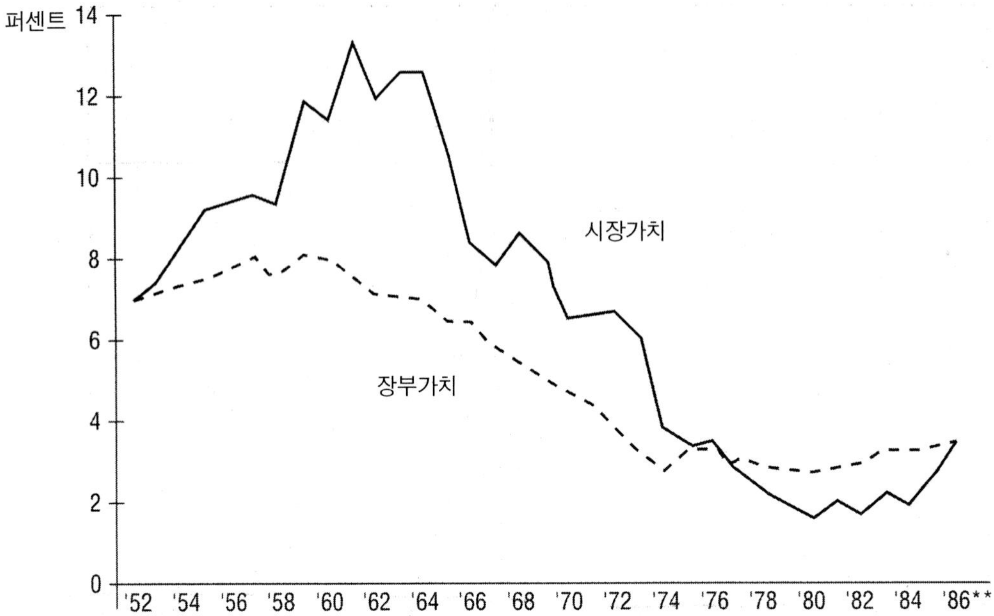

* 비율은 1985년 순위 25위까지의 대형 금융지주회사들의 가중평균이다.
** 1986년 자료는 3/4분기 자료이다. 모든 다른 연도는 연말 자료이다.

〈그림 10.3〉 자본/자산 비율, 시장가치 및 장부가치
자료: Keeley, Michael C., "Deposit Insurance, Risk, and Market Power in Banking," *American Economic Review* 80, December 1990, 1183-1200.

증거는 이러한 이론적 예측을 지지한다. 〈그림 10.3〉은 1952년부터 1986년까지 미국의 순위 25위까지의 대형 금융지주회사들의 자본/총자산 비율 평균의 시계열 추이의 그래프이다. 이 비율의 하락은 매우 크다.

위험추구와 인가가치 사이의 관계를 직접적으로 검증하기 위해서는 미래 지대(rents)의 자본화된 가치, 즉 시장지배력의 척도를 필요로 한다. 그와 같은 척도의 하나가 '토빈 큐' (Tobin's q)인데, 이는 자산의 장부가치 대비 자산의 시장가치(자기자본의 시장가치 더하기 부채의 장부가치)의 비율로 대략 계산된다. q 비율이 높을수록, 자산의 장부가치에 비하여 인가가치가 높다. 은행의 위험추구도 역시 직접 관찰할 수 없으므로 대용치가 필요하다. 합리적인 대용치는 거액의 비부보(uninsured) CD의 금리이다. 그와 같은 CD의 소유자는 은행의 위험에 민감하여야 하며 위험이 큰 은행으로부터는 높은 금리를 요구한다. 증거는 이를 강하게 지지한다. q 비율의 각 1퍼센트 증가는 평균 CD 비용의 16-18베이시스포인트의 하락을 가져왔다. 더구나 이 관계는 통계적으로 유의하다. 따라서 은행의 위험추구는 은행의 인가가치를 감소시키는 규제완화로 인하여 1980년대에 크게 증가한 것으로 보인다.

더 최근의 자료와 비교하기 위하여, 〈그림 10.4〉에 1959-2005년 기간 동안 대형 25개 금융지주회사들의 자본비율을 장부가치와 시장가치 기준으로 나타내고 있다. 1980년대 후반부터 자본

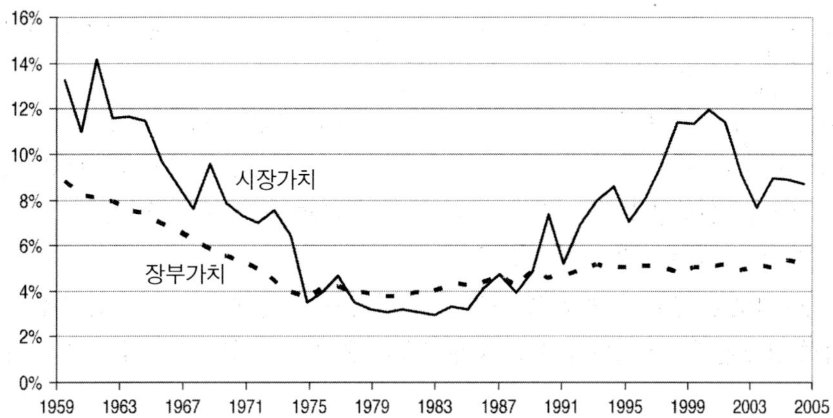

〈그림 10.4〉 1959-2005년 동안 순위 25위까지의 대형 금융지주회사들의 자본비율

이 그림은 1959-2005년 동안 순위 25위까지의 대형 금융지주회사의 가중평균 자본비율을 보여준다. 자본비율은 장부가치(주주지분/총자산)와 시장가치(자기자본의 시장가치/자산의 시장가치)로 표시된다.

자료: Compustat와 계산 자료.

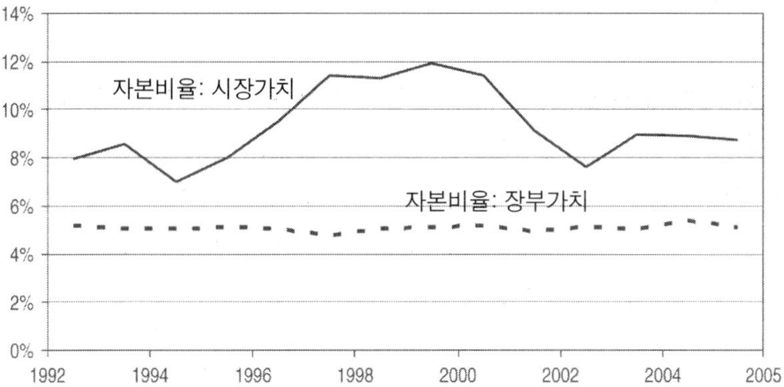

〈그림 10.5〉 1992-2005년 기간 중 순위 25위까지의 대형 금융지주회사의 자본비율

자료: Compustat와 계산 자료.

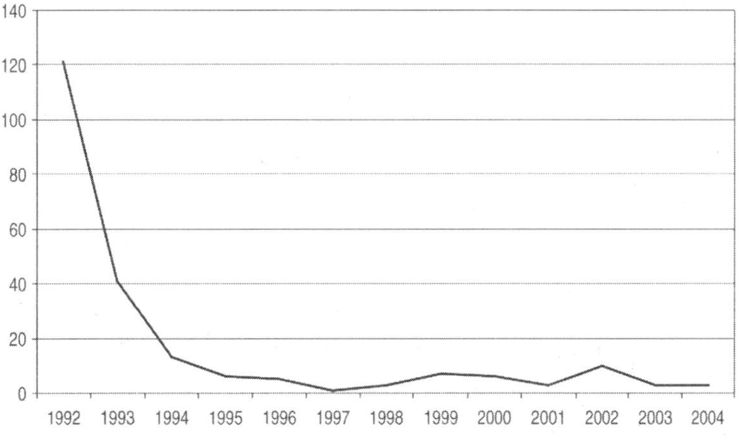

〈그림 10.6〉 1992-2004년 기간 중 은행 파산

자료: FDIC Historical Statistics on Banking: Closings and Assistance Transactions.

비율이 상승 추세를 보이는 것으로 보아서 바젤 I 협약과 더불어 시작된 자본규제의 효과가 명백히 나타나고 있다.

1992-2005년 기간의 자본비율도 〈그림 10.5〉에 나타나 있다. 이 그림은 이 기간 동안 장부가치 기준으로 자본비율은 비교적 변동이 없으며, Tier-1 자본 최소기준 4퍼센트를 상회하고 있음을 보여준다. 1994-2000년 동안 시장가치 기준 자본비율이 크게 증가한 것은 아마 그 기간 중 전반적인 주식시장이 활황이었음을 반영한다.

〈그림 10.6〉은 1992-2004년 중 은행 파산 수를 나타낸다. 명백히 보이듯이, 파산 수는 1990년대 초기에 급격히 감소한 후, 은행이 건전한 자본비율을 유지함에 따라 비교적 적은 숫자에 머물렀다.

예금보험의 대붕괴

일반적 배경

우리는 이제 예금보험이 예금금융기관의 위험추구 행태에 미치는 영향에 관한 이론과 일부 실증적 증거에 대하여 살펴보았다. 1980년대의 예금보험 대붕괴(The Great Deposit Insurance Debacle)를 이해하기 위해서는 1970년대 중반까지 예금보험은 매우 잘 운영되었다는 것을 기억하는 것이 중요하다. 그러나 두 가지 중요한 발전이 연방예금보험을 훼손하였다. 하나는 더 많은 자산위험을 추구하고 사기를 저지를 경영자의 인센티브를 증가시킨 은행 인가가치의 감소이다. 다른 하나는 동 기간 중 규제감독의 완화이다. 이는 연방예금보험에 부보된 예금금융기관의 도덕적 해이를 악화시켰다.

1980년대 저축은행의 붕괴와 은행의 파산으로 발생한 폐기물은 세 범주로 구분될 수 있다. 즉 과도한 위험추구, 경영자의 과도한 부가적 혜택(perquisites)의 소비 그리고 철저한 사기이다. 더구나 부의 우회/파괴는 세 요인들이 조화롭게 작용했기 때문에 가능했다. 즉 위험과 무관한 예금보험의 가격결정, 규제완화에 기인한 낮은 인가가치 그리고 감독자의 엄격하지 않은 모니터링이다. 감독에 자원을 적게 사용함으로써 야기된 모니터링의 이완은 일부 규제기관과 감독을 받을 기관들 간의 밀월관계에 의하여 역시 더 심해졌다. 〈그림 10.7〉에서 우리는 이 효과들을 요약하기 위하여 단순한 개략도를 보여주고 있다.

저축대부조합과 은행의 경영자들이 1980년대 어느 날 아침 일어나 납세자들의 '돈을 빼앗기'(rip off) 위해서 그들의 의사결정 방법을 바꾸기로 한 것이 아니다. 요점은 그들의 인센티브가 바뀌었다는 것이다. 그들의 의사결정 규칙은 여전히 동일하였지만, 변화된 인센티브가 그들의 행태를 변화시켰다. 그러므로 예금보험위기의 이유는 단지 예금금융기관의 경영자뿐 아니라, 근시안적이고 성급한 정책을 추진한 정치가와 규제기관에서도 찾아질 수 있다. 다음에서는 우리는 〈그림 10.7〉에 그려진 원인과 효과에 대하여 간단히 논의한다.

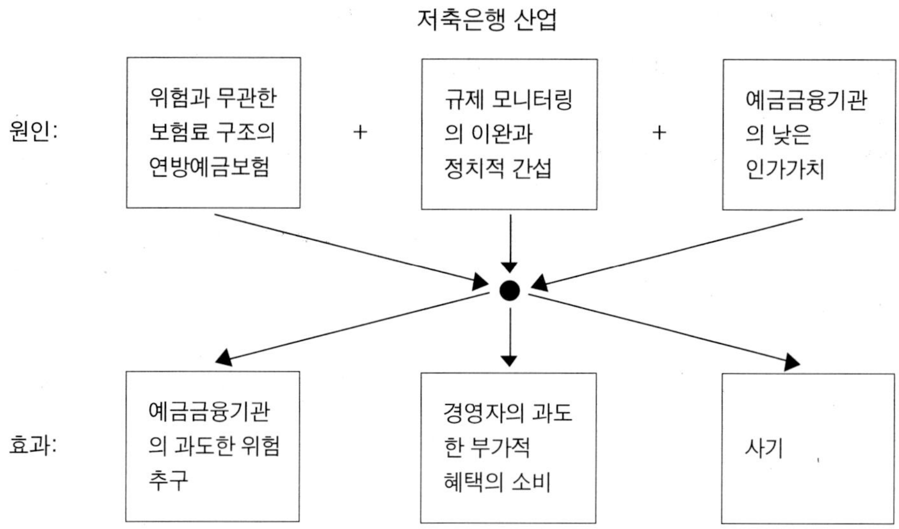

〈그림 10.7〉 은행업과 저축은행 산업 문제의 원인과 효과의 개략도

규제적 및 정치적 문제점

몇 년 동안 저축대부조합(S&L) 규제기관들은 저축은행산업의 문제점들을 무시하려고 노력하였다. 문제점들이 개선되리라는 희망을 가지고, 규제기관들은 지급불능의 기관들이 계속 영업을 하도록 허용하였다. 5장과 6장의 신용위험 분석은 자본이 차입자의 위험추구 성향에 영향을 미치는 중요한 인센티브임을 강조했다. 예금금융기관도 마찬가지이다. 그들의 위험추구 성향은 자본이 낮을 때 더 크다. 자본이 음일 때, 과도한 위험추구는 예측하기 쉽다. 정말로 연방주택대출은행이사회(FHLBB: Federal Home Loan Bank Board)는 저축은행산업이 1981년에 큰 어려움에 빠져 있음을 매우 잘 알고 있었으나 모든 지급불능 금융기관들을 폐쇄하는 것을 선택하지는 않았다.*

정책당국이 행동을 취하지 않은 것은 넓게 보면 규제가 작동하지 않은 데에도 일부 기인한다. *USA Today*-Gannett News Service 조사의 주요 결과가 아래에 나열되어 있다.**

- 일부 규제자들은 산업과 밀접한 유대를 가졌다.***
- 일부 경우에 규제자들은 S&L이 신속한 성장을 위해 노력하고 이익을 신속히 끌어올리기

* *American Banker*의 1990년판은 그 당시 FHLBB의 의장인 Richard T. Pratt 씨가 "우리가 1981년에 저축대부조합산업을 청산하였다면 현재 달러가치로 1,780억-3,800억 달러가 소요되었을 것이다. 그것은 채택될 수 있었던 가장 어리석은 공공정책이었다"라고 언급한 것을 인용하고 있다.

** *USA TODAY*(February 14, 1989)를 보시오.

*** 전직 아이오와 주 은행 감독자인 Tom Huston 씨는 규제자들이 업계의 비용으로 너무 많이 여행을 다녔다고 주장하였다. 그는 "그들은 너무 사랑받고 잘 대접을 받았기 때문에 … 그들이 합리적 의사결정을 할 수 없다는 것은 이상하지가 않다"라고 이야기했다.

위한 방법으로 위험사업(risky ventures)에 투자할 것을 제안하였다.

- 규제기관들은 급속한 성장을 보이는 S&L을 모니터링할 권한과 인적 자원을 결핍하고 있었다.
- 의회는 S&L 검사인력 추가요청을 여러 번 거절하였으며, FHLBB에게 문제 있는 S&L을 적당히 다루라고 요청했다.*

과도한 위험추구

앞서 논의한 바와 같이 과도한 위험추구를 탐지할 중요한 세 가지 방법은 자산 대비 자본비율, 거액의 (무보험) CD의 금리 및 금융기관의 포트폴리오에서 자산을 조사하는 것이다. 뒤의 두 가지를 간단히 아래에서 논의한다.

CD의 고금리: 비교적 위험이 큰 금융기관은 거액 CD에 더 높은 금리를 지급해야만 하며, 또는 역으로 자신의 예금에 대하여 고금리를 제시한 이 금융기관들은 예금 조달비용을 상쇄하기 위하여 고위험 고수익률의 자산에 대한 투자를 예상한다. 지급불능 또는 거의 지급불능의 금융기관의 위험추구 인센티브가 가장 크기 때문에 그런 금융기관들이 가장 높은 금리를 지급할 것으로 기대된다. 이것이 바로 S&L 산업이 황폐화되었던 미국의 남서지역에서 일어난 일이다. 지급불능의 금융기관들이 제시한 고금리는 자기충족적인 예언(self-fulfilling prophecy)으로 이끌었다. 예금금융기관들의 자기자본이 적을 때, 금융기관들은 더 위험한 자산에 투자할 것으로 예상되므로 예금자들은 비교적 고금리를 요구한다. 이 고금리로 인해 금융기관들은 다시 고수익률, 고위험 자산을 선호하게 되며, 그래서 사이클이 완료된다. 더구나 지급불능의 금융기관들과 경쟁하기 위하여 건전한 금융기관들도 자신의 예금에 고금리를 제시하도록 강제되며 이는 더 위험한 자산에 투자할 인센티브를 더 강화시킨다.

고위험자산에 투자: S&L이 과도하게 위험한 투자를 한 증거는 충분히 많다. 스키휴양지 건설개발업자에 대한 대출, 국채에서의 투기적 포지션, 정크본드(투자부적격채권) 포트폴리오 등이 이러한 위험투자에 포함된다.

* 1983년 5월부터 1987년 6월까지 FHLBB의 의장이었던 Edwin Gray 씨는 의화와 레이건 행정부가 규제자들에게 더 강화된 권한을 부여하지 않은 것에 대하여 비난하였고, *USA TODAY*(2/14/1989)에는 Gary 씨가 다음과 같이 언급한 것으로 인용되었다. "우리는 의회와 레이건 행정부에 도움을 요청했지만 아무것도 얻지 못했다. 우리는 오합지졸의 700명의 검사 인력을 가지고 있는데 이들은 1조 달러의 자산과 3,300개의 S&L을 모니터링하여야 한다. 때때로 우리의 검사 인력은 검사를 받는 S&L에 의하여 고용되어 버리곤 하였다." 이 당시 초임 검사자는 연 14,000달러를 지급받았고, 이직률은 25퍼센트였다는 것이 밝혀졌다.

경영자의 부가적 혜택의 과도한 소비

경영자의 일정한 부가적 혜택(perquisites) 수준이 적절한지 결정하는 것은 실증적으로 어렵지만, 일부의 예는 지나치거나 남용의 기미가 있다. 이 예로는 경영자를 거주지로부터 직장으로 태워주는 비행기를 금융기관이 구매하는 경우, 경호 서비스를 위한 지급, 고가의 골동품 또는 그림으로 치장된 사무실, 금으로 도색된 화장실을 들 수 있다. 이같이 분명한 남용이 발생한 많은 금융기관들이 FSLIC에 의하여 조사를 받았다.

사기

S&L 경영자 사기(fraud)에 기인한 정부의 직접 손실은 80억 달러에서 150억 달러의 범위로 추정되며, 사기가 파산한 S&L의 80퍼센트를 차지할 것으로 의심된다. 연회, 고급저택, 비행기, 여성, 롤스로이스(Rolls-Royce), 케이먼 아일랜드(Cayman Island) 은행계좌는 S&L 경영자가 그들이 연방예금보험을 부정하게 이용함에 따라 자신들에게 쏟아부은 부가적 혜택의 일부이다.

S&L 사기꾼들은 다른 S&L의 정직한 경영자들에게 그들의 부실대출의 지분을 매각함으로써 정직한 경영자가 경영하는 S&L도 파산되도록 했다. 예를 들면 지금은 파산한 아칸소 주의 First Federal Saving and Loan of Malvern은 호놀룰루 소재의 고층 콘도에 대하여 4,400만 달러의 지분에 참여하였는데, 이 건은 그 후 지급불이행되었다.

대부분의 사기 사례는 매우 복잡하다. 수상한 S&L과 동일하게 수상한 차입자들은 S&L예금의 개인적 사용을 감추기 위하여 많은 대출, 기업, 부동산을 복잡한 거래로 엮었다. 일부 S&L은 차입자들이 대출을 받기 위하여 대출금의 4퍼센트에서 10퍼센트에 이르는 거액의 1회 수수료를 지급하도록 했다. S&L은 이 수수료를 소득으로 보고하여 이익을 높였다. 많은 대출이 결코 상환되지 않아 그 부동산이 S&L의 손으로 들어왔다. 어느 S&L 경영자는 거래에 참여함으로써 중개료를 챙기기도 했다. 텍사스에서 이런 전략은 다음과 같이 표현된다. "앞면이 나오면 내가 이기고, 뒷면이 나오면 연방저축대부조합보험공사(FSLIC)가 잃는다."

S&L의 붕괴에 이어 정부는 S&L의 경영자, 이사, 소유주, 차입자, 그리고 S&L의 지급불능에 기여한 것으로 책임이 있다고 믿어지는 사람들을 대상으로 대략 100,000건의 민사소송을 접수하였다. 이러한 기소 노력이 성공할지 그리고 사기, 태만, 단순한 실수에 기인하여 발생한 손실의 일부를 회수하려는 노력이 성공할지는 불확실하다.

요약하면 대공황 이후 가장 심각한 은행업 붕괴는 단지 '불행한 실패'(unfortunate break) 또는 은행 환경에서 외부 변화의 결과도 아니었다. 경쟁의 격화는 금리 변동성을 증가시키고, 규

* 우리는 미국의 저축은행산업의 내부파열에 기여한 여러 요인들에 대한 설명으로 Adams(1990), Mayer(1990) 및 White(1991)를 읽어볼 것을 추천한다.

제완화는 예금금융기관들의 수익성을 하락시키고 인가가치를 크게 감소시켰다. 은행 행태 모형들은 그와 같은 조건에서 연방예금보험에 부보된 금융기관들의 위험추구가 증가할 것으로 예측하고 규제 모니터링의 개선 필요성을 제기하였다. 불행히도 건전성은 산업에 대한 규제가 완화되는 것과 동시에 희생되었다. 왜냐하면 규제완화로 규제 감독에 할당된 자원이 감소하였기 때문이다. 미숙한 규제와 정치적 간섭으로 깊이 생각하지 않고 시행된 계획들은 그 효과가 더 크게 나타났다.*

은행업의 취약성, 예금보험 및 예금보험 대붕괴 이후의 진행사항

우리는 이 장에서 예금보험이 도덕적 해이를 유발하고 은행들로 하여금 무모한 위험추구에 몰입하게 한다는 것을 살펴보았다. 즉 예금보험이 뱅크런 가능성과 은행업의 취약성을 감소시키는 방법으로 사용되는 데에는 내재된 역설이 존재한다. 은행들이 예금보험으로 더 안전하게 느끼면 느낄수록, 그들의 위험 추구 성향은 더 커진다! 예금보험의 수준에 한도를 부과하는 것이 사회적으로 효율적일 수 있다는 것은 이런 이유 때문이다. 그럼으로써 시장규율의 여지가 생기며 그 결과 뱅크런과 은행업 취약성의 가능성도 열린다. 다시 말하여 뱅크런 가능성과 관련되어 은행의 위험추구 인센티브를 완화시킬 시장규율과, 은행업을 과도하게 취약하게 할 만큼 뱅크런의 가능성이 크지 않다는 것을 확실히 할 필요성 사이의 올바른 균형을 맞출 최적의 은행업 취약성이 있을 것이다.*

혹자는 예금보험 관련 도덕적 해이에 대처하기 위한 한 방법은 은행의 과도한 위험추구 성향을 감소시키는 수단으로서 자기자본요건(capital requirements)을 실시하는 것이라고 주장한다. 바젤 I과 바젤 II 자본 협정과 1991년의 FDICIA(다음 두 장을 보시오)와 관련된 규제 개혁은 충분히 높은 자기자본요건이 위험을 통제하는 데에 효과적이라는 가설을 지지한다.** 1990년대와 2000-2005년 동안 은행 파산은 매우 낮았으며, FDIC는 준비금을 쌓을 수 있었다.

그러나 참된 질문은 먼저 우리가 예금보험을 필요로 하는가 여부이다. 왜냐하면 우리가 알고 있는 많은 규제 수단들이 그것이 예금보험을 위한 것이 아니라면 불필요할 수 있기 때문이다.*** 그러나 예금보험이 없었다면 우리는 과도한 뱅크런이 없었겠는가? 이것은 실제로 미해결 과제이다. 뮤추얼펀드는 예금보험이 없지만 우리는 아무런 런(run)을 보지 못했다. 결국 신뢰할 수 있는 최후의 대출자에 의하여 지지되는 기본적으로 건전한 은행 시스템은 과거와는 달리 오늘날에는 예금보험이 없어도 과거처럼 취약하지는 않을 것이다. 이것이 사실이라면 예금보험과 규제의

* 이 함의는 Calomiris and Kahn(1991)에서 도출될 수 있다. 그것은 Diamond and Rajan(2001)이 지적한 내용이다. 은행의 취약성에 대한 다른 분석으로는 Allen and Gale(2001)을 보시오.

** Coval and Thakor(2005)는 어느 수준의 은행 자본은 다양한 믿음을 가진 차입자와 저축자 사이의 '다리'(bridge)의 역할을 추구하는 은행의 생존가능성을 확실히 할 목적을 충족한다고 설명한다.

*** 연방예금보험의 해체를 찬성하는 강력한 주장으로 Miller(1995)를 보시오.

전체시스템은 다시 고려되어야 할 것이다.

결론

우리는 이 장에서 예금계약, 부채관리 및 예금보험에 대하여 광범위하게 논의하였다. 예금계약의 본질은 예금계약이 은행을 뱅크런에 취약하게 노출시키고, 은행시스템을 패닉에 취약하게 노출시킨다는 것이다. 예금보험은 뱅크런과 패닉을 최소화하는 목적을 충족시켰던 것으로 보인다. 정말로 1933년 연방예금보험의 도입 이래 거의 50년 동안 은행과 저축은행 산업의 파산율은 다른 산업에 비하여 비정상적으로 낮았다. 더구나 이 안정적 환경은 부채관리가 은행들에게 중요한 문제가 아니었음을 의미했다.

그러나 모든 것은 1970년대와 1980년대에 변했다. 금리의 변동성이 증가하고, 금리제한이 완화되다가 나중에는 폐지되면서 부채관리는 은행들의 중요한 관심사가 되었다. 더구나 규제완화, 시장가격의 변동성 증가, 이완된 규제 모니터링, 정치적 간섭, 연방예금보험에 부보된 금융기관의 부패한 경영자는 산업의 건전성을 심각하게 훼손시켰고, 예금보험기금에 막대한 손실을 입혔다. 이 사건 이전에 알려진 것의 관점에서 볼 때, 이 사건들이 매우 예측가능했다는 것은 다소 역설적이다. 이후에 행해진 규제 개혁은 은행산업의 안정성을 크게 개선하는 데에 기여하였다.

연습문제

1. 요구불예금계약의 주요 경제적 특징은 무엇인가? 예금이 부보되지 않았을 때 이 특징들은 어떻게 경영자들을 규율시키는가?
2. 연방예금보험 이전에는 뱅크런과 패닉에 대처하기 위하여 무슨 조치들이 사용되었는가?
3. 뱅크런은 무엇이며, 경제적 관점에서 어떻게 런(run)을 설명할 수 있나?
4. 예금보험은 어떻게 런과 패닉을 방지하는가?
5. 예금보험과 보통주 풋옵션 사이의 유사점을 설명하고 아울러 이것이 도덕적 해이로 어떻게 이어지는가를 설명하시오.
6. 예금보험이 1980년 이전에는 명백한 도덕적 해이에도 불구하고 왜 미국에서 매우 잘 운영되었는가? 그리고 왜 그다음에는 실패하였는가?
7. 은행/저축대부조합의 대붕괴 시기에 은행경영자, 회계사, 규제자, 정치가의 역할을 논의하시오.
8. 부채관리는 무엇이며 그 주요 목적은 무엇인가?
9. 부채관리에서 주주와 은행의 경영자 간의 대리인 문제는 무엇인가?
10. 도덕적 해이는 비윤리적인가, 불법적인가 또는 둘 다 아닌가? 여러분은 개념적 틀을 이용하

여 예금금융기관의 비윤리적 행태를 정의할 수 있는가?

11. 여러분은 S&L/은행 행태의 어떤 측면을 비윤리적이라고 생각하는가? 예를 들면 정크본드 투자가 비윤리적이었나? 사전적(ex ante) 관점을 취하고 사후적 관점(20-20 hindsight)을 사용하지 마시오.
12. 여러분은 왜 비윤리적 행태가 지난 10년간 만연하고 그 이전에는 그렇지 않았다고 생각하는가? 사람들이 변했는가? 도덕(moral)이 일반적으로 쇠퇴하였는가? 환경이 변했는가? 여러분은 이 기간의 비윤리적 행태를 역사상 다른 시기의 유사한 행태와 연결시킬 수 있는가?
13. 200명의 예금자로부터 t=0에 각각 1달러씩의 예금을 받은 은행을 고려하자. 은행은 주주지분 25달러를 은행에 투자하고, 200달러를 대출하고, 25달러를 현금준비금으로 보유한다. 200명의 예금자 중에서 은행경영자를 모니터링할 수 있는 예금자(D_1형 예금자)가 75명이 있고, 나머지 예금자(D_2형 예금자)는 단지 거래와 안전보관의 목적으로 은행에 돈을 맡기고 있다. D_1 예금자가 은행을 모니터링하는 비용은 기간당 0.03달러이다.

    은행은 상호 배타적인 두 투자기회를 가지고 있다. 프로젝트(또는 대출) A는 t=1에 확률 0.6으로 300달러를 지급하고, 확률 0.4로 영을 지급한다. 프로젝트 B는 t=1에 확률 0.8로 250달러를 지급하고 확률 0.2로 220달러를 지급한다. 은행이 이 두 프로젝트 중에서 하나를 선택한다면, 은행이 결국 실제로 원했던 프로젝트를 선택할 확률은 0.7이다. 확률 0.3으로 은행은 의도하지 않은 다른 프로젝트를 선택한다. 따라서 우리는 은행은 프로젝트 선택 시 오류를 저지른다고 가정한다. 은행을 모니터링함으로써 D_1 예금자들은 은행의 참된 프로젝트 선택을 t=0과 t=1 사이의 중간 시점, 예를 들어 t=1/2에 발견할 수 있다. 예금자들은 원한다면 t=1/2에 예금을 인출함으로써 은행을 청산시킬 수 있다. 은행의 대출/프로젝트는 t=1에 만기가 된다는 점을 주목하시오. 대출/프로젝트가 t=1/2에 청산되면 은행에게 그 가치는 오직 70달러이다. 예금계약 조건에 의하면 은행은 예금인출이 t=1에 발생하면 15퍼센트의 이자(은행이 지급할 재무적 능력이 있다는 조건하에)를 지급할 것을 약정하고, 인출이 그 이전에 발생하면 이자는 지급하지 않는다. 따라서 예금자는 t=1에 인출하면 1.15달러를 받을 자격이 있고, t=1/2에 인출하면 1달러를 받을 자격이 있다. 무위험 할인율은 영이고, 모든 사람은 위험중립이다.

    모든 D_2 예금자들은 t=1에 인출할 계획이지만, 각각은 무작위 유동성 동기의 적용을 받아 t=1/2에 인출할 수도 있다. 간단히 하기 위하여 우리는 아무도 어느 D_2 예금자가 t=1/2에 인출하기를 원하는지 미리 알지 못하지만 인출하기를 원하는 예금자의 비율은 25/125로 알려져 있다고 가정한다. 즉 25명의 D_2 예금자들은 t=1/2에 인출하기를 원할 것이다. 은행의 경영자들은 주주의 이익을 위하여 의사결정을 한다고 가정한다. 은행과 예금자의 균형 전략을 계산하시오.

참고문헌

Adams, James Ring, *The Big Fix: Inside the S&L Scandal*, John Wiley & Sons, Inc., New York, 1990.

Allen, Franklin, and Douglas Gale, *Comparing Financial Systems*, Cambridge, MA: MIT Press, 2001.

Association of Reserve City Bankers, *Capital Issues in Banking*, Chicago, December 1988.

Black, Fisher, and Myron Scholes, "The Pricing of Options and Corporate Liabilities," *Journal of Political Economy* 81, 1973, 637-659.

Bryant, John, "A Model of Reserves, Bank Runs, and Deposit Insurance," *Journal of Banking and Finance* 4, 1980, 335-344.

Calomiris, Charles W., and Charles M. Kahn, "The Role of Demandable Debt in Structuring Optimal Banking Arrangements," *American Economic Review* 81-3, June 1991, 497-513.

Calomiris, Charles W., Charles M. Kahn, and Stefan Krasa, "Optimal Contingent Bank Liquidation Under Moral Hazard," unpublished manuscript, April 1991.

Chan, Yuk-Shee, Stuart I. Greenbaum, and Anjan V. Thakor, "Is Fairly Priced Deposit Insurance Possible?" *Journal of Finance* 47-1, March 1992, 227-246.

Chari, Varadarajan V., and Ravi Jagannathan, "Banking Panics, Information, and Rational Expectations Equilibrium," *Journal of Finance* 43, July 1988, 749-761.

Clair, Robert T., "Deposit Insurance, Moral Hazard, and Credit Unions," *Economic Review*, Federal Reserve Bank of Dallas, July 1984, 1-8.

Coval, Josh, and Anjan V. Thakor, "Financial Intermediation as a Beliefs-Bridge Between Optimists and Pessimists," *Journal of Financial Economics* 75-3, March 2005, 535-570.

Diamond, Douglas, and Raghuram Rajan, "Liquidity Risk, Liquidity Creation and Financial Fragility: A Theory of Banking," *Journal of Political Economy*, April 2001.

Diamond, Douglas W., and Philip Dybvig, "Bank Runs, Deposit Insurance, and Liquidity," *Journal of Political Economy* 91, June 1983, 401-419.

Flannery, Mark, "Debt Maturity and the Deadweight Cost of Leverage: Optimally Financing Banking Firms," working paper, University of Florida, 1992.

———, "Pricing Deposit Insurance When the Insurer Measures Bank Risk with Error," *Journal of Banking and Finance* 15, 1991, 975-998.

Gibbons, J.S., *The Banks of New York, Their Dealers, the Clearing House, and the Panic of 1857*, Greenwood Press (reprint of 1859 original), New York, 1968.

Gorton, Gary, "Banking Panics and Business Cycles," *Oxford Economic Papers* 40, 1988, 751-781.

Gorton, Gary, and Donald J. Mullineaux, "The Joint Production of Confidence: Endogenous Regulation and Nineteenth Century Commercial-Bank Clearinghouses," *Journal of Money, Credit and Banking* 19-4, November 1987, 457-468.

Hutchison, David E., and George G. Pennacchi, "A Framework for Estimating the Value and Interest Rate Risk of Retail Bank Deposits," working paper 92-30, Federal Reserve Bank of Chicago, December 1992.

Jacklin, Charles, "Banks and Risk-Sharing: Risk-Sharing: Instabilities and Coordination," in S. Bhattacharya and G.M. Constantinides (eds.), *Financial Markets and Incomplete Information*, Rowman and LittleWeld, Totowa, N.J., 1989.

———, "Demand Deposits, Trading Restrictions, and Risk Sharing," in E.C. Prescott and N. Wallace (eds.), *Contractual Arrangements for Intertemporal Trade*, University of Minnesota Press, 1987.

Jacklin, Charles, and Sudipto Bhattacharya, "Distinguishing Panics and Information-Based Bank Runs: Welfare and Policy Implications," *Journal of Political Economy* 96, June 1988, 568-592.

Kahane, Yehuda, "Capital Adequacy and the Regulation of Financial Intermediaries," *Journal of Banking and Finance* 1, June 1977, 207-218.

Keeley, Michael C., "Deposit Insurance, Risk, and Market Power in Banking," *American Economic Review* 80, December 1990, 1183-1200.

Keeton, William R., "Deposit Insurance and the Regulation of Deposit Rates," *Economic Review*, Federal Reserve Bank of Kansas City, April 1984, 28-46.

Mayer, Martin, *The Greatest-Ever Bank Robbery*, Charles Scribner's Sons, New York, 1990.

McDill, Kathleen M., and Kevin P. Sheehan, "Sources of Historical Banking Panics: A Markov Switching Approach," FDIC Working Paper 2006-01, November 2006.

Merton, Robert C., "An Analytic Derivation of the Cost of Deposit Insurance Loan Guarantees," *Journal of Banking and Finance* 1, June 1977, 3-11.

———, "On the Application of the Continuous-Time Theory of Finance to Financial Intermediation and Insurance," *The Geneva Papers on Risk and Insurance* 14, July 1989, 225-262.

———, "Operation and Regulation in Financial Intermediation: A Functional Perspective," in P. Englund (ed.), *Operation and Regulation of Financial Markets*, Economic Council, Stockholm, 1993, 17-68.

Miller, Merton, "Do the M&M Propositions Apply to Banks?" *Journal of Banking and Finance* 19, 1995, 483-489.

Noyes, A.D., Forty Years of American Finance, G.P. Putnam's and Sons, New York, 1909.

Scott, Kenneth E., and Thomas Mayer, "Risk and Regulation in Banking: Some Proposals for Federal Deposit Insurance Reform," *Stanford Law Review* 23, May 1971, 857-902.

White, Lawrence, *The S&L Debacle*, Oxford University Press, New York, 1991.

제6부
은행규제

제11장 은행규제의 목표

> 인류에게는 세 가지 훌륭한 발명품이 있다. 그것은 불, 자동차 그리고 중앙은행이다.
>
> 윌 로저스

용어 정리

BHC: Bank Holding Company(은행지주회사)

GAAP: Generally Accepted Accounting Principles(일반적으로 인정된 회계원칙)

SEC: Securities and Exchange Commission(미국의 증권거래위원회)

NOW: Negotiated Orders of Withdrawal(협상된 인출주문)

OECD: Organization for Economic Cooperation and Development(경제협력개발기구)

Federal Funds Market(연방자금시장): 은행이 현금자산지급준비금을 단기동안 빌리거나 빌려주는 시장

OCC: Office of the Comptroller of the Currency(미 재무부 통화감독청), 전국은행(national banks)를 감독하는 미 재무부 내의 기구

FDIC: Federal Deposit Insurance Corporation(미국연방예금보험공사)

OTS: Office of Thrift Supervision(저축은행감독청)

Basis point: 1%의 1/100

LLR: Lender of Last Resort(최종대부자)

LBO: Leveraged Buyout(차입매수)

LDC: Loans to Developing Countries(개발도상국에 대한 대출)

FNMA: Federal National Mortgage Association(연방국민저당협회)
GNMA: Government National Mortgage Association(정부주택저당금고)
FHLMC: Federal Home Loan Mortgage Corporation(연방주택담보대출공사)

서론

지난 장에서 우리는 은행규제의 한 영역인 예금보험에 대하여 살펴보았다. 이번 장에서는 보다 일반적인 범주에서 규제의 목적 및 유인효과에 중심을 두고 은행 규제를 살펴보도록 한다.

은행의 공적규제는 길고 변화 많은 역사를 지니고 있으며, 그 뿌리는 조폐 권리를 자신에게 귀속시킨 군주들에게까지 거슬러 올라간다. 납작한 한 조각의 금속에 그들의 허가를 부여함으로써, 주화는 금속의 본질적 가치에 프리미엄이 덧붙여지게 되었다. 주화를 통해 제공되는 통화 서비스로부터 프리미엄이 발생하였는데, 주화의 통화서비스는 다시 주화의 관리된 희소성과 허가에 의해 시사된 주화의 진정성에 의해 가능해지는 것이다. 이 프리미엄, 즉 주화로부터 발생된 독점적 이익은 세뇨리지(seigniorage)라고 불리는데 허가권을 가진 군주에 의해 평가된다. 세뇨리지는 세제의 보다 효율적인 형태의 한 가지였다.

주화와 마찬가지로, 은행예금도 통화 서비스를 제공하였고, 비록 그 구성요소의 수명이 짧기는 하지만, 역시 관리된 희소성을 지니고 있었다. 은행예금도 세뇨리지를 창출하였고, 이에 은행은 정부 규제의 명백한 타깃이 되었다. 그러나 공적 규제는 은행이 이를 회피하는 여러 변형을 야기했고, 이는 다시 더욱 강력한 형태의 규제를 불러왔다. 규제의 변증법이라고도 불리는 이러한 동적관계는 보다 포괄적 규제를 가져왔다.

점점 증대되는 규제의 성장과 관련되어 아래의 다양한 근거들이 마련되어 왔다.

- 경쟁도입
- 기관의 안정성 및 건전성 보호
- 소비자보호
- 신용 배분
- 통화 통제

정부 규제에는 공시규정, 반차별주의, 지역재투자 규정, 현금자산 준비금 규정, 최소 자본 규정, 지점 및 은행지주회사 규제, 자산 박탈, 동일인 대출금 제한, 예금이자율 상한 등이 있다. 〈그림 11.1〉은 규제의 주요 목표에 대해 요약하고 있다.

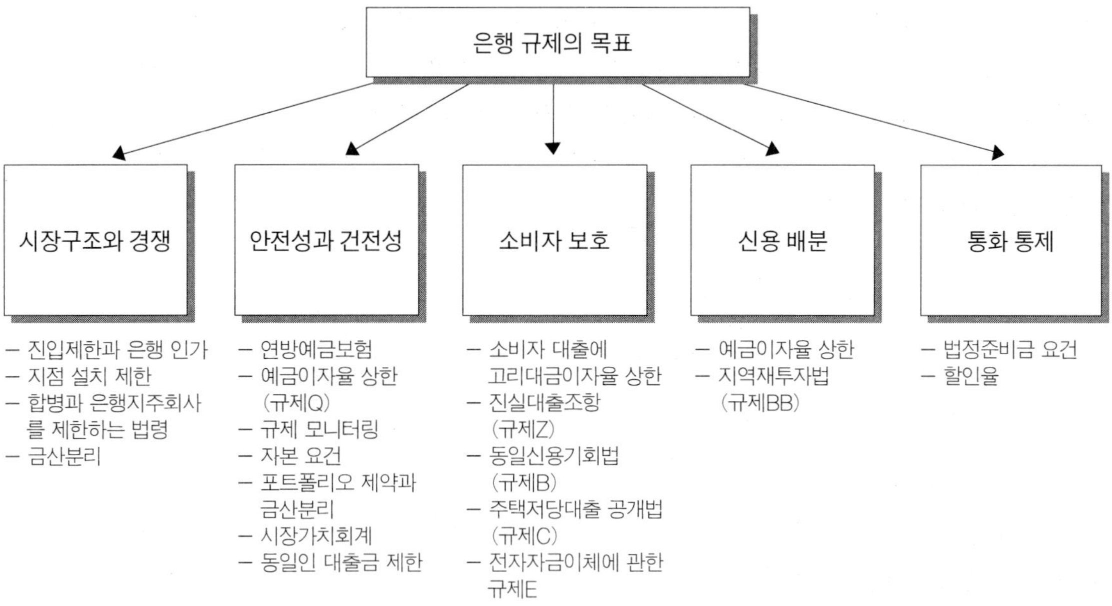

〈그림 11.1〉 규제의 목표

다음 절에서 우리는 정부의 사회적 안전망에서 발생한 은행 규제의 가장 기본적인 이유에 대해 설명할 것이다. 그 후에는 은행 규제를 위한 대리인의 책임에 대해 기술한다. 은행 시장 구조 및 경쟁에 대한 정부의 규제는 그 이후에 다루게 된다. 또한 그 이후의 절에서는 안전성과 건전성, 소비자 보호, 신용 배분, 통화 통제와 관련된 규제에 대하여 다룰 것이다.

은행규제의 본질

정부가 최종대부자(LLR), 예금 보험 및 기타 보증의 형태로 제공한 은행에 대한 사회적 안전망은 해당 은행에 의한 정부 착취 가능성을 야기했다.* 이러한 도덕적 해이는 안전망이 유지되기 위해서는 정부의 반응이 필요하게끔 만들었고, 그것은 보통 공적 규제라는 형태를 가진다.

정부의 안전망이 없던 초기 단계의 은행원

3장에서 자신의 금 보유액 이상으로 창고증권을 발행하여 일종의 소규모 준비은행이 된 금 세

* Buser, Chen, Kane(1981) 및 von Thadden(2004) 참조. 은행규제의 경제학을 다룬 문헌정리는 Bhattacharya, Boot and Thakor(1997)를 참고.

공업자를 떠올려보자. 여기서 대출에 따른 이익은 증권의 형태를 띤 자금공급에 따른 독점적 이익, 즉 세뇨리지였다.* 이제 초기 중앙은행과 독점가인 금 세공업자의 관계를 생각해보자. 중앙은행이 금 세공업자의 금 주식을 매입함과 동시에 금 세공업자에게 무이자부 요구불예금증서를 발행했다고 하자. 그리고, 중앙은행은 이자부 정부 증권을 구입하기 위해 금을 매도하였다고 하면** 재무상태표는 아래와 같을 것이다.

중앙은행

자산	부채
정부 증권 150	예금 (금 세공업자) 150

금 세공업자

자산	부채
중앙은행의 예금 150	수입증서 1,000
대출 850	

첫째, 중앙은행의 예금 150은 금 세공업자의 자발적 현금 자산 준비금임을 기억하라. 이는 보유유동자산을 초과한 850의 증권을 유통시킨 금 세공업자의 결정에 비추어볼 때 최적이다. 둘째, 금 세공업자의 수입증서 1,000과 관련하여 850은 수익 자산으로, 150은 중앙은행에 예치금으로 담보되어 있음을 기억하라.

따라서 수입금액에 대한 세뇨리지는 금 세공업자와 중앙은행 사이에 보다 낮은 수익의 형태와 정부증권 수익의 형태로 공유되면 그것은 대출을 통해 얼마나 많은 증권을 초과로 유통시킬 것인가에 대한 금 세공업자의 판단에 의해 결정된다. 이 판단은 금 세공업자의 위험 선호를 반영한다. 주목할 만한 것은, 중앙은행이 금 세공업자의 수입증서 부채를 보증하기 위해 중앙은행에 예치해야 할 최소 준비금을 강제하지 않는다는 것이다. 즉, 법적인 현금자산 준비금 요구가 없는 것이다.

정부의 안전망과 도덕적 해이

이제 뱅크런에 대한 금 세공업자의 취약성을 인지하고(10장을 보라), LLR 기능을 지닌 중앙은행을 생각해보자. 구체적으로, 중앙은행은 무위험 이자율보다 1% 또는 2% 정도 높은 이자율로 담보자산을 운영하는 대신 금 세공업자에게 무제한으로 대출할 수 있다고 가정하자. 또한 금 세공업자의 증권 총량은 고정되어 있다고 가정하자. 우리는 증권 총량(volume)을 통화 정책의 지표로 생각할 수 있다. 중앙 은행은 LLR 기능의 도입 결과로 증권을 증가시키려는 은행의 경향을

* 물론 어떤 이들은 그 사업을 시작했으나 이윤이 감소되는 경험을 겪게 될 수 있으나, 최초 시장 진입자라 하더라도 이른바 중단이라 할 수 있는 사업철회의 두려움을 느끼기 직전까지 사업확장을 감행할 수도 있다. 어떤 경우에서든 사업철회라는 위험을 고려하는 덕분에 스프레드에의 압박이 모든 세뇨리지를 제거하기 전에 증권발행의 확산을 막을 수 있으리라 기대할 수 있다.

** 이것은 금세공업자의 고객들이 다른 기관의 예치금 또는 원래 예치되었던 금을 대신한 다른 통화를 수용하는 것을 요구한다. 그러나 이것은 처음에 등장했을 때만큼 이상해 보이지는 않는다. 1972년 닉슨 대통령이 금과 달러 간의 마지막 공식적인 연계를 폐지할 때까지 미국은행의 예치금들은 (쉽게는 아니지만) 금으로 교환될 수 있었다. 1980년대 레이건이 대통령으로 당선되었을 때, 금본위제로의 귀환 가능성 검토를 위한 위원회를 구성했으나 곧 사라져 버렸다.

상쇄시키기 위해 공개시장조작(정부 증권의 구입 및 판매)을 할 수 있다.*

이제 질문은 다음과 같다. LLR 기능의 도입은 은행의 지급준비율 결정에 영향을 줄 것인가? 다시 말하자면, LLR의 도입은 얼마나 많은 대출금을 창출할 것인가와 관련된 은행의 결정에 영향을 미치는가? 명백한 것은, LLR이 금 세공업자에게 유동성의 추가 공급을 의미하기 때문에, 이익을 내지 못하는 중앙은행 예치금에 대한 필요가 줄어든다는 것이다.

따라서 은행인 금 세공업자는 대출을 증가시킬 것이고, 이는 일시적으로 증권(수입증서) 발행량을 증가시킬 것이다. 중앙은행은 1,000이라는 증권을 복구하기 위해서 정부증권을 매도할 압박감을 느끼게 될 것이다.**

LLR 도입 이후의 새로운 재무상태표를 본다면, 아래와 같다.

중앙은행

정부 증권 100	예금 (금 세공업자) 100

금 세공업자

중앙은행에의 예금 100	수입증서 1,000
대출 900	

따라서 LLR 기능의 도입은 50이라는 수익자산이 중앙은행에서 금 세공업자에게 이전되는 효과가 있다. 이러한 수익자산의 재분배는 세뇨리지가 정부에서 사설 소규모 준비은행인 금 세공업자로 이전되는 것과 마찬가지이고, LLR기능에 내재된 도덕적 해이의 징후이다. 중앙은행은 사설 은행들에게 새로운 보호인 LLR 기능을 부여하였고, 이것의 안전한 지위 때문에 금 세공업자/은행은 이익을 더 내기 위해서 자기 자신의 보호책(현금 자산)을 버렸다. 그러나 금 세공업자의 증가된 이익의 일부는 중앙은행의 비용에서 나왔다. 중앙은행의 관점에서 보면, 이것은 명백히 비의도적이고 착취적인 LLR의 부작용이다. 만약 충분히 실행된다면, 금 세공업자의 모든 인출 위험은 중앙은행으로 이전될 수도 있다. 은행의 민간 부문 위험이 전국화될 것이며, 모든 세뇨리지는 금 세공업자(은행)에게로 이전될 것이다.

도덕적 해이에 대한 규제적 반응

이러한 도덕적 해이는 LLR의 존속을 위태롭게 하였고, 따라서 법적 현금 자산 준비금 등과 같은 은행의 행동 제약이라는 형태로 중앙은행의 수정된 반응을 가져왔다. 이는, 그 위반에 대한 제재와 더불어 사적 계약과 매우 유사한 점을 가지고 있다. 화재보험은 보험가입자의 조심성을 줄

* 증권의 양을 고정시킨다는 가정은 단순화를 위한 것으로서 기본적인 논의에 영향을 주지는 않는다.
** 중앙은행이 정부증권을 매도하는 것은 부채를 감소시켜 금세공업자의 유동자산을 감소시킨다. 이는 증권으로 발행된 최초의 1,000이 다시 회복될 때까지 금세공업자로 하여금 신속하게 대출을 줄이도록 만든다.

여서 추가적인 위험을 보험회사 측에 전가시킨다. 이에, 보험회사는 보험가입자가 최소한의 안전 규칙을 유지할 것을 요구하고 이에 대한 위반은 보험으로 커버해 주지 않는다. 수신업무를 하는 은행의 경우에 공적 규제의 상당부분이 정부에 의한 안전망 제공으로부터 야기되는 도덕적 해이에 대한 보호적 반응으로 설명될 수 있다. 이 중 가장 중요한 것은 LLR 기능, 예금 보험, 지급 시스템 보호, 대마불사 정책이다.* 이 모두가 비용과 위험을 민간은행(private bank)에서 공적은행(중앙은행)으로 이전시키는 도덕적 해이를 발생시키고, 이를 제한하기 위해 고안된 은행 행동에 대한 제약을 이끌어냈다.

은행규제에 대한 이러한 이론의 핵심은 규제완화에 대한 가능성이 안전망의 범위에 달려 있다는 것이다. 중복 제거를 넘어선 규제완화는 동시에 그 규제를 촉발시킨 안전망의 축소를 요구한다.

은행규제 기관

금융 서비스 산업의 분할 구조와 유사하게 공공 규제 기관들도 비슷한 형태로 분할되어 있다. 각각의 주요 부문은 그 고유의 규제 기관이 있고, 종종 주정부와 연방정부 차원에서 중복되곤 한다. 예를 들면, 상업은행, 저축은행, 신용 조합은 각각 주정부 또는 연방정부 수준에서 면허권을 딸 수 있다. 따라서 각 주는 면허, 시험, 감독 및 저축은행, 신용 조합, 상업은행의 규제를 담당하는 정부기관을 두게 된다. 마찬가지로 연방 정부는 각 예금 기관의 면허, 규제, 감독, 보증 등을 담당한다. 생명보험 및 상해 보험회사들은 주로 주정부 레벨에서 규제를 받는데, 최근의 실패와 그 실패의 영향력이 주의 경계를 넘어섬에 따라 연방정부 차원에서 보험규제의 조직화에 대한 요구가 증가하였다. SEC가 감독하는 증권업에서도, 기업들은 자본 증권이나 부채 증권을 발행할 때, 자신들이 법적으로 설립된 주의 승인을 요구한다.**

이번 절에서는 상업은행을 규제하는 기관에 대해 살펴볼 것이다. 비록 우리가 금융 서비스 산업의 매우 작은 일부분만을 언급하고 있지만 그 복잡성과 세분화에 대해서 명백히 알아야 할 것이다.

미국에서 이중 은행제도(dual banking)란 한 은행이 주정부(통화감독청) 또는 그 은행의 법적 주소지가 속한 주에 의해 면허를 받을 수 있음을 의미한다.*** 주에서 면허를 받은 상업은행이더라도 최소한 두 가지 연방 은행 규제 기관에 의해 규제를 받게 된다. 이는 상업은행이 연방 정부의 현금 자산 준비금 요건을 만족시켜야 하고 아울러 연방 예금 보험 공사에 보험 가입되기 때

* '대마불사'(too-big-to-fail)와 가장 가까운 개념은 '다수불사'(too-many-to-fail)이다. 너무 많은 은행들이 퇴출될 것으로 보일 때, 규제자들은 구제금융을 사용한다. Acharya and Yorulmazer(2007) 참조.

** 선물은 선물을 전담하는 연방 규제기관인 상품선물거래위원회(CFTC)를 통해 관리된다.

*** 연방에서 승인한 은행들은 그들의 이름에 '국가의'라는 말을 붙이도록 요구되고, 주에서 승인한 은행들은 그들의 이름에 '국가의' 또는 '국가협회'라는 말을 붙이지 못하게 되어 있다. 이와 마찬가지로, 연방승인의 저축은행들은 그들의 이름에 '연방'이라는 이름을 붙이게 되지만, 주에서 승인한 저축은행들의 경우에는 그들의 이름에 '연방'이라는 이름을 붙이지 못하게 되어 있다.

문이다. 전국 은행들은 세 개 또는 그 이상의 연방 기관의 규제를 받게 된다. 전형적으로 규칙의 제정인 규제와 규제 준수를 모니터링하는 감독이 구분되는데 후자는 조사 검토 및 관련 활동을 포함한다. 주정부은행 규제기관뿐 아니라 모든 연방은행 규제기관들—통화감독청(OCC), 연방준비이사회(Federal reserve), 연방예금보험공사(FDIC)—은 규제 책임과 감독 책임을 가지고 있다.*

재무부 통화감독청

재무부에 속한 통화감독청(OCC)은 가장 오래된 연방 은행규제기관이다. OCC는 1864년 전국은행법에 따라 '전국 은행'의 인가와 규제를 위해 설립되었다. 당시 미국 내 모든 은행들은 주정부에서 인가를 내주고, 주정부에서 규제를 하고 있었다. 사실상, 연방정부는 1830년대에 앤드루 잭슨 대통령이 미합중국 제2은행의 인가 업무를 금지한 이래로 은행 규제 산업에서 손을 떼고 있었다.**

1864년은 남북전쟁 시대였고 전국 은행 시스템이 교전 자금을 대기 위해 기록적인 양이 팔린 연합 채권을 위한 표지(marker)를 공급하는 기회로 인식되었다. 따라서 전국은행법은 주정부 인가 은행의 부채에 5%의 세금을 부과하였고 전국은행의 인가업무를 시작하게 되었는데, 이는 준비금 요건을 만족시키도록 미국 정부 증권을 보유하기 위해 요구되었다. 당시 예금은 은행권(bank notes)에 비해 그 중요도가 훨씬 떨어졌는데, 이는 지불 방법이라는 측면이나 자금조달 기구라는 측면에서 모두 마찬가지였다. OCC의 주된 책임은 전국은행의 인가 및 감독이었다.*** 전국은행은 상업은행 중 작은 부분을 차지하였지만 그 규모는 큰 경향이 있었다.

연방제도

연방준비제도(Federal reserve system)는 그 영향이 매우 컸던 1907년 금융 공황에 의해 촉발된 조사 과정 이후 1913년에 설립되었다. 연방준비이사회의 주요 목적은 유동성 위기에 취약한 은행 시스템에 LLR 서비스를 제공하는 것이었다.**** LLR과 관련하여, 연방준비이사회는 단기로 유동성 부족에 시달리는 은행들에게 합당한 담보를 둔 후 대출해 줄 준비가 되어 있었다. 따라서 그 시초부터 연준은 은행이 LLR 기능이라는 유동성을 기존에 보유하였던 현금자산과 대체하는 것을 단념시키기 위해 현금 자산 준비금 요건을 사용하였다.

* 그러나 어떤 규제의 경우에는 규제기관이 감독기관이 아닌 경우도 있다. 예컨대, 연방준비은행의 경우, 모든 예치금을 수신하는 기관을 대상으로 하는 저축진실법을 만들지만 연방준비은행은 단지 은행만 감독할 뿐이다.

** 미국 은행의 초기 역사를 위한 더 많은 내용은 Lash(1987) 참고.

*** 기관의 이름은 은행권 발행의 개입으로 거슬러 올라간다.

**** 연방준비은행은 신축통화를 제공함으로써 또한 비용이 발생하는데 이는 연방준비은행으로 하여금 연방준비은행의 은행권을 발행하게끔 한다.

모든 전국은행들은 연방준비제도의 회원일 것이 요구되었다. 반면 주정부 인가를 받은 상업은행들은 자율적으로 멤버십을 정할 수 있었다. 1980년에 이르러서야 보험에 든 모든 상업은행들이 연준의 현금자산 준비금 요건을 만족시킬 것을 요구받았다.

연준은 최소한 두 가지 점에서 매우 성공적인 규제 기관이다. 우선 스캔들로부터 비교적 자유롭고, 또한 규제의 영역을 매우 확대시켰다. 후자와 관련하여 매우 중요한 것은 아마도 1956년의 은행지주회사법과 1970년의 더글라스 개정일 것이다. 이들 규제법은 연준에게 모든 은행 지주회사에 대한 규제적 통제를 가능하게 하였다. 미국의 중요한 은행들은 실질적으로 은행 지주회사가 소유하고 있고 연준은 지주회사를 통해 은행이 채택한 모든 계획(initiative)에 대한 엄청난 자유재량권을 가지고 있다.* 이는 은행 내외에서 이루어지는 인수와 합병을 포함한다. 은행 지주회사가 설립 또는 구입한 각각의 모든 지점에 대해 연준의 허가가 요구된다. 또한 승인 기준은 연준에게 넓은 재량 범위를 부여한다. 연준 의장이 종종 미국의 제2권력자로 묘사되는 것은 이상한 일이 아닌 것이다.

은행 지주 회사의 활동에 대한 규제 및 현금자산 준비금 요건, 할인율(LLR), 예금이자율 상한제(이 권한은 1986년 이래로 제한되고 있다), 자금 요건 등과 관련된 결정에 더불어 연준은 소비자 보호 영역에서도 막강한 권한을 가지고 있다. 이 권한은 1977년 지역재투자법(Community Reinvestment Act), 1975년의 주택저당대출공개법(Home mortgage disclosure act), 1991년의 저축진실법(Truth in savings act) 및 기타 여러 법으로 입법화되었다. 이러한 법의 제정은 연준에 대출 및 고용의 차별과 싸울 수 있는 권한을 부여했으며, 은행 및 기타 거래와 관련된 정보의 공개 실패 및 은행의 그들 지역 사회에 대한 신용 공급의 실패와 싸울 수 있는 권한을 부여했다. 이러한 규제 준수를 하도록 하는 권한은 연준과 다른 규제 기관들이 공유한다.

자본시장에 영향력을 가할 수 있는 권한과 더불어 연준의 막강한 규제 재량권은 연준을 기타 많은 금융 기관 규제기관 중 맨 위에 위치하게 하였다.**

연방예금보험공사

세 가지 연방 은행관련 기관 중에서 가장 최근 생긴 것이 연방예금보험공사(FDIC)인데, 1933년 대공황 속에서 설립되었다. 이전 것들과 마찬가지로 정부 예금 보험에도 심각한 정책적 양면성이 존재하고 있었다. 붕괴하는 은행 산업과 공익 재단 재건에 대한 필요성 증대에도 불구하고, 루스벨트 대통령은 연방 예금 보험에 대해 강하게 부정적 의견을 피력하였다. 루스벨트 대통령이

* 규제적 재량은 법률적 권한의 모호함에서부터 파생되었다. 예를 들면, 은행지주회사의 비은행권 인수를 평가하는 데에서, 연방준비은행은 그 고려 중인 은행인수가 당시 적정한 것으로서 은행업무와 아주 밀접하게 연관되어 있는 것인지를 판단하도록 되어 있다. 어떤 이들은 이와 같은 모호함을 좋지 않은 입법의 특징과 같은 것으로 매도하기도 한다. 또 다른 쪽에서는 그 모호함을 도덕적 해이문제를 완화시키는 데에 사용될 수 있다는 긍정적 평가를 하기도 한다. 이와 관련된 더 많은 내용은 Boot and Greenbaum(1992)과 Boot, Greenbaum, and Thakor(1993) 참조.

** 연방준비은행에 대한 보다 솔직한 묘사는 Greider(1987) 참조.

반대의 이유로 든 근거는 지금 우리가 최근의 저축은행 및 은행 손실의 원인으로 설명하고자 하는 것과 같다. 귀족적인 루스벨트 대통령은 그의 시대를 반세기 앞서 나갔다. 그럼에도 불구하고, 그는 결국 1933년 은행법에 사인을 하였다. 이 은행법은 미국 역사상 처음으로 은행 예금에 대한 연방 보험을 제공하였으며 FDIC를 생겨나게 하였다.* 처음에 각 은행 구좌마다 $2,500 보호를 요구했던 원안은 몇 해 지나자 40배가량으로 그 보험보장 범위가 증대되었다.**

보험과 더불어 FDIC는 잔고를 가진 예금자들에게 종종 명시된 제한을 초과하여 지불하기도 하였기 때문에 1933년 이래로 보험을 가입하지 않은 극소수의 예금자들만이 은행 실패 또는 저축은행의 실패 때문에 돈을 잃게 되었다. 이처럼 보험의 이중 보장은 FDIC의 재량으로 제공되고, 두 가지 방법 중 한 가지 방법으로 보장된다. 이는 일부만 보전해주는 것보다 모두 보전해 주는 것이 비용이 적게 들기 때문이거나 또는 일부에 손실을 부여하는 것이 금융제도와 실패한 은행을 너무나 불안정화시키기 때문이다. 청산이 보험 가입되지 않은 예금자를 보상하고 은행을 영속적 개체로 보존하는 데 드는 비용을 증가시키기 때문에 이는 중요한 일이다.

이러한 주장은 이기적이고 허울만 그럴듯해 보일 수도 있다. 그럼에도 불구하고 여러 해 동안 이러한 방식은 제대로 작동했다. 예금 보험 프리미엄은 1년마다 낮아지고(6~12베이시스 포인트) 비보험 예금뿐 아니라 보험가입한 예금에 대해서도 부과된다. 은행 실패는 거의 없었고(1975년 이전에는 연평균 10개 이하이고 대부분이 소은행들이었다), 예금 보험 펀드(FDIC의 펀드 및 FSLIC의 펀드)는 1980년대까지 꾸준히 증가하였다. FDIC는 이 시기에 대부분 규제로부터 물러나 있었고, 드러나는 경우는 거의 없었다. 이 익명성은 성공의 증거이다.

이는 은행 실패가 연평균 200개에 달하고 이 중 대규모 은행이 많이 속했던 1980년대 후반에 이르러 변화하였다. 이러한 충격적 경험은 보험 프리미엄을 1993년에 25베이시스 포인트까지 끌어올렸다. 이러한 역경에 더불어 FDIC는 시야에 점점 드러나게 되었다.

FDIC 은행보험펀드(BIF)는 1991년과 1992년 적자를 기록하였으나 1993년 회복하여 그 이후 꾸준히 성장하고 있다. 〈그림 11.2〉와 〈그림 11.3〉을 보길 바란다.

FDIC는 현재 FDIC의 펀드 잔고의 측정치로 총 보험 예금에 대한 비중을 사용하고 있다. 이것은 지급준비율이라고 불리는데 다음과 같이 정의할 수 있다.

$$\text{지급준비율} = (\text{4분기 펀드 잔고})/(\text{4분기 추정된 보험 예금})$$

〈그림 11.4〉는 시간에 따른 지급준비율의 변화를 보여주고 있다. 2005년 12월에는 1.25%이다. 규정은 지정된 최소 지급준비율을 1.25%로 요구한다. 2006년 동안 예금 보험 평가율은 0과

* 어떤 사람들은[Golembe(1960) 참조] 이 프로그램을 보험보다는 정부보증의 측면으로 설명하는 것을 선호하는데, 그 이유는 이 프로그램이 피보험자의 유한한 재원보다는 정부의 징세권에 궁극적으로 의존하고 있기 때문이다.

** 집단적으로 소유하고 있는 계정의 커버리지(예를 들면, 연금기금의 예치)는 십만 달러보다 훨씬 클 수 있다. 이러한 계정들은 십만 달러에 그 집단에 참여하고 있는 참가자들의 수를 곱한 금액을 보호받게 된다.

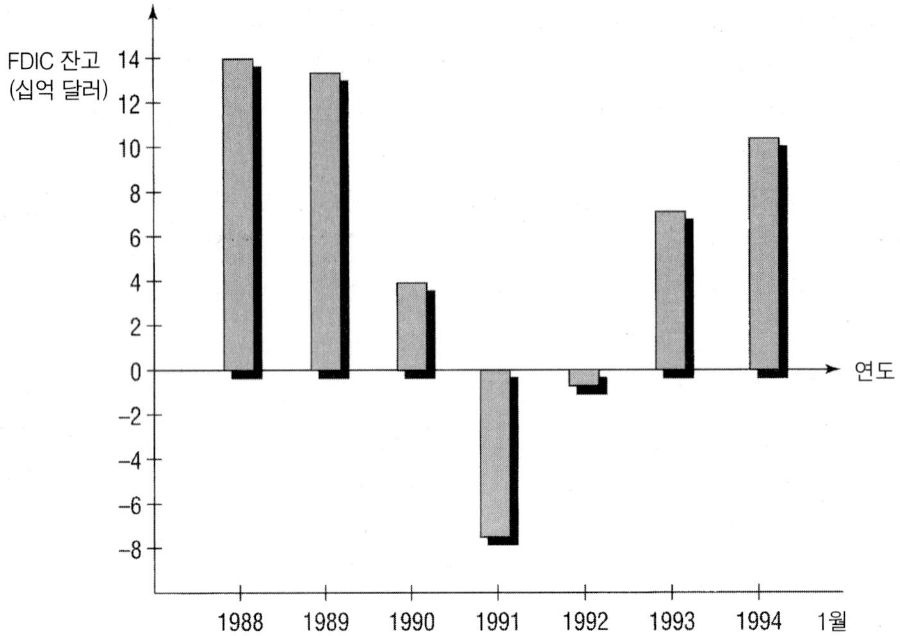

〈그림 11.2〉 FDIC 은행보험펀드
출처: FDIC

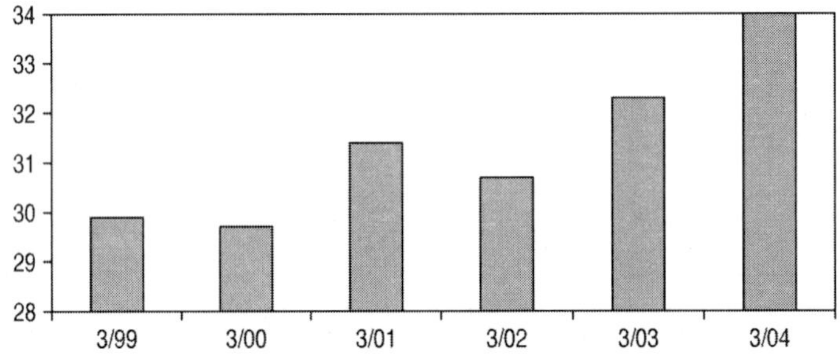

〈그림 11.3〉 은행보험펀드(1999~2004)
출처: FDIC

0.27% 사이이고, 대부분의 은행은 예금 보험 프리미엄을 지불하지 않고 연평균 평가율은 약 0.11%이다. 미국 은행법은 지급준비율이 1.25% 이하로 떨어지는 경우 0.23%의 프리미엄을 요구한다.

은행을 규제하는 기타 연방 기관들

은행업과 관련된 비금융 정부기관으로는 환경보호국, 노동부, 국세청, 연방수사국($10,000 이

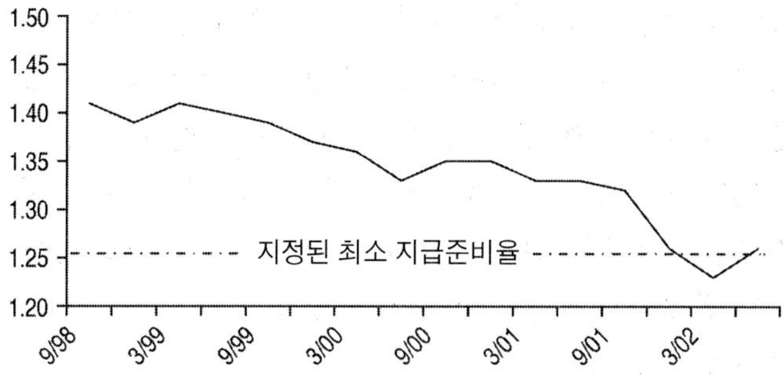

〈그림 11.4〉 시간에 따른 은행보험펀드 지급준비율의 변화
출처: FDIC

상의 거래는 특별한 경우를 제외하고 FBI에 보고해야 함) 등이 있다. 그러나 이러한 기관들은 금융 기관(banking agency)에 비하여 은행의 일상적 업무에 관련된 정도가 크지 않다.

그러나 증권거래위원회(SEC)나 미법무부의 독점금지국(Antitrust Division of the Justice Department)은 눈여겨볼 만하다. SEC는 공개 시장(public market)에서의 부채 및 자본의 판매를 규제한다. 미법무부의 독점금지국은 은행의 M&A, 부패 및 기타 경쟁에 반하는 행위와 관련하여 독점금지법을 관리, 집행할 책임을 지닌다.

SEC는 최근 은행 회계와 관련된 논쟁에서 GAAP(일반적으로 인정된 회계원칙)를 시장가치평가로 바꾸는 것을 강하게 주장하였다. 이것은 금융 보고 및 정보 공개와 관련이 있기 때문에 SEC 이슈이다. 우리는 이 이슈에 대해서 나중에 논하도록 하겠다.

시장구조와 경쟁

이 규제를 통해 예금기관들 사이에 반경쟁 행위에 관한 이슈가 불거졌다. 그러나 경쟁과 1990년대 은행 및 저축기관의 문제들에 관련된 안전규제 사이에 팽팽한 긴장이 자리하고 있다.

규제는 진입장벽, 지점설치제한, 은행지주법, 결합규제 등을 통해 경쟁을 저해하고 있다. 10장에서 언급된 바처럼 현존하는 은행 및 저축기관에 대한 인가 가치를 증대시킴으로써 안전성이 증대된다. 이는 기존 은행 및 저축기관들이 획득하는 경제적 지대를 증가시키기 위해서 새로운 은행/저축기관의 진입제한을 요구한다. 공공정책과 과학의 발전은 진입장벽을 낮추어 왔다. 최근, 경쟁과 안전성 규제 사이의 갈등은 전자에 우호적인 방향으로 풀렸는데, 이는 예측 가능했던 결과라 할 수 있다. 우리는 이제 시장구조와 경쟁 규제가 산업구조에 미치는 영향에 대해서 살펴보도록 하겠다.

- **은행 인가(Banking Chartering)**: 인가정책은 산업구조에 영향을 끼치도록 디자인되었고

또한 윤리적이고 유능한 경영진뿐 아니라 적정한 자본화를 육성하도록 디자인되었다. FDIC 이전에, 진입 조정은 OCC와 주립 은행 기관에 의해 공동으로 조정되고 있었고, 따라서 서로 크게 차이가 있었다. FDIC의 출현은 은행 및 저축기관의 인가를 위한 기준에서 일관성을 부여하였다. FDIC, Fed, OCC는 1960년대 중반까지 제한적 인가정책을 정착시키기 위해 협업하였다.* 예를 들면, 1936년에서 1955년 사이에는 70개의 새로운 은행만이 인가를 받은 반면, 최근 들어서는 인가 요건이 완화되었고 현재는 적정한 자본 재원과 믿을 만한 관리 및 잘 디자인된 영업 계획으로 은행인가를 받기에 충분하다.

• **지점 설립 및 은행 지주회사 규제(Branching and Bank Holding Company Restrictions)**: 미국에는 1993년 현재 11,000개 이상의 은행이 있었는데, 이는 다른 어떤 산업화된 국가보다도 많은 규모였다. 이처럼 은행이 많았던 주된 이유는 1994년 리겔-닐 주간은행업무 및 지점개설 효율화 법안(Riegel-Neal Interstate Banking and Branching Efficiency Act of 1994)이 자유로운 주간은행업무를 허락할 때까지 존재하였던 지점설치제한 규제 때문이었다. 전국 허가 및 주 허가 은행들은 주소지 법에 의해 지역 확장이 제한되어 있었다. 이는 1927년 맥파든 법의 유산이다. 1991년 2월 미 재무부의 의제에 따라, 충분히 자본화된 은행이 주 간 경계 없이 지점을 세우는 것을 허락하는 법안이 제출되었으나 입법에 실패하였다. 주들 사이의 약속에 따라서, 많은 실패한 기관들이 주 간 확장의 기회를 제공하였다.** 따라서 리겔-닐 법안 이전에도 Citicorp와 Norwest(현재 웰스파고)는 자신들이 사들인 실패한 저축기관 및 은행, 모기지 은행, 소비자 금융 회사들을 통하여 각각 30개 주 및 50개 주에서 사업을 하겠다고 하였다. 뱅크오브아메리카 또한 거대한 주 간 기관을 세웠으나, 그 패턴은 각양각색이었다.

1956년 은행 지주회사법 이전에 지주회사는 중서부, 서부, 남부 주의 몇몇 주에서 허락되었고, 지점 은행에 대한 규제를 피하는 도구가 되었다. 따라서, 만약 어떤 은행이 심하게 지점 설립 규제를 받고 있는 주로 확장하고자 한다면, 그 은행은 지주회사를 세우고 이 회사가 그 주에서 독립적으로 운영되는 은행들을 사들였다. 이러한 구조는 마케팅, 재무관리, 프로세스에서 규모의 경제를 가져왔으나 각 은행은 더불어 독립적 개체로 존재하기 위한 비용을 유지할 필요 또한 가지고 있었다. 준비금 요건과 자본 요건은 개별적으로 유지될 것이 요구되었고, 각각의 은행은 개별적 이사회를 운영할 것이 요구되었다. 다은행 지주회사(multibank holding company)가 지점의 모든 잠재적 저축을 가질 수 없음이 명백하였다.

1956년 은행 지주회사법은 다은행 지주회사를 연준의 감독하에 놓이게 하였다. 모든 지주 회사의 설립과 지주 회사의 은행 인수는 따라서 연준의 승인을 필요로 하게 되었다. 1956년 법안이

* Besonko and Thakor(1992)는 규제적인 인가정책의 분배적 결과를 검토하였다.
** 쇠락해가는 기관들은 주법을 피하기 위해서 기회를 제공하게 되는데 왜냐하면, 연방정부는 주의 규제와 상관없이 악화된 기관들의 매매를 주관할 수 있기 때문이다.

예상하지 못했던 것은 은행 지주회사가 타 은행의 인수 이외의 다른 목적으로 쓰이는 것이었다. 1960년대에는 단은행 지주회사(one-bank holding company)라 불리는 새로운 종류의 은행지주회사가 등장하였다. 이는 규제를 피하기 위한 여러 목적으로 사용되었다. 예를 들면, 단은행 지주회사는 다른 은행들에게는 금지되어 있었던 상업어음 발행을 할 수 있었다. 단은행 지주회사는 그 이익을 계열은행으로 이전하였고, 계열은행은 상업어음 이익을 위해 비예금성 채무액을 발행하였다. 은행은 따라서 이 부채를 통하여 현금 자산 준비금 규제를 피할 수 있었다.

단은행 지주 회사는 또한 재무레버리지를 증가시키기 위한 도구로 사용되었다. 지주회사의 부채와 지분이 혼합된 은행의 지분을 구입함으로써 은행의 소유주들은 그들의 레버리지를 증가시킬 수 있었다. 지주회사는 아울러 은행에서 지주회사로 지급되는 배당이 지주회사의 부채를 감소시키는 데에서 그 금액이 지주회사 소유주들의 소득으로서 세금이 매겨지지 않음으로써 법인세 절감효과를 가져오는 데 사용되었다.

마지막으로, 단은행 지주회사는 은행의 파워를 증대시키는 데 사용되었다. 은행 지주회사는 여행사, 컨설팅회사, 주식 계열회사 등 은행이 직접적으로 구입할 수 없었던 사업들을 사들이는 것을 가능하게 한 것이다. 단은행 지주회사가 1956년 법개정 이후에 급속하게 성장한 것은 놀랄 일이 아니었다.* 1970년 은행지주회사법의 더글라스 수정안은 단은행 지주회사들을 연준의 감독하에 놓이도록 하였다. 따라서, 모든 지주회사의 설립과 인수는 연준의 허가를 요하게 되었다. 앞에서 언급했듯이, 은행 지주회사 법안은 그 모호성으로 인해 연준에게 강력한 권한을 부여하였다. 1978년에 제정된 은행 자산 요건 이전까지, 은행 지주회사 제도는 은행에 추가 자산을 강제하는 연준의 가장 강력한 수단이 되었다.

1956년과 1970년의 법개정은 연준을 주요한 연방 은행 규제 기관으로 우뚝 서게 하였다.

글래스-스티걸 법이 사라지기 전까지 은행의 증권관련 업무가 증가하였고 이는 지주회사 형태를 띨 것을 강요하였다. 이것은 예금 은행과 비전통적 활동을 구분 짓기 위함이었다(은행지주회사와 분리성이라는 제목의 박스 내용을 참조하라).

1994년 리겔-닐 법안(Reigel-Neal Act)의 통과는 마침내 은행들이 자신의 주 이외의 지역에 지점을 설립하는 것을 가능하게 하였다. 그러나 당시 은행 지점의 과잉 상태로 인하여, 은행이 주 경계를 넘어 확장하는 방법은 새로운 지점을 여는 방식이 아니라 여러 주에 이미 존재하는 은행을 인수하는 방식이었다. 이러한 통합의 중요한 결과는 미국 은행 수의 급감으로 2005년 9월 30일 현재 7,435개를 기록하였다(〈그림 11.5〉를 참고하라).

다른 은행의 인수는 지점화의 대체 방법이었다. 그러나 1960년의 은행합병법은 은행감독기관들로 하여금 모든 인수제안서를 검토하고 반경쟁효과에 대한 사법부의 의견을 구할 것을 요구하였다. 1966년 은행합병법 수정안은 더 많은 책임을 반경쟁에 대한 고려가 중시되는 사법부에 넘겼다. 1982년에 가이드라인이 수정되기는 하였지만 기본 개념은 은행 합병이 경쟁을 크게 저해

* Fischer(1986) 참조.

은행지주회사와 분리성

공공 규제기관과 은행은 종종 개별적으로 법인화된 지주회사의 자회사에 새로운 사업을 하게 하는 대신에 전통적 업무를 덜 부과하는 것을 선호한다. 그 근거는 두 가지 점에 기인한다. 첫째, 지주회사는 힘의 근원으로 여겨진다는 점이다. 연준의 규제 Y에 따르면 "은행 지주회사는 그 자회사에 대하여 재정적 관리적 힘의 원천으로 작용해야 한다…." 둘째, 은행의 직접적 활동을 금하는 것은 독립성을 부여한다. 이는 혹시 새로운 사업에서 일이 잘못되었을 경우 자산의 대부분이 보존되는 은행은 그러한 난관을 피할 수 있게 하기 위해서이다.

그러나 이러한 방법으로 은행을 고립시키는 것이 가능한가? 이는 여러 가지 관점에 따라 다르다. 첫째는 자회사의 채권자가 법적인 은행 및 지주회사에 대해 법적 구제방안을 가지는가 하는 질문이다. 이는 변호사들이 '법인격 부인론'이라고 부르는 이슈이다. 법원은 보통 계열 회사들의 법적인 구분을 존중하지만 이는 법원이 얼마나 그러한 표상에 의거하여 행동하는가에 달려 있다. 회사의 광고는 형식적 분리를 존중하는 법원의 결정에 영향을 미칠 수 있다. 따라서 만약 은행이 자회사로서의 서약 뒤에 있다는 것을 인식시킨다면 법원은 자회사의 채권자가 은행이나 지주회사로부터의 배상을 구하는 것을 허용하는 일이 정당하다고 생각할 것이다. 이 영역의 기준은 명확하게 정의된 것이라기보다는 도덕적 판단을 필요로 한다.

아마도 법적인 고려보다 더 중요한 것은 평판과 관련한 이슈일 것이다. 예를 들면, 비은행 자회사에서의 역경이 다른 지주회사 계열사들에게 높은 비용을 안겨주거나 사업을 잃게 만들 것인가? 자회사의 실패는 모회사 또는 은행 계열회사들의 신용 등급을 강등시키는 결과를 야기할 수 있다. 이러한 가능성을 미연에 방지하기 위하여 모회사의 관리부서는 허우적대는 자회사에게 자발적으로 자원을 지원할 수 있을 것이다. 고객의 반응 또는 곤경에 빠진 자회사에 대한 자원의 자발적 제공이라는 가능성들 중 어떤 것이라도 지주회사 구조로 인해 획득된 독립성을 뒤엎는 것이다.

따라서 멤버를 독립화시키는 은행 지주회사의 능력은 쉽게 전복될 수 있고, 실제로 종종 그러하다. 비은행 업무가 지주회사의 자회사들 속에서 독립적이기만 하다면 은행은 어떠한 법적 사업이라도 처벌 없이 할 수 있도록 승인되어야 한다고 주장하는 사람들은 지주회사 구조에 의해 제공된 분리성이 얼마나 취약한 것인지 인식하지 못하고 있는 것이다.

하는지를 결정하는 것에 있었다.*

안전성과 건전성 규제

은행 규제는 '안전하고 건전한' 은행 시스템의 촉진을 추구한다. 규제기관은 이를 위해 수 세기 동안 노력해왔다. 우리는 다음 장에서 안전성 규제의 실패에 관련하여 가능한 원인들에 대해서

* 경쟁을 측정할 때, 만약 저축은행들이 소매은행업무를 주된 업무로 삼고 있다면 법무부에서는 이들 은행들도 포함을 시키게 된다. 법원은 클레이튼-셔먼(Clayton and Sherman) 법기준을 은행들에 적용하는 데 은행합병법과 그 수정안을 참고하였다.

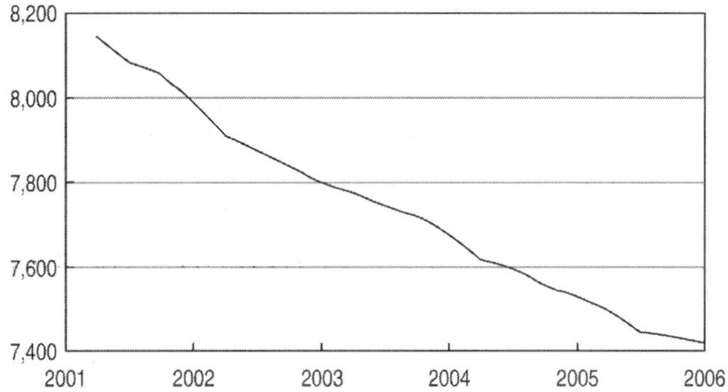

〈그림 11.5〉 미국 상업은행의 수
출처: Federal Financial Institutious Examination council; 2006 Federal reserve Bank of St. Luis, research.stlouisfed.org.

논할 것이다. 여기서는 안전성 규제가 어떻게 작동되는 것이 올바른지에 대해 살펴볼 것이다. 〈그림 11.6〉은 안전성 규제가 어떻게 은행 안전을 뒷받침하는지를 보여준다. 이러한 규제들의 중복성은 안전성이라는 목적을 달성하는 것이 얼마나 어려운지를 말해주고 있다. 특히나 규제를 받는 기관이 이러한 규제를 피할 수 있을 때는 그 어려움이 배가된다.

- **연방예금보험**: 10장에서 우리는 예금보험이 어떻게 위험을 가져오는 도덕적 해이를 불러왔는지에 대해 설명한 바 있다. 따라서 이러한 내생적 위험을 완화하기 위하여 제한적 규제를

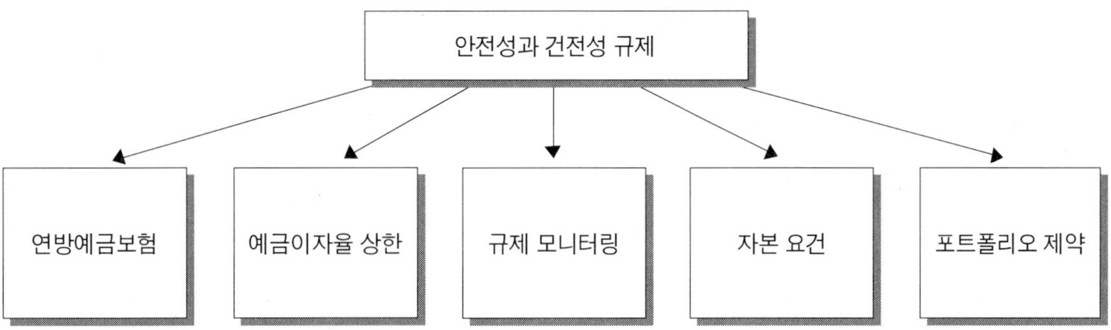

〈그림 11.6〉 안전성과 건전성 규제의 유형

사용하게 되었다.

- **예금이자율 상한제**: 규제 Q에 의해 강제되는 예금 이자율 상한은 1933년 은행법에 의해 시작되었다. 요구불 예금에 대한 이자지급은 금지되었고 연준은 기간에 대한 이자와 회원은행의 저축성예금에 대한 이자에 상한 규제를 할 수 있는 권한을 부여받았다. 규제 Q는 이후 예금보험공사에 보험가입된 모든 은행에 확대 적용되었다.

규제 Q 상한은 예금 비용을 낮추었고 따라서 예금 보험 프리미엄을 상쇄할 수 있었다. 예금 이자율 상한제는 두 가지 점에서 지지된다. 첫째, 은행이 위험한 자산에 투자하고자 하는 동기를 줄여준다고 생각할 수 있고, 은행의 이익은 더 높아지고 변동성을 줄어든다. 둘째, 만일 이자율 규제가 없다면 화폐시장의 중심에 위치한 큰 은행들로 예금이 더 집중될 것이다.

예금이자율 상한이 이러한 목적들을 달성할 수 있는가는 비가격경쟁의 유효성에 달려 있다. 은행이 더 많은 예금을 유치하기를 원하고 규제 Q 상한이 제약을 가하고 있음을 알 때, 은행은 다른 차원에서 이를 해결하려 할 것이다. 규제 Q 상한이 제약을 가하던 기간(즉 1969-70, 1973-74, 1978-80)동안, 은행은 비가격 경쟁 상황에 있었고, 이는 사은품에서 보조금까지 다양하였다.*

물론, 은행과 다른 예금 기관이 예금이자율 상한을 피할 수 있었다는 사실은 상한제가 아무 효과도 보지 못했다는 것을 의미하는 것은 아니다. 상한으로 도입된 비가격 경쟁은 자원의 배분을 왜곡시켰다.

이를 살펴보기 위해, 은행은 상한이 없던 시절에도 예금주들에게 비가격 유인책을 제공하여 왔음을 주목하라. 그리고 자유로운 최적 배분이 이자의 명백한 지급과 예금주에 대한 기타 서비스의 공급을 모두 포함할 수 있다는 것을 주목하라. 그러나 규제 Q 상한이 적용되었을 때, 이러한 부수적 서비스에 보다 많은 자원이 사용되게 되고 이러한 추가적 배분이 비효율적인 왜곡을 가져오는 것은 거의 확실한 일이다. 더욱이, 지준금 요건처럼, 규제 Q 상한은 새로운 부채 상품을 등장시켰다. 유로달러 예금액 성장은 지준금 요건과 규제 Q에 의해 유발되었다.

1986년, 사실상 모든 이자율 상한이 폐지되었다.** 시장 이자율과 규제 Q 상한 사이의 괴리 증가에 따른 대량 예금 인출이 이러한 폐지에 대한 하나의 정당성이 될 수 있다. 그럼에도 불구하고 규제 Q의 폐지 이후 예금 유치를 위한 무한 경쟁은 은행 수익성 악화를 가져왔다.***

- **규제 모니터링**: 공적 규제 기관에 의한 은행에 대한 정기적 조사는 규제의 중요한 부분이다.

* 비가격 경쟁의 다른 징후들은 지점과 ATM의 과도공급 그리고 은행의 추가 영업시간 등을 포함하고 있다.

** 은행기관들은 요구불예금에 대한 이자 지불이 여전히 금지되고 있다. 그러나, 이러한 것은 그다지 중요하지 않은데, 그 이유는 소비자 거래계좌는 당좌예금계좌로 분류되어 있기 때문이다. 당좌예금계좌는 개인, 비영리단체 및 공공기관 등에게 적용되는 계좌이기 때문에 요구불예금에 대한 이자지급 금지는 오직 사업적 목적의 예치금에만 적용된다. 그러나 은행들은 현금관리, 락박스, 급여지급 그리고 이와 비슷한 서비스를 이자지급 금지라는 규정을 어기지 않고 그의 사업고객들에게 제공할 수 있다. Hyber(1989) 참조.

*** 은행들은 서비스 형태로 예치금 한도로부터 그들 예치금의 약 반을 되돌려 주었던 것으로 평가하고 있다. Flannery(1983) 참조.

사실, 세 개의 연방 은행 규제 기관 각각은 은행 조사관을 고용하고 있고, 주 은행 기관들도 그들의 은행 조사관을 고용하고 있다.

비록 은행 조사관들이 중복되는 관할권을 가지고 있으나, 공식적 부서도 존재한다. OCC는 모든 전국은행들을 조사하고, 연준은 주정부의 승인을 받은 모든 연준 회원 은행을, 예금보험공사(FDIC)는 그 외 모든 보험 가입된 은행을 조사한다. 물론 각 주들은 주 정부 승인받은 은행을 조사할 책임을 지닌다. 종종 주 기관과 연방 기관은 상대방의 조사를 받아들인다. 때때로 함께 조사하는 경우도 있다. 상당한 중복도 있지만 협조도 있다고 볼 수 있는 것이다. 조사 세부사항은 아래 박스 안에서 설명하고 있다.

규제평가시스템

CAMEL이라고 알려진 은행등급평가시스템은 1978년에 도입되었다. C는 자본 적정성(capital adequacy), A는 자산의 질(Asset quality), M은 관리능력(Management ability), E는 이익의 질(Earning quality), L은 유동성 수준(Liquidity level)을 의미한다. 1997년, 6번째 요소인 시장위험에의 민감성(S)이 추가되었고 명칭이 CAMELS가 되었다. 이러한 요소들 중 어떠한 것도 개별적으로 평가되지 않는다. 예를 들면 허용 가능한 자산의 질은 얼마나 많은 자본을 은행이 가지고 있느냐에 달려 있다.

- **자본 적정성**: 은행의 자본은 은행의 규모뿐만 아니라 재무상태표 내외의 자산과 부채의 구성에 따라 평가된다. 우리는 잠시 후 자본에 대해 더 언급할 것이다.
- **자산의 질**: 조사관은 은행의 포트폴리오 내의 여러 대출금에 존재하는 신용위험을 평가하고 이러한 대출금을 좋음, 표준, 의심, 손실로 구분 짓는다.
- **관리 능력**: 조사관은 은행의 관리부서뿐만 아니라 이사회 또한 평가한다. 능력, 관리 감각, 성실성, 은행 규제를 따르고자 하는 의지 등이 평가의 요소가 된다.
- **이익**: 타 은행에 대비한 이익의 상대적 수준뿐 아니라 이익자체의 평가도 있다. 이와 관련한 목표는 내부적으로 발생한 펀드의 은행 자본에 대한 충격을 평가하기 위함이다.
- **유동성**: 규제기관은 신용 조건, 예금변동성, 대출금 약정, 기타 조건부 청구 및 은행의 단기간에 자금을 모을 수 있는 능력 등을 조사함으로써 유동성을 평가한다.
- **시장 위험에 대한 민감도**: 규제기관은 은행의 자산, 부채, 순가치가 이자율 등의 시장 상황에 따라 어떻게 변하는가를 평가한다.

최근까지, 규제적 조사는 대부분의 은행에서 외부 감사 대신 사용되었다. 그러나 은행 조사는 외부 감사와 그 성격이 동일한 것은 아니다. 외부감사는 재무보고서와 GAAP(일반적으로 인정된 회계원칙)를 따르고 있는가 여부에 초점을 맞춘다. 은행 조사는 자산의 질, 감독의 효율성에 초점을 맞추고 있으며 내부적인 목적으로 사용된다. 사실, 은행조사의 결과를 은행외부로 유포시키는 것은 불법이다. 규제적 조사와 외부 감독 모두 사기 행위를 밝혀내기 위해 노력하지만 성공적인 경우가 크게 많은 것은 아니다.*

1991년 연방예금보험기금진흥법(FDICIA)은 은행이 규제기관으로부터 연례적이고 전 범위적인 조사를 받을 것을 강제했다. 이러한 규제적 조사와 감사는 그러한 조사 및 감독이 은행의 실제 재무적 건강상태를 밝혀낼 수 있다는 판단하에서 이루어진 결과인 평가 기반의 분류에 대한 가정된 정보성에 근거하고 있다. 은행의 재무 상태를 파악하는 데 CAMELS 평가가 얼마나 정보를 가지고 있는가 하는 것은 풀리지 않은 질문이다. 은행 산업이 안정적인 시기에 이러한 평가가 그렇지 않은 시기에 비하여 은행의 재무 상태에 대한 정보를 더 많이 보유하고 있을 것으로 생각된다.**

은행의 규제 조사의 결과는 은행 이사회에 보고되고 이어 문제를 명확히 하고 조사 과정을 통해 밝혀지지 않은 문제를 어떻게 처리할 것인지에 대한 논의를 위해 조사관과 이사진 사이의 토론이 이어진다. 조사보고서는 그러고 나서 해당 은행과의 관계가 보고서의 결과에 따라 결정되는 감독 기관에게 제출된다.

감독기관은 관리자나 이사진의 부적절한 행동에 대해 광범위한 제재를 가할 수 있다. 제재의 순서는 조언, 경고 그리고 정지명령의 순서이다. 경영진은 해임될 수 있다. 임원은 벌금형을 받거나 해임되거나 은행업무 수행이 금지된다. 은행은 관재인 하에 놓이거나 법정관리에 들어갈 수 있다. 임원은 수탁책임을 제대로 이행하지 못한 점, 과실, 중과실, 형사적 과실 등에 대해 민형사상의 고소를 당할 수 있다. 제재를 가할 수 있는 규제기관의 권한은 광범위하다.

• **자본 요건**: 장부가치 측면에서, 자본은 이익잉여금과 보통주를 구입하는 데 들어간 금액의 합이지만 시장가치 측면에서 본다면 자본은 현재의 주식가격에 보통주식수를 곱한 금액이다. 그러나 규제적 목적에서 본다면 자본은 또한 대손충당금과 영구 우선금 및 특정 장기부채를 포함한다.*** 대손충당금이란 미래 손실을 흡수하기 위해 배정해 놓은 돈을 말한다. 미래에 손실이 발생하면 이 손실금은 현재 이익과 상계되는 것이 아니라 대손충당금 계정과 상계된다. 이러한 회계처리는 수익의 시간적 패턴을 매끄럽게 하는 회계처리방법으로 최근에는 별로 선호되지 않는 방법이다. 자본의 한 형식으로서, 대손충당금은 은행 채권자 지분을 증가시킨다. 비슷하게, 장기부채(주로 후순위채권 및 무보증채를 포함한다)는 예금에 후순위하기 때문에 은행이 장기부채를 많이 가지고 있을수록 예금주에 대한 보호가 강하게 된다. 따라서 대손충당금과 장기부채를 은행자본에 포함시키는 규제기관의 논리는, 이 둘 모두 예금보다 후순위에 놓이게 되어 예금 발행자뿐

* 주주가 500명을 넘는 경우에는 은행과 은행지주회사들은 감사를 받아야 했으나, 이는 SEC의 요구사항이었다. 1991년 FDICIA에 의해서 1억 5,000만 달러 이상의 자산을 보유한 은행(지주사 포함)들은 외부감사를 받아야 했다.

** 이것이 바로 동남아시아의 금융위기 때 Gasbarro, Sadguna and Zumwalt(2002)가 인도네시아 은행과 관련하여 발견한 사항이다. 대부분의 CAMELS 변수들은 안정적인 시기에 유용한 정보이지만, 이익변수만은 위기 때 중요시된다.

*** 특별유보금이 특정 손실자산을 위한 것이라면, 일반유보금이란 특정 손실자산에 대해 할당되는 것이 아니라 일반적으로 사용될 수 있는 것이다.

아니라 예금자에 대한 보호의 역할을 하게 되기 때문이다. 최근에 적용되는 규칙에 따르면, 연방은행규제기관들은 Tier-1과 Tier-2 자본 사이에 구분을 짓고 있다. 자본 요건은 총자본(Tier-1과 Tier-2를 합한 자본)에 적용되고, 총자본에 대한 Tier-2 자본의 비율에 대한 상한 규제가 존재한다. 아래의 박스에서는 자본의 두 가지 종류가 어떻게 정의되는지에 대해서 설명하고 있다.

Tier-1과 Tier-2 자본

〈Tier-1(핵심) 자본〉

- 보통주
- 이익잉여금
- 자본잉여금(액면가를 초과하는 보통주 또는 우선주 발행 금액)
- 자본준비금(확정되지 않은 현금배당금과 우발사건을 위해 보유한 준비금)

〈Tier-2(보조적) 자본〉

- 손실 및 리스 손실 충당금
- 최소 20년 만기의 우선주
- 평균 만기 최소 7년의 후순위 증권(주식 및 채권 모두 포함)
- 밝혀지지 않은 자본 준비금
- 하이브리드 자본 상품

〈총자본〉

Tier-1 자본 + Tier-2 자본

1980년대까지 법적인 현금자산 준비금 요건이 자본 요건보다 은행의 재무상태표에 대한 더욱 중요한 규제였다. 사실, 새로이 인가받은 은행은 충분히 잘 정의된 초기 자본 요건의 적용을 받고, 뉴욕의 연방준비은행은 현존하는 위험관련 자본 규정과 비슷한 자본 기준을 가지고 있다. 그럼에도 불구하고 은행 자본금 규제는 자본 규제가 유동성 규제에 우선하는 저축은행 규제와 상반된다.

이러한 상반됨은 은행에서 주요 위험은 신용위험이라기보다는 인출위험이라는 전통적인 견해를 반영한다. 저축은행은 그 반대로 생각한다. 상업은행은 단기이면서 자동상환이 기업대출, 금융거래, 재공품, 상환 패턴을 예상하기 쉬운 외상매출금을 주로 다룬다. 그러나 LBO, LDC, 상업부동산, 기간 대출, 부외활동, 은행지주회사의 비은행사업 수행 등은 상업은행의 자산변환에 따른 신용 위험을 증가시켰다.

은행의 증가된 신용위험은 정부 안전망의 더 많은 노출을 의미하며, 규제기관은 은행의 자본 규제를 더욱 강화하였다. 은행 주주들은 은행 자산을 컨트롤하기 위해서 더 많은 자본을 쌓아놓기를 요구받았다.

상업은행에 대한 첫 번째 효과적 전국적 자본 규제는 1978년의 국제은행법(IBA)이다. 그 전에는 유일한 연방 자본 기준은 새로 인가받는 은행에만 해당되었다. 또는 자본 기준은 임의적이었고 BHC 적용에 관련한 사건으로 취급받았다. 예를 들면, 만일 BHC가 모기지 은행 계열사를 매입하는 데 허가를 받기 원한다면, 연준은 이 새로운 사업을 위한 추가 자본금을 요구하였다.

1978년 법안은 총자산 대비 은행자본이 최소 5.5%가 될 것을 요구하였고, 자본은 자본준비금, 이익잉여금, 일반 대손충당금(특별 대손충당금은 해당 안 됨), 영구 주식의 한정 금액, 전환 장기부채의 특정 클래스를 포함하는 것으로 정의되었다.

바젤 I 자본협약

1978년 이래, 은행 자본은 은행 규제의 중심이 되었다. 은행 간 국제경쟁이 증가하면서 공적 규제는 국가 간에 은행의 자본 규제를 함에 있어서 협업의 필요성을 인식하게 되었다. 따라서 1987년 스위스 바젤에 있는 국제결제은행의 후원하에 미국, 일본 및 주요 서유럽 국가들이 참가하는 회의가 열렸다. 길고도 힘든 협상 후, 바젤(BIS) 협정은 12개 참가국의 모든 은행에게 적용되는 거의 단일화된 자본 기준을 마련하였다. 새로운 BIS(또는 영국 조직자의 이름을 따서

〈표 11.1〉 바젤 I(BIS) 자본 요건

최소 자본 비율: 8%
자본 비율 혼합: Tier-2 자본이 50%를 넘지 않을 것
특정 자산에 대한 요건

자산위험 분류	전환계수(%)	요건충족 자산
1	0	현금(외화 포함), 연방준비은행에 대한 청구권, 미국의 최대만기 91일의 직접적 부채, OECD 주요 국가와 은행에 대한 청구권, 1년 미만 만기에 대한 대출금
2	10	장기의 연방 정부부채, 정부 어음에 의해 보증된 대출금 또는 연방 대출 기관에의 예금, 연방준비은행 주식(장부가치)
3	20	국내 예금기관에 대한 청구권, OECD국가의 외국은행에 대한 단기 청구권, 회수 중인 현금, 연방 기구에 의해 보증된 청구권, 주 신용 및 주정부에 의해 보증된 청구권, 최저 위험의 보증신용장
4	50	발생기관, 주택 모기지에 의해 보증되지 않은 정부채, 1년 이상 만기의 미사용 대출 약정, 채권발행편의(NIFs), 중간도 위험의 보증신용장
5	100	기업, 보증 유형 기관, 재매입 약정 또는 기타의 신용 대체가 있는 판매에 대한 청구권 대출금과 채권 포함, 특정 보증신용장에 대한 청구권

Cooke라고도 함) 비율은 1993년까지 완전히 적용되기로 하였고 모든 보험가입된 은행을 포함하기로 하였다. 지금은 바젤 I 협약이라고 불리는 이 협약은 국제 은행 협업의 위대한 승리 및 공평한 경쟁의 장의 조짐으로 칭송되었다. 주요 규정은 〈표 11.1〉에 제시되어 있다. Tier-1 자본의 정의는 앞의 박스 안에 주어진 정의와 동일하다. 지침은 특히 자본 비율을 구할 때 다음과 같은 항목들을 자본에서 제외하였다. 그것은 ① 영업권, ② 기타 무형자산, ③ 비연결자회사 자본투자, ④ 은행조직 상호 간의 자본상품 보유, ⑤ 준비금 재평가이다.

바젤 I 협약은 요구되는 자본을 은행의 자산 구조와 연결시킨다. 따라서 자본 요건은 총자산이 아닌 위험가중자산의 몇 %라는 식으로 명시된다. 은행의 위험 가중 자산은 은행의 장부가치 자산과 부위 자산의 신용등가금액의 평균이다. 위험가중 자산은 〈표 11.1〉처럼 1등급부터 5등급까지로 5가지 자산이 있다. 바젤 I 협약은 위험가중 자본비율을 최소 8%로 규정하고 있으며 Tier-1 자본이 최소 50%가 되어야 한다. 자본이 얼마나 필요한가를 계산하기 위해서, 은행은 우선 각 5개 유형 자산의 금액이 얼마나 되는지를 파악해야 한다. $\$A_i$가 위험유형 i에 속하는 자산의 달러금액이라고 하자. i=1, 2, …, 5이다. C_i는 유형 i의 전화 요소를 의미한다. 즉, $C_1=0$, $C_2=0.1$, $C_3=0.2$, $C_4=0.5$, $C_5=1.0$이다. 그럼 요구되는 은행의 총자본은 $C_1A_1+C_2A_2+C_3A_3+C_4A_4+C_5A_5$의 8%, 즉 $C_1=0$임을 고려하면 $0.08\times(C_2A_2+C_3A_3+C_4A_4+C_5A_5)$이다. 또한 은행은 Tier-1 자본으로 최소한 $(C_2A_2+C_3A_3+C_4A_4+C_5A_5)\times 0.4$만큼을 보유하고 있어야 한다. 미국 은행 규제기관은 추가적으로 적기시정제도(PCA)를 도입하여 최고 등급의 CAMEL 등급을 얻은 은행의 경우 Tier-1 자본이 총자산의 3% 이하가 될 수 없다는 레버리지 비율 제한을 가하였다. 다른 은행들은 4% 비율을 적용받았다. 보다 낮은 등급의 은행들은 6%라는 더 높은 자본을 유지해야 했다. 〈표 11.2〉는 미국 은행들이 직면한 자본규제를 요약하고 있다.

바젤 I 협약에 동의한 국가들은 자기 나라에서 더 높은 자본 규제를 할 수도 있었다. 앞에서 언

〈표 11.2〉 미국 은행들의 자본규제 요약

1. 총자본 $\geq 0.008\times\sum_{i=2}^{5}C_iA_i$
2. Tier-1 자본 $\geq 0.04\times\sum_{i=2}^{5}C_iA_i$
3. Tier-1 자본 $\geq\left[0.03\times\sum_{i=2}^{5}A_i\right]+d$

   단, A_i=자산위험분류별 자산 금액

   C_i=바젤위험 가중치

   d=CAMEL 최상등급 미만 은행의 경우 $0.02\Sigma A_i\sim0.03\Sigma A_i$ 추가

   2와 3을 합하면,
4. Tier-1 자본 $\geq\text{Max}\left\{0.04\times\sum_{i=2}^{5}C_iA_i,\ \left[\left(0.03\times\sum_{i=2}^{5}A_i\right)+d\right]\right\}$

   단, Max는 괄호 안 둘 중 큰 값을 의미.

   결국, 은행의 자본은 1과 4를 모두 만족해야 한다.

급한 대로 자본 규제는 장부계정 및 부외계정에 속하는 다양한 자산들의 위험에 따른 민감도를 가지고 있었다. 비록 바젤 I 협약의 자본 규제가 신용 위험에 초점을 맞추고 있긴 하지만, 이자율 위험에 따른 고려도 일부 행해졌다. 예를 들면, 만기 91일 이내의 연방 정부의 부채에 대한 자본 규제는 0.8%였고 반면에 더 짧은 만기의 정부 부채에 대한 규제는 0이었다. 부외 계정(예를 들면 대출약정, 보증 신용장, 이자율 스왑, 외환스왑 등)에 대한 자본 규제 부과는 바젤 I 협약의 혁신적인 점이었다.

미국 은행은 이러한 자본 규제를 어길 시에 일 $1,000의 벌금이 부과될 수 있다. 더욱이, 보험가입된 저축은행들에 대한 자본 가이드라인을 관리하는 OTS는 위험에 기반을 둔 유사한 자본 규제를 적용받았다.*

1993년, 세계 모든 주요 은행들은 바젤 협약의 자본 규제를 만족시키게 되었다.** 미국 대형은행들은 그들의 자본 비율(레버리지감소)을 1989년 이래로 꾸준히 증가시켜왔다. 〈그림 11.7〉을 보라.

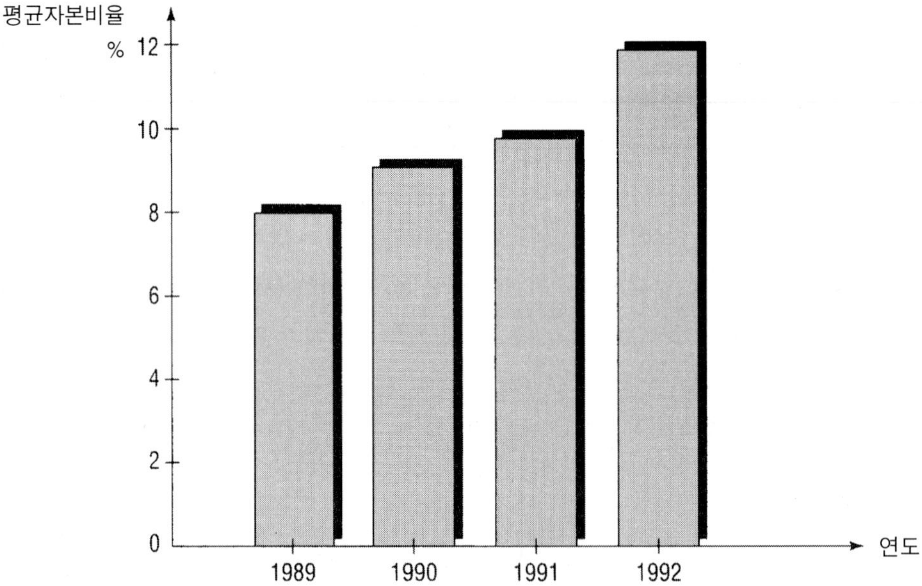

〈그림 11.7〉 미국 대형은행들의 평균 자본비율
출처: *Economist*(1993)

---

* 저축은행도 8퍼센트 자기자본비율 요건을 충족해야 한다. 핵심자본이 3퍼센트 이하가 되면 안 되지만 이 기준은 최상의 자본구조화를 이룬 저축은행에 적용되는 것이다. 어떤 경우는 4퍼센트의 핵심자본 요건을 요구하기도 한다. 저축은행 자산에 대한 위험가중은 일반적인 은행의 그것과는 다르다. 현금이나 미정부 채권의 위험은 제로라고 할 수 있지만 미정부 보증의 모기지 채권이나 주정부나 지방정부의 신용과 신뢰로 보증되는 채권들은 20퍼센트의 위험가중치를 갖게 된다. 주정부 수익채권들과 주택담보대출증권들은 50퍼센트, 기타 모기지들은 100퍼센트, 저축은행 보유의 영업권이나 부동산은 200퍼센트 그리고 주식투자의 경우는 300퍼센트의 위험가중치를 염두하고 있다.

** Reuters(1993) 참조.

어느 관점에서 보면, 자본 규제는 국제 사회에서 은행 간 협력의 단순한 첫걸음으로 보일 수 있지만 여러 비판도 존재한다. 첫째, 위험 클래스는 착취가 생길 수 있을 만큼 대충 정해졌다. 모기지의 신용 위험이 기업대출금의 신용위험보다 높은 경우가 자주 있음에도, 모기지는 기업 대출금이 요구받는 자본의 반만큼이 요구되었다. 사실상, 기업 대출금은 모기지 형태로 재포장될 수도 있다. 규제기관은 항상 자본시장의 영리함과 적응능력을 과소평가하는 경향이 있다. 대출금은 다만 기록된 계약이고 현재 중요한 명령을 따르기 위해 적절히 개조될 수 있다.

둘째, 위험 클래스는 조작될 수 있다.* 예를 들면, 한 은행이 0의 자본금을 요구하는 미국 재무성 채권에 투자하였고 감모스왑을 체결하였다고 하자. 이 감모스왑에서 은행은 채권에 대한 총수익을 지급하고 대신 모기지에 대한 총지급액을 받는다. 비록 이 은행이 실질적으로 모기지를 가지고 있음에도, 이 은행은 모기지에 붙는 4%보다 낮은 BIS 자본규제를 적용받게 된다.

셋째, 이자율 위험은 비록 1991년 법안이 규제기관들로 하여금 신용위험뿐만 아니라 이자율위험도 반영하는 새로운 가이드라인을 제시하도록 하였음에도 불구하고, 바젤 I 협약하에서 인정받지는 못했다.

넷째, 특별 이자를 적용하기 위해서 많은 양보가 이루어졌다. 예를 들면, 지분 소유에 대한 기록되지 않은 자본 이득의 45%가 Tier-2 자본으로 여겨질 수 있다. 이러한 양보는 특히 구입가로 평가된 많은 지분을 보유하고 있는 일본 은행들에게 중요했다. 미국 은행들은 실현되지 않은 자본 이득을 자본으로 취급하는 것이 금지되었다.

다섯째, 바젤 I의 자본 요건은 은행업 위험이 서로 다른 나라에서 동일하다는 것을 가정한다. 그러나 국가 간에는 은행 수익률은 매우 다양하다. 이는 기본적인 자산-위험 유형이 매우 단순하거나 혹은 최소 자본 비율이 국가별로 달라야 함을 의미한다.

마지막으로, 자본 비율이 장부가치에 기반을 두어 계산되기 때문에, 수익률 변동성의 변화나 장부가치와 시장가치의 관계에 대한 적절한 조정을 하지 못한다. 더군다나, 자본 요건은 은행 재무상태표상의 포트폴리오 측면을 고려하지 못한다. 요건이 각각의 자산에서 선형 관계를 띠므로, 분산화와 포트폴리오 위험에 영향을 주는 수익률의 공변(covariability)을 고려하지 못한다.

이러한 단점들에도 불구하고, 이 협약은 자본을 위험에 연결하고 부외 계정의 중요성을 인식한 자본 기준을 국제적 협업을 통해 만든 첫걸음이라는 점에서 그 중요성을 지닌다. 판명된 것처럼, 이것은 첫 번째 걸음이고, 수정된 협약으로서 2004년에는 바젤 II 협약이 이루어진다. 이는 다음 장에서 논의될 것이다. 또한 우리가 주목할 것은, 규제기관들이 자본이 현격히 부족한 은행을 문 닫게 하였다는 점에서 FDICIA의 신속한 적기시정조치 요구가 자본의 중요성을 증가시켰다는 점이다. 이제 우리는 왜 자본 요건이 중요하며, 또한 어떻게 최적 자본 기준을 결정하는가 하는 이슈를 살펴볼 것이다.

* 이것은 Merton(1994)에 의해서 언급되었다.

- **자본 요건의 효과**: 자본은 은행의 위험부담 선호 정도를 직접적 및 간접적인 효과를 통해 규제한다. 대출금과 주식 손실에 대한 완충장치로서 자본은 보험 정책에서의 공제 금액으로 기능한다. 더불어, 자본은 은행 자본 구조에서 부채의 양이 줄어들게 되기 때문에 은행이 보다 위험한 자산에 투자하고자 하는 동기를 감소시킬 수 있다. 이러한 간접적인 동기 효과는 단조적일 필요는 없다. 〈그림 11.8〉은 은행 위험에 대한 자본 효과가 비단조적인 모습을 보여준다. 은행의 '내부자' (일정 지분을 소유하는 최고 은행 관리자들)와 '기타 주주들' (관리급에 해당되지 않음) 사이의 구분이 가정된다. 은행의 의사결정은, 기타 주주의 비용을 통해서라도 내부자 부를 극대화하고자 하는 경향이 있다.* 이러한 대리인 문제는 〈그림 11.8〉을 이해하기 위한 핵심인데, 이는 은행 자본의 위험 이연 효과에 대한 전통적 생각에 대한 질문을 야기한다.**

이를 살펴보기 위해 자본-총자산 비율의 증가는 은행에게 세 가지 측면에서 영향을 미치는데, 그중 두 가지는 안전성을 증대시키는 방향으로 전통적인 완충 장치로 작용하고 또한 동기 효과를 지닌다는 점을 주지해야 한다. 요구 자본-총자산 비율이 증가함에 따라 내부자들은 필요 자본을

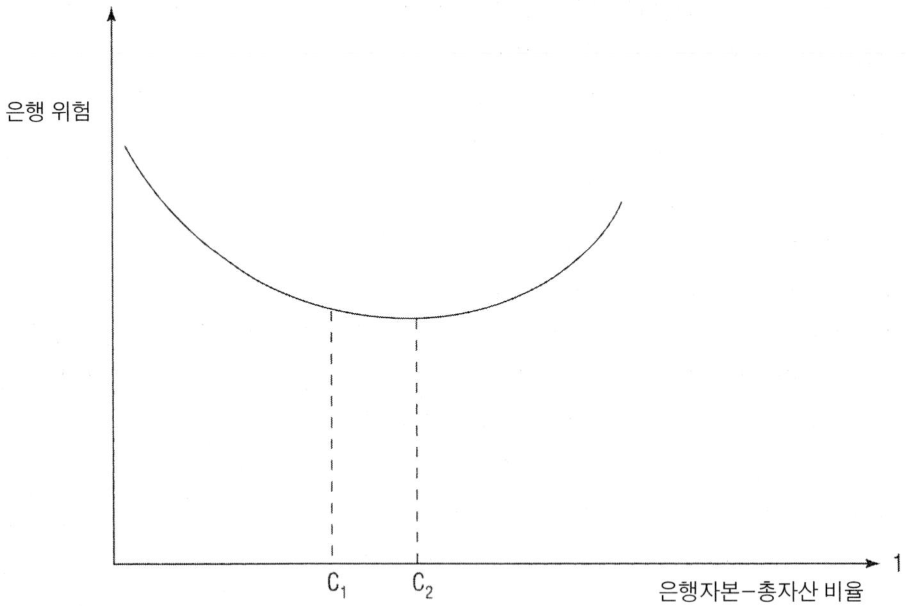

〈그림 11.8〉 은행 위험에 대한 은행 자본의 가능 효과

* 이는 경영자와 주주 사이의 대리인 문제와 유사하다. 경영자는 주식을 보유하고 있기 때문에 그들의 인센티브는 경영에 참여하지 않는 주주들의 인센티브와 어느 정도 관련되어 있다. 그러나, 경영자들이 주식 전부를 보유하지 않는 한 도덕적 해이는 여전히 남아 있을 것이다.

** 더 높은 자본충족 요건이 은행의 위험을 증가시킨다는 것을 예측한 이론적 모델을 살펴보기 위해서는 Gennotte and Pyle(1991), Kahane(1977), Koehn and Santomero(1980) 참조. 여기서의 논쟁은 Besanko and Kanatas(1991)에 근거하고 있다. 자본의 인센티브 효과는 Boot and Greenbaum(1992)에서 연구되었다.

모두 제공하지 못하게 될 수 있다. 따라서 외부자가 지분 투자를 하는 것을 필요로 하게 된다. 이때 관리자의 소유 비율이 희석되기 때문에, 은행을 관리하는 데 애써서 노력할 동기 역시 희석되게 된다. 그 결과 대출 심사를 철저히 하지 않게 되고, 은행 위험 관리에 소홀하게 되며, 내부자로서의 특권적 소비를 증가시키게 된다. 이는 자본 비율이 어느 선 이상으로 증가함에 따라 은행 위험 증가로 이어질 수 있다. 우리는 이를 '외부 자본 효과'라고 부를 것이다.

완충과 동기, 외부자본효과의 합이 〈그림 11.8〉에 나타나 있다. 자본 비율이 일정 레벨, 예를 들면 C_1까지 증가하면 은행의 위험은 완충장치와 동기효과가 위험을 줄이기 위해 작동하고 외부자본효과는 내부자들이 필요 자본을 공급하기 때문에 아직 작동하지 않음으로 해서 그 위험이 줄어들게 된다. 그러나 C_1을 지나게 되면 외부 자본이 요구된다. C_1과 C_2 사이에서는 외부자본효과가 위험 증가 요인을 증가시키더라도, 그 효과가 여전히 완충장치와 동기효과에 의해 지배당하게 된다. 그러나 자본비율이 C_2 이상 증가함에 따라, 외부자본효과가 마침내 다른 두 가지 효과를 지배하게 된다. 따라서 은행의 총위험이 자본이 증가함에 따라서 증가하게 되는 것이다.

이와 같은 주장의 근거에 대한 연구가 위험에 기반을 둔 자본 요건을 적용하기 전에 수행되었다. 더욱이, 이는 소유구조 희석효과가 은행가치의 중요한 추진 요인이 되도록 충분한 지분을 은행에 보유하고 있는 소유 관리자에 의해 관리되는 은행의 경우에 한정적으로 적용된다. 더 최근의 연구는, 위험 기반 자본 요건의 충분히 높은 수준은 은행 측면에서 가치 소멸적인 위험 이전을 효과적으로 해결할 수 있고, 또한 산업 전체적인 안정성뿐만 아니라 개별 은행의 가치 또한 증가시킬 수 있다.*

바젤 I 협정과 1991년 FDICIA의 효과에 대한 실증 증거

궁극적으로, 자본규제의 효과는 실증적으로 평가되어야 한다. 이러한 관점에서 1991년의 FDICIA와 더불어 바젤 I 협약은 커다란 성공으로 평가받는다. 〈그림 11.9〉는 은행의 자본 비율이 이 규제들이 시행된 이후 크게 증가되었음을 보여주고 있다.

게다가, 은행 자본의 증가와 함께 은행 도산의 혁신적 감소가 수반되었다. 〈그림 11.10〉을 보라. 1995년부터 2001년 사이 상업은행의 도산은 매년 10건 이하이다. 또한 수익, 지준금, 자기자본으로 대표되는 자산에 대한 비중으로 정의되는 대손 예상액에 대한 보장의 총수준은 시간이 지날수록 꾸준히 증가하고 있다. 〈그림 11.11〉을 보라. 흥미롭게도 은행이 자본 비율을 증가시킴에 따라 은행은 또한 대출금을 증가시키고 낮은 위험의 증권 소유를 줄인다는 점이다. 〈그림 11.12〉를 보라. 이는 높은 자본 비중에 따라 위험을 흡수할 수 있는 능력이 증가하였다는 것을 방증한다. 즉 레버리지를 줄임에 따라 보다 위험한 자산을 포트폴리오에 흡수시킬 수 있다는 것이다.

* 이 문제를 훌륭하게 다루고 있는 Repullo(2004) 참조.

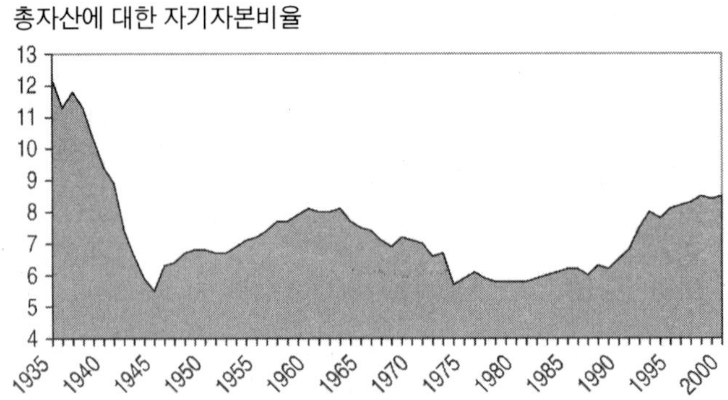

〈그림 11.9〉 미국 은행 자본비율
출처: 은행업에 대한 FDIC의 역사적 통계

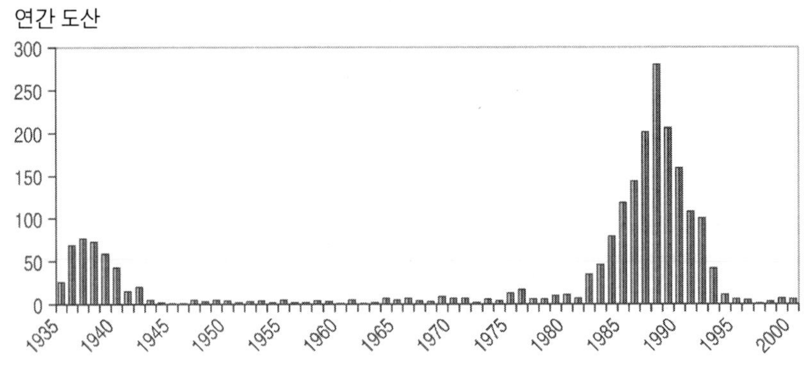

〈그림 11.10〉 위기수준을 현저히 하회하는 연간 FDIC 보험하의 도산된 상업은행의 수
출처: 은행업에 대한 FDIC의 역사적 통계

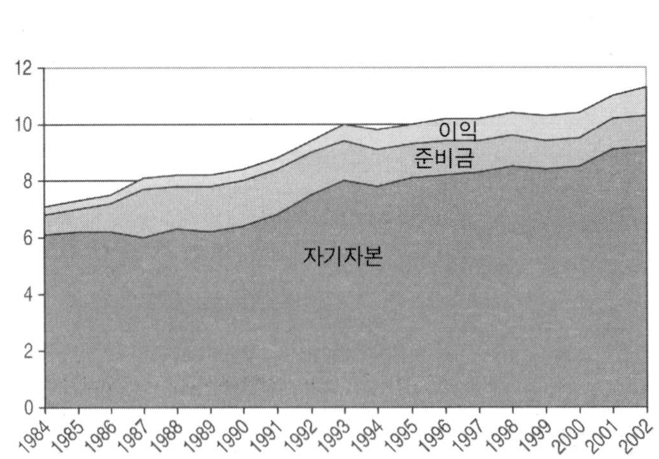

〈그림 11.11〉 시간이 지날수록 꾸준히 증가하고 있는 대손 예상액에 대한 보장의 총수준 (모든 FDIC 보험하의 금융기관)
출처: FDIC Bank Call Reports.

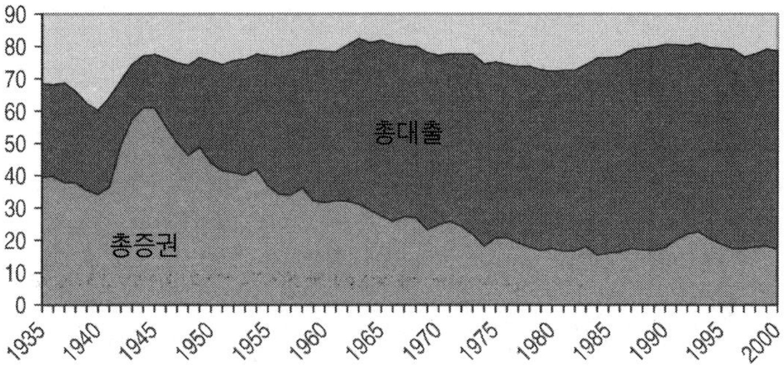

〈그림 11.12〉 대출금이 증가하고 저위험증권이 감소하는 은행자산믹스(FDIC 보험하의 상업은행)
출처: 은행업에 대한 FDIC의 역사적 통계

안전성과 건전성 규제: 은행 포트폴리오 제약

미국에서 상업은행과 투자은행 업무의 법적인 분리는 1933년 글래스-스티걸 법안에 의해서 이루어졌다.* 연준 회원은행은 주식, 채권 및 기타 증권의 인수, 분배 및 매매가 미국 정부채권, 일반보증지방채, 특정 정부기관채권을 제외하고는 금지되었다. 이 법안은 또한 상업은행이 투자은행기관과 결합하거나 투자은행업무에 연관되는 것을 금지하였다. 이와 같은 상업은행업무와 투자은행업무의 분리는 당시 은행의 심각한 혼란이 은행의 증권 관련 활동에 기인한다는 논란에 그 기반을 두고 있다.

글래스-스티걸 법안은 또한 지역적 확대와 관련한 주정부의 권한을 선언하였는데, 이는 1927년 맥파든 법안에 의해 처음으로 제안되었다. 따라서 지점화 및 지주회사 이슈는 주정부의 결정에 따르게 되었고, 이는 주(州) 간의 은행업무를 차단하고 분업화된 산업을 만들었다. 지역적 근원뿐 아니라 은행이 중개할 수 있는 자산도 크게 제한되었다. 이는 은행이 지역사회의 부에 밀접하게 연관되고, 또한 범위의 경제를 추구할 기회가 제한되는 것처럼 분산화의 기회 역시 제한됨을 뜻한다.** 주목할 점은, 이 제한이 대출과 증권 사이의 구분이 점점 중요시되지 않는다는 점에 기반하고 있다는 것이다. 부채증권의 사모발행은 사실상 대출이고 증권화된 대출은 사실상 증권이다. 대출과 부채증권의 이러한 어리석은 구분은 은행가가 그들의 업무를 확장하는 것을 막지 못했다.

은행가들의 이러한 행동이 지속되자 시간이 갈수록 신속한 규제적 재해석이 요구되었고, 기존에 금지되었던 영역으로 은행이 진출하는 것이 가능하게 되었다. 예를 들면, 지주 회사 계열사를

* Benston and Kaufman(1988) 참조. Kahane(1977)은 자본충족 및 포트폴리오 제한이 단독적으로 은행위험을 통제하기에는 충분하지 않음을 최초로 보여주었다. Mester(1972)는 다소 다른 이유에 근거하여 포트폴리오 제한을 변론하였다.
** 과도한 집중을 상쇄하기 위한 방법으로, 일부 예외적인 경우로서 은행들에게 자본대비 15퍼센트를 개인(법인 또는 자연인)들에게 대출해 줄 수 있도록 허락했지만 이는 예외사항일 뿐이다.

통해 은행은 지방채, 상업 어음, 심지어 회사채와 회사지분을 이 사업의 크기에 대한 제한하에서 인수할 수 있었다. 입법과정이라는 혜택 없이, 자산 금지를 지배하는 규칙들은 규제기관에 의해 상당히 완화되었다. 이러한 것들은 법정에서 물론 테스트되었지만, 규제 자율화는 대부분의 경우 사법상 인정되었다. 1930년대 법안의 재해석은 매우 기본적이었기 때문에 이는 매우 주목할 만하다. 회사 부채 및 자기자본을 상업은행과 그 지주회사가 인수하는 것은 글래스-스티걸 법하에서 수 세기에 걸쳐 불법이었다. 은행과 규제기관들이 법안 자유화를 추구할 때, 이들의 노력은 다른 이익집단에 의해서 번번이 좌절되었다. 그러나 이후 은행 규제기관은 글래스-스티걸 법을 재해석하였고, 법원은 이를 인정하였다.

한때 난공불락이었던 상업은행업무와 투자은행업무를 갈라놓았던 벽은 입법과정 없이 조금씩 와해되었다. 마찬가지로, 은행은 뮤추얼 펀드를 통해 자산관리 업무에 진입하는 방법을 찾아내었다. 은행은 뮤추얼펀드를 팔거나 관리할 수 있었다. 이 또한 글래스-스티걸 법에 의해 금지되는 것으로 생각되었었다.* 은행업무와 보험업무는 더 심하게 구분되었다. 보험 이익단체들의 로비는 은행이 이 업무에 들어오지 못하도록 하였다. 그러나 은행은 금융성 보증 사업 분야에서 치열하게 경쟁하였다. 더욱이, 일부 보험회사들은 예금 중개 서비스를 제공하였다.** 은행이 판매하는 보증신용장과 보험회사가 판매하는 재정보증은 특히 증권화를 위한 신용 보강으로서 밀접한 대체재 관계이다.*** 마찬가지로 은행과 보험회사는 연금 시장에서 직접적으로 경쟁하였다.

궁극적으로 글래스-스티걸 법은 1999년 금융서비스 현대화법이 통과되면서 해체되었다. 이 법은 또한 그램리치 블리일리 법이라고도 알려져 있는데, 이는 이 법안을 후원한 의원의 이름을 딴 것이다. 이 법은 글래스-스티걸 법의 20항과 32항을 폐지하였다. 더 나아가 적법성 기준을 만족하는 은행 지주회사와 외국은행의 보다 넓은 범위의 활동을 인정하였다.

이러한 조직에 대하여 말하자면, 은행, 증권회사 및 보험회사 등의 미국 금융 서비스 공급업자들이 서로 결합하고 상대 시장에 뛰어드는 것을 가능하게 하였다. 금융 서비스 공급업자들 간의 제휴는 금융서비스 산업의 공개적이고 자유로운 경쟁을 가능하게 하였다. 우리는 다음 장에서 이러한 입법과정에 대해 보다 자세하게 살펴볼 것이다.

* 은행들은 자신이 승인해준 대출금에 대한 이자를 보호해 줄 수 있는 신용생명보험, 상해보험, 비자발적 실업보험 등과 같은 신용관련 보험상품들의 판매를 제한받았다. 그러나 5천 명 미만의 인구가 사는 도시에서 적합한 보험기관이 존재하지 않는다면 은행들은 보험상품관련 판매행위를 할 수 있었다. 또한, 최근에는 지역개발은행들로 하여금 저소득지역에서 보험판매 활동을 하게끔 하고 있다.

** 예를 들면, 어떤 보험사들은 저축은행기관들을 보유하고 있다.

*** 이는 국가승인의 은행에 적용된다. 몇몇 주에서는 은행으로 하여금 대행업무, 브로커리지, 인수행위 및 보험관련 전반을 다루는 것을 허락하고 있다.

소비자 보호, 신용 배분, 통화통제 규제

소비자 보호 규제

미국에서 소비자 보호 규제는 여러 가지 형식을 띠고 있다. 예를 들면, 고리대금업법은 대출기관이 소비자 대출에 부과하는 이자율에 제한을 가한다. 차용자를 대출 이자로부터 보호하고자 하는 생각은 성서에 기인한다. 미국의 경우, 입법과정은 1641년 매사추세츠 주에서 고리대금업법을 통과시킨 때로 거슬러 올라간다. 경제학적인 관점에서 보면, 고리대금 이자율 제한은 대출해준 자가 독점이 아닌 한 상식적이지는 않다. 차용자의 평가된 위험이 고리대금 이자 제한보다 높은 이자율을 요구하게 된다면, 은행은 융자를 주지 않을 것이다.*

다른 종류의 공정 규제는 대출 기관의 정보 공개를 강제하는 것이다. 진실대출조항(연준 규제 Z)은 차용자들이 대출 기관에 대한 보다 많은 정보를 가지고 결정할 수 있도록 하기 위해서 금융이자에 대한 규격화된 신용 정보와 연이자율을 고객들에게 제공할 것을 요구한다. 비슷하게, 부동산거래법안(RESPA)은 모기지 대출자들이 부동산 거래 과정에 대한 모든 관련 정보와 클로징 시에 모든 수수료와 요금을 공개하는 단일결재문서를 받도록 되어 있다.

대출자를 보호함과 동시에 법안은 예금주를 보호하는 방안을 강구한다. 저축진실법(TIS)은 FDICIA의 한 부분으로 1991년 제정되었다. 1993년 효력발생이 시작한 TIS의 목적은 예금주들의 결정에서의 경쟁을 도모하는 것이었다. TIS는 이자 지급 및 예금 수수료 부과와 관련된 조항과 조건의 정보 공개를 요구한다. 이는 보험이 되었든 안 되었든지 간에 모든 은행, 저축은행에 적용된다. 신용협동조합은 TIS에 직접적 지배를 받는 것은 아니지만, 신용협동조합의 규제기관인 전미신용조합협회(NCUA)가 비슷한 규칙을 적용하고 있다.

전자이체결제시스템(EFT)이 가파르게 성장하면서 이에 대한 규제도 시작되었다. 1978년 전자결제시스템 법안(EFTA)이 EFT 참가자의 권리, 의무, 책임 등을 제정함으로써 소비자를 보호하고자 시행되었다. EFTA는 서비스를 제공하는 기관의 유형보다 거래 유형에 초점을 두었다. 이는 금융 기관에 의한 계좌의 대차, 대부를 인가하기 위하여 전자 터미널, 전화, 테이프 등을 통하여 이루어지는 대부분의 거래에 적용되었다. 따라서, 예를 들면 개인수표에 의한 지불은 EFTA에 의해 커버되지 않는다.

EFTA의 요건들은 매우 복잡한데, 그중 하나는 개인에게 EFT거래를 위해 사용될 수 있는 접근방법(예를 들면, 카드 및 개인 식별 번호)이 제공된다는 것이다. 다른 요건들은 공개 및 서류화와 관련이 있다. 소비자의 첫 번째 EFT 거래 전에, 금융기관은 EFT거래가 어떠한 조건하에서 제공되는지를 명확하게 기술한 기록 문서를 제시해야 한다. 더욱이, 전자 터미널에서 거래가 이

* Robin(1974)은 부동산 대출에 대해 연구를 수행하여 고리대금의 상한이 시장의 모기지 이율보다 낮을 때 주택건설이 약 25퍼센트 감소한다는 것을 발견하였다.

루어질 때마다, 금융기관은 그 거래와 관련된 정보를 기술한 기록 영수증을 제공해야 한다.

신용배분 규제

은행 신용 가능성이 경제 활동의 유형에 영향을 끼치기 때문에, 정부는 종종 사회적, 정치적 목적의 달성을 위해서 이 신용의 배분에 영향을 미치고자 한다.* 정부의 신용 배분의 일부 형태는 대부분의 국가에서 발견된다. 그러나 미국의 경우는 전쟁 시나 국가 비상시를 제외하고는 명시적인 정부의 신용배분은 잘 일어나지 않았다. 대신 미국에서는 많은 간접적 신용배분 메커니즘이 작동해왔다. 이 중 몇몇 가지는 아래와 같다.

- **증권 구입을 위한 신용**: 금융 증권에 대한 신용은 1932년 이래로 규제되어 왔다. 최초신용액은 증권 가치의 일정 비율로 제한된다. 만일 증권의 가치가 그 신용액 이하로 떨어지면, 차입자는 마진콜을 받게 된다. 차입자는 이에 따라 추가 보증금을 내거나 증권을 팔아야 한다. 더욱이, 연준은 증권거래를 지원하기 위해 회원 은행의 총대출금에 제한을 가하기도 한다. 이러한 제한과 마진콜 규정의 명백한 효과는 증권 구입을 위한 신용을 제한한다는 것이다.**
- **세금 정책과 보장 프로그램**: 세액 공제 및 손금처리는 신용배분을 포함하는 경제 활동의 다양성에 영향을 미치기 위해서 사용되어 왔다. 세액공제는 자본 투자를 증진하고 가정에서의 에너지 효율성을 증가시키기 위해서 사용되었다. 기부금 손금 처리는 적격 기관으로의 자본 흐름을 증가시켰다.
- **경제 내 특별 분야를 위한 신용 프로그램**: 정부는 경제의 특별 분야를 활성화하기 위한 신용 프로그램을 오랫동안 발전시켜왔다. 그 예로, 주택, 교육, 농업 분야 등을 들 수 있다.

  예를 들면, 저축은행 산업은 민간의 주택소유비율을 증가시키기 위해서 정부에 의해 지원되었다. 이러한 기관들의 투자 포트폴리오에는 제약이 가해졌고 주택모기지에의 투자를 활성화시키기 위해 세금 혜택이 제공되었다. 규제 Q의 주요 목적은 대출비용을 낮게 유지시킴으로써 주택구입자가 낮은 비용의 신용거래를 할 수 있도록 하는 것이었다. 연방국민저당협회(FNMA)와 정부주택저당금고(GNMA) 및 연방주택담보대출공사(FHLMC)가 생겨나서 모기지대출에 대한 이차 시장을 지원하였다. 이는 주택 분야로 신용이 흘러가는 것을 원활하게 하기 위함이었다. 신용이 주택분야로 가는 데에서 정부의 역할은 막대하였다.

  1970년대, 정부는 학생융자보증 프로그램의 도입을 통해 신용을 교육산업으로 흐르게 하였다. 이에 대출이 학생들에게 유리한 이자율과 자유로운 상환 조건으로 가능하게 되었다.

---

* Thakor and Beltz(1994) 참조.
** Huber(1989) 참조.

학자금 대출 마케팅 기관(SLMA)이 학생 대출을 위한 이차시장(보조 시장)을 공급하기 위해 설립되었다.

연방 정부는 농업 분야 또한 보조하였다. 농업조합금융(FCS)은 농부들에게 대출금을 보조해 주었고 농촌 전력보급청(REA)은 낮은 이자율의 대출을 농업협동조합에 제공하였으며 농촌 전화 및 케이블 전화를 위한 대출금을 보증하였다. 1988년, 의회는 연방농장모기지공사(FAMC)를 설립하여 농장 모기지와 농촌 주택 대출을 위한 이차 시장을 제공하였다.*

- 소비자 보호 규제를 통한 신용 배분에의 영향: 규제는 또한 신용분배에서 자금 공여자에 의한 심각한 차별이 발생하지 않도록 그 방법을 강구한다. 그중 하나는 신용기회균등법(ECOA)인데, 이것은 연준의 규제 B에 따른다. ECOA는 인종, 종교, 출신국가, 결혼여부, 나이, 성별에 따른 차별을 금지하고 있다. 규제 C에 해당하는 1975년 주택모기지정보공개법령(HMDA)과 규제 BB에 해당하는 지역재투자법(1977)은 비슷한 목표를 추구한다(다음 페이지 박스를 보라). 규제 C는 특정 지역에 대한 신용대출을 보류하는 특정경계지역지정을 금지한다. 규제 BB는 금융 기관들이 그들 지역사회의 합법적인 모든 신용대출 요구에 대한 서비스를 제공할 것을 장려한다.

특정지역지정, 즉 성별, 인종, 종교 및 다른 기타의 특징 때문에 신용 대출을 거부하는 것은 분열을 초래한다.** 또한 대출 비용이나 금융 서비스 비용을 고의적으로 소비자의 혼란을 일으키거나 소비자를 오도할 수 있는 용어로 기술하는 것은 잘못된 일이다. 그러나 은행 산업은 가장 효율적인 신용대출 결정을 불완전한 정보에 기반을 두어 가능하게 한다는 것과 성별, 인종, 나이, 핸디캡, 출신 지역이 신용도와 연결되어 있지만 이를 관찰하기에는 비용이 상당하다는 것을 이해해야 한다. 따라서 은행가들은 편견을 지닌 사람이 되어 차별을 할 필요가 없게 된다. 또한 은행가가 자유롭게 획득 가능한 정보를 사용하는 사회적 비용을 내부화할 것으로 기대할 필요도 없다. 그러나 이는 동일한 신용 기회 법안의 논거이고, 이에 대한 지지자들은 은행가가 가치 있는 면허를 가지고 영업할 수 있는 특권을 지녀왔고 그러한 특권에는 의무가 따른다고 주장한다.

* 파머 맥은 미국 정부에 의해 설립된 기관으로 대통령이 지명한 5명의 이사를 포함하는 이사회를 통해 운영된다. 페니 메이나 프레디 맥 또는 샐리 메이처럼 파머 맥은 이른바 정부후원기업(GSE)의 하나로 분류된다. 이들 기관은 민간영역과 공공영역의 혼합체라고 볼 수 있다. 몇몇 기관은 사적으로 유통주식을 보유하고 있는 반면 모든 기관들에는 정부가 지명한 이사회 멤버가 있다. 그들의 채무는 명시적으로 정부가 보증을 서는 것은 아니지만, 정부의 보호를 받는 것처럼 거래되고 있다. 통상 이 기관채무는 미재무성에서 발행하는 비슷한 기간의 채무보다 약 50bp 낮은 스프레드로 거래된다. 이 기관들은 민간영역의 채무를 매매하고 재구성하고 그리고 보증하게 되는데, SEC의 규제요건은 면제된다.

** HMDA 데이터에 근거한 최근의 연구들에서 대출 차별성에 대한 증거들이 발견되고 있다. 예를 들면, Cummins(1993a)와 Munnell et al.(1992) 참조, Duca and Rosenthal(1993) 참조.

지역재투자법(1977)

지역재투자법(CRA)은 사업적 판단하에서는 은행의 자원을 다른 곳에 투입하는 것이 좋다고 하더라도 자기 지역사회에 대출서비스를 공급할 것을 요구한다. 더욱이, CRA 도입 이전에는 연방 자금 시장과 정부채 시장과 같은 메커니즘은 자금을 부족지역에서 잉여지역으로 보내고 있었다. CRA의 논리는 은행들이 정부에 의해 특권과 보조를 받았으므로 이에 대한 상호적 의무로 은행은 자금을 제공한 그 지역 사회를 위해 일해야 한다는 것이다. 그러나 브로커로서, 은행은 자금을 자금 풍부자에게서 자금 부족자에게 이전시키기 위해 존재하며, 이는 이자율의 지역 차이에 의해 동기가 유발된다. 예를 들어, 수십년 동안 동부에서 은행 예금을 통해 자금을 쌓아온 은행이 서부에서 경제 성장률과 투자 기회의 차이로 인한 좋은 사업을 발견하였다고 하자. 이러한 금융 자원의 부를 증진시키는 이전은 CRA가 어떻게 적용되느냐에 따라 CRA를 위배하는 것이 될 수 있다. CRA는 신용 흐름을 비생산적으로 왜곡시킬 수 있고, 이러한 점이 이 법을 둘러싼 반대 목소리의 근원이다.

이전에는 자산규모 2.5억 달러 이하의 은행들(즉, 소규모 은행들)은 대부분 그들이 대출을 전체 지역사회에 제공하는지를 평가받았다. 자산규모 2.5억 달러를 넘는 은행들(즉, 대규모 은행들)은 대출관련 요구뿐만 아니라 등급의 25%를 서비스에서 획득하고, 25%는 지역사회 재투자에서 획득할 것이 요구되었다. 2004년 CRA 규제의 변화는, 거의 자산 규모 2.5억 달러~10억 달러 사이의 은행들은 CRA의 데이터 수집 요건뿐 아니라 지역사회 투자부문 평가와 서비스부문 평가에서 풀어주게 된다. 새로운 지역 발전 평가가 네 가지 부문에서의 활동을 담당하게 되었는데, 그 네 가지 부문은 적정가격 주택공급, 지역사회 서비스, 경제발전, 안정화 활동의 활성화이다.

통화 감독 규제

통화 감독의 목표와 관련된 은행 규제의 두 가지 주요 형태는 지불 준비금 요건과 대출 창구이다. 또한, 중앙은행의 도덕적 권고 역시 역할을 담당한다. 이에 대해 차례로 알아보자.

(1) 법적 준비금 요건: 현금자산 준비금 요건은 은행이 예금의 일부를 무이자부, 유동적 형태인 시재금 또는 예치금의 형태로, 연준 회원인 경우는 연준에 보관하고, 비회원인 경우는 회원 은행에 예치금으로 보관할 것을 강제한다. 미국 내 모든 예금 기관들은 고객 예치금에 대한 준비금 요건을 따라야 한다.

준비금 규정은 예금 종류에 따라 다양하다. 예를 들어 CD와 같은 정기예금에 대한 지준금은 0이고, 반면 요구불 예금이나 순거래 계정에 대해서는 예금의 수준에 따라 지준금이 달라진다. 초기 7백만 달러에 대해서는 지준금이 요구되지 않으며, 7백만 달러부터 4,830만 달러 사이는 3%의 지준금이, 4,830만 달러 이상은 10%의 지준금이 요구된다. 지준금은 14일 평균에 대해 책정된다.*

지준금에 대한 초기의 근거는 유동성의 원천이라는 데 있었다. 이는 정화(specie) 준비금이 어음을 상환하기 위해 유동성의 원천으로서 그 역할을 한다는 것에서 발현되었다. 그러나 지준금은 예금 인출을 만족시키지는 못한다. 그 이유는 예금 인출은 지준금을 줄이고 그로 인한 부족액은 보충되어야 하기 때문이다. 예를 들어 어느 은행에 100달러의 예금이 있고 이 예금의 5%가 지준율이라 하자. 이 은행은 10달러의 자본을 가지고 있고, 따라서 총자산은 110달러이다. 은행은 5달러를 현금 준비금으로 보유할 것이 요구된다. 나머지 105달러가 다른 자산에 투자되었다고 생각해보자. 이제 5달러의 예금 인출이 있다고 가정하자. 이제 예금이 95달러이기 때문에 지준금은 4.75달러가 요구된다. 이는 새로운 추가 예금을 받거나(그러나 새로운 예금에 대해 지준율이 적용되기 때문에 새로운 예금은 4.75달러 이상이 되어야 함을 주목하라)**, 또는 다른 자산을 유동화시키는 것을 필요로 한다.***

이는 지준율 제도의 역설이다. 지준금은 유동성을 확대하는 것이 아니라, 자산을 부동상태에 놓이게 하는 것이다.**** 일정 지준율 시스템의 안전성은 안전하고 믿을 만한 중앙은행에 달려 있다. 일정비율을 요구하는 지준율 제도는 이와 관련하여 큰 역할을 하지 못한다.

최근에는 지준금 제도는 통화정책의 도구로서 그 존재근거를 제시한다.***** 1931년 보고서에서, 은행 지준금에 대해 연방 위원회는 "지준금의 가장 중요한 기능은 신용을 감독하는 데 있다"고 밝히고 있다. 지준금의 증가는 예치금보다 더 적은 부분이 은행에 의해 대출될 수 있기 때문에, 원칙적으로 연준은 지준율을 변화시킴으로써 신용의 이용가능성에 영향을 미칠 수 있다.

그러나 현실적으로는 지준금 제도는 연준의 통화정책에 매우 작은 역할을 할 뿐이다. 1920년대 연방 준비 제도의 초창기에 신용정책의 주된 도구는 대출창구였고******, 1942년부터 1951년의 재무-연방 협약 때까지 연준이 정부 채권 가격을 지지하는 정책을 담당했기 때문에 지준금은 실질적으로 변화 없이 유지되었다.

현재 공식적으로 알려진 지준금의 근거는 지준금이 통화정책의 도구라는 점이다. 이러한 역할은 1950년대에 연준이 지준금을 신용뿐만 아니라 화폐의 성장을 제한시키는 메커니즘으로 바라보게 되면서 처음으로 언급되었다. 그러나 지금은 이것이 사실이 아닌 것으로 생각되고 있다. 지준금 규정 없이도 은행은 자발적으로 일정 현금 자산을 보유할 것으로 기대될 수 있다. 그 보유량은 LLR 기능이 어떻게 가격책정이 되고 관리되느냐에 달려 있고, 법적 지준금이 있을 때와 다름

* Edgeworth(1888)와 Greenbaum and Thakor(1985) 참조.
** 사실, 새로운 예치금 중 최소한 $5가 증가되어야 하고 모든 자금은 현금으로 투자되었다. 만약 더 많은 새로운 예치금이 모인다면, 예를 들어, $10인 경우에는 더 많은 금액인 $5.5가 적격한 유보금으로 투자될 필요가 있다.
*** 예를 들면, 은행은 시장거래에서 유통이 가능한 증권이나 대출금 등을 매도할 것이다.
**** 물론 유보금이 100퍼센트에 도달되면 이러한 문제들은 사라지게 되는데, 왜냐하면 은행의 모든 자산들이 적격 유보금에 투자되기 때문이다. 이러한 제한적 논의는 한때 유명했던 100퍼센트 유보금 필요성에 대한 제안을 주장했던 Henry Simons(1934,1935)의 근거이다.
***** 유보금 필요의 초기 역사에 대한 상세 논의는 Federal Reserve Staff(1938)를 참조. 더 많은 최근의 조치들을 확인하기 위해서는 Goodfriend and Hargraves(1983) 참조.
****** Friedman and Schwarts(1963)는 1936~37년 필요 유보금의 증가가 1937~38년 경제의 붕괴를 가져오게 되었다고 주장한다.

없이 예금의 증가 및 감소가 뒤따를 것이다. 더욱이, 지준금은 여러 문제점을 안고 있다. 지준금은 예금 기관이 지준금 규정을 피하기 위해 예금 대체재를 개발함에 따라(왜냐하면 규제기관에 새로운 부채에 대해 지준금 규제를 적용하기 전에 언제나 시차가 존재하기 때문이다) 허구적 혁신을 발생시켰다.*

지준금 규정과 관련하여 비판되는 점은 이것이 중앙은행과 사적 소유 은행 사이의 은행 예치금에 대한 세뇨리지 배분을 정한다는 데에 있다. 지준율이 높을수록, 연준, 궁극적으로 미 정부에 흘러 들어가는 세뇨리지가 많아진다. 낮은 지준율은 독점의 이익을 사적 은행으로 흘러가게 한다. 이는 지준금이 때때로 은행에 대한 세금으로 일컬어지는 이유가 되지만, 이는 예치금 세뇨리지에 대한 정당한 권리가 누구에게 속하는지에 따라 보조금으로 정의될 수도 있다.

어떤 이들은 연준이 지준금을 지지하는 이유로 세 가지 관료적 이익을 들기도 한다.** 첫째, 지준금은 상당한 양의 감면을 재무부에 제공한다. 따라서 연준의 예산 독립성이 지속될 수 있다. 최근에 연준의 비용과 소액 우발채무 준비금을 제한 후의 수익이 특별면허세로 재무부에 지급되었다.*** 둘째, 지준금은 이 규제를 따르는 금융기관이 연준의 영향력하에 놓이게 함으로써 연준에게 자연스러운 통제권을 부여한다.**** 마지막으로, 과거에 지준금이 연준 회원은행에게만 적용되었을 때에, 지준금은 회원이 이 시스템을 떠나는 것을 막기 위해 다양한 보조금 서비스가 제공됨으로써 연준이 그 활동을 확대시키는 것을 가능케 하였다.*****

지준금과 관련하여 기억해야 할 것은 지준금의 가장 기본적인 근거는 LLR 기능과 관련된 도덕적 해이를 가져왔고, 실직적 이슈는 정부와 사적 소유 은행 사이의 예금 세뇨리지 배분에 있다는 점이다.

(2) 할인창구: 할인창구는 연준이 LLR 책임을 실행하는 메커니즘이다. 은행은 단기 유동성 요구를 만족시키기 위하여 할인 창구를 통하여 자금을 빌리는 것이 허용된다. 1980년 미국 신금융개혁법(DIDMCA)이 통과되기 이전, 할인창구는 회원은행들만 이용 가능했다. DIDMCA는 대출창구에의 접근을 비회원 은행, 저축대부조합, 상호저축은행, 신용협동조합에게도 가능하게 하였다. DIDMCA가 연방의 현금자산 지준금 규정을 모든 기관들에게 적용하기 때문에 이는 공평한 것이었다.

예금 기관이 할인 창구를 통해서 자금을 빌리는 경우, 일반적으로 정부 증권을 담보로 사용한다. 이러한 대출은 예금 인출로 인한 지준금 감소를 보충하는 데 사용된다. 따라서 할인 창구는

* Greenbaum and Higgings(1983), Porter, Simpson, and Mauskopf(1979), Federal Reserve Staff(1979), Kanatas and Greenbaum(1982) 참조.
** Greenbaum and Thakor(1985) 참조.
*** 2006년 7월 현재, 유보금이 $450억이 요구되었다. 만약 연방준비은행이 당시 6.5퍼센트의 할인율에서 1퍼센트의 이자를 지급했다면 연간 은행들에게 지급되는 금액은 $24억 7,500만이 되었을 것이다.
**** Kane(1974) 참조.
***** Gilbert and Peterson(1974) 참조.

지준금과 밀접하게 연관되어 있다.

할인창구는 연준 설립의 주요 이유 중의 하나이다. 유동성 공급에 더불어, 긴축적인 공개시장 조작 정책이 개별 기관의 유동성을 감소시킬 수 있다는 점에서 할인 창구는 통화정책 기능을 수행한다. 아래의 상자는 할인 창구에 대해 보다 자세히 설명하고 있다.

할인 창구에 대한 상세한 설명

- **간략한 역사**: 연준은 세 가지 주요 통화정책을 사용한다. 그것은 공개시장조작, 지준금 변동, 할인창구로부터 대출에서의 변동이다. 지준금 변동은 통화 정책 도구로 일관적으로 사용된 적이 없었다. 이와 관련한 주장 중 하나는 주로 계산에 관련한 이슈임에도 불구하고 지준금이 매우 복잡하고 다루기 힘든 정책 도구라는 주장이다. 즉, 지준금이 10%에서 10.5%가 아니라 10.0001%로 변화할 수 있고, 이는 그다지 복잡한 문제가 아니다. 그럼에도 불구하고 복잡성 주장은 종종 지준금을 통화정책으로 사용하는 데에서 어려운 점으로 언급된다. 최소한 연준의 초기에는 공개시장조작 정책은 잘 사용되지 않았다. 할인 창구의 관리가 은행 지준금을 규제하는 데 주요 방법이었다.

  할인 창구의 명시된 목적 중 하나가 은행 안전성 도모이기 때문에 할인창구의 이용가능성은 자격이라기보다는 특권으로 간주되었다. 연준의 설립과 동시에, 은행이 실물 자산에 의해 보증되는 단기, 자동상환 대부금을 독려하면서 안전성과 유동성이 중요시되었다. 연준 초기에는 은행은 상업어음 할인을 통해서만 할인 창구를 통한 대출을 할 수 있었다. 위험한 투자 사업을 하는 은행의 경우는 연준에 의해 할인 창구 이용이 금지되는 경우도 있었다.

  대공황 후 은행산업 개혁은 은행이 할인 창구에 대한 접근이 보다 가능해져야 한다는 원칙의 도입을 가져왔다. 진성어음주의가 폐기되었고, 은행은 지역 준비은행에 의해 허용될 수 있는 담보를 사용하면 할인 창구를 이용하여 대출이 가능하게 되었다. 따라서 대공황 직후, 할인 창구는 통화 정책의 도구 또는 은행이 진성 어음에 특화하도록 영향을 미치는 방법이 아니라, 연준이 최종대부자로서 기능하고 은행산업 시스템의 전반적 유동성을 증진시키는 주요 방법으로 사용되었다. 최근 할인 창구는 연준의 공개 시장 조작 정책과 더불어 중요한 통화정책 수단이 되었다. 예를 들면, 연준이 통화팽창을 통해 경제 활성화를 원하는 경우, 할인 창구에서의 대출 이자율을 낮추면 된다. 이는 보통 경제의 파급효과를 가지고 와서, 다른 이자율 또한 낮추고 투자 및 소비를 위한 대출을 증가시킨다.
- **할인율**: 예금기관이 할인 창구를 통해 대출받을 때의 이자율을 할인율이라고 한다. 이 할인율은 이사회가 지역 준비은행에 따라 정하며, 연방 준비은행 이사회의 승인을 받아야 한다. 아이디어는 예금기관은 다른 모든 대체 방법이 사라진 경우에만 할인 창구를 통해 대출을 받아야 한다는 것이다. 각 지역 준비은행의 할인 담당자는 대출 요청을 받아들일 것인지 여부를 결정함에 있어서 꽤 차별을 둔다.

  할인 창구에서의 대출 비용은 예금 기관 입장에서 보면 이중 구조로 되어 있다. 하나는 할인율이고, 다른 하나는 증가된 규제적 감시에 수반하는 비용이다.
- **할인 창구를 통한 대출 형태**: 할인 여신에는 네 가지 형태가 있다. 단기 조정여신, 계절적 목적을 위한 장기 신용, 다른 목적을 위한 장기 신용, 응급 신용이다.
  - **단기 신용**: 단기 신용은 일반적으로 4주 이내의 기간 동안 가능하고, 다른 모든 자금 동원 수단이

고갈되었을 경우에만 승인된다. 따라서 차입자들은 연방자금의 순매도자가 될 수 없다. 또한, 저축기관과 같은 비은행 예금 기관의 경우는 자신의 해당 주요 규제기관(저축대부조합의 경우는 FHLBB, 신용조합의 경우는 NCUA)으로부터 신용을 받는 노력을 우선적으로 해야 한다.

- **계절적 신용**: 지방 농업 은행과 같은 일부 은행들은 계절적 신용 니즈가 예측가능하고 신용 시장에 대한 접근이 어렵기 때문에, 연준은 1973년 규제 A를 개정하여 이러한 은행들에게 계절 신용을 공급하였다. 이 신용은 예금이 규정액을 초과하지 않는 기관에 한하는데, 그 근거는 대형 기관의 경우 신용 시장에서의 신용이 가능하다는 데에 두고 있다. 신용 연장 기간은 4주에서 9개월 사이이다.
- **기타 장기 신용**: 이 신용은 오랜 유동성 문제로 고생하고 있는 기관들이 이용가능하고, 기관들에게 여신 손실 또는 기타 유동성 문제로부터 회복하기 위해 숨쉴 공간을 마련해 주고자 공급된다. DIDMCA 또한 이자율 변동으로 인한 탈중개화를 겪고 있는 저축기관들에게 이 장기 신용을 공급한다. 장기 신용 사용은 은행 및 기타 예금기관이 심각한 유동성 문제를 겪게 된 지난 두 세기 동안 급격하게 증가하였다. 예를 들면, 1984년, 장기 신용이 콘티넨털일리노이내셔널뱅크와 시카고 신탁은행의 구제를 위해 사용되었다. 그러나 FDICIA는 은행이 할인 창구를 통한 대출로 실패를 지연시켰으나 결국 나중에 실패한 경우, 연준이 FDIC의 보험기금의 일정 손실에 대해 책임이 있도록 하였다.
- **응급 신용**: 응급 신용은 개인과 기업에게 가능하다. 이 신용은 지역 연방준비은행에 의해 매우 드문 경우 적용이 되고, 연방준비은행 이사회의 회의 후에 가능하다. 이 신용은 차입자가 다른 곳에서 신용을 획득하지 못하고 이러한 실패가 경제적 악영향을 미치는 경우에만 가능하도록 표면적으로 만들어져 있다.

(3) **도덕적 권고**: 세계의 중앙은행들은 도덕적 권고 또는 강력한 설득을 통해 은행을 규제한다. 이는 단순히 은행으로 하여금 어떠한 방향으로 행동하도록 설득, 회유 또는 강압을 하는 것이다. 이러한 정책은 은행산업이 집중화되어 있는 유럽이나 일본에 비해 수천 개의 은행이 존재하는 미국에서는 잘 볼 수 없다.

결론

미국에서 은행 산업은 지난 20여 년간 규제되어 왔다. 비록 규제가 잘 고안된 규제 아젠다(agenda)의 결과에 의해서가 아니라 주로 역사적 사건을 통해 만들어져 오기는 했지만, 은행업 규제를 이끌어온 중요한 목표가 있어왔다. 이번 장에서 우리는 그러한 목표에 대하여 설명하고 은행이 따라야 하는 주요 규제에 대해 살펴보았다. 다음 장에서는 1990년대와 21세기 초반의 은행 법안들에서 중요한 이정표들에 대하여 살펴볼 것이다.

연습문제

1. 은행규제의 주요 목표들은 무엇인가? 각각에 대해 논하라.
2. 은행 규제 니즈의 특징은 무엇인가? 은행의 존재이유와 연관 지어 답하시오.
3. 주요 은행 규제 기관은 무엇인가? 또한 각각의 기능은 무엇인가?
4. 왜 지급준비금을 마련하는가? 단점은 무엇인가?
5. 할인창구의 목적은 무엇인가?
6. 왜 자본금 규제를 하는가? 좋은 자본 기준의 구성요소는 무엇인가?
7. 바젤 I 협약을 국제적으로 공조된 자본 기준이라는 점에서 평하시오.
8. 은행업에서 안전 규제의 주요 요소에 대해 논하라. 은행 안전성을 증진시키는 데 각 요소의 역할은 무엇인가? 이와 관련하여 이러한 규제가 어느 정도 보완 또는 대체하는가?
9. 미국에서 은행 지점화와 은행 지주회사의 경제학에 대해 논하시오.
10. 은행 지주회사 법안의 모호성이 미국 은행들의 행동에 미친 영향은 무엇인가?
11. 은행의 Tier-1, Tier-2로의 자본 구분에 대하여 논하시오. 이를 비금융 회사에서 자본의 정의와 대조하여 설명하시오. 당신은 왜 은행은 자본에 대해 자세한 정의를 하고 Tier-1 자본과 Tier-2 자본으로 구분한다고 생각하는가?

참고문헌

Acharya, Viral, and Tanju Yorulmazer, "Too Many to Fail: An Analysis of Time Inconsistency in Bank Closure Policies," *Journal of Financial Intermediation* 16, January 2007, 1-31.

Bacon, Kenneth H., "FDIC Bank Fund Soars to $6.8 Billion, But Bankers Claim That's Understated," *The Wall Street Journal*, August 11, 1993.

Benston, George J., and George G. Kaufman, *Risk and Solvency Regulation of Depositor Institutions: Past Policies and Current Options*, Monograph Series in Finance and Economics, New York University, 1988.

Besanko, David, and Anjan V. Thakor, "Banking Deregulation: Allocational Consequences of Relaxing Entry Barriers," *Journal of Banking and Finance* 16-5, September 1992, 909-932.

Besanko, David, and George Kanatas, "Bank Capital Regulations: Time Consistency, Hedging, and Incentive Compatibility," unpublished manuscript, 1991.

Bhattacharya, Sudipto, Arnoud Boot and Anjan V. Thakor, "The Economics of Bank Regulation," *Journal of Money*, Credit and Banking 30-4,November 1998, 745-770.

Boot, Arnoud W.A., and Stuart I. Greenbaum, "American Banking Legislation, Recent," in *The New Palgrave Dictionary of Money & Finance*, editors, Peter Newman, Murray Milgate, and John Eatwell, The Macmillan Press Ltd., New York, 1992, 35-37.

Boot, Arnoud W.A., Stuart I. Greenbaum, and Anjan V. Thakor, "Reputation and Discretion in Financial Contracting," *American Economic Review* 83-5, December 1993, 1165-1183.

Buser, Stephen, Andrew Chen, and Edward Kane, "Federal Deposit Insurance Regulatory Policy and Optimal Bank Capital," *Journal of Finance* 36, 1981, 51-60.

Coheo, Steve, "Fed Adopts Discount Window Rules Meant to Limit Sick Banks' Credit," *American Banker*, December 16, 1993b.

Cummins, Claudia, "Nader Study Accuses 49 Lenders of Redlining," *American Banker*, August 13, 1993a.

Duca, John V., and Stuart S. Rosenthal, "Borrowing Constrains, Household Debt and Racial Discrimination in Loan Markets," *Journal of Financial Intermediation* 3-1, October 1993, 77-103.

The Economist, May 8-14, 1993.

Edgeworth, Francis Y., "The Mathematical Theory of Banking," *Journal of the Royal Statistical Society* 51, 1888, 113-127

Federal Reserve StaV, "RedeWning Monetary Aggregates," *Federal Reserve Bulletin* 65, 1979, 13-42.

Federal Reserve StaV, "The History of Reserve Requirements for Banks in the United States," *Federal Reserve Bulletin* 24, 1938, 953-972.

Fisher, Gerald C., *The Modern Bank Holding Company: Development Regulation, and Performance*, Temple University, Philadelphia, PA, 1986.

Flannery, Mark J., "Removing Deposit Rate Ceilings: How Will Bank ProWts Fare?" *Economic Review*, Federal Reserve Bank of Philadelphia, March/April 1983, 13-24.

Friedman, Milton, and Anna J. Schwartz, *A Monetary History of the United States: 1867-1960*, National Bureau of *Economic Research*, 1963.

Gasbarro, Dominic, I Gde Made Sadguna, and Kenton J. Zumwalt, "The Changing Relationship Between CAMEL Ratings and Bank Soundness During the Indonesian Banking Crisis," *Review of Quantitative Finance and Accounting* 19, 2002, 247-260.

Gennotte, Gerard, and David Pyle, "Capital Controls and Bank Risk," *Journal of Banking and Finance* 15, 1991.

Gilbert, Gary G., and Manfred O. Peterson, "Uniform Reserve Requirements on Demand Deposits: Some Policy Issues," *Journal of Bank Research* 5, Spring 1974, 38-44.

Golembe, Carter, "The Deposit Insurance Legislation of 1933: An Examination of Its Antecedents and Purposes," *Political Science Quarterly* 75, 1960, 181-200.

Goodfriend, Marvin, and Monica Hargreaves, "A Historical Assessment of the Rationales and Functions of Reserve

Requirements," *Economic Review* 2, Federal Reserve Bank of Richmond, March/April 1983.

Greenbaum, Stuart I., and Anjan V. Thakor, *Legal Reserve Requirements in Banking: A Review and Assessment*, monograph, Bank Administration Institute, 1985.

Greenbaum, Stuart I., and Bryon Higgins, "Financial Innovation," in *Financial Services: The Changing Institutions and Government Policy*, G.J. Benston, editor, The American Assembly, Columbia University, Englewood CliVs, NJ: Prentice Hall, Inc., 1983, 213-214.

Greider, William, *Secrets of the Temple: How the Federal Reserve Runs the Country*, Simon and Schuster, New York, 1987.

Huber, Stephen K., *Bank OYcer's Handbook of Government Regulation*, Boston: Warren, Gorham & Lamont, Inc., 1989.

Kahane, Yehuda, "Capital Adequacy and the Regulation of Financial Intermediaries," *Journal of Banking and Finance* 1, June 1977, 207-218.

Kanatas, George, and Stuart I. Greenbaum, "Bank Reserve Requirements and Monetary Aggregates," *Journal of Banking and Finance* 6, December 1982, 507-520.

Kane, Edward, "All for the Best: The Federal Reserve Board's 60th Annual Report," *American Economic Review* 64, December 1974, 842-850.

Koehn, M., and Anthony M. Santomero, "Regulation of Bank Capital and Portfolio Risk," *Journal of Finance* 35, 1980, 1235-1250.

Lash, Nicholas A., *Banking Laws and Regulations: An Economic Prospective*, Prentice-Hall, Inc., Englewood CliVs, NJ, 1987.

Merton, Robert C., "InXuence of Mathematical Models in Finance on Practice: Past, Present and Future," WP #94-045, Division of Research, Harvard Business School, January 1994.

Mester, Loretta J., "Banking and Commerce: A Dangerous Liaison?" *Federal Reserve Bank of Philadelphia Business Review*, May/June 1992, 17-29.

Munnel, Alicia H., Lynn E. Browne, James McEneaney, and GeoVerey M.B. Tootell, "Mortgage Lending in Boston: Interpreting HDMA Data," working paper 92-7, Federal Reserve Bank of Boston, October 1992.

Porter, Richard D., Thomas D. Simpson, and Eileen Mauskopf, "Financial Innovation and Monetary Aggregates," *Brookings Papers on Economic Activity*, 1979, 213-229.

Repullo, Rafael, "Capital Requirements, Market Power, and Risk-Taking in Banking," *Journal of Financial Intermediation* 13, 2004, 156-182.

Reuters, "All of World's Big Banks Said to Meet Risk-Based Rules," *American Banker*, April 26, 1993.

Robins, Philip K., "The EVect of State Usury Ceilings on Single Family Homebuilding," *Journal of Finance, March* 1974, 227-231.

Rose, Harold, "Bank Risk and the Level Playing-Field," Working Paper 166, London Business School Institute of Finance and Accounting, 1993.

Simons, Henry C., "Rules Versus Authorities in Monetary Policy," *Journal of Political Economy*, February 1935, 1-30.

———, *A Positive Program for Laissez Faire*, Public Policy Pamphlet No. 15, University of Chicago, 1934.

Thakor, Anjan V., and Jess Beltz, "A Barter Theory of Bank Regulation and Credit Allocation," forthcoming, *Journal of Money, Credit and Banking*, 1994.

Von Thadden, Ernst-Ludwig, "Bank Capital Adequacy Regulation Under the New Basel Accord," *Journal of Financial Intermediation* 13, 2004.

제12장 은행업 법안 및 규제개혁의 이정표

> 사람들이 스스로 잘하고 있다면, 정부는 개입할 필요가 없다.
>
> 에이브러햄 링컨

용어 정리

BHCA: 은행 지주 회사법
황금낙하산(Golden Parachute): 고용이 끝나는 경우 임원에게 지급되는 막대한 양의 퇴직금
사베인-옥슬리법: 기업들에게 보다 강력한 기업 지배구조 지침을 강제하는 법안
TBTF: Too big to fail(대마불사)
GAO: 회계감사원
내로우 은행(Narrow bank): 모든 은행 업무를 취급하는 은행이 아닌 제한된 은행업을 하는 은행. 원래 내로우 은행 제안은 예금을 현금과 정부채에만 투자할 것을 요구하였다.
LLR: 최종대부자
유니버설 은행(Universal Bank): 상업은행, 투자은행, 보험 회사 등과 연관된 서비스를 제공하는 금융 중개기관

서론

이번 장에서는 은행업 법안 제정에서의 이정표들에 대해서 논하고 은행 규제 개혁안에 대해 살펴보기로 한다. 이번 장은 규제의 목표에 대해 살펴본 11장의 연속이다. 여기서 우리는 어떠한 일

들이 발생되었고, 앞으로 어떠한 일들이 생겨날 것인지에 대해 검토할 것이다. 첫째, 우리는 은행업에서의 이정표가 되는 법안들을 살펴본다. 그 후 은행 규제에서의 주요 문제점을 살펴보고, 이러한 문제점에 대한 원인 및 가능한 대응책에 대해서 검토할 것이다. 그러고 나서 1991년의 연방예금보험공사진흥법(FDICIA)과 2004년의 바젤 II 협약에 대해 살펴본다. 규제는 은행에 대한 효과적인 자본 요구를 하는 방향으로 흘러가고 있다. 그러나 통화정책이 어떻게 작동하는가에 대한 전통적 견해는 현금 자산 지준금 요건이 구속적이라고 가정한다. 이러한 이슈에 대해서는 결론을 맺기 전에 언급할 것이다.

은행업 입법의 이정표

은행업에서의 입법은 미국 역사의 초기부터 정부와 사적 소유 금융기관 사이의 관계를 만들어 왔다. 첫 번째 은행은 주정부에 의해서 인가되었고, 연방 정부는 주 간 통상의 감독과 화폐 공급을 담당했었다.

경제 활동 안정화에 대한 정부의 책임이 점점 커지면서, 은행에 대한 정부관여도 증가하게 되었다. 은행과 관련된 실패 및 금융 패닉은 경제 후퇴를 가져 왔고, 많은 이들은 은행이 금융 패닉과 비즈니스 사이클을 창출시키는 중요한 원인이라고 믿었다. 미국 은행업 규제의 중요한 여섯 시기가 〈그림 12.1〉에 요약되어 있다.

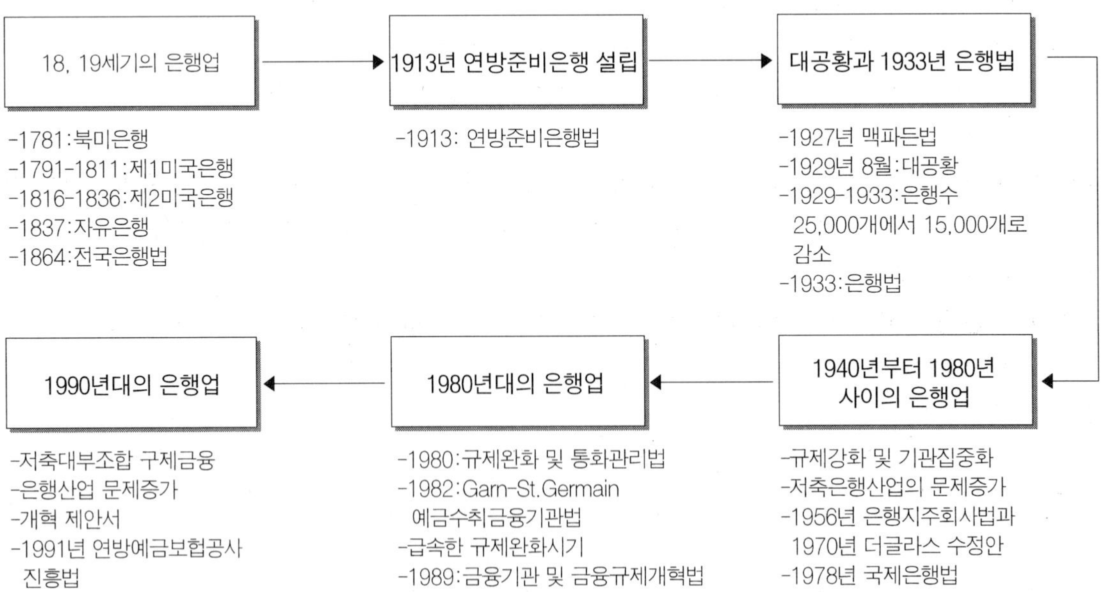

〈그림 12.1〉 미국 은행업 규제의 주요 시대

초기의 은행 규제

18, 19세기의 은행업: 1781년 북미은행(Bank of North America)이 재무대리인을 필요로 하는 초보 정부에 의해 설립되었다. 식민지들이 독립하자마자, 대륙 회의는 북미은행에 영구적 인가를 해주었다. 이후, 다른 은행들이 나타났다. 그러나 대출 정책과 지폐 발행 능력에 대한 비판은 북미은행에 주어졌던 영구인가를 철회하게 하였다.

미국의 제1 및 제2은행: 당시 재무부 장관이던 알렉산더 해밀튼의 강력한 지지에 힘입어, 미국의 제1은행은 1791년, 20년간의 인가를 얻었다. 이 은행은 어음을 발행하고, 예금을 예치하며, 여덟 개의 지점을 통해 정부 자금을 이전시켰으며, 공적 지출을 하고, 민간 분야뿐만 아니라 정부에게도 신용을 주었다는 점에서 초기 중앙은행이라 할 수 있다. 그러나 제1은행은 은행 자금에 대한 예치 역할이나 정산소 역할, 은행 지준금 설정자 역할을 하지는 않았다. 최종대부자(LLR)로서의 역할도 하지 않았다. 은행은 반남부(anti-South), 농업지역 이익에 대한 무관심, 영국 소유지분의 증가로 인해 비난을 받았다. 그리고 의회가 재승인을 해주지 않고, 이 은행은 1811년 폐지되게 된다.

1816년, 의회는 제2은행의 인가를 승인하였다. 이 은행은 원래 정부의 재정 대리인이었으나, 점차 초기 형태의 중앙은행으로 발전하였다. 예를 들면, 미심쩍은 기관의 은행어음을 상환하였다. 그러나 이 은행은 농업지역(차입자)의 이익을 희생하여 도시지역(대출자)의 이익을 추구하는 규율 기관으로 생각되었다. 농업지역 및 서부개척지역의 이익을 대표하는 앤드루 잭슨이 대통령에 당선되었을 때, 제2은행을 재인가하려는 노력은 억압되었다. 이 은행은 1836년 인가가 폐지되었다.

1837년부터 1864년은 자유 은행 시대로 알려져 있다. 이 시기에는 연방정부의 은행업에의 간섭이 매우 적었다. 각 주들은 무제한의 자유를 가지게 되었다. 들고양이 은행의 다양한 이야기들이 다양한 가치를 지닌 은행 어음과 함께 떠돌았다. 이러한 은행들은 어음 상환 노력을 좌절시키기 위하여 먼 지역에 개점하고는 했다.

1864년의 전국은행법: 1864년의 전국은행법은 연방정부의 수익을 은행에 표시하였다. 주 은행어음에 대한 5% 세금부과 및 전국은행에 대한 면허부여와 함께 자유은행 시대는 막을 내렸다. 전국은행법은 재무부 통화감독청(OCC)을 설립하여 전국은행들을 인가, 감독하고 전국통화를 규제하고자 하였다. 주 은행어음에 대한 세금과 함께, 대형은행들인 전국은행 인가를 얻었다.

전국은행법은 은행 개혁보다는 남북전쟁 재정마련과 더 관련이 있다고 할 것이다. 전국은행들은 유동성 요건을 만족시키기 위해 정부채를 보유할 것이 요구되었다. 그러나 지나친 권력집중화를 피하는 길을 모색했던, 은행에 대한 포퓰리스트의 불신은 은행 산업의 분열된 조직을 가져왔다.

남북전쟁 이후 기간은 변덕스러운 어음 및 예금 소유주들에 의해 은행유동성이 검토됨에 따라

간헐적인 금융 규제의 시기로 특징지어진다. 피할 수 없이, 몇몇 은행은 부실한 것이 드러났고, 이에 따라 때로는 공황이 뒤따르기도 하였다. 은행이 다른 은행에 대한 예치금의 형태로 지준금을 보유하는 것을 허락하여 생긴 준비금에 따라 체계적 위험이 발생하였다. 준비금의 이러한 확장과 이에 수반하는 공황의 빈번한 발생은 결국 1913년 연방준비제도를 탄생시켰다. 또한, 연준 전의 통화 시스템은 서로 완전한 대체재가 되지 못한 채 유통되는 수천 개의 개별은행들의 은행권으로 인해 매우 비효율적인 상황이었다. 이 시기는 사적 예금의 시대였을 뿐만 아니라 사적으로 통화를 공급하던 시기였다. 은행뿐 아니라 여러 교환 매개물이 존재하였다.

연방준비은행법: 특히 심각했던 1907년의 금융공황 이후, 의회는 국가통화위원회를 설립하여 은행 제도를 개혁하고자 하였다. 그들은 1913년 연방준비은행법을 제정하여 연방준비제도를 탄생시켰다.

미국은 중앙은행을 설립한 주요 서방국가들 중 가장 마지막 나라였다. 분권화된 형태의 특징을 지니면서, 연준은 강력한 준정부 은행 기관 설립과 관련한 역사적 반감을 반영하였다. 미국의 뿌리 깊은 포퓰리즘은 은행 산업에서 중앙집권화된 헤게모니에 대해 혐오스러워했다. 이 제도의 특별성은 이것이 그 복잡한 구조에도 불구하고 신뢰할 만하게 기능해올 수 있었다는 것이다. 형식적으로 사적으로 소유되기는 하였으나, 이것은 정부 기관이었다. 형식적으로 12개의 개별적인 지역준비은행으로 분권화되어 있었지만, 실질적으로 모든 중요한 결정은 워싱턴 DC에 위치한 대통령이 지정한 연방준비제도이사회가 정하였다.

원래 연준은 발권할 수 있는 권한과 LLR로서의 권한을 가지고 있었고 정산소로서의 역할을 수행하였다. 그러나 시간이 지남에 따라, 연준은 통화정책과 은행 규제와 관련한 더 많은 책임을 안게 되었다. 은행 규제와 관련하여 중요한 것은 아마도 은행 지주 회사 활동을 감독하는 책무일 것이다.

1920년대~1980년대의 법제화

1927년 맥파든(McFadden)법: 맥파든법은 전국은행의 지역적 확장에 대한 문제를 제기했다. 각 주들은 주의 인가를 받은 은행들이 그들의 시설 또는 지점을 기반을 둘 수 있는 곳을 지정할 수 있는 권한을 지니고 있었다. 따라서 일리노이와 같은 주는 은행이 단 한 개의 사무실(따라서 단일은행이라는 용어를 사용함)만 설립할 수 있게 하였다. 캘리포니아를 비롯한 다른 주들은 은행의 지점 설립에 제한을 두지 않았다. 따라서 캘리포니아의 은행은 주 안의 어디에나 사무실을 낼 수 있었다. 뉴욕 주의 경우는 제한된 지역에의 지점 설립을 허용하였다. 이와 비슷하게, 일부 주에서는 은행 지주 회사를 엄격하게 금지한 반면, 일부 주에서는 이를 허용하였다.

전국 은행의 권한에 대한 의문이 제기되었다. 맥파든법 이전, 일부 은행은 경쟁관계에 있는 전국은행보다 폭넓은 지점 권한을 지니고 있었다. 맥파든법은 전국은행들에게 그들의 주소지에 해당하는 주의 주 은행들의 권한과 똑같은 권한을 부여하였다. 따라서 캘리포니아에 위치한 전국은행은 캘리포니아 주의 인가를 받은 은행과 같은 지점화 권한을 가지게 되었고, 일리노이 주에 위치한 전국은행은 일리노이 주의 인가를 받은 은행과 마찬가지로 제한적 지점화가 적용되었다.

이러한 권한이양의 원칙은 이중 은행 시스템과 뱅킹산업의 세분화를 유지하였다.* 이것이 주은행과 전국은행이 동등한 입장에 놓이게 하였던 반면, 또한 전국은행이 전국적 규모로 확대되는 것은 금하였고, 따라서 은행이 자금 원천과 신용 위험을 다양화하고 규모의 경제를 향유하는 것에 제한을 가하였다. 이러한 분권화 문제는 1980년대에 다시 한 번 집중적으로 조명되었다. 텍사스의 주요은행들이 1990년대에 곤란과 실패를 겪은 주요 원인은 해당 은행들이 에너지 관련 사업에 집중적으로 노출되어 있었다는 데서 찾을 수 있다. 텍사스 주뿐만이 아니었다. 에너지 산업의 어려움은 오클라호마, 루이지애나 및 콜로라도 주의 주요 은행들도 붕괴시켰다. 뉴잉글랜드 은행들의 뒤따른 어려움 역시 지역 경제후퇴와 연관되었다. 최근에는 국방비 절감과 기타 지역 문제들이 캘리포니아 은행들을 어렵게 하고 있다.

맥파든 법과 주간 은행 확장에 대한 소송은 충분한 자본금을 보유한 은행이 주 경계를 넘어 확장하는 것을 허용한 그램-리치-블라일리법에 의해 사라졌다. 은행 수의 감소와 상위 10대 은행의 시장 지분의 증가에도 불구하고 미국에는 전국적으로 분포한 은행의 수가 여전히 많지 않다.

1933년 글래스-스티걸(Glass-Steagall) 법: 1919년부터 1929년 사이, 6,000여 개의 은행들이 영업 정지되거나 청산되었고, 4,000여 개 은행은 다른 은행에 합병되었다. 1929년부터 1933년 사이, 10,000개 은행이 실패하여 은행의 수는 25,000개에서 15,000개로 감소하였다. 미국의 가장 심각했던 경제적 후퇴 속에서(1932년 GNP는 50% 급감하였고, 통화 공급은 33% 감소, 실업률은 25% 증가하였다), 실패한 은행은 불만의 초점이었다. 평범한 사람들을 혁명가로 변화시키는 데에는 잘 관리되지 못한 은행에 보유했던 그들의 유동자산의 손실보다 더 강력하게 작용하는 힘은 없다(입수 가능한 무위험자산은 화폐밖에 없었음을 상기하라. 뮤추얼펀드는 한참 후에나 등장했고 정부 증권은 높은 액면가만 입수 가능했다).

이러한 상황은 새로 선출된 프랭클린 루스벨트 대통령이 은행개혁을 천명하는 환경이 되었다. 위기로 인하여 1933년 3월 공휴일로 지정하여 모든 은행이 문을 닫았다. 그러고 나서 의회는 궁극적으로 은행산업을 이전의 미국 역사상의 어느 법안보다도 기초를 튼튼히 변경하는 법안 작성에 착수하였다.

1933년 법안은 루스벨트 대통령의 불안감에도 불구하고 연방예금보험을 도입하였다. 이 개혁은 무위험 자산에 대한 대중의 요구를 불러일으켰고, 은행예금에서 화폐로의 이동을 막을 수 있었다. 이 법안은 은행에 새로운 보조금을 지급하면서, 이자율에 상한을 두었다. 뒤를 잇는 1935년의 은행법과 더불어 글래스-스티걸법은 은행의 증권관련 사업을 금지하였고 이전보다 더 강력

* 이후 입법에서는 저축은행의 지점설치에 대한 주의 제한을 무시하였다. 미국의 초기 은행 역사에 대한 상세 설명은 Hammond(1957) 참조.

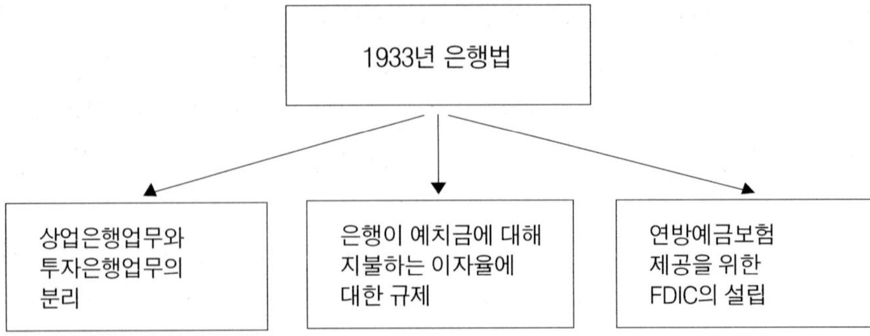

〈그림 12.2〉 1933년 은행법의 중요 사항

한 규제를 두었다.* 1933년 법안의 가장 중요한 조항들은 〈그림 12.2〉에 정리되어 있다.

이 법안은 정부의 민간 분야에 대한 간섭 가운데 가장 성공적인 것으로 평가받았다. 루스벨트 대통령의 예금 보험에 대한 불안감은 실현되기까지 50여 년의 시일이 지났다. 1970년대와 1980년대의 인플레이션 시기까지, 예금 보험에 대한 프리미엄은 연간 예금 기준으로 1%의 1/10보다 적었다. 예금 보험은 꾸준히 성장했고, 은행 실패는 많지 않게 되었다. 글래스-스티걸법, 더 구체적으로는 이 법안이 설립한 예금 보험이 뉴딜정책의 가장 높이 평가받는 사업 중 하나이다. 10장과 11장에서 언급한 것처럼, 예금 보험에 관한 중요한 점은 그것이 마침내 풀렸다는 데에 있다기보다는 오래 지속되었다는 데에 있다. 루스벨트 대통령은 예금 보험 제도에 내재하는 도덕적 해이를 예견하였다. 그가 이해할 것으로 기대되지 않은 것은 이러한 내부적 모순이 40여 년간 억제될 수 있었다는 점이다.

글래스-스티걸 법이 제정된 2년 후인 1935년 은행법이 제정되었다. 이 법안은 연방준비국(Federal Reserve Board)을 연방준비제도이사회(Board of Governors of the Federal Reserve System)라고 이름을 변경하였다. 또한 지역연준은행의 할인율과 현금자산 지준금을 규제하는 권한을 가졌고 증권 대출과 관련하여 증거금율을 적용하였다. 공개시장정책을 조정하는 위원회는 연방공개시장위원회(FOMC)라 개명되었다.

1940년부터 1980년 사이의 은행업: 미국 은행 시스템은 제2차 세계대전 이후 충분한 국채와 현금 준비금을 보유하고 시작되었다. 은행들은 자본금이 충분하였으며 신용 위험은 크지 않았다. 미국 역사상 가장 큰 전시체제 동안 은행의 대출 포트폴리오는 사실상 거의 증가하지 않았다. 증가의 대부분은 정부 부채를 축적하는 이차적 역할을 수행하는 은행들을 통해 직접적으로 정부의 자금이 들어간 것이었다(은행 산업은 대공황의 충격 속에서 여전히 생겨나고 있는 중이었음을 상기하라).

* Benston(1990) 참조.

널리 예상되었던 전후 경제적 두려움이 실현되지 않았을 때 이 모든 것들은 변화하였다. 돌아온 참전 용사들의 억눌려왔던 수요가 증가되면서 번영이 지속되게 되었고 은행가들은 이에 참여할 방법을 강구하였다. 마치 방공호와 같았던 그들의 가치관을 재검토하게 되었고 주로 신용 및 유동성 위험인 보다 높은 위험을 신중하게 처리하는 방법이 개발되었다.

따라서 제2차 세계대전 이후 74% 이상의 자산을 정부 증권으로 가지고 생겨난 은행들은 전후 기간에는 정부채를 기업 대출금으로 바꾸었다. 재무상태표는 증가하였고 자본 비율은 감소하였으며 현금자산 지준율도 감소하였다. 이러한 환경 속에서 은행들은 지점 제도를 확장시켰고 은행 지주회사 권한을 보다 적극적으로 추구하기 시작하였다.

1956년 은행지주회사법(BHCA)과 1970년 더글라스 수정안: 비록 1933년부터 1948년 사이 그룹(지주회사)은행업이 별로 성장하지는 못했지만 1948년부터 1956년 사이에는 그 활동이 상당히 증가하였다.* BHC(은행지주회사)의 사용의 지역적, 기능적 확대에 관련한 염려는 1956년 BHC 법안과 1970년의 더글라스 수정안을 촉발시켰다. 이 법안이 생기기 이전에는 연방정부가 은행들의 모회사인 BHC를 규제할 권한을 갖고 있지 못했다. 따라서 이는 이슈화되어야 할 허술한 영역으로 간주되었다. BHCA는 BHC를 25% 이상의 의결권 있는 주식을 보유하고 두 개 이상의 결합은행의 이사회를 조종할 수 있는 집단으로 정의한다. 1956년 법안은 BHC로 하여금 다음과 같은 것들을 요구하였다. ① 은행업 또는 퍼니싱 서비스 이외의 사업에 대한 소유권을 자회사에 분산시킬 것, ② 연방준비제도이사회에 등록할 것, ③ 은행 합병을 위해서는 이사회의 승인을 얻을 것.

연준의 주요 책임은 BHC의 규제에 대한 것이기는 했지만, 초점은 지주 회사의 합병과 다은행 지주회사의 은행 합병의 규제에 있었다. 따라서 1956년 법안은 단은행 지주회사의 비은행 합병에 대한 문제는 중시되지 않았다. 이는 1956년까지는 비은행 합병은 이슈가 아니었기 때문이다. 그러나 은행업 제한에 대한 끊임없는 검토는 후자의 이슈를 전면에 나오게 하였다. 1970년 더글라스 수정안은 모든 BHC 합병이 연준의 승인을 받을 것을 요구하였다. 연준은 가능한 활동과 그렇지 않은 활동에 대한 긴 목록을 만들었으나 이러한 목록은 단지 추정적인 것이었고, 각 합병은 연준의 명확한 승인을 필요로 하였다. 더글라스 수정안이 연준에 부여한 책임은 모호했다. "비은행 합병이 적정한 것이기 위해서는 은행업과 밀접한 관련이 있어야" 하고 연준은 BHC 합병 신청을 결정하는 데 무제한의 재량권을 지닌다.

BHC 규제의 중요성은, 현존하는 것이나 미래의 것이나, 개혁안에 대한 논쟁에 있어서 명확하다. 첫째, 현존하는 법안은 연준에 무제한의 권한을 명백하게 부여하였다. 둘째, 은행 권력을 확장시키기 위한 사실상 모든 제안서는 지주회사에 의존하고 또한 은행과 보험된 예금을 보호하기

* Fisher(1986) 참조. BHCs(은행지주사)로 하여금 더 엄격한 규제를 받도록 고안된 법률이 1933년과 1955년 사이에 의회의 매 회기마다 제안되었기 때문에 은행들은 은행의 마진이 더 제한받을 것을 염려하였다. 이 계류 중인 법률안에 대한 공포는 복수단위구조 은행의 발달을 촉발시켰다.

위한 의문시되는 방화벽에 의존한다. 거의 확실하게 은행 법안이 완화됨에 따라 BHC의 역할이 늘어날 것이고 연준은 규제활동의 중심이 될 것이다.

1978년 국제은행법: 1978년 국제은행법은 미국은행과 미국 내에서 경쟁하는 외국은행들 간의 공평한 경쟁의 장을 제공하기 위하여 제안되었다. 외국은행 지점들은 맥파든법의 목적에 맞추어 주소지로 한 주를 선택하도록 되어 있었다. 또한 그들의 미국 경쟁 은행들과 마찬가지의 자본 및 유동성 요건을 충족시킬 것이 요구되었다.

동등함을 정의하는 이러한 복잡한 시행과 관련하여 은행의 지속적인 자본 요건이 첫 번째로 명확하게 되었다.* 이는 1930년대 법안의 성공의 또 다른 방증이다. 1978년 법안의 5.5% 자본 요건은 미국 은행과 외국 은행이 미국 시장에서 경쟁하는 데 동등성을 정의하기 위해 나중에 고안된 것이다.

저축은행 산업의 문제: 1970년대에는 높고 변동적인 인플레이션율로 인하여 이자율 역시 증가하고 이자율 변동성도 증가하였다. 또한 정보 산업이 매우 발달하였다. 이 두 영역에서의 발전은 은행과 저축은행에 큰 영향을 미쳤다. 이자율 상승은 건전하지 못한 재무상태표를 가지고 있던 금융 기관에게 많은 손실을 가지고 왔다. 법적으로 장기, 고정 모기지에 묶여 있던 저축대부조합은 고정 금리를 변동 금리로 점차 바꾸고 있던 은행들에 비해 더 큰 손실을 입게 되었다. 정보산업의 발달은 진입장벽을 낮추었고 뮤추얼펀드, 금융 회사, 자본 시장과 같은 금융 서비스업에 다양한 비은행 기관들의 진입과 경쟁을 허용하였다. 1980년에 이르러 저축기관들은 파산의 위기에 직면하였고 은행 실패는 규모에서나 빈도에서나 증가하게 되었다.

1980년대와 1990년대의 법제화

1980년의 예금금융기관의 규제완화 및 통화관리법(DIDMCA): DIDMCA는 두 가지 주요 쟁점을 제기했다. 하나는 예금 이자율 상한제로 인해 악화된 예치금의 인출이고, 또 다른 하나는 더 많은 은행이 현금 자산 지준금 요건을 맞추기 위한 비용을 피하고자 함에 따른 연준 회원 속성에 대한 논쟁이었다.

글래스-스티걸 법에 의해 도입된 이자율 상한제는 은행에게 긍정적 영향과 부정적 영향을 모두 끼쳤다. 정부채, MMF와 같은 예금 대체상품의 시장 이자율이 상한이자율보다 약간 높은 경우에는, 은행은 예금자 관성 또는 편리성 때문에 혜택을 입었다. 그러나 그 차이가 벌어질수록 예금주

* 이전에는 은행들이 성립할 때부터 최소한의 자본요건을 충족시켜야 했지만, 그 이후로 지급불능 사태가 없었기 때문에 자본에 대한 언급은 거의 없었다.

들은 가차 없어지고 자금이 은행 밖으로 빠져나간다. 이자율이 안정적일 때 은행에게 긍정적 역할을 하던 예금 이자율 상한이 이자율이 변동적일 때는 골치 아픈 존재가 되는 것이다.

이 문제는 예금이자율 상한을 시장 이자율과 연동시킴으로써 다루어질 수도 있었겠지만, 그렇게 되지는 않았다. 규제기관은 제한적이지 않은 재량권을 선호했지만, 상한을 적기에 조정하고자 하는 그들의 노력은 빠르게 움직이는 자본시장을 따라갈 수 없었다.

DIDMCA는 이 문제를 요구불 예금을 제외한 모든 예금 이자율 상한제의 점진적 철폐를 통해 처리하였다.* 은행들은 예금 시장에서 자유롭게 경쟁할 수 있게 되었다. 요구불 예금에 대한 이자율 규제도 NOW 계정을 통해서 우회할 수 있었다. 명백하게 이해되지 않은 것은 초기 예금 대체상품이 은행의 고위험 전략의도를 꺾는 데 얼마나 중요한 역할을 했는가 하는 점이다. DIDMCA는 예금보험 한도를 계좌당 4만 달러에서 10만 달러로 올렸다. 이는 예금주들이 은행을 감독하고자 하는 동기를 감소시켰고 나아가 은행에 위험 부담을 독려하는 결과를 가져왔다.

DIDMCA의 두 번째 쟁점은 모든 보험 가입된 은행들이 연준의 현금 자산 지준금 요건을 따르도록 하는 것이다. 이는 연준의 회원 속성과 관련한 문제를 다룬다. 연준의 현금 자산 준비금 요건을 따르는 데 드는 기회비용은 시장 이자율이 높아짐에 따라 증가하였고 1970년대 연준 회원의 감소는 일련의 증후군이었다. 흥미롭게도, 1980년대 이래로 연준은 요구불 예금 지준금 요건

DIDMCA의 주요 사항

- 모든 예금 기관들은 이자부 보통예금 계좌를 발행하는 것이 허락되었고 연준에 의해 규정된 현금자산 준비금 보유 요건을 충족시킬 것이 요구되었다.
- 저축은행은 그들 자산의 20%까지 소비자 대출, 상업 어음, 기업 부채 상품으로 보유하는 것이 허락되었다.
- 연방 저축은행은 신용카드 서비스의 제공과 신탁 업무가 허락되었다.
- 저축은행에 대한 예금의 5% 자본금 규제는 연방주택대출은행이사회에 의해 정해진 3~6% 사이로 변경되었다.
- 예금 이자율 상한은 6년에 걸쳐 폐지되었다. 이자율 규제완화는 재무부 장관이 위원장을 맡은 예금규제완화위원회(DIDC)와 연준, 연방예금보험공사(FDIC), 연방주택대출이사회 및 전국 신용협동조합 감독청의 책임자들에 의해 진행되었다.
- 예금 보험 한도는 계좌당 10만 달러로 상향되었다.
- 연방 저축은행에 대한 주 내 어느 지역에나 지점 설립이 허용되었다.
- 초기 저축은행 대출에 대한 지역적 규제였던, 반경 50마일 이내에만 대출 가능하다는 조항이 철폐되었다.
- 연방 저축은행의 합병, 개발 및 건설(ADC) 대출에 대한 권한이 확대되었다.

* DIDMCA의 촉매 중 하나는 당좌예금식 계좌, ATM 그리고 신용조합 당좌예금 계좌 등의 불법성을 다루는 것과 관련한 대법원의 판결이었다.

을 기존 최고 16% 이상에서 10%로 하향조정하였다. 따라서 규제적 헤게모니가 납세자의 세뇨리지의 은행으로의 이전에 의해 수반되었다. DIDMCA의 주요 조항에 대한 요약이 박스 안에 제시되어 있다.

1982년 Garn-St. Germain **예금수취금융기관법**: 예금수취금융기관법은 직접적으로 저축은행에 관련한 법으로 저축은행의 권한을 증가시킴으로써 이익 잠재력의 증진을 추구하였다. 이는 1980-81년 이자율 폭등으로 인하여 저축은행산업이 막대한 손실을 입자 제기되었다.

프라임 이자율은 21%를 넘어섰다. 저축은행산업은 대출 포트폴리오와 고정 금리 모기지를 높은 비용의 부채로 자금을 대도록 강제되었다. 18개월 이상 지속된 손실은 이 산업 자본의 상당 부분을 잠식하였다.* 손실의 많은 부분은 저축은행이 법적으로 고정 금리 모기지에 묶여 있었던 데에 기인하였다. 정상화를 되찾기 위해 저축은행이 변동 금리 이자율을 비롯, 더 자유로운 자산 운영 권한을 부여받아야 한다는 주장이 제기되었다.

예금수취금융기관법은 이 산업이 추구하였던 확대된 자산 권한을 부여하였다. 이 법안은 증가된 신용 위험을 허용하였고, 손실에 의해 비탄에 빠져 있던 저축은행기관들로 하여금 더 고위험 전략을 추구하게 만들었다. 이 법안의 주요 사항은 아래 박스 안에 제시되어 있다.

예금수취금융기관법의 주요 사항

- 연방 저축은행의 자산 역량은 아래와 같은 허용에 의해 증진되었다.
  자산의 40%까지 상업 모기지 대출을 허용
  자산의 30%까지 소비자 대출을 허용
  자산의 10%까지 상업 대출을 허용
  자산의 10%까지 상업 리스를 허용
- 주택담보인정비율(LTV 비율)에 대한 기존 법적 제한을 철폐하여 저축은행이 프로젝트의 감정가에 비해 더 많이 대출을 해줄 수 있도록 허용함
- 연방예금보험공사(FDIC)와 연방대부조합보험공사(FSLIC)에게 자본의 실질적 투입 없이 규제적 목적을 위해 기관의 자본을 증가시킬 수 있는 순자산 증서의 발행을 허가함

1989년 **금융기관 및 금융규제 개혁법(FIRREA)**: FIRREA는 예금수취금융기관법(Garn-St. Germain)의 속편 같은 법안이다. 이 법은 파산하거나 파산에 임박한 저축은행기관들을 없애는 기구와 절차를 도입하였다. 저축은행들의 규제 기관인 연방주택대출은행 이사회(FHLBB)는 그 권한을 박탈당했다. 새로운 저축은행 규제기관이 설립되었는데, 그것은 OTS(저축은행감독청)로

* 손실액은 $1,500억[Balderstone(1985)]와 $1,650억[Kane(1990a)] 사이로 추정된다. Kane and Yu(1993) 참조. 손실액 규모를 이해하기 위해서는 저축은행이 자본 5퍼센트 미만으로 1조 달러 규모의 사업이었다는 점을 상기하라.

재무성 안에 존재하게 되었다. 저축은행 보험업자인 FSLIC(연방대부조합보험공사)도 재정비되었고 FDIC(연방예금보험공사) 안에 저축은행보험기금(SAIF)으로 위치하게 되었다. 이 법은 또한 실패한 저축은행 및 그 자산을 없애기 위해 RTC(부실정리공사)를 설립하였다.

FIRREA는 제 기능을 못하는 저축은행을 공격적으로 해결하기 위한 초석을 마련하였고 이에 1,000개가 넘는 저축은행들이 정부개입을 통해 재정비되었다. FIRREA는 초기 규제 정책의 수동성과 관용을 바로잡고자 하였다. FIRREA의 주요 사항은 〈그림 12.3〉에 제시되어 있다.

FIRREA는 자본 요건이 고려되는 한두 가지 중요한 점을 가지고 있다. 첫째, FIRREA는 세 가지 자본 요건 종류를 명기한다. 그것은 유형자본, 핵심 자본, 위험 기준 자본이다. 유형자본은 보통주와 영구 우선주이다. OTS는 저축은행이 총자산의 최소 1.5%를 유형 자산으로 보유할 것을 요구한다. 핵심 자본은 유형 자산과 비영구 우선주와 자격요건을 충족하는 후순위채의 합으로 정의된다. OTS는 이를 총자산의 3% 이상 보유할 것을 요구한다. 영업권과 같은 무형 자산은 1994년까지 더 이상 핵심자본으로 인정되지 않았고 규제 자본으로 고려되는 대상에서 점차 사라지는 비율을 명시하였다. FIRREA의 통과와 더불어 '관리영업권'이라는 용어가 등장하였다. 이 용어는 FSLIC의 도움을 받아 진행된 파산 저축은행의 합병에서 발생된 영업권을 의미하는 것으

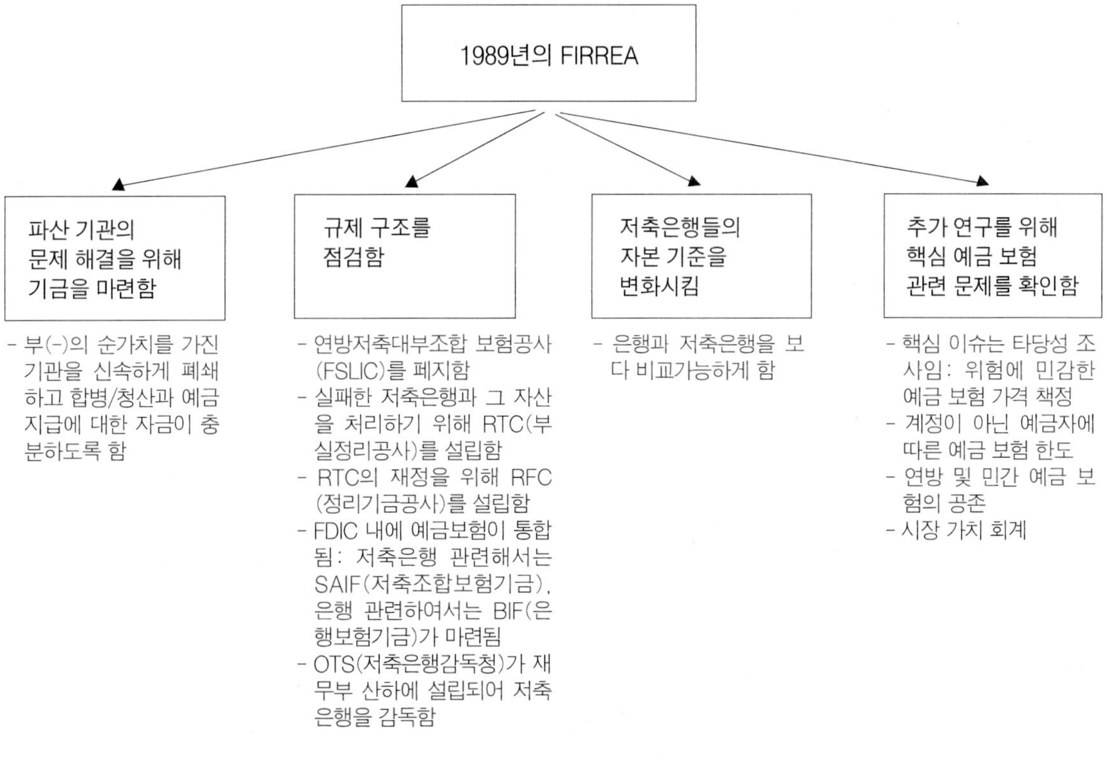

〈그림 12.3〉 FIRREA의 주요 항목

로 그 합병은 규제기관이 영업권을 규제 자본으로 승인한다는 특별한 동의가 있는 경우에 한한다. 이 영업권은 5년에 걸쳐 서서히 사라졌다. 다른 영업권은 규제적 자본으로서의 지위를 즉각 상실하였다. 위험기준 자본 비율은 8% 이상이어야 하고 바젤 협약의 Tier-1 자본과 같은 방식으로 계산되었다.

1990년대의 은행 산업: FIRREA는 예금 보험 제도 개혁을 제안하는 연구를 재무부에 명하였다. 그 결과 재무부에 의한 제안서가 1991년 2월에 나왔다. 재무부의 대담한 개혁 제안서는 연방예금보험공사 진흥법(FDICIA)에 의해 거부당했다. 우리는 이에 대해 이번 장의 후반부에서 다룰 것이다.

은행규제의 문제점

문제점

〈표 12.1〉은 수신업무를 수행하는 금융 기관의 주요 문제를 그 원인과 보편적으로 제시되는 해결책과 함께 요약하고 있다. 여기서 우리의 관점은 납세자의 위험 노출이 최소화되는 세계적 경쟁력을 보유한 은행 시스템을 원하는 납세자의 관점이다.

〈표 12.1〉 1980년대 예금 보험의 문제점, 원인, 일반적으로 제시되는 해결책

문제점	원 인	일반적으로 제시되는 해결책
과도한 위험 부담 관리자의 사기	- 예금 보험 가격 책정에서 발생하는 왜곡된 인센티브 - 비효율적인 규제감독 - 예금 기관의 낮은 영업권 가치	- 자본 기준 상향 - 위험 민감한 예금 보험 - 진입을 은행으로 제한 - 내로우 은행 - 감독 과정 개선 - 규제 감독을 위한 더 많은 자원 제공
실패한 기관 처리에서의 과도한 지연—관용	- 감독회계규정(RAP) - 자기 본위의 은행 규제 기관	- 시장가치회계 - 규제기관의 인센티브 개선
통화정책의 비예측성의 효과들	- 지불준비금 - 금융혁신	- 지준금 요건 수정 - 금융 혁신을 조장하는 규제적 세금 축소
은행 자기자본의 높은 비용	- 규제적 불확실성	- 규제를 보다 예측가능하게 만들고 감지된 변화를 제거
미국 은행들의 경쟁력 저하	- 경제 내 정보처리능력의 향상과 은행 서비스 가치의 감소 - 외국은행들에게 시장점유율 빼앗김	- 보다 부담이 적은 규제 - 은행에게 투자 은행 및 보험에 진입을 허용하는 권한 부여 - 지점제한 철폐 - 자본 기준과 관련한 국제 공조

원인과 가능한 해결방안

이번 절에서 우리는 〈표 12.1〉에 나타난 주요 이슈와 가능한 해결책에 대해 간략하게 논의할 것이다. 이에 예금 보험, 규제 불확실성, 시장 가치 회계, 은행 권한의 확대 등이 논의될 것이다.

• **예금보험과 은행의 인센티브**: 10장에서의 논의는 예금 보험과 관련된 이슈들을 다루었다. 이러한 문제는 예금보험의 가격책정, 규제기관의 인센티브, 은행 임원진의 인센티브에서 발생된다고 일반적으로 알려져 있다. 각각에 대해 하나씩 알아보기로 하자.

(i) 예금보험의 가격책정: 위험에 민감하지 않거나 혹은 그 민감함의 정도가 약한 보험 프리미엄은 위험 부담을 억제해야 하는 부담을 가격 체계에서 조정하는 것이 아니라 규제기관들에게 이전하였다. 이 문제는 FDICIA에 의해 인지되었는데 이에 대해 다음에 설명한다. 그러나 효과적으로 위험부담을 없애는 위험 민감적인 예금 보험 책정 정책을 수행하는 데는 여러 가지 문제점이 있다. 여기에는 위험 측정*과 정보비대칭**이 포함된다. 적절하게 계산된 위험 기반의 예금 보험 가격 책정은 신용, 이자율, 유동성 위험을 반영하는 여러 가지 변수에 의존해야 한다. 그럼 어떻게 위험을 측정할 수 있는가? 또한 위험을 적절히 측정할 수 있다고 하더라도 예금 보험 프리미엄이 측정된 위험과 어떻게 연결될 수 있을 것인가? 정보비대칭은 자기 자신의 위험에 대하여 규제기관보다 더 많은 정보를 보유하고 있는 은행에 의해 발생한다. 따라서 위험을 정확하게 반영하는 예금 보험 계획을 디자인할 때, 규제기관은 은행의 사적 정보를 이끌어 내는 과제를 만나게 된다.

위험 민감적인 예금 보험 프리미엄은 FDICIA에 의해 채택되었고, 규제 개혁에서 중요한 단계를 대표한다.

(ii) 규제기관 인센티브: 일부 사람들은 은행의 문제가 정치적이고 관료적인 책임에서의 결함에 그 뿌리를 두고 있다고 믿는다.*** 부족한 규제 성과와 규제를 받는 기업에 대한 느슨한 제약과 관련한 증거를 은폐하는 것이 산업의 어려움에 대한 일반적 정부 반응이다. 비슷하게, 은행에 의한 공격적 위험 부담은 규제 관용에 대한 합리적 반응이다.

이러한 관점은 대리인 문제를 공적 규제기관의 차원에서 인식한다. 규제기관과 정치인들은 납세자의 대리인으로 간주되고, 대리인으로서 그들은 그들의 이익과 상충되는 잘 정의된 목표를 갖게 된다. 이러한 관점을 이해하기 위해서, 음(−)의 가치를 가진 채 제 기능을 잃고 위험 포트폴

* Kareken(1990)과 Flannery(1991) 참조.
** Chan, Greenbaum, and Thakor(1992) 참조.
*** 이 논의의 가장 열렬한 지지자는 Kane(1989a, 1989b, 1990a, 1990b)이다. Campbell, Chan, and Marino(1992)와 Boot and Thakor(1993) 참조.

리오 전략에 매력을 느끼게 되는 많은 기관들로 이루어진 은행 및 저축은행 산업을 생각해 보라.

규제기관은 신속하게 그러한 기관들을 폐쇄하여야 한다. 그러나 이러한 행동은 종종 기존 정치인들의 심기를 불편하게 한다. 더욱이, 규제기관에 의한 폐쇄 행동은 법정 관리 상태가 필요할 정도까지 곪도록 상황을 내버려둔 그들의 기존 실수를 인정하는 신호가 될 수도 있다. 곤경에 빠진 기관이 경제적 손실을 더 많이 숨길수록 그들의 파산에 관련하여 대중이 알게 되는 것은 규제기관의 평판을 더욱 떨어뜨리게 되고, 규제기관은 더욱더 관용을 베풀게 되는 경향이 깊어진다. 그들이 원하는 것은 아마도 지급불능상태가 반전되거나 다음 후임자 때로 그 문제가 넘어가는 것일 수 있다.* 규제자들과 정치인들의 커리어가 지급 불능에 의해 깎인다는 인식은 나쁜 소식을 전하는 전달자를 죽이는 고대적 유습에도 내포되어 있었다. FIRREA와 FDICIA는 이 문제를 규제적 관용을 대폭 제한함으로써 다루었다. 장부상 순가치가 자산의 2% 이하로 떨어지는 기관은 일정 기간 내에 폐쇄하여야 했다.

만일 우리가 보험에 가입된 기관이 계속적으로 위험을 예금 보험 펀드에 이전시키는 새로우면서도 한편으로는 예측하지 못한 방법을 개발한다고 가정한다면, 우리는 〈그림 12.4〉에서 보는 바와 같은 세 가지 규제 단계를 생각해 볼 수 있을 것이다.**

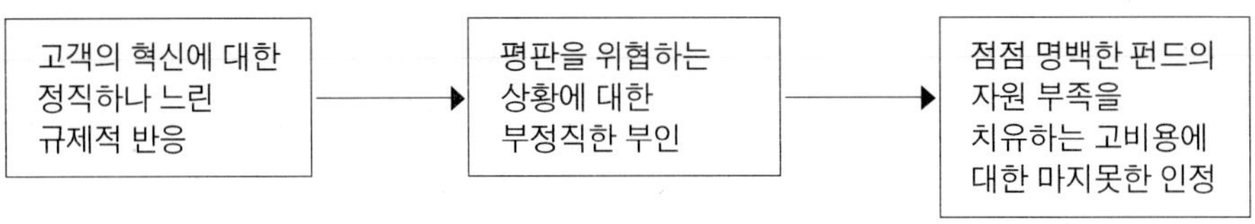

〈그림 12.4〉 일련의 규제적 단계

〈표 12.2〉 FSLIC 보험하의 저축은행들의 재무 상황 및 폐쇄 데이터(1975년~1984년)

연도	총자산에 대한 순재산 감정가 비율	지급불능 기관	FSLIC에 의한 지급불능 해소 기관
1975	-7.77	17	11
1976	-7.235	48	12
1977	-6.62	38	10
1978	-6.87	38	4
1979	-9.32	34	4
1980	-12.78	43	32
1981	-15.41	85	82
1982	-10.63	237	247
1983	-6.03	293	70
1984	-2.74	445	336

출처: Edward J. Kane, "The Unending Deposit Insurance Mess," *Science* 246, October 1989b, 451-456

* Boot(1992)는 이 논리를 공식화하여 투자철회가 평판에 손실을 가져오기 때문에 음의 NPV가 발생하는 사업에 집착하는 경향이 있게 됨을 보여주었다.

** 이는 Kane(1989a, 1989b)에 근거하고 있다.

〈그림 12.4〉에서 보여주는 것과 마찬가지로, 규제자들은 처음에는 공공을 위해 일하는 좋은 목적을 가지고 시작한다. 그러나 그들이 자신들이 규제하는 기관이 행한 행동이 들키지 않고 행해지고, 지금은 예금 보험 펀드의 지불 능력을 위협한다는 것을 깨닫는 때, 교차점에 다다르게 된다. 규제자들은 문제가 해결하기 매우 어렵다는 것을 깨닫고 자신의 직업 경력상 이익은 꾸물거리는 태도 또는 부정하는 태도에 의해 더 잘 보존된다는 것을 깨닫는다. 저축은행 산업의 경우를 보면 이러한 지연 상태로의 이동은 1970년대에 발생하였고, 부정은 1987년까지 계속되었다. 이 기간 동안, 저축은행산업의 로비활동은 이 산업의 상황에 대한 허위정보를 발생시켰다. 염려는 FSLIC의 지급불능에 대한 공공 정보가 위기를 촉발할 수 있는 가능성에 한정된 것으로 보였다. 심각한 문제들과 규제적 부인이 〈표 12.2〉에 데이터에 의해 제시되어 있다.

이 표가 보여주는 바와 같이, 이 산업은 공적 인식이 있기 훨씬 전부터 평균적으로 지불불능 상태에 놓여 있었다. 더욱이 FSLIC에 의해 폐쇄 또는 해결되는 경우는 실제 지급 불능 건수에 훨씬 미치지 못하였다. 이때는 해당 산업이 급속하게 성장하던 시기였기 때문에, 부의 순자산을 지닌 기관들이 사업을 지속하였을 뿐만 아니라 자산을 불려나가기까지 하였다.

그러나, 은폐가 길어질수록, 속임수를 지속하기는 힘들어졌다. 그 이유로는 두 가지를 들 수 있다. 첫째, 손실을 알리지 않는 것은 단지 회계적 인식을 연기시킬 뿐이다. 둘째, 경제적으로 지급불능상태의 기관을 유지시키는 것은 은행이 위험을 부담하는 인센티브를 증가시켜서 시간이 지남에 따라 손실이 증가한다.

상기의 논의는 연방 예금 보험의 현존하는 구조를 주어진 것으로 간주한 것이다. 그러나 이 구조에 대한 많은 대체 방법들이 제안되어 왔다. 그중 하나는 민간 예금 보험이다. 이는 은행이 서로서로 보험에 가입되고 감독하는 자가보험 프로그램이다. 이와 관련된 어려운 점은 은행의 수가 많기 때문에, 각 멤버들의 감독 인센티브가 약해지기 쉽다는 것이다.*

두 번째 대체안은 예금 보험을 내로우(narrow) 은행에만 한정시키는 것이다. 즉, 정부채와 같은 가장 안전한 증권에 투자하는 은행만 보험 가입된 예금계좌를 제공할 수 있다. 나머지 은행들은 그들의 선택에 따른 자산에 투자를 할 것이나, 이러한 자산은 부보 부채에 의해서만 조달 가능하다.

마지막으로, 예금 계약 자체를 제거하여 예금 보험을 개혁하려는 사람들이 있다. 10장에서 보았듯이, 예금 계약은 뱅크런의 가능성을 야기한다. 이는 각 예금주들이 문제 발생 시에 자신의 예금을 가장 먼저 인출하기 위해 첫 번째 예금자가 되도록 유인하는 제도인 '순서에 따른 서비스 제공의 제약' 때문이다. 예금 보험이 이러한 잠재적 혼란에 대한 대응인 반면, 다른 가능성은 순서에 따른 서비스 제공의 제약을 없애는 가능성이다. 이는 은행이 뮤추얼펀드에서 같은 자본 형

* 이러한 인센티브는 모니터링을 책임지고 있는 몇몇 은행들이 재정적 어려움에 처하게 되는 경우에 더 약화될 수 있다. 재정적으로 취약한 은행들의 모니터링 감소는 경각심 약화로 인하여 더 많은 은행들이 곤경에 빠지게 한다. 이것은 체계적 위험요소와 전염효과를 발생시킨다. 예금인출사태의 거시경제적 효과 분석과 관련하여서는 Loewy(1991) 및 Donaldson(1992) 참조.

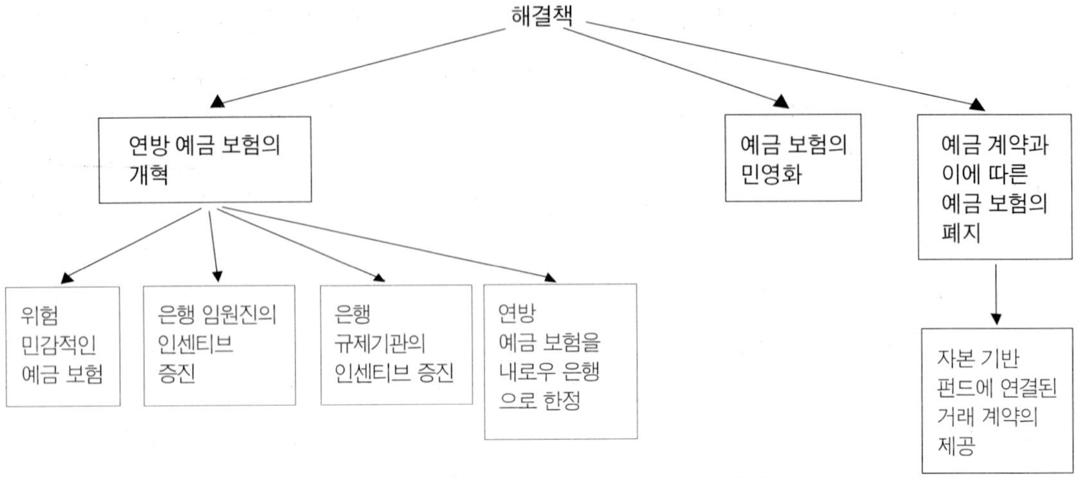

〈그림 12.5〉 예금 보험 문제에 대한 가능한 해결책

식의 청구권을 발행하는 경우 얻게 된다. 이러한 인출은 펀드 내 투자자 지분의 일정 비율에 대응하기 때문에, 투자자 또는 예금주가 인출을 위해 첫 번째 투자자 또는 첫 번째 예금주가 될 필요가 없게 된다. 뮤추얼 펀드의 가치는 시장 상황 변화에 따라 랜덤하게 변동하기 때문에 개인은 시장 위험에 노출되게 된다. 그러나 공황에 빠진 대규모 인출 사태의 위협은 사라질 것이다.* 이 이슈는 10장에서 이미 언급된 바 있다. 〈그림 12.5〉는 예금 보험 문제에 대한 가능한 해결책을 요약하고 있다.

(iii) **은행임원진 인센티브의 증가**: 만일 은행 최고경영진이 실패에 대해 보상을 받게 된다면 위험을 부담하고자 하는 인센티브는 강해지게 된다. 경영진이 보상을 받는 방법 중 하나는 그들이 곤경에 빠진 회사를 퇴직할 때 황금낙하산을 통해 보상받는 것이다. 현재 FDIC는 문제가 생긴 회사에 의한 그러한 지급을 금하고 있다. 이는 1991년 Southeast Banking Corporation의 전 회장이었던 Charles Zwick에 대한 월 42,000달러의 지급을 중지시킨 OCC의 결정을 따르는 것이다. 1991년 2월, 규제기관은 MNC Financial.Inc의 전 회장이자 CEO였던 Alan P. Hoblitzell로 하여금 퇴직금 중 915,865달러를 반환하도록 하였다.

1990년 은행사기법(bank fraud act)은 FDIC가 은행 보험 펀드의 후견인으로서 황금낙하산과 관련한 엄격한 규정을 마련하도록 하였다. 에이전시는 문제 은행의 퇴직하는 임원에게 황금낙하산을 제시해야 한다. 승인을 얻기 위해서는, 해당 은행은 그 임원이 어떠한 사기 행적에도 연루되지 않았음을, 은행의 손상된 상황에 대해 중대한 책임이 없음을, 또한 은행법과 형법을 위반

* 무액면교환의 제거는 1913년 연방준비법 통과와 관련한 여러 동기들 중 하나였다. 따라서 다시 이전으로 복귀하는 것이 이상하게 보일지는 모르겠지만, 사람들은 예치금 대신 뮤추얼 펀드에 대한 청구권을 기꺼이 수용하고자 한다.

한 바가 없음을 입증해야 한다. 또한, 모든 기관들은 임원과 관리들에게 법적 비용을 지불하는 것을 허락받기 전에 비슷한 규준을 만족시켜야 한다.

• **규제적 불확실성**: 은행의 공공 규제는 일부분은 공적 안전망에서 비롯되는 도덕적 해이 문제를 대처하는 것을 그 목적으로 한다. 이것은 예금 보험이나 LLR과 같은 명백한 보장뿐만 아니라 잘못 정의된 보상 시스템과 TBTF(too big to fail)의 정부 보장을 포함한다. 따라서 이 질문은 선택적 규제 감독 시스템의 설계를 뛰어넘는다. 오히려, 이는 보장 구조와 감독시스템을 유기적으로 설계하여 도덕적 해이를 최소의 사회적 비용으로 규율하는 한편 사회적 목적을 달성하는 것을 요구한다.

매력적인 접근방법은 규제 필요성을 최소화하는 것이지만, 이것은 안전망의 범위 축소를 의미한다. 사실, 이것은 정부의 안전망을 제한하는 가장 설득력 있는 주장일 수도 있다. 그러나, 최소한의 안전망조차도 어느 정도의 정부 노출을 수반하기 때문에, 일부 규제/감독은 필요할 것이다. 우리는 따라서 최소한의 보장 시스템 내에서 최적의 규제 설계라는 문제와 씨름해야 한다.

이 이슈를 고려함에 있어서, 규제의 재량적인 면과 비재량적인 면의 구분이 필요하다. 비재량적 규제는 현금자산 준비금 규정, 자본 요건, 일인 대출 규정(loan-to-one-borrower), 예금 보험 프리미엄 스케줄과 같은 비교적 잘 정의된 규제들을 의미한다. 반면 재량적 규제는 보다 큰 모호성을 갖는다. 예를 들면 1970년 더글라스 수정안의 은행 지주회사 합병 관련 기준, 최근의 예금 보험 커버리지, 대출 창구 접근에 대한 기준, 재무곤경에 빠진 기관에서의 중재 기준 및 은행 산업 및 저축은행 산업에서의 회계 기준 등이 있다.

모호성의 장점 중 하나는 규제기관이 도덕적 해이에 대응할 수 있는 무기로 사용할 수 있다는 점이다.* 규제기관이 현재의 상황에서 금융기관을 구제해 줄지 여부를 은행이 확신할 수 없을 때, 은행은 위험을 피하기 위해 최선을 다할 것이다. 그러나 모호성에는 수반되는 비용도 있다. 규제 기관 중재의 가능성과 본질에 대해 평가하기 어려워질수록 투자자들은 은행 자본에 대한 보다 높은 위험 프리미엄을 요구하게 된다. 이는 보다 예측 가능한 환경하에서보다 은행의 자본 비용을 증가시키고 경쟁자에 대한 상대적 경쟁력을 감소시킨다. 규제기관이 은행의 비용증가를 내면화하지 않는 정도까지 자유재량은 주주 부를 납세자 또는 규제자에게 이전시킨다.

• **시장가치 회계**: 감독회계규정(RAP)과 일반적으로 인정된 회계원칙(GAAP)이 저축은행업 및 은행업의 최근 문제에 영향을 끼쳤다고 널리 믿어지고 있다. RAP는 경제적 순가치가 음일 경우에도 실현되지 않은 손실을 지연시킴으로써 자본을 부풀리기 때문에 위기의 규모를 잠시동안 숨기게 된다. 경제적으로 지급불능상태 기관의 위험 부담 인센티브가 주어졌을 때, 위기는 저축

---

* 모호성/재량의 건설적인 역할이 Allen and Gale(1993), Boot and Thakor(1991), Boot, Greenbaum, and Thakor(1993), Corrigan(1990)에 의해 강조되었다.

은행이 지속적으로 증가하는 위험을 추구함에 따라 탄력을 얻는다. GAAP는 주로 거래의 역사적 원가(장부가치)에 의존하기 때문에 별 도움이 되지 않는다.*

대체적인 MVA(시장 가치 회계)는 부외 계정(재무상태표로 오게 됨)을 포함하는 모든 자산과 부채가 현재 시장 가치로 계상될 것을 요구한다. 자산과 부채의 가치는 시장 상황에 따라 증가 혹은 감소하게 된다. MVA는 위험 기반의 자본 규정, 위험 기반의 예금 보험 프리미엄, 승인된 규제 감독을 수행하는 데에서 유용하다. 따라서 이것은 예금 보험 시스템의 전반적 개혁의 중요한 부분이 될 수 있다.

원칙적으로, MVA를 도입하는 것은 흠잡을 데 없지만, 여기에는 개념상, 측정상, 인센티브상의 문제가 있다.** 주요 문제점은 시장가치를 거래되지 않는 상업 은행 대출과 보장에 할당하는 것이다. 많은 상품들이 비거래되는 것이거나 매우 높은 할인율로만 거래될 수 있는 것이다. 은행이 이러한 상품의 잠재고객에 비해 가진 정보 및 감독상의 이점 때문에, 은행의 자산 가치와 그것이 팔리는 경우의 가치 사이에는 보통 차이가 존재하고, 가치를 측정하는 것은 어려운 일이 된다.

시스템은 완전한 회계시스템을 필요로 하지 않으며 시장 기반의 순자산의 측정만이 필요할 뿐이라는 주장은 측정문제를 단순화시킨다. 그러나 이는 더 많은 숙고를 필요로 하는 다른 문제들을 야기한다. 예를 들면, 은행으로 하여금 대출금(즉 순자산)의 시장 가치가 감소하였을 때 자본을 추가하도록 요구하는 것은 은행으로 하여금 보다 짧은 만기, 즉 시장 기반의 가치 조정의 가능성이 적은 대출금만을 선호하게 만들기도 한다.*** 그 이유로 은행의 자본 조정 효과에서의 비대칭을 생각해 볼 수 있다. 증가된 대출금 가치는 은행의 경제적 순자산을 증가시키고 예치와 자산 증가를 허용할 것이지만, 은행은 그러한 확장을 즉각적으로 이익으로 실현시킬 수는 없다.*** 따라서 은행은 대출 가치의 증가로 인한 효익을 완전하게 누릴 수 없을 것이다. 그러나 만일 대출금 가치가 하락한다면, MVA는 은행으로 하여금 추가 자본을 얻을 것을 요구하거나 일부 자산 매각을 요구하게 된다. 둘 모두 비용을 수반한다.***** 이러한 대출 가치 조정 효과의 비대칭성은 잠재적 가치 조정을 최소화하는 인센티브를 제공하고 따라서 대출 만기를 짧게 한다. 이와 같은 풀리지 않은 이슈들에도 불구하고, 2차시장에서 활발하게 거래되는 모든 자산과 부채를 시장 가치로 측정하고 나머지 가치를 측정하는 데 최선의 판단을 하는 것은 공공 규제자들과 회계종사자들 사이에 점점 선호되고 있다.

---

* White(1988) 참조.

** Berger, King and O' Brein(1991) 참조.

*** 비대칭적 정보를 포함한 몇몇 조건하에, '실어음' 주의에 체화된 자기회수적인 투자개념으로의 진정한 회귀라고 할 수 있는, MVA를 통한 은행 자산의 만기 단축을 볼 수 있다고 예측하는 흥미로운 모델은 O' Hara(1993) 참조.

**** 예를 들어, 만약 예치금의 한계비용이 양적으로 증가하고, 확장계획을 수립할 충분한 시간 없이는 예치비용을 초과하는 수익률을 내는 자산에의 접근이 가능하지 않다면 바로 이러한 경우가 될 것이다.

***** 다시 말해, 이 비용은 정보제한에서 발생된 비용이다. 비대칭적 정보 하나만으로도 자기자본의 비용을 예치금의 경우보다 더 많이 발생시킬 수 있다[Myers and Majluf(1984) 참조]. 더욱이, 은행이 대부금의 실제가치에 대해 외부자보다 더 잘 알고 있는 경우, 대부판매에는 은행의 손실까지 포함되게 된다[Bhattacharya and Thakor(1993) 참조].

• **은행 권한의 확장**: 1999년의 그램-리치-블라일리법 전, 영업권 가치를 증가시키고 실패를 감소시키는 확대된 권한을 획득하기 위해 은행 및 저축은행들은 로비를 해왔다. 유니버설 은행에 대한 주요 반대는 권한 확대가 예금 보험 펀드의 비용으로 위험부담을 규제하고 제한하는 것을 어렵게 만든다는 것에 있고, 권한 확대가 이익 갈등을 불러일으킬 수 있다는 데 있다. 잠재적 갈등은 다음과 같다.*

(1) 증권 판매에서 투자은행의 홍보책임은 예금자들에게 객관적 조언을 제공해야 하는 상업은행의 의무와 갈등을 빚게 될 수 있다.
(2) 대출에서 손실을 피하기 위해, 유니버설 은행은 차입자로 하여금 대출금 상환을 위해 은행의 증권 보조금을 통해 새로운 자본을 증가시킬 것을 종용할 수 있다.
(3) 유니버설 은행은 교차 판매 서비스에서 독점적 권한을 사용할 수 있다. 신용할당의 협박, 대출 연장 거부, 대출 비용 증가 등은 현존하는 고객을 유니버설 은행의 다른 상품에 묶어 둘 수 있다.
(4) 유니버설 은행은 미판매된 증권을 신탁계정에 둠으로써 인수에서의 손실을 회피할 수 있다.
(5) 유니버설 은행의 임원진과 고객의 상호결합(interlocking)은 갈등을 조장할 수 있다.
(6) 은행은 유니버설 은행에 의해 인수된 IPO를 통해 공개된 기업을 북돋우기 위해 경솔한 대출을 해줄 수 있다.
(7) 은행은 증권계열사에게 경솔하게 대출해줄 수 있는데, 이는 예금 보험에서 증권 계열사로 부를 이전시킬 가능성이 있다.

이와 같은 이익갈등의 중요성은 널리 논의되어왔다.** 상업은행업무와 투자은행업무의 분리를 옹호하는 이들은 갈등이 심각하다고 믿으며***, 아울러 정부 안전망이 심히 그 범위를 확장시키지 않기 위해서는 분리가 필요하다고 생각한다. 은행 권한의 확대를 옹호하는 사람들은 시장의 힘이 남용을 컨트롤하는 데 필요한 절제력을 제공할 것이라고 믿는다.**** 다른 이들은 지금 행해지고 있는 것처럼, 규제 관용을 제한하고 재무적 곤경에 빠진 은행을 충분히 일찍 공개함으로써 도덕적 해이와 이익의 다른 갈등들이 컨트롤될 수 있다고 믿는다.*****

만일 심각한 갈등이 존재한다면, 1933년 이전의 은행들이 투자자를 증권에 투자하도록 오도하고 이로써 투자자에게 손실을 끼치는 증거가 있어야 한다. 최근 연구는 상업은행의 계열사에 의해 인수된 증권의 성과와 투자은행에 의해 주관된 증권의 성과를 비교함으로써 이 가설을 테스트

* Saunders(1985) 참조.
** Benston(1990) 참조.
*** Mester(1992) 참조.
**** Huertas(1988)와 Saunders(1991) 참조. 투자은행 분리에 대한 역사적인 설명은 Shull(1983) 참조.
***** Eisenbeis and Horvitz(1993) 참조.

하였다.* 그 결과, 은행 계열사에 의해 판매된 증권이 독립적 투자은행에 의한 비슷한 증권보다 실패하는 경우가 더 적다는 것을 발견하였다. 놀랍게도, 디폴트 비율에서의 차이는 잠재적으로 가장 상대적으로 투기적인 (사적 정보 집약적인) 발행에서 가장 컸고, 이들이 투자자가 평가하기 가장 힘들기 때문에 투자자에게 가장 큰 손실을 잠재적으로 부여하게 된다. 이러한 증거는 이익의 갈등이라고들 말하는 것의 중요성에 대한 의문을 가져온다. 합리적 기대를 하는 투자자들은 증권 가격 책정에서 잠재적 이익 갈등을 고려할 것이다. 따라서, 잠재적 갈등 방지와 관련하여 낮은 평판을 지닌 은행 계열사에 의해 판매된 증권은 대폭 할인되어 팔릴 것이다. 발행자들은 이를 예상하고 좋은 평판을 지닌 은행 계열사에 끌리게 될 것이고 이러한 은행들이 은행계열사에 의한 발행의 대부분을 인수하는 것이 관찰될 것이다. 간략하게 말하자면, 글래스-스티걸법 전에 이익 갈등 해결에서 시장 규율이 꽤 잘 작동되었다.

은행업 파워의 확대에 반대하는 또 다른 주장은 이것이 금융 혁신 인센티브를 희석시킬 수 있다는 것이다. 금융 혁신을 고려하는 유니버설 은행은 상업 은행 부문의 대출 사업이 감소될 것을 우려한다. 독립된 투자은행에게는 그러한 걱정이 없고 따라서 보다 강한 금융 혁신 인센티브를 갖게 된다.**

은행의 파워 확대의 효과는 궁극적으로 실증적인 이슈이다. Barth, Caprio, and Levine(2004)은 흥미로운 연구결과를 제시한다. 107개 국가에 대한 데이터를 사용해서 그들은 제한된 은행 활동이 은행의 발전과 안정에 부정적 영향을 가져온다는 것을 보여주었다. 이는 유럽, 라틴아메리카, 기타 국가들에서 흔한 형태인 유니버설 은행에 대한 강한 지지를 보인다.***

1991년 FDICIA와 그 이후

1991년, 미국 재무성은 은행에 대한 광범위한 규제 개혁을 제안하였다. 이는 미국 은행 기관들의 국제 경쟁력을 증진시키고 예금보험에서 나온 납세자의 위험 노출을 줄이며, 미국 금융 기관들의 안전성와 건전성을 증진시키는 것을 그 목적으로 하였다. 제안서의 주요 항목은 다음과 같다. 1) 예금 보험 커버리지를 제한함, 2) 규제적 통합화를 이룸, 3) TBTF 결정에서 연준뿐만 아니라 재무성도 포함함, 4) 은행활동과 관련한 글래스-스티걸법과 맥파든 제한을 철폐함.

이러한 계획으로 1991년 연방예금보험공사진흥법(FDICIA)이 생겨났다. FDICIA의 주된 초점은 예금 보험에서 나온 납세자의 위험노출을 줄이는 것과 미국 금융 기관의 안전성과 건전성을 증진시키는 것이었다. FDICIA의 주요 특징은 아래에서 논하고 있다.

* Kroszner and Rajan(update) 참조.
** 이러한 이유로 미국과 유럽에서 투자은행이 더욱 발달되었다고 주장한 Boot and Thakur(1997) 참조.
*** Mester(1992) 참조.

은행 규제: FDICIA는 감독과 은행 자본을 연결시켰다. 규제자들에게는 은행 및 저축은행을 위해 다섯 가지 자본 유형을 수립할 것이 요구되었다. 다섯 가지 유형은 충분 자본, 적정 자본, 부족자본, 상당 부족 자본, 심각 부족 자본이다. 규제적 관용은 자본이 줄어듦에 따라 적기시정조치를 요구함으로써 제한되게 되었다. 특히 규제자들은 은행이 지급불능이 되기 이전에 은행을 폐쇄할 것이 요구되었다. 만일 자본이 양의 유발점 이하로 내려가면, 규제기관은 성장에 상한을 부과하고, 배당의 축소 또는 정지를 요구하며 은행 관리자에게 자본을 증가시키고 필요한 경우 관리자 변경을 하도록 지시한다. 규제기관은 또한 유형 자기 자본이 총자산 대비 2% 이하인, 자본이 심각하게 부족한 은행의 폐쇄를 허가받았다. FDICIA는 또한 은행 규제기관들이 은행을 기타 위반으로 법정관리 상태에 놓이게 하는 것을 허용하였는데, 기타 위반은 중지명령의 위반, 기록 또는 자산의 은폐, 예금 인출 불능, 자본 증가를 위해 요구되는 계획의 개발 또는 이행에서의 실패 등이 있다. 더욱이 FDICIA는 은행이 심각한 자본 부족이 되기전 90일 이내에 은행 규제기관들이 조치를 취할 것을 요구한다.

적기시정조치는 또한 FDIC에 재료비 계정에 영향을 미치는 은행 또는 저축은행 실패에 대해 사후적 검토를 요구한다. 재료 손실이 발생한 경우는, 적절한 은행 에이전시가 그 원인을 결정하고 미래 그러한 손실의 발생을 방지하는 제안을 해야 한다. 이 리포트는 미 연방정부 감사원장, 국회의 회원이 접근 가능해야 하고 정보공개법에 의해 대중이 접근 가능해야 한다. 또한 회계감사원(GAO)은 리포트의 연간 검토를 해야 하고 감독에서의 향상을 위한 조언을 해야 한다.

감독에 더불어, 규제자들은 은행 자본 요건을 이자율 위험, 신용 집중이라는 신용 위험, 비전형적 활동으로 인한 위험에 연결하고 인수 기준과 같은 비자본 은행 안전 수단을 도입하도록 지시받았다. 규제자들은 매년 은행 현장 검사를 수행할 것을 요구받고, 은행에 의한 부동산 대출의 한계를 정하고 감사 요건을 강화할 것을 요구받는다.

예금보험: FDICIA는 상업은행뿐 아니라 저축은행의 보험에 대한 책임을 FDIC에 이전하였다(신용조합은 NCUA라는 독립적 예금 보험 기관을 여전히 지속하고 있다). 저축은행과 은행의 예금 보험이 FDIC로 통합된 반면, 두 개 종류의 중개기관은 독립적인 보험 준비금 펀드를 유지하였다. 은행예금은 은행보험펀드(BIF)에, 저축기관은 저축은행보험기금(SAIF)에 보험 가입이 되었다.

FDICIA는 또한 연방 예금 보험의 범위를 감소시켰다. 가장 중요한 변화는 기존 100,000달러 이상의 예금에 대한 정부 보호를 제공하는 TBTF정책에 제한을 둔 것이다. 비부보 예금에 대한, 즉 100,000달러 이상에 대한 예금 및 해외 예금에 대한 변상과 관련하여 FDIC의 권한이 매우 제한되었다. 그러나 FDICIA는 실패가 경제 상황 또는 금융 안정화에 심각한 부정적 영향을 초래하는 경우에는 TBTF 정책을 허용하였다. 이러한 예외는 FDIC 이사회의 2/3 이상의 찬성, 연준 이사회의 2/3 이상의 찬성, 재무장관의 동의를 요구한다. 재무장관은 체계적인 위험 예외의 필요성에 대해 문서를 작성할 것이 요구된다. GAO는 취해진 조치를 검토하고 비부보 예금자뿐만 아니라 부보 예금 기관의 행동에 미칠 잠재적 영향을 분석해야 한다. 은행 산업의 나머지는 은행의 평균 총유형자산에 비례하여 FDIC가 매긴 응급 평가액에 따라 구제금융의 비용을 지급할 것을 요구받는다.* 충분자본을 지닌 은행만이 부보 중개예금(중개 회사를 통해 팔린 대형 CD) 또는 원리금자동이체보험을 제공하는 피고용인 연금 플랜하에서 설립된 계정을 제공할 수 있다.** FDICIA는 또한 FDIC로 하여금 위험 민감적인 예금 보험 프리미엄을 수용할 것을 요구하였다.

FDIC 자금조달: 줄어든 은행 예금 보험 펀드는 차입 권한에 대해 700억 달러를 추가함으로써 보완되었다. FDIC가 재무성에서 빌릴 수 있는 권한은 50억 달러에서 300억 달러로 증가하였다. 대출금은 은행에 대한 증가된 예금 보험액과 함께 상환되었다. FDIC는 순운전자본 니즈에 대한 추가 대출을 받을 수 있게 되었다. 약 450억 달러의 원금과 이자는 FDIC가 점차 실패한 은행의 자산을 매각하면서 상환되었다. FDIC는 BIF가 부보 국내 예금의 1.25%를 2006년까지 적립하도록 되어 있었는데, 이는 예정기일보다 훨씬 일찍 달성되었다.

할인창구: FDICIA는 연준이 할인창구를 사용하는 경우를 재정적으로 곤경에 빠진 은행을 지원하는 경우로 제한한다. 할인창구의 접근을 실패 은행에 허락하는 것은 비부보 예금을 FDIC 결의안 이전에 인출되도록 함으로써 예금 보험 펀드의 노출을 증가시켰다. FDICIA는 부족자본(자본이 자산의 8% 미만) 및 심각 부족자본을 보유한 은행에 대한 제한과 함께 할인창구 대출액을 제한하였다. 연준이 상당한 정도의 재량을 할인창구정책에 대하여 가지고 있음에도 불구하고, 심각부족자본을 보유한 은행에 대해 제공한 할인창구 접근으로 인한 예금 보험에 의한 손실에 대한 책임을 FDIC가 지니고 있었다.

할인창구에 대한 또 다른 중요한 변화는 FDICIA가 모든 비은행 기업에 대하여, 즉 브로커 기관 및 기타 비금융/금융 서비스를 제공하는 기관에 대하여, 은행과 같은 조건하에서 응급 목적을 위한 할인창구 대출을 허용한다는 점이다.

은행의 기업지배구조: FDICIA는 은행 이사회의 감사 기능을 강화하고 임원 및 관리의 보상에 대한 가이드라인을 제시하는 것을 목적으로 하는 조항을 포함하고 있다. 이러한 조항들은 관리 및 임원 책임을 강화하여 예금 보험을 보호하도록 만들어졌다.

특히, 은행은 기관 관리층으로부터 독립적인 외부 디렉터로 구성된 감사 위원회를 가지고 있을 것이 요구된다. 두 가지 추가적 요건은 대규모 기관에게 부과된다. 첫째, 그들의 감사 위원회는

* FDICIA는 그렇게 함으로써 보험에 가입한 은행들에게 대마불사의 유혹에 의구심을 갖게 하는 인센티브를 가져온다.
** 패스-쓰루 보험은 단체계정의 각 참여자들에게 $100,000에 상당하는 커버리지를 제공한다. 따라서, 충분한 참가자가 있다면 $5천만의 연금펀드 예치금이 모두 보장될 수 있는 것이다($5,000만/$100.00=500명의 참가자).

기관의 주요 고객을 포함할 수 없다. 둘째, 감사위원회의 멤버는 은행업 또는 관련 금융 관리 전문성을 지니고 있어야 하며, 스스로 선택한 독립적 외부 조언에 대한 접근이 가능해야 한다. FDICIA는 감사 위원회가 경영진과 독립적 회계사들과 함께 외부 감사를 검토할 것을 처방하고 있다. 이러한 조항은 감사 위원회의 독립성을 증진시키고 경영진을 모니터링하는 능력을 향상시키도록 고안되었다. 이 조항들은 여러 측면에서 모은 공개된 기관에게 적용되는 2001년 사베인-옥슬리법의 요건들을 예견하고 있다.

FDICIA의 이사회 보상 위원회에 대한 영향은 덜 직접적이다. FDICIA는 이사회 보상 위원회의 구성에 대해 구체적으로 명시하지는 않으나, 연방 은행업 에이전시가 기관의 재정 상태를 위협하는 고용계약을 맺는 것을 금지하는 임원과 이사진 보상에 대한 가이드라인을 제시할 것을 요구한다.

해외 은행 및 해외 예금: FDICIA는 연준에게 미국에 있는 외국 은행 업무를 규제하는 권한을 부여하였다. FDIC는 실패한 은행의 해외 지점을 보호하는 것이 일반적으로 금지된다. 에이전시가 해외 예금이 시스템 보호를 위해 상환되어야 한다고 결정하는 경우에는, 해외 예금 평가에 영향을 미치는 확장된 범위에 대한 산업전체적 평가를 통해 손실을 보상하는 것이 요구된다.

회계 개혁: 연방 은행 에이전시는 은행이 부외계정을 보고할 것을 요구하는 규제를 공표하여야 한다. 또한, 에이전시는 가능한 모든 자산의 공정 시장 가치를 공개할 것이 요구되었다.

주 은행 권한에 대한 제한: FDICIA는 보험 인수와 같은 연방 정부가 승인한 기관에게 허용되는 권한의 행사를 주 은행에게는 금하였다. 조부은행(grandfathers banks) 법안은 이미 법적으로 주 법하에서 보험을 인수하는 것에 관여되어 있었다. 또 다른 예외는 주 은행이 증권거래소에 등록된 주식에 대해, 이미 그 사업을 하고 있다는 전제하에, 포트폴리오의 10% 이내에서 투자하는 것을 허용한 것이다.

소비자 조항: 주요 소비자 보호는 저축진실조항인데, 이는 저축 계좌의 조건 등에 대한 단일화된 공개를 요구한다. 차별화 철폐 수정안은 은행이 부유하지 못한 지역에 대해서 대출할 인센티브를 제공한다. FDIC는 적정한 주택 프로그램을 시작하고 비영리 단체에 실패한 은행이 획득한 주택자산을 구입할 기회를 제공할 것을 요구받는다.

기타조항: FDICIA는 또한 저축은행으로 하여금 자산의 더 많은 비중을 주택 관련 분야 이외에 투자하는 것을 허락하는 '자격요건을 갖춘 저축은행 대출 테스트(qualified thrift lender test)'를 완화하였다.

FDICIA의 평가*: 이전 장에서 살펴보았듯이, 은행은 자산 이전자로서의 역할을 수행하기 위해서는 위험을 처리하여야 한다. 그러나, 은행업 안정을 도모하기 위해 필요한 규제 안전망 때문에 도덕적 위험은 은행이 과도한 위험을 취하고자 하는 경향을 불러일으켰다. 은행 규제의 목적은 은행의 중개 기능을 억압하지 않으면서 도덕적 해이 문제를 다루는 것이 되어야 한다.

FIDICA는 납세자의 예금 보험 노출을 제한하는 것에 초점을 맞추었다.** 이를 위해, FDICIA는 은행업 에이전시에게 예금 보험 손실을 최소화하고 보상을 권장하는 인센티브를 제공하는 명백한 목표를 제시하였다. 적기시정조치 요건은 규제 관용을 제한하였고, 위험 민감적 자본 요건과 예금 보험 프리미엄은 위험 감소를 도모하였다.***

FDICIA에 대한 네 가지 주요 비판은 다음과 같다. 첫째, FDICIA의 기본 취지는 연방 금융 안전망의 규모와 범위를 축소하는 것인데, 비은행 기업에게 할인창구 접근을 가능하게 한 것은 안전망의 잠재적 확대를 가져온다.****

둘째, FDICIA는 은행의 자산 이전자로서 합당한 위험을 부담하는 기능을 방해한다. FDICIA는 산업에서 인지 위험 과잉과 규제 기관의 실패에 대한 반응으로 등장하였다. 그러나 FDICIA는 은행의 최적 위험이라는 문제를 다루는 데 실패하였다.***** FDICIA는 BIF의 자본 재구성과 예금 보험 펀드의 미래 비용이 잘 컨트롤되도록 보장하는 것에 초점을 맞추었다. 그러나 이는 은행이 사회적으로 최적인 위험을 다루는 것을 지연시켰다.

셋째, FDICIA는 각 연방 은행 에이전시가 은행의 영업, 관리, 자산의 질, 이익, 주식 가치, 경영진 및 간부들에 대한 보상을 감독하도록 하고 있다. 이러한 권한은 규제기관들로 하여금 은행의 세세한 점까지 관리하고 바람직한 위험 부담 및 혁신을 좌절시키게 된다.******

넷째, FDICIA는 외국 은행 및 비금융 경쟁자에 대비한 미국 은행의 경쟁력이라는 이슈를 다루는 데 실패하였다. 임원 및 직원에게 벌금을 매기거나 해고할 수 있는 권한 및 경영진 보상을 검토할 수 있는 권한을 포함하는 규제의 자유재량적 요소는 잠재적인 분산불가능한 투자자 위험을 가져왔고 따라서 은행의 자본 비용을 증가시켰다. 이는 은행의 경쟁력을 감소시켰다. 또한 임직원의 증가된 노출은 관련 자리의 직원 채용 비용을 증가시켰고 어렵게 만들었다. 이 법안이 임직원에 대한 더 많은 주의를 요구하는 반면, 이 법안은 금융 기관의 임직원으로 종사함으로써 얻은

* FDICIA에 대한 추가 내용은 Booth(1993), Carnell(1992), 그리고 Wall(1993) 참조.

** 미 상원의원 Carter Glass에 의한 다음의 1933년 수사적 의문이 나타내듯이 FDICIA의 초점은 새로운 것이 아니었다. "미국인들이 상업과 산업 그리고 공장 등을 포함한 다른 기관들의 채무를 보증하기 위해서 납세를 하는 것보다 은행의 채무를 보증하기 위해서 더 많은 납세를 해야 하는지에 대한 어떤 이유가 있는 것인가?" Smith and Beasley(1972) 참조.

*** 위험민감화의 조잡함이 자중손실을 동반하는 새로운 계략을 고무시키게 된다. 어떤 이들은 또한 규제적 관용을 제한함에 있어서 충분하지 않다는 이유로 FDICIA를 비판하기도 한다. 중요한 변화들 중 많은 것들이 제안이었기 때문에, 문제의 은행들을 다루는 데 규제적 재량이 존재하였다. Carnell(1992) 참조. 그러나 재량이란 빠르게 변화하는 환경하에 은행을 다루는 데 규제자들에게 필요한 것일 수 있다. Boot, Greenbaum, and Thakor(1993) 참조.

**** 이것이 중대한 위험 노출을 뜻하는 것인지는 연방준비은행이 얼마나 쉽게 비은행권으로의 접근을 허락하느냐에 달려 있다.

***** Greenspan(1993)은 "내 개인적인 판단으로, 입법적인 그리고 규제적인 절차는 어느 정도의 위험이 최적인가에 대한 의문을 해결하려고 충분히 노력하지 않았다"라고 말했다.

****** Greenspan(1993) 참조.

평판 및 다른 형태의 자산을 가진 이들을 의기소침하게 만들었다.

FDICIA의 또 다른 경쟁적 약점은 글래스-스티걸 법 및 주 간 지점 금지법과 관련이 되어 있다. 1991년 재무성 제안서가 논의되었을 때, 은행의 재무 건전성은 글래스-스티걸 법의 폐지를 통해 확대된 권한을 승인하기에는 불안정하였다. 1993년 관련 이슈가 다시 수면 위로 떠올랐을 때, 폐지를 반대하는 이들은 은행 이익이 매우 높은 상태이고, 따라서 은행 수익성 증진을 위한 확대 권한이 불필요하다고 주장하였다. 글래스-스티걸 법의 폐지를 막는 가장 중요한 것은 증가된 납세자 노출일 것으로 보였다. 더 나아가, 더 많은 규제적 요구사항들(은행 안전과 관계없는 저축진실의 조항을 포함)은 은행의 경쟁력을 저해할 수 있었다.

1999년 금융현대화법

핵심 분업 조항이 끊임없이 약화된 이후, 글래스-스티걸법은 1999년 금융현대화법 또는 글램-리치-블라일리 법의 통과와 함께 폐지되었다. 이 법안은 글래스-스티걸법의 제20조항 및 32조항을 폐지하였다. 또한 금융 지주 회사 요건을 합당하게 충족시키는 은행 지주회사와 외국 은행들을 인정하였고, 따라서 이들로 하여금 금융과 관련한 보다 넓은 활동을 수행할 수 있도록 하였다. 아울러, 이 법안은 금융 지주 회사의 기능 규제, 금융 기관이 보유한 비공중(nonpublic) 고객정보의 보호, CRA의 감독 및 기타 규제 기관의 활동에 대하여 논의하였다. 이 법안의 주요 내용은 아래에 제시되어 있다.

- **글래스-스티걸법의 폐지**: 은행, 증권회사, 보험회사를 포함하는 미국 금융서비스회사들이 서로 계열사 관계를 맺고 상대 시장에 진입하는 것을 허용하였다.

- **은행 지주회사 구조**: 일반적으로 은행 지주 회사의 계열사는 보다 넓은 범위의 금융활동을 하는 도구가 된다.

- **금융활동 관련 자격요건**: 지주 회사가 보다 넓은 범위의 금융활동을 하기 위해서 지주회사의 보험 가입된 예금 기관인 모든 자회사는 충분한 자본을 보유하고 잘 관리될 것이 요구된다. 이에 따르지 않을 경우는 자회사 매각 및 제한이 요구될 수 있다.

- **영업 중인 자회사의 활동**: 10억 달러 미만의 자산을 보유한 전국은행의 경우 영업 중인 자회사를 통해 금융 활동을 하는 것을 허락하였다. 이러한 활동을 자회사를 통해서 수행하기 위해서, 전국은행과 모든 부보예금기관 계열사는 충분한 자본을 보유하고 잘 관리되어야 하며, 전국은행은 이러한 기준에 근거한 OCC의 승인을 얻어야 한다. 이러한 활동을 하는

전국은행 자회사에게는 계열사 거래 제한과 끼워팔기 금지가 적용되었다. 은행은 또한 자본에서 계열사에 대한 투자액만큼을 공제해야 한다. 10억 달러 이상 자산규모의 전국은행은 지주회사 계열사를 통해 금융 활동을 행해야 했다. 전국은행은 규모에 관계없이 영업 중인 자회사를 통해서 에이전시로서의 금융 활동을 할 수 있다. 법제정일 현재 영업 중인 자회사를 통해 법적으로 활동 중인 전국은행은 그러한 활동의 지속이 승인된다.

- **지방수익채 인수주선업무**: 지방수익채 인수주선업무가 승인된 은행 업무가 되었다. 따라서 이 활동은 은행에 의해 직접적으로 또는 영업 중인 자회사를 통해서 행해질 수 있다. 이전에는 지자체의 일반 채무 채권만 은행에 의해 인수될 수 있었다.

- **기능적 규제**: 지주회사의 은행, 보험, 증권 분야에 대한 강력한 기능적 규제에 의존하고 포괄적 감독기관으로 연준을 창설함.

- **규제적 부담의 감소**: 연준을 기타 기능적 규제기관들에 의한 보고서 및 검토에 의존하는 포괄적 감독자의 역할을 할 것을 요구함으로써 규제적 부담을 간소화하였다. 또한 공무상의 의무를 수행하기 위해 필요한 정보를 관련 규제 기관들 사이에 공유할 것을 요구하였다.

- **보호적 규칙의 경쟁**: 연방 은행에 이전시는 은행, 피고용인, 기타 은행을 대신하여 그러한 활동을 하는 사람들에 의한 보험 상품 판매를 통제하는 공통 소비자 보호 규제안을 발표할 것이 요구되었다. 연방 은행 규제기관은 공통의 규칙을 만들 때 주들과 상의해야 한다. 보다 보호적 측면이 강한 것으로 간주되는 연방 규제의 조항들은 연방통지 후 3년 이내에 주입법부가 그러한 범위에 들지 않는 법안을 제정하지 않는다면 주법을 대체하게 된다.

- **FICO 평가**: 1999년부터 BIF회원 FICO평가를 3년간 동결한다. 이는 1억 달러 자산규모 은행의 경우 연간 18,000달러를 절약할 수 있음을 의미한다. 따라서 소규모 지방은행에게 더욱 중요하다. 이는 의회로 하여금 FDIC 보험 펀드의 합병, 은행과 저축은행 인가제도의 통합, OCC와 OTS와 같은 규제기관의 통합과 같은 중요한 이슈들에 대해 고민할 시한을 줄 수 있다는 점에서 중요하다. 1980년 이래로, 연방 예금 보험 제도의 건전성에 관한 최소 13번의 청문회가 열렸다. 은행, 저축기관, 대출 기관의 연방 규제를 통합하는 11개의 제안서가 있었고, 은행과 저축기관 인가제도를 통합하는 5개의 제안서가 있었다.

- **CRA**: 가장 최근의 CRA조사 또는 직전 36개월 동안의 각각의 CRA조사에서 만족할 만한 또는 더 나은 등급을 받은 피보험 예금 기관에 대한 CRA의 준수와 관련해 반박할 기회를 부여하는 추정을 설정한다. 준수 추정은 반대의 중요하고 입증가능한 정보를 제시하는 어

떤 사람에 의해서도 반박될 수 있다.

총자산 규모 1억 달러 미만의 비대도시권에 위치한 은행, 저축은행은 CRA의 규제조항에서 면제된다. 이는 전체 은행 및 저축은행의 38%인데, 전국 은행자산 규모의 2.8%에 불과하다.

- **은행의 증권업무**: 은행이 주법하에서 브로커 또는 딜러로 등록하지 않음으로써 향유한 넓은 범위의 면제를 철폐하는 한편, 자발적인 IRA 관리인 역할을 하는 은행에게 이러한 활동을 은행에서 하지 말 것을 요구하지 않고 또한 등록된 브로커/딜러에게 할 것을 요구하지 않는다. 은행은 종종 연금, 퇴직금, 이익 공유, 보너스, 저축, 인센티브 및 기타 계획 등의 서비스 공급자로서 기능한다. 연방준비이사회의 동의를 얻고 SEC는 은행에 의해 제공되거나 판매되는 새로운 상품 중 어떠한 것들이 SEC에 등록되어야 하는지를 규제에 의해 결정할 수 있다. 은행은 이 항목에서 정의한 전통적 은행 상품은 SEC에 등록 없이 제공하거나 판매할 수 있다.

- **연방주택대출은행 개혁**: 연방주택대출은행 시스템의 수행을 현대화하는 조항을 포함한다. 2000년 6월 1일, 연방주택대출은행 시스템의 회원가입 여부는 자발적으로 선택하도록 되었다. 지역은행(총자산 5억 달러 미만의 은행)은 주택 모기지 대출이 총자산에서 차지하는 비율에 관계없이 회원이 될 수 있다. 지역은행은 소규모 사업, 소형 농장, 소형 농업관련사업 대출을 위해 선금을 사용할 수 있다. 또한 이 선금을 소규모 사업 및 농업 대출로 담보하는 것을 허용하였다. 시스템의 지배구조를 지역 은행에 보다 많은 권한을 부여하는 방식으로 수정하였다.

유동성 제한, 자기자본규제, 통화 정책

은행 재무상태표의 규모와 구성은 예금 부채 대비 현금 자산의 최소 비율을 규정하는 법정 지급준비금과 위험 자산(대충 이야기하자면 대출금) 대비 은행의 최소자기자본 비율과 총자산 대비 은행의 최소 자기자본(레버리지)의 비율을 정하는 자기자본 규제에 의해 결정된다. 미국역사의 대부분에서, 특히 대공황 이후 반세기 동안, 자기자본 규제는 큰 영향력이 없었다. 따라서 은행의 규모에 제한을 두는 것은 법정 현금자산 지급준비금 제도였다.* 이는 1980년 은행의 재무상태표상의 활동 및 부외 활동의 신용 위험 증가가 인식되면서 변화하게 되었다. 이와 동시에 법정

* 오늘날에도 많은 자금과 은행업무 교본들은 마치 자본의 요건은 효과가 없는 것처럼 예치금 확장의 절차를 설명하고 있다. 3장의 고정계수모델 논의 참조.

현금자산 지급준비금이 점점 줄어들게 되었는데, 이는 은행 수익 악화에 일부 기인한다. 많은 은행들에서 지급 준비금과 자본 규제가 차지하는 중요성이 바뀌게 되었고, 이에 따라 자본 규제가 구속력을 지니게 되었다. 이는 통화정책이 경제 내에서 행하는 역할에도 영향을 미치게 되었는데, 특히 연준의 공개시장 조작정책에 영향을 미치게 되었다.

전통적 환경하에서, 연준의 정부채 구입은 은행 시스템의 과잉 현금자산 준비금을 증가시켜, 은행으로 하여금 대출 및 은행 재무상태표의 자산규모를 확대시켰다. 초기 연준의 구입은 미국 정부채의 가격을 상승시키고 이자율을 하락시켰다. 확대된 공개시장조작정책의 이차적 효과는 자신의 정부채를 연준에 판매한 사람들이 예치한 새로운 예치금에 대한 은행의 반응으로부터 왔다. 이러한 자율적인 예금은 은행의 현금 자산 준비금을 증가시켰다. 새로운 과잉 준비금의 소멸을 위해서 은행들은 새로운 예치금을 대출하였다. 이는 은행의 자산(부채) 규모를 증가시켰고 이자율에 대한 하락 압력을 가중시켰다.

이 모든 것은 자기자본 규제의 간섭이나 영향과 무관하게 발생하였다. 사실, 통화정책에 대한 이러한 전통적 해석은 강제적인 것은 아니다. 그러나 자기자본 규제가 강제적이라면 이야기는 달라진다. 정부채 시장을 통한 이자율에 대한 영향은 불변이나 은행의 반응은 변화된 제한에 따라 달라진다. 확실히, 자본 규제는 배당 감소나 은행 자본 판매를 통해, 또는 역사적 원가 이하로 계상된 자산이나 부채의 판매를 통한 자본 획득의 실현을 통해 완화될 수 있다. 그러나 이러한 적응은 종종 단기적 비용부담을 수반한다. 따라서 은행의 자본은 실용적인 이유로 인해 단기적으로 고정될 수 있고 그러한 경우에는, 자본 제약에 영합해야 하는 재무상태표 계정은 다른 계정이 된다.

자기자본 규제는 두 가지 형태가 있다. 하나는 위험 기반이고 다른 하나는 레버리지 비율이다. 단순화를 위해, 우리는 전자를 대출금에 대한 자기자본의 최소 비율로 생각할 수 있고, 후자를 총자산(부채)에 대한 자기자본의 최소 비율로 생각할 수 있다. 이자 은행이 비소득 현금 자산, 신용위험이 없는 이자부 정부채권 또는 위험 대출금을 보유하고 있다고 가정하자. 또한 현금 자산 지급준비금은 0이고 위험 기반 형태건 레버리지 형태건 구속적인 자기자본 규제는 없다고 가정하자. 은행은 무이자부 예치금의 한 종류와 한 종류의 자본, 즉 자기자본을 가지고 있다.

만일 자기자본 규제가 위험 기반이고 연준이 확장된 공개시장 조작정책을 취한다면, 은행은 자율적인 예치금을 수취할 것이다. 예치금 중 작은 일부분은 유동성 목적으로 현금 형태로 보유하게 될 것이지만, 대부분은 정부채권으로 보유될 것이다. 우리는 은행이 자본 제약 때문에 대출을 하지는 않을 것이라는 것을 알고 있다. 따라서 이자율이 하락하게 되고 예치금 증가가 일어나게 되지만 대출은 이루어지지 않게 된다.

따라서 구속력 있는 자기자본 규제는 이자율에의 영향과 관련한 효과를 통화 정책이 지속함에도 불구하고 신용붕괴가 발생하는 것에 대해 설명할 수 있다. 이자율은 연준의 확장된 공개시장조작정책에 의해 처음에는 연준의 정부채권 구입의 결과로, 그 후에는 은행의 정부채권 구입의 결과로 낮아진다. 이자율 하락은 투자자들의 자본 시장을 통한 대출을 유발할 수 있으나, 모두가 이러한 시장에 손쉽게 접근할 수 있는 것은 아니다. 따라서 주어진 공개시장 조작정책의 확장된 영향은 약화될 것이고, 소규모 기업일수록 보다 경색되게 될 것이다.

이제 은행이 주어진 자기자본 대비 보유할 수 있는 최대 총자산을 고정하는 레버리지 형태의 자기자본 비율을 생각해보자. 이러한 경우, 은행은 통화정책의 순환고리에서 완전히 벗어날 수 있다. 연준에 의한 정부채권 구입은 은행 예치금의 증가를 가져오지 않는다. 은행의 규모가 자본요건에 따라 제한되기 때문에 동일 금액의 다른 예치금을 없애지 않고는 정부 채권 판매자로부터 예치금을 수취할 수 없다. 이러한 경우 연준에 의한 정부채권의 구입은 이자율에 하락 압력을 가져오지만 은행규모는 커지지 않는다. 자율적인 예치금은 은행으로 하여금 동일 금액만큼의 예치금을 없애기 위해서 대출금이나 증권을 팔 것을 요구한다. 이는 이자율에 상승 압력을 가져오고 은행으로 하여금 여분의 준비금 보유를 하게 한다.*

현금 자산 준비금 규제를 자본 규제로 바꾸는 것은 통화정책이 경제에 미치는 영향에 큰 영향을 주게 되고, 이는 1991-92년의 신용 경색을 이해하는 데 관계되어 있다. 은행 대출금은 연준의 이자율 하락을 통한 경제 부흥 노력에도 불구하고 영향받지 않는다고 말해졌다.** 연준은 정부채권을 적극적으로 구입하였고, 은행 시스템의 준비금을 확대하였으며 은행 자산을 증가하였다. 그러나 대출은 크게 영향받지 않았다. 은행은 단순히 정부채권 보유를 증가시켰을 뿐이고 경제는 1993년까지 더디게 성장하였다.

바젤 II 협약

2004년 6월, G10국가의 중앙은행장들과 은행 감독기관의 수장들은 새로운 자본 타당성 체제로 바젤 II 협약으로 알려진 **자기자본 측정과 기준에 관한 국제적 합의: 수정체제**(International Convergence of Capital Management and Capital Standards: a Revised Framework)를 발표하였다. 기본 접근 방향의 계획된 이행은 2006년 말까지 완료되기로 되어 있었고, 보다 고급화된 접근은 2007년 말까지 완료되기로 하였다. 바젤 II는 바젤 I에 의해 시작된 진화 과정의 산물로 간주된다.

* 이 분석에 대한 이해를 명확히 하기 위해, 연방준비은행이 미정부의 채권 대신에 은행의 주식을 매매함으로써 공개시장을 조작할 수 있는 가능성을 생각해보라.

** 대부분 연방준비은행의 공개시장조작은 정부채권시장에서 불리한 쪽에 있다. 왜냐하면, 시장의 불리한 쪽은 시장깊이가 더 깊고 또 더 유동적이어서 비교적 적은 혼란으로 연방준비은행의 대규모 거래를 수용할 수 있기 때문이다.

바젤 II의 목적

바젤 II협약은 여러 가지 목적을 가진다. 주요한 목적은 아래와 같다.

- 자기자본규제가 경쟁열위의 원천이 아님을 분명히 한다.
- 보다 위험민감적인 자본 규제를 도입한다.
- 은행 자신의 내부 위험 평가를 보다 적극적으로 이용한다.
- 단순히 자본 규제에 의존하는 것이 아닌 신중한 위험 관리를 보장하는 규제를 인정하는 시장규율과 규제적 감독의 도입.
- 신용 위험 이자율 위험, 영업 위험을 포함하는 다양한 위험을 커버함.
- 은행의 위험 완화 노력을 설명함.
- 시간이 지남에 따라 발전하는 미래 지향적 접근방법을 도입함.

바젤 II의 세 가지 특징

바젤 I은 은행의 자기자본 규제에 초점을 맞추고 있다. 반면, 바젤 II는 보다 포괄적인 접근방법을 취하고, 은행에 의한 적절한 위험 부담을 보장하기 위한 세 가지 기본 특징을 가지고 있다. 세 가지 기본 특징은 다음과 같다.

- **첫 번째 특징**(pillar 1): 최소 자기자본 규제
- **두 번째 특징**(pillar 2): 감독당국의 점검
- **세 번째 특징**(pillar 3): 시장 규율

아이디어는 규제기관은 은행 위험의 감독을 위해 자본 규제(바젤 I과 마찬가지이나, 자본규제를 신용위험뿐 아니라 보다 넓은 범위의 일련의 위험과 연관 짓는다는 점에서 수정되었다), 규제감독, 시장 규율이라는 세 가지 메커니즘에 의존하도록 되어 있다는 점이다. 우리는 각각에 대하여 간략하게 살펴볼 것이다. 관심 있는 독자는 보다 상세한 토론을 위해 국제결제은행(Bank for International Settlement) 웹사이트를 방문하라.

필라 1(첫 번째 특징): 최소 자기자본 규제

총 최소 자기자본 규제는 신용, 시장 그리고 영업 위험을 대상으로 계산된다. 자본 비율은 규제자본과 위험 가중 자산에 대한 정의를 이용하여 계산된다. 총 자본 비율은 8% 미만이 되어서는 안 된다. Tier-2 자본은 Tier-1 자본의 100%로 제한된다.

자격요건을 갖춘 규제 자본의 정의: 몇몇 수정과 더불어, 이는 1988년 바젤 I 협약의 정의와 동일하다.*

위험가중 자산의 정의: 바젤 II에서는 다음과 같이 정의한다.

총 위험가중 자산=〔신용위험에 의해 정의된 위험 가중 자산〕+
〔12.5×시장 및 영업 위험에 대한 자본 규제〕

위에서 12.5는 최소자본 규제인 8%의 역수임을 주목하라.

신용 위험을 위한 위험 가중 자산의 결정

은행은 신용 위험에 대한 자본 요건을 계산할 때 두 가지 방법 중에서 선택할 수 있다. 한 가지는 기본적 접근법이고 다른 한 가지는 내부등급법(IRB)이다. 우리는 이 중 우선 **기본적 접근법**에 대해 살펴볼 것이다. 아래의 〈표 12.3〉에서 이 접근법하에서 신용의 종류에 따라 할당되는 가중치를 제시하고 있다.

다양한 종류에 내포된 신용위험을 반영하도록 위험 가중치를 규정하는 것에 더불어, 바젤 II는 은행의 위험 완화 노력이 위험 노출에 영향을 줄 수 있음을 인지하며, 이를 최소 자본 요건의 계산에 반영하는 방안을 강구한다. 예를 들면 은행은 어떤 거래가 담보된 거래인 경우에는, 즉 은행의 신용 노출이 담보에 의해 한정되는 경우에는 그와 관련하여 보유하여야 하는 자본량을 낮출 수 있다. 그러나 만일 이와 관련된 청구권이 은행의 위험 감소 노력을 반영하는 이슈 특성화된 등급을 적용하고 있다면, 신용 등급에 대한 위험 절감 노력에 의해 이미 가능해진 정도를 넘어서는 추가적인 자본 감소는 인정되지 않는다.

다음으로, 신용 위험에 대한 IRB 접근법을 생각해보자. 이 접근법은 이를 사용하는 은행이 일정 조건 및 공개 요건을 만족시키는 경우, 그러한 은행은 주어진 노출하에서 자본 요건을 결정할 때 자신의 위험 요소에 대한 평가에 의존할 수 있도록 하고 있다. IRB접근법에서 위험 요소는 부도 가능성(PD), 부도 시 손실률(LGD), 부도 시 익스포저(EAD), 익스포저(exposure)의 만기(M)에 대한 측정치를 포함한다. 몇몇의 경우에 은행은 하나 또는 그 이상의 위험 요소에 대해 내부 평가치 대신 감독기관의 측정치를 사용하도록 요구되기도 한다.

IRB접근법에서 첫 번째 단계는 다양한 위험 특징을 지닌 자산의 넓은 범위의 종류에 대한 은행 장부의 익스포저를 유형별로 구분하는 것으로, 기업, 정부, 은행, 소매, 자본의 유형으로 나누어질 수 있다. 이러한 넓은 범위의 종류 내에는, 하위 유형이 존재한다.

* 예를 들면, 허용되는 방법들 중의 하나(내부 등급기준안)로, Tier-2상의 일반 대손충당금을 포함시키는 조치들이 철회되었다.

〈표 12. 3〉 표준 접근법하에서 다양한 신용에 대한 위험 가중치

청구권의 종류	위험 가중치
1.정부 및 중앙은행에 대한 청구권	신용등급에 따른 가중치: AAA~AA-는 0%; A+~A-는 20%; BBB+~BBB-는 50%; BB+~B-는 100%; B- 이하 150%; 등급이 없을 경우 100%
2. 비중앙 정부 공공 기관에 대한 청구권(PSEs)	정부재량에 따른 위험 가중치. 특정 PSE에 대한 청구권은 해당 PSE가 설립된 지역의 정부에 대한 청구권처럼 취급됨
3. 다자개발은행(MDBs)에 대한 청구권	위험가중치는 외부 위험 평가에 기반함. 높은 등급의 MDBs에 대해서는 0%의 위험가중치가 적용(예를 들면 AAA 등급)
4. 은행에 대한 청구권	정부 감독기관은 두 가지 옵션 중 하나를 선택할 수 있음 (1) 특정 국가에 존재하는 모든 은행에 그 나라 주권에 대한 청구권에 할당된 위험가중치보다 한 단계 아래의 위험가중치를 부여함 또는 (2) 위험 가중치를 은행에 대한 외부 신용 평가에 기준을 두고 정함. 하한 20%, 무등급 은행에 대한 가중치는 50%
5. 증권회사에 대한 청구권	증권회사가 위험 기반의 자본 규제 등의 은행과 유사한 감독과 규제를 받는 경우 은행에 대한 청구권처럼 취급함. 기타의 경우 기업에 대한 청구권처럼 취급함
6. 기업에 대한 청구권	등급에 따른 가중치: AAA~AA-는 20%; A+~A-는 50%; BBB+~BB-는 100%; BB- 이하는 150%; 무등급인 경우 100%. 정부재량에 따라, 감독 기관은 외부기관의 등급평가와 무관하게 은행의 기업채권에 대한 100% 가중치부여를 허용할 수 있음
7. 리볼빙 크레딧, 크레딧 라인(신용 카드, 당좌대월 등)과 같은 규제적 소매 대출, 개인 텀론과 리스, 소규모 기업 시설 및 약정에 대한 청구권	75%
8. 주택 담보와 주택물에 의해 담보된 청구권	35%
9. 상업용 부동산에 의해 담보된 청구권	100%
10. 지불기일이 지난 여신(90일 이상)	약정에 따라 100%~150%
11. 정부, PSE, 은행, B- 이하 등급의 주식회사, BB- 등급 이하의 기업, BB+~ BB- 사이의 유동화증권 트랜치 등에 대한 청구권	150% 또는 그 이상의 위험 가중치. BB+~BB- 사이의 유동화증권 트랜치는 위험가중치 350%
12. 지분투자와 같은 기타 자산, 은행이나 증권회사에 의해 발행된 규제 자본 상품	100%
13. 부외 자산	CCF(신용환산비율)가 사용됨 - 만기 1년 이하 약정일 경우 20%의 CCF를, 1년 초과 약정일 경우 50%의 CCF를 적용받음. 반면 MAC 조항(항시 취소 조항)이 있는 약정은 0%를 적용받음 단기 자동결제성 상업신용장은 20%의 CCF가 적용됨

각각의 자산 종류에 대해서 다음과 같은 세 가지 핵심 요소가 있다.

- **위험 요소**: 은행에 의해 제공된 위험 모수(parameter)의 측정치. 이 중 일부는 감독기관의 측정치임
- **위험 가중 기능**: 위험 요소가 위험 가중 자산으로 변환되어 자본 규제가 되는 방법
- **최소 규제**: 은행이 IRB 접근법을 사용하기 위한 최소 기준

많은 자산 클래스에서, 두 가지 넓은 접근방식, 즉 **기본접근법**(foundation approach)과 **고급접근법**(advanced approach)이 적용된다. 기본접근법하에서, 일반적으로 은행은 PD에 대한 스스로의 측정치를 제공하고 기타 위험 요소에 대한 감독기관의 측정치에 의존한다. 고급접근법하에서는, 은행은 PD, LGD, EAD에 대한 자신의 측정치 및 M에 대한 계산치를 제공한다. 여기서 자세한 계산 방법은 생략하도록 한다.

증권화는 바젤 II하에서 특별한 취급을 받았고, 은행은 증권화의 법적 형태보다는 경제적 실질에 대해 중점을 두면서 전통적 및 합성 증권화로부터 발생하는 익스포저에 대한 규제 자본 요건을 결정할 것이 요구되었다. 자본 규제를 받는 증권화 구조는 증권화 거래에 대한 신용 위험의 완화책의 공급, 자산담보부증권에의 투자, 후순위 채권의 보유, 유동성지원 또는 신용보강의 확대 등으로부터 발생하는 익스포저를 포함한다.

운영위험에 대한 자본 규제: 운영 위험이란 부적절하거나 잘못된 내부 프로세스, 인력 또는 시스템 및 외부 사건으로 인하여 발생하는 손실 위험으로 정의된다. 이는 법적 위험을 포함하나 전략적 위험 및 평판 위험을 포함하지 않는다.

운영 위험과 관련된 자본을 계산하는 방법에는 (i) 기초지표법, (ii) 표준 접근법, (iii) 고급 측정법(AMA)이 있다. 은행은 보다 정교한 운영위험 측정 시스템 및 업무의 발달과 함께 표준 방법과 고급측정법 적용을 위해 정해진 특정 자격 기준을 만족시킴에 따라 일련의 발전된 접근법을 사용하도록 권장된다.

기초지표법하에서 은행은 최근 3년간 연평균 총이익의 15%에 해당하는 자본을 보유하여야 한다. 연평균 총이익이 음인 경우는 제외된다.

표준접근법하에서, 은행의 활동은 여덟 가지 영업활동으로 나누어진다. 여덟 가지 영업활동은 투자금융, 트레이딩과 매매, 소매금융, 기업대출, 지급과 결제, 대행서비스, 자산관리, 소매중개이다. 총자본량은 매년 각 영업활동의 규제 자본의 합의 3년 평균으로 계산된다. 어느 영업활동에서의 음의 자본량(음의 총이익으로 발생함)은 다른 영업활동에서의 양의 자본량에 의해 상쇄될 수 있으며 여기에 제한은 없다. 그러나 특정 해에 모든 영업활동에 대한 총자본량이 음인 경우

그해는 계산에서 제외된다. 자본으로 보유되어야 하는 총이익에 대한 비율은 영업활동에 따라 다르다.*

AMA하에서, 규제 자본량은 은행의 내부 영업 위험 측정 시스템에 의해 계산된 위험 측정치와 같다. AMA의 사용은 감독기관의 승인을 필요로 한다.

시장위험에 대한 자본 규제: 바젤 II하에서 은행은 모든 중요한 시장위험에 대해 포지션, 데스크, 사업라인, 기업 수준에서 평가하고 적극적으로 관리할 수 있는 절차를 갖출 것을 요구받는다. 시장 위험에 대한 내부 자본 적절성에 대한 평가는 시장상황이 좋지 않을 때의 집중위험에 대한 평가와 비유동성 평가를 포함하는 **위험가치 기법**(VAR)과 스트레스 테스트에 기반을 두어야 한다. 은행의 내부 자본 평가는 은행이 최소자본요건을 충족시킬 뿐 아니라 발생 가능한 심각한 시장 충격을 견딜 정도의 충분한 자본을 보유하고 있다는 것을 보여주어야 한다.

적합하다고 평가될 때면 은행은 다음을 고려할 것이 요구된다.

- 비유동성/가격의 갭핑(gapping)
- 포지션 집중(시장 회전율에 상대적임)
- 비선형 상품/외가격 포지션
- 부도를 발생시키는 사건
- 상관관계에서 중요한 변화
- 회복률 불확실성 및 왜도 위험 등과 같은 VAR에 의해 포착되지 않는 기타 위험

필라 2(두 번째 특징): 감독 프로세스

바젤 II의 감독 프로세스는 은행이 영업상 노출된 모든 위험에 대비한 적절 수준을 보유하는 것뿐만 아니라 은행이 위험의 감독 및 관리와 관련한 보다 나은 위험관리 기법을 개발하는 것을 지지하는 것을 추구한다고 말하고 있다. 이 감독 프로세스는 내부 자본 평가 프로세스를 구축하고 적정한 자본 목표를 설정하는 데에서의 은행 관리층의 책임을 인식하고 있다.

감독 당국은 은행이 위험에 대비한 자본 니즈를 얼마나 잘 평가하는지를 판단하고 필요한 경우 조치를 취하도록 되어 있다. 이러한 상호 관계는 은행과 감독기관의 적극적인 대화를 활성화시켜 자본부족이 발생했을 때 적기 시정 조치를 통해 위험을 감소시키거나 자본을 복구하는 것을 목적으로 한다.

* 기업재무, 매매와 거래 그리고 지급과 결제는 18%가 적용된다. 상업은행과 에이전시 서비스에는 15%가 적용된다. 소매은행, 자산관리 그리고 소매브로커에는 12%가 적용된다.

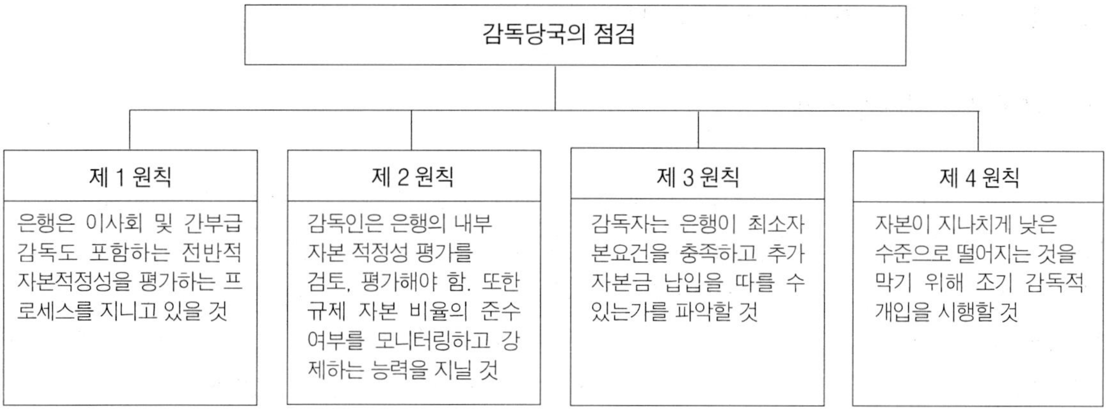

〈그림 12.6〉 감독당국 점검의 핵심 원칙

필라 2하에서 취급되는 세 가지 주요 영역은 필라 1 프로세스를 통해 완전히 포착되지 않는다고 여겨지는 필라 1하에서의 위험(예를 들면 신용 편중 위험), 필라 1에 의해 설명되지 않는 요소들(예를 들면 은행 계정의 이자율 위험, 사업 위험 및 전략 위험), 은행 외부적 요소(예를 들면 경기 순환 효과)이다. 더욱이 필라 2는 신용 위험과 관련한 IRB 구조, 영업 위험과 관련한 AMA 등과 같은 필라 1에서의 고급 방법의 공개 요건 및 최소 기준을 얼마나 잘 따르는지에 대한 규제기관에 의한 평가를 포함한다.

감독기관 검토의 네 가지 핵심 원칙: 바젤 II는 감독기관 검토의 네 가지 핵심 원칙을 제시하는데 이는 〈그림 12.6〉에 나타나고 있다.

이러한 원칙에 더불어 바젤 II는 은행 감독기관으로 하여금 그들의 의무를 수행함에 있어 투명하고 책임 있는 태도를 취할 것을 강조하고 있다. 또한 특히 복합 국제 은행 기관의 다국적 감독에서 국가 감독기관 사이의 보다 긴밀한 협조를 권장한다.

필라 3(세 번째 특징): 시장 규율

은행 활동의 복잡화와 더불어, 은행 감독기관이 이러한 활동을 상세하게 감독하는 것이 불가능하지는 않더라도 매우 어려워졌다. 따라서 바젤 II는 은행 감독에서 전문 투자자와 금융 분석가의 보완적 역할을 통한 은행 감독을 권장하고 있다. 그러나 이는 바젤 II가 매우 불명확하게 언급하는 부분이다. 투명성 증가에 대한 필요성 강조 이외에 바젤 II는 필라 3을 어떻게 수행할지에 대해 거의 언급하지 않고 있다. 이는 다수의 사람들이 관련 이슈에 대하여 매우 구체적인 제안서를 제출했음을 생각해 볼 때 놀랄 만한 일이다.*

바젤 II에 대한 간략한 평가

바젤 I은 그 전의 것들 중 가장 발전된 형태였다. 바젤 I은 순수주의자들에게는 너무 조잡해 보였지만, 자산 위험에 대한 시장 평가와 규제적 평가 사이의 연결을 가져왔다. 그러나 바젤 II는 현대 은행들이 맞닥뜨리는 모든 위험들을 다룬다는 것에 지나치게 흥분했는지도 모른다. 바젤 II는 점점 매우 복잡해졌고, 직관적이고 상식적이었던 바젤 I의 매력의 상당 부분을 상실하였다. 그리고 이러한 복잡성에도 불구하고 바젤 II는 핵심 이슈들에 대해서는 침묵하였다. 예를 들면, 바젤 II는 자본이 위험에 대해 충분한 완충역할을 할 수 없을 때 신속하게 감독기관이 개입하는 것이 필요하다고 주장하고 위험 가중치를 디자인하는 데 상당한 노력을 기울였지만, 개입의 시점과 형태에 대해서는 침묵하고 있다.**

또 다른 우려는 바젤 II하에서의 자본 요건은 경기 순응적이라는 것이다.*** 그 이유는 이 협약이 자본 요건을 위험과 밀접하게 연결시키고자 하고 있고 이에 따라 자본 요건은 위험이 증가함에 따라 함께 증가하게 되기 때문이다. 그러나 위험은 관측불가능한 것이고 측정되어야 하는 것이다. 위험 측정의 표준 방법은 경제 하강기에는 더 높은 위험 측정치를 내놓는 경향이 있다. 예를 들어 경기하강기에 우리는 일반적으로 신용 등급의 하락 및 신용의 질과 관련한 스프레드의 증가를 목격하게 된다. 물론 경기하강기에 위험이 실제로 증가하는 것이 명백하지는 않다. 사실 위험은 경기상승기에 다음 하강기를 유발하는 불균형이 증가하고 일부 대출자들이 경제활황이 영원할 것처럼 대출을 남발하는 경우 실질적으로 증가하게 될 수도 있다.****

그럼 최적의 자기자본 요건은 어떠해야 할 것인가? 우리는 자기자본 요건의 정확한 측정을 위한 복잡한 디자인을 하는 것에 덜 집중하고, 대신 은행 감독기관의 개입 기반을 제공하는 데 더 초점을 맞추어야 한다고 믿는 많은 학자들과 의견을 같이한다.***** 즉, 은행이 자기자본 요건을 충족시키지 못하였을 경우, 규제 기관이 무엇을 해야 하는가에 초점을 맞추어야 한다.

자기자본 요건에 대한 논쟁

은행 자기자본 요건의 수위가 어느 정도까지 높아야 하는가에 대한 활발한 논의가 계속되고 있

* Bliss(2001), Calomiris(1998) 그리고 Evanoff and Wall(2000) 참조.
** 이를 중시한 DeCamps, Rochet and Roger(2004)를 참조. '표준화된 방법'에서 위험가중치 효과에 대한 분석은 Resti and Sironi(2007)를 참조.
*** Ayuso, Perez and Saurina(2004) 참조
**** 예로서 Thakor(2005) 참조.
***** Dwatripont and Tirole(1994)와 DeCamps, Rochet and Roger(2004) 참조.

다. 우리는 이전 장에서 이와 관련된 이슈의 일부에 대하여 다루었다. 여기서 논의를 더 확장해 보도록 하겠다.

규제적 자기자본 요건이란 정부의 안전망이 예금 보험, 대마불사 정책 및 기타 개입 등을 통해 제공될 때 타당하다는 것을 다시 한 번 언급하면서 시작하는 것이 좋을 것 같다. 안전망을 옹호하는 주장은 사전적 요소와 사후적 요소를 모두 갖추고 있다. 사전적 논거는 안전망이 뱅크런의 발생가능성을 최소화하고 따라서 은행업의 안정성과 경제성장을 위해 필수적인 은행의 위험자산에의 대출을 증가시킨다는 것이다. 사후적 논거는 만약 몇몇 은행들이 실패하는 경우, 예금 보험이 그러한 실패가 은행 산업의 시스템 전반으로 확산되는 것을 방지할 수 있다는 점이다. 물론, 안전망이 시행되면, 시장 규율의 손실과 은행의 과도한 위험부담에 따르는 도덕적 해이는 피할 수 없게 된다.

규제적 자기자본 요건은 이러한 도덕적 해이에 대한 필수적 반응이다. 이는 규제기관에 의한 "케이크를 먹으면서 동시에 소유할 수는 없다"는 속담의 시도로 생각될 수 있다. 자기자본 요건은 은행의 위험 부담 인센티브에 해로운 영향 없이 예금 보험 안전망의 사전적, 사후적 요익을 누리게 해준다. 이는 마치 자기자본 요건의 수위가 높아야 한다고 제시하는 것처럼 보일 수도 있다.

그러나 이것이 바로 논쟁이 불거지는 부분이다. 많은 이들이 자기자본 요건의 증가가 바람직하지 못한 영향을 가져온다고 주장하고 있다. 이들은 특정 수위를 넘어선 높은 자기자본 요건은 (i) 은행으로 하여금 위험을 더 많이 떠안게 하고, (ii) 은행으로 하여금 예금에 덜 의존하게 함으로써 은행에 의한 유동성 창출을 감소시키며, (iii) 은행이 보다 높은 자기자본요건을 맞추기 위해 자기자본을 더 많이 증가시키도록 하여 역선택 비용을 유발한다고 주장한다. 이에 대해서 차례로 살펴보기로 하자.

(i)과 관련하여 현재 수준의 자기자본 요건이 이러한 부정적 효과가 있을 정도로 과한지 아닌지는 명확하지 않다. 우리는 그 정도라고 생각하지는 않지만, 이와 관련하여서는 잠시 후에 다시 언급하도록 할 것이다. 또한 이러한 주장은 이론적으로도 다소 좁은 상황에만 적용된다. (ii)와 관련하여, 이러한 주장은 여러 다른 주창자에 따라 여러 가지 많은 방식으로 제기되었다.* 주장의 한 가지 부류는 은행의 총자산 규모가 고정되면, 은행은 더 많은 자본을 가지게 되고 더 적은 예금을 보유하게 된다는 것이다. 즉, 은행의 자기자본이 예금을 밀어낸다는 것이다. 이는 동어반복이다.** 결과적으로, 은행이 보다 적은 예금으로부터 자금이 동원되는 대출을 함에 따라 유동성 창출이 감소하게 된다. 또 다른 주장의 부류는 예금의 인출가능성에 주목하는데, 이는 은행에 대한 시장 규율의 도입을 가져오고 자산 투자에 대한 규율을 가져오게 된다(10장의 논의를 생각해보라). 이를 인식하고 있는 예금주들은 은행에 대한 자금 공급에 적극적이게 될 것이다. 다른 한

* 예를 들어, Diamond and Rajan(2001)과 Gorton and Winton(2000) 참조.
** 고정 규모의 가정을 버리고도 동어반복이 아닌 유사한 논의를 여전히 계속할 수 있다. 일반균형하에서, Gorton and Winton(2000)은 높은 은행 자본의 요구가 은행예치금에서 은행주식으로의 대체효과를 가져올 수 있음을 주장하고 있다.

편으로, 자본은 이러한 인출 특성을 가지고 있지 않다. 따라서 예금의 규율 효과를 가지고 있지 못하다. 이는 은행의 주주들이 예금에 의한 자금공급이 가능했을 경우에는 자금공급을 보류할 수 있다는 것을 의미한다. 이는 은행에 의한 자산 투자(대출)를 낮추고 은행 규모를 작게 만든다. 따라서 은행 자기자본 요건의 증가는 대출 감소와 유동성 창출의 감소를 가져올 수 있다. 달리 말하면, 자기자본 요건의 심화는 질적인 자산 전환의 감소를 가져올 수 있다. 이는 은행에 대한 자기자본 요건 심화가 은행의 규모 감소를 가져오거나 또는 위험 대출에의 투자 감소 및 자산 투자규율 이슈가 크게 중요하지 않은 수익이 적게 나는 시장성 증권에의 투자 증가로 인해 은행 수익성 악화를 가져오게 된다는 것을 내포한다.

(iii)과 관련하여서, 기본 주장은 은행 자본이 예금이나 후순위 부채에 비하여 정보 비대칭성에 의한 역선택 비용에 연루되기 쉽다는 것이다.* 자기자본 요건이 강화되고 은행이 이에 따라 추가 자본을 발행하게 되면, 보다 높은 역선택 비용이 발생하게 된다. 은행은 더 많은 자기자본을 보유하게 되어 수익성이 감소하게 될 것이라고 실증적으로 예측할 수 있다. 그러나 우리는 왜 은행 자기자본이 이러한 역선택 비용을 발생시키는지에 대한 정확하게 연결되는 이론을 가지고 있지는 않다.

실증적 증거들은 어떠한가? 몇 가지 결과는 다음과 같다.** 첫째, 은행 감독 및 규제의 다른 특성을 조정하는 경우 비록 자본 규제의 엄격성과 은행 발전의 연결 관계가 상당히 약화되기는 하지만, 보다 엄격한 자본 규제는 무수익 여신을 감소시키고 은행 발전에 긍정적 영향을 미친다. 둘째, 관용적인 예금 보험 체제는 은행 안정성에 강한 반작용을 한다.*** 불길하게도, 강력한 공적 감독 기관, 엄격한 자본 규제, 은행에 대한 민간 부문 감독을 부추기는 규제는 관용적 예금 보험의 이러한 부정적 영향을 교정할 수 없다. 이는 우리가 앞서 언급했던 높은 수준의 자본 요건이 규제자들로 하여금 예금 보험의 역작용 없이 예금 보험 안전망의 이점을 얻을 수 있게 한다는 주장과 배치된다. 셋째, 은행의 민간 감독을 부추기는 규제는 은행 발전을 앞당기고 무수익 여신을 감소시킨다.

최근의 실증 연구들은 은행 자본이 합병에서 피합병 은행의 가치에 미치는 영향을 검증하였다.**** 그리고 피합병 은행의 구입 가격과 영업권이 자기 자본이 많을수록 높다는 것을 발견하였다. 또한, 피합병 은행의 합병 전 영업성과가 해당 은행이 자기 자본을 많이 가지고 있을수록 우수하다는 것을 발견하였다.

은행 자본과 성과의 관계를 대형 미국 은행에 초점을 맞추어 분석한 최근 연구도 있다.***** 이 연구는 평균 자산에 대한 수익률, 평균 자본에 대한 수익률, Tier-1 자본 비율, 레버리지 비율,

* 예로서 Stein(2004) 참조.
** 이러한 발견들은 Barth, Caprio, and Levine(2004)에서 보고되었다.
*** Demirguc-Kunt and Detragiache(2002) 참조.
**** Mehran and Thakor(2007) 참조.
***** Milligan(2005) 참조.

〈표 12.4〉 상위 25개 미국 은행의 영업성과 (2004–2005)

순위	회사명	주	총자산 ($000)	수익성				자본 적합성				자산의 질				총점
				Core ROA A (%)	ROA Rank	Core ROAE (%)	ROE Rank	Tier 1 Ratio (%)	Tier 1 Rank	Leverage Ratio(%)	Leverge Rank	NPAs/ Loans & OREO (%)	NPA Rank	Reserves/ Loans (%)	Reserve Bank	
1	Bank of Hawaii Corp.	HI	10,059,690	1.85	9	25.79	3	10.25	80	7.42	95	0.18	17	1.65	12	114.0
2	S & T Bancorp	PA	3,095,177	1.96	7	17.22	37	10.29	78	9.68	22	0.29	36	1.40	33	128.5
3	Park National Corp.	OH	5,633,319	1.74	12	17.72	32	14.14	18	8.94	33	0.67	114	2.14	5	129.0
4	City National Corp.	CA	14,475,598	1.63	18	16.82	41	11.91	43	8.12	62	0.25	32	1.66	11	133.0
5	Glacier Bancorp	MT	3,531,935	1.52	32	18.07	30	12.06	38	8.86	35	0.34	53	1.53	23	136.5
6	Westcorp	CA	16,544,234	1.60	21	17.88	31	11.09	57	8.75	39	0.44	78	2.49	1	139.5
7	Commerce Bancshares	MO	14,118,193	1.53	29	15.48	55	11.77	45	9.46	26	0.20	22	1.52	25	143.0
8	CVB Fin'l Corp.	CA	4,811,854	1.46;	42	21.28	9	12.10	34	8.27	54	0.00	1	1.05	96	143.5
9	Mellon Fin'l Corp.	PA	36,935,000	2.23	1	19.70	16	10.85	62	8.06	63	0.35	58	1.15	73	145.0
10	Cullen/Frost Bankers	TX	9,950,973	1.59	23	18.46	24	12.84	23	9.51	25	0.74	121	1.38	35	149.0
11	Synovus Fin'l Corp.	GA	26,713,294	1.97	6	18.62	22	9.95	92	9.65	24	0.50	90	1.34	41	151.5
12	Westamerica Bancorp.	CA	5,191,093	2.09	4	25.12	4	9.04	113	5.96	144	0.29	36	2.23	3	156.0
13	Corus Bankshares	IL	6,504,221	2.05	5	20.36	12	12.08	35	14.19	4	0.82	130	0.94	111	157.0
14	UCBH Holdings	CA	7,037,174	1.53	29	20.05	14	11.98	40	9.10	30	0.45	82	1.13	80	159.0
15	First Midwest Bancorp	IL	7,073,141	1.52	32	19.80	15	10.31	77	8.18	59	0.34	53	1.33	44	163.5
16	Mercantile Bankshares Corp.	MD	16,092,994	1.72	13	12.85	86	11.49	48	10.18	17	0.24	31	1.38	35	164.5
17	U.S. Bancorp	MN	203,981,000	2.22	2	22.61	7	8.10	135	7.90	72	0.46	85	1.54	22	166.0
18	Hancock Holding Co.	MS	4,789,065	1.51	35	15.24	57	12.41	29	8.75	38	0.35	58	1.45	27	168.0
19	International Bancshares Corp.	TX	10,273,970	1.30	60	17.39	34	11.69	46	6.80	118	0.03	3	1.67	10	182.5
20	Cathay General Bancorp	CA	6,073,302	1.64	16	13.77	73	10.60	69	9.00	31	0.36	62	1.47	29	183.0
21	East West Bancorp	CA	6,701,584	1.50	36	18.13	28	9.61	100	8.83	37	0.04	4	0.99	104	186.5
22	UnionBanCal Corp.	CA	51,178,058	1.58	25	18.90	20	8.88	117	7.79	79	0.21	26	1.22	62	187.0
23	Comerica	MI	54,689,000	1.72	13	17.38	36	8.52	127	10.50	16	0.57	104	1.41	30	187.5
24	Washington Federal	WA	7,930,456	1.77	11	11.85	98	26.25	4	14.37	2	0.15	12	0.43	140	188.0
25	Hanmi Fin'l Corp.	CA	3,251,792	1.86	8	14.12	69	11.22	54	9.41	27	0.23	30	0.91	115	190.0

출처: Bank Director, pp. 17-18, 4th Quarter 2005.

부실 채권 비율과 준비금 커버리지(대손충당금/총대출금)에 의해 점수표를 만들고, 2004년 3, 4분기와 2005년 1, 2분기 동안 성과에 따라 상위 150개 미국 은행을 선별하였다. 이 연구의 주요 결과는 상위 성과를 내는 미국 은행들이 매우 높은 자본 수준을 보인다는 것이다. 상위 25개 은행을 보여주는 〈표 12.4〉를 보라.

우리는 다음과 같이 정리할 수 있다. 첫째, 연방 예금 보험의 유용성이 의문시된다. 둘째, 은행 자본의 높은 수준은 은행 성과에 부정적 영향을 주지 않는 것으로 보인다. 사실, 영업성과와 은행 가치 모두 은행이 더 많은 자기자본을 보유할수록 높아진다. 그러나 예금 보험이 사라진다면, 은행 자기자본 요건이 약화될 것이다. 셋째, 증가된 은행 권한은 심화된 경쟁으로 인하여 긍정적인 경제적 성과를 가져오는 것으로 판단된다.

결론

미국 은행의 역사는 아메리칸 포퓰리즘과 개척자 정신에 의해 형성되었다. 그 결과는 부문화된 금융 서비스 산업과 금융서비스에 대한 부문화된 공적 규제이다. 은행 어음의 발행과 현금자산 준비금에 대한 요구는 은행업의 유동성에 초점을 맞추도록 되어 왔다. 유동성 준비금의 확장은 19세기 전국 은행 시스템의 위기를 가져왔고 간헐적 금융 공황을 가져왔다. 이는 연방준비위원회를 탄생시켰다. 연방 예금 보험은 은행 시스템의 실질적 붕괴에 대한 반응으로 1933년 생겨났다.

이자율에 대한 규제 및 은행업 진입에 대한 규제는 은행의 독점지대를 창출했고 예금 보험으로 인해 발생하는 도덕적 해이를 완화시켰다. 이는 1970년대 후반 높고 변동성이 심한 이자율이 대규모 탈중개화를 일으킬 때까지 안정성을 제공하였다. 규제자들은 이자율 상한을 없애고 투자 규제를 완화하며, 규제 조사를 줄이는 방법으로 반응하였다. 고정 모기지 이자율에 법적으로 묶여 있던 저축 기관들은 이자율 위험으로 인해 큰 손실을 보게 되었다. 이러한 손실은 저축기관들로 하여금 더 많은 신용 위험을 떠안도록 하였고, 그 결과 더 많은 손실이 발생하게 되었다. 저축기관 산업의 폭발로 결국 FIRREA(1989), FDICIA(1991) 등의 규제 기관들이 연달아 생겨나게 되었다. 그리고 이후에는 바젤 II 협약하에서의 새로운 자본 규제도 마련되었다.

규제 개혁은 거의 항상 금융 위기의 발생 결과로 이루어진다. 그러나 규제는 미래를 내다보아야 하며, 미래 은행업 규제는 최적 위험과 금융 중개기관의 혁신이라는 핵심 이슈를 고려해야 할 것이다.

연습문제

1. 미국에서 은행 규제의 중요한 이정표가 되는 단계는 무엇인가?

2. 예금 보험이 필요하다면, 시스템 개혁을 위해 어떠한 절차가 취해져야 하는가?
3. 시장가치 회계의 장단점은 무엇인가?
4. 은행 권한의 증가와 관련한 장단점은 무엇인가?
5. 규제기관은 항상 사회적 후생을 극대화하는가? 그렇다면 그 이유는 무엇이고, 그렇지 않다면 그 이유는 무엇인가? 이와 관련하여 어떠한 것이 행해질 수 있는가?
6. FDICIA와 NCFIRRE 제안서의 핵심 사항에 대해 논하라. 각각에 대해 논평하라.
7. 당신은 우리의 은행 시스템을 어떻게 개혁할 것인가?
8. 미국에서 1991-92년 통화정책은 경제가 침체된 성장패턴에서 벗어나도록 하는 데에서 왜 실패하였는가?

참고문헌

Adams, James R., *The Big Fix: Inside the S&L Scandal*, New York: John Wiley & Sons, 1990.

Allen, Franklin, and Douglas Gale, "Measurement Distortion and Missing Contingencies in Optimal Contracts," *Economic Theory* 2, 1993, 1?-26.

Ayuso, Juan, Daniel Perez, and Jesus Saurina, "Are Capital BuVers Pro-Cyclical? Evidence from Spanish Panel Data," *Journal of Financial Intermediation* 13-2, April 2004, 249-264.

Balderstone, Frederick E., *Thrifts in Crisis: Structural Transformation of the Savings and Loan Industry*, Cambridge, MA: Ballinger, 1985.

Barth, James R., Gerand Caprio, Jr., and Ross Levine, "Bank Regulation and Supervision: What Works Best?" *Journal of Financial Intermediation* 13-2, April 2004, 205-248.

Benston, George, *The Separation of Commercial and Investment Banking: The Glass-Steagall Act Revisited and Reconsidered*, New York: Oxford University Press, 1990.

Berger, Alan N., Kathleen K. King, and James M. O'Brien, "The Limitations of Market Value Accounting and a More Realistic Alternative," *Journal of Banking and Finance* 15, 1991.

Bhattacharya, Sudipto, and Anjan V. Thakor, "Contemporary Banking Theory," *Journal of Financial Intermediation* 3-1, October 1993, 2-50.

Boot, Arnoud W. A., "Why Hang on to Losers: Divestitures and Takeovers," *The Journal of Finance* 47-4, September 1992, 1401-1424.

Boot, Arnoud W. A., and Anjan V. Thakor, "Banking Scope and Financial Innovation," *Review of Financial Studies* 10-4, Winter 1997, 1099-1131, reprinted as a "CEPR Classic" in a book published by *Oxford University Press* (eds: Bruno Biais and Marco Pagasio).

———, "Ambiguity and Moral Hazard," Indiana University working paper, August 1991.

———, "Self-Interested Bank Regulation," *American Economic Review* 83-2, May 1993, 206-212.

Boot, Arnoud W. A., and Stuart I. Greenbaum, "Bank Regulation, Reputation and Rents: Theory and Policy Implications," in *Capital Markets and Financial Intermediation*, Colin Mayer and Xavier Vives, editors, Cambridge: Cambridge University Press, 1993, 262-285.

Boot, Arnoud W. A., Stuart I. Greenbaum, and Anjan V. Thakor, "Reputation and Discretion in Financial Contracting," *American Economic Review* 83-5, December 1993, 1165-1183.

Booth, James R., "FDIC Improvement Act and Corporate Governance of Commercial Banks," *Economic Review* 1, Federal ReserveBank of San Francisco, 1993, 14-22.

Bray, Hammond, *Banks and Politics in America From the Revolution to the Civil Wars*, Princeton University Press, Princeton, N.J., 1957.

Campbell, Tim S., Yuk-Shee Chan, and Anthony Marino, "An Incentive-Based Theory of Bank Regulation," *Journal of Financial Intermediation* 2, 1992, 255-276.

Carnell, Richard S., "Implementing the FDIC Improvement Act of 1991," paper presented at a *Conference on Rebuilding Public ConWdence Through Financial Reform*, Ohio State University, Columbus, Ohio, June 25, 1992.

Chan, Yuk-Shee, Stuart I. Greenbaum, and Anjan V. Thakor, "Is Fairly Priced Deposit Insurance Possible?" *The Journal of Finance*, 47-1, March 1992, 227-246.

Corrigan, Gerald F., "Reforming the U.S. Financial System: An International Perspective," *Quarterly Review of the Federal Reserve Bank of New York* 15, Spring 1990, 1-14.

DeCamps, Jean-Paul, Jean-Charles Rochet, and Benoit Roger, "The Three Pillars of Basel II; Optimizing the Mix," *Journal of Financial Intermediation* 13-2, April 2004, 132-155.

Demirgüc-Kunt, A., and Enrica Detragiache, "Does Deposit Insurance Increase Banking System Stability? An Empirical Investigation," *Journal of Monetary Economics*, 2005.

Dewatripont, Mathias, and Jean Tirole, *The Prudential Regulation of Banks*, MIT Press, 1994.

Diamond, Douglas, and Raghuram Rajan, "Liquidity Risk, Liquidity Creation and Financial Fragility: A Theory of Banking," Journal of Political Economy, April 2001.

Donaldson, R. Glen, "Costly Liquidation, Interbank Trade, Bank Runs and Panics," *Journal of Financial Intermediation* 2-1, March 1992, 59-82.

Eisenbeis, Robert A., and Paul M. Horvitz, "The Role of Forbearance and Its Costs in Handling Troubled and Failed Depository Institutions," paper presented at the American Finance Association meetings, Anaheim, CA, 1993.

Ely, Bert, "Surprise! Congress Has Just Enacted What Amounts to a Core Banking System," *American Banker*, September 27, 1993.

Fischer, Gerald C., *The Modern Bank Holding Company: Development, Regulation, and Performance*, Temple University, Philadelphia, PA, 1986.

Flannery, Mark J., "Pricing Deposit Insurance When the Insurer Measures Bank Risk with Error," *Journal of Banking and Finance* 15, 1991, 975-998.

Gorton, Gary, and Andrew Winton, "Liquidity Provision, Bank Capital and the Macroeconomy," mimeo, University of Minnesota, 2000.

Greenspan, Alan, "FDICIA and the Future of Banking Law and Regulation," *Proceedings of the 29th Annual Conference on Bank Structure and Competition, Federal Reserve of Chicago*, titled: "FDICIA: An Appraisal," May 1993, 3-9.

Huertas, T., "Can Banking and Commerce Mix?" Cato Journal 7, Winter 1988, 743-762.

Kane, Edward J., "Changing Incentives Facing Financial Services Regulators," *Journal of Financial Services Research*, 1989a, 265-274.

———, "The Unending Deposit Insurance Mess," *Science* 246, October 1989b, 451-456.

———, "Market Forces and Financial Misregulation," talk delivered at the *Third Annual Australasian Finance and Banking Conference*, November 1990b.

———,, "Principal-Agent Problems in S&L Salvage," *The Journal of Finance* 45-3, July 1990a, 755-764.

Kane, Edward J., and M. Yu, "How Much Did Capital Forbearance Add to the Tab for the FSLIC Mess?" working paper, Boston College, 1993.

Kareken, John H., "Deposit Insurance Reform; Or, Deregulation Is the Cart, Not the Horse," *Quarterly Review, Federal Reserve Bank of Minneapolis*, Winter 1990, 3-11.

Kroszner, Randall, and Raghuran Rajan, "Is the Glass-Steagall Act Justified?" *American Economic Review*, forthcoming.

Loewy, Michael B., "The Macroeconomic EVects of Bank Runs: An Equilibrium Analysis," *Journal of Financial Intermediation* 1, 1991, 242-256.

Mehran, Hamid, and Anjan V. Thakor, "Does Capital Hurt the Value of the Bank?" Working Paper, Federal Reserve Bank of New York, January 2007.

Mester, Loretta J., "Banking and Commerce: A Dangerous Liaison?" *Business Review, Federal Reserve Bank of Philadelphia*, May/June 1992, 17-29.

Milligan, Jack, "What Makes a Good Bank Good?" *Bank Director*, 4th quarter 2005, 16-24.

Myers, Stewart C., and Nicholas S. Majluf, "Corporate Financing and Investment Decisions When Firms Have Information That Investors Do Not Have," *Journal of Financial Economics* 13, 1984, 187-221.

National Commission on Financial Institution Reform, Recovery and Enforcement "Origins and Causes of the S&L Debate: A Blueprint for Reform," A Report to the Congress of the United States, Washington, D. C., July 1993.

O''Hara, Maureen, "Real Bills Revisited: Market Value Accounting and Loan Maturity," *Journal of Financial Intermediation* 3-1, October 1993, 51-76.

Resti, Andrea, and Andrea Sironi, "The Risk-Weights in the New Basel Capital Accord: Lessons from Bond Spreads Based on a Simple Structural Model," *Journal of Financial Intermediation* 16, January 2007, 64-90.

Saunders, Anthony, "The Separation of Banking and Commerce," working paper, New York University Salomon Center, May 1991.

———, "Securities Activities of Commercial Banks: The Problem of ConXict of Interests," *Business Review, Federal Reserve Bank of Philadelphia*, July/August 1985, 17-27.

Shull, B., "The Separation of Banking and Commerce: Origin, Development, and Implications for Antitrust," *The Antitrust Bulletin* 28, Spring 1983, 255-279.

Simons, Henry C., *A Positive Program for Laissez Faire*, Public Policy Pamphlet No. 15, University of Chicago, 1934.

Smith, Rixey, and Norman Beasley, *Carter Glass: A Biography*(1939), New York: Da Capo Press, 1972(reprint).

Stein, Jeremy, "Comment on Jean-Charles Rochet: Rebalancing the Three Pillars of Basel II" in *Federal Reserve Bank of New York Economic Policy Review* 10, September 2004, 27-29.

Thakor, Anjan V., "Do Loan Commitments Cause Overlending?" *Journal of Money Credit and Banking* 37-6, December 2005, 1067-1100.

Wall, Larry D., "Too-Big-to-Fail After FDICIA," *Economic Review, Federal Reserve Bank of Atlanta*, January /February 1993, 1-14.

White, Lawrence, "Market Value Accounting: An Important Part of the Reform of the Deposit Insurance System," in *Capital Issues in Banking*, Association of Reserve City Bankers and the Banking Research Center, Northwestern University, 1988.

제7부
은행의 전반 관리

제13장 은행의 위기관리

당신을 구원해줄 수 있는 것은 자본뿐이다. 훌륭한 관리에는 한계가 있다. 기술에도 한계가 있으며 규제기관에도 그 한계가 있다. 믿을 것은 자본뿐이다.

도널드 파월, FDIC 의장, 2005

용어 정리

Duration-Adjusted Gap(**만기 조정된 갭**): 다른 듀레이션을 가진 자산과 부채에 내재된 이자율 위험을 고려하려는 방법

CMOs: 다계층저당증권(복수만기를 가진 원리금 이체 채권)(8장 참조)

HMDA: 주택저당대출공개법(2장 참조)

BSA: 은행기밀법(2장 참조)

RESPA: 부동산결제절차법(2장 참조)

ATM: 현금자동입출금기

TBTF: 대마불사(9, 10, 11장 참조)

LDCs: 개발도상국에 대한 대출(12장 참조)

MSBs: 상호저축은행(2장 참조)

L/Cs: 신용장(7장 참조)

ROA: 총자산이익률

BIS: 국제결제은행

서론

본 장의 목적: 이번 장에서는 금융기관이 직면하고 있는 위험과 기회에 대하여 앞서 상세하게 살펴보았던 내용들을 종합하고자 한다. 아이디어들의 상당수가 기타 여러 금융기관에도 적용될 수 있지만, 여기서는 은행에 초점을 맞추려 한다. 이 장은 본서의 마지막 부분에 놓일 수도 있었으나, 뒤에 나오는 내용들은 한 학기 과정으로 볼 때 선택적인 장이 될 것으로 생각되어 이 위치에서 설명하고자 한다.

위험관리의 실패: 은행들은 위험을 관리하는 사업을 수행하는데 그들은 위험을 통제하고 그 위험에 가격을 매기기 위한 첫 번째 단계로 위험을 측정하는 방법을 강구하게 된다. 아래에서 보여주는 상업은행 및 투자은행의 최근 경험들은 위기관리의 중요성을 입증해 주고 있다.*

- 1990년 2월, Drexel Burnham Lambert 파산함.
- 1991년 1월, 뉴잉글랜드은행 1990년 4분기 5억 달러 손실가능성 발표로 예치자들이 뱅크런을 감행하여 10억 달러를 인출하게 되자 은행은 파산함. 미연방예금보험공사의 23억 달러 공적자금이 투입됨.
- 1992년 12월, 바클레이은행은 영국 디벨로퍼(Imry)에 대출해준 6억 5천6백만 달러 중 3억 7천5백만 달러에 대한 대손충당금 전입을 발표함. 1992년 동안, 불량대출로 인해 대략 26억 달러의 대손충당금을 설정하였음.
- 1992년, 주택담보부증권의 거래로 J.P. 모건은 약 2억 달러의 손실을 기록함. 그보다 일찍 메릴린치는 동종거래로 인해 약 3억 7천5백만 달러의 손실을 기록함.
- 1993년 1월, 독일 BFG은행(크레딧 리요네의 자회사)은 1992년 한 해 약 7억 달러의 손실을 발표함. 그 대부분이 개발도상국에 대한 대출계약에서 기인한 손실이었음.
- 일본정부는 부동자산과 자본투자 등에서 발생된 막대한 손실로 고전하는 수많은 은행을 지원함.
- 1992년 9월, 호주은행 Westpac은 대손충당금 19억 달러를 상계시키고도 추가로 11억 달러의 손실발생을 보고함.
- 1998년 8월, 헤지펀드 Long-Term Capital Management는 18억 5천만 달러의 손실을 발생시키고 파산함(하기 상세내용 참조).**

위의 실패 사례들뿐만 아니라, 최근에는 더 극적인 은행실패들의 사례들이 목격되었다. 일부는

---

* *Economist*(1993), "nternational Banking: A Comedy of Errors" 참조.
** Wikipedia 참조.

위험관리에 대한 미숙함과 잘못된 판단이 합쳐진 경우였으며, 또 어떤 경우는 뻔뻔스런 금융사기로부터 기인되기도 하였다. 이러한 실패들은 앞 장에서 언급한 '기업의 위험' 이라는 용어에 새로운 의미를 부여하였다.

이러한 각 증후들은 위험관리의 실패에서 찾아볼 수 있다. 많은 금융사들은 그들이 직면하고 있는 신용 위험, 유동성 위험 또는 이자율 위험 등을 인지조차 하지 못하고 있다. 일부의 경우에서는 증권거래에까지 자신들의 영역을 확장하려 하고 있다.

금융기관들의 위험관리의 중요성은 최근 기술의 발달과 새로운 금융상품들의 출현, 규제완화 그리고 더욱 높아진 자본시장의 변동성 등에 의해 더욱 강조되고 있다. 예를 들면, 1980년대에 은행들은 할인 중개업에 진입하였고, 1985년에 미연방준비위원회는 Bankers Trust의 상업어음 판매를 승인하였다. 1999년 그램-리치-블라일리(Gramm-Leach-Bliley)법이 통과된 이후 은행이 더욱더 다양한 업무를 수행하게 됨에 따라 위험에 대한 전반적인 관리는 매우 복잡하게 되었다.

각각의 새로운 기회들은 이와 함께 은행에 위험도 가져다주게 되었는데 이에 은행관리에 대한 필요성이 증가하였다. 그러나 그 인과관계는 전혀 다른 방향으로 흐르게 되었다. 즉 더욱 커져가는 위험들을 관리하기 위해 은행들은 새로운 상품을 개발하고 새로운 시장에 진입해야 했다. 이

LTCM의 대실패

살로만 브라더스의 전 부회장이자 채권업무 부서의 수장이었던 Lee Meriwether에 의해 1994년 설립된 헤지펀드 LTCM(Long Term Capital Management)의 실패는 위험관리 실패사례의 가장 극적인 경우 중의 하나로 꼽힌다. 옵션가격결정모형에 대한 업적으로 노벨경제학상을 수상했던 재무분야의 두 교수 Myron Sholes와 Robert Merton이 LTCM의 이사진에 속해 있었으며 1994년 2월 24일 약 10억 달러를 조금 상회하는 투자자본을 갖고 LTCM은 시작되었다.

이 회사는 통상 미국, 일본 그리고 유럽의 국채를 가지고 채권 차익 기회(수렴거래로 정의됨)로 인한 수익을 얻기 위해 복잡한 수학적 모델을 개발하였다. 기본적 아이디어는 단기적 시간차를 두고 발행된 장기채권은 종국적으로 수렴된다는 것에 바탕을 두고 있다. 그러나 이러한 채권들의 가격이 수렴되는 속도는 각각 다르며 더욱 활발히 거래되는 채권(예컨대 미국 재무성 채권)들은 상대적으로 둔하게 거래되는 채권이나 유동성이 떨어지는 채권보다 더욱 빠르게 장기 가격에 수렴하게 될 것으로 기대되었다.

따라서 일련의 금융거래(핵심적으로 말하자면, 싸고 유동성이 떨어지는 채권을 매수하고, 비싸지만 유동성이 풍부한 채권을 공매함)를 통해, 채권의 가치의 차이가 좁아짐에 따라 수익을 발생시키는 것이 가능하게 된다.

LTCM의 투자자본이 증가함에 따라 그만큼 추가적인 수익률에 대한 요구가 증가하였고 이는 LTCM으로 하여금 다른 거래전략에 눈을 돌리게 만들었다. 이러한 거래전략이 시장의 움직임에 의존하지 않는다고 해도, 즉, 그러한 전략들이 통상적인 이자율이나 주가의 부침에 의존하지 않는다고 하더라도, 이러한 전략은 '수렴거래' 가 아니었다. 1998년 LTCM은 합병에 의한 차익이나 S&P 500 옵

션 등과 같은 영역에 엄청난 비중을 두고 있었다.

이러한 영역에서 가치 차이는 상대적으로 작았기 때문에—특히 수렴거래에서—LTCM의 펀드는 상당한 이익을 생산해 내기 위해 높은 레버리지를 취하는 전략을 선택해야 했다. 1998년 초, 이 회사는 47억 2천만 달러의 자본이 있었으며 1천2백4십5억 달러의 부채, 약 1천2백9십억 달러의 자산을 보유하고 있었다. 또 이 회사는 부외장부에 1조 2천5백억 달러의 파생상품을 보유하고 있었는데 그중 대부분이 이자율 스왑과 같은 이자율관련 파생상품이었다. 이 펀드는 또한 자본옵션과 같은 다른 파생상품에도 투자를 하고 있었다.

LTCM은 1998년 5월과 6월에 붕괴되기 시작했는데 당시 순손실이 각각 −6.42퍼센트와 −0.14퍼센트를 기록했고, LTCM 자본 4억 6천1백만 달러를 허공에 날려 버렸다. 1998년 차익거래 사업에서 살로만 브라더스의 퇴장으로 상황은 더욱 어렵게 되었다.

러시아정부가 그들의 정부채권(GKOs)에 대한 디폴트를 선언함으로써 마침내 상황은 최악으로 치닫게 되었다. 패닉상태의 투자자들은 미재무성 채권을 매수하기 위해 일본과 유럽의 채권들을 시장에 내다 팔기 시작했다. 이러한 채권들의 가치가 수렴됨으로써 예상되었던 수익들은 수렴하는 대신 채권들의 가치가 천지사방으로 분산됨으로써 엄청난 손실을 가져오게 되었다. 그해 8월 말 LTCM 펀드는 18억 5천만 달러가 날아간 상황이었다.

당시까지 매년 거의 40퍼센트의 수익률을 자랑했던 LTCM은 이른바 '유동성 선호현상'을 겪게 되었다. 결국 금융시장의 더 커다란 붕괴를 막기 위해 1998년 9월 뉴욕 연방준비은행에 의해 조직된 은행들로부터 3십6억 2천5백만 달러의 지원을 받게 된다. 당시의 만연된 공포는 연쇄효과가 발생하는 것에 대한 공포였다. 즉, LTCM이 부채를 없애기 위해 증권을 내다 팔게 되면, 이는 가격폭락으로 이어지고 결국 다른 회사들도 부채를 청산해야 하는 상황이 발생하게 되고 이는 다시 추가적인 가격 폭락을 가져오게 될 것이라는 것이다.

전체 손실은 46억 달러에 이르렀다.

LTCM이 취했던 위험의 본질은 어떻게 종국을 맞이하게 되었고 모델의 창립자들이 전제한 가정들은 왜 틀렸을까? 이 질문에 답하기 위해 우리가 주목해야 할 부분은 LTCM의 거래전략으로부터 얻어지는 수익이 통상 상호 연관되어 있지 않다는 점으로, LTCM의 높은 레버리지의 포트폴리오는 분산화의 이점을 누리고 있었다. 그러나, 1998년 늦여름 유동성 선호 현상이 일반화되면서 모든 위험에 대한 시장 전반의 재평가가 이루어졌고, 이러한 포지션은 모두 같은 방향으로 움직이게 되었다. LTCM이 취하는 포지션의 상관관계가 증가함에 따라 LTCM의 포트폴리오의 분산화라는 특성은 사라지게 되었고 엄청난 손실이 주주들에게 돌아가게 되었다.

결국 LTCM의 기본적 아이디어는 틀린 게 아니었다. 오히려 그것은 바른 판단이었다. 즉 서로 다른 유동성을 갖고 있는 정부 채권들의 가치는 종국적으로 수렴하게 된다. 그러나 이것은 LTCM이 사라진 후에야 나타났다. 그럼에도 불구하고, 이 사건은 경제학자 존 메이너드 케인스에서 기인된 통찰력, 즉 시장이 결국에는 합리적 방향을 택하게 되더라도 "시장은 당신이 버틸 수 있는 것보다 더 오래 비합리적일 수 있다"라는 점을 확인시켜주고 있다.

LTCM의 몰락은 차익거래가 무위험하지 않다는 것을 보여주는 매우 중요한 사례이다(1장 참조).

출처: 위키피디아

는 새로운 이익창출의 기회를 제공하게 되었다. 자산유동화 부문의 성장(9장 참조)은 이 점을 잘 말해주고 있다.

본 장의 구성: 본 장의 나머지 부분들은 다음과 같이 구성된다. 다음 절은 은행들이 직면하고 있는 다양한 위험과 기회에 대해 고찰할 것이다. 이 논의의 많은 부분은 앞서 언급된 선택된 위험 관련 내용들을 종합하고 있다. 후속 절에서는 우리는 은행이 영속기업이라는 가정하에 도입하여야 하는 이슈들인 위험과 기회의 일상적 관리에 대해 논의를 하게 될 것이다. 여기에는 은행 간 지급시스템도 포함되어 있다. 이후 우리는 잠재적으로 재앙적 파괴력을 지닌 위험에 대한 관리—최악의 위기관리—에 대해서 논의를 하게 된다. 그다음은 전략적 계획에 대한 논의가 진행되는데 은행의 장기적 수익성에 영향을 미치게 되는 옵션에 대한 관리를 다룬다. 그 후 위험과 기회의 관리에 대한 사례 분석이 소개될 것이다.

은행의 기회와 위험

이번 절에서는 은행이 직면하고 있는 기회와 위험에 대한 고찰을 해보고자 한다. 앞 장에서 우리는 은행이 맞닥뜨린 다양한 위험들에 대해 상세하게 살펴보았다. 이제 중요한 부분들을 선별적으로 살펴보도록 하겠다.

예금중개기관을 위한 기회와 내재적 위험의 진화

2장, 3장 그리고 4장에서 보아왔듯 예금자들에게 거래와 서비스를 제공하고 대출을 모니터링하는 가운데 은행은 필연적으로 신용과 유동성의 위험을 다루게 된다. 과거 은행노릇을 하던 금세공업자들이 초기 은행의 형태로 진화한 시대에도, 금예치자들의 예고 없는 인출로 인한 유동성 위기가 존재하였다. 더욱이, 그들이 상인들로부터 창고증권을 대출해준 경우에는 신용위험을 감수해야 한다(5장, 6장 참조). 금세공자들에 대한 금예치자들의 걱정이 금인출 사태에 영향을 주게 되는데 이는 정기적인 뱅크런과 금융공황을 야기시켰기 때문에(10장 참조) 유동성과 신용 사이의 상관관계가 자연스럽게 발생되었다. 우리는 정보 갈등의 중요성을 강조한 바 있다. 은행대출에 대한 모든 정보를 비용을 지불하지 않고 획득할 수 있다면 은행은 인출요구를 충족시키기 위해 최소한의 가치희생으로 자산을 청산할 수 있으며, 이 경우 유동성 위험은 사소한 것이 된다.

이자율 위험 역시 금세공업자들의 맥락에서 이해될 수 있다. 예금인출의 패턴을 대출만기와 정확히 일치시킬 수 없기 때문에 증권을 빌려준 금세공업자들은 이자율 변동에 따른 예측불가능한 손익을 발생시키는 만기불일치의 재무상태표에 노출되게 된다.

따라서 신용, 유동성 그리고 이자율 위험은 금세공업자들이 부분적인 준비은행으로 진화함에 따라 자연스럽게 발생된 것이다. 이러한 진화는 증권을 교환 수단으로 인정한 사회적 수용에 내재된 이윤창출의 기회에 대한 금세공업자들의 인식으로까지 거슬러 올라감을 주목하라. 금세공업자가 일상적인 창고운영자에서 부분적인 준비은행으로 변화하면서 기회와 위험의 상관관계는 명백해졌다. 이는 금세공업자가 자신의 금보유량을 초과하여 증권을 발행했을 때 마침내 발현되었다.

초기의 은행가들이 점점 정교해짐에 따라, 그들은 다른 수익원을 발견하기 시작하였다. 상인들이 원하는 것 이상의 증권 발행을 요구했기 때문에 은행가들은 때때로 대출요구를 거절해야 했었다. 여기서 은행가로 변신한 금세공업자들은 다음과 같이 자문한다. "여기서 내가 어떻게 이익을 낼 수 있지?" 그에 대한 해답은 바로 다음에 있다. 상인들이 실제 대출하려는 금액에 대해 미래 대출에 대한 약속을 판매하는 것이다. 이때 은행가들은 대출이 발생되기 전에 미리 수수료 수익을 얻게 되고 상인들은 미래 신용을 확보하였다는 점에 흡족해한다. 이것이 은행대출약정의 탄생이다(8장 참조). 물론 은행가들은 이러한 시스템에 위험이 수반되고 있음을 곧 깨달았다. 은행가들은 자신의 약속을 이행할 정도로 증권이 확보되지 않을 수도 있고 상인들과 맺은 대출약정이 너무 관대한 것이 아닌가 하고 후회하는 경우도 있었다. 이러한 위험들 또한 관리되어야 했다.

은행이 직면한 가장 큰 위험들은 20세기 후반까지도 별로 변화하지 않았다. 대부분의 은행들은 충분한 자본을 확보하고 있었고, 고정환율제와 안정된 이자율, 자본통제 그리고 과점형태의 신용시장이라는 안정된 환경하에서 운영되고 있었다. 그 결과 위험관리의 기술은 거의 변함이 없었다.

그러나 시장의 변동성이 증가하고 금융기관에 대한 규제적 보호가 사라지게 되면서 빠른 변화가 일어났다. 1960년대 중반, S&L, MSB와 같은 저축기관들의 수익은 극심하게 요동을 치기 시작했는데 이는 장기 고정이자율 모기지에서의 수익보다 자금 비용이 더 빠르게 변화해 나갔기 때문이다. 우리는 이전의 장에서 이자율 위험이 수많은 신용위험의 문제들과 만났을 때 얼마나 대규모의 저축기관 실패를 야기하는지를 살펴본 바 있다.

이 시기에 상업은행은 이자율 위험에 대한 보다 성공적인 관리를 하였지만, 여러 다른 문제들을 만나게 된다. 1970년 전에, 은행들은 가장 산업화된 국가들에서 가장 강력하게 규제되었거나 자연스럽게 카르텔화되었다. 그러나 1971년에서 1972년 사이에 브레턴우즈체제의 합의는 결렬되었으며 통화의 자유로운 이동이 가능하게 되었고, 이는 환위험을 가중시키게 되었다. 그리고 뒤이어 오일쇼크, 높은 물가상승 그리고 극심한 이자율 변동을 겪게 되었다. 결과적으로 은행의 위험은 그 종류나 규모 면에서 더욱 커지게 되었다.* 더욱이 은행 고객들의 위험노출이 증가함에 따라 그들은 은행 측에 위험관리 서비스의 강화를 요청하게 되었다.

은행들은 위험관리가 될 수 있도록 일련의 새로운 상품들을 내놓았다. 즉 변동이자율 대출약정서, 예비신임장, 스왑, 옵션선물 그리고 이외의 것들을 말이다. 이러한 상품개발은 두 가지 중요한 현상에 의해 더욱 박차를 가하게 되었다. 하나는 환율거래에서 파생되는 폭발적인 성장(8장의

---

* Pierce and Chase(1988) 참조.

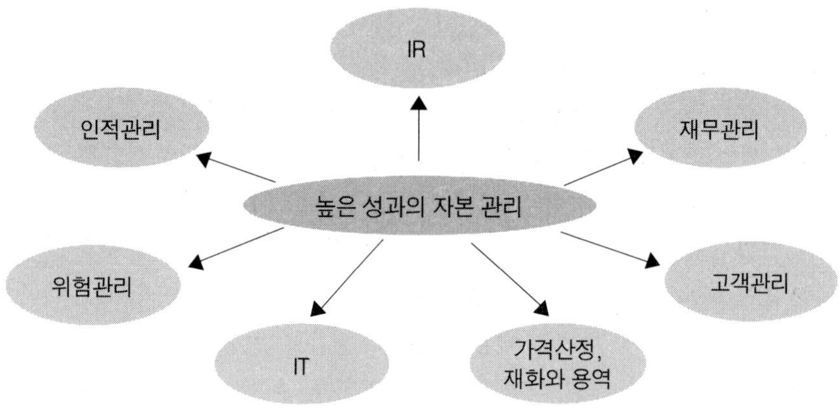

〈그림 13.1〉 재무관리의 일환으로서의 위험관리
출처: *Bank Director* 3판 Quarter 2005

논의 참조)인데, 조직화된 환시장에서 거래되는 파생상품의 만기보다 긴 상품들이 거래되는 장외시장(OTC)에서의 거래가 많은 증가세를 보여주고 있다. 다른 하나는 컴퓨터의 힘인데 컴퓨터는 은행들에게 계약과 고객 그리고 시장을 분석할 수 있는 능력을 부여했고 나아가 지급(대출)을 조절할 수 있는 중요한 확장된 능력을 부여했다. 이러한 수요를 충족시키기 위한 다양한 상품들을 개발함으로써 은행들은 펀딩을 하지 않고도 대출을 할 수 있다는 것을 알게 되었다. 이에 따라 자산 유동화와 대출채권매각 등의 활동이 생겨났다(9장 참조). 이러한 활동들은 부외재무상태표상의 위험으로 일컫는데 그래도 여기에도 여전히 신용위험, 유동성위험 그리고 이자율위험은 존재하였다.

은행의 전반적인 재무관리에 대한 위험관리는 〈그림 13.1〉에서 보여지고 있다.

기타 위험들

소규모의 은행들이 직면한 위험들조차 은행 실패를 야기할 수 있다. 이러한 은행 실패들을 제한하는 것이 사회적으로 바람직할 것이다. 그 이유 중의 하나는 야기된 혼란이 경제활동에 부정적 영향을 미칠 수 있기 때문이다. 은행실패는 신용에 대한 접근을 방해함으로써 자본교환(화폐)의 순환적 수단을 파괴하게 되고 은행-고객 간 관계를 붕괴시키게 된다.*

경제안정과 성장을 위해 정부는 은행의 비유동적 대출자산을 담보로 하여 돈을 빌려줌으로써

* Besanko와 Thakor 논쟁(1993)을 참고. 이들은 은행 간 경쟁의 증가는 대출자들에게 손해를 입히게 될 것이라고 하는데 그 이유는 경쟁증가가 은행의 실패를 더 많이 발생시키고 이로 인해 은행-고객 간 관계를 붕괴시키기 때문이라고 주장한다. Boot와 Thakor(2000)에 따르면 더욱 커진 은행 간 경쟁은 대출관계의 성격을 변화시키게 된다. Song과 Thakor(2006)에 따르면 극심한 은행 간 경쟁은 은행이 사용하는 자금조달의 혼합적 전략—핵심 예치금 vs 구입대금—을 변화시키게 된다.

개입을 할 수도 있다. 또는 정부는 예치금에 대한 보험을 할 수도 있다(10장 참조). 그러나 이와 같은 정부의 최종대부자(LLR)나 예금보험자와 같은 역할은 도덕적 해이를 야기시킬 수 있는데 이는 은행이 세 가지 기본적인 위험들을 가능한 한 많이 취하는 것이 유리하다고 생각하기 때문이다. 합리적인 은행가라면 최종대부자제도의 도입에 따라 현금자산 준비금을 줄이고자 할 것이다. 예치자들이 은행의 유동성과 신용위험을 인식하지 못한다면 왜 신중히 신용위험을 선별하고 대부자들을 모니터링하겠는가?

이러한 왜곡들을 알게 된다면 정부는 은행규제의 필요성에 대한 주장이 설득력이 있다는 것을 알게 될 것이다(11장 참조). 따라서 금세공업자가 은행가로 변신할 때 규제는 아주 자연스럽게 일어난다. 그러나 규제는 은행에게 그 자체로서의 또 다른 위험을 만들게 된다. 여기에 두 가지 유형이 있다. 그 첫 번째는 도덕적 해이를 어떻게 가장 잘 통제하고 다룰 수 있는가에 대한 정부의 인식이 특히 은행산업에서 가장 부도덕한 구성원들까지 포함하여 은행산업 전반의 경험에 그 기반을 두고 있다는 것이다. 개별적인 은행은 그 산업의 행동을 통제하거나 예측할 수 없기 때문에 규제의 변화는 개별적 은행의 입장에서는 예측불가능하게 되는데 심지어 그 산업계의 행위에서의 변화에 대한 정부의 반응을 완벽하게 예측가능한 경우도 그러하다. 만약 규제자가 공공정책의 수단으로서 자신의 전략을 무작위로 적용하거나 모호한 전략을 구사할 경우 이러한 예측불가능성은 더욱 증폭되는 현상을 낳게 된다.

두 번째 유형의 규제적 위험은 사회적 안전망에 내재된 보조금에 뿌리를 두고 있다. 예컨대, 은행이 최종대출자 제도의 도입 후 대출을 확대하는 것이 최적임을 발견하게 된다면 어떠한 유한 이자율이든지 최종대출자 제도의 활용은 보조금을 포함하게 된다. 이러한 보조금은 은행에 부담을 지우게 되고, 정부는 사회경제적 그리고 정치적인 임무를 수행하기 위해 합의를 도출하기를 원한다. 지역재투자법(Community Reinvestment Act)은 이러한 관점들을 반영하고 있다. 입법화와 공공규제를 통해서 합의된 특권과 보호책 때문에 은행들은 그들의 지역 시장에 신용을 제공할 의무가 있다. 상원의원 Howard Metzenbaum은 하원의 은행위원회에 앞서 다음과 같이 요점을 언급했다.*

> 그만하면 충분하다. 금융기관들에게 이 "내게 줘, 내게 줘" 게임은 끝났다고 말하자. 은행과 저축기관들은 이제 무언가를 되돌려주어야 할 때이다. 고령자와 저소득층 미국인들의 은행에 대한 요구를 고민해야 할 때인 것이다.

이러한 위험의 두 가지 원천의 결합은 은행의 '규제적 위험'이라고 부를 수 있을 것이다. 자산가격이론의 용어를 빌리자면 이것은 분산불가능위험(1장 참조)이라고 하는 것이며 은행의 자본비용을 증가시킬 것으로 생각된다.

---

* *Consumer Access to Basic Financial Services*(1989) 참조.

끝으로 은행은 사기위험, 전문직업 배상책임, 물리적인 위험 그리고 재난 등과 같은 다양한 보편적 사업위험에 노출되게 된다. 이러한 모든 위험들은 관리를 필요로 하지만 이들 중 은행에만 특별히 유별나거나 중요한 것은 없다.

위험과 기회관리에 대한 분류체계

위험과 기회에 대한 관리는 일상적 관리, 위기관리 그리고 전략적 계획으로 분류될 수 있다. 일상적 관리란 현재까지 논의된 위험에 대한 지속적인 모니터링과 관리, 그리고 기존 시장과 고객관계와 관련된 기회에 대한 일상적인 관리를 의미한다. 위기관리는 적대적 합병, 대규모 사기 그리고 유사한 불운들과 같이 비일상적인 부정적 사건들을 다루는 것을 말한다. 끝으로 전략적 계획은 새로운 시장과 기회에서 이익을 취하기 위한 계획 및 이에 수반되는 위험들을 통제하기 위한 일련의 계획들을 세우는 것을 의미한다. 〈그림 13.2〉는 이러한 분류체계를 보여주고 있다.

일상적 관리

이 절에서는, 신용위험, 유동성위험, 이자율위험 그리고 부외계정위험 등에 대해 다루도록 하겠다. 뒤이어 규제적 위험과 그 밖의 다른 위험들에 대해서도 논의를 할 것이다. 그 후 일상적 기

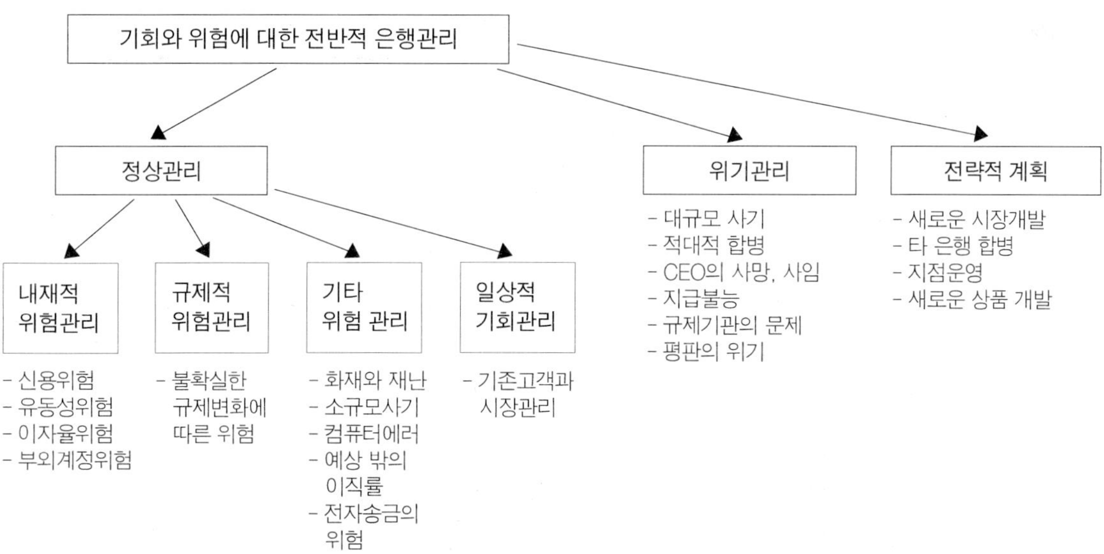

〈그림 13.2〉 은행에서의 위험과 기회 관리

회들에 대한 관리를 논의하는 것으로 본 절을 끝내도록 하겠다.

내재적 위험관리

신용위험: 미국 상업은행들이 대출을 통해 그들의 상당한 영업이익을 올리고 있기 때문에 신용위험관리는 매우 중요한 부분이다. 대출손실은 신용위험에서의 변화를 보여준다. 〈그림 13.3〉은 미국 은행들의 시간에 따른 대출손실을 보여주고 있다. 1991~1992년 대출손실이 절정을 이룬 후 1994년까지 감소하더니 이후 증가세가 나타나고 있다. 이는 더 높은 신용위험으로 은행이 나아가고 있음을 의미한다.

건전한 신용정책의 적극적이고도 일관성 있는 적용은 지속가능한 경쟁적 이점을 부여할 수 있는데 이러한 이점은 경쟁자들이 쉽게 서비스를 모방할 수 있는 상품 시장에서는 찾아보기 어려운 것이다. 대출은 통상 은행 자산의 60% 이상을 차지하고 있으며(5장 참조), 자본은 대략 15% 미만을 차지한다. 1/2%씩 신용손실을 지속적으로 감소시킬 수 있다면 훨씬 많은 자본 수익의 증가를 얻을 수 있게 된다. 또 다른 긍정적 시각에서, 성과가 좋은 은행들은 세후 약 1%의 자산에 대한 수익을 얻게 된다. 자산의 70%에 대한 손실에서 1/2% 줄일 수 있다면 ROA를 30% 증가시킬 수 있다. 이는 신용에 대한 근본적인 연산이다.

신용위험에 대한 관리는 다음의 4가지 활동을 포함한다. 즉 증권인수업무나 대출주선, 펀딩과 대출금 제공, 위험 프로세싱(모니터링과 다각화 포함) 그리고 기존의 신용문화 유지 등이 그것들이다. 이와 관련하여 5장과 6장에서 많은 논의를 해왔기 때문에 여기서는 간략히 요약을 하겠다.

(a) 증권인수업무 또는 대출주선: 증권인수나 대출주선은 대출의 완성 또는 대출 거부에 앞서는 모든 활동을 포함한다. 이는 신용의 블록킹이나 태클링이다. 약정이나 담보, 조건과 가격을 포함하는 대출 계약서의 설계뿐만 아니라 신용의 분석을 포함한다. 은행의 대부승인 결정은 은행의 이사회에 의해 승인되고 은행감독관에 의해 검토된 문서화된 정책에 의해서뿐만 아니라 신용분석에 의해서도 고려된다.

우수한 대출정책 규정은 신용위험관리를 위한 은행의 목표와 가이드라인을 명확하게 언급한다. 이는 또한 다음의 사항들을 포함해야 한다.

- 은행이 발생시킬 수 있는 대출총액
- 대출업과 행하는 지역
- 다양한 대출자 유형에 따른 최대대출액의 한계
- 은행의 다각화 목적
- 최대 대출기간
- 담보요건의 기준

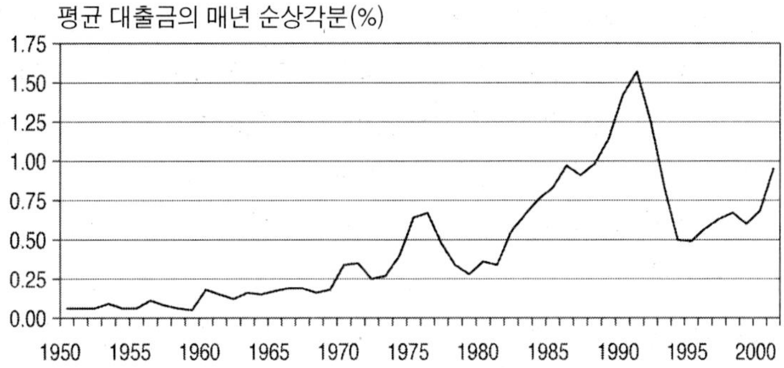

〈그림 13.3〉 증가하는 대출금 손실은 은행업의 더 높은 신용위험으로의 진행을 보여준다(FDC−보험하의 상업은행).
자료: 은행관련 FDIC 역사통계

- 신용분석과 법적필요서류의 기준
- 신용위험과 대출가격의 적절한 관계
- 신용위험관리에서 권한과 책임의 구분, 즉 대출 크기와 승인 가능한 대출 수준 사이의 관계

(b) 자금조달과 대출금 제공: 서류화의 역할: 효율적인 신용위험관리를 위한 위에서 언급한 가이드라인을 위해서는 적정한 서류화가 필요하다. 서류화는 자금조달과 대출금의 제공뿐만 아니라 증권인수업무에서도 중요한 부분이다. 1984년 컨티넨탈 일리노이 은행이 파산했을 때, 오클라호마 Penn Sqaure 은행에서 작성된 수백 개의 대출서류가 엉터리였다는 것이 순식간에 밝혀졌다.* 이후 컨티넨탈 은행의 내부감사인(그는 지체 없이 시카고의 다른 큰 은행에서 유사한 일자리를 찾았다)은 회사를 떠났고, FDIC는 외부감사인에 대해 소(결국은 패소함)를 제기하였다. 서류작업은 일상적 업무로 보일 수도 있으나 급속한 팽창의 시기에는 정상적인 훈련이 보류되기도 한다. 특히 신용문화에 대한 기반이 자리 잡지 않을 때는 더욱 그러하다.

서류화는 대출상환과 관련한 대출자들에 대응하여 은행의 법적 청구권을 보호해 줄 수 있다. 이는 또한 담보에 대한 은행의 유치권도 보호해 줄 수 있다. 마지막으로, 서류화는 약정서 준수와 관련하여 대출을 모니터링하는 데 은행에 도움을 줄 수 있다.

(c) 위험프로세싱: 대출이 이루어진 후, 위험프로세싱이 중요하게 된다. 여기서는 위험프로세싱의 모니터링과 다각화 측면에 초점을 두고자 한다. 모니터링은 대출의 연장과 상환완료 사이의 시간 차 동안 은행-고객 간 관계의 모든 측면을 포함한다. 차입기간 동안 은행은 사업상 파트너가 된다. 모니터링은 대출자의 재산 추적(계속적으로 연락을 취함), 대출약정서 준수 감시 그리고 약정이 위반된 경우의 신용관리 등을 포함한다.

* 컨티넨탈 은행의 경우, 은행의 실패에 대한 다른 이유들도 있다. 제기된 많은 문제들이 은행에 의해서 무시되었다.

모니터링에 대한 훈련된 접근법은 효과적인 신용문화의 산물이라고 할 수 있다. 모니터링은 신용손실에 대한 은행의 노출을 제한시켜주는 신용관리의 수단이라고 할 수 있다. 이는 첫 번째 기회에서 아주 끝장을 내고 디폴트를 강요하는 것을 의미할 필요는 없다. 그보다는 그 최초의 기회를 확인하는 데 충분한 자원을 지원함으로써 은행의 이익을 보호하기 위한 의식적인 선택들이 취해질 수 있음을 의미하는 것이다. 물론 자원의 지원과 관련하여서 지나침이 발생할 수도 있다. 모니터링은 많은 비용을 초래하는 것이고, 따라서 최적 수준이 정해져야 한다. 그러나 최근 은행의 경험에 비추어 보면, 중복적인 모니터링은 그 반대의 경우보다 훨씬 작은 문제를 야기한다.

구조조정과 워크아웃은 모니터링의 영역이라고 할 수 있다. 이는 날려버린 대출에 대한 모니터링 행위라고 할 수 있다. 모니터링에 대한 책임은 통상 은행의 신용전문가와 고객관계 유지를 책임지는 시장전문가(Calling Officer) 사이에 분담을 한다. 이러한 책임분담은 더욱 미묘한 신용관리 이슈들 중의 하나이다.

신용거래 전문가들은 신용손실을 최소화시키는 것이 그들의 임무이기 때문에 계약 이행을 강제하는 데에서 더 공격적인 성향을 보이는 반면, 시장전문가(Calling Officer)들은 고객과의 관계유지를 위해 관용을 중시하게 된다. 관리직 최상위에서 정의되고 관리되는 은행의 신용문화가 여기서 다시 정책의 일관적 적용을 보장해 주어야 한다.

신용위험의 효과적 관리는 대출의 포트폴리오 분산화에 또한 초점을 두어야 한다. 포트폴리오 분산화의 중요성은 1980년대에 이미 절감한 바 있는데 이때 수많은 은행이 농업과 에너지 그리고 부동산 등에 과도하게 집중하여 대출을 일으킴으로써 실패한 바 있기 때문이다.* 은행은 때때로 기회보다는 제한의 의미로 포트폴리오 분산화에 접근한다. 즉 은행들은 비슷한 성격으로 정의된 대출상품들을 '과도하게 집중된' 것으로 분류하고 이러한 집중화를 감소시키고자 한다. 그러나 바람직한 포트폴리오의 분산화 프로그램이란 좀더 공격적이어야 하는데 대출의 특성과 규모를 구체화해야 한다. 더욱이 대출 포트폴리오의 분산화를 증진시키기 위해 가격차별화도 구상되어야 할 것이다. 포트폴리오 위험을 줄이는 대출상품은 위험이 조정된 이자율이 제시하는 것보다 가격이 낮게 책정되어야 할 것이지만 반대로 포트폴리오 위험을 높이는 경우에는 높게 가격이 책정되어야 할 것이다. 요컨대, 은행들은 신용위험과 관련하여 포트폴리오 접근법을 택해야 하며, 이 접근법은 대출의 가격뿐만 아니라 대출에 분배하는 자본의 양을 결정하는 데에도 사용되어야 한다.

물론 분산화의 이점은 분산화의 최적 수준 결정을 함에 있어서 전문화의 장점과 균형을 이루어야 한다. 전문화는 횡단면적, 시계열적 정보의 재활용으로 인해, 보다 효율적인 신용분석 및 더 좋은 모니터링 기술 발전을 가능하게 한다.** 그러나 9장에서 논의된 바처럼 자산유동화는 은행으로 하여금 "케이크를 가지면서도 먹게 할 수 있는" 것이다. 즉 은행은 대출 발생과 모니터링에

* Pierce and Chase(1988)는 저명한 은행가의 말을 인용함. "은행산업에서 다각화는 유일한 공짜 점심이다." 5장에서 논의된 내용 참조.

** Eisenbeis and Kwast(1991)는 전문화를 통한 장점을 실증적으로 보여준다. 이들은 1978~88년에 걸쳐 부동산에 특화한 은행들의 평균수익 실적은 일반적인 상업은행의 수익실적과 맞먹었으며, 오랜 기간 동안 부동산에 전문화한 은행들은 매우 많은 다각화를 이룬 상업은행들보다 더 낮은 위험으로 더 높은 수익률을 달성하였음을 보여주고 있다.

특화하고, 그러고 나서 자기대출 유동화 및 유동화된 자산 매입을 통해 분산화를 추구할 수 있다.

정보의 재활용과 분산화 사이의 상충관계 이외에, 신용위험을 다루는 데 두 번째 더 중요한 기본적 문제가 있다. 언제라도 다양한 투자의 기회들을 다시 배열하고 자유롭게 포트폴리오를 변경할 수 있는 채권이나 주식거래의 투자자들과 달리 은행의 기회는 순차적으로 도달하며 대출 거래 능력은 제한적이다(6장 참조). 따라서 각각의 대출관련 결정은 과거 결정의 시각에서뿐만 아니라 불확실한 미래 기회들과 관련하여서도 이루어진다. 이는 대출정책을 역동적인 것으로 만들며, 따라서 청구권이 거래될 수 있는 투자결정들을 특징짓는 데 자주 사용되는 선형프로그램보다 내재적으로 더욱 복잡한 성격을 띠게 된다. 인적 자본과 재무적 자본 그리고 미래 대출 기회의 불확실성으로 정의 내릴 수 있는 은행의 제한적인 능력을 고려컨대, 각각의 대출 결정들은 그 기회가 '충분히 아름다운가' 여부의 질문에 답해야 할 것이다. 대출결정의 이러한 틀은 은행가들로 하여금 각 기회를 이상적으로 분산된 포트폴리오의 한 요소로서가 아니라 제 힘으로 살아남기 위한 것(tub on its own bottom)으로 바라보게 하였다. 따라서 지리적, 산업적 그리고 상품유형에 따라 위험 집중도를 평가하는 것은 충분하지 않다. 은행들은 역동적인 변화요소 또한 고려해야 한다.

(d) 신용문화: 주식 · 채권 인수작업과 자금조달, 서비스 그리고 모니터링과 다각화 관련의 위험프로세싱 행위들을 통합시켜서 적절한 신용관리 시스템을 구축하는 것은 적절한 신용문화를 필요로 하는데, 이 신용문화란 용어는 은행의 신용위험 관리에 대한 일반적 접근법을 묘사하는 데 사용된다. 조직의 설계 수준에서 볼 때, 신용문화는 이사회가 신용위원회(모든 은행들이 설치하고 있지는 않음)를 보유하고 있는지 여부 및 이사회로부터 그 신용위원회가 어느 정도의 권한을 이양받았는지에 따라서 파악될 수 있다. 여기에는 그 은행의 최고신용책임자(CCO)의 지위와 보고책임에 대한 질문이 있게 된다. 내부감사인이 이사회의 감사위원회에 보고하는 것처럼 최고신용책임자도 이사회와 신용위원회에 직접적으로 보고를 해야 하는가? 또는 최고신용책임자가 CEO(최고경영자)에게 직접 보고를 해야 하는 것인가? 최고신용책임자는 최고경영관리층의 1진에 포진되어야 하는 것인가 아니면 2진이나 3진 선에 있어야 하는가? 이러한 질문들에 대한 대답은 이사회가 신용위험 관리진에게 부여한 우선순위를 정의하게 될 것이다. 우선순위에 관련한 이슈가 다루어진 이후에는 대출정책에 대한 공식화, 명확화 그리고 관리화 등이 전면에 등장하게 된다. 그리고 앞에서 논의된 대출정책의 문서화가 다음 단계로 따른다.

아마도 신용문화의 발전에서 가장 중요한 것은 신용문화의 무형적이면서도 규정하기 어려운 요소들이 아닐까 생각된다. 은행 신용기준의 일관성 있고 잘 체계화된 적용의 보장 말이다. 무리의 일부가 되거나 또는 근시안적으로 될 수 있는 유혹에 저항하기 위해서는 많은 훈련이 수반되어야 한다.* 신용문화의 가장 근본적인 문제는 엄청난 유혹의 순간들에서도 전체적인 신용기구(기관)들이 그 유행처럼 번지는 광란 속에서 밀려나지 않는 것이다. 은행의 문서고를 엉망으로 만든 집

* Rajan(1994)은 집단을 좇아가는 행동과 관련하여 은행들이 직면한 유혹에 대해 설명하고 있다. Thakor(2005) 참조.

단행동의 예가 있다. 최근의 예로는 REITS, LDCs, LBO 그리고 상업적 부동산 등을 들 수 있다. 예외들 또한 교훈적이다. 예컨대, Continental Illinois Bank는 신용위험을 고려할 때 제시된 스프레드는 대부자들에게 충분한 보상이 주어지지 않는다는 합리적 판단 아래 LDC 대출을 공개적으로 거부하였다.* Continental Illinois Bank는 그보다는 집중화하는 방법을 선택했으며, 오클라호마와 텍사스의 석유산출지역에서 워털루를 발견하게 되었다.

신용원칙의 재학습은 더디었고, 여러 변화가 있었으며 완전함과는 아직도 멀기만 하다.** 전미은행의 거래 일간지인 *The American Banker*는 강력한 신용문화를 필요로 하는 주요 은행들의 이야기를 기사화하여 자주 독자들의 흥미를 끌고 있다. 신용위험관리가 집중화된 경우라면 이것이 어떻게 가능할까? 보아하니, 많은 은행들이 과거의 저위험 전략이 지금도 여전히 유효한 것처럼 여기고 관리를 지속하고 있다. 물론 일부 은행들은 신용위험 관리에서 상당히 성공하였다. 아래 박스에서 이러한 예가 제시되고 있다.

유동성 위험: 어떤 은행들에게 미재무부증권, 은행인수어음, 판매된 연방기금, 균형에의 수요

성공적인 위험관리 사례
U.S. Bancorp

미니아폴리스에 기반하고 2005년 말 현재 2천4십억 달러의 자산을 보유한 이 회사는 2003년까지 기업인수를 통해 엄청난 성장을 이루어 왔다. 그러나 2003년 USB 경영진과 이사회는 투자자본의 80%를 배당해 줄 것을 주주들에게 약속하였다. 그 이후 USB는 자신의 핵심시장에 집중함으로써 평균자본수익률 22.61%를 달성하였고 평균자산수익률 2.22%를 달성하였다(2004년 후반 2개 분기와 2005년 전반 2개 분기 동안). 그리고 순이자마진을 3.99%까지 압박하는 극심한 경쟁 속에서도 8.1%라는 Tier-1 자본비율을 달성하였다.

USB는 어떻게 이를 달성할 수 있었을까? 4가지 요소가 그 답이다. 첫째, 불량채권을 대형은행의 평균수준인 전체 대출의 0.46%로 낮춤으로써 신용위험관리체계를 상당히 개선시켰다. 둘째, 강건한 재무상태표를 만들고, 이를 현금관리, 머천트 프로세싱(merchant processing) 그리고 고객들과의 사업에서 발생하는 수수료 등을 얻는 것에뿐만 아니라 높은 신용등급의 법인고객들을 유치하기 위해 공격적으로 경쟁하는 데 이용해 왔다. 셋째로, USB는 비용의 효율성을 현격히 개선시켰고 마지막으로 비용 통제와 효과적인 위험관리에 헌신하는 문화를 정립하는 데 노력을 집중하였다.

* 시티그룹의 당시 최고경영자였던 Walter Wriston은 국가가 파산하지 않는 것에 대해 반박하였다. 이는 사실이기는 하나, 이것이 국가가 부채를 상환하는 것으로 연결되지는 않는다. Walter Wriston은 다음과 같은 통찰력 있는 말로 유명해졌다. "은행가들은 위험을 관리하는 사업을 운영하고 있다. 간단한 이 사실이 은행업의 본질이다."

** Berger and Udell(2004)은 은행의 기억들은 시간이 흐름에 따라 점점 사라진다는 가설을 주장하며 이에 대해 흥미로운 설명을 제시한다. '기억가설'에 따르면 대출업무 관련 임직원들은 대출주기과정을 통해 과거의 교훈들을 점차 잊게 되고 그럼으로써 그러지 말아야 할 때 신용기준을 완화시키게 된다는 것이다. Berger and Udell은 또한 경험적 증명을 제시하고 있다.

그리고 다른 은행들의 단기 양도성예금증서(CD) 등은 유동성이 중요한 원천이다. 그러나 많은 은행들의 경우 유동성은 부채관리(대출 능력)에 의존하고 있는데 이는 은행 간 시장에서의 대출*과 대량 매매가 가능한 CD의 판매를 대부분 포함한다. 물론 이와 같은 유동성에 대한 은행들의 요구가 많아질수록 원하는 유동성을 확보하는 데 더 많은 비용이 들고 어려워질 것이다. 1984년의 Continental Illinois Bank와 1998년 LTCM의 실패사례는 유동성에 대한 수요가 극심할 때 유동성이 어떻게 증발해버릴 수 있는지를 보여주고 있다.

유동성관리는 일상적인(따라서 쉽게 예측가능한) 현금수요와 갑작스런 현금부족사태를 모두 포함한다. 전자의 경우는 계획의 실행을 요구한다. 이 경우 중대한 정책딜레마에 빠진 은행이 되지는 않을 것이다.

예측불가능한 현금수요는 유동 준비금을 보유하고 자금마련의 원천을 미리 확보함으로써 관리된다. 두 가지 방법 모두 비용을 초래한다. 따라서 위험을 줄임으로써 얻을 수 있는 잠재적인(그러나 불확실한) 수혜와 그렇게 함으로써 실제 발생하는 비용 사이에서 올바른 균형의 하나를 선택해야 한다. 보다 영리한 은행의 재무담당가들은 최고신용책임자(CCO)가 수익성 자산을 다각화하는 이유와 동일하게 자금의 원천을 다각화한다. 이와 같은 다각화는 한순간의 통지로 말라버릴 수 있는 하나 또는 몇 개의 신용 자원에 대한 은행의 의존성을 감소시켜 줄 수 있다.

은행들은 유동성 위기를 관리하기 위해 다양한 방법을 사용한다. 많은 경우 현재 필요한 양보다 많은 자금을 모집함으로써 상황을 정기적으로 살펴보게 된다. 또 다른 경우는 유동성의 수준을 극도로 낮추거나 또는 높이거나 하면서 공식적인 모형을 이용해 보기도 한다.

물론 연준은 대출창구 정책을 이용하여, 은행에 대한 유동성 공급의 최후의 보루로서 역할을 하게 된다. 그러나 FDICIA하에 둔 긴급 신용의 사용축소는 미래에 은행들이 심각한 재무적 위기에 처했을 때 연준의 대출창구가 많이 사용되지 않을 것임을 의미하고 있다. FDICIA는 신용위험의 문제들이 아닌 유동성문제를 해결하기 위한 대출창구의 이용을 제한하고자 한다.

이자율 위험: 4장에서 우리는 기간프리미엄이 높은 경우에 이자율 위험에 대한 매력도가 증가한다는 내용 및 은행들이 이러한 프리미엄을 이용할 때 노출될 수 있는 손실 등에 대해서 강조한 바 있다. 이자율 위험에 따른 잠재적인 손실은 기간불일치의 재무상태표에서 얻을 수 있는 이익에 대비하여 가중치가 부여되어야 한다.

은행이 이자율 위험 측정을 위한 적절한 절차를 확립했다면, 이 위험을 다루기 위해 사용할 수 있는 다양한 방법들을 보유하게 된다. 8장에서는 노출된 위험을 헤지하기 위해 어떻게 은행이 이자율 스왑과 선물을 이용하는지를 논의하였다. 그리고 9장에서는 이자율 위험을 다루기 위한 방법으로 유동화의 가능성을 언급한 바 있다.

* 무담보 단기의 국내 은행 간 대출은 연방기금의 구매라고 일컬어지는데, 그 돈은 연방준비은행의 준비잔고정책에 의해 대부은행에서 대출은행으로 대출이 이루어지도록 하는 것이다. 연방기금의 담보대출은 repurchase agreement(재환매 동의) 또는 repos(회수) 등으로 불린다.

이는 은행들이 이자율 위험을 절대 수용하거나 처리해서는 안 된다는 것을 의미하는 것이 아니다. 이자율 위험을 중개하거나 변형시키는 것에 대한 보상에는 그 노출에 대비하여 가중치가 부여되어야 하는 것이다.* 아래 박스글에서는 이자율 위험 관리에 대한 어느 은행의 전략적 접근법을 제시해 주고 있다.**

부외계정 위험: 부외계정 항목을 평가할 때, 재무상태표 주석에 제시되는 부외 항목의 명목 가치는 그다지 많은 정보를 주지는 못한다. 이러한 위험의 본질은 더 신중하게 평가되어야 한다. 현존하는 컴퓨터 모델은 대출약정서나 보증신용장과 같은 조건부 청구권의 가치를 평가하고 은행의 위험노출 정도를 계량화하는 데 지침이 될 수 있다. 은행은 또한 그 위험노출이 신용위험 또는 이자율 위험 또는 양자 모두를 포함하고 있는지 여부와 미래 유동성을 위협하지 않는지를 신중하게 평가해야 한다.

미국 은행규제기관에 의해 파생상품들을 대상으로 한 7가지 범주의 위험이 정의되었다. 그것은 상대방의 신용위험, 시장 위험, 합의 위험, 운영 위험, 유동성 위험, 법적 위험, 집단적 위험이다. 각각에 대해 아래 상자글에서 논의하고 있다.

Citizens & Southern Corporation(C&S)의 이자율 위험 관리법*

C&S의 경영진은 매년, 수익과 신용위험, 이자율 위험 그리고 다른 요소들을 위한 목표 재무비율을 세운다. 1990년, 동사는 이자율 위험을 최소화하고자 하였다. 2월 말에 그 회사는 그 차이(이자율 위험)가 실질적인 제로상태에 이르렀다고 주장하였다.

C&S는 관습적으로 주로 핵심 예치금을 통해 주요 파이낸싱을 수행했고, 이러한 핵심 예치금 성장이 충분치 않다고 승인되는 경우에만 구입펀드(점보 CD, 연방 펀드, 리포 및 기타의 단기 부채) 쪽으로 관심을 돌렸다. 따라서 C&S의 부채만기는 주로 핵심 예치금의 만기에 의해 정해졌다. 이 기간을 계산함으로써 C&S는 은행 자산의 기간을 단기로 바꾸어 나가기 시작했다. 은행자산의 포트폴리오는 평균 6년 만기로 맞추고 1989년도를 끝냈으며, 1990년도 최초 2개월 동안에는 만기 2년에서 3.5년 사이의 CMO의 보유를 증가시켰다. 다른 은행들처럼 C&S도 주택담보채권을 통한 높은 수익률과 높은 신용도의 조합을 중시하기는 했지만, C&S는 GNMA 주택담보채권보다는 CMO를 선호했다. 왜냐하면 CMO가 평균적으로 만기가 더 짧기 때문에 이자율 위험을 더 낮출 수 있기 때문이다.

* 이 은행은 나중에 BOA에 합병된 Nations Bank임.

* 이자율 위험을 완벽히 제거하는 것은 위험을 다루는 것이나 기회는 다루지 못하는 것이다. 기화와 위험은 통상 상관관계를 갖고 있다. 위험을 다루되 기회를 생각하지 않는 것은 브레이크는 있지만 가속페달이 없는 차를 운전하는 것과 같은 것이다. 시장의 기회를 잃어 버리는 것은 그 틈을 경쟁자들이 메우도록 초대하는 것이라 할 수 있다. Don Tomassino는 〈대부 III〉에서 다음과 같이 말했다. "당신의 적들은 당신이 남겨둔 것에서 항상 더 강해진다."

** Holland(1990) 참조.

은행들이 오랜 시간 동안 대출약정서와 신용장을 제공해 왔지만, 많은 은행들은 최근에 와서야 파생상품을 이용하기 시작했다. 따라서 부외 계정 위험의 관리가 일반적인 위험관리와는 구별되는 것으로 취급하는 경향이 나타나기도 한다. 이는 피해야 할 상황이다. 중요한 것은 은행의 전체적인 포트폴리오로서, 이는 재무상태표상의 항목과 부외 항목을 모두 포함한다. 예컨대, 체육대출과 관련하여 포트폴리오 분산화의 최적수준을 정할 때, 은행은 미행사 대출약정의 일부가 행사

조건부 청구권(파생증권)에서의 주요 위험들

- **상대방의 신용위험**: 확약인수를 포함하는 이자율 스왑과 같은 조건부 청구권에서, 신용위험의 노출은 계약서상의 개념적 수량에 의해서가 아니라 시장에서 이를 대신할 수 있는 현재 시점의 비용에 의해서 측정된다. 8장에서 언급한 바처럼 이것은 이자율 스왑의 경우에 이자율 위험의 실제 한 형태이다. 이러한 위험은 옵션과는 다소 다른 모습이다. 옵션의 구매자는 옵션 판매자가 재무적 상황이 좋지 않아 옵션 행사 시점에 약정 금액을 지불하지 못하게 되는 신용위험을 맞닥뜨릴 수 있다. 대부분의 파생상품에서, 대체비용 익스포져를 줄이는 것은 기본적인 과정이다.
- **시장위험**: 조건부 청구와 관련된 시장위험은 현금성 기초 자산의 시장위험과 유사하다. 현금성 기초 자산과 관련된 가격위험을 헤지하기 위해서 계약들이 대부분 이용된다. 물론 (옵션과 같이) 거래되는 조건부 청구권과 (대출약정서와 같이) 거래되지 않는 조건부 청구권 사이에는 차이점이 존재한다. 비거래성 상품에는 시장가격이 없다고 하더라도, 비거래적 조건부 청구를 위한 가격관련 위험성은 높다고 할 수 있다. 대부분의 은행은 시장위험을 이자율 위험, 환위험 그리고 상품가격위험 등과 같은 구성요소로 나누어 구분한다.
- **합의 위험**: 계약당사자들 중 한편이 약정시점에서 계약을 이행하지 않는 위험이다. 이는 신용위험의 한 형태이다.
- **운영 위험**: 조건부 청구권을 다루기 위해서는 파생상품 분석을 위한 수학적 방법에 대한 지식과 하이테크 정보처리 시스템이 필요하다. 상위 관리자들은 그들의 '로켓 과학자들'과 트레이더들의 활동을 이해해야 하며, 은행의 위험관리 전략에 대한 것들을 공유해야 한다. 운영 위험은 파생상품을 관리하는 데 불충분한 내부 통제와 절차로부터 야기될 수 있다.
- **유동성 위험**: 계약 상대방이 디폴트를 선언했을 때는 시장의 유동성 또한 고갈된 시점이기 때문에 이론적으로 계산된 대체가치가 무의미하게 될 수 있는 위험이다. 이는 특히 장외시장(OTC)과 비거래적인 조건부 청구에서 특히 중요하다.
- **법적 위험**: 다양한 상대방들의 법적 구속 의무와 연관된 불확실성이 이 범주에서 나타나게 된다. 언제 계약이 법적으로 구속되는가? 국제적인 거래에서 이는 특히 어려운 이슈가 되는데, 그 부분적 이유로 국가마다 파산법 내용이 다르다는 점을 들 수 있다.
- **집단적 위험**: 상호연관위험 또는 체계적 위험으로 알려진 이 위험은 여러 개의 시장과 금융상품들을 아우르는 조건부 청구 거래에서 일어난다. 이 위험은 어느 한 은행의 재무적 곤경이 전체 거래체계를 위험에 빠뜨릴 수 있다는 것으로, 합의와 지급체계시스템에 중대한 실패를 야기시킬 수 있다.

될 가능성을 고려해야 한다. 약정서(commitment takedown)에 따라 생겨난 각각의 새로운 대출은 어떻게 대출 포트폴리오 분산에 영향을 주게 되는 것일까? 미래 발생가능한 이자율 분석과 시나리오 작성이 도움을 줄 수 있을 것이다.

부외계정 위험을 관리하는 데 필수적인 것은 그 규모를 측정하는 것이다. 규모를 측정하는 데 개념상의 어려움은 없지만 서로 다른 은행들의 위험노출 자료를 구하기는 쉽지 않다. 국제결제은행(BIS) 조사는 전체 명목적인 양만을 보여준다. 이는 위험의 지표가 될 수 없다. 은행들은 종종 부외계정 활동상의 명목 가치의 3~4% 이하를 부외계정 위험노출 수준이라고 평가하고 있다.

미국의 규제기관들은 파생상품 활동으로 인한 대형 금융기관의 실패는 현재의 위험 환경하에서는 일어날 것으로 예상되지 않는다고 결론 내리고 있다. 규제기관들은 또한 파생상품(조건부 청구권)을 선천적으로 위험한 것으로 간주하는 것의 위험성을 지적하고 있다. 물론 파생상품의 사용으로 기관의 순위험을 실제로 감소시킬 수도 있다. 마지막 분석에서, 계약이 재무상태표상의 항목인지 또는 부외 계정인지 하는 문제는 경제적 이슈가 아니고 순전히 회계상의 이슈이다. 은행들은 종종 회계에 의해 잘못 인도되기도 하는데 이는 부분적으로 규제기관들 역시 잘못 인도되었기 때문이다.

규제적 위험과 기타 위험에 대한 관리

규제적 위험: 은행행위에 대한 규제적인 제한들은 부분적으로는 은행이 과도한 위험을 취하는 것을 막기 위함이다. 그러나 이러한 규제와 금지들은 오히려 위험을 증가시키기도 하는데 그 이유는 왜곡된 인센티브를 만들어내기 때문이다. 예를 들면, 모든 회사들에게 지분보유를 금지시키는 것은 은행들로 하여금 높은 위험을 갖는 회사들의 위험한 채무를 보유하도록 하는 것이 된다. 이것은 현금-자산 준비금 요건의 영향과 유사하다(11장 참조).

규제적인 제한이 무심코 위험을 증가시키게 되는 또 다른 이유는 바로 그러한 제한들이 은행들로 하여금 혁신하고 새로운 기술에 적응하고 그리고 고객의 욕구를 발전시켜 나가도록 하는 것을 저해할 수 있기 때문이다. 이는 두 가지 방법에 의해 행해진다. 첫째, 규제적 제약은 끊임없이 변화해 가는 환경 속에서 은행이 취할 수 있는 옵션의 범위를 제한하게 되고 따라서 위험이 높아진다. 둘째, 앞서 말했던 바와 같이 이러한 제한들은 시간에 따른 예측불가능한 변화들을 경험하게끔 한다. 이러한 예측불가능성은 은행에게 비다각화 위험을 가져오기 때문에 자본비용이 증가한다. 그 결과 은행은 규제를 덜 받는 비은행권 경쟁자들에 비해 상대적인 경쟁 열위에 놓이게 된다.

선별된 은행들에 대한 조사에 따르면, 변화는 규제적 부담 중에서 가장 큰 요소로서 언급되고 있었다.* 예측불가능한 규제적 변화와 관련된 위험과 별도로, 규제가 변화할 때 은행들은 상당한 직접비를 지불해야 한다. 여기에는 직원 재교육비, 구서식 파기비용, 컴퓨터 재프로그래밍 비용

* Carroll, Danforth, Golembe, and Laub(1989) 참조.

그리고 변화에 잘 적응하기 위한 법률과 감사 컨설팅 비용 등이 포함된다.*

규제 불확실성의 원인을 이해하기 위해 비재량적 규제와 재량적인 규제의 차이를 이해하는 것은 도움이 된다(11장 참조). 비재량적 규제란 현금성자산 준비금과 자본 요건 등과 같은 규제적인 규칙을 의미한다. 재량적인 규제란 은행폐쇄와 같은 규제적 판단을 포함한다.

예측불가능하게 진화하는 환경적 상황으로 인해 비재량적 규제는 변화하는 반면, 재량적인 규제의 임의성은 규제정책의 수단을 대표한다. 많은 재량적 규제들은 의도적으로 애매모호함을 띠게 되며 이 애매모호성은 규제받는 회사로 하여금 또 다른 위험의 원천을 발생하게 한다. 예를 들면, 지역재투자법(the Community Reinvestment Act)은 은행들에게 자신의 대출지역에 있는 저소득층 또는 중간수준의 소득계층들에게 투자를 하도록 독려하고 있지만, 이 법에서 어느 정도의 비중으로 그들에게 대출을 하라고는 명시되어 있지 않고 또 어떤 계층들이 저소득층에 속하는 것인지에 대한 기준도 상세히 설명해 주고 있지 않다. 그러나, 은행이 만약 CRA 지침을 위반한다면 페널티가 심하게 부과될 수 있는데, 예컨대 CRA의 실적을 증가시키기 위한 지시에서부터 새로운 지점 개설이나 은행 합병 등에 대한 요청을 거부할 수도 있다. CRA의 애매모호함은 은행에게 강제적으로 신용대출을 할당하려고 하지 않는 바람으로서 다소 역설적으로 정당화되고 있는 것이다. 비슷한 경우로서 정부의 '대마불사' 정책(10장 참조) 역시 은행들 중 어떤 은행이 정책에 의해서 보호를 받고 어떤 은행들이 사라지도록 정해졌는지 은행들에게 알려주지 않기 때문에 애매함을 띠고 있다고 할 수 있다.** 이러한 정책은 그러한 애매모호성이 도덕적 해이를 단념시키는 데 효과적이라는 이유로 종종 정당화되고 있다.***

애매모호성의 존재이유가 무엇이든지 간에, 이는 정부규제 곳곳에서 발견된다. 이러한 애매성은 은행의 위험을 증가시키고 자본비용을 증가시키며, 그리고 경쟁을 약화시키게 된다. 예를 들면, 어떤 은행이 세 개의 새로운 지점을 개설하려고 계획하고 있고 계획된 지점 개설에 맞추어 자산의 포트폴리오 조정을 하고 있다고 하자. 만약 이 은행이 좋은 CRA 평가를 받고 있다면 그 은행은 새로운 지점 개설은 정상적으로 이루어질 것으로 믿을 것이다. 그러나, 이러한 지점신청과 관련된 정보가 공개되었을 때, 그 지역의 커뮤니티 단체들은 그 은행이 커뮤니티의 신용 수요를 충분히 충족시키지 못했다는 이유를 들면서 지점 신설에 반대한다고 하자. 이 경우 결과적으로 규제적 승인은 지연되거나 끝내 거부될 수도 있으며 은행에 커다란 비용을 부과할 수도 있다. 핵심은 규제기관들은 종종 그들의 불확실성 비용을 내부화하는 데 실패한다는 점이다. 이러한 비용은 은행의 주주들과 고객들에게 전가된다.

다소 예측하기 어려운 규제적 위험의 요소 외에 좀더 명확하게 정의되고 예측이 쉬운 요소들도 존재한다. 은행 에이전시들은 은행을 조사하고 상세한 보고서를 제출하는 조사관들을 정기적으

* Barefoot, Thakor, and Beltz(1993)의 연구에 의하면 고객보호 규제(예컨대, CRA, HMDA, BSA 그리고 RESPA)만을 준수하는 은행의 평균 비용은 대략 은행 (세후) 순수익의 18.3%에 이르는 것으로 나타났으며 이러한 비율은 소규모 은행들에서 더 크게 나타났다.

** OCC가 공식적으로 대마불사인 은행들의 명단을 공표했더라도, 정부는 감사관의 명단에 있지 않은 은행들에게 대마불사 정책을 적용하였다.

*** 예로서 Boot and Thakor(1992) 참조.

로 파견하고 있다. 최근 은행과 S&L의 잦은 실패는 검사과정에서의 일부 취약함을 드러내기는 하지만, 은행의 검사관들은 분쟁중재자(troubleshooter)로서, 문제점을 찾아내고 은행 관리자들에게 이와 관련한 교정적 행동을 취하도록 지시한다. 은행의 건전성을 평가하는 데 검사관들은 은행이 신용, 유동성, 이자율 위험에 노출된 정도, 그리고 이러한 위험들을 다루는 은행 경영진의 능력과 그러한 위험에 대응하기 위한 은행의 재무적 자원(자본과 유동성)을 고려하게 된다. 그러고 나서 은행은 소위 CAMELS(자본, 자산, 관리, 수익, 유동성 그리고 시장위험에 대한 민감도)라고 불리는 전반적 등급을 받게 된다(11장 참조).

검사관들은 또한 재무비율을 확인하고 은행 성과 보고서(The Uniform Bank Performance Report)라는 종합적 비율 분석 시스템을 사용하여 경쟁 은행들의 재무 비율과 비교할 수 있다. 또한 각 규제 기관들은 발생하는 문제들을 추적하기 위해 고안된 자신만의 조기경보 시스템을 갖고 있다. 현장검사 기간 동안, 검사관들은 이러한 컴퓨터 모니터링 시스템을 통해 확인된 문제들을 조사하게 된다.

만약 은행의 경영진이 검사관들이 지적할 수도 있는 문제점들을 제대로 예상하지 못한다면, 검사관들의 현장검사는 예고 없이 은행으로 하여금 계획에 없던 많은 변화를 강요함으로써 은행에게 심각한 혼란을 가져올 수 있다. 이러한 혼란을 최소화할 수 있는 열쇠는 검사관들이 지적할 점을 효과적으로 예측할 수 있는 내부 모니터링 시스템을 개발하고, 검사관들의 검사에 앞서 계획되고 질서정연한 방법으로 내부 시스템에 의거하여 조치를 취하는 것이다. 규제준수를 위해 사용되는 자원은 은행의 규모와 영업 특성에 상당한 영향을 받게 된다.*

은행이 규제적 위험을 완전히 제거하는 것은 실질적으로 불가능하다. 그러나 효과적인 기업 내 의사소통 시스템을 구축하여 이사진을 포함한 유관부서들이 은행의 정책 및 규제적 요건들을 충족시키기 위해 취해야 할 절차 등을 알게 할 수 있다. 물론, 은행이 완전한 규제 준수에 목적을 두는 것이 최적이 아닐 수도 있다. 흥미로운 질문은 '완전한 규제 준수가 가능하지 않을 때 어떻게 해야 하느냐' 하는 것이다.

(i) 전자자금거래(EFT) 위험: 수십억 달러가 매일 미국과 다른 나라의 은행들 사이에서 전자적으로 송금이 이루어지고 있으며, 은행 간 송금규모는 급속도로 증가하고 있는데 이는 은행시스템에 과도한 부담을 주고 있는 실정이다. 혹자는 지급시스템 위험이 은행이 직면한 가장 큰 위험이라고 말한다.** 자금 송금에서 위험을 이해하기 위해서는 먼저 자금송금절차를 이해해야 한다. 다음 박스글은 이러한 절차와 주요 청산 메커니즘에 대해 설명하고 있는데, 이 글 이후에 EFT의 위험에 대해 논의를 할 것이다. 내용에 대해 잘 알고 있는 경우 박스글을 건너뛰어도 무방하다.***

* 은행이 일단 1억 달러의 자산을 모으게 된 경우라면 전임 감사책임자를 두는 것이 현명하다 할 것이다.

** *The Economist*(1993)에서는 J.P. Morgan의 Dennis Weatherstone 회장이 결제위험이나 일중환노출이 부외 계정 위험보다 더 그를 근심시켰다 말했다고 전하고 있다. "International Banking: A Comedy of Errors," *The Economist*(1993) 참조.

*** 이후 논의는 Humphrey(1989), Mengle(1992) 그리고 Mengle, Humphrey, and Summers(1987)에 근거하고 있다.

자금의 청산과 결제 시스템

청산(Clearing)이란 금융증권을 포함하는 거래의 처리절차 및 관련된 주체들의 채무를 확립하는 것을 의미한다. 결제(Settlement)는 당사자 사이에 가치가 상호 이동됨으로써 거래가 성립되는 것이다. 청산과 결제에는 기본적인 두 가지 단계가 있다. 첫째는 거래의 상세내역을 거래자들로부터 은행의 사무부서로 이동시키는 것이다. 둘째는 거래 구매자와 판매자 간에 거래물품과 조건 등에 대한 동의를 확정하기 위해 양자와 함께 확인을 하는 것이다. 이것이 배달문제를 최소화하는 것이다.

은행의 역할: 은행과 은행들 간 지급시스템은 자본시장의 청산과 결제 메커니즘의 핵심이다. 은행들은 다음의 세 가지 역할을 수행함으로써 자본시장의 참여자들과 연결을 맺게 된다. (i) 자본시장에서 거래수단을 발행하는 기관으로서 은행들은 시장을 통해 발행과 상환을 행하고 장부기록을 유지한다. (ii) 거래수단의 보관인으로서, 은행들은 투자자들에게 안전하게 보관하는 서비스를 제공한다. (iii) 청산기관으로서, 은행들은 거래당사자들 사이에 증권 및 그 지급액을 이동시킨다.

은행들 간 자본송금은 '은행 간 지급 시스템'이라는 자본시장의 허브에서 발생하게 된다. 은행시스템 외부에서 거래수단이 거래된다고 해도 지급자체는 은행을 통해서 이루어지게 된다. 지급시스템은 은행들을 서로 연결시켜주고 있으며, 현재 거의 모든 은행 간 지급은 다자간 전자송금망을 통해 전자적으로 이루어진다.* 연방전자송금망: 미연방에서 핵심적인 다자간 전자송금망으로서 12개의 연방준비은행에 있는 은행준비금계정(bank reserve account)을 통해서 작동되고 있다. 1991년 한 해 동안 연방 전자송금망은 일평균 약 7천6백6십억 달러에 달하는 260,000건의 송금업무를 처리했다.

Tinseltown은행

자산	부채
준비금 -$50millon	

연방준비은행

자산	부채
	Tinseltown 은행 준비금 -$50million United은행 준비금 -$50million

United은행

자산	부채
준비금 +$50million	

<그림 13.4> 연방전자송금망 거래

<그림 13.4>는 연방전자송금이 수많은 거래를 어떻게 수행하고 있는지를 보여주고 있다. 만약 Tinseltown 은행이 5천만 달러의 추가 준비금을 보유하고 있는 반면 United은행은 5천만 달러만큼 준비금이 모자란다고 가정하자. 중개인은 이 두 은행 간의 자금이동을 추진한다. 결제는 이 은행들이 속해 있는 지역의 연방준비은행을 통해 이루어지게 된다. 연방준비은행의 Tinseltown 준비금 계정으로 5천만 달러가 인출되고 동시에 연방준비은행의 United 계정으로 5천만 달러가 입금되는 것이다. 연방전자송금을 통한 지급은 최종적인 것으로 번복이 될 수 없다. 연방의 개입을 통해 이러한 거래는 어느 한 은행에서 다른 은행으로의 준비금이 손쉽게 송금될 수 있는 것이다. 다음 날, United은행이

* 도매 전산망은 은행들을 서로 연계시켜 준다. 반대로, ATM과 같은 소매 전산망시스템은 은행과 고객들을 연계시켜 준다.

Tinseltown은행에 상환을 하기 위해 연방전자송금망을 이용하게 되고, 이 경우 절차가 반대로 진행된다고 보면 되겠다.

연방전자송금망의 중요한 특징은 결제방법이 소위 총액결제라고 하는 양방향 결제라는 것이다. 또 다른 결제절차는 은행 간 또는 네트워크와 은행 간 순포지션으로 거래를 통합하는 것이다. 이러한 방법은 발생할 수 있는 은행 간 자금이체건수를 줄여주는데, 이를 네팅시스템(netting system)이라고 한다.

네팅은 양자 간, 다자간이 모두 가능하다. 양자 간 네팅은 은행 간 총채무를 순 채무로 종합하여 시스템상의 각 한 쌍의 은행이 하나의 결제 지급만 행하게 한다. 다자간 네팅은 각 은행의 양자 간 순 포지션을 해당 은행과 시스템(즉, 네트워크)상의 다른 은행들 사이의 '순순(net net)' 채무로 종합한다. 네트워크는 각 은행이 자금을 빌려주고 빌려온 금액을 합산하여 각 은행의 순순채무액을 구한다. 즉, 순순채무액이란 바로 네트워크에 대응되는 은행의 순채무액 포지션을 의미한다. 각 은행들은 순채권자 또는 순채무자가 된다. 양자 간 네팅이나 다자간 네팅을 한다는 것은 거래 당사자들 사이의 실질적인 거래건수를 상당히 줄여줄 수 있다. 예컨대, 시스템상에 m개의 은행이 있고, 이 은행들 각각에는 두 개의 거래가 존재한다고 할 때 이는 곧 다른 m−1개의 은행과 각각 두 개의 거래를 갖는 은행 1이 존재한다는 것을 의미하는 것이고 그중 하나는 채무자 그리고 다른 하나는 채권자가 되는 것이다. 아래 표는 각 지급 절차에 따른 전체 거래건수를 나타내 주고 있다.

〈표 13.1〉 결제과정과 거래규모 사이의 관계

결제 유형	총 거래건수
총액결제	m x (m−1)
양자 간 네팅(차액결제)	m(m−1) / 2
다자간 네팅(차액결제)	m

예를 들어 6개의 은행이 있다고 하고 각 은행들이 다른 나머지 은행들과 2건의 거래를 갖고 있다고 하자. 이때 총액결제하에서 거래수는 30이고, 양자 간 네팅에서의 거래수는 15 그리고 다자간 네팅에서의 거래수는 6이 된다.

칩스(CHIPS): 은행 간 지급결제청산시스템(The Clearing House Interbank Payment System: CHIPS)은 다자간 차액결제시스템이다. 뉴욕청산소라고 불리는 사적기관에 의해 소유되고 운영되고 있다. CHIPS는 증권이 아닌 자금을 이동시킨다. 유로달러나 외환 등의 국제거래와 관련된 분야에 사용되고 있다. 국가 간 US 달러 국제 결제의 95%를 취급하고 있다. 아울러 재무적 결제(대출상환이나 이자지급), 상업적 결제 및 해외투자를 포함하고 있다.

2006년, CHIPS는 매일 평균적으로 285,000건, 하루 총액기준 14억 달러의 거래를 취급하였다. CHIPS의 구조는 계층적으로 되어 있다. CHIPS에 참여하고 있는 은행들의 일부(126개 은행 중 26개)는 CHIPS를 통해 직접적으로 결제를 하는 반면, 나머지 은행들은 결제은행들 중 하나의 은행 장부상에 결제를 한다. 〈그림 13.5〉는 CHIPS를 통해 어떻게 결제가 일어나는지를 보여주고 있다. 특별 CHIPS 순결제 계정은 각각의 결제에 앞서 잔액 제로에서 시작을 하게 되며 결제가 완료되면 또한 잔액 제로로 끝나게 된다. 그 밖에 다른 것은 없다.

SWIFT: 은행 간 국제 통신협정(The Society for Worldwide Interbank Financial Telecommunication: SWIFT)은 벨기에 법에 의해 승인된 비영리 협동조합이며 미국을 포함한 73개

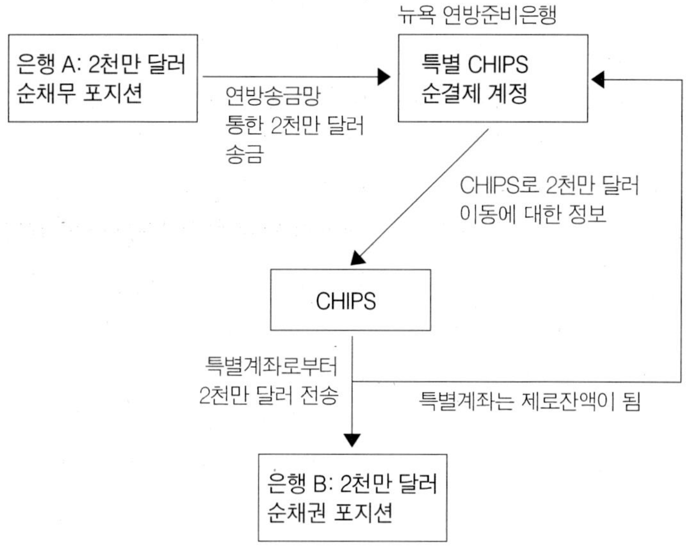

〈그림 13.5〉 CHIPS를 통한 결제

국의 1,885개의 참여기관에 의해 소유된다. 연방전자송금망 또는 CHIPS와 달리 SWIFT는 자금 전송 시스템이 아니다. SWIFT 지급 메시지는 은행들로 하여금 환거래은행의 계좌를 통해 자금을 송금하도록 하는 것이다. 예를 들어 Tinseltown은행이 United은행과 Amsterdam은행의 환거래은행이라 하고 Amsterdam은행이 역시 United 은행으로 지급을 원한다고 가정하자. 이 지급은 Amsterdam은행이 Tiseltown은행에 Amsterdam의 대리계좌(금액)를 줄이고 그 금액만큼 United의 계좌를 증가시키라는 SWIFT 메시지를 보냄으로써 성사될 수 있다. 만약 United은행과 Amsterdam은행이 공통의 환거래은행을 이용하지 않는다면, 두 개의 환거래은행이 프로세스에 참여하게 되고, Amsterdam의 SWIFT 메시지는 Tinseltown은행(그 자신의 환거래은행)에게 연방자금송금망 또는 CHIPS와 같은 은행 간 전산망을 통한 United은행이 이용하는 환거래은행으로의 자금송금을 지시할 것이다.

EFT 위험에는 다양한 유형이 존재한다. 정책적 논의는 이를 4가지 커다란 위험범주로 구분하는데* 아래에서 살펴보도록 하자.

EFT에서의 신용위험은 고객이 거래를 충족시킬 만한 충분한 자금을 확보하기 전에 은행이 고객에게 전자송금을 해주기 때문에 발생할 수 있다. 은행이 고객에게 효과적으로 대출을 해왔지만, 어느 다른 신용거래에서와 마찬가지로 여기에는 상환이 이루어지지 않을 가능성이 존재한다. 대출만기가 극단적으로 짧기 때문에 이러한 위험이 일반적으로 작지만, 그럼에도 불구하고 위험은 존재하고 있다. 이러한 위험의 감소를 위해, 종종 은행들은 대규모 거래에 요구되는 온라인 승인과 더불어, 특정 고객들에게 제공해온 일중대월대출(당일 대출하고 당일 상환토록 하는 것)에

* Parkinson et al.(1992) 참조.

상한을 설정한다.

신용위험은 자금을 받는 은행들에게 발생할 수도 있고 그렇지 않을 수도 있다. 만약 자금이 연방전자송금망을 통해 보내진 경우라면 자금을 받는 은행에게는 위험이 없게 되는데 그 이유는 상환청구권을 인정하지 않는 조건으로 자금을 받는 은행의 지급준비계좌에 바로 입금되고 연방준비은행이 이 거래를 보증하기 때문이다. 즉, 연방전자송금망 거래를 유도하는 데 송금은행의 지급준비계좌에 거래를 커버할 수 있을 만큼의 충분한 자금이 꼭 유치되어 있어야 할 필요는 없다. 예를 들면, 〈그림 13.4〉에서 보듯이, 만약 Tinseltown은행이 준비금으로 단지 4천만 달러만 보유하고 있다면 Tinseltown은행은 천만 달러에 해당하는 일중대월을 일으키면 되는 것이다. 당일 영업시간 종료 전 적자계정이 다시 메워지기만 한다면, 지급준비계좌는 마이너스 상태를 유지해도 된다. 당좌대월이 궁극적으로 커버되었는지 여부와 상관없이 수금 은행이 자금이체시점에 최종 지급액을 수금했기 때문에, 연방준비은행에는 Tinseltown은행이 디폴트할 가능성에 대한 위험이 발생한다. 그러나 연준에 의한 신용위험의 사회화는 연방전자송금망을 통해 체계적 위험이 제거되었음을 의미한다. 한편, 만약 자금이 사적기관을 통해 송금되는 경우라면 수금 은행에는 위험이 존재하게 된다. CHIPS하에서, 모든 거래는 당일 영업종료 때까지는 조건부적인 것으로 간주된다. 이것이 어떻게 신용위험을 만들어 내는지를 살펴보기 위해서 United은행이 Motown 자동차 회사라는 고객의 이름으로 천만 달러를 예치했다고 하자. Amsterdam은행은 자신의 고객들 중 한 명에게 CHIPS를 통해 이 금액을 송금하였다. 당일 영업시간 종료 전 Motown자동차 회사는 그 전체금액을 다시 인출하고자 한다. 그러나 만약 Amsterdam은행이 영업시간 종료 전까지 순결제의무를 이행하지 못한다면 United은행은 자신에게 예치되었던 천만 달러를 실제 못 받게 되는 것이다. Motown자동차 회사의 계좌에 상환청구권이 있다고 하더라도 그 계좌에는 남은 것이 아무것도 없기 때문에 United은행은 Motown에게 효율적으로 천만 달러의 대출금을 제공하게 된다.

(ii) 유동성 위험: 단기적 운용자금의 부족으로 인해 지급이 지연될 가능성 때문에 발생하는 위험이다.

(iii) 체계적 위험: CHIPS와 연관된 유동성 및 신용위험은 전염효과 때문에 체계적(systematic)으로 될 수 있다. 앞선 예의 Amsterdam은행과 United 은행의 상황에서 보았듯이, 과도한 순채무 포지션 해결과 관련한 Amsterdam은행의 실패는 다른 참여자들의 지급실패를 연쇄적으로 일으킬 수 있는데, 그중 몇몇은 자신들의 채무액 마련에서 Amsterdam은행으로부터의 자금이체에만 의존을 하고 있었을 수 있다. 이런 연쇄효과는 시스템 실패로 이어질 수 있다.

(iv) 운영 위험: 이 위험은 정보처리기술의 붕괴 또는 청산과 지급 메커니즘에서의 기타 다른 운영 요소들의 붕괴에서 발생한다. 1985년 뉴욕은행에서 발생한 컴퓨터 문제가 그 예가 될 수 있는데, 이 은행은 주식은 인수하였으나 딜러나 브로커 또는 다른 시장 참여자들에게 전달하는 절차를 행하지 않았다. 그 결과 그 은행의 지급준비계좌 차변에는 주식의 금액만큼이 기입되었지만

재송금 또는 자금 회수를 할 수 없었다. 이는 뉴욕은행 지급준비계좌에 일중대월을 증가시키게 되었다. 이러한 문제가 그날 영업종료 때까지 고쳐지지 않았기 때문에 은행은 중앙은행의 대출창구에서 돈을 빌릴 수밖에 없었다. 이 문제는 밤사이에 고쳐졌고, 중앙은행 대출은 다음 날 상환하였다.

이제 이러한 위험들이 어떻게 통제되는지를 살펴보도록 하자. 아래에서 7가지 위험통제 방법에 대해 논의해 보도록 하겠다.

(a) 회원 기준의 설정: 이는 지급 의무를 이행할 것이라는 확신을 주는 재무적 강건성이나 운영 기술이 부족한 참여자를 걸러내는 데 도움을 준다.

(b) 위험노출에 대한 양적 제한: 이것은 순채무액 상한과 양자 간 순여신 한도를 포함한다. 순채무 상한은 연방전자송금망을 통한 은행은 결합일중대월의 규모를 제한하고, CHIPS하에서의 순채무 포지션을 제한하는 것이다. 즉 은행이 전자송금 네트워크를 통한 대출을 얼마나 할 수 있는지에 대한 제한이 존재하는 것이다. 양자 간 순여신 한도제한은 CHIPS 아래에서의 은행이 다른 특정 은행으로부터 받고자 하는 최대 순자금 이체액을 정한다. 이러한 제한들은 한 은행이 다른 은행에게 대한 자신의 위험노출 정도를 통제할 수 있게끔 해준다. 이러한 양적 위험 노출에 대한 제한들은 1986년 채택된 연방준비은행 정책의 일환이었다.

(c) 담보: 참여자들은 시스템에 대한 자신의 채무를 커버하기 위해 담보를 설정하라고 요구받을 수 있다.

(d) 일중대월의 명시적 가격책정: 앞서 설명한 바와 같이 일중대월은 연방전자송금망의 하루 동안 마이너스 지급준비계좌 잔고와 CHIPS의 커버되지 않는 순채무 포지션을 말한다. 이러한 당좌대월은 단지 몇 분에서부터 최대 하루까지 지속될 수 있다. 최근까지, 은행들은 하루 동안의 신용대출에는 이자를 부담하지 않았다. 즉 일중대월의 사용과 관련해서는 어떠한 통제나 어떠한 비용도 발생하지 않았던 것이다. 따라서 은행들은 당연히 대안적 지급방안을 개발하기보다는 일중대월이 제공하는 무료의 대출제도에 의존하여 왔다. 연방전자송금망을 통한 일중대월로부터 발생할 수 있는 신용위험을 통제하기 위해서 연방준비은행은 일중 신용대출에 대한 명확한 가격책정안을 마련하였다. 1992년 연준은 금융기관의 위험기반 자본의 10%를 초과하는 일중대월에 대해서는 비용을 부과시키기로 승인한 것이다. 이는 가격책정이 하루 동안의 신용대출 사용에 대한 명확한 비용을 부과하고 이에 따라 신용 배분을 보다 효율적으로 수행할 인센티브를 제공하는 것에 목적을 두고 있었다.

(e) 손실 공유제도: 손실 공유 약정서 아래에서, 시스템에 참여하는 회원은행들은 지급과 관련하여 어떤 은행이 실패를 했을 경우에 발생하는 손실을 공유하게 된다. 이러한 약정이 제대로 작동하기 위해서는 두 가지의 요건이 필요하다. 첫째는 지급불가변성으로, 이는 한 은행의 지급 실패 사건이 발생했을 때 지급엔트리가 뒤바뀌지 않는다는 것을 보장하는 것이다. 다른 하나는 담보로서, 손실공유약정서의 신뢰성을 위해 회원은행들은 청산자금에 대한 담보를 제공해야 한다.

이 담보금은 지급 실패 사건이 발생했을 때에 인출될 수 있다. 이 담보는 또한 은행들에게 상호 모니터링을 할 인센티브를 제공한다(5장 참조). CHIPS는 지급불가변성과 손실공유약정서를 1990년에 채택하였다.

(f) 순액기준의무: 이는 증권의 총액 간 상쇄를 통한 순액지급액을 도출하는 것을 의미한다. 전에 논의했던 바처럼 순액기준은 양자 간 또는 다자간에 적용될 수 있으며 청산과 결제 시스템을 통한 거래규모의 축소로 인해 운영 위험을 줄일 수 있게 된다.*

(g) 기장과 증권인도 · 대금지급 동시결제: 증권인도와 대금지급의 동시결제는 자금과 증권의 교환이 거의 동시에 이루어지는 것을 의미하는 반면, 기장은 지급결제수단의 물리적 전달을 제거시켜준다. 증권인도-대금지급 동시결제가 신용위험을 줄여주는 반면 기장은 운영 위험과 거래 비용을 줄여준다.

사기위험: 사기위험은 은행실패의 원인 중 신용위험 다음으로 가는 위험이다. 1950년대와 1960년대 발생한 은행실패의 2/3에서 3/4이 사기와 관련 있는 것으로 평가되지만, 은행실패가 증가함에 따라 이 비율은 감소하였다. 사기와 관련한 전반적 영향은 은행에 대한 직접적인 손실을 훨씬 넘어선다. 경영진이 사기행위에 연루되었을 때, 이는 그 사업에 대한 신의가 부족하다는 신호와 은행이 위험을 다루는 데 부주의하다는 신호를 시장에 보내게 되는 것이다. 직원들의 사기행위와 잘못된 일처리는 종종 함께 발생한다.

사기는 내부적인 것만은 아니다. 이는 외부인에 의해 저질러지기도 하고 내부인과 외부인의 합작에 의해 발생하기도 한다. 외부요인에 의한 사기는 공수표발행, 화폐위조, 대출서류위조 그리고 신용카드남용 등의 모습으로 나타날 수 있다.

내부 원인에 의한 사기는 종종 추적하기가 힘든데 그 이유는 그 계획이 치밀하며 은행이 믿고 있는 사람들에 의해서 자행되기 때문이다. 내부적 사기는 특전의 과도한 사용에서부터 경영진에 대한 불법대출에 이르기까지 다양하다. 내부직원이나 그의 가족 및 친구들에 대한 부적절한 대출은 수많은 주목할 만한 은행도산을 야기시켰는데 예를 들면, 샌디에이고 유에스 내셔널 뱅크, 프랭클린 내셔널 뱅크, 녹스빌 유나이티드 아메리카 뱅크 그리고 펜스퀘어 뱅크 등이 있다. 실제로, 은행이 재무적 곤경에 처했을 때 사기에 대한 욕구는 증가하게 되는데 이는 자금이 부족한 경우 과도한 위험을 감수하고자 하는 인센티브가 발생하는 것과 마찬가지 논리이다.

사기를 다루는 데 어려운 것 중의 하나는, 사기가 발생하였을 때마다 내부감사는 거의 항상 중립적이라는 것이다. 이는 감사에 최적 반복의 정도가 있음을 의미한다. 은행은 내부감사 및 외부감사와 검사 그리고 법률부서의 검토까지 포함된 최적의 결합을 지향해야 할 것이다.

---

* Government Securities Clearing Corporation(GSCC)은 1986년 설립되었는데 그 임무는 은행 및 증권브로커 그리고 딜러들을 위해 정부증권 거래에서 순액지급액을 산출하는 것이다. 다자간 순액법은 CHIPS하에서의 순액법과 유사한데, 다만 수치들이 CHIPS의 자금이체 대신에 정부증권의 특별발행에 대한 판매와 구매를 의미한다는 점이 다르다.

기타 위험들: 지금까지 논의된 대부분의 위험들은 은행업에 관련된 것들이었다. 그러나 은행은 또한 은행업 자체와는 크게 연관이 없는 다양한 위험들에 직면하게 된다. 이는 화재와 지진, 홍수와 컴퓨터 고장 등을 포함한다. 은행은 이러한 위험들을 처리하는 특별한 전문지식이 없다고 상정될 수 있다. 따라서 이러한 기타 위험들을 다루기 위한 가장 효율적인 방법은 외부보험을 찾는 것이다.

또 다른 위험은 핵심 인력들의 이탈이다. 은행은 이러한 위험에 대비해 '핵심직원 보험'에 가입을 할 수 있지만, 대기업들은 통상 자가보험을 든다.

일상적 기회 관리

위험을 다루고 변화에 대응하는 데 있어 은행은 기존의 고객과 시장을 관리하는 데 충분한 관심과 주의를 기울이지 못할 수도 있다. 지금은 이러한 것들이 은행을 유지시켜 주기 때문에 경영진은 시장에서 은행의 위치에 위협이 될 만한 것들에 주의를 기울여야 한다. 기존 고객은 관계지속의 가치를 증가시키는 은행의 자산이다. 따라서, 이러한 관계는 모니터링과 마케팅 노력을 기울이는 다른 자산과 같이 다뤄져야 한다. 아주 빈번하게 은행의 고객은 그들을 유인하고자 하는 다른 은행들로부터 유혹적인 제안을 받곤 한다. 만약 은행이 이에 적절하게 대응을 하지 않는다면 그 고객들은 떠나게 될 것이다.

일상적 기회관리는 각계각층 고객의 사업면면을 다루는 것을 어느 집단에게 할당하는 통합적 접근법을 필요로 한다. 조직적으로, 이러한 접근법을 잘 수행하는 은행들은 '관계은행' 접근법을 수행한다. 이 경우 고객들은 사업적 요청에서부터 신용대출기간을 결정하기 위한 신용대출분석에 이르기까지 모든 것들에 대해 은행 내에서 같은 집단을 상대하게 된다. 이는 기존 고객과 시장이 불충분한 관심을 받게 될 가능성을 감소시킨다.

적절한 조직 구조는 현 시장이 충분하게 서비스를 제공받고 있음을 보장하기 위해 효과적인 내부 모니터링 계획과 협력하여 사용되어야 한다. 이것은 공급과 수요의 조건이 변화할 때 가격조정이 이뤄지는 것을 의미한다. 예를 들어, 경쟁자들이 시장에 진입하기 전에 가격을 낮추는 것이다. 은행의 핵심은 각 시장의 움직임과 은행의 변화하는 역할을 이해하는 것이다.

위기관리와 기업의 위험관리

은행이 가장 빈번하게 마주치는 6가지 위기는 (1) 악성대출(5장과 6장 참조), (2) 사기, 횡령, 화이트칼라 범죄(10장 참조), (3) 적대적 인수, (4) 예상 밖의 경영진 승계, (5) 규제관련 문제, (6) 이미지 손상, 루머, 악의적 언론, 공신력 결여 등이다.* 현실적으로, 통제가능한 위기 수준은

* 상세내용은 Reilly(1988) 참조.

그 위기의 성격에 달려 있다. 물리적인 요인(예컨대, 컴퓨터 문제나 화재)에 의한 위기는 비물리적 요인(예컨대, 적대적 인수나 이미지 손상 등)에 의해 발생하는 위기보다 비교적 낮은 수준의 관리가 이루어진다. 이러한 차이는 물리적 위기와 비물리적 위기의 규모 때문이다. 물리적인 위기는 대개 지역적이며 그 사건과 가장 가까운 직원에 의해서 처리가 될 수 있다. 그러나 적대적 인수와 같은 무형의 위기는 은행 전체에 영향을 미치게 된다. 오로지 최고 경영진만이 그와 같은 조직 전체 규모의 위협에 효과적으로 대응할 수 있는 통찰력을 가지고 있다.

〈그림 13.6〉에서는 위기가 발생하고 관리되는 절차를 보여주고 있다. 위기 발생 후 첫 번째 단계는 문제에 대한 인식이다. 이 단계에서 경영진은 위기상황과 그 규모 등을 파악하게 된다.

이어지는 위기관리 단계는 위기관리라는 것이 순차적 과정이 아니라 상호적 과정이라는 것을 강조하기 위해 순환적이고 서로 연관적인 모습으로 보여주고 있다.* 문제인식에 더불어 위기관리는 〈그림 13.6〉에서 보이듯 4가지 활동을 포함하고 있다. 4가지 활동은 각각 (1) 일련의 행동을 선택하는 행위를 의미하는 의사결정반응, (2) 의사결정반응을 수행하기 위해 자원을 모집하는 행위를 의미하는 자원모집과 수행, (3) 회사 내 경영진과 직원들 사이의 정보 흐름을 의미하는 내부정보흐름, (4) 주주, 예금자, 대출기관, 규제기관 그리고 일반공공에 대한 정보흐름을 의미하는 외부정보흐름이다.

위기해결은 종종 은행직원의 이동을 포함하는데 특히나 위기가 이러한 직원들의 잘못된 행동에서 비롯된 경우에는 더욱 그렇다. 그리고 문제가 더 심각하면 할수록 조직 내 직원들이 받는 영향 수준이 높게 된다. 은행의 생존을 위협할 수 있을 정도의 엄청난 위기는 은행 평판을 해치는 사건에서 비롯된다. 뱅커스 트러스트는 P&G와 Gibson Greetings의 스왑거래를 통한 경험에서 이를 인식했는데, 그 결과 결국 소송분쟁에 휘말리고 말았다. 2000년 엔론 사태를 가져온 분식회계

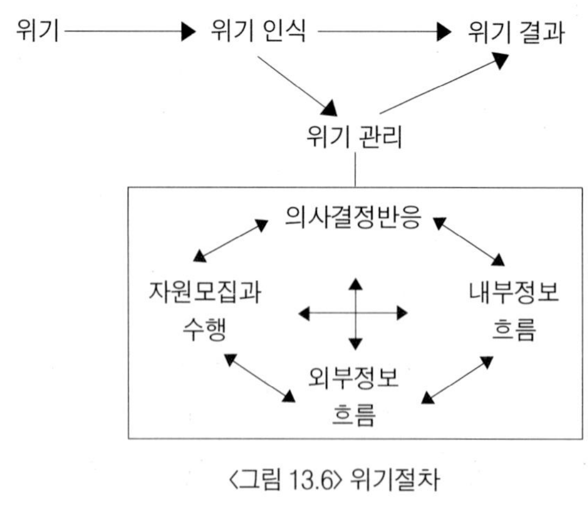

〈그림 13.6〉 위기절차

* Mitroff, Shrivastava, and Udwadia(1987) 참조.

스캔들로 인해 아더 앤더슨은 자멸하고 말았다.* 이러한 스캔들로부터 얻을 수 있는 교훈은 회계법인이나 다양한 유형의 금융기관처럼, 존재 자체가 전문적 서비스를 제공하는 데 평판과 신뢰감에 있는 중개 기관들은 평판에서의 흠집을 감당할 수 없다는 것이다. 이러한 평판에 대한 훼손의 위험은 인식되고 관리되어야 하는 중대한 위험이다.

어떠한 종류의 은행들이 위기를 관리하는 데 최상의 준비를 하고 있는가? 은행의 위기 준비는 장기의 전략적 방향(즉, 장기적 계획에 초점을 둠)과는 양의 상관성을 갖고 있는 반면, 조직의 복잡성(조직에 의해 수행되는 활동들의 수, 지점의 수 등)과는 부의 상관성을 갖고 있다. 이것은 은행이 많은 다양한 활동을 하는 경우, 위기 준비를 철저히 하기 위해 특별한 노력을 해야 한다는 것을 의미한다.

최근, 위험이 종합적으로 관리되어야 한다는 생각이 전사적 위험관리(ERM: Enterprise Risk Management)라는 이름 아래 각광을 받고 있다. 기본적으로 ERM이란 기능적, 부서적 경계를 허물고 조직 전체와 관련된 조직의 전략, 프로세스, 기술과 지식을 조율함으로써 위기를 관리하는 조직화되고 훈련된 접근방법이다. 좋은 정보와 효과적인 프로세스는 ERM의 핵심이며 좋은 ERM은 위기가 발생하기 전에 조직이 더욱 효과적으로 위기를 인식할 수 있도록 준비를 갖추게 해준다.

전략적 계획

정보 처리 기술이 더욱 정교해지고 시장이 점점 통합화됨에 따라 은행의 영업환경은 복잡화되고 경쟁적이 되었다. 따라서 장기적 전략이라는 관점에서의 관리가 더욱 중요하게 되었다. 규제 보조금과 독점 프랜차이즈는 은행가의 안주 및 변화에의 저항을 가져왔다.** 현재의 은행업 환경에서, 은행의 전략적 옵션은 전통적 은행 부문 내로 제한적인 경향이 있기 때문에 규제에 의한 제한 속에서 새로운 상품과 새로운 시장을 찾는 것은 매우 중요한 일이다. 성공적인 은행은 혁신, 원가회계와 가격책정, 위험 관리, 인력 관리, 마케팅, 인수 관리, 계획, 조직 설계 등과 같은 분야에서 훌륭히 업무를 수행하게 된다. 이에 대해서 간략히 알아보도록 하자.

- **혁신**: 은행이 새로운 상품과 서비스를 도입하는 데 얼마나 민첩한가는 그 은행이 수익성을 지속할 수 있는 능력의 중요한 요소가 된다. 경쟁적인 환경하에서, 이익 기회는 그 수명이 길지 않다. 투자은행 산업에서 볼 수 있듯이, 새로운 상품이 도입되었을 때, 그 상품을 처음 도입한 회사는 경쟁자가 상품의 수익성을 간파하고 시장에 진입하기로 결정할 때까지 독점

* Chancy and Philipich(2002)의 흥미로운 연구에 따르면 엔론 스캔들이 터지자 이는 대부분의 앤더슨의 다른 회계감사 고객에게도 주가와 관련하여 부정적인 영향을 주었는데 휴스턴 사무실의 고객들은 더욱 큰 영향을 받았다.

** 이 부분과 관련된 논의는 Parker(1981)에 부분적으로 기초하고 있다.

기업일 수 있으며 독점 이윤을 향유할 수 있다. 충분한 수의 기업이 시장에 진입하면, 독점적 이윤을 사라진다. 따라서 혁신의 인센티브는 혁신의 비용과 경쟁자들이 그 혁신을 따라 하고 독점적 이윤을 사라지게 할 때까지 걸리는 시간에 달려 있다고 할 수 있다. 금융 서비스는 따라 하기 쉬운 서비스이고, 따라서 독점적 이윤은 빠르게 사라진다. 지속적으로 이윤을 얻기 위해서는 기업이 새로운 서비스를 최소의 이탈로 빠르게 출시해야 한다. 구조화된 금융, 증권화, 부외 조건부 청구권의 다양한 형태는 은행에게 많은 수익을 가져다준 성공적 금융 혁신의 예라 할 수 있다. 아래의 상자에서 우리는 혁신의 경제학에 대해 살펴본다.

물론 혁신은 태생적으로 위험하다. 종종 발생하는 실패는 혁신에 일상적으로 따르는 위험으로 받아들여져야 한다. 규제 불확실성, 그에 따른 은행의 위험은 은행의 자본 비용을 증가시킬 수 있고, 혁신을 퇴보시킬 수 있다. 일반적으로, 은행의 자본 비용을 증가시키는 것은 혁신을 감소시키게 될 것이다.

혁신의 경제학

혁신을 불러일으키는 힘은 무엇이고, 혁신이 취하는 형태는 무엇인가? 이러한 질문에 대답하기 위해서, 우리는 먼저 혁신에 대해서 정의를 내려야 한다.* 금융 혁신은 금융 시스템이 기술, 수요, 공공 규제 등에서의 변화와 같은 환경적 충격에 적응하는 프로세스이다. 이러한 적응은 생성된 다양한 청구권들의 혼합, 청구권이 시장화되는 전달시스템, 금융 서비스 산업의 조직적 형태과 산업적 구조 속에서 더욱 분명해진다. 외부 충격이 금융 시스템의 적응 능력에 비하여 심하지 않을 경우, 한 상태에서 다음 상태로 부드럽게 넘어갈 수 있다. 그러나 충격이 크거나 금융 시스템의 적응 능력이 작을 경우에는 혼돈은 금융 위기, 침체기 및 관련 징후들로 나타나게 된다.

이러한 적응 프로세스는 1970년대 대량의 실물 자원이 현금 관리와 같은 금융 운용으로 방향을 전환하게 된 미국의 경험에 의해 설명된다. 이는 인플레이션에 대한 기대가 증가했기 때문이다. 예금 기관들이 핵심 예치금을 잃었기 때문에 신용 계약은 만기를 줄이기 위해 변경되었다. 이러한 변화는 자료처리 및 통신의 발달로 인해 용이하게 되었다.

혁신이 취하는 형태를 이해하기 위해, 우리는 금융 시스템을 청구권, 전달 시스템, 조직의 복합체로 볼 수 있다. 청구권은 단순히 특성의 혼합체를 나타내는 금융 계약이다. 이러한 혼합체가 변경되면 청구권이 재정의된다. 전달 시스템은 청구권을 시장에 내놓기 위해 사용되는 금융 자산이다. 전달 시스템은 상품 또는 서비스에 특화되었다기보다는 시장에 특화되는 경향이 있다. 소매 상업 은행은 전통적으로 사용된 소매점 전달 시스템(brick and mortar delivery system)을 사용하는데 이는 한물가고 있는 시스템이다. 생명보험사와 상업 대출업자는 주로 노동 집약적인 개인화 판매에 의존한다. 뮤추얼 펀드는 전화, 편지 및 유선 전파 시스템을 사용한다. 신용카드 및 직불카드는 다른 전파 기술을 대표한다.

* 이 논의는 Greenbaum and Higgins(1983), Boot and Thakor(1997)에 부분적으로 기초하고 있다.

금융 시스템의 세 번째 측면인 조직적 형태는 단순히 청구권을 전달하는 구조를 뜻한다. 이는 생산 기술과 공공 규제 사이의 긴장의 산출물로 볼 수도 있다. 즉, 규제는 가장 기술 효율적인 조직 형태를 취하는 것을 금할 수도 있다.

규제, 정보 기술, 은행의 영업 환경의 변화 사이의 상호작용은 금융 기관의 세 가지 특징 모두에 영향을 미쳐왔다. 금융 청구권은 근래에 급증하였다. 많은 이들은 이러한 환산을 시장을 보다 완전하게 만드는 움직임이라고 생각한다(시장 완전성에 대해 논하였던 1장을 상기하라). 이러한 시장 완전성은 정보 기술의 발전에 의해 가능하게 되어온 한편, 규제적 제한이 특정 청구권의 제공이나 특정 전달 시스템에의 접근성을 금함으로써 시장의 불완전성을 증가시켰기 때문에, 규제 또한 중요한 역할을 한다는 것을 주목하는 것이 필요하다. 예를 들어, 규제(예를 들면, 준비금 규제)는 특정 청구권을 만들어내는 비용을 증가시킨다. 효과가 무엇이든지 간에 인센티브는 대체 금융 청구권을 생성하기 위해 만들어진다.

조직 형태에 대한 규제적 제한, 특히 공간적이고 기능적인 제한은 전달 시스템의 유형을 제한하였다. 이러한 제한이 없었으면, 소매거래 기술(technology of brick and mortar)은 아마도 영국과 캐나다에서와 같은 확장적 지점 시스템을 가져왔을 것이다. 이와 유사하게, 부동산 증권, 회계 및 법률 서비스와 보험은 법적인 제한이 없었다면 마찬가지의 소매점 전달 시스템을 통해 전달되었을 것이다. 조직 형태에 대한 공공 규제의 완화는 현대의 주요 주제인 것으로 보인다. 그 결과, 우리는 조직 형태 및 전달 시스템의 중요한 혁신을 목격해 왔는데, 이는 프랜차이즈, 네트워크 및 공유된 ATM 시스템으로 이어진다. 다른 예로는 저축은행과 은행 대출 사무소(LPO)의 주 간 확장, 은행의 뮤추얼 펀드 판매, 저축기관과 은행의 증권업에의 진출 등이 있다.

전달 시스템의 규모와 범위 증가라는 이러한 흐름의 지속은 아마도 기업들의 계층 내에 조직화된 금융서비스 산업을 초래할 것이다. 맨 위에는 몇몇 세계적 시스템이 존재할 것이고 그 아래에 전국적 규모의 전달 시스템이 따를 것인데, 이러한 전국적 규모의 전달 시스템은 소매점 거래(brick and mortar) 또는 노동집약적 기술 없이 대량 판매 시장을 위해 서비스를 제공할 것이다. 이러한 전국적 시스템은 시장의 특수 부문을 위해 특화된 전달 시스템에 의해 보완된다. 일상적인 금융 서비스는 전자적으로 전달되게 될 것이지만, 상업 대출, 인수와 여러 형태의 보험 서비스는 여전히 노동집약적인 전달 방법을 요구할 것이다. 상업 은행, 보험 회사, 연금 펀드 매니저들이 통합하도록 강력한 힘이 지속될 것이다. 통합의 정도는 접근 가능한 경제의 규모 및 범위에 일부 의존하게 될 것이다.

- **원가회계 및 가격 책정**: 은행은 회계적 관습과 가격 책정에 대해 그리 민감하지 않았다. 일부는 차입자들이 은행이 사용하는 것과 같은 시스템을 사용했다면 은행은 신용대출을 거부했을 것이라고 냉소적으로 말해왔다.

  은행이 비효율적이었던 방식 중 한 가지는 다양한 유닛(unit)에 대한 비용의 배분이었다. 은행은 가격 책정을 위해 전통적으로 서비스를 결합시켜왔는데, 이는 교차 보조라는 결과를 가져왔다. 경쟁의 증가와 더불어, 각 서비스가 개별적으로 존재하기 위해 서비스를 비결합화하는 것이 요구되었다. 교차 보조의 범위는 따라서 사라져갔고, 각 서비스는 스스로 살아남아야 했다.

- **전략적 옵션에서의 위험 관리**: 전략적 계획이 장기 가능성을 위한 계획을 포함하기 때문에, 전략적 옵션 선택에 내포된 위험은 일상 영업활동에서보다 더 큰 경향이 있다. 이러한 위험을 측정하고 서로 다른 전략적 옵션을 평가하는 과정은 일상적 옵션을 측정하는 데 필요한 과정과 다르게 수립되어야 한다. 이는 전략적 옵션의 가치가 평가되는 시간 요소가 중요하다는 것에 기인한다. 예를 들어, 초기 손실은 후속 이익을 위한 시장 침투를 위해 반드시 발생해야 하는 것일 수 있다. 시간 요소가 충분히 긴 것으로 정의되지 않는다면, 전략적 옵션은 수익성이 있는 것으로 평가되지 않을 수 있다.

  전략적 옵션의 독립적 평가가 전략적 옵션의 위험과 일상적 영업에서 기인하는 위험 사이의 상호 작용을 무시해도 된다는 것을 의미하는 것은 아니다. 장기 계획이 채택되었을 때, 은행은 그 계획과 관련된 이자율 위험 및 기타 위험들을 헤지하는 메커니즘 또한 도입해야 한다. 일상적 위험을 다루는 측정 방법과 이러한 메커니즘의 공존은 반드시 고려되어야 한다(4-9장 참고).
- **인사 관리**: 경쟁의 심화와 정부보조의 감소는 은행업에서 관리 능력의 중요성을 부각시키게 되었다. 인사 관리(HRM)는 세 가지 중요한 특징을 갖는다. 첫째, 이는 주어진 조직 구조와 자원하에서 최적의 관리 능력을 가진 인재를 고용하는 것을 포함한다. 둘째, 효율적인 커뮤니케이션과 피고용인 동기부여 전략을 세움으로써 생산성 극대화를 추구할 수 있다.* 대리인 문제의 존재하에서, 피고용인의 인센티브와 주주의 인센티브를 동기화하는 것이 중요하다. 이러한 동기화는 협력적이고 비차등적인 환경 속에서 최적으로 달성될 수 있다. 커뮤니케이션 훈련과 적절한 리더십 가치의 채택은 이러한 환경을 조성하는 데 중요한 요소가 된다. 셋째, HRM은 과잉 설비와 낭비를 제거하기 위해서 인간과 기술 자원의 최적 혼합을 요구한다. 결국, 은행업은 정보과 거래 처리 사업이다. 그리고 핵심 요소는 인력, 금융자본, 정보 처리 기술이다.
- **마케팅**: 은행이 자신의 시장을 가질 때, 은행은 광고를 거의 하지 않고 마케팅의 초보자처럼 행동한다. 시장 세분화와 상품 차별화는 드물었다. 그러나 현재는 이익 창출과 관련하여 증가된 압박으로 인하여 이러한 마케팅 이슈가 중요한 것으로 취급된다.**

  은행의 전통적 수익원천은 고갈되고 있다. 《포춘》지 선정 1000대 기업에 대한 대출은 한때 대형 은행의 수익성이 좋은 사업이었으나 현재 감소하고 있다. 신용 카드 시장은 강력한 새로운 경쟁자들에 의해 포위당하였다. 이러한 변화는 많은 은행들로 하여금 특화되도록 하였다. 이제 초대형 (금융 센터) 은행들은 소매 대출과 매매에 집중한다. 초우량 지역은행

---

* 금융서비스업에서 인센티브 전략의 중요성은 Continental의 경험에 의해 주목되었는데 Continental은 순익이 아닌 자산의 증가에 대해 대출직원들에게 보상을 해주었다. 이후 1991년에 살로만 브라더스의 재무성 증권 스캔들이 발생했는데, 당시 상무급 이사들의 인센티브 계약서는 그 회사의 불법적인 호가행위와 관련하여 비난받았다.

** Sease and Guenther(1990)는 살로만 브라더스(지금은 퍼스트 보스턴)의 은행분석가였던 Thomas Hanley의 다음과 같은 말을 인용했다. "은행업의 수익성은 어디서 나오는 것일까? 멋진 그림은 아니다."

들은 소매 및 중형 시장 대출에 초점을 맞추고 있으며, 동시에 과학 기술의 중요한 사용자들이 되었다. 지방은행들은 지역 및 소규모 사업에 대한 대출을 하고 있고 보다 노동집약적이다. 또한 고자산 은행들은 상류층 소매 대출 및 금융 서비스에 특화하고 있다. 기본 아이디어는 나이, 지리적 위치와 고객의 부가 다양한 하위 시장을 창출하고, 따라서 은행은 각 특수한 그룹의 선호를 최대한 만족시키는 세분화된 상품을 제공함으로써 소비자 잉여의 많은 부분을 차지할 수 있고 특화할 수 있다는 것이다.

정보 기술의 발전은 시장 세분화를 가능하게 하였다. 컴퓨터는 더 많은 은행으로 하여금 고객을 연령, 수입, 주소지에 따라 구분하여 분석할 수 있도록 하였다. 또한 은행들은 과거에는 제공할 수 없었던 상품과 이자율을 제공할 수 있게 되었기 때문에 탈규제화에 뒤따르는 이러한 세분화에 더 쉽게 접근이 가능하였다. 이러한 흐름이 지속될 것으로 보이기 때문에, 전략적 관리는 마케팅이 보다 중요한 역할을 하도록 하게 되었다.

마케팅의 중요성은 은행이 1990년대에 인터넷과 ATM을 통해 서비스를 자동화한 후 고객들의 반발을 경험한 이후 보다 부각되고 이해되었다. 다수의 은행들이 당시 전자 은행이 산업 전반을 휩쓸 것이라는 예상하에 지점을 폐쇄하고 현금지급기 수수료를 부과하였다. 그러나 유감스럽게도 은행들은 많은 고객들이 개인적으로 직접 마주 보고 거래하는 방식을 선호한다는 것을 깨닫게 되었다.

고객들을 끌어들이고 계좌를 유치하고 금융 서비스 사업을 획득하기 위해서 은행들은 더욱 최근의 마케팅 기술에 관심을 가지고, 은행 산업 외부에서 벌어지는 성공적인 마케팅 사례에서 배우기 위해 노력하고 있다. 여기에는 그럴 만한 이유가 있다. CIVC World Market이 행한 연구에 따르면 최소한 700명의 사람들이 매일 스타벅스에 가는 반면, Synergistic Research Corporation이 행한 연구에 따르면 은행의 평균적인 고객 방문 회수는 한 달에 2.9번꼴이다.* 따라서 은행들은 리츠칼튼과 같은 성공적 소매업자의 마케팅 방법을 따르고자 하고 있다.

Commerce Bancrop은 홈디포, 빅토리아 시크릿, 타깃 등과 같은 성공적인 소매업자를 좇아 소매업자의 사고 및 지점 모형을 채택한 선두 주자이다. 뉴저지에 기반을 둔 이 은행은 모든 지점에서 동전을 세는 기계를 무료로 이용할 수 있도록 하였고, 일주일 내내 은행을 열었으며, 무료 개인 당좌 계좌와 개인 담당자를 제공하였다. 이 은행은 또한 이러한 방식이 얼마나 성공적으로 수행되는지를 측정하기 위하여 미스터리 쇼퍼(역자 주: 고객을 가장하고 서비스 실행여부를 평가하는 암행어사식의 가짜 고객)를 사용하였다.

훌륭한 마케팅의 예시가 되는 또 다른 은행으로는 Umpqua 지주 회사의 자회사인 Umpqua 은행을 들 수 있다. 훌륭한 고객 서비스는 기업 문화의 일부이다. 고객이 질문하였을 때 "그것은 제 업무가 아닙니다"라는 답변을 듣지 않도록 하기 위해 모든 스태프들은

* Bergman(2005) 참조.

은행의 모든 분야에서 훈련을 받는다. 각 지점은 이웃의 모임 장소 같은 느낌을 주기 위해 디자인되었다. 은행은 고유 브랜드의 커피를 제공하고, 신문 및 정기간행물을 제공하며, 고객들이 메일확인, 웹서핑 및 맞춤형 Umpqua CD에 음악을 다운로드하기 위해 인터넷을 사용할 수 있도록 하고 있다. 또한 모든 영수증과 함께 초콜릿을 제공하기까지 하고 있다. 2005년까지 전 세계 20개 이상의 금융기관들이 그 문화와 고객 서비스 정책을 배우기 위해 다녀갔다.

- **관리 또는 인수**: 경쟁 심화와 규제 완화는 은행 산업에서 통합화를 가져왔다(14장 참고). 비록 최근에는 몇몇 적대적 인수시도가 있어왔지만, 이러한 통합화는 주로 적대적 인수보다는 우호적 인수합병을 통해 이루어져 왔다. 이러한 합병의 주요 동기는 합병으로 인해 취할 수 있는 규모의 경제와 또한 많은 은행이 그들의 시장을 재정의하는 단계에 있다는 점을 들 수 있다. 이미 언급한 바와 같이, 대형 금융 센터와 초우량 지역은행들은《포춘》1000대 기업에 대한 대출을 자본 시장에 빼앗기고 있다. 미국 기업에 의해 발행된 기업 어음(CP)은 1975년-95년 사이 6배가 증가하였다. 따라서 은행들, 특히 초우량 지역은행들은 지역은행들이 전통적으로 담당해 왔던 중형 시장에서의 대출로 눈을 돌리게 되었다. 대출사업을 위해 지역 은행과 직접적으로 경쟁하는 대신, 초우량 지역은행들은 지역 은행을 합병함으로써 고객 접근성을 획득하기로 결정하였다. 뱅크오브아메리카와 Security Pacific의 합병과 같은 대규모 시장 내 통합화도 있었지만, 대부분의 통합화는 지역은행과 초우량 지역은행 사이에서 이루어졌다.

인수 프로그램에 연루된 은행에서의 핵심 관리 이슈는 다음과 같다. 첫째, 조직적 공존가능성이 반드시 고려되어야 한다. 합병 기업과 피합병 기업의 기업 문화가 어떻게 공존할 수 있을 것인가? 신용정책과 의사결정 시스템은 얼마나 다르고 이러한 다른 문화를 융화하기 위해서는 얼마나 많은 비용이 들 것인가? 둘째, 관리 계승 문제를 고려해야 한다. 누가 통합된 기업을 이끌 것이고 리더의 자리는 누가 계승할 것인가?* 셋째, 합병을 둘러싼 지역사회의 반응이 예측되어야 하고 이에 대한 계획이 있어야 한다. 예를 들어 Bank of America(BOA)와 Security Pacific의 1992년 합병은 두 은행이 모두 좋은 CRA 등급을 보유하고 있었음에도 불구하고, 지역사회의 거대한 반발을 마주하게 되었다. 통합 은행이 저소득 및 중간 소득 계층에 대한 대출을 축소할 것이고 BOA는 합병 후 25,000개의 일자리를 없앨 것이라는 주장이 제기되었다.** 합병은 성사되었으나, 상당한 지연이 있었다. 마지막으로, 정보시스템과 기업 지배 이슈가 중요하다. 합병 파트너들은 합병 전 효과적이었던 관리 인센티브 계약이 합병 후에는 최적이 아닐 수 있다는 점을 인식해야 한다.*** 따라

* 이러한 우려가 합병계획을 어떻게 방해했는지에 대한 좀더 흥미로운 설명을 위해서는 제안된 Gannett와 CBS 간의 합병이 어떻게 실패로 돌아갔는지가 논의된 Neuharth(1989)를 참조하라.

** 이러한 주장은 관련은행에 의해 부정되었다. 연방준비은행의 승인에 앞서, BOA는 사라진 일자리는 15,000개 미만이라고 주장했다.

*** Ramakrishnan and Thakor(1991) 참조.

서 기업 간 소통 채널뿐만 아니라 내부 인센티브 및 컨트롤 시스템이 재설계되어야 할 수도 있다. 이러한 설계 이슈는 합병 완료 전에 고려되어야 하고, 새로운 시스템은 합병 후 가급적 빠른 시일 내에 도입되어야 한다.

- **계획 과정**: 성공적인 전략 계획을 위해서, 은행은 계획 과정 자체에 충분한 자원을 투입하여야 한다. 시티그룹과 웰스파고는 핵심 시니어 임원을 전략과 개발을 담당하는 부사장 자리에 올림으로써 계획 과정을 정당화하는 방식을 이끌었다. 전략적 계획은 사후적이거나 단순한 유행어로 작용해서는 안 된다. 이는 은행이 무엇이고 무엇을 원하는지를 정의하는 방식이 되어야 한다.
- **조직 설계**: 조직설계에는 두 가지 주요 이슈가 있는데, 그것은 은행 조직 자체와 이사회 조직이다. 우선 은행 조직을 생각해 보도록 하자. 잘 관리되는 은행의 경우, 중앙집권적 기업 금융 의사 결정 방식을 취하고 있다. 사실, 금융은 대부분의 기업에서 단독의 가장 집권화된 기능이다.* 그러나 중앙집권 결정 방식이 경영진이 중앙 집권화되어야 한다는 것을 의미하는 것은 아니다. 비중앙집권화 방식으로 정보가 수집되고 의사 결정을 하는 것이 지역 시장을 파악하는 데 핵심적으로 작용하는 경우가 많이 존재한다. 일단 정보가 수집되고 나면, 그러한 정보는 중앙 재무부서의 최적 의사결정을 위해 중앙집권적으로 접근가능하게 된다. 재무의사결정의 중앙 집권화에는 두 가지 방식이 있다. 하나는 전사적 사업 책임을 모든 지점의 재무 부서에 직접 접근성을 보유한 중앙 재무 부서에 놓는 것이다. 다른 하나는 각 사업 부문과 자회사에 중앙 재무 부서를 자발적으로 도울 인센티브를 주는 것으로, 이는 보통 우선매수청구권과 결합된다.

실질적으로, 중앙집권화 정도는 상품이 무엇이냐에 따라 달라진다. 자본 시장 이슈, 인수와 합병 및 보험은 보통 중앙집권화된 의사결정이고, 단기 재무 및 지불 이전은 종종 지역 수준에서 처리된다. 〈그림 13.7〉은 어느 다국적 은행이 재무 기능을 구분하는 방법을 보여주고 있다. 현재 모델은 평면 조직, 비차등적 관리, 기능에 따른 집중화/분권화를 보여준다.

이제 은행 이사회에 대해 알아보도록 하자. 은행이사회의 본질은 기타 대다수의 산업 및 서비스 분야의 기업의 이사회의 본질과는 다르다.** 일반적으로, 은행 이사회는 제조업체 이사회보다 영업활동에 더 많이 연관되어 있다. 몇몇 특징적 차이점을 아래에서 제시하고 있다.

- 은행의 이사에게는 부정행위에 대해 규제기관에 의해 하루 최대 1백만 달러의 벌금이 책정될 수 있다.
- 비금융 회사와 달리, 은행 이사는 거주요건과 국적 요건을 적용받는다.

* Hagermann(1991) 참조.
** Mueller(1990) 참조.

상품 그룹		집중화 정도 저	중	고	내 용
지불 및 유동성 관리	의사결정	●			영업회사들은 지불과 현금 관리를 대량거래를 제외하고는 분권화 기반에서 관리한다.
	집행		●		회사 간 상계처리는 국가 단위에서만 가능하다.
자금 모집(펀딩)	의사결정			●	모든 대규모 대출은 중앙집권적으로 결정되고, 국가 간/조인트 벤처 금융의 경우에는 특히 그러하다.
	집행		●		영업 회사들은 소규모 단기 지역 금융을 수행한다. 재무부는 모든 다른 대출에 대해 은행가처럼 행동한다.
자산 관리	의사결정			●	유동성 투자의 80-90%는 중앙에서 관리한다. 연금 펀드 자산은 중앙에서 관리한다.
	집행			●	중앙에서 집행한다.
위험 관리	의사결정			●	위험관리 결정은 중앙집권적이다.
	집행	●			영업회사들은 외국환 거래를 지역 시장에서 집행한다.
M&A	의사결정			●	중앙집권적 M&A 전략: 영업회사 계획에 의해 도출됨
	집행		●		영업회사들이 주요 인수/분할을 수행하는 것을 중앙 재무부서가 도움. 완전한 M&A 부서는 없음
보험	의사결정		●		영업회사들은 정책 가이드라인(예를 들면, 위험의 보다 작은 유형) 내에서 자유로운 의사결정
	집행		●		중앙집권적으로 중개조언을 제공함 억류된 보험회사를 주요 그룹차원의 위험/부채를 위해 활용함

〈그림 13.7〉 대표 업무에 대한 중앙 집권화 정도

출처: Hagermann(1991)

- 투자 은행가는 은행 이사로 위촉될 수 없을 수도 있다. 다른 비즈니스 기업에는 이러한 장벽이 존재하지 않는다.
- 은행 이사는 소유지분을 취득함으로써 재무적 헌신을 약속한다. 회사법에는 이러한 조항이 없다.
- 예외 규정이 있으나, 전국은행 이사는 하나 이상의 전국 은행 이사로 재직할 수 없다. 비은행권에는 이러한 규정이 없다.

공식적인 은행 이사회의 조직 구조는 헌법, 회사설립 허가서, 회사 내규에 명시된다. 이사회는 다음과 같은 두 가지 특징을 지닌다. 하나는 기업 관리자, 특히 CEO와 재무책임자 사이의 관계와 상호작용이다. 다른 하나는 이사진 각각의 위임된 권한의 정도이다. 기업 재무 권한은 보통 정관에 규정되어 있고, 각 부문과 그 부문 관리자의 책임이 정의되어 있다. 경영진은 위원회(committee)에서 특별한 임무를 담당한다. 미국 은행 이사회에서 가장 일반적인 다섯 가지 위원회는 임원, 임금과 보너스, 스톡옵션, 감사 그리고 재무이다.

사례 연구

이제, 지금까지 학습한 개념을 제시하는 두 가지 사례를 살펴보도록 하자. 하나는 위험관리와 관련이 있고, 다른 하나는 기회 관리와 관련이 있다.

위험 관리: RAROC과 EVA를 이용한 관리

배경: 1980년대, 뱅커스트러스트는 '위험을 조정한 자본수익률(RAROC)'이라는 개념을 이용하여, 위험 조정 할인율에 내포된 복잡한 자본 예산을 반영하는 위험 관리 방식을 도입하고자 하였다. 기본적으로 요구 RAROC는 주어진 투자위험하에서 은행이 벌어들여야 하는 자기자본에 대한 최소 기대 수익률이다. 즉, 이는 주어진 위험의 양을 고려하여 투자 수익률을 조정한 것이다. 이는 그러한 활동에 대한 적정한 양의 자본을 측정함으로써 조정한다. 위험이 높을수록 자본 배분이 많아지고, 요구수익률이 높아진다. 이는 아래와 같은 식으로 정의된다.

요구 RAROC＝기대 당기순이익/위험 조정 자본
＝{〔스프레드 수입＋수수료〕－〔간접비〕－〔기대 손실〕－〔세금〕}/〔대출에 배정된 자기자본량〕

우리는 이미 6장에서 이러한 각 요소를 어떻게 계산하는지를 살펴본 바 있다. 대출에 대한 기대 손실＝부도 확률×주어진 부도 확률에서의 기대 손실이다. 대출에 할당되는 자기자본의 양은 대출금의 규모와 대출 손실 변동성(대출 손실의 표준편차)이라는 두 가지 변수의 증가 함수이다.
대출로 인해 은행 주주에게 창출되는 실질 가치는 다음과 같이 주어진다.

경제적 부가가치(EVA)
＝{〔실제 당기순이익/배정된 자기자본량〕－요구 RAROC}×
{대출에 배정된 자기자본량}

이때, 실제 당기순이익＝〔스프레드 수입＋수수료〕－〔간접비〕－〔실제 대출 손실〕－〔세금〕이다.

기본 아이디어는 양의 EVA를 내기 위해서 각 투자(스프레드 수익＋수수료)의 가격을 책정하는 것이다.

실례: RAROC와 EVA는 이를 사용하는 은행의 두 가지 수준에서 작용한다. 첫째, 이는 피고용 개인에게 참고할 점을 제시한다. 예를 들면, 거래를 제시받은 스왑 트레이더는 수익률과 요구 RAROC를 비교할 것이다. 수익률이 RAROC에 미달한다면, 그 거래는 가격책정을 다시 하거나 거부될 것이다. 은행은 거래 포지션에 엄격한 제한을 가한다. 예를 들어, 뱅커스 트러스트는, 일부 시장에서, 트레이더가 한 달에 RAROC 자본의 10%를 잃는다면 그는 다음 달까지 거래를 중단해야 한다. 일 년에 30% 이상의 손실을 내는 경우는 완전히 손을 떼야 한다.

둘째, RAROC는 포트폴리오 수준에서 사용된다. 스왑 딜러 사례를 다시 생각해 보자. 제시된 딜이 그의 거래 장부의 전반적 위험을 감소시킨다면, 그는 보다 적은 자본이 필요할 것이고, 따라서 그 딜이 낮은 수익률에서도 은행에게 수익을 가져다줄 것임을 알 수 있다. RAROC는 따라서 분산화의 혜택을 가능하게 한다.

많은 은행들이 증권뿐만 아니라 대출에서도 RAROC와 EVA를 이용한다. 뱅커스 트러스트에게, 1980년대에 RAROC는 주류 기업 대출이 위험 조정 수익률로 보았을 때 그 수익성이 떨어지고 있음을 알려주었다. 경쟁은 대출 가격을 높이는 것을 어렵게 했고, 따라서 뱅커스 트러스트는 1986년과 1992년 사이 대출 장부가 거의 반으로 감소하였다. RAROC는 또한 은행이 대출의 많은 부분을 팔도록 결정함으로써, 대출 발생(인수) 수익이 자본 희생 없이 가능하도록 하였다.

신뢰의 확산: RAROC 개념은 많은 은행들에 의해 받아들여졌다. 시티그룹, 체이스 맨해튼, Corestates Financial, 도이치 뱅크, 뱅크 오브 아메리카 등을 예로 들 수 있다.

기회 관리: Bank of Hawaii

배경: 2005년 현재 자산 규모 100억 달러인 하와이 은행은 Sandier, O' Neill, and Partners 투자은행의 도움을 받아 은행 임원에 의해 제공되는 은행 성과 점수표에서 상위 업체로 등극해 오던 시대를 마감하였다.* 이 은행은 10.25%의 Tier-1 자본 비율과 7.42%의 레버리지 비율을 보이고 있었으며, 총 대출금 및 기타 소유 부동산 대비 불량 채권 비율은 불과 0.18%였다. 1990년대 후반 샌프란시스코 연준 은행 및 FDIC와 양해각서를 체결해야 할 정도로 부실한 성과를 내던 이 은행이 어떻게 하여 그토록 잘 관리되는 은행이 되었는가?

이에 대한 간략한 답은 2000년, 이 은행이 새로운 CEO로 Micheal E. O' Neill(뱅크오브아메리카의 전 CFO)을 고용하였다는 데 있다. 이 새로운 CEO는 은행의 성장 기회를 캘리포니아와 아시아의 다양한 지역에 존재하는 상업 대출 기회 추구에서가 아니라, 부유한 하와이 사람들을 전력을 다해 발굴하는 데에서 찾았다. 따라서 3년의 변화 계획하에서, 은행은 캘리포니아와 아시아의 기지에서 철수하여 하와이에 집중하였고, 대출 포트폴리오를 정리하였다. 이 은행은 신디케

* 상세내용은 Milligan(2005) 참조.

이트론의 포트폴리오를 감소시켰고, 인수 표준을 강화시켰으며, 자본 비율을 포함, 튼튼한 장부를 구축하였다.

향후, 이 은행은 여러 가지 성장 옵션을 취할 계획을 가지고 있다. 상당한 크기의 소매 및 상업은행 영업에 더불어, 이 은행은 보험 및 보험 대행 서비스뿐만이 아닌, 투자 관리 및 설비 리스에 집중하는 몇몇 자회사를 보유하고 있다. 동 은행은 이러한 사업들을 묶어 교차 판매를 더욱 효과적으로 수행할 계획을 가지고 있다.

결론

이 장에서 우리는 은행 관리의 핵심 이슈들에 대해서 살펴보았다. 우리는 은행의 관리를 위해 극복해야 할 점들을 개관하였고, 이러한 도전들이 어떻게 궁극적으로 은행이 제공하는 기본적인 경제 기능과 연결되는지를 살펴보았다. 통합적 틀을 제시하기 위하여 이전 장에서 살펴본 많은 개념들이 강조되었다.

연습문제

1. 은행업에서 이익 기회와 위험의 관계를 설명하라. 이는 은행 규제에서 어떠한 의미를 지니는가?
2. 은행의 위험과 기회 관리에 대해 분류하라.
3. 은행이 관리하는 가장 중요한 위험은 무엇이고 그 이유는 무엇인가? 은행은 이러한 위험을 효율적으로 관리하기 위해 어떠한 종류의 단계를 취해야 하는가?
4. 위험 관리 기법의 진화과정을 설명하고, 이러한 진화과정이 은행업의 본질 변화에 의해 어떻게 영향을 받았는지 논하라.
5. 은행업에서 규제 위험이란 무엇인가? 이러한 위험은 은행의 자본 비용에 어떻게 영향을 미치는가? 규제 위험은 다른 국가 은행과의 국제 경쟁도의 차이에 대해 어떠한 의미를 지니는가?
6. 은행이 직면한 EFT 위험의 종류는 무엇인가? 이러한 위험은 최근에 더욱 증가하였는가? (개별적 위험과 체계적 위험을 구분하고 연결 짓는 데 유의하라.)
7. EFT 위험을 조정하기 위한 서로 다른 접근법은 무엇이 있는가?
8. 상계처리는 무엇이며, 이는 지불 시스템에서 운영 위험을 어떻게 감소시키는가?
9. 신용 스왑이란 무엇인가? 신용스왑의 성공을 저해하는 것에는 어떠한 것들이 있는가? 신용 스왑과 증권화 사이의 유사점은 무엇이고 차이점은 무엇인가?
10. 사기위험과 자산 대체 유인 도덕적 해이 사이의 유사점은 무엇인가?
11. 어떠한 위험을 은행은 내부적으로 관리해야 하는가? 어떠한 위험을 외부에서 보증되도록 해

야 하는가? 당신의 답을 설명하라.

12. 은행의 위험 관리 과정을 분석하라.
13. 은행의 전략적 계획에 대하여 심도 있는 토론을 진행하라.
14. 은행이사회의 역할은 비금융 회사 이사회의 역할과 어떻게 다른가? 은행 이사회는 무슨 범위(constituencies)까지 책임을 지는가? 당신이 은행 이사회를 설계한다면, 어떠한 종류의 사람들을 그 자리에 앉히겠는가?

참고문헌

Barefoot, Jo Ann, Anjan V. Thakor, and Jess C. Beltz, "Common Ground: Increasing Consumer BeneWts and Reducing Regulatory Costs in Banking," monograph published by *The Prochnow Educational Foundation*, 1993.

Bergman, Becky, "Redefining Customer Service: Where Customers Are King," *Bank Director*, 4th Quarter 2005, 34-41.

Besanko, David, and Anjan V. Thakor, "Relationship Banking, Deposit Insurance, and Bank Portfolio Choices," *Capital Markets and Financial Intermediation*(Xavier Vives and Colin Mayer, eds.), Cambridge University Press, 1993, 292-318.

Boot, Arnoud W.A., and Anjan V. Thakor, "Banking Scope and Financial Innovation" *Review of Financial Studies* 10-4, Winter 1997, 1099-1131.

———, "Moral Hazard and Ambiguity," Indiana University working paper, revised, June 1992.

———, "Can Relationship Banking Survive Competition?" *Journal of Finance*, April 2000, 679-713.

Boyd, John, and Mark Gertler, "U.S. Commercial Banking: Trends, Cycles, and Policy," NBER working paper, February 1993.

Carroll, Evelyn F., John P. Danforth, Carter H. Golembe, and P. Michael Laub, *The Burden of Bank Regulation*, a study prepared for *The American Banker's Association*, August 1989.

Chaney, Paul, and Kirk Phillipich, "Shredded Reputation: The Lost of Audit Failure," *Journal of Accounting Research*, 40-4, 2002, 1221-1245.

Consumer Access to Basic Financial Services, Hearing Before the Subcommittee on Consumer AVairs and Coinage of the Committee on Banking, Finance and Urban AVairs, House of Representatives, One Hundred First Congress, October 17, 1989.

Eisenbeis, Robert A., and Myron L. Kwast, "Are Real Estate Specializing Depositories Viable? Evidence From Commercial Banks," *Journal of Financial Services Research* 5, 1991, 5-24.

Engen, John R., "Many Happy Returns," *Bank Director*, 4th Quarter 2005, 26-28.

Greenbaum, Stuart I., and Bryon Higgins, "Financial Innovation," in *Financial Services: The Changing Institutions and Government Policy* (George Benston, ed.), Prentice Hall, Inc., Englewood CliVs, N.J. 1983.

Hagermann, Helmut, "Should Your Company Be a 'Corporate Bank' ?" *The McKinsey Quarterly* 4, 1991, 19-34.

Hellauer, Brian, "TCF Financial Finds Fees, ProWts Catering to Mass Market," *American Banker's Management Strategies*, May 10, 1993.

Holland, Kelley, "Capital: C & S Takes Wary Approach to Rate Risk," *American Banker*, March 22, 1990.

Humphrey, David B., "Market Responses to Pricing Fedwire Daylight Overdrafts," *Economic Review*, Federal Reserve Bank of Richmond, May/June 1989, 23-34.

"International Banking: A Comedy of Errors," *The Economist*, April 10, 1993.

McCoy, Charles, "Credibility Gap: First Interstate Bankcorp Sheds Its Chairman But Not Its Problems," *Wall Street Journal*, January 18, 1990.

Mengle, David L., "Behind the Money Market: Clearing and Settling Money Market Instruments," *Economic Review* 78/5, Federal Reserve Bank of Richmond, September/October 1992, 3-11.

Mengle, David L., David B. Humphrey, and Bruce J. Summers, "Intraday Credit Risk, Value, and Pricing" *Economic Review* 73, Federal Reserve Bank of Richmond, January/February 1987, 3-14.

Milligan, Jack, "Banking in Paradise," *Bank Director*, 4th Quarter 2005, 31-32.

———, "What Makes a Good Bank Good?" *Bank Director*, 4th Quarter 2005, 16-24.

MitroV, I., P. Shrivastava, and F. Udwadia, "EVective Crisis Management," *Academy of Management Executive*, 1987, 283-292.

Mueller, Robert K., "Roles and Responsibilities of the Board," Chapter 3 in *The Bank Director's Handbook*, Second Edition, 1990.

Neuharth, Allen, *Confessions of an S.O.B.*, Bantam Doubleday Dell Publishing Group, Inc., New York, 1989.

Parker, George, "Now Management Will Make or Break the Bank," *Harvard Business Review*, November?-December 1981, 140-148.

Parkinson, Patrick, Adam Gilbert, Emily Gollob, Lauren Hargraves, Richard Mead, JeV Stehm, and Mary Ann Taylor, "Clearance and Settlement in U.S. Securities Markets," Board of Governors of the Federal Reserve System, StaV Study 163, 1992.

Pierce, James L., and Samuel B. Chase, *The Management of Risk in Banking, monograph, Association of Reserve City Bankers*, July 1988.

Rajan, Raghuram, "Why Bank Credit Policies Fluctuate: A Theory and Some Evidence," *Quarterly Journal of Economics* 109, 1994, 399-442.

Ramakrishnan, Ram T.S., and Anjan V. Thakor, "Cooperation Versus Competition in Agency," *Journal of Law, Economics and Organization* 7-2, 1991, 248-283.

Reilly, Anne H., "Crisis Management in the Banking Industry: Strategic Issues for Managers," BRC working paper #170, Northwestern University, November 1988.

Sease, Douglas R., and Robert Guenther, "Financial Loss: Big Banks Are Plagued by a Gradual Erosion of Key ProWt Centers," *Wall Street Journal*, August 1, 1990.

Song, Fenghua, and Anjan V. Thakor, "Relationship Banking, Fragility and the Asset-Liability Matching Problem," *Review of Financial Studies*, forthcoming.

Thakor, Anjan V., "Do Loan Commitments Cause Overlending?" *Journal of Money, Credit and Banking* 37-6, December 2005, 1067-1100.

제8부
기업 경영권과 지배구조

제14장 인수합병

> M&A시장에서 친구를 원한다면, 차라리 애완견을 알아보는 것이 낫다.
>
> 칼 아이칸

용어 정리

TBTF: 대마불사(10장 참고)
BHCA: 은행지주회사법
BMA: 은행합병법
FIRREA: 금융기관 및 금융규제개혁법
OCC: 통화감독청
FDICIA: 연방예금보험공사진흥법
시장내 인수합병(Intramarket Merger): 동일한 시장에서 동일한 고객군을 상대로 경쟁하는 두 기업의 통합
시장간 인수합병(Intermarket Merger): 서로 다른 시장에서 활동하는 두 기업의 통합
수평적 결합(Horizontal Integration): 비슷한 서비스 또는 비슷한 유형의 제품을 생산하는 회사들의 통합. 이는 규모의 경제이다.
수직적 결합(Vertical Integration): 공급자 또는 고객 기업과의 통합. 이는 범위의 경제이다.
영의 비정상 수익률(Zero Abnormal Returns): 주가변동에 따른 수익률이 기업의 체계적 위험, 즉 자본자산결정모형(Capital Asset Precing Model)에 의해 예측된 수익률과 일치하는 경우

서론

미국은 물론 전 세계적으로 전체 산업의 횡단면을 살펴보면 1980년~2000년 사이의 인수합병 트렌드(trend)는 특히 금융서비스 산업에서 이루어졌다. 1980년 이후 미국 은행산업은 지속적이고 전례 없는 수준의 인수합병 활동을 겪게 되었으며, 이는 은행산업구조에도 엄청난 영향을 미쳤다. 1980~1998년 사이에 약 8,000여 건의 M&A가 이루어졌으며 인수자산금액은 약 $2.4조 규모에 달했다. 1980년대 초반이 후반에 비해 더 많은 인수합병이 활발하게 일어났지만, 1990년대, 특히 1995-98년도에는 큰 규모의 인수합병이 발생하였다. 그중 몇몇은 전례 없는 규모였다. 비록 미국 은행업의 인수합병 활동은 2001년-2003년 둔화되었지만, 2004년 다시 정점을 찍게 되어 이 해에는 2000년 이래 가장 고점을 기록하였다. 2004년에는 271건의 인수합병이 있었으며 그 가치는 $131.5억에 달했다. 통합화는 초과 자본을 제거하였고 기업 수도 감소시켰다. 2006년 미국에 있는 은행 수는 7,500개에 달하였는데, 이는 여전히 너무 많은 것으로 생각되었고 은행업의 통합화는 아직 종착점에 다다르지 않은 것으로 보인다.

미국 이외의 나라에도 제거되어야 할 비용 비효율성이 남아 있다. 유럽 주요 국가들에 존재하는 은행들은 여전히 수익 대비 비용 비율을 줄일 여지가 남아 있으며, 일본에서는 기업지배구조와 주주의 부 극대화에 대한 관심이 높아지고 있다. 따라서 은행산업 M&A 논의는 시의적절하며 매우 중요한 주제라고 할 수 있다. 본 장에서는 은행업에서 기업지배권 경쟁과 관련한 다양한 이슈들을 살펴보고자 한다.

본 장의 나머지 부분은 다음과 같이 구성된다. 다음 절에서는 은행업에서 최근의 M&A 추세와 적대적 M&A를 다룬다. 다음으로는 기업지배권에 대해 전반적으로 살펴보고, 나아가 이것이 은행산업 M&A에 대해 갖는 시사점을 살펴본다. 그다음 절에서는 은행업의 적대적 M&A에 대해 이어서 다룬다.

은행업 인수합병의 최근 추세

1985년 이전, 은행 사이의 인수합병은 주로 같은 주(州)에 있는 은행들 사이에서 이루어졌다. 특히, 단일은행법 또는 은행지주회사 금지가 자유화된 주(州)에서 주로 발생했다. 대부분의 거래 규모는 작았으며, 주식거래를 통해 이루어졌다. 그러나, 1985년 6월 10일 연방대법원이 인접 주 간의 협약을 허용한 이후, 물꼬가 터지게 되었다. 대부분의 주에서 주 간 은행거래업무를 승인하기 시작하였으며, 전국은행업무를 승인하기 시작하였다. '주간은행법(주 간 은행업 및 지점망 효율성에 관한 법)'이 1994년 통과됨으로써 더 많은 동력을 얻게 되었다. 이제 대규모 인수합병이 주 간 은행들 사이에서 일어나게 되었다. 은행 인수합병은 1980년대, 특히 1986년에 가장 활발했으며 이후 감소하는 추세를 보이다 1989년에 다시 상승하였다. 1990년대 시작은 인수합병이

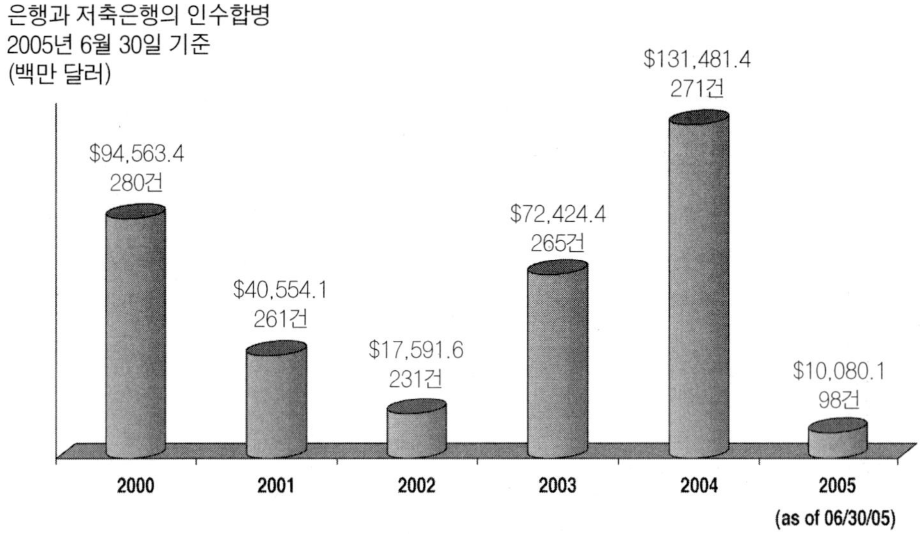

〈그림 14.1〉 은행과 저축은행의 인수합병(2000–2005)

출처: Charlottesville, VA-based SNL Financial, SNL.com and *Bank Director*, 3rd Quarter, 2005.

크게 감소하는 분위기로 출발하였으나 1994년 이후 다시 매우 증가하였다. 〈그림 14.1〉은 2000-2005년 사이의 인수합병활동을 나타내며, 〈표 14.1〉은 2004년에 발표된 주요 인수합병을 나타낸 것이다. 〈표 14.2〉는 2004년 은행과 저축기관 인수합병에 관여한 주요 재무컨설팅회사를, 〈표 14.3〉은 주요 법률자문기관을 나타낸다.

경영지배권 이슈

합병의 이유: 전체가 부분 합보다 크다

두 회사는 각 기업이 독자적으로 존재하는 경우보다 합병 후 기업의 가치가 더 클 때 합병을 할 수 있다. 이러한 가치 증가는 다양한 원천에 기인하고 있다.

그 원천 중 하나는 규모의 경제로, 이는 산출량이 증가함에 따라 평균비용이 감소하는 것을 의미한다. 두 번째 원천은 범위의 경제로, 이는 활동범위 확장으로 인해 평균비용이 감소하는 것을 의미한다. 세 번째 원천은 중복적 생산능력의 제거로, 이는 합병을 통해 은행이 불필요한 낭비를 줄이는 것을 뜻한다. 네 번째는 수직적 또는 수평적 합병을 통한 시장지배력(market power)의 증가이다. 수직적 통합은 투입요소시장 지배력을 강화하고 유통채널에 대한 통제력을 강화함으로써 비용을 줄일 수 있다. 수평적 통합은 소비자에 대한 시장지배력을 증가시켜 이익을 증대시킬 수 있게 한다. 다섯 번째 원천은 관리효율성의 증진이다. 즉, 은행이 비효율적인 경영진을 보

<표 14.1> 2004년에 발표된 상위 10개 인수합병(공시된 거래금액 기준)

매수자	소재지	대상	소재지	공시일	완료일	거래금액 (백만 달러)	주가/장부가 비율(%)	주가/유형자산 비율(%)	주가/이익 비율(배)
J.P. Morgan & Chase	New York, NY	Bank One Corporation	Chicago, IL	01/14/2004	07/01/2004	58,783.3	256.10	285.43	17.29
Wachovia Corporation	Charlotte, NC	South Trust Corporation	Birmingham, AL	06/21/2004	11/01/2004	14,365.4	306.67	372.82	19.64
Royal Bank of Scotland Group, Plc	Edinburgh	Charter One Financial, Inc.	Cleveland, OH	05/04/2004	08/31/2004	10,526.9	305.63	354.30	19.18
Sun Trust Banks, Inc.	Atlanta, GA	National Commerce Financial Corp.	Memphis, TN	05/07/2004	10/01/2004	7,432.5	249.92	451.37	20.79
North Fork Bancorporation, Inc.	Melville, NY	GreenPoint Financial Corp.	New York, NY	02/15/2004	10/01/2004	6,396.3	297.53	370.80	12.14
Regions Financial Corporation	Birmingham, AL	Union Planters Corporation	Memphis, TN	01/22/2004	07/01/2004	6,000.8	NM	NM	NM
Capital One Financial Corporation	McLean, VA	Hibernia Corporation	New Orleans, LA	03/07/2005	NA	5,351.3	261.94	323.25	17.74
TD Bank Financial Group	Toronto	Banknorth Group, Inc.	Portland, ME	08/25/2004	03/01/2005	3,818.1	234.53	477.69	17.80
National City Corporation	Cleveland, OH	Provident Financial Group, Inc.	Cincinnati, OH	02/16/2004	07/01/2004	2,133.9	220.82	245.82	21.14
Fifth Third Bancorp	Cincinnati, OH	First National Bankshares of Florida, Inc.	Naples, FL	08/02/2004	01/01/2005	1,530.2	263.07	NA	42.13

출처: Charlottesville, VA-based SNL Financial, SNL.com and *Bank Director*, 3rd Quarter, 2005. See Milligan(2005).

〈표 14.2〉 2004년에 은행과 저축기관 인수합병에 관여한 주요 재무컨설팅회사

순위	회사	거래건수	총거래 금액(백만 달러)
1	Lazard Freres & Co.	1	58,783.3
2	UBS Securities LLC	6	30,811.8
3	Merrill Lynch & Co.	4	28,365.4
4	Lehman Brothers Inc.	12	25,295.5
5	Goldman Sachs & Co.	6	24,320.2
6	J.P. Morgan Securities Inc.	5	19,502.9
7	Sandler O'Neill & Partners LP*	52	15,546.4
8	Keefe Bruyette & Woods, Inc.	58	14,867.8
9	Morgan Stanley	3	8,556.5
10	Credit Suisse First Boston USA	3	6,145.3
11	Citigroup Global Markets	3	3,625.7
12	Hovde Financial LLC*	28	3,610.8
13	Ryan Beck & Co.	14	3,383.5
14	Secura Group	1	2,133.9
15	SunTrust Robinson Humphrey	4	2,046.2
16	Banc of America Securities	1	850.0
17	McDonald Investments Inc.	7	759.3
18	Northeast Capital & Advisory	2	758.3
19	Castle Creek Financial	7	780.4
20	Friedman Billings Ramsey & Co	9	716.5

출처: Charlottesville, VA-based SNL Financial, SNL.com and *Bank Director*, 3rd Quarter, 2005. See Milligan(2005).
*Deal Value for at least one deal is NA.

〈표 14.3〉 2004년에 은행과 저축기관 인수합병에 관여한 주요 법률자문기관

순위	회사	거래건수	총거래 금액(백만 달러)
1	Wachtell Upton Rosen & Katz	14	101,577.8
2	Simpson Thatcher & Bartlett	2	62,601.4
3	Sullivan & Cromwell LLP	14	23,323.1
4	Bradley Arant Rose & White	4	14,599.6
5	Burr & Forman	1	14,365.4
6	Skadden Arps*	4	14,241.6
7	Goodwin Procter LLP*	6	11,948.7
8	Silver Freedman & Taff LLP*	8	11,322.2
9	Davis Polk & Wardwell	2	10,738.0
10	Alston & Bird LLP	7	7,788.8
11	Bass Berry & Sims Plc.	3	7,445.8
12	King & Spalding	1	7,432.5
13	Elias Matz Tiernan & Herrick	11	4,957.1
14	Osier Hosking & Harcourt	1	3,818.1
15	Stevens & Lee PC	4	2,479.8
16	Arnold & Porter	1	2,133.9
16	Jones Day	1	2,133.9
17	Smith Gambrell & Russell	5	1,868.8
18	Pillsbury Winthrop Shaw	4	1,779.5
19	Graydon Head & Ritchey LLP	1	1,530.2

출처: Charlottesville, VA-based SNL Financial, SNL.com and *Bank Director*, 3rd Quarter, 2005. See Milligan(2005).
*Deal Value for at least one deal is NA.

다 효율적인 경영진으로 교체하는 것이다. 더욱이, 더 나은 인센티브계약을 승인할 수도 있다. 여섯 번째, 합병은 새로운 시장에 진입 기회, 교차판매 기회, 분산화 기회를 통해 기업가치를 증대시킬 수 있다. 마지막으로, 주주 부 증대가 없더라도 인수기업 CEO의 부를 증대시킬 수 있을 때 인수합병에 나설 수도 있다.*

인수합병의 두 형태: 우호적 M&A(합병), 적대적 M&A(인수)

두 기업이 결합하는 과정은 결합하는 두 기업의 경영권자들이 모두 인수합병에 찬성하여 우호적으로 진행되는 경우와 인수기업이 피인수기업 경영진의 동의 없이 경영권을 획득하는 적대적 인수합병으로 나눌 수 있다. 우리는 우호적 인수합병을 합병(mergers)으로, 적대적 인수합병은 인수(takeover)로 부르도록 하겠다. Mergers(합병)와 Takeover(인수)는 두 기업이 결합하여 얻는 이익의 서로 다른 원천에 중점을 두며, 두 기업의 결합 선언에 대한 주가 반응도 다른 의미를 가지게 된다.

소유와 경영의 분리 그리고 적대적 인수합병

인수기업이 피인수기업을 인수하는 과정에서 제시하는 인수가격은 일반적으로 피인수기업의 현재 시장가격보다 높게 제시된다. 그렇다면 피인수기업이 적대적 인수합병에 반대하는 이유는 무엇일까? 그 답은 공개적으로 거래되는 기업들의 소유와 경영이 분리된 형태에서 찾을 수 있다.** 이들 기업의 소유권은 주주들에게 있는 반면, 경영활동은 경영자들에 의해 이루어진다. 따라서 주주들은 해당 기업을 경영할 임무를 그들의 대리인인 경영자에게 위임한(이사회를 통해 위임) 주체라 할 수 있다.*** 경영자는 자신의 기대효용극대화를 위해 행동하기 때문에 대리인문제가 발생한다(1장 참고). 대리인문제는 다양한 형태로 나타나는데, 구체적으로 살펴보면 다음과 같다.

- **지나치게 보수적인 투자의사결정**: 경영자들은 주주입장에서의 최적인 투자안보다 위험이 적은 투자안을 선택할 수 있다. 이는 전체 기업가치를 감소시킬 수 있다. 이러한 보수적인 의사결정은 현재의 지위 상실 등을 우려한 관리적 위험회피성향 및 기업 성과가 평판이나 본인의 경력을 포함하는 경영자 보상에 영향을 미칠 것에 대한 우려에서 발생한다.****

* Boot, Milbourn and Thakor(1999)는 은행의 범위뿐만 아니라 규모를 확장시키려는 거대 인수자들을 설명하기 위해서 이 틀을 사용한다.
** 이에 추가로, 더 좋은 가격협상을 위해서 초기에는 인수를 반대하고자 하는 전략적 이유들이 있다.
*** 소유와 통제의 분리 결과에 대한 논의는 Jensen and Meckling(1976) 참조. Mester(1989)는 은행의 대리인 문제에 대한 논의를 하고 있다.
**** 투자를 결정할 때, 경영자가 위험중립적이라 하더라도 보수적 투자를 유발할 수 있는 경영자 평판과 관련된 분석은 Hirshleifer and Thakor(1992) 참조. Milbourn, Shockley and Thakor(2001) 참조. 이에 대한 중요한 논문은 Holmstrom(1999) 참조.

- **과도한 특권적 소비문제**: 특권적 소비는 기업 자원을 낭비하게 되어 기업가치를 감소시키게 된다. 나아가 직원들에게 나쁜 선례를 남기게 된다.

- **순현가(NPV)가 음(−)인 투자안의 선택**: 이는 다양한 형태를 취하며 여러 가지 이유에서 발행할 수 있다. 신규 투자안의 순현가가 음(−)이더라도 경영자에게 사적이고 공식계약 외적인 편익을 가져다줄 경우 경영자는 이러한 투자안을 선택할 수 있다. 또는, 모든 양(+)의 순현가를 가진 투자안에 투자하고 남은 현금인 잉여현금흐름이 기업에 존재하는 경우 경영자는 이를 '제국건설(empire building)'을 짓는 데 사용할 수 있기 때문에 이러한 투자안을 선택할 수 있다.* 즉, 대개 경영자에 대한 보상이 규모에 연동되기 때문에 규모가 커질수록 경영자는 이익을 향유하게 된다. 한편, 지속적으로 손실이 발생하여 청산하는 것이 주주에게 바람직한 투자안을 유지하는 경우도 있다. 이는 경영자들이 자신들이 투자안 선택에서 그릇된 의사 결정을 하였음을 시장에 가능한 늦게 알림으로써 자신들에 대한 평판을 보호하고자 하기 때문에 나타나게 된다.**

- **경영자의 참호구축효과**: 경영자들은 자신의 능력이 주주 부의 극대화를 위해 더 효과적으로 활동할 수 있는 다른 사람들보다 낮다는 사실을 알 수도 있다. 이들은 때로는 같은 회사의 동료들일 수도 있다. 이와 같은 사실을 안다면 경영자는 같은 회사에 있는 잠재적 후임자를 경계하는 행동을 취하게 되며, 회사 외부인인 경우는 이들과의 거리를 최대한 멀리 유지하려 할 것이다. 따라서, 인수합병에 대한 경영자의 저항은 주주와 경영자 사이의 대리인 문제의 발현으로 볼 수 있다.

대리인 문제 해소를 위한 메커니즘

이제 우리는 주주가 주주 자신의 인센티브와 경영자의 인센티브가 서로 상충되지 않게 하는 세 가지 방법을 간략하게 살펴보도록 하겠다.

- **경영자 보상 체계**: 이는 경영자가 기업가치 극대화를 위해 노력할 유인을 제공하도록 설계된다. 예를 들어, 경영자는 제약이 수반되는 주식 또는 주식옵션(stock options)의 형태로 보상을 받을 수 있다.*** 기업 가치와 기업의 경영자 지분 사이의 관계를 연구한 많은 연구들에 의하면, 경영자가 지분을 많이 소유하는 기업의 경우에 주주 부에 유리한 의사결정이

---

* 잉여현금흐름의 결과에 대한 검토는 Jensen(1986) 참조.
** 이와 관련한 모델은 Boot(1992) 참조.
*** 거래제한은 포트폴리오상에서 경영자가 보유하고 있는 주식을 보장해 준다.

이루어지고 있다.*

- **감시활동**: 경영능력이 부족하거나 주주의 부를 위해 행동하지 않는 경영자가 있다면, 주주들이 직접 감시활동을 통해 이를 발견하고, 현재의 경영자를 다른 경영자로 대체할 수 있다. 그러나, 이러한 모니터링은 대개 주주로부터 이사회에 위임되어 이루어진다. 이사회의 효력은 최고경영자와 이사회 사이 또는 최고경영자에 의해 선임된 내부이사와 이사회 사이의 정보비대칭에 의해 저해되는 경우가 종종 발생한다.** 여기에 기관투자자와 은행과 같은 대규모 채권자 등이 경영자를 감시하는 활동을 해야 하는 정당성이 있다.

- **인수(takeovers)**: 경영자가 회사 자원을 낭비하고 있다면, 주가는 이러한 비효율성을 반영할 것이다. 사실, 기업의 시장가치(V_m)는 (i) 기업이 현재 상태로 독립적으로 지속될 확률을 곱한 현재의 경영진하에서의 기업의 가치(V_c), (ii) 기업이 인수합병될 가능성을 곱한 인수합병 이후의 기업가치(V_t) 두 부분으로 나누어 볼 수 있다.*** 만약 현재의 경영자가 계속 경영할 확률이 변하지 않는다면, 경영 비효율성은 기업가치를 떨어뜨릴 것이며, 이는 주가하락을 가져올 것이다. 이 경우, 다른 회사가 현재의 주가보다 높은 가격에 매수를 제안할 수 있고, 이 매수가격이 현재의 주가와 인수 후 기업가치(V_t) 사이에 존재한다면, 주주들에게 이익을 가져다줄 수 있다. 따라서, 인수합병을 통한 기술적 시너지나 시장지배력 시너지 효과가 없다고 하더라도 인수합병은 인수기업과 피인수기업의 주주에게 모두 이익이 될 수 있다.

인수합병의 효과를 제한하는 요소들—경영자 규율 측면에서

위에서 살펴본 세 가지 기업경영권 통제 메커니즘은 서로 영향을 주고받으며 작동한다. 경영자 보상체계와 이사회를 통한 감시활동이 효과적일수록 인수합병이 발생할 가능성이 감소한다. 하지만, 인수합병이 어떤 역할을 수행할 것으로 기대되는 경우에도, 그 효과는 무임승차문제로 인하여 반감될 수 있다.**** 어떤 잠재적 인수기업이 매수가격 V_b를 제안하였고, $V_m < V_b < V_t$인 상황이라고 가정해 보자. 매수제안이 성공하기 위해서는 충분히 많은 주주들이 제시된 매수가격에 자신들이 가지고 있는 주식을 팔아주어야 한다. 모든 주주들이 이 매수제안에 찬성하여, 인수시도가 성공하였다고 가정하자. 이 경우 공모에 응하지 않은 주주들 사이에 내쉬균형에 이른 상황

---

* 예를 들어, Cotter and Zenner(1994)와 Martin and McConnell(1989) 참조.

** Hirsheifer and Thakor(1993, 1994)는 경영진들을 교육시키는 데 이사회의 역할을 이론적으로 검토하고 있다. Song and Thakor(2006)는 CEO와 이사회 사이의 경력에 대한 우려의 상호작용을 검토하고 있다.

*** Stulz(1988)는 이와 관련한 모델을 제시하였다.

**** 이 문제는 Grossman and Hart(1980)에 의해서 설명되었다.

일까? 이 질문에 대답하기 위해, 보유 주식을 팔지 말지 고민 중인 피인수 기업의 주주의 전략을 생각해보자. 만약 주주가 회사가치의 $\alpha\%$만큼을 보유하고 있다면, 주식을 팔 경우 받게 되는 가치는 αV_b가 된다. 그러나 다른 모든 주주들이 주식을 모두 매도하고, 해당 주주만 주식을 보유하는 경우, 보유 주식의 가치는 αV_t가 된다. 그런데, $V_t > V_b$이므로, 주주 입장에서는 다른 모든 주주들이 주식을 파는 경우, 자신의 주식을 계속 보유하는 것이 더 나은 전략이 된다. 하지만, 이러한 전략은 모든 주주들에게 똑같이 적용된다! 따라서, 모든 주주들이 다른 주주들의 매도에 무임승차할 인센티브가 있는 상황에서는 아무도 주식을 팔려고 하지 않을 것이며, 인수 시도가 실패로 돌아갈 것이다. 인수 기업이 피인수 기업의 모든 주주들을 유인하기 위한 한 가지 방법은 가격을 V_t에서 제시하는 것으로, 이때 인수로 인한 이익은 없게 된다. 따라서 만약 인수기업이 인수 후 새로운 경영진하에서의 피인수기업의 가치를 측정하기 위해 인수시도 초기에 상당한 비용 C를 지불해야 한다면, 이 비용을 회수하지 못하게 될 것이다. 따라서 인수기업은 정보 획득을 위한 초기 투자를 하지 않게 되고, 피인수기업에 대한 인수시도도 사라지게 된다.

이러한 무임승차문제를 피하는 한 가지 방법은 잠재적 인수기업이 경영권 획득 의사를 공시하기 이전에 피인수기업의 지분을 비공개로 충분히 많이 사들이는 것이다.* 잠재적 인수기업이 피인수기업 발행주식에서 β만큼 비중을 매입하는 경우를 가정해 보자. 만약 이러한 지분매입이 완벽하게 비공개적으로 이루어진다면, 인수기업은 이에 대해 βV_m만큼을 지불하게 된다. 이러한 지분매입이 끝나고 난 이후, 나머지 지분에 대해 총액 $(1-\beta)V_t$로 매수시도가 진행된다고 생각해 보자. 이제 피인수기업의 주주들은 자신들의 주식을 계속 보유하고 있더라도 더 나은 이익을 볼 수 없으므로, 자신들의 주식을 파는 데 주저할 이유가 없게 된다. 또한, 인수기업의 경우, 비록 피인수기업의 추가 지분을 공개매입하는 과정에서 이익을 보지 못하더라도, 그 이전에 비공개로 획득한 지분을 통해 $\beta[V_t-V_m]$만큼의 이익을 실현할 수 있다. $\beta[V_t-V_m] > C$(C: 정보획득비용을 포함한 매수시도 과정에서 발생하는 비용)이기만 하다면, 인수기업의 피인수기업에 대한 정보획득 비용에 대한 인센티브는 사라지지 않는다.

무임승차문제가 해결되더라도 인수기업 경영자를 규율하는 데 인수합병의 효과는 인수합병에 대한 저항에 의해 반감될 수 있다. 예를 들어, 피인수기업의 경영자는 피인수기업이 인수기업에게 더 이상 매력적으로 보이지 않도록 '극약처방(poison pill)'을 내릴 수 있다. 그 예로, 피인수기업의 경영자는 자신의 기업이 인수될 경우 반독점소송에 걸리게 될 가능성을 높이기 위해 다른 회사를 인수하여 규모를 키울 수 있다. 또한 인수비용이 증가하도록 재무구조를 재구성하거나, 인수기업에게 매력적인 자산을 처분하는 방법도 있다.** 실증연구에 의하면 인수시도에 대한 방

---

* 이는 Shleifer and Vishny(1986)에 근거하고 있다. 미증권거래위원회(SEC)의 공시제도는 인수주식이 5%를 넘을 때에는 인수 사유를 공시하도록 되어 있다.

** 물론, 포이즌필이 경영자들로 하여금 그들의 직장을 유지하도록 해줄 수도 있지만 인수 위협은 주주들에게 이익이 되는 결과를 낳게 할 수도 있다. 인수 위협은 계속 유지했을 수도 있는 적자발생의 투자를 경영자들로 하여금 철회하도록 할 수 있다고 Boot(1992)는 주장하고 있다. 인수 위협은 경영자로 하여금 음의 NPV가 발생하는 사업에 투자하기보다는 배당의 형태로 잉여현금을 지출하도록 한다고 Jensen(1986)은 주장하고 있다.

어적 구조조정 또는 극약처방과 같은 인수시도 방어조치의 공시 후 피인수기업의 주가는 하락하는 것으로 나타났다.* 결론적으로, 인수합병은 궁극적으로 주주에게 이익이 되지만, 자신의 이익을 추구하는 경영자에 의해 그 이익의 실현이 저해될 수 있다.** 인수합병은 자본시장을 통해 실물자산과 금융자산 포트폴리오를 재조정하고, 이러한 자산들이 가장 높은 가치에서 사용될 수 있게 하는 장치이다.

인수합병에 대한 주가의 반응: 이론

경영 효율성은 거래되는 주가뿐만 아니라 인수시도에 대한 인수기업의 주가반응에도 영향을 미친다. 여기에서는 이러한 효과가 나타나는 모습에 대해 살펴보기로 한다.

인수(합병)의 목적은 두 가지로 나눠볼 수 있다. 첫째, 두 기업의 결합으로 시너지 효과를 달성하는 것이다. 이때의 잠재 이익은 피인수기업의 경영과는 독립적이다. $S>0$을 시너지 효과라고 하자. 두 번째 중요한 목적은 피인수기업의 경영 비효율성을 제거하는 것이다. $M>0$을 피인수기업의 경영 비효율성 제거에서 오는 이익이라고 하자.

이제 경영효율성만 다르고 나머지 요인은 모두 같은 두 기업을 가정해 보자. 한 기업은 비효율적 경영이 이루어지는 기업이다. 이를 위 첨자 I로 나타내자. 다른 한 기업은 효율적 경영이 이루어지고 있는 기업이다. 이를 위 첨자 E로 나타내자. 즉, V^I는 비효율적 경영진하의 기업 자산의 실질가치를 나타낸다. V^E는 효율적 경영진하의 기업의 실질가치를 나타내며, $V^E=V^I+M$으로 나타낼 수 있다.

여기에 인수합병 시도가 있다면, 오직 비효율적 경영자만 교체될 것이다.*** 인수합병 이후 피인수기업의 실질가치(아래첨자 t로 표기함)는 개선된 경영효율성으로 인한 이익뿐만 아니라 시너지 효과로 인한 이익도 반영하게 된다. 즉,

$$V_t^I=V^I+M+S \tag{14.1}$$

$$V_t^E=V^E+S=V^I+M+S \tag{14.2}$$

* 이 실증적 증거에 대한 광범위한 논의는 Jensen and Warner(1988) 참조.

** 연방준비은행은 인수 승인여부에 대한 평가에서 합병입찰과 동일하게 인수입찰을 다룰 것이라는 입장을 취해오고 있다. 뉴욕은행이 어빙은행에 대한 인수입찰을 하는 과정 중 1988년 2월 상원은행위원회 앞에서 당시 연방준비은행 의장이었던 앨런 그리스펀은 다음과 같이 진술하였다. "우리가 적대적 인수에 대해 논의할 때, 적대적이란 의미는 주주들 사이에서가 아닌 두 조직의 경영자들 사이에서를 말하는 것임을 기억하자. 사실, 개인적인 판단이지만, 너무나 자주 경영진들이 그들의 사실상 주인이라고 할 수 있는 주주들로부터 그들 스스로를 보호하려고 한다는 데 문제가 있는 것이다." Mester(1989) 참조.

*** 인수 이후 비효율적인 목표 기업의 경영진이 교체된다는 가정은 실증적으로 사실이다. 목표기업의 경영진 교체는 비정상적으로 높다. Martin and McConnell(1989)에 따르면 성공적인 인수가 이루어지면 인수 후 1년 내 목표 기업들의 CEO, 의장 그리고 사장들의 교체율이 55퍼센트에 이르고 있다고 한다.

식 〔14.1〕, 〔14.2〕는 각각 비효율적 피인수기업 및 효율적 피인수기업의 인수합병 이후 기업가치를 나타낸다.

$q(0 \le q \le 1)$는 잠재적 인수기업이 피인수기업을 인수할 확률을 나타내고, $p(0 \le p \le 1)$는 그러한 인수시도가 성공할 확률이라고 하자. 앞서 다룬 무임승차문제가 예상되는 상황에서 잠재적 인수기업이 피인수기업을 인수하기 위해 V_t의 인수가격을 제시할 것으로 예상된다고 하자. 두 기업의 경영 효율성이 알려져 있다면(common knowledge), 인수합병 공시 전 두 기업의 가치는 다음과 같다.

$$V_m^I = pq[V^I + M + S] + [1 - pq]V^I \tag{14.3}$$

$$V_m^E = pq[V^I + M + S] + [1 - pq][V^I + M] \tag{14.4}$$

즉, 두 회사의 가치는 인수합병 이전의 자산가치와 인수합병 이후 자산가치의 가중평균이다.

이제, 효율적 경영이 이루어지는 기업이라면 인수합병 이후 경영자 교체가 일어나지 않을 것이므로, 인수합병에 아무런 저항이 없을 것이고 시너지효과 S를 실현하게 된다. 즉, 효율적 기업은 잠재적 인수기업에 의한 인수(takeover)시도보다 합병(merge)을 선언할 것으로 기대할 수 있다. 따라서 합병 공시와 관련하여 $p=1$이다. 한편, 피인수기업의 경영진이 비효율적인 경우, 이들은 합병 가능성에 직면했을 때 교체될 가능성을 두려워하게 된다. 이러한 경영진은 인수에 저항하게 된다. 물론 인수에 대한 저항은 실패할 수 있지만, 이는 합병 성과를 불확실하게 만든다. 인수 시도에 대해 $0 < p < 1$라 가정하고 이러한 불확실성을 측정해 보자. 경영자의 경영 효율성을 알려진 것으로 다시 한 번 가정하면, 식 〔14.4〕는 다음과 같이 정리할 수 있다.

$$V_m^E = q[V^I + M + S] + [1 - q][V^I + M] \tag{14.5}$$

$V_m^E > V_m^I$를 주목하라. 즉, 효율적 경영이 이루어지는 기업이 더 높은 가격에 거래됨을 주목하라.

이제, 잠재적 인수기업이 나타날 것인지에 대한 불확실성이 사라지고, 피인수기업에 대한 인수가격을 제시했다고 가정해 보자. 효율적 기업의 경영자는 인수시도를 받아들여 합병을 선언한다. 비효율적 기업의 경영자는 인수시도에 반대하여 저항하지만, 잠재적 인수기업의 존재에 대한 불확실성이 사라지게 되므로 주가는 움직이게 된다. 두 기업의 새로운 주가(^으로 표현)는 다음과 같다.

$$\hat{V}_m^I = p[V^I + M + S] + [1 - p]V^I \tag{14.6}$$

$$\hat{V}_m^E = V^I + M + S \tag{14.7}$$

우리는 이제 각 기업의 인수합병 시도에 대한 반응으로 나타나는 상대적인 가격 변화를 계산하고자 한다. RPC^I와 RPC^E를 각각 비효율적 기업과 효율적 기업의 상대적 가격 변화라고 하자.

$$RPC^I = [\hat{V}^I_m - V^I_m]/V^I_m \quad \text{그리고} \quad RPC^E = [\hat{V}^E_m - V^E_m]/V^E_m \tag{14.8}$$

즉,

$$RPC^I = \frac{p[1-q][M+S]}{V^I + pq[M+S]} \tag{14.9}$$

$$RPC^E = \frac{[1-q]S}{V^I + M + qS} \tag{14.10}$$

간단한 과정을 거치면, 다음 조건을 만족할 때 상대적 가격변화가 합병(merger)에서보다 인수(takeover)에서 더 크게, 즉 $RPC^I > RPC^E$로 나타나는 것을 확인할 수 있다.

$$pM[M+S+V^I] > [1-p]SV^I \tag{14.11}$$

경영 비효율성을 나타내는 M이 충분히 크거나, 시너지 효과 S가 충분히 작을 때, 식 [14.11]이 성립함을 주목하라. 이는 직관적인 것이다. 즉, 이는 피인수기업 경영자를 대체함으로써 증가하는 가치가 충분히 크다면, 인수(takeover) 시도와 관련된 상대적 가격변화가 합병(merger)과 관련된 상대적 가격변화보다 더 크다는 것을 보여준다. 현실에서도 실제 [14.11]이 성립하는지는 실증분석으로 다룰 문제이다. [14.11]의 부등호 방향이 바뀐다면, 인수보다 합병에서 가격반응이 더 크게 될 것이다.

은행산업에서의 인수합병

은행산업에서 급격하게 증가한 인수합병을 이해하기 위해, 먼저 은행 활동과 관련된 법률적, 규제적 환경의 변화를 살펴보고, 나아가 은행의 인수합병 동기에 대해 분석한다.

법률 및 규제 환경

은행 간 인수합병에 가장 큰 영향을 준 두 가지 법률은 1956년에 제정되고 1970년에 개정된 은행지주회사법(BHCA of 1956)과 1960년에 제정되고 1966년에 개정된 은행합병법(BMA of

1960)이다. 이에 대해 아래에서 살펴보도록 하자.

은행지주회사법(BHCA of 1956): 은행지주회사법은 은행지주회사(BHC)에 적용된다. 은행지주회사는 하나 또는 그 이상의 은행을 지배하는데, 지배(control)란 어떤 종류이든 의결권이 있는 주식의 25% 이상을 소유하는 것으로 정의된다. 은행지주회사법은 은행 간 인수합병을 하기 전 또는 한 은행이 다른 은행지주회사의 자회사가 되기 전, 연준 이사회의 승인을 요구하고 있다. 더욱이, 은행 지배권 변경을 다루는 은행지주회사규제세칙(regulation Y)은 은행지주회사의 자회사가 인수합병을 하는 경우, 생존은행의 연방 감독기관의 승인을 요구하고 있다. 따라서 만약 생존은행이 전국은행인 경우, 통화감독청(OCC)이 인수를 규정한다. 다양한 은행규제기관과는 별도로, 법무부도 인수기업이 매수할 수 있는 주식수 허용에 대한 가이드라인을 가지고 있다. 은행지주회사법의 주요 목적은 은행지주회사의 반경쟁적 효과가 있거나 은행의 안전을 위태롭게 하는 행동들을 제한하는 데 있다.

1966년, 은행지주회사법은 은행합병법(BMA)의 독점금지조항과 일관성을 갖도록 만들어졌다. 새로운 은행을 합병하고자 하는 은행지주회사의 요청의 승인여부를 결정할 때, 연준은 다음과 같은 네 가지를 고려해야 한다. (i) 지역사회의 편의, 요구, 복지, (ii) 공공의 이해관계, (iii) 관련은행의 건전성과 산업 건전성에 미치는 영향, (iv) 경쟁에 미치는 영향 등 네 가지이다. 그러나, 은행지주회사법은 다은행 지주 회사에만 적용되었다. 따라서, 은행들은 단일은행 지주회사 형태로 은행업 이외의 활동에 진출하곤 하였다. 이러한 허점을 없애기 위해 의회는 1970년 은행지주회사법을 개정하여, 단일은행 지주회사도 은행지주회사법을 적용받도록 하였다. 또 다른 규제의 전환점은 1989년 금융기관 및 금융규제개혁법(FIRREA)의 제정이다. FIRREA 이전에는 은행지주회사에 의한 저축은행 인수는 부실 저축은행 등 특별한 경우에만 허용되었다. FIRREA의 일환으로 의회는 저축은행이 건전하든 부실하든 제약 없이 은행지주회사가 저축은행을 인수할 수 있도록 허용하였다.

은행업뿐만 아니라, 은행지주회사는 상업금융, 모기지 금융, 소매금융, 증권 중개, 리스, 데이터 처리, 보험인수 등에 참여하는 것도 허용하였다. 비은행업무에 참여할 수 있는 능력과는 별도로, 은행지주회사는 다양한 세제 혜택을 제공하였다.* 첫째, 은행이 지주회사에 지급하는 배당금은 세금이 공제되었다. 둘째, 연결납세제도를 이용하여, 특정 자회사의 손실로 다른 자회사의 수익을 상쇄함으로써 총납세액을 줄일 수 있게 되었다. 마지막으로, 지주회사는 자회사가 발행한 주식의 매입을 위한 자금조달을 위해, 부채(이자를 통해 세금 공제가 됨)를 이용할 수 있고, 따라서 자본조달에서 자기자본 대신 부채를 이용하였다.

* Eisenbeis(1983), Hawke(1989), Huber(1993), and Lash(1987) 참조.

은행합병법(BMA of 1960)과 리글-닐 주간은행업법(Riegel-Neal Interstate Banking Act of 1994): 1960년 처음 통과되었을 때 은행합병법(BMA)은 모든 은행 인수에 대해 규제당국에 의한 심사를 요구하였다. 그러나, 1963년 통화감독청(OCC)은 필라델피아내셔널은행과 지라드 콘외환신탁은행(Girard Corn Exchange Bank and Trust Company)의 인수합병을 지역사회의 편의와 요구를 개선시킬 수 있다는 이유로 승인하였다. 이에 대해 법무부는 두 회사 간 인수합병이 경쟁을 저해하는 효과가 있다는 이유로 이의를 제기하였다. 이 소송은 결국 대법원까지 올라갔으며 최종적으로는 합병이 기각되었다. 1996년 의회는 은행합병법을 개정함으로써 문제를 명확히 하려고 하였다. 법무부에는 더 이상 자문 역할을 배정하지 않았다. 대신, 인수합병에 독립적으로 이의를 제기하였으며, 이는 비록 구속력이 있는 것은 아니지만, 은행 규제 당국자들이 공식적으로 고려해야 했다. 따라서 은행이나 은행지주회사 인수합병에 대한 법적 기준은 비금융업 기업에 대한 법적 기준과 동일하였고, 셔먼-클레이튼 법안(Sherman and Clayton Acts)에 기초한 전통적인 독점금지 기준을 따르게 되었다. 두 법안은 경쟁을 저해하는 인수합병을 금지하는데, 이때의 경쟁이란 잠재적인 경쟁을 비롯하여 현존하는 경쟁까지 포함한다. 잠재적 경쟁이란 현재는 동일 시장에서 경쟁하고 있지 않지만 잠재적으로 동일시장에서 경쟁할 수 있다고 판단되는 경우를 말한다. 잠재적 진입자는 보다 경쟁이 심한 방향으로 가격에 영향을 미칠 것이다. 잠재적 경쟁자가 존재하는 시장에서의 가격은 독점가격과는 반대로 한계가격(limit price)의 형태를 보일 것이다. 한계가격이란 신규진입을 막기 위한 가장 낮은 가격을 뜻한다. 클레이튼법(Clayton Act)은 잠재적 경쟁을 저해하는 시장확대 인수합병을 막는 데 사용될 수 있다.

은행산업에서 잠재적 경쟁 독트린은 크게 중요한 것이 아니었지만, 1980년대에는 인수합병의 장애물로 간주되면서 더욱 그 중요성을 잃게 되었다. 잠재적 경쟁이라는 규칙에서 보면 승인이 어려웠을 많은 주(州) 내 시장확장형 인수합병이 1980년대에 승인을 받았다.

경쟁을 저해할 것이라는 이유로 은행 간 인수합병이 승인받지 못하는 사례가 적은 이유 중 하나는 은행규제당국이 예외를 인정하는 것이 허용되기 때문이다. 규제당국은 인수합병이 지역사회의 편의와 요구를 충족함으로써 발생하는 이익이 경쟁을 저해하는 효과보다 크다고 판단되면 은행 간 인수합병을 승인할 수 있다. 또한, 독점금지법의 예외가 적용되는 부실기업에 대한 인수합병을 승인할 수도 있다. 예를 들어, 연방준비은행은 미니애폴리스 세인트 폴 시장에서 가장 가까운 지역라이벌보다 네 배 이상 큰 지주회사인 Norwest가 부실 저축은행을 인수하는 것을 승인하였다. 이때 연준은 인수합병을 통해 경쟁이 저해되는 효과를 인지하였지만, 이는 연방보험예금공사(FDIC)가 부(−)의 자산을 갖는 기관을 폐쇄하는 비용을 절감하는 공공이익이 상쇄한다고 발표하였다.

은행산업에서 경영권 경쟁이 증가한 중요한 요소로는 주(州) 간 은행업을 금지하지 않으려는 규제당국자와 정치인을 들 수 있다. 예를 들자면, 1982년부터 1989년까지 연방준비은행에 의해 약 400건의 주 간 인수합병이 진행되었다. 1991-1992년에는 Chemical Bank와 Manufacturers Hanover Corporation, Bank of America와 Security Pacific, NCNB Corporation와

C&S/Sovran Corporation 등 거대한 규모의 인수합병들이 이루어졌다. 이러한 인수합병 활동은 리글-닐 주간은행업법(Riegel-Neal Interstate Banking Act of 1994)이 지점설치를 제한하는 맥파든법(McFadden Act)을 폐기한 이래로 더욱 활발해졌다. 물론, 법적환경 및 규제환경이 인수합병을 승인하는 경향으로 됨과 동시에, 은행 스스로도 인수합병이 효익을 가져다준다는 것을 깨달아야 한다. 그렇다면 은행으로 하여금 인수합병을 추구하게 하는 요소는 무엇인가? 이에 대해 살펴보자.

은행의 인수합병 인센티브

은행들이 합병을 추진하는 인센티브는 일반 기업들의 인센티브와 비슷하다. 게다가 은행들은 '대마불사(Too Big To Fail: TBTF)' 독트린으로 인해 합병을 통해 혜택을 받아왔다. 연방예금보험공사법(FDICIA)은 이 대마불사 이슈를 무력화시키기 위해 노력해 왔다(12장 참고). 아래에 전개되는 논의들은 앞에서 논의된 합병의 이유를 기업지배권과 관련하여 보다 자세히 다루고 있다.

- **규모의 경제, 범위의 경제, 중복투자의 제거**: 규모의 경제, 범위의 경제, 중복투자의 제거는 인수합병의 가장 큰 이유이다. 그 논리는 매우 설득력 있다. 이론적으로, 동일시장에서 이루어지는 합병은 이전과 동일한 영업의 정도를 유지하고, 하나의 본부, 하나의 인사부서, 하나의 트레이딩부서를 제거하고, 같은 지역 시장을 두고 경쟁한 경우에는 많은 지점을 제거해야 한다. 효과적인 후방 오피스 통합도 비용절감을 달성할 수 있다. 많은 은행들이 이러한 임무를 통합자(consolidators)라고 불리는 테크노 은행가(techno-banker)라는 새로운 종족들에게 일임하고 있다. 이들은 피인수기업의 영업비용을 감축하는 데 특화되어 있다. 이들의 성공과 실패는 인수은행의 주가와 인수은행으로서의 지위에도 직접적인 영향을 미칠 수 있다.* 후방 오피스의 통합은 정보와 커뮤니케이션 시스템을 간소화하고 직원을 감축하는 것을 포함한다. 복수의 데이터 센터와 소프트웨어 시스템들이 통합되어, 수익성을 분석하고, 요구불예금 거래정보를 관리하며, 소매금융사업을 지속적으로 추적한다.

  후방 오피스 통합을 통한 비용절감이 전체 기대 비용절감에서 큰 비중을 차지하는 것은 아니지만, 많은 은행 경영진들은 후방 오피스 통합이 관리, 실행 및 비용 통제 측면에서 가장 어려운 부분이라고 여긴다. 따라서, 어떤 인수합병이 기대했던 비용절감에 실패했을 때, 그 원인이 효과적인 후방 오피스 통합의 부실에 기인하는 것은 놀라운 일이 아니다.

  시장 내 합병이 후방 오피스, 지원부서, 지점 체계의 통합과 재조정을 통한 비용절감을 제

* Crockett(1992) 참조. 뉴욕의 First Manhattan Consulting Group의 부사장인 Mr. Ladd Willis의 말을 인용하면, "계획된 운영비용의 절감을 이루어낼 수 있는 경우에만 인수가 가능하다. 이 사람들이 하는 일은 절대적으로 중요하다."

공하는 반면*, 시장 간 합병은 잠재적인 규모의 경제뿐만 아니라 잠재적인 범위의 경제를 제공한다.

그러나, 학문적 연구는 은행 간 인수합병으로 인한 규모의 경제와 범위의 경제에 대한 증거를 제시하지 못하고 있다. 더욱이, 합병을 통해 비용을 절감하거나 과잉대출을 감소시키지도 못하는 것 같다. 비록 합병 후 영업성과에 대한 결과들이 혼합되어 나타나기는 하지만, 대부분의 연구들에 의하면 합병이 은행 성과의 증대로 이어지는 것으로 보이지 않는다.** 주요한 연구 결과는 다음과 같다.

- 은행산업의 평균비용곡선은 상대적으로 수평적이다.***
- 합병은행은 은행합병 3~4년 이후 작지만 중요한 비용절감 효과가 나타난다. 하지만, 이런 비용절감은 전반적인 은행산업의 지출비율 감소로 설명될 수도 있다. 즉, 합병은행의 이자비용 이외의 비용의 추세가 비합병은행의 비용 추세와 비교하여 큰 차이가 나지 않고 있다.**** 예외적으로 대규모 합병에서는 상당한 비용절감 효과를 나타나고 있다.*****
- 평균적으로, 합병은행들이 후방 오피스 통합을 통한 비용절감효과를 달성하지는 못한 것 같다.****** 하지만, 비용절감을 달성한 은행들도 있었는데, 이 경우 대출 스프레드가 합병 이후 감소하였다. 특히, 비용절감이 큰 경우일수록 대출 스프레드 감소 효과 강하게 나타났다.*******
- 합병 이후 다양한 상품 발행을 통한 비용절감 효과가 나타나지 않는다. 즉, 범위의 경제 효과를 발견할 수 없었다.********
- 합병이 과잉대출을 축소시키지는 못하였다. 1980년에서 1990년 사이에 합병한 은행들은 대출 규모 성장세를 둔화시키지 못하였고, 이를 줄이는 효과적이며 유일한 방법은 실패를 통한 것이었다.*********
- 경영자에 대한 보상은 합병 후 증가하는데, 이는 성장이 유기적으로 이루어질 때보다 더 증가하는 추세를 보였다.**********

---

* 예를 들면, 'Manny Hanny' 와 Chemical의 합병에서 합병 이후 예상되는 절감액은 다음과 같았다. 후방 오피스 통합으로부터 $2억, 지점들과 소유부동산의 구조조정을 통해 $1억 그리고 인원감축을 통해 $3억 5천만을 줄일 수 있었다. 상세내용은 Kantrow(1991) 참조.

** Rhoades(1994, 2000) 참조.

*** Humphrey(1990) 참조.

**** Srinivasan(1992) 참조. 이 연구는 1982년과 1986년 사이에 완결된 은행들의 합병 전후의 성과를 검토한 것이다. 인수업체의 자산평균은 $5조 8,950억이었고, 피인수업체의 자산평균은 $9억 8,821만이었다.

***** Berger and Humphrey(1992) 참조.

****** Srinivasan(1992) 참조.

******* Ersel(2006) 참조.

******** Hunter and Timme(1989) 참조.

********* 이러한 의견은 Gorton and Rosen(1992)에 근거한 것이다.

********** Bliss and Rosen(2001) 참조.

- **시장지배력**: 은행들은 종종 시장지배력을 확장할 목적으로 통합한다. 많은 이들이 시장지배력 확장이 시장 내 합병에서 가장 중요한 요인이라고 생각한다. 이 가설을 지지하는 증거들은 합병 후 은행의 신용 가용성, 대출 손실, 예금 서비스 요금, 이자율 위험이 상승한 1970년대 은행합병에서 찾을 수 있다.* 더욱이, 당시의 은행합병은 고객에게 상당한 서비스 효익 증가를 가져오지 못했고 서비스 비용의 감소도 가져오지 못하였다.

- **경영효율성 개선**: 합병을 통한 이익의 중요한 원천 중 하나는 경영효율성 개선이다. 이러한 경영효율성 개선은 다음 세 가지 형태로 나타날 수 있다. 첫째, 인수(takeover)에서, 피인수기업의 비효율적인 경영진은 인수기업에 의해 교체될 것이다. 둘째, 인수(takeover) 위협 자체가 경영효율성을 개선할 수 있다. 셋째, 인수합병은 합병은행의 자산구성 및 자본조달 원천을 다각화할 수 있다. 여기서 다각화란 주식시장의 주가를 포함하는 합병은행의 성과 측정치에 잡음(noise)이 덜 개입됨을 의미한다. 따라서, 은행의 성과는 경영자의 노력과 더 긴밀히 연계될 것이다.** 실증분석 연구는 대규모 합병에서 상당한 효율성 개선이 있다는 결과를 보여주고 있다.***

- **대마불사(Too Big To Fail: TBTF)**: 은행 간 인수합병의 또 다른 동기로는 '대마불사' 독트린(11장 참고)을 들 수 있다. 합병의 결과 보다 큰 은행이 되기 때문에, 합병은행이 규제당국에 의해 파산까지 갈 가능성이 줄어들게 된다. 현재의 10년간(decade)의 초반부에 은행의 실패가 줄을 잇던 시기에, 재무부는 파산하지 않을 대규모 은행들의 리스트를 발표하였는데, 이러한 보호의 그늘 속에 들어간 은행들은 증가하였다. 예를 들어, Bank of New England는 이 리스트에 올라 있지 않았지만 파산에 이르지 않고 보호되었다. 이러한 관용조치들은 위험투자안 선택전략을 취하는 은행이 증가하는 결과를 가져왔다. 어느 의미에서는, '대마불사'가 예금보험풋옵션의 가치를 증가시킨다(10장 참고). 따라서, 대규모 두 은행 간 합병은 이러한 은행들에 대한 정부 안전망의 가치를 증가시킬 수도 있다. 하지만 12장에서 지적했듯이, 연방예금보험공사법(FDICIA)이 대마불사의 적용을 축소해오고 있기 때문에, 이제 대마불사가 합병의 주요 동기가 되기는 어려울 것 같다.

- **신규시장진입 기회, 상품의 교차판매와 다양화**: 앞 장에서 살펴본 것처럼 은행산업은 자본시장 등 비은행 경쟁자들에게 시장을 빼앗기고 있다. 대형 지방은행뿐만 아니라 대형상업

* Rose(1989)는 1976년에서 1980년의 기간 동안 국립은행의 합병 성과에 초점을 맞췄다. 인수은행들은 인수에 참가하지 않은 은행들보다 효율성이나 생산성이 더 낮은 것으로 밝혀졌고, 인수 후에도 수익성이 개선되지는 않은 것으로 나타났다.
** Ramakrishnan and Thakor(1991) 참조. 다각화가 도움을 준다는 것의 실증적 증거를 위해서는 Eisenbeis, Harris, and Lakonishok(1984) 참조.
*** Berger and Humphrey(1992) 참조.

은행(Money-center bank)들도 대형 기업 고객들을 잃고 있다. 이 고객들은 자본시장에서 직접 기업어음이나 장기채권을 발행하여 자본을 조달하려고 한다. 은행은 잃어버린 고객의 자리를 채우기 위해 중형 대출자를 끌어와야 하게 되었다. 따라서 대형은행들은 중간 규모 기업들과 오랜 유대관계를 유지해 온 지역 은행들과 직접적으로 경쟁을 하게 되었다. 그 결과 늘 새로운 성장 기회를 찾게 되었고 이는 종종 인수합병을 통해 이루어지게 되었다. 예를 들어, Nations Bank는 미국 중서부의 핵심 소매금융시장에 진출하기 위해 St. Louise에 위치한 Boatmen's Bankshares를 인수하였으며, 이후 Bank of America와 합병하였다. Citicorp은 보험과 은행상품을 교차판매하기 위하여 보험회사인 Travelers와 합병하였다. 이러한 합병과 관련하여 흥미로운 점은, 글래스-스티걸 법(Glass-Steagall Act)이 폐지되기 이전, 즉 법적으로 적법하지 않은 시기에 일어났다는 것이다. 규제당국은 이들 인수합병을 허용하면서 관련법이 5년 이내에 개정되지 않으면 해당 인수합병이 무효가 된다는 단서조항을 달았다.

신규시장에 진출하는 것은 다각화 기회와 지역적 다변화를 제공한다. 은행의 주주들은 자본시장을 통해 스스로 분산투자를 할 수 있지만, 은행입장에서도 신규시장에서의 영업활동 능력이 기존 시장에서의 이익 증가를 가져올 수 있기 때문에 이로 인한 이익을 향유할 수 있게 된다. 이러한 이익은 중간 규모 은행에서 가장 크게 발생할 것으로 기대된다. 그러나 대규모 은행들의 경우도 활동 지역이 한정되어 왔다면 이익을 볼 수 있다. 지리적 제약은 소매금융자원 다각화에 비해 자산 다각화에 대한 구속력이 약하다고 할 수 있지만, 어쨌거나 제약은 존재하고 있다. 따라서 합병은 다각화를 위한 유용한 도구로 사용될 수 있다. 실증결과에 의하면, 은행들은 위험 감소 기회를 많이 제공하는 합병 대상기업에 더 높은 인수가격을 제시하는 것으로 나타났다.*

- **인수합병을 통한 경영자의 사적 이익추구**: 인수합병이 은행의 주주들에게 이익을 가져다주지 않음에도 불구하고, 합병 후 은행은 합병 전 은행에 비해 큰 규모가 된다. 합병 후 은행의 경영자는 대개 합병 전 은행의 경영자 중 한 명이 되기 때문에, 이 경영자는 더 큰 은행의 수장이 된다. 이는 경영자에게 더 나은 사회적 특권, 더 늘어난 특권적 소비, 더 높은 연봉 등 많은 사적인 이익을 제공하게 된다.**

* Benston, Hunter, and Wall(1992) 참조.
** Bliss and Rosen(2001)은 높은 보상이 은행의 합병에서 중요한 동기가 됨을 보여 주고 있다. 사적으로 통제 가능한 혜택의 유용성에 대한 중요한 논문으로는 Aghion and Bolton(1992)이 있다.

은행산업에서의 적대적 인수합병

이번 절에서는 적대적 은행업에서 나타나는 대리인문제와 인수 시도에 대한 자본시장의 반응을 살펴본다.

은행업의 대리인 문제

소유와 경영의 분리에 따른 대리인 문제에도 불구하고 은행산업에서 인수(takeover)는 최근까지 빈번하지 않았다. 이는 규제당국의 제재와 태도에 기인한다. 결과적으로 대리인문제와 경영비효율성이 지속됨으로 인해 만성적인 과잉투자, 과도한 비용, 빈약한 위험관리 등의 문제가 나타나게 되었다. 이 문제는 은행산업이 탈규제화, 글로벌 경쟁, 기술적 변화, 증권화 등 많은 변화에 의해 악전고투하면서 더욱 심화되었다. 이러한 변화들은 은행 경영자들이 실행하기 불가능한 적응전략을 요구하고 있었다. 불행하게도, 많은 은행들은 여전히 소유자, 경영자, 규제당국 사이의 갈등환경과 환경변화에 대한 적응을 방해하는 원칙 속에서 경영을 해오고 있었다. 이러한 점이 효율적으로 경영되고 있는 은행들로 하여금 비효율적으로 경영되고 있는 은행들을 매입할 유인을 제공하게 되었다.

변화하는 환경 조건에 대한 경영자의 부족한 적응력은 다양한 형태로 나타날 수 있다. 그중에서도 특히 주목할 만한 것은 위험 부담(risk taking)측면에서 과도한 보수주의 성향이다. 이러한 가설을 증명하는 실증연구도 있다.* 이 연구는 경영자 지배은행(경영자가 은행지분 중 적은 일부만을 소유하고 있어, 주주의 이해관계와 상충되는 행동을 할 가능성이 높은 은행으로 정의됨)과 주주 지배은행(경영자가 은행지분을 상당히 많이 보유하고 있어서 주주의 이익을 최우선하는 방식으로 행동할 가능성이 높은 은행으로 정의됨)을 비교한 결과 주주 지배은행이 경영자 지배은행에 비해 높은 위험을 부담하는 것으로 나타났다. 이는 소유와 경영의 분리가 어떤 방식으로 은행의 행동을 왜곡시킬 수 있는지 보여준다고 할 수 있다.

은행업의 적대적 인수합병이 바람직한가

적대적 인수합병(takeover)이 주주가치를 증가시킬 수 있다는 많은 증거들에도 불구하고, 이러한 인수합병은 특히 은행 경영자들로부터 많은 비판을 받고 있다. 이와 관련한 세 가지 주장은 아래와 같다.

(i) **적대적 인수합병(takeover)은 경영의사결정을 지나치게 주주 위주로 만들게 한다:** 적대적

---

* Saunders, Strock, and Travlos(1990) 참조.

인수합병은 경영자들로 하여금 다른 이해관계자의 비용으로 주주의 이익을 추구하게 한다. 그 결과, 종업원, 예금주, 대출자, 지역사회, 예금보험사(납세자) 등은 손해를 입게 된다. 하지만 이 주장에는 크게 세 가지 결함이 있다. 첫째, 이해관계자들의 청구권의 우선순위를 고려하지 못하고 있다. 주주들은 위험이 큰 자본을 은행에 제공하는 대가로 경영권을 획득한다. 이 권리를 바탕으로 주주들은 경영자를 임명하거나 교체할 수 있다. 은행의 다른 이해관계자들은 자신들의 이해관계를 대표할 대리인으로 경영자 이외의 대리인을 이용할 수 있다. 예를 들어, 예금주들에게는 연방보험예금공사(FDIC)가 있으며, 저소득 대출자들에게는 지역사회 그룹과 정부가 그들의 대리인 역할을 수행한다. 경영자가 은행의 다른 이해관계자들과 맺은 계약적 의무를 존중하는 제약의 범위 내에서 주주의 이익을 극대화하는 것은 경영자의 책임이다. 특히, 이 제약은 '정지 및 중지(cease and desist)' 권한을 가지고 있는 규제기관의 명령을 따르는 것을 요구한다. 둘째, 적대적 인수합병이 다른 이해관계자에게 미치는 영향이 부정적일 필요는 없다. 경영효율성 개선이 인력감축이라는 희생을 통해 달성될 수도 있지만, 어쨌거나 인력감축(layoff)은 언제든 일어날 수 있다. 과잉 설비를 보유한 은행은 결국 경쟁에서 도태될 것이며, 이 경우 인력감축은 필연적이기 때문이다.

(ii) 적대적 인수합병(takeover)은 근시안적인 의사결정을 만든다: 적대적 인수합병에 대한 두려움은 단기적 관점에서 은행을 경영하게 만든다. 분기별 수익 또는 그날그날의 주가 움직임에 초점을 맞추는 것은 결국 은행 소유자의 장기적 이해관계에 손실로 작용할 수 있다.*

이러한 주장은 관심을 받을 만하지만, 이것이 과연 적대적 인수합병이 은행에 좋은지 나쁜지에 대한 논의와 특별한 관련이 있는지는 분명하지 않은 것 같다. 즉, 적대적 인수합병이 경영자들로 하여금 근시안적 투자 정책을 채택하게 한다면**, 경영자 보상체계를 거기에 맞게 디자인하면 될 것이기 때문이다. 예를 들어, 경영자들에게 '황금 낙하산(golden parachutes)'을 제공하면, 적대적 인수합병과 관련된 이러한 우려는 줄어들 것이다. 단, 경영자가 적대적 인수합병 위협에 중립적이라면, 이 제도는 대리인 문제를 더 심화시키는 양날의 칼이 되게 된다. 따라서, 황금 낙하산 제도를 설계하는 때에는 이와 관련한 균형이 추구되어야 한다. 여기서의 핵심은 은행의 장기투자정책의 효율성을 손상시키지 않으면서 적대적 인수합병이 규율 및 경영효율성을 역시 유지할 수 있는 방법이 있다는 것이다.

(iii) 적대적 인수합병(takeover)은 은행의 장기적 고객관계를 해칠 것이다: 마지막으로, 많은

* Stein(1988)은 인수위협이 경영진들의 근시안적인 투자행위를 유발시킨다는 모델을 제공하였다. 기본 아이디어는 경영자와 자본시장 사이의 비대칭적 정보가 존재한다는 것이다. 시장이 현재의 수익으로부터 회사의 가치를 추론하는 반면, 경영자들은 회사의 실제 가치를 알고 있다. 장기투자로부터 현금흐름을 회수함으로써 경영자들은 현재의 수익을 부풀릴 수 있고 이를 통해 시장에 '좋은 소식'을 내놓을 수 있다. 시장이 그와 같은 행동을 정확하게 예측할 수 있다고 해도, 인수위협이 경영상의 근시안을 유발하게 되는 내쉬균형이 존재한다.

** 경영자의 목적이 주주의 부의 극대화임을 고려할 때 투자의 근시안성은 인수위협이 없더라도 발생할 수 있다고 Thakor(1990, 1993)에서 보여주고 있다.

비판자들은, 부정적 평판이 고객과의 관계를 해칠 것이라는 점에서 적대적 인수합병이 은행에 좋지 않다고 주장한다. 특히, 적대적 인수합병 시도로 불확실성이 증가하면 일부 은행 고객들은 다른 은행으로 옮겨갈 것이라는 것이다.

이 역시 타당한 주장이다. 하지만, 피인수 은행의 기존 고객관계를 위태롭게 하는 것이 적대적 인수합병의 최대 관심사인 것이 아니다. 사실, 인수기업의 인수합병 시도는 피인수 은행이 가지고 있는 고객을 유치하기 위한 경우가 많다. 끝으로, 만약 합병 후에 은행이 효율적으로 경영된다면, 그 은행의 장기 생존 전망은 더 높아질 것이며, 고객 관계 유지 가능성 역시 더욱 증가될 것이다. 단점이라면, 인수합병 시도와 저항 과정에서 재산적 정보와 인적 자본이 유출될 수 있고, 이것은 적대적 인수합병과 관련된 실질적인 비용이라고 할 수 있다.

피인수 은행의 경영자가 취할 수 있는 적대적 인수합병 대응 전략

요약하면, 적대적 인수합병은 경영자 보상체계만으로는 개선할 수 없는 근시안적 의사결정을 심화시킬 수 있으며, 재산적 정보 및 인적자원 유출 등을 초래할 수 있다. 은행업에서 이러한 비용이 실증적으로 얼마나 중요한지는 알려져 있지 않지만, 많은 은행들은 적대적 인수합병 방어를 위한 다양한 방법을 도입하고 있다.*

(i) **정관 및 부속 조항:** 이 전략은 적대적 인수합병을 방해할 수는 있지만, 전적으로 배제하지도 않는다. 이 조항들은 보통 '공정가격조항(Fair Price Provisions)', '시차임기제조항(Staggered Board Provisions)' 등의 형태를 띠고 있다. 공정가격조항은 2단계 합병(two-tier bid)의 각 마지막 단계에서 주주들이 동등한 대우를 받도록 요구한다.** 시차임기제조항은 몇 년에 걸쳐 지속되는 이사의 임기가 서로 시차를 두고 교차하도록 함으로써 지속성을 보장하는 것이다. 따라서 이 경우, 인수기업은 이사회에서 다수결을 확보하기 위해 일 년 또는 그 이상의 기간을 기다려야 한다.

(ii) **방어적 부속 조항 :** 이 전략은 '영업 및 후보 통지(notice of business and nominations)', '서면동의에 의한 활동(action by written consent)', '위임장경쟁에서의 갈등에 대한 보호(protection against conflicts in proxy fights)'의 세 가지 유형의 조항으로 구성된다. 영업 및 후보통지는 이사회가 개최되기 충분히 전에 일정을 미리 정하도록 한다. 이 이사회에서 주주가 자신이 관심 갖는 은행에 조치를 취할 것을 조언하고 아울러 원하는 조치를 규정하게 된다.

부속조항의 두 번째 유형인 서면동의에 의한 활동은 다음의 사항들을 요구한다.

* 상세한 내용은 Herlihy and Shrock(1989) 참조.
** 2단계 입찰과 선취수수료가 발생하는 공개매수는 인수자 후보를 포함하는데, 인수자 후보는 목표기업 보통주의 약 50퍼센트에 대한 가격을 제시하고, 이를 통해 획득한 다수결 권리 혹은 통제권을 이용하여 더 낮은 가격에 진행되는 후속 인수 과정 중 남아 있는 소액주주들을 몰아낸다.

- 모든 주주의 서면동의 없이 취한 모든 조치는 합병에 반대한 주주들에게 즉시 알려져야 한다.
- 서면동의에 의한 주주 행동을 원하는 주주로부터 적절한 통지를 받은 즉시, 이사회는 통지 후 10일 내에 기준일(record date)을 정해야 한다.
- 기준일은 즉시 공시되어야 한다.
- 주주들에게는 최소 20일의 여유기간이 주어져야 한다. 이 기간 동안 주주들은 자신의 동의를 철회할 수 있다.
- 기준일 이후 최대 60일까지 동의는 유효한 것으로 본다.

이러한 조항들은 적대적 인수합병 시도에 대해 즉각적인 행동을 불가능하게 만들기 때문에, 적대적 인수합병에 대한 반대자들로 하여금 방어행동을 취할 수 있는 시간적 여유를 부여함으로써, 적대적 인수합병을 늦출 수 있다.

세 번째 유형의 방어적 부속조항은 중립적 이해관계에 있는 이사만 적대적 인수합병에 표결하도록 하기 위해 마련되었다. 이를 통해 이사들의 이기적 목적에 의한 행동으로부터 주주들을 보호할 수 있다.

(iii) 권리 계약(Rights Plan): 권리계약은 보통 '극약처방' 또는 '상어퇴치조항(shark-repellant clauses)'이라고도 하며, 적대적 인수합병에 대응하는 장치 중 가장 효과적인 장치 중 하나이다. 극약처방은 다양한 형태가 존재하지만, 그중에서도 '자사주매입계획'이 가장 대표적이다. 이 계획의 가장 일반적인 형태는 인수기업 이외의 권리보유자들에게 권리변화가 일어나서(flip in), 자신이 주식을 보유한 피인수은행의 주식을 시장 가격보다 훨씬 낮은 가격에 추가적으로 구매하는 것이다. 이러한 권리는 인수기업이 피인수은행의 지분의 일정기준을 초과 매집하는 즉시 효력이 발생한다.* 인수시도자가 피인수은행의 보통주 지분을 일정수준이상 매입하거나 매입하겠다고 제의할 때까지 이 권리는 행사가능하지 않다.

(iv) 백지주 또는 백기사 협정: 때로는 피인수기업의 경영진은 월스트리트식 용어로 '백지주' 또는 '백기사'라고 불리는 제3의 잠재적 인수자에 의해 보호를 받는 방법을 생각해 볼 수 있다. 일반적으로, 피인수 기업의 경영권을 획득하기에 충분한 주식을 적대적 인수기업이 매입하지 못하게 방해하기 위하여, 백기사에게 피인수기업의 주식을 우선적으로 매입할 수 있는 기회가 주어진다. 그러고 나서 피인수기업과 백기사 사이에 '정지협약(stand-still)'을 체결하는데 이는 백기사의 의결권 행사 및 추가 지분 매입을 제한한다. 보통, 백기사에게는 피인수기업 인수시도가 실패하는 경우에 '위로상'이 주어진다. 이는 적대적 인수기업의 인수의도를 꺾는다.

* 이 권리는 손실을 유발하기 때문에, 주당순이익과 주당 장부가를 계산하는 목적을 위한 보통주에는 포함되지 않는다.

(v) **구조조정 방어:** 비금융기업에서 구조조정은 적대적 인수시도를 막는 효과적인 방어장치인 것으로 나타났다. 특히, 적대적 인수 이후 피인수기업의 일부 자산을 매각하려는 의도를 가진 경우 더욱 효과적인 것으로 나타났다. 기본적인 아이디어는 인수기업이 처분하고자 하는 사업부서가 무엇인지 파악하여 미리 해당 사업부를 분사시키는 것이다. 이는 때로는 인수시도가 일어나기 전에 행해지기도 한다. 매각 부서는 손실이 나는 부서인 경우가 종종 발생한다. 또 다른 구조조정 방법은 보통주를 부채 또는 우선주로 변경하거나, 자사주를 매입하여 자본구조 재조정을 하는 것이다. 이와 관련된 아이디어는 적대적 인수 시도 이전에 재무레버리지를 증가시킴으로써, 인수 후 피인수기업의 레버리지를 높여 부채사용에 따른 법인세 감소효과를 누리고자 하는 적대적 인수자가 인수 후 얻을 수 있는 가치를 감소시키는 역할을 한다.

은행지주회사(BHC)에게는 정부의 규제 때문에 효과적인 몇몇 적대적 인수합병 방지 장치들을 사용할 수 없는 경우도 있다. 예를 들면, 은행지주회사가 지켜야 하는 자본적정성 가이드라인은 은행지주회사가 자본을 부채로 대체하는 데 제약을 가하게 된다. 물론 대부분의 은행들은 비금융업기업들보다 레버리지 수준이 높으며, 보통 정부 기준에 근접하는 수준까지 높인다. 대부분의 은행들이 사용할 수 있는 구조조정은 과잉 설비를 제거하고 경영 효율성을 증가시키는 것을 포함한다.

적대적 인수은행의 전략

잠재적 피인수기업의 방어전략에 맞서기 위해, 인수기업들도 자신들이 사용할 수 있는 무기고가 있다. 이 무기들이 피인수기업의 방어전략을 반드시 무력화시키는 것은 아니지만, 피인수기업의 방어에도 불구하고 인수를 시도하는 것이 이익을 내는 경우가 종종 있다. 여기서는 이러한 전략들에 대해 살펴보도록 하겠다.*

- 인수자는 공개시장에서 주식을 야금야금 매입하는 '잠행공개매수'를 사용할 수 있다.
- 인수자는 '무임승차(free ride)' 전략을 사용할 수 있는데, 이 전략은 우선 5% 지분을 비밀리에 매입하고 나서, 나머지 지분은 공개매수하는 전략이다. 이 전략의 성공은 연준의 승인을 얻을 수 있느냐 없느냐에 전적으로 달려 있다. 그러나 성공 확률이 충분히 높다면, 비록 피인수기업의 적대적 인수합병 저항전략 때문에 피인수기업 주가가 상승하여, 사전에 매입한 5% 지분 이외의 초과분에 대해서는 이익을 볼 수 없더라도, 초기 5% 거래로부터 사전적으로 이익을 볼 수 있다. 이는 인수합병 방어가 있더라도 인수시도를 하도록 북돋게 된다.
- 인수자는 투기자들이 대량매입에 나서도록 끌어들이는 공개매수를 제안할 수 있고, 이들

* Wolff Ⅲ(1989) 참조.

투기자로부터 주식을 사들임으로써 기업 지배권을 취득할 수 있다.

- 인수자는 녹색편지(green mail)를 사용할 수 있는데, 이는 시장가보다 높은 가격에 자신이 보유한 지분을 피인수 대상기업에 되파는 것이다. 피인수기업의 경영자는 적대적 인수합병 위협을 제거하기 위해 이 제안에 응할 수 있다.
- 인수자는 위임장경쟁을 할 수 있다.
- 인수자는 '곰의 포옹(bear hug)' 전략을 피인수기업에 제안할 수 있다. 은행업에서 인기를 끌고 있는 이 전략은 피인수 대상기업의 이사회에 갑작스런 제안서를 보내는 것으로 시작한다. SEC에 서류절차를 취해야 하는 공식적인 제안과 달리 이 제안서에는 대략적인 조건들만을 담고 있다. 기본 아이디어는 현재의 경영자에 만족하고 있지 못한 이사회의 반응을 이끌어내는 것이다. 여기에는 세 가지 유형이 존재한다.* '테디베어의 포옹' 은 가장 일반적이고 경영진에게 덜 위협적인 형태이다. 이사회 승인 없이는 거래를 하지 않으며 공개매수에 나서지 않는다는 서약과 함께 잠재적인 인수합병 조건을 제시한다. '불곰의 포옹' 은 보다 공격적인 것으로, 이사회 의견을 존중하겠다는 약속이 없으며, 제안이 거절되면 즉시 피인수기업의 시장에 진입하겠다는 위협을 숨기고 있다. '회색곰의 포옹' 은 적대적이며 공개적인 성격을 가진다. 지금까지 다양한 형태의 곰의 포옹 전략이 은행업에 있었지만, 유일하게 성공한 회색곰의 포옹 전략은 Bank of New York이 1988년 10월에 진행한 Irving Bank Corporation 인수이다. National City Corp이 1991년에 진행한 같은 Cleveland 지역 은행인 Ameritrust Corp에 대한 적대적 인수 시도를 포함하여, 다른 시도들은 모두 실패했다.**

규제환경의 차이를 제외하면, 경영권 분쟁에서 은행과 일반기업 사이에 큰 차이가 있는 것은 아니다. 일반기업의 경우와 마찬가지로, 은행업에서 향후 경영권 분쟁의 초점은 글로벌 시장에서 은행이 보다 집중하고 경쟁력이 있도록 하는 시도가 될 것이다.

인수합병에 대한 주가 반응: 실증분석 결과

그동안 은행업에서의 경영권 분쟁에 대해 시장이 어떻게 반응하는지에 대한 상당한 실증결과들이 축적되어 왔다. 단기 주식시장의 성과에 초점을 맞춘 연구들에 의하면, 공시 이후 인수기업은 평균적으로 음(−)의 수익률을 얻은 반면, 피인수 대상기업은 양(+)의 수익률을 얻었다. 더욱이, 이들 연구들은 통합 이후 이익이 발생한다는 것을 증명하지 못하였다. 은행업에서 장기 주식수익률 성과를 분석한 연구들은 거의 없다. 이 연구들에 의하면 인수기업은 인수 후 2~3년 정도

* 2005년, 뉴욕기반의 E-Trade Financial Corp.는 오마하, 네브라스카에 근거지를 두고 있는 라이벌 온라인 중개업체인 Ameritrade Corp.가 토론토에 기반을 두고 있는 온라인 중개업체 TD Bank Financial Group을 인수하도록 독려하면서 Ameritrade를 위해 회색곰의 포옹 전략을 사용했다.
** Engen(2005) 참조.

의 장기간 동안 다른 경쟁 은행들에 비해 통계적으로 유의하게 낮은 성과를 보였다.* 이러한 결과는 유럽 은행들에서도 비슷하게 나타나고 있다.

결론

통합화는 지난 20년 동안 진행된 미국과 유럽의 은행산업의 지도를 바꿔왔다. 새로운 동맹이 맺어지고 새로운 기회들이 개발되었다. Nations Bank와 Bank of America의 합병은 미국 전역을 대상으로 하는 소매금융회사를 탄생시켰다. 또한 Citigroup과 Travelers의 합병으로 당시 미국에서 가장 거대한 자산 규모 $1.5조의 Citigroup이 태어났다. 물론, 이와 관련하여 은행 산업만이 독특한 것은 아니었다. 인수합병의 흐름은 자동차, 항공, 텔레커뮤니케이션 등 다른 산업에서도 일어났다.

이러한 인수합병 물결은 최근의 재무금융분야에서 크게 증가한 생산성과 연결될 수 있다. 기타 다른 요소들도 긍정적 작용을 해왔기 때문에 증가된 생산성의 어느 정도가 인수합병으로 인한 것인지를 말하기는 어렵다. 예를 들어, 경쟁압력으로 인해 낭비와 유휴설비를 줄이게 되었으며, 서비스 가격을 재조정하였고, 더 나은 경영을 하게 되었다. 더욱이, 규제당국도 은행의 영향력 확대를 용인해 왔다. 또한, 낮고 양의 기울기를 가진 수익률 곡선은 은행이 만기 변환을 통해 이익을 얻을 수 있도록 하였다. 그럼에도 불구하고, 향후 인수합병이 글로벌은행산업에서 중요한 부분을 차지할 것으로 기대된다.

연습문제

1. 다른 산업보다 은행산업에서 특히 인수합병이 많을 것으로 기대하는가 혹은 적을 것으로 기대하는가? 이에 대해 설명하라.
2. 은행 합병의 주요 동기는 무엇인가? 은행이 통합하는 이유를 실증결과와 연결하여 토론하라. 실증결과들은 우리가 목격해온 많은 합병을 정당화시킬 만큼 높은 시너지 효과를 창출함을 의미하는가?
3. 적대적 인수합병은 기업의 지배구조에 어떤 영향을 주었는가?
4. 인수 합병이 인수기업과 피인수은행 주주의 부에 미치는 영향과 관련한 이론 및 실증결과에 대해 토론하라.
5. 인수합병과정에서 은행감독기관은 어떤 역할을 하는가?

* 이 결과에 대한 개요는 Piloff and Santomero(1998)와 Rhoades(1994, 2000) 참조.

6. 적대적 인수합병에 대한 대응 방법 및 이러한 방법들이 피인수 대상기업의 주주들에게 주는 효익에 대해 토론해 보시오.
7. 우호적 합병(proposed merger)보다 적대적 인수 시도에서 주가 반응이 더 클 것으로 예상되는 이유는 무엇인가? 서로 다른 공시효과와 관련한 이론적 근거와 실증적 근거에 대하여 토론하라.
8. '신규진입저지가격전략(limit pricing)' 이란 무엇인가? 이것이 은행 합병과 갖는 관련성은 무엇인가?
9. 당신이 규제기관이라면, 은행산업의 인수합병에 대해 어떤 태도를 취할 것인가? 당신의 관점을 설명하라.

참고문헌

Aghion, Phillipe, and Patrick Bolton, "An Incomplete Contracts' Approach to Financial Contracting," *Review of Economic Studies* 59, 1992, 473-494.

Benston, George J., William C. Hunter, and Larry D. Wall, "Motivations for Bank Mergers and Acquisitions: Enhancing the Deposit Insurance Put Option Versus Increasing Operating Net Cash Flow," Federal Reserve Bank of Atlanta Working Paper 92-4, April 1992.

Berger, Allen N., and David B. Humphrey, "Megamergers in Banking and the Use of Cost EYciency as an Antitrust Defense," *The Antitrust Bulletin* 33, Fall 1992.

Bliss, Richard, and Richard Rosen, "CEO Compensation and Bank Mergers," *Journal of Financial Economics* 61-1, 2001, 107-138.

Boot, Arnoud W.A., "Why Hang on to Losers: Divestitures and Takeovers," *The Journal of Finance* 47-2, September 1992, 1401-1424.

Boot, Arnoud, Todd Milbourn and Anjan V. Thakor, "Megamergers and Expanded Scope: Theories of Bank Size and Activity Diversity," *Journal of Banking and Finance* 23, 1999, 195-214.

Cotter, James F., and Marc Zenner, "How Managerial Wealth AVects the Tender OVer Process," *Journal of Financial Economics*, 35, 1994, 63-97.

Cover Story, "The Age of Consolidation," *Business Week*, October 14, 1991.

Crockett, Barton, "Tech Bosses' Everest: Making Mergers Work," *American Banker*, June 17, 1992.

Desai, Anand, and Roger Stover, "Bank Holding Company Acquisitions: Stockholder Returns and Regulatory Uncertainty," *Journal of Financial Research* 8, 1985, 145-156.

Eisenbeis, Robert A., Robert S. Harris, and Josef Lakonishok, "BeneWts of Bank DiversiWcation: The Evidence from Shareholder Returns," *The Journal of Finance* 39-3, July 1984, 881-894.

Eisenbeis, Robert, "Bank Holding Companies and Public Policy," in Financial Services: *The Changing Institutions and Government Policy*(George Benston, ed.), Prentice-Hall, Inc., Englewood CliVs, N.J., 1983, 140-143.

Engen, John R., "Many Happy Returns," *Bank Director*, 4th Quarter 2005, 26-28.

Engen, John, "The Bear Country Survival Guide," *Bank Director*, 3rd Quarter 2005, 48-55.

Ersel, Isil, "The EVect of Bank Mergers on Loan Prices: Evidence from the U.S.," Working Paper, The Ohio State University, September 2006.

Gorton, Gary, and Richard Rosen, "Overcapacity and Exit From Banking," Working Paper, Wharton School, University of Pennsylvania, June 1992.

Grossman, Sanford J., and Oliver D. Hart, "Takeover Bids, the Free-Rider Problem and the Theory of the Corporation," *Bell Journal of Economics* 11, 1980, 42-64

Hawke, John D., Jr., "The Changing Environment for Takeovers," *Issues in Bank Regulation*, Winter 1989, 5-8.

Herlihy, Edward, D., and Gregory J. Shrock, "Defending Against Hostile Takeovers," *Issues in Bank Regulation*, Winter 1989, 9-14.

Hirshleifer, David, and Anjan V. Thakor, "Corporate Control Through Board Dismissals and Takeovers," Working Paper, UCLA and Indiana University, 1993.

———, "Managerial Conservatism, Project Choice and Debt," *The Review of Financial Studies* 5-3, 1992, 437-470.

———, "Managerial Performance, Boards of Directors and Takeover Bidding," Working Paper, UCLA and Indiana University, 1994, forthcoming, *Journal of Corporate Finance*.

Huber, Stephen K., *Bank OYcer's Handbook of Government Regulation*, Second Edition: 1993 Cumulative Supplement, Warren Gorham Lamont, Boston, 1993.

Humphrey, David B., "Why Do Estimates of Bank Scale Economies DiVer?" *Federal Reserve Bank of Richmond Economic Review*, September/October 1990, 38-50.

Hunter, William C., and Stephen G. Timme, "Does Multiproduct Production in Large Banks Reduce Costs?" *Federal Reserve Bank of Atlanta Business Review* May/June 1989, 2-11.

James, Christopher, and Peggy Wier, "An Analysis of FDIC Failed Bank Auctions," *Journal of Monetary Economics* 20, 1987a, 141-153.

———, "Returns to Acquirers and Competition in the Acquisition Market: The Case of Banking," *Journal of Political Economy* 95, 1987b, 355-370.

"Japanese Corporate Governance: Dawning," *The Economist*, May 22, 1993.

Jensen, Michael C., "Agency Costs of Free Cash Flow, Corporate Finance, and Takeovers," *American Economic Review* 76, 1986, 323-329.

Jensen, Michael C., and Jerold B. Warner, "The Distribution of Power Among Corporate Managers, Shareholders, and Directors," *Journal of Financial Economics* 20, 1988, 3-24.

Jensen, Michael C., and William H. Meckling, "Theory of the Firm: Managerial Behavior, Agency Cost and Ownership Structure," *Journal of Financial Economics* 3, 1976, 305-360.

Kantrow, Yvette D., "Why Chemical' s Name Will Be the Survivor," *American Banker*, July 17, 1991.

Lash, Nicholas A., *Banking Laws and Regulations: An Economic Perspective*, Prentice-Hall, Inc., Englewood CliVs, N.J., 1987.

Layne, Richard, " 'Bear Hugs' On the Rise as Takeover Tactic," *American Banker*, July 30, 1993.

Martin, Kenneth J., and John J. McConnell, "Corporate Performance, Corporate Takeovers, and Management Turnover," Working Paper, University of Iowa, Iowa City, 1989.

Matthews, Gordon, "Mergers and Acquisitions Hit a Record $22.5 Billion in '93," *American Banker*, January 11, 1994.

Mester, Loretta J., "Owners Versus Managers: Who Controls the Bank?" *Federal Reserve Bank of Philadelphia Business Review*, May/June 1989, 13-23.

Milbourn, Todd, Richard Shockley, and Anjan V. Thakor, "Managerial Career Concerns and Investments in Information," *RAND Journal of Economics* 32-2, 2001, 82-99.

Milligan, Jack, "Does M&A Still Matter?" *Bank Director*, 3rd Quarter, 2005, 28-34

Pillodff, Steven J., and Anthony M. Santomero, "The Value EVects of Bank Mergers and Acquisitions, in: Bank Mergers and Acquisitions," Yakov Amihud and GeoVrey Miller (eds.), Boston: Kluwer Academic Publishers, 1998.

Ramakrishnan, Ram T.S., and Anjan V. Thakor, "Cooperation Versus Competition in Agency," *Journal of Law, Economics and Organization* 7-2, 1991, 248-283.

Rhoades, Stephen A., "A Summary of Merger Performance Studies in Banking, 1980-1993," and an assessment of the operating performance and event study methodologies, StaV Study 167-Board of Governors of the Federal Reserve System, 1994.

———, "Bank Mergers and Banking Structure in the United States," 1980-98, Board of Governors of the Federal Reserve System, StaV Study, 174, 1-32, 2000.

Rose, Peter S., "The Impact of Mergers in Banking: Evidence From a Nationwide Sample of Federally Chartered Banks," *Journal of Economics and Business* 39, 1987, 289-312.

Saunders, Anthony, Elizabeth Strock, and Nickolaos G. Travlos, "Ownership Structure, Deregulation, and Bank Risk Taking," *The Journal of Finance* 45-2, June 1990, 643-654.

Shleifer, Andrei, and Robert Vishny, "Large Shareholders and Corporate Control," *Journal of Political Economy* 94, 1986, 461-488.

Song, Fenghua, and Anjan, V. Thakor, "Information Control, Career Concerns and Corporate Governance,' '' ' *Journal of Finance*, August 2006, 1845-1896.

Srinivasan, Aruna, "Are There Cost Savings From Bank Mergers?" *Federal Reserve Bank of Atlanta Economic Review*, March/April 1992, 17-28.

Stein, Jeremy, "Takeover Threats and Managerial Myopia," *Journal of Political Economy* 96-1, February 1988.

Stulz, René, "Managerial Control of Voting Rights, Financing Policies and the Market for Corporate Control," *Journal of Financial Economics* 20, 1988, 25-54.

Thakor, Anjan V., "Information, Investment Horizon and Price Reactions," *Journal of Financial and Quantitative Analysis*, December 1993.

———, "Investment Myopia and the Internal Organization of the Capital Investment Decision," *Journal of Law, Economics and Organization* 6, Spring 1990, 129-154.

WolV, William F., III, "An Investment Banking View of Hostile Takeovers," *Issues in Bank Regulation*, Winter 1989, 23-25.

제15장 투자은행

> 나는 화폐 시장이 다른 시장과 마찬가지로 실체적이고 현실적이며, 쉬운 용어로 설명될 수 있다고 생각한다. 만일 명백하게 표현되지 않았다면 그것은 저술가의 잘못이다.
>
> 월터 배조트(1873)

용어 정리

그램-리치-블라일리 법: 상업은행과 투자은행을 분리하는 제약을 가한 글래스-스티걸 법을 폐지한 1999년의 법안(12장 참고)

QAT: 정량적 자산 변환(Qualitative Asset Transformation)(2장, 3장 참고)

SPE **또는** SPV: 특수목적 법인, 특수목적회사, 부외거래를 위해 사용되는 조직(Special Purpose Entity or Special Purpose Vehicle)

서론

1999년 그램-리치-블라일리 법의 통과와 이에 수반한 글래스-스티걸 법안의 폐지로 미국 금융기관들은 공간적, 기능적으로 통합된 금융서비스를 제공하게 되었고, 이는 미국 은행 시스템을 보다 더 라틴 아메리카와 유럽의 거래상대자로 작동할 수 있도록 하였다. 이번 장에서 우리는 투자 은행에 대해서 살펴보도록 할 것이다. 투자은행의 많은 이슈들, 즉, 파생상품, 증권화 등의 이슈들이 이미 이전 장에서 다루어졌기 때문에 이번 장에서는 간략하게 살펴보도록 하겠다.

이번 장에서는 투자 은행의 역할과 이들이 제공하는 경제적 서비스에 대해서 살펴보도록 한다. 이는 투자은행이 고객에게 제공하는 특유의 계약에 대해 논할 수 있는 배경을 제시하게 될 것이다.

투자은행 산업은 큰 사업이다. 수익은 2000년 기준 2,000억 달러를 넘고, 세계 GDP의 0.6%를 차지한다.* 미국의 경우 이 산업에 780,000명이 고용되어 있는데, 이는 전체 미국 고용의 0.6%에 해당한다. 인수업무(underwriting) 및 M&A 자문료에 따른 미국의 상위 20개 투자 은행이 〈표 15.1〉에 제시되어 있다.

투자은행들이 제공하는 중개 서비스와 정량적 자산 전환 서비스의 경제적 가치가 그들의 수익에 반영되어 있다. 〈표 15.2〉는 투자은행들이 1995년에서 2004년 사이 증권 인수업무로 전 세계에서 벌어들인 수수료(disclosed fee)를 보여주고 있다. 표에서 알 수 있듯이, 인수주선업무로 인한 수익의 경우, 산업 전체적으로는 약 140억 달러에서 150억 달러 이상으로 증가한 한편, 대형 회사의 수익은 85억 달러에서 100억 달러로 증가하였다.

투자은행의 역할

투자은행은 다음과 같은 전문성을 갖춘 금융기관이다. ⅰ) 금융자본(부채와 자본) 모집, ⅱ) 기

〈표 15.1〉 블룸버그 상위 20개 투자은행

회사	2004년 총수수료 수입(백만 달러)	상장 여부
Citigroup	3,656	Yes
Goldman Sachs	3,605	Yes
Morgan Stanley	3,306	Yes
JPMorgan Chase	2,977	Yes
Merrill Lynch	2,706	Yes
UBS	2,352	Yes
Credit Suisse	2,113	Yes
Deutsche Bank	1,843	Yes
Lehman Brothers	1,607	Yes
Bank of America	981	Yes
ABN Amro Bank	914	Yes
Nomura Securities	744	Yes
RBC Capital Markets	700	No
HSBC	673	Yes
Rothschild	618	No
Daiwa Securities	602	Yes
Lazard	535	No
Wachovia	473	Yes
Bear Stearns	438	Yes
BNP Paribas	424	Yes

출처: Bloomberg Markets; Company Websites.
NOTE: 블룸버그 상위 20개 투자은행은 증권인수와 M&A자문을 통한 2004년 수수료 수입순으로 나타냈다.

* Special Feature, *Business World*(Philippines) 2005년 11월 16일자 참조.

〈표 15.2〉 증권 인수업무로 전 세계에서 벌어들인 투자은행 수수료

년	상위 10개 총액(백만 달러)	인수 건수	산업 총액(백만 달러)	인수 건수
1995	8,503	3,759	13,988	10,196
1996	12,186	4,748	20,327	12,096
1997	13,095	4,758	20,452	10,248
1998	13,829	5,815	20,539	9,810
1999	15,619	6,029	21,855	8,997
2000	16,073	5,489	21,351	7,717
2001	14,217	6,036	18,652	8,526
2002	10,290	5,112	14,628	6,722
2003	9,577	5,855	14,424	8,106
2004	10,088	4,946	15,216	7,049

출처: Thomson SDC Platinum.
NOTE: 수수료 수입은 전 세계적인 부채, 주식, 주식관련 발행으로부터 계산됨.

업의 인수합병 조언 및 이와 관련된 거래행위, iii) 부의 관리, iv) 재무 및 경제 조사, v) 일반적인 재무적 지원 서비스, vi) 주식, 상품 그리고 화폐에 대한 매매 그리고 vii) 보호예탁업무와 같은 기타 보조적인 서비스 등이 그것들이다. 월스트리트 투자은행의 대부분은 이러한 매우 광범위하고 다양한 분야에 종사하고 있다. 한편, 소규모의 투자은행들은 더욱 범위를 좁혀 일정 분야에 특화를 꾀하려는 경향이 있다.

여기서는 투자은행들이 각각의 업무범위에서 제공하는 서비스에 대해 설명하고자 한다. 〈그림 15.1〉을 참조하라.

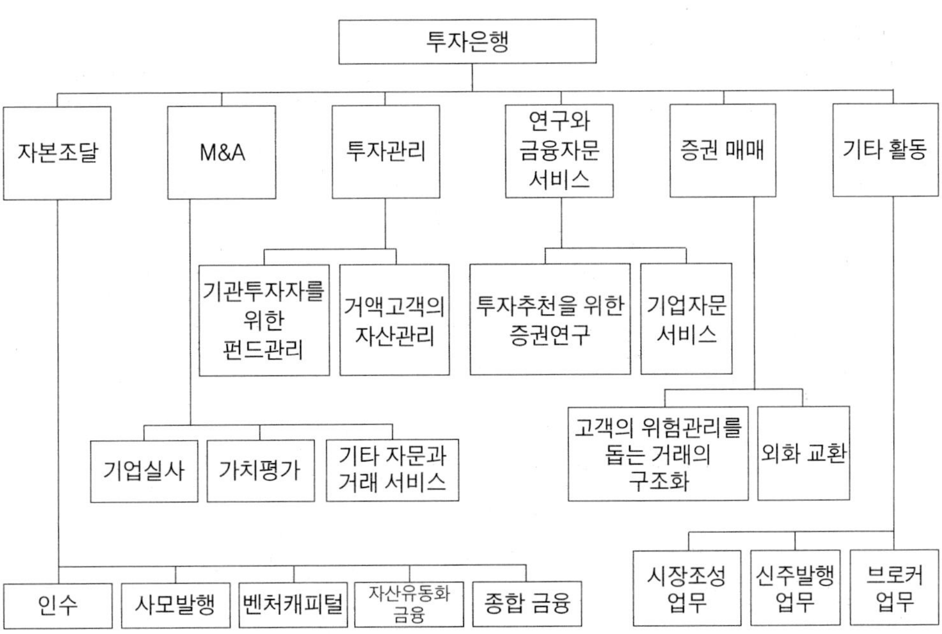

〈그림 15.1〉 투자은행 서비스

(i) **금융자본 모집**: 투자은행은 회사가 막대한 투자가 필요한 프로젝트를 파이낸싱하거나 다른 회사를 인수하려 하거나 회사의 재무상태표를 재조직하려거나 영업을 확장하려 하거나 또는 다른 영업상 목적 등을 위해 자금을 모집하려 할 때 지원을 제공할 수 있다. 자본이란 전환사채나 신주인수권부사채와 같은 혼합형 주식뿐만 아니라 보통주, 우선주 그리고 일반 부채까지 포함한다. 투자은행은 그들 고객의 특별한 목적을 충족시키기 위한 거래들을 정립시키는 데 대해서 특화된 지식을 보유하고 있다. 투자은행은 정부보증이나 연방준비은행의 최종대부자(LLR) 혜택을 받을 수 없다는 점에서 상업은행과 차이가 난다. 따라서 투자은행은 상업은행에 적용되는 동일한 규제를 받지 않는다. 다만 증권거래위원회(SEC)가 미국 내 투자은행의 활동에 대해서 감시하고 규제를 하고 있다.

투자은행은 인수업무, 사모발행, 벤처캐피털, 자산유동화, 상업은행 활동 등을 통하여 자본을 모집한다(〈그림 15.1〉 참고). 각각에 대해서 아래에서 살펴보도록 하자.

인수업무: 투자은행은 재무적 데이터와 사업상 청구권 등을 확인하고, 청구권에 대한 가격설정을 제시하며, 그리고 주의 의무(due diligence)를 수행한다. 대부분의 모집활동은 총액인수로 진행되는데 이를 통해 투자은행이 주식발행인으로부터 주식을 효과적으로 구매하여 이를 다시 시장에 되팔게 된다. 자본 측면에서 볼 때 구주발행뿐만 아니라 기업공개(IPO)를 통하기도 한다. 또한 채권발행 시에도 지원을 하게 된다. 투자은행은 2001년도 미국 내 비금융회사에 제공된 전체 자금조달의 반 이상에 관여하였다.* 미국 회사들의 전체 인수 규모(달러 베이스)에서 주식과

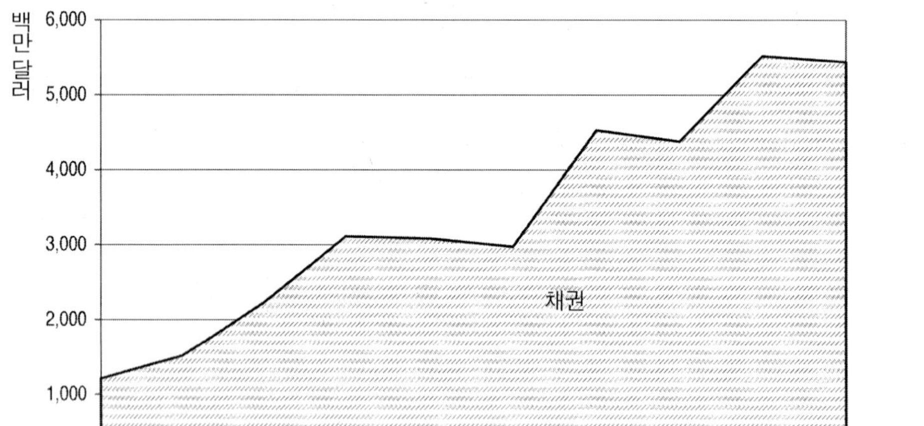

〈그림 15.2〉 미국 회사들의 전체 인수 규모에서 주식과 채권발행이 차지하는 비중
출처: Thomson Financial

* United States General Accounting Office(2003) 참조.

〈표 15.3〉 전 세계 주식 및 채권 인수규모

년	증권전체 금액 (백만 달러)	증권전체 건수	주식 금액 (백만 달러)	주식 건수	채권 금액 (백만 달러)	채권 건수
1995	1,663,388	16,204	219,063	4,451	1,444,325	11,754
1996	2,230,329	20,390	322,130	5,533	1,908,199	14,858
1997	2,510,220	19,295	395,087	4,165	2,115,133	15,133
1998	3,046,717	16,535	372,847	3,044	2,673,870	13,501
1999	3,222,521	15,128	492,117	3,415	2,730,404	11,716
2000	3,144,795	16,191	606,667	4,424	2,538,128	11,774
2001	3,563,714	16,941	344,996	3,126	3,218,718	13,823
2002	2,861,217	14,745	280,974	2,785	2,580,242	11,964
2003	3,684,125	16,084	297,156	3,452	3,386,969	12,640
2004	4,105,791	17,209	477,169	4,599	3,628,622	12,621

출처: Thomson SDC Platinum.

NOTE: 주식은 보통주, 전환우선주, 비전환우선주를 포함한다. 채권은 전환사채와 비전환사채를 포함한다.

채권발행이 차지하는 비중을 〈그림 15.2〉에서 보여주고 있다. 투자은행은 2004년 당시 전 세계적으로 4.1조 달러의 채권 및 주식의 인수업무 서비스를 제공하였다. 전 세계 주식 및 채권 인수 관련 자료는 〈표 15.3〉에 제시되어 있다.

IPO(기업공개) 인수는 투자은행에게 안정된 수익을 가져다주는 분야였다. 그러나 이러한 이익은 위협을 받고 있다. 기업공개 시 주식의 가격인하는—기업공개 시 판매되는 주식의 가격은 통상 거래 첫날의 종가보다 낮다—많이 알려지게 되었고*, 이는 역경매(IPO의 저가격책정 및 Dutch auction에 대한 다양한 이론적 논의를 위해서는 부록 15.1을 참조하라)와 같은 이점을 놓치게끔 하였다. 사실, 인터넷 기반의 역경매 IPO방식을 선택함으로써 투자은행을 완전히 배제한 구글의 2004년 결정은 투자은행들의 기업공개 인수 수익의 끝을 알리는 신호로 많은 이들에게 받아들여졌다. 이러한 상황이 아직 일어나지는 않았지만, 향후 발생할 수 있다는 위협은 사라지지 않을 것이다. 인수영역과 관련되어 투자은행의 수익에 부정적인 영향을 끼치는 또 다른 변화는 투자은행 내 인수부문과 리서치부문 간의 이권 다툼과 관련된 것이다. 즉, 주식가치에 대한 주식분석가의 견해는 주식을 발행하는 회사와 투자은행의 직원들이 맺고 있는 인수 관계에 의해 영향을 받는 것으로 알려져 있다. 뉴욕주 법무장관 Eliot Spitzer의 2002년 막을 내린 조사에 의하여 투자은행은 광범위한 이익충돌과 만연된 불공정 거래 등의 이유로 제소되었다. Spitzer의 조사에 따르면 주식분석가의 보상이 IPO의 큰 손님을 끌어오는 능력과 연계되어 있고, 이는 주식분석가로 하여금 주식가치를 부풀려 줄 인센티브를 제공함을 보여주고 있다. 또한 투자은행은 값싸게 제공된 IPO 주식의 우선적 배분을 기업의 CEO에게 약속함으로써 고객들을 유인하고 있

* Jay Ritter and Ivo Welch, '기업공개의 활동, 가격책정, 분배 등에 대한 고찰', *Journal of Finance* 57-4, 2002, pp. 1795-1828 참조.

음을 보여주고 있다.*

이러한 협의들과 협의에 대한 집행조치의 위협은 2003년 10대 투자은행들로 하여금 소위 글로벌 합의에 동의하도록 이끌어 냈으며 이들은 상당한 벌금을 납부해야 했다. 투자은행과 증권분석가들의 공모를 차단하고 IPO할당 조건과 기준들을 바꾸기 위해 새로운 기준이 마련되었다. 이러한 변화와 발전들은 투자은행의 수익에 압박을 주게 되었다.

사모발행: 공모의 대안으로, 은행은 소수의 거대한 투자자(일반적으로 기관투자가들)를 대상으로 신규발행되거나 신규로 유통된 채권이나 주식을 모의할 수 있다. 이러한 사모방식의 모집과 유통은 비용이 덜 드는데 그 이유는 증권거래위원회(SEC)의 등록요건이 덜 엄격하거나 사모참여자들이 더 전문성을 갖추었기 때문이다. 또한 사모발행의 주식이나 채권은 추적이 불가능하다. 이러한 거래는 구매자가 발행자로부터 직접 구매를 한다는 점에서 자산의 질적변환(QAT)보다 더욱 중개업무적 성격에 가깝다.** 은행은 문제발생의 소지가 있는 주식은 보유하지 않고, 마진 없는 수수료만 챙길 뿐이다. 회사들이 자본과 관련하여서는 광범위한 유통을 선호하기 때문에, 사모는 자본보다는 부채를 조달할 때 많이 사용된다. 부채의 광범위한 배분도 선호될 수 있지만 이는 별로 현실적이지는 않다.

벤처캐피털: 투자은행은 또한 신생기업이나 소규모 기업에게 자본과 전략적 가이드를 제공하며 벤처캐피털 풀(pool)을 운영하거나 때로는 직접 자본을 투자하기도 한다. 벤처캐피털은 지난

〈표 15.4〉 미국의 벤처캐피털 투자

년	금액(백만 달러)	거래 건수
1995	7,879	1,773
1996	11,014	2,471
1997	14,612	3,084
1998	20,811	3,553
1999	53,476	5,396
2000	104,701	7,809
2001	40,703	4,456
2002	21,698	3,057
2003	19,585	2,865
2004	21,635	2,966

출처: PricewaterhouseCoopers/Thomson Financial Venture Economics/National Venture Capital Association MoneyTree Survey.

* 이 문제에 대한 논의는 Garver(2005) 참조.
** 이는 회사로 하여금 간헐적 그리고 횡단면적인 정보의 재활용을 가능하게 하는데, 이는 예컨대, 시계열적 및 횡단면적 고객에 걸쳐 같은 정보를 사용하는 능력을 말한다. 이때 정보를 획득하기 위해서는 한 번의 투자만 하면 된다. Bhattacharya an Thakor(1993) 참조.

〈표 15.5〉 미국의 벤처캐피털 수익률

년	연 수익률
1995	35.93
1996	52.58
1997	41.04
1998	14.74
1999	133.24
2000	209.41
2001	(46.87)
2002	(30.27)
2003	(11.33)
2004	10.20

출처: Cambridge Associaties LLC U.S. Venture Capital Index.
NOTE: 연 수익률은 미국 1,060개 벤처 캐피털 펀드로부터 계산됨. 모든 수익률은 수수로, 비용, 이자 등을 제외한 것으로, 9월 30일 기준의 연 수익률임.

10년간 상당한 성장을 이루었고, 2000년에 그 정점을 찍었다. 〈표 15.4〉는 1995년부터 2000년 사이의 미국 벤처캐피털 투자에 관련한 자료를 보여주고 있다. 벤처 자본가들은 파이낸싱을 제공할 때 보다 큰 위험을 감수하는데 그 이유는 경험이 거의 없거나 전무한 영역에서 일말의 성공의 가능성을 가진 혁신적인 벤처사업에 펀딩을 해야 하기 때문이다. 이러한 위험에 대한 보상으로 이들은 높은 기대수익을 요구하게 된다. 이와 관련하여, 1995~2004년 사이에 미국의 벤처캐피털 수익률에 대한 자료가 〈표 15.5〉에 나타나 있다. 수익률의 높은 변동성은 높은 위험을 반영하고 있다.

자산유동화: 투자은행은 그들의 고객들이 그들의 자산을 매각하지 않고 추가로 자금조달을 할 수 있도록 기존의 자산을 이용하는 데 도움을 준다. 이러한 일련의 프로세스를 유동화라고 하고 이러한 과정 중에 만들어진 증권을 자산유동화 증권이라고 한다. 예컨대, 어느 회사가 징수하지 않은 매출채권이 있다고 하자. 이 경우, 후에 매출채권이 회수된 경우 자산유동화 증권의 구매자가 현금을 회수할 수 있도록 증권을 발행하는 것이다. 이 매출채권은 그 회사의 다른 자산과 구분되어 관리되는데 그 이유는 투자자들의 청구권을 뒷받침해주는 데 사용될 특정자산으로서 존재해야 하기 때문이다. 그 매출채권에 근거하여 발행된 증권을 구입하는 데 투자자들이 지불한 돈 덕분에 증권을 발행한 회사는 파이낸싱을 할 수 있게 되는 것이다. 9장에서 논의된 자산유동화를 참조하자.

상업은행: 여기에는 투자은행이 고객과의 다양한 거래를 용이하게 하도록 자신의 자본을 이용하는 것이 포함된다. 즉, 이는 자산의 질적 변환(QAT)을 포함하는 거래이다. 상업은행 거래에는

〈표 15.6〉 미국의 신디케이트론 규모

년	금액(백만 달러)
1999	676,851
2000	1,039,738
2001	993,927
2002	880,510
2003	818,055
2004	1,290,841

출처: Bloomberg Custom League Tables.

〈표 15.7〉 미국의 파생상품계약 규모(10억 달러)

년	이자율	외환	기타파생상품	신용파생상품	계
1995	11,095	5,387	378		16,861
1996	13,427	6,241	367		20,035
1997	17,085	7,430	494	55	25,064
1998	24,785	7,386	684	144	32,999
1999	27,772	5,915	843	287	34,817
2000	32,938	6,099	1,080	426	40,543
2001	38,305	5,736	950	395	45,386
2002	48,347	6,076	1,016	635	56,074
2003	61,856	7,182	1,043	1,001	71,082
2004	75,518	8,607	1,409	2,347	87,880

출처: U.S. Office of the Currency, Bank Derivatives Report, Third Quarter 2005.

대출약정, 신디케이트론, 높은 레버리지 거래, 브릿지론 등이 포함된다. 대출약정이란 기업인수나 거대 프로젝트와 같이 사전에 확인된 목적을 위해 미래에 대출이 활용 가능하도록 은행이 확약을 해주는 것이다. 신디케이트론은 대출자에게 대출을 해주는 그룹의 멤버 중 하나로 해당 은행이 포함되는 것이다. 신디케이트론 시장은 매우 거대한 시장이다. 〈표 15.6〉은 미국의 신디케이트론 관련 자료를 보여주고 있는데, 이는 이전 장들에서 논의된 바 있다. 높은 레버리지 거래는 은행 대출이 기업인수나 다른 유형의 자산투자를 위한 파이낸싱 패키지의 일종이라고 볼 수 있는 것인데, 이 파이낸싱 패키지는 상대적으로 높은 부채비율을 가진다.* 브릿지론은 좀더 장기적인 미래 파이낸싱을 위한 다리 역할을 해주는 일시적인 론의 유형이다. 예컨대, 가까운 미래 어느 시점에 고객은 브릿지론의 상환을 위해 채권을 발행할 것이고 이때 브릿지론을 담당했던 투자은행이 채권발행의 인수업무를 요청받게 되는 것이 통상적이라는 생각을 가지고 투자은행은 기업인

* LBO와 합병, 인수 및 기업 구조조정 등과 관련된 신용거래에서 그 신용대출이 총자산 대비 부채 비율이 75%를 초과하는 경우를 이른바 '높게 레버리지된 거래' 라고 일컫는다. Highly Leveraged Transactions(HLTs) 참조: *office of the Director of the Division of Bank Supervision of the Federal Deposit Insurance Corporation*, BL-21-89, May 10, 1989.

〈표 15.8〉 전 세계 스왑과 파생상품시장의 규모(10억 달러)

년	이자율 스왑 이자율 옵션 통화 스왑	신용 부도 스왑	주식 파생상품
1995	117,713		
1996	25,453		
1997	29,035		
1998	50,997		
1999	58,265		
2000	63,009		
2001	69,207	919	
2002	101,318	2,192	2,455
2003	142,307	3,779	3,444
2004	183,583	8,422	4,151

출처: International Swaps and Derivatives Association, 2005.
NOTE: ISDA는 신용부도스왑은 2001년부터, 주식 파생상품은 2002년부터 조사하기 시작함.

수에 자금을 지원하기 위해서 브릿지론을 활용하게 된다.

자금제공자의 역할에서 볼 때, 투자은행(상업은행뿐만 아니라)은 구매자이자 판매자로서 광범위한 신용파생상품을 활용한다. 이러한 상품들은 대출자의 디폴트로부터 은행을 보호해 주도록 고안되었는데, 은행에게 신용파생상품을 판매한 판매자는 대출자가 디폴트를 선언한 경우 은행에게 이를 갚도록 되어 있다. 신용스왑의 이용은 대출자가 디폴트를 선언할 것에 대한 은행의 평가라기보다는 신중한 위험관리의 도구가 되고 있다. 신용파생상품은 신용위험의 집중화를 줄이기 위해 신용위험을 다양한 자본시장의 참여자들에게 분배하는 것을 허락한다. 전반적인 파생상품의 폭발적 성장의 일부분으로서, 신용파생상품의 전 세계적 이용은 지난 20여 년간 크게 증가하였다. 미국의 파생상품계약 관련 자료는 〈표 15.7〉에 나타나 있으며 전 세계적인 스왑과 파생상품시장의 규모는 〈표 15.8〉에 나타나 있다.

(ii) **합병과 인수**: 투자은행은 합병과 인수와 관련하여 고객에게 다양한 서비스를 제공한다. (a) 실사, (b) 가치평가 그리고 (c) 기타 조언과 거래관련 서비스. 각각에 대해 아래에서 간략히 살펴보자.

실사: 어떤 회사가 다른 회사의 인수를 고려하고 있을 때, 확인 못한 문제점이나 과도한 인수대금 지급 등의 상황에 처하지 않으려면 피인수 회사의 시장과 재무 상황 등을 검토해야 할 필요가 있다. 이와 관련된 정보의 수집과 분석이 진행되는 절차를 실사라고 하며 투자은행은 이러한 서비스를 제공하는 데에서 전문성을 보유하고 있다.

가치평가: 한 회사가 다른 회사의 인수를 고려하고 있다면 인수에 대한 최대지불금액을 설정해 둘 필요가 있다. 이것은 재무학의 기술과 정보를 평가하고 올바른 가정을 상정하는 데에서의 예술적 형태의 결합이다. 기업의 가치평가라는 것은 벤치마크로서의 시장가격이 없는 경우 일반 사기업들에게는 특히나 어려운 과제가 될 수 있는데 사실 공기업들에게도 마찬가지일 것이다. 왜냐하면 합병으로 인한 시너지효과가 피인수 기업의 주식취득가액에 반영되지 않았기 때문에 이에 대한 평가가 필요하기 때문이다. 투자은행은 고객들과 가치평가업무를 공유함으로써 그 전문성을 더욱 키워나가게 된다.

기타 조언과 거래관련 서비스: 여기에는 고객에게 최상의 거래형태를 제공하고, 판매제안서를 준비하고, 협상에 참여하고, 그리고 고객사의 이사진들이 신의성실의 의무로부터 벗어나도록 도와주는 것 등이 포함된다.

(iii) **투자관리**: 투자은행은 기본적으로 다음과 같은 두 가지 유형의 투자관리업무를 수행한다. (a) 기관투자가들을 대표하여 자금을 관리하는 것 그리고 (b) 부유층 개인들의 자산을 관리하는 것. 이에 대해 아래에서 간단히 살펴보도록 하겠다.

투자기관들을 대신한 자금 관리: 투자은행은 뮤추얼펀드, 헤지펀드, 단위투자신탁, 차입매수기업 그리고 사모투자펀드 등을 운영한다. 이러한 펀드들은 종종 세계 자본시장의 연기금이나 생명보험사들과 같은 기관투자가들을 대신하여 운영된다.

부유층 개인들의 자산 관리: 투자은행은 또한 부유한('개인 고액 자산가') 개인들에게 맞추어진 자산관리 서비스를 제공하는 프라이빗 뱅킹 계정을 운영한다. 이러한 서비스는 투자, 은퇴설계, 보험과 부동산 기획업무 등을 포함한다.

(iv) **리서치 활동**: 투자은행은 정보에 입각한 높은 수준의 조언을 고객들에게 제공하기 위해서 회사, 금융시장 그리고 경제상황에 대해 리서치를 수행한다. 이러한 리서치는 서비스 패키지의 일환으로서 직간접적으로 판매되고 있다. 은행들은 마진과 수수료를 벌어들이는 거래를 하기 위해서 투자조언을 제공하게 되는데 이러한 거래에는 채권이나 주식 모두가 포함된다.

투자분류를 위한 주식 리서치: 투자은행은 해당산업과 전체적인 시장을 이끌고 있는 경제 상황에 대한 연구를 수행하는 리서치 애널리스트 및 수많은 기업의 거래된 자본가치를 평가하기 위해 그 기업만의 특성 등의 분석을 수행하는 전문가인 리서치 애널리스트를 고용한다. 이러한 리서치와 가치평가 결과는 리서치 애널리스트들이 고객들을 위해 특정회사의 주식을 매수, 매도 또는 보류의 범주로 구분하는 데 기준으로 작용하게 된다.

채권 리서치: 투자은행은 또한 다양한 회사의 부채 증권들에 대한 연구를 수행하는 리서치 애널리스트를 고용한다. 여기에 포함되는 분석가들은 신용위험을 평가하는 전문가들이다.

(v) **기업 자문서비스**: 투자은행은 그들의 기업 고객에게 많은 자문서비스를 제공한다. 투자은행의 리서치를 통해 제공되는 자문서비스는 기업구조 재편성에 도움을 주게 되는데, 기업의 특정 자산 매각과 주식발행, 그리고 회사전체의 매각과 관련된 가능한 협상 등에 대한 자문을 지원한다. 또한, 투자은행은 합작투자, 민영화, 분사, 교환조건부 공개매수, 차입매수 그리고 적대적 인수합병에 대한 방어전략 등과 관련하여 자문을 제공한다.

(vi) **증권판매와 거래**: 투자은행은 다양한 증권의 판매와 거래에 활발하게 참여한다. 여기에는 국채와 같은 정액수익상품뿐만 아니라 주식, 유로본드, 현금성 자산, 스왑, 회사채, 지방채, 자산유동화 증권, 변동이율 어음, 모기지 채권, 옵션부 채권 및 기타 복잡한 파생상품 등이 포함된다. 투자은행은 기본적으로 다음과 같은 세 가지 방법을 통해 판매와 거래 관련 서비스를 제공한다. (a) 시장 형성, (b) 공모, (c) 중개서비스. 각각의 자세한 내용은 아래에서 다루도록 하겠다.

시장형성: 시장조성자로서 투자은행은 주식의 일시적 수급 불균형에 대해 적극 개입하고 이를 시정하고자 하는 의지를 가지고, 보유 중인 주식의 가격안정성과 거래지속성을 개선시킨다. 예컨대, 투자은행은 IPO 동안에 주가를 안정화시키며, 그 후 새로운 주식에 대한 시장조성자로서 역할을 하게 된다.

공모: 투자은행은 대리인 또는 당사자로서 신규 주식 판매와 관련하여 적극적으로 활동을 한다. 이는 앞서 논의한 바 있는 자금모집 기능의 일부분이다.

중개서비스: 투자은행은 또한 개인뿐만 아니라 기관들을 위한 판매와 거래 업무에도 참여한다. 이는 시장 조성의 일부인 것이다.

(vii) **기타 부수적인 서비스**: 여기에는 앞에서 논의한 범주들에 포함되지 않는 투자은행의 기타 다양한 활동들이 있다. 즉 다음과 같은 활동들을 포함한다. (a) 고객이 다양한 위험을 관리하는 것을 도와주기 위한 거래에 대한 구조화와 수행, (b) 예탁과 신탁 업무. 이에 대한 내용은 아래에서 간략히 설명하겠다.

고객의 다양한 위험 관리 지원을 위한 거래의 구조화와 수행: 투자은행의 고객인 기업들은 사업을 하면서 다양한 종류의 위험에 노출된다. 투자은행은 고객들이 이러한 위험을 관리하는 데 도움을 제공한다. 이러한 위험은 종종 파생상품의 이용과 부외 재무상태표상의 거래 등을 포함한

다. 투자은행이 고객의 위험관리를 어떻게 지원하는지에 대해서는 고정이율 자산과 변동이율 부채를 보유한 회사의 이자율 스왑을 예로 들 수 있겠다. 이 회사는 이자율이 갑자기 폭등할 경우 자산에서 나오는 고정수익을 초과하는 부채의 재융자비용 상승의 압박을 받게 되는 위험에 노출되어 있다. 투자은행은 이 회사가 스왑거래를 할 수 있도록 지원할 수 있는데, 이러한 스왑거래는 부외 재무상태표의 전형적인 예이다. 이렇게 함으로써 회사는 다른 회사의 고정이율 부채에 대한 금융비용과 자신의 변동이율 부채에 대한 금융비용을 교환하게 된다. 여기서 투자은행의 역할은 고객의 요구를 충족시키기 위해 스왑거래를 설계하는 것이고 아울러 이러한 스왑의 상대방을 찾는 것이다(예를 들어, 고정이율 부채를 갖고 있는 회사로, 그 투자은행의 고객과의 스왑에 관심을 갖는 회사가 스왑 상대방이 된다).

예탁과 신탁 서비스: 은행들은 그들의 기업고객에게 예탁과 신탁 서비스를 제공하는데 이것은 투자은행업무 서비스 패키지의 일부이다. 여기에는 기업이나 국가기관을 포함한 고객들에 대한 다양한 신탁 및 대행 상품 등이 포함된다. 즉 여기에는 신탁관리, 업무대행과 등록 서비스에 대한 지불, 후임자 신탁업무, 서류 보관 업무, 지원 및 총괄 업무, 증권관리업무 및 에스크로 서비스(매매보호 서비스) 등이 포함된다.

투자은행활동의 분리

투자은행들은 다량의 고객 재산적 정보에 대한 접근을 할 수 있기 때문에 은행이 이러한 정보에 근거한 거래 또는 매매 추천을 하지 않음을 보장하는 원칙과 절차를 직원들에게 명시하는 데 많은 노력을 기울이고 있다. 즉, 투자은행들은 그들 사업의 은행업무적인 측면과 마케팅업무적인 측면을 구분하는 장벽을 쌓았다.

이러한 장벽은 투자은행의 고객들로부터 습득된 공적이지 않은 정보의 유통을 막기 위해 만들어졌다. 이는 이러한 정보가 해당 투자은행의 다른 부문에서 사용되지 않게 하기 위함이다. 따라서 연구 부문은 연구보고서 작성 또는 매매 추천을 할 때, 해당 은행의 투자업 부문에 관련 활동을 수행하는 중에 취득한 사유(공적이지 않은) 정보를 사용하는 것이 금지된다.

이러한 정보 장벽은 통상 직원 매매에 대한 기타 제한에 의해 보조되고 있다. 투자 은행들은 일반적으로, 직원이 정보장벽의 크기를 조절할 수 있는 특정 상황에 대해 내부이행서류에서 구체적으로 명시하고 있다. 예를 들면, 특정 산업에 대한 지식을 보유한 리서치 애널리스트가 거래를 도울 것을 요청받을 수 있다. 그러나, 애널리스트가 이러한 상호작용하에서 취득된 정보를 후속 연구 보고서 작성이나 매매 추천에 사용하는 것은 해당 정보가 공개된 정보가 아닌 이상 엄격하게 제한된다. 사실, 투자은행은 애널리스트가 투자은행업무상의 거래에 연관되어 있는 기간 동안에는 해당 회사에 대한 보고서 발행을 보류하는 것이 일반적이다.

투자은행들이 이처럼 정보 장벽과 같은 명시적 조항을 만들고 직원들에게 특권적 정보와 관련된 갈등을 피하기 위한 지침을 내부 규약으로 구체화하는 데 노력을 기울이는 데에는 경제적 이유가 존재한다. 그 이유는 바로 평판 자본으로, 이는 어찌 보면 투자은행에게 재무적 자본보다 더 중요할 수도 있다. 따라서, 채권 평가 기관이나 기타 평판에 바탕을 두는 중개 기관 등과 마찬가지로, 투자은행들 역시 평판자본을 쌓아올리고 보존하기 위해 노력을 경주하고 있으며, 이러한 평판 위험은 투자 은행이 관리해야 하는 위험 중 하나이다.*

위험관리, 구조화 금융 및 투자은행

앞 절에서 언급하였듯이, 투자 은행들은 고객들의 위험 관리를 다양한 방식으로 지원한다. 그 중 한 가지 방법은 '구조화 금융'이라고 명명되는 거래를 처리하는 것이다. '구조화 금융'이라는 용어는 부외 거래, 즉, 그 거래의 가치가 고객의 장부에 나타나지 않는 거래를 구조화하는 데 사용되는 증권들의 혼합을 일컫는다(8장과 9장 참조). 이처럼 구조화된 금융거래는 많은 산업에서 일반적으로 사용된다. 구조 금융 거래는 일반적으로 회사의 자산과 부채를 스폰서(사업주)의 주요 영업과 분리된 구조의 형태로 독립적으로 진행된다. 이러한 구조는 보통 특수목적법인(SPE) 또는 특수목적 회사(SPV)라고 불린다. 이러한 자본 비용은 스폰서(사업주)의 자본비용과 다를 수 있고, 구조에 대한 스폰서의 통제는 일반적으로 부내 금융(on-balance sheet financing)의 경우보다 더욱 제한된다. SPE나 SPV의 관리는 스폰서와 독립적인 신탁관리자에 계약으로 맡기는 것이 일반적이다. 신탁관리자의 재량은 모기지 투자, 프로젝트 건설, 프로젝트 리스 등의 특정 형태의 거래로 제한되고 있다. 분리된 SPE 또는 SPV를 설립하는 주요한 이유는 대리인 비용 또는 정보비용을 줄이기 위해서이다.**

이와 같은 구조 금융 거래의 주요 경제적 기능은 기업이 위험을 관리하고, 그 파이낸싱이 일상적 부내 부채 파이낸싱으로 구조화되었다면 최적이지 않았을 재무 레버리지 수준으로 프로젝트 파이낸스를 유치하는 것이다. 즉, 구조 금융은 기업이 자금을 유치하는 또 다른 방법이라 할 수 있다. 투자은행이 기업의 일반 목적의 자금 유치를 자기자본, 우선주, 상업어음 및 다양한 부채를 통해 지원하는 것과 마찬가지로 이들은 또한 기업이 특수 목적의 자금조달 니즈를 구조금융 거래를 통해 지원하는 역할을 수행한다. 구조금융 시장은 꽤 큰 시장이고 세계의 주요 금융회사들을 포함하고 있다. 구조 금융의 여러 예시들과 별개로, 구조 금융 거래의 예시들은 CDO(부채담보부증권, MBS 및 신용카드 증권화 등이 있음), 부채-자기자본 혼합 증권, 리스, 전환사채, 전환우선주 등을 들 수 있다. 다양한 종류의 구조 금융 계약이 있으며, 그 특성은 고객에 따라 다를 수 있다. 그러나 이는 모두 회사가 유동성을 증가시키고 자금조달의 원천을 다양화하며 위험 관리를

* 투자은행은 주기적인 평판 리스크에 대한 검토를 수행한다.
** Shah and Thakor (1987), Chemmaur and John (1996) 참조.

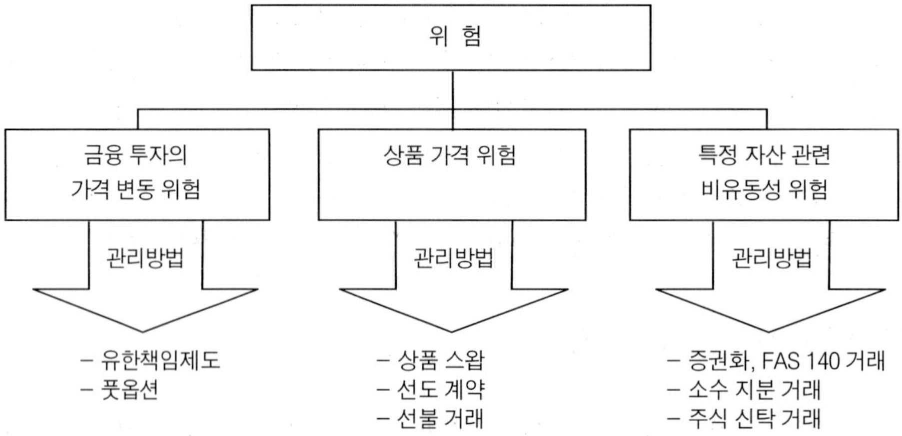

〈그림 15.3〉 위험 및 구조 금융을 통한 위험 관리

향상시키는 데에 도움을 주는 것을 그 목적으로 하고 있다.

위험을 관리하는 데 사용되는 부외 거래의 수는 매우 많기 때문에 이를 여기서 모두 다루는 것은 어려운 일이다. 그러나, 개념적으로, 우리는 이러한 거래를 다음과 같은 위험을 관리하는 데 도움을 주기 위해 고안되었다고 간주할 수 있다. 즉 다른 회사의 지분 소유와 같은 금융투자의 가격변동 위험, 상품 가격 위험, 회사의 포트폴리오에 속한 특정 자산과 연관된 비유동성 위험이다.

이러한 세 가지 유형의 위험은 다양한 방법을 통해 헤지되거나 관리될 수 있고, 투자은행은 고객이 이러한 위험을 헤지하는 효과적 메커니즘을 도입하는 데 도움을 주고 있다. 예를 들면, 금융투자의 가격 변동 위험은 유한책임제도 및 자본 시장에서의 파생상품의 직접 거래를 통해 관리할 수 있다. 상품 가격 위험은 상품 스왑, 선도계약, 선불 협의 등을 통해 관리할 수 있다. 포트폴리오 내의 특정 자산과 관련된 비유동성 위험은 증권화, FAS 140 거래, 소수지분 거래, 주식 신탁 거래 등을 통해 관리할 수 있다. 〈그림 15.3〉은 이를 보여주고 있다. 다음에서는, 각 메커니즘의 바탕이 되는 경제적 논거에 대해 위험 관리 측면에서 간단하게 살펴보도록 하겠다.

금융투자의 가격 변동 위험의 헤지

기업들은 종종 다른 기업의 지분에 투자하게 된다. 이는 사업과 연관되는 경우도 있고 그렇지 않은 경우도 있다. 이러한 투자의 목적은 미래 자본 이득을 바라고 행하는 수동적 투자에서부터 미래 어느 시점에 지배권 또는 완전한 소유권을 획득하기 위한 전략적 투자에 이르기까지 다양하다. 예를 들어, 버크셔 헤더웨이는 1970년대에 보험회사인 Geico의 상당한 지분을 매입하였고, 1995년 회사의 나머지 지분을 사들일 때까지 이 투자의 가치가 증가하는 것을 지켜보았다. 이러한 투자와 관련하여서는 중대한 위험이 존재하게 되는데, 이는 회사가 보유하는 기업의 주식 가격이 예상치 못하게 하락하는 위험이다. 더욱이, 대량 보유하는 경우는 가격에 악영향을 미치지 않고 매도하는 것이 쉽지 않게 되는데, 이는 특히 거래가 많이 일어나지 않는 주식을 소유하였을 때 더욱 심각하다. 따라서 기업이 이러한 주식을 보유할 때는 이와 같은 가격 위험을 헤지할 수 있는 메커니즘을 가지고 있는 것이 중요하게 된다.

헤지의 한 가지 방법은 유한책임제도를 이용하는 것으로, 이는 한 명 이상의 무한책임사원이 사업을 관리하고, 유한책임사원은 자본을 제공하고 이익을 공유하지만 사업을 운영하는 것에는 참여하지 않는다. 무한책임사원은 부채에 대해 개인적 책임을 져야 하지만, 유한책임사원은 자본 제공 범위를 넘어서는 책임은 지지 않는다. 무한책임사원의 사망, 장애, 철회는 따로 명시하지 않는 한 파트너십을 파기한다. 기업은 유한책임제도를 주식 가격 위험을 헤지하기 위한 사모펀드로 사용할 수 있다. 그 방법을 살펴보기 위해, 우선 기업 A가 기업 B의 지분을 보유하고 있고 이와 관련된 가격 위험을 헤지하기 원한다고 가정해보자. 이 회사는 제3자가 무한책임사원이 되고 투자 은행이 유한책임사원이 되는 파트너십을 구축하기 위해 투자은행의 도움을 구할 수 있다. 무한 및 유한책임사원은 자본을 제공한다. 기업 A는 이제 헤지하기 원하는 가격 위험과 관련된 지분의 일부를 파트너십에 이전할 수 있게 된다. 이에 대한 교환으로 파트너십은 기업 A에게 약속어음 또는 풋옵션(기업 A가 기업 B의 주식을 미리 정해진 고정 가격에 파트너십에게 팔 수 있다는 풋옵션)을 제공한다. 파트너십은 보유 자본을 다른 투자를 위해 사용할 수 있다. 파트너십은 보유한 자본 및 기타 자산을 기업 A가 기업 B에 대한 투자를 헤지하는 것을 가능하게 하는 풋옵션을 기업 A에게 팔기 위해 사용하는 사모펀드로서의 기능을 효과적으로 수행한다.

풋옵션 및 스왑과 같은 파생상품들 또한 헤지의 도구들이다. 해당 주식이 관련 옵션이 없는 경우에는 제3자가 협상 가능한 가격에서 옵션을 판매하는 합성 비거래 풋옵션을 투자은행이 만들어낼 수도 있다. 따라서 투자은행은 그들의 고객이 옵션, 스왑 및 선물 등과 같은 파생상품을 이용하여 위험을 관리하는 것을 지원하는 데 자문 역할과 중개 역할을 하게 된다.

상품 가격 위험의 헤지

많은 기업들, 특히 농업, 식품업 및 천연자원 산업의 경우는 일상적으로 상품가격 위험에 직면하고 있다. 미래 산출물(output)의 판매 가격뿐만 아니라 미래에 투입물(input)을 구입하는 가격 또한 불확실하다. 이러한 불확실성으로 생겨난 위험은 종종 투자은행의 도움을 받아 헤지된다. 이러한 헤지가 이루어지는 방법에는 상품 스왑, 상품 선물 및 선도 계약, 선불 거래 등 여러 가지가 있다.

스왑, 선물, 선도를 대체할 수 있는 방법은 선불 계약이다. 선불 계약과 관련한 실제 계약은 상당히 모호한 경우가 있기도 하지만, 이 계약이 작동하는 기본 아이디어는 꽤 명백하다. SPE가 우선 설립되고, 상품가격 위험의 헤지를 원하는 기업은 SPE에게 상품의 미래 지급을 약속하고 그 대가로 SPE로부터 미리 금액을 받는다. 이를 선불 선도 계약이라고 부르는데, 구조 금융의

한 형태이다. 선불금을 받고 상품을 판매한 회사는 따라서 상품 가격 위험을 SPE에게 넘기게 되고, SPE는 이 위험을 SPE에 자본을 제공한 사람들(때로는 투자 은행들)에게 넘기게 되는 것이다. 자본가들은 이 위험을 다양한 방법을 통해서 제거하는데, 그 방법으로는 다양한 투자처로의 분산투자, 스왑 및 선물 등을 통한 헤징 등을 들 수 있다. 투자 은행은 이 시장에서 핵심 역할을 담당하고 있다. 이들은 구조 금융거래를 설계하고 도입할 뿐 아니라, SPE의 설립을 지원하는 역할을 하기도 한다. 즉, 투자은행은 SPE에게 미래 상품 인수를 위한 선불금을 지급하는 데 필요한 자금을 제공할 수도 있다. 선불 선도 계약에 더불어, 기업은 미래에 SPE에게 인도하기로 약속한 상품을 취득하는 가격과 관련된 위험을 헤지하기 위해 투자은행과 파생 상품 계약을 별개로 체결할 수도 있다. 선불 선도 계약은 기업의 상품가격위험 관리 및 파이낸싱의 원천을 추가적으로 창출하는 데, 즉, 자금조달 원천의 다양화를 추구하는 데 중요한 역할을 수행한다.

특정 자산 관련 비유동성 위험

기업들은 종종 자신이 보유한 자산이 많은 경우 비유동적이라는 문제에 직면한다. 이 경우, 만일 기업이 포트폴리오 구성을 변경시키고 자산 처분의 필요성이 생기는 경우, 비유동적 자산을 현금으로 전환하는 데에는 상당한 비용이 수반되게 된다. 이와 관련된 위험을 비유동성 위험이라고 하는데, 기업들은 일반적으로 투자은행의 도움을 받아 이를 헤지하고자 한다. 기업이 비유동성 위험을 관리하는 것을 지원하는 구조 금융 거래의 일부에 대해 아래에서 설명하고 있다.

증권화(FAS 140 거래라고 불리기도 함)는 기업이 비유동성 자산을 유동화할 수 있는 메커니즘이다. 증권화는 앞서 9장에서 다룬 바 있는데, 매출채권, 재공품 및 이와 유사한 다양한 자산들을 효율적으로 사용하는 금융 수단이다. 기업은 덜 유동적인 자산의 현금 흐름을 근본적으로 팔게 되는 것이다. 비유동적 자산은 따라서 현금화되고 기업의 장부에서 사라지게 된다. FAS 140 거래는 투자은행의 도움을 받아 설계되는데, 기업의 자금 원천을 다양화하고 자산을 현금화 또는 유동화시킨다.

비유동적 자산의 풀(pool)에 대항하는 자금 획득의 대체 방법으로 **소수지분거래**를 통하는 방법을 들 수 있다. 이 거래는 기업 A가 자회사를 설립하는 것을 포함한다. 이 자회사는 지배기업지분을 가지고 있고, 재무 보고 목적을 위해 기업 A와 통합된다. 자회사에도 역시 소수 지분을 보유한 소수 주주들이 있다. 이러한 소수 주주들은 재무 보고 목적을 위해 기업 A와 통합되지는 않는다. 이처럼 비통합된 자회사의 소수 주주들은 기업 A가 소유한 자회사의 소수 지분만을 보유하게 된다. 이제 소수 주주들은 부채(일반적으로 대출기관으로부터의 대출금)와 자기자본(일반적으로 제3의 지분투자자로부터 축적됨) 파이낸싱의 혼합을 보유하게 되는데, 부채가 차지하는 비중이 더 크다. 채권자들에게는 부채 파이낸싱에 대해 어음증서를 교부하게 된다. 소수 주주는 자회사에 대한 부채 및 자기자본 파이낸싱으로부터의 수익에 대해 투자를 하는데, 이 투자금은 기업 A로 흘러 들어가게 된다. 이러한 자금조달에 대한 교환으로 기업 A는 이와 같은 메커니즘이 아니었다면 비유동적이거나 불완전하게 유동적이었을 자산의 풀을 자회사에게 이전시킨다. 이들 자산은 천연자원 회사 및 다른 자회사에 대한 상품, 매출채권, 우선주에서의 종합금융 투자(merchant investment)일 수 있다.

마지막으로, **주식 신탁 거래**는 투자은행이 기업이 자금조달 원천을 다양화하고 자산 풀을 녹여내는 데 도움을 주는 또 다른 방법이다. 이러한 도움과 함께, 기업 A는 사모 발행 시장에서 어음과 수익권 증서를 주로 기관 투자자에게 판매하는 사업신탁(이를 'issuer〔발행자〕' 라 부르자)을 창출한다. 이러한 증권판매를 통한 수익은 이제 다른 주체(이를 보유주체라 부르자)에게 이전된다. 보유주체는 현금의 일부를 기업 A에게 넘겨서 기업 A가 장부상의 부채를 탕감하거나 자산을 구입하는 데 사용할 수 있게 한다. 이러한 자금조달에 대한 교환으로, 기업 A는 두 가지 일을 수행한다. 첫째, 기업 A는 일부 자산(자금 획득을 원하는 비유동적이거나 불완전하게 유동적인 자산 풀)을 보유주체에게 이전한다. 이러한 자산은 따라서 기업 A의 장부에서 사라지게 된다. 이는 보유주체와 발행자가 재무보고 목적으로 기업 A와 통합되어 있지 않기 때문이다.

보유주체는 기업 A에게 이전하지 않은 증권 발행 수익으로부터 현금을 취하게 되고 이 현금을 기업 A에 의해 이전된 자산과 통합(pool)하는데 이는 발행자에 의해 발행된 증권의 구입자에 대한 지급 보조를 위한 기금을 설립하기 위함이다. 더욱이, 기업 A는 우선주를 발행하는 주식 신탁을 설립하는데, 우선주를 충분히 발행함으로써 발행자의 어음을 만기가 되었을 때 상환할 수 있음을 보장하게 된다. 따라서 주식 신탁 거래는 자금조달 원천을 다양화하고 비유동자산을 증권화하기 위한 많은 구조 금융 거래의 통합된 분야인 부외 자금조달 기술을 사용하는 또 다른 방법이라고 할 수 있다.

결론

투자은행은 주로 사업체와 연관된 서비스를 제공하는 다용도 금융 중개기관이다. 이들은 넓은 범위의 브로커 업무 및 자산 전환 서비스를 수행하지만, 기본적 역할은 기업 및 기타 정부와 비영리기관을 포함하는 자본 사용자들을 위한 서비스로 금융 자본을 모집하는 것이라 하겠다. 주목할 만한 점은, 화폐 서비스는 정치적으로 발행된 부채의 사용과 연준 할인창구에의 접근을 향유하는 상업 은행의 배타적 영역이기 때문에 투자은행은 이와 관련한 서비스는 제공하지 않는다는 것이다.

그램-리치-블라일리 법안의 통과와 대공황 시대 글래스-스티걸 법의 폐지와 더불어, 상업은행, 투자은행, 발행회사는 통합화 과정에 들어서게 되었고, 이는 엄청난 규모와 복잡성을 가진 공간적, 기능적으로 통합된 금융 중개기관의 도입을 가져왔다.

부록 15.1*

IPO는 가격이 낮게 책정되었다

IPO 시장과 관련하여 많은 관련 연구가 진행되도록 하였는데, 특히 왜 IPO가 일관적으로 가격이 낮게 책정되어 발행 첫날 약 16%의 수익률을 내게 되는지를 설명하고자 하는 연구가 활발하게 진행되었다.** 주식을 발행하는 기업은 높은 초기 가격을 통해 이러한 이익을 취하고자 할 것이다. 물론, 지나치게 높은 가격은 투자자의 투자 의욕을 꺾어 기업이 투자 또는 재구조화(리스트럭처링)에 필요한 자금을 유치하지 못할 위험이 있게 된다. 이러한 두 가지 상충되는 힘은 지금까지 개발된 IPO 모델에서 중요한 역할을 하고 있다.

본 부록 편에서는 이러한 모델 중 세 가지를 다룰 것이다. 그 세 가지 모델은 왜 새로운 발행이 저가격책정이 되는가에 대한 정보 다양성 모델, IPO에서 잠재적 투자자가 앞선 투자자의 구매 결정을 통해 어떻게 학습하는지에 대해 설명하는 폭포 모델(cascades model) 그리고 저가격책정에 대한 법적 위험 및 평판 모델이다.

왜 새로운 주식 발행은 가격이 낮게 책정되는가: 정보 이질성

Kevin Rock은 IPO의 저가격책정에 대한 흥미로운 설명을 제시하였다.*** 설명의 핵심은 IPO를 통해 자본을 모으는 기업의 미래 가치에 대해 정보를 소유한, 제한된 부를 가진 투자자가 존재한다는 것이다. 즉, 이들의 정보는 다른 투자자나 주식을 발행하는 회사 및 인수기관보다 더 나은 정보이다.

Rock은 왜 정보투자자가 발행 기업이나 투자은행가보다 더 나은 정보를 가지고 있는가에 대한 두 가지 논거를 제시한다.

1. 발행 기업에 대한 모든 관련 정보는 투자설명서에 나와 있다.
2. 경쟁자 및 기타 은행가들을 포함하는 시장의 모든 개인들이 가진 정보는 종합적으로 보면, 발행자나 투자은행가보다 더 많다.

정보투자자는 제시 가격이 실질 가치보다 낮을 경우에 발행 주식을 사고자 하는데, 이 경우 과잉구매의 가능성이 발생한다. 마찬가지로, 실질 가치가 제시 가격보다 낮은 경우, 정보투자자는

---

* 이 자료는 John Boquist, Todd Milbourn and Anjan Thakor가 집필한 "The Value Sphere: The Corporate Executive's Handbook for Creating and Retaining Shareholder Wealth" (VIA Press, 2006)를 참조.

** 기업공개에서의 저가현상의 실증적 증거는 Jay Ritter, "Initial Public Offerings", *Contemporary Finance Digest*, 봄호, 1988, pp. 5-30 참조.

*** Kevin Rock, "Why New Issues Are Underpriced", *Journal of Financial Economics* 15호, 1986, pp. 187-212 참조.

자금을 회수하고 따라서 신규 주식의 과잉 공급이 발생하게 된다. 잠재적인 과잉수요 또는 과잉 공급이 존재하는 경우, 신규 발행 주식에 대한 주문이 필요한 만큼 충족된다는 보장이 없다. 대신, 각 투자자는 과잉구매 주식의 경우 무작위로 배정받게 된다.

정보투자자가 "전부 아니면 0" 식으로 참여하기 때문에, 비정보 투자자는 가격이 높게 책정된 주식을 배정받을 가능성이 가격이 낮게 책정된 주식을 배정받을 가능성보다 크다는 것을 알고 있다. 따라서, 발행주식이 평균적으로 적정한 가격에서 책정된다면, 비정보 투자자는 항상 주식이 고가격일 때 너무 많이 구입하고 저가격일 때 너무 적게 구입하게 된다. 따라서 평균적으로 손실이 발생한다. 이러한 바이어스를 보상하기 위해, 발행자는 비정보투자자를 유인하기 위해서 주식을 할인된 가격에 내놓게 된다. 그리고 할인액은 비정보투자자가 정보투자자에 비해 지닌 정보 불리성을 보상할 만큼이 되어야 한다. 정보투자자는 여전히 비정보투자자에 비해 많은 수익을 얻는다. 그러나 사실, 비정보투자자의 상대적 손실은 발행 기업에 의해 흡수되며, 따라서 이들은 최소한 본전치기 지점(break even)에 있게 된다.

폭포효과와 IPO 시장

Ivo Welch는 IPO의 저가격에 대해 폭포효과(Cascades) 설명을 제시하였다.* 그의 설명 또한 IPO가 빠르게 실패하거나 성공할 것임을 암시한다. 더욱이, Welch는 저가격책정은 실패로 이르고, 고가격책정은 성공으로 이를 수 있는 가능성에 대하여 설명하였다.

IPO에 대한 구매와 관련된 기본 아이디어는 각 단계를 거친다. 이는 후발 투자자는 선발 투자자로부터 학습할 수 있음을 의미한다. 초기 판매 성공은 선발 투자자가 신규 주식에 대해 긍정적 시각을 가졌다는 것을 의미하고, 후발 투자자에게 투자 자극을 주게 된다. 충분한 초기 수요와 함께, 초기 구매자에 의해 전달된 정보는 매우 강해서 후발 투자자는 자신이 보유한 정보를 버리고 발행 주식을 구매할 수도 있다.** 이것이 Welch가 말하는 폭포 효과(cascade effect)이고, 이는 초기 투자자가 구매를 유인한다면 성공을 보장할 수 있다.

마찬가지로, 선발 투자자가 적은 경우, 후발 투자자는 자신의 정보가 긍정적이더라도 투자를 회피하게 된다. 이 경우 발행은 실패하게 된다. 따라서 부정적 캐스캐이드와 긍정적 캐스캐이드가 존재하고 있다고 말할 수 있다. IPO를 저가발행하는 것은 선발 투자의 구매를 끌어들이는 한 방법이고, 성공 가능성(긍정적 캐스캐이드)을 높인다. 앞에서 다룬 브로드캐스트사(社)의 IPO의 경우, 큰 규모의 긍정적 캐스캐이드가 존재하였다.

---

* Ivo Welch, "Sequential Sales, Learning and Cascades", *Journal of Finance*, 1992년 6월호, pp. 695-732 참조.
** 워렌 버핏이 투자한 종목이라면 그건 괜찮은 종목이라고 통상 생각한다고 말한다.

소송위험, 평판, 저가격책정

Seha Tinic은 투자은행가들이 발행 후 시장 가격이 하락하는 경우 투자자들로부터 소송을 당하는 가능성을 최소화하기 위해 IPO를 저가발행한다고 주장한다.* Patricia Hughes와 Anjan Thakor는 소송위험은 IPO 저가발행을 위한 충분조건도 필요조건도 아니라는 것을 보였다.** 그러나 이들은 투자은행가와 발행자가 소송위험과 평판에 대한 우려 때문에 가격을 낮게 책정하는 것이 최적인 상황도 존재한다는 것 또한 보여주었다.

기본적인 아이디어는 투자자들은 발행 후 시장 가격이 IPO가격 아래로 떨어지거나 발행 후 재무성과가 기대 이하일 경우, 인수주관 투자 은행과 발행자에 대해 부실표시에 대한 책임을 물어 소송을 제기할 수 있다는 것이다. 이러한 소송은 명백한 법적 이유 때문만이 아니라 발행자뿐 아니라 투자은행의 평판에 흠집을 낼 수 있다는 점에서 비용이 크다고 할 수 있다. 저가발행은 발행 후 가격 하락의 가능성을 감소시키고 이에 따라 소송 위험과 평판 위험을 감소시키기 위해 고안되었다. 결국, 투자자들은 거래에서 이익을 보는 경우 소송을 걸기란 쉽지 않기 때문이다. 흥미로운 점은 이러한 위험의 정도, 즉 저가발행의 정도는 발행 전 가격 책정자의 평판에 달려 있다는 것이다. 이 평판이 좋을수록, 위험은 낮아진다. 투자은행가들이 발행자에 비하여 발행가격을 올바르게 책정할 것이라는 평판을 가질 것으로 기대되기 때문에, 이 모델을 통해 예상할 수 있는 것은 발행자가 투자은행가 없이 직접 주식을 판매하는 경우 저가격책정(underpricing)이 더 심하게 일어날 것이라는 점이다. 따라서 Jerry는 그가 직접 판매를 했을 경우의 저가격보다 Alex Butler를 사용한 경우에 보다 약한 정도의 저가격책정을 하게 된다.

브랜딩 이벤트로서의 IPO

1990년대 IPO 저가발행은 젊은 기업들이 미래 상품 또는 서비스 판매에 있어 미디어의 관심이 창출해 낼 수 있는 이익을 노리고 이러한 미디어의 관심을 얻기 위해 사용되어지기도 했다. 인터넷 IPO는 좋은 예가 될 수 있다. 기존의 신생 기업들이 필요한 자본을 얻기 위해 사용한 생명공학과 같은 분야에서의 IPO 열기와 달리, 많은 인터넷 회사들은 조달한 자금의 양보다 미디어 관심의 중앙에 있는 것을 더 중요하게 생각하였다.***

예를 들어, 1998년 여름, 브로드캐스트닷컴은 자신들이 더 높은 가격에 발행이 가능한 것이 명백함에도 불구하고 주당 18달러에서 발행하겠다고 은행가들에게 말하였다. 《월스트리트 저널》은 1999년 1월 19일 아래와 같이 보도하고 있다.

---

* Seha M. Tinic, "Anatomy of Initial Public Offerings of Common Stock", *Journal of Finance* 43, 1988, pp. 789-822 참조.

** Patricia Hughes and Anjan V. Thakor, "Litigation Risk, Intermediation, and the Underpricing of Initial Public Offerings", *Review of Financial Stidies* 5-4, 1992, pp. 709-742 참조.

*** 사실, 많은 인터넷 기업공개는 다른 자금조달 방법과 함께 성공적인 방식으로 빠르게 자리 잡고 있다.

Todd Wagner 사장은 다음과 같이 말하였다. "우리는 주당 35달러에도 발행이 가능했었다. 그러나 브로드캐스트닷컴은 IPO를 브랜딩 이벤트로 생각하였다. 발행 첫날 가격의 수직상승은 우리 회사의 이름을 알리는 한 방법이었다."

이는 Globe.com에도 마찬가지로 작용하였다. 이 회사의 발행 첫날의 높은 주가 상승은《월스트리트》지뿐만 아니라 스포츠지에도 실릴 정도로 미디어의 관심을 끌었고, 이 회사는 많은 광고회사를 유인할 수 있었다. "우리는 더 이상 일개의 인터넷 회사가 아니다"라고 Paternot은 역설하였다.

Egan 사장은 다음과 같이 덧붙였다. "내가 테이블 위에 몇백만 달러를 놓는다 한들 그것이 무슨 소용인가? IPO는 투자금을 조달하는 것이지만, 인터넷 회사에서 이는 또한 대중에게서 페르소나(이미지)를 얻는 일이다. 우리는 2루타를 원하는 것이 아니라 홈런을 원한다."

Flipping, Spinning 및 최근의 IPO

IPO 저가격책정은 IPO 인수업무를 하는 투자은행들이, 선호하는 고객과 잠재 고객의 비위를 맞추는 방법 중 하나로 여겨져 왔다. 소매 투자자가 IPO로 주식을 매입하기는 쉽지 않다. 오직 인수기관 또는 IPO 주식의 일부를 할당받은 소매 중개기관과 특별한 관계를 맺고 있는 고객들만이 IPO 주식을 매입할 수 있다. IPO 주식의 가격을 낮게 책정함으로써, 인수기관은 돌아서서 그 주식을 매력적인 이익을 내고 팔 수 있도록 고객들에게 보상해 줄 수 있는 것이다. IPO 주식을 구입하고 즉시 시장에서 (보통은 거래 첫날) 매도하는 행위를 '단기매도(flipping)'라고 부르고, IPO 주식을 선호 고객 또는 잠재 고객들에게 미래 사업성과에 대한 기대 속에서 나누어주는 행위를 '스피닝(spinning)'이라고 부른다. SEC는 이러한 행위를 못마땅하게 생각하고 있으며, 특히 이러한 행위가 미래 은행 서비스와 관련된 것일 때는 더욱 그러하다. SEC는 은행들이 일부 IPO 주식을 모든 투자자에게 배정할 것을 요구해 왔다.

최근, 두 가지 목적을 달성하기 위한 메커니즘으로 온라인 거래가 사용되기 시작하였다. 하나는 보다 많은 소매 투자자들이 IPO 주식을 구입하는 것을 허용하는 것이고, 또 다른 하나는 IPO 저가책정을 감소시키는 것이다.

예를 들어, Wilt Capital Corp.는 온라인 IPO에 특화하고 있는 기업인데, 이 회사는 다른 기업들 거래(deal)의 한정된 주식을 자신의 고객들에게 인수기관에 의해 정해진 가격으로 선착순 방식으로 배정하였다. 이는 소매 투자자의 참여 확대라는 목표를 다루고 있다. 하지만 이는 저가격 책정을 경감시키는 것과는 별로 연관이 없다.

Hambrecht & Quist LLC는 여기서 한걸음 더 나아갔다. 이는 IPO주식을 인터넷을 통해 판매하는 새로운 기업을 시작하였다. 이 회사는 '더치 옥션(역경매)' 방식을 사용하여 제시가격을 정하고 아울러 개인투자자에게 주식을 분배하였다.

공개 IPO(Open IPO)라고 불리는 계획이 뒤를 이었다. IPO 이전, 잠재적 투자자들은 자신이

사들이고자 하는 주식의 가격과 수량을 제시한다.* 이러한 응찰을 받은 지 몇 주 후에 IPO 제시 가격은 모든 주식이 판매될 수 있는 가장 높은 가격에서 결정된다. 제시가격보다 높은 응찰은 희망 수량 전부를 IPO 가격에서 구입하게 된다. IPO 가격에서 응찰한 이들은 희망 수량의 일부를 받게 된다. 그리고 IPO 가격보다 낮은 가격에서 응찰한 이들은 전혀 주식을 받지 못한다. 이는 구글 IPO에서 주요 투자 은행들이 사용한 방법이다.

이 계획에는 제약이 있다. 한 명의 응찰자가 주식의 10%를 초과하여 매입하지 못한다는 것이다. 또한 Hambrecht는 주식의 1%를 초과하여 매입을 원하는 사람의 구매에 제한을 가할 권리를 가지고 있다.

입찰을 시작하기 전에, Hambrecht는 주식의 기대 가격 범위를 정한다. 이는 투자자들에게 주식의 가치가 어느 정도가 될 것인지 가늠하게끔 해준다. Hambrecht는 현재의 IPO 분배 시스템을 인수기관이 문외한의 소매 투자자에게 "하나는 내 거고, 네 것은 없어"라고 말하는 형상이라고 조롱하면서 이러한 전략을 추진해 왔다.

IPO, 자본 시장 발전, 회사 공개의 평균 연령

IPO는 공개자본 시장에의 투자자 참여가 증가하고 이에 따라 유동성이 증가하고 잠재 가격이 높아지면서 더욱 용이해졌다.** 최근의 높은 투자자 참여 정도를 생각해보건대, IPO가 인기 있어진 것은 놀라운 일이 아니다. 더욱이, 이러한 인기의 결과로, 기업공개가 이루어지는 회사의 평균 연령은 1960년의 40년에서 2000년의 5년으로 감소되었다.***

---

* W.R.Hambrecht나 또는 그 과정에 참여하기로 한 다섯 개의 작은 증권사 중의 하나를 통한 위탁계좌를 보유하고 있는 한 그들은 입찰에 참여할 수 있다. Lisa Bransten and Nick Wingfield, "Hambrecht Goes Online for IPOs", *Wall Street Journal*, February 8, 1999 참조.

** 더 많은 투자자들의 참여가 잠재적으로 더 높은 주식가격을 창출한다는 것을 보여 주고 있다. Arnoud Boot, Radhakrishnan Gopalan and Anjan Thakor, "The Entrepreneur's Choice Between Private and Public Ownership", *Journal of Finance*, 2006년 4월호 참조.

*** Jason Fink, Kristin Fink, Gustavo Grullon and James Weston, "IPO Vintage and Rise of Idiosyncratic Risk", Working Paper, Rice University, 2004년 11월 참조.

참고문헌

Allen, Franklin, The Market for Information and the Origin of Financial Intermediation, *Journal of Financial Intermediation* 1, 1990, 3-30.

Bhattacharya, Sudipto, and Anjan V. Thakor, Contemporary Banking Theory, *Journal of Financial Intermediation* 3, 1993, 2-50.

Boot, Arnoud, Radhakrishnan Gopalan and Anjan Thakor, "The Entrepreneur's Choice Between Private and Public Ownership," *Journal of Finance* 61-62, April 2006, 803-836.

Boquist, John, Todd Milbourn and Anjan V. Thakor, *The Value Sphere: The Corporate Executive''s Handbook for Creating and Retaining Shareholder Wealth*, 2006, VIA Press.

Bransten, Lisa, and Nick WingWeld, "Hambrecht Goes Online for IPOs," *Wall Street Journal, February* 8, 1999.

Chemmanur, Thomas, and Kose John, Optimal Incorporation, Structure of Debt Contracts, and Limited Recourse Project Financing, *Journal of Financial Intermediation* 5, 1996, 372-408.

Fink, Jason, Kristin Fink, Gustavo Grullon and James Weston, "IPO Vintage and the Rise of Idiosyncratic Risk," Working Paper, Rice University, 2004.

Garver, Bob, "Equity Party Poopers," CFO Magazine, October 2005, 17-19. Hughes, Patricia, and Anjan V. Thakor, "Litigation Risk, Intermediation, and the Underpricing of Initial Public OVerings," *Review of Financial Studies* 5-4, 1992, 709-742.

Ramakrishnan, Ram, and Anjan V. Thakor, Information Reliability and a Theory of Financial Intermediation, *The Review of Economic Studies*, 1984, 415-432.

Ritter, Jay R., "Initial Public OVerings," *Contemporary Finance Digest*, 5-30, 1998.

Ritter, Jay R., and Ivo Welch, "A Review of IPO Activity, Pricing, and Allocations," *Journal of Finance* 57-4, 2002, 1795-1828.

Rock, Kevin, "Why New Issues Are Underpriced," *Journal of Financial Economics* 15, 1986, 187-212.

Shah, Salman, and Anjan V. Thakor, "Optimal Capital Structure and Project Financing," *The Journal of Economic Theory* 42, 1987, 209-243.

Tinic, Seha M., "Anatomy of Initial Public OVerings of Common Stock," *Journal of Finance* 43, 1998, 789-822.

Thomson Financial, December 31, 2004, Press Release.

United States General Accounting OYce, Investment Banks: The Role of Firms and Their Analysts With Enron and Global Crossing, *Report to the Senate Committee on Banking, Housing, and Urban AVairs and the House Committee on Financial Services*, 2003.

Welch, Ivo, "Sequential Sales, Learning and Cascades," *Journal of Finance*, 1992, 695-732.

제9부 미래

제16장 미래

로마가 무너졌고, 바빌론이 무너졌다. Hindhead가 그다음 번이 될 것이다.

조지 버나드 쇼

용어 정리

헤지펀드(Hedge Funds): 포트폴리오가 기대하지 않은 가격의 움직임에 노출되는 것을 헤지하기 위하여 다양한 금융상품에 매입과 매도 포지션을 취하여 펀드의 목표에 상응하는 최고의 수익률을 올리는 펀드(2장을 보시오).

겸업은행(Universal Bank): 상업은행, 투자은행 그리고 혹은 보험과 기타 금융서비스를 결합한 은행

서론

어떤 사람들은 영국제국을 향한 조지 버나드 쇼의 논평은 세계의 은행들에 적용된다고 생각한다.* 은행업은 어떤 미래를 가지는가? 은행들은 다양한 자산변환과 브로커서비스를 제공한다. 이 서비스들은 계속해서 수요가 있고 또 제공될 것이지만 우리가 지금 알고 있는 바와 같이 반드시 은행에 의하여 제공되는 것은 아니다. 예금자들이 신뢰를 잃지 않도록 하기 위해서 정부는 은행

* *The Economist*지(1992년 5월 2일)의 세계은행업(World Banking)을 보시오.

들을 다양한 방법으로 보호하고, 정부가 은행에 의하여 이기적으로 이용당하는 것을 회피하기 위하여 은행들을 모니터링하고 규제한다.

'전통적인 은행'이 없는 세상을 상상하기 위하여 선견지명이 있는 사람을 필요로 하지는 않는다. 그러나 은행업의 미래는 어떨까?

이 이슈에 관한 우리의 논의는 세 가지 주요 주제로 구성된다. 즉 은행업의 세계화 추세의 지속가능성과 시사점, 은행의 위험관리와 시사점 그리고 은행에 대한 국제적 자본규제의 미래이다.

글로벌화(globalization)는 피할 수 없는 추세로 지속될 가능성이 있는데 그 이유는 환경의 변화로 인하여 전통적인 은행활동의 이익마진(profit margin)이 지속적으로 압박을 받을 가능성이 있고 은행들은 더욱 확대된 금융서비스를 제공하는 새로운 형태로 변화할 가능성이 있기 때문이다. 겸업은행업(universal banking)뿐만 아니라 금융혁신과 신제품에 의하여 은행들의 새로운 기회가 열릴 것이다. 그러나 새로운 기회의 일부는 신흥시장(emerging markets)에서 미국, 유럽 및 일본 은행들의 참여도가 증가함으로써, 즉 더욱 강화된 글로벌화를 통하여 얻어질 것이다.

겸업은행업, 금융혁신 및 신흥시장 진출의 증가는 은행에게는 모두 추가적인 위험을 발생시킬 것이며, 이로 말미암아 규제기관은 은행의 구조 및 공공안전망(public safety net)의 범위를 다시 생각하게 될 것이다.

이와 같은 숙고의 일환으로 바젤 자본규제가 또한 점진적으로 변화할 가능성이 있다. 미래에는 기대할 것이 많다.

은행의 미래 기회: 관계금융에 대한 역할 확대 및 겸업은행, 금융혁신과 글로벌화의 시사점

은행의 이익마진이 경쟁에 의하여 감소됨에 따라 은행들은 새로운 기회를 지속적으로 찾아 나서야만 할 것이다. 그와 같은 기회의 매력적인 원천은 기존고객 및 신규고객과의 보다 더 깊은 관계가 될 가능성이 있다.* 우리가 5-7장에서 본 바와 같이 관계금융(relationship banking)은 은행에게 이익이 될 수 있다. 질문은 다음과 같다. 은행은 어떻게 고객과의 관계를 강화할 수 있으며 어떻게 이 관계에 의하여 고객에게 부가가치를 증가시킬 수 있겠는가?

관계금융에서 부가가치를 증가시키는 한 방법은 금융혁신에 참여하여 은행고객이 자금조달원을 다변화하고 유동성을 개선하며 다양한 자본비용을 낮추는 데에 기여하는 새로운 상업은행 및 투자은행 상품을 개발하는 것이다. 부외거래자금조달(8장)과 증권화(9장)는 은행고객들이 이러한 목적을 성취하는 데에 기여하고 은행에게는 이익을 가져다준 혁신의 좋은 예들이다.

* Boot and Thakor(1997)는 은행 간 경쟁이 증가함에 따라 은행이 취할 수 있는 잠재적으로 성공적인 접근법은 관계금융에서 부가가치를 증가시키는 것이라는 것을 보여준다.

미래에 은행들의 혁신 가능성은 글래스-스티걸 법(Glass-Steagall Act)의 폐지 때문에 더욱 커질 것이다. 즉 동법의 폐지로 은행들은 전통적인 보험과 상업은행 · 투자은행 상품을 결합하여 새로운 비전통적인 상품을 시장에 내놓을 기회를 가지게 되었다. 따라서 겸업은행업은 아마도 지금까지 알려지지 않은 금융상품을 소개하는 문을 열 수 있다.

혁신과 겸업은행업 외에 글로벌화는 은행들이 관계금융을 심화시키는 또 다른 수단을 제공할 것이다. 점차 은행고객들은 여러 세계시장에서 성장기회를 추구하고 있다. 이 고객들이 더욱 글로벌화됨에 따라 글로벌은행들이 이 글로벌 고객들에게 제공할 수 있는 가치도 또한 잠재적으로 더욱 커진다. 2004년에 Citigroup이 단지 미국에서뿐만 아니라 전 세계적으로 가장 큰 기업채무 인수자가 된 것은 바로 이 때문이다.*

유럽에서 Morgan Stanley는 2004년에 주식과 주식관련 모집 부문의 가장 큰 인수자였다. Bank of America와 Deutsche Bank는 전 세계적으로 다국적 고객에게 현금관리, 투자은행, 신용 및 자본조달에 필요한 서비스를 제공하였다. 일부 은행들은 글로벌 금융서비스를 제공하기 위하여 비계열지방은행(nonaffiliated local bank)과 제휴관계에 의존하기도 한다. 포괄적인 범위의 금융서비스를 제공하는 장점은 횡단면 및 시간 간의 정보 재사용가능성으로부터 발생한다(2장과 3장을 보시오).

글로벌하게 되는 것이 고객의 글로벌 영업에 대한 배타적 접근성을 보장하지는 않지만—일부 서비스 형태에 대해서는 강한 경쟁자가 될 수 있는 전문화된 지방은행이 항상 존재한다—재무담당최고책임자(CFO) 조사에 의하면 해외 은행업무가 필요한 답변자의 43퍼센트가 글로벌은행이 자신이 필요로 하는 모든 것을 충족시킬 수 있다고 답변하고 있다.** 글로벌은행이 특별한 장점을 가지는 것으로 보이는 분야는 국가 간 인수합병이다. 장점은 은행이 한 국가의 고객을 위하여 거래를 성사시킬 수 있고, 그 거래를 다른 국가의 시장으로 분배하거나 판매할 수 있기 때문에 고객이 자신의 자금조달원을 다변화하는 데에 은행이 기여한다는 점에서 연유한다. 〈표 16.1〉은

〈표 16.1〉 2005년 주요 글로벌은행

Citigroup	가장 글로벌 범위가 넓음; 자산 1.5조 달러; 신흥시장에서 가장 강한 입지확보; 100개 이상의 국가에 사무소; 주로 상업 및 투자 은행업무.
Hong Kong & Shanghai Bank(HSBC)	자산 1.5조 달러; 약 80개국에 사무소; 아시아에 강력한 입지 확보; 전 세계적으로 상업은행업무에 강하지만 세계 10대 인수업무에는 들지 못함.
JP Morgan Chase	자산 1.2조 달러; 50개국에서 영업; 5번째로 큰 인수업자.
Deutsche Bank	자산 1.2조 달러; 74개국에서 영업; 1999년에 Bankers Trust를 인수함으로써 미국에서의 입지 확보.
Bank of America	자산 1.2조 달러; 31개국에 사무소.

자료: Myers(2005a)

* Myers(2005a)를 보시오. 그는 Brown-Forman의 CEO Phoebe Wood가 "글로벌은행은 자금조달의 발전소이다"라고 말한 것으로 인용하고 있다.
** Myers(2005a)를 보시오.

2005년에 주요 글로벌은행에 관한 자료를 제시하고 있다.

신흥시장은 글로벌은행들에게 성장기회의 잠재적 근원인 동시에 아직도 큰 도전을 제공하고 있다. 그 이유의 일부는 많은 신흥시장에서 글로벌은행을 방해할 수 있는 비잔틴(Byzantine)은행업무 규제이다.

또 다른 경우에는 은행이 제공할 수 있는 서비스의 형태에 명백한 제한이 있거나 지방은행의 외국인 소유권에 제한이 있다. 가장 큰 신흥시장인 인도와 중국의 두 나라 시장은 특히 도전적인 것으로 드러났다. 아무 은행도 아직 두 시장에서 진척을 보지 못했다. 인도 은행업무 규제는 다국적 기업이 일부 서비스에 대하여 현지은행을 이용할 것을 사실상 요구하고 있다. 중국정부는 외국은행이 현지통화사업에 참여할 수 있는 정도를 제한하고 있다. 그러나 사정이 미래에는 변할 것으로 보인다.

은행의 위험관리

사정이 아마 가장 많이 변화한 분야 중의 하나가 위험관리이다. 은행들이 더 많은 서비스를 제공함에 따라 은행들도 또한 더 많은 다양한 위험에 노출되고 있다. 이 위험들은 은행이 점차 더욱 파생상품과 여러 종류의 부외거래에 의존하기 때문에 발생한다.

은행들은 이 위험들을 스왑, 파생상품 및 기타 조건부청구권으로 관리하고 있다. 은행들은 또한 자신의 후순위 부채를 다양한 형태의 구조화 금융증권(15장을 기억하시오)으로 포장하여 이들을 투자자에게 판매하는데, 종종 헤지펀드가 가장 위험한 증권을 매입한다. 이는 '위험의 분산' (risk dispersal)으로 지칭되는데, 이는 은행업무의 위험이 금융시장을 통하여 분산되는 과정이다. Greenwich Associates의 조사에 의하면 헤지펀드가 미국에서 고수익률채권 거래규모의 약 30퍼센트 그리고 레버리지 대출(leveraged loans)의 26퍼센트나 지배하고 있다. 구조화 금융시장에서는 헤지펀드가 거래 중에서 가장 유동성이 적고 수익률이 가장 높은 후순위 트랑쉐의 자금조달에서 아주 중요한 역할을 수행한다.

이 모든 것들은 자본시장이 이 위험들을 잘 처리하고 흡수할 수 있도록 제도적 장치가 잘 갖추어져 있는지의 여부에 관한 질문을 던진다. Long Term Capital Management(LTCM)의 붕괴는 이러한 우려들을 고조시켰다(13장을 보시오). 거래상대방위험관리정책그룹 II (Counterparty Risk Management Policy Group〔CRMPG〕 II)는 자본시장의 위험처리가 개선되었다는 것은 주목하지만 LTCM의 쇠퇴 이래 신용파생상품과 기타 금융혁신 이용의 급격한 증가에 따른 운영위험이 미래의 위협이 될 수 있음을 경고하였다. 2005년 7월 국제결제은행(BIS)은 구조화 금융 특히 구조화신용파생상품이 매우 복잡화되어 시장참가자들은 상품에 내재된 위험을 이해하기 위하여 신용등급평가에 크게 의존하지 않을 수 없게 되었다는 점에 관하여 주의를 환기시켰다. 아직 전반적인 위험을 다양한 조각으로 분할하는 것은 신용등급평가 방법론을 왜곡시키고 신용등

〈표 16.2〉 시스템리스크에 관한 보고서

일자	서류	발행인	설 명
2004년 5월 14일	"복잡한 구조화금융활동에 관한 건전관례 기관 간 보고서"	통화감독청, 저축은행감독청, 연방준비은행, 연방예금보험공사 및 증권거래위원회	기업고객이 (은행에 대한) 법적위험과 평판위험을 회피할 수 있도록 은행이 구조화금융 거래관행을 모니터링하는 방법을 제안함. 은행업계는 강하게 반대함. 개정판이 아직 기대되고 있음.
2005년 5월 5일	"위험의 이전과 금융 안정성"	연방준비제도이사회 의장 Alan Greenspan	그린스펀은 그가 행한 이전의 파생상품에 대한 칭찬을 헤지—그 반대는 적용되지 않지만—하는 것처럼 보이는 말투로 규제기관은 은행제도 밖(주로 헤지펀드)으로 이전된 신용위험을 추적할 수 없으며, 파생상품의 위험감소 혜택은 계약의 실패로 훼손될 수 있고, 일부 시장참가자들이 충분한 주의를 기울이지 않고 있다고 언급한다.
2005년 5월 12일	"창립재무담당임원그룹 앞 의견"	증권거래위원회(SEC) 의장 William Donaldson	"미래의 위기를 회피함"에 관한 의견으로 Donaldson은 헤지펀드시장의 규모와 부정발견의 어려움을 상기시키면서 헤지펀드 등록의 당위성을 역설하였다.
2005년 6월 1일	"은행운영 기준화와 FpML 사용 조사"	국제스왑파생상품협회(ISDA)	"발전"(advances)을 언급하면서 ISDA는 신용파생상품 확인의 평균 지체일이 11.6일이라고 보고한다. 그와 같은 계약의 단지 40퍼센트만이 자동화된 확인을 통해 확인된다.
2005년 6월 10일	분기검토: "구조화금융: 복잡성, 위험 및 신용등급평가의 활용"	국제결제은행(BIS)	"구조화금융상품의 복잡성이 신용등급평가에 더욱 크게 의존할 인센티브를 낳고 있지만" 이 상품들의 복잡성은 신용등급평가의 신뢰성을 떨어뜨리고 있다고 언급함.
2005년 6월 15일	"Sarbanes-Oxley 법(2002)의 401(c)조에 따라 부외거래의미, 특별목적기구 및 발행자별 신청의 투명성의 준비에 관한 보고 및 추천"	증권거래위원회(SEC)	비록 Enron형 복잡한 구조화거래에 의하여 고무되었지만, 증권거래위원회의 부외거래 보고는 또한 리스나 연금회계와 같이 더욱 현실적인 부외거래이슈에 초점을 맞추고 있다. 그러나 리스의 논의에서 Fin 46(R)에 대한 시장의 반응에 일격을 가하면서 회계동기부여된 거래에서 증권화와 파생상품의 사용이 FASB의 노력을 이미 훼손하고 있다고 경고하였다.
2005년 6월 27일	연차보고서	국제결제은행(BIS)	구조화신용상품에 내재된 위험은 모든 시장참가자들에 의하여 충분히 이해되지 못하고 있다고 경고함. 신용등급평가는 그릇되게 인도할 수 있다고 다시 이야기하고 표준 포트폴리오위험모형 또한 불충분할 수 있다고 덧붙여 말함. 또한 CDS와 CDO 시장을 촉진하는 신용여건도 지속하지 않을 수 있으며, 이 시장이 일련의 신용파산 또는 신용순환의 급격한 변화에 어떻게 대응하는지도 살펴보아야 한다고 경고함.
2005년 7월 18일	"헤지펀드: 글로벌 신용시장에서의 신흥 세력"	피치 신용평가사 (Fitch Ratings)	헤지펀드가 신용시장에 미치는 영향이 충분히 이해되지 못하고 있으며 강제된 부채비율의 감소가 다수의 신용시장 부문에서 느껴져서 고수익부채와 구조화금융상품에 대한 접근성이 감소할 수 있다고 경고함.
2005년 7월 27일	"더욱 강화된 금융안정을 위하여: 민간부문 관점"	거래상대방위험관리 정책그룹 II	Long-Term Capital Management를 1999년에 해부한 동일한 그룹에 의하여 발행된 이 보고서는 운영위험이 금융시스템에 대한 가장 큰 위협이 현재 되고 있다고 함. 또한 은행과 다른 기관들은 기업을 포함한 투자자들이 반드시 그들이 구매하는 파생상품을 이해하도록 하여야 한다고 경고함.
2005년 8월	"강화된 지배구조에 의존하지 마시오: 미국은행의 기업지배구조 현황"	무디스(Moody's)	기업의 지배구조가 은행의 신용등급평가에서 더욱 중요한 고려요소가 되어가고 있음을 주목함. 다른 결론 중에서는 운영위험을 포함하여 위험을 확인하고 감소시키기 위한 바젤 II의 규제가 금융상품의 혁신의 속도가 빨라짐에 따라 더욱 어려워지고 있다는 것을 주목함.
2005년 8월	"시스템 리스크와 헤지펀드"	Nicholas Chan 등, MIT	헤지펀드에 대해 "시스템 리스크가 현재 증가"하고 있으며, 헤지펀드와 은행부문의 공생적 관계는 헤지펀드의 위험 노출이 은행부문에 중대한 영향을 미칠 수 있음을 의미한다고 결론짓고 있음.

자료: Reason(2005)

급평가의 신뢰성에 관하여 의문을 제기한다. 이것은 시스템리스크의 위험성을 제기하여 이 주제에 관한 다양한 보고서가 작성되었다. 이 정보는 〈표 16.2〉에 요약되어 있다.

바젤의 주도와 미래 자본협약

앞의 장에서 우리는 바젤 II 자본협약에 관하여 논의하였다. 이 자본규제는 바젤 II의 3개 축, 즉 자기자본 규제, 감독 규제 및 시장규율이 서로 합쳐져서 은행에 영향을 줄 것이므로 은행의 미래 발전에 영향을 미칠 것이다. 그러나 바젤 II에 참여하고 있는 다른 9개국과 달리 미국은 비록 18개 정도의 은행들이 바젤협약을 자발적으로 준수할 것으로 기대되지만 자국의 모든 은행들이 바젤협약을 준수하도록 요구하지는 않는다. 〈표 16.3〉을 보시오.

추가적으로 다른 나라와 달리, 미국의 규제기관은 미국은행들이 오직 협약의 가장 정교하고 복잡한 형태인 '고급'(advanced) 바젤 II 모형을 채택할 것을 요구하고 있다. 다른 나라의 은행들은 고급모형과, 위험계산 시 더 많은 규정과 방향을 제시하고 있는 '기초'(foundation) 모형, 그리고 최저자본 계산 시 가장 융통성이 적은 '표준'(standardized) 모형 중에서 선택할 수 있다

〈표 16.3〉 바젤 은행?

은행규제기관은 어느 미국은행과 저축은행이 또는 얼마나 많은 은행이 바젤 II를 준수하여야 하는지를 정하지 않았다. 규제기관의 가이드라인에 의하면 대략 이 명단의 상위 9개 기관은 준수하여야 하지만 나머지 기관들은 자발적으로 채택할 것 같다.

은행	자산(천 달러)
1 Citigroup	$1,547,789,000
2 Bank of America	1,251,037,147
3 JP Morgan Chase	1,171,283,000
4 Wachovia	511,840,000
5 Wells Fargo	434,981,000
6 HSBC North America Holdings	372,555,243
7 Taunus (Deutsche Bank)	366,293,000
8 Washington Mutual	333,742,732
9 U.S. Bancorp	203,981,000
10 Suntrust Banks	168,952,575
11 Countrywide Financial	158,617,821
12 Citizens Financial Group	148,491,012
13 ABN AMRO North America Holding	145,024,570
14 National City	143,975,359
15 Golden West Financial	112,587,849
16 BB&T	105,835,324
17 State Street	104,275,118
18 Fifth Third Bancorp	103,159,676
19 Bank of New York	103,110,000
20 Keycorp	91,010,081

자료: 연방준비은행, SNL Financial. 저축은행 자료는 3월 현재; 금융지주회사 자료는 6월 30일 현재 그리고 Myers(2005b).

(바젤 II의 논의에 대해서는 12장을 보시오).

소형 미국은행들은 바젤 II가 비교적 대형은행들에게 적은 자본을 허용하고 있기 때문에 자신들이 불이익을 받을 수 있다고 우려한다. 따라서 미국 규제기관은 소형은행들에게는 바젤 II보다 덜 복잡하지만 바젤 I보다 더 많은 위험민감 자기자본을 요구하는 바젤 I의 개선안을 고려하고 있다.

그러나 소형 미국은행들의 우려가 근거가 충분한지는 의문이다. 대부분의 선진국들은 '양호한 자본충실도' (well capitalized)를 충족시키기 위해서는 6퍼센트 이상의 Tier-I 자본을 보유할 것을 요구하고 있다. 그 결과 대부분의 은행들은 이 수준 이상을 유지할 것으로 보이며, 평균비율은 약 8퍼센트가 될 것으로 기대된다.

바젤 II가 기업대출 은행에는 어떻게 영향을 미치는가? 투자등급 기업차입자는 기업대출을 받기가 더 쉬워지고 또한 저렴해질 것이다. 바젤 I은 상이한 위험의 기업대출을 구별하지 않았지만, 바젤 II는 구별한다. 이로 말미암아 저위험 기업차입자가 은행에 더욱 매력적인 고객이 된다. 더구나 일부 차입자들에게는 담보부 은행대출—이에 대해 은행들은 더 적은 자본을 보유할 융통성을 가진다—이 기업어음을 대체할 수 있다. 바젤 II는 또한 은행들이 보증, 포트폴리오보험 및 신용파생상품과 같은 위험감소수단을 더욱더 많이 사용할 것을 장려하고 있다. 364일 대출약정은 감소하거나 또는 차입자에게 더 비용이 들 것이다. 왜냐하면 이 약정은 바젤 I에서는 자본이 요구되지 않았지만 이제는 자본이 요구되기 때문이다.

흥미로운 질문은 예금보험안전망이 규모가 축소되거나 제거된다면 그와 같은 정교한 자본규제의 필요성이 있느냐의 여부이다. 우리의 견해는 이미 앞의 장에서 언급된 바와 같이 그 대답은 아니다이지만 이는 명확히 대답하기가 어려운 질문이다. 그러나 규제기관이 금융시장참가자들의 은행제도 건전성에 대한 신뢰에 관해 우려하는 한 자본규제가 전혀 없어질 것 같지는 않다고 가정하는 것이 합리적이다. 그러나 다소 역설적으로 위험관리가 더욱 복잡해짐에 따라 은행이 직면할 다양한 위험을 충분히 이해할 규제기관의 제한된 능력 때문에 규제기관은 위험가중 자본규제를 실시하기가 더욱 어려워질 것이다. 자본시장의 규율뿐만 아니라 은행들이 취하는 위험에 따라 자신의 자본수준을 조정하는 은행의 자의성에 더욱 의존하는 것은 규제기관에게는 점차 더욱더 피할 수 없는 것이 될 가능성이 크다.

결론

이 장의 주요 메시지 그리고 이 책의 중요한 메시지는 은행들이 지급불이행위험이 수반되고 전문가의 모니터링이 필요한 비유동자산에 대한 자금조달로 유동예금을 사용할 때 은행은 최선의 상태에 있다는 것이다. 이 자산변환의 수행은 그 과정에서 신용위험, 유동성위험, 이자율위험, 운영위험, 평판위험 및 기타위험을 수반한다. 정보처리기술의 발전은 은행들이 이 위험들을 더욱 잘 관리하도록 기여하였다. 신용위험은 전문가시스템과, 인간의 판단을 보충하는 기타 신용점수

모형으로 관리된다. 유동성위험은 자산포트폴리오를 증권화를 통해 유동화함으로써 관리된다. 이자율위험은 더욱 확대되고 있는 스왑, 선물 및 옵션을 포함하는 많은 파생상품으로 관리된다. 그리고 기타 여러 가지 다른 위험은 위험을 흡수할 충분한 자본을 갖춘 기업위험관리(enterprise risk management: ERM)를 통해 관리된다.

예측하기 어려운 많은 변화가 이번 세기에 일어나는 것이 가능하다. 우리가 미래를 생각할 때, 우리는 실질적으로 모든 자산이 유동화됨에 따라 금융기관과 시장 간의 경계가 사라질 것으로 기대할 수 있다. 금융거래는 모든 종류의 자산에 대한 청구권의 글로벌 거래가 될 것이고, 이 자산들에 관한 정보는 전 세계적으로 마우스의 클릭으로 전자적으로 이용가능하게 될 것이다. 은행에 관한 규제적 제약은 마찰이 없는 글로벌 거래의 시대에는 점차 유지하기 힘들어지게 될 것이다. 은행들은 우리가 아는 바대로 존재하지 않게 된다. 그러나 금융기관은 자산을 유동화하고 자본을 동원하고 위험의 가격을 결정하고 위험을 관리하는 데에서 더욱더 중요한 역할을 수행하게 될 것이다.

연습문제

1. 여러분은 은행이 미래에 어떻게 진화할 것으로 믿습니까? 은행들은 더욱 겸업은행화되겠습니까 또는 범위가 더욱 좁아지겠습니까?
2. 여러분은 은행의 위험관리가 어떻게 진화할 것으로 믿습니까?

참고문헌

Boot, Arnoud W.A., and Thakor, Anjan V., "Banking Scope and Financial Innovation," *Review of Financial Studies*, 10-4, 1997, 1099-1131.

Myers, Randy, "How Global Is Your Bank?" *CFO, Banking & Finance Special Issue*, October 2005a, 24-30.

———, "Regulation: Basel Faulty?" *CFO, Banking & Finance Special Issue*, October 2005b, 51-53.

Reason, Tim, "Who's Holding the Bag?" *CFO, Banking & Finance Special Issue*, October 2005, 40-46.

찾아보기

ㄴ, ㄷ

ㄹ, ㅁ

ㅂ

ㅅ

ㅈ

ㅊ

ㅋ, ㅌ, ㅍ

ㅎ